THE
ASTRONOMICAL
ALMANAC

FOR THE YEAR

2020

and its companion

The Astronomical Almanac Online

Data for Astronomy, Space Sciences, Geodesy,
Surveying, Navigation and other applications

WASHINGTON	*TAUNTON*
Issued by the	Issued
Nautical Almanac Office	by
United States	Her Majesty's
Naval Observatory	Nautical Almanac Office
by direction of the	on behalf
Secretary of the Navy	of
and under the	The United Kingdom
authority of Congress	Hydrographic Office

WASHINGTON: U.S. GOVERNMENT PUBLISHING OFFICE
TAUNTON: THE U.K. HYDROGRAPHIC OFFICE

ISBN 978–0–7077–46005

ISSN 0737-6421

UNITED STATES

For sale by the Superintendent of Documents, U.S. Government Publishing Office
Internet: bookstore.gpo.gov Phone: toll free (866) 512-1800; DC area (202) 512-1800
Fax: (202) 512-2104 Mail: Stop IDCC, Washington, DC 20402-0001

UNITED KINGDOM

Published by the United Kingdom Hydrographic Office

http://www.gov.uk/UKHO

Telephone:+44 (0)1823 723 366

E-mail: customerservices@ukho.gov.uk

NOTE
Every care is taken to prevent errors in the production of this publication. As a final precaution it is recommended that the sequence of pages in this copy be examined on receipt. If faulty it should be returned for replacement.

Printed in the United States of America
by the U.S. Government Publishing Office

Beginning with the edition for 1981, the title *The Astronomical Almanac* replaced both the title *The American Ephemeris and Nautical Almanac* and the title *The Astronomical Ephemeris*. The changes in title symbolise the unification of the two series, which until 1980 were published separately in the United States of America since 1855 and in the United Kingdom since 1767. *The Astronomical Almanac* is prepared jointly by the Nautical Almanac Office, United States Naval Observatory, and H.M. Nautical Almanac Office, United Kingdom Hydrographic Office, and is published jointly by the United States Government Publishing Office and the United Kingdom Hydrographic Office; it is printed only in the United States of America using reproducible material from both offices.

By international agreement the tasks of computation and publication of astronomical ephemerides are shared among the ephemeris offices of several countries. The contributors of the basic data for this Almanac are listed on page vii. This volume was designed in consultation with other astronomers of many countries, and is intended to provide current, accurate astronomical data for use in the making and reduction of observations and for general purposes. (The other publications listed on pages viii-ix give astronomical data for particular applications, such as navigation and surveying.)

Beginning with the 1984 edition, most of the data tabulated in *The Astronomical Almanac* have been based on the fundamental ephemerides of the planets and the Moon prepared at the Jet Propulsion Laboratory (JPL). In particular, the 2003 through 2014 editions utilized the JPL Planetary and Lunar Ephemerides DE405/LE405. Beginning with the 2015 edition, JPL's DE430/LE430 are the basis of the tabulations.

The 2009 edition implemented the relevant International Astronomical Union (IAU) resolutions passed at the 2003 and 2006 IAU General Assemblies. This includes the adoption of the report by the IAU Working Group on Precession and the Ecliptic which affects a significant fraction of the tabulated data (see Section L for more details). *U.S. Naval Observatory Circular No. 179* (see page ix) gives a detailed explanation of the relevant IAU resolutions. Beginning with the 2014 edition, all sections reflect the IAU 2006 resolution that formally defined planets, dwarf planets, and small solar system bodies. Beginning with the 2015 edition, the 2012 IAU resolution re-defining the astronomical unit has been implemented.

The Astronomical Almanac Online is a companion to this volume. It is designed to broaden the scope of this publication. In addition to ancillary information, the data provided will appeal to specialist groups as well as those needing more precise information. Much of the material may also be downloaded.

Suggestions for further improvement of this Almanac would be welcomed; they should be sent to the Chief, Nautical Almanac Office, United States Naval Observatory or to the Head, H.M. Nautical Almanac Office, United Kingdom Hydrographic Office.

MICHAEL RIGGINS

Captain, U.S. Navy,
Superintendent, U.S. Naval Observatory
3450 Massachusetts Avenue, NW
Washington, D.C. 20392–5420
U.S.A.

JOHN HUMPHREY

Chief Executive
UK Hydrographic Office
Admiralty Way, Taunton
Somerset, TA1 2DN
United Kingdom

October 2018

Corrections to The Astronomical Almanac, 2019

Page E2, Semidiameter and Horizontal Parallax for Saturn: equatorial, replace 3.10" with 83.10"

Changes introduced for 2019

Section E: The orientations of Mercury, Mars and Neptune have been updated using Report of the IAU Working Group on Cartographic Coordinates and Rotational Elements: 2015, 2018, *Celest. Mech. Dyn. Astr.*, 130: 22.

Section E: The rotation model of Neptune has been updated using Report of the IAU Working Group on Cartographic Coordinates and Rotational Elements: 2015, 2018, *Celest. Mech. Dyn. Astr.*, 130: 22.

Section E: The radius of Mercury has been updated using Report of the IAU Working Group on Cartographic Coordinates and Rotational Elements: 2015, 2018, *Celest. Mech. Dyn. Astr.*, 130: 22.

Section F: The radius of Titan has been updated using Report of the IAU Working Group on Cartographic Coordinates and Rotational Elements: 2015, 2018, *Celest. Mech. Dyn. Astr.*, 130: 22.

Section F: Size information for the Saturnian satellites have been updated using Report of the IAU Working Group on Cartographic Coordinates and Rotational Elements: 2015, 2018, *Celest. Mech. Dyn. Astr.*, 130: 22.

Section G: Radii of Ceres, Pluto, Psyche, Lutetia, Europa, Eros and Davida and have been updated using Report of the IAU Working Group on Cartographic Coordinates and Rotational Elements: 2015, 2018, *Celest. Mech. Dyn. Astr.*, 130: 22.

Section H: Updates to the data have been made to the lists of double stars and gamma ray sources.

Section K: Radii of Mercury and Pluto have been updated using Report of the IAU Working Group on Cartographic Coordinates and Rotational Elements: 2015, 2018, *Celest. Mech. Dyn. Astr.*, 130: 22.

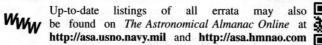 Up-to-date listings of all errata may also be found on *The Astronomical Almanac Online* at **http://asa.usno.navy.mil** and **http://asa.hmnao.com**

Section A   PHENOMENA

Seasons; Moon's phases; principal occultations; planetary phenomena; elongations and magnitudes of planets; visibility of planets; diary of phenomena; times of sunrise, sunset, twilight, moonrise and moonset; eclipses, transits, use of Besselian elements.

Section B   TIME-SCALES AND COORDINATE SYSTEMS

Calendar; chronological cycles and eras; religious calendars; relationships between time scales; universal and sidereal times, Earth rotation angle; reduction of celestial coordinates; proper motion, annual parallax, aberration, light-deflection, precession and nutation; coordinates of the CIP & CIO, matrix elements for both frame bias, precession-nutation, and GCRS to the Celestial Intermediate Reference System, formulae for apparent and intermediate place reduction; position and velocity of the Earth; polar motion; diurnal parallax and aberration; altitude, azimuth; refraction; pole star formulae and table.

Section C   SUN

Mean orbital elements, elements of rotation; low-precision formulae for coordinates of the Sun and the equation of time; ecliptic and equatorial coordinates; heliographic coordinates, horizontal parallax, semi-diameter and time of transit; geocentric rectangular coordinates.

Section D   MOON

Phases; perigee and apogee; mean elements of orbit and rotation; lengths of mean months; geocentric, topocentric and selenographic coordinates; formulae for libration; ecliptic and equatorial coordinates, distance, horizontal parallax and time of transit; physical ephemeris, semi-diameter and fraction illuminated; low-precision formulae for geocentric and topocentric coordinates.

Section E   PLANETS

Rotation elements for Mercury, Venus, Mars, Jupiter, Saturn, Uranus, and Neptune; physical ephemerides; osculating orbital elements (including the Earth-Moon barycentre); heliocentric ecliptic coordinates; geocentric equatorial coordinates; times of transit.

Section F   NATURAL SATELLITES

Ephemerides and phenomena of the satellites of Mars, Jupiter, Saturn (including the rings), Uranus, Neptune and Pluto.

Section G   DWARF PLANETS AND SMALL SOLAR SYSTEM BODIES

Osculating elements; opposition dates and finding charts; physical ephemerides; geocentric equatorial coordinates, visual magnitudes, and time of transit for those bodies at opposition. Osculating elements for periodic comets.

Section H   STARS AND STELLAR SYSTEMS

Lists of bright stars, double stars, *UBVRI* standards, spectrophotometric standards, radial velocity standards, variable stars, exoplanet/host stars, bright galaxies, open clusters, globular clusters, ICRF radio source positions, radio telescope flux & polarization calibrators, X-ray sources, quasars, pulsars, and gamma ray sources.

Section J   OBSERVATORIES

Index of observatory name and place; lists of optical and radio observatories.

Section K   TABLES AND DATA

Julian dates of Gregorian calendar dates; selected astronomical constants; reduction of time scales; reduction of terrestrial coordinates; interpolation methods; vectors and matrices.

Section L   NOTES AND REFERENCES   Section M GLOSSARY   Section N INDEX

THE ASTRONOMICAL ALMANAC ONLINE

WWW — **http://asa.usno.navy.mil** & **http://asa.hmnao.com**

Eclipse Portal; occultation maps; lunar polynomial coefficients; planetary heliocentric osculating elements; satellite offsets, apparent distances, position angles, orbital, physical, and photometric data; minor planet diameters; various star data sets; observatory search; astronomical constants; glossary, errata.

The pagination within each section is given in full on the first page of each section.

U.S. NAVAL OBSERVATORY

CAPT Michael Riggins, *U.S.N., Superintendent*
CDR, Jody M. Powers *U.S.N., Deputy Superintendent*
Brian Luzum, *Scientific Director*

ASTRONOMICAL APPLICATIONS DEPARTMENT

Nancy A. Oliversen, *Head*
Jennifer L. Bartlett, *Chief, Software Products Division*
Nancy A. Oliversen, *Acting Chief, Science Support Division*

George H. Kaplan	James L. Hilton
Wendy K. Puatua	Susan G. Stewart
Mark T. Stollberg	Michael Efroimsky
Eric G. Barron	Malynda R. Chizek Frouard
John A. Bangert	Yvette Washington

THE UNITED KINGDOM HYDROGRAPHIC OFFICE

John Humphrey, *Chief Executive*
Thomas Warren-Locke, *Head of the Scientific Analysis Group*

HER MAJESTY'S NAUTICAL ALMANAC OFFICE

Steven A. Bell, *Head*

Donald B. Taylor	Susan G. Nelmes
Paresh S. Prema	James A. Whittaker

The data in this volume have been prepared as follows:

By H.M. Nautical Almanac Office, United Kingdom Hydrographic Office:

Section A—phenomena, rising, setting of Sun and Moon, lunar eclipses; B—ephemerides and tables relating to time-scales and coordinate reference frames; D—physical ephemerides and geocentric coordinates of the Moon; F—ephemerides for sixteen of the major planetary satellites; G—opposition dates, finding charts, geocentric coordinates, transit times, and osculating orbital elements, of selected dwarf planets and small solar system bodies; K—tables and data.

By the Nautical Almanac Office, United States Naval Observatory:

Section A—eclipses of the Sun; C—physical ephemerides, geocentric and rectangular coordinates of the Sun; E—physical ephemerides, orbital elements, heliocentric and geocentric coordinates, and transit times of the planets; F—phenomena and ephemerides of satellites, except Jupiter I–IV; H—data for lists of bright stars, photometric standard stars, radial velocity standard stars, exoplanets and host stars, bright galaxies, open clusters, globular clusters, radio source positions, radio flux calibrators, X-ray sources, quasars, pulsars, variable stars, double stars and gamma ray sources; J—information on observatories; L—notes and references; M—glossary; N—index.

By the Jet Propulsion Laboratory, California Institute of Technology:

The planetary and lunar ephemerides DE430/LE430. The ephemerides of the dwarf planets and the largest and/or brightest 92 minor planets.

By the IAU Standards Of Fundamental Astronomy (SOFA) initiative:

Software implementation of fundamental quantities used in sections A, B, D and G.

By the Institut de Mécanique Céleste et de Calcul des Éphémérides, Paris Observatory:

Section F—ephemerides and phenomena of satellites I–IV of Jupiter.

By the Minor Planet Center, Cambridge, Massachusetts:

Section G—orbital elements of periodic comets.

Section H—Stars and stellar systems: many individuals have provided expertise in compiling the tables; they are listed in Section L and on *The Astronomical Almanac Online*.

In general the Office responsible for the preparation of the data has drafted the related explanatory notes and auxiliary material, but both have contributed to the final form of the material. The preliminaries, Section A, except the solar eclipses, and Sections B, D, G and K have been composed in the United Kingdom, while the rest of the material has been composed in the United States. The work of proofreading has been shared, but no attempt has been made to eliminate the differences in spelling and style between the contributions of the two Offices.

Joint publications of HM Nautical Almanac Office (UKHO) and the United States Naval Observatory

These publications are available from UKHO distributors and the Superintendent of Documents, U.S. Government Publishing Office (USGPO) except where noted.

Astronomical Phenomena contains extracts from *The Astronomical Almanac* and is published annually in advance of the main volume. Included are dates and times of planetary and lunar phenomena and other astronomical data of general interest. (UKHO GP200)

The Nautical Almanac contains ephemerides at an interval of one hour and auxiliary astronomical data for marine navigation. (UKHO NP314)

The Air Almanac contains ephemerides at an interval of ten minutes and auxiliary astronomical data for air navigation. This publication is now distributed solely on CD-ROM and is only available from USGPO.

Rapid Sight Reduction Tables for Navigation (AP 3270 / NP 303), 3 volumes, formerly entitled *Sight Reduction Tables for Air Navigation*. Volume 1, selected stars for epoch 2020·0, containing the altitude to $1'$ and true azimuth to $1°$ for the seven stars most suitable for navigation, for all latitudes and hour angles of Aries.

Other publications of HM Nautical Almanac Office (UKHO)

The Star Almanac for Land Surveyors (NP 321) contains the Greenwich hour angle of Aries and the position of the Sun, tabulated for every six hours, and represented by monthly polynomial coefficients. Positions of all stars brighter than magnitude 4·0 are tabulated monthly to a precision of $0\overset{s}{\cdot}1$ in right ascension and $1''$ in declination. A CD-ROM is included which contains the electronic edition plus coefficients, in ASCII format, representing the data.

NavPac and Compact Data for 2016–2020 (DP 330) contains software, algorithms and data, which are mainly in the form of polynomial coefficients, for calculating the positions of the Sun, Moon, navigational planets and bright stars. It enables navigators to compute their position at sea from sextant observations using Windows OS XP/Vista/7/8/10 for the period 1986–2020. The tabular data are also supplied as ASCII files on the CD-ROM. Upgrades and updates are available from http://astro.ukho.gov.uk/nao/navpacfour/.

Planetary and Lunar Coordinates, 2001–2020 provides low-precision astronomical data and phenomena for use well in advance of the annual ephemerides. It contains heliocentric, geocentric, spherical and rectangular coordinates of the Sun, Moon and planets, eclipse maps and auxiliary data. All the tabular ephemerides are supplied solely on CD-ROM as ASCII and Adobe's portable document format files. The full printed edition is published in the United States by Willmann-Bell Inc, PO Box 35025, Richmond VA 23235, USA.

Rapid Sight Reduction Tables for Navigation (AP 3270 / NP 303), 3 volumes, formerly entitled *Sight Reduction Tables for Air Navigation*. Volumes 2 and 3 contain altitudes to $1'$ and azimuths to $1°$ for integral degrees of declination from N 29° to S 29°, for relevant latitudes and all hour angles at which the zenith distance is less than 95° providing for sights of the Sun, Moon and planets.

The UK Air Almanac (AP 1602) contains data useful in the planning of activities where the level of illumination is important, particularly aircraft movements, and is produced to the general requirements of the Royal Air Force. It may be downloaded from the website http://astro.ukho.gov.uk/nao/publicat/ukaa.html.

NAO Technical Notes are issued irregularly to disseminate astronomical data concerning ephemerides or astronomical phenomena.

Other publications of the United States Naval Observatory

Astronomical Papers of the American Ephemeris[†] are issued irregularly and contain reports of research in celestial mechanics with particular relevance to ephemerides.

U.S. Naval Observatory Circulars[†] are issued irregularly to disseminate astronomical data concerning ephemerides or astronomical phenomena.

U.S. Naval Observatory Circular No. 179, The IAU Resolutions on Astronomical Reference Systems, Time Scales, and Earth Rotation Models explains resolutions and their effects on the data (see Web Links).

Explanatory Supplement to The Astronomical Almanac edited by Sean E. Urban, U.S. Naval Observatory and P. Kenneth Seidelmann, University of Virginia. This third edition is completely updated and offers an authoritative source on the basis and derivation of information contained in *The Astronomical Almanac*, and contains material that is relevant to positional and dynamical astronomy and to chronology. The publication is a collaborative work with authors from the U.S. Naval Observatory, H.M. Nautical Almanac Office, the Jet Propulsion Laboratory and others. It is published by, and available from University Science Books, Mill Valley, California, whose UK distributor is Macmillan Distribution.

MICA is an interactive astronomical almanac for professional applications. Software for both PC systems with Intel processors and Apple Macintosh computers is provided on a single CD-ROM. *MICA* allows a user to compute, to full precision, much of the tabular data contained in *The Astronomical Almanac*, as well as data for specific times and locations. All calculations are made in real time and data are not interpolated from tables. MICA is a product of the U.S. Naval Observatory; it is published by and available from Willmann-Bell Inc. The latest version covers the interval 1800-2050.

† Many of these publications are available from the Nautical Almanac Office, U.S. Naval Observatory, Washington, DC 20392-5420, see Web Links on the next page for availability.

Publications of other countries

Apparent Places of Fundamental Stars is prepared by the Astronomisches Rechen-Institut, Zentrum fuer Astronomie der Universitaet Heidelberg (www.ari.uni-heidelberg.de). The printed version of APFS gives the data for a few fundamental stars only, together with the explanation and examples. The apparent places of stars using the FK6 or Hipparcos catalogues are provided by the on-line database ARIAPFS (http://www.ari.uni-heidelberg.de/ariapfs). The printed booklet also contains the so-called '10-Day-Stars' and the 'Circumpolar Stars' and is available from dpunkt.verlag GmbH, Wieblinger Weg 17, 69123 Heidelberg, Germany.

Ephemerides of Minor Planets is prepared annually by the Institute of Applied Astronomy of the Russian Academy of Sciences (http://iaaras.ru). Included in this volume are elements, opposition dates and opposition ephemerides of all numbered minor planets. This volume (http://iaaras.ru/html/emp2018/emp2018.html) is available from the Institute of Applied Astronomy, Naberezhnaya Kutuzova 10, St. Petersburg, 191187 Russia.

Electronic publications

The Astronomical Almanac Online: The companion publication of *The Astronomical Almanac*, providing data best presented in machine-readable form. It typically does not duplicate data from the book. It does, in some cases, provide additional information or greater precision than the printed data. Examples of data found on *The Astronomical Almanac Online* are searchable databases, eclipse and occultation maps, errata found in the printed publication, and a searchable glossary. See next page for web links to *The Astronomical Almanac Online*.

Please refer to the relevant World Wide Web address for further details about the publications and services provided by the following organisations.

H.M. Nautical Almanac Office and U.S. Naval Observatory

- *The Astronomical Almanac Online* at

http://asa.usno.navy.mil   — —   **http://asa.hmnao.com**

U.S. Naval Observatory

- U.S. Naval Observatory at http://www.usno.navy.mil/USNO
- USNO Astronomical Applications Department at http://aa.usno.navy.mil/
- USNO Data Services at http://aa.usno.navy.mil/data/
- NOVAS astrometry software at http://aa.usno.navy.mil/software/novas/
- *USNO Circular 179* at http://aa.usno.navy.mil/publications/docs/Circular_179.php

H.M. Nautical Almanac Office

- General information at http://astro.ukho.gov.uk or http://www.gov.uk/HMNAO
- Eclipses Online at http://astro.ukho.gov.uk/eclipse/
- Online data services at http://astro.ukho.gov.uk/websurf2/
- Crescent MoonWatch at http://astro.ukho.gov.uk/moonwatch/

International Astronomical Organizations

- IAU: International Astronomical Union at http://www.iau.org
- IERS: International Earth Rotation and Reference Systems Service at http://www.iers.org
- SOFA: IAU Standards of Fundamental Astronomy at http://www.iausofa.org
- NSFA: IAU Working Group on Numerical Standards see http://asa.hmnao.com
- MPC: Minor Planet Centre at http://minorplanetcenter.net/
- CDS: Centre de Données astronomiques de Strasbourg at http://cdsweb.u-strasbg.fr

Products provided by International Astronomical Organizations

- IERS Products http://www.iers.org/ : then

    Orientation data, time, follow, Data / Products → Earth Orientation Data

    Bulletins A, B, C, D and descriptions follow, Publications → IERS Bulletins

    Technical Notes follow, Publications → IERS Technical Notes

- IERS Conventions Centre, updates at http://tai.bipm.org/iers/convupdt/convupdt.html

Publishers and Suppliers

- The UK Hydrographic Office (UKHO) at http://www.gov.uk/UKHO
- U.S. Government Publishing Office (USGPO) at https://bookstore.gpo.gov
- University Science Books at http://www.uscibooks.com
- Willmann-Bell at http://www.willbell.com
- Macmillan Distribution at http://www.palgrave.com

CONTENTS OF SECTION A

>
> This symbol indicates that these data or auxiliary material may also be found on *The Astronomical Almanac Online* at **http://asa.usno.navy.mil** and **http://asa.hmnao.com**

NOTE: All the times in this section are expressed in Universal Time (UT).

THE SUN

		d	h				d	h	m				d	h	m
Perigee	...	Jan.	5 08		Equinoxes	...	Mar.	20 03 50	...	...	Sept.	22 13 31
Apogee	...	July	4 12		Solstices	...	June	20 21 44	...	...	Dec.	21 10 02

PHASES OF THE MOON

Lunation	New Moon				First Quarter				Full Moon				Last Quarter			
		d	h	m		d	h	m		d	h	m		d	h	m
1200					Jan.	3	04	45	Jan.	10	19	21	Jan.	17	12	58
1201	Jan.	24	21	42	Feb.	2	01	42	Feb.	9	07	33	Feb.	15	22	17
1202	Feb.	23	15	32	Mar.	2	19	57	Mar.	9	17	48	Mar.	16	09	34
1203	Mar.	24	09	28	Apr.	1	10	21	Apr.	8	02	35	Apr.	14	22	56
1204	Apr.	23	02	26	Apr.	30	20	38	May	7	10	45	May	14	14	03
1205	May	22	17	39	May	30	03	30	June	5	19	12	June	13	06	24
1206	June	21	06	41	June	28	08	16	July	5	04	44	July	12	23	29
1207	July	20	17	33	July	27	12	33	Aug.	3	15	59	Aug.	11	16	45
1208	Aug.	19	02	42	Aug.	25	17	58	Sept.	2	05	22	Sept.	10	09	26
1209	Sept.	17	11	00	Sept.	24	01	55	Oct.	1	21	05	Oct.	10	00	40
1210	Oct.	16	19	31	Oct.	23	13	23	Oct.	31	14	49	Nov.	8	13	46
1211	Nov.	15	05	07	Nov.	22	04	45	Nov.	30	09	30	Dec.	8	00	37
1212	Dec.	14	16	17	Dec.	21	23	41	Dec.	30	03	28				

ECLIPSES

A penumbral eclipse of the Moon	Jan. 10	N.W. North America, W. Oceania, Asia, Europe, Africa, E. Americas
A penumbral eclipse of the Moon	June 5	W. Oceania, Asia, Antarctica, Europe, Africa, E. South America
An annular eclipse of the Sun	June 21	Most of Africa, S.E. Europe, Asia, Micronesia
A penumbral eclipse of the Moon	July 5	Africa, W. Europe, Antarctica, The Americas, Polynesia
A penumbral eclipse of the Moon	Nov. 30	N.W. Europe, The Americas, Oceania, most of Asia
A total eclipse of the Sun	Dec. 14	S. Pacific Ocean, Galapogos Islands, S. South America, parts of Antarctica, S.W. Africa

MOON AT PERIGEE

d h	d h	d h
Jan. 13 20	June 3 04	Oct. 17 00
Feb. 10 20	June 30 02	Nov. 14 12
Mar. 10 06	July 25 05	Dec. 12 21
Apr. 7 18	Aug. 21 11	
May 6 03	Sept. 18 14	

MOON AT APOGEE

d h	d h	d h
Jan. 2 02	May 18 08	Oct. 3 17
Jan. 29 21	June 15 01	Oct. 30 19
Feb. 26 12	July 12 19	Nov. 27 00
Mar. 24 15	Aug. 9 14	Dec. 24 17
Apr. 20 19	Sept. 6 06	

OCCULTATIONS OF PLANETS AND BRIGHT STARS BY THE MOON

Date d h	Body	Areas of Visibility
Jan. 23 03	Jupiter	Madagascar, Kerguelen Islands, southern and eastern Australia, New Zealand, south and eastern Melanesia, south western Polynesia
Feb. 2 09	Vesta	Southern Asia, eastern Afghanistan, northern Philippines, China, Japan, eastern Russia, Alaska, western Canada
Feb. 13 10	Juno	North America (except north eastern Canada), Central America, Caribbean, northern South America
Feb. 18 13	Mars	North America (except north western Canada and Alaska), most of Central America, Caribbean, northernmost South America, Southernmost tip of Greenland, Azores
Feb. 19 20	Jupiter	Antarctica, southernmost South America
Feb. 20 08	Pluto	South easternmost South America, Antarctica, Kerguelen Islands, south westernmost tip of Australia
Mar. 1 06	Vesta	Western and northern Australia, eastern Indonesia, north western Melanesia, Micronesia, Hawaii
Mar. 18 08	Mars	Southernmost South America, South Georgia, Antarctica, Kerguelen Islands
Mar. 18 15	Pluto	Most of Antarctica
Mar. 29 07	Vesta	Southern Indian Ocean, Indonesia, parts of South East Asia, Philippines, Micronesia, northern Polynesia (except Hawaii)
Apr. 14 22	Pluto	Part of the Antarctic Peninsula

Date d h	Body	Areas of Visibility
Apr. 26 11	Vesta	Central and north eastern Africa, most of Middle East, southern Kazakhstan, N. and central India, China, most of South East Asia, Philippines, southern Japan
May 24 15	Vesta	Most of North America (except western coast, Alaska and north western Canada), northern Caribbean, Greenland, most of Europe (except southernmost parts), western Russia, northern Middle East
June 19 09	Venus	Azores, Canary Islands, north and eastern Canada, Greenland, north western half of Europe, northern and central Russia, northern Mongolia
Aug. 2 06	Pluto	Most of East Antarctica
Aug. 9 08	Mars	Most of West Antarctica, south eastern South America, Ascension Island
Aug. 29 11	Pluto	Queen Maud Land, most of West Antarctica
Sept. 6 05	Mars	Central and north eastern South America, Cape Verde Is., northern Africa, southernmost Europe
Oct. 3 03	Mars	South and south easternmost South America, most of West Antarctica, Ascension Island, south western Africa
Dec. 7 22	Vesta	Most of eastern and northern Europe, Russia (except north eastern parts), China (except south western parts), Japan, northern Philippines, Micronesia
Dec. 12 21	Venus	Easternmost Russia, Hawaii, western North America

Maps showing the areas of visibility may be found on AsA-Online.

AVAILABILITY OF PREDICTIONS OF LUNAR OCCULTATIONS

IOTA, the International Occultation Timing Association, is responsible for the predictions and reductions of timings of occultations of stars by the Moon. Their web address is http://lunar-occultations.com/iota.

GEOCENTRIC PHENOMENA

MERCURY

	d h	d h	d h	d h
Superior conjunction ...	Jan. 10 15	May 4 22	Aug. 17 15	Dec. 20 03
Greatest elongation East	Feb. 10 14 (18°)	June 4 13 (24°)	Oct. 1 16 (26°)	—
Stationary	Feb. 16 10	June 17 20	Oct. 14 04	—
Inferior conjunction ...	Feb. 26 02	July 1 03	Oct. 25 18	—
Stationary	Mar. 9 08	July 12 07	Nov. 3 08	—
Greatest elongation West	Mar. 24 02 (28°)	July 22 15 (20°)	Nov. 10 17 (19°)	—

VENUS

	d h		
Greatest elongation East	Mar. 24 22 (46°)	Stationary	June 24 18
Greatest illuminated extent	Apr. 28 01	Greatest illuminated extent	July 10 08
Stationary	May 13 10	Greatest elongation West	Aug. 13 00 (46°)
Inferior conjunction ...	June 3 18		

SUPERIOR PLANETS

	Conjunction	Stationary	Opposition	Stationary
	d h	d h	d h	d h
Mars	—	Sept. 9 18	Oct. 13 23	Nov. 15 19
Jupiter	—	May 14 18	July 14 08	Sept. 13 00
Saturn	Jan. 13 15	May 11 09	July 20 22	Sept. 29 03
Uranus	Apr. 26 09	Aug. 15 17	Oct. 31 16 | Jan. 11 07
Neptune	Mar. 8 12	June 23 18	Sept. 11 20	Nov. 29 09

The vertical bars indicate where the dates for the planet are not in chronological order.

OCCULTATIONS BY PLANETS AND SATELLITES

Details of predictions of occultations of stars by planets, minor planets and satellites are given in *The Handbook of the British Astronomical Association*.

HELIOCENTRIC PHENOMENA

	Perihelion	Aphelion	Ascending Node	Greatest Lat. North	Descending Node	Greatest Lat. South
Mercury	Feb. 12	Mar. 27	Feb. 7	Feb. 22	Mar. 16	Jan. 19
	May 10	June 23	May 5	May 20	June 12	Apr. 16
	Aug. 6	Sept. 19	Aug. 1	Aug. 16	Sept. 8	July 13
	Nov. 2	Dec. 16	Oct. 28	Nov. 12	Dec. 5	Oct. 9
Venus	Mar. 20	July 10	Feb. 15	Apr. 10	June 5	Aug. 1
	Oct. 30	—	Sept. 26	Nov. 21	—	—
Mars	Aug. 3	—	Dec. 2	—	| Feb. 1	July 8

Jupiter: Descending Node, Feb. 26
Saturn: Descending Node, Feb. 13
Uranus, Neptune: None in 2020

PHENOMENA, 2020

ELONGATIONS AND MAGNITUDES OF PLANETS AT 0ʰ UT

Date	Mercury Elong.	Mag.	Venus Elong.	Mag.	Date	Mercury Elong.	Mag.	Venus Elong.	Mag.
Jan. −3	W. 8	−0·8	E. 34	−3·9	June 30	E. 5	·	W. 33	−4·7
2	W. 5	−1·0	E. 35	−4·0	July 5	W. 8	+4·6	W. 37	−4·7
7	W. 3	−1·2	E. 36	−4·0	10	W. 13	+2·9	W. 39	−4·7
12	E. 2	−1·4	E. 37	−4·0	15	W. 18	+1·6	W. 41	−4·7
17	E. 5	−1·3	E. 38	−4·0	20	W. 20	+0·6	W. 43	−4·6
22	E. 8	−1·1	E. 39	−4·0	25	W. 20	−0·1	W. 44	−4·6
27	E. 11	−1·1	E. 39	−4·1	30	W. 18	−0·7	W. 45	−4·6
Feb. 1	E. 14	−1·0	E. 40	−4·1	Aug. 4	W. 14	−1·1	W. 45	−4·5
6	E. 17	−0·9	E. 41	−4·1	9	W. 9	−1·4	W. 46	−4·5
11	E. 18	−0·6	E. 42	−4·2	14	W. 4	−1·8	W. 46	−4·4
16	E. 16	+0·4	E. 43	−4·2	19	E. 2	−1·9	W. 46	−4·4
21	E. 10	+2·6	E. 43	−4·2	24	E. 6	−1·3	W. 45	−4·3
26	E. 4	·	E. 44	−4·3	29	E. 11	−0·8	W. 45	−4·3
Mar. 2	W. 11	+3·2	E. 45	−4·3	Sept. 3	E. 14	−0·5	W. 45	−4·3
7	W. 18	+1·6	E. 45	−4·3	8	E. 18	−0·3	W. 44	−4·2
12	W. 24	+0·7	E. 46	−4·4	13	E. 20	−0·2	W. 43	−4·2
17	W. 26	+0·4	E. 46	−4·4	18	E. 23	−0·1	W. 43	−4·2
22	W. 28	+0·2	E. 46	−4·5	23	E. 24	−0·1	W. 42	−4·1
27	W. 28	+0·1	E. 46	−4·5	28	E. 26	0·0	W. 41	−4·1
Apr. 1	W. 27	0·0	E. 46	−4·5	Oct. 3	E. 26	0·0	W. 40	−4·1
6	W. 25	−0·1	E. 46	−4·6	8	E. 25	+0·1	W. 39	−4·1
11	W. 22	−0·2	E. 45	−4·6	13	E. 22	+0·5	W. 38	−4·0
16	W. 19	−0·4	E. 44	−4·7	18	E. 16	+1·5	W. 37	−4·0
21	W. 15	−0·7	E. 43	−4·7	23	E. 6	+4·1	W. 36	−4·0
26	W. 10	−1·1	E. 41	−4·7	28	W. 5	+4·5	W. 35	−4·0
May 1	W. 5	−1·8	E. 38	−4·7	Nov. 2	W. 14	+1·1	W. 34	−4·0
6	E. 1	−2·3	E. 35	−4·7	7	W. 18	−0·3	W. 33	−4·0
11	E. 7	−1·6	E. 31	−4·7	12	W. 19	−0·7	W. 32	−3·9
16	E. 13	−1·1	E. 26	−4·6	17	W. 18	−0·7	W. 31	−3·9
21	E. 18	−0·7	E. 20	−4·4	22	W. 15	−0·7	W. 30	−3·9
26	E. 21	−0·3	E. 14	−4·1	27	W. 13	−0·7	W. 29	−3·9
31	E. 23	0·0	E. 6	·	Dec. 2	W. 10	−0·8	W. 27	−3·9
June 5	E. 24	+0·5	W. 2	·	7	W. 7	−0·9	W. 26	−3·9
10	E. 23	+1·0	W. 10	−4·1	12	W. 5	−1·0	W. 25	−3·9
15	E. 20	+1·7	W. 17	−4·2	17	W. 2	−1·2	W. 24	−3·9
20	E. 16	+2·7	W. 23	−4·5	22	E. 2	−1·3	W. 23	−3·9
25	E. 10	+4·1	W. 29	−4·6	27	E. 4	−1·1	W. 22	−3·9
30	E. 5	·	W. 33	−4·7	32	E. 7	−1·0	W. 20	−3·9

SELECTED DWARF AND MINOR PLANETS

	Conjunction	Stationary	Opposition	Stationary
Ceres	Jan. 13	July 13	Aug. 28	Oct. 23
Pallas	—	May 11	July 13	Sept. 2
Juno	Nov. 8	Feb. 13	Apr. 2	May 27
Vesta	July 5	—	—	Jan. 1
Pluto	Jan. 13	Apr. 26	July 15	Oct. 4

ELONGATIONS AND MAGNITUDES OF PLANETS AT 0ᪿ UT

Date		Mars Elong.	Mars Mag.	Jupiter Elong.	Jupiter Mag.	Saturn Elong.	Saturn Mag.	Uranus Elong.	Uranus Mag.	Neptune Elong.	Neptune Mag.
Jan.	−8	W. 38	+1·6	E. 4	−1·8	E. 20	+0·6	E. 122	+5·7	E. 75	+7·9
	2	W. 42	+1·6	W. 4	−1·8	E. 10	+0·5	E. 112	+5·7	E. 65	+7·9
	12	W. 45	+1·5	W. 12	−1·8	E. 1	+0·5	E. 101	+5·8	E. 55	+7·9
	22	W. 49	+1·4	W. 20	−1·9	W. 8	+0·5	E. 91	+5·8	E. 45	+7·9
Feb.	1	W. 52	+1·4	W. 28	−1·9	W. 17	+0·6	E. 81	+5·8	E. 36	+7·9
	11	W. 55	+1·3	W. 36	−1·9	W. 26	+0·6	E. 71	+5·8	E. 26	+8·0
	21	W. 59	+1·2	W. 44	−1·9	W. 35	+0·6	E. 62	+5·8	E. 16	+8·0
Mar.	2	W. 62	+1·1	W. 52	−2·0	W. 44	+0·7	E. 52	+5·8	E. 6	+8·0
	12	W. 65	+1·0	W. 60	−2·0	W. 53	+0·7	E. 42	+5·9	W. 3	+8·0
	22	W. 68	+0·9	W. 69	−2·1	W. 62	+0·7	E. 33	+5·9	W. 13	+8·0
Apr.	1	W. 71	+0·8	W. 77	−2·1	W. 71	+0·7	E. 23	+5·9	W. 22	+8·0
	11	W. 74	+0·7	W. 86	−2·2	W. 80	+0·6	E. 14	+5·9	W. 32	+8·0
	21	W. 77	+0·5	W. 95	−2·3	W. 90	+0·6	E. 5	+5·9	W. 41	+7·9
May	1	W. 79	+0·4	W. 104	−2·3	W. 99	+0·6	W. 4	+5·9	W. 51	+7·9
	11	W. 82	+0·3	W. 114	−2·4	W. 109	+0·5	W. 13	+5·9	W. 60	+7·9
	21	W. 85	+0·1	W. 123	−2·5	W. 119	+0·5	W. 22	+5·9	W. 70	+7·9
	31	W. 88	0·0	W. 133	−2·6	W. 128	+0·4	W. 32	+5·9	W. 79	+7·9
June	10	W. 91	−0·2	W. 143	−2·6	W. 138	+0·4	W. 41	+5·9	W. 89	+7·9
	20	W. 94	−0·3	W. 154	−2·7	W. 148	+0·3	W. 50	+5·8	W. 98	+7·9
	30	W. 98	−0·5	W. 165	−2·7	W. 159	+0·2	W. 59	+5·8	W. 108	+7·9
July	10	W. 101	−0·7	W. 175	−2·7	W. 169	+0·2	W. 68	+5·8	W. 117	+7·9
	20	W. 105	−0·8	E. 174	−2·7	W. 179	+0·1	W. 77	+5·8	W. 127	+7·8
	30	W. 110	−1·0	E. 163	−2·7	E. 171	+0·1	W. 87	+5·8	W. 137	+7·8
Aug.	9	W. 115	−1·3	E. 152	−2·7	E. 160	+0·2	W. 96	+5·8	W. 146	+7·8
	19	W. 122	−1·5	E. 142	−2·6	E. 150	+0·2	W. 106	+5·7	W. 156	+7·8
	29	W. 129	−1·7	E. 132	−2·6	E. 140	+0·3	W. 116	+5·7	W. 166	+7·8
Sept.	8	W. 138	−2·0	E. 122	−2·5	E. 130	+0·3	W. 125	+5·7	W. 176	+7·8
	18	W. 148	−2·2	E. 112	−2·4	E. 120	+0·4	W. 135	+5·7	E. 174	+7·8
	28	W. 159	−2·4	E. 102	−2·4	E. 110	+0·5	W. 145	+5·7	E. 164	+7·8
Oct.	8	W. 171	−2·6	E. 93	−2·3	E. 100	+0·5	W. 156	+5·7	E. 154	+7·8
	18	E. 174	−2·5	E. 84	−2·2	E. 91	+0·5	W. 166	+5·7	E. 144	+7·8
	28	E. 162	−2·3	E. 75	−2·2	E. 81	+0·6	W. 176	+5·7	E. 133	+7·8
Nov.	7	E. 151	−1·9	E. 67	−2·1	E. 72	+0·6	E. 173	+5·7	E. 123	+7·9
	17	E. 140	−1·6	E. 58	−2·1	E. 62	+0·6	E. 163	+5·7	E. 113	+7·9
	27	E. 131	−1·3	E. 50	−2·0	E. 53	+0·6	E. 152	+5·7	E. 103	+7·9
Dec.	7	E. 123	−0·9	E. 42	−2·0	E. 44	+0·6	E. 142	+5·7	E. 93	+7·9
	17	E. 116	−0·6	E. 34	−2·0	E. 34	+0·6	E. 132	+5·7	E. 83	+7·9
	27	E. 110	−0·4	E. 26	−2·0	E. 25	+0·6	E. 121	+5·7	E. 73	+7·9
	37	E. 104	−0·1	E. 18	−1·9	E. 16	+0·6	E. 111	+5·7	E. 63	+7·9

VISUAL MAGNITUDES OF SELECTED DWARF & MINOR PLANETS

	Jan. 2	Feb. 11	Mar. 22	May 1	June 10	July 20	Aug. 29	Oct. 8	Nov. 17	Dec. 27
Ceres	8·9	9·1	9·3	9·2	8·9	8·2	7·7	8·3	8·9	9·2
Pallas	10·2	10·3	10·3	10·1	9·7	9·6	9·9	10·3	10·5	10·6
Juno	10·6	10·2	9·7	10·1	10·8	11·2	11·5	11·4	11·4	11·5
Vesta	7·4	8·1	8·4	8·5	8·3	8·2	8·4	8·3	8·0	7·4
Pluto	14·7	14·7	14·8	14·8	14·7	14·5	14·7	14·8	14·8	14·7

PHENOMENA, 2020

VISIBILITY OF PLANETS

The planet diagram on page A7 shows, in graphical form for any date during the year, the local mean times of meridian passage of the Sun, of the five planets, Mercury, Venus, Mars, Jupiter and Saturn, and of every 2^h of right ascension. Intermediate lines, corresponding to particular stars, may be drawn in by the user if desired. The diagram is intended to provide a general picture of the availability of planets and stars for observation during the year.

On each side of the line marking the time of meridian passage of the Sun, a band 45^m wide is shaded to indicate that planets and most stars crossing the meridian within 45^m of the Sun are generally too close to the Sun for observation.

For any date the diagram provides immediately the local mean time of meridian passage of the Sun, planets and stars, and thus the following information:
  a) whether a planet or star is too close to the Sun for observation;
  b) visibility of a planet or star in the morning or evening;
  c) location of a planet or star during twilight;
  d) proximity of planets to stars or other planets.

When the meridian passage of a body occurs at midnight, it is close to opposition to the Sun and is visible all night, and may be observed in both morning and evening twilights. As the time of meridian passage decreases, the body ceases to be observable in the morning, but its altitude above the eastern horizon during evening twilight gradually increases until it is on the meridian at evening twilight. From then onwards the body is observable above the western horizon, its altitude at evening twilight gradually decreasing, until it becomes too close to the Sun for observation. When it again becomes visible, it is seen in the morning twilight, low in the east. Its altitude at morning twilight gradually increases until meridian passage occurs at the time of morning twilight, then as the time of meridian passage decreases to 0^h, the body is observable in the west in the morning twilight with a gradually decreasing altitude, until it once again reaches opposition.

Notes on the visibility of the planets are given on page A8. Further information on the visibility of planets may be obtained from the diagram below which shows, in graphical form for any date during the year, the declinations of the bodies plotted on the planet diagram on page A7.

DECLINATION OF SUN AND PLANETS, 2020

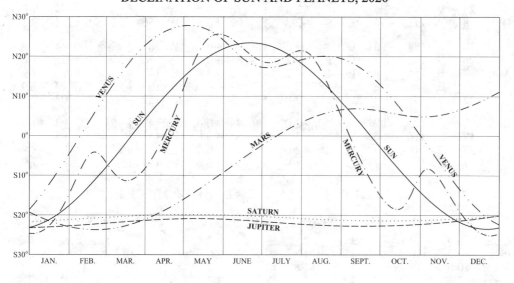

LOCAL MEAN TIME OF MERIDIAN PASSAGE

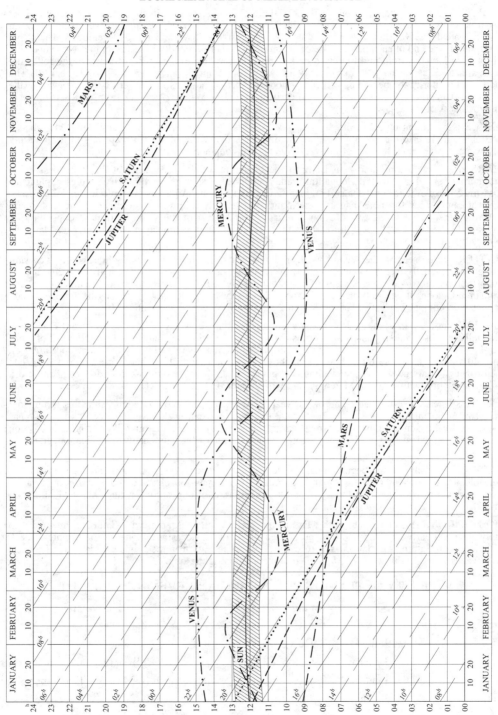

LOCAL MEAN TIME OF MERIDIAN PASSAGE

VISIBILITY OF PLANETS

MERCURY can only be seen low in the east before sunrise, or low in the west after sunset (about the time of beginning or end of civil twilight). It is visible in the mornings between the following approximate dates: March 4 to April 27, July 10 to August 9 and November 1 to December 3. The planet is brighter at the end of each period, (the best conditions in northern latitudes occur in mid-November and in southern latitudes from mid-March to early April). It is visible in the evenings between the following approximate dates: January 24 to February 19, May 12 to June 22 and August 27 to October 20. The planet is brighter at the beginning of each period, (the best conditions in northern latitudes occur in the first half of February and from late May to early June and in southern latitudes from mid-September to mid-October).

VENUS is a brilliant object in the evening sky from the beginning of the year until late May when it becomes too close to the Sun for observation. In the second week of June it reappears in the morning sky where it stays until the end of the year. Venus is in conjunction with Mercury on May 22.

MARS rises well before sunrise in Libra at the beginning of the year, when it can only be seen in the morning sky. Its westward elongation gradually increases as it moves through Scorpius, Ophiuchus (passing 5° N of Antares on January 17), Sagittarius, Capricornus, Aquarius, and into Pisces in late June, when it can be seen for more than half the night. In early July it moves into Cetus and late that month returns to Pisces, in which constellation it remains for the rest of the year. Mars is at opposition on October 13, when it can be seen throughout the night. Mars is in conjunction with Jupiter on March 20 and with Saturn on March 31.

JUPITER can be seen in the second week of January just before sunrise in Sagittarius. Its westward elongation gradually increases and from late April it can be seen for more than half the night. It is at opposition on July 14 when it is visible throughout the night. Its eastward elongation then decreases and from mid-October it can only be seen in the evening sky passing into Capricornus in late December. Jupiter is in conjunction with Mars on March 20 and with Saturn on December 21.

SATURN can be seen at the end of January just before sunrise in Sagittarius. Its westward elongation gradually increases, passing into Capricornus during the second half of March, and from the end of April can be seen for more than half the night. It returns to Sagittarius in early July and is at opposition on July 20 when it is visible throughout the night. Its eastward elongation then decreases and from late October it can only be seen in the evening sky, passing again into Capricornus in mid-December. Saturn is in conjunction with Mars on March 31 and with Jupiter on December 21.

URANUS is visible at the beginning of the year in Aries, in which constellation it remains throughout the year. From mid-January until early April it can only be seen in the evening sky. It then becomes too close to the Sun for observation reappearing in mid-May in the morning sky. It is at opposition on October 31 when it is visible throughout the night, after which its eastward elongation gradually decreases.

NEPTUNE is visible at the beginning of the year in the evening sky in Aquarius and remains in this constellation throughout the year. In mid-February it becomes too close to the Sun for observation and reappears in late March in the morning sky. Neptune is at opposition on September 11 and from mid-December can only be seen in the evening sky.

DO NOT CONFUSE (1) Jupiter with Mars in the second half of March, with Saturn in late April to early June and early November to the end of December; on all occasions Jupiter is the brighter object. (2) Mars with Saturn from late March to early April when Saturn is the brighter object. (3) Mercury with Venus in the fourth week of May when Venus is the brighter object.

VISIBILITY OF PLANETS IN MORNING AND EVENING TWILIGHT

	Morning		Evening	
Venus			January 1	– May 28
	June 11	– December 31		
Mars	January 1	– October 13	October 13	– December 31
Jupiter	January 10	– July 14	July 14	– December 31
Saturn	January 31	– July 20	July 20	– December 31

CONFIGURATIONS OF SUN, MOON AND PLANETS

d h		
Jan. 1 21	Vesta stationary	
2 02	Moon at apogee	
3 05	FIRST QUARTER	
4 18	Uranus 5° N. of Moon	
5 08	Earth at perihelion	
10 15	Mercury in superior conjunction	
10 19	FULL MOON Penumbral Eclipse	
11 07	Uranus stationary	
13 13	Pluto in conjunction with Sun	
13 15	Saturn in conjunction with Sun	
13 18	Ceres in conjunction with Sun	
13 20	Moon at perigee	
17 04	Mars 5° N. of *Antares*	
17 13	LAST QUARTER	
20 19	Mars 2° S. of Moon	
23 03	Jupiter 0°.4 N. of Moon	Occn.
24 22	NEW MOON	
27 19	Venus 0°.08 S. of Neptune	
28 06	Neptune 4° N. of Moon	
28 07	Venus 4° N. of Moon	
29 21	Moon at apogee	
Feb. 1 03	Uranus 5° N. of Moon	
2 02	FIRST QUARTER	
2 09	Vesta 0°.5 S. of Moon	Occn.
9 08	FULL MOON	
10 14	Mercury greatest elong. E. (18°)	
10 20	Moon at perigee	
13 07	Juno stationary	
13 10	Juno 0°.6 S. of Moon	Occn.
15 22	LAST QUARTER	
16 10	Mercury stationary	
18 13	Mars 0°.8 S. of Moon	Occn.
19 20	Jupiter 0°.9 N. of Moon	Occn.
20 08	Pluto 0°.7 N. of Moon	Occn.
20 14	Saturn 1°.7 N. of Moon	
23 16	NEW MOON	
26 02	Mercury in inferior conjunction	
26 12	Moon at apogee	
27 12	Venus 6° N. of Moon	
28 12	Uranus 4° N. of Moon	
Mar. 1 06	Vesta 0°.1 N. of Moon	Occn.
2 20	FIRST QUARTER	
8 12	Neptune in conjunction with Sun	
9 08	Mercury stationary	
9 15	Venus 2° N. of Uranus	
9 18	FULL MOON	
10 06	Moon at perigee	

d h		
Mar. 16 10	LAST QUARTER	
18 08	Mars 0°.7 N. of Moon	Occn.
18 10	Jupiter 1°.5 N. of Moon	
18 15	Pluto 0°.9 N. of Moon	Occn.
19 00	Saturn 2° N. of Moon	
20 04	Equinox	
20 06	Mars 0°.7 S. of Jupiter	
21 18	Mercury 4° N. of Moon	
24 02	Mercury greatest elong. W. (28°)	
24 09	NEW MOON	
24 15	Moon at apogee	
24 22	Venus greatest elong. E. (46°)	
26 21	Uranus 4° N. of Moon	
28 11	Venus 7° N. of Moon	
29 07	Vesta 0°.2 N. of Moon	Occn.
31 11	Mars 0°.9 S. of Saturn	
Apr. 1 10	FIRST QUARTER	
2 20	Juno at opposition	
3 15	Mercury 1°.4 S. of Neptune	
7 18	Moon at perigee	
8 03	FULL MOON	
14 22	Pluto 1°.2 N. of Moon	Occn.
14 23	Jupiter 2° N. of Moon	
14 23	LAST QUARTER	
15 09	Saturn 2° N. of Moon	
16 05	Mars 2° N. of Moon	
17 20	Venus 10° N. of *Aldebaran*	
19 07	Neptune 4° N. of Moon	
20 19	Moon at apogee	
23 02	NEW MOON	
26 09	Uranus in conjunction with Sun	
26 11	Vesta 0°.1 S. of Moon	Occn.
26 13	Pluto stationary	
26 15	Venus 6° N. of Moon	
28 01	Venus greatest illuminated extent	
30 21	FIRST QUARTER	
May 4 22	Mercury in superior conjunction	
6 03	Moon at perigee	
7 11	FULL MOON	
11 09	Saturn stationary	
11 11	Pallas stationary	
12 10	Jupiter 2° N. of Moon	
12 18	Saturn 3° N. of Moon	
13 10	Venus stationary	
14 14	LAST QUARTER	
14 18	Jupiter stationary	
15 02	Mars 3° N. of Moon	
16 15	Neptune 4° N. of Moon	
17 09	Mercury 7° N. of *Aldebaran*	
18 08	Moon at apogee	
20 16	Uranus 4° N. of Moon	

CONFIGURATIONS OF SUN, MOON AND PLANETS

d h			d h		
May 22 08	Mercury 0°9 S. of Venus		July 25 05	Moon at perigee	
22 18	NEW MOON		27 13	FIRST QUARTER	
24 03	Venus 4° N. of Moon		Aug. 2 00	Jupiter 1°5 N. of Moon	
24 11	Mercury 3° N. of Moon		2 06	Mercury 7° S. of *Pollux*	
24 15	Vesta 0°6 S. of Moon	Occn.	2 06	Pluto 1°1 N. of Moon	Occn.
27 14	Juno stationary		2 13	Saturn 2° N. of Moon	
30 03	FIRST QUARTER		3 16	FULL MOON	
June 3 04	Moon at perigee		6 15	Neptune 4° N. of Moon	
3 18	Venus in inferior conjunction		9 08	Mars 0°8 N. of Moon	Occn.
4 13	Mercury greatest elong. E. (24°)		9 14	Moon at apogee	
5 19	FULL MOON Penumbral Eclipse		10 21	Uranus 4° N. of Moon	
8 17	Jupiter 2° N. of Moon		11 17	LAST QUARTER	
9 02	Saturn 3° N. of Moon		13 00	Venus greatest elong. W. (46°)	
12 12	Mars 1°7 S. of Neptune		15 13	Venus 4° S. of Moon	
12 23	Neptune 4° N. of Moon		15 17	Uranus stationary	
13 00	Mars 3° N. of Moon		17 15	Mercury in superior conjunction	
13 06	LAST QUARTER		19 03	NEW MOON	
15 01	Moon at apogee		21 11	Moon at perigee	
17 02	Uranus 4° N. of Moon		25 18	FIRST QUARTER	
17 20	Mercury stationary		28 12	Ceres at opposition	
19 09	Venus 0°7 S. of Moon	Occn.	29 02	Jupiter 1°4 N. of Moon	
20 22	Solstice		29 11	Pluto 1°2 N. of Moon	Occn.
21 07	NEW MOON Eclipse		29 17	Saturn 2° N. of Moon	
23 18	Neptune stationary		Sept. 1 17	Venus 9° S. of *Pollux*	
24 18	Venus stationary		2 05	FULL MOON	
28 08	FIRST QUARTER		2 13	Pallas stationary	
30 02	Moon at perigee		2 21	Neptune 4° N. of Moon	
July 1 03	Mercury in inferior conjunction		6 05	Mars 0°03 S. of Moon	Occn.
4 12	Earth at aphelion		6 06	Moon at apogee	
5 05	FULL MOON Penumbral Eclipse		7 04	Uranus 3° N. of Moon	
5 06	Vesta in conjunction with Sun		9 18	Mars stationary	
5 22	Jupiter 1°9 N. of Moon		10 09	LAST QUARTER	
6 09	Saturn 2° N. of Moon		11 20	Neptune at opposition	
10 07	Neptune 4° N. of Moon		13 00	Jupiter stationary	
10 08	Venus greatest illuminated extent		14 05	Venus 4° S. of Moon	
11 20	Mars 2° N. of Moon		17 11	NEW MOON	
12 07	Mercury stationary		18 14	Moon at perigee	
12 07	Venus 1°0 N. of *Aldebaran*		18 22	Mercury 6° S. of Moon	
12 19	Moon at apogee		22 09	Mercury 0°3 N. of *Spica*	
12 23	LAST QUARTER		22 14	Equinox	
13 02	Ceres stationary		24 02	FIRST QUARTER	
13 02	Pallas at opposition		25 07	Jupiter 1°6 N. of Moon	
14 08	Jupiter at opposition		25 21	Saturn 2° N. of Moon	
14 12	Uranus 4° N. of Moon		29 03	Saturn stationary	
15 19	Pluto at opposition		30 02	Neptune 4° N. of Moon	
17 07	Venus 3° S. of Moon		Oct. 1 16	Mercury greatest elong. E. (26°)	
19 04	Mercury 4° S. of Moon		1 21	FULL MOON	
20 18	NEW MOON		3 00	Venus 0°09 S. of *Regulus*	
20 22	Saturn at opposition				
22 15	Mercury greatest elong. W. (20°)				

CONFIGURATIONS OF SUN, MOON AND PLANETS

d h		
Oct. 3 03	Mars 0°.7 N. of Moon	Occn.
3 17	Moon at apogee	
4 06	Pluto stationary	
4 09	Uranus 3° N. of Moon	
6 14	Mars closest approach	
10 01	LAST QUARTER	
13 23	Mars at opposition	
14 00	Venus 4° S. of Moon	
14 04	Mercury stationary	
16 20	NEW MOON	
17 00	Moon at perigee	
17 19	Mercury 7° S. of Moon	
22 17	Jupiter 2° N. of Moon	
23 03	Ceres stationary	
23 04	Saturn 3° N. of Moon	
23 13	FIRST QUARTER	
25 18	Mercury in inferior conjunction	
27 06	Neptune 4° N. of Moon	
29 16	Mars 3° N. of Moon	
30 19	Moon at apogee	
31 13	Uranus 3° N. of Moon	
31 15	FULL MOON	
31 16	Uranus at opposition	
Nov. 3 08	Mercury stationary	
8 09	Juno in conjunction with Sun	
8 14	LAST QUARTER	
10 17	Mercury greatest elong. W. (19°)	
12 21	Venus 3° S. of Moon	
13 21	Mercury 1°.7 S. of Moon	
14 12	Moon at perigee	
15 05	NEW MOON	

d h		
Nov. 15 13	Venus 4° N. of *Spica*	
15 19	Mars stationary	
19 09	Jupiter 2° N. of Moon	
19 15	Saturn 3° N. of Moon	
22 05	FIRST QUARTER	
23 12	Neptune 5° N. of Moon	
25 20	Mars 5° N. of Moon	
27 00	Moon at apogee	
27 17	Uranus 3° N. of Moon	
29 09	Neptune stationary	
30 09	FULL MOON	Penumbral Eclipse
Dec. 7 22	Vesta 0°.5 S. of Moon	Occn.
8 01	LAST QUARTER	
12 21	Moon at perigee	
12 21	Venus 0°.8 S. of Moon	Occn.
14 16	NEW MOON	Eclipse
17 04	Jupiter 3° N. of Moon	
17 05	Saturn 3° N. of Moon	
20 03	Mercury in superior conjunction	
20 20	Neptune 5° N. of Moon	
21 10	Solstice	
21 14	Jupiter 0°.1 S. of Saturn	
22 00	FIRST QUARTER	
23 01	Venus 6° N. of *Antares*	
23 19	Mars 6° N. of Moon	
24 17	Moon at apogee	
24 23	Uranus 3° N. of Moon	
30 03	FULL MOON	

Arrangement and basis of the tabulations

The tabulations of risings, settings and twilights on pages A14–A77 refer to the instants when the true geocentric zenith distance of the central point of the disk of the Sun or Moon takes the value indicated in the following table. The tabular times are in universal time (UT) for selected latitudes on the meridian of Greenwich; the times for other latitudes and longitudes may be obtained by interpolation as described below and as exemplified on page A13.

Phenomena		Zenith distance	Pages
SUN (interval 4 days):	sunrise and sunset	90° 50′	A14–A21
	civil twilight	96°	A22–A29
	nautical twilight	102°	A30–A37
	astronomical twilight	108°	A38–A45

MOON (interval 1 day): moonrise and moonset $90° 34′ + s - \pi$ A46–A77
(s = semidiameter, π = horizontal parallax)

The zenith distance at the times for rising and setting is such that under normal conditions the upper limb of the Sun and Moon appears to be on the horizon of an observer at sea-level. The parallax of the Sun is ignored. The observed time may differ from the tabular time because of a variation of the atmospheric refraction from the adopted value (34′) and because of a difference in height of the observer and the actual horizon.

Use of tabulations

The following procedure may be used to obtain times of the phenomena for a non-tabular place and date.

Step 1:   Interpolate linearly for latitude. The differences between adjacent values are usually small and so the required interpolates can often be obtained by inspection.

Step 2:   Interpolate linearly for date and longitude in order to obtain the local mean times of the phenomena at the longitude concerned. For the Sun the variations with longitude of the local mean times of the phenomena are small, but to obtain better precision the interpolation factor for date should be increased by

west longitude in degrees /1440

since the interval of tabulation is 4 days. For the Moon, the interpolating factor to be used is simply

west longitude in degrees /360

since the interval of tabulation is 1 day; backward interpolation should be carried out for east longitudes.

Step 3:   Convert the times so obtained (which are on the scale of local mean time for the local meridian) to universal time (UT) or to the appropriate clock time, which may differ from the time of the nearest standard meridian according to the customs of the country concerned. The UT of the phenomenon is obtained from the local mean time by applying the longitude expressed in time measure (1 hour for each 15° of longitude), adding for west longitudes and subtracting for east longitudes. The times so obtained may require adjustment by 24^h; if so, the corresponding date must be changed accordingly.

Approximate formulae for direct calculation

The approximate UT of rising or setting of a body with right ascension α and declination δ at latitude ϕ and *east* longitude λ may be calculated from

$$\text{UT} = 0.997\,27\,\{\alpha - \lambda \pm \cos^{-1}(-\tan\phi\tan\delta) - (\text{GMST at } 0^h \text{ UT})\}$$

where each term is expressed in time measure and the GMST at 0^h UT is given in the tabulations on pages B13–B20. The negative sign corresponds to rising and the positive sign to setting. The formula ignores refraction, semi-diameter and any changes in α and δ during the day. If $\tan\phi\tan\delta$ is numerically greater than 1, there is no phenomenon.

Examples

The following examples of the calculations of the times of rising and setting phenomena use the procedure described on page A12.

1. Find the times of sunrise and sunset for Paris on 2020 July 18. Paris is at latitude N48° 52′ (= +48°87), longitude E2° 20′ (= E2°33 = E0^h 09^m), and in the summer the clocks are kept two hours in advance of UT. The relevant portions of the tabulation on page A19 and the results of the interpolation for latitude are as follows, where the interpolation factor is (48·87 − 48)/2 = 0·43:

	Sunrise			Sunset		
	+48°	+50°	+48°87	+48°	+50°	+48°87
	h m	h m	h m	h m	h m	h m
July 17	04 19	04 10	04 15	19 53	20 01	19 56
July 21	04 23	04 15	04 20	19 49	19 57	19 52

The interpolation factor for date and longitude is (18 − 17)/4 − 2·33/1440 = 0·25

	Sunrise	Sunset
	d h m	d h m
Interpolate to obtain local mean time:	18 04 16	18 19 55
Subtract 0^h 09^m to obtain universal time:	18 04 07	18 19 46
Add 2^h to obtain clock time:	18 06 07	18 21 46

2. Find the times of beginning and end of astronomical twilight for Canberra, Australia on 2020 November 4. Canberra is at latitude S35° 18′ (= −35°30), longitude E149° 08′(= E149°13 = E9^h 57^m), and in the summer the clocks are kept eleven hours in advance of UT. The relevant portions of the tabulation on page A44 and the results of the interpolation for latitude are as follows, where the interpolation factor is (−35·30 − (−40))/5 = 0·94:

Astronomical Twilight

	beginning			end		
	−40°	−35°	−35°30	−40°	−35°	−35°30
	h m	h m	h m	h m	h m	h m
Nov. 2	03 04	03 23	03 22	20 24	20 05	20 06
Nov. 6	02 58	03 18	03 17	20 31	20 10	20 11

The interpolation factor for date and longitude is (4 − 2)/4 − 149·13/1440 = 0·40

	Astronomical Twilight	
	beginning	end
	d h m	d h m
Interpolation to obtain local mean time:	4 03 20	4 20 08
Subtract 9^h 57^m to obtain universal time:	3 17 23	4 10 11
Add 11^h to obtain clock time:	4 04 23	4 21 11

3. Find the times of moonrise and moonset for Washington, D.C. on 2020 January 24. Washington is at latitude N38° 55′ (= +38°92), longitude W77° 00′ (= W77°00 = W5^h 08^m), and in the winter the clocks are kept five hours behind UT. The relevant portions of the tabulation on page A48 and the results of the interpolation for latitude are as follows, where the interpolation factor is (38·92 − 35)/5 = 0·78:

	Moonrise			Moonset		
	+35°	+40°	+38°92	+35°	+40°	+38°92
	h m	h m	h m	h m	h m	h m
Jan. 24	06 51	07 06	07 03	16 59	16 45	16 48
Jan. 25	07 36	07 48	07 45	17 57	17 45	17 48

The interpolation factor for longitude is 77·0/360 = 0·21

	Moonrise	Moonset
	d h m	d h m
Interpolate to obtain local mean time:	24 07 12	24 17 01
Add 5^h 08^m to obtain universal time:	24 12 20	24 22 09
Subtract 5^h to obtain clock time:	24 07 20	24 17 09

SUNRISE AND SUNSET, 2020

UNIVERSAL TIME FOR MERIDIAN OF GREENWICH

SUNRISE

Lat.	−55°	−50°	−45°	−40°	−35°	−30°	−20°	−10°	0°	+10°	+20°	+30°	+35°	+40°
	h m	h m	h m	h m	h m	h m	h m	h m	h m	h m	h m	h m	h m	h m
Jan. −1	3 23	3 53	4 15	4 33	4 48	5 01	5 22	5 41	5 59	6 16	6 34	6 55	7 07	7 21
3	3 28	3 57	4 19	4 36	4 51	5 03	5 25	5 43	6 01	6 18	6 36	6 56	7 08	7 22
7	3 33	4 01	4 23	4 40	4 54	5 06	5 27	5 46	6 02	6 19	6 37	6 57	7 09	7 22
11	3 40	4 07	4 27	4 44	4 58	5 10	5 30	5 48	6 04	6 20	6 37	6 57	7 08	7 21
15	3 47	4 12	4 32	4 48	5 01	5 13	5 33	5 50	6 06	6 21	6 38	6 57	7 08	7 20
19	3 54	4 19	4 37	4 53	5 05	5 17	5 35	5 52	6 07	6 22	6 38	6 56	7 06	7 18
23	4 02	4 25	4 43	4 57	5 10	5 20	5 38	5 54	6 08	6 22	6 38	6 55	7 05	7 16
27	4 11	4 32	4 49	5 02	5 14	5 24	5 41	5 55	6 09	6 23	6 37	6 53	7 03	7 13
31	4 19	4 39	4 54	5 07	5 18	5 27	5 43	5 57	6 10	6 23	6 36	6 51	7 00	7 10
Feb. 4	4 28	4 46	5 00	5 12	5 22	5 31	5 46	5 58	6 10	6 22	6 35	6 49	6 57	7 06
8	4 36	4 53	5 06	5 17	5 26	5 34	5 48	6 00	6 11	6 22	6 33	6 46	6 54	7 02
12	4 45	5 00	5 12	5 22	5 30	5 37	5 50	6 01	6 11	6 21	6 31	6 43	6 50	6 57
16	4 54	5 07	5 18	5 27	5 34	5 41	5 52	6 02	6 11	6 20	6 29	6 40	6 46	6 52
20	5 02	5 14	5 24	5 31	5 38	5 44	5 54	6 02	6 10	6 18	6 27	6 36	6 41	6 47
24	5 11	5 21	5 29	5 36	5 42	5 47	5 56	6 03	6 10	6 17	6 24	6 32	6 36	6 42
28	5 19	5 28	5 35	5 41	5 45	5 50	5 57	6 03	6 09	6 15	6 21	6 28	6 32	6 36
Mar. 3	5 28	5 35	5 40	5 45	5 49	5 53	5 59	6 04	6 09	6 13	6 18	6 23	6 26	6 30
7	5 36	5 41	5 46	5 49	5 53	5 55	6 00	6 04	6 08	6 11	6 15	6 19	6 21	6 24
11	5 44	5 48	5 51	5 54	5 56	5 58	6 01	6 04	6 07	6 09	6 12	6 14	6 16	6 17
15	5 52	5 54	5 56	5 58	5 59	6 01	6 02	6 04	6 06	6 07	6 08	6 09	6 10	6 11
19	6 00	6 01	6 02	6 02	6 03	6 03	6 04	6 04	6 04	6 05	6 05	6 05	6 05	6 05
23	6 08	6 07	6 07	6 06	6 06	6 05	6 05	6 04	6 03	6 02	6 01	6 00	5 59	5 58
27	6 15	6 13	6 12	6 10	6 09	6 08	6 06	6 04	6 02	6 00	5 58	5 55	5 53	5 52
31	6 23	6 20	6 17	6 14	6 12	6 10	6 07	6 04	6 01	5 58	5 54	5 50	5 48	5 45
Apr. 4	6 31	6 26	6 22	6 18	6 15	6 13	6 08	6 04	6 00	5 55	5 51	5 45	5 42	5 39

SUNSET

Lat.	−55°	−50°	−45°	−40°	−35°	−30°	−20°	−10°	0°	+10°	+20°	+30°	+35°	+40°
	h m	h m	h m	h m	h m	h m	h m	h m	h m	h m	h m	h m	h m	h m
Jan. −1	20 41	20 12	19 49	19 32	19 17	19 04	18 42	18 23	18 06	17 49	17 31	17 10	16 57	16 43
3	20 40	20 11	19 50	19 32	19 18	19 05	18 44	18 25	18 08	17 51	17 33	17 12	17 00	16 47
7	20 38	20 10	19 49	19 32	19 18	19 05	18 45	18 26	18 10	17 53	17 36	17 15	17 04	16 50
11	20 35	20 08	19 48	19 31	19 17	19 05	18 45	18 28	18 11	17 55	17 38	17 19	17 07	16 54
15	20 31	20 05	19 46	19 30	19 17	19 05	18 45	18 29	18 13	17 57	17 41	17 22	17 11	16 59
19	20 26	20 02	19 43	19 28	19 15	19 04	18 45	18 29	18 14	17 59	17 43	17 25	17 15	17 03
23	20 20	19 57	19 40	19 25	19 13	19 03	18 45	18 30	18 15	18 01	17 46	17 29	17 19	17 08
27	20 13	19 52	19 36	19 22	19 11	19 01	18 44	18 30	18 16	18 03	17 49	17 32	17 23	17 12
31	20 06	19 47	19 32	19 19	19 08	18 59	18 43	18 30	18 17	18 04	17 51	17 36	17 27	17 17
Feb. 4	19 59	19 41	19 27	19 15	19 05	18 57	18 42	18 29	18 17	18 06	17 53	17 39	17 31	17 22
8	19 50	19 34	19 21	19 11	19 02	18 54	18 40	18 28	18 18	18 07	17 55	17 43	17 35	17 27
12	19 42	19 27	19 16	19 06	18 58	18 51	18 38	18 28	18 18	18 08	17 58	17 46	17 39	17 32
16	19 33	19 20	19 09	19 01	18 53	18 47	18 36	18 26	18 17	18 09	17 59	17 49	17 43	17 36
20	19 24	19 12	19 03	18 55	18 49	18 43	18 33	18 25	18 17	18 09	18 01	17 52	17 47	17 41
24	19 14	19 04	18 56	18 50	18 44	18 39	18 31	18 23	18 17	18 10	18 03	17 55	17 51	17 46
28	19 05	18 56	18 50	18 44	18 39	18 35	18 28	18 22	18 16	18 10	18 04	17 58	17 54	17 50
Mar. 3	18 55	18 48	18 42	18 38	18 34	18 31	18 25	18 20	18 15	18 11	18 06	18 01	17 58	17 54
7	18 45	18 39	18 35	18 32	18 29	18 26	18 22	18 18	18 14	18 11	18 07	18 03	18 01	17 59
11	18 35	18 31	18 28	18 25	18 23	18 21	18 18	18 16	18 13	18 11	18 09	18 06	18 05	18 03
15	18 24	18 22	18 20	18 19	18 18	18 17	18 15	18 13	18 12	18 11	18 10	18 09	18 08	18 07
19	18 14	18 13	18 13	18 12	18 12	18 12	18 11	18 11	18 11	18 11	18 11	18 11	18 11	18 11
23	18 04	18 05	18 05	18 06	18 06	18 07	18 08	18 09	18 10	18 11	18 12	18 13	18 14	18 15
27	17 54	17 56	17 58	17 59	18 01	18 02	18 04	18 06	18 09	18 11	18 13	18 16	18 18	18 20
31	17 44	17 47	17 50	17 53	17 55	17 57	18 01	18 04	18 07	18 11	18 14	18 18	18 21	18 24
Apr. 4	17 34	17 39	17 43	17 47	17 50	17 53	17 57	18 02	18 06	18 10	18 15	18 21	18 24	18 28

SUNRISE AND SUNSET, 2020

UNIVERSAL TIME FOR MERIDIAN OF GREENWICH

SUNRISE

Lat.	+40°	+42°	+44°	+46°	+48°	+50°	+52°	+54°	+56°	+58°	+60°	+62°	+64°	+66°
	h m	h m	h m	h m	h m	h m	h m	h m	h m	h m	h m	h m	h m	h m
Jan. −1	7 21	7 28	7 34	7 42	7 50	7 58	8 08	8 19	8 32	8 46	9 03	9 24	9 51	10 31
3	7 22	7 28	7 35	7 42	7 50	7 58	8 08	8 19	8 31	8 45	9 01	9 22	9 48	10 25
7	7 22	7 28	7 34	7 41	7 49	7 57	8 07	8 17	8 29	8 42	8 58	9 18	9 42	10 16
11	7 21	7 27	7 33	7 40	7 48	7 56	8 05	8 14	8 26	8 39	8 54	9 12	9 35	10 06
15	7 20	7 26	7 32	7 38	7 45	7 53	8 02	8 11	8 22	8 34	8 48	9 06	9 27	9 54
19	7 18	7 24	7 30	7 36	7 42	7 50	7 58	8 07	8 17	8 29	8 42	8 58	9 17	9 42
23	7 16	7 21	7 27	7 32	7 39	7 46	7 53	8 02	8 11	8 22	8 34	8 49	9 07	9 29
27	7 13	7 18	7 23	7 29	7 35	7 41	7 48	7 56	8 05	8 15	8 26	8 40	8 56	9 16
31	7 10	7 14	7 19	7 24	7 30	7 36	7 42	7 50	7 58	8 07	8 17	8 30	8 44	9 02
Feb. 4	7 06	7 10	7 15	7 19	7 24	7 30	7 36	7 43	7 50	7 58	8 08	8 19	8 32	8 47
8	7 02	7 06	7 10	7 14	7 19	7 24	7 29	7 35	7 42	7 49	7 58	8 08	8 19	8 33
12	6 57	7 01	7 04	7 08	7 12	7 17	7 22	7 27	7 33	7 40	7 48	7 56	8 06	8 18
16	6 52	6 55	6 59	7 02	7 06	7 10	7 14	7 19	7 24	7 30	7 37	7 45	7 53	8 04
20	6 47	6 50	6 53	6 56	6 59	7 02	7 06	7 10	7 15	7 20	7 26	7 32	7 40	7 49
24	6 42	6 44	6 46	6 49	6 52	6 55	6 58	7 01	7 05	7 10	7 15	7 20	7 27	7 34
28	6 36	6 38	6 40	6 42	6 44	6 47	6 49	6 52	6 55	6 59	7 03	7 08	7 13	7 19
Mar. 3	6 30	6 31	6 33	6 35	6 36	6 38	6 41	6 43	6 45	6 48	6 51	6 55	6 59	7 04
7	6 24	6 25	6 26	6 27	6 29	6 30	6 32	6 33	6 35	6 37	6 40	6 42	6 45	6 49
11	6 17	6 18	6 19	6 20	6 21	6 22	6 23	6 24	6 25	6 26	6 28	6 29	6 31	6 33
15	6 11	6 11	6 12	6 12	6 12	6 13	6 13	6 14	6 14	6 15	6 16	6 16	6 17	6 18
19	6 05	6 05	6 04	6 04	6 04	6 04	6 04	6 04	6 04	6 04	6 04	6 03	6 03	6 03
23	5 58	5 58	5 57	5 57	5 56	5 56	5 55	5 54	5 53	5 52	5 51	5 50	5 49	5 47
27	5 52	5 51	5 50	5 49	5 48	5 47	5 46	5 44	5 43	5 41	5 39	5 37	5 35	5 32
31	5 45	5 44	5 43	5 41	5 40	5 38	5 36	5 34	5 32	5 30	5 27	5 24	5 21	5 17
Apr. 4	5 39	5 37	5 35	5 34	5 32	5 30	5 27	5 25	5 22	5 19	5 15	5 11	5 06	5 01

SUNSET

Lat.	+40°	+42°	+44°	+46°	+48°	+50°	+52°	+54°	+56°	+58°	+60°	+62°	+64°	+66°
	h m	h m	h m	h m	h m	h m	h m	h m	h m	h m	h m	h m	h m	h m
Jan. −1	16 43	16 37	16 30	16 23	16 15	16 06	15 57	15 46	15 33	15 19	15 02	14 41	14 13	13 34
3	16 47	16 41	16 34	16 27	16 19	16 10	16 01	15 50	15 38	15 24	15 07	14 47	14 21	13 44
7	16 50	16 44	16 38	16 31	16 23	16 15	16 06	15 55	15 44	15 30	15 14	14 55	14 30	13 56
11	16 54	16 48	16 42	16 36	16 28	16 20	16 11	16 01	15 50	15 37	15 22	15 04	14 41	14 10
15	16 59	16 53	16 47	16 41	16 33	16 26	16 17	16 08	15 57	15 45	15 31	15 13	14 52	14 25
19	17 03	16 58	16 52	16 46	16 39	16 32	16 24	16 15	16 05	15 53	15 40	15 24	15 05	14 40
23	17 08	17 03	16 57	16 51	16 45	16 38	16 31	16 22	16 13	16 02	15 50	15 35	15 17	14 55
27	17 12	17 08	17 03	16 57	16 51	16 45	16 38	16 30	16 21	16 11	16 00	15 46	15 30	15 11
31	17 17	17 13	17 08	17 03	16 58	16 52	16 45	16 38	16 30	16 21	16 10	15 58	15 44	15 26
Feb. 4	17 22	17 18	17 14	17 09	17 04	16 58	16 52	16 46	16 38	16 30	16 21	16 10	15 57	15 41
8	17 27	17 23	17 19	17 15	17 10	17 05	17 00	16 54	16 47	16 40	16 31	16 21	16 10	15 56
12	17 32	17 28	17 25	17 21	17 17	17 12	17 07	17 02	16 56	16 49	16 42	16 33	16 23	16 11
16	17 36	17 33	17 30	17 27	17 23	17 19	17 15	17 10	17 05	16 59	16 52	16 45	16 36	16 26
20	17 41	17 38	17 36	17 33	17 29	17 26	17 22	17 18	17 13	17 08	17 03	16 56	16 49	16 40
24	17 46	17 43	17 41	17 38	17 36	17 33	17 30	17 26	17 22	17 18	17 13	17 08	17 01	16 54
28	17 50	17 48	17 46	17 44	17 42	17 39	17 37	17 34	17 31	17 27	17 23	17 19	17 14	17 08
Mar. 3	17 54	17 53	17 51	17 50	17 48	17 46	17 44	17 42	17 39	17 37	17 33	17 30	17 26	17 21
7	17 59	17 58	17 57	17 55	17 54	17 53	17 51	17 50	17 48	17 46	17 44	17 41	17 38	17 35
11	18 03	18 02	18 02	18 01	18 00	17 59	17 58	17 57	17 56	17 55	17 53	17 52	17 50	17 48
15	18 07	18 07	18 07	18 06	18 06	18 06	18 05	18 05	18 04	18 04	18 03	18 03	18 02	18 01
19	18 11	18 11	18 12	18 12	18 12	18 12	18 12	18 12	18 13	18 13	18 13	18 13	18 14	18 14
23	18 15	18 16	18 16	18 17	18 18	18 18	18 19	18 20	18 21	18 22	18 23	18 24	18 26	18 27
27	18 20	18 20	18 21	18 22	18 23	18 25	18 26	18 27	18 29	18 31	18 33	18 35	18 37	18 40
31	18 24	18 25	18 26	18 28	18 29	18 31	18 33	18 35	18 37	18 40	18 42	18 46	18 49	18 54
Apr. 4	18 28	18 29	18 31	18 33	18 35	18 37	18 40	18 42	18 45	18 49	18 52	18 56	19 01	19 07

SUNRISE AND SUNSET, 2020

UNIVERSAL TIME FOR MERIDIAN OF GREENWICH

SUNRISE

Lat.	−55°	−50°	−45°	−40°	−35°	−30°	−20°	−10°	0°	+10°	+20°	+30°	+35°	+40°
	h m	h m	h m	h m	h m	h m	h m	h m	h m	h m	h m	h m	h m	h m
Mar. 31	6 23	6 20	6 17	6 14	6 12	6 10	6 07	6 04	6 01	5 58	5 54	5 50	5 48	5 45
Apr. 4	6 31	6 26	6 22	6 18	6 15	6 13	6 08	6 04	6 00	5 55	5 51	5 45	5 42	5 39
8	6 39	6 32	6 27	6 22	6 19	6 15	6 09	6 04	5 58	5 53	5 47	5 41	5 37	5 32
12	6 46	6 38	6 32	6 26	6 22	6 17	6 10	6 04	5 57	5 51	5 44	5 36	5 32	5 26
16	6 54	6 44	6 37	6 30	6 25	6 20	6 11	6 04	5 56	5 49	5 41	5 32	5 26	5 20
20	7 02	6 51	6 42	6 34	6 28	6 22	6 13	6 04	5 55	5 47	5 38	5 27	5 21	5 14
24	7 09	6 57	6 47	6 38	6 31	6 25	6 14	6 04	5 55	5 45	5 35	5 23	5 17	5 09
28	7 17	7 03	6 52	6 42	6 34	6 27	6 15	6 04	5 54	5 44	5 33	5 20	5 12	5 03
May 2	7 24	7 09	6 56	6 46	6 38	6 30	6 17	6 05	5 54	5 42	5 30	5 16	5 08	4 58
6	7 31	7 15	7 01	6 50	6 41	6 32	6 18	6 05	5 53	5 41	5 28	5 13	5 04	4 54
10	7 39	7 20	7 06	6 54	6 44	6 35	6 19	6 06	5 53	5 40	5 26	5 10	5 00	4 49
14	7 45	7 26	7 10	6 58	6 47	6 37	6 21	6 06	5 53	5 39	5 24	5 07	4 57	4 45
18	7 52	7 31	7 15	7 01	6 50	6 40	6 23	6 07	5 53	5 38	5 23	5 05	4 54	4 42
22	7 59	7 36	7 19	7 05	6 53	6 42	6 24	6 08	5 53	5 38	5 22	5 03	4 52	4 39
26	8 04	7 41	7 23	7 08	6 56	6 45	6 26	6 09	5 54	5 38	5 21	5 01	4 49	4 36
30	8 10	7 45	7 27	7 11	6 58	6 47	6 27	6 10	5 54	5 38	5 20	5 00	4 48	4 34
June 3	8 15	7 49	7 30	7 14	7 01	6 49	6 29	6 11	5 55	5 38	5 20	4 59	4 47	4 32
7	8 19	7 53	7 33	7 17	7 03	6 51	6 30	6 12	5 55	5 38	5 20	4 58	4 46	4 31
11	8 22	7 56	7 35	7 19	7 05	6 52	6 32	6 13	5 56	5 39	5 20	4 58	4 45	4 31
15	8 25	7 58	7 37	7 20	7 06	6 54	6 33	6 14	5 57	5 39	5 21	4 59	4 46	4 31
19	8 26	7 59	7 38	7 22	7 07	6 55	6 34	6 15	5 58	5 40	5 21	4 59	4 46	4 31
23	8 27	8 00	7 39	7 22	7 08	6 56	6 35	6 16	5 59	5 41	5 22	5 00	4 47	4 32
27	8 27	8 00	7 40	7 23	7 09	6 56	6 35	6 17	6 00	5 42	5 23	5 01	4 48	4 33
July 1	8 26	7 59	7 39	7 23	7 09	6 57	6 36	6 17	6 00	5 43	5 24	5 03	4 50	4 35
5	8 24	7 58	7 38	7 22	7 08	6 56	6 36	6 18	6 01	5 44	5 26	5 04	4 52	4 37

SUNSET

Lat.	−55°	−50°	−45°	−40°	−35°	−30°	−20°	−10°	0°	+10°	+20°	+30°	+35°	+40°
	h m	h m	h m	h m	h m	h m	h m	h m	h m	h m	h m	h m	h m	h m
Mar. 31	17 44	17 47	17 50	17 53	17 55	17 57	18 01	18 04	18 07	18 11	18 14	18 18	18 21	18 24
Apr. 4	17 34	17 39	17 43	17 47	17 50	17 53	17 57	18 02	18 06	18 10	18 15	18 21	18 24	18 28
8	17 24	17 31	17 36	17 40	17 44	17 48	17 54	18 00	18 05	18 10	18 16	18 23	18 27	18 32
12	17 14	17 22	17 29	17 34	17 39	17 43	17 51	17 58	18 04	18 10	18 17	18 26	18 30	18 36
16	17 05	17 14	17 22	17 28	17 34	17 39	17 48	17 56	18 03	18 11	18 19	18 28	18 34	18 40
20	16 55	17 06	17 15	17 23	17 29	17 35	17 45	17 54	18 02	18 11	18 20	18 31	18 37	18 44
24	16 46	16 59	17 09	17 17	17 25	17 31	17 42	17 52	18 01	18 11	18 21	18 33	18 40	18 48
28	16 37	16 51	17 03	17 12	17 20	17 27	17 40	17 50	18 01	18 11	18 23	18 36	18 43	18 52
May 2	16 29	16 45	16 57	17 07	17 16	17 24	17 37	17 49	18 00	18 12	18 24	18 38	18 47	18 56
6	16 21	16 38	16 51	17 03	17 12	17 20	17 35	17 48	18 00	18 12	18 26	18 41	18 50	19 00
10	16 14	16 32	16 46	16 58	17 09	17 18	17 33	17 47	18 00	18 13	18 27	18 43	18 53	19 04
14	16 07	16 26	16 42	16 55	17 05	17 15	17 32	17 46	18 00	18 14	18 29	18 46	18 56	19 08
18	16 00	16 21	16 38	16 51	17 03	17 13	17 30	17 46	18 00	18 15	18 30	18 49	18 59	19 12
22	15 54	16 17	16 34	16 48	17 00	17 11	17 29	17 45	18 00	18 16	18 32	18 51	19 02	19 15
26	15 49	16 13	16 31	16 46	16 58	17 09	17 28	17 45	18 01	18 17	18 34	18 53	19 05	19 19
30	15 45	16 09	16 28	16 44	16 57	17 08	17 28	17 45	18 01	18 18	18 35	18 56	19 08	19 22
June 3	15 42	16 07	16 26	16 42	16 56	17 07	17 28	17 45	18 02	18 19	18 37	18 58	19 10	19 24
7	15 39	16 05	16 25	16 41	16 55	17 07	17 28	17 46	18 03	18 20	18 38	19 00	19 12	19 27
11	15 37	16 04	16 24	16 41	16 55	17 07	17 28	17 46	18 03	18 21	18 40	19 01	19 14	19 29
15	15 36	16 03	16 24	16 41	16 55	17 07	17 28	17 47	18 04	18 22	18 41	19 03	19 16	19 31
19	15 37	16 04	16 24	16 41	16 55	17 08	17 29	17 48	18 05	18 23	18 42	19 04	19 17	19 32
23	15 38	16 05	16 25	16 42	16 56	17 09	17 30	17 49	18 06	18 24	18 43	19 05	19 18	19 33
27	15 39	16 06	16 27	16 44	16 58	17 10	17 31	17 50	18 07	18 24	18 43	19 05	19 18	19 33
July 1	15 42	16 09	16 29	16 45	16 59	17 11	17 32	17 51	18 08	18 25	18 44	19 05	19 18	19 33
5	15 46	16 12	16 31	16 48	17 01	17 13	17 34	17 52	18 08	18 25	18 44	19 05	19 17	19 32

SUNRISE AND SUNSET, 2020

UNIVERSAL TIME FOR MERIDIAN OF GREENWICH

SUNRISE

Lat.	+40°	+42°	+44°	+46°	+48°	+50°	+52°	+54°	+56°	+58°	+60°	+62°	+64°	+66°
	h m	h m	h m	h m	h m	h m	h m	h m	h m	h m	h m	h m	h m	h m
Mar. 31	5 45	5 44	5 43	5 41	5 40	5 38	5 36	5 34	5 32	5 30	5 27	5 24	5 21	5 17
Apr. 4	5 39	5 37	5 35	5 34	5 32	5 30	5 27	5 25	5 22	5 19	5 15	5 11	5 06	5 01
8	5 32	5 30	5 28	5 26	5 24	5 21	5 18	5 15	5 11	5 07	5 03	4 58	4 52	4 46
12	5 26	5 24	5 21	5 19	5 16	5 13	5 09	5 05	5 01	4 56	4 51	4 45	4 38	4 30
16	5 20	5 18	5 15	5 11	5 08	5 04	5 00	4 56	4 51	4 46	4 39	4 32	4 24	4 14
20	5 14	5 11	5 08	5 04	5 01	4 56	4 52	4 47	4 41	4 35	4 28	4 20	4 10	3 59
24	5 09	5 05	5 02	4 58	4 53	4 49	4 43	4 38	4 31	4 24	4 16	4 07	3 56	3 43
28	5 03	5 00	4 56	4 51	4 46	4 41	4 35	4 29	4 22	4 14	4 05	3 55	3 42	3 28
May 2	4 58	4 54	4 50	4 45	4 40	4 34	4 28	4 21	4 13	4 04	3 54	3 43	3 29	3 12
6	4 54	4 49	4 44	4 39	4 33	4 27	4 20	4 13	4 04	3 55	3 44	3 31	3 15	2 56
10	4 49	4 45	4 39	4 34	4 28	4 21	4 14	4 05	3 56	3 46	3 33	3 19	3 02	2 40
14	4 45	4 40	4 35	4 29	4 22	4 15	4 07	3 58	3 48	3 37	3 24	3 08	2 49	2 24
18	4 42	4 36	4 31	4 24	4 17	4 10	4 01	3 52	3 41	3 29	3 15	2 58	2 36	2 08
22	4 39	4 33	4 27	4 20	4 13	4 05	3 56	3 46	3 35	3 22	3 06	2 48	2 24	1 52
26	4 36	4 30	4 24	4 17	4 09	4 01	3 51	3 41	3 29	3 15	2 59	2 38	2 13	1 36
30	4 34	4 28	4 21	4 14	4 06	3 57	3 47	3 36	3 24	3 09	2 52	2 30	2 02	1 19
June 3	4 32	4 26	4 19	4 12	4 03	3 54	3 44	3 33	3 20	3 04	2 46	2 23	1 52	1 02
7	4 31	4 25	4 18	4 10	4 01	3 52	3 42	3 30	3 16	3 01	2 41	2 17	1 44	0 43
11	4 31	4 24	4 17	4 09	4 00	3 51	3 40	3 28	3 14	2 58	2 38	2 13	1 37	0 18
15	4 31	4 24	4 17	4 09	4 00	3 50	3 39	3 27	3 13	2 56	2 36	2 10	1 33	□
19	4 31	4 24	4 17	4 09	4 00	3 50	3 40	3 27	3 13	2 56	2 36	2 09	1 31	□
23	4 32	4 25	4 18	4 10	4 01	3 51	3 40	3 28	3 14	2 57	2 37	2 10	1 32	□
27	4 33	4 27	4 19	4 11	4 03	3 53	3 42	3 30	3 16	2 59	2 39	2 13	1 36	□
July 1	4 35	4 28	4 21	4 13	4 05	3 55	3 45	3 33	3 19	3 02	2 43	2 17	1 42	0 24
5	4 37	4 31	4 24	4 16	4 08	3 58	3 48	3 36	3 23	3 07	2 48	2 23	1 50	0 50

SUNSET

	+40°	+42°	+44°	+46°	+48°	+50°	+52°	+54°	+56°	+58°	+60°	+62°	+64°	+66°
	h m	h m	h m	h m	h m	h m	h m	h m	h m	h m	h m	h m	h m	h m
Mar. 31	18 24	18 25	18 26	18 28	18 29	18 31	18 33	18 35	18 37	18 40	18 42	18 46	18 49	18 54
Apr. 4	18 28	18 29	18 31	18 33	18 35	18 37	18 40	18 42	18 45	18 49	18 52	18 56	19 01	19 07
8	18 32	18 34	18 36	18 38	18 41	18 44	18 46	18 50	18 53	18 57	19 02	19 07	19 13	19 20
12	18 36	18 38	18 41	18 44	18 47	18 50	18 53	18 57	19 02	19 06	19 12	19 18	19 25	19 34
16	18 40	18 43	18 46	18 49	18 52	18 56	19 00	19 05	19 10	19 15	19 22	19 29	19 37	19 47
20	18 44	18 47	18 50	18 54	18 58	19 02	19 07	19 12	19 18	19 24	19 32	19 40	19 50	20 01
24	18 48	18 52	18 55	18 59	19 04	19 09	19 14	19 20	19 26	19 33	19 42	19 51	20 02	20 15
28	18 52	18 56	19 00	19 05	19 09	19 15	19 21	19 27	19 34	19 42	19 52	20 02	20 15	20 30
May 2	18 56	19 00	19 05	19 10	19 15	19 21	19 27	19 34	19 42	19 51	20 01	20 13	20 28	20 45
6	19 00	19 05	19 10	19 15	19 21	19 27	19 34	19 42	19 50	20 00	20 11	20 25	20 40	21 00
10	19 04	19 09	19 14	19 20	19 26	19 33	19 40	19 49	19 58	20 09	20 21	20 36	20 53	21 16
14	19 08	19 13	19 19	19 25	19 31	19 39	19 47	19 56	20 06	20 17	20 31	20 47	21 06	21 31
18	19 12	19 17	19 23	19 29	19 36	19 44	19 53	20 02	20 13	20 25	20 40	20 57	21 19	21 48
22	19 15	19 21	19 27	19 34	19 41	19 49	19 58	20 08	20 20	20 33	20 49	21 08	21 32	22 05
26	19 19	19 25	19 31	19 38	19 46	19 54	20 04	20 14	20 26	20 40	20 57	21 18	21 44	22 22
30	19 22	19 28	19 35	19 42	19 50	19 59	20 09	20 20	20 32	20 47	21 05	21 27	21 56	22 40
June 3	19 24	19 31	19 38	19 45	19 54	20 03	20 13	20 24	20 38	20 53	21 12	21 35	22 06	22 59
7	19 27	19 33	19 41	19 48	19 57	20 06	20 17	20 28	20 42	20 58	21 17	21 42	22 16	23 20
11	19 29	19 36	19 43	19 51	19 59	20 09	20 20	20 32	20 46	21 02	21 22	21 48	22 24	23 56
15	19 31	19 37	19 45	19 53	20 01	20 11	20 22	20 34	20 48	21 05	21 26	21 52	22 29	□
19	19 32	19 39	19 46	19 54	20 03	20 13	20 23	20 36	20 50	21 07	21 27	21 54	22 32	□
23	19 33	19 40	19 47	19 55	20 04	20 13	20 24	20 36	20 51	21 08	21 28	21 54	22 32	□
27	19 33	19 40	19 47	19 55	20 04	20 13	20 24	20 36	20 50	21 07	21 27	21 53	22 30	□
July 1	19 33	19 39	19 47	19 54	20 03	20 12	20 23	20 35	20 49	21 05	21 25	21 50	22 25	23 37
5	19 32	19 38	19 45	19 53	20 01	20 11	20 21	20 33	20 46	21 02	21 21	21 45	22 17	23 15

□ indicates Sun continuously above horizon.

SUNRISE AND SUNSET, 2020

UNIVERSAL TIME FOR MERIDIAN OF GREENWICH

SUNRISE

Lat.	−55°	−50°	−45°	−40°	−35°	−30°	−20°	−10°	0°	+10°	+20°	+30°	+35°	+40°
	h m	h m	h m	h m	h m	h m	h m	h m	h m	h m	h m	h m	h m	h m
July 1	8 26	7 59	7 39	7 23	7 09	6 57	6 36	6 17	6 00	5 43	5 24	5 03	4 50	4 35
5	8 24	7 58	7 38	7 22	7 08	6 56	6 36	6 18	6 01	5 44	5 26	5 04	4 52	4 37
9	8 21	7 56	7 37	7 21	7 07	6 56	6 36	6 18	6 02	5 45	5 27	5 06	4 54	4 40
13	8 17	7 53	7 34	7 19	7 06	6 55	6 35	6 18	6 02	5 46	5 29	5 08	4 56	4 43
17	8 13	7 49	7 32	7 17	7 04	6 53	6 35	6 18	6 03	5 47	5 30	5 10	4 59	4 46
21	8 07	7 45	7 28	7 14	7 02	6 52	6 34	6 18	6 03	5 48	5 32	5 13	5 02	4 49
25	8 01	7 41	7 24	7 11	7 00	6 50	6 32	6 17	6 03	5 49	5 33	5 15	5 04	4 52
29	7 54	7 35	7 20	7 07	6 57	6 47	6 31	6 17	6 03	5 49	5 35	5 17	5 07	4 56
Aug. 2	7 47	7 29	7 15	7 03	6 53	6 44	6 29	6 16	6 03	5 50	5 36	5 20	5 10	5 00
6	7 40	7 23	7 10	6 59	6 50	6 41	6 27	6 14	6 02	5 50	5 37	5 22	5 13	5 03
10	7 31	7 16	7 04	6 54	6 46	6 38	6 25	6 13	6 02	5 51	5 39	5 25	5 16	5 07
14	7 23	7 09	6 58	6 49	6 41	6 34	6 22	6 11	6 01	5 51	5 40	5 27	5 20	5 11
18	7 14	7 02	6 52	6 44	6 37	6 30	6 19	6 10	6 00	5 51	5 41	5 29	5 23	5 15
22	7 05	6 54	6 45	6 38	6 32	6 26	6 16	6 08	5 59	5 51	5 42	5 32	5 26	5 19
26	6 55	6 46	6 38	6 32	6 27	6 22	6 13	6 06	5 58	5 51	5 43	5 34	5 29	5 22
30	6 46	6 38	6 31	6 26	6 21	6 17	6 10	6 03	5 57	5 51	5 44	5 36	5 31	5 26
Sept. 3	6 36	6 29	6 24	6 20	6 16	6 12	6 06	6 01	5 56	5 51	5 45	5 38	5 34	5 30
7	6 26	6 21	6 17	6 13	6 10	6 08	6 03	5 59	5 55	5 50	5 46	5 40	5 37	5 34
11	6 16	6 12	6 09	6 07	6 05	6 03	5 59	5 56	5 53	5 50	5 47	5 43	5 40	5 37
15	6 06	6 03	6 02	6 00	5 59	5 58	5 56	5 54	5 52	5 50	5 47	5 45	5 43	5 41
19	5 55	5 55	5 54	5 54	5 53	5 53	5 52	5 51	5 50	5 49	5 48	5 47	5 46	5 45
23	5 45	5 46	5 47	5 47	5 47	5 48	5 48	5 49	5 49	5 49	5 49	5 49	5 49	5 49
27	5 35	5 37	5 39	5 40	5 42	5 43	5 45	5 46	5 48	5 49	5 50	5 51	5 52	5 53
Oct. 1	5 24	5 28	5 31	5 34	5 36	5 38	5 41	5 44	5 46	5 49	5 51	5 54	5 55	5 57
5	5 14	5 20	5 24	5 27	5 30	5 33	5 38	5 41	5 45	5 48	5 52	5 56	5 58	6 01

SUNSET

Lat.	−55°	−50°	−45°	−40°	−35°	−30°	−20°	−10°	0°	+10°	+20°	+30°	+35°	+40°
	h m	h m	h m	h m	h m	h m	h m	h m	h m	h m	h m	h m	h m	h m
July 1	15 42	16 09	16 29	16 45	16 59	17 11	17 32	17 51	18 08	18 25	18 44	19 05	19 18	19 33
5	15 46	16 12	16 31	16 48	17 01	17 13	17 34	17 52	18 08	18 25	18 44	19 05	19 17	19 32
9	15 50	16 15	16 34	16 50	17 03	17 15	17 35	17 52	18 09	18 26	18 43	19 04	19 16	19 31
13	15 55	16 19	16 38	16 53	17 06	17 17	17 36	17 53	18 09	18 26	18 43	19 03	19 15	19 29
17	16 00	16 23	16 41	16 56	17 08	17 19	17 38	17 54	18 10	18 25	18 42	19 02	19 13	19 26
21	16 06	16 28	16 45	16 59	17 11	17 21	17 39	17 55	18 10	18 25	18 41	19 00	19 11	19 24
25	16 12	16 33	16 49	17 02	17 14	17 24	17 41	17 56	18 10	18 24	18 40	18 58	19 08	19 20
29	16 19	16 38	16 53	17 06	17 17	17 26	17 42	17 57	18 10	18 24	18 38	18 55	19 05	19 16
Aug. 2	16 26	16 44	16 58	17 10	17 20	17 28	17 44	17 57	18 10	18 23	18 36	18 52	19 02	19 12
6	16 33	16 49	17 02	17 13	17 22	17 31	17 45	17 57	18 09	18 21	18 34	18 49	18 58	19 08
10	16 40	16 55	17 07	17 17	17 25	17 33	17 46	17 58	18 09	18 20	18 32	18 46	18 54	19 03
14	16 47	17 01	17 12	17 21	17 28	17 35	17 47	17 58	18 08	18 18	18 29	18 42	18 49	18 58
18	16 54	17 06	17 16	17 24	17 31	17 38	17 48	17 58	18 07	18 16	18 26	18 38	18 44	18 52
22	17 02	17 12	17 21	17 28	17 34	17 40	17 49	17 58	18 06	18 14	18 23	18 33	18 39	18 46
26	17 09	17 18	17 26	17 32	17 37	17 42	17 50	17 58	18 05	18 12	18 20	18 29	18 34	18 40
30	17 16	17 24	17 30	17 36	17 40	17 44	17 51	17 58	18 04	18 10	18 17	18 24	18 29	18 34
Sept. 3	17 24	17 30	17 35	17 39	17 43	17 46	17 52	17 57	18 02	18 08	18 13	18 20	18 23	18 28
7	17 31	17 36	17 40	17 43	17 46	17 48	17 53	17 57	18 01	18 05	18 10	18 15	18 18	18 21
11	17 38	17 42	17 44	17 47	17 49	17 51	17 54	17 57	18 00	18 03	18 06	18 10	18 12	18 15
15	17 46	17 48	17 49	17 50	17 52	17 53	17 55	17 56	17 58	18 00	18 02	18 05	18 06	18 08
19	17 53	17 53	17 54	17 54	17 55	17 55	17 55	17 56	17 57	17 58	17 59	18 00	18 01	18 02
23	18 01	17 59	17 59	17 58	17 57	17 57	17 56	17 56	17 55	17 55	17 55	17 55	17 55	17 55
27	18 08	18 04	18 04	18 02	18 00	17 59	17 57	17 56	17 54	17 53	17 51	17 50	17 49	17 48
Oct. 1	18 16	18 12	18 08	18 06	18 04	18 02	17 58	17 55	17 53	17 50	17 48	17 45	17 43	17 42
5	18 23	18 18	18 13	18 10	18 07	18 04	17 59	17 55	17 52	17 48	17 44	17 40	17 38	17 35

UNIVERSAL TIME FOR MERIDIAN OF GREENWICH

SUNRISE

Lat.	+40°	+42°	+44°	+46°	+48°	+50°	+52°	+54°	+56°	+58°	+60°	+62°	+64°	+66°
	h m	h m	h m	h m	h m	h m	h m	h m	h m	h m	h m	h m	h m	h m
July 1	4 35	4 28	4 21	4 13	4 05	3 55	3 45	3 33	3 19	3 02	2 43	2 17	1 42	0 24
5	4 37	4 31	4 24	4 16	4 08	3 58	3 48	3 36	3 23	3 07	2 48	2 23	1 50	0 50
9	4 40	4 33	4 26	4 19	4 11	4 02	3 52	3 40	3 27	3 12	2 54	2 31	2 00	1 10
13	4 43	4 36	4 30	4 22	4 15	4 06	3 56	3 45	3 33	3 18	3 01	2 39	2 11	1 28
17	4 46	4 40	4 33	4 26	4 19	4 10	4 01	3 50	3 39	3 25	3 08	2 48	2 23	1 46
21	4 49	4 43	4 37	4 30	4 23	4 15	4 06	3 56	3 45	3 32	3 17	2 58	2 35	2 03
25	4 52	4 47	4 41	4 35	4 28	4 20	4 12	4 02	3 52	3 40	3 25	3 08	2 47	2 19
29	4 56	4 51	4 45	4 39	4 33	4 26	4 18	4 09	3 59	3 48	3 35	3 19	3 00	2 35
Aug. 2	5 00	4 55	4 50	4 44	4 38	4 31	4 24	4 16	4 07	3 56	3 44	3 30	3 13	2 51
6	5 03	4 59	4 54	4 49	4 43	4 37	4 30	4 23	4 14	4 05	3 53	3 41	3 25	3 06
10	5 07	5 03	4 59	4 54	4 48	4 43	4 37	4 30	4 22	4 13	4 03	3 51	3 38	3 21
14	5 11	5 07	5 03	4 59	4 54	4 49	4 43	4 37	4 30	4 22	4 13	4 02	3 50	3 35
18	5 15	5 11	5 08	5 04	4 59	4 55	4 50	4 44	4 38	4 30	4 22	4 13	4 02	3 49
22	5 19	5 16	5 12	5 09	5 05	5 01	4 56	4 51	4 45	4 39	4 32	4 24	4 14	4 03
26	5 22	5 20	5 17	5 14	5 10	5 07	5 03	4 58	4 53	4 48	4 42	4 34	4 26	4 17
30	5 26	5 24	5 21	5 19	5 16	5 13	5 09	5 05	5 01	4 56	4 51	4 45	4 38	4 30
Sept. 3	5 30	5 28	5 26	5 24	5 21	5 18	5 16	5 12	5 09	5 05	5 01	4 55	4 50	4 43
7	5 34	5 32	5 30	5 29	5 27	5 24	5 22	5 20	5 17	5 13	5 10	5 06	5 01	4 56
11	5 37	5 36	5 35	5 34	5 32	5 30	5 29	5 27	5 24	5 22	5 19	5 16	5 13	5 09
15	5 41	5 40	5 39	5 39	5 37	5 36	5 35	5 34	5 32	5 31	5 29	5 27	5 24	5 21
19	5 45	5 45	5 44	5 44	5 43	5 42	5 42	5 41	5 40	5 39	5 38	5 37	5 35	5 34
23	5 49	5 49	5 49	5 49	5 48	5 48	5 48	5 48	5 48	5 48	5 47	5 47	5 47	5 46
27	5 53	5 53	5 53	5 54	5 54	5 54	5 55	5 55	5 56	5 56	5 57	5 58	5 58	5 59
Oct. 1	5 57	5 57	5 58	5 59	6 00	6 01	6 01	6 03	6 04	6 05	6 06	6 08	6 10	6 12
5	6 01	6 02	6 03	6 04	6 05	6 07	6 08	6 10	6 12	6 14	6 16	6 18	6 21	6 25

SUNSET

Lat.	+40°	+42°	+44°	+46°	+48°	+50°	+52°	+54°	+56°	+58°	+60°	+62°	+64°	+66°
	h m	h m	h m	h m	h m	h m	h m	h m	h m	h m	h m	h m	h m	h m
July 1	19 33	19 39	19 47	19 54	20 03	20 12	20 23	20 35	20 49	21 05	21 25	21 50	22 25	23 37
5	19 32	19 38	19 45	19 53	20 01	20 11	20 21	20 33	20 46	21 02	21 21	21 45	22 17	23 15
9	19 31	19 37	19 44	19 51	19 59	20 08	20 18	20 30	20 43	20 58	21 16	21 38	22 09	22 57
13	19 29	19 35	19 42	19 49	19 57	20 05	20 15	20 26	20 38	20 53	21 10	21 31	21 59	22 39
17	19 26	19 32	19 39	19 46	19 53	20 01	20 11	20 21	20 33	20 47	21 03	21 22	21 47	22 23
21	19 24	19 29	19 35	19 42	19 49	19 57	20 06	20 16	20 27	20 40	20 55	21 13	21 36	22 07
25	19 20	19 26	19 31	19 38	19 44	19 52	20 00	20 10	20 20	20 32	20 46	21 03	21 23	21 50
29	19 16	19 22	19 27	19 33	19 39	19 46	19 54	20 03	20 13	20 24	20 37	20 52	21 11	21 34
Aug. 2	19 12	19 17	19 22	19 28	19 34	19 40	19 48	19 56	20 05	20 15	20 27	20 41	20 58	21 19
6	19 08	19 12	19 17	19 22	19 28	19 34	19 40	19 48	19 56	20 06	20 16	20 29	20 44	21 03
10	19 03	19 07	19 11	19 16	19 21	19 27	19 33	19 40	19 47	19 56	20 06	20 17	20 31	20 47
14	18 58	19 01	19 05	19 10	19 14	19 19	19 25	19 31	19 38	19 46	19 55	20 05	20 17	20 31
18	18 52	18 55	18 59	19 03	19 07	19 12	19 17	19 22	19 29	19 36	19 43	19 52	20 03	20 16
22	18 46	18 49	18 53	18 56	19 00	19 04	19 08	19 13	19 19	19 25	19 32	19 40	19 49	20 00
26	18 40	18 43	18 46	18 49	18 52	18 56	19 00	19 04	19 09	19 14	19 20	19 27	19 35	19 44
30	18 34	18 36	18 39	18 41	18 44	18 47	18 51	18 54	18 59	19 03	19 08	19 14	19 21	19 29
Sept. 3	18 28	18 30	18 32	18 34	18 36	18 39	18 42	18 45	18 48	18 52	18 56	19 01	19 07	19 13
7	18 21	18 23	18 25	18 26	18 28	18 30	18 33	18 35	18 38	18 41	18 44	18 48	18 53	18 58
11	18 15	18 16	18 17	18 19	18 20	18 22	18 23	18 25	18 27	18 30	18 32	18 35	18 38	18 42
15	18 08	18 09	18 10	18 11	18 12	18 13	18 14	18 15	18 17	18 18	18 20	18 22	18 24	18 27
19	18 02	18 02	18 02	18 03	18 03	18 04	18 05	18 05	18 06	18 07	18 08	18 09	18 10	18 12
23	17 55	17 55	17 55	17 55	17 55	17 55	17 55	17 55	17 55	17 55	17 56	17 56	17 56	17 56
27	17 48	17 48	17 48	17 47	17 47	17 46	17 46	17 45	17 45	17 44	17 43	17 43	17 42	17 41
Oct. 1	17 42	17 41	17 40	17 39	17 39	17 38	17 37	17 35	17 34	17 33	17 31	17 30	17 28	17 26
5	17 35	17 34	17 33	17 32	17 30	17 29	17 27	17 26	17 24	17 22	17 19	17 17	17 14	17 10

SUNRISE AND SUNSET, 2020

UNIVERSAL TIME FOR MERIDIAN OF GREENWICH

SUNRISE

Lat.	−55°	−50°	−45°	−40°	−35°	−30°	−20°	−10°	0°	+10°	+20°	+30°	+35°	+40°
	h m	h m	h m	h m	h m	h m	h m	h m	h m	h m	h m	h m	h m	h m
Oct. 1	5 24	5 28	5 31	5 34	5 36	5 38	5 41	5 44	5 46	5 49	5 51	5 54	5 55	5 57
5	5 14	5 20	5 24	5 27	5 30	5 33	5 38	5 41	5 45	5 48	5 52	5 56	5 58	6 01
9	5 04	5 11	5 17	5 21	5 25	5 28	5 34	5 39	5 44	5 48	5 53	5 58	6 01	6 05
13	4 54	5 03	5 09	5 15	5 20	5 24	5 31	5 37	5 43	5 48	5 54	6 01	6 05	6 09
17	4 44	4 54	5 02	5 09	5 14	5 19	5 28	5 35	5 42	5 49	5 56	6 03	6 08	6 13
21	4 35	4 46	4 55	5 03	5 10	5 15	5 25	5 33	5 41	5 49	5 57	6 06	6 11	6 17
25	4 26	4 39	4 49	4 58	5 05	5 11	5 22	5 32	5 41	5 49	5 59	6 09	6 15	6 22
29	4 17	4 31	4 43	4 52	5 00	5 08	5 20	5 30	5 40	5 50	6 00	6 12	6 19	6 26
Nov. 2	4 08	4 24	4 37	4 47	4 56	5 04	5 18	5 29	5 40	5 51	6 02	6 15	6 22	6 31
6	4 00	4 17	4 31	4 43	4 53	5 01	5 16	5 28	5 40	5 52	6 04	6 18	6 26	6 35
10	3 52	4 11	4 26	4 39	4 49	4 58	5 14	5 28	5 40	5 53	6 06	6 21	6 30	6 40
14	3 45	4 05	4 22	4 35	4 46	4 56	5 13	5 27	5 41	5 54	6 08	6 24	6 34	6 44
18	3 38	4 00	4 18	4 32	4 44	4 54	5 12	5 27	5 42	5 56	6 11	6 28	6 38	6 49
22	3 32	3 56	4 14	4 29	4 42	4 53	5 12	5 28	5 43	5 57	6 13	6 31	6 42	6 53
26	3 27	3 52	4 11	4 27	4 40	4 52	5 11	5 28	5 44	5 59	6 16	6 34	6 45	6 58
30	3 22	3 49	4 09	4 26	4 39	4 51	5 12	5 29	5 45	6 01	6 18	6 38	6 49	7 02
Dec. 4	3 19	3 47	4 08	4 25	4 39	4 51	5 12	5 30	5 47	6 03	6 21	6 41	6 52	7 06
8	3 17	3 45	4 07	4 24	4 39	4 52	5 13	5 31	5 48	6 05	6 23	6 44	6 56	7 09
12	3 16	3 45	4 07	4 25	4 40	4 52	5 14	5 33	5 50	6 07	6 26	6 47	6 59	7 13
16	3 15	3 45	4 08	4 26	4 41	4 54	5 16	5 35	5 52	6 09	6 28	6 49	7 01	7 16
20	3 16	3 47	4 09	4 27	4 42	4 55	5 17	5 36	5 54	6 12	6 30	6 51	7 04	7 18
24	3 19	3 49	4 11	4 29	4 44	4 57	5 19	5 38	5 56	6 13	6 32	6 53	7 06	7 20
28	3 22	3 52	4 14	4 32	4 47	5 00	5 22	5 41	5 58	6 15	6 34	6 55	7 07	7 21
32	3 26	3 55	4 17	4 35	4 50	5 03	5 24	5 43	6 00	6 17	6 35	6 56	7 08	7 22
36	3 32	4 00	4 21	4 39	4 53	5 05	5 27	5 45	6 02	6 19	6 36	6 57	7 09	7 22

SUNSET

Lat.	−55°	−50°	−45°	−40°	−35°	−30°	−20°	−10°	0°	+10°	+20°	+30°	+35°	+40°
	h m	h m	h m	h m	h m	h m	h m	h m	h m	h m	h m	h m	h m	h m
Oct. 1	18 16	18 12	18 08	18 06	18 04	18 02	17 58	17 55	17 53	17 50	17 48	17 45	17 43	17 42
5	18 23	18 18	18 13	18 10	18 07	18 04	17 59	17 55	17 52	17 48	17 44	17 40	17 38	17 35
9	18 31	18 24	18 19	18 14	18 10	18 06	18 00	17 55	17 50	17 46	17 41	17 36	17 32	17 29
13	18 39	18 31	18 24	18 18	18 13	18 09	18 02	17 55	17 49	17 44	17 38	17 31	17 27	17 23
17	18 47	18 37	18 29	18 22	18 17	18 12	18 03	17 55	17 49	17 42	17 35	17 27	17 22	17 17
21	18 56	18 44	18 34	18 27	18 20	18 14	18 04	17 56	17 48	17 40	17 32	17 23	17 17	17 11
25	19 04	18 51	18 40	18 31	18 24	18 17	18 06	17 56	17 47	17 39	17 29	17 19	17 13	17 06
29	19 12	18 57	18 45	18 36	18 27	18 20	18 08	17 57	17 47	17 37	17 27	17 15	17 08	17 01
Nov. 2	19 21	19 04	18 51	18 40	18 31	18 23	18 10	17 58	17 47	17 36	17 25	17 12	17 04	16 56
6	19 29	19 11	18 57	18 45	18 35	18 27	18 12	17 59	17 47	17 35	17 23	17 09	17 01	16 52
10	19 37	19 18	19 02	18 50	18 39	18 30	18 14	18 00	17 47	17 35	17 22	17 06	16 58	16 48
14	19 46	19 24	19 08	18 54	18 43	18 33	18 16	18 02	17 48	17 35	17 20	17 04	16 55	16 44
18	19 54	19 31	19 13	18 59	18 47	18 37	18 19	18 03	17 49	17 35	17 20	17 02	16 53	16 41
22	20 02	19 37	19 19	19 04	18 51	18 40	18 21	18 05	17 50	17 35	17 19	17 01	16 51	16 39
26	20 09	19 44	19 24	19 08	18 55	18 43	18 24	18 07	17 51	17 36	17 19	17 00	16 49	16 37
30	20 16	19 49	19 29	19 12	18 59	18 47	18 26	18 09	17 52	17 36	17 19	17 00	16 48	16 35
Dec. 4	20 22	19 54	19 33	19 16	19 02	18 50	18 29	18 11	17 54	17 37	17 20	17 00	16 48	16 35
8	20 28	19 59	19 37	19 20	19 05	18 53	18 31	18 13	17 56	17 39	17 21	17 00	16 48	16 35
12	20 33	20 03	19 41	19 23	19 08	18 56	18 34	18 15	17 58	17 40	17 22	17 01	16 49	16 35
16	20 36	20 07	19 44	19 26	19 11	18 58	18 36	18 17	18 00	17 42	17 24	17 03	16 50	16 36
20	20 39	20 09	19 46	19 28	19 13	19 00	18 38	18 19	18 02	17 44	17 26	17 04	16 52	16 38
24	20 41	20 11	19 48	19 30	19 15	19 02	18 40	18 21	18 04	17 46	17 28	17 06	16 54	16 40
28	20 41	20 12	19 49	19 31	19 17	19 04	18 42	18 23	18 06	17 48	17 30	17 09	16 57	16 42
32	20 40	20 11	19 50	19 32	19 17	19 05	18 43	18 25	18 07	17 50	17 32	17 12	16 59	16 46
36	20 39	20 11	19 49	19 32	19 18	19 05	18 44	18 26	18 09	17 53	17 35	17 14	17 03	16 49

UNIVERSAL TIME FOR MERIDIAN OF GREENWICH

SUNRISE

Lat.	+40°	+42°	+44°	+46°	+48°	+50°	+52°	+54°	+56°	+58°	+60°	+62°	+64°	+66°
	h m	h m	h m	h m	h m	h m	h m	h m	h m	h m	h m	h m	h m	h m
Oct. 1	5 57	5 57	5 58	5 59	6 00	6 01	6 01	6 03	6 04	6 05	6 06	6 08	6 10	6 12
5	6 01	6 02	6 03	6 04	6 05	6 07	6 08	6 10	6 12	6 14	6 16	6 18	6 21	6 25
9	6 05	6 06	6 08	6 09	6 11	6 13	6 15	6 17	6 20	6 22	6 26	6 29	6 33	6 38
13	6 09	6 11	6 12	6 15	6 17	6 19	6 22	6 25	6 28	6 31	6 35	6 40	6 45	6 51
17	6 13	6 15	6 17	6 20	6 23	6 26	6 29	6 32	6 36	6 40	6 45	6 51	6 57	7 04
21	6 17	6 20	6 23	6 26	6 29	6 32	6 36	6 40	6 45	6 50	6 55	7 02	7 09	7 18
25	6 22	6 25	6 28	6 31	6 35	6 39	6 43	6 48	6 53	6 59	7 05	7 13	7 21	7 32
29	6 26	6 29	6 33	6 37	6 41	6 45	6 50	6 55	7 01	7 08	7 16	7 24	7 34	7 46
Nov. 2	6 31	6 34	6 38	6 42	6 47	6 52	6 57	7 03	7 10	7 17	7 26	7 35	7 47	8 00
6	6 35	6 39	6 43	6 48	6 53	6 59	7 05	7 11	7 18	7 27	7 36	7 47	8 00	8 15
10	6 40	6 44	6 49	6 54	6 59	7 05	7 12	7 19	7 27	7 36	7 46	7 58	8 13	8 30
14	6 44	6 49	6 54	6 59	7 05	7 12	7 19	7 27	7 35	7 45	7 56	8 10	8 25	8 45
18	6 49	6 54	6 59	7 05	7 11	7 18	7 26	7 34	7 43	7 54	8 06	8 21	8 38	9 00
22	6 53	6 59	7 04	7 10	7 17	7 24	7 32	7 41	7 51	8 03	8 16	8 32	8 51	9 15
26	6 58	7 03	7 09	7 16	7 23	7 30	7 39	7 48	7 59	8 11	8 25	8 42	9 03	9 30
30	7 02	7 08	7 14	7 21	7 28	7 36	7 45	7 55	8 06	8 19	8 34	8 52	9 14	9 45
Dec. 4	7 06	7 12	7 18	7 25	7 33	7 41	7 50	8 00	8 12	8 26	8 41	9 01	9 25	9 59
8	7 09	7 16	7 22	7 29	7 37	7 46	7 55	8 06	8 18	8 32	8 48	9 08	9 34	10 11
12	7 13	7 19	7 26	7 33	7 41	7 50	7 59	8 10	8 23	8 37	8 54	9 15	9 42	10 22
16	7 16	7 22	7 29	7 36	7 44	7 53	8 03	8 14	8 26	8 41	8 59	9 20	9 48	10 30
20	7 18	7 24	7 31	7 39	7 47	7 56	8 05	8 17	8 29	8 44	9 02	9 23	9 52	10 34
24	7 20	7 26	7 33	7 40	7 48	7 57	8 07	8 18	8 31	8 46	9 03	9 25	9 53	10 35
28	7 21	7 27	7 34	7 42	7 50	7 58	8 08	8 19	8 32	8 46	9 03	9 25	9 52	10 33
32	7 22	7 28	7 35	7 42	7 50	7 58	8 08	8 19	8 31	8 45	9 02	9 23	9 49	10 27
36	7 22	7 28	7 35	7 42	7 49	7 58	8 07	8 18	8 29	8 43	8 59	9 19	9 44	10 19

SUNSET

Lat.	+40°	+42°	+44°	+46°	+48°	+50°	+52°	+54°	+56°	+58°	+60°	+62°	+64°	+66°
	h m	h m	h m	h m	h m	h m	h m	h m	h m	h m	h m	h m	h m	h m
Oct. 1	17 42	17 41	17 40	17 39	17 39	17 38	17 37	17 35	17 34	17 33	17 31	17 30	17 28	17 26
5	17 35	17 34	17 33	17 32	17 30	17 29	17 27	17 26	17 24	17 22	17 19	17 17	17 14	17 10
9	17 29	17 28	17 26	17 24	17 22	17 20	17 18	17 16	17 13	17 11	17 07	17 04	17 00	16 55
13	17 23	17 21	17 19	17 17	17 15	17 12	17 09	17 07	17 03	17 00	16 56	16 51	16 46	16 40
17	17 17	17 15	17 12	17 10	17 07	17 04	17 01	16 57	16 53	16 49	16 44	16 39	16 32	16 25
21	17 11	17 09	17 06	17 03	17 00	16 56	16 52	16 48	16 44	16 39	16 33	16 26	16 19	16 10
25	17 06	17 03	17 00	16 56	16 53	16 49	16 44	16 40	16 34	16 28	16 22	16 14	16 05	15 55
29	17 01	16 57	16 54	16 50	16 46	16 41	16 36	16 31	16 25	16 18	16 11	16 02	15 52	15 40
Nov. 2	16 56	16 52	16 48	16 44	16 39	16 35	16 29	16 23	16 16	16 09	16 00	15 51	15 39	15 26
6	16 52	16 48	16 43	16 39	16 34	16 28	16 22	16 15	16 08	16 00	15 50	15 39	15 27	15 11
10	16 48	16 43	16 39	16 34	16 28	16 22	16 16	16 08	16 00	15 51	15 41	15 29	15 14	14 57
14	16 44	16 39	16 34	16 29	16 23	16 17	16 10	16 02	15 53	15 43	15 32	15 19	15 03	14 43
18	16 41	16 36	16 31	16 25	16 19	16 12	16 04	15 56	15 46	15 36	15 23	15 09	14 51	14 30
22	16 39	16 33	16 28	16 22	16 15	16 08	16 00	15 51	15 41	15 29	15 16	15 00	14 41	14 16
26	16 37	16 31	16 25	16 19	16 12	16 04	15 56	15 46	15 36	15 23	15 09	14 52	14 31	14 04
30	16 35	16 30	16 23	16 17	16 09	16 01	15 53	15 43	15 31	15 19	15 03	14 45	14 23	13 52
Dec. 4	16 35	16 29	16 22	16 15	16 08	15 59	15 50	15 40	15 28	15 15	14 59	14 40	14 15	13 42
8	16 35	16 28	16 22	16 15	16 07	15 58	15 49	15 38	15 26	15 12	14 56	14 35	14 09	13 33
12	16 35	16 29	16 22	16 15	16 07	15 58	15 48	15 37	15 25	15 11	14 54	14 33	14 05	13 26
16	16 36	16 30	16 23	16 16	16 07	15 59	15 49	15 38	15 25	15 10	14 53	14 32	14 04	13 22
20	16 38	16 31	16 24	16 17	16 09	16 00	15 50	15 39	15 26	15 12	14 54	14 32	14 04	13 21
24	16 40	16 33	16 27	16 19	16 11	16 02	15 52	15 41	15 29	15 14	14 56	14 35	14 07	13 24
28	16 42	16 36	16 29	16 22	16 14	16 05	15 56	15 45	15 32	15 18	15 00	14 39	14 11	13 31
32	16 46	16 39	16 33	16 26	16 18	16 09	15 59	15 49	15 36	15 22	15 05	14 45	14 18	13 40
36	16 49	16 43	16 37	16 30	16 22	16 13	16 04	15 54	15 42	15 28	15 12	14 52	14 27	13 52

CIVIL TWILIGHT, 2020

UNIVERSAL TIME FOR MERIDIAN OF GREENWICH
BEGINNING OF MORNING CIVIL TWILIGHT

Lat.	−55°	−50°	−45°	−40°	−35°	−30°	−20°	−10°	0°	+10°	+20°	+30°	+35°	+40°
	h m	h m	h m	h m	h m	h m	h m	h m	h m	h m	h m	h m	h m	h m
Jan. −1	2 26	3 08	3 38	4 00	4 18	4 33	4 58	5 18	5 36	5 53	6 10	6 29	6 39	6 51
3	2 31	3 13	3 42	4 04	4 21	4 36	5 00	5 20	5 38	5 55	6 12	6 30	6 40	6 52
7	2 38	3 18	3 46	4 07	4 25	4 39	5 03	5 23	5 40	5 56	6 13	6 31	6 41	6 52
11	2 46	3 24	3 51	4 12	4 29	4 43	5 06	5 25	5 42	5 58	6 14	6 31	6 41	6 51
15	2 55	3 31	3 56	4 16	4 33	4 46	5 09	5 27	5 43	5 59	6 14	6 31	6 40	6 50
19	3 04	3 38	4 02	4 21	4 37	4 50	5 12	5 29	5 45	6 00	6 14	6 30	6 39	6 49
23	3 13	3 45	4 08	4 26	4 41	4 54	5 14	5 31	5 46	6 00	6 14	6 29	6 38	6 47
27	3 23	3 53	4 15	4 32	4 46	4 58	5 17	5 33	5 47	6 01	6 14	6 28	6 36	6 44
31	3 33	4 01	4 21	4 37	4 50	5 01	5 20	5 35	5 48	6 01	6 13	6 26	6 33	6 41
Feb. 4	3 43	4 08	4 27	4 42	4 55	5 05	5 22	5 36	5 49	6 00	6 12	6 24	6 30	6 38
8	3 53	4 16	4 34	4 48	4 59	5 09	5 25	5 38	5 49	6 00	6 10	6 21	6 27	6 34
12	4 03	4 24	4 40	4 53	5 03	5 12	5 27	5 39	5 49	5 59	6 09	6 18	6 24	6 29
16	4 13	4 32	4 46	4 58	5 08	5 16	5 29	5 40	5 50	5 58	6 06	6 15	6 20	6 25
20	4 23	4 39	4 53	5 03	5 12	5 19	5 31	5 41	5 49	5 57	6 04	6 12	6 15	6 20
24	4 32	4 47	4 59	5 08	5 16	5 22	5 33	5 42	5 49	5 55	6 02	6 08	6 11	6 14
28	4 41	4 54	5 05	5 13	5 20	5 25	5 35	5 42	5 48	5 54	5 59	6 04	6 06	6 09
Mar. 3	4 50	5 01	5 10	5 18	5 23	5 28	5 36	5 43	5 48	5 52	5 56	5 59	6 01	6 03
7	4 59	5 08	5 16	5 22	5 27	5 31	5 38	5 43	5 47	5 50	5 53	5 55	5 56	5 57
11	5 07	5 15	5 22	5 27	5 31	5 34	5 39	5 43	5 46	5 48	5 50	5 50	5 51	5 50
15	5 15	5 22	5 27	5 31	5 34	5 37	5 40	5 43	5 45	5 46	5 46	5 46	5 45	5 44
19	5 24	5 28	5 32	5 35	5 37	5 39	5 42	5 43	5 44	5 44	5 43	5 41	5 39	5 38
23	5 32	5 35	5 37	5 39	5 41	5 42	5 43	5 43	5 43	5 41	5 39	5 36	5 34	5 31
27	5 39	5 41	5 43	5 43	5 44	5 44	5 44	5 43	5 41	5 39	5 36	5 31	5 28	5 24
31	5 47	5 47	5 48	5 47	5 47	5 46	5 45	5 43	5 40	5 37	5 32	5 26	5 22	5 18
Apr. 4	5 55	5 54	5 52	5 51	5 50	5 49	5 46	5 43	5 39	5 34	5 29	5 21	5 17	5 11

END OF EVENING CIVIL TWILIGHT

	−55°	−50°	−45°	−40°	−35°	−30°	−20°	−10°	0°	+10°	+20°	+30°	+35°	+40°
	h m	h m	h m	h m	h m	h m	h m	h m	h m	h m	h m	h m	h m	h m
Jan. −1	21 38	20 56	20 27	20 04	19 46	19 31	19 07	18 47	18 29	18 12	17 55	17 36	17 26	17 14
3	21 36	20 55	20 26	20 05	19 47	19 32	19 08	18 48	18 30	18 14	17 57	17 39	17 28	17 17
7	21 33	20 53	20 26	20 04	19 47	19 33	19 09	18 49	18 32	18 16	17 59	17 42	17 32	17 21
11	21 28	20 50	20 24	20 03	19 47	19 32	19 09	18 50	18 34	18 18	18 02	17 45	17 35	17 24
15	21 22	20 47	20 21	20 02	19 45	19 32	19 10	18 51	18 35	18 20	18 04	17 48	17 39	17 28
19	21 16	20 42	20 18	19 59	19 44	19 31	19 09	18 52	18 36	18 22	18 07	17 51	17 42	17 33
23	21 08	20 37	20 14	19 56	19 42	19 29	19 09	18 52	18 37	18 23	18 09	17 54	17 46	17 37
27	21 00	20 31	20 10	19 53	19 39	19 27	19 08	18 52	18 38	18 25	18 12	17 58	17 50	17 41
31	20 52	20 25	20 05	19 49	19 36	19 25	19 07	18 52	18 39	18 26	18 14	18 01	17 54	17 46
Feb. 4	20 43	20 18	19 59	19 45	19 33	19 22	19 05	18 51	18 39	18 27	18 16	18 04	17 58	17 50
8	20 33	20 11	19 54	19 40	19 29	19 19	19 03	18 50	18 39	18 29	18 18	18 07	18 01	17 55
12	20 23	20 03	19 47	19 35	19 24	19 16	19 01	18 49	18 39	18 29	18 20	18 10	18 05	18 00
16	20 14	19 55	19 41	19 29	19 20	19 12	18 59	18 48	18 39	18 30	18 22	18 13	18 09	18 04
20	20 03	19 47	19 34	19 24	19 15	19 08	18 56	18 46	18 38	18 31	18 24	18 16	18 13	18 08
24	19 53	19 38	19 27	19 18	19 10	19 04	18 53	18 45	18 38	18 31	18 25	18 19	18 16	18 13
28	19 43	19 30	19 20	19 12	19 05	18 59	18 50	18 43	18 37	18 32	18 27	18 22	18 20	18 17
Mar. 3	19 32	19 21	19 12	19 05	19 00	18 55	18 47	18 41	18 36	18 32	18 28	18 25	18 23	18 22
7	19 22	19 12	19 05	18 59	18 54	18 50	18 44	18 39	18 35	18 32	18 29	18 27	18 27	18 26
11	19 11	19 03	18 57	18 52	18 49	18 45	18 40	18 37	18 34	18 32	18 31	18 30	18 30	18 30
15	19 01	18 55	18 50	18 46	18 43	18 40	18 37	18 34	18 33	18 32	18 32	18 32	18 33	18 34
19	18 50	18 46	18 42	18 39	18 37	18 36	18 33	18 32	18 32	18 32	18 33	18 35	18 36	18 38
23	18 40	18 37	18 35	18 33	18 32	18 31	18 30	18 30	18 30	18 32	18 34	18 37	18 40	18 43
27	18 30	18 28	18 27	18 26	18 26	18 26	18 26	18 27	18 29	18 32	18 35	18 40	18 43	18 47
31	18 20	18 20	18 20	18 20	18 21	18 21	18 23	18 25	18 28	18 32	18 36	18 42	18 46	18 51
Apr. 4	18 10	18 11	18 12	18 14	18 15	18 17	18 20	18 23	18 27	18 32	18 37	18 45	18 50	18 55

CIVIL TWILIGHT, 2020

UNIVERSAL TIME FOR MERIDIAN OF GREENWICH
BEGINNING OF MORNING CIVIL TWILIGHT

Lat.	+40°	+42°	+44°	+46°	+48°	+50°	+52°	+54°	+56°	+58°	+60°	+62°	+64°	+66°
	h m	h m	h m	h m	h m	h m	h m	h m	h m	h m	h m	h m	h m	h m
Jan. −1	6 51	6 56	7 01	7 07	7 13	7 20	7 27	7 36	7 44	7 55	8 06	8 19	8 35	8 54
3	6 52	6 57	7 02	7 08	7 14	7 20	7 27	7 35	7 44	7 54	8 05	8 18	8 33	8 52
7	6 52	6 57	7 02	7 07	7 13	7 20	7 27	7 34	7 43	7 52	8 03	8 15	8 30	8 48
11	6 51	6 56	7 01	7 06	7 12	7 18	7 25	7 32	7 40	7 49	8 00	8 12	8 25	8 42
15	6 50	6 55	7 00	7 05	7 10	7 16	7 22	7 29	7 37	7 46	7 55	8 07	8 20	8 35
19	6 49	6 53	6 58	7 03	7 08	7 13	7 19	7 26	7 33	7 41	7 50	8 01	8 13	8 27
23	6 47	6 51	6 55	7 00	7 04	7 10	7 15	7 21	7 28	7 36	7 44	7 54	8 05	8 18
27	6 44	6 48	6 52	6 56	7 01	7 06	7 11	7 16	7 23	7 30	7 37	7 46	7 56	8 08
31	6 41	6 45	6 48	6 52	6 56	7 01	7 06	7 11	7 16	7 23	7 30	7 38	7 47	7 57
Feb. 4	6 38	6 41	6 44	6 48	6 51	6 55	7 00	7 04	7 09	7 15	7 21	7 28	7 37	7 46
8	6 34	6 37	6 40	6 43	6 46	6 50	6 53	6 57	7 02	7 07	7 12	7 19	7 26	7 34
12	6 29	6 32	6 35	6 37	6 40	6 43	6 47	6 50	6 54	6 58	7 03	7 08	7 14	7 21
16	6 25	6 27	6 29	6 31	6 34	6 36	6 39	6 42	6 46	6 49	6 53	6 58	7 03	7 08
20	6 20	6 21	6 23	6 25	6 27	6 29	6 32	6 34	6 37	6 40	6 43	6 46	6 50	6 55
24	6 14	6 16	6 17	6 19	6 20	6 22	6 24	6 26	6 28	6 30	6 32	6 35	6 38	6 41
28	6 09	6 10	6 11	6 12	6 13	6 14	6 15	6 17	6 18	6 20	6 21	6 23	6 25	6 27
Mar. 3	6 03	6 03	6 04	6 05	6 05	6 06	6 07	6 08	6 08	6 09	6 10	6 11	6 11	6 12
7	5 57	5 57	5 57	5 57	5 58	5 58	5 58	5 58	5 58	5 58	5 58	5 58	5 58	5 58
11	5 50	5 50	5 50	5 50	5 50	5 49	5 49	5 48	5 48	5 47	5 46	5 45	5 44	5 43
15	5 44	5 44	5 43	5 42	5 42	5 41	5 40	5 39	5 37	5 36	5 34	5 32	5 30	5 27
19	5 38	5 37	5 36	5 35	5 33	5 32	5 31	5 29	5 27	5 25	5 22	5 19	5 16	5 12
23	5 31	5 30	5 28	5 27	5 25	5 23	5 21	5 19	5 16	5 13	5 10	5 06	5 01	4 56
27	5 24	5 23	5 21	5 19	5 17	5 14	5 12	5 09	5 05	5 01	4 57	4 52	4 46	4 39
31	5 18	5 16	5 14	5 11	5 08	5 05	5 02	4 58	4 54	4 50	4 44	4 38	4 31	4 23
Apr. 4	5 11	5 09	5 06	5 03	5 00	4 56	4 53	4 48	4 43	4 38	4 32	4 24	4 16	4 06

END OF EVENING CIVIL TWILIGHT

Lat.	+40°	+42°	+44°	+46°	+48°	+50°	+52°	+54°	+56°	+58°	+60°	+62°	+64°	+66°
	h m	h m	h m	h m	h m	h m	h m	h m	h m	h m	h m	h m	h m	h m
Jan. −1	17 14	17 09	17 03	16 58	16 51	16 45	16 37	16 29	16 20	16 10	15 59	15 46	15 30	15 11
3	17 17	17 12	17 07	17 01	16 55	16 48	16 41	16 33	16 25	16 15	16 04	15 51	15 36	15 17
7	17 21	17 16	17 11	17 05	16 59	16 53	16 46	16 38	16 30	16 20	16 10	15 57	15 43	15 25
11	17 24	17 20	17 15	17 09	17 04	16 58	16 51	16 44	16 35	16 26	16 16	16 04	15 50	15 34
15	17 28	17 24	17 19	17 14	17 09	17 03	16 56	16 49	16 42	16 33	16 23	16 12	15 59	15 44
19	17 33	17 28	17 24	17 19	17 14	17 08	17 02	16 56	16 49	16 41	16 31	16 21	16 09	15 55
23	17 37	17 33	17 29	17 24	17 19	17 14	17 09	17 03	16 56	16 48	16 40	16 30	16 19	16 06
27	17 41	17 38	17 34	17 30	17 25	17 20	17 15	17 10	17 03	16 56	16 49	16 40	16 30	16 18
31	17 46	17 42	17 39	17 35	17 31	17 27	17 22	17 17	17 11	17 05	16 58	16 50	16 41	16 30
Feb. 4	17 50	17 47	17 44	17 41	17 37	17 33	17 29	17 24	17 19	17 13	17 07	17 00	16 52	16 43
8	17 55	17 52	17 49	17 46	17 43	17 39	17 36	17 32	17 27	17 22	17 17	17 11	17 04	16 56
12	18 00	17 57	17 55	17 52	17 49	17 46	17 43	17 39	17 35	17 31	17 26	17 21	17 15	17 09
16	18 04	18 02	18 00	17 57	17 55	17 52	17 50	17 47	17 44	17 40	17 36	17 32	17 27	17 21
20	18 08	18 07	18 05	18 03	18 01	17 59	17 57	17 54	17 52	17 49	17 46	17 42	17 39	17 34
24	18 13	18 12	18 10	18 09	18 07	18 06	18 04	18 02	18 00	17 58	17 56	17 53	17 50	17 47
28	18 17	18 16	18 15	18 14	18 13	18 12	18 11	18 10	18 08	18 07	18 05	18 04	18 02	18 00
Mar. 3	18 22	18 21	18 20	18 20	18 19	18 18	18 18	18 17	18 17	18 16	18 15	18 15	18 14	18 13
7	18 26	18 26	18 25	18 25	18 25	18 25	18 25	18 25	18 25	18 25	18 25	18 25	18 26	18 26
11	18 30	18 30	18 30	18 31	18 31	18 31	18 32	18 32	18 33	18 34	18 35	18 36	18 37	18 39
15	18 34	18 35	18 35	18 36	18 37	18 38	18 39	18 40	18 41	18 43	18 45	18 47	18 49	18 52
19	18 38	18 39	18 40	18 42	18 43	18 44	18 46	18 48	18 50	18 52	18 55	18 58	19 02	19 06
23	18 43	18 44	18 45	18 47	18 49	18 51	18 53	18 55	18 58	19 01	19 05	19 09	19 14	19 19
27	18 47	18 49	18 52	18 52	18 55	18 57	19 00	19 03	19 07	19 11	19 15	19 20	19 26	19 33
31	18 51	18 53	18 55	18 58	19 01	19 04	19 07	19 11	19 15	19 20	19 25	19 32	19 39	19 48
Apr. 4	18 55	18 58	19 00	19 03	19 07	19 10	19 14	19 19	19 24	19 29	19 36	19 43	19 52	20 02

CIVIL TWILIGHT, 2020

UNIVERSAL TIME FOR MERIDIAN OF GREENWICH
BEGINNING OF MORNING CIVIL TWILIGHT

Lat.	−55°	−50°	−45°	−40°	−35°	−30°	−20°	−10°	0°	+10°	+20°	+30°	+35°	+40°
	h m	h m	h m	h m	h m	h m	h m	h m	h m	h m	h m	h m	h m	h m
Mar. 31	5 47	5 47	5 48	5 47	5 47	5 46	5 45	5 43	5 40	5 37	5 32	5 26	5 22	5 18
Apr. 4	5 55	5 54	5 52	5 51	5 50	5 49	5 46	5 43	5 39	5 34	5 29	5 21	5 17	5 11
8	6 02	6 00	5 57	5 55	5 53	5 51	5 47	5 42	5 38	5 32	5 25	5 16	5 11	5 05
12	6 10	6 06	6 02	5 59	5 56	5 53	5 48	5 42	5 36	5 30	5 22	5 12	5 06	4 58
16	6 17	6 12	6 07	6 03	5 59	5 56	5 49	5 42	5 35	5 28	5 18	5 07	5 00	4 52
20	6 24	6 17	6 12	6 07	6 02	5 58	5 50	5 42	5 34	5 26	5 15	5 03	4 55	4 46
24	6 31	6 23	6 16	6 11	6 05	6 00	5 51	5 42	5 33	5 24	5 12	4 58	4 50	4 40
28	6 38	6 29	6 21	6 14	6 08	6 03	5 52	5 43	5 33	5 22	5 10	4 54	4 45	4 34
May 2	6 45	6 34	6 26	6 18	6 11	6 05	5 54	5 43	5 32	5 20	5 07	4 51	4 41	4 29
6	6 52	6 40	6 30	6 22	6 14	6 07	5 55	5 43	5 32	5 19	5 05	4 47	4 36	4 24
10	6 58	6 45	6 34	6 25	6 17	6 10	5 56	5 44	5 31	5 18	5 02	4 44	4 33	4 19
14	7 04	6 50	6 39	6 29	6 20	6 12	5 58	5 44	5 31	5 17	5 01	4 41	4 29	4 15
18	7 10	6 55	6 43	6 32	6 23	6 14	5 59	5 45	5 31	5 16	4 59	4 38	4 26	4 11
22	7 16	7 00	6 47	6 35	6 26	6 17	6 01	5 46	5 31	5 15	4 58	4 36	4 23	4 07
26	7 21	7 04	6 50	6 38	6 28	6 19	6 02	5 47	5 31	5 15	4 57	4 34	4 21	4 04
30	7 26	7 08	6 54	6 41	6 31	6 21	6 04	5 48	5 32	5 15	4 56	4 33	4 19	4 02
June 3	7 30	7 12	6 57	6 44	6 33	6 23	6 05	5 49	5 32	5 15	4 56	4 32	4 17	4 00
7	7 34	7 15	6 59	6 46	6 35	6 25	6 06	5 50	5 33	5 15	4 55	4 31	4 16	3 59
11	7 37	7 17	7 01	6 48	6 37	6 26	6 08	5 51	5 34	5 16	4 56	4 31	4 16	3 58
15	7 39	7 19	7 03	6 50	6 38	6 28	6 09	5 51	5 34	5 16	4 56	4 31	4 16	3 58
19	7 41	7 21	7 05	6 51	6 39	6 29	6 10	5 52	5 35	5 17	4 57	4 32	4 16	3 58
23	7 42	7 22	7 05	6 52	6 40	6 30	6 11	5 53	5 36	5 18	4 58	4 33	4 17	3 59
27	7 42	7 22	7 06	6 52	6 41	6 30	6 11	5 54	5 37	5 19	4 59	4 34	4 19	4 00
July 1	7 41	7 21	7 05	6 52	6 41	6 30	6 12	5 55	5 38	5 20	5 00	4 35	4 20	4 02
5	7 39	7 20	7 05	6 52	6 40	6 30	6 12	5 55	5 39	5 21	5 01	4 37	4 22	4 05

END OF EVENING CIVIL TWILIGHT

Lat.	−55°	−50°	−45°	−40°	−35°	−30°	−20°	−10°	0°	+10°	+20°	+30°	+35°	+40°
	h m	h m	h m	h m	h m	h m	h m	h m	h m	h m	h m	h m	h m	h m
Mar. 31	18 20	18 20	18 20	18 20	18 21	18 21	18 23	18 25	18 28	18 32	18 36	18 42	18 46	18 51
Apr. 4	18 10	18 11	18 12	18 14	18 15	18 17	18 20	18 23	18 27	18 32	18 37	18 45	18 50	18 55
8	18 00	18 03	18 05	18 08	18 10	18 12	18 16	18 21	18 26	18 32	18 39	18 47	18 53	18 59
12	17 51	17 55	17 58	18 02	18 05	18 08	18 13	18 19	18 25	18 32	18 40	18 50	18 56	19 04
16	17 42	17 47	17 52	17 56	18 00	18 03	18 10	18 17	18 24	18 32	18 41	18 53	19 00	19 08
20	17 33	17 40	17 45	17 50	17 55	17 59	18 07	18 15	18 23	18 32	18 43	18 55	19 03	19 12
24	17 24	17 32	17 39	17 45	17 50	17 55	18 05	18 14	18 23	18 33	18 44	18 58	19 07	19 17
28	17 16	17 25	17 33	17 40	17 46	17 52	18 02	18 12	18 22	18 34	18 46	19 01	19 10	19 21
May 2	17 08	17 19	17 28	17 35	17 42	17 49	18 00	18 11	18 22	18 34	18 47	19 04	19 14	19 26
6	17 01	17 13	17 23	17 31	17 39	17 45	17 58	18 10	18 22	18 34	18 49	19 07	19 17	19 30
10	16 54	17 07	17 18	17 27	17 35	17 43	17 56	18 09	18 22	18 35	18 51	19 09	19 21	19 34
14	16 48	17 02	17 14	17 24	17 32	17 40	17 55	18 08	18 22	18 36	18 52	19 12	19 24	19 39
18	16 42	16 57	17 10	17 20	17 30	17 38	17 54	18 08	18 22	18 37	18 54	19 15	19 28	19 43
22	16 37	16 53	17 07	17 18	17 28	17 37	17 53	18 08	18 22	18 38	18 56	19 18	19 31	19 47
26	16 33	16 50	17 04	17 16	17 26	17 35	17 52	18 08	18 23	18 39	18 58	19 20	19 34	19 50
30	16 29	16 47	17 01	17 14	17 25	17 34	17 52	18 08	18 24	18 40	18 59	19 23	19 37	19 54
June 3	16 26	16 45	17 00	17 12	17 24	17 34	17 51	18 08	18 24	18 42	19 01	19 25	19 39	19 57
7	16 24	16 43	16 59	17 12	17 23	17 33	17 52	18 08	18 25	18 43	19 03	19 27	19 42	19 59
11	16 22	16 42	16 58	17 11	17 23	17 33	17 52	18 09	18 26	18 44	19 04	19 29	19 44	20 02
15	16 22	16 42	16 58	17 11	17 23	17 34	17 52	18 10	18 27	18 45	19 05	19 30	19 45	20 04
19	16 22	16 42	16 58	17 12	17 24	17 34	17 53	18 11	18 28	18 46	19 06	19 31	19 47	20 05
23	16 23	16 43	16 59	17 13	17 25	17 35	17 54	18 11	18 29	18 47	19 07	19 32	19 47	20 06
27	16 25	16 45	17 01	17 14	17 26	17 36	17 55	18 12	18 29	18 47	19 08	19 33	19 48	20 06
July 1	16 27	16 47	17 03	17 16	17 27	17 38	17 56	18 13	18 30	18 48	19 08	19 33	19 48	20 05
5	16 31	16 50	17 05	17 18	17 29	17 39	17 57	18 14	18 31	18 48	19 08	19 32	19 47	20 04

UNIVERSAL TIME FOR MERIDIAN OF GREENWICH
BEGINNING OF MORNING CIVIL TWILIGHT

Lat.	+40°	+42°	+44°	+46°	+48°	+50°	+52°	+54°	+56°	+58°	+60°	+62°	+64°	+66°
	h m	h m	h m	h m	h m	h m	h m	h m	h m	h m	h m	h m	h m	h m
Mar. 31	5 18	5 16	5 14	5 11	5 08	5 05	5 02	4 58	4 54	4 50	4 44	4 38	4 31	4 23
Apr. 4	5 11	5 09	5 06	5 03	5 00	4 56	4 53	4 48	4 43	4 38	4 32	4 24	4 16	4 06
8	5 05	5 02	4 59	4 55	4 52	4 48	4 43	4 38	4 32	4 26	4 19	4 10	4 00	3 49
12	4 58	4 55	4 52	4 48	4 43	4 39	4 34	4 28	4 21	4 14	4 06	3 56	3 45	3 31
16	4 52	4 48	4 44	4 40	4 35	4 30	4 24	4 18	4 11	4 02	3 53	3 42	3 28	3 12
20	4 46	4 42	4 37	4 33	4 27	4 22	4 15	4 08	4 00	3 50	3 40	3 27	3 12	2 53
24	4 40	4 36	4 31	4 25	4 20	4 13	4 06	3 58	3 49	3 39	3 27	3 12	2 55	2 33
28	4 34	4 30	4 24	4 18	4 12	4 05	3 57	3 48	3 38	3 27	3 13	2 57	2 37	2 11
May 2	4 29	4 24	4 18	4 12	4 05	3 57	3 49	3 39	3 28	3 15	3 00	2 42	2 19	1 46
6	4 24	4 18	4 12	4 05	3 58	3 50	3 40	3 30	3 18	3 04	2 47	2 26	1 59	1 17
10	4 19	4 13	4 07	3 59	3 51	3 42	3 33	3 21	3 08	2 53	2 34	2 10	1 37	0 35
14	4 15	4 08	4 01	3 54	3 45	3 36	3 25	3 13	2 59	2 42	2 21	1 54	1 12	// //
18	4 11	4 04	3 57	3 49	3 40	3 30	3 18	3 05	2 50	2 31	2 08	1 36	0 38	// //
22	4 07	4 00	3 53	3 44	3 35	3 24	3 12	2 58	2 41	2 21	1 55	1 17	// //	// //
26	4 04	3 57	3 49	3 40	3 30	3 19	3 06	2 51	2 34	2 12	1 43	0 56	// //	// //
30	4 02	3 54	3 46	3 37	3 26	3 15	3 01	2 46	2 27	2 03	1 31	0 26	// //	// //
June 3	4 00	3 52	3 44	3 34	3 23	3 11	2 57	2 41	2 21	1 56	1 19	// //	// //	// //
7	3 59	3 51	3 42	3 32	3 21	3 08	2 54	2 37	2 16	1 49	1 09	// //	// //	// //
11	3 58	3 50	3 41	3 31	3 19	3 07	2 52	2 34	2 13	1 45	0 59	// //	// //	// //
15	3 58	3 49	3 40	3 30	3 19	3 06	2 51	2 33	2 11	1 41	0 53	// //	// //	▢
19	3 58	3 50	3 40	3 30	3 19	3 06	2 51	2 33	2 10	1 40	0 49	// //	// //	▢
23	3 59	3 51	3 41	3 31	3 20	3 07	2 52	2 34	2 11	1 41	0 50	// //	// //	▢
27	4 00	3 52	3 43	3 33	3 21	3 08	2 53	2 36	2 14	1 44	0 56	// //	// //	▢
July 1	4 02	3 54	3 45	3 35	3 24	3 11	2 56	2 39	2 17	1 49	1 04	// //	// //	// //
5	4 05	3 57	3 48	3 38	3 27	3 15	3 00	2 43	2 23	1 56	1 15	// //	// //	// //

END OF EVENING CIVIL TWILIGHT

Lat.	+40°	+42°	+44°	+46°	+48°	+50°	+52°	+54°	+56°	+58°	+60°	+62°	+64°	+66°
	h m	h m	h m	h m	h m	h m	h m	h m	h m	h m	h m	h m	h m	h m
Mar. 31	18 51	18 53	18 55	18 58	19 01	19 04	19 07	19 11	19 15	19 20	19 25	19 32	19 39	19 48
Apr. 4	18 55	18 58	19 00	19 03	19 07	19 10	19 14	19 19	19 24	19 29	19 36	19 43	19 52	20 02
8	18 59	19 02	19 06	19 09	19 13	19 17	19 22	19 27	19 33	19 39	19 47	19 55	20 05	20 18
12	19 04	19 07	19 11	19 15	19 19	19 24	19 29	19 35	19 41	19 49	19 58	20 08	20 19	20 34
16	19 08	19 12	19 16	19 20	19 25	19 30	19 36	19 43	19 50	19 59	20 09	20 20	20 34	20 50
20	19 12	19 17	19 21	19 26	19 31	19 37	19 44	19 51	20 00	20 09	20 20	20 33	20 49	21 08
24	19 17	19 21	19 26	19 32	19 38	19 44	19 51	20 00	20 09	20 19	20 32	20 47	21 05	21 28
28	19 21	19 26	19 32	19 37	19 44	19 51	19 59	20 08	20 18	20 30	20 44	21 00	21 21	21 49
May 2	19 26	19 31	19 37	19 43	19 50	19 58	20 07	20 16	20 28	20 41	20 56	21 15	21 39	22 13
6	19 30	19 36	19 42	19 49	19 56	20 05	20 14	20 25	20 37	20 51	21 09	21 30	21 59	22 43
10	19 34	19 40	19 47	19 54	20 02	20 11	20 22	20 33	20 46	21 02	21 21	21 46	22 21	23 40
14	19 39	19 45	19 52	20 00	20 08	20 18	20 29	20 41	20 56	21 13	21 34	22 03	22 47	// //
18	19 43	19 49	19 57	20 05	20 14	20 24	20 36	20 49	21 05	21 24	21 47	22 21	23 28	// //
22	19 47	19 54	20 02	20 10	20 20	20 30	20 43	20 57	21 14	21 34	22 01	22 41	// //	// //
26	19 50	19 58	20 06	20 15	20 25	20 36	20 49	21 04	21 22	21 44	22 14	23 04	// //	// //
30	19 54	20 01	20 10	20 19	20 30	20 41	20 55	21 11	21 30	21 54	22 27	23 43	// //	// //
June 3	19 57	20 05	20 13	20 23	20 34	20 46	21 00	21 17	21 37	22 02	22 40	// //	// //	// //
7	19 59	20 08	20 17	20 26	20 37	20 50	21 04	21 22	21 43	22 10	22 52	// //	// //	// //
11	20 02	20 10	20 19	20 29	20 40	20 53	21 08	21 26	21 47	22 16	23 02	// //	// //	// //
15	20 04	20 12	20 21	20 31	20 43	20 56	21 11	21 29	21 51	22 20	23 10	// //	// //	▢
19	20 05	20 13	20 22	20 33	20 44	20 57	21 12	21 30	21 53	22 23	23 14	// //	// //	▢
23	20 06	20 14	20 23	20 33	20 45	20 58	21 13	21 31	21 53	22 23	23 14	// //	// //	▢
27	20 06	20 14	20 23	20 33	20 45	20 58	21 13	21 30	21 52	22 21	23 09	// //	// //	▢
July 1	20 05	20 14	20 23	20 33	20 44	20 56	21 11	21 28	21 50	22 18	23 02	// //	// //	// //
5	20 04	20 12	20 21	20 31	20 42	20 54	21 09	21 25	21 46	22 12	22 52	// //	// //	// //

▢ indicates Sun continuously above horizon.
// // indicates continuous twilight.

CIVIL TWILIGHT, 2020

UNIVERSAL TIME FOR MERIDIAN OF GREENWICH
BEGINNING OF MORNING CIVIL TWILIGHT

Lat.	−55°	−50°	−45°	−40°	−35°	−30°	−20°	−10°	0°	+10°	+20°	+30°	+35°	+40°
	h m	h m	h m	h m	h m	h m	h m	h m	h m	h m	h m	h m	h m	h m
July 1	7 41	7 21	7 05	6 52	6 41	6 30	6 12	5 55	5 38	5 20	5 00	4 35	4 20	4 02
5	7 39	7 20	7 05	6 52	6 40	6 30	6 12	5 55	5 39	5 21	5 01	4 37	4 22	4 05
9	7 37	7 18	7 03	6 51	6 40	6 30	6 12	5 56	5 39	5 22	5 03	4 39	4 25	4 07
13	7 33	7 16	7 01	6 49	6 38	6 29	6 12	5 56	5 40	5 23	5 04	4 41	4 27	4 11
17	7 30	7 13	6 59	6 47	6 37	6 28	6 11	5 56	5 40	5 24	5 06	4 44	4 30	4 14
21	7 25	7 09	6 56	6 45	6 35	6 26	6 10	5 55	5 41	5 25	5 08	4 46	4 33	4 18
25	7 20	7 05	6 52	6 42	6 33	6 24	6 09	5 55	5 41	5 26	5 09	4 49	4 36	4 21
29	7 14	7 00	6 48	6 38	6 30	6 22	6 08	5 54	5 41	5 27	5 11	4 51	4 39	4 25
Aug. 2	7 07	6 54	6 44	6 35	6 27	6 19	6 06	5 54	5 41	5 28	5 13	4 54	4 43	4 29
6	7 00	6 48	6 39	6 30	6 23	6 16	6 04	5 53	5 41	5 28	5 14	4 57	4 46	4 34
10	6 52	6 42	6 33	6 26	6 19	6 13	6 02	5 51	5 40	5 29	5 15	4 59	4 49	4 38
14	6 45	6 35	6 28	6 21	6 15	6 10	5 59	5 50	5 40	5 29	5 17	5 02	4 53	4 42
18	6 36	6 28	6 22	6 16	6 11	6 06	5 57	5 48	5 39	5 29	5 18	5 04	4 56	4 46
22	6 27	6 21	6 15	6 10	6 06	6 02	5 54	5 46	5 38	5 30	5 19	5 07	4 59	4 50
26	6 18	6 13	6 09	6 05	6 01	5 58	5 51	5 44	5 37	5 30	5 21	5 09	5 02	4 54
30	6 09	6 05	6 02	5 59	5 56	5 53	5 48	5 42	5 36	5 30	5 22	5 12	5 06	4 58
Sept. 3	5 59	5 57	5 55	5 53	5 51	5 48	5 44	5 40	5 35	5 29	5 23	5 14	5 09	5 02
7	5 50	5 49	5 47	5 46	5 45	5 44	5 41	5 38	5 34	5 29	5 24	5 16	5 12	5 06
11	5 40	5 40	5 40	5 40	5 39	5 39	5 37	5 35	5 32	5 29	5 24	5 18	5 15	5 10
15	5 30	5 31	5 33	5 33	5 34	5 34	5 34	5 33	5 31	5 29	5 25	5 21	5 18	5 14
19	5 19	5 23	5 25	5 27	5 28	5 29	5 30	5 30	5 30	5 28	5 26	5 23	5 21	5 18
23	5 09	5 14	5 17	5 20	5 22	5 24	5 26	5 28	5 28	5 28	5 27	5 25	5 24	5 22
27	4 58	5 05	5 10	5 13	5 16	5 19	5 23	5 25	5 27	5 28	5 28	5 27	5 27	5 26
Oct. 1	4 48	4 56	5 02	5 07	5 11	5 14	5 19	5 23	5 26	5 28	5 29	5 30	5 30	5 30
5	4 37	4 47	4 54	5 00	5 05	5 09	5 15	5 20	5 24	5 27	5 30	5 32	5 33	5 33

END OF EVENING CIVIL TWILIGHT

Lat.	−55°	−50°	−45°	−40°	−35°	−30°	−20°	−10°	0°	+10°	+20°	+30°	+35°	+40°
	h m	h m	h m	h m	h m	h m	h m	h m	h m	h m	h m	h m	h m	h m
July 1	16 27	16 47	17 03	17 16	17 27	17 38	17 56	18 13	18 30	18 48	19 08	19 33	19 48	20 05
5	16 31	16 50	17 05	17 18	17 29	17 39	17 57	18 14	18 31	18 48	19 08	19 32	19 47	20 04
9	16 34	16 53	17 08	17 20	17 31	17 41	17 59	18 15	18 31	18 48	19 08	19 31	19 46	20 03
13	16 39	16 56	17 11	17 23	17 33	17 43	18 00	18 16	18 32	18 48	19 07	19 30	19 44	20 01
17	16 43	17 00	17 14	17 26	17 36	17 45	18 01	18 17	18 32	18 48	19 06	19 28	19 42	19 58
21	16 49	17 05	17 18	17 29	17 38	17 47	18 03	18 17	18 32	18 48	19 05	19 26	19 39	19 55
25	16 54	17 09	17 21	17 32	17 41	17 49	18 04	18 18	18 32	18 47	19 04	19 24	19 36	19 51
29	17 00	17 14	17 25	17 35	17 44	17 51	18 05	18 19	18 32	18 46	19 02	19 21	19 33	19 47
Aug. 2	17 06	17 19	17 29	17 38	17 46	17 54	18 07	18 19	18 31	18 45	19 00	19 18	19 29	19 42
6	17 12	17 24	17 33	17 42	17 49	17 56	18 08	18 19	18 31	18 43	18 57	19 15	19 25	19 37
10	17 19	17 29	17 38	17 45	17 52	17 58	18 09	18 19	18 30	18 42	18 55	19 11	19 21	19 32
14	17 25	17 35	17 42	17 49	17 55	18 00	18 10	18 20	18 29	18 40	18 52	19 07	19 16	19 27
18	17 32	17 40	17 46	17 52	17 57	18 02	18 11	18 19	18 28	18 38	18 49	19 03	19 11	19 21
22	17 39	17 45	17 51	17 56	18 00	18 04	18 12	18 19	18 27	18 36	18 46	18 58	19 06	19 15
26	17 46	17 51	17 55	17 59	18 03	18 06	18 13	18 19	18 26	18 34	18 42	18 54	19 00	19 08
30	17 53	17 57	18 00	18 03	18 06	18 08	18 14	18 19	18 25	18 31	18 39	18 49	18 55	19 02
Sept. 3	18 00	18 02	18 04	18 06	18 08	18 10	18 14	18 19	18 23	18 29	18 35	18 44	18 49	18 55
7	18 07	18 08	18 09	18 10	18 11	18 12	18 15	18 18	18 22	18 26	18 32	18 39	18 43	18 49
11	18 14	18 14	18 14	18 14	18 14	18 14	18 16	18 18	18 20	18 24	18 28	18 34	18 38	18 42
15	18 22	18 20	18 18	18 17	18 17	18 17	18 17	18 18	18 19	18 21	18 24	18 29	18 32	18 35
19	18 29	18 26	18 23	18 21	18 20	18 19	18 17	18 17	18 18	18 19	18 21	18 24	18 26	18 29
23	18 37	18 32	18 28	18 25	18 23	18 21	18 18	18 17	18 16	18 16	18 17	18 19	18 20	18 22
27	18 45	18 38	18 33	18 29	18 26	18 23	18 19	18 17	18 15	18 14	18 13	18 14	18 14	18 15
Oct. 1	18 53	18 44	18 38	18 33	18 29	18 26	18 20	18 16	18 13	18 11	18 10	18 09	18 09	18 09
5	19 01	18 51	18 43	18 37	18 32	18 28	18 21	18 16	18 12	18 09	18 06	18 04	18 03	18 02

CIVIL TWILIGHT, 2020

UNIVERSAL TIME FOR MERIDIAN OF GREENWICH
BEGINNING OF MORNING CIVIL TWILIGHT

Lat.	+40°	+42°	+44°	+46°	+48°	+50°	+52°	+54°	+56°	+58°	+60°	+62°	+64°	+66°
	h m	h m	h m	h m	h m	h m	h m	h m	h m	h m	h m	h m	h m	h m
July 1	4 02	3 54	3 45	3 35	3 24	3 11	2 56	2 39	2 17	1 49	1 04	// //	// //	// //
5	4 05	3 57	3 48	3 38	3 27	3 15	3 00	2 43	2 23	1 56	1 15	// //	// //	// //
9	4 07	4 00	3 51	3 41	3 31	3 19	3 05	2 48	2 29	2 03	1 27	// //	// //	// //
13	4 11	4 03	3 55	3 45	3 35	3 23	3 10	2 54	2 36	2 12	1 40	0 36	// //	// //
17	4 14	4 07	3 58	3 50	3 40	3 29	3 16	3 01	2 44	2 22	1 53	1 06	// //	// //
21	4 18	4 10	4 03	3 54	3 45	3 34	3 22	3 08	2 52	2 32	2 06	1 28	// //	// //
25	4 21	4 15	4 07	3 59	3 50	3 40	3 29	3 16	3 01	2 42	2 19	1 47	0 49	// //
29	4 25	4 19	4 12	4 04	3 56	3 46	3 36	3 24	3 10	2 53	2 32	2 05	1 23	// //
Aug. 2	4 29	4 23	4 17	4 10	4 02	3 53	3 43	3 32	3 19	3 03	2 45	2 21	1 48	0 45
6	4 34	4 28	4 22	4 15	4 08	3 59	3 50	3 40	3 28	3 14	2 57	2 36	2 09	1 27
10	4 38	4 32	4 27	4 20	4 14	4 06	3 57	3 48	3 37	3 24	3 09	2 51	2 27	1 55
14	4 42	4 37	4 32	4 26	4 20	4 13	4 05	3 56	3 46	3 34	3 21	3 05	2 44	2 18
18	4 46	4 42	4 37	4 31	4 26	4 19	4 12	4 04	3 55	3 45	3 33	3 18	3 01	2 38
22	4 50	4 46	4 42	4 37	4 32	4 26	4 19	4 12	4 04	3 55	3 44	3 31	3 16	2 57
26	4 54	4 51	4 47	4 42	4 37	4 32	4 26	4 20	4 13	4 04	3 55	3 44	3 30	3 14
30	4 58	4 55	4 51	4 48	4 43	4 39	4 33	4 28	4 21	4 14	4 06	3 56	3 44	3 30
Sept. 3	5 02	4 59	4 56	4 53	4 49	4 45	4 40	4 35	4 30	4 23	4 16	4 08	3 58	3 46
7	5 06	5 04	5 01	4 58	4 55	4 51	4 47	4 43	4 38	4 33	4 26	4 19	4 10	4 00
11	5 10	5 08	5 06	5 03	5 01	4 58	4 54	4 51	4 46	4 42	4 36	4 30	4 23	4 15
15	5 14	5 12	5 10	5 08	5 06	5 04	5 01	4 58	4 55	4 51	4 46	4 41	4 35	4 28
19	5 18	5 17	5 15	5 14	5 12	5 10	5 08	5 05	5 03	5 00	4 56	4 52	4 47	4 42
23	5 22	5 21	5 20	5 19	5 17	5 16	5 15	5 13	5 11	5 08	5 06	5 03	4 59	4 55
27	5 26	5 25	5 25	5 24	5 23	5 22	5 21	5 20	5 19	5 17	5 15	5 13	5 11	5 08
Oct. 1	5 30	5 29	5 29	5 29	5 29	5 28	5 28	5 27	5 27	5 26	5 25	5 24	5 22	5 21
5	5 33	5 34	5 34	5 34	5 34	5 34	5 34	5 35	5 35	5 34	5 34	5 34	5 34	5 33

END OF EVENING CIVIL TWILIGHT

Lat.	+40°	+42°	+44°	+46°	+48°	+50°	+52°	+54°	+56°	+58°	+60°	+62°	+64°	+66°
	h m	h m	h m	h m	h m	h m	h m	h m	h m	h m	h m	h m	h m	h m
July 1	20 05	20 14	20 23	20 33	20 44	20 56	21 11	21 28	21 50	22 18	23 02	// //	// //	// //
5	20 04	20 12	20 21	20 31	20 42	20 54	21 09	21 25	21 46	22 12	22 52	// //	// //	// //
9	20 03	20 11	20 19	20 29	20 39	20 51	21 05	21 21	21 41	22 06	22 41	// //	// //	// //
13	20 01	20 08	20 17	20 26	20 36	20 47	21 01	21 16	21 34	21 58	22 29	23 27	// //	// //
17	19 58	20 05	20 13	20 22	20 32	20 43	20 55	21 10	21 27	21 49	22 17	23 01	// //	// //
21	19 55	20 02	20 09	20 18	20 27	20 38	20 50	21 03	21 19	21 39	22 04	22 40	// //	// //
25	19 51	19 58	20 05	20 13	20 22	20 32	20 43	20 56	21 11	21 29	21 52	22 22	23 14	// //
29	19 47	19 53	20 00	20 08	20 16	20 25	20 36	20 48	21 02	21 18	21 39	22 05	22 44	// //
Aug. 2	19 42	19 48	19 55	20 02	20 10	20 18	20 28	20 39	20 52	21 07	21 25	21 49	22 20	23 15
6	19 37	19 43	19 49	19 56	20 03	20 11	20 20	20 30	20 42	20 56	21 12	21 33	21 59	22 38
10	19 32	19 37	19 43	19 49	19 56	20 03	20 12	20 21	20 32	20 44	20 59	21 17	21 40	22 10
14	19 27	19 31	19 37	19 42	19 49	19 55	20 03	20 12	20 22	20 33	20 46	21 02	21 21	21 47
18	19 21	19 25	19 30	19 35	19 41	19 47	19 54	20 02	20 11	20 21	20 33	20 47	21 04	21 25
22	19 15	19 19	19 23	19 28	19 33	19 39	19 45	19 52	20 00	20 09	20 20	20 32	20 47	21 05
26	19 08	19 12	19 16	19 20	19 25	19 30	19 36	19 42	19 49	19 57	20 07	20 17	20 30	20 46
30	19 02	19 05	19 09	19 12	19 17	19 21	19 26	19 32	19 38	19 45	19 53	20 03	20 14	20 28
Sept. 3	18 55	18 58	19 01	19 05	19 08	19 12	19 17	19 22	19 27	19 33	19 40	19 49	19 58	20 10
7	18 49	18 51	18 54	18 57	19 00	19 03	19 07	19 11	19 16	19 21	19 28	19 35	19 43	19 53
11	18 42	18 44	18 46	18 49	18 51	18 54	18 57	19 01	19 05	19 10	19 15	19 21	19 28	19 36
15	18 35	18 37	18 39	18 41	18 43	18 45	18 48	18 51	18 54	18 58	19 02	19 07	19 13	19 19
19	18 29	18 30	18 31	18 33	18 34	18 36	18 38	18 41	18 43	18 46	18 49	18 53	18 58	19 03
23	18 22	18 23	18 24	18 25	18 26	18 27	18 29	18 30	18 32	18 35	18 37	18 40	18 43	18 47
27	18 15	18 16	18 16	18 17	18 18	18 18	18 19	18 20	18 22	18 23	18 25	18 27	18 29	18 32
Oct. 1	18 09	18 09	18 09	18 09	18 09	18 10	18 10	18 11	18 11	18 12	18 13	18 14	18 15	18 16
5	18 02	18 02	18 02	18 02	18 01	18 01	18 01	18 01	18 01	18 01	18 01	18 01	18 01	18 01

// // indicates continuous twilight.

CIVIL TWILIGHT, 2020

UNIVERSAL TIME FOR MERIDIAN OF GREENWICH
BEGINNING OF MORNING CIVIL TWILIGHT

Lat.	−55°	−50°	−45°	−40°	−35°	−30°	−20°	−10°	0°	+10°	+20°	+30°	+35°	+40°
	h m	h m	h m	h m	h m	h m	h m	h m	h m	h m	h m	h m	h m	h m
Oct. 1	4 48	4 56	5 02	5 07	5 11	5 14	5 19	5 23	5 26	5 28	5 29	5 30	5 30	5 30
5	4 37	4 47	4 54	5 00	5 05	5 09	5 15	5 20	5 24	5 27	5 30	5 32	5 33	5 33
9	4 27	4 38	4 47	4 54	4 59	5 04	5 12	5 18	5 23	5 27	5 31	5 34	5 36	5 37
13	4 16	4 29	4 39	4 47	4 54	4 59	5 09	5 16	5 22	5 27	5 32	5 37	5 39	5 41
17	4 06	4 20	4 32	4 41	4 48	4 55	5 05	5 14	5 21	5 27	5 33	5 39	5 42	5 46
21	3 55	4 12	4 25	4 35	4 43	4 51	5 02	5 12	5 20	5 28	5 35	5 42	5 46	5 50
25	3 45	4 03	4 18	4 29	4 38	4 46	5 00	5 10	5 19	5 28	5 36	5 44	5 49	5 54
29	3 35	3 55	4 11	4 23	4 34	4 43	4 57	5 09	5 19	5 28	5 38	5 47	5 52	5 58
Nov. 2	3 25	3 48	4 05	4 18	4 29	4 39	4 55	5 07	5 19	5 29	5 39	5 50	5 56	6 02
6	3 16	3 40	3 59	4 13	4 25	4 36	4 53	5 06	5 19	5 30	5 41	5 53	6 00	6 07
10	3 07	3 33	3 53	4 09	4 22	4 33	4 51	5 06	5 19	5 31	5 43	5 56	6 03	6 11
14	2 58	3 27	3 48	4 05	4 18	4 30	4 49	5 05	5 19	5 32	5 45	5 59	6 07	6 15
18	2 50	3 21	3 43	4 01	4 16	4 28	4 48	5 05	5 20	5 34	5 47	6 02	6 11	6 20
22	2 42	3 15	3 39	3 58	4 13	4 26	4 48	5 05	5 21	5 35	5 50	6 05	6 14	6 24
26	2 35	3 11	3 36	3 56	4 12	4 25	4 47	5 06	5 22	5 37	5 52	6 09	6 18	6 28
30	2 29	3 07	3 33	3 54	4 10	4 24	4 47	5 06	5 23	5 39	5 55	6 12	6 21	6 32
Dec. 4	2 24	3 04	3 31	3 53	4 10	4 24	4 48	5 07	5 24	5 41	5 57	6 15	6 25	6 36
8	2 21	3 02	3 30	3 52	4 10	4 24	4 48	5 08	5 26	5 43	5 59	6 18	6 28	6 39
12	2 18	3 01	3 30	3 52	4 10	4 25	4 50	5 10	5 28	5 45	6 02	6 20	6 31	6 42
16	2 18	3 01	3 30	3 53	4 11	4 26	4 51	5 11	5 30	5 47	6 04	6 23	6 33	6 45
20	2 18	3 02	3 32	3 54	4 13	4 28	4 53	5 13	5 32	5 49	6 06	6 25	6 36	6 47
24	2 21	3 04	3 34	3 56	4 15	4 30	4 55	5 15	5 33	5 51	6 08	6 27	6 37	6 49
28	2 24	3 07	3 37	3 59	4 17	4 32	4 57	5 18	5 35	5 53	6 10	6 28	6 39	6 51
32	2 29	3 11	3 40	4 02	4 20	4 35	5 00	5 20	5 37	5 54	6 11	6 30	6 40	6 51
36	2 36	3 16	3 45	4 06	4 24	4 38	5 02	5 22	5 39	5 56	6 12	6 31	6 41	6 52

END OF EVENING CIVIL TWILIGHT

Lat.	−55°	−50°	−45°	−40°	−35°	−30°	−20°	−10°	0°	+10°	+20°	+30°	+35°	+40°
	h m	h m	h m	h m	h m	h m	h m	h m	h m	h m	h m	h m	h m	h m
Oct. 1	18 53	18 44	18 38	18 33	18 29	18 26	18 20	18 16	18 13	18 11	18 10	18 09	18 09	18 09
5	19 01	18 51	18 43	18 37	18 32	18 28	18 21	18 16	18 12	18 09	18 06	18 04	18 03	18 02
9	19 09	18 58	18 49	18 41	18 36	18 31	18 23	18 16	18 11	18 07	18 03	18 00	17 58	17 56
13	19 18	19 04	18 54	18 46	18 39	18 33	18 24	18 16	18 10	18 05	18 00	17 55	17 53	17 50
17	19 26	19 11	19 00	18 50	18 43	18 36	18 25	18 17	18 10	18 03	17 57	17 51	17 48	17 44
21	19 35	19 19	19 06	18 55	18 46	18 39	18 27	18 17	18 09	18 01	17 54	17 47	17 43	17 39
25	19 45	19 26	19 11	19 00	18 50	18 42	18 29	18 18	18 09	18 00	17 52	17 43	17 39	17 34
29	19 54	19 33	19 17	19 05	18 54	18 45	18 31	18 19	18 08	17 59	17 49	17 40	17 34	17 29
Nov. 2	20 04	19 41	19 23	19 10	18 58	18 49	18 33	18 20	18 08	17 58	17 48	17 37	17 31	17 24
6	20 13	19 48	19 30	19 15	19 03	18 52	18 35	18 21	18 09	17 57	17 46	17 34	17 27	17 20
10	20 23	19 56	19 36	19 20	19 07	18 56	18 37	18 22	18 09	17 57	17 45	17 31	17 24	17 16
14	20 33	20 04	19 42	19 25	19 11	18 59	18 40	18 24	18 10	17 57	17 44	17 29	17 22	17 13
18	20 43	20 11	19 48	19 30	19 15	19 03	18 42	18 26	18 11	17 57	17 43	17 28	17 20	17 10
22	20 52	20 18	19 54	19 35	19 20	19 07	18 45	18 27	18 12	17 57	17 43	17 27	17 18	17 08
26	21 01	20 25	20 00	19 40	19 24	19 10	18 48	18 29	18 13	17 58	17 43	17 26	17 17	17 07
30	21 10	20 32	20 05	19 44	19 28	19 14	18 50	18 32	18 15	17 59	17 43	17 26	17 16	17 05
Dec. 4	21 17	20 38	20 10	19 49	19 31	19 17	18 53	18 34	18 16	18 00	17 44	17 26	17 16	17 05
8	21 24	20 43	20 14	19 53	19 35	19 20	18 56	18 36	18 18	18 02	17 45	17 26	17 16	17 05
12	21 30	20 47	20 18	19 56	19 38	19 23	18 58	18 38	18 20	18 03	17 46	17 27	17 17	17 05
16	21 34	20 51	20 21	19 59	19 41	19 26	19 01	18 40	18 22	18 05	17 48	17 29	17 18	17 07
20	21 37	20 54	20 24	20 01	19 43	19 28	19 03	18 42	18 24	18 07	17 50	17 31	17 20	17 08
24	21 39	20 55	20 26	20 03	19 45	19 30	19 05	18 44	18 26	18 09	17 52	17 33	17 22	17 10
28	21 39	20 56	20 27	20 04	19 46	19 31	19 06	18 46	18 28	18 11	17 54	17 35	17 25	17 13
32	21 37	20 55	20 27	20 05	19 47	19 32	19 08	18 48	18 30	18 13	17 56	17 38	17 27	17 16
36	21 34	20 54	20 26	20 04	19 47	19 32	19 09	18 49	18 32	18 15	17 59	17 41	17 31	17 19

UNIVERSAL TIME FOR MERIDIAN OF GREENWICH
BEGINNING OF MORNING CIVIL TWILIGHT

Lat.	+40°	+42°	+44°	+46°	+48°	+50°	+52°	+54°	+56°	+58°	+60°	+62°	+64°	+66°
	h m	h m	h m	h m	h m	h m	h m	h m	h m	h m	h m	h m	h m	h m
Oct. 1	5 30	5 29	5 29	5 29	5 29	5 28	5 28	5 27	5 27	5 26	5 25	5 24	5 22	5 21
5	5 33	5 34	5 34	5 34	5 34	5 34	5 34	5 35	5 35	5 34	5 34	5 34	5 34	5 33
9	5 37	5 38	5 39	5 39	5 40	5 41	5 41	5 42	5 42	5 43	5 44	5 45	5 45	5 46
13	5 41	5 42	5 43	5 44	5 46	5 47	5 48	5 49	5 50	5 52	5 53	5 55	5 57	5 59
17	5 46	5 47	5 48	5 50	5 51	5 53	5 55	5 56	5 58	6 00	6 03	6 05	6 08	6 11
21	5 50	5 51	5 53	5 55	5 57	5 59	6 01	6 04	6 06	6 09	6 12	6 16	6 19	6 24
25	5 54	5 56	5 58	6 00	6 03	6 05	6 08	6 11	6 14	6 18	6 22	6 26	6 31	6 36
29	5 58	6 01	6 03	6 06	6 09	6 12	6 15	6 18	6 22	6 26	6 31	6 36	6 42	6 49
Nov. 2	6 02	6 05	6 08	6 11	6 14	6 18	6 22	6 26	6 30	6 35	6 40	6 46	6 53	7 01
6	6 07	6 10	6 13	6 16	6 20	6 24	6 28	6 33	6 38	6 43	6 49	6 56	7 04	7 14
10	6 11	6 14	6 18	6 22	6 26	6 30	6 35	6 40	6 46	6 52	6 59	7 06	7 15	7 26
14	6 15	6 19	6 23	6 27	6 32	6 36	6 41	6 47	6 53	7 00	7 08	7 16	7 26	7 38
18	6 20	6 24	6 28	6 32	6 37	6 42	6 48	6 54	7 00	7 08	7 16	7 26	7 37	7 50
22	6 24	6 28	6 33	6 37	6 42	6 48	6 54	7 00	7 08	7 16	7 25	7 35	7 47	8 01
26	6 28	6 32	6 37	6 42	6 48	6 53	7 00	7 07	7 14	7 23	7 32	7 43	7 56	8 12
30	6 32	6 37	6 42	6 47	6 52	6 59	7 05	7 12	7 20	7 29	7 40	7 51	8 05	8 22
Dec. 4	6 36	6 40	6 46	6 51	6 57	7 03	7 10	7 18	7 26	7 36	7 46	7 59	8 13	8 31
8	6 39	6 44	6 49	6 55	7 01	7 08	7 15	7 23	7 31	7 41	7 52	8 05	8 20	8 38
12	6 42	6 47	6 53	6 58	7 05	7 11	7 19	7 27	7 36	7 46	7 57	8 10	8 26	8 45
16	6 45	6 50	6 56	7 01	7 08	7 15	7 22	7 30	7 39	7 49	8 01	8 14	8 30	8 50
20	6 47	6 53	6 58	7 04	7 10	7 17	7 24	7 33	7 42	7 52	8 04	8 17	8 34	8 53
24	6 49	6 54	7 00	7 06	7 12	7 19	7 26	7 35	7 44	7 54	8 06	8 19	8 35	8 55
28	6 51	6 56	7 01	7 07	7 13	7 20	7 27	7 35	7 44	7 55	8 06	8 19	8 35	8 55
32	6 51	6 57	7 02	7 08	7 14	7 20	7 28	7 35	7 44	7 54	8 05	8 19	8 34	8 53
36	6 52	6 57	7 02	7 07	7 13	7 20	7 27	7 35	7 43	7 53	8 04	8 16	8 31	8 49

END OF EVENING CIVIL TWILIGHT

Lat.	+40°	+42°	+44°	+46°	+48°	+50°	+52°	+54°	+56°	+58°	+60°	+62°	+64°	+66°
	h m	h m	h m	h m	h m	h m	h m	h m	h m	h m	h m	h m	h m	h m
Oct. 1	18 09	18 09	18 09	18 09	18 09	18 10	18 10	18 11	18 11	18 12	18 13	18 14	18 15	18 16
5	18 02	18 02	18 02	18 02	18 01	18 01	18 01	18 01	18 01	18 01	18 01	18 01	18 01	18 01
9	17 56	17 55	17 55	17 54	17 53	17 53	17 52	17 51	17 51	17 50	17 49	17 48	17 47	17 46
13	17 50	17 49	17 48	17 47	17 46	17 45	17 43	17 42	17 41	17 39	17 38	17 36	17 34	17 32
17	17 44	17 43	17 42	17 40	17 38	17 37	17 35	17 33	17 31	17 29	17 27	17 24	17 21	17 18
21	17 39	17 37	17 35	17 33	17 31	17 29	17 27	17 24	17 22	17 19	17 16	17 12	17 08	17 04
25	17 34	17 32	17 29	17 27	17 25	17 22	17 19	17 16	17 13	17 09	17 05	17 01	16 56	16 50
29	17 29	17 26	17 24	17 21	17 18	17 15	17 12	17 08	17 04	17 00	16 55	16 50	16 44	16 37
Nov. 2	17 24	17 21	17 18	17 15	17 12	17 09	17 05	17 01	16 56	16 51	16 46	16 40	16 33	16 25
6	17 20	17 17	17 14	17 10	17 07	17 03	16 58	16 54	16 49	16 43	16 37	16 30	16 22	16 13
10	17 16	17 13	17 09	17 06	17 01	16 57	16 52	16 47	16 42	16 35	16 28	16 21	16 12	16 01
14	17 13	17 09	17 06	17 01	16 57	16 52	16 47	16 41	16 35	16 28	16 21	16 12	16 02	15 50
18	17 10	17 06	17 02	16 58	16 53	16 48	16 42	16 36	16 29	16 22	16 14	16 04	15 53	15 40
22	17 08	17 04	17 00	16 55	16 50	16 44	16 38	16 32	16 24	16 16	16 07	15 57	15 45	15 31
26	17 07	17 02	16 57	16 52	16 47	16 41	16 35	16 28	16 20	16 12	16 02	15 51	15 38	15 23
30	17 05	17 01	16 56	16 51	16 45	16 39	16 32	16 25	16 17	16 08	15 58	15 46	15 32	15 15
Dec. 4	17 05	17 00	16 55	16 49	16 44	16 37	16 30	16 23	16 14	16 05	15 54	15 42	15 27	15 10
8	17 05	17 00	16 55	16 49	16 43	16 36	16 29	16 21	16 13	16 03	15 52	15 39	15 24	15 05
12	17 05	17 00	16 55	16 49	16 43	16 36	16 29	16 21	16 12	16 02	15 51	15 37	15 22	15 03
16	17 07	17 01	16 56	16 50	16 44	16 37	16 30	16 21	16 12	16 02	15 51	15 37	15 21	15 02
20	17 08	17 03	16 58	16 52	16 45	16 39	16 31	16 23	16 14	16 03	15 52	15 38	15 22	15 02
24	17 10	17 05	17 00	16 54	16 48	16 41	16 33	16 25	16 16	16 06	15 54	15 41	15 24	15 05
28	17 13	17 08	17 02	16 57	16 50	16 44	16 36	16 28	16 19	16 09	15 58	15 44	15 28	15 09
32	17 16	17 11	17 06	17 00	16 54	16 47	16 40	16 32	16 23	16 13	16 02	15 49	15 34	15 15
36	17 19	17 14	17 09	17 04	16 58	16 51	16 44	16 37	16 28	16 19	16 08	15 55	15 40	15 22

NAUTICAL TWILIGHT, 2020

UNIVERSAL TIME FOR MERIDIAN OF GREENWICH
BEGINNING OF MORNING NAUTICAL TWILIGHT

Lat.	−55°	−50°	−45°	−40°	−35°	−30°	−20°	−10°	0°	+10°	+20°	+30°	+35°	+40°
	h m	h m	h m	h m	h m	h m	h m	h m	h m	h m	h m	h m	h m	h m
Jan. −1	// //	2 04	2 48	3 19	3 42	4 00	4 29	4 51	5 10	5 27	5 43	5 59	6 08	6 17
3	0 23	2 09	2 53	3 22	3 45	4 03	4 31	4 53	5 12	5 29	5 44	6 00	6 09	6 18
7	0 49	2 16	2 58	3 27	3 49	4 06	4 34	4 56	5 14	5 30	5 45	6 01	6 09	6 18
11	1 08	2 24	3 04	3 31	3 53	4 10	4 37	4 58	5 16	5 32	5 46	6 01	6 09	6 18
15	1 26	2 33	3 10	3 37	3 57	4 14	4 40	5 00	5 18	5 33	5 47	6 01	6 09	6 17
19	1 43	2 42	3 17	3 42	4 02	4 18	4 43	5 03	5 19	5 34	5 47	6 01	6 08	6 16
23	1 58	2 51	3 24	3 48	4 07	4 22	4 46	5 05	5 21	5 34	5 47	6 00	6 07	6 14
27	2 14	3 01	3 31	3 54	4 12	4 26	4 49	5 07	5 22	5 35	5 47	5 59	6 05	6 12
31	2 28	3 10	3 39	4 00	4 17	4 30	4 52	5 09	5 23	5 35	5 46	5 57	6 03	6 09
Feb. 4	2 42	3 20	3 46	4 06	4 22	4 34	4 55	5 11	5 24	5 35	5 45	5 55	6 00	6 05
8	2 55	3 29	3 53	4 12	4 26	4 39	4 58	5 12	5 24	5 35	5 44	5 53	5 57	6 02
12	3 08	3 39	4 01	4 18	4 31	4 42	5 00	5 14	5 25	5 34	5 42	5 50	5 54	5 58
16	3 20	3 48	4 08	4 23	4 36	4 46	5 02	5 15	5 25	5 33	5 41	5 47	5 50	5 53
20	3 31	3 56	4 15	4 29	4 40	4 50	5 05	5 16	5 25	5 32	5 38	5 44	5 46	5 48
24	3 43	4 05	4 22	4 34	4 45	4 53	5 07	5 17	5 25	5 31	5 36	5 40	5 41	5 43
28	3 53	4 13	4 28	4 40	4 49	4 57	5 09	5 17	5 24	5 29	5 33	5 36	5 37	5 37
Mar. 3	4 03	4 21	4 34	4 45	4 53	5 00	5 10	5 18	5 24	5 28	5 30	5 32	5 32	5 31
7	4 13	4 29	4 41	4 50	4 57	5 03	5 12	5 18	5 23	5 26	5 27	5 27	5 27	5 25
11	4 23	4 36	4 46	4 54	5 01	5 06	5 13	5 19	5 22	5 24	5 24	5 23	5 21	5 19
15	4 32	4 43	4 52	4 59	5 04	5 09	5 15	5 19	5 21	5 21	5 21	5 18	5 16	5 13
19	4 40	4 50	4 58	5 03	5 08	5 11	5 16	5 19	5 20	5 19	5 17	5 13	5 10	5 06
23	4 49	4 57	5 03	5 08	5 11	5 14	5 17	5 19	5 19	5 17	5 14	5 08	5 04	4 59
27	4 57	5 04	5 08	5 12	5 14	5 16	5 18	5 19	5 17	5 15	5 10	5 03	4 58	4 53
31	5 05	5 10	5 14	5 16	5 18	5 19	5 19	5 18	5 16	5 12	5 06	4 58	4 52	4 46
Apr. 4	5 13	5 16	5 18	5 20	5 21	5 21	5 20	5 18	5 15	5 10	5 03	4 53	4 47	4 39

END OF EVENING NAUTICAL TWILIGHT

Lat.	−55°	−50°	−45°	−40°	−35°	−30°	−20°	−10°	0°	+10°	+20°	+30°	+35°	+40°
	h m	h m	h m	h m	h m	h m	h m	h m	h m	h m	h m	h m	h m	h m
Jan. −1	// //	22 00	21 16	20 46	20 23	20 05	19 36	19 14	18 55	18 38	18 22	18 06	17 57	17 48
3	23 38	21 58	21 15	20 46	20 23	20 05	19 37	19 15	18 57	18 40	18 24	18 08	18 00	17 51
7	23 19	21 55	21 13	20 45	20 23	20 05	19 38	19 16	18 58	18 42	18 27	18 11	18 03	17 54
11	23 03	21 50	21 11	20 43	20 22	20 05	19 38	19 17	19 00	18 44	18 29	18 14	18 06	17 58
15	22 49	21 44	21 07	20 41	20 21	20 04	19 38	19 18	19 01	18 46	18 31	18 17	18 10	18 02
19	22 35	21 38	21 03	20 38	20 19	20 03	19 38	19 18	19 02	18 47	18 34	18 20	18 13	18 06
23	22 22	21 31	20 58	20 35	20 16	20 01	19 37	19 18	19 03	18 49	18 36	18 23	18 17	18 10
27	22 09	21 23	20 53	20 31	20 13	19 59	19 36	19 18	19 03	18 50	18 38	18 27	18 20	18 14
31	21 56	21 15	20 47	20 26	20 09	19 56	19 34	19 18	19 04	18 52	18 40	18 30	18 24	18 18
Feb. 4	21 43	21 06	20 40	20 21	20 05	19 53	19 32	19 17	19 04	18 53	18 43	18 33	18 28	18 23
8	21 31	20 57	20 34	20 16	20 01	19 49	19 30	19 16	19 04	18 54	18 44	18 36	18 31	18 27
12	21 18	20 48	20 26	20 10	19 56	19 45	19 28	19 15	19 04	18 54	18 46	18 39	18 35	18 31
16	21 06	20 39	20 19	20 04	19 52	19 41	19 25	19 13	19 03	18 55	18 48	18 42	18 39	18 36
20	20 54	20 30	20 12	19 58	19 46	19 37	19 22	19 11	19 03	18 55	18 49	18 44	18 42	18 40
24	20 42	20 20	20 04	19 51	19 41	19 33	19 19	19 10	19 02	18 56	18 51	18 47	18 46	18 44
28	20 30	20 11	19 56	19 45	19 35	19 28	19 16	19 08	19 01	18 56	18 52	18 50	18 49	18 49
Mar. 3	20 18	20 01	19 48	19 38	19 30	19 23	19 13	19 05	19 00	18 56	18 54	18 52	18 52	18 53
7	20 07	19 52	19 40	19 31	19 24	19 18	19 09	19 03	18 59	18 56	18 55	18 55	18 56	18 57
11	19 56	19 42	19 32	19 25	19 18	19 13	19 06	19 01	18 58	18 56	18 56	18 58	18 59	19 01
15	19 44	19 33	19 24	19 18	19 13	19 08	19 02	18 59	18 57	18 56	18 57	19 00	19 03	19 06
19	19 33	19 24	19 17	19 11	19 07	19 03	18 59	18 56	18 56	18 56	18 58	19 03	19 06	19 10
23	19 23	19 15	19 09	19 04	19 01	18 59	18 55	18 54	18 54	18 56	19 00	19 05	19 09	19 14
27	19 12	19 06	19 01	18 58	18 55	18 54	18 52	18 52	18 53	18 56	19 01	19 08	19 13	19 19
31	19 02	18 57	18 54	18 51	18 50	18 49	18 48	18 50	18 52	18 56	19 02	19 11	19 16	19 23
Apr. 4	18 52	18 49	18 46	18 45	18 44	18 44	18 45	18 47	18 51	18 56	19 03	19 13	19 20	19 28

// // indicates continuous twilight.

UNIVERSAL TIME FOR MERIDIAN OF GREENWICH
BEGINNING OF MORNING NAUTICAL TWILIGHT

Lat.	+40°	+42°	+44°	+46°	+48°	+50°	+52°	+54°	+56°	+58°	+60°	+62°	+64°	+66°
	h m	h m	h m	h m	h m	h m	h m	h m	h m	h m	h m	h m	h m	h m
Jan. −1	6 17	6 21	6 25	6 29	6 34	6 39	6 44	6 49	6 56	7 02	7 10	7 18	7 27	7 38
3	6 18	6 22	6 26	6 30	6 34	6 39	6 44	6 49	6 55	7 02	7 09	7 17	7 26	7 37
7	6 18	6 22	6 26	6 30	6 34	6 39	6 43	6 49	6 54	7 01	7 07	7 15	7 24	7 34
11	6 18	6 21	6 25	6 29	6 33	6 37	6 42	6 47	6 52	6 58	7 05	7 12	7 20	7 30
15	6 17	6 20	6 24	6 28	6 32	6 36	6 40	6 45	6 50	6 55	7 01	7 08	7 16	7 25
19	6 16	6 19	6 22	6 26	6 29	6 33	6 37	6 42	6 46	6 51	6 57	7 03	7 10	7 18
23	6 14	6 17	6 20	6 23	6 26	6 30	6 34	6 38	6 42	6 47	6 52	6 57	7 04	7 11
27	6 12	6 14	6 17	6 20	6 23	6 26	6 30	6 33	6 37	6 41	6 46	6 51	6 56	7 02
31	6 09	6 11	6 14	6 16	6 19	6 22	6 25	6 28	6 31	6 35	6 39	6 43	6 48	6 53
Feb. 4	6 05	6 08	6 10	6 12	6 14	6 17	6 19	6 22	6 25	6 28	6 31	6 35	6 39	6 43
8	6 02	6 04	6 05	6 07	6 09	6 11	6 13	6 16	6 18	6 20	6 23	6 26	6 29	6 32
12	5 58	5 59	6 01	6 02	6 04	6 05	6 07	6 09	6 10	6 12	6 14	6 16	6 18	6 20
16	5 53	5 54	5 55	5 56	5 58	5 59	6 00	6 01	6 02	6 03	6 05	6 06	6 07	6 08
20	5 48	5 49	5 50	5 50	5 51	5 52	5 52	5 53	5 54	5 54	5 55	5 55	5 55	5 55
24	5 43	5 43	5 44	5 44	5 44	5 44	5 45	5 45	5 45	5 44	5 44	5 44	5 43	5 42
28	5 37	5 37	5 37	5 37	5 37	5 37	5 36	5 36	5 35	5 34	5 33	5 32	5 30	5 28
Mar. 3	5 31	5 31	5 31	5 30	5 30	5 29	5 28	5 27	5 25	5 24	5 22	5 19	5 17	5 13
7	5 25	5 25	5 24	5 23	5 22	5 20	5 19	5 17	5 15	5 13	5 10	5 07	5 03	4 58
11	5 19	5 18	5 17	5 15	5 14	5 12	5 10	5 07	5 05	5 02	4 58	4 53	4 48	4 42
15	5 13	5 11	5 09	5 08	5 06	5 03	5 00	4 57	4 54	4 50	4 45	4 40	4 34	4 26
19	5 06	5 04	5 02	5 00	4 57	4 54	4 51	4 47	4 43	4 38	4 32	4 26	4 18	4 09
23	4 59	4 57	4 54	4 52	4 48	4 45	4 41	4 37	4 32	4 26	4 19	4 11	4 02	3 51
27	4 53	4 50	4 47	4 43	4 40	4 36	4 31	4 26	4 20	4 13	4 05	3 56	3 45	3 32
31	4 46	4 43	4 39	4 35	4 31	4 26	4 21	4 15	4 08	4 00	3 51	3 41	3 28	3 12
Apr. 4	4 39	4 35	4 31	4 27	4 22	4 17	4 11	4 04	3 56	3 47	3 37	3 25	3 10	2 51

END OF EVENING NAUTICAL TWILIGHT

Lat.	+40°	+42°	+44°	+46°	+48°	+50°	+52°	+54°	+56°	+58°	+60°	+62°	+64°	+66°
	h m	h m	h m	h m	h m	h m	h m	h m	h m	h m	h m	h m	h m	h m
Jan. −1	17 48	17 44	17 40	17 36	17 31	17 26	17 21	17 15	17 09	17 03	16 55	16 47	16 38	16 27
3	17 51	17 47	17 43	17 39	17 34	17 30	17 25	17 19	17 13	17 07	17 00	16 52	16 43	16 32
7	17 54	17 51	17 47	17 43	17 38	17 34	17 29	17 24	17 18	17 12	17 05	16 57	16 49	16 39
11	17 58	17 54	17 51	17 47	17 43	17 38	17 34	17 29	17 23	17 18	17 11	17 04	16 56	16 46
15	18 02	17 58	17 55	17 51	17 47	17 43	17 39	17 34	17 29	17 24	17 18	17 11	17 03	16 55
19	18 06	18 03	17 59	17 56	17 52	17 48	17 44	17 40	17 35	17 30	17 25	17 19	17 12	17 04
23	18 10	18 07	18 04	18 01	17 57	17 54	17 50	17 46	17 42	17 37	17 32	17 27	17 21	17 14
27	18 14	18 11	18 09	18 06	18 03	18 00	17 56	17 53	17 49	17 45	17 41	17 36	17 30	17 24
31	18 18	18 16	18 14	18 11	18 08	18 06	18 03	18 00	17 56	17 53	17 49	17 45	17 40	17 35
Feb. 4	18 23	18 21	18 18	18 16	18 14	18 12	18 09	18 07	18 04	18 01	17 58	17 54	17 50	17 46
8	18 27	18 25	18 23	18 22	18 20	18 18	18 16	18 14	18 11	18 09	18 07	18 04	18 01	17 58
12	18 31	18 30	18 29	18 27	18 26	18 24	18 22	18 21	18 19	18 17	18 16	18 14	18 12	18 09
16	18 36	18 35	18 34	18 32	18 31	18 30	18 29	18 28	18 27	18 26	18 25	18 24	18 23	18 21
20	18 40	18 39	18 39	18 38	18 37	18 37	18 36	18 36	18 35	18 35	18 34	18 34	18 34	18 34
24	18 44	18 44	18 44	18 43	18 43	18 43	18 43	18 43	18 43	18 43	18 44	18 44	18 45	18 46
28	18 49	18 49	18 49	18 49	18 49	18 49	18 50	18 51	18 51	18 52	18 54	18 55	18 57	18 59
Mar. 3	18 53	18 53	18 54	18 54	18 55	18 56	18 57	18 58	19 00	19 01	19 03	19 06	19 09	19 12
7	18 57	18 58	18 59	19 00	19 01	19 02	19 04	19 06	19 08	19 11	19 13	19 17	19 21	19 26
11	19 01	19 03	19 04	19 05	19 07	19 09	19 11	19 14	19 17	19 20	19 24	19 28	19 33	19 40
15	19 06	19 07	19 09	19 11	19 13	19 16	19 18	19 22	19 25	19 29	19 34	19 40	19 46	19 54
19	19 10	19 12	19 14	19 17	19 19	19 22	19 26	19 30	19 34	19 39	19 45	19 52	20 00	20 09
23	19 14	19 17	19 19	19 22	19 26	19 29	19 33	19 38	19 43	19 49	19 56	20 04	20 13	20 25
27	19 19	19 22	19 25	19 28	19 32	19 36	19 41	19 46	19 52	19 59	20 07	20 17	20 28	20 42
31	19 23	19 27	19 30	19 34	19 38	19 43	19 49	19 55	20 02	20 10	20 19	20 30	20 43	20 59
Apr. 4	19 28	19 32	19 36	19 40	19 45	19 50	19 57	20 04	20 11	20 21	20 31	20 44	20 59	21 19

NAUTICAL TWILIGHT, 2020

UNIVERSAL TIME FOR MERIDIAN OF GREENWICH
BEGINNING OF MORNING NAUTICAL TWILIGHT

Lat.	−55°	−50°	−45°	−40°	−35°	−30°	−20°	−10°	0°	+10°	+20°	+30°	+35°	+40°
	h m	h m	h m	h m	h m	h m	h m	h m	h m	h m	h m	h m	h m	h m
Mar. 31	5 05	5 10	5 14	5 16	5 18	5 19	5 19	5 18	5 16	5 12	5 06	4 58	4 52	4 46
Apr. 4	5 13	5 16	5 18	5 20	5 21	5 21	5 20	5 18	5 15	5 10	5 03	4 53	4 47	4 39
8	5 20	5 22	5 23	5 24	5 24	5 23	5 21	5 18	5 13	5 07	4 59	4 48	4 41	4 32
12	5 28	5 28	5 28	5 28	5 27	5 26	5 22	5 18	5 12	5 05	4 56	4 43	4 35	4 25
16	5 35	5 34	5 33	5 31	5 30	5 28	5 23	5 18	5 11	5 03	4 52	4 38	4 29	4 18
20	5 42	5 40	5 37	5 35	5 33	5 30	5 24	5 18	5 10	5 00	4 49	4 33	4 24	4 12
24	5 49	5 45	5 42	5 39	5 35	5 32	5 25	5 18	5 09	4 58	4 46	4 29	4 18	4 05
28	5 55	5 51	5 46	5 42	5 38	5 34	5 26	5 18	5 08	4 57	4 43	4 24	4 13	3 59
May 2	6 02	5 56	5 51	5 46	5 41	5 37	5 27	5 18	5 07	4 55	4 40	4 20	4 08	3 53
6	6 08	6 01	5 55	5 49	5 44	5 39	5 29	5 18	5 06	4 53	4 37	4 16	4 03	3 47
10	6 14	6 06	5 59	5 53	5 47	5 41	5 30	5 18	5 06	4 52	4 35	4 13	3 59	3 42
14	6 20	6 11	6 03	5 56	5 49	5 43	5 31	5 19	5 06	4 51	4 33	4 10	3 55	3 37
18	6 25	6 15	6 07	5 59	5 52	5 45	5 32	5 19	5 05	4 50	4 31	4 07	3 51	3 33
22	6 30	6 20	6 10	6 02	5 55	5 47	5 34	5 20	5 05	4 49	4 29	4 04	3 48	3 28
26	6 35	6 24	6 14	6 05	5 57	5 49	5 35	5 21	5 06	4 48	4 28	4 02	3 45	3 25
30	6 40	6 27	6 17	6 08	5 59	5 51	5 36	5 22	5 06	4 48	4 27	4 00	3 43	3 22
June 3	6 43	6 31	6 20	6 10	6 01	5 53	5 38	5 22	5 06	4 48	4 27	3 59	3 41	3 19
7	6 47	6 33	6 22	6 12	6 03	5 55	5 39	5 23	5 07	4 48	4 26	3 58	3 40	3 18
11	6 50	6 36	6 24	6 14	6 05	5 56	5 40	5 24	5 07	4 49	4 26	3 58	3 39	3 17
15	6 52	6 38	6 26	6 16	6 06	5 58	5 41	5 25	5 08	4 49	4 27	3 58	3 39	3 16
19	6 53	6 39	6 27	6 17	6 08	5 59	5 42	5 26	5 09	4 50	4 27	3 58	3 40	3 16
23	6 54	6 40	6 28	6 18	6 08	6 00	5 43	5 27	5 10	4 51	4 28	3 59	3 40	3 17
27	6 54	6 40	6 29	6 18	6 09	6 00	5 44	5 28	5 11	4 52	4 29	4 00	3 42	3 19
July 1	6 53	6 40	6 28	6 18	6 09	6 00	5 44	5 28	5 12	4 53	4 31	4 02	3 44	3 21
5	6 52	6 39	6 28	6 18	6 09	6 00	5 45	5 29	5 13	4 54	4 32	4 04	3 46	3 24

END OF EVENING NAUTICAL TWILIGHT

Lat.	−55°	−50°	−45°	−40°	−35°	−30°	−20°	−10°	0°	+10°	+20°	+30°	+35°	+40°
	h m	h m	h m	h m	h m	h m	h m	h m	h m	h m	h m	h m	h m	h m
Mar. 31	19 02	18 57	18 54	18 51	18 50	18 49	18 48	18 50	18 52	18 56	19 02	19 11	19 16	19 23
Apr. 4	18 52	18 49	18 46	18 45	18 44	18 44	18 45	18 47	18 51	18 56	19 03	19 13	19 20	19 28
8	18 42	18 40	18 39	18 39	18 39	18 40	18 42	18 45	18 50	18 56	19 05	19 16	19 23	19 32
12	18 33	18 32	18 32	18 33	18 34	18 35	18 39	18 43	18 49	18 57	19 06	19 19	19 27	19 37
16	18 24	18 25	18 26	18 27	18 29	18 31	18 36	18 42	18 48	18 57	19 08	19 22	19 31	19 42
20	18 15	18 17	18 20	18 22	18 25	18 27	18 33	18 40	18 48	18 57	19 09	19 25	19 35	19 47
24	18 07	18 10	18 14	18 17	18 20	18 24	18 31	18 38	18 47	18 58	19 11	19 28	19 39	19 52
28	17 59	18 04	18 08	18 12	18 16	18 20	18 28	18 37	18 47	18 59	19 13	19 31	19 43	19 57
May 2	17 51	17 57	18 03	18 08	18 12	18 17	18 26	18 36	18 47	18 59	19 14	19 34	19 47	20 02
6	17 44	17 51	17 58	18 03	18 09	18 14	18 24	18 35	18 47	19 00	19 16	19 37	19 51	20 07
10	17 38	17 46	17 53	18 00	18 06	18 12	18 23	18 34	18 47	19 01	19 18	19 40	19 55	20 12
14	17 32	17 41	17 49	17 56	18 03	18 09	18 21	18 34	18 47	19 02	19 20	19 44	19 58	20 16
18	17 27	17 37	17 46	17 53	18 01	18 07	18 20	18 34	18 48	19 03	19 22	19 47	20 02	20 21
22	17 22	17 33	17 43	17 51	17 59	18 06	18 20	18 33	18 48	19 05	19 24	19 50	20 06	20 26
26	17 19	17 30	17 40	17 49	17 57	18 05	18 19	18 33	18 49	19 06	19 26	19 53	20 09	20 30
30	17 15	17 28	17 38	17 47	17 56	18 04	18 19	18 34	18 49	19 07	19 28	19 55	20 13	20 34
June 3	17 13	17 26	17 37	17 46	17 55	18 03	18 19	18 34	18 50	19 08	19 30	19 58	20 16	20 38
7	17 11	17 24	17 36	17 45	17 55	18 03	18 19	18 35	18 51	19 10	19 32	20 00	20 18	20 41
11	17 10	17 24	17 35	17 45	17 54	18 03	18 19	18 35	18 52	19 11	19 33	20 02	20 20	20 43
15	17 09	17 23	17 35	17 45	17 55	18 03	18 20	18 36	18 53	19 12	19 35	20 04	20 22	20 45
19	17 10	17 24	17 36	17 46	17 55	18 04	18 21	18 37	18 54	19 13	19 36	20 05	20 23	20 47
23	17 11	17 25	17 37	17 47	17 56	18 05	18 22	18 38	18 55	19 14	19 36	20 05	20 24	20 47
27	17 12	17 26	17 38	17 48	17 58	18 06	18 23	18 39	18 56	19 14	19 37	20 06	20 24	20 47
July 1	17 15	17 28	17 40	17 50	17 59	18 08	18 24	18 40	18 56	19 15	19 37	20 06	20 24	20 47
5	17 18	17 31	17 42	17 52	18 01	18 09	18 25	18 40	18 57	19 15	19 37	20 05	20 23	20 45

NAUTICAL TWILIGHT, 2020

UNIVERSAL TIME FOR MERIDIAN OF GREENWICH
BEGINNING OF MORNING NAUTICAL TWILIGHT

Lat.	+40°	+42°	+44°	+46°	+48°	+50°	+52°	+54°	+56°	+58°	+60°	+62°	+64°	+66°
	h m	h m	h m	h m	h m	h m	h m	h m	h m	h m	h m	h m	h m	h m
Mar. 31	4 46	4 43	4 39	4 35	4 31	4 26	4 21	4 15	4 08	4 00	3 51	3 41	3 28	3 12
Apr. 4	4 39	4 35	4 31	4 27	4 22	4 17	4 11	4 04	3 56	3 47	3 37	3 25	3 10	2 51
8	4 32	4 28	4 23	4 19	4 13	4 07	4 00	3 53	3 44	3 34	3 22	3 08	2 50	2 28
12	4 25	4 21	4 16	4 10	4 04	3 57	3 50	3 41	3 31	3 20	3 06	2 50	2 29	2 01
16	4 18	4 13	4 08	4 02	3 55	3 48	3 39	3 30	3 19	3 06	2 50	2 31	2 06	1 29
20	4 12	4 06	4 00	3 54	3 46	3 38	3 29	3 18	3 06	2 51	2 33	2 11	1 39	0 41
24	4 05	3 59	3 53	3 46	3 38	3 29	3 18	3 07	2 53	2 36	2 15	1 48	1 04	// //
28	3 59	3 53	3 46	3 38	3 29	3 19	3 08	2 55	2 39	2 21	1 56	1 21	// //	// //
May 2	3 53	3 46	3 39	3 30	3 21	3 10	2 58	2 43	2 26	2 04	1 34	0 43	// //	// //
6	3 47	3 40	3 32	3 23	3 13	3 01	2 47	2 31	2 12	1 46	1 09	// //	// //	// //
10	3 42	3 34	3 25	3 16	3 05	2 52	2 37	2 20	1 58	1 27	0 31	// //	// //	// //
14	3 37	3 29	3 19	3 09	2 57	2 44	2 28	2 08	1 43	1 05	// //	// //	// //	// //
18	3 33	3 24	3 14	3 03	2 50	2 36	2 18	1 56	1 27	0 34	// //	// //	// //	// //
22	3 28	3 19	3 09	2 57	2 44	2 28	2 09	1 45	1 10	// //	// //	// //	// //	// //
26	3 25	3 15	3 04	2 52	2 38	2 21	2 01	1 34	0 50	// //	// //	// //	// //	// //
30	3 22	3 12	3 00	2 48	2 33	2 15	1 53	1 23	0 23	// //	// //	// //	// //	// //
June 3	3 19	3 09	2 57	2 44	2 28	2 10	1 46	1 12	// //	// //	// //	// //	// //	// //
7	3 18	3 07	2 55	2 41	2 25	2 05	1 40	1 03	// //	// //	// //	// //	// //	// //
11	3 17	3 06	2 53	2 39	2 23	2 02	1 36	0 54	// //	// //	// //	// //	// //	// //
15	3 16	3 05	2 53	2 38	2 21	2 01	1 33	0 48	// //	// //	// //	// //	// //	▭
19	3 16	3 05	2 53	2 38	2 21	2 00	1 32	0 45	// //	// //	// //	// //	// //	▭
23	3 17	3 06	2 54	2 39	2 22	2 01	1 33	0 46	// //	// //	// //	// //	// //	▭
27	3 19	3 08	2 55	2 41	2 24	2 03	1 36	0 51	// //	// //	// //	// //	// //	▭
July 1	3 21	3 10	2 58	2 44	2 27	2 07	1 40	0 59	// //	// //	// //	// //	// //	// //
5	3 24	3 13	3 01	2 47	2 31	2 12	1 46	1 09	// //	// //	// //	// //	// //	// //

END OF EVENING NAUTICAL TWILIGHT

Lat.	+40°	+42°	+44°	+46°	+48°	+50°	+52°	+54°	+56°	+58°	+60°	+62°	+64°	+66°
	h m	h m	h m	h m	h m	h m	h m	h m	h m	h m	h m	h m	h m	h m
Mar. 31	19 23	19 27	19 30	19 34	19 38	19 43	19 49	19 55	20 02	20 10	20 19	20 30	20 43	20 59
Apr. 4	19 28	19 32	19 36	19 40	19 45	19 50	19 57	20 04	20 11	20 21	20 31	20 44	20 59	21 19
8	19 32	19 37	19 41	19 46	19 52	19 58	20 05	20 13	20 22	20 32	20 44	20 59	21 17	21 41
12	19 37	19 42	19 47	19 52	19 58	20 05	20 13	20 22	20 32	20 44	20 58	21 15	21 36	22 06
16	19 42	19 47	19 53	19 59	20 05	20 13	20 22	20 31	20 43	20 56	21 12	21 32	21 59	22 38
20	19 47	19 52	19 58	20 05	20 13	20 21	20 30	20 41	20 54	21 09	21 28	21 51	22 25	23 42
24	19 52	19 58	20 04	20 12	20 20	20 29	20 39	20 52	21 06	21 23	21 44	22 13	23 02	// //
28	19 57	20 03	20 10	20 18	20 27	20 37	20 49	21 02	21 18	21 38	22 03	22 41	// //	// //
May 2	20 02	20 09	20 16	20 25	20 35	20 46	20 58	21 13	21 31	21 53	22 24	23 25	// //	// //
6	20 07	20 14	20 22	20 32	20 42	20 54	21 08	21 24	21 44	22 11	22 51	// //	// //	// //
10	20 12	20 20	20 28	20 38	20 49	21 02	21 17	21 35	21 58	22 30	23 41	// //	// //	// //
14	20 16	20 25	20 34	20 45	20 57	21 11	21 27	21 47	22 13	22 54	// //	// //	// //	// //
18	20 21	20 30	20 40	20 51	21 04	21 19	21 37	21 59	22 30	23 31	// //	// //	// //	// //
22	20 26	20 35	20 46	20 57	21 11	21 27	21 46	22 11	22 48	// //	// //	// //	// //	// //
26	20 30	20 40	20 51	21 03	21 17	21 34	21 55	22 23	23 09	// //	// //	// //	// //	// //
30	20 34	20 44	20 56	21 08	21 24	21 42	22 04	22 35	23 44	// //	// //	// //	// //	// //
June 3	20 38	20 48	21 00	21 13	21 29	21 48	22 12	22 47	// //	// //	// //	// //	// //	// //
7	20 41	20 51	21 03	21 17	21 34	21 53	22 19	22 58	// //	// //	// //	// //	// //	// //
11	20 43	20 54	21 07	21 21	21 37	21 58	22 25	23 07	// //	// //	// //	// //	// //	▭
15	20 45	20 56	21 09	21 23	21 40	22 01	22 29	23 14	// //	// //	// //	// //	// //	▭
19	20 47	20 58	21 10	21 25	21 42	22 03	22 31	23 18	// //	// //	// //	// //	// //	▭
23	20 47	20 58	21 11	21 25	21 42	22 03	22 31	23 18	// //	// //	// //	// //	// //	▭
27	20 47	20 58	21 11	21 25	21 42	22 03	22 30	23 14	// //	// //	// //	// //	// //	▭
July 1	20 47	20 58	21 10	21 24	21 40	22 00	22 26	23 07	// //	// //	// //	// //	// //	// //
5	20 45	20 56	21 08	21 22	21 38	21 57	22 22	22 58	// //	// //	// //	// //	// //	// //

▭ indicates Sun continuously above horizon.
// // indicates continuous twilight.

NAUTICAL TWILIGHT, 2020

UNIVERSAL TIME FOR MERIDIAN OF GREENWICH
BEGINNING OF MORNING NAUTICAL TWILIGHT

Lat.	−55°	−50°	−45°	−40°	−35°	−30°	−20°	−10°	0°	+10°	+20°	+30°	+35°	+40°
	h m	h m	h m	h m	h m	h m	h m	h m	h m	h m	h m	h m	h m	h m
July 1	6 53	6 40	6 28	6 18	6 09	6 00	5 44	5 28	5 12	4 53	4 31	4 02	3 44	3 21
5	6 52	6 39	6 28	6 18	6 09	6 00	5 45	5 29	5 13	4 54	4 32	4 04	3 46	3 24
9	6 50	6 37	6 26	6 17	6 08	6 00	5 45	5 29	5 13	4 55	4 34	4 06	3 49	3 27
13	6 47	6 35	6 25	6 16	6 07	5 59	5 44	5 30	5 14	4 57	4 36	4 09	3 52	3 30
17	6 44	6 32	6 22	6 14	6 06	5 58	5 44	5 30	5 15	4 58	4 37	4 11	3 55	3 34
21	6 39	6 29	6 20	6 11	6 04	5 57	5 43	5 30	5 15	4 59	4 39	4 14	3 58	3 39
25	6 35	6 25	6 16	6 09	6 02	5 55	5 42	5 29	5 16	5 00	4 41	4 17	4 02	3 43
29	6 29	6 20	6 13	6 06	5 59	5 53	5 41	5 29	5 16	5 01	4 43	4 20	4 05	3 48
Aug. 2	6 23	6 15	6 08	6 02	5 56	5 51	5 40	5 28	5 16	5 02	4 45	4 23	4 09	3 52
6	6 16	6 10	6 04	5 58	5 53	5 48	5 38	5 27	5 16	5 03	4 47	4 26	4 13	3 57
10	6 09	6 04	5 59	5 54	5 49	5 45	5 36	5 26	5 16	5 03	4 48	4 29	4 17	4 02
14	6 02	5 57	5 53	5 49	5 45	5 41	5 33	5 25	5 15	5 04	4 50	4 32	4 20	4 07
18	5 54	5 50	5 47	5 44	5 41	5 38	5 31	5 23	5 15	5 04	4 51	4 35	4 24	4 11
22	5 45	5 43	5 41	5 39	5 36	5 34	5 28	5 22	5 14	5 05	4 53	4 37	4 28	4 16
26	5 36	5 36	5 35	5 33	5 32	5 30	5 25	5 20	5 13	5 05	4 54	4 40	4 31	4 20
30	5 27	5 28	5 28	5 27	5 26	5 25	5 22	5 18	5 12	5 05	4 55	4 43	4 35	4 25
Sept. 3	5 18	5 20	5 21	5 21	5 21	5 21	5 19	5 15	5 11	5 05	4 57	4 45	4 38	4 29
7	5 08	5 11	5 14	5 15	5 16	5 16	5 15	5 13	5 10	5 05	4 58	4 48	4 41	4 34
11	4 58	5 03	5 06	5 09	5 10	5 11	5 12	5 11	5 08	5 04	4 59	4 50	4 45	4 38
15	4 47	4 54	4 59	5 02	5 04	5 06	5 08	5 08	5 07	5 04	5 00	4 53	4 48	4 42
19	4 37	4 45	4 51	4 55	4 59	5 01	5 05	5 06	5 06	5 04	5 01	4 55	4 51	4 46
23	4 26	4 36	4 43	4 48	4 53	4 56	5 01	5 03	5 04	5 04	5 02	4 57	4 54	4 50
27	4 15	4 26	4 35	4 42	4 47	4 51	4 57	5 01	5 03	5 03	5 02	5 00	4 57	4 54
Oct. 1	4 03	4 17	4 27	4 35	4 41	4 46	4 53	4 58	5 02	5 03	5 03	5 02	5 00	4 58
5	3 52	4 07	4 19	4 28	4 35	4 41	4 50	4 56	5 00	5 03	5 04	5 04	5 03	5 02

END OF EVENING NAUTICAL TWILIGHT

	h m	h m	h m	h m	h m	h m	h m	h m	h m	h m	h m	h m	h m	h m
July 1	17 15	17 28	17 40	17 50	17 59	18 08	18 24	18 40	18 56	19 15	19 37	20 06	20 24	20 47
5	17 18	17 31	17 42	17 52	18 01	18 09	18 25	18 40	18 57	19 15	19 37	20 05	20 23	20 45
9	17 21	17 34	17 44	17 54	18 03	18 11	18 26	18 41	18 57	19 15	19 37	20 04	20 22	20 43
13	17 25	17 37	17 47	17 56	18 05	18 12	18 27	18 42	18 58	19 15	19 36	20 03	20 20	20 41
17	17 29	17 41	17 50	17 59	18 07	18 14	18 29	18 43	18 58	19 15	19 35	20 01	20 17	20 37
21	17 34	17 45	17 54	18 02	18 09	18 16	18 30	18 43	18 58	19 14	19 33	19 58	20 14	20 34
25	17 39	17 49	17 57	18 05	18 12	18 18	18 31	18 44	18 57	19 13	19 32	19 56	20 11	20 29
29	17 44	17 53	18 01	18 08	18 14	18 20	18 32	18 44	18 57	19 12	19 30	19 52	20 07	20 25
Aug. 2	17 50	17 58	18 05	18 11	18 17	18 22	18 33	18 44	18 57	19 11	19 27	19 49	20 03	20 19
6	17 56	18 03	18 09	18 14	18 19	18 24	18 34	18 45	18 56	19 09	19 25	19 45	19 58	20 14
10	18 02	18 08	18 13	18 17	18 22	18 26	18 35	18 45	18 55	19 07	19 22	19 41	19 53	20 08
14	18 08	18 13	18 17	18 21	18 24	18 28	18 36	18 45	18 54	19 05	19 19	19 37	19 48	20 02
18	18 15	18 18	18 21	18 24	18 27	18 30	18 37	18 44	18 53	19 03	19 16	19 32	19 43	19 55
22	18 21	18 23	18 25	18 27	18 30	18 32	18 38	18 44	18 52	19 01	19 12	19 27	19 37	19 49
26	18 28	18 29	18 29	18 31	18 32	18 34	18 38	18 44	18 50	18 58	19 09	19 23	19 31	19 42
30	18 35	18 34	18 34	18 34	18 35	18 36	18 39	18 43	18 49	18 56	19 05	19 18	19 25	19 35
Sept. 3	18 42	18 40	18 38	18 38	18 38	18 38	18 40	18 43	18 47	18 53	19 01	19 12	19 20	19 28
7	18 49	18 45	18 43	18 41	18 40	18 40	18 41	18 43	18 46	18 51	18 58	19 07	19 14	19 21
11	18 57	18 51	18 48	18 45	18 43	18 42	18 41	18 42	18 44	18 48	18 54	19 02	19 07	19 14
15	19 04	18 57	18 52	18 49	18 46	18 44	18 42	18 42	18 43	18 46	18 50	18 57	19 01	19 07
19	19 12	19 04	18 57	18 53	18 49	18 47	18 43	18 41	18 42	18 43	18 46	18 52	18 55	19 00
23	19 20	19 10	19 03	18 57	18 52	18 49	18 44	18 41	18 40	18 41	18 43	18 47	18 50	18 53
27	19 28	19 17	19 08	19 01	18 55	18 51	18 45	18 41	18 39	18 38	18 39	18 42	18 44	18 47
Oct. 1	19 37	19 23	19 13	19 05	18 59	18 54	18 46	18 41	18 38	18 36	18 36	18 37	18 38	18 40
5	19 46	19 31	19 19	19 10	19 02	18 56	18 47	18 41	18 36	18 33	18 32	18 32	18 32	18 34

UNIVERSAL TIME FOR MERIDIAN OF GREENWICH
BEGINNING OF MORNING NAUTICAL TWILIGHT

Lat.	+40°	+42°	+44°	+46°	+48°	+50°	+52°	+54°	+56°	+58°	+60°	+62°	+64°	+66°
	h m	h m	h m	h m	h m	h m	h m	h m	h m	h m	h m	h m	h m	h m
July 1	3 21	3 10	2 58	2 44	2 27	2 07	1 40	0 59	// //	// //	// //	// //	// //	// //
5	3 24	3 13	3 01	2 47	2 31	2 12	1 46	1 09	// //	// //	// //	// //	// //	// //
9	3 27	3 16	3 05	2 51	2 36	2 17	1 54	1 20	// //	// //	// //	// //	// //	// //
13	3 30	3 20	3 09	2 56	2 41	2 24	2 02	1 32	0 33	// //	// //	// //	// //	// //
17	3 34	3 25	3 14	3 02	2 47	2 31	2 10	1 43	1 01	// //	// //	// //	// //	// //
21	3 39	3 29	3 19	3 07	2 54	2 38	2 19	1 55	1 20	// //	// //	// //	// //	// //
25	3 43	3 34	3 24	3 13	3 01	2 46	2 29	2 07	1 38	0 45	// //	// //	// //	// //
29	3 48	3 39	3 30	3 20	3 08	2 54	2 38	2 19	1 53	1 16	// //	// //	// //	// //
Aug. 2	3 52	3 44	3 36	3 26	3 15	3 02	2 48	2 30	2 08	1 38	0 41	// //	// //	// //
6	3 57	3 50	3 41	3 32	3 22	3 11	2 57	2 41	2 22	1 56	1 18	// //	// //	// //
10	4 02	3 55	3 47	3 39	3 29	3 19	3 06	2 52	2 34	2 13	1 43	0 51	// //	// //
14	4 07	4 00	3 53	3 45	3 37	3 27	3 15	3 02	2 47	2 28	2 03	1 28	// //	// //
18	4 11	4 05	3 59	3 52	3 44	3 35	3 24	3 12	2 59	2 42	2 21	1 53	1 09	// //
22	4 16	4 10	4 04	3 58	3 50	3 42	3 33	3 22	3 10	2 55	2 37	2 14	1 42	0 41
26	4 20	4 15	4 10	4 04	3 57	3 50	3 41	3 32	3 21	3 08	2 52	2 33	2 07	1 29
30	4 25	4 20	4 15	4 10	4 04	3 57	3 50	3 41	3 31	3 19	3 06	2 49	2 28	2 00
Sept. 3	4 29	4 25	4 21	4 16	4 10	4 04	3 58	3 50	3 41	3 31	3 19	3 04	2 47	2 24
7	4 34	4 30	4 26	4 22	4 17	4 11	4 05	3 58	3 51	3 42	3 31	3 19	3 04	2 45
11	4 38	4 35	4 31	4 27	4 23	4 18	4 13	4 07	4 00	3 52	3 43	3 32	3 19	3 03
15	4 42	4 39	4 36	4 33	4 29	4 25	4 20	4 15	4 09	4 02	3 54	3 45	3 34	3 21
19	4 46	4 44	4 41	4 38	4 35	4 32	4 28	4 23	4 18	4 12	4 05	3 57	3 48	3 37
23	4 50	4 48	4 46	4 44	4 41	4 38	4 35	4 31	4 27	4 22	4 16	4 09	4 01	3 52
27	4 54	4 53	4 51	4 49	4 47	4 44	4 42	4 39	4 35	4 31	4 26	4 21	4 14	4 06
Oct. 1	4 58	4 57	4 56	4 54	4 53	4 51	4 49	4 46	4 43	4 40	4 36	4 32	4 26	4 20
5	5 02	5 01	5 01	4 59	4 58	4 57	4 55	4 54	4 51	4 49	4 46	4 43	4 38	4 34

END OF EVENING NAUTICAL TWILIGHT

	+40°	+42°	+44°	+46°	+48°	+50°	+52°	+54°	+56°	+58°	+60°	+62°	+64°	+66°
	h m	h m	h m	h m	h m	h m	h m	h m	h m	h m	h m	h m	h m	h m
July 1	20 47	20 58	21 10	21 24	21 40	22 00	22 26	23 07	// //	// //	// //	// //	// //	// //
5	20 45	20 56	21 08	21 22	21 38	21 57	22 22	22 58	// //	// //	// //	// //	// //	// //
9	20 43	20 54	21 05	21 18	21 34	21 52	22 16	22 48	// //	// //	// //	// //	// //	// //
13	20 41	20 51	21 02	21 14	21 29	21 47	22 08	22 38	23 31	// //	// //	// //	// //	// //
17	20 37	20 47	20 58	21 10	21 24	21 40	22 00	22 27	23 07	// //	// //	// //	// //	// //
21	20 34	20 43	20 53	21 04	21 18	21 33	21 52	22 15	22 48	// //	// //	// //	// //	// //
25	20 29	20 38	20 48	20 59	21 11	21 25	21 42	22 04	22 32	23 19	// //	// //	// //	// //
29	20 25	20 33	20 42	20 52	21 04	21 17	21 33	21 52	22 16	22 52	// //	// //	// //	// //
Aug. 2	20 19	20 27	20 36	20 45	20 56	21 08	21 23	21 40	22 02	22 31	23 20	// //	// //	// //
6	20 14	20 21	20 29	20 38	20 48	21 00	21 13	21 28	21 47	22 12	22 47	// //	// //	// //
10	20 08	20 15	20 22	20 30	20 40	20 50	21 02	21 17	21 33	21 55	22 23	23 09	// //	// //
14	20 02	20 08	20 15	20 23	20 31	20 41	20 52	21 05	21 20	21 38	22 02	22 35	23 53	// //
18	19 55	20 01	20 08	20 15	20 23	20 31	20 41	20 53	21 07	21 23	21 43	22 09	22 50	// //
22	19 49	19 54	20 00	20 06	20 14	20 22	20 31	20 41	20 53	21 08	21 25	21 47	22 17	23 09
26	19 42	19 47	19 52	19 58	20 05	20 12	20 20	20 30	20 41	20 53	21 08	21 27	21 52	22 26
30	19 35	19 40	19 44	19 50	19 56	20 02	20 10	20 18	20 28	20 39	20 52	21 09	21 29	21 56
Sept. 3	19 28	19 32	19 37	19 41	19 47	19 53	19 59	20 07	20 15	20 25	20 37	20 51	21 08	21 30
7	19 21	19 25	19 29	19 33	19 38	19 43	19 49	19 56	20 03	20 12	20 22	20 34	20 49	21 07
11	19 14	19 17	19 21	19 25	19 29	19 33	19 39	19 44	19 51	19 59	20 08	20 18	20 31	20 46
15	19 07	19 10	19 13	19 16	19 20	19 24	19 28	19 34	19 39	19 46	19 54	20 03	20 13	20 26
19	19 00	19 03	19 05	19 08	19 11	19 14	19 18	19 23	19 28	19 33	19 40	19 48	19 57	20 08
23	18 53	18 55	18 57	19 00	19 02	19 05	19 08	19 12	19 16	19 21	19 27	19 33	19 41	19 50
27	18 47	18 48	18 50	18 52	18 54	18 56	18 59	19 02	19 05	19 09	19 14	19 19	19 25	19 33
Oct. 1	18 40	18 41	18 42	18 44	18 45	18 47	18 49	18 52	18 54	18 58	19 01	19 05	19 11	19 17
5	18 34	18 34	18 35	18 36	18 37	18 39	18 40	18 42	18 44	18 46	18 49	18 52	18 56	19 01

// // indicates continuous twilight.

NAUTICAL TWILIGHT, 2020

UNIVERSAL TIME FOR MERIDIAN OF GREENWICH
BEGINNING OF MORNING NAUTICAL TWILIGHT

Lat.	−55°	−50°	−45°	−40°	−35°	−30°	−20°	−10°	0°	+10°	+20°	+30°	+35°	+40°
	h m	h m	h m	h m	h m	h m	h m	h m	h m	h m	h m	h m	h m	h m
Oct. 1	4 03	4 17	4 27	4 35	4 41	4 46	4 53	4 58	5 02	5 03	5 03	5 02	5 00	4 58
5	3 52	4 07	4 19	4 28	4 35	4 41	4 50	4 56	5 00	5 03	5 04	5 04	5 03	5 02
9	3 40	3 58	4 11	4 21	4 29	4 36	4 46	4 53	4 59	5 03	5 05	5 07	5 07	5 06
13	3 29	3 48	4 03	4 14	4 23	4 31	4 43	4 51	4 58	5 03	5 06	5 09	5 10	5 10
17	3 17	3 39	3 55	4 07	4 18	4 26	4 39	4 49	4 57	5 03	5 08	5 11	5 13	5 14
21	3 05	3 29	3 47	4 01	4 12	4 21	4 36	4 47	4 56	5 03	5 09	5 14	5 16	5 18
25	2 53	3 20	3 39	3 55	4 07	4 17	4 33	4 45	4 55	5 03	5 10	5 16	5 19	5 22
29	2 40	3 10	3 32	3 48	4 02	4 13	4 30	4 43	4 54	5 03	5 12	5 19	5 23	5 26
Nov. 2	2 28	3 01	3 25	3 43	3 57	4 09	4 28	4 42	4 54	5 04	5 13	5 22	5 26	5 30
6	2 15	2 52	3 18	3 37	3 52	4 05	4 25	4 41	4 54	5 05	5 15	5 25	5 29	5 34
10	2 03	2 43	3 11	3 32	3 48	4 02	4 23	4 40	4 54	5 06	5 17	5 27	5 33	5 39
14	1 50	2 35	3 05	3 27	3 45	3 59	4 22	4 39	4 54	5 07	5 19	5 30	5 36	5 43
18	1 37	2 27	2 59	3 23	3 41	3 56	4 20	4 39	4 54	5 08	5 21	5 33	5 40	5 47
22	1 23	2 20	2 54	3 19	3 39	3 54	4 19	4 39	4 55	5 09	5 23	5 36	5 43	5 51
26	1 10	2 13	2 50	3 16	3 36	3 53	4 19	4 39	4 56	5 11	5 25	5 39	5 47	5 55
30	0 55	2 07	2 46	3 14	3 35	3 52	4 19	4 39	4 57	5 13	5 27	5 42	5 50	5 58
Dec. 4	0 40	2 03	2 44	3 12	3 34	3 51	4 19	4 40	4 58	5 14	5 30	5 45	5 53	6 02
8	0 22	1 59	2 42	3 11	3 33	3 51	4 19	4 41	5 00	5 16	5 32	5 48	5 56	6 05
12	// //	1 56	2 41	3 11	3 33	3 52	4 20	4 43	5 02	5 18	5 34	5 50	5 59	6 08
16	// //	1 56	2 41	3 11	3 34	3 53	4 22	4 44	5 03	5 20	5 36	5 53	6 02	6 11
20	// //	1 56	2 42	3 13	3 36	3 54	4 24	4 46	5 05	5 22	5 39	5 55	6 04	6 13
24	// //	1 58	2 44	3 15	3 38	3 57	4 26	4 48	5 07	5 24	5 40	5 57	6 06	6 15
28	// //	2 02	2 47	3 18	3 41	3 59	4 28	4 50	5 09	5 26	5 42	5 59	6 07	6 17
32	0 05	2 08	2 51	3 21	3 44	4 02	4 31	4 53	5 11	5 28	5 44	6 00	6 08	6 18
36	0 42	2 14	2 56	3 25	3 47	4 05	4 33	4 55	5 13	5 30	5 45	6 01	6 09	6 18

END OF EVENING NAUTICAL TWILIGHT

Lat.	−55°	−50°	−45°	−40°	−35°	−30°	−20°	−10°	0°	+10°	+20°	+30°	+35°	+40°
	h m	h m	h m	h m	h m	h m	h m	h m	h m	h m	h m	h m	h m	h m
Oct. 1	19 37	19 23	19 13	19 05	18 59	18 54	18 46	18 41	18 38	18 36	18 35	18 37	18 38	18 40
5	19 46	19 31	19 19	19 10	19 02	18 56	18 47	18 41	18 36	18 33	18 32	18 32	18 32	18 34
9	19 56	19 38	19 25	19 14	19 06	18 59	18 49	18 41	18 35	18 31	18 29	18 27	18 27	18 27
13	20 05	19 45	19 31	19 19	19 10	19 02	18 50	18 41	18 35	18 29	18 26	18 23	18 22	18 22
17	20 16	19 53	19 37	19 24	19 14	19 05	18 52	18 42	18 34	18 28	18 23	18 19	18 17	18 16
21	20 26	20 02	19 43	19 29	19 18	19 08	18 54	18 42	18 33	18 26	18 20	18 15	18 13	18 10
25	20 38	20 10	19 50	19 34	19 22	19 12	18 55	18 43	18 33	18 25	18 18	18 11	18 08	18 05
29	20 49	20 19	19 57	19 40	19 26	19 15	18 58	18 44	18 33	18 24	18 16	18 08	18 04	18 01
Nov. 2	21 02	20 28	20 04	19 45	19 31	19 19	19 00	18 45	18 33	18 23	18 14	18 05	18 01	17 56
6	21 14	20 37	20 11	19 51	19 36	19 23	19 02	18 47	18 34	18 22	18 12	18 02	17 57	17 52
10	21 28	20 46	20 18	19 57	19 40	19 27	19 05	18 48	18 34	18 22	18 11	18 00	17 55	17 49
14	21 42	20 55	20 25	20 03	19 45	19 31	19 08	18 50	18 35	18 22	18 10	17 58	17 52	17 46
18	21 57	21 05	20 32	20 08	19 50	19 35	19 11	18 52	18 36	18 23	18 10	17 57	17 50	17 43
22	22 12	21 14	20 39	20 14	19 54	19 39	19 13	18 54	18 38	18 23	18 10	17 56	17 49	17 41
26	22 29	21 23	20 46	20 19	19 59	19 42	19 16	18 56	18 39	18 24	18 10	17 55	17 48	17 40
30	22 46	21 32	20 52	20 25	20 03	19 46	19 19	18 58	18 41	18 25	18 10	17 55	17 47	17 39
Dec. 4	23 05	21 39	20 58	20 29	20 07	19 50	19 22	19 01	18 42	18 26	18 11	17 56	17 47	17 39
8	23 29	21 46	21 03	20 34	20 11	19 53	19 25	19 03	18 44	18 28	18 12	17 56	17 48	17 39
12	// //	21 52	21 08	20 37	20 15	19 56	19 27	19 05	18 46	18 30	18 14	17 57	17 49	17 39
16	// //	21 56	21 11	20 41	20 17	19 59	19 30	19 07	18 48	18 31	18 15	17 59	17 50	17 41
20	// //	21 59	21 14	20 43	20 20	20 01	19 32	19 09	18 50	18 33	18 17	18 01	17 52	17 42
24	// //	22 01	21 15	20 45	20 22	20 03	19 34	19 11	18 52	18 35	18 19	18 03	17 54	17 44
28	// //	22 01	21 16	20 46	20 23	20 04	19 35	19 13	18 54	18 37	18 21	18 05	17 56	17 47
32	{00 02 / 23 43}	21 59	21 16	20 46	20 23	20 05	19 37	19 15	18 56	18 39	18 24	18 08	17 59	17 50
36	23 24	21 56	21 14	20 45	20 23	20 05	19 38	19 16	18 58	18 41	18 26	18 10	18 02	17 53

// // indicates continuous twilight.

UNIVERSAL TIME FOR MERIDIAN OF GREENWICH
BEGINNING OF MORNING NAUTICAL TWILIGHT

Lat.	+40°	+42°	+44°	+46°	+48°	+50°	+52°	+54°	+56°	+58°	+60°	+62°	+64°	+66°
	h m	h m	h m	h m	h m	h m	h m	h m	h m	h m	h m	h m	h m	h m
Oct. 1	4 58	4 57	4 56	4 54	4 53	4 51	4 49	4 46	4 43	4 40	4 36	4 32	4 26	4 20
5	5 02	5 01	5 01	4 59	4 58	4 57	4 55	4 54	4 51	4 49	4 46	4 43	4 38	4 34
9	5 06	5 06	5 05	5 05	5 04	5 03	5 02	5 01	4 59	4 58	4 56	4 53	4 50	4 47
13	5 10	5 10	5 10	5 10	5 10	5 09	5 09	5 08	5 07	5 06	5 05	5 04	5 02	4 59
17	5 14	5 14	5 15	5 15	5 15	5 15	5 15	5 15	5 15	5 15	5 15	5 14	5 13	5 12
21	5 18	5 19	5 20	5 20	5 21	5 21	5 22	5 23	5 23	5 23	5 24	5 24	5 24	5 24
25	5 22	5 23	5 24	5 25	5 26	5 28	5 29	5 30	5 31	5 32	5 33	5 34	5 35	5 36
29	5 26	5 28	5 29	5 31	5 32	5 34	5 35	5 37	5 38	5 40	5 42	5 44	5 46	5 48
Nov. 2	5 30	5 32	5 34	5 36	5 38	5 39	5 41	5 44	5 46	5 48	5 51	5 53	5 56	5 59
6	5 34	5 37	5 39	5 41	5 43	5 45	5 48	5 50	5 53	5 56	5 59	6 03	6 06	6 11
10	5 39	5 41	5 43	5 46	5 48	5 51	5 54	5 57	6 00	6 04	6 08	6 12	6 16	6 22
14	5 43	5 45	5 48	5 51	5 54	5 57	6 00	6 04	6 07	6 11	6 16	6 21	6 26	6 32
18	5 47	5 50	5 53	5 56	5 59	6 03	6 06	6 10	6 14	6 19	6 24	6 29	6 35	6 42
22	5 51	5 54	5 57	6 01	6 04	6 08	6 12	6 16	6 21	6 26	6 31	6 37	6 44	6 52
26	5 55	5 58	6 01	6 05	6 09	6 13	6 17	6 22	6 27	6 32	6 38	6 45	6 52	7 01
30	5 58	6 02	6 06	6 09	6 14	6 18	6 22	6 27	6 33	6 38	6 45	6 52	7 00	7 09
Dec. 4	6 02	6 06	6 09	6 13	6 18	6 22	6 27	6 32	6 38	6 44	6 51	6 58	7 07	7 17
8	6 05	6 09	6 13	6 17	6 22	6 26	6 31	6 37	6 43	6 49	6 56	7 04	7 13	7 23
12	6 08	6 12	6 16	6 21	6 25	6 30	6 35	6 41	6 47	6 53	7 01	7 09	7 18	7 29
16	6 11	6 15	6 19	6 23	6 28	6 33	6 38	6 44	6 50	6 57	7 04	7 13	7 22	7 33
20	6 13	6 17	6 21	6 26	6 31	6 35	6 41	6 46	6 53	6 59	7 07	7 15	7 25	7 36
24	6 15	6 19	6 23	6 28	6 32	6 37	6 43	6 48	6 54	7 01	7 09	7 17	7 27	7 38
28	6 17	6 21	6 25	6 29	6 34	6 38	6 44	6 49	6 55	7 02	7 09	7 18	7 27	7 38
32	6 18	6 21	6 25	6 30	6 34	6 39	6 44	6 50	6 56	7 02	7 09	7 17	7 27	7 37
36	6 18	6 22	6 26	6 30	6 34	6 39	6 44	6 49	6 55	7 01	7 08	7 16	7 25	7 35

END OF EVENING NAUTICAL TWILIGHT

Lat.	+40°	+42°	+44°	+46°	+48°	+50°	+52°	+54°	+56°	+58°	+60°	+62°	+64°	+66°
	h m	h m	h m	h m	h m	h m	h m	h m	h m	h m	h m	h m	h m	h m
Oct. 1	18 40	18 41	18 42	18 44	18 45	18 47	18 49	18 52	18 54	18 58	19 01	19 05	19 11	19 17
5	18 34	18 34	18 35	18 36	18 37	18 39	18 40	18 42	18 44	18 46	18 49	18 52	18 56	19 01
9	18 27	18 28	18 28	18 29	18 29	18 30	18 31	18 32	18 34	18 35	18 37	18 39	18 42	18 46
13	18 22	18 21	18 21	18 22	18 22	18 22	18 22	18 23	18 24	18 25	18 26	18 27	18 29	18 31
17	18 16	18 15	18 15	18 15	18 14	18 14	18 14	18 14	18 14	18 14	18 15	18 15	18 16	18 17
21	18 10	18 10	18 09	18 08	18 07	18 07	18 06	18 06	18 05	18 05	18 04	18 04	18 04	18 03
25	18 05	18 04	18 03	18 02	18 01	18 00	17 59	17 57	17 56	17 55	17 54	17 53	17 52	17 50
29	18 01	17 59	17 58	17 56	17 55	17 53	17 51	17 50	17 48	17 46	17 44	17 43	17 40	17 38
Nov. 2	17 56	17 54	17 53	17 51	17 49	17 47	17 45	17 43	17 40	17 38	17 35	17 33	17 30	17 26
6	17 52	17 50	17 48	17 46	17 44	17 41	17 39	17 36	17 33	17 30	17 27	17 24	17 20	17 15
10	17 49	17 46	17 44	17 41	17 39	17 36	17 33	17 30	17 27	17 23	17 19	17 15	17 10	17 05
14	17 46	17 43	17 40	17 38	17 35	17 31	17 28	17 25	17 21	17 17	17 12	17 07	17 02	16 56
18	17 43	17 40	17 37	17 34	17 31	17 27	17 24	17 20	17 16	17 11	17 06	17 00	16 54	16 47
22	17 41	17 38	17 35	17 32	17 28	17 24	17 20	17 16	17 11	17 06	17 01	16 54	16 48	16 40
26	17 40	17 37	17 33	17 29	17 26	17 21	17 17	17 17	17 12	17 07	17 02	16 56	16 49	16 42	16 33
30	17 39	17 35	17 32	17 28	17 24	17 19	17 15	17 10	17 05	16 59	16 52	16 45	16 37	16 28
Dec. 4	17 39	17 35	17 31	17 27	17 23	17 18	17 13	17 08	17 02	16 56	16 50	16 42	16 33	16 23
8	17 39	17 35	17 31	17 27	17 22	17 18	17 13	17 07	17 01	16 55	16 48	16 40	16 31	16 20
12	17 39	17 36	17 31	17 27	17 23	17 18	17 13	17 07	17 01	16 54	16 47	16 39	16 29	16 19
16	17 41	17 37	17 33	17 28	17 24	17 19	17 13	17 08	17 02	16 55	16 47	16 39	16 29	16 18
20	17 42	17 38	17 34	17 30	17 25	17 20	17 15	17 09	17 03	16 56	16 49	16 40	16 31	16 19
24	17 44	17 40	17 36	17 32	17 27	17 22	17 17	17 11	17 05	16 58	16 51	16 43	16 33	16 22
28	17 47	17 43	17 39	17 35	17 30	17 25	17 20	17 14	17 08	17 02	16 54	16 46	16 36	16 26
32	17 50	17 46	17 42	17 38	17 33	17 29	17 23	17 18	17 12	17 06	16 58	16 50	16 41	16 31
36	17 53	17 49	17 46	17 41	17 37	17 32	17 28	17 22	17 17	17 10	17 03	16 56	16 47	16 37

ASTRONOMICAL TWILIGHT, 2020

UNIVERSAL TIME FOR MERIDIAN OF GREENWICH
BEGINNING OF MORNING ASTRONOMICAL TWILIGHT

Lat.	−55°	−50°	−45°	−40°	−35°	−30°	−20°	−10°	0°	+10°	+20°	+30°	+35°	+40°
	h m	h m	h m	h m	h m	h m	h m	h m	h m	h m	h m	h m	h m	h m
Jan. −1	// //	// //	1 43	2 30	3 01	3 24	3 59	4 24	4 44	5 01	5 16	5 30	5 37	5 44
3	// //	// //	1 49	2 35	3 05	3 28	4 01	4 26	4 46	5 02	5 17	5 31	5 38	5 45
7	// //	// //	1 56	2 40	3 09	3 31	4 04	4 29	4 48	5 04	5 18	5 32	5 39	5 45
11	// //	0 23	2 04	2 45	3 14	3 35	4 07	4 31	4 50	5 06	5 20	5 32	5 39	5 45
15	// //	0 56	2 13	2 52	3 19	3 40	4 11	4 34	4 52	5 07	5 20	5 33	5 39	5 45
19	// //	1 17	2 22	2 58	3 24	3 44	4 14	4 36	4 53	5 08	5 21	5 32	5 38	5 43
23	// //	1 35	2 31	3 05	3 30	3 49	4 17	4 38	4 55	5 09	5 21	5 32	5 37	5 42
27	// //	1 51	2 41	3 12	3 35	3 53	4 21	4 41	4 56	5 10	5 21	5 31	5 35	5 40
31	// //	2 06	2 50	3 19	3 41	3 58	4 24	4 43	4 58	5 10	5 20	5 29	5 33	5 37
Feb. 4	0 56	2 20	2 59	3 26	3 47	4 03	4 27	4 45	4 59	5 10	5 19	5 27	5 31	5 34
8	1 29	2 33	3 08	3 33	3 52	4 07	4 30	4 47	4 59	5 10	5 18	5 25	5 28	5 30
12	1 53	2 45	3 17	3 40	3 58	4 11	4 33	4 48	5 00	5 09	5 17	5 22	5 24	5 26
16	2 12	2 57	3 26	3 47	4 03	4 16	4 35	4 50	5 00	5 09	5 15	5 19	5 21	5 22
20	2 29	3 08	3 34	3 53	4 08	4 20	4 38	4 51	5 00	5 08	5 13	5 16	5 17	5 17
24	2 44	3 18	3 42	3 59	4 13	4 24	4 40	4 52	5 00	5 06	5 10	5 12	5 12	5 12
28	2 58	3 28	3 49	4 05	4 17	4 27	4 42	4 53	5 00	5 05	5 08	5 08	5 07	5 06
Mar. 3	3 11	3 38	3 57	4 11	4 22	4 31	4 44	4 53	4 59	5 03	5 05	5 04	5 02	5 00
7	3 23	3 47	4 03	4 16	4 26	4 34	4 46	4 54	4 59	5 01	5 02	5 00	4 57	4 54
11	3 34	3 55	4 10	4 21	4 30	4 37	4 48	4 54	4 58	4 59	4 58	4 55	4 52	4 47
15	3 45	4 03	4 16	4 26	4 34	4 40	4 49	4 54	4 57	4 57	4 55	4 50	4 46	4 41
19	3 55	4 11	4 22	4 31	4 38	4 43	4 50	4 54	4 56	4 55	4 52	4 45	4 40	4 34
23	4 04	4 18	4 28	4 36	4 41	4 46	4 52	4 54	4 55	4 52	4 48	4 40	4 34	4 27
27	4 13	4 25	4 34	4 40	4 45	4 48	4 53	4 54	4 53	4 50	4 44	4 35	4 28	4 20
31	4 22	4 32	4 39	4 44	4 48	4 51	4 54	4 54	4 52	4 48	4 40	4 29	4 22	4 13
Apr. 4	4 30	4 38	4 44	4 48	4 51	4 53	4 55	4 54	4 51	4 45	4 37	4 24	4 16	4 05

END OF EVENING ASTRONOMICAL TWILIGHT

Lat.	−55°	−50°	−45°	−40°	−35°	−30°	−20°	−10°	0°	+10°	+20°	+30°	+35°	+40°
	h m	h m	h m	h m	h m	h m	h m	h m	h m	h m	h m	h m	h m	h m
Jan. −1	// //	// //	22 21	21 34	21 03	20 40	20 06	19 41	19 21	19 04	18 49	18 35	18 28	18 21
3	// //	// //	22 18	21 33	21 03	20 41	20 07	19 42	19 23	19 06	18 51	18 38	18 31	18 24
7	// //	// //	22 15	21 32	21 03	20 40	20 08	19 43	19 24	19 08	18 54	18 40	18 34	18 27
11	// //	23 42	22 10	21 29	21 01	20 40	20 08	19 44	19 26	19 10	18 56	18 43	18 37	18 31
15	// //	23 18	22 04	21 26	20 59	20 38	20 07	19 45	19 27	19 12	18 58	18 46	18 40	18 34
19	// //	23 00	21 57	21 22	20 56	20 36	20 07	19 45	19 28	19 13	19 01	18 49	18 44	18 38
23	// //	22 45	21 50	21 17	20 53	20 34	20 06	19 45	19 28	19 15	19 03	18 52	18 47	18 42
27	// //	22 31	21 43	21 12	20 49	20 31	20 04	19 44	19 29	19 16	19 05	18 55	18 50	18 46
31	// //	22 18	21 35	21 06	20 45	20 28	20 03	19 44	19 29	19 17	19 07	18 58	18 54	18 50
Feb. 4	23 22	22 05	21 27	21 00	20 40	20 24	20 00	19 43	19 29	19 18	19 09	19 01	18 58	18 54
8	22 53	21 53	21 18	20 54	20 35	20 20	19 58	19 41	19 29	19 19	19 10	19 04	19 01	18 59
12	22 31	21 41	21 10	20 47	20 30	20 16	19 55	19 40	19 28	19 19	19 12	19 07	19 05	19 03
16	22 12	21 29	21 01	20 40	20 24	20 12	19 52	19 38	19 28	19 20	19 14	19 09	19 08	19 07
20	21 55	21 17	20 52	20 33	20 19	20 07	19 49	19 37	19 27	19 20	19 15	19 12	19 11	19 11
24	21 39	21 06	20 43	20 26	20 13	20 02	19 46	19 35	19 26	19 20	19 17	19 15	19 15	19 16
28	21 24	20 55	20 34	20 19	20 07	19 57	19 43	19 32	19 25	19 21	19 18	19 18	19 18	19 20
Mar. 3	21 10	20 44	20 26	20 12	20 01	19 52	19 39	19 30	19 24	19 21	19 19	19 20	19 22	19 24
7	20 57	20 34	20 17	20 05	19 55	19 47	19 35	19 28	19 23	19 21	19 20	19 23	19 25	19 29
11	20 43	20 23	20 09	19 57	19 49	19 42	19 32	19 26	19 22	19 21	19 22	19 25	19 29	19 33
15	20 31	20 13	20 00	19 50	19 43	19 37	19 28	19 23	19 21	19 21	19 23	19 28	19 32	19 38
19	20 19	20 03	19 52	19 43	19 37	19 31	19 25	19 21	19 20	19 21	19 24	19 31	19 36	19 42
23	20 07	19 54	19 44	19 36	19 31	19 26	19 21	19 18	19 18	19 21	19 25	19 34	19 39	19 47
27	19 56	19 44	19 36	19 30	19 25	19 21	19 17	19 16	19 17	19 21	19 27	19 36	19 43	19 52
31	19 45	19 35	19 28	19 23	19 19	19 17	19 14	19 14	19 16	19 21	19 28	19 39	19 47	19 57
Apr. 4	19 34	19 26	19 21	19 16	19 14	19 12	19 11	19 12	19 15	19 21	19 30	19 42	19 51	20 02

// // indicates continuous twilight.

UNIVERSAL TIME FOR MERIDIAN OF GREENWICH
BEGINNING OF MORNING ASTRONOMICAL TWILIGHT

Lat.	+40°	+42°	+44°	+46°	+48°	+50°	+52°	+54°	+56°	+58°	+60°	+62°	+64°	+66°
	h m	h m	h m	h m	h m	h m	h m	h m	h m	h m	h m	h m	h m	h m
Jan. −1	5 44	5 47	5 50	5 53	5 56	5 59	6 03	6 06	6 10	6 14	6 18	6 23	6 28	6 33
3	5 45	5 48	5 51	5 54	5 57	6 00	6 03	6 06	6 10	6 14	6 18	6 22	6 27	6 32
7	5 45	5 48	5 51	5 54	5 57	5 59	6 03	6 06	6 09	6 13	6 17	6 21	6 25	6 30
11	5 45	5 48	5 50	5 53	5 56	5 59	6 01	6 04	6 08	6 11	6 14	6 18	6 22	6 27
15	5 45	5 47	5 49	5 52	5 54	5 57	6 00	6 02	6 05	6 08	6 11	6 15	6 18	6 22
19	5 43	5 46	5 48	5 50	5 52	5 55	5 57	5 59	6 02	6 05	6 07	6 10	6 13	6 16
23	5 42	5 44	5 46	5 48	5 50	5 52	5 54	5 56	5 58	6 00	6 02	6 05	6 07	6 10
27	5 40	5 41	5 43	5 45	5 46	5 48	5 50	5 52	5 53	5 55	5 57	5 58	6 00	6 02
31	5 37	5 38	5 40	5 41	5 43	5 44	5 45	5 46	5 48	5 49	5 50	5 51	5 52	5 53
Feb. 4	5 34	5 35	5 36	5 37	5 38	5 39	5 40	5 41	5 42	5 42	5 43	5 43	5 43	5 44
8	5 30	5 31	5 32	5 33	5 33	5 34	5 34	5 35	5 35	5 35	5 35	5 34	5 34	5 33
12	5 26	5 27	5 27	5 27	5 28	5 28	5 28	5 28	5 27	5 27	5 26	5 25	5 23	5 21
16	5 22	5 22	5 22	5 22	5 22	5 21	5 21	5 20	5 19	5 18	5 17	5 15	5 12	5 09
20	5 17	5 17	5 16	5 16	5 15	5 14	5 13	5 12	5 11	5 09	5 06	5 04	5 00	4 56
24	5 12	5 11	5 10	5 09	5 08	5 07	5 06	5 04	5 02	4 59	4 56	4 52	4 47	4 42
28	5 06	5 05	5 04	5 03	5 01	4 59	4 57	4 55	4 52	4 48	4 44	4 40	4 34	4 27
Mar. 3	5 00	4 59	4 57	4 56	4 53	4 51	4 48	4 45	4 42	4 37	4 33	4 27	4 20	4 11
7	4 54	4 52	4 50	4 48	4 45	4 43	4 39	4 35	4 31	4 26	4 20	4 13	4 05	3 54
11	4 47	4 45	4 43	4 40	4 37	4 34	4 30	4 25	4 20	4 14	4 07	3 58	3 48	3 36
15	4 41	4 38	4 35	4 32	4 29	4 24	4 20	4 14	4 08	4 01	3 53	3 43	3 31	3 17
19	4 34	4 31	4 28	4 24	4 20	4 15	4 10	4 03	3 56	3 48	3 39	3 27	3 13	2 56
23	4 27	4 23	4 20	4 15	4 10	4 05	3 59	3 52	3 44	3 34	3 23	3 10	2 53	2 32
27	4 20	4 16	4 11	4 07	4 01	3 55	3 48	3 40	3 31	3 20	3 07	2 51	2 31	2 05
31	4 13	4 08	4 03	3 58	3 52	3 45	3 37	3 28	3 17	3 05	2 50	2 31	2 07	1 31
Apr. 4	4 05	4 00	3 55	3 49	3 42	3 34	3 25	3 15	3 03	2 49	2 31	2 09	1 37	0 33

END OF EVENING ASTRONOMICAL TWILIGHT

Lat.	+40°	+42°	+44°	+46°	+48°	+50°	+52°	+54°	+56°	+58°	+60°	+62°	+64°	+66°
	h m	h m	h m	h m	h m	h m	h m	h m	h m	h m	h m	h m	h m	h m
Jan. −1	18 21	18 18	18 15	18 12	18 09	18 06	18 02	17 59	17 55	17 51	17 47	17 42	17 37	17 32
3	18 24	18 21	18 18	18 15	18 12	18 09	18 06	18 02	17 59	17 55	17 51	17 47	17 42	17 37
7	18 27	18 24	18 22	18 19	18 16	18 13	18 10	18 07	18 03	18 00	17 56	17 52	17 47	17 43
11	18 31	18 28	18 25	18 23	18 20	18 17	18 14	18 11	18 08	18 05	18 02	17 58	17 54	17 49
15	18 34	18 32	18 29	18 27	18 24	18 22	18 19	18 17	18 14	18 11	18 08	18 05	18 01	17 57
19	18 38	18 36	18 34	18 31	18 29	18 27	18 25	18 22	18 20	18 17	18 15	18 12	18 09	18 06
23	18 42	18 40	18 38	18 36	18 34	18 32	18 30	18 28	18 26	18 24	18 22	18 20	18 17	18 15
27	18 46	18 44	18 43	18 41	18 39	18 38	18 36	18 35	18 33	18 31	18 30	18 28	18 26	18 25
31	18 50	18 49	18 47	18 46	18 45	18 43	18 42	18 41	18 40	18 39	18 38	18 37	18 36	18 35
Feb. 4	18 54	18 53	18 52	18 51	18 50	18 49	18 49	18 48	18 47	18 47	18 46	18 46	18 46	18 46
8	18 59	18 58	18 57	18 56	18 56	18 55	18 55	18 55	18 55	18 55	18 55	18 55	18 56	18 57
12	19 03	19 02	19 02	19 02	19 02	19 01	19 02	19 02	19 02	19 02	19 03	19 04	19 05	19 07
16	19 07	19 07	19 07	19 07	19 07	19 08	19 08	19 09	19 10	19 11	19 13	19 15	19 18	19 21
20	19 11	19 12	19 12	19 12	19 13	19 14	19 15	19 16	19 18	19 20	19 23	19 26	19 29	19 34
24	19 16	19 16	19 17	19 18	19 19	19 20	19 22	19 24	19 26	19 29	19 32	19 36	19 41	19 47
28	19 20	19 21	19 22	19 24	19 25	19 27	19 29	19 32	19 35	19 38	19 43	19 47	19 53	20 01
Mar. 3	19 24	19 26	19 27	19 29	19 31	19 34	19 36	19 40	19 43	19 48	19 53	19 59	20 06	20 15
7	19 29	19 31	19 33	19 35	19 37	19 40	19 44	19 48	19 52	19 58	20 04	20 11	20 20	20 30
11	19 33	19 35	19 38	19 41	19 44	19 47	19 51	19 56	20 02	20 08	20 15	20 24	20 34	20 47
15	19 38	19 40	19 43	19 47	19 50	19 54	19 59	20 05	20 11	20 18	20 27	20 37	20 49	21 04
19	19 42	19 45	19 49	19 53	19 57	20 02	20 07	20 14	20 21	20 29	20 39	20 51	21 06	21 24
23	19 47	19 50	19 54	19 59	20 04	20 09	20 16	20 23	20 31	20 41	20 52	21 06	21 23	21 46
27	19 52	19 56	20 00	20 05	20 11	20 17	20 24	20 32	20 42	20 53	21 06	21 23	21 43	22 12
31	19 57	20 01	20 06	20 12	20 18	20 25	20 33	20 42	20 53	21 06	21 22	21 41	22 07	22 47
Apr. 4	20 02	20 07	20 12	20 19	20 26	20 33	20 43	20 53	21 05	21 20	21 38	22 02	22 36	// //

// // indicates continuous twilight.

ASTRONOMICAL TWILIGHT, 2020

UNIVERSAL TIME FOR MERIDIAN OF GREENWICH
BEGINNING OF MORNING ASTRONOMICAL TWILIGHT

Lat.	−55°	−50°	−45°	−40°	−35°	−30°	−20°	−10°	0°	+10°	+20°	+30°	+35°	+40°
	h m	h m	h m	h m	h m	h m	h m	h m	h m	h m	h m	h m	h m	h m
Mar. 31	4 22	4 32	4 39	4 44	4 48	4 51	4 54	4 54	4 52	4 48	4 40	4 29	4 22	4 13
Apr. 4	4 30	4 38	4 44	4 48	4 51	4 53	4 55	4 54	4 51	4 45	4 37	4 24	4 16	4 05
8	4 38	4 45	4 49	4 52	4 54	4 56	4 56	4 54	4 49	4 43	4 33	4 19	4 09	3 58
12	4 45	4 51	4 54	4 56	4 57	4 58	4 57	4 53	4 48	4 40	4 29	4 14	4 03	3 50
16	4 53	4 57	4 59	5 00	5 00	5 00	4 58	4 53	4 47	4 38	4 25	4 08	3 57	3 43
20	5 00	5 02	5 03	5 04	5 03	5 02	4 58	4 53	4 45	4 35	4 22	4 03	3 51	3 36
24	5 07	5 08	5 08	5 07	5 06	5 04	4 59	4 53	4 44	4 33	4 18	3 58	3 45	3 28
28	5 13	5 13	5 12	5 11	5 09	5 06	5 00	4 53	4 43	4 31	4 15	3 53	3 39	3 21
May 2	5 20	5 18	5 16	5 14	5 12	5 08	5 01	4 53	4 42	4 29	4 12	3 49	3 34	3 14
6	5 26	5 23	5 21	5 18	5 14	5 11	5 02	4 53	4 41	4 27	4 09	3 45	3 28	3 08
10	5 31	5 28	5 24	5 21	5 17	5 13	5 03	4 53	4 41	4 26	4 06	3 40	3 23	3 01
14	5 37	5 33	5 28	5 24	5 19	5 15	5 05	4 53	4 40	4 24	4 04	3 37	3 18	2 55
18	5 42	5 37	5 32	5 27	5 22	5 17	5 06	4 54	4 40	4 23	4 02	3 33	3 14	2 50
22	5 47	5 41	5 35	5 30	5 24	5 19	5 07	4 54	4 40	4 22	4 00	3 30	3 10	2 45
26	5 52	5 45	5 39	5 32	5 27	5 21	5 08	4 55	4 40	4 22	3 59	3 28	3 07	2 40
30	5 56	5 48	5 42	5 35	5 29	5 22	5 09	4 56	4 40	4 21	3 58	3 26	3 04	2 36
June 3	5 59	5 51	5 44	5 37	5 31	5 24	5 11	4 56	4 40	4 21	3 57	3 24	3 02	2 33
7	6 03	5 54	5 47	5 39	5 33	5 26	5 12	4 57	4 41	4 21	3 56	3 23	3 00	2 30
11	6 05	5 56	5 49	5 41	5 34	5 27	5 13	4 58	4 41	4 21	3 56	3 22	2 59	2 28
15	6 07	5 58	5 50	5 43	5 36	5 28	5 14	4 59	4 42	4 22	3 57	3 22	2 59	2 28
19	6 09	6 00	5 52	5 44	5 37	5 30	5 15	5 00	4 43	4 22	3 57	3 23	2 59	2 28
23	6 09	6 01	5 52	5 45	5 38	5 30	5 16	5 01	4 44	4 23	3 58	3 23	3 00	2 29
27	6 10	6 01	5 53	5 45	5 38	5 31	5 17	5 01	4 44	4 24	3 59	3 25	3 01	2 30
July 1	6 09	6 01	5 53	5 45	5 38	5 31	5 17	5 02	4 45	4 26	4 01	3 27	3 03	2 33
5	6 08	6 00	5 52	5 45	5 38	5 31	5 18	5 03	4 46	4 27	4 02	3 29	3 06	2 36

END OF EVENING ASTRONOMICAL TWILIGHT

Lat.	−55°	−50°	−45°	−40°	−35°	−30°	−20°	−10°	0°	+10°	+20°	+30°	+35°	+40°
	h m	h m	h m	h m	h m	h m	h m	h m	h m	h m	h m	h m	h m	h m
Mar. 31	19 45	19 35	19 28	19 23	19 19	19 17	19 14	19 14	19 16	19 21	19 28	19 39	19 47	19 57
Apr. 4	19 34	19 26	19 21	19 16	19 14	19 12	19 11	19 12	19 15	19 21	19 30	19 42	19 51	20 02
8	19 24	19 18	19 13	19 10	19 08	19 07	19 07	19 10	19 14	19 21	19 31	19 45	19 55	20 07
12	19 15	19 10	19 06	19 04	19 03	19 03	19 04	19 08	19 14	19 22	19 33	19 48	19 59	20 12
16	19 05	19 02	19 00	18 59	18 58	18 59	19 02	19 06	19 13	19 22	19 34	19 52	20 03	20 17
20	18 57	18 54	18 53	18 53	18 54	18 55	18 59	19 05	19 12	19 23	19 36	19 55	20 08	20 23
24	18 48	18 48	18 48	18 48	18 50	18 51	18 56	19 03	19 12	19 23	19 38	19 59	20 12	20 29
28	18 41	18 41	18 42	18 44	18 46	18 48	18 54	19 02	19 12	19 24	19 40	20 02	20 17	20 35
May 2	18 33	18 35	18 37	18 39	18 42	18 45	18 52	19 01	19 12	19 25	19 42	20 06	20 21	20 41
6	18 27	18 29	18 32	18 35	18 39	18 42	18 51	19 00	19 12	19 26	19 45	20 09	20 26	20 47
10	18 21	18 24	18 28	18 32	18 36	18 40	18 49	19 00	19 12	19 27	19 47	20 13	20 30	20 53
14	18 15	18 19	18 24	18 28	18 33	18 38	18 48	18 59	19 13	19 29	19 49	20 17	20 35	20 58
18	18 10	18 15	18 21	18 26	18 31	18 36	18 47	18 59	19 13	19 30	19 51	20 20	20 40	21 04
22	18 06	18 12	18 18	18 23	18 29	18 35	18 46	18 59	19 14	19 31	19 54	20 24	20 44	21 10
26	18 02	18 09	18 15	18 21	18 27	18 33	18 46	18 59	19 15	19 33	19 56	20 27	20 48	21 15
30	17 59	18 07	18 13	18 20	18 26	18 33	18 46	19 00	19 16	19 34	19 58	20 30	20 52	21 20
June 3	17 57	18 05	18 12	18 19	18 26	18 32	18 46	19 00	19 16	19 36	20 00	20 33	20 55	21 25
7	17 55	18 04	18 11	18 18	18 25	18 32	18 46	19 01	19 17	19 37	20 02	20 35	20 58	21 28
11	17 54	18 03	18 11	18 18	18 25	18 32	18 46	19 01	19 18	19 38	20 03	20 38	21 01	21 31
15	17 54	18 03	18 11	18 18	18 26	18 33	18 47	19 02	19 19	19 39	20 05	20 39	21 03	21 34
19	17 54	18 03	18 11	18 19	18 26	18 33	18 48	19 03	19 20	19 40	20 06	20 40	21 04	21 35
23	17 55	18 04	18 12	18 20	18 27	18 34	18 49	19 04	19 21	19 41	20 07	20 41	21 05	21 36
27	17 57	18 06	18 14	18 21	18 28	18 35	18 50	19 05	19 22	19 42	20 07	20 41	21 05	21 36
July 1	17 59	18 08	18 15	18 23	18 30	18 37	18 51	19 06	19 23	19 42	20 07	20 41	21 04	21 35
5	18 02	18 10	18 18	18 25	18 31	18 38	18 52	19 07	19 23	19 43	20 07	20 40	21 03	21 33

UNIVERSAL TIME FOR MERIDIAN OF GREENWICH

BEGINNING OF MORNING ASTRONOMICAL TWILIGHT

Lat.	+40°	+42°	+44°	+46°	+48°	+50°	+52°	+54°	+56°	+58°	+60°	+62°	+64°	+66°
	h m	h m	h m	h m	h m	h m	h m	h m	h m	h m	h m	h m	h m	h m
Mar. 31	4 13	4 08	4 03	3 58	3 52	3 45	3 37	3 28	3 17	3 05	2 50	2 31	2 07	1 31
Apr. 4	4 05	4 00	3 55	3 49	3 42	3 34	3 25	3 15	3 03	2 49	2 31	2 09	1 37	0 33
8	3 58	3 52	3 46	3 39	3 32	3 23	3 13	3 02	2 48	2 32	2 11	1 42	0 55	// //
12	3 50	3 44	3 38	3 30	3 22	3 12	3 01	2 48	2 32	2 13	1 48	1 08	// //	// //
16	3 43	3 36	3 29	3 21	3 11	3 01	2 48	2 34	2 16	1 52	1 19	// //	// //	// //
20	3 36	3 28	3 20	3 11	3 01	2 49	2 35	2 18	1 57	1 29	0 36	// //	// //	// //
24	3 28	3 21	3 12	3 02	2 51	2 37	2 22	2 02	1 37	0 58	// //	// //	// //	// //
28	3 21	3 13	3 03	2 53	2 40	2 25	2 08	1 45	1 13	// //	// //	// //	// //	// //
May 2	3 14	3 05	2 55	2 43	2 29	2 13	1 53	1 25	0 39	// //	// //	// //	// //	// //
6	3 08	2 58	2 47	2 34	2 19	2 00	1 37	1 02	// //	// //	// //	// //	// //	// //
10	3 01	2 51	2 39	2 25	2 08	1 47	1 19	0 27	// //	// //	// //	// //	// //	// //
14	2 55	2 44	2 31	2 16	1 57	1 34	0 59	// //	// //	// //	// //	// //	// //	// //
18	2 50	2 38	2 24	2 07	1 47	1 19	0 31	// //	// //	// //	// //	// //	// //	// //
22	2 45	2 32	2 17	1 59	1 36	1 04	// //	// //	// //	// //	// //	// //	// //	// //
26	2 40	2 26	2 11	1 51	1 26	0 46	// //	// //	// //	// //	// //	// //	// //	// //
30	2 36	2 22	2 05	1 44	1 16	0 21	// //	// //	// //	// //	// //	// //	// //	// //
June 3	2 33	2 18	2 00	1 38	1 07	// //	// //	// //	// //	// //	// //	// //	// //	// //
7	2 30	2 15	1 56	1 33	0 58	// //	// //	// //	// //	// //	// //	// //	// //	// //
11	2 28	2 13	1 54	1 29	0 50	// //	// //	// //	// //	// //	// //	// //	// //	// //
15	2 28	2 12	1 52	1 26	0 45	// //	// //	// //	// //	// //	// //	// //	// //	□
19	2 28	2 11	1 52	1 25	0 42	// //	// //	// //	// //	// //	// //	// //	// //	□
23	2 29	2 12	1 53	1 26	0 43	// //	// //	// //	// //	// //	// //	// //	// //	□
27	2 30	2 14	1 55	1 29	0 47	// //	// //	// //	// //	// //	// //	// //	// //	□
July 1	2 33	2 17	1 58	1 33	0 55	// //	// //	// //	// //	// //	// //	// //	// //	// //
5	2 36	2 21	2 02	1 39	1 04	// //	// //	// //	// //	// //	// //	// //	// //	// //

END OF EVENING ASTRONOMICAL TWILIGHT

Lat.	+40°	+42°	+44°	+46°	+48°	+50°	+52°	+54°	+56°	+58°	+60°	+62°	+64°	+66°
	h m	h m	h m	h m	h m	h m	h m	h m	h m	h m	h m	h m	h m	h m
Mar. 31	19 57	20 01	20 06	20 12	20 18	20 25	20 33	20 42	20 53	21 06	21 22	21 41	22 07	22 47
Apr. 4	20 02	20 07	20 12	20 19	20 26	20 33	20 43	20 53	21 05	21 20	21 38	22 02	22 36	// //
8	20 07	20 12	20 19	20 25	20 33	20 42	20 52	21 04	21 18	21 35	21 57	22 27	23 25	// //
12	20 12	20 18	20 25	20 33	20 41	20 51	21 03	21 16	21 32	21 52	22 19	23 03	// //	// //
16	20 17	20 24	20 32	20 40	20 50	21 01	21 13	21 29	21 47	22 11	22 48	// //	// //	// //
20	20 23	20 30	20 39	20 48	20 58	21 11	21 25	21 42	22 04	22 35	23 44	// //	// //	// //
24	20 29	20 37	20 46	20 56	21 07	21 21	21 37	21 57	22 24	23 08	// //	// //	// //	// //
28	20 35	20 43	20 53	21 04	21 17	21 32	21 50	22 14	22 48	// //	// //	// //	// //	// //
May 2	20 41	20 50	21 00	21 12	21 27	21 43	22 04	22 33	23 28	// //	// //	// //	// //	// //
6	20 47	20 57	21 08	21 21	21 37	21 55	22 20	22 57	// //	// //	// //	// //	// //	// //
10	20 53	21 03	21 16	21 30	21 47	22 08	22 38	23 43	// //	// //	// //	// //	// //	// //
14	20 58	21 10	21 23	21 39	21 57	22 22	22 59	// //	// //	// //	// //	// //	// //	// //
18	21 04	21 16	21 31	21 47	22 08	22 37	23 33	// //	// //	// //	// //	// //	// //	// //
22	21 10	21 23	21 38	21 56	22 19	22 53	// //	// //	// //	// //	// //	// //	// //	// //
26	21 15	21 29	21 45	22 05	22 31	23 13	// //	// //	// //	// //	// //	// //	// //	// //
30	21 20	21 34	21 51	22 13	22 42	23 45	// //	// //	// //	// //	// //	// //	// //	// //
June 3	21 25	21 39	21 57	22 20	22 52	// //	// //	// //	// //	// //	// //	// //	// //	// //
7	21 28	21 44	22 02	22 26	23 02	// //	// //	// //	// //	// //	// //	// //	// //	// //
11	21 31	21 47	22 07	22 32	23 11	// //	// //	// //	// //	// //	// //	// //	// //	// //
15	21 34	21 50	22 10	22 35	23 18	// //	// //	// //	// //	// //	// //	// //	// //	□
19	21 35	21 52	22 11	22 38	23 21	// //	// //	// //	// //	// //	// //	// //	// //	□
23	21 36	21 52	22 12	22 38	23 21	// //	// //	// //	// //	// //	// //	// //	// //	□
27	21 36	21 52	22 11	22 37	23 18	// //	// //	// //	// //	// //	// //	// //	// //	□
July 1	21 35	21 50	22 09	22 34	23 11	// //	// //	// //	// //	// //	// //	// //	// //	// //
5	21 33	21 48	22 06	22 29	23 03	// //	// //	// //	// //	// //	// //	// //	// //	// //

□ indicates Sun continuously above horizon.
// // indicates continuous twilight.

ASTRONOMICAL TWILIGHT, 2020

UNIVERSAL TIME FOR MERIDIAN OF GREENWICH

BEGINNING OF MORNING ASTRONOMICAL TWILIGHT

Lat.	−55°	−50°	−45°	−40°	−35°	−30°	−20°	−10°	0°	+10°	+20°	+30°	+35°	+40°
	h m	h m	h m	h m	h m	h m	h m	h m	h m	h m	h m	h m	h m	h m
July 1	6 09	6 01	5 53	5 45	5 38	5 31	5 17	5 02	4 45	4 26	4 01	3 27	3 03	2 33
5	6 08	6 00	5 52	5 45	5 38	5 31	5 18	5 03	4 46	4 27	4 02	3 29	3 06	2 36
9	6 06	5 58	5 51	5 44	5 38	5 31	5 18	5 03	4 47	4 28	4 04	3 31	3 09	2 40
13	6 03	5 56	5 49	5 43	5 37	5 30	5 18	5 04	4 48	4 29	4 06	3 34	3 13	2 45
17	6 00	5 54	5 47	5 41	5 35	5 29	5 17	5 04	4 49	4 31	4 08	3 37	3 16	2 49
21	5 56	5 50	5 45	5 39	5 34	5 28	5 17	5 04	4 49	4 32	4 10	3 40	3 20	2 55
25	5 52	5 47	5 42	5 37	5 32	5 27	5 16	5 04	4 50	4 33	4 12	3 44	3 25	3 00
29	5 46	5 42	5 38	5 34	5 29	5 25	5 15	5 03	4 50	4 35	4 14	3 47	3 29	3 06
Aug. 2	5 41	5 37	5 34	5 30	5 26	5 22	5 13	5 03	4 51	4 36	4 16	3 51	3 33	3 12
6	5 34	5 32	5 29	5 26	5 23	5 20	5 12	5 02	4 51	4 37	4 19	3 54	3 38	3 17
10	5 27	5 26	5 24	5 22	5 20	5 17	5 10	5 01	4 51	4 37	4 21	3 57	3 42	3 23
14	5 20	5 20	5 19	5 18	5 16	5 13	5 07	5 00	4 50	4 38	4 22	4 01	3 47	3 29
18	5 12	5 13	5 13	5 13	5 12	5 10	5 05	4 58	4 50	4 39	4 24	4 04	3 51	3 34
22	5 03	5 06	5 07	5 07	5 07	5 06	5 02	4 57	4 49	4 39	4 26	4 07	3 55	3 40
26	4 55	4 58	5 01	5 02	5 02	5 02	4 59	4 55	4 49	4 40	4 27	4 10	3 59	3 45
30	4 45	4 50	4 54	4 56	4 57	4 58	4 56	4 53	4 48	4 40	4 29	4 13	4 03	3 50
Sept. 3	4 35	4 42	4 47	4 50	4 52	4 53	4 53	4 51	4 47	4 40	4 30	4 16	4 07	3 55
7	4 25	4 34	4 39	4 44	4 46	4 48	4 50	4 49	4 46	4 40	4 32	4 19	4 11	4 00
11	4 15	4 25	4 32	4 37	4 41	4 43	4 46	4 46	4 44	4 40	4 33	4 22	4 14	4 05
15	4 04	4 15	4 24	4 30	4 35	4 38	4 43	4 44	4 43	4 40	4 34	4 24	4 18	4 09
19	3 52	4 06	4 16	4 23	4 29	4 33	4 39	4 42	4 42	4 40	4 35	4 27	4 21	4 14
23	3 40	3 56	4 08	4 16	4 23	4 28	4 35	4 39	4 40	4 39	4 36	4 29	4 24	4 18
27	3 28	3 46	3 59	4 09	4 17	4 23	4 31	4 36	4 39	4 39	4 37	4 32	4 28	4 22
Oct. 1	3 16	3 36	3 51	4 02	4 11	4 17	4 27	4 34	4 37	4 39	4 38	4 34	4 31	4 26
5	3 02	3 25	3 42	3 54	4 04	4 12	4 24	4 31	4 36	4 39	4 39	4 36	4 34	4 31

END OF EVENING ASTRONOMICAL TWILIGHT

Lat.	−55°	−50°	−45°	−40°	−35°	−30°	−20°	−10°	0°	+10°	+20°	+30°	+35°	+40°
	h m	h m	h m	h m	h m	h m	h m	h m	h m	h m	h m	h m	h m	h m
July 1	17 59	18 08	18 15	18 23	18 30	18 37	18 51	19 06	19 23	19 42	20 07	20 41	21 04	21 35
5	18 02	18 10	18 18	18 25	18 31	18 38	18 52	19 07	19 23	19 43	20 07	20 40	21 03	21 33
9	18 05	18 13	18 20	18 27	18 33	18 40	18 53	19 07	19 23	19 42	20 06	20 39	21 01	21 30
13	18 09	18 16	18 23	18 29	18 35	18 41	18 54	19 08	19 24	19 42	20 05	20 37	20 58	21 26
17	18 13	18 19	18 25	18 31	18 37	18 43	18 55	19 09	19 24	19 42	20 04	20 35	20 55	21 22
21	18 17	18 23	18 29	18 34	18 39	18 45	18 56	19 09	19 23	19 41	20 02	20 32	20 52	21 17
25	18 22	18 27	18 32	18 37	18 42	18 47	18 57	19 09	19 23	19 40	20 00	20 29	20 48	21 12
29	18 27	18 31	18 35	18 40	18 44	18 49	18 58	19 10	19 23	19 38	19 58	20 25	20 43	21 06
Aug. 2	18 33	18 36	18 39	18 43	18 47	18 51	18 59	19 10	19 22	19 37	19 56	20 21	20 38	21 00
6	18 38	18 40	18 43	18 46	18 49	18 52	19 00	19 10	19 21	19 35	19 53	20 17	20 33	20 53
10	18 44	18 45	18 47	18 49	18 51	18 54	19 01	19 10	19 20	19 33	19 50	20 12	20 28	20 46
14	18 50	18 50	18 51	18 52	18 54	18 56	19 02	19 09	19 19	19 31	19 46	20 08	20 22	20 39
18	18 57	18 55	18 55	18 55	18 56	18 58	19 03	19 09	19 18	19 28	19 43	20 03	20 16	20 32
22	19 03	19 01	18 59	18 59	18 59	19 00	19 03	19 09	19 16	19 26	19 39	19 58	20 10	20 25
26	19 10	19 06	19 03	19 02	19 02	19 02	19 04	19 08	19 15	19 24	19 35	19 52	20 03	20 17
30	19 17	19 12	19 08	19 06	19 04	19 04	19 05	19 08	19 13	19 21	19 32	19 47	19 57	20 10
Sept. 3	19 24	19 17	19 12	19 09	19 07	19 06	19 05	19 08	19 12	19 18	19 28	19 41	19 51	20 02
7	19 32	19 23	19 17	19 13	19 10	19 08	19 06	19 07	19 10	19 16	19 24	19 36	19 44	19 55
11	19 40	19 30	19 22	19 17	19 13	19 10	19 07	19 07	19 09	19 13	19 20	19 31	19 38	19 47
15	19 48	19 36	19 27	19 21	19 16	19 12	19 08	19 06	19 07	19 10	19 16	19 25	19 32	19 40
19	19 57	19 43	19 32	19 25	19 19	19 14	19 09	19 06	19 06	19 07	19 12	19 20	19 25	19 33
23	20 06	19 50	19 38	19 29	19 22	19 17	19 10	19 06	19 04	19 05	19 08	19 15	19 19	19 25
27	20 15	19 57	19 44	19 34	19 26	19 19	19 11	19 05	19 03	19 02	19 04	19 09	19 13	19 19
Oct. 1	20 26	20 05	19 50	19 38	19 29	19 22	19 12	19 05	19 02	19 00	19 01	19 04	19 07	19 12
5	20 36	20 13	19 56	19 43	19 33	19 25	19 13	19 05	19 00	18 58	18 57	19 00	19 02	19 05

ASTRONOMICAL TWILIGHT, 2020

UNIVERSAL TIME FOR MERIDIAN OF GREENWICH
BEGINNING OF MORNING ASTRONOMICAL TWILIGHT

Lat.	+40°	+42°	+44°	+46°	+48°	+50°	+52°	+54°	+56°	+58°	+60°	+62°	+64°	+66°
	h m	h m	h m	h m	h m	h m	h m	h m	h m	h m	h m	h m	h m	h m
July 1	2 33	2 17	1 58	1 33	0 55	// //	// //	// //	// //	// //	// //	// //	// //	// //
5	2 36	2 21	2 02	1 39	1 04	// //	// //	// //	// //	// //	// //	// //	// //	// //
9	2 40	2 25	2 08	1 45	1 14	// //	// //	// //	// //	// //	// //	// //	// //	// //
13	2 45	2 30	2 14	1 53	1 25	0 31	// //	// //	// //	// //	// //	// //	// //	// //
17	2 49	2 36	2 20	2 01	1 36	0 56	// //	// //	// //	// //	// //	// //	// //	// //
21	2 55	2 42	2 27	2 09	1 47	1 14	// //	// //	// //	// //	// //	// //	// //	// //
25	3 00	2 48	2 34	2 18	1 57	1 30	0 42	// //	// //	// //	// //	// //	// //	// //
29	3 06	2 55	2 42	2 26	2 08	1 44	1 10	// //	// //	// //	// //	// //	// //	// //
Aug. 2	3 12	3 01	2 49	2 35	2 18	1 58	1 30	0 38	// //	// //	// //	// //	// //	// //
6	3 17	3 07	2 56	2 43	2 28	2 10	1 46	1 12	// //	// //	// //	// //	// //	// //
10	3 23	3 14	3 04	2 52	2 38	2 22	2 01	1 34	0 47	// //	// //	// //	// //	// //
14	3 29	3 20	3 11	3 00	2 47	2 33	2 15	1 52	1 20	// //	// //	// //	// //	// //
18	3 34	3 26	3 18	3 08	2 56	2 43	2 27	2 08	1 42	1 02	// //	// //	// //	// //
22	3 40	3 32	3 24	3 15	3 05	2 53	2 39	2 22	2 01	1 32	0 36	// //	// //	// //
26	3 45	3 38	3 31	3 23	3 13	3 03	2 50	2 35	2 17	1 54	1 20	// //	// //	// //
30	3 50	3 44	3 37	3 30	3 21	3 12	3 00	2 47	2 32	2 12	1 46	1 05	// //	// //
Sept. 3	3 55	3 50	3 43	3 37	3 29	3 20	3 10	2 59	2 45	2 28	2 07	1 38	0 47	// //
7	4 00	3 55	3 49	3 43	3 36	3 29	3 20	3 09	2 57	2 43	2 25	2 02	1 29	0 09
11	4 05	4 00	3 55	3 50	3 43	3 36	3 28	3 19	3 09	2 56	2 41	2 22	1 57	1 19
15	4 09	4 05	4 01	3 56	3 50	3 44	3 37	3 29	3 20	3 09	2 55	2 39	2 19	1 51
19	4 14	4 10	4 06	4 02	3 57	3 52	3 45	3 38	3 30	3 20	3 09	2 55	2 38	2 16
23	4 18	4 15	4 12	4 08	4 03	3 59	3 53	3 47	3 40	3 31	3 22	3 10	2 56	2 37
27	4 22	4 20	4 17	4 13	4 10	4 06	4 01	3 55	3 49	3 42	3 34	3 23	3 11	2 56
Oct. 1	4 26	4 24	4 22	4 19	4 16	4 12	4 08	4 04	3 58	3 52	3 45	3 36	3 26	3 13
5	4 31	4 29	4 27	4 24	4 22	4 19	4 15	4 12	4 07	4 02	3 56	3 48	3 40	3 29

END OF EVENING ASTRONOMICAL TWILIGHT

Lat.	+40°	+42°	+44°	+46°	+48°	+50°	+52°	+54°	+56°	+58°	+60°	+62°	+64°	+66°
	h m	h m	h m	h m	h m	h m	h m	h m	h m	h m	h m	h m	h m	h m
July 1	21 35	21 50	22 09	22 34	23 11	// //	// //	// //	// //	// //	// //	// //	// //	// //
5	21 33	21 48	22 06	22 29	23 03	// //	// //	// //	// //	// //	// //	// //	// //	// //
9	21 30	21 44	22 02	22 24	22 54	// //	// //	// //	// //	// //	// //	// //	// //	// //
13	21 26	21 40	21 57	22 17	22 44	23 33	// //	// //	// //	// //	// //	// //	// //	// //
17	21 22	21 35	21 51	22 10	22 34	23 12	// //	// //	// //	// //	// //	// //	// //	// //
21	21 17	21 30	21 44	22 02	22 24	22 55	// //	// //	// //	// //	// //	// //	// //	// //
25	21 12	21 24	21 37	21 54	22 13	22 40	23 23	// //	// //	// //	// //	// //	// //	// //
29	21 06	21 17	21 30	21 45	22 03	22 26	22 58	// //	// //	// //	// //	// //	// //	// //
Aug. 2	21 00	21 10	21 22	21 36	21 52	22 12	22 39	23 24	// //	// //	// //	// //	// //	// //
6	20 53	21 03	21 14	21 26	21 41	21 59	22 22	22 54	// //	// //	// //	// //	// //	// //
10	20 46	20 55	21 06	21 17	21 31	21 47	22 06	22 32	23 14	// //	// //	// //	// //	// //
14	20 39	20 48	20 57	21 08	21 20	21 34	21 52	22 13	22 44	23 55	// //	// //	// //	// //
18	20 32	20 40	20 48	20 58	21 09	21 22	21 38	21 56	22 21	22 57	// //	// //	// //	// //
22	20 25	20 32	20 40	20 49	20 59	21 10	21 24	21 40	22 01	22 29	23 15	// //	// //	// //
26	20 17	20 24	20 31	20 39	20 48	20 59	21 11	21 25	21 43	22 05	22 37	23 52	// //	// //
30	20 10	20 16	20 22	20 30	20 38	20 48	20 58	21 11	21 26	21 45	22 10	22 47	// //	// //
Sept. 3	20 02	20 08	20 14	20 20	20 28	20 36	20 46	20 57	21 11	21 27	21 47	22 15	22 59	// //
7	19 55	20 00	20 05	20 11	20 18	20 26	20 34	20 44	20 56	21 10	21 27	21 49	22 20	23 17
11	19 47	19 52	19 57	20 02	20 08	20 15	20 23	20 32	20 42	20 54	21 09	21 27	21 51	22 26
15	19 40	19 44	19 48	19 53	19 58	20 04	20 11	20 19	20 28	20 39	20 52	21 07	21 27	21 53
19	19 33	19 36	19 40	19 44	19 49	19 54	20 00	20 07	20 15	20 25	20 36	20 49	21 05	21 26
23	19 25	19 28	19 32	19 35	19 40	19 44	19 50	19 56	20 03	20 11	20 20	20 32	20 46	21 03
27	19 19	19 21	19 24	19 27	19 31	19 35	19 39	19 45	19 51	19 58	20 06	20 16	20 27	20 42
Oct. 1	19 12	19 14	19 16	19 19	19 22	19 25	19 29	19 34	19 39	19 45	19 52	20 00	20 10	20 23
5	19 05	19 07	19 09	19 11	19 14	19 16	19 20	19 24	19 28	19 33	19 39	19 46	19 54	20 05

// // indicates continuous twilight.

ASTRONOMICAL TWILIGHT, 2020

UNIVERSAL TIME FOR MERIDIAN OF GREENWICH
BEGINNING OF MORNING ASTRONOMICAL TWILIGHT

Lat.	−55°	−50°	−45°	−40°	−35°	−30°	−20°	−10°	0°	+10°	+20°	+30°	+35°	+40°
	h m	h m	h m	h m	h m	h m	h m	h m	h m	h m	h m	h m	h m	h m
Oct. 1	3 16	3 36	3 51	4 02	4 11	4 17	4 27	4 34	4 37	4 39	4 38	4 34	4 31	4 26
5	3 02	3 25	3 42	3 54	4 04	4 12	4 24	4 31	4 36	4 39	4 39	4 36	4 34	4 31
9	2 49	3 15	3 33	3 47	3 58	4 07	4 20	4 29	4 35	4 38	4 40	4 39	4 37	4 35
13	2 35	3 04	3 24	3 40	3 52	4 02	4 16	4 26	4 33	4 38	4 41	4 41	4 40	4 39
17	2 20	2 53	3 15	3 32	3 46	3 56	4 13	4 24	4 32	4 38	4 42	4 44	4 44	4 43
21	2 04	2 41	3 07	3 25	3 40	3 51	4 09	4 22	4 31	4 38	4 43	4 46	4 47	4 47
25	1 47	2 30	2 58	3 18	3 34	3 47	4 06	4 20	4 30	4 38	4 44	4 49	4 50	4 51
29	1 28	2 18	2 49	3 11	3 28	3 42	4 03	4 18	4 30	4 39	4 46	4 51	4 53	4 55
Nov. 2	1 06	2 06	2 40	3 04	3 23	3 38	4 00	4 16	4 29	4 39	4 47	4 54	4 56	4 59
6	0 38	1 54	2 32	2 58	3 18	3 33	3 57	4 15	4 29	4 40	4 49	4 56	5 00	5 03
10	// //	1 41	2 23	2 52	3 13	3 30	3 55	4 14	4 28	4 40	4 50	4 59	5 03	5 07
14	// //	1 28	2 15	2 46	3 08	3 26	3 53	4 13	4 28	4 41	4 52	5 02	5 06	5 11
18	// //	1 14	2 08	2 41	3 05	3 23	3 51	4 12	4 29	4 42	4 54	5 05	5 10	5 15
22	// //	0 59	2 00	2 36	3 01	3 21	3 50	4 12	4 29	4 44	4 56	5 08	5 13	5 18
26	// //	0 42	1 54	2 31	2 58	3 19	3 49	4 12	4 30	4 45	4 58	5 10	5 16	5 22
30	// //	0 19	1 48	2 28	2 56	3 17	3 49	4 12	4 31	4 47	5 00	5 13	5 19	5 26
Dec. 4	// //	// //	1 43	2 25	2 54	3 16	3 49	4 13	4 32	4 48	5 03	5 16	5 23	5 29
8	// //	// //	1 39	2 23	2 53	3 16	3 49	4 14	4 34	4 50	5 05	5 19	5 25	5 32
12	// //	// //	1 36	2 23	2 53	3 16	3 50	4 15	4 35	4 52	5 07	5 21	5 28	5 35
16	// //	// //	1 35	2 23	2 54	3 17	3 52	4 17	4 37	4 54	5 09	5 24	5 31	5 38
20	// //	// //	1 36	2 24	2 55	3 19	3 53	4 19	4 39	4 56	5 11	5 26	5 33	5 40
24	// //	// //	1 38	2 26	2 57	3 21	3 55	4 21	4 41	4 58	5 13	5 28	5 35	5 42
28	// //	// //	1 42	2 29	3 00	3 23	3 58	4 23	4 43	5 00	5 15	5 29	5 36	5 44
32	// //	// //	1 47	2 33	3 04	3 27	4 00	4 25	4 45	5 02	5 17	5 31	5 38	5 45
36	// //	// //	1 54	2 38	3 08	3 30	4 03	4 28	4 47	5 04	5 18	5 32	5 38	5 45

END OF EVENING ASTRONOMICAL TWILIGHT

Lat.	−55°	−50°	−45°	−40°	−35°	−30°	−20°	−10°	0°	+10°	+20°	+30°	+35°	+40°
	h m	h m	h m	h m	h m	h m	h m	h m	h m	h m	h m	h m	h m	h m
Oct. 1	20 26	20 05	19 50	19 38	19 29	19 22	19 12	19 05	19 02	19 00	19 01	19 04	19 07	19 12
5	20 36	20 13	19 56	19 43	19 33	19 25	19 13	19 05	19 00	18 58	18 57	19 00	19 02	19 05
9	20 48	20 21	20 02	19 48	19 37	19 28	19 15	19 06	19 00	18 56	18 54	18 55	18 56	18 59
13	21 00	20 30	20 09	19 54	19 41	19 31	19 16	19 06	18 59	18 54	18 51	18 51	18 51	18 53
17	21 14	20 40	20 16	19 59	19 46	19 35	19 18	19 07	18 58	18 52	18 48	18 46	18 46	18 47
21	21 29	20 50	20 24	20 05	19 50	19 38	19 20	19 07	18 58	18 51	18 46	18 43	18 42	18 42
25	21 45	21 00	20 32	20 11	19 55	19 42	19 23	19 08	18 58	18 50	18 43	18 39	18 38	18 37
29	22 04	21 12	20 40	20 17	20 00	19 46	19 25	19 10	18 58	18 49	18 41	18 36	18 34	18 32
Nov. 2	22 26	21 24	20 49	20 24	20 05	19 50	19 28	19 11	18 58	18 48	18 40	18 33	18 30	18 28
6	22 58	21 36	20 57	20 31	20 10	19 55	19 30	19 13	18 59	18 48	18 38	18 31	18 27	18 24
10	// //	21 50	21 06	20 37	20 16	19 59	19 33	19 14	19 00	18 47	18 37	18 28	18 24	18 21
14	// //	22 05	21 15	20 44	20 21	20 03	19 36	19 16	19 01	18 48	18 37	18 27	18 22	18 18
18	// //	22 20	21 25	20 51	20 27	20 08	19 39	19 18	19 02	18 48	18 36	18 26	18 20	18 16
22	// //	22 38	21 34	20 58	20 32	20 12	19 43	19 21	19 03	18 49	18 36	18 25	18 19	18 14
26	// //	22 58	21 43	21 04	20 37	20 17	19 46	19 23	19 05	18 50	18 36	18 24	18 18	18 12
30	// //	23 27	21 51	21 11	20 42	20 21	19 49	19 25	19 07	18 51	18 37	18 24	18 18	18 12
Dec. 4	// //	// //	21 59	21 16	20 47	20 25	19 52	19 28	19 09	18 52	18 38	18 25	18 18	18 11
8	// //	// //	22 06	21 21	20 51	20 28	19 55	19 30	19 11	18 54	18 39	18 25	18 19	18 12
12	// //	// //	22 12	21 26	20 55	20 32	19 58	19 33	19 13	18 56	18 41	18 27	18 20	18 12
16	// //	// //	22 17	21 29	20 58	20 35	20 00	19 35	19 15	18 58	18 42	18 28	18 21	18 14
20	// //	// //	22 20	21 32	21 00	20 37	20 02	19 37	19 17	19 00	18 44	18 30	18 23	18 15
24	// //	// //	22 21	21 33	21 02	20 39	20 04	19 39	19 19	19 02	18 46	18 32	18 25	18 17
28	// //	// //	22 21	21 34	21 03	20 40	20 06	19 41	19 21	19 04	18 48	18 34	18 27	18 20
32	// //	// //	22 19	21 34	21 03	20 41	20 07	19 42	19 22	19 06	18 51	18 37	18 30	18 23
36	// //	// //	22 16	21 32	21 03	20 41	20 07	19 43	19 24	19 07	18 53	18 39	18 33	18 26

// // indicates continuous twilight.

ASTRONOMICAL TWILIGHT, 2020

UNIVERSAL TIME FOR MERIDIAN OF GREENWICH
BEGINNING OF MORNING ASTRONOMICAL TWILIGHT

Lat.	+40°	+42°	+44°	+46°	+48°	+50°	+52°	+54°	+56°	+58°	+60°	+62°	+64°	+66°
	h m	h m	h m	h m	h m	h m	h m	h m	h m	h m	h m	h m	h m	h m
Oct. 1	4 26	4 24	4 22	4 19	4 16	4 12	4 08	4 04	3 58	3 52	3 45	3 36	3 26	3 13
5	4 31	4 29	4 27	4 24	4 22	4 19	4 15	4 12	4 07	4 02	3 56	3 48	3 40	3 29
9	4 35	4 33	4 32	4 30	4 28	4 25	4 23	4 19	4 16	4 11	4 06	4 00	3 53	3 44
13	4 39	4 38	4 37	4 35	4 34	4 32	4 29	4 27	4 24	4 20	4 16	4 11	4 05	3 58
17	4 43	4 42	4 41	4 40	4 39	4 38	4 36	4 34	4 32	4 29	4 26	4 22	4 17	4 11
21	4 47	4 46	4 46	4 46	4 45	4 44	4 43	4 42	4 40	4 38	4 35	4 32	4 29	4 24
25	4 51	4 51	4 51	4 51	4 51	4 50	4 50	4 49	4 48	4 46	4 45	4 43	4 40	4 37
29	4 55	4 55	4 56	4 56	4 56	4 56	4 56	4 56	4 55	4 55	4 54	4 52	4 51	4 49
Nov. 2	4 59	5 00	5 00	5 01	5 01	5 02	5 02	5 03	5 03	5 03	5 02	5 02	5 01	5 00
6	5 03	5 04	5 05	5 06	5 07	5 08	5 08	5 09	5 10	5 10	5 11	5 11	5 11	5 11
10	5 07	5 08	5 09	5 11	5 12	5 13	5 15	5 16	5 17	5 18	5 19	5 20	5 21	5 22
14	5 11	5 12	5 14	5 16	5 17	5 19	5 20	5 22	5 24	5 25	5 27	5 28	5 30	5 32
18	5 15	5 17	5 18	5 20	5 22	5 24	5 26	5 28	5 30	5 32	5 34	5 37	5 39	5 41
22	5 18	5 21	5 23	5 25	5 27	5 29	5 32	5 34	5 36	5 39	5 41	5 44	5 47	5 50
26	5 22	5 25	5 27	5 29	5 32	5 34	5 37	5 40	5 42	5 45	5 48	5 51	5 55	5 59
30	5 26	5 28	5 31	5 33	5 36	5 39	5 42	5 45	5 48	5 51	5 54	5 58	6 02	6 06
Dec. 4	5 29	5 32	5 35	5 37	5 40	5 43	5 46	5 49	5 53	5 56	6 00	6 04	6 08	6 13
8	5 32	5 35	5 38	5 41	5 44	5 47	5 50	5 54	5 57	6 01	6 05	6 09	6 14	6 19
12	5 35	5 38	5 41	5 44	5 47	5 51	5 54	5 57	6 01	6 05	6 09	6 14	6 19	6 24
16	5 38	5 41	5 44	5 47	5 50	5 54	5 57	6 01	6 04	6 08	6 13	6 17	6 23	6 28
20	5 40	5 43	5 46	5 49	5 53	5 56	5 59	6 03	6 07	6 11	6 15	6 20	6 25	6 31
24	5 42	5 45	5 48	5 51	5 55	5 58	6 01	6 05	6 09	6 13	6 17	6 22	6 27	6 33
28	5 44	5 47	5 50	5 53	5 56	5 59	6 02	6 06	6 10	6 14	6 18	6 23	6 28	6 33
32	5 45	5 48	5 50	5 53	5 57	6 00	6 03	6 06	6 10	6 14	6 18	6 22	6 27	6 33
36	5 45	5 48	5 51	5 54	5 57	6 00	6 03	6 06	6 10	6 13	6 17	6 21	6 26	6 31

END OF EVENING ASTRONOMICAL TWILIGHT

Lat.	+40°	+42°	+44°	+46°	+48°	+50°	+52°	+54°	+56°	+58°	+60°	+62°	+64°	+66°
	h m	h m	h m	h m	h m	h m	h m	h m	h m	h m	h m	h m	h m	h m
Oct. 1	19 12	19 14	19 16	19 19	19 22	19 25	19 29	19 34	19 39	19 45	19 52	20 00	20 10	20 23
5	19 05	19 07	19 09	19 11	19 14	19 16	19 20	19 24	19 28	19 33	19 39	19 46	19 54	20 05
9	18 59	19 00	19 02	19 03	19 05	19 08	19 10	19 14	19 17	19 21	19 26	19 32	19 39	19 48
13	18 53	18 54	18 55	18 56	18 58	18 59	19 02	19 04	19 07	19 10	19 14	19 19	19 25	19 32
17	18 47	18 48	18 48	18 49	18 50	18 52	18 53	18 55	18 57	19 00	19 03	19 07	19 11	19 17
21	18 42	18 42	18 42	18 43	18 43	18 44	18 45	18 46	18 48	18 50	18 52	18 55	18 59	19 03
25	18 37	18 37	18 36	18 36	18 37	18 37	18 38	18 38	18 39	18 40	18 42	18 44	18 46	18 50
29	18 32	18 32	18 32	18 31	18 31	18 30	18 30	18 30	18 31	18 31	18 32	18 33	18 34	18 35
Nov. 2	18 28	18 27	18 26	18 25	18 25	18 24	18 24	18 24	18 23	18 23	18 24	18 24	18 25	18 26
6	18 24	18 23	18 22	18 21	18 20	18 19	18 18	18 17	18 17	18 16	18 15	18 15	18 15	18 15
10	18 21	18 19	18 18	18 16	18 15	18 14	18 13	18 11	18 10	18 09	18 08	18 07	18 06	18 05
14	18 18	18 16	18 14	18 13	18 11	18 09	18 08	18 06	18 05	18 03	18 01	18 00	17 58	17 56
18	18 16	18 14	18 12	18 10	18 08	18 06	18 04	18 02	18 00	17 58	17 55	17 53	17 51	17 48
22	18 14	18 12	18 09	18 07	18 05	18 03	18 00	17 58	17 55	17 53	17 50	17 47	17 44	17 41
26	18 12	18 10	18 08	18 05	18 03	18 00	17 58	17 55	17 52	17 49	17 46	17 43	17 39	17 35
30	18 12	18 09	18 06	18 04	18 01	17 58	17 55	17 53	17 49	17 46	17 43	17 39	17 35	17 31
Dec. 4	18 11	18 09	18 06	18 03	18 00	17 57	17 54	17 51	17 48	17 44	17 40	17 36	17 32	17 27
8	18 12	18 09	18 06	18 03	18 00	17 57	17 54	17 50	17 47	17 43	17 39	17 35	17 30	17 25
12	18 12	18 09	18 07	18 03	18 00	17 57	17 54	17 50	17 47	17 43	17 38	17 34	17 29	17 23
16	18 14	18 11	18 08	18 05	18 01	17 58	17 55	17 51	17 47	17 43	17 39	17 34	17 29	17 23
20	18 15	18 12	18 09	18 06	18 03	18 00	17 56	17 53	17 49	17 45	17 40	17 35	17 30	17 24
24	18 17	18 14	18 11	18 08	18 05	18 02	17 58	17 55	17 51	17 47	17 42	17 38	17 33	17 27
28	18 20	18 17	18 14	18 11	18 08	18 05	18 01	17 58	17 54	17 50	17 46	17 41	17 36	17 30
32	18 23	18 20	18 17	18 14	18 11	18 08	18 05	18 01	17 58	17 54	17 50	17 45	17 40	17 35
36	18 26	18 23	18 20	18 18	18 15	18 12	18 09	18 05	18 02	17 58	17 54	17 50	17 46	17 41

MOONRISE AND MOONSET, 2020

UNIVERSAL TIME FOR MERIDIAN OF GREENWICH

MOONRISE

Lat.	−55°	−50°	−45°	−40°	−35°	−30°	−20°	−10°	0°	+10°	+20°	+30°	+35°	+40°
	h m	h m	h m	h m	h m	h m	h m	h m	h m	h m	h m	h m	h m	h m
Jan. 0	8 56	9 10	9 20	9 29	9 36	9 43	9 54	10 04	10 13	10 22	10 32	10 43	10 49	10 56
1	10 07	10 15	10 22	10 27	10 32	10 36	10 43	10 49	10 55	11 01	11 07	11 14	11 18	11 23
2	11 16	11 20	11 22	11 25	11 27	11 28	11 31	11 34	11 36	11 39	11 41	11 44	11 46	11 48
3	12 26	12 24	12 23	12 22	12 21	12 21	12 19	12 18	12 17	12 16	12 15	12 14	12 13	12 12
4	13 36	13 30	13 25	13 20	13 17	13 13	13 08	13 03	12 58	12 54	12 49	12 44	12 41	12 37
5	14 49	14 37	14 28	14 20	14 14	14 08	13 58	13 50	13 42	13 34	13 25	13 16	13 10	13 04
6	16 03	15 46	15 33	15 22	15 13	15 05	14 51	14 39	14 27	14 16	14 04	13 51	13 43	13 34
7	17 19	16 57	16 40	16 26	16 14	16 04	15 46	15 31	15 17	15 02	14 47	14 30	14 20	14 09
8	18 34	18 08	17 47	17 31	17 17	17 05	16 44	16 26	16 10	15 53	15 36	15 16	15 04	14 50
9	19 43	19 14	18 52	18 34	18 19	18 06	17 44	17 24	17 07	16 49	16 30	16 08	15 55	15 40
10	20 42	20 13	19 51	19 33	19 18	19 05	18 43	18 24	18 06	17 48	17 29	17 07	16 54	16 39
11	21 27	21 01	20 41	20 25	20 12	20 00	19 40	19 22	19 06	18 49	18 31	18 11	17 59	17 45
12	22 00	21 40	21 24	21 11	21 00	20 50	20 33	20 18	20 04	19 50	19 35	19 18	19 08	18 56
13	22 26	22 11	22 00	21 50	21 42	21 34	21 22	21 11	21 00	20 50	20 38	20 26	20 18	20 10
14	22 46	22 37	22 30	22 25	22 19	22 15	22 07	22 00	21 54	21 47	21 40	21 32	21 28	21 22
15	23 04	23 01	22 58	22 56	22 54	22 53	22 50	22 47	22 45	22 43	22 40	22 38	22 36	22 34
16	23 20	23 23	23 25	23 26	23 28	23 29	23 31	23 33	23 35	23 37	23 39	23 42	23 43	23 45
17	23 37	23 45	23 51	23 57	.. ..	.. ..	.. ..	.. ..	.. ..	.. ..	.. ..	.. ..	.. ..	.. ..
18	23 56	.. ..	.. ..	.. ..	0 01	0 05	0 12	0 19	0 25	0 31	0 37	0 45	0 49	0 54
19	.. ..	0 09	0 20	0 29	0 36	0 43	0 55	1 05	1 15	1 25	1 36	1 48	1 55	2 03
20	0 19	0 37	0 52	1 04	1 15	1 24	1 40	1 54	2 07	2 20	2 34	2 51	3 00	3 11
21	0 47	1 11	1 29	1 44	1 57	2 08	2 27	2 44	3 00	3 16	3 33	3 52	4 04	4 17
22	1 24	1 52	2 13	2 30	2 44	2 57	3 18	3 37	3 54	4 12	4 30	4 52	5 05	5 20
23	2 12	2 41	3 03	3 21	3 36	3 49	4 11	4 30	4 48	5 06	5 26	5 48	6 01	6 16
24	3 11	3 39	4 00	4 17	4 32	4 44	5 06	5 24	5 42	5 59	6 18	6 39	6 51	7 06

MOONSET

Lat.	−55°	−50°	−45°	−40°	−35°	−30°	−20°	−10°	0°	+10°	+20°	+30°	+35°	+40°
	h m	h m	h m	h m	h m	h m	h m	h m	h m	h m	h m	h m	h m	h m
Jan. 0	23 33	23 24	23 15	23 09	23 03	22 58	22 49	22 41	22 33	22 26	22 18	22 08	22 03	21 57
1	23 48	23 42	23 38	23 34	23 31	23 28	23 24	23 19	23 15	23 11	23 06	23 01	22 58	22 55
2	.. ..	.. ..	.. ..	23 59	23 58	23 58	23 57	23 57	23 56	23 55	23 54	23 53	23 53	23 52
3	0 01	0 00	0 00	.. ..	.. ..	.. ..	.. ..	.. ..	.. ..	.. ..	.. ..	.. ..	.. ..	.. ..
4	0 14	0 18	0 21	0 23	0 26	0 28	0 31	0 34	0 37	0 40	0 43	0 46	0 48	0 50
5	0 28	0 37	0 43	0 49	0 54	0 58	1 06	1 13	1 19	1 25	1 32	1 40	1 44	1 49
6	0 45	0 58	1 08	1 17	1 25	1 32	1 43	1 54	2 03	2 13	2 23	2 35	2 42	2 50
7	1 05	1 23	1 37	1 49	2 00	2 09	2 24	2 38	2 51	3 03	3 17	3 33	3 42	3 53
8	1 31	1 54	2 12	2 27	2 40	2 51	3 10	3 26	3 42	3 57	4 14	4 33	4 44	4 57
9	2 07	2 34	2 55	3 12	3 27	3 39	4 01	4 19	4 37	4 54	5 13	5 34	5 47	6 01
10	2 57	3 26	3 49	4 07	4 22	4 35	4 57	5 17	5 35	5 53	6 12	6 34	6 47	7 02
11	4 02	4 30	4 52	5 09	5 24	5 37	5 58	6 17	6 34	6 52	7 10	7 31	7 44	7 58
12	5 20	5 44	6 03	6 18	6 31	6 42	7 02	7 18	7 34	7 49	8 05	8 24	8 35	8 47
13	6 45	7 04	7 19	7 31	7 41	7 50	8 05	8 19	8 31	8 43	8 56	9 11	9 20	9 29
14	8 14	8 26	8 36	8 44	8 51	8 58	9 08	9 17	9 26	9 34	9 43	9 54	9 59	10 06
15	9 41	9 47	9 52	9 57	10 00	10 04	10 09	10 14	10 18	10 23	10 27	10 33	10 35	10 39
16	11 07	11 07	11 08	11 08	11 08	11 08	11 08	11 09	11 09	11 09	11 09	11 09	11 09	11 10
17	12 31	12 26	12 22	12 18	12 15	12 12	12 07	12 03	11 59	11 55	11 50	11 46	11 43	11 40
18	13 55	13 44	13 35	13 27	13 21	13 15	13 05	12 57	12 49	12 41	12 32	12 23	12 17	12 11
19	15 18	15 00	14 47	14 36	14 26	14 18	14 04	13 51	13 40	13 28	13 16	13 02	12 54	12 44
20	16 37	16 15	15 57	15 43	15 31	15 20	15 02	14 47	14 32	14 17	14 02	13 44	13 34	13 22
21	17 51	17 24	17 04	16 47	16 33	16 21	16 01	15 43	15 26	15 09	14 51	14 30	14 18	14 05
22	18 56	18 27	18 05	17 47	17 32	17 19	16 57	16 38	16 20	16 02	15 43	15 21	15 08	14 53
23	19 48	19 20	18 58	18 40	18 26	18 13	17 51	17 32	17 14	16 56	16 37	16 15	16 02	15 47
24	20 28	20 02	19 43	19 27	19 13	19 01	18 41	18 23	18 07	17 50	17 32	17 11	16 59	16 45

.. .. indicates phenomenon will occur the next day.

MOONRISE AND MOONSET, 2020

UNIVERSAL TIME FOR MERIDIAN OF GREENWICH

MOONRISE

Lat.	+40°	+42°	+44°	+46°	+48°	+50°	+52°	+54°	+56°	+58°	+60°	+62°	+64°	+66°
	h m	h m	h m	h m	h m	h m	h m	h m	h m	h m	h m	h m	h m	h m
Jan. 0	10 56	10 59	11 03	11 06	11 10	11 14	11 19	11 24	11 30	11 36	11 43	11 51	12 00	12 11
1	11 23	11 25	11 27	11 29	11 32	11 34	11 37	11 40	11 44	11 48	11 52	11 57	12 03	12 09
2	11 48	11 49	11 49	11 50	11 51	11 53	11 54	11 55	11 57	11 58	12 00	12 02	12 04	12 07
3	12 12	12 12	12 11	12 11	12 11	12 10	12 10	12 09	12 09	12 08	12 07	12 06	12 06	12 04
4	12 37	12 36	12 34	12 32	12 30	12 28	12 26	12 24	12 21	12 18	12 15	12 11	12 07	12 02
5	13 04	13 01	12 58	12 55	12 52	12 48	12 44	12 40	12 35	12 30	12 24	12 17	12 09	12 00
6	13 34	13 30	13 26	13 21	13 16	13 11	13 05	12 59	12 52	12 44	12 35	12 25	12 13	11 59
7	14 09	14 04	13 58	13 53	13 46	13 39	13 32	13 23	13 14	13 03	12 51	12 37	12 20	11 59
8	14 50	14 44	14 38	14 31	14 23	14 15	14 06	13 56	13 44	13 31	13 15	12 56	12 33	12 02
9	15 40	15 34	15 26	15 19	15 10	15 01	14 51	14 39	14 26	14 10	13 52	13 30	13 00	12 15
10	16 39	16 32	16 25	16 17	16 08	15 59	15 49	15 37	15 23	15 07	14 48	14 25	13 53	13 03
11	17 45	17 39	17 32	17 25	17 17	17 09	16 59	16 48	16 36	16 22	16 05	15 44	15 18	14 41
12	18 56	18 51	18 46	18 40	18 33	18 26	18 18	18 10	18 00	17 48	17 35	17 20	17 01	16 37
13	20 10	20 06	20 02	19 57	19 53	19 47	19 42	19 35	19 28	19 21	19 12	19 01	18 49	18 34
14	21 22	21 20	21 18	21 15	21 12	21 09	21 06	21 02	20 58	20 53	20 48	20 42	20 35	20 27
15	22 34	22 33	22 33	22 32	22 31	22 30	22 28	22 27	22 26	22 24	22 22	22 20	22 18	22 16
16	23 45	23 45	23 46	23 47	23 48	23 49	23 50	23 51	23 52	23 54	23 55	23 57	23 59	.. ..
17	.. ..	.. ..	.. ..	.. ..	.. ..	.. ..	.. ..	.. ..	.. ..	.. ..	.. ..	.. ..	.. ..	0 02
18	0 54	0 56	0 59	1 01	1 04	1 07	1 10	1 14	1 18	1 22	1 27	1 33	1 39	1 47
19	2 03	2 07	2 11	2 15	2 19	2 24	2 30	2 36	2 42	2 50	2 58	3 08	3 20	3 34
20	3 11	3 16	3 21	3 27	3 33	3 40	3 47	3 56	4 05	4 16	4 28	4 42	5 00	5 22
21	4 17	4 23	4 30	4 36	4 44	4 52	5 02	5 12	5 24	5 37	5 53	6 13	6 37	7 11
22	5 20	5 26	5 33	5 41	5 49	5 59	6 09	6 21	6 34	6 50	7 09	7 32	8 03	8 53
23	6 16	6 23	6 30	6 38	6 47	6 56	7 07	7 19	7 33	7 49	8 08	8 33	9 05	10 00
24	7 06	7 12	7 19	7 27	7 35	7 44	7 54	8 05	8 18	8 33	8 50	9 12	9 40	10 20

MOONSET

Lat.	+40°	+42°	+44°	+46°	+48°	+50°	+52°	+54°	+56°	+58°	+60°	+62°	+64°	+66°
	h m	h m	h m	h m	h m	h m	h m	h m	h m	h m	h m	h m	h m	h m
Jan. 0	21 57	21 54	21 51	21 48	21 45	21 41	21 37	21 33	21 28	21 22	21 16	21 09	21 01	20 51
1	22 55	22 53	22 52	22 50	22 48	22 46	22 44	22 42	22 39	22 36	22 33	22 29	22 25	22 19
2	23 52	23 52	23 52	23 52	23 51	23 51	23 50	23 50	23 50	23 49	23 48	23 48	23 47	23 46
3	.. ..	.. ..	.. ..	.. ..	.. ..	.. ..	.. ..	.. ..	.. ..	.. ..	.. ..	.. ..	.. ..	.. ..
4	0 50	0 51	0 52	0 53	0 54	0 56	0 57	0 59	1 01	1 02	1 05	1 07	1 10	1 13
5	1 49	1 51	1 54	1 56	1 59	2 02	2 05	2 09	2 13	2 17	2 22	2 28	2 35	2 42
6	2 50	2 53	2 57	3 01	3 05	3 10	3 15	3 21	3 27	3 34	3 43	3 52	4 03	4 16
7	3 53	3 57	4 02	4 08	4 14	4 20	4 27	4 35	4 44	4 54	5 05	5 19	5 35	5 56
8	4 57	5 03	5 09	5 15	5 23	5 31	5 40	5 50	6 01	6 14	6 29	6 47	7 10	7 40
9	6 01	6 07	6 14	6 22	6 30	6 39	6 50	7 01	7 14	7 29	7 47	8 10	8 39	9 24
10	7 02	7 09	7 16	7 24	7 33	7 42	7 53	8 05	8 18	8 34	8 53	9 17	9 48	10 39
11	7 58	8 05	8 11	8 19	8 27	8 36	8 46	8 57	9 09	9 24	9 41	10 02	10 28	11 06
12	8 47	8 53	8 59	9 05	9 12	9 19	9 28	9 37	9 47	9 59	10 13	10 29	10 48	11 13
13	9 29	9 34	9 38	9 43	9 48	9 54	10 00	10 07	10 15	10 24	10 34	10 45	10 58	11 14
14	10 06	10 09	10 12	10 15	10 19	10 23	10 27	10 32	10 37	10 42	10 49	10 56	11 04	11 14
15	10 39	10 40	10 42	10 44	10 45	10 47	10 49	10 52	10 54	10 57	11 00	11 04	11 07	11 12
16	11 10	11 10	11 10	11 10	11 10	11 10	11 10	11 10	11 10	11 10	11 10	11 10	11 10	11 10
17	11 40	11 38	11 37	11 35	11 33	11 32	11 30	11 28	11 25	11 22	11 20	11 16	11 12	11 08
18	12 11	12 08	12 05	12 02	11 58	11 55	11 51	11 46	11 42	11 36	11 30	11 23	11 15	11 06
19	12 44	12 40	12 36	12 31	12 26	12 21	12 15	12 08	12 01	11 52	11 43	11 32	11 20	11 05
20	13 22	13 17	13 11	13 05	12 58	12 51	12 43	12 34	12 25	12 13	12 00	11 45	11 27	11 04
21	14 05	13 58	13 52	13 45	13 37	13 28	13 19	13 08	12 56	12 42	12 26	12 06	11 41	11 06
22	14 53	14 46	14 39	14 31	14 23	14 13	14 03	13 51	13 37	13 22	13 03	12 39	12 08	11 18
23	15 47	15 40	15 33	15 25	15 17	15 07	14 57	14 45	14 31	14 15	13 55	13 31	12 59	12 04
24	16 45	16 39	16 32	16 25	16 17	16 08	15 58	15 47	15 35	15 20	15 03	14 41	14 14	13 34

.. .. indicates phenomenon will occur the next day.

MOONRISE AND MOONSET, 2020

UNIVERSAL TIME FOR MERIDIAN OF GREENWICH

MOONRISE

Lat.	−55°	−50°	−45°	−40°	−35°	−30°	−20°	−10°	0°	+10°	+20°	+30°	+35°	+40°
	h m	h m	h m	h m	h m	h m	h m	h m	h m	h m	h m	h m	h m	h m
Jan. 23	2 12	2 41	3 03	3 21	3 36	3 49	4 11	4 30	4 48	5 06	5 26	5 48	6 01	6 16
24	3 11	3 39	4 00	4 17	4 32	4 44	5 06	5 24	5 42	5 59	6 18	6 39	6 51	7 06
25	4 17	4 42	5 01	5 16	5 29	5 41	6 00	6 17	6 33	6 48	7 05	7 24	7 36	7 48
26	5 28	5 48	6 04	6 17	6 28	6 37	6 54	7 08	7 21	7 35	7 49	8 05	8 14	8 25
27	6 40	6 55	7 07	7 17	7 25	7 33	7 45	7 57	8 07	8 17	8 28	8 41	8 48	8 56
28	7 51	8 01	8 09	8 16	8 22	8 27	8 36	8 43	8 50	8 57	9 05	9 14	9 19	9 24
29	9 01	9 06	9 10	9 14	9 17	9 20	9 24	9 28	9 32	9 36	9 40	9 44	9 47	9 50
30	10 10	10 11	10 11	10 11	10 12	10 12	10 12	10 12	10 13	10 13	10 13	10 14	10 14	10 14
31	11 20	11 15	11 12	11 09	11 06	11 04	11 00	10 57	10 53	10 50	10 47	10 43	10 41	10 38
Feb. 1	12 30	12 21	12 13	12 07	12 02	11 57	11 49	11 42	11 35	11 28	11 21	11 14	11 09	11 04
2	13 43	13 28	13 16	13 07	12 59	12 52	12 39	12 29	12 19	12 09	11 58	11 46	11 40	11 32
3	14 56	14 37	14 21	14 08	13 58	13 48	13 32	13 18	13 05	12 52	12 39	12 23	12 14	12 04
4	16 11	15 46	15 27	15 11	14 58	14 47	14 28	14 11	13 55	13 40	13 23	13 04	12 53	12 41
5	17 22	16 54	16 32	16 15	16 00	15 47	15 26	15 07	14 49	14 32	14 14	13 52	13 40	13 26
6	18 25	17 56	17 33	17 15	17 00	16 47	16 25	16 05	15 47	15 29	15 10	14 47	14 34	14 19
7	19 17	18 50	18 28	18 11	17 57	17 44	17 23	17 04	16 47	16 29	16 11	15 49	15 36	15 22
8	19 56	19 33	19 16	19 01	18 48	18 37	18 19	18 02	17 47	17 31	17 15	16 56	16 45	16 32
9	20 26	20 09	19 55	19 44	19 34	19 26	19 11	18 58	18 46	18 33	18 20	18 05	17 57	17 46
10	20 49	20 38	20 29	20 21	20 15	20 09	19 59	19 50	19 42	19 34	19 25	19 15	19 09	19 02
11	21 08	21 03	20 59	20 55	20 52	20 49	20 45	20 40	20 36	20 32	20 28	20 23	20 21	20 17
12	21 26	21 26	21 26	21 27	21 27	21 27	21 28	21 28	21 29	21 29	21 30	21 30	21 31	21 31
13	21 43	21 49	21 54	21 58	22 02	22 05	22 10	22 15	22 20	22 25	22 30	22 36	22 40	22 43
14	22 01	22 13	22 22	22 30	22 37	22 43	22 54	23 03	23 12	23 20	23 30	23 41	23 47	23 54
15	22 23	22 40	22 54	23 05	23 15	23 23	23 38	23 51	.. ..	.. ..	.. ..	.. ..	.. ..	.. ..
16	22 49	23 12	23 29	23 44	23 56	.. ..	.. ..	.. ..	0 04	0 16	0 29	0 45	0 54	1 04

MOONSET

	−55°	−50°	−45°	−40°	−35°	−30°	−20°	−10°	0°	+10°	+20°	+30°	+35°	+40°
	h m	h m	h m	h m	h m	h m	h m	h m	h m	h m	h m	h m	h m	h m
Jan. 23	19 48	19 20	18 58	18 40	18 26	18 13	17 51	17 32	17 14	16 56	16 37	16 15	16 02	15 47
24	20 28	20 02	19 43	19 27	19 13	19 01	18 41	18 23	18 07	17 50	17 32	17 11	16 59	16 45
25	20 58	20 37	20 20	20 06	19 54	19 44	19 27	19 11	18 56	18 42	18 26	18 08	17 57	17 45
26	21 21	21 04	20 51	20 40	20 31	20 22	20 08	19 55	19 44	19 32	19 19	19 04	18 56	18 46
27	21 39	21 27	21 18	21 10	21 03	20 57	20 46	20 37	20 28	20 19	20 10	19 59	19 53	19 46
28	21 54	21 47	21 41	21 36	21 32	21 28	21 22	21 16	21 11	21 05	20 59	20 52	20 49	20 44
29	22 07	22 05	22 03	22 01	22 00	21 58	21 56	21 54	21 52	21 50	21 47	21 45	21 43	21 42
30	22 20	22 22	22 24	22 25	22 26	22 27	22 29	22 31	22 32	22 34	22 35	22 37	22 38	22 39
31	22 34	22 40	22 46	22 50	22 54	22 57	23 03	23 08	23 13	23 18	23 23	23 29	23 33	23 37
Feb. 1	22 49	23 00	23 09	23 16	23 23	23 29	23 39	23 47	23 56	.. ..	.. ..	.. ..	.. ..	.. ..
2	23 06	23 22	23 35	23 46	23 55	.. ..	.. ..	.. ..	.. ..	0 04	0 13	0 23	0 29	0 36
3	23 29	23 50	.. ..	.. ..	.. ..	0 03	0 17	0 29	0 41	0 52	1 04	1 19	1 27	1 36
4	23 59	.. ..	0 06	0 20	0 32	0 42	0 59	1 14	1 29	1 43	1 59	2 16	2 27	2 38
5	.. ..	0 25	0 45	1 01	1 14	1 26	1 46	2 04	2 21	2 37	2 55	3 16	3 28	3 42
6	0 41	1 10	1 32	1 50	2 04	2 17	2 40	2 59	3 17	3 35	3 54	4 16	4 29	4 44
7	1 38	2 07	2 30	2 48	3 03	3 16	3 38	3 57	4 15	4 33	4 52	5 14	5 27	5 42
8	2 50	3 17	3 38	3 54	4 08	4 20	4 41	4 59	5 15	5 32	5 50	6 10	6 21	6 35
9	4 15	4 36	4 53	5 07	5 19	5 29	5 46	6 01	6 15	6 29	6 44	7 00	7 10	7 21
10	5 45	6 00	6 12	6 22	6 31	6 38	6 51	7 02	7 13	7 23	7 34	7 46	7 53	8 01
11	7 16	7 25	7 32	7 38	7 43	7 48	7 55	8 02	8 08	8 14	8 21	8 28	8 32	8 37
12	8 46	8 49	8 51	8 53	8 54	8 55	8 58	9 00	9 01	9 03	9 05	9 07	9 08	9 09
13	10 15	10 11	10 08	10 06	10 04	10 02	9 59	9 56	9 53	9 51	9 48	9 45	9 43	9 41
14	11 41	11 32	11 24	11 17	11 12	11 07	10 59	10 51	10 45	10 38	10 30	10 22	10 18	10 12
15	13 06	12 50	12 38	12 28	12 19	12 11	11 58	11 47	11 36	11 26	11 14	11 01	10 54	10 46
16	14 27	14 06	13 50	13 36	13 25	13 15	12 58	12 43	12 29	12 15	12 00	11 43	11 33	11 22

.. .. indicates phenomenon will occur the next day.

MOONRISE AND MOONSET, 2020

UNIVERSAL TIME FOR MERIDIAN OF GREENWICH

MOONRISE

Lat.	+40°	+42°	+44°	+46°	+48°	+50°	+52°	+54°	+56°	+58°	+60°	+62°	+64°	+66°
	h m	h m	h m	h m	h m	h m	h m	h m	h m	h m	h m	h m	h m	h m
Jan. 23	6 16	6 23	6 30	6 38	6 47	6 56	7 07	7 19	7 33	7 49	8 08	8 33	9 05	10 00
24	7 06	7 12	7 19	7 27	7 35	7 44	7 54	8 05	8 18	8 33	8 50	9 12	9 40	10 20
25	7 48	7 54	8 00	8 07	8 14	8 22	8 31	8 40	8 51	9 04	9 18	9 36	9 57	10 25
26	8 25	8 30	8 35	8 40	8 46	8 52	9 00	9 07	9 16	9 26	9 37	9 50	10 06	10 25
27	8 56	9 00	9 04	9 08	9 12	9 17	9 23	9 29	9 35	9 42	9 50	10 00	10 11	10 24
28	9 24	9 27	9 29	9 32	9 35	9 38	9 42	9 46	9 50	9 55	10 00	10 06	10 13	10 22
29	9 50	9 51	9 52	9 54	9 55	9 57	9 59	10 01	10 03	10 06	10 08	10 12	10 15	10 19
30	10 14	10 14	10 14	10 14	10 15	10 15	10 15	10 15	10 15	10 16	10 16	10 16	10 16	10 17
31	10 38	10 37	10 36	10 35	10 34	10 32	10 31	10 29	10 27	10 25	10 23	10 21	10 18	10 14
Feb. 1	11 04	11 02	10 59	10 57	10 54	10 51	10 48	10 44	10 40	10 36	10 31	10 26	10 19	10 12
2	11 32	11 28	11 25	11 21	11 17	11 12	11 07	11 02	10 55	10 49	10 41	10 32	10 22	10 10
3	12 04	11 59	11 54	11 49	11 43	11 37	11 30	11 23	11 14	11 05	10 54	10 42	10 27	10 09
4	12 41	12 35	12 29	12 23	12 16	12 08	12 00	11 50	11 39	11 27	11 13	10 57	10 36	10 10
5	13 26	13 19	13 12	13 05	12 57	12 48	12 38	12 27	12 14	12 00	11 43	11 22	10 55	10 16
6	14 19	14 12	14 05	13 57	13 49	13 39	13 29	13 17	13 03	12 47	12 28	12 04	11 33	10 42
7	15 22	15 15	15 08	15 01	14 52	14 43	14 33	14 22	14 08	13 53	13 35	13 12	12 43	11 57
8	16 32	16 26	16 20	16 14	16 06	15 58	15 50	15 40	15 29	15 16	15 01	14 43	14 20	13 50
9	17 46	17 42	17 37	17 32	17 26	17 20	17 14	17 06	16 58	16 48	16 37	16 25	16 10	15 51
10	19 02	18 59	18 56	18 53	18 49	18 45	18 41	18 36	18 30	18 24	18 18	18 10	18 01	17 50
11	20 17	20 16	20 15	20 13	20 11	20 09	20 07	20 05	20 03	20 00	19 57	19 53	19 49	19 45
12	21 31	21 31	21 32	21 32	21 32	21 32	21 33	21 33	21 33	21 34	21 34	21 35	21 35	21 36
13	22 43	22 45	22 47	22 49	22 51	22 54	22 56	22 59	23 02	23 06	23 10	23 14	23 19	23 25
14	23 54	23 58	.. ..	.. ..	.. ..	.. ..	.. ..	.. ..	.. ..	.. ..	.. ..	.. ..	.. ..	.. ..
15	.. ..	.. ..	0 01	0 05	0 09	0 13	0 18	0 23	0 29	0 36	0 43	0 52	1 02	1 14
16	1 04	1 08	1 13	1 19	1 24	1 31	1 38	1 45	1 54	2 04	2 15	2 28	2 44	3 04

MOONSET

Lat.	+40°	+42°	+44°	+46°	+48°	+50°	+52°	+54°	+56°	+58°	+60°	+62°	+64°	+66°
	h m	h m	h m	h m	h m	h m	h m	h m	h m	h m	h m	h m	h m	h m
Jan. 23	15 47	15 40	15 33	15 25	15 17	15 07	14 57	14 45	14 31	14 15	13 55	13 31	12 59	12 04
24	16 45	16 39	16 32	16 25	16 17	16 08	15 58	15 47	15 35	15 20	15 03	14 41	14 14	13 34
25	17 45	17 40	17 34	17 28	17 21	17 13	17 05	16 56	16 45	16 33	16 19	16 02	15 41	15 14
26	18 46	18 41	18 37	18 32	18 26	18 20	18 14	18 06	17 58	17 49	17 38	17 26	17 11	16 53
27	19 46	19 42	19 39	19 35	19 31	19 27	19 22	19 17	19 11	19 05	18 57	18 49	18 39	18 27
28	20 44	20 42	20 40	20 38	20 35	20 33	20 30	20 27	20 23	20 19	20 15	20 10	20 04	19 57
29	21 42	21 41	21 40	21 39	21 38	21 37	21 36	21 35	21 34	21 32	21 31	21 29	21 27	21 24
30	22 39	22 39	22 40	22 41	22 41	22 42	22 43	22 43	22 44	22 45	22 46	22 48	22 49	22 51
31	23 37	23 38	23 40	23 42	23 44	23 47	23 49	23 52	23 55	23 59	.. ..	.. ..	.. ..	.. ..
Feb. 1	.. ..	.. ..	.. ..	.. ..	.. ..	.. ..	.. ..	.. ..	.. ..	.. ..	0 02	0 07	0 12	0 18
2	0 36	0 39	0 42	0 45	0 49	0 53	0 57	1 02	1 07	1 13	1 20	1 28	1 37	1 48
3	1 36	1 40	1 45	1 50	1 55	2 01	2 07	2 14	2 22	2 30	2 40	2 52	3 06	3 23
4	2 38	2 44	2 49	2 56	3 02	3 10	3 18	3 27	3 37	3 49	4 02	4 18	4 38	5 03
5	3 42	3 48	3 54	4 02	4 10	4 18	4 28	4 39	4 51	5 05	5 22	5 43	6 09	6 47
6	4 44	4 50	4 58	5 05	5 14	5 23	5 34	5 46	5 59	6 15	6 34	6 58	7 30	8 20
7	5 42	5 49	5 56	6 04	6 12	6 21	6 32	6 43	6 57	7 12	7 31	7 54	8 23	9 09
8	6 35	6 41	6 47	6 54	7 02	7 10	7 19	7 30	7 41	7 54	8 10	8 29	8 52	9 22
9	7 21	7 26	7 31	7 37	7 43	7 50	7 57	8 05	8 14	8 24	8 36	8 49	9 06	9 25
10	8 01	8 05	8 09	8 13	8 17	8 22	8 27	8 32	8 39	8 46	8 54	9 03	9 13	9 25
11	8 37	8 39	8 41	8 43	8 46	8 49	8 52	8 55	8 58	9 02	9 07	9 12	9 17	9 24
12	9 09	9 10	9 11	9 11	9 12	9 13	9 13	9 14	9 15	9 16	9 17	9 19	9 20	9 22
13	9 41	9 40	9 39	9 38	9 37	9 35	9 34	9 33	9 31	9 29	9 27	9 25	9 23	9 20
14	10 12	10 10	10 07	10 05	10 02	9 59	9 55	9 51	9 47	9 43	9 38	9 32	9 25	9 18
15	10 46	10 42	10 38	10 33	10 29	10 24	10 18	10 12	10 06	9 58	9 50	9 40	9 29	9 16
16	11 22	11 17	11 12	11 06	11 00	10 53	10 46	10 37	10 28	10 18	10 06	9 52	9 35	9 14

.. .. indicates phenomenon will occur the next day.

MOONRISE AND MOONSET, 2020

UNIVERSAL TIME FOR MERIDIAN OF GREENWICH

MOONRISE

Lat.	−55°	−50°	−45°	−40°	−35°	−30°	−20°	−10°	0°	+10°	+20°	+30°	+35°	+40°
	h m	h m	h m	h m	h m	h m	h m	h m	h m	h m	h m	h m	h m	h m
Feb. 15	22 23	22 40	22 54	23 05	23 15	23 23	23 38	23 51	.. ..	.. ..	.. ..	.. ..	.. ..	.. ..
16	22 49	23 12	23 29	23 44	23 56	.. ..	.. ..	.. ..	0 04	0 16	0 29	0 45	0 54	1 04
17	23 23	23 50	.. ..	.. ..	.. ..	0 07	0 25	0 41	0 56	1 12	1 28	1 47	1 58	2 11
18	.. ..	.. ..	0 11	0 27	0 41	0 54	1 15	1 33	1 50	2 07	2 26	2 47	3 00	3 14
19	0 08	0 37	0 59	1 16	1 31	1 44	2 07	2 26	2 44	3 02	3 21	3 44	3 57	4 12
20	1 02	1 31	1 53	2 10	2 25	2 38	3 00	3 19	3 37	3 55	4 14	4 35	4 48	5 03
21	2 06	2 32	2 52	3 08	3 22	3 34	3 54	4 12	4 28	4 44	5 02	5 22	5 34	5 47
22	3 15	3 37	3 54	4 08	4 20	4 30	4 47	5 03	5 17	5 31	5 46	6 03	6 14	6 25
23	4 27	4 43	4 57	5 08	5 17	5 25	5 39	5 52	6 03	6 15	6 27	6 41	6 49	6 58
24	5 38	5 50	5 59	6 07	6 14	6 20	6 30	6 39	6 47	6 55	7 04	7 14	7 20	7 26
25	6 49	6 55	7 01	7 05	7 09	7 13	7 19	7 24	7 29	7 34	7 39	7 45	7 49	7 52
26	7 58	8 00	8 02	8 03	8 04	8 05	8 07	8 09	8 10	8 12	8 13	8 15	8 16	8 17
27	9 08	9 05	9 02	9 00	8 59	8 57	8 55	8 53	8 51	8 49	8 46	8 44	8 43	8 41
28	10 17	10 10	10 03	9 58	9 54	9 50	9 43	9 37	9 32	9 26	9 20	9 14	9 10	9 06
29	11 28	11 16	11 05	10 57	10 50	10 43	10 32	10 23	10 14	10 05	9 56	9 45	9 39	9 32
Mar. 1	12 41	12 23	12 08	11 57	11 47	11 38	11 23	11 10	10 58	10 47	10 34	10 19	10 11	10 02
2	13 53	13 30	13 12	12 58	12 46	12 35	12 17	12 01	11 46	11 31	11 16	10 58	10 47	10 36
3	15 04	14 37	14 16	13 59	13 45	13 33	13 12	12 54	12 37	12 20	12 02	11 41	11 29	11 16
4	16 10	15 40	15 18	14 59	14 44	14 31	14 09	13 49	13 31	13 13	12 54	12 32	12 19	12 04
5	17 06	16 36	16 14	15 56	15 41	15 28	15 06	14 46	14 28	14 10	13 51	13 29	13 16	13 01
6	17 50	17 24	17 04	16 48	16 34	16 22	16 02	15 44	15 27	15 10	14 52	14 32	14 20	14 06
7	18 23	18 03	17 47	17 33	17 22	17 12	16 55	16 40	16 26	16 12	15 57	15 39	15 29	15 18
8	18 49	18 35	18 23	18 14	18 05	17 58	17 45	17 34	17 24	17 13	17 02	16 49	16 42	16 33
9	19 10	19 02	18 55	18 49	18 45	18 40	18 33	18 26	18 20	18 14	18 07	17 59	17 55	17 50
10	19 28	19 26	19 24	19 23	19 21	19 20	19 18	19 16	19 15	19 13	19 11	19 09	19 08	19 07

MOONSET

	h m	h m	h m	h m	h m	h m	h m	h m	h m	h m	h m	h m	h m	h m
Feb. 15	13 06	12 50	12 38	12 28	12 19	12 11	11 58	11 47	11 36	11 26	11 14	11 01	10 54	10 46
16	14 27	14 06	13 50	13 36	13 25	13 15	12 58	12 43	12 29	12 15	12 00	11 43	11 33	11 22
17	15 44	15 18	14 58	14 42	14 28	14 16	13 56	13 38	13 22	13 06	12 48	12 28	12 17	12 03
18	16 51	16 22	16 00	15 42	15 28	15 15	14 53	14 34	14 16	13 58	13 39	13 17	13 04	12 50
19	17 46	17 17	16 55	16 37	16 22	16 09	15 47	15 27	15 09	14 51	14 32	14 10	13 57	13 41
20	18 29	18 02	17 41	17 25	17 11	16 58	16 37	16 19	16 02	15 44	15 26	15 05	14 52	14 38
21	19 01	18 38	18 20	18 06	17 53	17 42	17 24	17 07	16 52	16 36	16 20	16 01	15 50	15 37
22	19 25	19 07	18 53	18 41	18 31	18 22	18 06	17 52	17 39	17 27	17 13	16 57	16 47	16 37
23	19 45	19 31	19 20	19 11	19 04	18 57	18 45	18 34	18 25	18 15	18 04	17 52	17 45	17 36
24	20 00	19 52	19 45	19 39	19 34	19 29	19 21	19 14	19 08	19 01	18 54	18 46	18 41	18 35
25	20 14	20 10	20 07	20 04	20 01	19 59	19 56	19 52	19 49	19 46	19 42	19 38	19 36	19 33
26	20 27	20 28	20 28	20 28	20 28	20 29	20 29	20 29	20 30	20 30	20 30	20 30	20 31	20 31
27	20 40	20 45	20 49	20 52	20 55	20 58	21 02	21 06	21 10	21 14	21 18	21 23	21 25	21 28
28	20 54	21 03	21 11	21 18	21 23	21 28	21 37	21 45	21 52	21 59	22 07	22 15	22 21	22 26
29	21 10	21 24	21 36	21 45	21 54	22 01	22 14	22 25	22 35	22 46	22 57	23 10	23 17	23 25
Mar. 1	21 30	21 49	22 04	22 17	22 27	22 37	22 53	23 07	23 21	23 34	23 49	.. ..	.. ..	.. ..
2	21 55	22 19	22 38	22 53	23 06	23 18	23 37	23 54	.. ..	.. ..	.. ..	0 05	0 15	0 26
3	22 30	22 58	23 20	23 37	23 52	.. ..	.. ..	.. ..	0 10	0 26	0 43	1 03	1 14	1 27
4	23 18	23 48	.. ..	.. ..	.. ..	0 04	0 26	0 45	1 02	1 20	1 39	2 01	2 13	2 28
5	.. ..	.. ..	0 11	0 29	0 45	0 58	1 20	1 40	1 58	2 16	2 36	2 58	3 12	3 27
6	0 22	0 51	1 13	1 30	1 45	1 58	2 20	2 39	2 56	3 14	3 33	3 54	4 07	4 21
7	1 40	2 05	2 24	2 39	2 52	3 04	3 23	3 40	3 55	4 11	4 27	4 46	4 57	5 09
8	3 07	3 26	3 41	3 53	4 03	4 12	4 28	4 41	4 54	5 06	5 19	5 34	5 42	5 52
9	4 39	4 52	5 01	5 10	5 17	5 23	5 33	5 42	5 51	5 59	6 08	6 18	6 23	6 30
10	6 12	6 18	6 23	6 27	6 30	6 33	6 38	6 42	6 46	6 50	6 54	6 59	7 01	7 04

.. .. indicates phenomenon will occur the next day.

UNIVERSAL TIME FOR MERIDIAN OF GREENWICH

MOONRISE

Lat.	+40°	+42°	+44°	+46°	+48°	+50°	+52°	+54°	+56°	+58°	+60°	+62°	+64°	+66°
	h m	h m	h m	h m	h m	h m	h m	h m	h m	h m	h m	h m	h m	h m
Feb. 15	.. ..	.. ..	0 01	0 05	0 09	0 13	0 18	0 23	0 29	0 36	0 43	0 52	1 02	1 14
16	1 04	1 08	1 13	1 19	1 24	1 31	1 38	1 45	1 54	2 04	2 15	2 28	2 44	3 04
17	2 11	2 17	2 23	2 29	2 37	2 45	2 54	3 03	3 15	3 28	3 43	4 01	4 24	4 54
18	3 14	3 21	3 28	3 35	3 44	3 53	4 03	4 14	4 28	4 43	5 01	5 24	5 54	6 40
19	4 12	4 19	4 26	4 34	4 43	4 52	5 03	5 15	5 29	5 45	6 05	6 30	7 03	8 02
20	5 03	5 10	5 17	5 24	5 33	5 42	5 53	6 04	6 18	6 33	6 52	7 15	7 45	8 31
21	5 47	5 53	6 00	6 07	6 14	6 23	6 32	6 42	6 54	7 07	7 23	7 42	8 05	8 37
22	6 25	6 30	6 36	6 41	6 48	6 55	7 02	7 11	7 21	7 31	7 44	7 58	8 16	8 37
23	6 58	7 02	7 06	7 11	7 16	7 21	7 27	7 33	7 41	7 49	7 58	8 09	8 21	8 36
24	7 26	7 29	7 32	7 36	7 39	7 43	7 47	7 52	7 57	8 02	8 09	8 16	8 24	8 34
25	7 52	7 54	7 56	7 58	8 00	8 02	8 05	8 07	8 10	8 13	8 17	8 21	8 26	8 31
26	8 17	8 18	8 18	8 19	8 19	8 20	8 21	8 21	8 22	8 23	8 24	8 26	8 27	8 29
27	8 41	8 40	8 40	8 39	8 38	8 37	8 36	8 35	8 34	8 33	8 31	8 30	8 28	8 26
28	9 06	9 04	9 02	9 00	8 58	8 55	8 52	8 50	8 46	8 43	8 39	8 34	8 29	8 23
29	9 32	9 29	9 26	9 22	9 19	9 15	9 10	9 05	9 00	8 54	8 47	8 40	8 31	8 21
Mar. 1	10 02	9 57	9 53	9 48	9 43	9 37	9 31	9 24	9 17	9 08	8 59	8 48	8 35	8 19
2	10 36	10 30	10 25	10 19	10 12	10 05	9 57	9 48	9 38	9 27	9 14	8 59	8 41	8 18
3	11 16	11 10	11 03	10 56	10 48	10 40	10 30	10 19	10 07	9 54	9 37	9 18	8 53	8 20
4	12 04	11 57	11 50	11 42	11 33	11 24	11 13	11 02	10 48	10 32	10 14	9 50	9 19	8 31
5	13 01	12 54	12 46	12 39	12 30	12 20	12 10	11 58	11 44	11 28	11 09	10 44	10 12	9 17
6	14 06	14 00	13 53	13 46	13 38	13 29	13 19	13 08	12 56	12 41	12 24	12 03	11 36	10 58
7	15 18	15 12	15 07	15 01	14 54	14 47	14 39	14 30	14 20	14 09	13 56	13 40	13 21	12 57
8	16 33	16 29	16 25	16 21	16 16	16 11	16 05	15 59	15 52	15 44	15 35	15 25	15 13	14 58
9	17 50	17 48	17 45	17 43	17 40	17 37	17 34	17 30	17 26	17 22	17 17	17 11	17 05	16 57
10	19 07	19 06	19 06	19 05	19 04	19 03	19 03	19 02	19 01	19 00	18 58	18 57	18 55	18 54

MOONSET

Lat.	+40°	+42°	+44°	+46°	+48°	+50°	+52°	+54°	+56°	+58°	+60°	+62°	+64°	+66°
	h m	h m	h m	h m	h m	h m	h m	h m	h m	h m	h m	h m	h m	h m
Feb. 15	10 46	10 42	10 38	10 33	10 29	10 24	10 18	10 12	10 06	9 58	9 50	9 40	9 29	9 16
16	11 22	11 17	11 12	11 06	11 00	10 53	10 46	10 37	10 28	10 18	10 06	9 52	9 35	9 14
17	12 03	11 57	11 51	11 44	11 36	11 28	11 19	11 09	10 57	10 44	10 28	10 09	9 46	9 15
18	12 50	12 43	12 36	12 28	12 20	12 10	12 00	11 48	11 35	11 19	11 01	10 38	10 08	9 21
19	13 41	13 35	13 27	13 19	13 11	13 01	12 50	12 38	12 24	12 08	11 48	11 24	10 50	9 52
20	14 38	14 31	14 24	14 17	14 08	13 59	13 49	13 37	13 24	13 09	12 51	12 28	11 58	11 12
21	15 37	15 31	15 25	15 18	15 11	15 03	14 54	14 44	14 32	14 19	14 04	13 46	13 22	12 51
22	16 37	16 32	16 27	16 21	16 15	16 09	16 01	15 53	15 44	15 34	15 22	15 08	14 52	14 31
23	17 36	17 33	17 29	17 25	17 20	17 15	17 10	17 04	16 57	16 50	16 41	16 32	16 20	16 06
24	18 35	18 33	18 30	18 28	18 25	18 22	18 18	18 14	18 10	18 05	18 00	17 53	17 46	17 38
25	19 33	19 32	19 31	19 30	19 28	19 27	19 25	19 23	19 21	19 19	19 16	19 13	19 10	19 06
26	20 31	20 31	20 31	20 31	20 31	20 31	20 31	20 32	20 32	20 32	20 32	20 32	20 33	20 33
27	21 28	21 30	21 31	21 33	21 34	21 36	21 38	21 40	21 42	21 45	21 48	21 51	21 55	22 00
28	22 26	22 29	22 32	22 35	22 38	22 41	22 45	22 49	22 54	22 59	23 05	23 11	23 19	23 28
29	23 25	23 29	23 33	23 38	23 42	23 47	23 53	23 59	.. ..	.. ..	.. ..	.. ..	.. ..	.. ..
Mar. 1	.. ..	.. ..	.. ..	.. ..	.. ..	.. ..	.. ..	.. ..	0 06	0 14	0 23	0 33	0 46	1 00
2	0 26	0 31	0 36	0 42	0 48	0 55	1 02	1 11	1 20	1 31	1 43	1 57	2 15	2 37
3	1 27	1 33	1 39	1 46	1 54	2 02	2 11	2 22	2 33	2 47	3 02	3 22	3 46	4 19
4	2 28	2 35	2 42	2 50	2 58	3 07	3 18	3 29	3 43	3 58	4 17	4 40	5 11	5 59
5	3 27	3 34	3 41	3 49	3 58	4 07	4 18	4 30	4 44	5 00	5 19	5 44	6 16	7 11
6	4 21	4 27	4 34	4 42	4 50	4 59	5 09	5 20	5 33	5 48	6 05	6 26	6 54	7 33
7	5 09	5 15	5 21	5 27	5 34	5 42	5 50	6 00	6 10	6 22	6 36	6 52	7 12	7 37
8	5 52	5 56	6 01	6 06	6 11	6 17	6 23	6 30	6 38	6 47	6 57	7 08	7 22	7 37
9	6 30	6 33	6 36	6 39	6 43	6 46	6 50	6 55	7 00	7 05	7 12	7 19	7 27	7 36
10	7 04	7 06	7 07	7 08	7 10	7 12	7 14	7 16	7 18	7 20	7 23	7 26	7 30	7 34

.. .. indicates phenomenon will occur the next day.

MOONRISE AND MOONSET, 2020

UNIVERSAL TIME FOR MERIDIAN OF GREENWICH

MOONRISE

Lat.	−55°	−50°	−45°	−40°	−35°	−30°	−20°	−10°	0°	+10°	+20°	+30°	+35°	+40°
	h m	h m	h m	h m	h m	h m	h m	h m	h m	h m	h m	h m	h m	h m
Mar. 9	19 10	19 02	18 55	18 49	18 45	18 40	18 33	18 26	18 20	18 14	18 07	17 59	17 55	17 50
10	19 28	19 26	19 24	19 23	19 21	19 20	19 18	19 16	19 15	19 13	19 11	19 09	19 08	19 07
11	19 46	19 49	19 52	19 55	19 57	19 59	20 02	20 05	20 08	20 11	20 14	20 18	20 20	20 23
12	20 04	20 13	20 21	20 27	20 33	20 38	20 47	20 54	21 02	21 09	21 17	21 26	21 31	21 37
13	20 24	20 40	20 52	21 02	21 11	21 19	21 32	21 44	21 55	22 07	22 19	22 33	22 41	22 50
14	20 50	21 11	21 27	21 41	21 52	22 02	22 20	22 35	22 50	23 05	23 20	23 38	23 49	.. ..
15	21 22	21 48	22 07	22 24	22 37	22 49	23 10	23 28	23 45	.. ..	.. ..	.. ..	.. ..	0 01
16	22 03	22 32	22 54	23 12	23 27	23 40	.. ..	.. ..	.. ..	0 02	0 20	0 41	0 53	1 08
17	22 55	23 25	23 47	.. ..	.. ..	.. ..	0 02	0 22	0 40	0 58	1 17	1 40	1 53	2 08
18	23 57	.. ..	.. ..	0 05	0 20	0 34	0 56	1 15	1 33	1 52	2 11	2 34	2 47	3 02
19	.. ..	0 24	0 45	1 02	1 16	1 29	1 50	2 08	2 25	2 42	3 01	3 22	3 34	3 48
20	1 05	1 28	1 47	2 01	2 14	2 25	2 43	3 00	3 15	3 30	3 46	4 04	4 15	4 27
21	2 16	2 34	2 49	3 01	3 11	3 20	3 35	3 49	4 01	4 14	4 27	4 42	4 51	5 01
22	3 27	3 41	3 51	4 00	4 08	4 15	4 26	4 36	4 46	4 55	5 05	5 16	5 23	5 30
23	4 38	4 46	4 53	4 59	5 04	5 08	5 15	5 22	5 28	5 34	5 40	5 48	5 52	5 57
24	5 48	5 51	5 54	5 57	5 59	6 01	6 04	6 06	6 09	6 12	6 14	6 17	6 19	6 21
25	6 58	6 56	6 55	6 54	6 53	6 53	6 51	6 50	6 49	6 49	6 48	6 46	6 46	6 45
26	8 08	8 01	7 56	7 52	7 48	7 45	7 40	7 35	7 30	7 26	7 21	7 16	7 13	7 09
27	9 18	9 07	8 58	8 50	8 44	8 38	8 28	8 20	8 12	8 04	7 56	7 46	7 41	7 35
28	10 30	10 14	10 01	9 50	9 41	9 33	9 19	9 07	8 56	8 45	8 33	8 19	8 12	8 03
29	11 43	11 21	11 04	10 50	10 38	10 28	10 11	9 56	9 42	9 28	9 13	8 56	8 46	8 35
30	12 54	12 27	12 07	11 51	11 37	11 25	11 05	10 47	10 31	10 14	9 57	9 37	9 25	9 12
31	14 01	13 31	13 08	12 50	12 35	12 22	12 00	11 41	11 23	11 05	10 45	10 23	10 11	9 56
Apr. 1	14 59	14 28	14 05	13 47	13 32	13 18	12 55	12 36	12 17	11 59	11 39	11 16	11 03	10 48
2	15 46	15 18	14 56	14 39	14 24	14 12	13 50	13 31	13 13	12 56	12 37	12 15	12 02	11 47

MOONSET

Lat.	−55°	−50°	−45°	−40°	−35°	−30°	−20°	−10°	0°	+10°	+20°	+30°	+35°	+40°
	h m	h m	h m	h m	h m	h m	h m	h m	h m	h m	h m	h m	h m	h m
Mar. 9	4 39	4 52	5 01	5 10	5 17	5 23	5 33	5 42	5 51	5 59	6 08	6 18	6 23	6 30
10	6 12	6 18	6 23	6 27	6 30	6 33	6 38	6 42	6 46	6 50	6 54	6 59	7 01	7 04
11	7 45	7 44	7 43	7 43	7 42	7 42	7 41	7 41	7 40	7 39	7 39	7 38	7 37	7 37
12	9 16	9 09	9 03	8 58	8 54	8 50	8 44	8 39	8 33	8 28	8 23	8 17	8 13	8 09
13	10 45	10 32	10 21	10 12	10 05	9 58	9 46	9 36	9 27	9 18	9 08	8 57	8 50	8 43
14	12 12	11 52	11 37	11 24	11 14	11 04	10 48	10 34	10 21	10 08	9 55	9 39	9 30	9 19
15	13 33	13 08	12 49	12 33	12 20	12 09	11 49	11 32	11 16	11 00	10 43	10 24	10 13	10 00
16	14 45	14 16	13 55	13 37	13 22	13 10	12 48	12 29	12 11	11 54	11 35	11 13	11 00	10 46
17	15 45	15 15	14 53	14 35	14 19	14 06	13 44	13 24	13 06	12 47	12 28	12 05	11 52	11 37
18	16 31	16 03	15 42	15 24	15 10	14 57	14 35	14 16	13 59	13 41	13 22	13 00	12 47	12 32
19	17 06	16 41	16 23	16 07	15 54	15 42	15 23	15 06	14 49	14 33	14 16	13 56	13 44	13 30
20	17 32	17 12	16 56	16 43	16 32	16 23	16 06	15 51	15 37	15 24	15 09	14 52	14 42	14 30
21	17 52	17 37	17 25	17 15	17 06	16 59	16 45	16 34	16 23	16 12	16 00	15 47	15 39	15 30
22	18 08	17 58	17 50	17 43	17 37	17 31	17 22	17 14	17 06	16 58	16 50	16 41	16 35	16 29
23	18 22	18 17	18 12	18 08	18 05	18 02	17 57	17 52	17 48	17 43	17 39	17 33	17 30	17 27
24	18 35	18 34	18 33	18 32	18 32	18 31	18 30	18 29	18 29	18 28	18 27	18 26	18 25	18 24
25	18 47	18 51	18 54	18 56	18 58	19 00	19 04	19 06	19 09	19 12	19 15	19 18	19 20	19 22
26	19 00	19 09	19 15	19 21	19 26	19 30	19 38	19 44	19 50	19 56	20 03	20 11	20 15	20 20
27	19 15	19 28	19 39	19 48	19 55	20 02	20 13	20 23	20 33	20 42	20 53	21 04	21 11	21 19
28	19 33	19 51	20 05	20 17	20 27	20 36	20 51	21 05	21 18	21 30	21 44	21 59	22 08	22 19
29	19 56	20 19	20 37	20 51	21 04	21 15	21 33	21 50	22 05	22 20	22 37	22 56	23 07	23 19
30	20 27	20 54	21 15	21 31	21 46	21 58	22 19	22 38	22 55	23 13	23 31	23 52	.. ..	.. ..
31	21 08	21 38	22 01	22 19	22 34	22 48	23 10	23 30	23 48	.. ..	.. ..	.. ..	0 05	0 19
Apr. 1	22 03	22 34	22 56	23 15	23 30	23 43	.. ..	.. ..	.. ..	0 07	0 26	0 49	1 02	1 18
2	23 13	23 41	.. ..	.. ..	.. ..	.. ..	0 06	0 26	0 44	1 02	1 21	1 44	1 57	2 12

.. .. indicates phenomenon will occur the next day.

UNIVERSAL TIME FOR MERIDIAN OF GREENWICH

MOONRISE

Lat.	+40°	+42°	+44°	+46°	+48°	+50°	+52°	+54°	+56°	+58°	+60°	+62°	+64°	+66°
	h m	h m	h m	h m	h m	h m	h m	h m	h m	h m	h m	h m	h m	h m
Mar. 9	17 50	17 48	17 45	17 43	17 40	17 37	17 34	17 30	17 26	17 22	17 17	17 11	17 05	16 57
10	19 07	19 06	19 06	19 05	19 04	19 03	19 03	19 02	19 01	19 00	18 58	18 57	18 55	18 54
11	20 23	20 24	20 25	20 26	20 27	20 29	20 30	20 32	20 34	20 36	20 39	20 41	20 44	20 48
12	21 37	21 40	21 43	21 46	21 49	21 53	21 57	22 01	22 06	22 11	22 17	22 24	22 33	22 42
13	22 50	22 55	22 59	23 04	23 09	23 15	23 21	23 28	23 36	23 44	23 55	.. ..	.. ..	.. ..
14	.. ..	.. ..	.. ..	.. ..	.. ..	.. ..	.. ..	.. ..	.. ..	.. ..	.. ..	0 06	0 20	0 37
15	0 01	0 06	0 12	0 19	0 26	0 33	0 41	0 51	1 01	1 14	1 28	1 45	2 05	2 33
16	1 08	1 14	1 21	1 28	1 36	1 45	1 55	2 07	2 20	2 35	2 52	3 15	3 43	4 27
17	2 08	2 15	2 23	2 31	2 39	2 49	3 00	3 12	3 26	3 43	4 03	4 28	5 03	6 06
18	3 02	3 09	3 16	3 24	3 33	3 42	3 53	4 05	4 19	4 35	4 55	5 19	5 52	6 48
19	3 48	3 54	4 01	4 08	4 16	4 25	4 35	4 46	4 58	5 12	5 29	5 50	6 16	6 53
20	4 27	4 33	4 38	4 45	4 52	4 59	5 07	5 16	5 27	5 39	5 52	6 08	6 28	6 52
21	5 01	5 05	5 10	5 15	5 20	5 26	5 33	5 40	5 48	5 57	6 07	6 19	6 33	6 50
22	5 30	5 33	5 37	5 41	5 45	5 49	5 54	5 59	6 05	6 11	6 18	6 27	6 36	6 48
23	5 57	5 59	6 01	6 03	6 06	6 09	6 12	6 15	6 18	6 22	6 27	6 32	6 38	6 45
24	6 21	6 22	6 23	6 24	6 25	6 26	6 28	6 29	6 31	6 32	6 34	6 36	6 39	6 41
25	6 45	6 45	6 45	6 44	6 44	6 43	6 43	6 42	6 42	6 41	6 41	6 40	6 39	6 38
26	7 09	7 08	7 06	7 05	7 03	7 01	6 59	6 56	6 54	6 51	6 48	6 44	6 40	6 35
27	7 35	7 32	7 29	7 26	7 23	7 19	7 15	7 11	7 06	7 01	6 55	6 49	6 41	6 32
28	8 03	7 59	7 55	7 50	7 46	7 40	7 35	7 29	7 22	7 14	7 05	6 55	6 43	6 29
29	8 35	8 30	8 24	8 19	8 12	8 06	7 58	7 50	7 41	7 30	7 18	7 04	6 48	6 27
30	9 12	9 06	8 59	8 53	8 45	8 37	8 28	8 18	8 06	7 53	7 38	7 19	6 56	6 26
31	9 56	9 49	9 42	9 34	9 26	9 16	9 06	8 54	8 41	8 26	8 07	7 44	7 14	6 28
Apr. 1	10 48	10 41	10 33	10 25	10 16	10 06	9 56	9 43	9 29	9 13	8 53	8 27	7 53	6 50
2	11 47	11 41	11 34	11 26	11 17	11 08	10 58	10 46	10 32	10 17	9 58	9 34	9 03	8 13

MOONSET

Lat.	+40°	+42°	+44°	+46°	+48°	+50°	+52°	+54°	+56°	+58°	+60°	+62°	+64°	+66°
	h m	h m	h m	h m	h m	h m	h m	h m	h m	h m	h m	h m	h m	h m
Mar. 9	6 30	6 33	6 36	6 39	6 43	6 46	6 50	6 55	7 00	7 05	7 12	7 19	7 27	7 36
10	7 04	7 06	7 07	7 08	7 10	7 12	7 14	7 16	7 18	7 20	7 23	7 26	7 30	7 34
11	7 37	7 37	7 36	7 36	7 36	7 35	7 35	7 35	7 34	7 34	7 33	7 33	7 32	7 31
12	8 09	8 07	8 05	8 03	8 01	7 59	7 56	7 54	7 51	7 47	7 43	7 39	7 34	7 29
13	8 43	8 39	8 36	8 32	8 28	8 24	8 19	8 14	8 08	8 02	7 55	7 47	7 37	7 26
14	9 19	9 15	9 10	9 04	8 59	8 52	8 46	8 38	8 30	8 20	8 09	7 57	7 42	7 24
15	10 00	9 54	9 48	9 41	9 34	9 26	9 17	9 07	8 56	8 44	8 29	8 12	7 50	7 22
16	10 46	10 39	10 32	10 24	10 16	10 07	9 57	9 45	9 32	9 17	8 58	8 36	8 07	7 23
17	11 37	11 30	11 22	11 14	11 05	10 56	10 45	10 32	10 18	10 02	9 42	9 16	8 42	7 38
18	12 32	12 25	12 18	12 10	12 02	11 52	11 42	11 30	11 16	11 00	10 40	10 16	9 43	8 48
19	13 30	13 24	13 18	13 11	13 03	12 54	12 45	12 34	12 22	12 08	11 52	11 31	11 06	10 29
20	14 30	14 25	14 19	14 13	14 07	14 00	13 52	13 43	13 33	13 22	13 09	12 54	12 35	12 11
21	15 30	15 26	15 21	15 17	15 12	15 06	15 00	14 54	14 46	14 38	14 28	14 17	14 04	13 48
22	16 29	16 26	16 23	16 20	16 16	16 12	16 08	16 04	15 59	15 53	15 46	15 39	15 31	15 20
23	17 27	17 25	17 24	17 22	17 20	17 18	17 16	17 13	17 10	17 07	17 04	17 00	16 55	16 50
24	18 24	18 24	18 24	18 23	18 23	18 23	18 22	18 22	18 21	18 21	18 20	18 19	18 18	18 17
25	19 22	19 23	19 24	19 25	19 26	19 27	19 29	19 30	19 32	19 34	19 36	19 38	19 41	19 44
26	20 20	20 22	20 25	20 27	20 30	20 33	20 36	20 40	20 43	20 48	20 53	20 58	21 05	21 13
27	21 19	21 22	21 26	21 30	21 34	21 39	21 44	21 50	21 56	22 03	22 11	22 20	22 31	22 44
28	22 19	22 23	22 28	22 34	22 39	22 46	22 53	23 01	23 09	23 19	23 31	23 44	.. ..	.. ..
29	23 19	23 25	23 31	23 38	23 45	23 53	.. ..	.. ..	.. ..	.. ..	.. ..	.. ..	0 00	0 20
30	.. ..	.. ..	.. ..	.. ..	.. ..	.. ..	0 02	0 11	0 22	0 35	0 50	1 08	1 31	2 00
31	0 19	0 26	0 33	0 41	0 49	0 58	1 08	1 20	1 33	1 48	2 06	2 29	2 58	3 44
Apr. 1	1 18	1 25	1 32	1 40	1 49	1 59	2 09	2 22	2 36	2 52	3 12	3 37	4 12	5 15
2	2 12	2 19	2 26	2 34	2 43	2 52	3 03	3 15	3 28	3 44	4 03	4 27	4 58	5 48

.. .. indicates phenomenon will occur the next day.

MOONRISE AND MOONSET, 2020
UNIVERSAL TIME FOR MERIDIAN OF GREENWICH
MOONRISE

Lat.	−55°	−50°	−45°	−40°	−35°	−30°	−20°	−10°	0°	+10°	+20°	+30°	+35°	+40°
	h m	h m	h m	h m	h m	h m	h m	h m	h m	h m	h m	h m	h m	h m
Apr. 1	14 59	14 28	14 05	13 47	13 32	13 18	12 55	12 36	12 17	11 59	11 39	11 16	11 03	10 48
2	15 46	15 18	14 56	14 39	14 24	14 12	13 50	13 31	13 13	12 56	12 37	12 15	12 02	11 47
3	16 22	15 59	15 40	15 25	15 13	15 02	14 43	14 26	14 10	13 55	13 38	13 19	13 07	12 54
4	16 50	16 32	16 18	16 06	15 56	15 48	15 33	15 19	15 07	14 54	14 41	14 25	14 16	14 06
5	17 12	17 00	16 51	16 43	16 36	16 30	16 20	16 11	16 02	15 54	15 44	15 34	15 28	15 21
6	17 30	17 25	17 20	17 17	17 13	17 10	17 05	17 01	16 57	16 53	16 48	16 43	16 40	16 37
7	17 48	17 48	17 49	17 49	17 49	17 49	17 50	17 50	17 51	17 51	17 52	17 53	17 53	17 53
8	18 05	18 12	18 17	18 21	18 25	18 29	18 35	18 40	18 45	18 50	18 56	19 02	19 06	19 10
9	18 24	18 37	18 47	18 56	19 03	19 09	19 21	19 31	19 40	19 50	20 00	20 12	20 18	20 26
10	18 48	19 06	19 21	19 33	19 44	19 53	20 09	20 23	20 36	20 50	21 04	21 20	21 30	21 41
11	19 17	19 41	20 00	20 16	20 29	20 40	21 00	21 17	21 33	21 50	22 07	22 27	22 39	22 53
12	19 55	20 24	20 46	21 03	21 18	21 31	21 53	22 12	22 30	22 48	23 08	23 30	23 43	23 59
13	20 45	21 15	21 38	21 57	22 12	22 25	22 48	23 08	23 27	23 45	.. ..	.. ..	.. ..	.. ..
14	21 45	22 14	22 36	22 54	23 09	23 22	23 44	.. ..	.. ..	.. ..	0 05	0 28	0 41	0 57
15	22 53	23 18	23 38	23 54	.. ..	.. ..	.. ..	0 03	0 20	0 38	0 57	1 19	1 32	1 47
16	.. ..	.. ..	.. ..	.. ..	0 07	0 18	0 38	0 55	1 11	1 27	1 45	2 04	2 16	2 29
17	0 04	0 25	0 41	0 54	1 05	1 15	1 31	1 46	1 59	2 13	2 27	2 44	2 53	3 04
18	1 16	1 31	1 43	1 54	2 02	2 10	2 23	2 34	2 44	2 55	3 06	3 19	3 26	3 34
19	2 27	2 37	2 46	2 52	2 58	3 03	3 12	3 20	3 27	3 34	3 42	3 51	3 56	4 01
20	3 37	3 43	3 47	3 50	3 53	3 56	4 01	4 05	4 08	4 12	4 16	4 21	4 23	4 26
21	4 47	4 47	4 48	4 48	4 48	4 48	4 48	4 49	4 49	4 49	4 49	4 50	4 50	4 50
22	5 57	5 53	5 49	5 46	5 43	5 41	5 36	5 33	5 29	5 26	5 23	5 19	5 16	5 14
23	7 08	6 58	6 51	6 44	6 39	6 34	6 25	6 18	6 11	6 04	5 57	5 49	5 44	5 39
24	8 21	8 05	7 54	7 44	7 35	7 28	7 15	7 04	6 54	6 44	6 33	6 21	6 14	6 06
25	9 34	9 13	8 57	8 44	8 33	8 24	8 07	7 53	7 40	7 26	7 12	6 56	6 47	6 36

MOONSET

Lat.	−55°	−50°	−45°	−40°	−35°	−30°	−20°	−10°	0°	+10°	+20°	+30°	+35°	+40°
	h m	h m	h m	h m	h m	h m	h m	h m	h m	h m	h m	h m	h m	h m
Apr. 1	22 03	22 34	22 56	23 15	23 30	23 43	.. ..	.. ..	.. ..	0 07	0 26	0 49	1 02	1 18
2	23 13	23 41	.. ..	.. ..	.. ..	.. ..	0 06	0 26	0 44	1 02	1 21	1 44	1 57	2 12
3	.. ..	.. ..	0 01	0 18	0 32	0 45	1 06	1 24	1 41	1 57	2 15	2 36	2 47	3 01
4	0 34	0 57	1 14	1 28	1 40	1 50	2 08	2 23	2 37	2 51	3 06	3 24	3 33	3 45
5	2 02	2 18	2 31	2 41	2 50	2 58	3 11	3 23	3 33	3 44	3 55	4 08	4 15	4 23
6	3 34	3 43	3 51	3 57	4 02	4 07	4 15	4 22	4 28	4 35	4 41	4 49	4 53	4 58
7	5 06	5 09	5 11	5 13	5 15	5 16	5 18	5 21	5 22	5 24	5 26	5 28	5 30	5 31
8	6 39	6 35	6 32	6 30	6 28	6 26	6 22	6 19	6 16	6 14	6 11	6 07	6 05	6 03
9	8 12	8 02	7 53	7 46	7 40	7 35	7 26	7 18	7 11	7 04	6 56	6 47	6 42	6 36
10	9 44	9 27	9 13	9 02	8 53	8 45	8 30	8 18	8 07	7 55	7 43	7 29	7 21	7 12
11	11 11	10 48	10 30	10 16	10 03	9 53	9 34	9 18	9 03	8 48	8 33	8 14	8 04	7 52
12	12 31	12 03	11 42	11 25	11 10	10 58	10 36	10 18	10 01	9 43	9 25	9 04	8 51	8 37
13	13 39	13 08	12 46	12 27	12 12	11 58	11 36	11 16	10 58	10 39	10 19	9 56	9 43	9 28
14	14 31	14 02	13 39	13 21	13 06	12 53	12 31	12 11	11 53	11 34	11 15	10 52	10 39	10 23
15	15 10	14 44	14 24	14 07	13 53	13 41	13 20	13 02	12 45	12 28	12 10	11 49	11 36	11 22
16	15 39	15 17	15 00	14 46	14 34	14 24	14 06	13 50	13 35	13 20	13 04	12 46	12 35	12 22
17	16 00	15 43	15 30	15 19	15 09	15 01	14 46	14 33	14 21	14 09	13 56	13 41	13 33	13 23
18	16 17	16 05	15 55	15 47	15 40	15 34	15 24	15 14	15 05	14 56	14 47	14 36	14 29	14 22
19	16 31	16 24	16 18	16 13	16 09	16 05	15 59	15 53	15 47	15 42	15 36	15 29	15 25	15 20
20	16 44	16 41	16 39	16 37	16 36	16 34	16 32	16 30	16 28	16 26	16 24	16 21	16 20	16 18
21	16 56	16 58	17 00	17 01	17 02	17 03	17 05	17 07	17 08	17 10	17 12	17 13	17 15	17 16
22	17 08	17 15	17 21	17 25	17 29	17 33	17 39	17 44	17 49	17 54	18 00	18 06	18 10	18 14
23	17 22	17 34	17 43	17 51	17 58	18 04	18 14	18 23	18 31	18 40	18 49	19 00	19 06	19 13
24	17 39	17 55	18 08	18 18	18 29	18 37	18 51	19 04	19 16	19 27	19 40	19 55	20 03	20 13
25	18 00	18 21	18 38	18 52	19 04	19 14	19 32	19 48	20 02	20 17	20 33	20 51	21 02	21 14

.. .. indicates phenomenon will occur the next day.

UNIVERSAL TIME FOR MERIDIAN OF GREENWICH
MOONRISE

Lat.	+40°	+42°	+44°	+46°	+48°	+50°	+52°	+54°	+56°	+58°	+60°	+62°	+64°	+66°
	h m	h m	h m	h m	h m	h m	h m	h m	h m	h m	h m	h m	h m	h m
Apr. 1	10 48	10 41	10 33	10 25	10 16	10 06	9 56	9 43	9 29	9 13	8 53	8 27	7 53	6 50
2	11 47	11 41	11 34	11 26	11 17	11 08	10 58	10 46	10 32	10 17	9 58	9 34	9 03	8 13
3	12 54	12 48	12 42	12 35	12 28	12 20	12 11	12 01	11 50	11 36	11 21	11 02	10 39	10 08
4	14 06	14 02	13 57	13 51	13 46	13 39	13 32	13 25	13 16	13 06	12 55	12 42	12 26	12 07
5	15 21	15 18	15 14	15 11	15 07	15 03	14 58	14 53	14 48	14 41	14 34	14 26	14 17	14 05
6	16 37	16 35	16 34	16 32	16 30	16 28	16 26	16 24	16 21	16 18	16 15	16 11	16 07	16 02
7	17 53	17 54	17 54	17 54	17 54	17 55	17 55	17 55	17 56	17 56	17 56	17 57	17 58	17 58
8	19 10	19 12	19 14	19 16	19 18	19 21	19 24	19 27	19 30	19 34	19 38	19 43	19 48	19 55
9	20 26	20 30	20 34	20 38	20 42	20 47	20 52	20 58	21 04	21 11	21 19	21 29	21 40	21 53
10	21 41	21 46	21 51	21 57	22 03	22 10	22 18	22 26	22 36	22 47	22 59	23 14	23 32	23 55
11	22 53	22 59	23 06	23 13	23 21	23 29	23 39	23 49	.. ..	.. ..	.. ..	.. ..	.. ..	.. ..
12	23 59	.. ..	.. ..	.. ..	.. ..	.. ..	.. ..	.. ..	0 02	0 16	0 33	0 53	1 20	1 57
13	.. ..	0 06	0 13	0 21	0 30	0 39	0 50	1 03	1 17	1 33	1 53	2 19	2 53	3 58
14	0 57	1 04	1 11	1 20	1 29	1 39	1 50	2 02	2 17	2 34	2 54	3 20	3 57	5 12
15	1 47	1 53	2 00	2 08	2 17	2 26	2 36	2 48	3 01	3 17	3 35	3 58	4 28	5 13
16	2 29	2 34	2 41	2 48	2 55	3 03	3 12	3 22	3 33	3 46	4 01	4 19	4 41	5 10
17	3 04	3 09	3 14	3 20	3 26	3 32	3 39	3 47	3 56	4 06	4 18	4 31	4 47	5 07
18	3 34	3 38	3 42	3 46	3 51	3 56	4 01	4 07	4 14	4 21	4 29	4 39	4 50	5 03
19	4 01	4 04	4 07	4 09	4 13	4 16	4 19	4 23	4 28	4 33	4 38	4 44	4 51	5 00
20	4 26	4 28	4 29	4 30	4 32	4 34	4 36	4 38	4 40	4 42	4 45	4 48	4 52	4 56
21	4 50	4 50	4 50	4 50	4 50	4 51	4 51	4 51	4 51	4 51	4 51	4 52	4 52	4 52
22	5 14	5 13	5 12	5 10	5 09	5 07	5 06	5 04	5 02	5 00	4 58	4 55	4 52	4 49
23	5 39	5 36	5 34	5 31	5 28	5 25	5 22	5 18	5 14	5 10	5 05	4 59	4 53	4 45
24	6 06	6 02	5 58	5 54	5 50	5 45	5 40	5 35	5 28	5 21	5 13	5 04	4 54	4 41
25	6 36	6 32	6 27	6 21	6 15	6 09	6 02	5 54	5 46	5 36	5 25	5 12	4 57	4 38

MOONSET

Lat.	+40°	+42°	+44°	+46°	+48°	+50°	+52°	+54°	+56°	+58°	+60°	+62°	+64°	+66°
	h m	h m	h m	h m	h m	h m	h m	h m	h m	h m	h m	h m	h m	h m
Apr. 1	1 18	1 25	1 32	1 40	1 49	1 59	2 09	2 22	2 36	2 52	3 12	3 37	4 12	5 15
2	2 12	2 19	2 26	2 34	2 43	2 52	3 03	3 15	3 28	3 44	4 03	4 27	4 58	5 48
3	3 01	3 07	3 14	3 21	3 29	3 37	3 46	3 57	4 09	4 22	4 38	4 57	5 21	5 53
4	3 45	3 50	3 55	4 01	4 07	4 14	4 21	4 30	4 39	4 49	5 01	5 15	5 32	5 52
5	4 23	4 27	4 31	4 35	4 40	4 44	4 50	4 56	5 02	5 09	5 17	5 27	5 38	5 50
6	4 58	5 00	5 03	5 05	5 08	5 11	5 14	5 17	5 21	5 25	5 29	5 35	5 41	5 47
7	5 31	5 32	5 32	5 33	5 34	5 34	5 35	5 36	5 37	5 38	5 39	5 41	5 42	5 44
8	6 03	6 02	6 01	6 00	5 59	5 57	5 56	5 55	5 53	5 51	5 49	5 47	5 44	5 41
9	6 36	6 34	6 31	6 28	6 25	6 22	6 18	6 14	6 10	6 05	5 59	5 53	5 46	5 38
10	7 12	7 08	7 04	6 59	6 54	6 49	6 43	6 36	6 29	6 21	6 12	6 01	5 49	5 34
11	7 52	7 46	7 41	7 35	7 28	7 20	7 12	7 03	6 53	6 42	6 29	6 13	5 54	5 31
12	8 37	8 31	8 24	8 16	8 08	7 59	7 49	7 38	7 26	7 11	6 54	6 33	6 06	5 28
13	9 28	9 21	9 13	9 05	8 56	8 46	8 35	8 23	8 09	7 52	7 32	7 06	6 31	5 27
14	10 23	10 16	10 09	10 01	9 52	9 42	9 31	9 18	9 04	8 47	8 27	8 01	7 24	6 10
15	11 22	11 16	11 09	11 01	10 53	10 44	10 34	10 23	10 09	9 54	9 36	9 14	8 44	7 59
16	12 22	12 17	12 11	12 04	11 57	11 50	11 41	11 32	11 21	11 08	10 54	10 36	10 15	9 46
17	13 23	13 18	13 13	13 08	13 03	12 57	12 50	12 42	12 34	12 25	12 14	12 01	11 46	11 27
18	14 22	14 19	14 15	14 12	14 08	14 03	13 58	13 53	13 47	13 41	13 33	13 24	13 14	13 02
19	15 20	15 18	15 16	15 14	15 12	15 09	15 06	15 03	14 59	14 55	14 51	14 46	14 40	14 33
20	16 18	16 17	16 17	16 16	16 15	16 14	16 13	16 12	16 10	16 09	16 07	16 05	16 03	16 01
21	17 16	17 16	17 17	17 17	17 18	17 19	17 20	17 20	17 21	17 22	17 24	17 25	17 26	17 28
22	18 14	18 16	18 17	18 20	18 22	18 24	18 27	18 30	18 33	18 37	18 41	18 45	18 50	18 57
23	19 13	19 16	19 19	19 23	19 26	19 31	19 35	19 40	19 46	19 52	19 59	20 07	20 17	20 28
24	20 13	20 17	20 22	20 27	20 32	20 38	20 44	20 52	21 00	21 09	21 19	21 31	21 46	22 03
25	21 14	21 19	21 25	21 31	21 38	21 46	21 54	22 03	22 14	22 26	22 40	22 57	23 17	23 44

.. .. indicates phenomenon will occur the next day.

MOONRISE AND MOONSET, 2020
UNIVERSAL TIME FOR MERIDIAN OF GREENWICH
MOONRISE

Lat.	−55°	−50°	−45°	−40°	−35°	−30°	−20°	−10°	0°	+10°	+20°	+30°	+35°	+40°
	h m	h m	h m	h m	h m	h m	h m	h m	h m	h m	h m	h m	h m	h m
Apr. 24	8 21	8 05	7 54	7 44	7 35	7 28	7 15	7 04	6 54	6 44	6 33	6 21	6 14	6 06
25	9 34	9 13	8 57	8 44	8 33	8 24	8 07	7 53	7 40	7 26	7 12	6 56	6 47	6 36
26	10 46	10 21	10 01	9 45	9 32	9 21	9 01	8 44	8 28	8 12	7 55	7 36	7 24	7 11
27	11 55	11 26	11 03	10 46	10 31	10 18	9 56	9 36	9 19	9 01	8 42	8 20	8 07	7 53
28	12 56	12 25	12 02	11 43	11 27	11 14	10 51	10 31	10 12	9 53	9 33	9 11	8 57	8 42
29	13 46	13 16	12 54	12 36	12 20	12 07	11 45	11 25	11 07	10 49	10 29	10 06	9 53	9 38
30	14 24	13 59	13 39	13 23	13 09	12 57	12 37	12 19	12 02	11 45	11 28	11 07	10 55	10 41
May 1	14 54	14 33	14 17	14 04	13 53	13 43	13 26	13 11	12 57	12 43	12 28	12 11	12 01	11 49
2	15 16	15 02	14 50	14 41	14 32	14 25	14 12	14 01	13 51	13 40	13 29	13 16	13 09	13 00
3	15 35	15 27	15 20	15 14	15 09	15 05	14 57	14 50	14 44	14 37	14 31	14 23	14 18	14 13
4	15 52	15 49	15 47	15 45	15 44	15 42	15 40	15 38	15 36	15 34	15 32	15 30	15 29	15 27
5	16 08	16 11	16 14	16 16	16 18	16 20	16 23	16 26	16 29	16 32	16 34	16 38	16 40	16 42
6	16 26	16 35	16 43	16 49	16 54	16 59	17 08	17 16	17 23	17 30	17 38	17 47	17 52	17 58
7	16 46	17 02	17 14	17 24	17 33	17 41	17 55	18 07	18 18	18 30	18 42	18 56	19 05	19 14
8	17 12	17 33	17 50	18 04	18 16	18 27	18 45	19 01	19 16	19 31	19 47	20 06	20 17	20 29
9	17 46	18 13	18 34	18 50	19 05	19 17	19 38	19 57	20 14	20 32	20 51	21 13	21 25	21 40
10	18 31	19 01	19 24	19 43	19 58	20 12	20 35	20 54	21 13	21 32	21 52	22 15	22 29	22 44
11	19 29	19 59	20 22	20 40	20 56	21 09	21 32	21 52	22 10	22 28	22 48	23 11	23 24	23 40
12	20 36	21 03	21 24	21 41	21 55	22 08	22 29	22 47	23 04	23 21	23 39	.. ..	.. ..	.. ..
13	21 48	22 11	22 28	22 43	22 55	23 06	23 24	23 40	23 54	.. ..	.. ..	0 00	0 12	0 26
14	23 01	23 19	23 33	23 44	23 54	.. ..	.. ..	.. ..	.. ..	0 09	0 25	0 43	0 53	1 05
15	.. ..	.. ..	.. ..	.. ..	.. ..	0 02	0 17	0 29	0 41	0 53	1 05	1 20	1 28	1 37
16	0 14	0 26	0 36	0 44	0 51	0 57	1 07	1 16	1 25	1 34	1 43	1 53	1 59	2 06
17	1 25	1 32	1 38	1 42	1 46	1 50	1 56	2 02	2 07	2 12	2 17	2 23	2 27	2 31
18	2 35	2 37	2 39	2 40	2 41	2 42	2 44	2 46	2 47	2 49	2 51	2 53	2 54	2 55

MOONSET

	−55°	−50°	−45°	−40°	−35°	−30°	−20°	−10°	0°	+10°	+20°	+30°	+35°	+40°
	h m	h m	h m	h m	h m	h m	h m	h m	h m	h m	h m	h m	h m	h m
Apr. 24	17 39	17 55	18 08	18 19	18 29	18 37	18 51	19 04	19 16	19 27	19 40	19 55	20 03	20 13
25	18 00	18 21	18 38	18 52	19 04	19 14	19 32	19 48	20 02	20 17	20 33	20 51	21 02	21 14
26	18 27	18 53	19 14	19 30	19 44	19 56	20 17	20 35	20 52	21 09	21 27	21 48	22 00	22 14
27	19 04	19 34	19 57	20 15	20 30	20 43	21 06	21 26	21 44	22 02	22 22	22 45	22 58	23 13
28	19 54	20 25	20 49	21 07	21 23	21 36	22 00	22 20	22 38	22 57	23 17	23 39	23 53	.. ..
29	20 58	21 27	21 49	22 07	22 22	22 35	22 57	23 16	23 33	23 51	.. ..	.. ..	.. ..	0 08
30	22 14	22 38	22 57	23 13	23 26	23 37	23 56	.. ..	.. ..	.. ..	0 10	0 31	0 44	0 58
May 1	23 37	23 56	.. ..	.. ..	.. ..	.. ..	.. ..	0 13	0 28	0 44	1 00	1 19	1 30	1 42
2	.. ..	.. ..	0 10	0 23	0 33	0 42	0 57	1 10	1 23	1 35	1 48	2 03	2 11	2 21
3	1 04	1 17	1 26	1 35	1 42	1 48	1 58	2 08	2 16	2 24	2 33	2 43	2 49	2 56
4	2 33	2 39	2 44	2 48	2 52	2 55	3 00	3 04	3 09	3 13	3 17	3 22	3 25	3 28
5	4 04	4 03	4 03	4 03	4 02	4 02	4 02	4 01	4 01	4 01	4 00	4 00	3 59	3 59
6	5 35	5 28	5 23	5 18	5 14	5 11	5 04	4 59	4 54	4 49	4 44	4 38	4 34	4 31
7	7 07	6 54	6 43	6 34	6 26	6 20	6 08	5 58	5 49	5 39	5 29	5 18	5 12	5 04
8	8 39	8 19	8 03	7 50	7 39	7 29	7 13	6 59	6 45	6 32	6 18	6 02	5 52	5 42
9	10 06	9 40	9 20	9 03	8 50	8 38	8 18	8 00	7 44	7 27	7 10	6 50	6 38	6 25
10	11 22	10 52	10 30	10 11	9 56	9 43	9 20	9 01	8 43	8 24	8 05	7 42	7 29	7 14
11	12 24	11 53	11 30	11 11	10 56	10 42	10 19	9 59	9 41	9 22	9 02	8 39	8 25	8 09
12	13 10	12 41	12 20	12 03	11 48	11 35	11 13	10 54	10 36	10 18	9 59	9 37	9 24	9 09
13	13 43	13 19	13 00	12 45	12 32	12 21	12 01	11 44	11 29	11 13	10 55	10 36	10 24	10 11
14	14 07	13 48	13 33	13 21	13 10	13 01	12 45	12 30	12 17	12 04	11 50	11 33	11 23	11 12
15	14 25	14 11	14 00	13 51	13 43	13 36	13 24	13 13	13 03	12 52	12 41	12 29	12 21	12 13
16	14 40	14 31	14 24	14 18	14 12	14 08	13 59	13 52	13 45	13 38	13 31	13 23	13 18	13 12
17	14 53	14 49	14 45	14 42	14 40	14 37	14 33	14 30	14 26	14 23	14 20	14 15	14 13	14 10
18	15 05	15 05	15 05	15 06	15 06	15 06	15 06	15 07	15 07	15 07	15 07	15 08	15 08	15 08

.. .. indicates phenomenon will occur the next day.

MOONRISE AND MOONSET, 2020

UNIVERSAL TIME FOR MERIDIAN OF GREENWICH

MOONRISE

Lat.	+40°	+42°	+44°	+46°	+48°	+50°	+52°	+54°	+56°	+58°	+60°	+62°	+64°	+66°
	h m	h m	h m	h m	h m	h m	h m	h m	h m	h m	h m	h m	h m	h m
Apr. 24	6 06	6 02	5 58	5 54	5 50	5 45	5 40	5 35	5 28	5 21	5 13	5 04	4 54	4 41
25	6 36	6 32	6 27	6 21	6 15	6 09	6 02	5 54	5 46	5 36	5 25	5 12	4 57	4 38
26	7 11	7 06	7 00	6 53	6 46	6 38	6 29	6 19	6 08	5 56	5 41	5 24	5 03	4 35
27	7 53	7 46	7 39	7 32	7 23	7 14	7 04	6 53	6 40	6 24	6 06	5 44	5 16	4 33
28	8 42	8 35	8 27	8 19	8 10	8 00	7 49	7 37	7 23	7 06	6 46	6 20	5 45	4 38
29	9 38	9 31	9 24	9 16	9 07	8 57	8 46	8 34	8 20	8 03	7 43	7 18	6 43	5 39
30	10 41	10 35	10 28	10 21	10 13	10 04	9 54	9 43	9 31	9 16	8 59	8 38	8 11	7 32
May 1	11 49	11 44	11 38	11 32	11 26	11 19	11 11	11 02	10 52	10 41	10 28	10 12	9 53	9 29
2	13 00	12 56	12 52	12 48	12 43	12 38	12 32	12 26	12 19	12 11	12 02	11 52	11 39	11 25
3	14 13	14 11	14 08	14 06	14 03	14 00	13 57	13 53	13 49	13 44	13 39	13 33	13 27	13 19
4	15 27	15 26	15 26	15 25	15 24	15 23	15 22	15 21	15 20	15 19	15 17	15 16	15 14	15 12
5	16 42	16 43	16 44	16 45	16 46	16 48	16 49	16 51	16 53	16 55	16 57	16 59	17 02	17 06
6	17 58	18 01	18 03	18 06	18 10	18 13	18 17	18 22	18 26	18 32	18 38	18 45	18 53	19 02
7	19 14	19 18	19 23	19 28	19 33	19 39	19 45	19 52	20 00	20 09	20 20	20 32	20 46	21 03
8	20 29	20 35	20 41	20 47	20 54	21 02	21 11	21 21	21 32	21 44	21 59	22 17	22 40	23 09
9	21 40	21 47	21 54	22 02	22 10	22 20	22 30	22 42	22 55	23 11	23 30	23 54	.. ..	.. ..
10	22 44	22 51	22 59	23 07	23 16	23 27	23 38	23 51	.. ..	.. ..	.. ..	.. ..	0 26	1 19
11	23 40	23 47	23 54	.. ..	.. ..	.. ..	.. ..	.. ..	0 05	0 23	0 44	1 11	1 50	■
12	.. ..	.. ..	.. ..	0 02	0 11	0 21	0 32	0 44	0 58	1 15	1 35	2 00	2 34	3 36
13	0 26	0 32	0 39	0 46	0 54	1 03	1 13	1 24	1 36	1 50	2 07	2 27	2 53	3 29
14	1 05	1 10	1 16	1 22	1 28	1 36	1 44	1 53	2 03	2 14	2 27	2 42	3 01	3 24
15	1 37	1 42	1 46	1 51	1 56	2 01	2 08	2 14	2 22	2 30	2 40	2 51	3 04	3 19
16	2 06	2 09	2 12	2 15	2 19	2 23	2 27	2 32	2 37	2 43	2 49	2 57	3 05	3 15
17	2 31	2 33	2 35	2 37	2 39	2 41	2 44	2 46	2 49	2 53	2 57	3 01	3 06	3 11
18	2 55	2 55	2 56	2 57	2 57	2 58	2 59	3 00	3 01	3 02	3 03	3 04	3 06	3 07

MOONSET

	+40°	+42°	+44°	+46°	+48°	+50°	+52°	+54°	+56°	+58°	+60°	+62°	+64°	+66°
	h m	h m	h m	h m	h m	h m	h m	h m	h m	h m	h m	h m	h m	h m
Apr. 24	20 13	20 17	20 22	20 27	20 32	20 38	20 44	20 52	21 00	21 09	21 19	21 31	21 46	22 03
25	21 14	21 19	21 25	21 31	21 38	21 46	21 54	22 03	22 14	22 26	22 40	22 57	23 17	23 44
26	22 14	22 21	22 28	22 35	22 43	22 52	23 02	23 13	23 26	23 41	23 58	.. ..	.. ..	.. ..
27	23 13	23 20	23 28	23 36	23 44	23 54	.. ..	.. ..	.. ..	.. ..	.. ..	0 20	0 48	1 30
28	.. ..	.. ..	.. ..	.. ..	.. ..	.. ..	0 05	0 18	0 32	0 48	1 08	1 34	2 09	3 16
29	0 08	0 15	0 23	0 31	0 40	0 50	1 01	1 13	1 27	1 44	2 04	2 29	3 04	4 08
30	0 58	1 05	1 12	1 19	1 27	1 36	1 46	1 58	2 10	2 25	2 43	3 04	3 32	4 11
May 1	1 42	1 48	1 54	2 00	2 07	2 15	2 23	2 32	2 43	2 55	3 08	3 25	3 44	4 09
2	2 21	2 25	2 30	2 35	2 40	2 46	2 52	2 59	3 07	3 16	3 26	3 37	3 50	4 06
3	2 56	2 59	3 02	3 05	3 09	3 12	3 17	3 21	3 26	3 32	3 38	3 45	3 53	4 03
4	3 28	3 29	3 31	3 32	3 34	3 36	3 38	3 40	3 42	3 45	3 48	3 51	3 55	3 59
5	3 59	3 59	3 59	3 58	3 58	3 58	3 58	3 58	3 57	3 57	3 57	3 56	3 56	3 55
6	4 31	4 29	4 27	4 25	4 23	4 21	4 18	4 16	4 13	4 09	4 06	4 01	3 57	3 51
7	5 04	5 01	4 58	4 54	4 50	4 45	4 41	4 35	4 30	4 23	4 16	4 08	3 58	3 47
8	5 42	5 37	5 32	5 27	5 21	5 14	5 07	5 00	4 51	4 41	4 30	4 17	4 02	3 43
9	6 25	6 19	6 12	6 05	5 58	5 50	5 41	5 30	5 19	5 06	4 50	4 32	4 09	3 38
10	7 14	7 07	7 00	6 52	6 43	6 34	6 23	6 11	5 57	5 41	5 21	4 57	4 25	3 32
11	8 09	8 02	7 54	7 46	7 37	7 27	7 16	7 03	6 48	6 31	6 09	5 42	5 04	■
12	9 09	9 02	8 55	8 47	8 38	8 28	8 18	8 05	7 52	7 35	7 15	6 50	6 16	5 15
13	10 11	10 05	9 58	9 51	9 43	9 35	9 26	9 15	9 03	8 49	8 33	8 13	7 48	7 13
14	11 12	11 07	11 02	10 56	10 50	10 43	10 36	10 27	10 18	10 07	9 55	9 40	9 22	9 00
15	12 13	12 09	12 05	12 01	11 56	11 51	11 46	11 39	11 33	11 25	11 16	11 06	10 54	10 39
16	13 12	13 10	13 07	13 04	13 01	12 58	12 54	12 50	12 46	12 41	12 35	12 29	12 21	12 12
17	14 10	14 09	14 08	14 06	14 05	14 03	14 02	14 00	13 57	13 55	13 52	13 49	13 46	13 42
18	15 08	15 08	15 08	15 08	15 08	15 08	15 08	15 08	15 09	15 09	15 09	15 09	15 09	15 09

■ indicates Moon continuously below horizon.
.. .. indicates phenomenon will occur the next day.

MOONRISE AND MOONSET, 2020

UNIVERSAL TIME FOR MERIDIAN OF GREENWICH

MOONRISE

Lat.	−55°	−50°	−45°	−40°	−35°	−30°	−20°	−10°	0°	+10°	+20°	+30°	+35°	+40°
	h m	h m	h m	h m	h m	h m	h m	h m	h m	h m	h m	h m	h m	h m
May 17	1 25	1 32	1 38	1 42	1 46	1 50	1 56	2 02	2 07	2 12	2 17	2 23	2 27	2 31
18	2 35	2 37	2 39	2 40	2 41	2 42	2 44	2 46	2 47	2 49	2 51	2 53	2 54	2 55
19	3 45	3 42	3 40	3 38	3 36	3 35	3 32	3 30	3 28	3 26	3 24	3 21	3 20	3 18
20	4 56	4 48	4 41	4 36	4 31	4 27	4 21	4 14	4 09	4 03	3 57	3 51	3 47	3 43
21	6 08	5 55	5 44	5 35	5 28	5 22	5 10	5 01	4 51	4 42	4 33	4 22	4 16	4 09
22	7 22	7 03	6 48	6 36	6 26	6 17	6 02	5 49	5 36	5 24	5 11	4 56	4 48	4 38
23	8 36	8 12	7 53	7 38	7 25	7 14	6 56	6 39	6 24	6 09	5 53	5 34	5 24	5 12
24	9 47	9 19	8 57	8 40	8 25	8 12	7 51	7 32	7 15	6 57	6 39	6 18	6 05	5 51
25	10 52	10 21	9 58	9 39	9 23	9 10	8 47	8 27	8 08	7 49	7 30	7 07	6 53	6 38
26	11 46	11 15	10 52	10 34	10 18	10 04	9 41	9 22	9 03	8 44	8 24	8 01	7 48	7 32
27	12 28	12 00	11 39	11 22	11 08	10 56	10 34	10 16	9 58	9 41	9 22	9 01	8 48	8 33
28	12 59	12 37	12 19	12 05	11 53	11 42	11 24	11 08	10 53	10 38	10 22	10 03	9 52	9 40
29	13 23	13 06	12 53	12 42	12 33	12 25	12 10	11 58	11 46	11 34	11 22	11 07	10 59	10 49
30	13 42	13 31	13 23	13 15	13 09	13 04	12 54	12 46	12 38	12 30	12 21	12 11	12 06	11 59
31	13 59	13 54	13 50	13 46	13 43	13 41	13 36	13 32	13 28	13 25	13 21	13 16	13 14	13 11
June 1	14 14	14 15	14 15	14 16	14 16	14 17	14 18	14 18	14 19	14 20	14 21	14 21	14 22	14 23
2	14 30	14 37	14 42	14 46	14 50	14 54	15 00	15 05	15 10	15 16	15 21	15 28	15 31	15 36
3	14 48	15 01	15 11	15 19	15 26	15 33	15 44	15 54	16 04	16 13	16 23	16 35	16 42	16 50
4	15 10	15 29	15 44	15 56	16 07	16 16	16 32	16 46	16 59	17 13	17 27	17 43	17 53	18 04
5	15 39	16 04	16 23	16 38	16 52	17 03	17 23	17 41	17 57	18 13	18 31	18 51	19 03	19 17
6	16 19	16 48	17 10	17 28	17 43	17 56	18 18	18 38	18 56	19 14	19 34	19 57	20 10	20 26
7	17 11	17 41	18 05	18 23	18 39	18 53	19 16	19 36	19 55	20 14	20 34	20 57	21 11	21 26
8	18 15	18 44	19 06	19 24	19 39	19 52	20 14	20 34	20 51	21 09	21 28	21 51	22 03	22 18
9	19 27	19 52	20 12	20 27	20 40	20 52	21 12	21 29	21 45	22 01	22 18	22 37	22 48	23 01
10	20 42	21 02	21 17	21 30	21 41	21 51	22 07	22 21	22 34	22 47	23 01	23 17	23 26	23 37

MOONSET

Lat.	−55°	−50°	−45°	−40°	−35°	−30°	−20°	−10°	0°	+10°	+20°	+30°	+35°	+40°
	h m	h m	h m	h m	h m	h m	h m	h m	h m	h m	h m	h m	h m	h m
May 17	14 53	14 49	14 45	14 42	14 40	14 37	14 33	14 30	14 26	14 23	14 20	14 15	14 13	14 10
18	15 05	15 05	15 05	15 06	15 06	15 06	15 06	15 07	15 07	15 07	15 07	15 08	15 08	15 08
19	15 17	15 22	15 26	15 29	15 32	15 35	15 40	15 44	15 47	15 51	15 55	16 00	16 03	16 06
20	15 30	15 40	15 48	15 54	16 00	16 05	16 14	16 22	16 29	16 37	16 44	16 53	16 59	17 05
21	15 45	16 00	16 12	16 22	16 30	16 38	16 51	17 02	17 13	17 24	17 35	17 48	17 56	18 05
22	16 04	16 24	16 40	16 53	17 04	17 14	17 30	17 45	17 59	18 13	18 28	18 45	18 55	19 06
23	16 29	16 54	17 13	17 29	17 43	17 54	18 14	18 32	18 48	19 04	19 22	19 42	19 54	20 08
24	17 03	17 32	17 54	18 12	18 27	18 40	19 03	19 22	19 40	19 58	20 18	20 40	20 53	21 08
25	17 49	18 20	18 44	19 03	19 18	19 32	19 55	20 15	20 34	20 53	21 13	21 36	21 50	22 05
26	18 49	19 19	19 42	20 00	20 16	20 29	20 52	21 11	21 29	21 48	22 07	22 29	22 42	22 57
27	20 01	20 28	20 48	21 04	21 18	21 30	21 50	22 08	22 24	22 41	22 58	23 18	23 30	23 43
28	21 22	21 43	21 59	22 12	22 24	22 33	22 50	23 05	23 18	23 32	23 46	.. ..	.. ..	.. ..
29	22 16	23 01	23 13	23 22	23 31	23 38	23 50	.. ..	.. ..	.. ..	.. ..	0 02	0 12	0 23
30	.. ..	.. ..	.. ..	.. ..	.. ..	.. ..	.. ..	0 01	0 11	0 21	0 31	0 43	0 50	0 58
31	0 12	0 21	0 28	0 33	0 38	0 42	0 50	0 56	1 02	1 08	1 14	1 21	1 25	1 29
June 1	1 39	1 41	1 43	1 45	1 46	1 47	1 49	1 51	1 52	1 54	1 55	1 57	1 58	1 59
2	3 07	3 03	3 00	2 57	2 55	2 53	2 49	2 46	2 43	2 40	2 37	2 34	2 32	2 29
3	4 36	4 26	4 18	4 11	4 05	4 00	3 51	3 43	3 35	3 28	3 20	3 11	3 06	3 01
4	6 07	5 50	5 36	5 25	5 16	5 08	4 53	4 41	4 30	4 18	4 06	3 52	3 44	3 35
5	7 35	7 12	6 54	6 39	6 27	6 16	5 57	. 5 41	5 26	5 11	4 56	4 37	4 27	4 15
6	8 58	8 29	8 08	7 50	7 36	7 23	7 01	6 43	6 25	6 08	5 49	5 27	5 15	5 00
7	10 08	9 37	9 14	8 55	8 40	8 26	8 03	7 43	7 24	7 06	6 46	6 22	6 09	5 53
8	11 02	10 33	10 10	9 52	9 37	9 23	9 01	8 41	8 22	8 04	7 44	7 21	7 07	6 52
9	11 42	11 16	10 56	10 39	10 25	10 13	9 53	9 34	9 17	9 00	8 42	8 21	8 08	7 54
10	12 10	11 49	11 32	11 19	11 07	10 57	10 39	10 23	10 09	9 54	9 38	9 20	9 10	8 58

.. .. indicates phenomenon will occur the next day.

UNIVERSAL TIME FOR MERIDIAN OF GREENWICH

MOONRISE

Lat.	+40°	+42°	+44°	+46°	+48°	+50°	+52°	+54°	+56°	+58°	+60°	+62°	+64°	+66°
	h m	h m	h m	h m	h m	h m	h m	h m	h m	h m	h m	h m	h m	h m
May 17	2 31	2 33	2 35	2 37	2 39	2 41	2 44	2 46	2 49	2 53	2 57	3 01	3 06	3 11
18	2 55	2 55	2 56	2 57	2 57	2 58	2 59	3 00	3 01	3 02	3 03	3 04	3 06	3 07
19	3 18	3 18	3 17	3 16	3 15	3 15	3 14	3 13	3 11	3 10	3 09	3 07	3 05	3 03
20	3 43	3 41	3 39	3 37	3 34	3 32	3 29	3 26	3 23	3 19	3 15	3 11	3 05	2 59
21	4 09	4 06	4 02	3 59	3 55	3 51	3 46	3 41	3 36	3 30	3 23	3 15	3 06	2 55
22	4 38	4 34	4 29	4 24	4 19	4 13	4 06	3 59	3 52	3 43	3 33	3 21	3 08	2 52
23	5 12	5 06	5 00	4 54	4 47	4 40	4 32	4 23	4 12	4 01	3 47	3 31	3 12	2 48
24	5 51	5 45	5 38	5 31	5 23	5 14	5 04	4 53	4 40	4 26	4 09	3 48	3 22	2 44
25	6 38	6 31	6 24	6 15	6 07	5 57	5 46	5 34	5 19	5 03	4 43	4 18	3 44	2 42
26	7 32	7 25	7 18	7 10	7 01	6 51	6 39	6 27	6 12	5 55	5 35	5 09	4 32	3 12
27	8 33	8 27	8 20	8 12	8 04	7 55	7 44	7 33	7 20	7 04	6 46	6 23	5 52	5 05
28	9 40	9 34	9 28	9 22	9 15	9 07	8 58	8 49	8 38	8 25	8 11	7 53	7 31	7 03
29	10 49	10 45	10 40	10 35	10 30	10 24	10 17	10 10	10 02	9 53	9 42	9 30	9 16	8 58
30	11 59	11 57	11 53	11 50	11 47	11 43	11 39	11 34	11 29	11 23	11 16	11 09	11 00	10 50
31	13 11	13 09	13 08	13 06	13 05	13 03	13 01	12 59	12 57	12 54	12 51	12 48	12 44	12 40
June 1	14 23	14 23	14 23	14 23	14 24	14 24	14 25	14 25	14 26	14 26	14 27	14 27	14 28	14 29
2	15 36	15 37	15 39	15 42	15 44	15 47	15 49	15 52	15 56	16 00	16 04	16 09	16 14	16 21
3	16 50	16 53	16 57	17 01	17 05	17 10	17 15	17 21	17 27	17 35	17 43	17 52	18 03	18 17
4	18 04	18 09	18 15	18 20	18 27	18 34	18 41	18 50	18 59	19 10	19 23	19 37	19 55	20 18
5	19 17	19 23	19 30	19 37	19 45	19 54	20 04	20 15	20 27	20 42	20 59	21 20	21 47	22 26
6	20 26	20 33	20 40	20 48	20 57	21 07	21 18	21 31	21 45	22 02	22 23	22 49	23 26	.. ..
7	21 26	21 34	21 41	21 50	21 59	22 09	22 20	22 33	22 48	23 05	23 26	23 53	.. ..	0 47
8	22 18	22 25	22 32	22 40	22 48	22 58	23 08	23 20	23 33	23 49	.. ..	.. ..	0 32	■
9	23 01	23 07	23 13	23 20	23 27	23 35	23 44	23 54	.. ..	.. ..	0 07	0 30	1 00	1 47
10	23 37	23 42	23 47	23 52	23 58	.. ..	.. ..	.. ..	0 05	0 18	0 32	0 50	1 12	1 40

MOONSET

Lat.	+40°	+42°	+44°	+46°	+48°	+50°	+52°	+54°	+56°	+58°	+60°	+62°	+64°	+66°
	h m	h m	h m	h m	h m	h m	h m	h m	h m	h m	h m	h m	h m	h m
May 17	14 10	14 09	14 08	14 06	14 05	14 03	14 02	14 00	13 57	13 55	13 52	13 49	13 46	13 42
18	15 08	15 08	15 08	15 08	15 08	15 08	15 08	15 08	15 08	15 09	15 09	15 09	15 09	15 09
19	16 06	16 07	16 09	16 10	16 12	16 14	16 15	16 18	16 20	16 23	16 26	16 29	16 33	16 37
20	17 05	17 07	17 10	17 13	17 16	17 20	17 24	17 28	17 33	17 38	17 44	17 51	17 59	18 08
21	18 05	18 08	18 13	18 17	18 22	18 27	18 33	18 40	18 47	18 55	19 04	19 15	19 27	19 43
22	19 06	19 11	19 16	19 22	19 29	19 36	19 44	19 52	20 02	20 13	20 26	20 41	21 00	21 23
23	20 08	20 14	20 20	20 27	20 35	20 44	20 53	21 04	21 16	21 30	21 47	22 07	22 33	23 10
24	21 08	21 15	21 22	21 30	21 39	21 49	21 59	22 12	22 26	22 42	23 02	23 27	.. ..	.. ..
25	22 05	22 12	22 20	22 28	22 37	22 47	22 58	23 11	23 25	23 43	.. ..	.. ..	0 01	1 02
26	22 57	23 04	23 11	23 19	23 28	23 37	23 47	23 59	.. ..	.. ..	0 03	0 30	1 06	2 26
27	23 43	23 49	23 55	.. ..	.. ..	.. ..	.. ..	.. ..	0 13	0 28	0 47	1 10	1 41	2 29
28	.. ..	.. ..	.. ..	0 02	0 09	0 18	0 27	0 37	0 48	1 01	1 16	1 34	1 56	2 26
29	0 23	0 27	0 32	0 38	0 44	0 50	0 57	1 05	1 14	1 24	1 35	1 48	2 03	2 22
30	0 58	1 01	1 05	1 09	1 13	1 17	1 22	1 28	1 34	1 40	1 48	1 57	2 07	2 18
31	1 29	1 31	1 33	1 36	1 38	1 41	1 44	1 47	1 50	1 54	1 58	2 03	2 08	2 14
June 1	1 59	2 00	2 00	2 01	2 02	2 02	2 03	2 04	2 04	2 05	2 06	2 08	2 09	2 10
2	2 29	2 28	2 27	2 26	2 25	2 23	2 22	2 20	2 19	2 17	2 15	2 12	2 09	2 06
3	3 01	2 58	2 55	2 52	2 49	2 46	2 42	2 38	2 34	2 29	2 24	2 17	2 10	2 02
4	3 35	3 31	3 27	3 22	3 17	3 12	3 06	2 59	2 52	2 44	2 35	2 24	2 12	1 57
5	4 15	4 09	4 03	3 57	3 50	3 43	3 35	3 26	3 16	3 04	2 51	2 35	2 16	1 53
6	5 00	4 54	4 47	4 39	4 31	4 22	4 12	4 01	3 48	3 33	3 15	2 54	2 26	1 47
7	5 53	5 46	5 38	5 30	5 21	5 11	5 00	4 47	4 32	4 15	3 55	3 28	2 51	1 30
8	6 52	6 45	6 37	6 29	6 20	6 10	5 58	5 46	5 31	5 14	4 53	4 26	3 48	■
9	7 54	7 48	7 41	7 33	7 25	7 16	7 06	6 54	6 41	6 26	6 08	5 45	5 15	4 30
10	8 58	8 52	8 46	8 40	8 33	8 25	8 17	8 08	7 57	7 45	7 30	7 13	6 52	6 25

■ indicates Moon continuously below horizon.
.. .. indicates phenomenon will occur the next day.

MOONRISE AND MOONSET, 2020

UNIVERSAL TIME FOR MERIDIAN OF GREENWICH

MOONRISE

Lat.	−55°	−50°	−45°	−40°	−35°	−30°	−20°	−10°	0°	+10°	+20°	+30°	+35°	+40°
	h m	h m	h m	h m	h m	h m	h m	h m	h m	h m	h m	h m	h m	h m
June 8	18 15	18 44	19 06	19 24	19 39	19 52	20 14	20 34	20 51	21 09	21 28	21 51	22 03	22 18
9	19 27	19 52	20 12	20 27	20 40	20 52	21 12	21 29	21 45	22 01	22 18	22 37	22 48	23 01
10	20 42	21 02	21 17	21 30	21 41	21 51	22 07	22 21	22 34	22 47	23 01	23 17	23 26	23 37
11	21 56	22 11	22 22	22 32	22 40	22 47	22 59	23 10	23 20	23 30	23 41	23 53	23 59	.. ..
12	23 09	23 18	23 26	23 32	23 37	23 42	23 50	23 57	.. ..	.. ..	.. ..	.. ..	.. ..	0 07
13	.. ..	.. ..	.. ..	.. ..	.. ..	.. ..	.. ..	.. ..	0 03	0 10	0 17	0 24	0 29	0 34
14	0 20	0 24	0 27	0 30	0 32	0 35	0 38	0 41	0 44	0 47	0 51	0 54	0 56	0 59
15	1 30	1 29	1 28	1 28	1 27	1 27	1 26	1 25	1 25	1 24	1 24	1 23	1 23	1 22
16	2 40	2 35	2 30	2 26	2 22	2 19	2 14	2 10	2 05	2 01	1 57	1 52	1 49	1 46
17	3 52	3 41	3 32	3 25	3 18	3 13	3 03	2 55	2 47	2 40	2 31	2 22	2 17	2 11
18	5 05	4 49	4 36	4 25	4 16	4 08	3 54	3 42	3 31	3 20	3 08	2 55	2 47	2 39
19	6 20	5 58	5 41	5 27	5 15	5 05	4 47	4 32	4 18	4 04	3 49	3 32	3 22	3 11
20	7 33	7 06	6 46	6 29	6 15	6 03	5 42	5 24	5 08	4 51	4 34	4 13	4 01	3 48
21	8 42	8 12	7 49	7 30	7 15	7 02	6 39	6 19	6 01	5 43	5 23	5 01	4 48	4 33
22	9 41	9 10	8 47	8 28	8 12	7 58	7 35	7 15	6 56	6 38	6 17	5 54	5 41	5 25
23	10 28	9 59	9 38	9 20	9 05	8 52	8 30	8 11	7 53	7 35	7 15	6 53	6 40	6 25
24	11 03	10 39	10 20	10 05	9 52	9 41	9 21	9 04	8 49	8 33	8 16	7 56	7 44	7 31
25	11 29	11 11	10 56	10 44	10 34	10 25	10 09	9 56	9 43	9 30	9 16	9 00	8 51	8 40
26	11 50	11 37	11 27	11 19	11 11	11 05	10 54	10 44	10 35	10 26	10 16	10 05	9 58	9 51
27	12 06	12 00	11 54	11 50	11 46	11 42	11 36	11 31	11 26	11 21	11 15	11 09	11 05	11 01
28	12 22	12 21	12 20	12 19	12 18	12 18	12 17	12 16	12 15	12 15	12 14	12 13	12 12	12 12
29	12 37	12 41	12 45	12 48	12 51	12 53	12 58	13 02	13 05	13 09	13 13	13 17	13 20	13 23
30	12 53	13 04	13 12	13 19	13 25	13 30	13 40	13 48	13 56	14 04	14 12	14 22	14 28	14 34
July 1	13 13	13 29	13 42	13 53	14 02	14 10	14 25	14 37	14 49	15 01	15 14	15 28	15 37	15 47
2	13 38	14 00	14 18	14 32	14 44	14 55	15 13	15 29	15 44	15 59	16 16	16 35	16 46	16 59

MOONSET

Lat.	−55°	−50°	−45°	−40°	−35°	−30°	−20°	−10°	0°	+10°	+20°	+30°	+35°	+40°
	h m	h m	h m	h m	h m	h m	h m	h m	h m	h m	h m	h m	h m	h m
June 8	11 02	10 33	10 10	9 52	9 37	9 23	9 01	8 41	8 22	8 04	7 44	7 21	7 07	6 52
9	11 42	11 16	10 56	10 39	10 25	10 13	9 53	9 34	9 17	9 00	8 42	8 21	8 08	7 54
10	12 10	11 49	11 32	11 19	11 07	10 57	10 39	10 23	10 09	9 54	9 38	9 20	9 10	8 58
11	12 31	12 15	12 02	11 52	11 42	11 34	11 20	11 08	10 57	10 45	10 32	10 18	10 10	10 00
12	12 47	12 36	12 27	12 20	12 14	12 08	11 58	11 49	11 41	11 33	11 24	11 14	11 08	11 01
13	13 01	12 55	12 50	12 45	12 42	12 39	12 33	12 28	12 23	12 18	12 13	12 07	12 04	12 00
14	13 13	13 12	13 10	13 09	13 08	13 08	13 06	13 05	13 04	13 03	13 01	13 00	12 59	12 58
15	13 25	13 28	13 31	13 33	13 35	13 36	13 39	13 42	13 44	13 47	13 49	13 52	13 54	13 56
16	13 37	13 45	13 52	13 57	14 02	14 06	14 13	14 19	14 25	14 31	14 38	14 45	14 49	14 54
17	13 52	14 04	14 15	14 23	14 31	14 37	14 49	14 59	15 08	15 18	15 28	15 39	15 46	15 54
18	14 09	14 27	14 41	14 53	15 03	15 12	15 27	15 41	15 53	16 06	16 19	16 35	16 44	16 55
19	14 31	14 54	15 12	15 27	15 40	15 51	16 10	16 26	16 41	16 57	17 14	17 33	17 44	17 57
20	15 02	15 29	15 51	16 08	16 22	16 35	16 57	17 15	17 33	17 51	18 09	18 31	18 44	18 59
21	15 44	16 14	16 38	16 56	17 12	17 25	17 49	18 09	18 27	18 46	19 06	19 29	19 43	19 58
22	16 40	17 11	17 34	17 53	18 08	18 22	18 45	19 05	19 23	19 42	20 02	20 24	20 38	20 53
23	17 49	18 17	18 39	18 56	19 10	19 23	19 44	20 02	20 20	20 37	20 55	21 16	21 28	21 42
24	19 09	19 32	19 49	20 04	20 16	20 26	20 45	21 00	21 15	21 29	21 45	22 02	22 12	22 24
25	20 33	20 50	21 03	21 14	21 23	21 31	21 45	21 57	22 08	22 19	22 31	22 44	22 52	23 00
26	21 59	22 09	22 18	22 24	22 30	22 36	22 44	22 52	22 59	23 06	23 14	23 22	23 27	23 33
27	23 25	23 29	23 32	23 35	23 37	23 40	23 43	23 46	23 49	23 52	23 55	23 59	.. ..	.. ..
28	.. ..	.. ..	.. ..	.. ..	.. ..	.. ..	.. ..	.. ..	.. ..	.. ..	.. ..	.. ..	0 01	0 03
29	0 50	0 48	0 47	0 46	0 44	0 44	0 42	0 40	0 39	0 37	0 36	0 34	0 33	0 32
30	2 17	2 09	2 02	1 57	1 52	1 48	1 41	1 35	1 29	1 23	1 17	1 10	1 06	1 02
July 1	3 44	3 30	3 18	3 09	3 01	2 54	2 41	2 31	2 21	2 11	2 00	1 48	1 42	1 34
2	5 11	4 50	4 34	4 21	4 10	4 00	3 43	3 29	3 15	3 01	2 47	2 30	2 21	2 10

.. .. indicates phenomenon will occur the next day.

UNIVERSAL TIME FOR MERIDIAN OF GREENWICH

MOONRISE

Lat.	+40°	+42°	+44°	+46°	+48°	+50°	+52°	+54°	+56°	+58°	+60°	+62°	+64°	+66°
	h m	h m	h m	h m	h m	h m	h m	h m	h m	h m	h m	h m	h m	h m
June 8	22 18	22 25	22 32	22 40	22 48	22 58	23 08	23 20	23 33	23 49	.. ..	.. ..	0 32	▬
9	23 01	23 07	23 13	23 20	23 27	23 35	23 44	23 54	.. ..	.. ..	0 07	0 30	1 00	1 47
10	23 37	23 42	23 47	23 52	23 58	.. ..	.. ..	.. ..	0 05	0 18	0 32	0 50	1 12	1 40
11	.. ..	.. ..	.. ..	.. ..	.. ..	0 04	0 11	0 19	0 28	0 37	0 48	1 01	1 16	1 35
12	0 07	0 11	0 15	0 19	0 23	0 27	0 33	0 38	0 44	0 51	0 59	1 08	1 18	1 30
13	0 34	0 36	0 39	0 41	0 44	0 47	0 50	0 54	0 58	1 02	1 07	1 12	1 19	1 26
14	0 59	1 00	1 01	1 02	1 03	1 04	1 06	1 08	1 09	1 11	1 13	1 16	1 19	1 22
15	1 22	1 22	1 22	1 21	1 21	1 21	1 21	1 20	1 20	1 20	1 19	1 19	1 18	1 18
16	1 46	1 44	1 43	1 41	1 40	1 38	1 36	1 34	1 31	1 28	1 25	1 22	1 18	1 14
17	2 11	2 08	2 06	2 03	1 59	1 56	1 52	1 48	1 43	1 38	1 32	1 26	1 18	1 10
18	2 39	2 35	2 31	2 26	2 22	2 16	2 11	2 05	1 58	1 50	1 41	1 31	1 20	1 06
19	3 11	3 06	3 00	2 54	2 48	2 41	2 34	2 26	2 16	2 06	1 54	1 40	1 23	1 02
20	3 48	3 42	3 35	3 28	3 21	3 13	3 03	2 53	2 41	2 28	2 12	1 53	1 30	0 58
21	4 33	4 26	4 18	4 11	4 02	3 52	3 42	3 30	3 16	3 00	2 41	2 17	1 46	0 55
22	5 25	5 18	5 10	5 02	4 53	4 43	4 32	4 19	4 05	3 48	3 27	3 00	2 23	1 00
23	6 25	6 18	6 11	6 03	5 55	5 45	5 34	5 22	5 08	4 52	4 33	4 08	3 35	2 38
24	7 31	7 25	7 19	7 12	7 04	6 56	6 47	6 37	6 25	6 11	5 55	5 36	5 12	4 38
25	8 40	8 36	8 31	8 25	8 19	8 13	8 05	7 58	7 49	7 38	7 27	7 13	6 56	6 36
26	9 51	9 48	9 44	9 40	9 36	9 32	9 27	9 21	9 15	9 08	9 01	8 52	8 42	8 29
27	11 01	11 00	10 58	10 56	10 53	10 51	10 48	10 46	10 42	10 39	10 35	10 30	10 25	10 19
28	12 12	12 12	12 11	12 11	12 11	12 11	12 10	12 10	12 09	12 09	12 08	12 08	12 07	12 06
29	13 23	13 24	13 26	13 27	13 29	13 30	13 32	13 35	13 37	13 40	13 42	13 46	13 50	13 54
30	14 34	14 37	14 40	14 44	14 47	14 51	14 55	15 00	15 05	15 11	15 18	15 26	15 34	15 45
July 1	15 47	15 51	15 56	16 01	16 06	16 12	16 19	16 26	16 35	16 44	16 55	17 07	17 22	17 41
2	16 59	17 04	17 10	17 17	17 24	17 32	17 41	17 51	18 02	18 15	18 30	18 49	19 12	19 42

MOONSET

	+40°	+42°	+44°	+46°	+48°	+50°	+52°	+54°	+56°	+58°	+60°	+62°	+64°	+66°
	h m	h m	h m	h m	h m	h m	h m	h m	h m	h m	h m	h m	h m	h m
June 8	6 52	6 45	6 37	6 29	6 20	6 10	5 58	5 46	5 31	5 14	4 53	4 26	3 48	▬
9	7 54	7 48	7 41	7 33	7 25	7 16	7 06	6 54	6 41	6 26	6 08	5 45	5 15	4 30
10	8 58	8 52	8 46	8 40	8 33	8 25	8 17	8 08	7 57	7 45	7 30	7 13	6 52	6 25
11	10 00	9 56	9 51	9 46	9 41	9 35	9 29	9 21	9 13	9 04	8 54	8 42	8 28	8 10
12	11 01	10 58	10 55	10 51	10 47	10 43	10 39	10 34	10 29	10 22	10 16	10 08	9 58	9 47
13	12 00	11 58	11 56	11 54	11 52	11 50	11 48	11 45	11 42	11 38	11 34	11 30	11 25	11 19
14	12 58	12 58	12 57	12 57	12 56	12 55	12 55	12 54	12 53	12 52	12 51	12 50	12 49	12 48
15	13 56	13 57	13 57	13 58	13 59	14 01	14 02	14 03	14 05	14 06	14 08	14 10	14 13	14 15
16	14 54	14 56	14 58	15 01	15 03	15 06	15 09	15 13	15 17	15 21	15 26	15 31	15 37	15 45
17	15 54	15 57	16 01	16 04	16 09	16 13	16 18	16 24	16 30	16 37	16 45	16 54	17 05	17 17
18	16 55	16 59	17 04	17 09	17 15	17 22	17 29	17 36	17 45	17 55	18 06	18 20	18 36	18 56
19	17 57	18 02	18 09	18 15	18 23	18 31	18 39	18 49	19 01	19 14	19 29	19 47	20 10	20 41
20	18 59	19 05	19 12	19 20	19 28	19 38	19 48	20 00	20 13	20 29	20 48	21 11	21 43	22 33
21	19 58	20 05	20 13	20 21	20 30	20 40	20 51	21 04	21 18	21 35	21 56	22 22	23 00	.. ..
22	20 53	21 00	21 07	21 15	21 24	21 34	21 45	21 57	22 11	22 27	22 47	23 12	23 45	0 23
23	21 42	21 48	21 55	22 02	22 10	22 18	22 28	22 39	22 51	23 05	23 21	23 41	.. ..	0 43
24	22 24	22 29	22 34	22 40	22 47	22 54	23 01	23 10	23 20	23 30	23 43	23 57	0 06	0 40
25	23 00	23 04	23 08	23 13	23 17	23 23	23 28	23 34	23 41	23 49	23 57	.. ..	0 15	0 36
26	23 33	23 35	23 38	23 41	23 44	23 47	23 50	23 54	23 58	.. ..	.. ..	0 07	0 19	0 32
27	.. ..	.. ..	.. ..	.. ..	.. ..	.. ..	.. ..	.. ..	.. ..	0 03	0 08	0 14	0 21	0 28
28	0 03	0 04	0 05	0 06	0 07	0 08	0 10	0 11	0 13	0 15	0 17	0 19	0 22	0 24
29	0 32	0 31	0 31	0 30	0 30	0 29	0 28	0 27	0 27	0 26	0 25	0 23	0 22	0 20
30	1 02	1 00	0 58	0 55	0 53	0 50	0 47	0 44	0 41	0 37	0 33	0 28	0 22	0 16
July 1	1 34	1 30	1 27	1 23	1 18	1 14	1 09	1 03	0 57	0 50	0 43	0 34	0 24	0 12
2	2 10	2 05	2 00	1 54	1 48	1 42	1 34	1 26	1 18	1 07	0 56	0 43	0 27	0 07

▬ indicates Moon continuously below horizon.
.. .. indicates phenomenon will occur the next day.

MOONRISE AND MOONSET, 2020
UNIVERSAL TIME FOR MERIDIAN OF GREENWICH
MOONRISE

Lat.	−55°	−50°	−45°	−40°	−35°	−30°	−20°	−10°	0°	+10°	+20°	+30°	+35°	+40°
	h m	h m	h m	h m	h m	h m	h m	h m	h m	h m	h m	h m	h m	h m
July 1	13 13	13 29	13 42	13 53	14 02	14 10	14 25	14 37	14 49	15 01	15 14	15 28	15 37	15 47
2	13 38	14 00	14 18	14 32	14 44	14 55	15 13	15 29	15 44	15 59	16 16	16 35	16 46	16 59
3	14 12	14 39	15 00	15 17	15 31	15 44	16 05	16 24	16 42	16 59	17 18	17 40	17 53	18 08
4	14 57	15 28	15 51	16 09	16 25	16 38	17 01	17 21	17 40	17 59	18 19	18 42	18 56	19 12
5	15 56	16 26	16 49	17 08	17 23	17 37	17 59	18 19	18 38	18 56	19 16	19 39	19 52	20 07
6	17 05	17 33	17 54	18 10	18 24	18 37	18 58	19 16	19 33	19 50	20 08	20 29	20 41	20 55
7	18 20	18 43	19 00	19 14	19 26	19 37	19 55	20 10	20 25	20 39	20 54	21 12	21 22	21 34
8	19 36	19 53	20 06	20 17	20 27	20 35	20 49	21 01	21 13	21 24	21 36	21 50	21 58	22 07
9	20 51	21 02	21 11	21 19	21 25	21 31	21 41	21 49	21 57	22 05	22 14	22 23	22 29	22 35
10	22 03	22 09	22 14	22 18	22 22	22 25	22 31	22 35	22 40	22 44	22 49	22 54	22 57	23 01
11	23 14	23 15	23 16	23 17	23 17	23 18	23 19	23 20	23 21	23 21	23 22	23 23	23 24	23 25
12	.. ..	.. ..	.. ..	.. ..	.. ..	.. ..	.. ..	.. ..	.. ..	23 58	23 55	23 52	23 50	23 48
13	0 24	0 20	0 17	0 15	0 12	0 10	0 07	0 04	0 01	.. ..	.. ..	.. ..	.. ..	.. ..
14	1 35	1 26	1 19	1 13	1 08	1 03	0 55	0 48	0 42	0 36	0 29	0 22	0 17	0 13
15	2 47	2 33	2 21	2 12	2 04	1 57	1 45	1 35	1 25	1 15	1 05	0 53	0 46	0 39
16	4 01	3 41	3 26	3 13	3 02	2 53	2 37	2 23	2 10	1 57	1 43	1 28	1 19	1 09
17	5 15	4 50	4 31	4 15	4 02	3 50	3 31	3 14	2 58	2 43	2 26	2 07	1 56	1 43
18	6 26	5 57	5 35	5 17	5 02	4 49	4 27	4 08	3 50	3 32	3 14	2 52	2 39	2 25
19	7 30	6 59	6 35	6 17	6 01	5 47	5 24	5 04	4 45	4 26	4 06	3 43	3 30	3 14
20	8 23	7 53	7 30	7 12	6 56	6 43	6 20	6 00	5 42	5 24	5 04	4 41	4 28	4 12
21	9 03	8 37	8 17	8 01	7 47	7 35	7 14	6 56	6 39	6 23	6 04	5 44	5 31	5 17
22	9 33	9 12	8 56	8 43	8 32	8 22	8 05	7 50	7 36	7 22	7 06	6 49	6 39	6 27
23	9 55	9 41	9 29	9 20	9 11	9 04	8 51	8 40	8 30	8 19	8 08	7 55	7 48	7 39
24	10 13	10 05	9 58	9 52	9 47	9 43	9 35	9 28	9 22	9 16	9 09	9 01	8 57	8 52
25	10 29	10 26	10 24	10 22	10 21	10 19	10 17	10 15	10 13	10 11	10 09	10 06	10 05	10 03

MOONSET

Lat.	−55°	−50°	−45°	−40°	−35°	−30°	−20°	−10°	0°	+10°	+20°	+30°	+35°	+40°
	h m	h m	h m	h m	h m	h m	h m	h m	h m	h m	h m	h m	h m	h m
July 1	3 44	3 30	3 18	3 09	3 01	2 54	2 41	2 31	2 21	2 11	2 00	1 48	1 42	1 34
2	5 11	4 50	4 34	4 21	4 10	4 00	3 43	3 29	3 15	3 01	2 47	2 30	2 21	2 10
3	6 35	6 09	5 48	5 32	5 18	5 06	4 46	4 28	4 11	3 55	3 37	3 17	3 05	2 52
4	7 50	7 20	6 57	6 39	6 24	6 10	5 48	5 28	5 10	4 51	4 32	4 09	3 56	3 40
5	8 51	8 21	7 58	7 39	7 23	7 10	6 47	6 27	6 08	5 49	5 29	5 06	4 52	4 36
6	9 37	9 09	8 48	8 31	8 16	8 03	7 41	7 22	7 04	6 47	6 27	6 05	5 52	5 37
7	10 10	9 47	9 29	9 14	9 01	8 50	8 31	8 14	7 58	7 42	7 25	7 06	6 54	6 41
8	10 34	10 16	10 02	9 50	9 39	9 30	9 15	9 01	8 48	8 35	8 21	8 05	7 55	7 45
9	10 53	10 40	10 29	10 20	10 13	10 06	9 54	9 44	9 34	9 25	9 14	9 02	8 55	8 47
10	11 07	10 59	10 53	10 47	10 42	10 38	10 31	10 24	10 18	10 12	10 05	9 57	9 53	9 48
11	11 20	11 17	11 14	11 12	11 10	11 08	11 05	11 02	10 59	10 57	10 54	10 51	10 49	10 47
12	11 32	11 33	11 34	11 35	11 36	11 37	11 38	11 39	11 40	11 41	11 42	11 43	11 44	11 45
13	11 44	11 50	11 55	11 59	12 03	12 06	12 11	12 16	12 21	12 25	12 30	12 36	12 39	12 43
14	11 57	12 08	12 17	12 24	12 31	12 36	12 46	12 54	13 02	13 10	13 19	13 29	13 35	13 41
15	12 13	12 29	12 42	12 52	13 01	13 09	13 23	13 35	13 46	13 58	14 10	14 24	14 32	14 41
16	12 33	12 54	13 10	13 24	13 36	13 46	14 03	14 18	14 33	14 47	15 03	15 20	15 31	15 43
17	12 59	13 25	13 45	14 02	14 15	14 28	14 48	15 06	15 23	15 40	15 58	16 18	16 31	16 45
18	13 36	14 06	14 29	14 47	15 02	15 15	15 38	15 58	16 16	16 35	16 54	17 17	17 30	17 46
19	14 27	14 58	15 22	15 40	15 56	16 10	16 33	16 53	17 12	17 31	17 51	18 14	18 28	18 43
20	15 32	16 02	16 24	16 42	16 57	17 10	17 32	17 52	18 09	18 27	18 46	19 08	19 21	19 35
21	16 50	17 15	17 35	17 50	18 03	18 15	18 34	18 51	19 06	19 22	19 38	19 57	20 08	20 21
22	18 16	18 35	18 49	19 01	19 12	19 21	19 36	19 49	20 02	20 14	20 27	20 42	20 50	21 00
23	19 43	19 56	20 06	20 14	20 21	20 27	20 37	20 47	20 55	21 03	21 12	21 22	21 28	21 35
24	21 11	21 17	21 22	21 26	21 29	21 32	21 38	21 42	21 46	21 51	21 55	22 00	22 03	22 06
25	22 38	22 37	22 37	22 37	22 37	22 37	22 37	22 37	22 36	22 36	22 36	22 36	22 36	22 35

.. .. indicates phenomenon will occur the next day.

MOONRISE AND MOONSET, 2020

UNIVERSAL TIME FOR MERIDIAN OF GREENWICH

MOONRISE

Lat.	+40°	+42°	+44°	+46°	+48°	+50°	+52°	+54°	+56°	+58°	+60°	+62°	+64°	+66°
	h m	h m	h m	h m	h m	h m	h m	h m	h m	h m	h m	h m	h m	h m
July 1	15 47	15 51	15 56	16 01	16 06	16 12	16 19	16 26	16 35	16 44	16 55	17 07	17 22	17 41
2	16 59	17 04	17 10	17 17	17 24	17 32	17 41	17 51	18 02	18 15	18 30	18 49	19 12	19 42
3	18 08	18 15	18 22	18 30	18 38	18 48	18 58	19 10	19 24	19 40	19 59	20 23	20 56	21 51
4	19 12	19 19	19 26	19 35	19 44	19 54	20 05	20 18	20 33	20 51	21 12	21 39	22 19	■
5	20 07	20 14	20 22	20 30	20 39	20 49	21 00	21 12	21 26	21 43	22 03	22 28	23 02	■
6	20 55	21 01	21 08	21 15	21 23	21 31	21 41	21 52	22 04	22 18	22 34	22 54	23 20	{00 04 / 23 54}
7	21 34	21 39	21 45	21 51	21 57	22 04	22 12	22 21	22 30	22 41	22 54	23 09	23 27	23 49
8	22 07	22 11	22 15	22 20	22 25	22 30	22 36	22 42	22 50	22 58	23 07	23 17	23 30	23 44
9	22 35	22 38	22 41	22 44	22 47	22 51	22 55	23 00	23 04	23 10	23 16	23 23	23 31	23 40
10	23 01	23 02	23 04	23 06	23 07	23 09	23 12	23 14	23 17	23 20	23 23	23 27	23 31	23 36
11	23 25	23 25	23 25	23 26	23 26	23 26	23 27	23 27	23 28	23 28	23 29	23 30	23 30	23 31
12	23 48	23 47	23 46	23 45	23 44	23 43	23 42	23 40	23 39	23 37	23 35	23 33	23 30	23 27
13	.. ..	.. ..	.. ..	.. ..	.. ..	.. ..	23 57	23 54	23 50	23 46	23 41	23 36	23 30	23 23
14	0 13	0 10	0 08	0 06	0 03	0 00	.. ..	.. ..	.. ..	23 57	23 49	23 41	23 31	23 19
15	0 39	0 35	0 32	0 28	0 24	0 19	0 15	0 09	0 03	.. ..	.. ..	23 47	23 33	23 15
16	1 09	1 04	0 59	0 54	0 48	0 42	0 35	0 28	0 20	0 10	0 00	23 58	23 38	23 12
17	1 43	1 38	1 32	1 25	1 18	1 10	1 02	0 52	0 42	0 29	0 15	.. ..	23 49	23 08
18	2 25	2 18	2 11	2 04	1 55	1 46	1 36	1 25	1 12	0 57	0 39	0 17	.. ..	23 07
19	3 14	3 07	3 00	2 51	2 43	2 33	2 22	2 09	1 55	1 38	1 17	0 52	0 16	.. ..
20	4 12	4 05	3 58	3 50	3 41	3 31	3 20	3 07	2 53	2 36	2 16	1 50	1 14	0 03
21	5 17	5 11	5 04	4 57	4 49	4 40	4 30	4 19	4 06	3 52	3 34	3 13	2 45	2 04
22	6 27	6 22	6 17	6 11	6 04	5 57	5 49	5 40	5 30	5 19	5 05	4 50	4 31	4 06
23	7 39	7 36	7 32	7 27	7 22	7 17	7 12	7 05	6 58	6 50	6 41	6 31	6 19	6 04
24	8 52	8 49	8 47	8 44	8 42	8 38	8 35	8 32	8 27	8 23	8 18	8 12	8 05	7 57
25	10 03	10 03	10 02	10 01	10 00	9 59	9 58	9 57	9 56	9 55	9 53	9 51	9 49	9 47

MOONSET

Lat.	+40°	+42°	+44°	+46°	+48°	+50°	+52°	+54°	+56°	+58°	+60°	+62°	+64°	+66°
	h m	h m	h m	h m	h m	h m	h m	h m	h m	h m	h m	h m	h m	h m
July 1	1 34	1 30	1 27	1 23	1 18	1 14	1 09	1 03	0 57	0 50	0 43	0 34	0 24	0 12
2	2 10	2 05	2 00	1 54	1 48	1 42	1 34	1 26	1 18	1 07	0 56	0 43	0 27	0 07
3	2 52	2 46	2 39	2 32	2 25	2 16	2 07	1 57	1 45	1 31	1 16	0 57	0 33	{00 02 / 23 54}
4	3 40	3 34	3 26	3 18	3 09	3 00	2 49	2 37	2 23	2 06	1 47	1 22	0 49	■
5	4 36	4 29	4 21	4 13	4 04	3 54	3 42	3 29	3 15	2 57	2 36	2 08	1 29	■
6	5 37	5 30	5 23	5 15	5 06	4 57	4 46	4 34	4 20	4 04	3 44	3 19	2 45	1 44
7	6 41	6 35	6 28	6 22	6 14	6 06	5 56	5 46	5 34	5 21	5 05	4 45	4 20	3 46
8	7 45	7 40	7 35	7 29	7 23	7 16	7 09	7 01	6 52	6 41	6 29	6 15	5 58	5 37
9	8 47	8 44	8 40	8 36	8 31	8 27	8 21	8 15	8 09	8 02	7 53	7 44	7 32	7 19
10	9 48	9 46	9 43	9 41	9 38	9 35	9 31	9 28	9 24	9 19	9 14	9 08	9 02	8 54
11	10 47	10 46	10 45	10 44	10 42	10 41	10 40	10 38	10 37	10 35	10 32	10 30	10 27	10 24
12	11 45	11 45	11 45	11 46	11 46	11 47	11 47	11 48	11 48	11 49	11 49	11 50	11 51	11 52
13	12 43	12 44	12 46	12 48	12 50	12 52	12 54	12 57	13 00	13 03	13 06	13 10	13 15	13 21
14	13 41	13 44	13 47	13 50	13 54	13 58	14 02	14 07	14 12	14 18	14 24	14 32	14 41	14 51
15	14 41	14 45	14 50	14 54	15 00	15 05	15 11	15 18	15 26	15 35	15 45	15 56	16 10	16 26
16	15 43	15 48	15 54	16 00	16 06	16 14	16 22	16 31	16 41	16 53	17 06	17 23	17 43	18 08
17	16 45	16 51	16 58	17 05	17 13	17 22	17 32	17 43	17 55	18 10	18 27	18 49	19 17	19 57
18	17 46	17 53	18 00	18 08	18 17	18 27	18 38	18 50	19 04	19 21	19 41	20 07	20 42	21 51
19	18 43	18 50	18 58	19 06	19 15	19 25	19 36	19 49	20 03	20 20	20 40	21 06	21 42	22 53
20	19 35	19 42	19 49	19 56	20 05	20 14	20 24	20 35	20 48	21 03	21 21	21 43	22 11	22 53
21	20 21	20 26	20 32	20 39	20 46	20 53	21 02	21 11	21 22	21 34	21 48	22 04	22 24	22 49
22	21 00	21 04	21 09	21 14	21 19	21 25	21 31	21 38	21 46	21 55	22 05	22 16	22 29	22 45
23	21 35	21 38	21 41	21 44	21 47	21 51	21 55	22 00	22 05	22 11	22 17	22 24	22 32	22 41
24	22 06	22 07	22 09	22 10	22 12	22 14	22 16	22 18	22 20	22 23	22 26	22 29	22 33	22 37
25	22 35	22 35	22 35	22 35	22 35	22 35	22 35	22 35	22 34	22 34	22 34	22 34	22 34	22 33

■ indicates Moon continuously below horizon.
.. .. indicates phenomenon will occur the next day.

MOONRISE AND MOONSET, 2020
UNIVERSAL TIME FOR MERIDIAN OF GREENWICH
MOONRISE

Lat.	−55°	−50°	−45°	−40°	−35°	−30°	−20°	−10°	0°	+10°	+20°	+30°	+35°	+40°
	h m	h m	h m	h m	h m	h m	h m	h m	h m	h m	h m	h m	h m	h m
July 24	10 13	10 05	9 58	9 52	9 47	9 43	9 35	9 28	9 22	9 16	9 09	9 01	8 57	8 52
25	10 29	10 26	10 24	10 22	10 21	10 19	10 17	10 15	10 13	10 11	10 09	10 06	10 05	10 03
26	10 44	10 47	10 50	10 52	10 53	10 55	10 58	11 00	11 03	11 05	11 08	11 11	11 12	11 14
27	11 00	11 09	11 16	11 22	11 27	11 31	11 39	11 46	11 53	12 00	12 07	12 15	12 20	12 25
28	11 18	11 33	11 44	11 54	12 02	12 10	12 23	12 34	12 45	12 55	13 07	13 20	13 28	13 37
29	11 41	12 01	12 17	12 30	12 42	12 52	13 09	13 24	13 38	13 52	14 08	14 25	14 36	14 48
30	12 11	12 36	12 56	13 12	13 26	13 38	13 59	14 17	14 34	14 50	15 09	15 30	15 42	15 56
31	12 51	13 20	13 43	14 01	14 16	14 30	14 52	15 12	15 30	15 49	16 09	16 32	16 45	17 01
Aug. 1	13 43	14 14	14 38	14 56	15 12	15 25	15 49	16 09	16 27	16 46	17 06	17 29	17 43	17 59
2	14 48	15 17	15 39	15 57	16 11	16 24	16 46	17 05	17 23	17 40	17 59	18 21	18 34	18 48
3	16 01	16 26	16 45	17 00	17 13	17 24	17 43	18 00	18 16	18 31	18 48	19 07	19 18	19 30
4	17 17	17 36	17 51	18 03	18 14	18 23	18 39	18 52	19 05	19 18	19 31	19 46	19 55	20 05
5	18 33	18 46	18 57	19 06	19 13	19 20	19 32	19 42	19 51	20 00	20 10	20 22	20 28	20 36
6	19 46	19 55	20 01	20 07	20 11	20 15	20 22	20 29	20 35	20 40	20 47	20 54	20 58	21 02
7	20 58	21 01	21 04	21 06	21 07	21 09	21 12	21 14	21 16	21 18	21 21	21 23	21 25	21 27
8	22 09	22 07	22 05	22 04	22 03	22 02	22 00	21 58	21 57	21 55	21 54	21 52	21 51	21 50
9	23 19	23 12	23 06	23 02	22 58	22 54	22 48	22 42	22 37	22 32	22 27	22 21	22 18	22 14
10	.. ..	.. ..	.. ..	.. ..	23 53	23 47	23 37	23 28	23 19	23 11	23 02	22 52	22 46	22 39
11	0 30	0 18	0 08	0 00	.. ..	.. ..	.. ..	.. ..	.. ..	23 51	23 39	23 24	23 16	23 07
12	1 43	1 25	1 11	1 00	0 50	0 42	0 27	0 14	0 03	.. ..	.. ..	.. ..	23 51	23 39
13	2 56	2 33	2 15	2 01	1 48	1 38	1 19	1 04	0 49	0 34	0 19	0 01	.. ..	.. ..
14	4 08	3 40	3 19	3 02	2 48	2 35	2 14	1 56	1 39	1 22	1 03	0 43	0 31	0 17
15	5 15	4 44	4 21	4 02	3 46	3 33	3 10	2 50	2 32	2 13	1 53	1 31	1 17	1 02
16	6 13	5 41	5 18	4 59	4 43	4 30	4 06	3 46	3 27	3 09	2 48	2 25	2 12	1 56
17	6 58	6 30	6 08	5 51	5 36	5 23	5 02	4 43	4 25	4 07	3 48	3 26	3 13	2 58

MOONSET

Lat.	−55°	−50°	−45°	−40°	−35°	−30°	−20°	−10°	0°	+10°	+20°	+30°	+35°	+40°
	h m	h m	h m	h m	h m	h m	h m	h m	h m	h m	h m	h m	h m	h m
July 24	21 11	21 17	21 22	21 26	21 29	21 32	21 38	21 42	21 46	21 51	21 55	22 00	22 03	22 06
25	22 38	22 37	22 37	22 37	22 37	22 37	22 37	22 37	22 36	22 36	22 36	22 36	22 36	22 35
26	.. ..	23 58	23 52	23 48	23 45	23 41	23 36	23 31	23 26	23 22	23 17	23 12	23 08	23 05
27	0 04	.. ..	.. ..	.. ..	.. ..	.. ..	.. ..	.. ..	.. ..	.. ..	23 59	23 49	23 43	23 36
28	1 30	1 18	1 08	0 59	0 52	0 46	0 35	0 26	0 17	0 09	.. ..	.. ..	.. ..	.. ..
29	2 56	2 37	2 23	2 11	2 00	1 51	1 36	1 22	1 10	0 57	0 44	0 29	0 20	0 10
30	4 20	3 55	3 36	3 21	3 08	2 56	2 37	2 20	2 04	1 49	1 32	1 13	1 02	0 49
31	5 37	5 08	4 45	4 28	4 13	4 00	3 38	3 19	3 01	2 43	2 24	2 02	1 49	1 34
Aug. 1	6 42	6 11	5 48	5 29	5 13	5 00	4 37	4 17	3 58	3 39	3 19	2 56	2 42	2 26
2	7 33	7 03	6 41	6 23	6 08	5 55	5 32	5 13	4 54	4 36	4 16	3 53	3 40	3 24
3	8 10	7 45	7 25	7 09	6 55	6 43	6 23	6 05	5 49	5 32	5 14	4 53	4 41	4 27
4	8 37	8 17	8 01	7 47	7 36	7 26	7 09	6 54	6 40	6 25	6 10	5 53	5 42	5 30
5	8 57	8 42	8 30	8 20	8 11	8 03	7 50	7 39	7 27	7 16	7 04	6 51	6 43	6 34
6	9 13	9 03	8 55	8 48	8 42	8 37	8 28	8 20	8 12	8 05	7 56	7 47	7 42	7 35
7	9 27	9 21	9 17	9 14	9 10	9 08	9 03	8 59	8 55	8 51	8 46	8 41	8 38	8 35
8	9 39	9 38	9 38	9 38	9 37	9 37	9 37	9 36	9 36	9 35	9 35	9 34	9 34	9 34
9	9 50	9 55	9 58	10 01	10 04	10 06	10 10	10 13	10 16	10 20	10 23	10 27	10 29	10 32
10	10 03	10 12	10 19	10 25	10 31	10 35	10 43	10 51	10 57	11 04	11 11	11 20	11 24	11 30
11	10 17	10 31	10 42	10 52	11 00	11 07	11 19	11 30	11 40	11 50	12 01	12 13	12 20	12 29
12	10 35	10 54	11 09	11 21	11 32	11 41	11 57	12 11	12 25	12 38	12 52	13 08	13 18	13 29
13	10 58	11 22	11 40	11 56	12 09	12 20	12 40	12 56	13 12	13 28	13 45	14 05	14 17	14 30
14	11 29	11 58	12 19	12 37	12 52	13 05	13 27	13 46	14 04	14 22	14 41	15 03	15 16	15 31
15	12 13	12 44	13 07	13 26	13 42	13 56	14 19	14 39	14 58	15 17	15 37	16 00	16 14	16 30
16	13 11	13 42	14 06	14 24	14 40	14 53	15 16	15 36	15 55	16 13	16 33	16 56	17 09	17 24
17	14 25	14 52	15 13	15 30	15 44	15 56	16 17	16 35	16 52	17 09	17 27	17 47	17 59	18 13

.. .. indicates phenomenon will occur the next day.

MOONRISE AND MOONSET, 2020

UNIVERSAL TIME FOR MERIDIAN OF GREENWICH

MOONRISE

Lat.	+40°	+42°	+44°	+46°	+48°	+50°	+52°	+54°	+56°	+58°	+60°	+62°	+64°	+66°
	h m	h m	h m	h m	h m	h m	h m	h m	h m	h m	h m	h m	h m	h m
July 24	8 52	8 49	8 47	8 44	8 42	8 38	8 35	8 32	8 27	8 23	8 18	8 12	8 05	7 57
25	10 03	10 03	10 02	10 01	10 00	9 59	9 58	9 57	9 56	9 55	9 53	9 51	9 49	9 47
26	11 14	11 15	11 16	11 17	11 18	11 20	11 21	11 22	11 24	11 26	11 28	11 30	11 32	11 35
27	12 25	12 28	12 31	12 33	12 36	12 40	12 43	12 47	12 52	12 57	13 02	13 08	13 16	13 25
28	13 37	13 41	13 45	13 49	13 54	14 00	14 06	14 12	14 20	14 28	14 37	14 48	15 01	15 17
29	14 48	14 53	14 59	15 05	15 11	15 19	15 27	15 36	15 46	15 58	16 12	16 28	16 48	17 14
30	15 56	16 03	16 10	16 17	16 25	16 34	16 45	16 56	17 09	17 24	17 42	18 04	18 34	19 18
31	17 01	17 08	17 16	17 24	17 33	17 43	17 54	18 07	18 21	18 39	19 00	19 26	20 05	■
Aug. 1	17 59	18 06	18 13	18 22	18 31	18 41	18 52	19 05	19 19	19 37	19 57	20 24	21 02	22 33
2	18 48	18 55	19 02	19 10	19 18	19 27	19 37	19 49	20 02	20 17	20 35	20 57	21 26	22 09
3	19 30	19 36	19 42	19 48	19 56	20 03	20 12	20 21	20 32	20 44	20 59	21 15	21 36	22 02
4	20 05	20 10	20 15	20 20	20 25	20 32	20 38	20 46	20 54	21 03	21 14	21 26	21 40	21 57
5	20 36	20 39	20 42	20 46	20 50	20 54	20 59	21 04	21 10	21 17	21 24	21 32	21 42	21 53
6	21 02	21 04	21 06	21 09	21 11	21 14	21 17	21 20	21 23	21 27	21 31	21 36	21 42	21 48
7	21 27	21 27	21 28	21 29	21 30	21 31	21 32	21 33	21 35	21 36	21 38	21 40	21 42	21 44
8	21 50	21 50	21 49	21 49	21 48	21 48	21 47	21 46	21 45	21 45	21 44	21 42	21 41	21 40
9	22 14	22 12	22 11	22 09	22 07	22 04	22 02	21 59	21 56	21 53	21 50	21 46	21 41	21 36
10	22 39	22 36	22 33	22 30	22 26	22 22	22 18	22 14	22 09	22 03	21 57	21 49	21 41	21 31
11	23 07	23 03	22 59	22 54	22 49	22 43	22 37	22 31	22 23	22 15	22 06	21 55	21 42	21 27
12	23 39	23 34	23 28	23 22	23 16	23 09	23 01	22 52	22 42	22 31	22 18	22 03	21 45	21 23
13	.. ..	.. ..	.. ..	23 57	23 49	23 40	23 31	23 20	23 08	22 54	22 38	22 18	21 53	21 19
14	0 17	0 11	0 04	.. ..	.. ..	.. ..	.. ..	23 58	23 44	23 28	23 08	22 44	22 10	21 14
15	1 02	0 55	0 48	0 40	0 31	0 21	0 10	.. ..	.. ..	.. ..	23 57	23 30	22 52	⬭
16	1 56	1 49	1 41	1 33	1 24	1 14	1 02	0 50	0 35	0 18	.. ..	.. ..	.. ..	23 17
17	2 58	2 51	2 44	2 36	2 28	2 18	2 08	1 56	1 42	1 26	1 07	0 43	0 11	.. ..

MOONSET

Lat.	+40°	+42°	+44°	+46°	+48°	+50°	+52°	+54°	+56°	+58°	+60°	+62°	+64°	+66°
	h m	h m	h m	h m	h m	h m	h m	h m	h m	h m	h m	h m	h m	h m
July 24	22 06	22 07	22 09	22 10	22 12	22 14	22 16	22 18	22 20	22 23	22 26	22 29	22 33	22 37
25	22 35	22 35	22 35	22 35	22 35	22 35	22 35	22 35	22 34	22 34	22 34	22 34	22 34	22 33
26	23 05	23 03	23 02	23 00	22 58	22 56	22 54	22 51	22 48	22 45	22 42	22 38	22 34	22 29
27	23 36	23 33	23 30	23 26	23 22	23 18	23 14	23 09	23 04	22 58	22 51	22 44	22 35	22 25
28	.. ..	.. ..	.. ..	23 56	23 50	23 44	23 38	23 30	23 22	23 13	23 03	22 51	22 37	22 20
29	0 10	0 06	0 01	.. ..	.. ..	.. ..	.. ..	23 57	23 46	23 34	23 20	23 03	22 42	22 15
30	0 49	0 43	0 37	0 31	0 23	0 16	0 07	.. ..	.. ..	.. ..	23 46	23 23	22 53	22 08
31	1 34	1 27	1 20	1 13	1 04	0 55	0 44	0 33	0 20	0 04	.. ..	.. ..	23 21	■
Aug. 1	2 26	2 19	2 11	2 03	1 54	1 44	1 33	1 20	1 05	0 48	0 27	0 00	.. ..	22 52
2	3 24	3 17	3 10	3 02	2 53	2 43	2 32	2 19	2 04	1 47	1 27	1 00	0 23	.. ..
3	4 27	4 20	4 13	4 06	3 58	3 49	3 39	3 28	3 15	3 00	2 43	2 21	1 53	1 10
4	5 30	5 25	5 19	5 13	5 07	4 59	4 51	4 42	4 32	4 20	4 06	3 50	3 30	3 05
5	6 34	6 30	6 25	6 21	6 15	6 10	6 04	5 57	5 49	5 41	5 31	5 20	5 06	4 50
6	7 35	7 33	7 30	7 26	7 23	7 19	7 15	7 11	7 06	7 00	6 54	6 46	6 38	6 28
7	8 35	8 34	8 32	8 31	8 29	8 27	8 25	8 22	8 20	8 17	8 14	8 10	8 06	8 01
8	9 34	9 34	9 33	9 33	9 33	9 33	9 33	9 32	9 32	9 32	9 31	9 31	9 31	9 30
9	10 32	10 33	10 34	10 35	10 37	10 38	10 40	10 42	10 44	10 46	10 48	10 51	10 54	10 58
10	11 30	11 32	11 35	11 38	11 41	11 44	11 47	11 51	11 55	12 00	12 06	12 12	12 19	12 28
11	12 29	12 32	12 36	12 41	12 45	12 50	12 56	13 02	13 08	13 16	13 24	13 34	13 46	14 00
12	13 29	13 34	13 39	13 45	13 51	13 57	14 05	14 13	14 22	14 33	14 45	14 59	15 17	15 38
13	14 30	14 36	14 42	14 49	14 57	15 05	15 14	15 24	15 36	15 50	16 06	16 25	16 50	17 23
14	15 31	15 37	15 45	15 53	16 01	16 11	16 21	16 33	16 47	17 03	17 23	17 47	18 20	19 16
15	16 30	16 37	16 44	16 53	17 02	17 12	17 23	17 36	17 50	18 07	18 28	18 55	19 33	⬭
16	17 24	17 31	17 38	17 46	17 55	18 05	18 15	18 28	18 41	18 58	19 17	19 41	20 14	21 08
17	18 13	18 19	18 25	18 32	18 40	18 48	18 58	19 08	19 20	19 33	19 49	20 08	20 32	21 03

⬭ indicates Moon continuously above horizon.
■ indicates Moon continuously below horizon.
... ... indicates phenomenon will occur the next day.

MOONRISE AND MOONSET, 2020

UNIVERSAL TIME FOR MERIDIAN OF GREENWICH

MOONRISE

Lat.	−55°	−50°	−45°	−40°	−35°	−30°	−20°	−10°	0°	+10°	+20°	+30°	+35°	+40°
	h m	h m	h m	h m	h m	h m	h m	h m	h m	h m	h m	h m	h m	h m
Aug. 16	6 13	5 41	5 18	4 59	4 43	4 30	4 06	3 46	3 27	3 09	2 48	2 25	2 12	1 56
17	6 58	6 30	6 08	5 51	5 36	5 23	5 02	4 43	4 25	4 07	3 48	3 26	3 13	2 58
18	7 32	7 09	6 51	6 36	6 24	6 13	5 54	5 38	5 22	5 07	4 50	4 31	4 20	4 07
19	7 58	7 41	7 27	7 16	7 06	6 58	6 43	6 31	6 18	6 06	5 53	5 39	5 30	5 20
20	8 18	8 07	7 58	7 51	7 45	7 39	7 29	7 21	7 13	7 05	6 56	6 46	6 41	6 34
21	8 35	8 30	8 26	8 23	8 20	8 17	8 13	8 09	8 06	8 02	7 58	7 54	7 51	7 48
22	8 50	8 51	8 52	8 53	8 54	8 54	8 55	8 56	8 57	8 58	8 59	9 01	9 01	9 02
23	9 06	9 13	9 19	9 23	9 28	9 31	9 38	9 43	9 49	9 54	10 00	10 07	10 11	10 15
24	9 24	9 36	9 47	9 55	10 03	10 10	10 21	10 31	10 41	10 50	11 01	11 13	11 20	11 28
25	9 45	10 03	10 18	10 31	10 41	10 51	11 07	11 21	11 34	11 48	12 02	12 19	12 29	12 40
26	10 12	10 36	10 55	11 11	11 24	11 36	11 56	12 13	12 29	12 46	13 03	13 24	13 36	13 49
27	10 48	11 17	11 39	11 57	12 12	12 25	12 48	13 07	13 25	13 44	14 03	14 26	14 40	14 55
28	11 36	12 08	12 31	12 50	13 06	13 19	13 43	14 03	14 22	14 41	15 01	15 24	15 38	15 54
29	12 37	13 07	13 30	13 48	14 03	14 17	14 39	14 59	15 17	15 35	15 55	16 17	16 30	16 46
30	13 47	14 13	14 33	14 50	15 03	15 15	15 36	15 53	16 10	16 26	16 44	17 04	17 16	17 29
31	15 02	15 23	15 39	15 53	16 04	16 14	16 31	16 46	17 00	17 13	17 28	17 45	17 55	18 06
Sept. 1	16 17	16 33	16 45	16 55	17 04	17 11	17 24	17 36	17 46	17 57	18 08	18 21	18 29	18 37
2	17 31	17 42	17 50	17 56	18 02	18 07	18 16	18 23	18 31	18 38	18 45	18 54	18 59	19 04
3	18 44	18 49	18 53	18 56	18 59	19 01	19 05	19 09	19 13	19 16	19 20	19 24	19 27	19 29
4	19 55	19 55	19 55	19 54	19 54	19 54	19 54	19 54	19 54	19 53	19 53	19 53	19 53	19 53
5	21 06	21 00	20 56	20 53	20 49	20 47	20 42	20 38	20 34	20 30	20 26	20 22	20 19	20 16
6	22 17	22 06	21 58	21 51	21 45	21 39	21 30	21 23	21 15	21 08	21 00	20 51	20 46	20 41
7	23 28	23 12	23 00	22 50	22 41	22 33	22 20	22 08	21 58	21 47	21 36	21 23	21 16	21 07
8	.. ..	.. ..	.. ..	23 49	23 38	23 28	23 11	22 56	22 42	22 29	22 14	21 57	21 48	21 37
9	0 41	0 19	0 03	.. ..	.. ..	.. ..	.. ..	23 46	23 30	23 13	22 56	22 36	22 25	22 11

MOONSET

Lat.	−55°	−50°	−45°	−40°	−35°	−30°	−20°	−10°	0°	+10°	+20°	+30°	+35°	+40°
	h m	h m	h m	h m	h m	h m	h m	h m	h m	h m	h m	h m	h m	h m
Aug. 16	13 11	13 42	14 06	14 24	14 40	14 53	15 16	15 36	15 55	16 13	16 33	16 56	17 09	17 24
17	14 25	14 52	15 13	15 30	15 44	15 56	16 17	16 35	16 52	17 09	17 27	17 47	17 59	18 13
18	15 49	16 11	16 28	16 41	16 53	17 03	17 20	17 35	17 49	18 03	18 18	18 34	18 44	18 55
19	17 18	17 33	17 45	17 55	18 04	18 11	18 23	18 34	18 45	18 55	19 05	19 17	19 24	19 32
20	18 49	18 57	19 04	19 10	19 14	19 19	19 26	19 32	19 38	19 44	19 50	19 57	20 01	20 05
21	20 19	20 21	20 22	20 24	20 25	20 26	20 27	20 29	20 30	20 32	20 33	20 34	20 35	20 36
22	21 48	21 43	21 40	21 37	21 34	21 32	21 28	21 25	21 22	21 18	21 15	21 11	21 09	21 06
23	23 16	23 06	22 57	22 50	22 44	22 38	22 29	22 21	22 13	22 06	21 58	21 49	21 43	21 37
24	.. ..	.. ..	.. ..	.. ..	23 53	23 44	23 30	23 18	23 06	22 54	22 42	22 28	22 20	22 11
25	0 44	0 27	0 13	0 02	.. ..	.. ..	.. ..	.. ..	.. ..	23 45	23 29	23 11	23 01	22 48
26	2 09	1 46	1 28	1 13	1 01	0 50	0 31	0 15	0 00	.. ..	.. ..	23 58	23 46	23 32
27	3 29	3 00	2 39	2 21	2 07	1 54	1 32	1 14	0 56	0 39	0 20	.. ..	.. ..	.. ..
28	4 37	4 06	3 43	3 24	3 08	2 55	2 31	2 11	1 53	1 34	1 14	0 50	0 37	0 21
29	5 31	5 01	4 38	4 19	4 04	3 50	3 27	3 07	2 48	2 30	2 10	1 46	1 33	1 17
30	6 12	5 45	5 24	5 07	4 53	4 40	4 19	4 00	3 43	3 25	3 06	2 45	2 32	2 17
31	6 41	6 19	6 01	5 47	5 35	5 24	5 05	4 49	4 34	4 19	4 03	3 44	3 33	3 20
Sept. 1	7 03	6 46	6 32	6 21	6 11	6 03	5 48	5 35	5 23	5 10	4 57	4 42	4 33	4 23
2	7 19	7 08	6 58	6 50	6 43	6 37	6 26	6 17	6 08	5 59	5 50	5 39	5 32	5 25
3	7 33	7 26	7 21	7 16	7 12	7 08	7 02	6 56	6 51	6 46	6 40	6 33	6 30	6 25
4	7 46	7 43	7 42	7 40	7 39	7 38	7 36	7 34	7 32	7 31	7 29	7 27	7 26	7 24
5	7 57	8 00	8 02	8 04	8 05	8 07	8 09	8 11	8 13	8 15	8 17	8 20	8 21	8 23
6	8 09	8 16	8 22	8 27	8 32	8 36	8 42	8 48	8 54	8 59	9 05	9 12	9 16	9 21
7	8 22	8 35	8 44	8 53	9 00	9 06	9 17	9 26	9 35	9 45	9 54	10 05	10 12	10 19
8	8 38	8 55	9 09	9 20	9 30	9 39	9 54	10 07	10 19	10 31	10 44	10 59	11 08	11 18
9	8 58	9 20	9 38	9 52	10 05	10 15	10 34	10 50	11 05	11 20	11 36	11 55	12 06	12 18

.. .. indicates phenomenon will occur the next day.

UNIVERSAL TIME FOR MERIDIAN OF GREENWICH

MOONRISE

Lat.	+40°	+42°	+44°	+46°	+48°	+50°	+52°	+54°	+56°	+58°	+60°	+62°	+64°	+66°
	h m	h m	h m	h m	h m	h m	h m	h m	h m	h m	h m	h m	h m	h m
Aug. 16	1 56	1 49	1 41	1 33	1 24	1 14	1 02	0 50	0 35	0 18	.. ..	.. ..	.. ..	23 17
17	2 58	2 51	2 44	2 36	2 28	2 18	2 08	1 56	1 42	1 26	1 07	0 43	0 11	.. ..
18	4 07	4 01	3 55	3 48	3 41	3 33	3 24	3 14	3 03	2 50	2 35	2 16	1 53	1 23
19	5 20	5 16	5 11	5 06	5 00	4 54	4 47	4 40	4 32	4 22	4 12	3 59	3 44	3 25
20	6 34	6 31	6 28	6 25	6 21	6 17	6 13	6 09	6 03	5 57	5 51	5 43	5 34	5 24
21	7 48	7 47	7 46	7 44	7 43	7 41	7 39	7 37	7 35	7 33	7 30	7 27	7 23	7 19
22	9 02	9 02	9 03	9 03	9 04	9 04	9 05	9 05	9 06	9 07	9 08	9 08	9 10	9 11
23	10 15	10 17	10 19	10 22	10 24	10 27	10 30	10 33	10 36	10 40	10 45	10 50	10 56	11 03
24	11 28	11 31	11 35	11 39	11 44	11 49	11 54	12 00	12 06	12 14	12 22	12 32	12 43	12 57
25	12 40	12 45	12 50	12 56	13 02	13 09	13 17	13 25	13 35	13 46	13 58	14 13	14 31	14 54
26	13 49	13 56	14 02	14 10	14 17	14 26	14 36	14 47	14 59	15 13	15 31	15 51	16 19	16 57
27	14 55	15 02	15 09	15 18	15 27	15 36	15 48	16 00	16 15	16 32	16 52	17 19	17 56	19 20
28	15 54	16 01	16 09	16 17	16 27	16 37	16 48	17 01	17 16	17 34	17 56	18 23	19 03	■
29	16 46	16 52	17 00	17 08	17 16	17 26	17 37	17 49	18 03	18 19	18 38	19 02	19 35	20 28
30	17 29	17 35	17 42	17 48	17 56	18 04	18 14	18 24	18 36	18 49	19 04	19 23	19 47	20 18
31	18 06	18 11	18 16	18 22	18 28	18 34	18 42	18 50	18 59	19 09	19 21	19 35	19 51	20 12
Sept. 1	18 37	18 41	18 45	18 49	18 53	18 58	19 04	19 10	19 17	19 24	19 32	19 42	19 53	20 06
2	19 04	19 07	19 09	19 12	19 15	19 19	19 22	19 26	19 30	19 35	19 40	19 46	19 53	20 01
3	19 29	19 31	19 32	19 33	19 35	19 36	19 38	19 40	19 42	19 44	19 47	19 50	19 53	19 57
4	19 53	19 53	19 53	19 53	19 53	19 53	19 53	19 53	19 53	19 53	19 52	19 52	19 52	19 52
5	20 16	20 15	20 14	20 12	20 11	20 09	20 07	20 05	20 03	20 01	19 58	19 55	19 52	19 48
6	20 41	20 38	20 36	20 33	20 30	20 26	20 23	20 19	20 15	20 10	20 04	19 58	19 51	19 43
7	21 07	21 03	21 00	20 55	20 51	20 46	20 40	20 34	20 28	20 20	20 12	20 02	19 51	19 38
8	21 37	21 32	21 27	21 21	21 15	21 09	21 01	20 53	20 44	20 34	20 23	20 09	19 53	19 33
9	22 11	22 06	21 59	21 52	21 45	21 37	21 28	21 18	21 06	20 53	20 38	20 20	19 57	19 28

MOONSET

Lat.	+40°	+42°	+44°	+46°	+48°	+50°	+52°	+54°	+56°	+58°	+60°	+62°	+64°	+66°
	h m	h m	h m	h m	h m	h m	h m	h m	h m	h m	h m	h m	h m	h m
Aug. 16	17 24	17 31	17 38	17 46	17 55	18 05	18 15	18 28	18 41	18 58	19 17	19 41	20 14	21 08
17	18 13	18 19	18 25	18 32	18 40	18 48	18 58	19 08	19 20	19 33	19 49	20 08	20 32	21 03
18	18 55	19 00	19 05	19 11	19 17	19 24	19 31	19 39	19 48	19 58	20 10	20 23	20 39	20 59
19	19 32	19 36	19 39	19 43	19 48	19 52	19 57	20 03	20 09	20 16	20 24	20 32	20 42	20 54
20	20 05	20 07	20 10	20 12	20 14	20 17	20 20	20 23	20 26	20 30	20 34	20 39	20 44	20 50
21	20 36	20 37	20 37	20 38	20 38	20 39	20 39	20 40	20 41	20 41	20 42	20 43	20 44	20 46
22	21 06	21 05	21 04	21 03	21 01	21 00	20 58	20 57	20 55	20 53	20 50	20 48	20 45	20 41
23	21 37	21 35	21 32	21 29	21 26	21 22	21 19	21 14	21 10	21 05	20 59	20 53	20 45	20 37
24	22 11	22 07	22 02	21 58	21 53	21 47	21 41	21 35	21 27	21 19	21 10	20 59	20 47	20 32
25	22 48	22 43	22 37	22 31	22 24	22 17	22 09	22 00	21 50	21 38	21 25	21 09	20 50	20 26
26	23 32	23 25	23 18	23 11	23 02	22 53	22 43	22 32	22 19	22 05	21 47	21 26	20 58	20 19
27	.. ..	.. ..	.. ..	23 58	23 49	23 39	23 28	23 15	23 00	22 43	22 22	21 56	21 19	19 54
28	0 21	0 14	0 06	.. ..	.. ..	.. ..	.. ..	.. ..	23 55	23 37	23 16	22 48	22 08	■
29	1 17	1 10	1 02	0 54	0 44	0 34	0 23	0 10	.. ..	.. ..	.. ..	.. ..	23 31	22 38
30	2 17	2 11	2 03	1 56	1 47	1 38	1 27	1 15	1 02	0 46	0 27	0 03	.. ..	.. ..
31	3 20	3 14	3 08	3 01	2 54	2 46	2 37	2 28	2 16	2 03	1 48	1 30	1 07	0 37
Sept. 1	4 23	4 18	4 13	4 08	4 03	3 56	3 49	3 42	3 33	3 24	3 13	3 00	2 44	2 25
2	5 25	5 22	5 18	5 14	5 10	5 06	5 01	4 56	4 50	4 43	4 36	4 27	4 17	4 05
3	6 25	6 23	6 21	6 19	6 17	6 14	6 11	6 08	6 05	6 01	5 57	5 52	5 46	5 39
4	7 24	7 24	7 23	7 22	7 22	7 21	7 20	7 19	7 18	7 17	7 15	7 14	7 12	7 10
5	8 23	8 23	8 24	8 25	8 26	8 27	8 28	8 29	8 30	8 31	8 33	8 34	8 36	8 39
6	9 21	9 23	9 25	9 27	9 29	9 32	9 35	9 38	9 42	9 46	9 50	9 55	10 01	10 08
7	10 19	10 22	10 26	10 29	10 34	10 38	10 43	10 48	10 54	11 01	11 08	11 17	11 27	11 39
8	11 18	11 23	11 28	11 33	11 38	11 44	11 51	11 59	12 07	12 17	12 28	12 40	12 56	13 14
9	12 18	12 24	12 30	12 36	12 43	12 51	13 00	13 10	13 20	13 33	13 48	14 05	14 27	14 56

■ indicates Moon continuously below horizon.
.. .. indicates phenomenon will occur the next day.

MOONRISE AND MOONSET, 2020

UNIVERSAL TIME FOR MERIDIAN OF GREENWICH

MOONRISE

Lat.	−55°	−50°	−45°	−40°	−35°	−30°	−20°	−10°	0°	+10°	+20°	+30°	+35°	+40°
	h m	h m	h m	h m	h m	h m	h m	h m	h m	h m	h m	h m	h m	h m
Sept. 8	.. ..	.. ..	.. ..	23 49	23 38	23 28	23 11	22 56	22 42	22 29	22 14	21 57	21 48	21 37
9	0 41	0 19	0 03	.. ..	.. ..	.. ..	.. ..	23 46	23 30	23 13	22 56	22 36	22 25	22 11
10	1 52	1 26	1 06	0 50	0 36	0 24	0 04	.. ..	.. ..	.. ..	23 43	23 20	23 07	22 53
11	3 01	2 30	2 08	1 49	1 34	1 21	0 58	0 38	0 20	0 02	.. ..	.. ..	23 57	23 41
12	4 02	3 30	3 06	2 47	2 31	2 17	1 53	1 33	1 14	0 55	0 34	0 11	.. ..	.. ..
13	4 51	4 21	3 58	3 40	3 24	3 11	2 48	2 28	2 09	1 51	1 31	1 08	0 54	0 39
14	5 30	5 04	4 44	4 27	4 13	4 01	3 41	3 23	3 06	2 49	2 31	2 10	1 58	1 44
15	5 58	5 38	5 22	5 09	4 58	4 48	4 31	4 16	4 02	3 48	3 33	3 16	3 06	2 55
16	6 20	6 06	5 55	5 46	5 38	5 31	5 19	5 08	4 58	4 48	4 37	4 24	4 17	4 09
17	6 38	6 31	6 25	6 19	6 15	6 11	6 04	5 58	5 52	5 46	5 40	5 33	5 29	5 24
18	6 54	6 53	6 52	6 51	6 50	6 49	6 48	6 46	6 45	6 44	6 43	6 42	6 41	6 40
19	7 10	7 15	7 18	7 22	7 24	7 27	7 31	7 35	7 38	7 42	7 46	7 50	7 53	7 56
20	7 27	7 38	7 46	7 54	8 00	8 05	8 15	8 24	8 32	8 40	8 49	8 59	9 05	9 12
21	7 47	8 04	8 17	8 29	8 38	8 47	9 01	9 14	9 27	9 39	9 52	10 08	10 16	10 27
22	8 12	8 35	8 53	9 08	9 21	9 32	9 51	10 07	10 23	10 39	10 56	11 15	11 27	11 40
23	8 46	9 14	9 36	9 53	10 08	10 21	10 43	11 02	11 20	11 38	11 58	12 20	12 33	12 49
24	9 31	10 02	10 26	10 45	11 01	11 14	11 38	11 58	12 17	12 36	12 57	13 21	13 35	13 51
25	10 28	11 00	11 23	11 42	11 58	12 11	12 34	12 55	13 13	13 32	13 52	14 15	14 29	14 45
26	11 36	12 04	12 26	12 43	12 57	13 10	13 31	13 50	14 07	14 24	14 42	15 04	15 16	15 30
27	12 50	13 13	13 31	13 45	13 57	14 08	14 26	14 42	14 57	15 12	15 28	15 46	15 56	16 08
28	14 05	14 22	14 36	14 47	14 57	15 05	15 20	15 33	15 44	15 56	16 09	16 23	16 31	16 40
29	15 19	15 31	15 41	15 49	15 55	16 01	16 11	16 20	16 29	16 37	16 46	16 56	17 02	17 08
30	16 32	16 39	16 44	16 48	16 52	16 55	17 01	17 06	17 11	17 16	17 21	17 27	17 30	17 34
Oct. 1	17 43	17 45	17 46	17 47	17 48	17 49	17 50	17 51	17 52	17 53	17 54	17 56	17 56	17 57
2	18 54	18 51	18 48	18 45	18 43	18 41	18 38	18 35	18 32	18 30	18 27	18 24	18 22	18 20

MOONSET

Lat.	−55°	−50°	−45°	−40°	−35°	−30°	−20°	−10°	0°	+10°	+20°	+30°	+35°	+40°
	h m	h m	h m	h m	h m	h m	h m	h m	h m	h m	h m	h m	h m	h m
Sept. 8	8 38	8 55	9 09	9 20	9 30	9 39	9 54	10 07	10 19	10 31	10 44	10 59	11 08	11 18
9	8 58	9 20	9 38	9 52	10 05	10 15	10 34	10 50	11 05	11 20	11 36	11 55	12 06	12 18
10	9 25	9 52	10 13	10 30	10 44	10 57	11 18	11 36	11 54	12 11	12 30	12 51	13 04	13 18
11	10 02	10 33	10 56	11 14	11 30	11 44	12 07	12 27	12 46	13 04	13 24	13 48	14 01	14 17
12	10 52	11 24	11 48	12 07	12 23	12 37	13 01	13 21	13 40	13 59	14 19	14 43	14 56	15 12
13	11 58	12 28	12 51	13 09	13 24	13 37	13 59	14 18	14 36	14 54	15 13	15 35	15 48	16 02
14	13 17	13 42	14 01	14 17	14 30	14 41	15 01	15 17	15 33	15 48	16 05	16 24	16 35	16 47
15	14 44	15 03	15 18	15 30	15 40	15 48	16 04	16 17	16 29	16 41	16 54	17 08	17 17	17 26
16	16 16	16 27	16 37	16 44	16 51	16 57	17 07	17 16	17 24	17 32	17 40	17 50	17 55	18 01
17	17 48	17 53	17 57	18 00	18 03	18 06	18 10	18 14	18 17	18 21	18 24	18 28	18 31	18 33
18	19 20	19 18	19 17	19 16	19 15	19 14	19 13	19 12	19 10	19 09	19 08	19 06	19 05	19 04
19	20 52	20 44	20 37	20 32	20 27	20 23	20 16	20 09	20 03	19 58	19 51	19 44	19 40	19 35
20	22 24	22 09	21 57	21 47	21 39	21 32	21 19	21 08	20 58	20 47	20 36	20 24	20 17	20 09
21	23 54	23 32	23 15	23 02	22 50	22 40	22 22	22 07	21 53	21 39	21 24	21 07	20 57	20 46
22	.. ..	.. ..	.. ..	.. ..	23 59	23 46	23 25	23 07	22 50	22 33	22 15	21 54	21 42	21 28
23	1 18	0 51	0 30	0 13	.. ..	.. ..	.. ..	.. ..	23 48	23 29	23 09	22 46	22 32	22 16
24	2 32	2 01	1 38	1 19	1 03	0 50	0 26	0 06	.. ..	.. ..	.. ..	23 41	23 27	23 11
25	3 31	3 00	2 36	2 17	2 01	1 47	1 24	1 03	0 44	0 25	0 05	.. ..	.. ..	.. ..
26	4 15	3 47	3 25	3 07	2 52	2 39	2 17	1 57	1 39	1 21	1 02	0 39	0 26	0 10
27	4 47	4 23	4 04	3 49	3 36	3 24	3 05	2 47	2 31	2 15	1 58	1 38	1 26	1 12
28	5 10	4 51	4 36	4 24	4 13	4 04	3 48	3 34	3 20	3 07	2 52	2 36	2 26	2 15
29	5 27	5 14	5 03	4 54	4 46	4 39	4 27	4 16	4 06	3 56	3 45	3 33	3 25	3 17
30	5 42	5 33	5 26	5 20	5 15	5 11	5 03	4 56	4 49	4 43	4 36	4 28	4 23	4 18
Oct. 1	5 54	5 50	5 47	5 44	5 42	5 40	5 37	5 34	5 31	5 28	5 25	5 21	5 19	5 17
2	6 05	6 06	6 07	6 08	6 08	6 09	6 10	6 11	6 12	6 12	6 13	6 14	6 15	6 15

.. .. indicates phenomenon will occur the next day.

UNIVERSAL TIME FOR MERIDIAN OF GREENWICH

MOONRISE

Lat.	+40°	+42°	+44°	+46°	+48°	+50°	+52°	+54°	+56°	+58°	+60°	+62°	+64°	+66°
	h m	h m	h m	h m	h m	h m	h m	h m	h m	h m	h m	h m	h m	h m
Sept. 8	21 37	21 32	21 27	21 21	21 15	21 09	21 01	20 53	20 44	20 34	20 23	20 09	19 53	19 33
9	22 11	22 06	21 59	21 52	21 45	21 37	21 28	21 18	21 06	20 53	20 38	20 20	19 57	19 28
10	22 53	22 46	22 39	22 31	22 22	22 13	22 02	21 50	21 37	21 21	21 02	20 39	20 08	19 20
11	23 41	23 34	23 27	23 18	23 09	22 59	22 48	22 35	22 20	22 03	21 41	21 14	20 36	⬜
12	.. ..	.. ..	.. ..	.. ..	.. ..	23 57	23 46	23 33	23 19	23 02	22 41	22 14	21 37	20 07
13	0 39	0 32	0 24	0 16	0 07	.. ..	.. ..	.. ..	.. ..	.. ..	.. ..	23 39	23 11	22 29
14	1 44	1 37	1 31	1 23	1 15	1 06	0 56	0 45	0 33	0 18	0 00	.. ..	.. ..	.. ..
15	2 55	2 49	2 44	2 38	2 31	2 24	2 16	2 08	1 58	1 46	1 33	1 18	0 59	0 35
16	4 09	4 05	4 01	3 57	3 52	3 47	3 42	3 36	3 29	3 21	3 13	3 03	2 51	2 37
17	5 24	5 22	5 20	5 18	5 15	5 12	5 09	5 06	5 02	4 58	4 54	4 48	4 42	4 35
18	6 40	6 40	6 39	6 39	6 38	6 38	6 37	6 37	6 36	6 35	6 35	6 34	6 33	6 32
19	7 56	7 57	7 59	8 00	8 02	8 04	8 06	8 08	8 10	8 13	8 16	8 19	8 23	8 28
20	9 12	9 15	9 18	9 21	9 25	9 29	9 34	9 38	9 44	9 50	9 57	10 05	10 14	10 25
21	10 27	10 31	10 36	10 41	10 47	10 54	11 00	11 08	11 17	11 27	11 38	11 51	12 07	12 27
22	11 40	11 46	11 52	11 59	12 07	12 15	12 24	12 34	12 46	13 00	13 16	13 35	14 00	14 34
23	12 49	12 55	13 03	13 11	13 20	13 30	13 41	13 53	14 07	14 24	14 44	15 10	15 46	16 57
24	13 51	13 58	14 06	14 14	14 24	14 34	14 46	14 59	15 14	15 32	15 55	16 24	17 07	■
25	14 45	14 52	14 59	15 08	15 17	15 27	15 38	15 50	16 05	16 22	16 43	17 09	17 46	19 05
26	15 30	15 36	15 43	15 51	15 59	16 08	16 17	16 28	16 41	16 55	17 13	17 33	18 00	18 37
27	16 08	16 13	16 19	16 25	16 32	16 39	16 47	16 56	17 06	17 18	17 31	17 46	18 05	18 28
28	16 40	16 44	16 49	16 54	16 59	17 04	17 10	17 17	17 25	17 33	17 43	17 54	18 06	18 22
29	17 08	17 11	17 14	17 18	17 21	17 25	17 29	17 34	17 39	17 45	17 51	17 58	18 06	18 16
30	17 34	17 35	17 37	17 39	17 41	17 43	17 45	17 48	17 51	17 54	17 57	18 01	18 06	18 11
Oct. 1	17 57	17 58	17 58	17 58	17 59	17 59	18 00	18 00	18 01	18 02	18 03	18 04	18 05	18 06
2	18 20	18 19	18 18	18 18	18 16	18 15	18 14	18 13	18 11	18 10	18 08	18 06	18 03	18 01

MOONSET

Lat.	+40°	+42°	+44°	+46°	+48°	+50°	+52°	+54°	+56°	+58°	+60°	+62°	+64°	+66°
	h m	h m	h m	h m	h m	h m	h m	h m	h m	h m	h m	h m	h m	h m
Sept. 8	11 18	11 23	11 28	11 33	11 38	11 44	11 51	11 59	12 07	12 17	12 28	12 40	12 56	13 14
9	12 18	12 24	12 30	12 36	12 43	12 51	13 00	13 10	13 20	13 33	13 48	14 05	14 27	14 56
10	13 18	13 25	13 32	13 39	13 48	13 57	14 07	14 19	14 32	14 47	15 06	15 29	15 59	16 47
11	14 17	14 24	14 32	14 40	14 49	14 59	15 10	15 23	15 38	15 55	16 16	16 43	17 21	⬜
12	15 12	15 19	15 27	15 35	15 44	15 54	16 06	16 18	16 33	16 50	17 11	17 38	18 15	19 46
13	16 02	16 09	16 16	16 24	16 32	16 41	16 51	17 03	17 16	17 31	17 49	18 11	18 40	19 21
14	16 47	16 53	16 59	17 05	17 12	17 20	17 28	17 37	17 48	18 00	18 13	18 30	18 49	19 14
15	17 26	17 30	17 35	17 40	17 45	17 51	17 57	18 04	18 11	18 20	18 29	18 41	18 53	19 09
16	18 01	18 04	18 07	18 10	18 13	18 17	18 21	18 25	18 30	18 35	18 41	18 47	18 55	19 04
17	18 33	18 34	18 36	18 37	18 38	18 40	18 41	18 43	18 45	18 47	18 50	18 52	18 55	18 59
18	19 04	19 04	19 03	19 03	19 02	19 02	19 01	19 00	18 59	18 59	18 58	18 57	18 55	18 54
19	19 35	19 33	19 31	19 29	19 26	19 24	19 21	19 18	19 14	19 10	19 06	19 01	18 55	18 49
20	20 09	20 05	20 01	19 57	19 53	19 48	19 43	19 37	19 31	19 24	19 16	19 06	18 56	18 43
21	20 46	20 41	20 35	20 30	20 23	20 16	20 09	20 01	19 51	19 41	19 29	19 14	18 58	18 37
22	21 28	21 22	21 15	21 08	21 00	20 51	20 42	20 31	20 19	20 05	19 48	19 28	19 03	18 28
23	22 16	22 09	22 02	21 54	21 45	21 35	21 23	21 11	20 56	20 39	20 19	19 53	19 17	18 05
24	23 11	23 04	22 56	22 47	22 38	22 28	22 16	22 03	21 47	21 29	21 07	20 38	19 55	■
25	.. ..	.. ..	23 56	23 48	23 39	23 29	23 18	23 06	22 51	22 35	22 14	21 48	21 11	19 53
26	0 10	0 04	.. ..	.. ..	.. ..	.. ..	.. ..	.. ..	.. ..	23 50	23 34	23 13	22 47	22 10
27	1 12	1 06	1 00	0 53	0 45	0 36	0 27	0 16	0 04	.. ..	.. ..	.. ..	.. ..	.. ..
28	2 15	2 10	2 05	1 59	1 53	1 46	1 38	1 30	1 21	1 10	0 57	0 43	0 25	0 02
29	3 17	3 13	3 09	3 05	3 01	2 56	2 50	2 44	2 37	2 29	2 21	2 11	1 59	1 44
30	4 18	4 15	4 13	4 10	4 07	4 04	4 00	3 56	3 52	3 47	3 42	3 36	3 29	3 20
Oct. 1	5 17	5 16	5 15	5 13	5 12	5 11	5 09	5 07	5 06	5 03	5 01	4 58	4 55	4 52
2	6 15	6 15	6 16	6 16	6 16	6 17	6 17	6 17	6 18	6 18	6 19	6 20	6 20	6 21

⬜ indicates Moon continuously above horizon.
■ indicates Moon continuously below horizon.
.. .. indicates phenomenon will occur the next day.

MOONRISE AND MOONSET, 2020
UNIVERSAL TIME FOR MERIDIAN OF GREENWICH
MOONRISE

Lat.	−55°	−50°	−45°	−40°	−35°	−30°	−20°	−10°	0°	+10°	+20°	+30°	+35°	+40°
	h m	h m	h m	h m	h m	h m	h m	h m	h m	h m	h m	h m	h m	h m
Oct. 1	17 43	17 45	17 46	17 47	17 48	17 49	17 50	17 51	17 52	17 53	17 54	17 56	17 56	17 57
2	18 54	18 51	18 48	18 45	18 43	18 41	18 38	18 35	18 32	18 30	18 27	18 24	18 22	18 20
3	20 05	19 56	19 49	19 43	19 38	19 34	19 26	19 19	19 13	19 07	19 00	18 53	18 49	18 44
4	21 17	21 03	20 51	20 42	20 34	20 27	20 15	20 05	19 55	19 45	19 35	19 24	19 17	19 09
5	22 29	22 10	21 54	21 42	21 31	21 22	21 06	20 52	20 39	20 26	20 12	19 57	19 48	19 38
6	23 41	23 16	22 57	22 41	22 28	22 17	21 57	21 41	21 25	21 09	20 53	20 34	20 22	20 10
7	.. ..	.. ..	23 59	23 41	23 26	23 13	22 51	22 31	22 14	21 56	21 37	21 15	21 02	20 48
8	0 51	0 21	.. ..	.. ..	.. ..	.. ..	23 44	23 24	23 05	22 46	22 26	22 02	21 48	21 33
9	1 54	1 21	0 57	0 38	0 22	0 08	.. ..	.. ..	23 58	23 39	23 19	22 55	22 41	22 25
10	2 47	2 15	1 51	1 32	1 16	1 02	0 38	0 17	.. ..	.. ..	.. ..	23 53	23 40	23 25
11	3 28	2 59	2 38	2 20	2 05	1 52	1 30	1 11	0 53	0 35	0 16	.. ..	.. ..	.. ..
12	3 59	3 36	3 18	3 03	2 50	2 39	2 20	2 03	1 48	1 32	1 15	0 56	0 45	0 32
13	4 23	4 06	3 52	3 41	3 31	3 22	3 07	2 54	2 42	2 30	2 17	2 02	1 53	1 43
14	4 42	4 31	4 22	4 15	4 08	4 02	3 53	3 44	3 36	3 28	3 19	3 09	3 03	2 56
15	4 58	4 53	4 49	4 46	4 43	4 41	4 36	4 32	4 29	4 25	4 21	4 17	4 14	4 11
16	5 13	5 15	5 16	5 17	5 18	5 18	5 20	5 21	5 22	5 23	5 24	5 26	5 27	5 28
17	5 29	5 37	5 43	5 48	5 53	5 57	6 04	6 10	6 16	6 22	6 28	6 36	6 40	6 45
18	5 48	6 02	6 13	6 22	6 30	6 38	6 50	7 01	7 12	7 22	7 33	7 46	7 54	8 03
19	6 10	6 31	6 47	7 01	7 12	7 22	7 40	7 55	8 09	8 24	8 39	8 57	9 08	9 20
20	6 41	7 07	7 28	7 45	7 59	8 11	8 33	8 51	9 08	9 26	9 45	10 06	10 19	10 34
21	7 22	7 53	8 17	8 36	8 51	9 05	9 29	9 49	10 08	10 27	10 48	11 11	11 25	11 42
22	8 17	8 49	9 13	9 33	9 49	10 03	10 27	10 47	11 06	11 26	11 46	12 10	12 24	12 41
23	9 23	9 53	10 16	10 34	10 49	11 02	11 25	11 44	12 02	12 20	12 40	13 02	13 15	13 30
24	10 37	11 02	11 22	11 37	11 50	12 02	12 21	12 38	12 54	13 10	13 27	13 46	13 58	14 11
25	11 53	12 12	12 28	12 40	12 51	13 00	13 16	13 30	13 43	13 56	14 09	14 25	14 34	14 44

MOONSET

Lat.	−55°	−50°	−45°	−40°	−35°	−30°	−20°	−10°	0°	+10°	+20°	+30°	+35°	+40°
	h m	h m	h m	h m	h m	h m	h m	h m	h m	h m	h m	h m	h m	h m
Oct. 1	5 54	5 50	5 47	5 44	5 42	5 40	5 37	5 34	5 31	5 28	5 25	5 21	5 19	5 17
2	6 05	6 06	6 07	6 08	6 08	6 09	6 10	6 11	6 12	6 12	6 13	6 14	6 15	6 15
3	6 16	6 22	6 27	6 31	6 35	6 38	6 43	6 48	6 52	6 56	7 01	7 07	7 10	7 13
4	6 29	6 40	6 48	6 55	7 02	7 07	7 17	7 25	7 33	7 41	7 50	8 00	8 05	8 12
5	6 43	6 59	7 12	7 22	7 31	7 39	7 53	8 05	8 16	8 27	8 39	8 53	9 01	9 11
6	7 01	7 22	7 38	7 52	8 04	8 14	8 31	8 46	9 01	9 15	9 30	9 48	9 58	10 10
7	7 24	7 50	8 10	8 27	8 41	8 53	9 13	9 31	9 48	10 05	10 23	10 44	10 56	11 10
8	7 56	8 27	8 50	9 08	9 23	9 37	10 00	10 19	10 38	10 57	11 16	11 39	11 53	12 08
9	8 40	9 13	9 37	9 56	10 13	10 27	10 51	11 11	11 30	11 50	12 10	12 34	12 48	13 04
10	9 39	10 10	10 34	10 53	11 09	11 22	11 46	12 06	12 24	12 43	13 03	13 26	13 39	13 55
11	10 50	11 18	11 39	11 56	12 11	12 23	12 44	13 02	13 19	13 36	13 54	14 15	14 27	14 40
12	12 12	12 34	12 51	13 05	13 17	13 27	13 45	14 00	14 14	14 28	14 43	15 00	15 09	15 21
13	13 40	13 55	14 07	14 17	14 26	14 33	14 46	14 57	15 08	15 18	15 29	15 41	15 48	15 56
14	15 10	15 19	15 26	15 32	15 37	15 41	15 48	15 55	16 01	16 07	16 13	16 20	16 24	16 29
15	16 43	16 45	16 46	16 47	16 49	16 49	16 51	16 53	16 54	16 55	16 56	16 58	16 59	17 00
16	18 16	18 11	18 07	18 04	18 01	17 59	17 55	17 51	17 47	17 44	17 40	17 36	17 33	17 30
17	19 51	19 39	19 30	19 22	19 15	19 09	18 59	18 50	18 42	18 34	18 25	18 15	18 09	18 03
18	21 25	21 06	20 52	20 40	20 29	20 20	20 05	19 51	19 39	19 26	19 13	18 58	18 49	18 39
19	22 57	22 31	22 11	21 56	21 42	21 30	21 11	20 53	20 37	20 21	20 04	19 44	19 33	19 20
20	.. ..	23 48	23 25	23 07	22 51	22 38	22 15	21 55	21 37	21 18	20 59	20 36	20 23	20 07
21	0 19	.. ..	.. ..	.. ..	23 54	23 40	23 16	22 56	22 36	22 17	21 56	21 32	21 18	21 02
22	1 26	0 54	0 30	0 10	.. ..	.. ..	.. ..	23 52	23 34	23 15	22 54	22 31	22 17	22 01
23	2 17	1 46	1 23	1 05	0 49	0 36	0 12	.. ..	.. ..	.. ..	23 52	23 31	23 18	23 04
24	2 52	2 26	2 06	1 50	1 36	1 24	1 03	0 45	0 28	0 11	.. ..	.. ..	.. ..	.. ..
25	3 18	2 57	2 40	2 27	2 15	2 05	1 48	1 32	1 18	1 04	0 48	0 30	0 20	0 07

.. .. indicates phenomenon will occur the next day.

MOONRISE AND MOONSET, 2020

UNIVERSAL TIME FOR MERIDIAN OF GREENWICH

MOONRISE

Lat.	+40°	+42°	+44°	+46°	+48°	+50°	+52°	+54°	+56°	+58°	+60°	+62°	+64°	+66°
	h m	h m	h m	h m	h m	h m	h m	h m	h m	h m	h m	h m	h m	h m
Oct. 1	17 57	17 58	17 59	17 58	17 59	17 59	18 00	18 00	18 01	18 02	18 03	18 04	18 05	18 06
2	18 20	18 19	18 18	18 18	18 16	18 15	18 14	18 13	18 11	18 10	18 08	18 06	18 03	18 01
3	18 44	18 42	18 40	18 37	18 35	18 32	18 29	18 26	18 22	18 18	18 13	18 08	18 02	17 56
4	19 09	19 06	19 02	18 59	18 55	18 50	18 45	18 40	18 34	18 27	18 20	18 12	18 02	17 50
5	19 38	19 33	19 28	19 23	19 17	19 11	19 04	18 57	18 49	18 39	18 29	18 17	18 02	17 45
6	20 10	20 04	19 58	19 52	19 45	19 37	19 28	19 19	19 08	18 56	18 42	18 25	18 04	17 38
7	20 48	20 41	20 34	20 27	20 18	20 09	19 59	19 47	19 34	19 19	19 01	18 39	18 11	17 29
8	21 33	21 25	21 18	21 09	21 00	20 50	20 39	20 26	20 11	19 54	19 33	19 06	18 28	▭
9	22 25	22 18	22 10	22 02	21 52	21 42	21 30	21 17	21 02	20 44	20 22	19 54	19 12	▭
10	23 25	23 19	23 11	23 03	22 55	22 45	22 34	22 22	22 08	21 52	21 32	21 07	20 34	19 33
11	.. ..	.. ..	.. ..	.. ..	.. ..	23 57	23 48	23 38	23 27	23 14	22 58	22 39	22 16	21 44
12	0 32	0 26	0 20	0 13	0 06	.. ..	.. ..	.. ..	.. ..	.. ..	.. ..	.. ..	.. ..	23 46
13	1 43	1 38	1 33	1 28	1 23	1 16	1 10	1 02	0 54	0 44	0 33	0 20	0 05	.. ..
14	2 56	2 53	2 50	2 47	2 43	2 39	2 35	2 30	2 25	2 19	2 12	2 04	1 55	1 44
15	4 11	4 10	4 09	4 07	4 06	4 04	4 02	4 00	3 58	3 55	3 52	3 49	3 46	3 41
16	5 28	5 28	5 29	5 29	5 30	5 30	5 31	5 32	5 32	5 33	5 34	5 35	5 37	5 38
17	6 45	6 47	6 49	6 52	6 55	6 57	7 01	7 04	7 08	7 13	7 17	7 23	7 30	7 37
18	8 03	8 07	8 11	8 15	8 20	8 25	8 31	8 38	8 45	8 53	9 02	9 13	9 26	9 41
19	9 20	9 25	9 31	9 38	9 44	9 52	10 00	10 10	10 20	10 32	10 47	11 04	11 24	11 52
20	10 34	10 41	10 48	10 56	11 04	11 14	11 24	11 36	11 50	12 05	12 25	12 49	13 21	14 15
21	11 42	11 49	11 57	12 05	12 15	12 25	12 37	12 50	13 06	13 24	13 47	14 16	15 01	▬
22	12 41	12 48	12 56	13 04	13 14	13 24	13 36	13 49	14 04	14 22	14 45	15 14	15 56	▬
23	13 30	13 37	13 44	13 52	14 00	14 10	14 20	14 32	14 46	15 01	15 20	15 43	16 14	17 02
24	14 11	14 16	14 22	14 29	14 36	14 44	14 53	15 03	15 14	15 26	15 41	15 58	16 20	16 47
25	14 44	14 49	14 54	14 59	15 05	15 11	15 18	15 25	15 34	15 43	15 54	16 06	16 21	16 39

MOONSET

Lat.	+40°	+42°	+44°	+46°	+48°	+50°	+52°	+54°	+56°	+58°	+60°	+62°	+64°	+66°
	h m	h m	h m	h m	h m	h m	h m	h m	h m	h m	h m	h m	h m	h m
Oct. 1	5 17	5 16	5 15	5 13	5 12	5 11	5 09	5 07	5 06	5 03	5 01	4 58	4 55	4 52
2	6 15	6 15	6 16	6 16	6 16	6 17	6 17	6 17	6 18	6 18	6 19	6 20	6 20	6 21
3	7 13	7 15	7 16	7 18	7 20	7 22	7 25	7 27	7 30	7 33	7 36	7 40	7 45	7 50
4	8 12	8 15	8 18	8 21	8 24	8 28	8 32	8 37	8 42	8 48	8 55	9 02	9 11	9 21
5	9 11	9 15	9 19	9 24	9 29	9 35	9 41	9 48	9 55	10 04	10 14	10 26	10 39	10 56
6	10 10	10 16	10 21	10 28	10 34	10 42	10 50	10 59	11 09	11 21	11 34	11 51	12 10	12 36
7	11 10	11 16	11 23	11 31	11 39	11 47	11 57	12 08	12 21	12 36	12 53	13 15	13 43	14 25
8	12 08	12 15	12 23	12 31	12 40	12 50	13 01	13 14	13 29	13 46	14 07	14 33	15 11	▭
9	13 04	13 11	13 19	13 28	13 37	13 47	13 59	14 12	14 27	14 45	15 07	15 35	16 17	▭
10	13 55	14 02	14 09	14 17	14 26	14 36	14 47	14 59	15 14	15 30	15 50	16 15	16 49	17 50
11	14 40	14 47	14 53	15 00	15 08	15 17	15 26	15 36	15 48	16 02	16 18	16 37	17 02	17 34
12	15 21	15 26	15 31	15 37	15 43	15 49	15 57	16 05	16 14	16 24	16 36	16 50	17 06	17 26
13	15 56	16 00	16 04	16 08	16 12	16 17	16 22	16 27	16 34	16 41	16 48	16 57	17 08	17 20
14	16 29	16 31	16 33	16 35	16 38	16 40	16 43	16 46	16 50	16 53	16 58	17 02	17 08	17 14
15	17 00	17 00	17 00	17 01	17 01	17 02	17 02	17 03	17 04	17 04	17 05	17 06	17 07	17 08
16	17 30	17 29	17 28	17 27	17 25	17 23	17 22	17 20	17 18	17 15	17 13	17 10	17 07	17 03
17	18 03	18 00	17 57	17 54	17 50	17 47	17 42	17 38	17 33	17 27	17 21	17 14	17 06	16 57
18	18 39	18 34	18 30	18 25	18 19	18 13	18 07	17 59	17 51	17 42	17 32	17 20	17 06	16 50
19	19 20	19 14	19 08	19 01	18 54	18 46	18 37	18 27	18 16	18 03	17 48	17 30	17 09	16 40
20	20 07	20 01	19 53	19 45	19 36	19 27	19 16	19 04	18 50	18 33	18 14	17 49	17 16	16 22
21	21 02	20 54	20 46	20 38	20 28	20 18	20 06	19 52	19 37	19 18	18 56	18 26	17 41	▬
22	22 01	21 54	21 46	21 38	21 28	21 18	21 07	20 54	20 38	20 20	19 58	19 30	18 47	▬
23	23 04	22 58	22 51	22 43	22 35	22 25	22 15	22 04	21 51	21 35	21 17	20 54	20 23	19 36
24	.. ..	.. ..	23 56	23 50	23 43	23 36	23 27	23 18	23 08	22 56	22 41	22 25	22 04	21 37
25	0 07	0 02	.. ..	.. ..	.. ..	.. ..	.. ..	.. ..	.. ..	.. ..	.. ..	23 54	23 41	23 24

▭ indicates Moon continuously above horizon.
▬ indicates Moon continuously below horizon.
.. .. indicates phenomenon will occur the next day.

MOONRISE AND MOONSET, 2020

UNIVERSAL TIME FOR MERIDIAN OF GREENWICH

MOONRISE

Lat.	−55°	−50°	−45°	−40°	−35°	−30°	−20°	−10°	0°	+10°	+20°	+30°	+35°	+40°
	h m	h m	h m	h m	h m	h m	h m	h m	h m	h m	h m	h m	h m	h m
Oct. 24	10 37	11 02	11 22	11 37	11 50	12 02	12 21	12 38	12 54	13 10	13 27	13 46	13 58	14 11
25	11 53	12 12	12 28	12 40	12 51	13 00	13 16	13 30	13 43	13 56	14 09	14 25	14 34	14 44
26	13 08	13 22	13 33	13 42	13 50	13 56	14 08	14 18	14 28	14 37	14 48	14 59	15 06	15 13
27	14 21	14 29	14 36	14 42	14 47	14 51	14 58	15 05	15 11	15 17	15 23	15 30	15 34	15 39
28	15 33	15 36	15 38	15 41	15 42	15 44	15 47	15 49	15 52	15 54	15 56	15 59	16 01	16 03
29	16 44	16 42	16 40	16 39	16 37	16 36	16 35	16 33	16 32	16 30	16 29	16 27	16 26	16 25
30	17 54	17 47	17 42	17 37	17 33	17 29	17 23	17 17	17 12	17 07	17 02	16 56	16 52	16 49
31	19 06	18 54	18 44	18 35	18 28	18 22	18 12	18 02	17 54	17 45	17 36	17 26	17 20	17 13
Nov. 1	20 19	20 01	19 47	19 35	19 25	19 16	19 02	18 49	18 37	18 25	18 12	17 58	17 50	17 40
2	21 32	21 08	20 50	20 35	20 23	20 12	19 53	19 37	19 22	19 07	18 51	18 33	18 23	18 11
3	22 43	22 14	21 53	21 35	21 20	21 08	20 46	20 28	20 10	19 53	19 34	19 13	19 01	18 47
4	23 48	23 16	22 52	22 33	22 17	22 03	21 40	21 19	21 01	20 42	20 21	19 58	19 45	19 29
5	.. ..	.. ..	23 47	23 28	23 11	22 57	22 33	22 12	21 53	21 33	21 13	20 49	20 35	20 18
6	0 45	0 12	.. ..	.. ..	.. ..	23 48	23 25	23 05	22 46	22 27	22 07	21 44	21 31	21 15
7	1 29	0 59	0 35	0 17	0 01	.. ..	.. ..	23 56	23 40	23 23	23 05	22 44	22 32	22 18
8	2 02	1 37	1 17	1 00	0 47	0 35	0 14	.. ..	.. ..	.. ..	.. ..	23 46	23 36	23 25
9	2 27	2 07	1 52	1 39	1 27	1 18	1 01	0 46	0 32	0 18	0 03	.. ..	.. ..	.. ..
10	2 47	2 33	2 22	2 13	2 04	1 57	1 45	1 34	1 24	1 14	1 03	0 50	0 43	0 35
11	3 03	2 55	2 49	2 44	2 39	2 35	2 28	2 21	2 15	2 09	2 03	1 56	1 51	1 47
12	3 18	3 16	3 15	3 13	3 12	3 11	3 09	3 08	3 06	3 05	3 04	3 02	3 01	3 00
13	3 33	3 37	3 40	3 43	3 46	3 48	3 52	3 55	3 59	4 02	4 06	4 10	4 12	4 15
14	3 49	3 59	4 08	4 15	4 21	4 27	4 36	4 45	4 53	5 01	5 09	5 19	5 25	5 32
15	4 09	4 26	4 39	4 51	5 01	5 09	5 24	5 37	5 49	6 02	6 15	6 31	6 40	6 50
16	4 35	4 58	5 17	5 32	5 45	5 56	6 16	6 33	6 49	7 05	7 22	7 43	7 54	8 08
17	5 11	5 40	6 03	6 21	6 36	6 49	7 12	7 32	7 50	8 09	8 29	8 52	9 06	9 22

MOONSET

Lat.	−55°	−50°	−45°	−40°	−35°	−30°	−20°	−10°	0°	+10°	+20°	+30°	+35°	+40°
	h m	h m	h m	h m	h m	h m	h m	h m	h m	h m	h m	h m	h m	h m
Oct. 24	2 52	2 26	2 06	1 50	1 36	1 24	1 03	0 45	0 28	0 11	.. ..	.. ..	.. ..	.. ..
25	3 18	2 57	2 40	2 27	2 15	2 05	1 48	1 32	1 18	1 04	0 48	0 30	0 20	0 07
26	3 36	3 21	3 08	2 58	2 49	2 42	2 28	2 16	2 05	1 54	1 41	1 27	1 19	1 10
27	3 51	3 41	3 32	3 25	3 19	3 14	3 05	2 56	2 49	2 41	2 32	2 23	2 17	2 11
28	4 03	3 58	3 54	3 50	3 47	3 44	3 39	3 35	3 30	3 26	3 22	3 17	3 14	3 10
29	4 14	4 14	4 13	4 13	4 13	4 12	4 12	4 11	4 11	4 10	4 10	4 09	4 09	4 09
30	4 25	4 30	4 33	4 36	4 38	4 41	4 45	4 48	4 51	4 54	4 58	5 02	5 04	5 07
31	4 37	4 46	4 53	5 00	5 05	5 10	5 18	5 25	5 32	5 39	5 46	5 55	5 59	6 05
Nov. 1	4 50	5 04	5 16	5 25	5 33	5 41	5 53	6 04	6 14	6 25	6 36	6 48	6 56	7 04
2	5 06	5 26	5 41	5 54	6 05	6 14	6 31	6 45	6 58	7 12	7 26	7 43	7 53	8 04
3	5 28	5 52	6 11	6 27	6 40	6 52	7 12	7 29	7 45	8 01	8 19	8 39	8 51	9 04
4	5 56	6 25	6 48	7 06	7 21	7 34	7 56	8 16	8 34	8 52	9 12	9 35	9 48	10 03
5	6 35	7 08	7 32	7 51	8 08	8 22	8 46	9 06	9 26	9 45	10 05	10 29	10 43	11 00
6	7 28	8 01	8 25	8 44	9 01	9 15	9 39	9 59	10 18	10 38	10 58	11 22	11 36	11 52
7	8 34	9 04	9 26	9 44	9 59	10 12	10 35	10 54	11 12	11 30	11 49	12 11	12 23	12 38
8	9 50	10 15	10 34	10 49	11 02	11 13	11 33	11 49	12 05	12 20	12 37	12 55	13 06	13 19
9	11 13	11 32	11 46	11 58	12 08	12 17	12 32	12 45	12 57	13 09	13 22	13 37	13 45	13 54
10	12 39	12 51	13 01	13 09	13 15	13 21	13 31	13 40	13 48	13 57	14 05	14 15	14 20	14 27
11	14 08	14 13	14 18	14 21	14 24	14 27	14 32	14 36	14 39	14 43	14 47	14 51	14 54	14 57
12	15 38	15 37	15 36	15 35	15 35	15 34	15 33	15 32	15 31	15 30	15 29	15 28	15 27	15 26
13	17 11	17 03	16 57	16 51	16 47	16 43	16 36	16 30	16 24	16 18	16 12	16 05	16 01	15 57
14	18 46	18 31	18 19	18 09	18 01	17 53	17 41	17 29	17 19	17 09	16 58	16 46	16 38	16 30
15	20 21	19 59	19 41	19 27	19 15	19 05	18 47	18 32	18 17	18 03	17 48	17 30	17 20	17 09
16	21 51	21 23	21 01	20 43	20 29	20 16	19 54	19 36	19 18	19 01	18 42	18 20	18 08	17 53
17	23 10	22 37	22 13	21 54	21 38	21 23	21 00	20 39	20 20	20 01	19 40	19 16	19 02	18 46

.. .. indicates phenomenon will occur the next day.

MOONRISE AND MOONSET, 2020

UNIVERSAL TIME FOR MERIDIAN OF GREENWICH

MOONRISE

Lat.	+40°	+42°	+44°	+46°	+48°	+50°	+52°	+54°	+56°	+58°	+60°	+62°	+64°	+66°
	h m	h m	h m	h m	h m	h m	h m	h m	h m	h m	h m	h m	h m	h m
Oct. 24	14 11	14 16	14 22	14 29	14 36	14 44	14 53	15 03	15 14	15 26	15 41	15 58	16 20	16 47
25	14 44	14 49	14 54	14 59	15 05	15 11	15 18	15 25	15 34	15 43	15 54	16 06	16 21	16 39
26	15 13	15 17	15 20	15 24	15 28	15 33	15 37	15 43	15 49	15 55	16 03	16 11	16 21	16 32
27	15 39	15 41	15 43	15 45	15 48	15 51	15 54	15 57	16 01	16 04	16 09	16 14	16 20	16 26
28	16 03	16 03	16 04	16 05	16 06	16 07	16 08	16 10	16 11	16 12	16 14	16 16	16 18	16 21
29	16 25	16 25	16 24	16 24	16 23	16 23	16 22	16 21	16 21	16 20	16 19	16 18	16 17	16 15
30	16 49	16 47	16 45	16 43	16 41	16 39	16 36	16 34	16 31	16 27	16 24	16 20	16 15	16 10
31	17 13	17 10	17 07	17 04	17 00	16 56	16 52	16 47	16 42	16 36	16 30	16 22	16 14	16 04
Nov. 1	17 40	17 36	17 31	17 27	17 22	17 16	17 10	17 03	16 55	16 47	16 37	16 26	16 13	15 58
2	18 11	18 06	18 00	17 54	17 47	17 40	17 32	17 23	17 13	17 01	16 48	16 33	16 14	15 51
3	18 47	18 40	18 34	18 26	18 18	18 09	18 00	17 49	17 36	17 22	17 05	16 44	16 18	15 41
4	19 29	19 22	19 14	19 06	18 57	18 47	18 36	18 23	18 09	17 52	17 31	17 05	16 29	15 13
5	20 18	20 11	20 03	19 55	19 45	19 35	19 23	19 10	18 54	18 36	18 13	17 44	17 00	▢
6	21 15	21 08	21 00	20 52	20 43	20 33	20 21	20 09	19 54	19 37	19 15	18 48	18 09	▢
7	22 18	22 11	22 05	21 57	21 49	21 40	21 30	21 19	21 07	20 52	20 34	20 13	19 45	19 04
8	23 25	23 20	23 14	23 08	23 02	22 55	22 47	22 38	22 28	22 17	22 04	21 49	21 30	21 06
9	.. ..	.. ..	.. ..	.. ..	.. ..	.. ..	.. ..	.. ..	23 55	23 47	23 38	23 28	23 16	23 02
10	0 35	0 31	0 27	0 23	0 18	0 13	0 08	0 02	.. ..	.. ..	.. ..	.. ..	.. ..	.. ..
11	1 47	1 44	1 42	1 40	1 37	1 34	1 31	1 28	1 24	1 20	1 15	1 09	1 03	0 56
12	3 00	2 59	2 59	2 58	2 58	2 57	2 56	2 56	2 55	2 54	2 53	2 52	2 50	2 49
13	4 15	4 16	4 17	4 19	4 20	4 22	4 24	4 26	4 28	4 30	4 33	4 36	4 40	4 44
14	5 32	5 35	5 38	5 41	5 45	5 49	5 53	5 58	6 04	6 10	6 17	6 25	6 34	6 45
15	6 50	6 55	7 00	7 05	7 11	7 17	7 24	7 32	7 41	7 51	8 03	8 16	8 33	8 53
16	8 08	8 14	8 21	8 28	8 36	8 44	8 54	9 04	9 17	9 31	9 48	10 08	10 35	11 12
17	9 22	9 29	9 36	9 45	9 54	10 04	10 16	10 29	10 44	11 01	11 23	11 51	12 31	■

MOONSET

Lat.	+40°	+42°	+44°	+46°	+48°	+50°	+52°	+54°	+56°	+58°	+60°	+62°	+64°	+66°
	h m	h m	h m	h m	h m	h m	h m	h m	h m	h m	h m	h m	h m	h m
Oct. 24	.. ..	.. ..	23 56	23 50	23 43	23 36	23 27	23 18	23 08	22 56	22 41	22 25	22 04	21 37
25	0 07	0 02	.. ..	.. ..	.. ..	.. ..	.. ..	.. ..	.. ..	.. ..	.. ..	23 54	23 41	23 24
26	1 10	1 06	1 01	0 57	0 51	0 46	0 39	0 33	0 25	0 16	0 06	.. ..	.. ..	.. ..
27	2 11	2 08	2 05	2 02	1 58	1 54	1 50	1 46	1 41	1 35	1 28	1 21	1 12	1 02
28	3 10	3 09	3 07	3 05	3 04	3 02	2 59	2 57	2 54	2 51	2 48	2 44	2 40	2 35
29	4 09	4 08	4 08	4 08	4 08	4 08	4 07	4 07	4 07	4 06	4 06	4 05	4 05	4 04
30	5 07	5 08	5 09	5 10	5 12	5 13	5 15	5 17	5 19	5 21	5 23	5 26	5 30	5 33
31	6 05	6 07	6 10	6 13	6 16	6 19	6 23	6 27	6 31	6 36	6 42	6 48	6 55	7 04
Nov. 1	7 04	7 08	7 12	7 16	7 21	7 26	7 31	7 38	7 45	7 52	8 01	8 11	8 23	8 38
2	8 04	8 09	8 14	8 20	8 26	8 33	8 41	8 49	8 59	9 09	9 22	9 37	9 55	10 17
3	9 04	9 10	9 17	9 24	9 31	9 40	9 49	10 00	10 12	10 26	10 43	11 03	11 29	12 05
4	10 03	10 10	10 18	10 26	10 35	10 44	10 55	11 08	11 22	11 39	11 59	12 25	13 01	14 16
5	11 00	11 07	11 15	11 23	11 33	11 43	11 55	12 08	12 24	12 42	13 04	13 34	14 18	▢
6	11 52	11 59	12 07	12 15	12 24	12 34	12 46	12 59	13 14	13 31	13 53	14 20	15 00	▢
7	12 38	12 44	12 52	12 59	13 08	13 17	13 27	13 38	13 51	14 06	14 24	14 46	15 15	15 57
8	13 19	13 24	13 30	13 36	13 43	13 51	13 59	14 08	14 19	14 31	14 44	15 01	15 20	15 45
9	13 54	13 59	14 03	14 08	14 13	14 19	14 25	14 32	14 39	14 48	14 58	15 09	15 22	15 37
10	14 27	14 29	14 32	14 35	14 39	14 43	14 47	14 51	14 56	15 01	15 07	15 14	15 22	15 31
11	14 57	14 58	14 59	15 01	15 02	15 04	15 06	15 07	15 10	15 12	15 14	15 17	15 21	15 24
12	15 26	15 26	15 26	15 25	15 25	15 24	15 23	15 23	15 22	15 21	15 20	15 19	15 18	
13	15 57	15 55	15 53	15 51	15 48	15 46	15 43	15 40	15 36	15 33	15 28	15 24	15 18	15 12
14	16 30	16 27	16 23	16 19	16 14	16 10	16 04	15 59	15 52	15 45	15 37	15 28	15 18	15 05
15	17 09	17 03	16 58	16 52	16 46	16 39	16 31	16 22	16 13	16 02	15 50	15 35	15 18	14 57
16	17 53	17 47	17 40	17 33	17 24	17 15	17 05	16 54	16 42	16 27	16 09	15 48	15 21	14 43
17	18 46	18 39	18 31	18 22	18 13	18 02	17 51	17 38	17 23	17 05	16 43	16 15	15 34	■

▢ indicates Moon continuously above horizon.
■ indicates Moon continuously below horizon.
.. .. indicates phenomenon will occur the next day.

MOONRISE AND MOONSET, 2020

UNIVERSAL TIME FOR MERIDIAN OF GREENWICH

MOONRISE

Lat.	−55°	−50°	−45°	−40°	−35°	−30°	−20°	−10°	0°	+10°	+20°	+30°	+35°	+40°
	h m	h m	h m	h m	h m	h m	h m	h m	h m	h m	h m	h m	h m	h m
Nov. 16	4 35	4 58	5 17	5 32	5 45	5 56	6 16	6 33	6 49	7 05	7 22	7 43	7 54	8 08
17	5 11	5 40	6 03	6 21	6 36	6 49	7 12	7 32	7 50	8 09	8 29	8 52	9 06	9 22
18	6 00	6 33	6 57	7 17	7 33	7 47	8 11	8 32	8 52	9 11	9 32	9 57	10 11	10 27
19	7 04	7 36	8 00	8 19	8 35	8 49	9 12	9 32	9 51	10 10	10 30	10 54	11 07	11 23
20	8 18	8 46	9 07	9 24	9 38	9 50	10 11	10 30	10 47	11 04	11 22	11 43	11 55	12 09
21	9 36	9 58	10 15	10 29	10 41	10 51	11 08	11 24	11 38	11 52	12 07	12 24	12 34	12 46
22	10 53	11 09	11 22	11 32	11 41	11 49	12 02	12 14	12 25	12 36	12 47	13 01	13 08	13 17
23	12 08	12 18	12 27	12 34	12 40	12 45	12 54	13 02	13 09	13 16	13 24	13 33	13 38	13 44
24	13 21	13 26	13 30	13 33	13 36	13 39	13 43	13 47	13 50	13 54	13 58	14 02	14 05	14 08
25	14 32	14 32	14 31	14 31	14 31	14 31	14 31	14 31	14 31	14 31	14 31	14 31	14 31	14 31
26	15 42	15 37	15 33	15 29	15 26	15 23	15 19	15 15	15 11	15 07	15 03	14 59	14 56	14 53
27	16 54	16 43	16 35	16 28	16 22	16 16	16 07	15 59	15 52	15 45	15 37	15 28	15 23	15 17
28	18 06	17 50	17 38	17 27	17 18	17 10	16 57	16 45	16 34	16 24	16 12	15 59	15 52	15 43
29	19 20	18 58	18 41	18 27	18 16	18 06	17 48	17 33	17 19	17 05	16 50	16 33	16 24	16 13
30	20 33	20 06	19 45	19 28	19 14	19 02	18 41	18 23	18 07	17 50	17 32	17 12	17 00	16 47
Dec. 1	21 41	21 10	20 47	20 28	20 12	19 58	19 35	19 15	18 57	18 38	18 18	17 56	17 42	17 27
2	22 42	22 09	21 44	21 24	21 08	20 54	20 29	20 08	19 49	19 30	19 09	18 45	18 31	18 15
3	23 30	22 58	22 35	22 15	21 59	21 46	21 22	21 02	20 42	20 23	20 03	19 39	19 25	19 09
4	.. ..	23 39	23 18	23 01	22 46	22 34	22 12	21 53	21 36	21 18	20 59	20 38	20 25	20 10
5	0 07	.. ..	23 54	23 40	23 28	23 17	22 59	22 43	22 28	22 13	21 57	21 39	21 28	21 15
6	0 33	0 11	.. ..	.. ..	.. ..	23 57	23 43	23 31	23 19	23 08	22 55	22 41	22 33	22 22
7	0 54	0 38	0 25	0 14	0 05	.. ..	.. ..	.. ..	.. ..	.. ..	23 53	23 44	23 38	23 32
8	1 10	1 00	0 52	0 45	0 39	0 34	0 25	0 17	0 09	0 01	.. ..	.. ..	.. ..	.. ..
9	1 25	1 20	1 17	1 14	1 11	1 09	1 05	1 01	0 58	0 55	0 51	0 47	0 45	0 42
10	1 39	1 40	1 41	1 42	1 43	1 44	1 45	1 46	1 47	1 49	1 50	1 51	1 52	1 53

MOONSET

Lat.	−55°	−50°	−45°	−40°	−35°	−30°	−20°	−10°	0°	+10°	+20°	+30°	+35°	+40°
	h m	h m	h m	h m	h m	h m	h m	h m	h m	h m	h m	h m	h m	h m
Nov. 16	21 51	21 23	21 01	20 43	20 29	20 16	19 54	19 36	19 18	19 01	18 42	18 20	18 08	17 53
17	23 10	22 37	22 13	21 54	21 38	21 23	21 00	20 39	20 20	20 01	19 40	19 16	19 02	18 46
18	.. ..	23 38	23 14	22 55	22 39	22 25	22 01	21 40	21 21	21 01	20 40	20 16	20 02	19 45
19	0 10	.. ..	.. ..	23 45	23 31	23 18	22 56	22 36	22 18	22 00	21 41	21 18	21 05	20 49
20	0 53	0 25	0 03	.. ..	.. ..	.. ..	23 44	23 27	23 12	22 56	22 39	22 20	22 08	21 55
21	1 23	1 00	0 42	0 27	0 14	0 03	.. ..	.. ..	.. ..	23 48	23 35	23 19	23 10	23 00
22	1 44	1 26	1 12	1 01	0 51	0 42	0 27	0 14	0 01	.. ..	.. ..	.. ..	.. ..	.. ..
23	2 00	1 48	1 38	1 29	1 22	1 16	1 05	0 56	0 46	0 37	0 27	0 16	0 10	0 02
24	2 13	2 06	2 00	1 55	1 51	1 47	1 40	1 35	1 29	1 24	1 18	1 11	1 07	1 02
25	2 24	2 22	2 20	2 18	2 17	2 16	2 14	2 12	2 10	2 08	2 06	2 04	2 03	2 01
26	2 35	2 37	2 39	2 41	2 43	2 44	2 46	2 48	2 50	2 52	2 54	2 56	2 58	2 59
27	2 46	2 53	2 59	3 04	3 09	3 12	3 19	3 25	3 31	3 36	3 42	3 49	3 53	3 57
28	2 58	3 11	3 21	3 29	3 36	3 42	3 53	4 03	4 12	4 21	4 31	4 42	4 49	4 56
29	3 13	3 31	3 45	3 56	4 06	4 15	4 30	4 43	4 56	5 08	5 22	5 37	5 46	5 56
30	3 32	3 55	4 13	4 28	4 40	4 51	5 10	5 26	5 42	5 57	6 14	6 33	6 44	6 57
Dec. 1	3 58	4 26	4 47	5 05	5 19	5 32	5 54	6 13	6 31	6 48	7 07	7 29	7 42	7 57
2	4 34	5 05	5 29	5 49	6 05	6 18	6 42	7 03	7 22	7 41	8 01	8 25	8 39	8 55
3	5 22	5 55	6 20	6 40	6 56	7 10	7 34	7 55	8 15	8 34	8 55	9 19	9 33	9 49
4	6 24	6 55	7 19	7 38	7 53	8 07	8 30	8 50	9 08	9 27	9 46	10 09	10 22	10 37
5	7 37	8 04	8 24	8 41	8 55	9 07	9 27	9 45	10 01	10 17	10 35	10 55	11 06	11 20
6	8 58	9 18	9 34	9 48	9 59	10 08	10 25	10 39	10 53	11 06	11 20	11 36	11 46	11 56
7	10 21	10 35	10 47	10 56	11 04	11 11	11 23	11 33	11 43	11 53	12 03	12 14	12 21	12 28
8	11 46	11 54	12 00	12 05	12 10	12 14	12 21	12 27	12 32	12 38	12 44	12 50	12 54	12 58
9	13 12	13 13	13 15	13 16	13 17	13 18	13 19	13 20	13 21	13 22	13 24	13 25	13 26	13 26
10	14 40	14 35	14 31	14 28	14 25	14 23	14 19	14 15	14 11	14 08	14 04	14 00	13 58	13 55

.. .. indicates phenomenon will occur the next day.

MOONRISE AND MOONSET, 2020

UNIVERSAL TIME FOR MERIDIAN OF GREENWICH

MOONRISE

Lat.	+40°	+42°	+44°	+46°	+48°	+50°	+52°	+54°	+56°	+58°	+60°	+62°	+64°	+66°
	h m	h m	h m	h m	h m	h m	h m	h m	h m	h m	h m	h m	h m	h m
Nov. 16	8 08	8 14	8 21	8 28	8 36	8 44	8 54	9 04	9 17	9 31	9 48	10 08	10 35	11 12
17	9 22	9 29	9 36	9 45	9 54	10 04	10 16	10 29	10 44	11 01	11 23	11 51	12 31	■
18	10 27	10 35	10 43	10 52	11 01	11 12	11 24	11 38	11 54	12 12	12 36	13 07	13 55	■
19	11 23	11 30	11 38	11 46	11 55	12 05	12 17	12 29	12 44	13 01	13 22	13 48	14 26	15 47
20	12 09	12 15	12 22	12 29	12 37	12 45	12 55	13 06	13 18	13 32	13 48	14 08	14 34	15 08
21	12 46	12 51	12 56	13 02	13 09	13 15	13 23	13 31	13 41	13 52	14 04	14 18	14 35	14 57
22	13 17	13 21	13 25	13 29	13 34	13 39	13 44	13 51	13 57	14 05	14 14	14 24	14 35	14 49
23	13 44	13 46	13 49	13 52	13 55	13 58	14 02	14 06	14 10	14 15	14 21	14 27	14 34	14 42
24	14 08	14 09	14 10	14 12	14 13	14 15	14 17	14 19	14 21	14 23	14 26	14 29	14 32	14 36
25	14 31	14 31	14 31	14 31	14 31	14 31	14 31	14 31	14 31	14 31	14 31	14 31	14 31	14 31
26	14 53	14 52	14 51	14 49	14 48	14 46	14 44	14 42	14 40	14 38	14 35	14 32	14 29	14 25
27	15 17	15 15	15 12	15 09	15 06	15 03	14 59	14 55	14 51	14 46	14 40	14 34	14 27	14 19
28	15 43	15 39	15 35	15 31	15 26	15 21	15 16	15 10	15 03	14 56	14 47	14 37	14 26	14 13
29	16 13	16 08	16 02	15 57	15 50	15 44	15 36	15 28	15 19	15 08	14 57	14 43	14 26	14 06
30	16 47	16 41	16 34	16 27	16 20	16 11	16 02	15 52	15 40	15 26	15 11	14 52	14 28	13 57
Dec. 1	17 27	17 20	17 13	17 05	16 56	16 46	16 35	16 23	16 09	15 53	15 33	15 09	14 35	13 39
2	18 15	18 07	17 59	17 51	17 41	17 31	17 19	17 06	16 50	16 32	16 10	15 41	14 57	□
3	19 09	19 02	18 54	18 46	18 36	18 26	18 14	18 01	17 46	17 28	17 06	16 37	15 54	□
4	20 10	20 04	19 56	19 49	19 40	19 31	19 20	19 09	18 55	18 39	18 20	17 57	17 25	16 33
5	21 15	21 10	21 04	20 57	20 50	20 43	20 34	20 24	20 14	20 01	19 47	19 29	19 07	18 39
6	22 23	22 19	22 14	22 10	22 04	21 58	21 52	21 45	21 37	21 28	21 18	21 06	20 52	20 35
7	23 32	23 29	23 26	23 23	23 20	23 16	23 12	23 08	23 03	22 57	22 51	22 44	22 36	22 26
8	.. ..	.. ..	.. ..	.. ..	.. ..	.. ..	.. ..	.. ..	.. ..	.. ..	.. ..	.. ..	.. ..	.. ..
9	0 42	0 41	0 40	0 38	0 37	0 35	0 34	0 32	0 30	0 27	0 25	0 22	0 19	0 15
10	1 53	1 54	1 54	1 55	1 55	1 56	1 57	1 57	1 58	1 59	2 00	2 01	2 03	2 04

MOONSET

Lat.	+40°	+42°	+44°	+46°	+48°	+50°	+52°	+54°	+56°	+58°	+60°	+62°	+64°	+66°
	h m	h m	h m	h m	h m	h m	h m	h m	h m	h m	h m	h m	h m	h m
Nov. 16	17 53	17 47	17 40	17 33	17 24	17 15	17 05	16 54	16 42	16 27	16 09	15 48	15 21	14 43
17	18 46	18 39	18 31	18 22	18 13	18 02	17 51	17 38	17 23	17 05	16 43	16 15	15 34	■
18	19 45	19 38	19 30	19 21	19 12	19 01	18 49	18 35	18 19	18 01	17 37	17 07	16 18	■
19	20 49	20 43	20 35	20 27	20 18	20 08	19 57	19 45	19 30	19 13	18 53	18 27	17 50	16 29
20	21 55	21 49	21 43	21 36	21 28	21 20	21 11	21 01	20 49	20 35	20 19	20 00	19 35	19 01
21	23 00	22 55	22 50	22 45	22 39	22 32	22 25	22 17	22 08	21 58	21 47	21 33	21 17	20 57
22	.. ..	23 59	23 55	23 51	23 47	23 43	23 38	23 32	23 26	23 19	23 12	23 03	22 52	22 40
23	0 02	.. ..	.. ..	.. ..	.. ..	.. ..	.. ..	.. ..	.. ..	.. ..	.. ..	.. ..	.. ..	.. ..
24	1 02	1 00	0 58	0 56	0 54	0 51	0 48	0 45	0 41	0 37	0 33	0 28	0 22	0 15
25	2 01	2 01	2 00	1 59	1 58	1 57	1 57	1 55	1 54	1 53	1 52	1 50	1 48	1 46
26	2 59	3 00	3 01	3 01	3 02	3 03	3 04	3 05	3 06	3 08	3 09	3 11	3 13	3 15
27	3 57	3 59	4 01	4 04	4 06	4 09	4 12	4 15	4 19	4 22	4 27	4 32	4 38	4 45
28	4 56	5 00	5 03	5 07	5 11	5 15	5 20	5 26	5 32	5 38	5 46	5 55	6 05	6 17
29	5 56	6 01	6 06	6 11	6 17	6 23	6 30	6 37	6 46	6 56	7 07	7 20	7 36	7 55
30	6 57	7 02	7 09	7 15	7 23	7 31	7 39	7 49	8 01	8 14	8 29	8 47	9 10	9 41
Dec. 1	7 57	8 04	8 11	8 19	8 27	8 37	8 47	8 59	9 13	9 29	9 48	10 13	10 46	11 42
2	8 55	9 02	9 10	9 19	9 28	9 39	9 50	10 03	10 19	10 37	10 59	11 28	12 11	□
3	9 49	9 56	10 04	10 13	10 22	10 33	10 44	10 58	11 13	11 31	11 53	12 22	13 05	□
4	10 37	10 44	10 52	11 00	11 08	11 18	11 29	11 41	11 55	12 11	12 30	12 54	13 26	14 19
5	11 20	11 25	11 32	11 39	11 46	11 54	12 03	12 13	12 25	12 38	12 53	13 11	13 33	14 02
6	11 56	12 01	12 06	12 11	12 17	12 23	12 30	12 38	12 47	12 56	13 07	13 20	13 35	13 53
7	12 28	12 32	12 35	12 39	12 43	12 48	12 52	12 58	13 03	13 10	13 17	13 26	13 35	13 46
8	12 58	13 00	13 02	13 04	13 06	13 09	13 11	13 14	13 17	13 21	13 25	13 29	13 34	13 40
9	13 26	13 27	13 27	13 27	13 28	13 28	13 29	13 29	13 30	13 30	13 31	13 32	13 33	13 34
10	13 55	13 54	13 52	13 51	13 50	13 48	13 46	13 44	13 42	13 40	13 38	13 35	13 31	13 28

□ indicates Moon continuously above horizon.
■ indicates Moon continuously below horizon.
.. .. indicates phenomenon will occur the next day.

MOONRISE AND MOONSET, 2020
UNIVERSAL TIME FOR MERIDIAN OF GREENWICH
MOONRISE

Lat.	−55°	−50°	−45°	−40°	−35°	−30°	−20°	−10°	0°	+10°	+20°	+30°	+35°	+40°
	h m	h m	h m	h m	h m	h m	h m	h m	h m	h m	h m	h m	h m	h m
Dec. 9	1 25	1 20	1 17	1 14	1 11	1 09	1 05	1 01	0 58	0 55	0 51	0 47	0 45	0 42
10	1 39	1 40	1 41	1 42	1 43	1 44	1 45	1 46	1 47	1 49	1 50	1 51	1 52	1 53
11	1 53	2 01	2 07	2 12	2 16	2 20	2 27	2 33	2 38	2 44	2 50	2 58	3 02	3 07
12	2 10	2 24	2 35	2 44	2 52	2 59	3 11	3 22	3 32	3 42	3 53	4 06	4 13	4 22
13	2 32	2 52	3 08	3 21	3 33	3 42	4 00	4 15	4 29	4 43	4 59	5 16	5 27	5 39
14	3 02	3 28	3 49	4 05	4 20	4 32	4 53	5 12	5 29	5 46	6 05	6 27	6 40	6 55
15	3 44	4 15	4 39	4 58	5 14	5 28	5 51	6 12	6 31	6 50	7 11	7 35	7 49	8 06
16	4 41	5 14	5 38	5 58	6 14	6 28	6 53	7 13	7 33	7 52	8 13	8 37	8 51	9 08
17	5 53	6 23	6 45	7 03	7 19	7 32	7 54	8 14	8 32	8 50	9 09	9 32	9 45	10 00
18	7 12	7 36	7 55	8 11	8 24	8 35	8 54	9 11	9 27	9 42	9 59	10 18	10 29	10 42
19	8 32	8 51	9 05	9 17	9 27	9 36	9 52	10 05	10 17	10 30	10 43	10 58	11 07	11 16
20	9 50	10 03	10 13	10 21	10 28	10 34	10 45	10 55	11 04	11 12	11 22	11 32	11 39	11 45
21	11 05	11 12	11 17	11 22	11 26	11 30	11 36	11 42	11 47	11 52	11 57	12 03	12 07	12 11
22	12 17	12 19	12 20	12 22	12 23	12 24	12 25	12 27	12 28	12 29	12 31	12 32	12 33	12 34
23	13 28	13 25	13 22	13 20	13 18	13 16	13 13	13 11	13 08	13 06	13 03	13 01	12 59	12 57
24	14 39	14 31	14 24	14 18	14 13	14 09	14 01	13 55	13 49	13 43	13 36	13 29	13 25	13 21
25	15 51	15 37	15 26	15 17	15 09	15 02	14 50	14 40	14 31	14 21	14 11	13 59	13 53	13 45
26	17 04	16 45	16 29	16 17	16 06	15 57	15 41	15 27	15 14	15 02	14 48	14 32	14 24	14 13
27	18 18	17 53	17 33	17 18	17 05	16 53	16 34	16 17	16 01	15 45	15 28	15 09	14 58	14 46
28	19 29	18 59	18 37	18 18	18 03	17 50	17 28	17 08	16 50	16 32	16 13	15 51	15 38	15 24
29	20 34	20 01	19 36	19 17	19 01	18 46	18 22	18 02	17 43	17 23	17 03	16 39	16 25	16 09
30	21 27	20 55	20 30	20 11	19 55	19 41	19 17	18 56	18 36	18 17	17 56	17 32	17 18	17 02
31	22 08	21 39	21 17	20 59	20 44	20 31	20 09	19 49	19 31	19 13	18 53	18 31	18 17	18 02
32	22 38	22 14	21 56	21 41	21 28	21 17	20 57	20 40	20 25	20 09	19 52	19 32	19 21	19 07
33	23 01	22 43	22 29	22 17	22 07	21 58	21 43	21 29	21 17	21 04	20 50	20 35	20 26	20 15

MOONSET

Lat.	−55°	−50°	−45°	−40°	−35°	−30°	−20°	−10°	0°	+10°	+20°	+30°	+35°	+40°
	h m	h m	h m	h m	h m	h m	h m	h m	h m	h m	h m	h m	h m	h m
Dec. 9	13 12	13 13	13 15	13 16	13 17	13 18	13 19	13 20	13 21	13 22	13 24	13 25	13 26	13 26
10	14 40	14 35	14 31	14 28	14 25	14 23	14 19	14 15	14 11	14 08	14 04	14 00	13 58	13 55
11	16 10	15 59	15 50	15 42	15 36	15 30	15 20	15 11	15 03	14 55	14 47	14 37	14 32	14 25
12	17 43	17 25	17 10	16 58	16 48	16 39	16 24	16 11	15 59	15 46	15 33	15 18	15 10	15 00
13	19 16	18 50	18 31	18 15	18 02	17 50	17 30	17 13	16 57	16 41	16 24	16 05	15 53	15 40
14	20 41	20 11	19 47	19 29	19 13	19 00	18 37	18 17	17 58	17 40	17 20	16 57	16 44	16 28
15	21 53	21 20	20 55	20 36	20 19	20 05	19 41	19 20	19 01	18 41	18 20	17 56	17 41	17 25
16	22 46	22 15	21 52	21 33	21 17	21 04	20 41	20 20	20 01	19 42	19 22	18 58	18 44	18 28
17	23 22	22 56	22 36	22 20	22 06	21 54	21 34	21 16	20 59	20 42	20 23	20 02	19 50	19 35
18	23 48	23 27	23 12	22 58	22 47	22 37	22 20	22 06	21 52	21 37	21 22	21 05	20 55	20 43
19	.. ..	23 51	23 40	23 30	23 22	23 15	23 02	22 51	22 40	22 29	22 18	22 05	21 57	21 48
20	0 06	.. ..	.. ..	23 57	23 52	23 47	23 39	23 32	23 25	23 18	23 10	23 01	22 56	22 51
21	0 20	0 11	0 04	.. ..	.. ..	.. ..	.. ..	.. ..	.. ..	.. ..	.. ..	23 56	23 54	23 51
22	0 32	0 28	0 25	0 22	0 19	0 17	0 13	0 10	0 07	0 03	0 00	.. ..	.. ..	.. ..
23	0 43	0 44	0 44	0 45	0 45	0 46	0 46	0 47	0 47	0 48	0 48	0 49	0 49	0 50
24	0 54	0 59	1 04	1 08	1 11	1 14	1 19	1 24	1 28	1 32	1 36	1 42	1 45	1 48
25	1 06	1 16	1 25	1 32	1 38	1 43	1 53	2 01	2 09	2 17	2 25	2 34	2 40	2 46
26	1 19	1 35	1 48	1 58	2 07	2 15	2 28	2 40	2 51	3 03	3 15	3 28	3 37	3 46
27	1 37	1 58	2 14	2 28	2 39	2 49	3 07	3 22	3 36	3 51	4 06	4 24	4 34	4 46
28	2 00	2 26	2 46	3 03	3 16	3 29	3 49	4 07	4 24	4 41	4 59	5 20	5 33	5 47
29	2 32	3 02	3 25	3 44	4 00	4 13	4 36	4 56	5 15	5 34	5 54	6 17	6 31	6 47
30	3 16	3 49	4 14	4 33	4 50	5 04	5 28	5 49	6 08	6 28	6 49	7 13	7 27	7 43
31	4 14	4 47	5 11	5 30	5 46	6 00	6 23	6 44	7 03	7 22	7 42	8 05	8 19	8 34
32	5 26	5 54	6 15	6 33	6 47	7 00	7 21	7 40	7 57	8 14	8 32	8 53	9 05	9 19
33	6 45	7 08	7 25	7 40	7 52	8 02	8 20	8 35	8 50	9 04	9 19	9 36	9 46	9 58

.. .. indicates phenomenon will occur the next day.

MOONRISE AND MOONSET, 2020

UNIVERSAL TIME FOR MERIDIAN OF GREENWICH

MOONRISE

Lat.	+40°	+42°	+44°	+46°	+48°	+50°	+52°	+54°	+56°	+58°	+60°	+62°	+64°	+66°
	h m	h m	h m	h m	h m	h m	h m	h m	h m	h m	h m	h m	h m	h m
Dec. 9	0 42	0 41	0 40	0 38	0 37	0 35	0 34	0 32	0 30	0 27	0 25	0 22	0 19	0 15
10	1 53	1 54	1 54	1 55	1 55	1 56	1 57	1 57	1 58	1 59	2 00	2 01	2 03	2 04
11	3 07	3 09	3 11	3 13	3 16	3 19	3 22	3 25	3 29	3 33	3 38	3 44	3 50	3 57
12	4 22	4 26	4 30	4 34	4 39	4 44	4 50	4 56	5 03	5 11	5 20	5 30	5 43	5 58
13	5 39	5 44	5 50	5 56	6 03	6 10	6 19	6 28	6 38	6 50	7 04	7 21	7 41	8 08
14	6 55	7 01	7 08	7 16	7 25	7 34	7 45	7 57	8 10	8 26	8 45	9 10	9 42	10 37
15	8 06	8 13	8 21	8 30	8 39	8 50	9 02	9 15	9 31	9 49	10 13	10 43	11 30	■
16	9 08	9 15	9 23	9 32	9 41	9 52	10 04	10 17	10 33	10 51	11 14	11 43	12 28	■
17	10 00	10 06	10 14	10 21	10 30	10 39	10 50	11 02	11 15	11 31	11 50	12 13	12 44	13 31
18	10 42	10 47	10 54	11 00	11 07	11 15	11 23	11 33	11 44	11 56	12 10	12 27	12 48	13 14
19	11 16	11 21	11 25	11 30	11 36	11 42	11 48	11 55	12 03	12 12	12 23	12 34	12 48	13 05
20	11 45	11 49	11 52	11 55	11 59	12 03	12 08	12 12	12 18	12 24	12 31	12 38	12 47	12 57
21	12 11	12 13	12 15	12 17	12 19	12 21	12 24	12 26	12 29	12 33	12 36	12 41	12 46	12 51
22	12 34	12 35	12 35	12 36	12 37	12 37	12 38	12 39	12 39	12 40	12 41	12 42	12 44	12 45
23	12 57	12 56	12 56	12 55	12 54	12 53	12 52	12 50	12 49	12 48	12 46	12 44	12 42	12 39
24	13 21	13 18	13 16	13 14	13 11	13 09	13 06	13 03	12 59	12 55	12 51	12 46	12 40	12 34
25	13 45	13 42	13 39	13 35	13 31	13 26	13 22	13 16	13 11	13 04	12 57	12 49	12 39	12 28
26	14 13	14 09	14 04	13 59	13 53	13 47	13 40	13 33	13 25	13 16	13 05	12 53	12 38	12 21
27	14 46	14 40	14 34	14 27	14 20	14 12	14 04	13 54	13 44	13 31	13 17	13 00	12 40	12 13
28	15 24	15 17	15 10	15 02	14 54	14 45	14 34	14 23	14 10	13 54	13 36	13 14	12 44	12 01
29	16 09	16 02	15 54	15 46	15 36	15 26	15 15	15 02	14 47	14 29	14 07	13 39	12 59	▭
30	17 02	16 55	16 47	16 38	16 29	16 18	16 07	15 53	15 38	15 19	14 57	14 27	13 43	▭
31	18 02	17 55	17 48	17 40	17 31	17 21	17 10	16 58	16 44	16 27	16 07	15 41	15 06	13 56
32	19 07	19 01	18 55	18 48	18 41	18 32	18 23	18 13	18 01	17 48	17 32	17 12	16 48	16 14
33	20 15	20 11	20 06	20 00	19 54	19 48	19 41	19 33	19 24	19 15	19 03	18 50	18 33	18 13

MOONSET

	+40°	+42°	+44°	+46°	+48°	+50°	+52°	+54°	+56°	+58°	+60°	+62°	+64°	+66°
	h m	h m	h m	h m	h m	h m	h m	h m	h m	h m	h m	h m	h m	h m
Dec. 9	13 26	13 27	13 27	13 27	13 28	13 28	13 29	13 29	13 30	13 30	13 31	13 32	13 33	13 34
10	13 55	13 54	13 52	13 51	13 50	13 48	13 46	13 44	13 42	13 40	13 38	13 35	13 31	13 28
11	14 25	14 23	14 20	14 17	14 13	14 10	14 06	14 01	13 56	13 51	13 45	13 38	13 30	13 21
12	15 00	14 56	14 51	14 46	14 41	14 35	14 28	14 21	14 14	14 05	13 55	13 43	13 30	13 13
13	15 40	15 35	15 28	15 22	15 14	15 06	14 58	14 48	14 37	14 24	14 10	13 52	13 31	13 03
14	16 28	16 22	16 14	16 06	15 57	15 47	15 37	15 24	15 10	14 54	14 34	14 10	13 37	12 41
15	17 25	17 17	17 09	17 01	16 51	16 40	16 28	16 15	15 59	15 40	15 17	14 47	13 59	■
16	18 28	18 21	18 13	18 05	17 55	17 45	17 33	17 20	17 05	16 46	16 24	15 54	15 10	■
17	19 35	19 29	19 22	19 14	19 06	18 57	18 47	18 35	18 22	18 07	17 49	17 26	16 56	16 09
18	20 43	20 37	20 32	20 26	20 19	20 12	20 04	19 55	19 44	19 33	19 19	19 03	18 43	18 18
19	21 48	21 44	21 40	21 35	21 31	21 25	21 19	21 13	21 06	20 57	20 48	20 37	20 24	20 09
20	22 51	22 48	22 46	22 43	22 39	22 36	22 32	22 28	22 24	22 19	22 13	22 06	21 58	21 49
21	23 51	23 50	23 49	23 47	23 46	23 44	23 43	23 41	23 39	23 36	23 34	23 31	23 27	23 23
22	..	..	..	..	..	..	..	..	..	..	..	..	..	..
23	0 50	0 50	0 50	0 50	0 50	0 51	0 51	0 51	0 52	0 52	0 52	0 53	0 53	0 54
24	1 48	1 49	1 51	1 53	1 55	1 57	1 59	2 01	2 04	2 07	2 10	2 14	2 18	2 23
25	2 46	2 49	2 52	2 55	2 59	3 03	3 07	3 11	3 16	3 22	3 28	3 36	3 44	3 54
26	3 46	3 50	3 54	3 59	4 04	4 10	4 16	4 23	4 30	4 39	4 49	5 00	5 13	5 30
27	4 46	4 51	4 57	5 03	5 10	5 17	5 26	5 35	5 45	5 57	6 10	6 27	6 47	7 12
28	5 47	5 53	6 00	6 08	6 16	6 25	6 35	6 46	6 59	7 14	7 32	7 54	8 22	9 06
29	6 47	6 54	7 01	7 10	7 19	7 29	7 40	7 53	8 08	8 26	8 47	9 15	9 55	▭
30	7 43	7 50	7 58	8 07	8 17	8 27	8 39	8 52	9 08	9 26	9 49	10 18	11 03	▭
31	8 34	8 41	8 49	8 57	9 06	9 16	9 27	9 40	9 54	10 11	10 32	10 58	11 34	12 44
32	9 19	9 25	9 32	9 39	9 47	9 56	10 05	10 16	10 28	10 42	10 59	11 19	11 44	12 18
33	9 58	10 03	10 08	10 14	10 21	10 27	10 35	10 43	10 53	11 03	11 16	11 30	11 47	12 08

▭ indicates Moon continuously above horizon.
■ indicates Moon continuously below horizon.
.. .. indicates phenomenon will occur the next day.

CONTENTS OF THE ECLIPSE SECTION

SUMMARY OF ECLIPSES AND TRANSITS FOR 2020

There are six eclipses, two of the Sun and four of the Moon. All times are expressed in Universal Time using $\Delta T = +70^s.0$. There are no transits of Mercury or Venus across the Sun.

I. *A penumbral eclipse of the Moon*, January 10. See map on page A84. The eclipse begins at $17^h\ 06^m$ and ends at $21^h\ 14^m$. It is visible from Australia, Asia, Europe, Africa, extreme eastern South America, northern North America, the Atlantic Ocean, the Indian Ocean and the Pacific Ocean.

II. *A penumbral eclipse of the Moon*, June 5. See map on page A85. The eclipse begins at $17^h\ 43^m$ and ends at $21^h\ 07^m$. It is visible from Australia, Antarctica, Asia, Africa, Europe, eastern South America, the Indian Ocean, the south Atlantic Ocean, and the western Pacific Ocean.

III. *An annular eclipse of the Sun*, June 21. See map on page A87. The eclipse begins at $03^h\ 46^m$ and ends at $09^h\ 34^m$. Maximum duration of annularity is $1^m\ 17^s$. It is visible from Africa, eastern Europe, Asia, extreme northern Australia, the Indian Ocean, and the Pacific Ocean.

IV. *A penumbral eclipse of the Moon*, July 5. See map on page A91. The eclipse begins at $03^h\ 04^m$ and ends at $05^h\ 56^m$. It is visible from Antarctica, Africa, western Europe, South America, North America, the Atlantic Ocean, and the eastern Pacific Ocean.

V. *A penumbral eclipse of the Moon*, November 30. See map on page A92. The eclipse begins at $07^h\ 30^m$ and ends at $11^h\ 56^m$. It is visible from northwestern Europe, South America, North America, Australia, Asia, the north Atlantic Ocean, and the Pacific Ocean.

VI. *A total eclipse of the Sun*, December 14. See map on page A94. The eclipse begins at $13^h\ 34^m$ and ends at $18^h\ 53^m$. Maximum duration of totality is $2^m\ 14^s$. It is visible from southern South America, Antarctica, southwestern Africa, the Pacific Ocean, and the south Atlantic Ocean.

Local circumstances and animations for upcoming eclipses can be found on *The Astronomical Almanac Online* at http://asa.hmnao.com or http://asa.usno.navy.mil.

Local circumstances and animations for upcoming eclipses can be found on *The Astronomical Almanac Online* at http://asa.hmnao.com or http://asa.usno.navy.mil.

General Information

The elements and circumstances are computed according to Bessel's method from apparent right ascensions and declinations of the Sun and Moon. Semidiameters of the Sun and Moon used in the calculation of eclipses do not include irradiation. The adopted semidiameter of the Sun at unit distance is $15'\ 59''.64$ from the IAU (1976) Astronomical Constants. The apparent semidiameter of the Moon is equal to arcsin $(k \sin \pi)$, where π is the Moon's horizontal parallax and k is an adopted constant. In 1982, the IAU adopted $k = 0.272\ 5076$, corresponding to the mean radius of Watts' datum as determined by observations of occultations and to the adopted radius of the Earth.

Standard corrections of $+0''.5$ and $-0''.25$ have been applied to the longitude and latitude of the Moon, respectively, to help correct for the difference between the center of figure and the center of mass.

Refraction is neglected in calculating solar and lunar eclipses. Because the circumstances of eclipses are calculated for the surface of the ellipsoid, refraction is not included in Besselian element polynomials. For local predictions, corrections for refraction are unnecessary; they are required only in precise comparisons of theory with observation in which many other refinements are also necessary.

All time arguments are given provisionally in Universal Time, using $\Delta T(A) = +70^s.0$. Once an updated value of ΔT is known, the data on these pages may be expressed in Universal Time as follows:

Define $\delta T = \Delta T - \Delta T(A)$, in units of seconds of time.

Change the times of circumstances given in preliminary Universal Time by subtracting δT.

Correct the tabulated longitudes, $\lambda(A)$, using $\lambda = \lambda(A) + 0.00417807 \times \delta T$ (longitudes are in degrees).

Leave all other quantities unchanged.

The correction of δT is included in the Besselian elements.

Longitude is positive to the east, and negative to the west.

Explanation of Solar Eclipse Diagram

The solar eclipse diagrams in *The Astronomical Almanac* show the region over which different phases of each eclipse may be seen and the times at which these phases occur. Each diagram has a series of dashed curves that show the outline of the Moon's penumbra on the Earth's surface at one-hour intervals. Short dashes show the leading edge, and long dashes show the trailing edge. Except for certain extreme cases, the shadow outline moves generally from west to east. The Moon's shadow cone first contacts the Earth's surface where "First Contact" is indicated on the diagram. "Last Contact" is where the Moon's shadow cone last contacts the Earth's surface. The path of the central eclipse, whether for a total, annular, or annular-total eclipse, is marked by two closely spaced curves that cut across all of the dashed curves. These two curves mark the extent of the Moon's umbral shadow on the Earth's surface. Viewers within these boundaries will observe a total, annular, or annular-total eclipse, and viewers outside these boundaries will see a partial eclipse.

Solid curves labeled "Northern" and "Southern Limit of Eclipse" represent the furthest extent north or south of the Moon's penumbra on the Earth's surface. Viewers outside of these boundaries will not experience any eclipse. When only one of these two curves appears, only part of the Moon's penumbra touches the Earth; the other part is projected into space north or south of the Earth. The solid curves labeled "Eclipse begins at Sunset" and "Eclipse ends at Sunrise" define the other limits.

Another set of solid curves appears on some diagrams as two teardrop shapes (or lobes) on either end of the eclipse path, and on other diagrams as a distorted figure eight. These lobes represent in time the intersection of the Moon's penumbra with the Earth's terminator as the eclipse progresses. As time elapses, the Earth's terminator moves east-to-west while the Moon's penumbra moves west-to-east. These lobes connect to form an elongated figure eight on a diagram when part of the Moon's penumbra stays in contact with the Earth's terminator throughout the eclipse. The lobes become two separate teardrop shapes when the Moon's penumbra breaks contact with the Earth's terminator during the beginning of the eclipse and reconnects with it near the end. In the east, the outer portion of the lobe is labeled "Eclipse begins at Sunset" and marks the first contact between the Moon's penumbra and Earth's terminator in the east. Observers on this curve just fail to see the eclipse. The inner part of the lobe is labeled "Eclipse ends at Sunset" and marks the last contact between the Moon's penumbra and the Earth's terminator in the east. Observers on this curve just see the whole eclipse. The curve bisecting this lobe is labeled "Maximum Eclipse at Sunset" and is part of the sunset terminator at maximum eclipse. Viewers in the eastern half of the lobe will see the Sun set before maximum eclipse; *i.e.* see less than half of the eclipse. Viewers in the western half of the lobe will see the Sun set after maximum eclipse; *i.e.* see more than half of the eclipse. A similar description holds for the western lobe except everything occurs at sunrise instead of sunset.

Computing Local Circumstances for Solar Eclipses

The solar eclipse maps show the path of the eclipse, beginning and ending times of the eclipse, and the region of visibility, including restrictions due to rising and setting of the Sun. The short-dash and long-dash lines show, respectively, the progress of the leading and trailing edge of the penumbra; thus, at a given location, the times of the first and last contact may be interpolated. If further precision is desired, Besselian elements can be utilized.

Besselian elements characterize the geometric position of the shadow of the Moon relative to the Earth. The exterior tangents to the surfaces of the Sun and Moon form the umbral cone; the interior tangents form the penumbral cone. The common axis of these two cones is the axis of the shadow. To form a system of geocentric rectangular coordinates, the geocentric plane perpendicular to the axis of the shadow is taken as the xy-plane. This is called the fundamental plane. The x-axis is the intersection of the fundamental plane with the plane of the equator; it is positive toward the east. The y-axis is positive toward the north. The z-axis is parallel to the axis of the shadow and is positive toward the Moon. The tabular values of x and y are the coordinates, in units of the Earth's equatorial radius, of the intersection of the axis of the shadow with the fundamental plane. The direction of the axis of the shadow is specified by the declination d and hour angle μ of the point on the celestial sphere toward which the axis is directed.

The radius of the umbral cone is regarded as positive for an annular eclipse and negative for a total eclipse. The angles f_1 and f_2 are the angles at which the tangents that form the penumbral and umbral cones, respectively, intersect the axis of the shadow.

To predict accurate local circumstances, calculate the geocentric coordinates $\rho \sin \phi'$ and $\rho \cos \phi'$ from the geodetic latitude ϕ and longitude λ, using the relationships given on pages K11–K12 of *The Astronomical Almanac*. Inclusion of the height h in this calculation is all that is necessary to obtain the local circumstances at high altitudes.

Obtain approximate times for the beginning, middle and end of the eclipse from the eclipse map. For each of these three times, compute — from the Besselian element polynomials — the values of x, y, $\sin d$, $\cos d$, μ and l_1 (the radius of the penumbra on the fundamental plane). If the eclipse is central (i.e., total, annular or annular-total), then, at the approximate time of the middle of the eclipse, l_2 (the radius of the umbra on the fundamental plane) is required instead of l_1. The hourly variations x', y' of x and y are needed, and may be obtained by evaluating the derivative of the polynomial expressions for x and y. Values of μ', d', $\tan f_1$ and $\tan f_2$ are nearly constant throughout the eclipse and are given immediately following the Besselian polynomials.

For each of the three approximate times, calculate the coordinates ξ, η, ζ for the observer and the hourly variations ξ' and η' from

$$\xi = \rho \cos \phi' \sin \theta,$$
$$\eta = \rho \sin \phi' \cos d - \rho \cos \phi' \sin d \cos \theta,$$
$$\zeta = \rho \sin \phi' \sin d + \rho \cos \phi' \cos d \cos \theta,$$
$$\xi' = \mu' \rho \cos \phi' \cos \theta,$$
$$\eta' = \mu' \xi \sin d - \zeta d',$$

where

$$\theta = \mu + \lambda$$

for longitudes measured positive towards the east.

Next, calculate

$$
\begin{aligned}
u &= x - \xi & u' &= x' - \xi' \\
v &= y - \eta & v' &= y' - \eta' \\
m^2 &= u^2 + v^2 & n^2 &= u'^2 + v'^2 & (m, n > 0)
\end{aligned}
$$
$$L_i = l_i - \zeta \tan f_i$$
$$D = uu' + vv'$$
$$\Delta = \tfrac{1}{n}(uv' - u'v)$$
$$\sin \psi = \tfrac{\Delta}{L_i},$$

where $i = 1, 2$.

At the approximate times of the beginning and end of the eclipse, L_1 is required. At the approximate time of the middle of the eclipse, L_2 is required if the eclipse is central; L_1 is required if the eclipse is partial.

Neglecting the variation of L, the correction τ to be applied to the approximate time of the middle of the eclipse to obtain the *Universal Time of greatest phase* (in hours) is

$$\tau = -\frac{D}{n^2},$$

which may be expressed in minutes by multiplying by 60. The correction τ to be applied to the approximate times of the beginning and end of the eclipse to obtain the *Universal Times of the penumbral contacts* (in hours) is

$$\tau = \frac{L_1}{n} \cos \psi - \frac{D}{n^2},$$

which may be expressed in minutes by multiplying by 60.

If the eclipse is central, use the approximate time for the middle of the eclipse as a first approximation to the times of umbral contact. The correction τ to be applied to obtain the *Universal Times of the umbral contacts* is

$$\tau = \frac{L_2}{n} \cos \psi - \frac{D}{n^2},$$

which may be expressed in minutes by multiplying by 60.

In the last two equations, the ambiguity in the quadrant of ψ is removed by noting that $\cos \psi$ must be *negative* for the beginning of the eclipse, for the beginning of the annular phase, or for the end of the total phase; $\cos \psi$ must be *positive* for the end of the eclipse, the end of the annular phase, or the beginning of the total phase.

For greater accuracy, the times resulting from the calculation outlined above should be used in place of the original approximate times, and the entire procedure repeated at least once. The calculations for each of the contact times and the time of greatest phase should be performed separately.

The *magnitude of greatest partial eclipse*, in units of the solar diameter is

$$M_1 = \frac{L_1 - m}{(2L_1 - 0.5459)},$$

where the value of m at the time of greatest phase is used. If the magnitude is negative at the time of greatest phase, no eclipse is visible from the location.

The *magnitude of the central phase*, in the same units is

$$M_2 = \frac{L_1 - L_2}{(L_1 + L_2)}.$$

The *position angle of a point of contact* measured eastward (counterclockwise) from the north point of the solar limb is given by

$$\tan P = \frac{u}{v},$$

where u and v are evaluated at the times of contacts computed in the final approximation. The quadrant of P is determined by noting that $\sin P$ has the algebraic sign of u, except for the contacts of the total phase, for which $\sin P$ has the opposite sign to u.

The position angle of the point of contact measured eastward from the vertex of the solar limb is given by

$$V = P - C,$$

where C, the parallactic angle, is obtained with sufficient accuracy from

$$\tan C = \frac{\xi}{\eta},$$

with $\sin C$ having the same algebraic sign as ξ, and the results of the final approximation again being used. The vertex point of the solar limb lies on a great circle arc drawn from the zenith to the center of the solar disk.

Lunar Eclipses

A calculator to produce local circumstances of recent and upcoming lunar eclipses is provided at http://aa.usno.navy.mil/data/docs/LunarEclipse.php

In calculating lunar eclipses, the radius of the geocentric shadow of the Earth is increased by one-fiftieth part to allow for the effect of the atmosphere. Refraction is neglected in calculating solar and lunar eclipses. Standard corrections of $+0''.5$ and $-0''.25$ have been applied to the longitude and latitude of the Moon, respectively, to help correct for the difference between the center of figure and the center of mass.

Explanation of Lunar Eclipse Diagram

Information on lunar eclipses is presented in the form of a diagram consisting of two parts. The upper panel shows the path of the Moon relative to the penumbral and umbral shadows of the Earth. The lower panel shows the visibility of the eclipse from the surface of the Earth. The title of the upper panel includes the type of eclipse, its place in the sequence of eclipses for the year and the Greenwich calendar date of the eclipse. The inner darker circle is the umbral shadow of the Earth and the outer lighter circle is that of the penumbra. The axis of the shadow of the Earth is denoted by $(+)$ with the ecliptic shown for reference purposes. A 30-arcminute scale bar is provided on the right hand side of the diagram and the orientation is given by the cardinal points displayed on the small graphic on the left hand side of the diagram. The position angle (PA) is measured from North point of the lunar disk along the limb of the Moon to the point of contact. It is shown on the graphic by the use of an arc extending anti-clockwise (eastwards) from North terminated with an arrow head.

Moon symbols are plotted at the principal phases of the eclipse to show its position relative to the umbral and penumbral shadows. The UT times of the different phases of the eclipse to the nearest tenth of a minute are printed above or below the Moon symbols as appropriate. P1 and P4 are the first and last external contacts of the penumbra respectively and denote the beginning and end of the penumbral eclipse respectively. U1 and U4 are the first and last external contacts of the umbra denoting the beginning and end of the partial phase of the eclipse respectively. U2 and U3 are the first and last internal contacts of the umbra and denote the beginning and end of the total phase respectively. MID is the middle of the eclipse. The position angle is given for P1 and P4 for penumbral eclipses and U1 and U4 for partial and total eclipses. The UT time of the geocentric opposition in right ascension of the Sun and Moon and the magnitude of the eclipse are given above or below the Moon symbols as appropriate.

The lower panel is a cylindrical equidistant map projection showing the Earth centered on the longitude at which the Moon is in the zenith at the middle of the eclipse. The visibility of the eclipse is displayed by plotting the Moon rise/set terminator for the principal phases of the eclipse for which timing information is provided in the upper panel. The terminator for the middle of the eclipse is not plotted for the sake of clarity.

The unshaded area indicates the region of the Earth from which all the eclipse is visible, whereas the darkest shading indicates the area from which the eclipse is invisible. The different shades of gray indicate regions where the Moon is either rising or setting during the principal phases of the eclipse. The Moon is rising on the left hand side of the diagram after the eclipse has started and is setting on the right hand side of the diagram before the eclipse ends. Labels are provided to this effect.

Symbols are plotted showing the locations for which the Moon is in the zenith at the principal phases of the eclipse. The points at which the Moon is in the zenith at P1 and P4 are denoted by $(+)$, at U1 and U4 by $(\odot)$ and at U2 and U3 by $(\oplus)$. These symbols are also plotted on the upper panel where appropriate. The value of ΔT used for the calculation of the eclipse circumstances is given below the diagram. Country boundaries are also provided to assist the user in determining the visibility of the eclipse at a particular location.

I. - Penumbral Eclipse of the Moon

UT of geocentric opposition in RA: January 10^d 19^h 4^m $13^s.638$

2020 January 10

Penumbral magnitude of the eclipse: 0.921

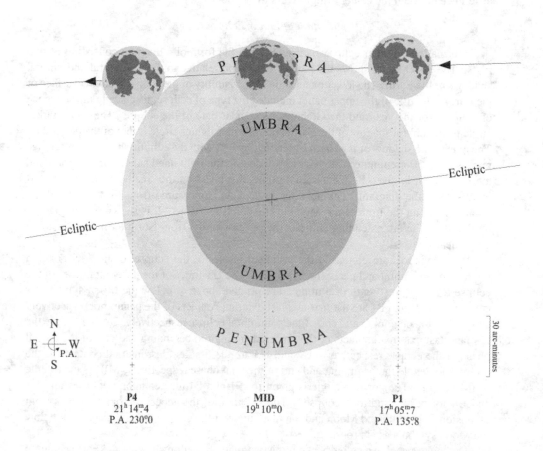

N
E — W
P.A.
S

30 arc-minutes

P4
$21^h 14^m.4$
P.A. $230°.0$

MID
$19^h 10^m.0$

P1
$17^h 05^m.7$
P.A. $135°.8$

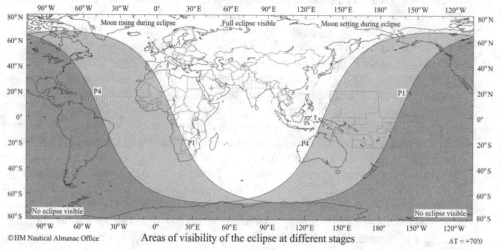

Areas of visibility of the eclipse at different stages

©HM Nautical Almanac Office $\Delta T = +70^s.0$

II. - Penumbral Eclipse of the Moon

UT of geocentric opposition in RA: June 5ᵈ 18ʰ 57ᵐ 47ˢ927

2020 June 05

Penumbral magnitude of the eclipse: 0.593

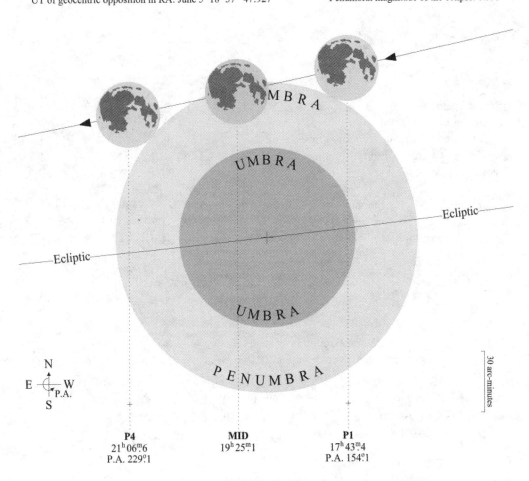

P4	MID	P1
21ʰ 06ᵐ6	19ʰ 25ᵐ1	17ʰ 43ᵐ4
P.A. 229°1		P.A. 154°1

30 arc-minutes

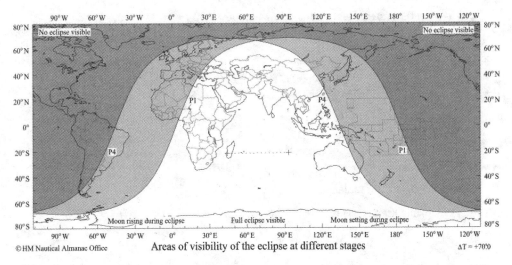

Areas of visibility of the eclipse at different stages

ΔT = +70ˢ0

III. –Annular Eclipse of the Sun, 2020 June 21

CIRCUMSTANCES OF THE ECLIPSE

Universal Time of geocentric conjunction in right ascension, June 21^d 06^h 41^m $24^s.442$
Julian Date = 2459021.7787551107

	UT	Longitude	Latitude
	d h m	° ′	° ′
Eclipse begins	June 21 03 46.0	+ 34 24.7	− 1 02.1
Beginning of southern limit of umbra	21 04 48.2	+ 17 59.5	+ 0 56.8
Beginning of center line; central eclipse begins	21 04 48.5	+ 17 47.9	+ 1 16.1
Beginning of northern limit of umbra	21 04 48.7	+ 17 36.4	+ 1 35.4
Central eclipse at local apparent noon	21 06 41.4	+ 80 06.8	+30 35.2
End of northern limit of umbra	21 08 31.5	+147 46.4	+11 46.1
End of center line; central eclipse ends	21 08 31.7	+147 35.3	+11 28.2
End of southern limit of umbra	21 08 31.9	+147 24.3	+11 10.4
Eclipse ends	21 09 34.1	+130 58.0	+ 9 10.6

BESSELIAN ELEMENTS

Let $t = (UT–3^h) + \delta T/3600$ in units of hours.

These equations are valid over the range $0^h.708 \le t \le 6^h.742$. Do not use t outside the given range, and do not omit any terms in the series.

Intersection of the axis of shadow with the fundamental plane:

$$x = -1.95918170 + 0.53061943\ t + 0.00010863\ t^2 - 0.00000693\ t^3$$
$$y = -0.07064647 + 0.05263114\ t - 0.00015153\ t^2 - 0.00000079\ t^3$$

Direction of the axis of shadow:

$$\sin\ d = +0.39773251 - 0.00000295\ t - 0.00000011\ t^2$$
$$\cos\ d = +0.91750135 + 0.00000136\ t + 0.00000002\ t^2$$
$$\mu = 224°53827390 + 14.99910869\ t + 0.00000039\ t^2 - 0.00000001\ t^3 - 0.00417807\ \delta T$$

Radius of the shadow on the fundamental plane:

penumbra $(l_1) = +0.55265751 - 0.00003716\ t - 0.00001066\ t^2$
umbra $(l_2) = +0.00624085 - 0.00003703\ t - 0.00001058\ t^2 - 0.00000001\ t^3$

Other important quantities:

$\tan f_1 = +0.004601$
$\tan f_2 = +0.004578$
$\mu' = +0.261784$ radians per hour
$d' = -0.000004$ radians per hour

All time arguments are given provisionally in Universal Time, using $\Delta T(A) = 70^s.0$.

ANNULAR SOLAR ECLIPSE OF 2020 JUNE 21

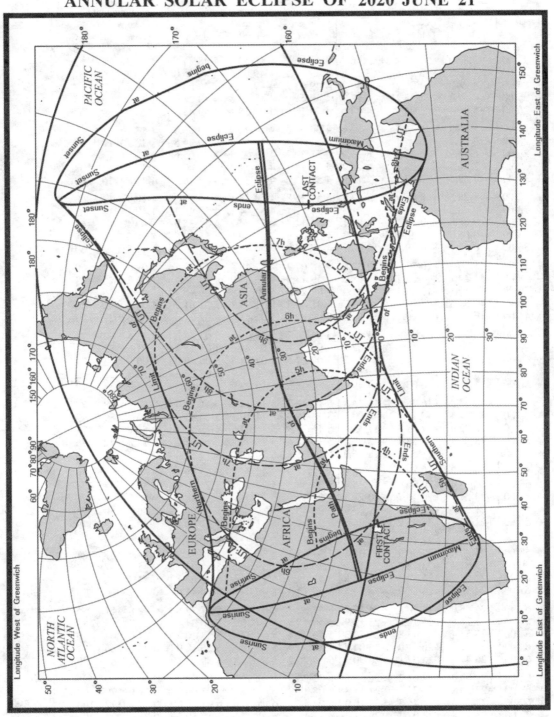

ECLIPSES, 2020

PATH OF CENTRAL PHASE: ANNULAR SOLAR ECLIPSE OF JUNE 21

For limits, see Circumstances of the Eclipse.

Longitude	Latitude of: Northern Limit	Latitude of: Central Line	Latitude of: Southern Limit	Universal Time at: Northern Limit	Universal Time at: Central Line	Universal Time at: Southern Limit	On Central Line Maximum Duration	On Central Line Sun's Alt.	On Central Line Sun's Az.
° ′	° ′	° ′	° ′	h m s	h m s	h m s	m s	°	°
+ 22 00	+ 3 32.9	+ 3 10.1	+ 2 46.7	4 49 05.7	4 48 53.3	4 48 37.6	1 17.3	5	67
+ 23 00	+ 4 00.8	+ 3 37.8	+ 3 15.2	4 49 19.1	4 49 02.5	4 48 50.0	1 16.7	6	67
+ 24 00	+ 4 28.8	+ 4 06.2	+ 3 43.7	4 49 33.2	4 49 17.3	4 49 03.1	1 16.2	7	67
+ 25 00	+ 4 57.4	+ 4 35.2	+ 4 12.9	4 49 51.9	4 49 36.6	4 49 21.0	1 15.6	8	67
+ 26 00	+ 5 26.4	+ 5 04.6	+ 4 42.6	4 50 13.9	4 49 58.1	4 49 42.4	1 14.9	9	67
+ 27 00	+ 5 55.9	+ 5 34.3	+ 5 12.6	4 50 39.0	4 50 22.9	4 50 06.8	1 14.3	11	67
+ 28 00	+ 6 25.7	+ 6 04.4	+ 5 43.1	4 51 07.4	4 50 50.9	4 50 34.5	1 13.7	12	67
+ 29 00	+ 6 55.9	+ 6 35.0	+ 6 13.9	4 51 39.2	4 51 22.4	4 51 05.6	1 13.0	13	67
+ 30 00	+ 7 26.5	+ 7 05.9	+ 6 45.2	4 52 14.4	4 51 57.3	4 51 40.2	1 12.3	14	68
+ 31 00	+ 7 57.5	+ 7 37.2	+ 7 16.9	4 52 53.2	4 52 35.8	4 52 18.4	1 11.6	16	68
+ 32 00	+ 8 28.8	+ 8 08.9	+ 7 48.9	4 53 35.8	4 53 18.1	4 53 00.4	1 10.9	17	68
+ 33 00	+ 9 00.5	+ 8 41.0	+ 8 21.3	4 54 22.1	4 54 04.1	4 53 46.2	1 10.1	18	68
+ 34 00	+ 9 32.6	+ 9 13.4	+ 8 54.1	4 55 12.3	4 54 54.1	4 54 35.9	1 09.4	19	68
+ 35 00	+10 05.0	+ 9 46.2	+ 9 27.3	4 56 06.5	4 55 48.1	4 55 29.6	1 08.6	21	69
+ 36 00	+10 37.7	+10 19.3	+10 00.7	4 57 04.7	4 56 46.1	4 56 27.5	1 07.8	22	69
+ 37 00	+11 10.7	+10 52.7	+10 34.5	4 58 07.2	4 57 48.4	4 57 29.5	1 07.0	23	69
+ 38 00	+11 44.1	+11 26.4	+11 08.6	4 59 13.9	4 58 54.9	4 58 35.9	1 06.2	25	69
+ 39 00	+12 17.7	+12 00.4	+11 43.0	5 00 24.9	5 00 05.8	4 59 46.7	1 05.3	26	70
+ 40 00	+12 51.5	+12 34.6	+12 17.7	5 01 40.3	5 01 21.2	5 01 01.9	1 04.4	28	70
+ 41 00	+13 25.6	+13 09.1	+12 52.5	5 03 00.2	5 02 41.0	5 02 21.8	1 03.6	29	70
+ 42 00	+13 59.8	+13 43.8	+13 27.6	5 04 24.7	5 04 05.5	5 03 46.2	1 02.6	30	71
+ 43 00	+14 34.2	+14 18.6	+14 02.8	5 05 53.8	5 05 34.6	5 05 15.3	1 01.7	32	71
+ 44 00	+15 08.8	+14 53.5	+14 38.2	5 07 27.5	5 07 08.3	5 06 49.0	1 00.8	33	71
+ 45 00	+15 43.4	+15 28.6	+15 13.7	5 09 05.8	5 08 46.7	5 08 27.6	0 59.8	35	72
+ 46 00	+16 18.1	+16 03.7	+15 49.2	5 10 48.8	5 10 29.9	5 10 10.8	0 58.9	36	72
+ 47 00	+16 52.8	+16 38.8	+16 24.8	5 12 36.5	5 12 17.8	5 11 58.9	0 57.9	38	73
+ 48 00	+17 27.4	+17 13.9	+17 00.3	5 14 28.9	5 14 10.3	5 13 51.6	0 56.9	39	73
+ 49 00	+18 02.0	+17 48.9	+17 35.7	5 16 25.8	5 16 07.5	5 15 49.1	0 55.9	41	74
+ 50 00	+18 36.4	+18 23.7	+18 11.0	5 18 27.4	5 18 09.4	5 17 51.2	0 54.8	42	75
+ 51 00	+19 10.7	+18 58.4	+18 46.0	5 20 33.4	5 20 15.7	5 19 57.9	0 53.8	44	75
+ 52 00	+19 44.7	+19 32.8	+19 20.9	5 22 43.9	5 22 26.5	5 22 09.0	0 52.8	46	76
+ 53 00	+20 18.4	+20 06.9	+19 55.4	5 24 58.6	5 24 41.7	5 24 24.6	0 51.8	47	77
+ 54 00	+20 51.7	+20 40.7	+20 29.6	5 27 17.6	5 27 01.0	5 26 44.4	0 50.7	49	78
+ 55 00	+21 24.7	+21 14.0	+21 03.3	5 29 40.5	5 29 24.5	5 29 08.3	0 49.7	50	78
+ 56 00	+21 57.1	+21 46.9	+21 36.6	5 32 07.4	5 31 51.8	5 31 36.1	0 48.7	52	79
+ 57 00	+22 29.1	+22 19.2	+22 09.3	5 34 38.0	5 34 22.9	5 34 07.7	0 47.7	53	80
+ 58 00	+23 00.4	+22 50.9	+22 41.4	5 37 12.0	5 36 57.5	5 36 42.9	0 46.6	55	81
+ 59 00	+23 31.1	+23 22.0	+23 12.8	5 39 49.4	5 39 35.5	5 39 21.4	0 45.7	57	82
+ 60 00	+24 01.2	+23 52.4	+23 43.6	5 42 29.9	5 42 16.6	5 42 03.1	0 44.7	58	84
+ 61 00	+24 30.5	+24 22.0	+24 13.5	5 45 13.3	5 45 00.5	5 44 47.6	0 43.7	60	85
+ 62 00	+24 58.9	+24 50.8	+24 42.7	5 47 59.3	5 47 47.1	5 47 34.8	0 42.8	61	86
+ 63 00	+25 26.6	+25 18.8	+25 10.9	5 50 47.8	5 50 36.2	5 50 24.4	0 41.9	63	88
+ 64 00	+25 53.4	+25 45.8	+25 38.3	5 53 38.4	5 53 27.4	5 53 16.2	0 41.0	64	89
+ 65 00	+26 19.2	+26 11.9	+26 04.7	5 56 30.9	5 56 20.5	5 56 10.0	0 40.2	66	91
+ 66 00	+26 44.1	+26 37.1	+26 30.1	5 59 25.2	5 59 15.4	5 59 05.4	0 39.4	67	93
+ 67 00	+27 08.0	+27 01.2	+26 54.5	6 02 20.9	6 02 11.7	6 02 02.3	0 38.6	69	95
+ 68 00	+27 30.8	+27 24.3	+27 17.8	6 05 17.9	6 05 09.2	6 05 00.5	0 37.9	70	97
+ 69 00	+27 52.6	+27 46.3	+27 40.0	6 08 15.9	6 08 07.8	6 07 59.6	0 37.2	72	100
+ 70 00	+28 13.4	+28 07.3	+28 01.2	6 11 14.7	6 11 07.1	6 10 59.5	0 36.6	73	102
+ 71 00	+28 33.0	+28 27.1	+28 21.2	6 14 14.1	6 14 07.1	6 14 00.0	0 36.0	75	106

PATH OF CENTRAL PHASE: ANNULAR SOLAR ECLIPSE OF JUNE 21

Longitude	Latitude of:			Universal Time at:			On Central Line		
	Northern Limit	Central Line	Southern Limit	Northern Limit	Central Line	Southern Limit	Maximum Duration	Sun's Alt.	Az.
° ′	° ′	° ′	° ′	h m s	h m s	h m s	m s	°	°
+ 72 00	+28 51.6	+28 45.8	+28 40.0	6 17 14.0	6 17 07.5	6 17 00.9	0 35.4	76	109
+ 73 00	+29 09.0	+29 03.4	+28 57.8	6 20 14.0	6 20 08.0	6 20 02.0	0 34.9	78	114
+ 74 00	+29 25.3	+29 19.8	+29 14.3	6 23 14.1	6 23 08.6	6 23 03.1	0 34.5	79	119
+ 75 00	+29 40.5	+29 35.1	+29 29.7	6 26 14.1	6 26 09.1	6 26 04.0	0 34.1	80	126
+ 76 00	+29 54.5	+29 49.2	+29 44.0	6 29 13.9	6 29 09.3	6 29 04.7	0 33.8	81	133
+ 77 00	+30 07.4	+30 02.2	+29 57.0	6 32 13.2	6 32 09.1	6 32 04.9	0 33.5	82	142
+ 78 00	+30 19.1	+30 14.0	+30 08.9	6 35 11.9	6 35 08.3	6 35 04.6	0 33.3	82	153
+ 79 00	+30 29.7	+30 24.7	+30 19.6	6 38 10.0	6 38 06.8	6 38 03.5	0 33.1	83	166
+ 80 00	+30 39.2	+30 34.2	+30 29.2	6 41 07.3	6 41 04.5	6 41 01.6	0 33.0	83	179
+ 81 00	+30 47.6	+30 42.6	+30 37.6	6 44 03.7	6 44 01.3	6 43 58.8	0 32.9	83	191
+ 82 00	+30 54.8	+30 49.8	+30 44.8	6 46 59.0	6 46 57.0	6 46 55.0	0 32.9	82	202
+ 83 00	+31 00.9	+30 55.9	+30 51.0	6 49 53.3	6 49 51.7	6 49 50.1	0 33.0	81	212
+ 84 00	+31 05.9	+31 00.9	+30 55.9	6 52 46.3	6 52 45.1	6 52 43.9	0 33.0	80	220
+ 85 00	+31 09.8	+31 04.8	+30 59.8	6 55 38.0	6 55 37.3	6 55 36.5	0 33.2	79	226
+ 86 00	+31 12.6	+31 07.5	+31 02.5	6 58 28.4	6 58 28.0	6 58 27.7	0 33.4	78	232
+ 87 00	+31 14.3	+31 09.2	+31 04.1	7 01 17.3	7 01 17.3	7 01 17.4	0 33.6	77	237
+ 88 00	+31 15.0	+31 09.8	+31 04.7	7 04 04.7	7 04 05.1	7 04 05.6	0 33.9	76	241
+ 89 00	+31 14.6	+31 09.4	+31 04.1	7 06 50.5	7 06 51.3	7 06 52.2	0 34.2	74	244
+ 90 00	+31 13.2	+31 07.8	+31 02.5	7 09 34.6	7 09 35.9	7 09 37.1	0 34.6	73	247
+ 91 00	+31 10.7	+31 05.3	+30 59.9	7 12 17.0	7 12 18.6	7 12 20.3	0 35.0	72	250
+ 92 00	+31 07.2	+31 01.7	+30 56.2	7 14 57.6	7 14 59.6	7 15 01.7	0 35.4	70	252
+ 93 00	+31 02.8	+30 57.1	+30 51.5	7 17 36.2	7 17 38.7	7 17 41.3	0 35.9	69	254
+ 94 00	+30 57.3	+30 51.5	+30 45.8	7 20 13.0	7 20 15.9	7 20 18.9	0 36.4	68	256
+ 95 00	+30 50.9	+30 45.0	+30 39.0	7 22 47.7	7 22 51.1	7 22 54.5	0 36.9	66	258
+ 96 00	+30 43.5	+30 37.4	+30 31.3	7 25 20.4	7 25 24.2	7 25 28.1	0 37.5	65	260
+ 97 00	+30 35.2	+30 28.9	+30 22.7	7 27 51.0	7 27 55.2	7 27 59.5	0 38.1	64	261
+ 98 00	+30 25.9	+30 19.5	+30 13.1	7 30 19.3	7 30 24.0	7 30 28.7	0 38.7	62	263
+ 99 00	+30 15.8	+30 09.2	+30 02.6	7 32 45.4	7 32 50.5	7 32 55.7	0 39.4	61	264
+100 00	+30 04.8	+29 58.0	+29 51.1	7 35 09.1	7 35 14.7	7 35 20.4	0 40.1	60	266
+101 00	+29 52.9	+29 45.9	+29 38.8	7 37 30.5	7 37 36.5	7 37 42.6	0 40.8	58	267
+102 00	+29 40.2	+29 32.9	+29 25.7	7 39 49.4	7 39 55.9	7 40 02.5	0 41.5	57	268
+103 00	+29 26.6	+29 19.1	+29 11.6	7 42 05.7	7 42 12.7	7 42 19.7	0 42.2	56	269
+104 00	+29 12.3	+29 04.5	+28 56.8	7 44 19.5	7 44 26.9	7 44 34.4	0 43.0	54	270
+105 00	+28 57.1	+28 49.1	+28 41.1	7 46 30.6	7 46 38.5	7 46 46.5	0 43.7	53	271
+106 00	+28 41.2	+28 33.0	+28 24.7	7 48 39.0	7 48 47.4	7 48 55.8	0 44.5	51	273
+107 00	+28 24.6	+28 16.1	+28 07.5	7 50 44.6	7 50 53.4	7 51 02.3	0 45.3	50	273
+108 00	+28 07.2	+27 58.4	+27 49.6	7 52 47.4	7 52 56.7	7 53 06.0	0 46.1	49	274
+109 00	+27 49.2	+27 40.1	+27 31.0	7 54 47.3	7 54 57.0	7 55 06.8	0 46.9	47	275
+110 00	+27 30.5	+27 21.1	+27 11.7	7 56 44.3	7 56 54.4	7 57 04.6	0 47.7	46	276
+111 00	+27 11.2	+27 01.4	+26 51.7	7 58 38.2	7 58 48.7	7 58 59.3	0 48.5	45	277
+112 00	+26 51.2	+26 41.2	+26 31.1	8 00 29.1	8 00 40.0	8 00 51.0	0 49.3	43	278
+113 00	+26 30.7	+26 20.3	+26 09.9	8 02 16.9	8 02 28.2	8 02 39.6	0 50.1	42	279
+114 00	+26 09.6	+25 58.9	+25 48.1	8 04 01.5	8 04 13.2	8 04 25.0	0 50.9	41	279
+115 00	+25 48.0	+25 36.9	+25 25.8	8 05 43.0	8 05 55.0	8 06 07.2	0 51.7	39	280
+116 00	+25 25.8	+25 14.4	+25 03.0	8 07 21.2	8 07 33.6	8 07 46.1	0 52.6	38	281
+117 00	+25 03.2	+24 51.5	+24 39.7	8 08 56.2	8 09 08.9	8 09 21.7	0 53.4	37	282
+118 00	+24 40.2	+24 28.1	+24 15.9	8 10 27.9	8 10 40.9	8 10 54.0	0 54.2	35	282
+119 00	+24 16.7	+24 04.2	+23 51.7	8 11 56.3	8 12 09.6	8 12 22.9	0 55.0	34	283
+120 00	+23 52.8	+23 40.0	+23 27.1	8 13 21.3	8 13 34.9	8 13 48.5	0 55.8	33	284
+121 00	+23 28.6	+23 15.4	+23 02.2	8 14 43.1	8 14 56.9	8 15 10.7	0 56.6	32	284

ECLIPSES, 2020

PATH OF CENTRAL PHASE: ANNULAR SOLAR ECLIPSE OF JUNE 21

Longitude	Latitude of:			Universal Time at:			On Central Line		
	Northern Limit	Central Line	Southern Limit	Northern Limit	Central Line	Southern Limit	Maximum Duration	Sun's Alt.	Sun's Az.
° ′	° ′	° ′	° ′	h m s	h m s	h m s	m s	°	°
+122 00	+23 04.0	+22 50.5	+22 36.8	8 16 01.5	8 16 15.4	8 16 29.5	0 57.3	30	285
+123 00	+22 39.1	+22 25.2	+22 11.2	8 17 16.5	8 17 30.7	8 17 44.9	0 58.1	29	285
+124 00	+22 14.0	+21 59.6	+21 45.3	8 18 28.2	8 18 42.5	8 18 56.9	0 58.9	28	286
+125 00	+21 48.5	+21 33.8	+21 19.1	8 19 36.5	8 19 51.0	8 20 05.5	0 59.6	26	286
+126 00	+21 22.9	+21 07.8	+20 52.7	8 20 41.5	8 20 56.1	8 21 10.7	1 00.4	25	287
+127 00	+20 57.0	+20 41.5	+20 26.0	8 21 43.2	8 21 57.8	8 22 12.6	1 01.1	24	287
+128 00	+20 30.9	+20 15.1	+19 59.2	8 22 41.5	8 22 56.3	8 23 11.0	1 01.9	23	288
+129 00	+20 04.7	+19 48.5	+19 32.2	8 23 36.6	8 23 51.4	8 24 06.2	1 02.6	21	288
+130 00	+19 38.3	+19 21.7	+19 05.1	8 24 28.4	8 24 43.2	8 24 58.0	1 03.3	20	289
+131 00	+19 11.8	+18 54.8	+18 37.8	8 25 17.0	8 25 31.8	8 25 46.6	1 04.0	19	289
+132 00	+18 45.2	+18 27.9	+18 10.5	8 26 02.4	8 26 17.1	8 26 31.9	1 04.7	18	289
+133 00	+18 18.5	+18 00.8	+17 43.1	8 26 44.6	8 26 59.3	8 27 14.0	1 05.3	17	290
+134 00	+17 51.8	+17 33.7	+17 15.6	8 27 23.7	8 27 38.3	8 27 53.0	1 06.0	15	290
+135 00	+17 25.0	+17 06.6	+16 48.1	8 27 59.8	8 28 14.3	8 28 28.8	1 06.7	14	291
+136 00	+16 58.2	+16 39.4	+16 20.6	8 28 32.7	8 28 47.1	8 29 01.5	1 07.3	13	291
+137 00	+16 31.4	+16 12.3	+15 53.1	8 29 02.7	8 29 17.0	8 29 31.2	1 07.9	12	291
+138 00	+16 04.6	+15 45.1	+15 25.6	8 29 29.8	8 29 43.9	8 29 58.0	1 08.6	11	292
+139 00	+15 37.9	+15 18.0	+14 58.1	8 29 54.0	8 30 07.9	8 30 21.8	1 09.2	10	292
+140 00	+15 11.1	+14 50.9	+14 30.7	8 30 15.4	8 30 29.0	8 30 42.9	1 09.8	8	292
+141 00	+14 44.5	+14 23.9	+14 03.3	8 30 33.3	8 30 47.6	8 31 00.7	1 10.4	7	292
+142 00	+14 17.9	+13 57.0	+13 36.1	8 30 48.3	8 31 02.2	8 31 14.6	1 10.9	6	293

For limits, see Circumstances of the Eclipse.

IV. - Penumbral Eclipse of the Moon   2020 July 05

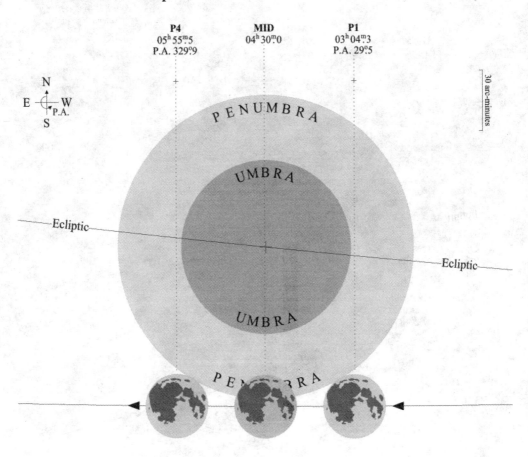

UT of geocentric opposition in RA: July $5^d\ 4^h\ 29^m\ 7\overset{s}{.}043$ Penumbral magnitude of the eclipse: 0.380

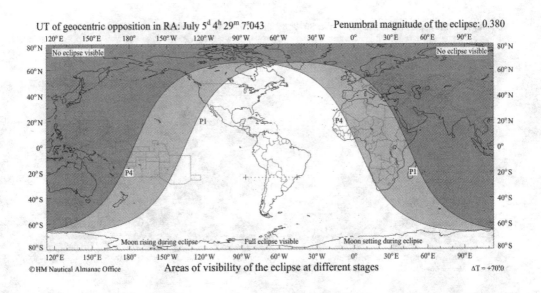

Areas of visibility of the eclipse at different stages

©HM Nautical Almanac Office $\Delta T = +70\overset{s}{.}0$

V. - Penumbral Eclipse of the Moon   2020 November 30

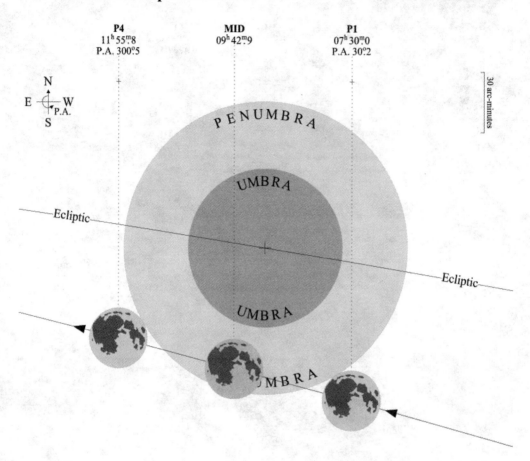

UT of geocentric opposition in RA: November 30^d 9^h 8^m 3^{s}035   Penumbral magnitude of the eclipse: 0.855

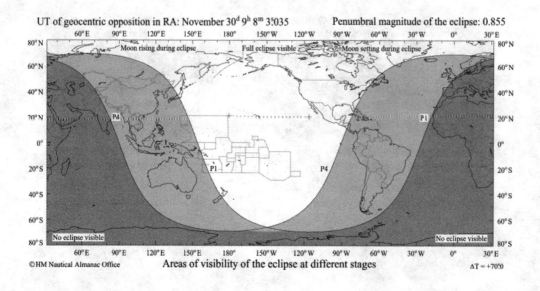

Areas of visibility of the eclipse at different stages

©HM Nautical Almanac Office   ΔT = +70^{s}0

VI. – Total Eclipse of the Sun, 2020 December 14

CIRCUMSTANCES OF THE ECLIPSE

Universal Time of geocentric conjunction in right ascension, December $14^d\ 16^h\ 18^m\ 11^s.898$

Julian Date = 2459198.1793043795

		UT			Longitude		Latitude	
		d	h	m	°	′	°	′
Eclipse begins	December	14	13	33.9	−115	39.2	− 2	06.1
Beginning of northern limit of umbra		14	14	32.7	−132	44.6	− 7	37.3
Beginning of center line; central eclipse begins		14	14	32.8	−132	50.4	− 7	46.0
Beginning of southern limit of umbra		14	14	33.0	−132	56.2	− 7	54.7
Central eclipse at local apparent noon		14	16	18.2	− 65	48.8	−40	46.2
End of southern limit of umbra		14	17	54.0	+ 11	08.7	−23	44.4
End of center line; central eclipse ends		14	17	54.1	+ 11	03.0	−23	36.8
End of northern limit of umbra		14	17	54.2	+ 10	57.3	−23	29.3
Eclipse ends		14	18	53.1	− 6	29.6	−18	01.3

BESSELIAN ELEMENTS

Let $t = (\text{UT}-13^h) + \delta T/3600$ in units of hours.

These equations are valid over the range $0^h.458 \leq t \leq 6^h.058$. Do not use t outside the given range, and do not omit any terms in the series.

Intersection of the axis of shadow with the fundamental plane:

$$x = -1.86051272 + 0.56298950\ t + 0.00010163\ t^2 - 0.00000894\ t^3$$
$$y = -0.01224017 - 0.08689564\ t + 0.00017505\ t^2 + 0.00000149\ t^3$$

Direction of the axis of shadow:

$$\sin\ d = -0.39477251 - 0.00003245\ t + 0.00000010\ t^2$$
$$\cos\ d = +0.91877893 - 0.00001397\ t + 0.00000005\ t^2$$
$$\mu = 16°.27554193 + 14.99650374\ t - 0.00000081\ t^2 - 0.00000001\ t^3 - 0.00417807\ \delta T$$

Radius of the shadow on the fundamental plane:

penumbra $(l_1) = +0.54348365 + 0.00017192\ t - 0.00001257\ t^2$
umbra $(l_2) = -0.00288766 + 0.00017102\ t - 0.00001250\ t^2$

Other important quantities:

$\tan f_1 = +0.004750$
$\tan f_2 = +0.004727$
$\mu' = +0.261738$ radians per hour
$d' = -0.000035$ radians per hour

All time arguments are given provisionally in Universal Time, using $\Delta T(A) = 70^s.0$.

TOTAL SOLAR ECLIPSE OF 2020 DECEMBER 14

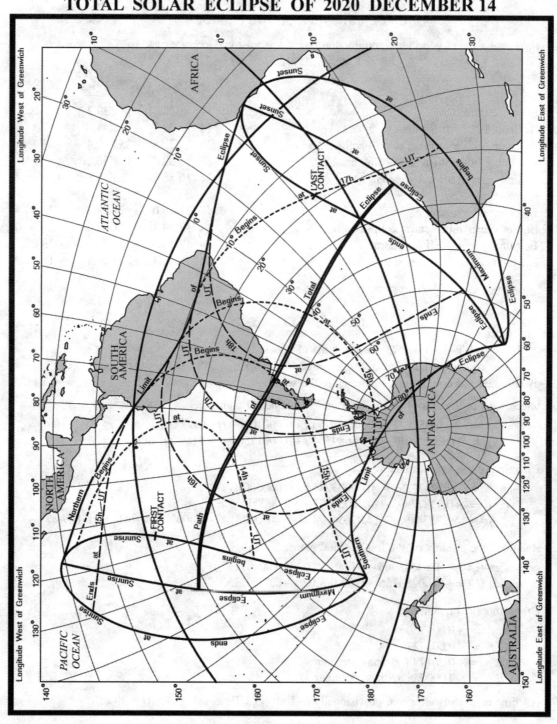

PATH OF CENTRAL PHASE: TOTAL SOLAR ECLIPSE OF DECEMBER 14

For limits, see Circumstances of the Eclipse.

Longitude	Latitude of:			Universal Time at:			On Central Line		
	Northern Limit	Central Line	Southern Limit	Northern Limit	Central Line	Southern Limit	Maximum Duration	Sun's Alt.	Az.
° ′	° ′	° ′	° ′	h m s	h m s	h m s	m s	°	°
−128 00	− 9 44.5	− 9 57.9	−10 10.8	14 33 10.5	14 33 21.5	14 33 30.2	0 38.0	5	113
−127 00	−10 12.6	−10 26.0	−10 39.7	14 33 23.1	14 33 32.9	14 33 43.6	0 39.4	7	113
−126 00	−10 40.9	−10 55.1	−11 09.4	14 33 37.3	14 33 49.1	14 34 01.7	0 40.9	8	112
−125 00	−11 10.0	−11 24.7	−11 39.4	14 33 56.0	14 34 08.8	14 34 21.8	0 42.4	9	112
−124 00	−11 39.6	−11 54.7	−12 10.0	14 34 17.5	14 34 31.1	14 34 45.0	0 43.9	10	112
−123 00	−12 09.6	−12 25.3	−12 41.0	14 34 42.1	14 34 56.5	14 35 11.2	0 45.5	11	112
−122 00	−12 40.2	−12 56.3	−13 12.5	14 35 09.8	14 35 25.0	14 35 40.6	0 47.1	12	111
−121 00	−13 11.2	−13 27.8	−13 44.5	14 35 40.6	14 35 56.7	14 36 13.2	0 48.8	14	111
−120 00	−13 42.7	−13 59.8	−14 17.0	14 36 14.7	14 36 31.7	14 36 49.2	0 50.5	15	111
−119 00	−14 14.6	−14 32.2	−14 50.0	14 36 52.1	14 37 10.1	14 37 28.6	0 52.2	16	110
−118 00	−14 47.0	−15 05.1	−15 23.4	14 37 33.0	14 37 52.0	14 38 11.5	0 54.0	17	110
−117 00	−15 19.8	−15 38.5	−15 57.3	14 38 17.3	14 38 37.4	14 38 57.9	0 55.8	19	110
−116 00	−15 53.1	−16 12.3	−16 31.6	14 39 05.2	14 39 26.4	14 39 48.0	0 57.7	20	109
−115 00	−16 26.8	−16 46.5	−17 06.4	14 39 56.8	14 40 19.1	14 40 41.8	0 59.6	21	109
−114 00	−17 01.0	−17 21.1	−17 41.5	14 40 52.0	14 41 15.5	14 41 39.4	1 01.5	22	109
−113 00	−17 35.5	−17 56.2	−18 17.1	14 41 51.1	14 42 15.7	14 42 40.8	1 03.4	24	108
−112 00	−18 10.4	−18 31.6	−18 53.0	14 42 53.9	14 43 19.7	14 43 46.0	1 05.4	25	108
−111 00	−18 45.6	−19 07.3	−19 29.2	14 44 00.6	14 44 27.6	14 44 55.2	1 07.4	26	107
−110 00	−19 21.1	−19 43.4	−20 05.8	14 45 11.3	14 45 39.5	14 46 08.3	1 09.5	28	107
−109 00	−19 57.0	−20 19.7	−20 42.6	14 46 25.8	14 46 55.3	14 47 25.3	1 11.6	29	106
−108 00	−20 33.1	−20 56.3	−21 19.7	14 47 44.3	14 48 15.0	14 48 46.3	1 13.7	31	105
−107 00	−21 09.5	−21 33.1	−21 57.0	14 49 06.7	14 49 38.7	14 50 11.3	1 15.8	32	105
−106 00	−21 46.0	−22 10.2	−22 34.5	14 50 33.1	14 51 06.3	14 51 40.1	1 18.0	33	104
−105 00	−22 22.7	−22 47.3	−23 12.1	14 52 03.3	14 52 37.8	14 53 12.9	1 20.2	35	103
−104 00	−22 59.6	−23 24.6	−23 49.8	14 53 37.5	14 54 13.1	14 54 49.4	1 22.4	36	103
−103 00	−23 36.5	−24 01.9	−24 27.5	14 55 15.5	14 55 52.3	14 56 29.8	1 24.6	37	102
−102 00	−24 13.4	−24 39.2	−25 05.2	14 56 57.2	14 57 35.2	14 58 13.8	1 26.8	39	101
−101 00	−24 50.3	−25 16.4	−25 42.8	14 58 42.7	14 59 21.7	15 00 01.3	1 29.0	40	100
−100 00	−25 27.1	−25 53.6	−26 20.3	15 00 31.6	15 01 11.7	15 01 52.4	1 31.2	42	99
− 99 00	−26 03.7	−26 30.6	−26 57.6	15 02 24.1	15 03 05.1	15 03 46.7	1 33.4	43	98
− 98 00	−26 40.2	−27 07.4	−27 34.7	15 04 19.9	15 05 01.7	15 05 44.2	1 35.6	44	97
− 97 00	−27 16.5	−27 43.9	−28 11.5	15 06 18.8	15 07 01.5	15 07 44.7	1 37.8	46	96
− 96 00	−27 52.4	−28 20.1	−28 47.9	15 08 20.8	15 09 04.1	15 09 48.0	1 40.0	47	94
− 95 00	−28 28.0	−28 55.9	−29 23.9	15 10 25.6	15 11 09.5	15 11 53.9	1 42.1	49	93
− 94 00	−29 03.2	−29 31.2	−29 59.4	15 12 33.0	15 13 17.4	15 14 02.3	1 44.2	50	92
− 93 00	−29 37.9	−30 06.1	−30 34.5	15 14 42.9	15 15 27.7	15 16 12.9	1 46.3	51	90
− 92 00	−30 12.1	−30 40.4	−31 08.9	15 16 55.1	15 17 40.2	15 18 25.5	1 48.3	53	89
− 91 00	−30 45.7	−31 14.2	−31 42.7	15 19 09.4	15 19 54.5	15 20 40.0	1 50.3	54	87
− 90 00	−31 18.8	−31 47.3	−32 15.9	15 21 25.4	15 22 10.6	15 22 56.0	1 52.2	55	85
− 89 00	−31 51.1	−32 19.7	−32 48.3	15 23 43.2	15 24 28.2	15 25 13.4	1 54.0	57	84
− 88 00	−32 22.8	−32 51.4	−33 20.0	15 26 02.3	15 26 47.1	15 27 32.0	1 55.8	58	82
− 87 00	−32 53.7	−33 22.3	−33 50.9	15 28 22.7	15 29 07.0	15 29 51.5	1 57.6	59	80
− 86 00	−33 23.8	−33 52.4	−34 21.0	15 30 44.1	15 31 27.9	15 32 11.8	1 59.2	60	78
− 85 00	−33 53.2	−34 21.7	−34 50.2	15 33 06.3	15 33 49.5	15 34 32.7	2 00.8	61	75
− 84 00	−34 21.7	−34 50.1	−35 18.6	15 35 29.1	15 36 11.5	15 36 53.9	2 02.3	63	73
− 83 00	−34 49.3	−35 17.7	−35 46.1	15 37 52.4	15 38 33.9	15 39 15.4	2 03.7	64	70
− 82 00	−35 16.1	−35 44.3	−36 12.6	15 40 15.9	15 40 56.5	15 41 37.0	2 05.0	65	67
− 81 00	−35 41.9	−36 10.1	−36 38.3	15 42 39.6	15 43 19.1	15 43 58.5	2 06.3	66	65
− 80 00	−36 06.9	−36 34.9	−37 03.0	15 45 03.2	15 45 41.6	15 46 19.8	2 07.4	67	61
− 79 00	−36 30.9	−36 58.8	−37 26.7	15 47 26.7	15 48 03.8	15 48 40.7	2 08.5	68	58

ECLIPSES, 2020

PATH OF CENTRAL PHASE: TOTAL SOLAR ECLIPSE OF DECEMBER 14

Longitude	Latitude of:			Universal Time at:			On Central Line		
	Northern Limit	Central Line	Southern Limit	Northern Limit	Central Line	Southern Limit	Maximum Duration	Sun's Alt.	Az.
° ′	° ′	° ′	° ′	h m s	h m s	h m s	m s	°	°
− 78 00	− 36 54.0	− 37 21.8	− 37 49.5	15 49 49.9	15 50 25.6	15 51 01.2	2 09.4	68	55
− 77 00	− 37 16.1	− 37 43.8	− 38 11.4	15 52 12.6	15 52 47.0	15 53 21.1	2 10.3	69	51
− 76 00	− 37 37.3	− 38 04.8	− 38 32.3	15 54 34.8	15 55 07.7	15 55 40.4	2 11.1	70	47
− 75 00	− 37 57.6	− 38 24.9	− 38 52.2	15 56 56.4	15 57 27.8	15 57 58.9	2 11.7	71	43
− 74 00	− 38 16.9	− 38 44.1	− 39 11.2	15 59 17.3	15 59 47.1	16 00 16.6	2 12.3	71	39
− 73 00	− 38 35.3	− 39 02.3	− 39 29.3	16 01 37.4	16 02 05.6	16 02 33.5	2 12.8	72	34
− 72 00	− 38 52.8	− 39 19.6	− 39 46.4	16 03 56.7	16 04 23.2	16 04 49.4	2 13.2	72	30
− 71 00	− 39 09.3	− 39 36.0	− 40 02.6	16 06 15.0	16 06 39.9	16 07 04.4	2 13.6	72	25
− 70 00	− 39 24.9	− 39 51.4	− 40 17.9	16 08 32.4	16 08 55.5	16 09 18.3	2 13.8	73	20
− 69 00	− 39 39.6	− 40 05.9	− 40 32.3	16 10 48.8	16 11 10.2	16 11 31.3	2 13.9	73	15
− 68 00	− 39 53.4	− 40 19.6	− 40 45.7	16 13 04.1	16 13 23.8	16 13 43.1	2 14.0	73	11
− 67 00	− 40 06.2	− 40 32.3	− 40 58.3	16 15 18.3	16 15 36.2	16 15 53.9	2 13.9	73	6
− 66 00	− 40 18.2	− 40 44.1	− 41 10.0	16 17 31.4	16 17 47.6	16 18 03.5	2 13.8	73	1
− 65 00	− 40 29.3	− 40 55.1	− 41 20.8	16 19 43.4	16 19 57.9	16 20 12.0	2 13.6	72	356
− 64 00	− 40 39.6	− 41 05.2	− 41 30.8	16 21 54.2	16 22 07.0	16 22 19.4	2 13.4	72	352
− 63 00	− 40 49.0	− 41 14.4	− 41 39.9	16 24 03.9	16 24 14.9	16 24 25.6	2 13.0	72	347
− 62 00	− 40 57.5	− 41 22.8	− 41 48.1	16 26 12.4	16 26 21.7	16 26 30.7	2 12.6	71	343
− 61 00	− 41 05.2	− 41 30.4	− 41 55.6	16 28 19.7	16 28 27.3	16 28 34.7	2 12.1	71	339
− 60 00	− 41 12.1	− 41 37.1	− 42 02.2	16 30 25.8	16 30 31.8	16 30 37.4	2 11.5	70	335
− 59 00	− 41 18.1	− 41 43.1	− 42 08.0	16 32 30.7	16 32 35.0	16 32 39.1	2 10.9	70	332
− 58 00	− 41 23.4	− 41 48.2	− 42 12.9	16 34 34.4	16 34 37.1	16 34 39.6	2 10.2	69	328
− 57 00	− 41 27.8	− 41 52.5	− 42 17.1	16 36 36.8	16 36 38.0	16 36 38.9	2 09.4	68	325
− 56 00	− 41 31.5	− 41 56.0	− 42 20.6	16 38 38.1	16 38 37.7	16 38 37.1	2 08.6	68	322
− 55 00	− 41 34.3	− 41 58.8	− 42 23.2	16 40 38.2	16 40 36.3	16 40 34.2	2 07.7	67	319
− 54 00	− 41 36.4	− 42 00.7	− 42 25.1	16 42 37.0	16 42 33.6	16 42 30.1	2 06.7	66	316
− 53 00	− 41 37.7	− 42 02.0	− 42 26.2	16 44 34.6	16 44 29.8	16 44 24.9	2 05.7	65	313
− 52 00	− 41 38.3	− 42 02.4	− 42 26.5	16 46 31.0	16 46 24.9	16 46 18.5	2 04.7	64	311
− 51 00	− 41 38.1	− 42 02.1	− 42 26.1	16 48 26.2	16 48 18.7	16 48 11.0	2 03.6	64	308
− 50 00	− 41 37.2	− 42 01.1	− 42 25.0	16 50 20.1	16 50 11.3	16 50 02.4	2 02.4	63	306
− 49 00	− 41 35.5	− 41 59.3	− 42 23.1	16 52 12.8	16 52 02.8	16 51 52.6	2 01.2	62	304
− 48 00	− 41 33.1	− 41 56.8	− 42 20.6	16 54 04.3	16 53 53.1	16 53 41.7	2 00.0	61	302
− 47 00	− 41 30.0	− 41 53.6	− 42 17.3	16 55 54.5	16 55 42.2	16 55 29.6	1 58.7	60	300
− 46 00	− 41 26.2	− 41 49.7	− 42 13.2	16 57 43.5	16 57 30.1	16 57 16.4	1 57.4	59	298
− 45 00	− 41 21.7	− 41 45.1	− 42 08.5	16 59 31.2	16 59 16.7	16 59 02.1	1 56.0	58	296
− 44 00	− 41 16.4	− 41 39.8	− 42 03.1	17 01 17.7	17 01 02.2	17 00 46.5	1 54.6	57	294
− 43 00	− 41 10.5	− 41 33.8	− 41 57.0	17 03 02.8	17 02 46.4	17 02 29.8	1 53.1	56	292
− 42 00	− 41 03.9	− 41 27.0	− 41 50.2	17 04 46.7	17 04 29.4	17 04 11.9	1 51.7	55	291
− 41 00	− 40 56.6	− 41 19.7	− 41 42.7	17 06 29.3	17 06 11.2	17 05 52.8	1 50.2	54	289
− 40 00	− 40 48.7	− 41 11.6	− 41 34.6	17 08 10.5	17 07 51.6	17 07 32.5	1 48.6	53	287
− 39 00	− 40 40.0	− 41 02.9	− 41 25.7	17 09 50.4	17 09 30.8	17 09 11.0	1 47.1	52	286
− 38 00	− 40 30.7	− 40 53.5	− 41 16.3	17 11 28.9	17 11 08.7	17 10 48.2	1 45.5	51	284
− 37 00	− 40 20.8	− 40 43.4	− 41 06.1	17 13 06.0	17 12 45.2	17 12 24.1	1 43.9	50	283
− 36 00	− 40 10.2	− 40 32.7	− 40 55.3	17 14 41.8	17 14 20.4	17 13 58.8	1 42.3	49	282
− 35 00	− 39 59.0	− 40 21.4	− 40 43.9	17 16 16.1	17 15 54.2	17 15 32.1	1 40.6	48	280
− 34 00	− 39 47.2	− 40 09.4	− 40 31.8	17 17 48.9	17 17 26.6	17 17 04.1	1 38.9	47	279
− 33 00	− 39 34.7	− 39 56.9	− 40 19.1	17 19 20.2	17 18 57.6	17 18 34.6	1 37.3	46	278
− 32 00	− 39 21.6	− 39 43.6	− 40 05.7	17 20 50.1	17 20 27.1	17 20 03.8	1 35.6	45	276
− 31 00	− 39 07.9	− 39 29.8	− 39 51.8	17 22 18.3	17 21 55.1	17 21 31.6	1 33.9	44	275
− 30 00	− 38 53.6	− 39 15.4	− 39 37.2	17 23 45.0	17 23 21.6	17 22 57.8	1 32.1	43	274
− 29 00	− 38 38.8	− 39 00.4	− 39 22.1	17 25 10.1	17 24 46.5	17 24 22.6	1 30.4	42	273

PATH OF CENTRAL PHASE: TOTAL SOLAR ECLIPSE OF DECEMBER 14

Longitude	Latitude of:			Universal Time at:			On Central Line		
	Northern Limit	Central Line	Southern Limit	Northern Limit	Central Line	Southern Limit	Maximum Duration	Sun's Alt.	Az.
° ′	° ′	° ′	° ′	h m s	h m s	h m s	m s	°	°
− 28 00	−38 23.3	−38 44.8	−39 06.4	17 26 33.5	17 26 09.8	17 25 45.8	1 28.7	41	272
− 27 00	−38 07.3	−38 28.7	−38 50.0	17 27 55.2	17 27 31.5	17 27 07.4	1 26.9	40	271
− 26 00	−37 50.8	−38 11.9	−38 33.2	17 29 15.3	17 28 51.5	17 28 27.4	1 25.2	39	270
− 25 00	−37 33.7	−37 54.7	−38 15.7	17 30 33.5	17 30 09.8	17 29 45.8	1 23.4	38	269
− 24 00	−37 16.1	−37 36.9	−37 57.7	17 31 50.0	17 31 26.4	17 31 02.5	1 21.7	37	268
− 23 00	−36 57.9	−37 18.5	−37 39.2	17 33 04.6	17 32 41.2	17 32 17.4	1 19.9	36	267
− 22 00	−36 39.3	−36 59.7	−37 20.2	17 34 17.4	17 33 54.1	17 33 30.5	1 18.1	35	266
− 21 00	−36 20.2	−36 40.4	−37 00.7	17 35 28.3	17 35 05.3	17 34 41.9	1 16.4	34	265
− 20 00	−36 00.6	−36 20.6	−36 40.6	17 36 37.2	17 36 14.5	17 35 51.3	1 14.6	33	264
− 19 00	−35 40.5	−36 00.3	−36 20.1	17 37 44.2	17 37 21.7	17 36 58.9	1 12.9	32	263
− 18 00	−35 20.0	−35 39.5	−35 59.2	17 38 49.1	17 38 27.0	17 38 04.5	1 11.2	31	262
− 17 00	−34 59.1	−35 18.4	−35 37.8	17 39 52.1	17 39 30.3	17 39 08.2	1 09.4	30	261
− 16 00	−34 37.7	−34 56.8	−35 15.9	17 40 52.9	17 40 31.6	17 40 09.8	1 07.7	29	260
− 15 00	−34 16.0	−34 34.8	−34 53.6	17 41 51.6	17 41 30.7	17 41 09.5	1 06.0	28	260
− 14 00	−33 53.8	−34 12.4	−34 31.0	17 42 48.2	17 42 27.8	17 42 07.0	1 04.3	26	259
− 13 00	−33 31.4	−33 49.6	−34 08.0	17 43 42.7	17 43 22.7	17 43 02.4	1 02.6	25	258
− 12 00	−33 08.5	−33 26.5	−33 44.6	17 44 34.9	17 44 15.5	17 43 55.7	1 00.9	24	257
− 11 00	−32 45.4	−33 03.0	−33 20.8	17 45 25.0	17 45 06.1	17 44 46.8	0 59.3	23	257
− 10 00	−32 21.9	−32 39.3	−32 56.8	17 46 12.8	17 45 54.4	17 45 35.7	0 57.6	22	256
− 9 00	−31 58.1	−32 15.2	−32 32.4	17 46 58.4	17 46 40.6	17 46 22.4	0 56.0	21	255
− 8 00	−31 34.1	−31 50.8	−32 07.7	17 47 41.7	17 47 24.5	17 47 06.9	0 54.4	20	254
− 7 00	−31 09.8	−31 26.2	−31 42.8	17 48 22.8	17 48 06.1	17 47 49.1	0 52.8	19	254
− 6 00	−30 45.3	−31 01.4	−31 17.6	17 49 01.5	17 48 45.4	17 48 29.0	0 51.3	18	253
− 5 00	−30 20.5	−30 36.3	−30 52.2	17 49 38.0	17 49 22.5	17 49 06.6	0 49.7	17	253
− 4 00	−29 55.6	−30 11.0	−30 26.5	17 50 12.2	17 49 57.2	17 49 42.0	0 48.2	16	252
− 3 00	−29 30.4	−29 45.5	−30 00.7	17 50 44.0	17 50 29.7	17 50 15.1	0 46.7	15	251
− 2 00	−29 05.1	−29 19.8	−29 34.7	17 51 13.6	17 50 59.8	17 50 45.8	0 45.2	14	251
− 1 00	−28 39.6	−28 54.0	−29 08.5	17 51 40.9	17 51 27.7	17 51 14.2	0 43.7	13	250
0 00	−28 14.0	−28 28.1	−28 42.2	17 52 05.8	17 51 53.2	17 51 40.4	0 42.2	11	250
+ 1 00	−27 48.3	−28 02.0	−28 15.8	17 52 28.5	17 52 16.5	17 52 04.2	0 40.8	10	249
+ 2 00	−27 22.5	−27 35.8	−27 49.3	17 52 49.0	17 52 37.5	17 52 25.8	0 39.4	9	249
+ 3 00	−26 56.6	−27 09.6	−27 22.7	17 53 07.2	17 52 56.2	17 52 45.1	0 38.0	8	248
+ 4 00	−26 30.7	−26 43.3	−26 55.9	17 53 23.1	17 53 13.1	17 53 01.7	0 36.7	7	248
+ 5 00	−26 04.6	−26 16.9	−26 29.2	17 53 35.3	17 53 27.0	17 53 15.4	0 35.3	6	247
+ 6 00	−25 38.5	−25 50.4	−26 02.4	17 53 45.8	17 53 36.5	17 53 29.0	0 34.0	5	247

For limits, see Circumstances of the Eclipse.

CONTENTS OF SECTION B

This symbol indicates that these data or auxiliary material may also be found on *The Astronomical Almanac Online* at **http://asa.usno.navy.mil** and **http://asa.hmnao.com**

Introduction

The tables and formulae in this section are produced in accordance with the recommendations of the International Astronomical Union at its General Assemblies up to and including 2012 and reviewed before the current edition was prepared. They are intended for use with relativistic coordinate time-scales, the International Celestial Reference System (ICRS), the Geocentric Celestial Reference System (GCRS) and the standard epoch of J2000·0 TT.

Because of its consistency with previous reference systems, implementation of the ICRS will be transparent to any applications with accuracy requirements of no better than 0″1 near epoch J2000·0. At this level of accuracy the distinctions between the International Celestial Reference Frame, FK5, and dynamical equator and equinox of J2000·0 are not significant.

Procedures are given to calculate both intermediate and apparent right ascension, declination and hour angle of planetary and stellar objects which are referred to the ICRS, e.g. the JPL DE430/LE430 Planetary and Lunar Ephemerides or the Hipparcos star catalogue. These procedures include the effects of the differences between time-scales, light-time and the relativistic effects of light-deflection, parallax and aberration, and the rotations, i.e. frame bias, precession and nutation, to give the "of date" system.

The rotations from the GCRS to the Terrestrial Intermediate Reference System are illustrated using both equinox-based and CIO-based techniques. Both of these techniques require the position of the Celestial Intermediate Pole and involve the angles for frame bias, precession and nutation, whether applied individually or amalgamated, directly or indirectly. Within this section the CIO-based techniques are indicated by shading of the text.

The equinox-based and CIO-based techniques only differ in the location of the origin for right ascension, and thus whether Greenwich apparent sidereal time or Earth rotation angle, respectively, is used to calculate hour angle. Equinox-based techniques use the equinox as the origin for right ascension and the system is usually labelled the true equator and equinox of date. CIO-based techniques use the celestial intermediate origin (CIO), and the system is labelled the Celestial Intermediate Reference System. It must be emphasized that the equator of date is the celestial intermediate equator and hour angle is independent of the origin of right ascension. However, the hour angle must be calculated consistently within the system used.

Introduction (continued)

This section includes the long-standing daily tabulations of the nutation angles, $\Delta\psi$ and $\Delta\epsilon$, the true obliquity of the ecliptic, Greenwich mean and apparent sidereal time and the equation of the equinoxes, as well as the parameters that define the Celestial Intermediate Reference System, $\mathcal{X}$, $\mathcal{Y}$, s, the Earth rotation angle and equation of the origins. Also tabulated daily are the matrices, both equinox and CIO based, for reduction from the GCRS.

It should be noted that the IAU 2006 precession parameters are to be used with the IAU 2000A nutation series. However, for the highest precision, adjustments are required to the nutation in longitude and obliquity (see page B55). These adjustments are included in the IAU SOFA code which is used throughout this section.

Background information about time-scales and coordinate reference systems recommended by the IAU and adopted in this almanac are given in Section L, *Notes and References* and in Section M, *Glossary*.

Definitions involving the relationship between universal and sidereal time require knowledge of ΔT. However, accurate values of ΔT (see pages K8–K9) are only available in retrospect via analysis of observations from the IERS (see page x). Therefore the tables adopt the most likely value at the time of production. The value used and the errors are stated in the text.

CALENDAR

Julian date

A Julian date (JD) may be associated with any time scale (see page B6). A tabulation of Julian date (JD) at 0^h UT1 against calendar date is given with the ephemeris of universal and sidereal times on pages B13–B20. Similarly, pages B21–B24 tabulate the UT1 Julian date together with the Earth rotation angle. The following relationship holds during 2020:

UT1 Julian date $= \text{JD}_{\text{UT1}} = 245\ 8848{\cdot}5 + \text{day of year} + \text{fraction of day from } 0^h \text{ UT1}$

TT Julian date $= \text{JD}_{\text{TT}} = 245\ 8848{\cdot}5 + d + \text{fraction of day from } 0^h \text{ TT}$

where the day of the year (d) for the current year of the Gregorian calendar is given on pages B4–B5. The following table gives the Julian dates at day 0 of each month of 2020:

0^h	Julian Date	0^h	Julian Date	0^h	Julian Date	0^h	Julian Date
Jan. 0	245 8848·5	Apr. 0	245 8939·5	July 0	245 9030·5	Oct. 0	245 9122·5
Feb. 0	245 8879·5	May 0	245 8969·5	Aug. 0	245 9061·5	Nov. 0	245 9153·5
Mar. 0	245 8908·5	June 0	245 9000·5	Sept. 0	245 9092·5	Dec. 0	245 9183·5

Tabulations of Julian date against calendar date for other years are given on pages K2–K4.

A date may also be expressed in years as a Julian epoch, or for some purposes as a Besselian epoch, using:

Julian epoch $= \text{J}[2000{\cdot}0 + (\text{JD}_{\text{TT}} - 245\ 1545{\cdot}0)/365{\cdot}25]$

Besselian epoch $= \text{B}[1900{\cdot}0 + (\text{JD}_{\text{TT}} - 241\ 5020{\cdot}313\ 52)/365{\cdot}242\ 198\ 781]$

the prefixes J and B may be omitted only where the context, or precision, make them superfluous.

400-day date, JD 245 9200·5 = 2020 December 17·0

Standard epoch B1900·0 = 1900 Jan.   0·813 52 = JD 241 5020·313 52 TT
B1950·0 = 1950 Jan.   0·923   = JD 243 3282·423 TT
B2020·0 = 2020 Jan. 0·877 TT = JD 245 8849·377 TT

Standard epoch J2000·0 = 2000 Jan.   1·5 TT   = JD 245 1545·0 TT
J2020·5 = 2020 July 2·125 TT = JD 245 9032·625 TT

For epochs B1900·0 and B1950·0 the TT time scale is used proleptically.

The *modified Julian date* (MJD) is the Julian date minus 240 0000·5 and in 2020 is given by: MJD $= 58848{\cdot}0 + \text{day of year} + \text{fraction of day from } 0^h$ in the time scale being used.

CALENDAR, 2020

Day of Month	JANUARY Day of Week	Day of Year	FEBRUARY Day of Week	Day of Year	MARCH Day of Week	Day of Year	APRIL Day of Week	Day of Year	MAY Day of Week	Day of Year	JUNE Day of Week	Day of Year
1	Wed.	1	Sat.	32	Sun.	61	Wed.	92	Fri.	122	Mon.	153
2	Thu.	2	Sun.	33	Mon.	62	Thu.	93	Sat.	123	Tue.	154
3	Fri.	3	Mon.	34	Tue.	63	Fri.	94	Sun.	124	Wed.	155
4	Sat.	4	Tue.	35	Wed.	64	Sat.	95	Mon.	125	Thu.	156
5	Sun.	5	Wed.	36	Thu.	65	Sun.	96	Tue.	126	Fri.	157
6	Mon.	6	Thu.	37	Fri.	66	Mon.	97	Wed.	127	Sat.	158
7	Tue.	7	Fri.	38	Sat.	67	Tue.	98	Thu.	128	Sun.	159
8	Wed.	8	Sat.	39	Sun.	68	Wed.	99	Fri.	129	Mon.	160
9	Thu.	9	Sun.	40	Mon.	69	Thu.	100	Sat.	130	Tue.	161
10	Fri.	10	Mon.	41	Tue.	70	Fri.	101	Sun.	131	Wed.	162
11	Sat.	11	Tue.	42	Wed.	71	Sat.	102	Mon.	132	Thu.	163
12	Sun.	12	Wed.	43	Thu.	72	Sun.	103	Tue.	133	Fri.	164
13	Mon.	13	Thu.	44	Fri.	73	Mon.	104	Wed.	134	Sat.	165
14	Tue.	14	Fri.	45	Sat.	74	Tue.	105	Thu.	135	Sun.	166
15	Wed.	15	Sat.	46	Sun.	75	Wed.	106	Fri.	136	Mon.	167
16	Thu.	16	Sun.	47	Mon.	76	Thu.	107	Sat.	137	Tue.	168
17	Fri.	17	Mon.	48	Tue.	77	Fri.	108	Sun.	138	Wed.	169
18	Sat.	18	Tue.	49	Wed.	78	Sat.	109	Mon.	139	Thu.	170
19	Sun.	19	Wed.	50	Thu.	79	Sun.	110	Tue.	140	Fri.	171
20	Mon.	20	Thu.	51	Fri.	80	Mon.	111	Wed.	141	Sat.	172
21	Tue.	21	Fri.	52	Sat.	81	Tue.	112	Thu.	142	Sun.	173
22	Wed.	22	Sat.	53	Sun.	82	Wed.	113	Fri.	143	Mon.	174
23	Thu.	23	Sun.	54	Mon.	83	Thu.	114	Sat.	144	Tue.	175
24	Fri.	24	Mon.	55	Tue.	84	Fri.	115	Sun.	145	Wed.	176
25	Sat.	25	Tue.	56	Wed.	85	Sat.	116	Mon.	146	Thu.	177
26	Sun.	26	Wed.	57	Thu.	86	Sun.	117	Tue.	147	Fri.	178
27	Mon.	27	Thu.	58	Fri.	87	Mon.	118	Wed.	148	Sat.	179
28	Tue.	28	Fri.	59	Sat.	88	Tue.	119	Thu.	149	Sun.	180
29	Wed.	29	Sat.	60	Sun.	89	Wed.	120	Fri.	150	Mon.	181
30	Thu.	30			Mon.	90	Thu.	121	Sat.	151	Tue.	182
31	Fri.	31			Tue.	91			Sun.	152		

CHRONOLOGICAL CYCLES AND ERAS

Dominical Letter	ED	Julian Period (year of)	6733
Epact	5	Roman Indiction	13
Golden Number (Lunar Cycle) ...	VII	Solar Cycle	13

All dates are given in terms of the Gregorian calendar in which
2020 January 14 corresponds to 2020 January 1 of the Julian calendar.

ERA	YEAR	BEGINS	ERA	YEAR	BEGINS
Byzantine	7529	Sept. 14	Japanese	2680	Jan. 1
Jewish (A.M.)*	5781	Sept. 18	Seleucidæ (Grecian) ...	2332	Sept. 14
Chinese (gēng zǐ) ...		Jan. 25			(or Oct. 14)
Roman (A.U.C.)	2773	Jan. 14	Saka (Indian)	1942	Mar. 21
Nabonassar	2769	Apr. 18	Diocletian (Coptic) ...	1737	Sept. 11
			Islamic (Hegira)* ...	1442	Aug. 19

* Year begins at sunset

Day of Month	JULY Day of Week	Day of Year	AUGUST Day of Week	Day of Year	SEPTEMBER Day of Week	Day of Year	OCTOBER Day of Week	Day of Year	NOVEMBER Day of Week	Day of Year	DECEMBER Day of Week	Day of Year
1	Wed.	183	Sat.	214	Tue.	245	Thu.	275	Sun.	306	Tue.	336
2	Thu.	184	Sun.	215	Wed.	246	Fri.	276	Mon.	307	Wed.	337
3	Fri.	185	Mon.	216	Thu.	247	Sat.	277	Tue.	308	Thu.	338
4	Sat.	186	Tue.	217	Fri.	248	Sun.	278	Wed.	309	Fri.	339
5	Sun.	187	Wed.	218	Sat.	249	Mon.	279	Thu.	310	Sat.	340
6	Mon.	188	Thu.	219	Sun.	250	Tue.	280	Fri.	311	Sun.	341
7	Tue.	189	Fri.	220	Mon.	251	Wed.	281	Sat.	312	Mon.	342
8	Wed.	190	Sat.	221	Tue.	252	Thu.	282	Sun.	313	Tue.	343
9	Thu.	191	Sun.	222	Wed.	253	Fri.	283	Mon.	314	Wed.	344
10	Fri.	192	Mon.	223	Thu.	254	Sat.	284	Tue.	315	Thu.	345
11	Sat.	193	Tue.	224	Fri.	255	Sun.	285	Wed.	316	Fri.	346
12	Sun.	194	Wed.	225	Sat.	256	Mon.	286	Thu.	317	Sat.	347
13	Mon.	195	Thu.	226	Sun.	257	Tue.	287	Fri.	318	Sun.	348
14	Tue.	196	Fri.	227	Mon.	258	Wed.	288	Sat.	319	Mon.	349
15	Wed.	197	Sat.	228	Tue.	259	Thu.	289	Sun.	320	Tue.	350
16	Thu.	198	Sun.	229	Wed.	260	Fri.	290	Mon.	321	Wed.	351
17	Fri.	199	Mon.	230	Thu.	261	Sat.	291	Tue.	322	Thu.	352
18	Sat.	200	Tue.	231	Fri.	262	Sun.	292	Wed.	323	Fri.	353
19	Sun.	201	Wed.	232	Sat.	263	Mon.	293	Thu.	324	Sat.	354
20	Mon.	202	Thu.	233	Sun.	264	Tue.	294	Fri.	325	Sun.	355
21	Tue.	203	Fri.	234	Mon.	265	Wed.	295	Sat.	326	Mon.	356
22	Wed.	204	Sat.	235	Tue.	266	Thu.	296	Sun.	327	Tue.	357
23	Thu.	205	Sun.	236	Wed.	267	Fri.	297	Mon.	328	Wed.	358
24	Fri.	206	Mon.	237	Thu.	268	Sat.	298	Tue.	329	Thu.	359
25	Sat.	207	Tue.	238	Fri.	269	Sun.	299	Wed.	330	Fri.	360
26	Sun.	208	Wed.	239	Sat.	270	Mon.	300	Thu.	331	Sat.	361
27	Mon.	209	Thu.	240	Sun.	271	Tue.	301	Fri.	332	Sun.	362
28	Tue.	210	Fri.	241	Mon.	272	Wed.	302	Sat.	333	Mon.	363
29	Wed.	211	Sat.	242	Tue.	273	Thu.	303	Sun.	334	Tue.	364
30	Thu.	212	Sun.	243	Wed.	274	Fri.	304	Mon.	335	Wed.	365
31	Fri.	213	Mon.	244			Sat.	305			Thu.	366

RELIGIOUS CALENDARS

Epiphany	Jan.	6	Ascension Day	May	21
Ash Wednesday	Feb.	26	Whit Sunday—Pentecost	May	31
Palm Sunday	Apr.	5	Trinity Sunday	June	7
Good Friday	Apr.	10	First Sunday in Advent	Nov.	29
Easter Day	Apr.	12	Christmas Day (Friday)	Dec.	25
First day of Passover (Pesach)	Apr.	9	Day of Atonement (Yom Kippur)	Sept.	28
Feast of Weeks (Shavuot)	May	29	First day of Tabernacles (Succoth)	Oct.	3
Jewish New Year (Rosh Hashanah)	Sept.	19	Festival of Lights (Hanukkah)	Dec.	11
First day of Ramadân	Apr.	24	Islamic New Year	Aug.	20
First day of Shawwal (Eid ul-Fitr)	May	24			

The Jewish and Islamic dates above are tabular dates, which begin at sunset on the previous evening and end at sunset on the date tabulated. In practice, the dates of Islamic fasts and festivals are determined by an actual sighting of the appropriate new moon.

Notation for time-scales and related quantities

A summary of the notation for time-scales and related quantities used in this Almanac is given below. Additional information is given in the *Glossary* (Section M and *The Astronomical Almanac Online*) and in the *Notes and References* (Section L).

UT1	universal time (also UT); counted from 0^h (midnight); unit is second of mean solar time, affected by irregularities in the Earth's rate of rotation.
GMST	Greenwich mean sidereal time; GHA of mean equinox of date.
GAST	Greenwich apparent sidereal time; GHA of true equinox of date.
E_e	Equation of the equinoxes: GAST − GMST.
E_o	Equation of the origins: ERA − GAST = θ − GAST.
ERA	Earth rotation angle (θ); the angle between the celestial and terrestrial intermediate origins; it is proportional to UT1.
TAI	International Atomic Time; unit is the SI second on the geoid.
UTC	coordinated universal time; differs from TAI by an integral number of seconds, and is the basis of most radio time signals and national and/or legal time systems.
ΔUT	= UT1−UTC; increment to be applied to UTC to give UT1.
DUT1	predicted value of ΔUT, rounded to $0\overset{s}{.}1$, given in some radio time signals.
TDB	barycentric dynamical time; used as time-scale of ephemerides, referred to the barycentre of the solar system.
TT	terrestrial time; used as time-scale of ephemerides for observations from the Earth's surface (geoid). TT = TAI + $32\overset{s}{.}184$.
ΔT	= TT − UT1; increment to be applied to UT1 to give TT.
	= TAI + $32\overset{s}{.}184$ − UT1.
ΔAT	= TAI − UTC; increment to be applied to UTC to give TAI; an integral number of seconds.
ΔTT	= TT − UTC = ΔAT+$32\overset{s}{.}184$; increment to be applied to UTC to give TT.
JD_{TT}	= Julian date and fraction, where the time fraction is expressed in the terrestrial time scale, e.g. 2000 January 1, 12^h TT is JD 245 1545·0 TT.
JD_{UT1}	= Julian date and fraction, where the time fraction is expressed in the universal time scale, e.g. 2000 January 1, 12^h UT1 is JD 245 1545·0 UT1.

The following intervals are used in this section.

$$T = (JD_{TT} − 245\,1545\cdot0)/36\,525 = \text{Julian centuries of 365 25 days from J2000·0}$$
$$D = JD − 245\,1545\cdot0 = \text{days and fraction from J2000·0}$$
$$D_U = JD_{UT1} − 245\,1545\cdot0 = \text{days and UT1 fraction from J2000·0}$$
$$d = \text{Day of the year, January } 1 = 1, \text{ etc., see B4–B5}$$

Note that the intervals above are based on different time scales. T implies the TT time scale while D_U implies the UT1 time scale. This is an important distinction when calculating Greenwich mean sidereal time. T is the number of Julian centuries from J2000·0 to the required epoch (TT), while D, D_U and d are all in days.

The name Greenwich mean time (GMT) is not used in this Almanac since it is ambiguous. It is now used, although not in astronomy, in the sense of UTC, in addition to the earlier sense of UT; prior to 1925 it was reckoned for astronomical purposes from Greenwich mean noon (12^h UT).

Relationships between time-scales

The unit of UTC is the SI second on the geoid, but step adjustments of 1 second (leap seconds) are occasionally introduced into UTC so that universal time (UT1) may be obtained directly from it with an accuracy of 1 second or better and so that International Atomic Time (TAI) may be obtained by the addition of an integral number of seconds. The step adjustments, when required, are usually inserted after the 60th second of the last minute of December 31 or June 30. Values of the differences ΔAT for 1972 onwards are given on page K9. Accurate values of the increment ΔUT to be applied to UTC to give UT1 are derived from observations, but predicted values are transmitted in code in some time signals. Wherever UT is used in this volume it always means UT1.

The difference between the terrestrial time scale (TT) and the barycentric dynamical time scale (TDB) is often ignored, since the two time scales differ by no more than 2 milliseconds.

An approximate expression for the relationship between the barycentric and terrestrial time-scales (due to the variations in gravitational potential around the Earth's orbit) is:

$$\text{TDB} = \text{TT} + 0\overset{s}{.}001\ 656\ 67 \sin g + 0\overset{s}{.}000\ 022\ 42 \sin(L - L_J)$$

and
$$g = 357\overset{\circ}{.}53 + 0\cdot985\ 600\ 28(\text{JD} - 245\ 1545\cdot0)$$

$$L - L_J = 246\overset{\circ}{.}11 + 0\cdot902\ 517\ 92(\text{JD} - 245\ 1545\cdot0)$$

where g is the mean anomaly of the Earth in its orbit around the Sun, and $L - L_J$ is the difference in the mean ecliptic longitudes of the Sun and Jupiter. The above formula for TDB $-$ TT is accurate to about $\pm30\mu$s over the period 1980 to 2050.

For 2020

$$g = 355\overset{\circ}{.}86 + 0\overset{\circ}{.}985\ 60\ d \qquad \text{and} \qquad L - L_J = -2\overset{\circ}{.}35 + 0\overset{\circ}{.}902\ 52\ d$$

where d is the day of the year and fraction of the day.

The TDB time scale should be used for quantities such as precession angles and the fundamental arguments. However, for these quantities, the difference between TDB and TT is negligible at the microarcsecond (μas) level.

Relationships between universal time, ERA, GMST and GAST

The following equations show the relationships between the Earth rotation angle (ERA=θ), Greenwich mean (GMST) and apparent (GAST) sidereal time, in terms of the equation of the origins (E_o) and the equation of the equinoxes (E_e):

$$\text{GMST}(D_U, T) = \theta(D_U) + \text{polynomial part}(T)$$
$$\text{GAST}(D_U, T) = \theta(D_U) - \text{equation of the origins}(T)$$
$$= \text{GMST}(D_U, T) + \text{equation of the equinoxes}(T)$$

The definition of these quantities follow. Note that ERA is a function of UT1, while GMST and GAST are functions of both UT1 and TT. A diagram showing the relationships between these concepts is given on page B9.

ERA is for use with intermediate right ascensions while GAST must be used with apparent (equinox based) right ascensions.

Relationship between universal time and Earth rotation angle

The Earth rotation angle (θ) is measured in the Celestial Intermediate Reference System along its equator (the true equator of date) between the terrestrial and the celestial intermediate origins. It is proportional to UT1, and its time derivative is the Earth's adopted mean angular velocity; it is defined by the following relationship

$$\theta(D_U) = 2\pi(0.7790\,5727\,32640 + 1.0027\,3781\,1911\,35448\,D_U) \text{ radians}$$
$$= 360°(0.7790\,5727\,32640 + 0.0027\,3781\,1911\,35448\,D_U + D_U \bmod 1)$$

where D_U is the interval, in days, elapsed since the epoch 2000 January $1^d\,12^h\,$UT1 (JD 245 1545.0 UT1), and $D_U \bmod 1$ is the fraction of the UT1 day remaining after removing all the whole days. The Earth rotation angle (ERA) is tabulated daily at 0^h UT1 on pages B21–B24.

During 2020, on day d, at t^h UT1, the Earth rotation angle, expressed in arc and time, respectively, is given by:

$$\theta = 98°879\,964 + 0°985\,612\,288\,d + 15°041\,0672\,t$$
$$= 6^h591\,9976 + 0^h065\,707\,4859\,d + 1^h002\,737\,81\,t$$

Relationship between universal and sidereal time

Greenwich Mean Sidereal Time

Universal time is defined in terms of Greenwich mean sidereal time (i.e. the hour angle of the mean equinox of date) by:

$$\text{GMST}(D_U, T) = \theta(D_U) + \text{GMST}_P(T)$$
$$\text{GMST}_P(T) = 0''014\,506 + 4612''156\,534\,T + 1''391\,5817\,T^2$$
$$- 0''000\,000\,44\,T^3 - 0''000\,029\,956\,T^4 - 3''68 \times 10^{-8}\,T^5$$

where θ is the Earth rotation angle. The polynomial part, $\text{GMST}_P(T)$ is due almost entirely to the effect of precession and is given separately as it also forms part of the equation of the origins (see page B10). The time interval D_U is measured in days elapsed since the epoch 2000 January $1^d\,12^h\,$UT1 (JD 245 1545.0 UT1), whereas T is measured in the TT scale, in Julian centuries of 36 525 days, from JD 245 1545.0 TT.

The Earth rotation angle is expressed in degrees while the terms of the polynomial part (GMST_P) are in arcseconds. GMST is tabulated on pages B13–B20 and the equivalent expression in time units is

$$\text{GMST}(D_U, T) = 86400^s(0.7790\,5727\,32640 + 0.0027\,3781\,1911\,35448 D_U + D_U \bmod 1)$$
$$+ 0^s000\,967\,07 + 307^s477\,102\,27\,T + 0^s092\,772\,113\,T^2$$
$$- 0^s000\,000\,0293\,T^3 - 0^s000\,001\,997\,07\,T^4 - 2^s453 \times 10^{-9}\,T^5$$

It is necessary, in this formula, to distinguish TT from UT1 only for the most precise work. The table on pages B13–B20 is calculated assuming $\Delta T = 70^s$. During 2020, an error of $\pm 1^s$ in ΔT at 0^h UT1 introduces differences of $\mp 1''5 \times 10^{-6}$ or equivalently $\mp 0^s10 \times 10^{-6}$, in the calculation of GMST.

The following relationship holds during 2020:

on day of year d at t^h UT1, GMST $= 6^h609\,0775 + 0^h065\,709\,8246\,d + 1^h002\,737\,91\,t$,

where the day of year d is tabulated on pages B4–B5. Add or subtract multiples of 24^h as necessary.

Relationship between universal and sidereal time (continued)

In 2020:   1 mean solar day $=$ 1·002 737 909 36   mean sidereal days
                                  $=$ 24^h 03^m 56^{s}555 37 of mean sidereal time
               1 mean sidereal day $=$ 0·997 269 566 32   mean solar days
                                  $=$ 23^h 56^m 04^{s}090 53 of mean solar time

Greenwich Apparent Sidereal Time

The hour angle of the true equinox of date (GAST) is given by:

$$\text{GAST}(D_U, T) = \theta(D_U) - \text{equation of the origins} = \theta(D_U) - E_o(T)$$
$$= \text{GMST}(D_U, T) + \text{equation of the equinoxes} = \text{GMST}(D_U, T) + E_e(T)$$

where θ is the Earth rotation angle (ERA) and GMST, the Greenwich mean sidereal time are given above, while the equation of the origins (E_o) and the equation of the equinoxes (E_e) are given on page B10.

Pages B13–B20 tabulate GAST and the equation of the equinoxes daily at 0^h UT1. These quantities have been calculated using the IAU 2000A nutation model together with the tiny (μas level) amendments (see B55); they are expressed in time units and are based on a predicted $\Delta T = 70^s$. During 2020, an error of $\pm 1^s$ in ΔT at 0^h UT1 introduces a maximum error of $\pm 3''5 \times 10^{-6}$ or equivalently $\pm 0^s24 \times 10^{-6}$, in the calculation of GAST.

Interpolation may be used to obtain the equation of the equinoxes for another instant, or if full precision is required.

Relationships between origins

The difference between the CIO and true equinox of date is called the equation of the origins

$$E_o(T) = \theta - \text{GAST}$$

while the difference between the true and mean equinox is called the equation of the equinoxes and is given by

$$E_e(T) = \text{GAST} - \text{GMST}$$

The following schematic diagram shows the relationship between the "zero longitude" defined by the terrestrial intermediate origin, the true equinox and the celestial intermediate origin.

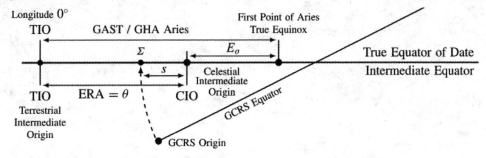

The diagram illustrates that the origin of Greenwich hour angle, the terrestrial intermediate origin (TIO), may be obtained from either Greenwich apparent sidereal time (GAST) or Earth rotation angle (ERA). The quantity s, the CIO locator, positions the GCRS origin (Σ) on the equator (see page B47). Note that the planes of intermediate equator and the true equator of date (the pole of which is the celestial intermediate pole) are identical.

Relationships between origins (continued)

Equation of the origins

The equation of the origins (E_o), the angular difference between the origin of intermediate right ascension (the CIO) and the origin of equinox right ascension (the true equinox) is defined to be

$$E_o(T) = \theta - \text{GAST} = s - \tan^{-1} \frac{\mathbf{M}_j \cdot \mathcal{R}_{\Sigma_i}}{\mathbf{M}_i \cdot \mathcal{R}_{\Sigma_i}}$$

where s is the CIO locator (see page B47). $\mathbf{M}_i$, and $\mathbf{M}_j$ are vectors formed from the top and middle rows of $\mathbf{M}$ (see page B50) which transforms positions from the GCRS to the equator and equinox of date, while the vector $\mathcal{R}_{\Sigma_i}$ which is formed from the top row of $\mathcal{R}_\Sigma$ is given on page B49. The symbol $\cdot$ denotes the scalar or dot product of the two vectors.

Alternatively,

$$E_o(T) = -(\text{GMST}_P(T) + E_e(T))$$

where GMST_P is the polynomial part of the Greenwich mean sidereal time formulae (see page B8), and E_e is the equation of the equinoxes given below. E_o is tabulated with the Earth rotation angle (θ) on pages B21–B24, and is calculated in the sense

$$E_o = \theta - \text{GAST} = \alpha_i - \alpha_e$$

and therefore

$$\alpha_i = E_o + \alpha_e$$

Thus, given an apparent right ascension (α_e) and the equation of the origins, the intermediate right ascension (α_i) may be calculated so that it can be used with the Earth rotation angle (θ) to form an hour angle.

Equation of the equinoxes

The equation of the equinoxes (E_e) is the difference between Greenwich apparent (GAST) and mean (GMST) sidereal time.

$$E_e(T) = \text{GAST} - \text{GMST}$$

which can be expressed, less precisely, in series form as

$$= \Delta\psi \, \cos\epsilon_A + \sum_k S_k \sin A_k - 0\overset{''}{.}87 \times 10^{-6} \, T \, \sin\Omega$$

GAST and GMST are given on pages B9 and B8, respectively. $\Delta\psi$ is the total nutation in longitude (in seconds of arc) and ϵ_A is the mean obliquity of the ecliptic (see pages B55 and B52, respectively). The coefficients (S_k) are in seconds of arc in the above equation; they are given below (in μas) for all terms exceeding 0.5μas during 1975-2025. This series expression is accurate to $\pm 0\overset{''}{.}3 \times 10^{-5}$ during this period. The arguments (A_k) l, l', F, D, and Ω are given on page B47.

k	A_k	S_k μas	k	A_k	S_k μas	k	A_k	S_k μas
1	Ω	+2640·96	5	$2F-2D+2\Omega$	−4·55	9	$l'+\Omega$	−1·41
2	2Ω	+63·52	6	$2F+3\Omega$	+2·02	10	$l'-\Omega$	−1·26
3	$2F-2D+3\Omega$	+11·75	7	$2F+\Omega$	+1·98	11	$l+\Omega$	−0·63
4	$2F-2D+\Omega$	+11·21	8	3Ω	−1·72	12	$l-\Omega$	−0·63

The following approximate expression for the equation of the equinoxes (in seconds), incorporates the two largest terms, and is accurate to better than $2^s \times 10^{-6}$ assuming $\Delta\psi$ and ϵ_A are supplied with sufficient accuracy.

$$E_e{}^s = \tfrac{1}{15} \left(\Delta\psi \, \cos\epsilon_A + 0\overset{''}{.}002\,64 \sin\Omega + 0\overset{''}{.}000\,06 \sin 2\Omega \right)$$

During 2020, $\Omega = 98\overset{\circ}{.}30 - 0\overset{\circ}{.}052\,953\,74 \, d$, and d is the day of the year and fraction of day (see page D2).

Relationships between local time and hour angle

The local hour angle of an object is the angle between two planes: the plane containing the geocentre, the CIP, and the observer; and the plane containing the geocentre, the CIP, and the object. Hour angle increases with time and is positive when the object is west of the observer as viewed from the geocentre. The plane defining the astronomical zero ("Greenwich") meridian (from which Greenwich hour angles are measured) contains the geocentre, the CIP, and the TIO; there, the observer's longitude λ (not λ_{ITRS}) = 0. This plane is called the TIO meridian and it is a fundamental plane of the Terrestrial Intermediate Reference System.

The following general relationships are used to relate the right ascensions of celestial objects to locations on the Earth and universal time (UT1):

local mean solar time = universal time + east longitude

local hour angle (h) = Greenwich hour angle (H) + east longitude (λ)

Equinox-based

local mean sidereal time = Greenwich mean sidereal time + east longitude

local apparent sidereal time = local mean sidereal time + equation of equinoxes

= Greenwich apparent sidereal time + east longitude

Greenwich hour angle = Greenwich apparent sidereal time − apparent right ascension

local hour angle = local apparent sidereal time − apparent right ascension

CIO-based

Greenwich hour angle = Earth rotation angle − intermediate right ascension

local hour angle = Earth rotation angle − intermediate right ascension
+ east longitude

= Earth rotation angle − equation of origins
− apparent right ascension + east longitude

Note: ensure that the units of all quantities used are compatible.

Alternatively, use the rotation matrix $\mathbf{R}_3$ (see page K19) to rotate the equator and equinox of date system or the Celestial Intermediate Reference System about the z-axis (CIP) to the terrestrial system, resulting in either the TIO meridian and hour angle, or the local meridian and local hour angle.

Equinox-based	*CIO-based*
$\mathbf{r}_e$ = position with respect to the equator and equinox (mean or true) of date	$\mathbf{r}_i$ = position with respect to the Celestial Intermediate Reference System
$\mathbf{r} = \mathbf{R}_3(\text{GST})\,\mathbf{r}_e$ or $\mathbf{R}_3(\text{GST} + \lambda)\,\mathbf{r}_e$	$\mathbf{r} = \mathbf{R}_3(\theta)\,\mathbf{r}_i$ or $\mathbf{R}_3(\theta + \lambda)\,\mathbf{r}_i$

depending on whether the Greenwich (H) or local (h) hour angle is required, and then

$$H \text{ or } h = \tan^{-1}(-\mathbf{r}_y/\mathbf{r}_x) \qquad \text{positive to the west,}$$

and $\mathbf{r}_x$, $\mathbf{r}_y$ are components of $\mathbf{r}$ (see page K18). GST is the Greenwich mean (GMST) or apparent (GAST) sidereal time, as appropriate, and θ is the Earth rotation angle. Greenwich apparent and mean sidereal times, and the equation of the equinoxes are tabulated on pages B13–B20, while Earth rotation angle and equation of the origins are tabulated on pages B21–B24. Both tables are tabulated daily at 0^h UT1.

The relationships above, which result in a position with respect to the Terrestrial Intermediate Reference System (see page B26 note 7), require corrections for polar motion (see page B84) when the reduction of very precise observations are made with respect to a standard geodetic system such as the International Terrestrial Reference System (ITRS). These small corrections are (i) the alignment of the terrestrial intermediate origin (TIO) onto the longitude origin (λ_{ITRS} = 0) of the ITRS, and (ii) for positioning the pole (CIP) within the ITRS.

Examples of the use of the ephemeris of universal and sidereal times

1. *Conversion of universal time to local sidereal time*

To find the local apparent sidereal time at $09^h\ 44^m\ 30^s$ UT on 2020 July 8 in longitude $80°$ $22'\ 55{\cdot}79$ west.

		h	m	s
Greenwich mean sidereal time on July 8 at 0^h UT (page B17)		19	05	38·1989
Add the equivalent mean sidereal time interval from 0^h to $09^h\ 44^m\ 30^s$ UT (multiply UT interval by 1·002 737 9094)		9	46	06·0185
Greenwich mean sidereal time at required UT:		4	51	44·2174
Add equation of equinoxes, interpolated using second-order differences to approximate UT $= 0^d{\cdot}41$				−0·9909
Greenwich apparent sidereal time:		4	51	43·2265
Subtract west longitude (add east longitude)		5	21	31·7193
Local apparent sidereal time:		23	30	11·5072

The calculation for local mean sidereal time is similar, but omit the step which allows for the equation of the equinoxes.

2. *Conversion of local sidereal time to universal time*

To find the universal time at $23^h\ 30^m\ 11{\cdot}5072$ local apparent sidereal time on 2020 July 8 in longitude $80°\ 22'\ 55{\cdot}79$ west.

		h	m	s
Local apparent sidereal time:		23	30	11·5072
Add west longitude (subtract east longitude)		5	21	31·7193
Greenwich apparent sidereal time:		4	51	43·2265
Subtract equation of equinoxes, interpolated using second-order differences to approximate UT $= 0^d{\cdot}41$				−0·9909
Greenwich mean sidereal time:		4	51	44·2174
Subtract Greenwich mean sidereal time at 0^h UT		19	05	38·1989
Mean sidereal time interval from 0^h UT:		9	46	06·0185
Equivalent UT interval (multiply mean sidereal time interval by 0·997 269 5663)		9	44	30·0000

The conversion of mean sidereal time to universal time is carried out by a similar procedure; omit the step which allows for the equation of the equinoxes.

Date 0ʰ UT1		Julian Date	G. SIDEREAL TIME (GHA of the Equinox) Apparent	Mean	Equation of Equinoxes at 0ʰ UT1	GSD at 0ʰ GMST	UT1 at 0ʰ GMST (Greenwich Transit of the Mean Equinox)		
		245	h m s	s	s	246		h m s	
Jan.	0	8848·5	6 36 31·6718	32·6789	− 1·0071	5582·0	Jan.	0	17 20 36·3759
	1	8849·5	6 40 28·2256	29·2343	− 1·0087	5583·0		1	17 16 40·4665
	2	8850·5	6 44 24·7779	25·7897	− 1·0118	5584·0		2	17 12 44·5570
	3	8851·5	6 48 21·3297	22·3450	− 1·0154	5585·0		3	17 08 48·6475
	4	8852·5	6 52 17·8818	18·9004	− 1·0187	5586·0		4	17 04 52·7380
	5	8853·5	6 56 14·4351	15·4558	− 1·0207	5587·0		5	17 00 56·8286
	6	8854·5	7 00 10·9904	12·0111	− 1·0207	5588·0		6	16 57 00·9191
	7	8855·5	7 04 07·5484	08·5665	− 1·0181	5589·0		7	16 53 05·0096
	8	8856·5	7 08 04·1092	05·1219	− 1·0127	5590·0		8	16 49 09·1002
	9	8857·5	7 12 00·6724	01·6773	− 1·0048	5591·0		9	16 45 13·1907
	10	8858·5	7 15 57·2372	58·2326	− 0·9954	5592·0		10	16 41 17·2812
	11	8859·5	7 19 53·8020	54·7880	− 0·9860	5593·0		11	16 37 21·3718
	12	8860·5	7 23 50·3650	51·3434	− 0·9783	5594·0		12	16 33 25·4623
	13	8861·5	7 27 46·9249	47·8987	− 0·9738	5595·0		13	16 29 29·5528
	14	8862·5	7 31 43·4810	44·4541	− 0·9731	5596·0		14	16 25 33·6433
	15	8863·5	7 35 40·0339	41·0095	− 0·9756	5597·0		15	16 21 37·7339
	16	8864·5	7 39 36·5848	37·5648	− 0·9800	5598·0		16	16 17 41·8244
	17	8865·5	7 43 33·1357	34·1202	− 0·9845	5599·0		17	16 13 45·9149
	18	8866·5	7 47 29·6882	30·6756	− 0·9874	5600·0		18	16 09 50·0055
	19	8867·5	7 51 26·2433	27·2309	− 0·9876	5601·0		19	16 05 54·0960
	20	8868·5	7 55 22·8015	23·7863	− 0·9848	5602·0		20	16 01 58·1865
	21	8869·5	7 59 19·3622	20·3417	− 0·9795	5603·0		21	15 58 02·2771
	22	8870·5	8 03 15·9246	16·8970	− 0·9724	5604·0		22	15 54 06·3676
	23	8871·5	8 07 12·4874	13·4524	− 0·9650	5605·0		23	15 50 10·4581
	24	8872·5	8 11 09·0493	10·0078	− 0·9585	5606·0		24	15 46 14·5487
	25	8873·5	8 15 05·6092	06·5631	− 0·9539	5607·0		25	15 42 18·6392
	26	8874·5	8 19 02·1666	03·1185	− 0·9519	5608·0		26	15 38 22·7297
	27	8875·5	8 22 58·7214	59·6739	− 0·9525	5609·0		27	15 34 26·8202
	28	8876·5	8 26 55·2738	56·2293	− 0·9554	5610·0		28	15 30 30·9108
	29	8877·5	8 30 51·8245	52·7846	− 0·9602	5611·0		29	15 26 35·0013
	30	8878·5	8 34 48·3742	49·3400	− 0·9658	5612·0		30	15 22 39·0918
	31	8879·5	8 38 44·9239	45·8954	− 0·9715	5613·0		31	15 18 43·1824
Feb.	1	8880·5	8 42 41·4745	42·4507	− 0·9763	5614·0	Feb.	1	15 14 47·2729
	2	8881·5	8 46 38·0267	39·0061	− 0·9794	5615·0		2	15 10 51·3634
	3	8882·5	8 50 34·5812	35·5615	− 0·9802	5616·0		3	15 06 55·4540
	4	8883·5	8 54 31·1384	32·1168	− 0·9785	5617·0		4	15 02 59·5445
	5	8884·5	8 58 27·6981	28·6722	− 0·9741	5618·0		5	14 59 03·6350
	6	8885·5	9 02 24·2597	25·2276	− 0·9678	5619·0		6	14 55 07·7255
	7	8886·5	9 06 20·8222	21·7829	− 0·9608	5620·0		7	14 51 11·8161
	8	8887·5	9 10 17·3837	18·3383	− 0·9546	5621·0		8	14 47 15·9066
	9	8888·5	9 14 13·9427	14·8937	− 0·9510	5622·0		9	14 43 19·9971
	10	8889·5	9 18 10·4980	11·4490	− 0·9511	5623·0		10	14 39 24·0877
	11	8890·5	9 22 07·0494	08·0044	− 0·9550	5624·0		11	14 35 28·1782
	12	8891·5	9 26 03·5981	04·5598	− 0·9616	5625·0		12	14 31 32·2687
	13	8892·5	9 30 00·1461	01·1151	− 0·9690	5626·0		13	14 27 36·3593
	14	8893·5	9 33 56·6954	57·6705	− 0·9751	5627·0		14	14 23 40·4498
	15	8894·5	9 37 53·2472	54·2259	− 0·9786	5628·0		15	14 19 44·5403

Date 0ʰ UT1	Julian Date	G. SIDEREAL TIME (GHA of the Equinox) Apparent	Mean	Equation of Equinoxes at 0ʰ UT1	GSD at 0ʰ GMST	UT1 at 0ʰ GMST (Greenwich Transit of the Mean Equinox)
	245	h m s	s	s	246	h m s
Feb. 15	8894·5	9 37 53·2472	54·2259	− 0·9786	5628·0	Feb. 15 14 19 44·5403
16	8895·5	9 41 49·8022	50·7813	− 0·9791	5629·0	16 14 15 48·6308
17	8896·5	9 45 46·3599	47·3366	− 0·9768	5630·0	17 14 11 52·7214
18	8897·5	9 49 42·9193	43·8920	− 0·9727	5631·0	18 14 07 56·8119
19	8898·5	9 53 39·4793	40·4474	− 0·9680	5632·0	19 14 04 00·9024
20	8899·5	9 57 36·0387	37·0027	− 0·9640	5633·0	20 14 00 04·9930
21	8900·5	10 01 32·5964	33·5581	− 0·9617	5634·0	21 13 56 09·0835
22	8901·5	10 05 29·1517	30·1135	− 0·9617	5635·0	22 13 52 13·1740
23	8902·5	10 09 25·7045	26·6688	− 0·9643	5636·0	23 13 48 17·2646
24	8903·5	10 13 22·2548	23·2242	− 0·9694	5637·0	24 13 44 21·3551
25	8904·5	10 17 18·8033	19·7796	− 0·9763	5638·0	25 13 40 25·4456
26	8905·5	10 21 15·3506	16·3349	− 0·9844	5639·0	26 13 36 29·5362
27	8906·5	10 25 11·8976	12·8903	− 0·9927	5640·0	27 13 32 33·6267
28	8907·5	10 29 08·4453	09·4457	− 1·0004	5641·0	28 13 28 37·7172
29	8908·5	10 33 04·9945	06·0010	− 1·0066	5642·0	29 13 24 41·8077
Mar. 1	8909·5	10 37 01·5458	02·5564	− 1·0107	5643·0	Mar. 1 13 20 45·8983
2	8910·5	10 40 58·0995	59·1118	− 1·0123	5644·0	2 13 16 49·9888
3	8911·5	10 44 54·6557	55·6671	− 1·0115	5645·0	3 13 12 54·0793
4	8912·5	10 48 51·2140	52·2225	− 1·0085	5646·0	4 13 08 58·1699
5	8913·5	10 52 47·7736	48·7779	− 1·0043	5647·0	5 13 05 02·2604
6	8914·5	10 56 44·3331	45·3333	− 1·0001	5648·0	6 13 01 06·3509
7	8915·5	11 00 40·8911	41·8886	− 0·9975	5649·0	7 12 57 10·4415
8	8916·5	11 04 37·4459	38·4440	− 0·9980	5650·0	8 12 53 14·5320
9	8917·5	11 08 33·9970	34·9994	− 1·0023	5651·0	9 12 49 18·6225
10	8918·5	11 12 30·5448	31·5547	− 1·0099	5652·0	10 12 45 22·7130
11	8919·5	11 16 27·0909	28·1101	− 1·0192	5653·0	11 12 41 26·8036
12	8920·5	11 20 23·6375	24·6655	− 1·0279	5654·0	12 12 37 30·8941
13	8921·5	11 24 20·1867	21·2208	− 1·0341	5655·0	13 12 33 34·9846
14	8922·5	11 28 16·7393	17·7762	− 1·0369	5656·0	14 12 29 39·0752
15	8923·5	11 32 13·2951	14·3316	− 1·0365	5657·0	15 12 25 43·1657
16	8924·5	11 36 09·8532	10·8869	− 1·0338	5658·0	16 12 21 47·2562
17	8925·5	11 40 06·4121	07·4423	− 1·0302	5659·0	17 12 17 51·3468
18	8926·5	11 44 02·9706	03·9977	− 1·0271	5660·0	18 12 13 55·4373
19	8927·5	11 47 59·5275	60·5530	− 1·0256	5661·0	19 12 09 59·5278
20	8928·5	11 51 56·0822	57·1084	− 1·0262	5662·0	20 12 06 03·6184
21	8929·5	11 55 52·6344	53·6638	− 1·0294	5663·0	21 12 02 07·7089
22	8930·5	11 59 49·1842	50·2191	− 1·0349	5664·0	22 11 58 11·7994
23	8931·5	12 03 45·7320	46·7745	− 1·0425	5665·0	23 11 54 15·8899
24	8932·5	12 07 42·2786	43·3299	− 1·0513	5666·0	24 11 50 19·9805
25	8933·5	12 11 38·8248	39·8853	− 1·0604	5667·0	25 11 46 24·0710
26	8934·5	12 15 35·3715	36·4406	− 1·0691	5668·0	26 11 42 28·1615
27	8935·5	12 19 31·9196	32·9960	− 1·0764	5669·0	27 11 38 32·2521
28	8936·5	12 23 28·4697	29·5514	− 1·0816	5670·0	28 11 34 36·3426
29	8937·5	12 27 25·0223	26·1067	− 1·0844	5671·0	29 11 30 40·4331
30	8938·5	12 31 21·5774	22·6621	− 1·0847	5672·0	30 11 26 44·5237
31	8939·5	12 35 18·1346	19·2175	− 1·0828	5673·0	31 11 22 48·6142
Apr. 1	8940·5	12 39 14·6934	15·7728	− 1·0795	5674·0	Apr. 1 11 18 52·7047

Date 0ʰ UT1		Julian Date	G. SIDEREAL TIME (GHA of the Equinox) Apparent	Mean	Equation of Equinoxes at 0ʰ UT1	GSD at 0ʰ GMST	UT1 at 0ʰ GMST (Greenwich Transit of the Mean Equinox)		
		245	h m s	s	s	246		h m s	
Apr.	1	8940·5	12 39 14·6934	15·7728	− 1·0795	5674·0	Apr.	1	11 18 52·7047
	2	8941·5	12 43 11·2525	12·3282	− 1·0757	5675·0		2	11 14 56·7952
	3	8942·5	12 47 07·8107	08·8836	− 1·0729	5676·0		3	11 11 00·8858
	4	8943·5	12 51 04·3666	05·4389	− 1·0723	5677·0		4	11 07 04·9763
	5	8944·5	12 55 00·9193	01·9943	− 1·0750	5678·0		5	11 03 09·0668
	6	8945·5	12 58 57·4686	58·5497	− 1·0811	5679·0		6	10 59 13·1574
	7	8946·5	13 02 54·0155	55·1050	− 1·0896	5680·0		7	10 55 17·2479
	8	8947·5	13 06 50·5620	51·6604	− 1·0984	5681·0		8	10 51 21·3384
	9	8948·5	13 10 47·1103	48·2158	− 1·1055	5682·0		9	10 47 25·4290
	10	8949·5	13 14 43·6621	44·7711	− 1·1090	5683·0		10	10 43 29·5195
	11	8950·5	13 18 40·2178	41·3265	− 1·1087	5684·0		11	10 39 33·6100
	12	8951·5	13 22 36·7766	37·8819	− 1·1053	5685·0		12	10 35 37·7005
	13	8952·5	13 26 33·3369	34·4373	− 1·1004	5686·0		13	10 31 41·7911
	14	8953·5	13 30 29·8972	30·9926	− 1·0955	5687·0		14	10 27 45·8816
	15	8954·5	13 34 26·4560	27·5480	− 1·0919	5688·0		15	10 23 49·9721
	16	8955·5	13 38 23·0127	24·1034	− 1·0906	5689·0		16	10 19 54·0627
	17	8956·5	13 42 19·5668	20·6587	− 1·0919	5690·0		17	10 15 58·1532
	18	8957·5	13 46 16·1184	17·2141	− 1·0956	5691·0		18	10 12 02·2437
	19	8958·5	13 50 12·6680	13·7695	− 1·1015	5692·0		19	10 08 06·3343
	20	8959·5	13 54 09·2161	10·3248	− 1·1087	5693·0		20	10 04 10·4248
	21	8960·5	13 58 05·7637	06·8802	− 1·1165	5694·0		21	10 00 14·5153
	22	8961·5	14 02 02·3117	03·4356	− 1·1239	5695·0		22	9 56 18·6059
	23	8962·5	14 05 58·8609	59·9909	− 1·1300	5696·0		23	9 52 22·6964
	24	8963·5	14 09 55·4121	56·5463	− 1·1342	5697·0		24	9 48 26·7869
	25	8964·5	14 13 51·9658	53·1017	− 1·1359	5698·0		25	9 44 30·8774
	26	8965·5	14 17 48·5220	49·6570	− 1·1350	5699·0		26	9 40 34·9680
	27	8966·5	14 21 45·0806	46·2124	− 1·1318	5700·0		27	9 36 39·0585
	28	8967·5	14 25 41·6408	42·7678	− 1·1270	5701·0		28	9 32 43·1490
	29	8968·5	14 29 38·2016	39·3231	− 1·1216	5702·0		29	9 28 47·2396
	30	8969·5	14 33 34·7617	35·8785	− 1·1168	5703·0		30	9 24 51·3301
May	1	8970·5	14 37 31·3200	32·4339	− 1·1138	5704·0	May	1	9 20 55·4206
	2	8971·5	14 41 27·8756	28·9893	− 1·1137	5705·0		2	9 16 59·5112
	3	8972·5	14 45 24·4279	25·5446	− 1·1167	5706·0		3	9 13 03·6017
	4	8973·5	14 49 20·9777	22·1000	− 1·1223	5707·0		4	9 09 07·6922
	5	8974·5	14 53 17·5262	18·6554	− 1·1292	5708·0		5	9 05 11·7827
	6	8975·5	14 57 14·0756	15·2107	− 1·1351	5709·0		6	9 01 15·8733
	7	8976·5	15 01 10·6279	11·7661	− 1·1382	5710·0		7	8 57 19·9638
	8	8977·5	15 05 07·1842	08·3215	− 1·1373	5711·0		8	8 53 24·0543
	9	8978·5	15 09 03·7442	04·8768	− 1·1326	5712·0		9	8 49 28·1449
	10	8979·5	15 13 00·3068	01·4322	− 1·1254	5713·0		10	8 45 32·2354
	11	8980·5	15 16 56·8701	57·9876	− 1·1175	5714·0		11	8 41 36·3259
	12	8981·5	15 20 53·4325	54·5429	− 1·1104	5715·0		12	8 37 40·4165
	13	8982·5	15 24 49·9927	51·0983	− 1·1056	5716·0		13	8 33 44·5070
	14	8983·5	15 28 46·5503	47·6537	− 1·1034	5717·0		14	8 29 48·5975
	15	8984·5	15 32 43·1051	44·2090	− 1·1040	5718·0		15	8 25 52·6880
	16	8985·5	15 36 39·6576	40·7644	− 1·1069	5719·0		16	8 21 56·7786
	17	8986·5	15 40 36·2084	37·3198	− 1·1114	5720·0		17	8 18 00·8691

Date 0ʰ UT1		Julian Date	G. SIDEREAL TIME (GHA of the Equinox)		Equation of Equinoxes at 0ʰ UT1	GSD at 0ʰ GMST	UT1 at 0ʰ GMST (Greenwich Transit of the Mean Equinox)		
			Apparent	Mean					
		245	h m s	s	s	246		h m s	
May	17	8986·5	15 40 36·2084	37·3198	− 1·1114	5720·0	May 17	8 18 00·8691	
	18	8987·5	15 44 32·7584	33·8751	− 1·1168	5721·0	18	8 14 04·9596	
	19	8988·5	15 48 29·3085	30·4305	− 1·1221	5722·0	19	8 10 09·0502	
	20	8989·5	15 52 25·8596	26·9859	− 1·1263	5723·0	20	8 06 13·1407	
	21	8990·5	15 56 22·4125	23·5413	− 1·1288	5724·0	21	8 02 17·2312	
	22	8991·5	16 00 18·9678	20·0966	− 1·1288	5725·0	22	7 58 21·3218	
	23	8992·5	16 04 15·5258	16·6520	− 1·1262	5726·0	23	7 54 25·4123	
	24	8993·5	16 08 12·0863	13·2074	− 1·1211	5727·0	24	7 50 29·5028	
	25	8994·5	16 12 08·6486	09·7627	− 1·1142	5728·0	25	7 46 33·5934	
	26	8995·5	16 16 05·2117	06·3181	− 1·1064	5729·0	26	7 42 37·6839	
	27	8996·5	16 20 01·7743	02·8735	− 1·0991	5730·0	27	7 38 41·7744	
	28	8997·5	16 23 58·3353	59·4288	− 1·0935	5731·0	28	7 34 45·8649	
	29	8998·5	16 27 54·8936	55·9842	− 1·0906	5732·0	29	7 30 49·9555	
	30	8999·5	16 31 51·4488	52·5396	− 1·0908	5733·0	30	7 26 54·0460	
	31	9000·5	16 35 48·0012	49·0949	− 1·0938	5734·0	31	7 22 58·1365	
June	1	9001·5	16 39 44·5520	45·6503	− 1·0983	5735·0	June 1	7 19 02·2271	
	2	9002·5	16 43 41·1030	42·2057	− 1·1027	5736·0	2	7 15 06·3176	
	3	9003·5	16 47 37·6559	38·7610	− 1·1051	5737·0	3	7 11 10·4081	
	4	9004·5	16 51 34·2123	35·3164	− 1·1041	5738·0	4	7 07 14·4987	
	5	9005·5	16 55 30·7726	31·8718	− 1·0991	5739·0	5	7 03 18·5892	
	6	9006·5	16 59 27·3361	28·4272	− 1·0910	5740·0	6	6 59 22·6797	
	7	9007·5	17 03 23·9013	24·9825	− 1·0812	5741·0	7	6 55 26·7702	
	8	9008·5	17 07 20·4663	21·5379	− 1·0716	5742·0	8	6 51 30·8608	
	9	9009·5	17 11 17·0295	18·0933	− 1·0638	5743·0	9	6 47 34·9513	
	10	9010·5	17 15 13·5900	14·6486	− 1·0586	5744·0	10	6 43 39·0418	
	11	9011·5	17 19 10·1476	11·2040	− 1·0564	5745·0	11	6 39 43·1324	
	12	9012·5	17 23 06·7024	07·7594	− 1·0569	5746·0	12	6 35 47·2229	
	13	9013·5	17 27 03·2552	04·3147	− 1·0595	5747·0	13	6 31 51·3134	
	14	9014·5	17 30 59·8068	60·8701	− 1·0633	5748·0	14	6 27 55·4040	
	15	9015·5	17 34 56·3582	57·4255	− 1·0673	5749·0	15	6 23 59·4945	
	16	9016·5	17 38 52·9102	53·9808	− 1·0706	5750·0	16	6 20 03·5850	
	17	9017·5	17 42 49·4637	50·5362	− 1·0725	5751·0	17	6 16 07·6755	
	18	9018·5	17 46 46·0195	47·0916	− 1·0721	5752·0	18	6 12 11·7661	
	19	9019·5	17 50 42·5778	43·6469	− 1·0691	5753·0	19	6 08 15·8566	
	20	9020·5	17 54 39·1387	40·2023	− 1·0636	5754·0	20	6 04 19·9471	
	21	9021·5	17 58 35·7018	36·7577	− 1·0559	5755·0	21	6 00 24·0377	
	22	9022·5	18 02 32·2659	33·3130	− 1·0471	5756·0	22	5 56 28·1282	
	23	9023·5	18 06 28·8300	29·8684	− 1·0385	5757·0	23	5 52 32·2187	
	24	9024·5	18 10 25·3924	26·4238	− 1·0313	5758·0	24	5 48 36·3093	
	25	9025·5	18 14 21·9522	22·9792	− 1·0269	5759·0	25	5 44 40·3998	
	26	9026·5	18 18 18·5088	19·5345	− 1·0257	5760·0	26	5 40 44·4903	
	27	9027·5	18 22 15·0623	16·0899	− 1·0276	5761·0	27	5 36 48·5809	
	28	9028·5	18 26 11·6139	12·6453	− 1·0314	5762·0	28	5 32 52·6714	
	29	9029·5	18 30 08·1650	09·2006	− 1·0356	5763·0	29	5 28 56·7619	
	30	9030·5	18 34 04·7176	05·7560	− 1·0384	5764·0	30	5 25 00·8524	
July	1	9031·5	18 38 01·2730	02·3114	− 1·0383	5765·0	July 1	5 21 04·9430	
	2	9032·5	18 41 57·8320	58·8667	− 1·0347	5766·0	2	5 17 09·0335	

Date 0ʰ UT1		Julian Date	G. SIDEREAL TIME (GHA of the Equinox) Apparent	Mean	Equation of Equinoxes at 0ʰ UT1	GSD at 0ʰ GMST	UT1 at 0ʰ GMST (Greenwich Transit of the Mean Equinox)		
		245	h m s	s	s	246		h m s	
July	2	9032·5	18 41 57·8320	58·8667	−1·0347	5766·0	July 2	5 17 09·0335	
	3	9033·5	18 45 54·3943	55·4221	−1·0278	5767·0	3	5 13 13·1240	
	4	9034·5	18 49 50·9588	51·9775	−1·0187	5768·0	4	5 09 17·2146	
	5	9035·5	18 53 47·5238	48·5328	−1·0091	5769·0	5	5 05 21·3051	
	6	9036·5	18 57 44·0876	45·0882	−1·0006	5770·0	6	5 01 25·3956	
	7	9037·5	19 01 40·6491	41·6436	−0·9945	5771·0	7	4 57 29·4862	
	8	9038·5	19 05 37·2076	38·1989	−0·9913	5772·0	8	4 53 33·5767	
	9	9039·5	19 09 33·7631	34·7543	−0·9912	5773·0	9	4 49 37·6672	
	10	9040·5	19 13 30·3161	31·3097	−0·9935	5774·0	10	4 45 41·7577	
	11	9041·5	19 17 26·8676	27·8650	−0·9975	5775·0	11	4 41 45·8483	
	12	9042·5	19 21 23·4183	24·4204	−1·0021	5776·0	12	4 37 49·9388	
	13	9043·5	19 25 19·9694	20·9758	−1·0063	5777·0	13	4 33 54·0293	
	14	9044·5	19 29 16·5217	17·5312	−1·0094	5778·0	14	4 29 58·1199	
	15	9045·5	19 33 13·0759	14·0865	−1·0106	5779·0	15	4 26 02·2104	
	16	9046·5	19 37 09·6325	10·6419	−1·0094	5780·0	16	4 22 06·3009	
	17	9047·5	19 41 06·1916	07·1973	−1·0056	5781·0	17	4 18 10·3915	
	18	9048·5	19 45 02·7531	03·7526	−0·9995	5782·0	18	4 14 14·4820	
	19	9049·5	19 48 59·3161	60·3080	−0·9919	5783·0	19	4 10 18·5725	
	20	9050·5	19 52 55·8794	56·8634	−0·9839	5784·0	20	4 06 22·6630	
	21	9051·5	19 56 52·4417	53·4187	−0·9771	5785·0	21	4 02 26·7536	
	22	9052·5	20 00 49·0014	49·9741	−0·9727	5786·0	22	3 58 30·8441	
	23	9053·5	20 04 45·5578	46·5295	−0·9717	5787·0	23	3 54 34·9346	
	24	9054·5	20 08 42·1107	43·0848	−0·9741	5788·0	24	3 50 39·0252	
	25	9055·5	20 12 38·6612	39·6402	−0·9790	5789·0	25	3 46 43·1157	
	26	9056·5	20 16 35·2108	36·1956	−0·9848	5790·0	26	3 42 47·2062	
	27	9057·5	20 20 31·7614	32·7509	−0·9895	5791·0	27	3 38 51·2968	
	28	9058·5	20 24 28·3145	29·3063	−0·9918	5792·0	28	3 34 55·3873	
	29	9059·5	20 28 24·8709	25·8617	−0·9908	5793·0	29	3 30 59·4778	
	30	9060·5	20 32 21·4305	22·4170	−0·9865	5794·0	30	3 27 03·5683	
	31	9061·5	20 36 17·9925	18·9724	−0·9799	5795·0	31	3 23 07·6589	
Aug.	1	9062·5	20 40 14·5554	15·5278	−0·9724	5796·0	Aug. 1	3 19 11·7494	
	2	9063·5	20 44 11·1176	12·0832	−0·9656	5797·0	2	3 15 15·8399	
	3	9064·5	20 48 07·6779	08·6385	−0·9606	5798·0	3	3 11 19·9305	
	4	9065·5	20 52 04·2354	05·1939	−0·9585	5799·0	4	3 07 24·0210	
	5	9066·5	20 56 00·7899	01·7493	−0·9594	5800·0	5	3 03 28·1115	
	6	9067·5	20 59 57·3416	58·3046	−0·9630	5801·0	6	2 59 32·2021	
	7	9068·5	21 03 53·8915	54·8600	−0·9685	5802·0	7	2 55 36·2926	
	8	9069·5	21 07 50·4403	51·4154	−0·9751	5803·0	8	2 51 40·3831	
	9	9070·5	21 11 46·9891	47·9707	−0·9817	5804·0	9	2 47 44·4737	
	10	9071·5	21 15 43·5388	44·5261	−0·9873	5805·0	10	2 43 48·5642	
	11	9072·5	21 19 40·0901	41·0815	−0·9914	5806·0	11	2 39 52·6547	
	12	9073·5	21 23 36·6436	37·6368	−0·9932	5807·0	12	2 35 56·7452	
	13	9074·5	21 27 33·1996	34·1922	−0·9926	5808·0	13	2 32 00·8358	
	14	9075·5	21 31 29·7580	30·7476	−0·9896	5809·0	14	2 28 04·9263	
	15	9076·5	21 35 26·3182	27·3029	−0·9848	5810·0	15	2 24 09·0168	
	16	9077·5	21 39 22·8792	23·8583	−0·9791	5811·0	16	2 20 13·1074	
	17	9078·5	21 43 19·4399	20·4137	−0·9738	5812·0	17	2 16 17·1979	

UNIVERSAL AND SIDEREAL TIMES, 2020

Date 0ʰ UT1	Julian Date	G. SIDEREAL TIME (GHA of the Equinox)		Equation of Equinoxes at 0ʰ UT1	GSD at 0ʰ GMST	UT1 at 0ʰ GMST (Greenwich Transit of the Mean Equinox)
		Apparent	Mean			
	245	h m s	s	s	246	h m s
Aug. 17	9078·5	21 43 19·4399	20·4137	−0·9738	5812·0	Aug. 17 2 16 17·1979
18	9079·5	21 47 15·9986	16·9690	−0·9705	5813·0	18 2 12 21·2884
19	9080·5	21 51 12·5541	13·5244	−0·9703	5814·0	19 2 08 25·3790
20	9081·5	21 55 09·1060	10·0798	−0·9737	5815·0	20 2 04 29·4695
21	9082·5	21 59 05·6549	06·6352	−0·9803	5816·0	21 2 00 33·5600
22	9083·5	22 03 02·2022	03·1905	−0·9883	5817·0	22 1 56 37·6505
23	9084·5	22 06 58·7501	59·7459	−0·9958	5818·0	23 1 52 41·7411
24	9085·5	22 10 55·3003	56·3013	−1·0010	5819·0	24 1 48 45·8316
25	9086·5	22 14 51·8538	52·8566	−1·0028	5820·0	25 1 44 49·9221
26	9087·5	22 18 48·4107	49·4120	−1·0013	5821·0	26 1 40 54·0127
27	9088·5	22 22 44·9700	45·9674	−0·9974	5822·0	27 1 36 58·1032
28	9089·5	22 26 41·5305	42·5227	−0·9923	5823·0	28 1 33 02·1937
29	9090·5	22 30 38·0906	39·0781	−0·9875	5824·0	29 1 29 06·2843
30	9091·5	22 34 34·6491	35·6335	−0·9844	5825·0	30 1 25 10·3748
31	9092·5	22 38 31·2051	32·1888	−0·9838	5826·0	31 1 21 14·4653
Sept. 1	9093·5	22 42 27·7581	28·7442	−0·9861	5827·0	Sept. 1 1 17 18·5558
2	9094·5	22 46 24·3085	25·2996	−0·9911	5828·0	2 1 13 22·6464
3	9095·5	22 50 20·8567	21·8549	−0·9983	5829·0	3 1 09 26·7369
4	9096·5	22 54 17·4036	18·4103	−1·0067	5830·0	4 1 05 30·8274
5	9097·5	22 58 13·9502	14·9657	−1·0154	5831·0	5 1 01 34·9180
6	9098·5	23 02 10·4976	11·5210	−1·0235	5832·0	6 0 57 39·0085
7	9099·5	23 06 07·0464	08·0764	−1·0300	5833·0	7 0 53 43·0990
8	9100·5	23 10 03·5973	04·6318	−1·0345	5834·0	8 0 49 47·1896
9	9101·5	23 14 00·1506	01·1872	−1·0366	5835·0	9 0 45 51·2801
10	9102·5	23 17 56·7062	57·7425	−1·0363	5836·0	10 0 41 55·3706
11	9103·5	23 21 53·2638	54·2979	−1·0341	5837·0	11 0 37 59·4612
12	9104·5	23 25 49·8227	50·8533	−1·0306	5838·0	12 0 34 03·5517
13	9105·5	23 29 46·3817	47·4086	−1·0269	5839·0	13 0 30 07·6422
14	9106·5	23 33 42·9396	43·9640	−1·0244	5840·0	14 0 26 11·7327
15	9107·5	23 37 39·4949	40·5194	−1·0244	5841·0	15 0 22 15·8233
16	9108·5	23 41 36·0469	37·0747	−1·0278	5842·0	16 0 18 19·9138
17	9109·5	23 45 32·5955	33·6301	−1·0346	5843·0	17 0 14 24·0043
18	9110·5	23 49 29·1418	30·1855	−1·0437	5844·0	18 0 10 28·0949
19	9111·5	23 53 25·6878	26·7408	−1·0530	5845·0	19 0 06 32·1854
20	9112·5	23 57 22·2359	23·2962	−1·0603	5846·0	20 0 02 36·2759
					5847·0	20 23 58 40·3665
21	9113·5	0 01 18·7873	19·8516	−1·0642	5848·0	21 23 54 44·4570
22	9114·5	0 05 15·3426	16·4069	−1·0643	5849·0	22 23 50 48·5475
23	9115·5	0 09 11·9009	12·9623	−1·0614	5850·0	23 23 46 52·6380
24	9116·5	0 13 08·4607	09·5177	−1·0570	5851·0	24 23 42 56·7286
25	9117·5	0 17 05·0204	06·0730	−1·0527	5852·0	25 23 39 00·8191
26	9118·5	0 21 01·5787	02·6284	−1·0498	5853·0	26 23 35 04·9096
27	9119·5	0 24 58·1345	59·1838	−1·0493	5854·0	27 23 31 09·0002
28	9120·5	0 28 54·6876	55·7392	−1·0516	5855·0	28 23 27 13·0907
29	9121·5	0 32 51·2379	52·2945	−1·0566	5856·0	29 23 23 17·1812
30	9122·5	0 36 47·7861	48·8499	−1·0638	5857·0	30 23 19 21·2718
Oct. 1	9123·5	0 40 44·3328	45·4053	−1·0725	5858·0	Oct. 1 23 15 25·3623

Date 0ʰ UT1		Julian Date	G. SIDEREAL TIME (GHA of the Equinox)		Equation of Equinoxes at 0ʰ UT1	GSD at 0ʰ GMST	UT1 at 0ʰ GMST (Greenwich Transit of the Mean Equinox)		
			Apparent	Mean					
		245	h m s	s	s	**246**		h m s	
Oct.	1	**9123·5**	0 40 44·3328	45·4053	− 1·0725	**5858·0**	Oct. 1	23 15 25·3623	
	2	**9124·5**	0 44 40·8790	41·9606	− 1·0816	**5859·0**	2	23 11 29·4528	
	3	**9125·5**	0 48 37·4258	38·5160	− 1·0902	**5860·0**	3	23 07 33·5433	
	4	**9126·5**	0 52 33·9740	35·0714	− 1·0974	**5861·0**	4	23 03 37·6339	
	5	**9127·5**	0 56 30·5242	31·6267	− 1·1026	**5862·0**	5	22 59 41·7244	
	6	**9128·5**	1 00 27·0767	28·1821	− 1·1054	**5863·0**	6	22 55 45·8149	
	7	**9129·5**	1 04 23·6317	24·7375	− 1·1057	**5864·0**	7	22 51 49·9055	
	8	**9130·5**	1 08 20·1888	21·2928	− 1·1040	**5865·0**	8	22 47 53·9960	
	9	**9131·5**	1 12 16·7473	17·8482	− 1·1009	**5866·0**	9	22 43 58·0865	
	10	**9132·5**	1 16 13·3064	14·4036	− 1·0972	**5867·0**	10	22 40 02·1771	
	11	**9133·5**	1 20 09·8648	10·9589	− 1·0942	**5868·0**	11	22 36 06·2676	
	12	**9134·5**	1 24 06·4214	07·5143	− 1·0929	**5869·0**	12	22 32 10·3581	
	13	**9135·5**	1 28 02·9752	04·0697	− 1·0945	**5870·0**	13	22 28 14·4487	
	14	**9136·5**	1 31 59·5257	60·6250	− 1·0993	**5871·0**	14	22 24 18·5392	
	15	**9137·5**	1 35 56·0736	57·1804	− 1·1068	**5872·0**	15	22 20 22·6297	
	16	**9138·5**	1 39 52·6203	53·7358	− 1·1155	**5873·0**	16	22 16 26·7202	
	17	**9139·5**	1 43 49·1680	50·2912	− 1·1231	**5874·0**	17	22 12 30·8108	
	18	**9140·5**	1 47 45·7190	46·8465	− 1·1275	**5875·0**	18	22 08 34·9013	
	19	**9141·5**	1 51 42·2742	43·4019	− 1·1277	**5876·0**	19	22 04 38·9918	
	20	**9142·5**	1 55 38·8332	39·9573	− 1·1240	**5877·0**	20	22 00 43·0824	
	21	**9143·5**	1 59 35·3947	36·5126	− 1·1180	**5878·0**	21	21 56 47·1729	
	22	**9144·5**	2 03 31·9566	33·0680	− 1·1114	**5879·0**	22	21 52 51·2634	
	23	**9145·5**	2 07 28·5173	29·6234	− 1·1061	**5880·0**	23	21 48 55·3540	
	24	**9146·5**	2 11 25·0756	26·1787	− 1·1031	**5881·0**	24	21 44 59·4445	
	25	**9147·5**	2 15 21·6311	22·7341	− 1·1030	**5882·0**	25	21 41 03·5350	
	26	**9148·5**	2 19 18·1837	19·2895	− 1·1058	**5883·0**	26	21 37 07·6255	
	27	**9149·5**	2 23 14·7339	15·8448	− 1·1109	**5884·0**	27	21 33 11·7161	
	28	**9150·5**	2 27 11·2826	12·4002	− 1·1176	**5885·0**	28	21 29 15·8066	
	29	**9151·5**	2 31 07·8307	08·9556	− 1·1249	**5886·0**	29	21 25 19·8971	
	30	**9152·5**	2 35 04·3791	05·5109	− 1·1318	**5887·0**	30	21 21 23·9877	
	31	**9153·5**	2 39 00·9288	02·0663	− 1·1375	**5888·0**	31	21 17 28·0782	
Nov.	1	**9154·5**	2 42 57·4804	58·6217	− 1·1413	**5889·0**	Nov. 1	21 13 32·1687	
	2	**9155·5**	2 46 54·0345	55·1770	− 1·1426	**5890·0**	2	21 09 36·2593	
	3	**9156·5**	2 50 50·5910	51·7324	− 1·1414	**5891·0**	3	21 05 40·3498	
	4	**9157·5**	2 54 47·1497	48·2878	− 1·1380	**5892·0**	4	21 01 44·4403	
	5	**9158·5**	2 58 43·7101	44·8432	− 1·1331	**5893·0**	5	20 57 48·5308	
	6	**9159·5**	3 02 40·2712	41·3985	− 1·1274	**5894·0**	6	20 53 52·6214	
	7	**9160·5**	3 06 36·8319	37·9539	− 1·1220	**5895·0**	7	20 49 56·7119	
	8	**9161·5**	3 10 33·3911	34·5093	− 1·1181	**5896·0**	8	20 46 00·8024	
	9	**9162·5**	3 14 29·9480	31·0646	− 1·1166	**5897·0**	9	20 42 04·8930	
	10	**9163·5**	3 18 26·5020	27·6200	− 1·1180	**5898·0**	10	20 38 08·9835	
	11	**9164·5**	3 22 23·0532	24·1754	− 1·1222	**5899·0**	11	20 34 13·0740	
	12	**9165·5**	3 26 19·6026	20·7307	− 1·1281	**5900·0**	12	20 30 17·1646	
	13	**9166·5**	3 30 16·1522	17·2861	− 1·1339	**5901·0**	13	20 26 21·2551	
	14	**9167·5**	3 34 12·7040	13·8415	− 1·1375	**5902·0**	14	20 22 25·3456	
	15	**9168·5**	3 38 09·2598	10·3968	− 1·1371	**5903·0**	15	20 18 29·4362	
	16	**9169·5**	3 42 05·8200	06·9522	− 1·1322	**5904·0**	16	20 14 33·5267	

Date 0ʰ UT1	Julian Date	G. SIDEREAL TIME (GHA of the Equinox)		Equation of Equinoxes at 0ʰ UT1	GSD at 0ʰ GMST	UT1 at 0ʰ GMST (Greenwich Transit of the Mean Equinox)
		Apparent	Mean			
	245	h m s	s	s	246	h m s
Nov. 16	9169·5	3 42 05·8200	06·9522	− 1·1322	5904·0	Nov. 16 20 14 33·5267
17	9170·5	3 46 02·3837	03·5076	− 1·1239	5905·0	17 20 10 37·6172
18	9171·5	3 49 58·9489	60·0629	− 1·1140	5906·0	18 20 06 41·7077
19	9172·5	3 53 55·5136	56·6183	− 1·1047	5907·0	19 20 02 45·7983
20	9173·5	3 57 52·0761	53·1737	− 1·0975	5908·0	20 19 58 49·8888
21	9174·5	4 01 48·6356	49·7291	− 1·0935	5909·0	21 19 54 53·9793
22	9175·5	4 05 45·1919	46·2844	− 1·0925	5910·0	22 19 50 58·0699
23	9176·5	4 09 41·7455	42·8398	− 1·0943	5911·0	23 19 47 02·1604
24	9177·5	4 13 38·2972	39·3952	− 1·0979	5912·0	24 19 43 06·2509
25	9178·5	4 17 34·8480	35·9505	− 1·1025	5913·0	25 19 39 10·3415
26	9179·5	4 21 31·3989	32·5059	− 1·1070	5914·0	26 19 35 14·4320
27	9180·5	4 25 27·9508	29·0613	− 1·1105	5915·0	27 19 31 18·5225
28	9181·5	4 29 24·5044	25·6166	− 1·1122	5916·0	28 19 27 22·6130
29	9182·5	4 33 21·0604	22·1720	− 1·1116	5917·0	29 19 23 26·7036
30	9183·5	4 37 17·6190	18·7274	− 1·1084	5918·0	30 19 19 30·7941
Dec. 1	9184·5	4 41 14·1798	15·2827	− 1·1029	5919·0	Dec. 1 19 15 34·8846
2	9185·5	4 45 10·7425	11·8381	− 1·0956	5920·0	2 19 11 38·9752
3	9186·5	4 49 07·3060	08·3935	− 1·0874	5921·0	3 19 07 43·0657
4	9187·5	4 53 03·8694	04·9488	− 1·0795	5922·0	4 19 03 47·1562
5	9188·5	4 57 00·4314	01·5042	− 1·0728	5923·0	5 18 59 51·2468
6	9189·5	5 00 56·9911	58·0596	− 1·0685	5924·0	6 18 55 55·3373
7	9190·5	5 04 53·5480	54·6149	− 1·0670	5925·0	7 18 51 59·4278
8	9191·5	5 08 50·1021	51·1703	− 1·0683	5926·0	8 18 48 03·5183
9	9192·5	5 12 46·6541	47·7257	− 1·0716	5927·0	9 18 44 07·6089
10	9193·5	5 16 43·2056	44·2811	− 1·0754	5928·0	10 18 40 11·6994
11	9194·5	5 20 39·7584	40·8364	− 1·0780	5929·0	11 18 36 15·7899
12	9195·5	5 24 36·3143	37·3918	− 1·0775	5930·0	12 18 32 19·8805
13	9196·5	5 28 32·8743	33·9472	− 1·0729	5931·0	13 18 28 23·9710
14	9197·5	5 32 29·4383	30·5025	− 1·0642	5932·0	14 18 24 28·0615
15	9198·5	5 36 26·0050	27·0579	− 1·0529	5933·0	15 18 20 32·1521
16	9199·5	5 40 22·5722	23·6133	− 1·0411	5934·0	16 18 16 36·2426
17	9200·5	5 44 19·1379	20·1686	− 1·0307	5935·0	17 18 12 40·3331
18	9201·5	5 48 15·7007	16·7240	− 1·0233	5936·0	18 18 08 44·4237
19	9202·5	5 52 12·2599	13·2794	− 1·0194	5937·0	19 18 04 48·5142
20	9203·5	5 56 08·8160	09·8347	− 1·0187	5938·0	20 18 00 52·6047
21	9204·5	6 00 05·3697	06·3901	− 1·0204	5939·0	21 17 56 56·6952
22	9205·5	6 04 01·9220	02·9455	− 1·0235	5940·0	22 17 53 00·7858
23	9206·5	6 07 58·4739	59·5008	− 1·0269	5941·0	23 17 49 04·8763
24	9207·5	6 11 55·0265	56·0562	− 1·0297	5942·0	24 17 45 08·9668
25	9208·5	6 15 51·5807	52·6116	− 1·0309	5943·0	25 17 41 13·0574
26	9209·5	6 19 48·1369	49·1669	− 1·0301	5944·0	26 17 37 17·1479
27	9210·5	6 23 44·6955	45·7223	− 1·0268	5945·0	27 17 33 21·2384
28	9211·5	6 27 41·2565	42·2777	− 1·0211	5946·0	28 17 29 25·3290
29	9212·5	6 31 37·8195	38·8331	− 1·0135	5947·0	29 17 25 29·4195
30	9213·5	6 35 34·3837	35·3884	− 1·0047	5948·0	30 17 21 33·5100
31	9214·5	6 39 30·9479	31·9438	− 0·9959	5949·0	31 17 17 37·6005
32	9215·5	6 43 27·5109	28·4992	− 0·9883	5950·0	32 17 13 41·6911

Date 0^h UT1	Julian Date	Earth Rotation Angle θ	Equation of Origins E_o	Date 0^h UT1	Julian Date	Earth Rotation Angle θ	Equation of Origins E_o
	245	° ′ ″	′ ″		245	° ′ ″	′ ″
Jan. 0	8848.5	98 52 47.8719	− 15 07.2055	Feb. 15	8894.5	144 13 05.2668	− 15 13.4417
1	8849.5	99 51 56.0762	− 15 07.3077	16	8895.5	145 12 13.4711	− 15 13.5617
2	8850.5	100 51 04.2804	− 15 07.3884	17	8896.5	146 11 21.6753	− 15 13.7226
3	8851.5	101 50 12.4846	− 15 07.4605	18	8897.5	147 10 29.8795	− 15 13.9103
4	8852.5	102 49 20.6889	− 15 07.5375	19	8898.5	148 09 38.0838	− 15 14.1064
5	8853.5	103 48 28.8931	− 15 07.6329	20	8899.5	149 08 46.2880	− 15 14.2925
6	8854.5	104 47 37.0973	− 15 07.7588	21	8900.5	150 07 54.4923	− 15 14.4535
7	8855.5	105 46 45.3016	− 15 07.9240	22	8901.5	151 07 02.6965	− 15 14.5795
8	8856.5	106 45 53.5058	− 15 08.1316	23	8902.5	152 06 10.9007	− 15 14.6667
9	8857.5	107 45 01.7101	− 15 08.3765	24	8903.5	153 05 19.1050	− 15 14.7176
10	8858.5	108 44 09.9143	− 15 08.6442	25	8904.5	154 04 27.3092	− 15 14.7398
11	8859.5	109 43 18.1185	− 15 08.9116	26	8905.5	155 03 35.5134	− 15 14.7450
12	8860.5	110 42 26.3228	− 15 09.1528	27	8906.5	156 02 43.7177	− 15 14.7465
13	8861.5	111 41 34.5270	− 15 09.3465	28	8907.5	157 01 51.9219	− 15 14.7579
14	8862.5	112 40 42.7312	− 15 09.4839	29	8908.5	158 01 00.1261	− 15 14.7912
15	8863.5	113 39 50.9355	− 15 09.5725	Mar. 1	8909.5	159 00 08.3304	− 15 14.8559
16	8864.5	114 38 59.1397	− 15 09.6329	2	8910.5	159 59 16.5346	− 15 14.9576
17	8865.5	115 38 07.3440	− 15 09.6920	3	8911.5	160 58 24.7389	− 15 15.0965
18	8866.5	116 37 15.5482	− 15 09.7747	4	8912.5	161 57 32.9431	− 15 15.2672
19	8867.5	117 36 23.7524	− 15 09.8973	5	8913.5	162 56 41.1473	− 15 15.4567
20	8868.5	118 35 31.9567	− 15 10.0652	6	8914.5	163 55 49.3516	− 15 15.6456
21	8869.5	119 34 40.1609	− 15 10.2723	7	8915.5	164 54 57.5558	− 15 15.8103
22	8870.5	120 33 48.3651	− 15 10.5040	8	8916.5	165 54 05.7600	− 15 15.9291
23	8871.5	121 32 56.5694	− 15 10.7414	9	8917.5	166 53 13.9643	− 15 15.9911
24	8872.5	122 32 04.7736	− 15 10.9652	10	8918.5	167 52 22.1685	− 15 16.0033
25	8873.5	123 31 12.9779	− 15 11.1603	11	8919.5	168 51 30.3728	− 15 15.9904
26	8874.5	124 30 21.1821	− 15 11.3174	12	8920.5	169 50 38.5770	− 15 15.9860
27	8875.5	125 29 29.3863	− 15 11.4347	13	8921.5	170 49 46.7812	− 15 16.0191
28	8876.5	126 28 37.5906	− 15 11.5165	14	8922.5	171 48 54.9855	− 15 16.1037
29	8877.5	127 27 45.7948	− 15 11.5721	15	8923.5	172 48 03.1897	− 15 16.2368
30	8878.5	128 26 53.9990	− 15 11.6139	16	8924.5	173 47 11.3939	− 15 16.4035
31	8879.5	129 26 02.2033	− 15 11.6553	17	8925.5	174 46 19.5982	− 15 16.5832
Feb. 1	8880.5	130 25 10.4075	− 15 11.7096	18	8926.5	175 45 27.8024	− 15 16.7560
2	8881.5	131 24 18.6117	− 15 11.7890	19	8927.5	176 44 36.0067	− 15 16.9057
3	8882.5	132 23 26.8160	− 15 11.9026	20	8928.5	177 43 44.2109	− 15 17.0221
4	8883.5	133 22 35.0202	− 15 12.0555	21	8929.5	178 42 52.4151	− 15 17.1009
5	8884.5	134 21 43.2245	− 15 12.2467	22	8930.5	179 42 00.6194	− 15 17.1437
6	8885.5	135 20 51.4287	− 15 12.4673	23	8931.5	180 41 08.8236	− 15 17.1570
7	8886.5	136 19 59.6329	− 15 12.6996	24	8932.5	181 40 17.0278	− 15 17.1514
8	8887.5	137 19 07.8372	− 15 12.9187	25	8933.5	182 39 25.2321	− 15 17.1400
9	8888.5	138 18 16.0414	− 15 13.0993	26	8934.5	183 38 33.4363	− 15 17.1365
10	8889.5	139 17 24.2456	− 15 13.2237	27	8935.5	184 37 41.6406	− 15 17.1536
11	8890.5	140 16 32.4499	− 15 13.2909	28	8936.5	185 36 49.8448	− 15 17.2014
12	8891.5	141 15 40.6541	− 15 13.3180	29	8937.5	186 35 58.0490	− 15 17.2857
13	8892.5	142 14 48.8584	− 15 13.3338	30	8938.5	187 35 06.2533	− 15 17.4075
14	8893.5	143 13 57.0626	− 15 13.3682	31	8939.5	188 34 14.4575	− 15 17.5621
15	8894.5	144 13 05.2668	− 15 13.4417	Apr. 1	8940.5	189 33 22.6617	− 15 17.7387

$$\text{GHA} = \theta - \alpha_i, \qquad \alpha_i = \alpha_e + E_o$$

α_i, α_e are the right ascensions with respect to the CIO and the true equinox of date, respectively.

Date 0^h UT1	Julian Date	Earth Rotation Angle θ	Equation of Origins E_o	Date 0^h UT1	Julian Date	Earth Rotation Angle θ	Equation of Origins E_o
	245	° ′ ″	′ ″		245	° ′ ″	′ ″
Apr. 1	8940·5	189 33 22·6617	− 15 17·7387	May 17	8986·5	234 53 40·0566	− 15 23·0689
2	8941·5	190 32 30·8660	− 15 17·9213	18	8987·5	235 52 48·2609	− 15 23·1146
3	8942·5	191 31 39·0702	− 15 18·0899	19	8988·5	236 51 56·4651	− 15 23·1618
4	8943·5	192 30 47·2744	− 15 18·2245	20	8989·5	237 51 04·6694	− 15 23·2243
5	8944·5	193 29 55·4787	− 15 18·3105	21	8990·5	238 50 12·8736	− 15 23·3140
6	8945·5	194 29 03·6829	− 15 18·3457	22	8991·5	239 49 21·0778	− 15 23·4397
7	8946·5	195 28 11·8872	− 15 18·3451	23	8992·5	240 48 29·2821	− 15 23·6051
8	8947·5	196 27 20·0914	− 15 18·3383	24	8993·5	241 47 37·4863	− 15 23·8076
9	8948·5	197 26 28·2956	− 15 18·3592	25	8994·5	242 46 45·6905	− 15 24·0377
10	8949·5	198 25 36·4999	− 15 18·4321	26	8995·5	243 45 53·8948	− 15 24·2801
11	8950·5	199 24 44·7041	− 15 18·5632	27	8996·5	244 45 02·0990	− 15 24·5158
12	8951·5	200 23 52·9083	− 15 18·7403	28	8997·5	245 44 10·3033	− 15 24·7260
13	8952·5	201 23 01·1126	− 15 18·9408	29	8998·5	246 43 18·5075	− 15 24·8960
14	8953·5	202 22 09·3168	− 15 19·1405	30	8999·5	247 42 26·7117	− 15 25·0196
15	8954·5	203 21 17·5211	− 15 19·3196	31	9000·5	248 41 34·9160	− 15 25·1019
16	8955·5	204 20 25·7253	− 15 19·4655	June 1	9001·5	249 40 43·1202	− 15 25·1600
17	8956·5	205 19 33·9295	− 15 19·5729	2	9002·5	250 39 51·3244	− 15 25·2200
18	8957·5	206 18 42·1338	− 15 19·6429	3	9003·5	251 38 59·5287	− 15 25·3102
19	8958·5	207 17 50·3380	− 15 19·6819	4	9004·5	252 38 07·7329	− 15 25·4520
20	8959·5	208 16 58·5422	− 15 19·6999	5	9005·5	253 37 15·9371	− 15 25·6524
21	8960·5	209 16 06·7465	− 15 19·7096	6	9006·5	254 36 24·1414	− 15 25·9007
22	8961·5	210 15 14·9507	− 15 19·7248	7	9007·5	255 35 32·3456	− 15 26·1738
23	8962·5	211 14 23·1550	− 15 19·7587	8	9008·5	256 34 40·5499	− 15 26·4441
24	8963·5	212 13 31·3592	− 15 19·8225	9	9009·5	257 33 48·7541	− 15 26·6882
25	8964·5	213 12 39·5634	− 15 19·9232	10	9010·5	258 32 56·9583	− 15 26·8918
26	8965·5	214 11 47·7677	− 15 20·0627	11	9011·5	259 32 05·1626	− 15 27·0509
27	8966·5	215 10 55·9719	− 15 20·2369	12	9012·5	260 31 13·3668	− 15 27·1694
28	8967·5	216 10 04·1761	− 15 20·4354	13	9013·5	261 30 21·5710	− 15 27·2571
29	8968·5	217 09 12·3804	− 15 20·6430	14	9014·5	262 29 29·7753	− 15 27·3269
30	8969·5	218 08 20·5846	− 15 20·8413	15	9015·5	263 28 37·9795	− 15 27·3929
May 1	8970·5	219 07 28·7889	− 15 21·0119	16	9016·5	264 27 46·1838	− 15 27·4691
2	8971·5	220 06 36·9931	− 15 21·1404	17	9017·5	265 26 54·3880	− 15 27·5682
3	8972·5	221 05 45·1973	− 15 21·2216	18	9018·5	266 26 02·5922	− 15 27·7002
4	8973·5	222 04 53·4016	− 15 21·2634	19	9019·5	267 25 10·7965	− 15 27·8709
5	8974·5	223 04 01·6058	− 15 21·2873	20	9020·5	268 24 19·0007	− 15 28·0804
6	8975·5	224 03 09·8100	− 15 21·3245	21	9021·5	269 23 27·2049	− 15 28·3214
7	8976·5	225 02 18·0143	− 15 21·4044	22	9022·5	270 22 35·4092	− 15 28·5797
8	8977·5	226 01 26·2185	− 15 21·5438	23	9023·5	271 21 43·6134	− 15 28·8358
9	8978·5	227 00 34·4227	− 15 21·7403	24	9024·5	272 20 51·8177	− 15 29·0688
10	8979·5	227 59 42·6270	− 15 21·9748	25	9025·5	273 20 00·0219	− 15 29·2615
11	8980·5	228 58 50·8312	− 15 22·2205	26	9026·5	274 19 08·2261	− 15 29·4055
12	8981·5	229 57 59·0355	− 15 22·4519	27	9027·5	275 18 16·4304	− 15 29·5042
13	8982·5	230 57 07·2397	− 15 22·6514	28	9028·5	276 17 24·6346	− 15 29·5733
14	8983·5	231 56 15·4439	− 15 22·8102	29	9029·5	277 16 32·8388	− 15 29·6367
15	8984·5	232 55 23·6482	− 15 22·9281	30	9030·5	278 15 41·0431	− 15 29·7211
16	8985·5	233 54 31·8524	− 15 23·0110	July 1	9031·5	279 14 49·2473	− 15 29·8482
17	8986·5	234 53 40·0566	− 15 23·0689	2	9032·5	280 13 57·4516	− 15 30·0288

$$\text{GHA} = \theta - \alpha_i, \qquad \alpha_i = \alpha_e + E_o$$

α_i, α_e are the right ascensions with respect to the CIO and the true equinox of date, respectively.

Date 0ʰ UT1	Julian Date	Earth Rotation Angle θ	Equation of Origins E_o	Date 0ʰ UT1	Julian Date	Earth Rotation Angle θ	Equation of Origins E_o
		° ′ ″	′ ″			° ′ ″	′ ″
	245				**245**		
July 1	**9031·5**	279 14 49·2473	− 15 29·8482	Aug. 16	**9077·5**	324 35 06·6422	− 15 36·5462
2	**9032·5**	280 13 57·4516	− 15 30·0288	17	**9078·5**	325 34 14·8465	− 15 36·7514
3	**9033·5**	281 13 05·6558	− 15 30·2589	18	**9079·5**	326 33 23·0507	− 15 36·9278
4	**9034·5**	282 12 13·8600	− 15 30·5217	19	**9080·5**	327 32 31·2549	− 15 37·0569
5	**9035·5**	283 11 22·0643	− 15 30·7924	20	**9081·5**	328 31 39·4592	− 15 37·1314
6	**9036·5**	284 10 30·2685	− 15 31·0461	21	**9082·5**	329 30 47·6634	− 15 37·1599
7	**9037·5**	285 09 38·4727	− 15 31·2640	22	**9083·5**	330 29 55·8676	− 15 37·1659
8	**9038·5**	286 08 46·6770	− 15 31·4369	23	**9084·5**	331 29 04·0719	− 15 37·1798
9	**9039·5**	287 07 54·8812	− 15 31·5652	24	**9085·5**	332 28 12·2761	− 15 37·2285
10	**9040·5**	288 07 03·0854	− 15 31·6567	25	**9086·5**	333 27 20·4804	− 15 37·3269
11	**9041·5**	289 06 11·2897	− 15 31·7239	26	**9087·5**	334 26 28·6846	− 15 37·4752
12	**9042·5**	290 05 19·4939	− 15 31·7813	27	**9088·5**	335 25 36·8888	− 15 37·6610
13	**9043·5**	291 04 27·6982	− 15 31·8434	28	**9089·5**	336 24 45·0931	− 15 37·8640
14	**9044·5**	292 03 35·9024	− 15 31·9233	29	**9090·5**	337 23 53·2973	− 15 38·0618
15	**9045·5**	293 02 44·1066	− 15 32·0320	30	**9091·5**	338 23 01·5015	− 15 38·2350
16	**9046·5**	294 01 52·3109	− 15 32·1766	31	**9092·5**	339 22 09·7058	− 15 38·3703
17	**9047·5**	295 01 00·5151	− 15 32·3595	Sept. 1	**9093·5**	340 21 17·9100	− 15 38·4621
18	**9048·5**	296 00 08·7193	− 15 32·5769	2	**9094·5**	341 20 26·1143	− 15 38·5130
19	**9049·5**	296 59 16·9236	− 15 32·8176	3	**9095·5**	342 19 34·3185	− 15 38·5316
20	**9050·5**	297 58 25·1278	− 15 33·0637	4	**9096·5**	343 18 42·5227	− 15 38·5312
21	**9051·5**	298 57 33·3321	− 15 33·2930	5	**9097·5**	344 17 50·7270	− 15 38·5267
22	**9052·5**	299 56 41·5363	− 15 33·4848	6	**9098·5**	345 16 58·9312	− 15 38·5325
23	**9053·5**	300 55 49·7405	− 15 33·6259	7	**9099·5**	346 16 07·1354	− 15 38·5606
24	**9054·5**	301 54 57·9448	− 15 33·7159	8	**9100·5**	347 15 15·3397	− 15 38·6199
25	**9055·5**	302 54 06·1490	− 15 33·7688	9	**9101·5**	348 14 23·5439	− 15 38·7148
26	**9056·5**	303 53 14·3532	−15 33·8089	10	**9102·5**	349 13 31·7481	− 15 38·8450
27	**9057·5**	304 52 22·5575	− 15 33·8638	11	**9103·5**	350 12 39·9524	− 15 39·0049
28	**9058·5**	305 51 30·7617	− 15 33·9561	12	**9104·5**	351 11 48·1566	− 15 39·1837
29	**9059·5**	306 50 38·9660	− 15 34·0979	13	**9105·5**	352 10 56·3609	− 15 39·3649
30	**9060·5**	307 49 47·1702	− 15 34·2879	14	**9106·5**	353 10 04·5651	− 15 39·5285
31	**9061·5**	308 48 55·3744	− 15 34·5129	15	**9107·5**	354 09 12·7693	− 15 39·6546
Aug. 1	**9062·5**	309 48 03·5787	− 15 34·7517	16	**9108·5**	355 08 20·9736	− 15 39·7299
2	**9063·5**	310 47 11·7829	− 15 34·9810	17	**9109·5**	356 07 29·1778	− 15 39·7542
3	**9064·5**	311 46 19·9871	− 15 35·1810	18	**9110·5**	357 06 37·3820	− 15 39·7445
4	**9065·5**	312 45 28·1914	− 15 35·3392	19	**9111·5**	358 05 45·5863	− 15 39·7314
5	**9066·5**	313 44 36·3956	− 15 35·4522	20	**9112·5**	359 04 53·7905	− 15 39·7475
6	**9067·5**	314 43 44·5999	− 15 35·5248	21	**9113·5**	0 04 01·9948	− 15 39·8155
7	**9068·5**	315 42 52·8041	− 15 35·5679	22	**9114·5**	1 03 10·1990	− 15 39·9402
8	**9069·5**	316 42 01·0083	− 15 35·5958	23	**9115·5**	2 02 18·4032	− 15 40·1098
9	**9070·5**	317 41 09·2126	− 15 35·6234	24	**9116·5**	3 01 26·6075	− 15 40·3026
10	**9071·5**	318 40 17·4168	− 15 35·6645	25	**9117·5**	4 00 34·8117	− 15 40·4942
11	**9072·5**	319 39 25·6210	− 15 35·7304	26	**9118·5**	4 59 43·0159	− 15 40·6639
12	**9073·5**	320 38 33·8253	− 15 35·8293	27	**9119·5**	5 58 51·2202	− 15 40·7976
13	**9074·5**	321 37 42·0295	− 15 35·9649	28	**9120·5**	6 57 59·4244	− 15 40·8893
14	**9075·5**	322 36 50·2337	− 15 36·1358	29	**9121·5**	7 57 07·6287	− 15 40·9402
15	**9076·5**	323 35 58·4380	− 15 36·3343	30	**9122·5**	8 56 15·8329	− 15 40·9579
16	**9077·5**	324 35 06·6422	− 15 36·5462	Oct. 1	**9123·5**	9 55 24·0371	− 15 40·9543

$$\text{GHA} = \theta - \alpha_i, \qquad \alpha_i = \alpha_e + E_o$$

α_i, α_e are the right ascensions with respect to the CIO and the true equinox of date, respectively.

Date 0ʰ UT1	Julian Date 245	Earth Rotation Angle θ (° ′ ″)	Equation of Origins E_o (′ ″)
Oct. 1	9123.5	9 55 24.0371	− 15 40.9543
2	9124.5	10 54 32.2414	− 15 40.9439
3	9125.5	11 53 40.4456	− 15 40.9414
4	9126.5	12 52 48.6498	− 15 40.9596
5	9127.5	13 51 56.8541	− 15 41.0084
6	9128.5	14 51 05.0583	− 15 41.0928
7	9129.5	15 50 13.2626	− 15 41.2134
8	9130.5	16 49 21.4668	− 15 41.3652
9	9131.5	17 48 29.6710	− 15 41.5388
10	9132.5	18 47 37.8753	− 15 41.7202
11	9133.5	19 46 46.0795	− 15 41.8923
12	9134.5	20 45 54.2837	− 15 42.0371
13	9135.5	21 45 02.4880	− 15 42.1396
14	9136.5	22 44 10.6922	− 15 42.1937
15	9137.5	23 43 18.8964	− 15 42.2071
16	9138.5	24 42 27.1007	− 15 42.2032
17	9139.5	25 41 35.3049	− 15 42.2158
18	9140.5	26 40 43.5092	− 15 42.2760
19	9141.5	27 39 51.7134	− 15 42.3995
20	9142.5	28 38 59.9176	− 15 42.5810
21	9143.5	29 38 08.1219	− 15 42.7982
22	9144.5	30 37 16.3261	− 15 43.0227
23	9145.5	31 36 24.5303	− 15 43.2290
24	9146.5	32 35 32.7346	− 15 43.3996
25	9147.5	33 34 40.9388	− 15 43.5271
26	9148.5	34 33 49.1431	− 15 43.6121
27	9149.5	35 32 57.3473	− 15 43.6619
28	9150.5	36 32 05.5515	− 15 43.6882
29	9151.5	37 31 13.7558	− 15 43.7049
30	9152.5	38 30 21.9600	− 15 43.7269
31	9153.5	39 29 30.1642	− 15 43.7676
Nov. 1	9154.5	40 28 38.3685	− 15 43.8379
2	9155.5	41 27 46.5727	− 15 43.9441
3	9156.5	42 26 54.7770	− 15 44.0878
4	9157.5	43 26 02.9812	− 15 44.2649
5	9158.5	44 25 11.1854	− 15 44.4661
6	9159.5	45 24 19.3897	− 15 44.6779
7	9160.5	46 23 27.5939	− 15 44.8844
8	9161.5	47 22 35.7981	− 15 45.0690
9	9162.5	48 21 44.0024	− 15 45.2178
10	9163.5	49 20 52.2066	− 15 45.3229
11	9164.5	50 20 00.4109	− 15 45.3867
12	9165.5	51 19 08.6151	− 15 45.4245
13	9166.5	52 18 16.8193	− 15 45.4637
14	9167.5	53 17 25.0236	− 15 45.5366
15	9168.5	54 16 33.2278	− 15 45.6688
16	9169.5	55 15 41.4320	− 15 45.8676
Nov. 16	9169.5	55 15 41.4320	− 15 45.8676
17	9170.5	56 14 49.6363	− 15 46.1188
18	9171.5	57 13 57.8405	− 15 46.3935
19	9172.5	58 13 06.0447	− 15 46.6598
20	9173.5	59 12 14.2490	− 15 46.8931
21	9174.5	60 11 22.4532	− 15 47.0807
22	9175.5	61 10 30.6575	− 15 47.2209
23	9176.5	62 09 38.8617	− 15 47.3208
24	9177.5	63 08 47.0659	− 15 47.3924
25	9178.5	64 07 55.2702	− 15 47.4501
26	9179.5	65 07 03.4744	− 15 47.5090
27	9180.5	66 06 11.6786	− 15 47.5830
28	9181.5	67 05 19.8829	− 15 47.6838
29	9182.5	68 04 28.0871	− 15 47.8195
30	9183.5	69 03 36.2914	− 15 47.9929
Dec. 1	9184.5	70 02 44.4956	− 15 48.2017
2	9185.5	71 01 52.6998	− 15 48.4373
3	9186.5	72 01 00.9041	− 15 48.6863
4	9187.5	73 00 09.1083	− 15 48.9322
5	9188.5	73 59 17.3125	− 15 49.1580
6	9189.5	74 58 25.5168	− 15 49.3494
7	9190.5	75 57 33.7210	− 15 49.4983
8	9191.5	76 56 41.9253	− 15 49.6055
9	9192.5	77 55 50.1295	− 15 49.6825
10	9193.5	78 54 58.3337	− 15 49.7508
11	9194.5	79 54 06.5380	− 15 49.8384
12	9195.5	80 53 14.7422	− 15 49.9721
13	9196.5	81 52 22.9464	− 15 50.1680
14	9197.5	82 51 31.1507	− 15 50.4241
15	9198.5	83 50 39.3549	− 15 50.7199
16	9199.5	84 49 47.5592	− 15 51.0239
17	9200.5	85 48 55.7634	− 15 51.3051
18	9201.5	86 48 03.9676	− 15 51.5422
19	9202.5	87 47 12.1719	− 15 51.7273
20	9203.5	88 46 20.3761	− 15 51.8644
21	9204.5	89 45 28.5803	− 15 51.9652
22	9205.5	90 44 36.7846	− 15 52.0451
23	9206.5	91 43 44.9888	− 15 52.1201
24	9207.5	92 42 53.1930	− 15 52.2051
25	9208.5	93 42 01.3973	− 15 52.3126
26	9209.5	94 41 09.6015	− 15 52.4516
27	9210.5	95 40 17.8058	− 15 52.6270
28	9211.5	96 39 26.0100	− 15 52.8382
29	9212.5	97 38 34.2142	− 15 53.0789
30	9213.5	98 37 42.4185	− 15 53.3370
31	9214.5	99 36 50.6227	− 15 53.5957
32	9215.5	100 35 58.8269	− 15 53.8366

$$\text{GHA} = \theta - \alpha_i, \qquad \alpha_i = \alpha_e + E_o$$

α_i, α_e are the right ascensions with respect to the CIO and the true equinox of date, respectively.

Purpose, explanation and arrangement

The formulae, tables and ephemerides in the remainder of this section are mainly intended to provide for the reduction of celestial coordinates (especially of right ascension, declination and hour angle) from one reference system to another; in particular from a position in the International Celestial Reference System (ICRS) to a geocentric apparent or intermediate position, but some of the data may be used for other purposes.

Formulae and numerical values are given for the separate steps in such reductions, i.e. for proper motion, parallax, light-deflection, aberration on pages B27–B29, and for frame bias, precession and nutation on pages B50–B56. Formulae are given for full-precision reductions using vectors and rotation matrices on pages B48–B50. The examples given use **both** the long-standing equator and equinox of date system, as well as the Celestial Intermediate Reference System (equator and CIO of date) (see pages B66–B75). Finally, formulae and numerical values are given for the reduction from geocentric to topocentric place on pages B84–B86. Background information is given in Section L, *Notes and References* and in Section M, the *Glossary* while vector and matrix algebra, including the rotation matrices, is given on pages K18–K19.

Notation and units

The following is a list of some frequently used coordinate systems and their designations and include the practical consequences of adoption of the ICRS, IAU 2000 resolutions B1.6, B1.7 and B1.8, and IAU 2006 resolutions 1 and 2.

1. Barycentric Celestial Reference System (BCRS): a system of barycentric space-time coordinates for the solar system within the framework of General Relativity. For all practical applications, the BCRS is assumed to be oriented according to the ICRS axes, the directions of which are realized by the International Celestial Reference Frame. The ICRS is not identical to the system defined by the dynamical mean equator and equinox of J2000·0, although the difference in orientation is only about $0\rlap{.}{''}02$.

2. The Geocentric Celestial Reference System (GCRS): is a system of geocentric space-time coordinates within the framework of General Relativity. The directions of the GCRS axes are obtained from those of the BCRS (ICRS) by a relativistic transformation. Positions of stars obtained from ICRS reference data, corrected for proper motion, parallax, light-bending, and aberration (for a geocentric observer) are with respect to the GCRS. The same is true for planetary positions, although the corrections are somewhat different.

3. The J2000·0 dynamical reference system; mean equator and equinox of J2000·0; a geocentric system where the origin of right ascension is the intersection of the mean ecliptic and equator of J2000·0; the system in which the IAU 2000 precession-nutation is defined. For precise applications, a small rotation (frame bias, see page B50) should be made to GCRS positions before precession and nutation are applied. The J2000·0 system may also be barycentric, for example as the reference system for catalogues.

4. The mean system of date (*m*); mean equator and equinox of date.

5. The true system of date (*t*); true equator and equinox of date: a geocentric system of date, the pole of which is the celestial intermediate pole (CIP), with the origin of right ascension at the equinox on the true equator of date (intermediate equator). It is a system "between" the GCRS and the Terrestrial Intermediate Reference System that separates the components labelled precession-nutation and polar motion.

6. The Celestial Intermediate Reference System (*i*): the IAU recommended geocentric system of date, the pole of which is the celestial intermediate pole (CIP), with the origin of right ascension at the celestial intermediate origin (CIO) which is located on the intermediate equator (true equator of date). It is a system "between" (*intermediate*) the GCRS and the Terrestrial Intermediate Reference System that separates the components labelled precession-nutation and polar motion.

Notation and units (continued)

7. The Terrestrial Intermediate Reference System: a rotating geocentric system of date, the pole of which is the celestial intermediate pole (CIP), with the origin of longitude at the terrestrial intermediate origin (TIO), which is located on the intermediate equator (true equator of date). The plane containing the geocentre, the CIP, and TIO is the fundamental plane of this system and is called the TIO meridian and corresponds to the astronomical zero meridian.

8. The International Terrestrial Reference System (ITRS): a geodetic system realized by the International Terrestrial Reference Frame (ITRF2014), see page K11. The CIP and TIO of the Terrestrial Intermediate Reference System differ from the geodetic pole and zero-longitude point on the geodetic equator by the effects of polar motion (page B84).

Summary

No.	System	Equator/Pole	Origin on the Equator	Epoch
1	BCRS (ICRS)	ICRS equator and pole	ICRS (RA)	—
2	GCRS	ICRS (see 2 above)	ICRS (RA)	—
3	J2000·0	mean equator	mean equinox (RA)	J2000·0
4	Mean (*m*)	mean equator	mean equinox (RA)	date
5	True (*t*)	equator/CIP	true equinox (RA)	date
6	Intermediate (*i*)	equator/CIP	CIO (RA)	date
7	Terrestrial	equator/CIP	TIO (GHA)	date
8	ITRS	geodetic equator/pole	longitude (λ_{ITRS})	date

- The true equator of date, the intermediate equator, the instantaneous equator are all terms for the plane orthogonal to the direction of the CIP, which in this volume will be referred to as the "equator of date". Declinations, apparent or intermediate, derived using either equinox-based or CIO-based methods, respectively, are identical.

- The origin of the right ascension system may be one of five different locations (ICRS origin, J2000·0, mean equinox, true equinox, or the CIO). The notation will make it clear which is being referred to when necessary.

- The celestial intermediate origin (CIO) is the chosen origin of the Celestial Intermediate Reference System. It has no instantaneous motion along the equator as the equator's orientation in space changes, and is therefore referred to as a "non-rotating" origin. The CIO makes the relationship between UT1 and Earth rotation a simple linear function (see page B8). Right ascensions measured from this origin are called intermediate right ascensions or CIO right ascensions.

- The only difference between apparent and intermediate right ascensions is the position of the origin on the equator. When using the equator and equinox of date system, right ascension is measured from the equinox and is called apparent right ascension. When using the Celestial Intermediate Reference System, right ascension is measured from the CIO, and is called intermediate right ascension.

- Apparent right ascension is subtracted from Greenwich apparent sidereal time to give hour angle (GHA).

- Intermediate right ascension is subtracted from Earth rotation angle to give hour angle (GHA).

Matrices

$\mathbf{R}_1, \mathbf{R}_2, \mathbf{R}_3$ rotation matrices $\mathbf{R}_n(\phi)$, $n = 1, 2, 3$, where the original system is rotated about its *x*, *y*, or *z*-axis by the angle ϕ, counterclockwise as viewed from the $+x$, $+y$ or $+z$ direction, respectively (see page K19 for information on matrices).

$\mathcal{R}_\Sigma$ Matrix transformation of the GCRS to the equator and GCRS origin of date. An intermediary matrix which locates and relates origins, see pages B9 and B49.

Notation and units (continued)

Matrices for Equinox-Based Techniques

B   Bias matrix: transformation of the GCRS to J2000·0 system, mean equator and equinox of J2000·0, see page B50.

P   Precession matrix: transformation of the J2000·0 system to the mean equator and equinox of date, see page B51.

N   Nutation matrix: transformation of the mean equator and equinox of date to equator and equinox of date, see page B55.

M = **NPB**   Celestial to equator and equinox of date matrix: transformation of the GCRS to the true equator and equinox of date, see page B56.

$\mathbf{R}_3$(GAST)   Earth rotation matrix: transformation of the true equator and equinox of date to the Terrestrial Intermediate Reference System (origin is the TIO).

Matrices for CIO-Based Techniques

C   Celestial to Intermediate matrix: transformation of the GCRS to the Celestial Intermediate Reference System (equator and CIO of date). **C** includes frame bias and precession-nutation, see page B49.

$\mathbf{R}_3(\theta)$ Earth rotation matrix: transformation of the Celestial Intermediate Reference System to the Terrestrial Intermediate Reference System (origin is the TIO).

Other terms

t an epoch expressed in terms of the Julian year; (see page B3); the difference between two epochs represents a time-interval expressed in Julian years; subscripts zero and one are used to indicate the epoch of a catalogue place, usually the standard epoch of J2000·0, and the epoch of the middle of a Julian year (here shortened to "epoch of year"), respectively.

T an interval of time expressed in Julian centuries of 36 525 days; usually measured from J2000·0, i.e. from JD 245 1545·0 TT.

$\mathbf{r}_m, \mathbf{r}_t, \mathbf{r}_i$ column position vectors (see page K18), with respect to mean equinox, true equinox, and celestial intermediate system, respectively.

α, δ, π right ascension, declination and annual parallax; in the formulae for computation, right ascension and related quantities are expressed in time-measure ($1^\mathrm{h} = 15^\circ$, etc.), while declination and related quantities, including annual parallax, are expressed in angular measure, unless the contrary is indicated.

α_e, α_i equinox and intermediate right ascensions, respectively; α_e is measured from the equinox, while α_i is measured from the CIO.

μ_α, μ_δ components of proper motion in right ascension and declination. **Check the units**. Modern catalogues usually include the $\cos\delta$ factor in μ_α, translating the rate of change of right ascension to great circle units comparable to those of μ_δ.

λ, β ecliptic longitude and latitude.

Ω, i, ω orbital elements referred to the ecliptic; longitude of ascending node, inclination, argument of perihelion.

X, Y, Z rectangular coordinates of the Earth with respect to the barycentre of the solar system, referred to the ICRS and expressed in astronomical units (au).

$\dot{X}, \dot{Y}, \dot{Z}$ first derivatives of X, Y, Z with respect to time expressed in TDB days.

Approximate reduction for proper motion

In its simplest form the reduction for the proper motion is given by:

$$\alpha = \alpha_0 + (t - t_0)\mu_\alpha \quad \text{or} \quad \alpha = \alpha_0 + (t - t_0)\mu_\alpha / \cos\delta$$
$$\delta = \delta_0 + (t - t_0)\mu_\delta$$

where the rate of the proper motions are per year. In some cases it is necessary to allow also for second-order terms, radial velocity and orbital motion, but appropriate formulae are usually given in the catalogue (see page B72).

Approximate reduction for annual parallax

The reduction for annual parallax from the catalogue place (α_0, δ_0) to the geocentric place (α, δ) is given by:

$$\alpha = \alpha_0 + (\pi/15 \cos \delta_0)(X \sin \alpha_0 - Y \cos \alpha_0)$$
$$\delta = \delta_0 + \pi(X \cos \alpha_0 \sin \delta_0 + Y \sin \alpha_0 \sin \delta_0 - Z \cos \delta_0)$$

where X, Y, Z are the coordinates of the Earth tabulated on pages B76-B83. Expressions for X, Y, Z may be obtained from page C5, since $X = -x$, $Y = -y$, $Z = -z$.

The times of reception of periodic phenomena, such as pulsar signals, may be reduced to a common origin at the barycentre by adding the light-time corresponding to the component of the Earth's position vector along the direction to the object; that is by adding to the observed times $(X \cos \alpha \cos \delta + Y \sin \alpha \cos \delta + Z \sin \delta)/c$, where the velocity of light, $c = 173 \cdot 14$ au/d, and the light time for 1 au, $1/c = 0^{\rm d} \cdot 005\ 7755$.

Approximate reduction for light-deflection

The apparent direction of a star or a body in the solar system may be significantly affected by the deflection of light in the gravitational field of the Sun. The elongation (E) from the centre of the Sun is increased by an amount (ΔE) that, for a star, depends on the elongation in the following manner:

$$\Delta E = 0''004\ 07/ \tan (E/2)$$

E	$0°25$	$0°5$	$1°$	$2°$	$5°$	$10°$	$20°$	$50°$	$90°$
ΔE	$1''866$	$0''933$	$0''466$	$0''233$	$0''093$	$0''047$	$0''023$	$0''009$	$0''004$

The body disappears behind the Sun when E is less than the limiting grazing value of about $0°25$. The effects in right ascension and declination may be calculated approximately from:

$$\cos E = \sin \delta \sin \delta_0 + \cos \delta \cos \delta_0 \cos (\alpha - \alpha_0)$$
$$\Delta \alpha = 0^{\rm s}000\ 271 \cos \delta_0 \sin (\alpha - \alpha_0)/(1 - \cos E) \cos \delta$$
$$\Delta \delta = 0''004\ 07[\sin \delta \cos \delta_0 \cos (\alpha - \alpha_0) - \cos \delta \sin \delta_0]/(1 - \cos E)$$

where α, δ refer to the star, and α_0, δ_0 to the Sun. See also page B67 *Step 3*.

Approximate reduction for annual aberration

The reduction for annual aberration from a geometric geocentric place (α_0, δ_0) to an apparent geocentric place (α, δ) is given by:

$$\alpha = \alpha_0 + (-\dot{X} \sin \alpha_0 + \dot{Y} \cos \alpha_0)/(c \cos \delta_0)$$
$$\delta = \delta_0 + (-\dot{X} \cos \alpha_0 \sin \delta_0 - \dot{Y} \sin \alpha_0 \sin \delta_0 + \dot{Z} \cos \delta_0)/c$$

where $c = 173 \cdot 14$ au/d, and $\dot{X}, \dot{Y}, \dot{Z}$ are the velocity components of the Earth given on pages B76-B83. Alternatively, but to lower precision, it is possible to use the expressions

$$\dot{X} = +0 \cdot 0172 \sin \lambda \qquad \dot{Y} = -0 \cdot 0158 \cos \lambda \qquad \dot{Z} = -0 \cdot 0068 \cos \lambda$$

where the apparent longitude of the Sun, λ, is given by the expression on page C5. The reduction may also be carried out by using the vector-matrix technique (see page B67 *Step 4*) when full precision is required.

Measurements of radial velocity may be reduced to a common origin at the barycentre by adding the component of the Earth's velocity in the direction of the object; that is by adding

$$\dot{X} \cos \alpha_0 \cos \delta_0 + \dot{Y} \sin \alpha_0 \cos \delta_0 + \dot{Z} \sin \delta_0$$

Traditional reduction for planetary aberration

In the case of a body in the solar system, the apparent direction at the instant of observation (t) differs from the geometric direction at that instant because of (a) the motion of the body during the light-time and (b) the motion of the Earth relative to the reference system in which light propagation is computed. The reduction may be carried out in two stages: (i) by combining the barycentric position of the body at time $t - \Delta t$, where Δt is the light-time, with the barycentric position of the Earth at time t, and then (ii) by applying the correction for annual aberration as described above. Alternatively, it is possible to interpolate the geometric (geocentric) ephemeris of the body to the time $t - \Delta t$; it is usually sufficient to subtract the product of the light-time and the first derivative of the coordinate. The light-time Δt in days is given by the distance in au between the body and the Earth, multiplied by 0·005 7755; strictly, the light-time corresponds to the distance from the position of the Earth at time t to the position of the body at time $t - \Delta t$ (i.e. some iteration is required), but it is usually sufficient to use the geocentric distance at time t.

Differential aberration

The corrections for differential annual aberration to be added to the observed differences (in the sense moving object minus star) of right ascension and declination to give the true differences are:

in right ascension	$a\,\Delta\alpha + b\,\Delta\delta$	in units of 0^s001
in declination	$c\,\Delta\alpha + d\,\Delta\delta$	in units of $0''01$

where $\Delta\alpha$, $\Delta\delta$ are the observed differences in units of 1^m and $1'$ respectively, and where a, b, c, d are coefficients defined by:

$$a = -5{\cdot}701\cos(H + \alpha)\sec\delta \qquad b = -0{\cdot}380\sin(H + \alpha)\sec\delta\tan\delta$$
$$c = +8{\cdot}552\sin(H + \alpha)\sin\delta \qquad d = -0{\cdot}570\cos(H + \alpha)\cos\delta$$
$$H^h = 23{\cdot}4 - (\text{day of year}/15{\cdot}2)$$

The day of year is tabulated on pages B4–B5.

GCRS positions

For objects with reference data (catalogue coordinates or ephemerides) expressed in the ICRS, the application of corrections for proper motion and parallax (for stars), light-time (for solar system objects), light-deflection, and annual aberration results in a position referred to the GCRS, which is sometimes called the *proper place*.

Astrometric positions

An astrometric place is the direction of a solar system body formed by applying the correction for the barycentric motion of this body during the light time to the geometric geocentric position referred to the ICRS. Such a position is then directly comparable with the astrometric position of a star formed by applying the corrections for proper motion and annual parallax to the ICRS (or J2000) catalog direction. The gravitational deflection of light is ignored since it will generally be similar (although not identical) for the solar system body and background stars. For high-accuracy applications, gravitational light-deflection effects need to be considered, and the adopted policy declared.

FRAME BIAS, PRECESSION AND NUTATION, 2020

MATRIX ELEMENTS FOR CONVERSION FROM
GCRS TO EQUATOR AND EQUINOX OF DATE
FOR 0^h TERRESTRIAL TIME

Date 0^h TT	$M_{1,1}-1$	$M_{1,2}$	$M_{1,3}$	$M_{2,1}$	$M_{2,2}-1$	$M_{2,3}$	$M_{3,1}$	$M_{3,2}$	$M_{3,3}-1$
Jan. 0	−114982	−4398 2307	−1910 9949	+4398 2470	−96723	+ 4 3229	+1910 9574	−12 7278	−18260
1	−115008	−4398 7261	−1911 2102	+4398 7419	−96745	+ 4 1062	+1911 1736	−12 5131	−18264
2	−115029	−4399 1177	−1911 3805	+4399 1333	−96762	+ 3 9469	+1911 3447	−12 3553	−18267
3	−115047	−4399 4669	−1911 5325	+4399 4824	−96778	+ 3 8572	+1911 4971	−12 2669	−18270
4	−115067	−4399 8400	−1911 6949	+4399 8554	−96794	+ 3 8397	+1911 6595	−12 2509	−18273
5	−115091	−4400 3025	−1911 8959	+4400 3180	−96815	+ 3 8868	+1911 8603	−12 2997	−18277
6	−115123	−4400 9129	−1912 1611	+4400 9285	−96841	+ 3 9800	+1912 1251	−12 3952	−18282
7	−115165	−4401 7137	−1912 5088	+4401 7295	−96877	+ 4 0903	+1912 4723	−12 5086	−18289
8	−115217	−4402 7199	−1912 9456	+4402 7360	−96921	+ 4 1796	+1912 9087	−12 6017	−18297
9	−115279	−4403 9073	−1913 4609	+4403 9234	−96973	+ 4 2062	+1913 4239	−12 6329	−18307
10	−115347	−4405 2048	−1914 0240	+4405 2208	−97030	+ 4 1338	+1913 9872	−12 5655	−18318
11	−115415	−4406 5015	−1914 5867	+4406 5171	−97088	+ 3 9444	+1914 5507	−12 3810	−18328
12	−115476	−4407 6708	−1915 0942	+4407 6859	−97139	+ 3 6483	+1915 0595	−12 0894	−18338
13	−115526	−4408 6099	−1915 5018	+4408 6242	−97180	+ 3 2871	+1915 4687	−11 7318	−18346
14	−115561	−4409 2765	−1915 7914	+4409 2902	−97210	+ 2 9232	+1915 7599	−11 3704	−18351
15	−115583	−4409 7062	−1915 9783	+4409 7193	−97229	+ 2 6205	+1915 9481	−11 0694	−18355
16	−115598	−4409 9991	−1916 1058	+4410 0119	−97242	+ 2 4243	+1916 0765	−10 8744	−18357
17	−115613	−4410 2856	−1916 2306	+4410 2982	−97254	+ 2 3486	+1916 2016	−10 7997	−18360
18	−115634	−4410 6861	−1916 4048	+4410 6988	−97272	+ 2 3754	+1916 3757	−10 8281	−18363
19	−115666	−4411 2807	−1916 6632	+4411 2936	−97298	+ 2 4631	+1916 6337	−10 9181	−18368
20	−115708	−4412 0944	−1917 0165	+4412 1075	−97334	+ 2 5596	+1916 9866	−11 0177	−18375
21	−115761	−4413 0982	−1917 4522	+4413 1113	−97378	+ 2 6152	+1917 4220	−11 0771	−18383
22	−115820	−4414 2216	−1917 9398	+4414 2347	−97428	+ 2 5934	+1917 9097	−11 0596	−18393
23	−115880	−4415 3722	−1918 4392	+4415 3851	−97479	+ 2 4768	+1918 4095	−10 9474	−18402
24	−115937	−4416 4575	−1918 9102	+4416 4700	−97527	+ 2 2686	+1918 8815	−10 7434	−18411
25	−115987	−4417 4032	−1919 3208	+4417 4152	−97568	+ 1 9892	+1919 2933	−10 4676	−18419
26	−116027	−4418 1653	−1919 6517	+4418 1767	−97602	+ 1 6703	+1919 6256	−10 1516	−18425
27	−116057	−4418 7340	−1919 8989	+4418 7447	−97627	+ 1 3473	+1919 8742	− 9 8308	−18430
28	−116078	−4419 1308	−1920 0714	+4419 1409	−97645	+ 1 0530	+1920 0480	− 9 5381	−18433
29	−116092	−4419 4006	−1920 1890	+4419 4103	−97656	+ 8129	+1920 1666	− 9 2990	−18436
30	−116102	−4419 6030	−1920 2773	+4419 6124	−97665	+ 6424	+1920 2557	− 9 1293	−18437
31	−116113	−4419 8036	−1920 3649	+4419 8128	−97674	+ 5466	+1920 3437	− 9 0343	−18439
Feb. 1	−116127	−4420 0672	−1920 4797	+4420 0763	−97686	+ 5201	+1920 4587	− 9 0088	−18441
2	−116147	−4420 4517	−1920 6470	+4420 4609	−97703	+ 5476	+1920 6258	− 9 0378	−18444
3	−116176	−4421 0022	−1920 8862	+4421 0115	−97727	+ 6047	+1920 8648	− 9 0969	−18449
4	−116215	−4421 7433	−1921 2081	+4421 7528	−97760	+ 6587	+1921 1864	− 9 1538	−18455
5	−116264	−4422 6704	−1921 6106	+4422 6799	−97801	+ 6717	+1921 5888	− 9 1703	−18463
6	−116320	−4423 7399	−1922 0748	+4423 7492	−97848	+ 6057	+1922 0533	− 9 1085	−18472
7	−116379	−4424 8657	−1922 5634	+4424 8747	−97898	+ 4326	+1922 5426	− 8 9397	−18481
8	−116435	−4425 9283	−1923 0246	+4425 9368	−97945	+ 1457	+1923 0051	− 8 6569	−18490
9	−116481	−4426 8038	−1923 4047	+4426 8115	−97984	− 2299	+1923 3869	− 8 2846	−18497
10	−116513	−4427 4073	−1923 6669	+4427 4143	−98010	− 6376	+1923 6509	− 7 8792	−18502
11	−116530	−4427 7333	−1923 8088	+4427 7396	−98025	− 1 0045	+1923 7944	− 7 5136	−18505
12	−116537	−4427 8646	−1923 8663	+4427 8703	−98031	− 1 2673	+1923 8531	− 7 2513	−18506
13	−116541	−4427 9414	−1923 9002	+4427 9469	−98034	− 1 3958	+1923 8875	− 7 1232	−18507
14	−116550	−4428 1078	−1923 9729	+4428 1133	−98041	− 1 4008	+1923 9603	− 7 1188	−18508
15	−116569	−4428 4642	−1924 1280	+4428 4699	−98057	− 1 3255	+1924 1150	− 7 1954	−18511

$M = NPB$. Values are in units of 10^{-10}. Matrix used with GAST (B13–B20). CIP is $\mathcal{X} = M_{3,1}$, $\mathcal{Y} = M_{3,2}$.

MATRIX ELEMENTS FOR CONVERSION FROM
GCRS TO EQUATOR & CELESTIAL INTERMEDIATE ORIGIN OF DATE
FOR 0^h TERRESTRIAL TIME

Julian Date	$C_{1,1}-1$	$C_{1,2}$	$C_{1,3}$	$C_{2,1}$	$C_{2,2}-1$	$C_{2,3}$	$C_{3,1}$	$C_{3,2}$	$C_{3,3}-1$
245									
8848·5	− 18259	+ 112	− 1910 9574	+ 132	− 1	+ 12 7278	+ 1910 9574	− 12 7278	− 18260
8849·5	− 18263	+ 112	− 1911 1736	+ 128	− 1	+ 12 5131	+ 1911 1736	− 12 5131	− 18264
8850·5	− 18266	+ 112	− 1911 3447	+ 125	− 1	+ 12 3553	+ 1911 3447	− 12 3553	− 18267
8851·5	− 18269	+ 112	− 1911 4971	+ 123	− 1	+ 12 2669	+ 1911 4971	− 12 2669	− 18270
8852·5	− 18272	+ 112	− 1911 6595	+ 123	− 1	+ 12 2509	+ 1911 6595	− 12 2509	− 18273
8853·5	− 18276	+ 112	− 1911 8603	+ 124	− 1	+ 12 2997	+ 1911 8603	− 12 2997	− 18277
8854·5	− 18281	+ 112	− 1912 1251	+ 125	− 1	+ 12 3952	+ 1912 1251	− 12 3952	− 18282
8855·5	− 18288	+ 112	− 1912 4723	+ 128	− 1	+ 12 5086	+ 1912 4723	− 12 5086	− 18289
8856·5	− 18296	+ 112	− 1912 9087	+ 129	− 1	+ 12 6017	+ 1912 9087	− 12 6017	− 18297
8857·5	− 18306	+ 112	− 1913 4239	+ 130	− 1	+ 12 6329	+ 1913 4239	− 12 6329	− 18307
8858·5	− 18317	+ 112	− 1913 9872	+ 129	− 1	+ 12 5655	+ 1913 9872	− 12 5655	− 18318
8859·5	− 18328	+ 112	− 1914 5507	+ 125	− 1	+ 12 3810	+ 1914 5507	− 12 3810	− 18328
8860·5	− 18337	+ 112	− 1915 0595	+ 119	− 1	+ 12 0894	+ 1915 0595	− 12 0894	− 18338
8861·5	− 18345	+ 112	− 1915 4687	+ 113	− 1	+ 11 7318	+ 1915 4687	− 11 7318	− 18346
8862·5	− 18351	+ 112	− 1915 7599	+ 106	− 1	+ 11 3704	+ 1915 7599	− 11 3704	− 18351
8863·5	− 18354	+ 112	− 1915 9481	+ 100	− 1	+ 11 0694	+ 1915 9481	− 11 0694	− 18355
8864·5	− 18357	+ 112	− 1916 0765	+ 96	− 1	+ 10 8744	+ 1916 0765	− 10 8744	− 18357
8865·5	− 18359	+ 112	− 1916 2016	+ 95	− 1	+ 10 7997	+ 1916 2016	− 10 7997	− 18360
8866·5	− 18362	+ 112	− 1916 3757	+ 95	− 1	+ 10 8281	+ 1916 3757	− 10 8281	− 18363
8867·5	− 18367	+ 112	− 1916 6337	+ 97	− 1	+ 10 9181	+ 1916 6337	− 10 9181	− 18368
8868·5	− 18374	+ 112	− 1916 9866	+ 99	− 1	+ 11 0177	+ 1916 9866	− 11 0177	− 18375
8869·5	− 18383	+ 112	− 1917 4220	+ 100	− 1	+ 11 0771	+ 1917 4220	− 11 0771	− 18383
8870·5	− 18392	+ 112	− 1917 9097	+ 100	− 1	+ 11 0596	+ 1917 9097	− 11 0596	− 18393
8871·5	− 18401	+ 112	− 1918 4095	+ 98	− 1	+ 10 9474	+ 1918 4095	− 10 9474	− 18402
8872·5	− 18411	+ 112	− 1918 8815	+ 94	− 1	+ 10 7434	+ 1918 8815	− 10 7434	− 18411
8873·5	− 18418	+ 113	− 1919 2933	+ 88	− 1	+ 10 4676	+ 1919 2933	− 10 4676	− 18419
8874·5	− 18425	+ 113	− 1919 6256	+ 82	− 1	+ 10 1516	+ 1919 6256	− 10 1516	− 18425
8875·5	− 18430	+ 113	− 1919 8742	+ 76	0	+ 9 8308	+ 1919 8742	− 9 8308	− 18430
8876·5	− 18433	+ 113	− 1920 0480	+ 71	0	+ 9 5381	+ 1920 0480	− 9 5381	− 18433
8877·5	− 18435	+ 113	− 1920 1666	+ 66	0	+ 9 2990	+ 1920 1666	− 9 2990	− 18436
8878·5	− 18437	+ 113	− 1920 2557	+ 63	0	+ 9 1293	+ 1920 2557	− 9 1293	− 18437
8879·5	− 18439	+ 113	− 1920 3437	+ 61	0	+ 9 0343	+ 1920 3437	− 9 0343	− 18439
8880·5	− 18441	+ 113	− 1920 4587	+ 60	0	+ 9 0088	+ 1920 4587	− 9 0088	− 18441
8881·5	− 18444	+ 113	− 1920 6258	+ 61	0	+ 9 0378	+ 1920 6258	− 9 0378	− 18444
8882·5	− 18449	+ 113	− 1920 8648	+ 62	0	+ 9 0969	+ 1920 8648	− 9 0969	− 18449
8883·5	− 18455	+ 113	− 1921 1864	+ 63	0	+ 9 1538	+ 1921 1864	− 9 1538	− 18455
8884·5	− 18463	+ 113	− 1921 5888	+ 63	0	+ 9 1703	+ 1921 5888	− 9 1703	− 18463
8885·5	− 18471	+ 113	− 1922 0533	+ 62	0	+ 9 1085	+ 1922 0533	− 9 1085	− 18472
8886·5	− 18481	+ 113	− 1922 5426	+ 59	0	+ 8 9397	+ 1922 5426	− 8 9397	− 18481
8887·5	− 18490	+ 113	− 1923 0051	+ 54	0	+ 8 6569	+ 1923 0051	− 8 6569	− 18490
8888·5	− 18497	+ 113	− 1923 3869	+ 46	0	+ 8 2846	+ 1923 3869	− 8 2846	− 18497
8889·5	− 18502	+ 113	− 1923 6509	+ 39	0	+ 7 8793	+ 1923 6509	− 7 8792	− 18502
8890·5	− 18505	+ 113	− 1923 7944	+ 32	0	+ 7 5136	+ 1923 7944	− 7 5136	− 18505
8891·5	− 18506	+ 113	− 1923 8531	+ 27	0	+ 7 2514	+ 1923 8531	− 7 2513	− 18506
8892·5	− 18507	+ 113	− 1923 8875	+ 24	0	+ 7 1232	+ 1923 8875	− 7 1232	− 18507
8893·5	− 18508	+ 113	− 1923 9603	+ 24	0	+ 7 1188	+ 1923 9603	− 7 1188	− 18508
8894·5	− 18511	+ 113	− 1924 1150	+ 26	0	+ 7 1954	+ 1924 1150	− 7 1954	− 18511

Values are in units of 10^{-10}. Matrix used with ERA (B21–B24). CIP is $\mathcal{X} = C_{3,1}$, $\mathcal{Y} = C_{3,2}$

FRAME BIAS, PRECESSION AND NUTATION, 2020

MATRIX ELEMENTS FOR CONVERSION FROM
GCRS TO EQUATOR AND EQUINOX OF DATE
FOR 0^h TERRESTRIAL TIME

Date 0^h TT	$M_{1,1}-1$	$M_{1,2}$	$M_{1,3}$	$M_{2,1}$	$M_{2,2}-1$	$M_{2,3}$	$M_{3,1}$	$M_{3,2}$	$M_{3,3}-1$
Feb. 15	−116569	−4428 4642	−1924 1280	+4428 4699	−98057	− 1 3255	+1924 1150	− 7 1954	−18511
16	−116599	−4429 0456	−1924 3807	+4429 0515	−98083	− 1 2271	+1924 3672	− 7 2961	−18516
17	−116640	−4429 8257	−1924 7194	+4429 8317	−98118	− 1 1594	+1924 7056	− 7 3668	−18523
18	−116688	−4430 7355	−1925 1144	+4430 7415	−98158	− 1 1613	+1925 1006	− 7 3684	−18530
19	−116738	−4431 6861	−1925 5271	+4431 6919	−98200	− 1 2521	+1925 5137	− 7 2812	−18538
20	−116786	−4432 5886	−1925 9189	+4432 5941	−98240	− 1 4315	+1925 9063	− 7 1053	−18546
21	−116827	−4433 3694	−1926 2579	+4433 3744	−98275	− 1 6829	+1926 2465	− 6 8570	−18552
22	−116859	−4433 9803	−1926 5233	+4433 9847	−98302	− 1 9783	+1926 5132	− 6 5639	−18557
23	−116881	−4434 4031	−1926 7072	+4434 4070	−98320	− 2 2843	+1926 6984	− 6 2596	−18561
24	−116894	−4434 6499	−1926 8148	+4434 6532	−98331	− 2 5677	+1926 8072	− 5 9771	−18563
25	−116900	−4434 7580	−1926 8622	+4434 7609	−98336	− 2 8006	+1926 8557	− 5 7446	−18564
26	−116901	−4434 7832	−1926 8738	+4434 7858	−98337	− 2 9641	+1926 8680	− 5 5812	−18564
27	−116902	−4434 7905	−1926 8775	+4434 7929	−98337	− 3 0501	+1926 8721	− 5 4953	−18564
28	−116905	−4434 8455	−1926 9019	+4434 8478	−98340	− 3 0616	+1926 8965	− 5 4840	−18565
29	−116913	−4435 0070	−1926 9725	+4435 0094	−98347	− 3 0121	+1926 9669	− 5 5340	−18566
Mar. 1	−116930	−4435 3206	−1927 1090	+4435 3232	−98361	− 2 9242	+1927 1031	− 5 6232	−18569
2	−116956	−4435 8130	−1927 3231	+4435 8158	−98383	− 2 8273	+1927 3167	− 5 7220	−18573
3	−116991	−4436 4867	−1927 6157	+4436 4896	−98413	− 2 7556	+1927 6090	− 5 7963	−18579
4	−117035	−4437 3139	−1927 9749	+4437 3168	−98449	− 2 7438	+1927 9681	− 5 8113	−18585
5	−117083	−4438 2327	−1928 3738	+4438 2355	−98490	− 2 8216	+1928 3673	− 5 7370	−18593
6	−117132	−4439 1486	−1928 7714	+4439 1511	−98531	− 3 0053	+1928 7658	− 5 5569	−18601
7	−117174	−4439 9471	−1929 1181	+4439 9490	−98566	− 3 2872	+1929 1137	− 5 2780	−18608
8	−117204	−4440 5233	−1929 3685	+4440 5246	−98592	− 3 6296	+1929 3656	− 4 9379	−18612
9	−117220	−4440 8243	−1929 4996	+4440 8249	−98605	− 3 9673	+1929 4982	− 4 6013	−18615
10	−117223	−4440 8833	−1929 5257	+4440 8834	−98608	− 4 2260	+1929 5255	− 4 3429	−18615
11	−117220	−4440 8207	−1929 4992	+4440 8206	−98605	− 4 3509	+1929 4995	− 4 2177	−18615
12	−117219	−4440 7995	−1929 4906	+4440 7995	−98604	− 4 3302	+1929 4908	− 4 2383	−18615
13	−117227	−4440 9599	−1929 5607	+4440 9600	−98611	− 4 1981	+1929 5603	− 4 3710	−18616
14	−117249	−4441 3696	−1929 7389	+4441 3701	−98629	− 4 0173	+1929 7377	− 4 5534	−18620
15	−117283	−4442 0149	−1930 0192	+4442 0158	−98658	− 3 8533	+1930 0173	− 4 7199	−18625
16	−117326	−4442 8228	−1930 3700	+4442 8238	−98694	− 3 7553	+1930 3677	− 4 8210	−18632
17	−117372	−4443 6941	−1930 7483	+4443 6951	−98733	− 3 7481	+1930 7459	− 4 8316	−18639
18	−117416	−4444 5317	−1931 1120	+4444 5326	−98770	− 3 8331	+1931 1100	− 4 7499	−18646
19	−117454	−4445 2579	−1931 4274	+4445 2585	−98802	− 3 9941	+1931 4261	− 4 5916	−18652
20	−117484	−4445 8225	−1931 6727	+4445 8226	−98827	− 4 2038	+1931 6723	− 4 3842	−18657
21	−117504	−4446 2046	−1931 8390	+4446 2044	−98844	− 4 4295	+1931 8396	− 4 1599	−18660
22	−117515	−4446 4119	−1931 9294	+4446 4113	−98853	− 4 6387	+1931 9310	− 3 9515	−18662
23	−117519	−4446 4765	−1931 9580	+4446 4756	−98856	− 4 8025	+1931 9603	− 3 7879	−18662
24	−117517	−4446 4496	−1931 9469	+4446 4484	−98855	− 4 8999	+1931 9496	− 3 6905	−18662
25	−117514	−4446 3943	−1931 9235	+4446 3931	−98853	− 4 9195	+1931 9263	− 3 6706	−18662
26	−117514	−4446 3773	−1931 9167	+4446 3762	−98852	− 4 8617	+1931 9193	− 3 7284	−18662
27	−117518	−4446 4601	−1931 9532	+4446 4593	−98856	− 4 7377	+1931 9552	− 3 8527	−18662
28	−117530	−4446 6914	−1932 0541	+4446 6909	−98866	− 4 5688	+1932 0553	− 4 0225	−18664
29	−117552	−4447 1001	−1932 2318	+4447 0999	−98884	− 4 3838	+1932 2322	− 4 2091	−18668
30	−117583	−4447 6906	−1932 4884	+4447 6907	−98910	− 4 2156	+1932 4880	− 4 3795	−18673
31	−117623	−4448 4398	−1932 8138	+4448 4402	−98944	− 4 0974	+1932 8129	− 4 5007	−18679
Apr. 1	−117668	−4449 2961	−1933 1856	+4449 2966	−98982	− 4 0574	+1933 1845	− 4 5440	−18686

$\mathbf{M} = \mathbf{NPB}$. Values are in units of 10^{-10}. Matrix used with GAST (B13–B20). CIP is $\mathcal{X} = \mathbf{M}_{3,1}$, $\mathcal{Y} = \mathbf{M}_{3,2}$.

MATRIX ELEMENTS FOR CONVERSION FROM
GCRS TO EQUATOR & CELESTIAL INTERMEDIATE ORIGIN OF DATE
FOR 0^h TERRESTRIAL TIME

Julian Date	$C_{1,1}-1$	$C_{1,2}$	$C_{1,3}$	$C_{2,1}$	$C_{2,2}-1$	$C_{2,3}$	$C_{3,1}$	$C_{3,2}$	$C_{3,3}-1$
245									
8894·5	− 18511	+ 113	− 1924 1150	+ 26	0	+ 7 1954	+ 1924 1150	− 7 1954	− 18511
8895·5	− 18516	+ 113	− 1924 3672	+ 27	0	+ 7 2961	+ 1924 3672	− 7 2961	− 18516
8896·5	− 18522	+ 113	− 1924 7056	+ 29	0	+ 7 3668	+ 1924 7056	− 7 3668	− 18523
8897·5	− 18530	+ 113	− 1925 1006	+ 29	0	+ 7 3684	+ 1925 1006	− 7 3684	− 18530
8898·5	− 18538	+ 113	− 1925 5137	+ 27	0	+ 7 2812	+ 1925 5137	− 7 2812	− 18538
8899·5	− 18546	+ 113	− 1925 9063	+ 24	0	+ 7 1053	+ 1925 9063	− 7 1053	− 18546
8900·5	− 18552	+ 113	− 1926 2465	+ 19	0	+ 6 8570	+ 1926 2465	− 6 8570	− 18552
8901·5	− 18557	+ 113	− 1926 5132	+ 13	0	+ 6 5639	+ 1926 5132	− 6 5639	− 18557
8902·5	− 18561	+ 113	− 1926 6984	+ 7	0	+ 6 2596	+ 1926 6984	− 6 2596	− 18561
8903·5	− 18563	+ 113	− 1926 8072	+ 2	0	+ 5 9771	+ 1926 8072	− 5 9771	− 18563
8904·5	− 18564	+ 113	− 1926 8557	− 2	0	+ 5 7446	+ 1926 8557	− 5 7446	− 18564
8905·5	− 18564	+ 113	− 1926 8680	− 6	0	+ 5 5812	+ 1926 8680	− 5 5812	− 18564
8906·5	− 18564	+ 113	− 1926 8721	− 7	0	+ 5 4953	+ 1926 8721	− 5 4953	− 18564
8907·5	− 18565	+ 113	− 1926 8965	− 7	0	+ 5 4840	+ 1926 8965	− 5 4840	− 18565
8908·5	− 18566	+ 113	− 1926 9669	− 6	0	+ 5 5341	+ 1926 9669	− 5 5340	− 18566
8909·5	− 18569	+ 113	− 1927 1031	− 5	0	+ 5 6232	+ 1927 1031	− 5 6232	− 18569
8910·5	− 18573	+ 113	− 1927 3167	− 3	0	+ 5 7220	+ 1927 3167	− 5 7220	− 18573
8911·5	− 18578	+ 113	− 1927 6090	− 1	0	+ 5 7963	+ 1927 6090	− 5 7963	− 18579
8912·5	− 18585	+ 113	− 1927 9681	− 1	0	+ 5 8113	+ 1927 9681	− 5 8113	− 18585
8913·5	− 18593	+ 113	− 1928 3673	− 3	0	+ 5 7370	+ 1928 3673	− 5 7370	− 18593
8914·5	− 18601	+ 113	− 1928 7658	− 6	0	+ 5 5569	+ 1928 7658	− 5 5569	− 18601
8915·5	− 18607	+ 113	− 1929 1137	− 11	0	+ 5 2780	+ 1929 1137	− 5 2780	− 18608
8916·5	− 18612	+ 113	− 1929 3656	− 18	0	+ 4 9379	+ 1929 3656	− 4 9379	− 18612
8917·5	− 18615	+ 113	− 1929 4982	− 25	0	+ 4 6013	+ 1929 4982	− 4 6013	− 18615
8918·5	− 18615	+ 113	− 1929 5255	− 29	0	+ 4 3429	+ 1929 5255	− 4 3429	− 18615
8919·5	− 18615	+ 113	− 1929 4995	− 32	0	+ 4 2177	+ 1929 4995	− 4 2177	− 18615
8920·5	− 18615	+ 113	− 1929 4908	− 32	0	+ 4 2383	+ 1929 4908	− 4 2383	− 18615
8921·5	− 18616	+ 113	− 1929 5603	− 29	0	+ 4 3710	+ 1929 5603	− 4 3710	− 18616
8922·5	− 18619	+ 113	− 1929 7377	− 25	0	+ 4 5535	+ 1929 7377	− 4 5534	− 18620
8923·5	− 18625	+ 113	− 1930 0173	− 22	0	+ 4 7199	+ 1930 0173	− 4 7199	− 18625
8924·5	− 18632	+ 113	− 1930 3677	− 20	0	+ 4 8210	+ 1930 3677	− 4 8210	− 18632
8925·5	− 18639	+ 113	− 1930 7459	− 20	0	+ 4 8316	+ 1930 7459	− 4 8316	− 18639
8926·5	− 18646	+ 113	− 1931 1100	− 22	0	+ 4 7499	+ 1931 1100	− 4 7499	− 18646
8927·5	− 18652	+ 113	− 1931 4261	− 25	0	+ 4 5917	+ 1931 4261	− 4 5916	− 18652
8928·5	− 18657	+ 113	− 1931 6723	− 29	0	+ 4 3842	+ 1931 6723	− 4 3842	− 18657
8929·5	− 18660	+ 113	− 1931 8396	− 33	0	+ 4 1599	+ 1931 8396	− 4 1599	− 18660
8930·5	− 18662	+ 113	− 1931 9310	− 37	0	+ 3 9515	+ 1931 9310	− 3 9515	− 18662
8931·5	− 18662	+ 113	− 1931 9603	− 40	0	+ 3 7880	+ 1931 9603	− 3 7879	− 18662
8932·5	− 18662	+ 113	− 1931 9496	− 42	0	+ 3 6905	+ 1931 9496	− 3 6905	− 18662
8933·5	− 18662	+ 113	− 1931 9263	− 42	0	+ 3 6706	+ 1931 9263	− 3 6706	− 18662
8934·5	− 18662	+ 113	− 1931 9193	− 41	0	+ 3 7284	+ 1931 9193	− 3 7284	− 18662
8935·5	− 18662	+ 113	− 1931 9552	− 39	0	+ 3 8527	+ 1931 9552	− 3 8527	− 18662
8936·5	− 18664	+ 113	− 1932 0553	− 36	0	+ 4 0225	+ 1932 0553	− 4 0225	− 18664
8937·5	− 18668	+ 113	− 1932 2322	− 32	0	+ 4 2091	+ 1932 2322	− 4 2091	− 18668
8938·5	− 18673	+ 113	− 1932 4880	− 29	0	+ 4 3795	+ 1932 4880	− 4 3795	− 18673
8939·5	− 18679	+ 113	− 1932 8129	− 26	0	+ 4 5007	+ 1932 8129	− 4 5007	− 18679
8940·5	− 18686	+ 113	− 1933 1845	− 26	0	+ 4 5440	+ 1933 1845	− 4 5440	− 18686

Values are in units of 10^{-10}. Matrix used with ERA (B21–B24). CIP is $\mathcal{X} = C_{3,1}$, $\mathcal{Y} = C_{3,2}$

FRAME BIAS, PRECESSION AND NUTATION, 2020

MATRIX ELEMENTS FOR CONVERSION FROM
GCRS TO EQUATOR AND EQUINOX OF DATE
FOR 0^h TERRESTRIAL TIME

Date 0^h TT	$M_{1,1}-1$	$M_{1,2}$	$M_{1,3}$	$M_{2,1}$	$M_{2,2}-1$	$M_{2,3}$	$M_{3,1}$	$M_{3,2}$	$M_{3,3}-1$
Apr. 1	−117668	−4449 2961	−1933 1856	+4449 2966	− 98982	− 4 0574	+1933 1845	− 4 5440	−18686
2	−117715	−4450 1814	−1933 5699	+4450 1817	− 99021	− 4 1135	+1933 5691	− 4 4912	−18694
3	−117758	−4450 9990	−1933 9250	+4450 9991	− 99058	− 4 2662	+1933 9248	− 4 3417	−18700
4	−117793	−4451 6515	−1934 2084	+4451 6512	− 99087	− 4 4925	+1934 2092	− 4 1180	−18706
5	−117815	−4452 0685	−1934 3897	+4452 0676	− 99105	− 4 7439	+1934 3917	− 3 8682	−18709
6	−117824	−4452 2395	−1934 4645	+4452 2383	− 99113	− 4 9540	+1934 4674	− 3 6587	−18711
7	−117824	−4452 2368	−1934 4639	+4452 2353	− 99113	− 5 0574	+1934 4672	− 3 5553	−18711
8	−117822	−4452 2037	−1934 4501	+4452 2023	− 99111	− 5 0160	+1934 4532	− 3 5966	−18711
9	−117827	−4452 3046	−1934 4945	+4452 3036	− 99116	− 4 8377	+1934 4968	− 3 7753	−18711
10	−117846	−4452 6582	−1934 6483	+4452 6577	− 99131	− 4 5749	+1934 6495	− 4 0395	−18714
11	−117879	−4453 2934	−1934 9243	+4453 2935	− 99160	− 4 3013	+1934 9242	− 4 3156	−18720
12	−117925	−4454 1519	−1935 2970	+4454 1523	− 99198	− 4 0829	+1935 2960	− 4 5372	−18727
13	−117976	−4455 1240	−1935 7190	+4455 1247	− 99241	− 3 9596	+1935 7174	− 4 6643	−18735
14	−118028	−4456 0923	−1936 1393	+4456 0930	− 99284	− 3 9404	+1936 1376	− 4 6872	−18743
15	−118074	−4456 9606	−1936 5163	+4456 9612	− 99323	− 4 0105	+1936 5150	− 4 6205	−18751
16	−118111	−4457 6679	−1936 8235	+4457 6682	− 99355	− 4 1407	+1936 8227	− 4 4931	−18757
17	−118139	−4458 1887	−1937 0499	+4458 1887	− 99378	− 4 2962	+1937 0498	− 4 3396	−18761
18	−118157	−4458 5284	−1937 1977	+4458 5282	− 99393	− 4 4428	+1937 1983	− 4 1943	−18764
19	−118167	−4458 7175	−1937 2803	+4458 7171	− 99401	− 4 5506	+1937 2813	− 4 0872	−18765
20	−118171	−4458 8049	−1937 3188	+4458 8044	− 99405	− 4 5971	+1937 3200	− 4 0411	−18766
21	−118174	−4458 8520	−1937 3398	+4458 8515	− 99407	− 4 5689	+1937 3409	− 4 0695	−18767
22	−118178	−4458 9255	−1937 3722	+4458 9252	− 99411	− 4 4630	+1937 3728	− 4 1756	−18767
23	−118187	−4459 0899	−1937 4440	+4459 0899	− 99418	− 4 2881	+1937 4439	− 4 3511	−18769
24	−118203	−4459 3988	−1937 5785	+4459 3993	− 99432	− 4 0634	+1937 5774	− 4 5771	−18771
25	−118229	−4459 8868	−1937 7907	+4459 8878	− 99454	− 3 8168	+1937 7884	− 4 8255	−18775
26	−118265	−4460 5631	−1938 0844	+4460 5646	− 99484	− 3 5819	+1938 0811	− 5 0631	−18781
27	−118309	−4461 4072	−1938 4510	+4461 4091	− 99521	− 3 3926	+1938 4468	− 5 2556	−18788
28	−118360	−4462 3696	−1938 8687	+4462 3717	− 99564	− 3 2781	+1938 8641	− 5 3739	−18796
29	−118414	−4463 3762	−1939 3057	+4463 3782	− 99609	− 3 2569	+1939 3009	− 5 3990	−18805
30	−118465	−4464 3377	−1939 7231	+4464 3396	− 99652	− 3 3315	+1939 7186	− 5 3281	−18813
May 1	−118509	−4465 1647	−1940 0822	+4465 1664	− 99689	− 3 4848	+1940 0784	− 5 1780	−18820
2	−118542	−4465 7881	−1940 3530	+4465 7894	− 99717	− 3 6787	+1940 3501	− 4 9866	−18825
3	−118563	−4466 1821	−1940 5244	+4466 1830	− 99735	− 3 8583	+1940 5222	− 4 8085	−18828
4	−118574	−4466 3845	−1940 6127	+4466 3852	− 99744	− 3 9632	+1940 6110	− 4 7044	−18830
5	−118580	−4466 5007	−1940 6637	+4466 5014	− 99749	− 3 9459	+1940 6619	− 4 7221	−18831
6	−118589	−4466 6806	−1940 7422	+4466 6816	− 99757	− 3 7914	+1940 7398	− 4 8773	−18832
7	−118610	−4467 0677	−1940 9106	+4467 0693	− 99774	− 3 5276	+1940 9070	− 5 1426	−18836
8	−118646	−4467 7434	−1941 2041	+4467 7456	− 99804	− 3 2178	+1941 1991	− 5 4550	−18841
9	−118696	−4468 6959	−1941 6176	+4468 6986	− 99847	− 2 9366	+1941 6114	− 5 7399	−18849
10	−118757	−4469 8329	−1942 1111	+4469 8360	− 99898	− 2 7426	+1942 1039	− 5 9384	−18859
11	−118820	−4471 0239	−1942 6280	+4471 0271	− 99951	− 2 6622	+1942 6204	− 6 0234	−18869
12	−118880	−4472 1461	−1943 1150	+4472 1493	− 100001	− 2 6898	+1943 1076	− 6 0002	−18879
13	−118931	−4473 1130	−1943 5348	+4473 1161	− 100044	− 2 7971	+1943 5278	− 5 8966	−18887
14	−118972	−4473 8832	−1943 8692	+4473 8859	− 100079	− 2 9458	+1943 8630	− 5 7509	−18893
15	−119002	−4474 4550	−1944 1177	+4474 4574	− 100104	− 3 0974	+1944 1121	− 5 6015	−18898
16	−119024	−4474 8569	−1944 2925	+4474 8591	− 100122	− 3 2184	+1944 2874	− 5 4821	−18901
17	−119039	−4475 1380	−1944 4149	+4475 1400	− 100135	− 3 2839	+1944 4102	− 5 4177	−18904

M = NPB. Values are in units of 10^{-10}. Matrix used with GAST (B13–B20). CIP is $\mathcal{X} = M_{3,1}$, $\mathcal{Y} = M_{3,2}$.

MATRIX ELEMENTS FOR CONVERSION FROM
GCRS TO EQUATOR & CELESTIAL INTERMEDIATE ORIGIN OF DATE
FOR 0^h TERRESTRIAL TIME

Julian Date	$C_{1,1}-1$	$C_{1,2}$	$C_{1,3}$	$C_{2,1}$	$C_{2,2}-1$	$C_{2,3}$	$C_{3,1}$	$C_{3,2}$	$C_{3,3}-1$
245									
8940·5	− 18686	+ 113	− 1933 1845	− 26	0	+ 4 5440	+ 1933 1845	− 4 5440	− 18686
8941·5	− 18693	+ 113	− 1933 5691	− 27	0	+ 4 4913	+ 1933 5691	− 4 4912	− 18694
8942·5	− 18700	+ 113	− 1933 9248	− 30	0	+ 4 3417	+ 1933 9248	− 4 3417	− 18700
8943·5	− 18706	+ 113	− 1934 2092	− 34	0	+ 4 1180	+ 1934 2092	− 4 1180	− 18706
8944·5	− 18709	+ 114	− 1934 3917	− 39	0	+ 3 8682	+ 1934 3917	− 3 8682	− 18709
8945·5	− 18711	+ 114	− 1934 4674	− 43	0	+ 3 6587	+ 1934 4674	− 3 6587	− 18711
8946·5	− 18711	+ 114	− 1934 4672	− 45	0	+ 3 5553	+ 1934 4672	− 3 5553	− 18711
8947·5	− 18711	+ 114	− 1934 4532	− 44	0	+ 3 5967	+ 1934 4532	− 3 5966	− 18711
8948·5	− 18711	+ 114	− 1934 4968	− 40	0	+ 3 7753	+ 1934 4968	− 3 7753	− 18711
8949·5	− 18714	+ 114	− 1934 6495	− 35	0	+ 4 0395	+ 1934 6495	− 4 0395	− 18714
8950·5	− 18720	+ 114	− 1934 9242	− 30	0	+ 4 3156	+ 1934 9242	− 4 3156	− 18720
8951·5	− 18727	+ 114	− 1935 2960	− 26	0	+ 4 5372	+ 1935 2960	− 4 5372	− 18727
8952·5	− 18735	+ 114	− 1935 7174	− 23	0	+ 4 6643	+ 1935 7174	− 4 6643	− 18735
8953·5	− 18743	+ 114	− 1936 1376	− 23	0	+ 4 6872	+ 1936 1376	− 4 6872	− 18743
8954·5	− 18750	+ 114	− 1936 5150	− 24	0	+ 4 6205	+ 1936 5150	− 4 6205	− 18751
8955·5	− 18756	+ 114	− 1936 8227	− 27	0	+ 4 4931	+ 1936 8227	− 4 4931	− 18757
8956·5	− 18761	+ 114	− 1937 0498	− 30	0	+ 4 3396	+ 1937 0498	− 4 3396	− 18761
8957·5	− 18764	+ 114	− 1937 1983	− 32	0	+ 4 1943	+ 1937 1983	− 4 1943	− 18764
8958·5	− 18765	+ 114	− 1937 2813	− 34	0	+ 4 0873	+ 1937 2813	− 4 0872	− 18765
8959·5	− 18766	+ 114	− 1937 3200	− 35	0	+ 4 0411	+ 1937 3200	− 4 0411	− 18766
8960·5	− 18766	+ 114	− 1937 3409	− 35	0	+ 4 0695	+ 1937 3409	− 4 0695	− 18767
8961·5	− 18767	+ 114	− 1937 3728	− 33	0	+ 4 1756	+ 1937 3728	− 4 1756	− 18767
8962·5	− 18768	+ 114	− 1937 4439	− 29	0	+ 4 3512	+ 1937 4439	− 4 3511	− 18769
8963·5	− 18771	+ 114	− 1937 5774	− 25	0	+ 4 5771	+ 1937 5774	− 4 5771	− 18771
8964·5	− 18775	+ 114	− 1937 7884	− 20	0	+ 4 8255	+ 1937 7884	− 4 8255	− 18775
8965·5	− 18781	+ 114	− 1938 0811	− 16	0	+ 5 0631	+ 1938 0811	− 5 0631	− 18781
8966·5	− 18788	+ 114	− 1938 4468	− 12	0	+ 5 2556	+ 1938 4468	− 5 2556	− 18788
8967·5	− 18796	+ 114	− 1938 8641	− 10	0	+ 5 3739	+ 1938 8641	− 5 3739	− 18796
8968·5	− 18804	+ 114	− 1939 3009	− 9	0	+ 5 3990	+ 1939 3009	− 5 3990	− 18805
8969·5	− 18813	+ 114	− 1939 7186	− 10	0	+ 5 3281	+ 1939 7186	− 5 3281	− 18813
8970·5	− 18820	+ 114	− 1940 0784	− 13	0	+ 5 1780	+ 1940 0784	− 5 1780	− 18820
8971·5	− 18825	+ 114	− 1940 3501	− 17	0	+ 4 9866	+ 1940 3501	− 4 9866	− 18825
8972·5	− 18828	+ 114	− 1940 5222	− 20	0	+ 4 8085	+ 1940 5222	− 4 8085	− 18828
8973·5	− 18830	+ 114	− 1940 6110	− 23	0	+ 4 7044	+ 1940 6110	− 4 7044	− 18830
8974·5	− 18831	+ 114	− 1940 6619	− 22	0	+ 4 7221	+ 1940 6619	− 4 7221	− 18831
8975·5	− 18832	+ 114	− 1940 7398	− 19	0	+ 4 8774	+ 1940 7398	− 4 8773	− 18832
8976·5	− 18836	+ 114	− 1940 9070	− 14	0	+ 5 1427	+ 1940 9070	− 5 1426	− 18836
8977·5	− 18841	+ 114	− 1941 1991	− 8	0	+ 5 4550	+ 1941 1991	− 5 4550	− 18841
8978·5	− 18849	+ 114	− 1941 6114	− 2	0	+ 5 7399	+ 1941 6114	− 5 7399	− 18849
8979·5	− 18859	+ 114	− 1942 1039	+ 1	0	+ 5 9384	+ 1942 1039	− 5 9384	− 18859
8980·5	− 18869	+ 114	− 1942 6204	+ 3	0	+ 6 0234	+ 1942 6204	− 6 0234	− 18869
8981·5	− 18878	+ 114	− 1943 1076	+ 3	0	+ 6 0002	+ 1943 1076	− 6 0002	− 18879
8982·5	− 18887	+ 114	− 1943 5278	+ 1	0	+ 5 8966	+ 1943 5278	− 5 8966	− 18887
8983·5	− 18893	+ 114	− 1943 8630	− 2	0	+ 5 7509	+ 1943 8630	− 5 7509	− 18893
8984·5	− 18898	+ 114	− 1944 1121	− 5	0	+ 5 6015	+ 1944 1121	− 5 6015	− 18898
8985·5	− 18901	+ 114	− 1944 2874	− 7	0	+ 5 4821	+ 1944 2874	− 5 4821	− 18901
8986·5	− 18904	+ 114	− 1944 4102	− 9	0	+ 5 4177	+ 1944 4102	− 5 4177	− 18904

Values are in units of 10^{-10}. Matrix used with ERA (B21–B24). CIP is $\mathcal{X} = C_{3,1}$, $\mathcal{Y} = C_{3,2}$

FRAME BIAS, PRECESSION AND NUTATION, 2020

MATRIX ELEMENTS FOR CONVERSION FROM
GCRS TO EQUATOR AND EQUINOX OF DATE
FOR 0^h TERRESTRIAL TIME

Date 0^h TT	$M_{1,1}-1$	$M_{1,2}$	$M_{1,3}$	$M_{2,1}$	$M_{2,2}-1$	$M_{2,3}$	$M_{3,1}$	$M_{3,2}$	$M_{3,3}-1$
May 17	−119039	−4475 1380	−1944 4149	+4475 1400	−100135	− 3 2839	+1944 4102	− 5 4177	−18904
18	−119051	−4475 3594	−1944 5115	+4475 3615	−100145	− 3 2784	+1944 5067	− 5 4240	−18906
19	−119063	−4475 5883	−1944 6113	+4475 5905	−100155	− 3 1967	+1944 6061	− 5 5066	−18908
20	−119079	−4475 8909	−1944 7431	+4475 8935	−100169	− 3 0443	+1944 7372	− 5 6602	−18910
21	−119102	−4476 3257	−1944 9322	+4476 3287	−100188	− 2 8375	+1944 9254	− 5 8687	−18914
22	−119134	−4476 9350	−1945 1969	+4476 9384	−100215	− 2 6021	+1945 1890	− 6 1065	−18919
23	−119177	−4477 7368	−1945 5450	+4477 7407	−100251	− 2 3714	+1945 5362	− 6 3402	−18926
24	−119229	−4478 7184	−1945 9711	+4478 7226	−100295	− 2 1814	+1945 9614	− 6 5341	−18934
25	−119289	−4479 8339	−1946 4553	+4479 8384	−100345	− 2 0642	+1946 4450	− 6 6556	−18943
26	−119351	−4481 0090	−1946 9653	+4481 0135	−100398	− 2 0418	+1946 9549	− 6 6826	−18953
27	−119412	−4482 1520	−1947 4613	+4482 1563	−100449	− 2 1195	+1947 4513	− 6 6093	−18963
28	−119466	−4483 1711	−1947 9037	+4483 1751	−100495	− 2 2823	+1947 8944	− 6 4505	−18972
29	−119510	−4483 9954	−1948 2616	+4483 9990	−100532	− 2 4953	+1948 2532	− 6 2408	−18979
30	−119542	−4484 5946	−1948 5220	+4484 5979	−100559	− 2 7084	+1948 5145	− 6 0300	−18984
31	−119564	−4484 9937	−1948 6956	+4484 9967	−100577	− 2 8666	+1948 6888	− 5 8733	−18987
June 1	−119579	−4485 2754	−1948 8183	+4485 2783	−100589	− 2 9234	+1948 8118	− 5 8177	−18990
2	−119594	−4485 5662	−1948 9449	+4485 5692	−100602	− 2 8555	+1948 9381	− 5 8867	−18992
3	−119617	−4486 0034	−1949 1350	+4486 0067	−100622	− 2 6739	+1949 1274	− 6 0700	−18996
4	−119654	−4486 6910	−1949 4337	+4486 6948	−100653	− 2 4238	+1949 4249	− 6 3228	−19002
5	−119706	−4487 6619	−1949 8551	+4487 6662	−100696	− 2 1717	+1949 8453	− 6 5786	−19010
6	−119770	−4488 8658	−1950 3776	+4488 8704	−100750	− 1 9836	+1950 3669	− 6 7714	−19020
7	−119841	−4490 1898	−1950 9521	+4490 1946	−100810	− 1 9032	+1950 9410	− 6 8570	−19031
8	−119911	−4491 5002	−1951 5208	+4491 5050	−100869	− 1 9414	+1951 5098	− 6 8239	−19042
9	−119974	−4492 6837	−1952 0344	+4492 6882	−100922	− 2 0794	+1952 0241	− 6 6905	−19052
10	−120027	−4493 6712	−1952 4631	+4493 6753	−100966	− 2 2799	+1952 4536	− 6 4938	−19061
11	−120068	−4494 4424	−1952 7980	+4494 4461	−101001	− 2 5000	+1952 7895	− 6 2768	−19067
12	−120099	−4495 0172	−1953 0477	+4495 0205	−101027	− 2 7007	+1953 0402	− 6 0783	−19072
13	−120121	−4495 4426	−1953 2327	+4495 4456	−101046	− 2 8521	+1953 2258	− 5 9286	−19076
14	−120139	−4495 7809	−1953 3800	+4495 7837	−101061	− 2 9355	+1953 3734	− 5 8465	−19079
15	−120157	−4496 1007	−1953 5192	+4496 1036	−101075	− 2 9431	+1953 5127	− 5 8401	−19081
16	−120176	−4496 4700	−1953 6799	+4496 4729	−101092	− 2 8780	+1953 6731	− 5 9067	−19084
17	−120202	−4496 9502	−1953 8887	+4496 9534	−101114	− 2 7534	+1953 8813	− 6 0332	−19088
18	−120236	−4497 5901	−1954 1666	+4497 5936	−101142	− 2 5921	+1954 1585	− 6 1970	−19094
19	−120280	−4498 4178	−1954 5260	+4498 4216	−101180	− 2 4252	+1954 5171	− 6 3671	−19101
20	−120335	−4499 4330	−1954 9667	+4499 4372	−101225	− 2 2888	+1954 9572	− 6 5075	−19110
21	−120397	−4500 6013	−1955 4737	+4500 6056	−101278	− 2 2185	+1955 4639	− 6 5824	−19119
22	−120464	−4501 8537	−1956 0172	+4501 8579	−101334	− 2 2419	+1956 0075	− 6 5638	−19130
23	−120531	−4503 0956	−1956 5561	+4503 0995	−101390	− 2 3708	+1956 5470	− 6 4398	−19141
24	−120591	−4504 2253	−1957 0465	+4504 2289	−101441	− 2 5946	+1957 0383	− 6 2204	−19150
25	−120641	−4505 1596	−1957 4521	+4505 1626	−101483	− 2 8803	+1957 4452	− 5 9384	−19158
26	−120679	−4505 8577	−1957 7553	+4505 8601	−101514	− 3 1772	+1957 7497	− 5 6442	−19164
27	−120704	−4506 3366	−1957 9635	+4506 3385	−101536	− 3 4293	+1957 9591	− 5 3940	−19168
28	−120722	−4506 6714	−1958 1092	+4506 6730	−101551	− 3 5890	+1958 1055	− 5 2356	−19171
29	−120739	−4506 9788	−1958 2430	+4506 9803	−101565	− 3 6310	+1958 2395	− 5 1948	−19174
30	−120761	−4507 3878	−1958 4209	+4507 3895	−101583	− 3 5598	+1958 4171	− 5 2676	−19177
July 1	−120794	−4508 0041	−1958 6887	+4508 0060	−101611	− 3 4106	+1958 6841	− 5 4192	−19182
2	−120840	−4508 8792	−1959 0686	+4508 8815	−101651	− 3 2396	+1959 0633	− 5 5936	−19190

M = NPB. Values are in units of 10^{-10}. Matrix used with GAST (B13–B20). CIP is $\mathcal{X} = M_{3,1}$, $\mathcal{Y} = M_{3,2}$.

MATRIX ELEMENTS FOR CONVERSION FROM
GCRS TO EQUATOR & CELESTIAL INTERMEDIATE ORIGIN OF DATE
FOR 0^h TERRESTRIAL TIME

Julian Date	$C_{1,1}-1$	$C_{1,2}$	$C_{1,3}$	$C_{2,1}$	$C_{2,2}-1$	$C_{2,3}$	$C_{3,1}$	$C_{3,2}$	$C_{3,3}-1$
245									
8986·5	− 18904	+ 114	− 1944 4102	− 9	0	+ 5 4177	+ 1944 4102	− 5 4177	− 18904
8987·5	− 18906	+ 114	− 1944 5067	− 9	0	+ 5 4240	+ 1944 5067	− 5 4240	− 18906
8988·5	− 18907	+ 114	− 1944 6061	− 7	0	+ 5 5066	+ 1944 6061	− 5 5066	− 18908
8989·5	− 18910	+ 114	− 1944 7372	− 4	0	+ 5 6602	+ 1944 7372	− 5 6602	− 18910
8990·5	− 18914	+ 114	− 1944 9254	0	0	+ 5 8687	+ 1944 9254	− 5 8687	− 18914
8991·5	− 18919	+ 114	− 1945 1890	+ 5	0	+ 6 1065	+ 1945 1890	− 6 1065	− 18919
8992·5	− 18926	+ 114	− 1945 5362	+ 9	0	+ 6 3402	+ 1945 5362	− 6 3402	− 18926
8993·5	− 18934	+ 114	− 1945 9614	+ 13	0	+ 6 5341	+ 1945 9614	− 6 5341	− 18934
8994·5	− 18943	+ 114	− 1946 4450	+ 15	0	+ 6 6556	+ 1946 4450	− 6 6556	− 18943
8995·5	− 18953	+ 114	− 1946 9549	+ 16	0	+ 6 6826	+ 1946 9549	− 6 6826	− 18953
8996·5	− 18963	+ 114	− 1947 4513	+ 14	0	+ 6 6093	+ 1947 4513	− 6 6093	− 18963
8997·5	− 18971	+ 114	− 1947 8944	+ 11	0	+ 6 4505	+ 1947 8944	− 6 4505	− 18972
8998·5	− 18978	+ 114	− 1948 2532	+ 7	0	+ 6 2408	+ 1948 2532	− 6 2408	− 18979
8999·5	− 18984	+ 114	− 1948 5145	+ 3	0	+ 6 0300	+ 1948 5145	− 6 0300	− 18984
9000·5	− 18987	+ 114	− 1948 6888	0	0	+ 5 8733	+ 1948 6888	− 5 8733	− 18987
9001·5	− 18989	+ 114	− 1948 8118	− 1	0	+ 5 8177	+ 1948 8118	− 5 8177	− 18990
9002·5	− 18992	+ 114	− 1948 9381	0	0	+ 5 8867	+ 1948 9381	− 5 8867	− 18992
9003·5	− 18996	+ 114	− 1949 1274	+ 4	0	+ 6 0700	+ 1949 1274	− 6 0700	− 18996
9004·5	− 19001	+ 114	− 1949 4249	+ 9	0	+ 6 3228	+ 1949 4249	− 6 3228	− 19002
9005·5	− 19010	+ 114	− 1949 8453	+ 14	0	+ 6 5786	+ 1949 8453	− 6 5786	− 19010
9006·5	− 19020	+ 114	− 1950 3669	+ 18	0	+ 6 7714	+ 1950 3669	− 6 7714	− 19020
9007·5	− 19031	+ 114	− 1950 9410	+ 19	0	+ 6 8570	+ 1950 9410	− 6 8570	− 19031
9008·5	− 19042	+ 114	− 1951 5098	+ 19	0	+ 6 8239	+ 1951 5098	− 6 8239	− 19042
9009·5	− 19052	+ 115	− 1952 0241	+ 16	0	+ 6 6905	+ 1952 0241	− 6 6905	− 19052
9010·5	− 19060	+ 115	− 1952 4536	+ 12	0	+ 6 4938	+ 1952 4536	− 6 4938	− 19061
9011·5	− 19067	+ 115	− 1952 7895	+ 8	0	+ 6 2768	+ 1952 7895	− 6 2768	− 19067
9012·5	− 19072	+ 115	− 1953 0402	+ 4	0	+ 6 0783	+ 1953 0402	− 6 0783	− 19072
9013·5	− 19075	+ 115	− 1953 2258	+ 1	0	+ 5 9286	+ 1953 2258	− 5 9286	− 19076
9014·5	− 19078	+ 115	− 1953 3734	0	0	+ 5 8465	+ 1953 3734	− 5 8465	− 19079
9015·5	− 19081	+ 115	− 1953 5127	− 1	0	+ 5 8401	+ 1953 5127	− 5 8401	− 19081
9016·5	− 19084	+ 115	− 1953 6731	+ 1	0	+ 5 9067	+ 1953 6731	− 5 9067	− 19084
9017·5	− 19088	+ 115	− 1953 8813	+ 3	0	+ 6 0332	+ 1953 8813	− 6 0332	− 19088
9018·5	− 19094	+ 115	− 1954 1585	+ 6	0	+ 6 1970	+ 1954 1585	− 6 1970	− 19094
9019·5	− 19101	+ 115	− 1954 5171	+ 10	0	+ 6 3671	+ 1954 5171	− 6 3671	− 19101
9020·5	− 19109	+ 115	− 1954 9572	+ 13	0	+ 6 5075	+ 1954 9572	− 6 5075	− 19110
9021·5	− 19119	+ 115	− 1955 4639	+ 14	0	+ 6 5824	+ 1955 4639	− 6 5824	− 19119
9022·5	− 19130	+ 115	− 1956 0075	+ 14	0	+ 6 5638	+ 1956 0075	− 6 5638	− 19130
9023·5	− 19140	+ 115	− 1956 5470	+ 11	0	+ 6 4398	+ 1956 5470	− 6 4398	− 19141
9024·5	− 19150	+ 115	− 1957 0383	+ 7	0	+ 6 2204	+ 1957 0383	− 6 2204	− 19150
9025·5	− 19158	+ 115	− 1957 4452	+ 1	0	+ 5 9384	+ 1957 4452	− 5 9384	− 19158
9026·5	− 19164	+ 115	− 1957 7497	− 4	0	+ 5 6442	+ 1957 7497	− 5 6442	− 19164
9027·5	− 19168	+ 115	− 1957 9591	− 9	0	+ 5 3940	+ 1957 9591	− 5 3940	− 19168
9028·5	− 19171	+ 115	− 1958 1055	− 12	0	+ 5 2356	+ 1958 1055	− 5 2356	− 19171
9029·5	− 19174	+ 115	− 1958 2395	− 13	0	+ 5 1949	+ 1958 2395	− 5 1948	− 19174
9030·5	− 19177	+ 115	− 1958 4171	− 12	0	+ 5 2676	+ 1958 4171	− 5 2676	− 19177
9031·5	− 19182	+ 115	− 1958 6841	− 9	0	+ 5 4192	+ 1958 6841	− 5 4192	− 19182
9032·5	− 19190	+ 115	− 1959 0633	− 5	0	+ 5 5936	+ 1959 0633	− 5 5936	− 19190

Values are in units of 10^{-10}. Matrix used with ERA (B21–B24). CIP is $\mathcal{X} = C_{3,1}$, $\mathcal{Y} = C_{3,2}$

MATRIX ELEMENTS FOR CONVERSION FROM
GCRS TO EQUATOR AND EQUINOX OF DATE
FOR 0^h TERRESTRIAL TIME

Date 0^h TT	$M_{1,1}-1$	$M_{1,2}$	$M_{1,3}$	$M_{2,1}$	$M_{2,2}-1$	$M_{2,3}$	$M_{3,1}$	$M_{3,2}$	$M_{3,3}-1$
July 1	-120794	$-4508\ 0041$	$-1958\ 6887$	$+4508\ 0060$	-101611	$-\ 3\ 4106$	$+1958\ 6841$	$-\ 5\ 4192$	-19182
2	-120840	$-4508\ 8792$	$-1959\ 0686$	$+4508\ 8815$	-101651	$-\ 3\ 2396$	$+1959\ 0633$	$-\ 5\ 5936$	-19190
3	-120900	$-4509\ 9947$	$-1959\ 5528$	$+4509\ 9973$	-101701	$-\ 3\ 1088$	$+1959\ 5469$	$-\ 5\ 7288$	-19199
4	-120969	$-4511\ 2684$	$-1960\ 1055$	$+4511\ 2711$	-101758	$-\ 3\ 0679$	$+1960\ 0994$	$-\ 5\ 7747$	-19210
5	-121039	$-4512\ 5808$	$-1960\ 6750$	$+4512\ 5833$	-101818	$-\ 3\ 1413$	$+1960\ 6692$	$-\ 5\ 7065$	-19221
6	-121105	$-4513\ 8109$	$-1961\ 2089$	$+4513\ 8131$	-101873	$-\ 3\ 3235$	$+1961\ 2039$	$-\ 5\ 5291$	-19232
7	-121162	$-4514\ 8676$	$-1961\ 6675$	$+4514\ 8693$	-101921	$-\ 3\ 5854$	$+1961\ 6637$	$-\ 5\ 2713$	-19241
8	-121207	$-4515\ 7061$	$-1962\ 0316$	$+4515\ 7071$	-101959	$-\ 3\ 8850$	$+1962\ 0291$	$-\ 4\ 9750$	-19248
9	-121240	$-4516\ 3281$	$-1962\ 3018$	$+4516\ 3286$	-101987	$-\ 4\ 1792$	$+1962\ 3007$	$-\ 4\ 6833$	-19253
10	-121264	$-4516\ 7718$	$-1962\ 4947$	$+4516\ 7718$	-102007	$-\ 4\ 4322$	$+1962\ 4947$	$-\ 4\ 4320$	-19257
11	-121281	$-4517\ 0977$	$-1962\ 6366$	$+4517\ 0974$	-102021	$-\ 4\ 6199$	$+1962\ 6374$	$-\ 4\ 2456$	-19260
12	-121296	$-4517\ 3760$	$-1962\ 7578$	$+4517\ 3754$	-102034	$-\ 4\ 7309$	$+1962\ 7592$	$-\ 4\ 1356$	-19262
13	-121312	$-4517\ 6769$	$-1962\ 8888$	$+4517\ 6763$	-102048	$-\ 4\ 7656$	$+1962\ 8903$	$-\ 4\ 1022$	-19265
14	-121333	$-4518\ 0645$	$-1963\ 0575$	$+4518\ 0640$	-102065	$-\ 4\ 7347$	$+1963\ 0588$	$-\ 4\ 1346$	-19268
15	-121362	$-4518\ 5912$	$-1963\ 2864$	$+4518\ 5908$	-102089	$-\ 4\ 6583$	$+1963\ 2874$	$-\ 4\ 2130$	-19273
16	-121399	$-4519\ 2922$	$-1963\ 5908$	$+4519\ 2919$	-102121	$-\ 4\ 5644$	$+1963\ 5914$	$-\ 4\ 3097$	-19279
17	-121447	$-4520\ 1790$	$-1963\ 9758$	$+4520\ 1789$	-102161	$-\ 4\ 4869$	$+1963\ 9760$	$-\ 4\ 3907$	-19286
18	-121503	$-4521\ 2327$	$-1964\ 4332$	$+4521\ 2327$	-102208	$-\ 4\ 4618$	$+1964\ 4333$	$-\ 4\ 4199$	-19295
19	-121566	$-4522\ 3996$	$-1964\ 9396$	$+4522\ 3994$	-102261	$-\ 4\ 5214$	$+1964\ 9400$	$-\ 4\ 3649$	-19305
20	-121630	$-4523\ 5925$	$-1965\ 4573$	$+4523\ 5920$	-102315	$-\ 4\ 6860$	$+1965\ 4584$	$-\ 4\ 2050$	-19315
21	-121690	$-4524\ 7046$	$-1965\ 9400$	$+4524\ 7036$	-102365	$-\ 4\ 9547$	$+1965\ 9423$	$-\ 3\ 9406$	-19325
22	-121740	$-4525\ 6346$	$-1966\ 3438$	$+4525\ 6330$	-102407	$-\ 5\ 3010$	$+1966\ 3476$	$-\ 3\ 5980$	-19333
23	-121777	$-4526\ 3186$	$-1966\ 6409$	$+4526\ 3162$	-102438	$-\ 5\ 6749$	$+1966\ 6464$	$-\ 3\ 2268$	-19339
24	-121800	$-4526\ 7553$	$-1966\ 8307$	$+4526\ 7522$	-102458	$-\ 6\ 0148$	$+1966\ 8378$	$-\ 2\ 8887$	-19342
25	-121814	$-4527\ 0118$	$-1966\ 9425$	$+4527\ 0082$	-102470	$-\ 6\ 2655$	$+1966\ 9507$	$-\ 2\ 6389$	-19345
26	-121825	$-4527\ 2063$	$-1967\ 0274$	$+4527\ 2025$	-102479	$-\ 6\ 3953$	$+1967\ 0362$	$-\ 2\ 5099$	-19346
27	-121839	$-4527\ 4722$	$-1967\ 1433$	$+4527\ 4683$	-102491	$-\ 6\ 4051$	$+1967\ 1521$	$-\ 2\ 5012$	-19348
28	-121863	$-4527\ 9197$	$-1967\ 3379$	$+4527\ 9160$	-102511	$-\ 6\ 3270$	$+1967\ 3463$	$-\ 2\ 5810$	-19352
29	-121900	$-4528\ 6070$	$-1967\ 6364$	$+4528\ 6035$	-102542	$-\ 6\ 2142$	$+1967\ 6443$	$-\ 2\ 6965$	-19358
30	-121950	$-4529\ 5279$	$-1968\ 0362$	$+4529\ 5247$	-102584	$-\ 6\ 1257$	$+1968\ 0438$	$-\ 2\ 7886$	$\div19366$
31	-122008	$-4530\ 6184$	$-1968\ 5095$	$+4530\ 6152$	-102633	$-\ 6\ 1112$	$+1968\ 5170$	$-\ 2\ 8074$	-19375
Aug. 1	-122071	$-4531\ 7761$	$-1969\ 0119$	$+4531\ 7727$	-102686	$-\ 6\ 1998$	$+1969\ 0198$	$-\ 2\ 7234$	-19385
2	-122131	$-4532\ 8880$	$-1969\ 4945$	$+4532\ 8842$	-102736	$-\ 6\ 3950$	$+1969\ 5033$	$-\ 2\ 5326$	-19395
3	-122183	$-4533\ 8578$	$-1969\ 9155$	$+4533\ 8534$	-102780	$-\ 6\ 6768$	$+1969\ 9255$	$-\ 2\ 2546$	-19403
4	-122224	$-4534\ 6250$	$-1970\ 2487$	$+4534\ 6200$	-102815	$-\ 7\ 0090$	$+1970\ 2602$	$-\ 1\ 9254$	-19410
5	-122254	$-4535\ 1729$	$-1970\ 4868$	$+4535\ 1672$	-102840	$-\ 7\ 3489$	$+1970\ 4998$	$-\ 1\ 5876$	-19414
6	-122273	$-4535\ 5249$	$-1970\ 6400$	$+4535\ 5187$	-102855	$-\ 7\ 6574$	$+1970\ 6544$	$-\ 1\ 2805$	-19417
7	-122284	$-4535\ 7342$	$-1970\ 7313$	$+4535\ 7274$	-102865	$-\ 7\ 9050$	$+1970\ 7468$	$-\ 1\ 0338$	-19419
8	-122291	$-4535\ 8694$	$-1970\ 7905$	$+4535\ 8623$	-102871	$-\ 8\ 0751$	$+1970\ 8068$	$-\ \ \ 8643$	-19420
9	-122299	$-4536\ 0030$	$-1970\ 8490$	$+4535\ 9957$	-102877	$-\ 8\ 1644$	$+1970\ 8657$	$-\ \ \ 7755$	-19422
10	-122309	$-4536\ 2021$	$-1970\ 9359$	$+4536\ 1948$	-102886	$-\ 8\ 1813$	$+1970\ 9527$	$-\ \ \ 7594$	-19423
11	-122327	$-4536\ 5218$	$-1971\ 0750$	$+4536\ 5145$	-102901	$-\ 8\ 1438$	$+1971\ 0917$	$-\ \ \ 7981$	-19426
12	-122352	$-4537\ 0010$	$-1971\ 2834$	$+4536\ 9939$	-102922	$-\ 8\ 0776$	$+1971\ 2997$	$-\ \ \ 8662$	-19430
13	-122388	$-4537\ 6582$	$-1971\ 5688$	$+4537\ 6512$	-102952	$-\ 8\ 0138$	$+1971\ 5849$	$-\ \ \ 9326$	-19436
14	-122433	$-4538\ 4864$	$-1971\ 9284$	$+4538\ 4795$	-102990	$-\ 7\ 9864$	$+1971\ 9444$	$-\ \ \ 9632$	-19443
15	-122484	$-4539\ 4487$	$-1972\ 3462$	$+4539\ 4417$	-103034	$-\ 8\ 0284$	$+1972\ 3623$	$\ \ \ 9250$	-19451
16	-122540	$-4540\ 4760$	$-1972\ 7921$	$+4540\ 4687$	-103080	$-\ 8\ 1655$	$+1972\ 8088$	$-\ \ \ 7920$	-19460

$\mathbf{M} = \mathbf{NPB}$. Values are in units of 10^{-10}. Matrix used with GAST (B13–B20). CIP is $\mathcal{X} = M_{3,1}$, $\mathcal{Y} = M_{3,2}$.

MATRIX ELEMENTS FOR CONVERSION FROM
GCRS TO EQUATOR & CELESTIAL INTERMEDIATE ORIGIN OF DATE
FOR 0^h TERRESTRIAL TIME

Julian Date	$C_{1,1}-1$	$C_{1,2}$	$C_{1,3}$	$C_{2,1}$	$C_{2,2}-1$	$C_{2,3}$	$C_{3,1}$	$C_{3,2}$	$C_{3,3}-1$
245									
9031·5	− 19182	+115	− 1958 6841	− 9	0	+ 5 4192	+1958 6841	− 5 4192	− 19182
9032·5	− 19190	+115	− 1959 0633	− 5	0	+ 5 5936	+1959 0633	− 5 5936	− 19190
9033·5	− 19199	+115	− 1959 5469	− 3	0	+ 5 7288	+1959 5469	− 5 7288	− 19199
9034·5	− 19210	+115	− 1960 0994	− 2	0	+ 5 7747	+1960 0994	− 5 7747	− 19210
9035·5	− 19221	+115	− 1960 6692	− 3	0	+ 5 7065	+1960 6692	− 5 7065	− 19221
9036·5	− 19232	+115	− 1961 2039	− 7	0	+ 5 5291	+1961 2039	− 5 5291	− 19232
9037·5	− 19241	+115	− 1961 6637	− 12	0	+ 5 2713	+1961 6637	− 5 2713	− 19241
9038·5	− 19248	+115	− 1962 0291	− 17	0	+ 4 9750	+1962 0291	− 4 9750	− 19248
9039·5	− 19253	+115	− 1962 3007	− 23	0	+ 4 6833	+1962 3007	− 4 6833	− 19253
9040·5	− 19257	+115	− 1962 4947	− 28	0	+ 4 4320	+1962 4947	− 4 4320	− 19257
9041·5	− 19260	+115	− 1962 6374	− 32	0	+ 4 2456	+1962 6374	− 4 2456	− 19260
9042·5	− 19262	+115	− 1962 7592	− 34	0	+ 4 1356	+1962 7592	− 4 1356	− 19262
9043·5	− 19265	+115	− 1962 8903	− 35	0	+ 4 1022	+1962 8903	− 4 1022	− 19265
9044·5	− 19268	+115	− 1963 0588	− 34	0	+ 4 1346	+1963 0588	− 4 1346	− 19268
9045·5	− 19273	+115	− 1963 2874	− 32	0	+ 4 2130	+1963 2874	− 4 2130	− 19273
9046·5	− 19278	+115	− 1963 5914	− 31	0	+ 4 3097	+1963 5914	− 4 3097	− 19279
9047·5	− 19286	+115	− 1963 9760	− 29	0	+ 4 3907	+1963 9760	− 4 3907	− 19286
9048·5	− 19295	+115	− 1964 4333	− 28	0	+ 4 4199	+1964 4333	− 4 4199	− 19295
9049·5	− 19305	+115	− 1964 9400	− 29	0	+ 4 3649	+1964 9400	− 4 3649	− 19305
9050·5	− 19315	+115	− 1965 4584	− 33	0	+ 4 2050	+1965 4584	− 4 2050	− 19315
9051·5	− 19325	+115	− 1965 9423	− 38	0	+ 3 9406	+1965 9423	− 3 9406	− 19325
9052·5	− 19333	+115	− 1966 3476	− 45	0	+ 3 5980	+1966 3476	− 3 5980	− 19333
9053·5	− 19339	+115	− 1966 6464	− 52	0	+ 3 2268	+1966 6464	− 3 2268	− 19339
9054·5	− 19342	+115	− 1966 8378	− 58	0	+ 2 8887	+1966 8378	− 2 8887	− 19342
9055·5	− 19344	+115	− 1966 9507	− 63	0	+ 2 6390	+1966 9507	− 2 6389	− 19345
9056·5	− 19346	+115	− 1967 0362	− 66	0	+ 2 5099	+1967 0362	− 2 5099	− 19346
9057·5	− 19348	+115	− 1967 1521	− 66	0	+ 2 5012	+1967 1521	− 2 5012	− 19348
9058·5	− 19352	+115	− 1967 3463	− 65	0	+ 2 5810	+1967 3463	− 2 5810	− 19352
9059·5	− 19358	+115	− 1967 6443	− 62	0	+ 2 6965	+1967 6443	− 2 6965	− 19358
9060·5	− 19366	+115	− 1968 0438	− 60	0	+ 2 7886	+1968 0438	− 2 7886	− 19366
9061·5	− 19375	+115	− 1968 5170	− 60	0	+ 2 8074	+1968 5170	− 2 8074	− 19375
9062·5	− 19385	+115	− 1969 0198	− 62	0	+ 2 7234	+1969 0198	− 2 7234	− 19385
9063·5	− 19395	+115	− 1969 5033	− 65	0	+ 2 5326	+1969 5033	− 2 5326	− 19395
9064·5	− 19403	+115	− 1969 9255	− 71	0	+ 2 2546	+1969 9255	− 2 2546	− 19403
9065·5	− 19410	+115	− 1970 2602	− 77	0	+ 1 9254	+1970 2602	− 1 9254	− 19410
9066·5	− 19414	+115	− 1970 4998	− 84	0	+ 1 5876	+1970 4998	− 1 5876	− 19414
9067·5	− 19417	+115	− 1970 6544	− 90	0	+ 1 2806	+1970 6544	− 1 2805	− 19417
9068·5	− 19419	+115	− 1970 7468	− 95	0	+ 1 0338	+1970 7468	− 1 0338	− 19419
9069·5	− 19420	+115	− 1970 8068	− 98	0	+ 8643	+1970 8068	− 8643	− 19420
9070·5	− 19422	+115	− 1970 8657	− 100	0	+ 7755	+1970 8657	− 7755	− 19422
9071·5	− 19423	+115	− 1970 9527	− 100	0	+ 7594	+1970 9527	− 7594	− 19423
9072·5	− 19426	+115	− 1971 0917	− 100	0	+ 7981	+1971 0917	− 7981	− 19426
9073·5	− 19430	+115	− 1971 2997	− 98	0	+ 8662	+1971 2997	− 8662	− 19430
9074·5	− 19436	+115	− 1971 5849	− 97	0	+ 9326	+1971 5849	− 9326	− 19436
9075·5	− 19443	+115	− 1971 9444	− 96	0	+ 9633	+1971 9444	− 9632	− 19443
9076·5	− 19451	+115	− 1972 3623	− 97	0	+ 9250	+1972 3623	− 9250	− 19451
9077·5	− 19460	+115	− 1972 8088	− 100	0	+ 7920	+1972 8088	− 7920	− 19460

Values are in units of 10^{-10}. Matrix used with ERA (B21–B24). CIP is $\mathcal{X} = C_{3,1}$, $\mathcal{Y} = C_{3,2}$

MATRIX ELEMENTS FOR CONVERSION FROM
GCRS TO EQUATOR AND EQUINOX OF DATE
FOR 0^h TERRESTRIAL TIME

Date 0^h TT	$M_{1,1}-1$	$M_{1,2}$	$M_{1,3}$	$M_{2,1}$	$M_{2,2}-1$	$M_{2,3}$	$M_{3,1}$	$M_{3,2}$	$M_{3,3}-1$
Aug. 16	-122540	$-4540\ 4760$	$-1972\ 7921$	$+4540\ 4687$	-103080	$-\ 8\ 1655$	$+1972\ 8088$	$-\ \ \ 7920$	-19460
17	-122594	$-4541\ 4713$	$-1973\ 2241$	$+4541\ 4635$	-103125	$-\ 8\ 4078$	$+1973\ 2420$	$-\ \ \ 5536$	-19468
18	-122640	$-4542\ 3265$	$-1973\ 5955$	$+4542\ 3181$	-103164	$-\ 8\ 7414$	$+1973\ 6148$	$-\ \ \ 2234$	-19476
19	-122674	$-4542\ 9524$	$-1973\ 8674$	$+4542\ 9433$	-103193	$-\ 9\ 1253$	$+1973\ 8885$	$+\ \ \ 1580$	-19481
20	-122693	$-4543\ 3136$	$-1974\ 0245$	$+4543\ 3037$	-103209	$-\ 9\ 4967$	$+1974\ 0473$	$+\ \ \ 5280$	-19484
21	-122701	$-4543\ 4522$	$-1974\ 0852$	$+4543\ 4417$	-103215	$-\ 9\ 7896$	$+1974\ 1093$	$+\ \ \ 8204$	-19486
22	-122702	$-4543\ 4814$	$-1974\ 0985$	$+4543\ 4706$	-103217	$-\ 9\ 9571$	$+1974\ 1233$	$+\ \ \ 9877$	-19486
23	-122706	$-4543\ 5488$	$-1974\ 1282$	$+4543\ 5379$	-103220	$-\ 9\ 9889$	$+1974\ 1533$	$+\ 1\ 0193$	-19486
24	-122719	$-4543\ 7845$	$-1974\ 2310$	$+4543\ 7738$	-103230	$-\ 9\ 9140$	$+1974\ 2557$	$+\ \ \ 9434$	-19488
25	-122744	$-4544\ 2613$	$-1974\ 4383$	$+4544\ 2508$	-103252	$-\ 9\ 7879$	$+1974\ 4624$	$+\ \ \ 8154$	-19493
26	-122783	$-4544\ 9803$	$-1974\ 7506$	$+4544\ 9701$	-103285	$-\ 9\ 6735$	$+1974\ 7741$	$+\ \ \ 6982$	-19499
27	-122832	$-4545\ 8808$	$-1975\ 1415$	$+4545\ 8707$	-103326	$-\ 9\ 6237$	$+1975\ 1649$	$+\ \ \ 6448$	-19506
28	-122885	$-4546\ 8648$	$-1975\ 5686$	$+4546\ 8545$	-103370	$-\ 9\ 6699$	$+1975\ 5922$	$+\ \ \ 6872$	-19515
29	-122937	$-4547\ 8239$	$-1975\ 9850$	$+4547\ 8134$	-103414	$-\ 9\ 8192$	$+1976\ 0092$	$+\ \ \ 8327$	-19523
30	-122982	$-4548\ 6638$	$-1976\ 3497$	$+4548\ 6528$	-103452	$-\ 10\ 0562$	$+1976\ 3750$	$+\ 1\ 0664$	-19530
31	-123018	$-4549\ 3198$	$-1976\ 6346$	$+4549\ 3082$	-103482	$-\ 10\ 3496$	$+1976\ 6613$	$+\ 1\ 3571$	-19536
Sept. 1	-123042	$-4549\ 7653$	$-1976\ 8284$	$+4549\ 7531$	-103502	$-\ 10\ 6597$	$+1976\ 8564$	$+\ 1\ 6655$	-19540
2	-123055	$-4550\ 0118$	$-1976\ 9358$	$+4549\ 9991$	-103514	$-\ 10\ 9474$	$+1976\ 9652$	$+\ 1\ 9522$	-19542
3	-123060	$-4550\ 1023$	$-1976\ 9756$	$+4550\ 0891$	-103518	$-\ 11\ 1802$	$+1977\ 0060$	$+\ 2\ 1846$	-19543
4	-123060	$-4550\ 1005$	$-1976\ 9754$	$+4550\ 0869$	-103518	$-\ 11\ 3370$	$+1977\ 0065$	$+\ 2\ 3415$	-19543
5	-123059	$-4550\ 0786$	$-1976\ 9665$	$+4550\ 0649$	-103517	$-\ 11\ 4102$	$+1976\ 9979$	$+\ 2\ 4147$	-19543
6	-123060	$-4550\ 1064$	$-1976\ 9792$	$+4550\ 0928$	-103518	$-\ 11\ 4048$	$+1977\ 0106$	$+\ 2\ 4092$	-19543
7	-123068	$-4550\ 2430$	$-1977\ 0389$	$+4550\ 2294$	-103524	$-\ 11\ 3369$	$+1977\ 0701$	$+\ 2\ 3408$	-19544
8	-123083	$-4550\ 5303$	$-1977\ 1641$	$+4550\ 5169$	-103537	$-\ 11\ 2309$	$+1977\ 1947$	$+\ 2\ 2336$	-19547
9	-123108	$-4550\ 9901$	$-1977\ 3640$	$+4550\ 9770$	-103558	$-\ 11\ 1162$	$+1977\ 3941$	$+\ 2\ 1171$	-19550
10	-123142	$-4551\ 6210$	$-1977\ 6381$	$+4551\ 6081$	-103587	$-\ 11\ 0251$	$+1977\ 6678$	$+\ 2\ 0236$	-19556
11	-123184	$-4552\ 3965$	$-1977\ 9748$	$+4552\ 3836$	-103622	$-\ 10\ 9890$	$+1978\ 0043$	$+\ 1\ 9844$	-19563
12	-123231	$-4553\ 2629$	$-1978\ 3510$	$+4553\ 2500$	-103662	$-\ 11\ 0345$	$+1978\ 3807$	$+\ 2\ 0264$	-19570
13	-123279	$-4554\ 1414$	$-1978\ 7324$	$+4554\ 1282$	-103702	$-\ 11\ 1772$	$+1978\ 7628$	$+\ 2\ 1657$	-19578
14	-123322	$-4554\ 9347$	$-1979\ 0769$	$+4554\ 9210$	-103738	$-\ 11\ 4153$	$+1979\ 1083$	$+\ 2\ 4006$	-19584
15	-123355	$-4555\ 5465$	$-1979\ 3427$	$+4555\ 5323$	-103766	$-\ 11\ 7223$	$+1979\ 3756$	$+\ 2\ 7052$	-19590
16	-123375	$-4555\ 9116$	$-1979\ 5016$	$+4555\ 8967$	-103782	$-\ 12\ 0466$	$+1979\ 5359$	$+\ 3\ 0280$	-19593
17	-123381	$-4556\ 0296$	$-1979\ 5533$	$+4556\ 0141$	-103788	$-\ 12\ 3199$	$+1979\ 5889$	$+\ 3\ 3009$	-19594
18	-123378	$-4555\ 9829$	$-1979\ 5336$	$+4555\ 9671$	-103785	$-\ 12\ 4791$	$+1979\ 5699$	$+\ 3\ 4603$	-19594
19	-123375	$-4555\ 9189$	$-1979\ 5065$	$+4555\ 9031$	-103783	$-\ 12\ 4916$	$+1979\ 5428$	$+\ 3\ 4730$	-19593
20	-123379	$-4555\ 9960$	$-1979\ 5409$	$+4555\ 9814$	-103786	$-\ 12\ 3706$	$+1979\ 5767$	$+\ 3\ 3517$	-19594
21	-123397	$-4556\ 3262$	$-1979\ 6842$	$+4556\ 3110$	-103801	$-\ 12\ 1702$	$+1979\ 7191$	$+\ 3\ 1500$	-19597
22	-123430	$-4556\ 9306$	$-1979\ 9468$	$+4556\ 9159$	-103829	$-\ 11\ 9623$	$+1979\ 9807$	$+\ 2\ 9397$	-19602
23	-123474	$-4557\ 7531$	$-1980\ 3039$	$+4557\ 7386$	-103866	$-\ 11\ 8111$	$+1980\ 3372$	$+\ 2\ 7852$	-19609
24	-123525	$-4558\ 6876$	$-1980\ 7096$	$+4558\ 6732$	-103909	$-\ 11\ 7560$	$+1980\ 7426$	$+\ 2\ 7265$	-19617
25	-123575	$-4559\ 6164$	$-1981\ 1128$	$+4559\ 6020$	-103951	$-\ 11\ 8077$	$+1981\ 1461$	$+\ 2\ 7744$	-19625
26	-123620	$-4560\ 4391$	$-1981\ 4701$	$+4560\ 4244$	-103989	$-\ 11\ 9519$	$+1981\ 5040$	$+\ 2\ 9154$	-19632
27	-123655	$-4561\ 0877$	$-1981\ 7518$	$+4561\ 0726$	-104018	$-\ 12\ 1581$	$+1981\ 7867$	$+\ 3\ 1191$	-19637
28	-123679	$-4561\ 5324$	$-1981\ 9452$	$+4561\ 5168$	-104038	$-\ 12\ 3881$	$+1981\ 9811$	$+\ 3\ 3473$	-19641
29	-123693	$-4561\ 7793$	$-1982\ 0528$	$+4561\ 7633$	-104050	$-\ 12\ 6031$	$+1982\ 0897$	$+\ 3\ 5613$	-19643
30	-123697	$-4561\ 8651$	$-1982\ 0906$	$+4561\ 8487$	-104054	$-\ 12\ 7698$	$+1982\ 1282$	$+\ 3\ 7277$	-19644
Oct. 1	-123696	$-4561\ 8478$	$-1982\ 0837$	$+4561\ 8313$	-104053	$-\ 12\ 8648$	$+1982\ 1217$	$+\ 3\ 8227$	-19644

$M = NPB$. Values are in units of 10^{-10}. Matrix used with GAST (B13–B20). CIP is $\mathcal{X} = M_{3,1}$, $\mathcal{Y} = M_{3,2}$.

MATRIX ELEMENTS FOR CONVERSION FROM
GCRS TO EQUATOR & CELESTIAL INTERMEDIATE ORIGIN OF DATE
FOR 0^h TERRESTRIAL TIME

Julian Date	$C_{1,1}-1$	$C_{1,2}$	$C_{1,3}$	$C_{2,1}$	$C_{2,2}-1$	$C_{2,3}$		$C_{3,1}$	$C_{3,2}$		$C_{3,3}-1$
245											
9077·5	− 19460	+ 115	− 1972 8088	− 100	0	+	7920	+ 1972 8088	−	7920	− 19460
9078·5	− 19468	+ 115	− 1973 2420	− 104	0	+	5537	+ 1973 2420	−	5536	− 19468
9079·5	− 19476	+ 115	− 1973 6148	− 111	0	+	2234	+ 1973 6148	−	2234	− 19476
9080·5	− 19481	+ 115	− 1973 8885	− 119	0	−	1580	+ 1973 8885	+	1580	− 19481
9081·5	− 19484	+ 115	− 1974 0473	− 126	0	−	5280	+ 1974 0473	+	5280	− 19484
9082·5	− 19486	+ 115	− 1974 1093	− 132	0	−	8203	+ 1974 1093	+	8204	− 19486
9083·5	− 19486	+ 115	− 1974 1233	− 135	0	−	9877	+ 1974 1233	+	9877	− 19486
9084·5	− 19486	+ 115	− 1974 1533	− 136	0	−	1 0193	+ 1974 1533	+	1 0193	− 19486
9085·5	− 19488	+ 115	− 1974 2557	− 134	0	−	9434	+ 1974 2557	+	9434	− 19488
9086·5	− 19493	+ 115	− 1974 4624	− 132	0	−	8154	+ 1974 4624	+	8154	− 19493
9087·5	− 19499	+ 115	− 1974 7741	− 129	0	−	6982	+ 1974 7741	+	6982	− 19499
9088·5	− 19506	+ 115	− 1975 1649	− 128	0	−	6448	+ 1975 1649	+	6448	− 19506
9089·5	− 19515	+ 115	− 1975 5922	− 129	0	−	6872	+ 1975 5922	+	6872	− 19515
9090·5	− 19523	+ 115	− 1976 0092	− 132	0	−	8327	+ 1976 0092	+	8327	− 19523
9091·5	− 19530	+ 115	− 1976 3750	− 136	0	−	1 0664	+ 1976 3750	+	1 0664	− 19530
9092·5	− 19536	+ 115	− 1976 6613	− 142	0	−	1 3571	+ 1976 6613	+	1 3571	− 19536
9093·5	− 19540	+ 115	− 1976 8564	− 148	0	−	1 6655	+ 1976 8564	+	1 6655	− 19540
9094·5	− 19542	+ 115	− 1976 9652	− 154	0	−	1 9522	+ 1976 9652	+	1 9522	− 19542
9095·5	− 19543	+ 115	− 1977 0060	− 159	0	−	2 1846	+ 1977 0060	+	2 1846	− 19543
9096·5	− 19543	+ 115	− 1977 0065	− 162	0	−	2 3414	+ 1977 0065	+	2 3415	− 19543
9097·5	− 19543	+ 115	− 1976 9979	− 163	0	−	2 4147	+ 1976 9979	+	2 4147	− 19543
9098·5	− 19543	+ 115	− 1977 0106	− 163	0	−	2 4092	+ 1977 0106	+	2 4092	− 19543
9099·5	− 19544	+ 115	− 1977 0701	− 162	0	−	2 3408	+ 1977 0701	+	2 3408	− 19544
9100·5	− 19547	+ 115	− 1977 1947	− 160	0	−	2 2336	+ 1977 1947	+	2 2336	− 19547
9101·5	− 19550	+ 115	− 1977 3941	− 157	0	−	2 1171	+ 1977 3941	+	2 1171	− 19550
9102·5	− 19556	+ 115	− 1977 6678	− 155	0	−	2 0235	+ 1977 6678	+	2 0236	− 19556
9103·5	− 19563	+ 115	− 1978 0043	− 155	0	−	1 9844	+ 1978 0043	+	1 9844	− 19563
9104·5	− 19570	+ 115	− 1978 3807	− 155	0	−	2 0264	+ 1978 3807	+	2 0264	− 19570
9105·5	− 19578	+ 115	− 1978 7628	− 158	0	−	2 1657	+ 1978 7628	+	2 1657	− 19578
9106·5	− 19584	+ 115	− 1979 1083	− 163	0	−	2 4006	+ 1979 1083	+	2 4006	− 19584
9107·5	− 19590	+ 115	− 1979 3756	− 169	0	−	2 7052	+ 1979 3756	+	2 7052	− 19590
9108·5	− 19593	+ 115	− 1979 5359	− 175	0	−	3 0280	+ 1979 5359	+	3 0280	− 19593
9109·5	− 19594	+ 115	− 1979 5889	− 181	0	−	3 3008	+ 1979 5889	+	3 3009	− 19594
9110·5	− 19594	+ 115	− 1979 5699	− 184	0	−	3 4602	+ 1979 5699	+	3 4603	− 19594
9111·5	− 19593	+ 115	− 1979 5428	− 184	0	−	3 4729	+ 1979 5428	+	3 4730	− 19593
9112·5	− 19594	+ 115	− 1979 5767	− 182	0	−	3 3517	+ 1979 5767	+	3 3517	− 19594
9113·5	− 19596	+ 115	− 1979 7191	− 178	0	−	3 1500	+ 1979 7191	+	3 1500	− 19597
9114·5	− 19602	+ 115	− 1979 9807	− 174	0	−	2 9397	+ 1979 9807	+	2 9397	− 19602
9115·5	− 19609	+ 115	− 1980 3372	− 170	0	−	2 7852	+ 1980 3372	+	2 7852	− 19609
9116·5	− 19617	+ 115	− 1980 7426	− 169	0	−	2 7264	+ 1980 7426	+	2 7265	− 19617
9117·5	− 19625	+ 115	− 1981 1461	− 170	0	−	2 7744	+ 1981 1461	+	2 7744	− 19625
9118·5	− 19632	+ 115	− 1981 5040	− 173	0	−	2 9154	+ 1981 5040	+	2 9154	− 19632
9119·5	− 19637	+ 115	− 1981 7867	− 177	0	−	3 1190	+ 1981 7867	+	3 1191	− 19637
9120·5	− 19641	+ 115	− 1981 9811	− 182	0	−	3 3473	+ 1981 9811	+	3 3473	− 19641
9121·5	− 19643	+ 115	− 1982 0897	− 186	0	−	3 5613	+ 1982 0897	+	3 5613	− 19643
9122·5	− 19644	+ 115	− 1982 1282	− 189	0	−	3 7277	+ 1982 1282	+	3 7277	− 19644
9123·5	− 19644	+ 115	− 1982 1217	− 191	0	−	3 8227	+ 1982 1217	+	3 8227	− 19644

Values are in units of 10^{-10}. Matrix used with ERA (B21–B24). CIP is $\mathcal{X} = C_{3,1}$, $\mathcal{Y} = C_{3,2}$

MATRIX ELEMENTS FOR CONVERSION FROM
GCRS TO EQUATOR AND EQUINOX OF DATE
FOR 0^h TERRESTRIAL TIME

Date 0^h TT	$M_{1,1}-1$	$M_{1,2}$	$M_{1,3}$	$M_{2,1}$	$M_{2,2}-1$	$M_{2,3}$	$M_{3,1}$	$M_{3,2}$	$M_{3,3}-1$
Oct. 1	−123696	−4561 8478	−1982 0837	+4561 8313	−104053	−12 8648	+1982 1217	+ 3 8227	−19644
2	−123694	−4561 7975	−1982 0624	+4561 7809	−104051	−12 8766	+1982 1005	+ 3 8347	−19644
3	−123693	−4561 7851	−1982 0576	+4561 7687	−104050	−12 8066	+1982 0954	+ 3 7647	−19644
4	−123698	−4561 8736	−1982 0966	+4561 8575	−104054	−12 6682	+1982 1338	+ 3 6260	−19644
5	−123711	−4562 1097	−1982 1995	+4562 0939	−104065	−12 4844	+1982 2359	+ 3 4412	−19646
6	−123733	−4562 5190	−1982 3775	+4562 5036	−104083	−12 2842	+1982 4130	+ 3 2394	−19650
7	−123764	−4563 1032	−1982 6314	+4563 0882	−104110	−12 0995	+1982 6659	+ 3 0524	−19655
8	−123804	−4563 8394	−1982 9511	+4563 8246	−104144	−11 9612	+1982 9850	+ 2 9112	−19661
9	−123850	−4564 6810	−1983 3165	+4564 6664	−104182	−11 8951	+1983 3501	+ 2 8418	−19668
10	−123898	−4565 5604	−1983 6983	+4565 5458	−104222	−11 9183	+1983 7321	+ 2 8615	−19676
11	−123943	−4566 3948	−1984 0606	+4566 3799	−104260	−12 0340	+1984 0949	+ 2 9738	−19683
12	−123981	−4567 0967	−1984 3655	+4567 0815	−104292	−12 2265	+1984 4006	+ 3 1636	−19689
13	−124008	−4567 5942	−1984 5817	+4567 5784	−104315	−12 4588	+1984 6179	+ 3 3939	−19694
14	−124022	−4567 8566	−1984 6961	+4567 8404	−104327	−12 6738	+1984 7332	+ 3 6078	−19696
15	−124026	−4567 9215	−1984 7248	+4567 9051	−104330	−12 8065	+1984 7626	+ 3 7403	−19697
16	−124025	−4567 9028	−1984 7173	+4567 8864	−104329	−12 8053	+1984 7551	+ 3 7392	−19696
17	−124028	−4567 9635	−1984 7441	+4567 9474	−104332	−12 6557	+1984 7813	+ 3 5894	−19697
18	−124044	−4568 2550	−1984 8711	+4568 2394	−104345	−12 3924	+1984 9070	+ 3 3249	−19699
19	−124077	−4568 8537	−1985 1312	+4568 8387	−104373	−12 0870	+1985 1657	+ 3 0171	−19704
20	−124124	−4569 7332	−1985 5131	+4569 7187	−104413	−11 8189	+1985 5463	+ 2 7456	−19712
21	−124182	−4570 7864	−1985 9702	+4570 7723	−104461	−11 6465	+1986 0027	+ 2 5689	−19721
22	−124241	−4571 8749	−1986 4427	+4571 8609	−104511	−11 5922	+1986 4749	+ 2 5103	−19730
23	−124295	−4572 8748	−1986 8767	+4572 8607	−104557	−11 6456	+1986 9092	+ 2 5598	−19739
24	−124340	−4573 7025	−1987 2361	+4573 6881	−104594	−11 7749	+1987 2691	+ 2 6857	−19746
25	−124374	−4574 3206	−1987 5046	+4574 3059	−104623	−11 9386	+1987 5384	+ 2 8470	−19752
26	−124396	−4574 7329	−1987 6839	+4574 7179	−104641	−12 0959	+1987 7185	+ 3 0027	−19755
27	−124409	−4574 9745	−1987 7892	+4574 9593	−104653	−12 2120	+1987 8243	+ 3 1178	−19757
28	−124416	−4575 1018	−1987 8450	+4575 0865	−104658	−12 2619	+1987 8803	+ 3 1671	−19758
29	−124421	−4575 1831	−1987 8809	+4575 1679	−104662	−12 2318	+1987 9160	+ 3 1367	−19759
30	−124426	−4575 2896	−1987 9276	+4575 2746	−104667	−12 1203	+1987 9623	+ 3 0248	−19760
31	−124437	−4575 4870	−1988 0138	+4575 4723	−104676	−11 9376	+1988 0476	+ 2 8414	−19762
Nov. 1	−124456	−4575 8273	−1988 1619	+4575 8131	−104692	−11 7045	+1988 1946	+ 2 6069	−19765
2	−124484	−4576 3424	−1988 3857	+4576 3286	−104715	−11 4492	+1988 4173	+ 2 3495	−19769
3	−124522	−4577 0389	−1988 6883	+4577 0257	−104747	−11 2041	+1988 7187	+ 2 1017	−19775
4	−124568	−4577 8972	−1989 0609	+4577 8844	−104786	−11 0012	+1989 0904	+ 1 8954	−19782
5	−124621	−4578 8724	1989 1843	+4578 8599	−104831	−10 8676	+1989 5132	+ 1 7579	−19791
6	−124677	−4579 8995	−1989 9301	+4579 8870	−104878	−10 8210	+1989 9588	+ 1 7072	−19800
7	−124732	−4580 9006	−1990 3646	+4580 8881	−104924	−10 8660	+1990 3935	+ 1 7482	−19808
8	−124781	−4581 7958	−1990 7533	+4581 7830	−104965	−10 9911	+1990 7827	+ 1 8698	−19816
9	−124820	−4582 5171	−1991 0665	+4582 5039	−104998	−11 1673	+1991 0968	+ 2 0431	−19822
10	−124848	−4583 0267	−1991 2881	+4583 0132	−105021	−11 3490	+1991 3192	+ 2 2227	−19827
11	−124864	−4583 3362	−1991 4228	+4583 3224	−105035	−11 4801	+1991 4545	+ 2 3526	−19830
12	−124874	−4583 5198	−1991 5030	+4583 5059	−105044	−11 5073	+1991 5348	+ 2 3791	−19831
13	−124885	−4583 7097	−1991 5859	+4583 6961	−105053	−11 3983	+1991 6172	+ 2 2693	−19833
14	−124904	−4584 0631	−1991 7397	+4584 0500	−105069	−11 1598	+1991 7699	+ 2 0294	−19836
15	−124939	−4584 7035	−1992 0179	+4584 6910	−105098	−10 8424	+1992 0466	+ 1 7095	−19841
16	−124991	−4585 6670	−1992 4361	+4585 6551	−105142	−10 5253	+1992 4634	+ 1 3885	−19850

$M = NPB$. Values are in units of 10^{-10}. Matrix used with GAST (B13–B20). CIP is $\mathcal{X} = M_{3,1}$, $\mathcal{Y} = M_{3,2}$.

MATRIX ELEMENTS FOR CONVERSION FROM

GCRS TO EQUATOR & CELESTIAL INTERMEDIATE ORIGIN OF DATE

FOR 0^h TERRESTRIAL TIME

Julian Date	$C_{1,1}-1$	$C_{1,2}$	$C_{1,3}$	$C_{2,1}$	$C_{2,2}-1$	$C_{2,3}$	$C_{3,1}$	$C_{3,2}$	$C_{3,3}-1$
245									
9123·5	− 19644	+ 115	− 1982 1217	− 191	0	− 3 8227	+ 1982 1217	+ 3 8227	− 19644
9124·5	− 19644	+ 115	− 1982 1005	− 191	0	− 3 8346	+ 1982 1005	+ 3 8347	− 19644
9125·5	− 19644	+ 115	− 1982 0954	− 190	0	− 3 7647	+ 1982 0954	+ 3 7647	− 19644
9126·5	− 19644	+ 115	− 1982 1338	− 187	0	− 3 6260	+ 1982 1338	+ 3 6260	− 19644
9127·5	− 19646	+ 115	− 1982 2359	− 183	0	− 3 4412	+ 1982 2359	+ 3 4412	− 19646
9128·5	− 19650	+ 115	− 1982 4130	− 179	0	− 3 2394	+ 1982 4130	+ 3 2394	− 19650
9129·5	− 19655	+ 115	− 1982 6659	− 176	0	− 3 0524	+ 1982 6659	+ 3 0524	− 19655
9130·5	− 19661	+ 115	− 1982 9850	− 173	0	− 2 9111	+ 1982 9850	+ 2 9112	− 19661
9131·5	− 19668	+ 115	− 1983 3501	− 172	0	− 2 8418	+ 1983 3501	+ 2 8418	− 19668
9132·5	− 19676	+ 115	− 1983 7321	− 172	0	− 2 8615	+ 1983 7321	+ 2 8615	− 19676
9133·5	− 19683	+ 115	− 1984 0949	− 174	0	− 2 9738	+ 1984 0949	+ 2 9738	− 19683
9134·5	− 19689	+ 115	− 1984 4006	− 178	0	− 3 1636	+ 1984 4006	+ 3 1636	− 19689
9135·5	− 19694	+ 115	− 1984 6179	− 183	0	− 3 3938	+ 1984 6179	+ 3 3939	− 19694
9136·5	− 19696	+ 115	− 1984 7332	− 187	0	− 3 6078	+ 1984 7332	+ 3 6078	− 19696
9137·5	− 19696	+ 115	− 1984 7626	− 189	0	− 3 7403	+ 1984 7626	+ 3 7403	− 19697
9138·5	− 19696	+ 115	− 1984 7551	− 189	0	− 3 7391	+ 1984 7551	+ 3 7392	− 19696
9139·5	− 19697	+ 115	− 1984 7813	− 186	0	− 3 5893	+ 1984 7813	+ 3 5894	− 19697
9140·5	− 19699	+ 115	− 1984 9070	− 181	0	− 3 3249	+ 1984 9070	+ 3 3249	− 19699
9141·5	− 19704	+ 115	− 1985 1657	− 175	0	− 3 0170	+ 1985 1657	+ 3 0171	− 19704
9142·5	− 19712	+ 115	− 1985 5463	− 170	0	− 2 7455	+ 1985 5463	+ 2 7456	− 19712
9143·5	− 19721	+ 115	− 1986 0027	− 166	0	− 2 5689	+ 1986 0027	+ 2 5689	− 19721
9144·5	− 19730	+ 115	− 1986 4749	− 165	0	− 2 5103	+ 1986 4749	+ 2 5103	− 19730
9145·5	− 19739	+ 115	− 1986 9092	− 166	0	− 2 5598	+ 1986 9092	+ 2 5598	− 19739
9146·5	− 19746	+ 115	− 1987 2691	− 168	0	− 2 6857	+ 1987 2691	+ 2 6857	− 19746
9147·5	− 19752	+ 115	− 1987 5384	− 172	0	− 2 8470	+ 1987 5384	+ 2 8470	− 19752
9148·5	− 19755	+ 115	− 1987 7185	− 175	0	− 3 0026	+ 1987 7185	+ 3 0027	− 19755
9149·5	− 19757	+ 115	− 1987 8243	− 177	0	− 3 1178	+ 1987 8243	+ 3 1178	− 19757
9150·5	− 19758	+ 115	− 1987 8803	− 178	0	− 3 1671	+ 1987 8803	+ 3 1671	− 19758
9151·5	− 19759	+ 115	− 1987 9160	− 177	0	− 3 1367	+ 1987 9160	+ 3 1367	− 19759
9152·5	− 19760	+ 115	− 1987 9623	− 175	0	− 3 0248	+ 1987 9623	+ 3 0248	− 19760
9153·5	− 19762	+ 115	− 1988 0476	− 172	0	− 2 8413	+ 1988 0476	+ 2 8414	− 19762
9154·5	− 19765	+ 115	− 1988 1946	− 167	0	− 2 6068	+ 1988 1946	+ 2 6069	− 19765
9155·5	− 19769	+ 115	− 1988 4173	− 162	0	− 2 3495	+ 1988 4173	+ 2 3495	− 19769
9156·5	− 19775	+ 115	− 1988 7187	− 157	0	− 2 1016	+ 1988 7187	+ 2 1017	− 19775
9157·5	− 19782	+ 115	− 1989 0904	− 153	0	− 1 8954	+ 1989 0904	+ 1 8954	− 19782
9158·5	− 19791	+ 115	− 1989 5132	− 150	0	− 1 7579	+ 1989 5132	+ 1 7579	− 19791
9159·5	− 19800	+ 115	− 1989 9588	− 149	0	− 1 7072	+ 1989 9588	+ 1 7072	− 19800
9160·5	− 19808	+ 115	− 1990 3935	− 150	0	− 1 7482	+ 1990 3935	+ 1 7482	− 19808
9161·5	− 19816	+ 115	− 1990 7827	− 152	0	− 1 8698	+ 1990 7827	+ 1 8698	− 19816
9162·5	− 19822	+ 115	− 1991 0968	− 156	0	− 2 0431	+ 1991 0968	+ 2 0431	− 19822
9163·5	− 19827	+ 115	− 1991 3192	− 159	0	− 2 2227	+ 1991 3192	+ 2 2227	− 19827
9164·5	− 19829	+ 115	− 1991 4545	− 162	0	− 2 3526	+ 1991 4545	+ 2 3526	− 19830
9165·5	− 19831	+ 115	− 1991 5348	− 162	0	− 2 3791	+ 1991 5348	+ 2 3791	− 19831
9166·5	− 19833	+ 115	− 1991 6172	− 160	0	− 2 2693	+ 1991 6172	+ 2 2693	− 19833
9167·5	− 19836	+ 115	− 1991 7699	− 155	0	− 2 0294	+ 1991 7699	+ 2 0294	− 19836
9168·5	− 19841	+ 115	− 1992 0466	− 149	0	− 1 7095	+ 1992 0466	+ 1 7095	− 19841
9169·5	− 19850	+ 115	− 1992 4634	− 143	0	− 1 3885	+ 1992 4634	+ 1 3885	− 19850

Values are in units of 10^{-10}. Matrix used with ERA (B21–B24). CIP is $\mathcal{X} = C_{3,1}$, $\mathcal{Y} = C_{3,2}$

MATRIX ELEMENTS FOR CONVERSION FROM
GCRS TO EQUATOR AND EQUINOX OF DATE
FOR 0ʰ TERRESTRIAL TIME

Date 0ʰ TT	$M_{1,1}-1$	$M_{1,2}$	$M_{1,3}$	$M_{2,1}$	$M_{2,2}-1$	$M_{2,3}$	$M_{3,1}$	$M_{3,2}$	$M_{3,3}-1$
Nov. 16	−124991	−4585 6670	−1992 4361	+4585 6551	−105142	−10 5253	+1992 4634	+ 1 3885	−19850
17	−125058	−4586 8849	−1992 9647	+4586 8735	−105198	−10 2851	+1992 9909	+ 1 1435	−19860
18	−125131	−4588 2166	−1993 5425	+4588 2055	−105259	−10 1684	+1993 5682	+ 1 0215	−19872
19	−125201	−4589 5077	−1994 1028	+4589 4965	−105318	−10 1804	+1994 1285	+ 1 0284	−19883
20	−125263	−4590 6389	−1994 5938	+4590 6275	−105370	−10 2931	+1994 6200	+ 1 1365	−19893
21	−125312	−4591 5483	−1994 9886	+4591 5366	−105412	−10 4609	+1995 0156	+ 1 3007	−19900
22	−125349	−4592 2286	−1995 2840	+4592 2165	−105443	−10 6364	+1995 3119	+ 1 4735	−19906
23	−125376	−4592 7130	−1995 4947	+4592 7007	−105466	−10 7794	+1995 5231	+ 1 6146	−19911
24	−125395	−4593 0600	−1995 6456	+4593 0475	−105482	−10 8616	+1995 6745	+ 1 6953	−19914
25	−125410	−4593 3398	−1995 7675	+4593 3272	−105494	−10 8670	+1995 7964	+ 1 6996	−19916
26	−125426	−4593 6251	−1995 8918	+4593 6127	−105508	−10 7922	+1995 9203	+ 1 6237	−19919
27	−125445	−4593 9840	−1996 0480	+4593 9719	−105524	−10 6450	+1996 0758	+ 1 4751	−19922
28	−125472	−4594 4728	−1996 2604	+4594 4611	−105546	−10 4435	+1996 2873	+ 1 2716	−19926
29	−125508	−4595 1301	−1996 5460	+4595 1189	−105577	−10 2141	+1996 5718	+ 1 0396	−19932
30	−125554	−4595 9710	−1996 9111	+4595 9602	−105615	− 9 9888	+1996 9359	+ 8110	−19939
Dec. 1	−125609	−4596 9828	−1997 3503	+4596 9724	−105662	− 9 8011	+1997 3742	+ 6192	−19948
2	−125671	−4598 1249	−1997 8459	+4598 1147	−105714	− 9 6808	+1997 8693	+ 4944	−19957
3	−125737	−4599 3322	−1998 3699	+4599 3221	−105770	− 9 6488	+1998 3931	+ 4576	−19968
4	−125803	−4600 5244	−1998 8873	+4600 5142	−105825	− 9 7122	+1998 9108	+ 5162	−19978
5	−125863	−4601 6191	−1999 3624	+4601 6086	−105875	− 9 8613	+1999 3866	+ 6609	−19988
6	−125913	−4602 5473	−1999 7654	+4602 5363	−105918	−10 0692	+1999 7905	+ 8650	−19996
7	−125953	−4603 2694	−2000 0790	+4603 2580	−105951	−10 2942	+2000 1052	+ 1 0872	−20002
8	−125981	−4603 7893	−2000 3050	+4603 7775	−105975	−10 4865	+2000 3320	+ 1 2774	−20007
9	−126002	−4604 1624	−2000 4673	+4604 1505	−105992	−10 5974	+2000 4949	+ 1 3868	−20010
10	−126020	−4604 4936	−2000 6114	+4604 4816	−106007	−10 5923	+2000 6390	+ 1 3804	−20013
11	−126043	−4604 9182	−2000 7961	+4604 9065	−106027	−10 4641	+2000 8231	+ 1 2504	−20016
12	−126079	−4605 5662	−2001 0776	+4605 5550	−106057	−10 2411	+2001 1035	+ 1 0249	−20022
13	−126131	−4606 5157	−2001 4897	+4606 5049	−106100	− 9 9843	+2001 5145	+ 7643	−20030
14	−126199	−4607 7570	−2002 0285	+4607 7467	−106158	− 9 7694	+2002 0522	+ 5444	−20041
15	−126277	−4609 1911	−2002 6507	+4609 1810	−106224	− 9 6602	+2002 6739	+ 4295	−20054
16	−126358	−4610 6650	−2003 2902	+4610 6548	−106292	− 9 6863	+2003 3136	+ 4497	−20066
17	−126433	−4612 0283	−2003 8818	+4612 0178	−106355	− 9 8369	+2003 9058	+ 5949	−20078
18	−126496	−4613 1779	−2004 3807	+4613 1670	−106408	−10 0712	+2004 4059	+ 8246	−20088
19	−126545	−4614 0757	−2004 7705	+4614 0642	−106449	−10 3362	+2004 7968	+ 1 0859	−20096
20	−126581	−4614 7406	−2005 0593	+4614 7287	−106480	−10 5825	+2005 0868	+ 1 3296	−20102
21	−126608	−4615 2294	−2005 2718	+4615 2171	−106502	−10 7740	+2005 3002	+ 1 5191	20106
22	−126629	−4615 6166	−2005 4402	+4615 6041	−106520	−10 8896	+2005 4691	+ 1 6331	−20110
23	−126649	−4615 9803	−2005 5985	+4615 9677	−106537	−10 9231	+2005 6275	+ 1 6652	−20113
24	−126672	−4616 3925	−2005 7778	+4616 3800	−106556	−10 8808	+2005 8066	+ 1 6212	−20116
25	−126701	−4616 9135	−2006 0042	+4616 9012	−106580	−10 7787	+2006 0326	+ 1 5171	−20121
26	−126738	−4617 5874	−2006 2969	+4617 5753	−106611	−10 6413	+2006 3247	+ 1 3770	−20127
27	−126784	−4618 4372	−2006 6659	+4618 4254	−106650	−10 4988	+2006 6930	+ 1 2311	−20134
28	−126840	−4619 4609	−2007 1102	+4619 4494	−106698	−10 3847	+2007 1368	+ 1 1128	−20143
29	−126904	−4620 6278	−2007 6167	+4620 6164	−106752	−10 3309	+2007 6430	+ 1 0544	−20153
30	−126973	−4621 8790	−2008 1597	+4621 8675	−106809	−10 3632	+2008 1861	+ 1 0816	−20164
31	−127042	−4623 1336	−2008 7041	+4623 1218	−106867	−10 4940	+2008 7311	+ 1 2074	−20175
32	−127106	−4624 3016	−2009 2110	+4624 2894	−106921	−10 7184	+2009 2391	+ 1 4271	−20185

$\mathbf{M} = \mathbf{NPB}$. Values are in units of 10^{-10}. Matrix used with GAST (B13–B20). CIP is $\mathcal{X} = \mathbf{M}_{3,1}$, $\mathcal{Y} = \mathbf{M}_{3,2}$.

MATRIX ELEMENTS FOR CONVERSION FROM
GCRS TO EQUATOR & CELESTIAL INTERMEDIATE ORIGIN OF DATE
FOR 0^h TERRESTRIAL TIME

Julian Date	$C_{1,1}-1$	$C_{1,2}$	$C_{1,3}$	$C_{2,1}$	$C_{2,2}-1$	$C_{2,3}$	$C_{3,1}$	$C_{3,2}$	$C_{3,3}-1$
245									
9169·5	− 19850	+ 115	− 1992 4634	− 143	0	− 1 3885	+ 1992 4634	+ 1 3885	− 19850
9170·5	− 19860	+ 115	− 1992 9909	− 138	0	− 1 1435	+ 1992 9909	+ 1 1435	− 19860
9171·5	− 19872	+ 115	− 1993 5682	− 135	0	− 1 0214	+ 1993 5682	+ 1 0215	− 19872
9172·5	− 19883	+ 115	− 1994 1285	− 135	0	− 1 0284	+ 1994 1285	+ 1 0284	− 19883
9173·5	− 19893	+ 115	− 1994 6200	− 138	0	− 1 1365	+ 1994 6200	+ 1 1365	− 19893
9174·5	− 19900	+ 115	− 1995 0156	− 141	0	− 1 3007	+ 1995 0156	+ 1 3007	− 19900
9175·5	− 19906	+ 115	− 1995 3119	− 144	0	− 1 4734	+ 1995 3119	+ 1 4735	− 19906
9176·5	− 19911	+ 115	− 1995 5231	− 147	0	− 1 6145	+ 1995 5231	+ 1 6146	− 19911
9177·5	− 19914	+ 115	− 1995 6745	− 149	0	− 1 6953	+ 1995 6745	+ 1 6953	− 19914
9178·5	− 19916	+ 115	− 1995 7964	− 149	0	− 1 6996	+ 1995 7964	+ 1 6996	− 19916
9179·5	− 19919	+ 115	− 1995 9203	− 147	0	− 1 6236	+ 1995 9203	+ 1 6237	− 19919
9180·5	− 19922	+ 115	− 1996 0758	− 144	0	− 1 4750	+ 1996 0758	+ 1 4751	− 19922
9181·5	− 19926	+ 115	− 1996 2873	− 140	0	− 1 2716	+ 1996 2873	+ 1 2716	− 19926
9182·5	− 19932	+ 115	− 1996 5718	− 136	0	− 1 0396	+ 1996 5718	+ 1 0396	− 19932
9183·5	− 19939	+ 115	− 1996 9359	− 131	0	− 8110	+ 1996 9359	+ 8110	− 19939
9184·5	− 19948	+ 115	− 1997 3742	− 127	0	− 6192	+ 1997 3742	+ 6192	− 19948
9185·5	− 19957	+ 115	− 1997 8693	− 125	0	− 4944	+ 1997 8693	+ 4944	− 19957
9186·5	− 19968	+ 115	− 1998 3931	− 124	0	− 4576	+ 1998 3931	+ 4576	− 19968
9187·5	− 19978	+ 115	− 1998 9108	− 125	0	− 5162	+ 1998 9108	+ 5162	− 19978
9188·5	− 19988	+ 115	− 1999 3866	− 128	0	− 6609	+ 1999 3866	+ 6609	− 19988
9189·5	− 19996	+ 115	− 1999 7905	− 132	0	− 8650	+ 1999 7905	+ 8650	− 19996
9190·5	− 20002	+ 115	− 2000 1052	− 137	0	− 1 0872	+ 2000 1052	+ 1 0872	− 20002
9191·5	− 20007	+ 115	− 2000 3320	− 140	0	− 1 2774	+ 2000 3320	+ 1 2774	− 20007
9192·5	− 20010	+ 115	− 2000 4949	− 143	0	− 1 3868	+ 2000 4949	+ 1 3868	− 20010
9193·5	− 20013	+ 115	− 2000 6390	− 143	0	− 1 3804	+ 2000 6390	+ 1 3804	− 20013
9194·5	− 20016	+ 115	− 2000 8231	− 140	0	− 1 2504	+ 2000 8231	+ 1 2504	− 20016
9195·5	− 20022	+ 115	− 2001 1035	− 135	0	− 1 0248	+ 2001 1035	+ 1 0249	− 20022
9196·5	− 20030	+ 115	− 2001 5145	− 130	0	− 7642	+ 2001 5145	+ 7643	− 20030
9197·5	− 20041	+ 115	− 2002 0522	− 126	0	− 5444	+ 2002 0522	+ 5444	− 20041
9198·5	− 20054	+ 115	− 2002 6739	− 124	0	− 4295	+ 2002 6739	+ 4295	− 20054
9199·5	− 20066	+ 115	− 2003 3136	− 124	0	− 4497	+ 2003 3136	+ 4497	− 20066
9200·5	− 20078	+ 115	− 2003 9058	− 127	0	− 5949	+ 2003 9058	+ 5949	− 20078
9201·5	− 20088	+ 115	− 2004 4059	− 131	0	− 8245	+ 2004 4059	+ 8246	− 20088
9202·5	− 20096	+ 115	− 2004 7968	− 137	0	− 1 0859	+ 2004 7968	+ 1 0859	− 20096
9203·5	− 20102	+ 115	− 2005 0868	− 142	0	− 1 3296	+ 2005 0868	+ 1 3296	− 20102
9204·5	− 20106	+ 115	− 2005 3002	− 145	0	− 1 5190	+ 2005 3002	+ 1 5191	− 20106
9205·5	− 20110	+ 115	− 2005 4691	− 148	0	− 1 6331	+ 2005 4691	+ 1 6331	− 20110
9206·5	− 20113	+ 115	− 2005 6275	− 148	0	− 1 6652	+ 2005 6275	+ 1 6652	− 20113
9207·5	− 20116	+ 115	− 2005 8066	− 147	0	− 1 6212	+ 2005 8066	+ 1 6212	− 20116
9208·5	− 20121	+ 115	− 2006 0326	− 145	0	− 1 5170	+ 2006 0326	+ 1 5171	− 20121
9209·5	− 20127	+ 115	− 2006 3247	− 142	0	− 1 3769	+ 2006 3247	+ 1 3770	− 20127
9210·5	− 20134	+ 115	− 2006 6930	− 140	0	− 1 2311	+ 2006 6930	+ 1 2311	− 20134
9211·5	− 20143	+ 115	− 2007 1368	− 137	0	− 1 1128	+ 2007 1368	+ 1 1128	− 20143
9212·5	− 20153	+ 115	− 2007 6430	− 136	0	− 1 0544	+ 2007 6430	+ 1 0544	− 20153
9213·5	− 20164	+ 115	− 2008 1861	− 137	0	− 1 0816	+ 2008 1861	+ 1 0816	− 20164
9214·5	− 20175	+ 115	− 2008 7311	− 139	0	− 1 2074	+ 2008 7311	+ 1 2074	− 20175
9215·5	− 20185	+ 115	− 2009 2391	− 144	0	− 1 4271	+ 2009 2391	+ 1 4271	− 20185

Values are in units of 10^{-10}. Matrix used with ERA (B21–B24). CIP is $\mathcal{X} = C_{3,1}$, $\mathcal{Y} = C_{3,2}$

The Celestial Intermediate Reference System

The IAU 2000 and 2006 resolutions very precisely define the Celestial Intermediate Reference System by the direction of its pole (CIP) and the location of its origin of right ascension (CIO) at any date in the Geocentric Celestial Reference System (GCRS). This system is often denoted as the "equator and CIO of date" which has the same pole and equator as the equator and equinox of date, however, they have different origins for right ascension. This section includes the transformations using both origins and the relationships between them.

Pole of the Celestial Intermediate Reference System

The direction of the celestial intermediate pole (CIP), which is the pole of the Celestial Intermediate Reference System (the true celestial pole of date), at any instant is defined by the transformation from the GCRS that involves the rotations implementing frame bias and precession-nutation.

The unit vector components of the CIP (in radians) are given by elements one and two from the third row of the following rotation matrices, namely

$$\mathcal{X} = \mathbf{C}_{3,1} = \mathbf{M}_{3,1} \qquad \text{and} \qquad \mathcal{Y} = \mathbf{C}_{3,2} = \mathbf{M}_{3,2}$$

and the equations for calculating $\mathbf{C}$ are given on page B49, while those for $\mathbf{M}$ are given on page B50. Alternatively, $\mathcal{X}$ and $\mathcal{Y}$ may be calculated directly using

$$\mathcal{X} = \sin \epsilon \sin \psi \cos \bar{\gamma} - (\sin \epsilon \cos \psi \cos \bar{\phi} - \cos \epsilon \sin \bar{\phi}) \sin \bar{\gamma}$$
$$\mathcal{Y} = \sin \epsilon \sin \psi \sin \bar{\gamma} + (\sin \epsilon \cos \psi \cos \bar{\phi} - \cos \epsilon \sin \bar{\phi}) \cos \bar{\gamma}$$

where $\bar{\gamma}$, $\bar{\phi}$, ψ and ϵ include the effects of frame bias, precession and nutation (see page B56). $\mathcal{X}$ and $\mathcal{Y}$ are tabulated, in radians, at 0^{h} TT on even pages B30–B44, on odd pages B31–B45, and in arcseconds on pages B58–B65. The equations above may also be used to calculate the coordinates of the mean pole by ignoring nutation, that is by replacing ψ by $\bar{\psi}$ and ϵ by ϵ_{A}.

The position $(\mathcal{X}, \mathcal{Y})$ of the CIP, expressed in arcseconds, accurate to $0\rlap{.}''0001$, may also be calculated from the following series expansions,

$$\mathcal{X} = -\,0\rlap{.}''016\,617 + 2004\rlap{.}''191\,898\,T - 0\rlap{.}''429\,7829\,T^2$$
$$- 0\rlap{.}''198\,618\,34\,T^3 + 7\rlap{.}''578 \times 10^{-6}\,T^4 + 5\rlap{.}''9285 \times 10^{-6}\,T^5$$
$$+ \sum_{j,i}[(a_{s,j})_i\,T^j \sin(\text{ARGUMENT}) + (a_{c,j})_i\,T^j \cos(\text{ARGUMENT})] + \cdots$$

$$\mathcal{Y} = -\,0\rlap{.}''006\,951 - 0\rlap{.}''025\,896\,T - 22\rlap{.}''407\,2747\,T^2$$
$$+ 0\rlap{.}''001\,900\,59\,T^3 + 0\rlap{.}''001\,112\,526\,T^4 + 0\rlap{.}''1358 \times 10^{-6}\,T^5$$
$$+ \sum_{j,i}[(b_{c,j})_i\,T^j \cos(\text{ARGUMENT}) + (b_{s,j})_i\,T^j \sin(\text{ARGUMENT})] + \cdots$$

where T is measured in TT Julian centuries from J2000·0 and the coefficients and arguments may be downloaded from the CDS (see *The Astronomical Almanac Online* for the web link).

Approximate formulae for the Celestial Intermediate Pole

The following formulae may be used to compute $\mathcal{X}$ and $\mathcal{Y}$ to a precision of $0\rlap{.}''2$ during 2020:

$$\mathcal{X} = 400\rlap{.}''71 + 0\rlap{.}''0549\,d \qquad\qquad \mathcal{Y} = -\,0\rlap{.}''91$$
$$- 6\rlap{.}''8 \sin \Omega - 0\rlap{.}''5 \sin 2L \qquad\qquad + 9\rlap{.}''2 \cos \Omega + 0\rlap{.}''6 \cos 2L$$

where $\Omega = 98\rlap{.}°3 - 0.053\,d$, $L = 279\rlap{.}°1 + 0.986\,d$ and d is the day of the year and fraction of the day in the TT time scale.

Origin of the Celestial Intermediate Reference System

The CIO locator s, positions the celestial intermediate origin (CIO) on the equator of the Celestial Intermediate Reference System. It is the difference in the right ascension of the node of the equators in the GCRS and the Celestial Intermediate Reference System (see page B9). The CIO locator s is tabulated daily at 0^h TT, in arcseconds, on pages B58–B65.

The location of the CIO may be represented by $s + \mathcal{X}\mathcal{Y}/2$, the series of which is downloadable from the CDS (see *The Astronomical Almanac Online* for the web link). However, the definition below includes all terms exceeding 0.5μas during the interval 1975–2025.

$$s = -\mathcal{X}\mathcal{Y}/2 + 94'' \times 10^{-6} + \sum_k C_k \sin A_k$$
$$+ (+0\rlap{.}''003\,808\,65 + 1\rlap{.}''73 \times 10^{-6} \sin \Omega + 3\rlap{.}''57 \times 10^{-6}\cos 2\Omega)\, T$$
$$+ (-0\rlap{.}''000\,122\,68 + 743\rlap{.}''52 \times 10^{-6} \sin \Omega - 8\rlap{.}''85 \times 10^{-6}\sin 2\Omega$$
$$+ 56\rlap{.}''91 \times 10^{-6} \sin 2(F - D + \Omega) + 9\rlap{.}''84 \times 10^{-6} \sin 2(F + \Omega))\, T^2$$
$$- 0\rlap{.}''072\,574\,11\, T^3 + 27\rlap{.}''98 \times 10^{-6}\, T^4 + 15\rlap{.}''62 \times 10^{-6}\, T^5$$

		Terms for $C_k \sin A_k$			
	Argument	Coefficient		Argument	Coefficient
k	A_k	C_k (")	k	A_k	C_k (")
1	Ω	$-0{\cdot}002\,640\,73$	7	$2F + \Omega$	$-0{\cdot}000\,001\,98$
2	2Ω	$-0{\cdot}000\,063\,53$	8	3Ω	$+0{\cdot}000\,001\,72$
3	$2F - 2D + 3\Omega$	$-0{\cdot}000\,011\,75$	9	$l' + \Omega$	$+0{\cdot}000\,001\,41$
4	$2F - 2D + \Omega$	$-0{\cdot}000\,011\,21$	10	$l' - \Omega$	$+0{\cdot}000\,001\,26$
5	$2F - 2D + 2\Omega$	$+0{\cdot}000\,004\,57$	11	$l + \Omega$	$+0{\cdot}000\,000\,63$
6	$2F + 3\Omega$	$-0{\cdot}000\,002\,02$	12	$l - \Omega$	$+0{\cdot}000\,000\,63$

$\mathcal{X}$, $\mathcal{Y}$ (expressed in radians) is the position of the CIP at the required TT instant. The coefficients and arguments (C_k, A_k) are tabulated above and the expressions for the fundamental arguments are

$$l = 134\rlap{.}°963\,402\,51 + 1\,717\,915\,923\rlap{.}''2178T + 31\rlap{.}''8792T^2 + 0\rlap{.}''051\,635T^3 - 0\rlap{.}''000\,244\,70T^4$$
$$l' = 357\rlap{.}°529\,109\,18 + 129\,596\,581\rlap{.}''0481T - 0\rlap{.}''5532T^2 + 0\rlap{.}''000\,136T^3 - 0\rlap{.}''000\,011\,49T^4$$
$$F = 93\rlap{.}°272\,090\,62 + 1\,739\,527\,262\rlap{.}''8478T - 12\rlap{.}''7512T^2 - 0\rlap{.}''001\,037T^3 + 0\rlap{.}''000\,004\,17T^4$$
$$D = 297\rlap{.}°850\,195\,47 + 1\,602\,961\,601\rlap{.}''2090T - 6\rlap{.}''3706T^2 + 0\rlap{.}''006\,593T^3 - 0\rlap{.}''000\,031\,69T^4$$
$$\Omega = 125\rlap{.}°044\,555\,01 - 6\,962\,890\rlap{.}''5431T + 7\rlap{.}''4722T^2 + 0\rlap{.}''007\,702T^3 - 0\rlap{.}''000\,059\,39T^4$$

where T is the interval in TT Julian centuries from J2000·0 and is used in both the fundamental arguments and the expression for s itself.

These fundamental arguments are also used with the series expression for the complementary terms of the equation of the equinoxes (see page B10).

Approximate position of the Celestial Intermediate Origin

The CIO locator s may be ignored (i.e. set $s = 0$) in the interval 1963 to 2031 if accuracies no better than $0\rlap{.}''01$ are acceptable.

During 2020, $s + \mathcal{X}\mathcal{Y}/2$ may be computed to a precision of 5×10^{-5} arcseconds from

$$s + \mathcal{X}\mathcal{Y}/2 = 0\rlap{.}''000\,27 - 0\rlap{.}''0026 \sin(98\rlap{.}°3 - 0{\cdot}053\,d) - 0\rlap{.}''0001 \sin(196\rlap{.}°6 - 0{\cdot}106\,d)$$

where $\mathcal{X}$ and $\mathcal{Y}$ are expressed in radians (page B46 gives an approximation) and d is the day of the year and fraction of the day in the TT time scale.

Reduction from the GCRS

The transformation from the GCRS to the terrestrial reference system applies rotations implementing frame bias, the effects of precession and nutation, and Earth rotation. It is only the origin of right ascension and whether ERA or GAST is used to obtain a position with respect to the terrestrial system, that differ.

The following shows the matrix transformations to both the Celestial Intermediate Reference System (based on the CIP and CIO) and the traditional equator and equinox of date system (based on the CIP and equinox). This is followed by considering frame bias, precession, nutation, and the angles and rotations that represent these effects.

Summary of the CIP and the relationships between various origins

The CIP is the pole of both the Celestial Intermediate Reference System and the system of the the equator and equinox of date. The transformation from the GCRS to either of these systems and to the Terrestrial Intermediate Reference System may be represented by

$$\mathcal{R}_\beta = \mathbf{R}_3(-\beta)\ \mathcal{R}_\Sigma$$

where the matrix $\mathcal{R}_\Sigma$ transforms position vectors from the GCRS equator and origin (see diagram on page B9) to the "of date" system defined by the CIP and β determines the origin to be used and thus the method (see Capitaine, N., and Wallace, P.T., *Astron. Astrophys.*, **450**, 855-872, 2006). Thus listing the matrix relationships by method (i.e. value of β) gives:

CIO Method	Equinox Method
$\beta = s$	$\beta = s - E_o$
$\mathcal{R}_\beta = \mathbf{R}_3(-s)\ \mathcal{R}_\Sigma$	$\mathcal{R}_\beta = \mathbf{R}_3(-s + E_o)\ \mathcal{R}_\Sigma$
$= \mathbf{C}$	$= \mathbf{M} \equiv \mathbf{NPB}$

where s is the CIO locator (see page B47), E_o is the equation of the origins (see page B10), and the matrices $\mathbf{C}$, $\mathcal{R}_\Sigma$ and $\mathbf{M}$ are defined on pages B49 and B50, respectively.

When β includes the Earth rotation angle, or Greenwich apparent sidereal time, then coordinates with respect to the terrestrial intermediate origin are the result. Finally, longitude may be included, then the coordinates will be relative to the observers prime meridian.

CIO Method	Equinox Method
$\beta = s - \theta - \lambda$	$\beta = s - E_o - \text{GAST} - \lambda$
$\mathcal{R}_\beta = \mathbf{R}_3(\lambda + \theta - s)\ \mathcal{R}_\Sigma$	$\mathcal{R}_\beta = \mathbf{R}_3(\lambda + \text{GAST} - s + E_o)\ \mathcal{R}_\Sigma$
$= \mathbf{R}_3(\lambda + \theta)\ \mathbf{C}$	$= \mathbf{R}_3(\lambda + \text{GAST})\ \mathbf{M}$
$= \mathbf{Q}$	$= \mathbf{Q}$

where east longitudes are positive. The above ignores the small corrections for polar motion that are required in the reduction of very precise observations; they are (i) alignment of the terrestrial intermediate origin onto the longitude origin ($\lambda_{\text{ITRS}} = 0$) of the International Terrestrial Reference System, and (ii) for the positioning of the CIP within ITRS, (see page B84).

The equation of the origins, the relationship between the two systems may be calculated using

$$\mathbf{M} = \mathbf{R}_3(-s + E_o)\ \mathcal{R}_\Sigma \qquad \text{and thus} \qquad E_o = s - \tan^{-1}\frac{\mathbf{M}_j \cdot \mathcal{R}_{\Sigma_i}}{\mathbf{M}_i \cdot \mathcal{R}_{\Sigma_i}}$$

where $\mathbf{M}_i$ and $\mathbf{M}_j$ are the first two rows of $\mathbf{M}$, $\mathcal{R}_{\Sigma_i}$ is the first row of $\mathcal{R}_\Sigma$ and $\cdot$ denotes the dot or scalar product. See also page B10 for an alternative method.

CIO method of reduction from the GCRS—rigorous formulae

Given an equatorial geocentric position vector $\mathbf{r}$ of an object with respect to the GCRS, then $\mathbf{r}_i$, its position with respect to the Celestial Intermediate Reference System, is given by

$$\mathbf{r}_i = \mathbf{C}\,\mathbf{r} \qquad \text{and} \qquad \mathbf{r} = \mathbf{C}^{-1}\,\mathbf{r}_i = \mathbf{C}'\,\mathbf{r}_i$$

The matrix $\mathbf{C}$ is tabulated daily at 0^h TT on odd numbered pages B31–B45, and is calculated thus

$$\mathbf{C}(\mathcal{X}, \mathcal{Y}, s) = \mathbf{R}_3(-[E + s])\,\mathbf{R}_2(d)\,\mathbf{R}_3(E) = \mathbf{R}_3(-s)\,\mathcal{R}_\Sigma$$

where the quantities $\mathcal{X}$, $\mathcal{Y}$, are the coordinates of the CIP, (expressed in radians), and the relationships between $\mathcal{X}$, $\mathcal{Y}$, $\mathcal{Z}$, E and d are:

$$\mathcal{X} = \sin d \cos E = \mathbf{M}_{3,1} = \mathbf{C}_{3,1} \qquad\qquad E = \tan^{-1}(\mathcal{Y}/\mathcal{X})$$
$$\mathcal{Y} = \sin d \sin E = \mathbf{M}_{3,2} = \mathbf{C}_{3,2}$$
$$\mathcal{Z} = \cos d = \sqrt{(1 - \mathcal{X}^2 - \mathcal{Y}^2)} \qquad\qquad d = \tan^{-1}\left(\frac{\mathcal{X}^2 + \mathcal{Y}^2}{1 - \mathcal{X}^2 - \mathcal{Y}^2}\right)^{\frac{1}{2}}$$

$\mathcal{X}$, $\mathcal{Y}$ and s are given on pages B46-B47 and tabulated, in arcseconds, daily at 0^h TT on pages B58–B65.

The matrix $\mathbf{C}$ transforms positions to the Celestial Intermediate Reference System, with the CIO being located by the rotation $\mathbf{R}_3(-s)$, and $\mathcal{R}_\Sigma$, the transformation from the GCRS equator to the equator of date being given by

$$\mathcal{R}_\Sigma = \begin{pmatrix} 1 - a\mathcal{X}^2 & -a\mathcal{X}\mathcal{Y} & -\mathcal{X} \\ -a\mathcal{X}\mathcal{Y} & 1 - a\mathcal{Y}^2 & -\mathcal{Y} \\ \mathcal{X} & \mathcal{Y} & 1 - a(\mathcal{X}^2 + \mathcal{Y}^2) \end{pmatrix} = \begin{pmatrix} \mathcal{R}_{\Sigma_i} \\ \mathcal{R}_{\Sigma_k} \times \mathcal{R}_{\Sigma_i} \\ \mathcal{R}_{\Sigma_k} \end{pmatrix}$$

where $a = 1/(1 + \mathcal{Z})$. $\mathcal{R}_{\Sigma_i}$ is the unit vector pointing towards Σ (see diagram on page B9) that is obtained from the elements of the first row of $\mathcal{R}_\Sigma$ and similarly $\mathcal{R}_{\Sigma_k}$ is the unit vector pointing towards the CIP. Note that $\mathcal{R}_{\Sigma_k} = \mathbf{M}_k$ (see page B50).

Approximate reduction from GCRS to the Celestial Intermediate Reference System

The matrix $\mathbf{C}$ given below together with the approximate formulae for $\mathcal{X}$ and $\mathcal{Y}$ on page B46 (expressed in radians) may be used when the resulting position is required to no better than $0\overset{\prime\prime}{.}2$ during 2020:

$$\mathbf{C} = \begin{pmatrix} 1 - \mathcal{X}^2/2 & 0 & -\mathcal{X} \\ 0 & 1 & -\mathcal{Y} \\ \mathcal{X} & \mathcal{Y} & 1 - \mathcal{X}^2/2 \end{pmatrix}$$

Thus the position vector $\mathbf{r}_i = (x_i, y_i, z_i)$ with respect to the Celestial Intermediate Reference System (equator and CIO of date) may be calculated from the geocentric position vector $\mathbf{r} = (r_x, r_y, r_z)$ with respect to the GCRS using

$$\mathbf{r}_i = \mathbf{C}\,\mathbf{r}$$

therefore using the approximate matrix

$$x_i = (1 - \mathcal{X}^2/2)\,r_x \qquad\qquad\qquad\quad - \mathcal{X}\,r_z$$
$$y_i = \qquad\qquad\qquad\qquad\quad r_y \qquad\qquad - \mathcal{Y}\,r_z$$
$$z_i = \qquad\qquad \mathcal{X}\,r_x + \mathcal{Y}\,r_y + (1 - \mathcal{X}^2/2)\,r_z$$

and thus

$$\alpha_i = \tan^{-1}(y_i/x_i) \qquad \delta = \tan^{-1}\left(z_i/\sqrt{(x_i^2 + y_i^2)}\right)$$

where α_i, δ, are the intermediate right ascension and declination, and the quadrant of α_i is determined by the signs of x_i and y_i.

During 2020, the $\mathcal{X}^2$ term may be dropped without significant loss of accuracy.

Equinox method of reduction from the GCRS—rigorous formulae

The reduction from a geocentric position $\mathbf{r}$ with respect to the Geocentric Celestial Reference System (GCRS) to a position $\mathbf{r}_t$ with respect to the equator and equinox of date, and vice versa, is given by:

$$\mathbf{r}_t = \mathbf{M}\,\mathbf{r} \qquad \text{and} \qquad \mathbf{r} = \mathbf{M}^{-1}\,\mathbf{r}_t = \mathbf{M}'\,\mathbf{r}_t$$

Using the 4-rotation Fukushima-Willams (F-W) method, the rotation matrix $\mathbf{M}$ may be written as

$$\mathbf{M} = \mathbf{R}_1(-[\epsilon_A + \Delta\epsilon])\,\mathbf{R}_3(-[\bar\psi + \Delta\psi])\,\mathbf{R}_1(\bar\phi)\,\mathbf{R}_3(\bar\gamma) = \begin{pmatrix} \mathbf{M}_i \\ \mathbf{M}_j \\ \mathbf{M}_k \end{pmatrix} = \mathbf{N}\,\mathbf{P}\,\mathbf{B}$$

where the angles $\bar\gamma$, $\bar\phi$, $\bar\psi$ combine the frame bias with the effects of precession (see page B56). Nutation is applied by adding the nutations in longitude ($\Delta\psi$) and obliquity ($\Delta\epsilon$) (see page B55) to $\bar\psi$ and ϵ_A, respectively. Pages B50–B56 give the formulae for calculating the matrices $\mathbf{B}$, $\mathbf{P}$ and $\mathbf{N}$ individually using the traditional angles and rotations.

The elements of the rows of $\mathbf{M}$ represent unit vectors pointing in the directions of the x, y and z axes of the equator and equinox of date system. Thus the elements of the first row are the components of the unit vector in the direction of the true equinox,

$$\mathbf{M}_i = \begin{pmatrix} \mathbf{M}_{1,1} \\ \mathbf{M}_{1,2} \\ \mathbf{M}_{1,3} \end{pmatrix} = \begin{pmatrix} \cos\psi \cos\bar\gamma + \sin\psi \cos\bar\phi \sin\bar\gamma \\ \cos\psi \sin\bar\gamma - \sin\psi \cos\bar\phi \cos\bar\gamma \\ -\sin\psi \sin\bar\phi \end{pmatrix}$$

The second row of elements defines the unit vector in the direction of the y-axis, in the plane $90°$ from the x-z plane, i.e. the plane of the equator of date, and is given by

$$\mathbf{M}_j = \mathbf{M}_k \times \mathbf{M}_i$$
$$= \begin{pmatrix} \mathbf{M}_{2,1} \\ \mathbf{M}_{2,2} \\ \mathbf{M}_{2,3} \end{pmatrix} = \begin{pmatrix} \cos\epsilon \sin\psi \cos\bar\gamma - (\cos\epsilon \cos\psi \cos\bar\phi + \sin\epsilon \sin\bar\phi) \sin\bar\gamma \\ \cos\epsilon \sin\psi \sin\bar\gamma + (\cos\epsilon \cos\psi \cos\bar\phi + \sin\epsilon \sin\bar\phi) \cos\bar\gamma \\ \cos\epsilon \cos\psi \sin\bar\phi - \sin\epsilon \cos\bar\phi \end{pmatrix}$$

Lastly, the elements of the third row are the components of the unit vector pointing in the direction of the celestial intermediate pole (CIP), thus

$$\mathbf{M}_k = \begin{pmatrix} \mathbf{M}_{3,1} \\ \mathbf{M}_{3,2} \\ \mathbf{M}_{3,3} \end{pmatrix} = \begin{pmatrix} \mathcal{X} \\ \mathcal{Y} \\ \mathcal{Z} \end{pmatrix} = \begin{pmatrix} \sin\epsilon \sin\psi \cos\bar\gamma - (\sin\epsilon \cos\psi \cos\bar\phi - \cos\epsilon \sin\bar\phi) \sin\bar\gamma \\ \sin\epsilon \sin\psi \sin\bar\gamma + (\sin\epsilon \cos\psi \cos\bar\phi - \cos\epsilon \sin\bar\phi) \cos\bar\gamma \\ \sin\epsilon \cos\psi \sin\bar\phi + \cos\epsilon \cos\bar\phi \end{pmatrix}$$

Reduction from GCRS to J2000—frame bias—rigorous formulae

Positions of objects with respect to the GCRS must be rotated to the J2000·0 dynamical system before precession and nutation are applied. Objects whose positions are given with respect to another system, e.g. FK5, may first be transformed to the GCRS before using the methods given here. An GCRS position $\mathbf{r}$ may be transformed to a J2000·0 or FK5 position $\mathbf{r}_0$ and vice versa, as follows,

$$\mathbf{r}_0 = \mathbf{B}\mathbf{r} \qquad \text{and} \qquad \mathbf{r} = \mathbf{B}^{-1}\mathbf{r}_0 = \mathbf{B}'\mathbf{r}_0$$

where $\mathbf{B}$ is the frame bias matrix.

Reduction from GCRS to J2000—frame bias—rigorous formulae (continued)

There are two sets of parameters that may be used to generate $\mathbf{B}$. There are η_0, ξ_0 and $d\alpha_0$ which appeared in the literature first, or those consistent with the Fukushima-Williams precession parameterization, γ_B, ϕ_B and ψ_B.

Offsets of the Pole and Origin at J2000·0

Rotation From	η_0 mas	ξ_0 mas	$d\alpha_0$ mas	F-W IAU 2006 γ_B mas	ϕ_B mas	ψ_B mas
GCRS to J2000·0	$-\ 6\cdot8192$	$-16\cdot617$	$-14\cdot6$	$52\cdot928$	$6\cdot819$	$41\cdot775$
GCRS to FK5	$-19\cdot9$	$+\ 9\cdot1$	$-22\cdot9$			

where η_0, ξ_0 are the offsets from the pole together with $d\alpha_0$, the shift in right ascension origin. The IAU 2006 offsets, γ_B, ϕ_B and ψ_B are extracted from the IAU WGPE report and are consistent with F-W method of rotations:

$$\mathbf{B} = \mathbf{R}_3(-\psi_B)\,\mathbf{R}_1(\phi_B)\,\mathbf{R}_3(\gamma_B)$$

Alternatively

$$\mathbf{B} = \mathbf{R}_1(-\eta_0)\,\mathbf{R}_2(\xi_0)\,\mathbf{R}_3(d\alpha_0) \qquad \mathbf{B}^{-1} = \mathbf{R}_3(-d\alpha_0)\,\mathbf{R}_2(-\xi_0)\,\mathbf{R}_1(+\eta_0)$$

where in terms of corrections provided by the IAU 2000 precession-nutation theory, $\delta\epsilon_0 = \eta_0$ and $\xi_0 = -41\cdot775\sin(23°\,26'\,21''\!448) = -16\cdot617$ mas.

Evaluating the matrix for GCRS to J2000·0 gives

$$\mathbf{B} = \begin{pmatrix} +0\cdot9999\ 9999\ 9999\ 9942 & -0\cdot0000\ 0007\ 1 & +0\cdot0000\ 0008\ 056 \\ +0\cdot0000\ 0007\ 1 & +0\cdot9999\ 9999\ 9999\ 9969 & +0\cdot0000\ 0003\ 306 \\ -0\cdot0000\ 0008\ 056 & -0\cdot0000\ 0003\ 306 & +0\cdot9999\ 9999\ 9999\ 9962 \end{pmatrix}$$

where the number of digits is determined by the accuracy of the offsets.

Approximate reduction from GCRS to J2000

Since the rotations to orient the GCRS to J2000·0 system are small the following approximate matrix, accurate to $2'' \times 10^{-9}$ (1×10^{-14} radians), may be used:

$$\mathbf{B} = \begin{pmatrix} 1 & d\alpha_0 & -\xi_0 \\ -d\alpha_0 & 1 & -\eta_0 \\ \xi_0 & \eta_0 & 1 \end{pmatrix}$$

where η_0, ξ_0 and $d\alpha_0$ are the offsets of the pole and the origin (expressed in radians) from J2000·0 given in the table above.

Reduction for precession—rigorous formulae

Rigorous formulae for the reduction of mean equatorial positions from J2000·0 (t_0) to epoch of date t, and vice versa, are as follows:

For equatorial rectangular coordinates (x_0, y_0, z_0), or direction cosines $(\mathbf{r}_0)$,

$$\mathbf{r}_m = \mathbf{P}\,\mathbf{r}_0 \qquad\qquad \mathbf{r}_0 = \mathbf{P}^{-1}\,\mathbf{r}_m = \mathbf{P}'\mathbf{r}_m$$

where

$$\mathbf{P} = \mathbf{R}_1(-\epsilon_A)\,\mathbf{R}_3(-\psi_J)\,\mathbf{R}_1(\phi_J)\,\mathbf{R}_3(\gamma_J)$$
$$= \mathbf{R}_3(\chi_A)\,\mathbf{R}_1(-\omega_A)\,\mathbf{R}_3(-\psi_A)\,\mathbf{R}_1(\epsilon_0)$$
$$= \mathbf{R}_3(-z_A)\,\mathbf{R}_2(\theta_A)\,\mathbf{R}_3(-\zeta_A)$$

and $\mathbf{r}_m$ is the position vector precessed from t_0 to the mean equinox at t.

The angles given in this section precess positions from J2000·0 to date and therefore do not include the frame bias, which is only needed when positions are with respect to the GCRS.

Reduction for precession—rigorous formulae (continued)

For all the precession angles given in this section, the time argument T is given by

$$T = (t - 2000 \cdot 0)/100 = (JD_{TT} - 245\ 1545 \cdot 0)/36\ 525$$

which is a function of TT. Strictly speaking precession angles should be a function of TDB, but this makes no significant difference.

The 4-rotation Fukushima-Williams (F-W) method using angles γ_J, ϕ_J, ψ_J, and ϵ_A, are

$$\gamma_J = 10\rlap{.}''556\ 403\ T + 0\rlap{.}''493\ 2044\ T^2 - 0\rlap{.}''000\ 312\ 38\ T^3$$
$$- 2\rlap{.}''788 \times 10^{-6}\ T^4 + 2\rlap{.}''60 \times 10^{-8}\ T^5$$

$$\phi_J = \epsilon_0 - 46\rlap{.}''811\ 015\ T + 0\rlap{.}''051\ 1269\ T^2 + 0\rlap{.}''000\ 532\ 89\ T^3$$
$$- 0\rlap{.}''440 \times 10^{-6}\ T^4 - 1\rlap{.}''76 \times 10^{-8}\ T^5$$

$$\psi_J = 5038\rlap{.}''481\ 507\ T + 1\rlap{.}''558\ 4176\ T^2 - 0\rlap{.}''000\ 185\ 22\ T^3$$
$$- 26\rlap{.}''452 \times 10^{-6}\ T^4 - 1\rlap{.}''48 \times 10^{-8}\ T^5$$

$$\epsilon_A = \epsilon_0 - 46\rlap{.}''836\ 769\ T - 0\rlap{.}''000\ 1831\ T^2 + 0\rlap{.}''002\ 003\ 40\ T^3$$
$$- 0\rlap{.}''576 \times 10^{-6}\ T^4 - 4\rlap{.}''34 \times 10^{-8}\ T^5$$

where $\epsilon_0 = 84\ 381\rlap{.}''406 = 23° 26' 21\rlap{.}''406$ is the obliquity of the ecliptic with respect to the dynamical equinox at J2000 and ϵ_A is the obliquity of the ecliptic with respect to the mean equator of date; equivalently

$$\epsilon_A = 23°439\ 279\ 4444 - 0°013\ 010\ 213\ 61\ T - 5°0861 \times 10^{-8}\ T^2$$
$$+ 5°565 \times 10^{-7}\ T^3 - 1°6 \times 10^{-10}\ T^4 - 1°2056 \times 10^{-11}\ T^5$$

The precession matrix for the F-W precession angles, which includes how to incorporate the frame bias and nutation, is described on page B56.

The Capitaine *et al.* method, the formulation of which cleanly separates precession of the equator from precession of the ecliptic, is via the precession angles χ_A, ω_A, ψ_A, which are

$$\psi_A = 5038\rlap{.}''481\ 507\ T - 1\rlap{.}''079\ 0069\ T^2 - 0\rlap{.}''001\ 140\ 45\ T^3$$
$$+ 0\rlap{.}''000\ 132\ 851\ T^4 - 9\rlap{.}''51 \times 10^{-8}\ T^5$$

$$\omega_A = \epsilon_0 - 0\rlap{.}''025\ 754\ T + 0\rlap{.}''051\ 2623\ T^2 - 0\rlap{.}''007\ 725\ 03\ T^3$$
$$- 0\rlap{.}''000\ 000\ 467\ T^4 + 33\rlap{.}''37 \times 10^{-8}\ T^5$$

$$\chi_A = 10\rlap{.}''556\ 403\ T - 2\rlap{.}''381\ 4292\ T^2 - 0\rlap{.}''001\ 211\ 97\ T^3$$
$$+ 0\rlap{.}''000\ 170\ 663\ T^4 - 5\rlap{.}''60 \times 10^{-8}\ T^5$$

where the precession matrix using χ_A, ω_A, ψ_A and ϵ_0 is

$$\mathbf{P} = \begin{pmatrix} C_4C_2 - S_2S_4C_3 & C_4S_2C_1 + S_4C_3C_2C_1 - S_1S_4S_3 & C_4S_2S_1 + S_4C_3C_2S_1 + C_1S_4S_3 \\ -S_4C_2 - S_2C_4C_3 & -S_4S_2C_1 + C_4C_3C_2C_1 - S_1C_4S_3 & -S_4S_2S_1 + C_4C_3C_2S_1 + C_1C_4S_3 \\ S_2S_3 & -S_3C_2C_1 - S_1C_3 & -S_3C_2S_1 + C_3C_1 \end{pmatrix}$$

and
$$S_1 = \sin \epsilon_0 \quad S_2 = \sin(-\psi_A) \quad S_3 = \sin(-\omega_A) \quad S_4 = \sin \chi_A$$
$$C_1 = \cos \epsilon_0 \quad C_2 = \cos(-\psi_A) \quad C_3 = \cos(-\omega_A) \quad C_4 = \cos \chi_A$$

The traditional equatorial precession angles ζ_A, z_A, θ_A are

$$\zeta_A = +2\rlap{.}''650\ 545 + 2306\rlap{.}''083\ 227\ T + 0\rlap{.}''298\ 8499\ T^2 + 0\rlap{.}''018\ 018\ 28\ T^3$$
$$- 5\rlap{.}''971 \times 10^{-6}\ T^4 - 3\rlap{.}''173 \times 10^{-7}\ T^5$$

$$z_A = -2\rlap{.}''650\ 545 + 2306\rlap{.}''077\ 181\ T + 1\rlap{.}''092\ 7348\ T^2 + 0\rlap{.}''018\ 268\ 37\ T^3$$
$$- 28\rlap{.}''596 \times 10^{-6}\ T^4 - 2\rlap{.}''904 \times 10^{-7}\ T^5$$

$$\theta_A = 2004\rlap{.}''191\ 903\ T - 0\rlap{.}''429\ 4934\ T^2 - 0\rlap{.}''041\ 822\ 64\ T^3$$
$$- 7\rlap{.}''089 \times 10^{-6}\ T^4 - 1\rlap{.}''274 \times 10^{-7}\ T^5$$

Reduction for precession—rigorous formulae (continued)

The precession matrix using ζ_A, z_A, θ_A is

$$\mathbf{P} = \begin{pmatrix} \cos\zeta_A \cos\theta_A \cos z_A - \sin\zeta_A \sin z_A & -\sin\zeta_A \cos\theta_A \cos z_A - \cos\zeta_A \sin z_A & -\sin\theta_A \cos z_A \\ \cos\zeta_A \cos\theta_A \sin z_A + \sin\zeta_A \cos z_A & -\sin\zeta_A \cos\theta_A \sin z_A + \cos\zeta_A \cos z_A & -\sin\theta_A \sin z_A \\ \cos\zeta_A \sin\theta_A & -\sin\zeta_A \sin\theta_A & \cos\theta_A \end{pmatrix}$$

For right ascension and declination in terms of ζ_A, z_A, θ_A:

$$\sin(\alpha - z_A)\cos\delta = \sin(\alpha_0 + \zeta_A)\cos\delta_0$$
$$\cos(\alpha - z_A)\cos\delta = \cos(\alpha_0 + \zeta_A)\cos\theta_A \cos\delta_0 - \sin\theta_A \sin\delta_0$$
$$\sin\delta = \cos(\alpha_0 + \zeta_A)\sin\theta_A \cos\delta_0 + \cos\theta_A \sin\delta_0$$

$$\sin(\alpha_0 + \zeta_A)\cos\delta_0 = \sin(\alpha - z_A)\cos\delta$$
$$\cos(\alpha_0 + \zeta_A)\cos\delta_0 = \cos(\alpha - z_A)\cos\theta_A \cos\delta + \sin\theta_A \sin\delta$$
$$\sin\delta_0 = -\cos(\alpha - z_A)\sin\theta_A \cos\delta + \cos\theta_A \sin\delta$$

where ζ_A, z_A, θ_A, given above, are angles that serve to specify the position of the mean equator and equinox of date with respect to the mean equator and equinox of J2000·0.

Values of all the angles and the elements of $\mathbf{P}$ for reduction from J2000·0 to epoch and mean equinox of the middle of the year (J2020·5) are as follows:

F-W Precession Angles γ_J, ϕ_J, ψ_J, and ϵ_A

γ_J =	$+2''18$ =	$+0°000\ 607$	ϕ_J =	$+843\ 71''81$ =	$+23°436\ 614$
ψ_J =	$+103\ 2''95$ =	$+0°286\ 932$	ϵ_A =	$23°\ 26'\ 11''80$ =	$23°436\ 612$

Precession Angles ζ_A, z_A, θ_A Precession Angles ψ_A, ω_A, χ_A

ζ_A =	$+475''41$ =	$+0°132\ 058$	ψ_A =	$+103\ 2''84$ =	$+0°286\ 901$
z_A =	$+470''14$ =	$+0°130\ 595$	ω_A =	$+843\ 81''40$ =	$+23°439\ 279$
θ_A =	$+410''84$ =	$+0°114\ 122$	χ_A =	$+2''06$ =	$+0°000\ 573$

The rotation matrix for precession from J2000·0 to J2020·5 is

$$\mathbf{P} = \begin{pmatrix} +0·999\ 987\ 509 & -0·004\ 584\ 143 & -0·001\ 991\ 807 \\ +0·004\ 584\ 143 & +0·999\ 989\ 493 & -0·000\ 004\ 540 \\ +0·001\ 991\ 806 & -0·000\ 004\ 591 & +0·999\ 998\ 016 \end{pmatrix}$$

The precessional motion of the ecliptic is specified by the inclination (π_A) and longitude of the node (Π_A) of the ecliptic of date with respect to the ecliptic and equinox of J2000·0; they are given by:

$$\sin\pi_A \sin\Pi_A = +\ 4''199\ 094\ T + 0''193\ 9873\ T^2 - 0''000\ 224\ 66\ T^3$$
$$- 9''12 \times 10^{-7}\ T^4 + 1''20 \times 10^{-8}\ T^5$$

$$\sin\pi_A \cos\Pi_A = -46''811\ 015\ T + 0''051\ 0283\ T^2 + 0''000\ 524\ 13\ T^3$$
$$- 6''46 \times 10^{-7}\ T^4 - 1''72 \times 10^{-8}\ T^5$$

π_A is a small angle, and often π_A replaces $\sin\pi_A$.

For epoch J2020·5 $\pi_A = +9''633 = 0°002\ 6759$
$$\Pi_A = 174°\ 49'5 = 174°825$$

Reduction for precession—approximate formulae

Approximate formulae for the reduction of coordinates and orbital elements referred to the mean equinox and equator or ecliptic of date (t) are as follows:

For reduction to J2000·0

$$\alpha_0 = \alpha - M - N \sin \alpha_m \tan \delta_m$$
$$\delta_0 = \delta - N \cos \alpha_m$$
$$\lambda_0 = \lambda - a + b \cos (\lambda + c') \tan \beta_0$$
$$\beta_0 = \beta - b \sin (\lambda + c')$$
$$\Omega_0 = \Omega - a + b \sin (\Omega + c') \cot i_0$$
$$i_0 = i - b \cos (\Omega + c')$$
$$\omega_0 = \omega - b \sin (\Omega + c') \operatorname{cosec} i_0$$

For reduction from J2000·0

$$\alpha = \alpha_0 + M + N \sin \alpha_m \tan \delta_m$$
$$\delta = \delta_0 + N \cos \alpha_m$$
$$\lambda = \lambda_0 + a - b \cos (\lambda_0 + c) \tan \beta$$
$$\beta = \beta_0 + b \sin (\lambda_0 + c)$$
$$\Omega = \Omega_0 + a - b \sin (\Omega_0 + c) \cot i$$
$$i = i_0 + b \cos (\Omega_0 + c)$$
$$\omega = \omega_0 + b \sin (\Omega_0 + c) \operatorname{cosec} i$$

where the subscript zero refers to epoch J2000·0 and α_m, δ_m refer to the mean epoch; with sufficient accuracy:

$$\alpha_m = \alpha - \tfrac{1}{2}(M + N \sin \alpha \tan \delta)$$
$$\delta_m = \delta - \tfrac{1}{2} N \cos \alpha_m$$

or

$$\alpha_m = \alpha_0 + \tfrac{1}{2}(M + N \sin \alpha_0 \tan \delta_0)$$
$$\delta_m = \delta_0 + \tfrac{1}{2} N \cos \alpha_m$$

The precessional constants M, N, etc., are given by:

$$M = 1°2811\ 5566\ 89\ T + 0°0003\ 8655\ 131\ T^2 + 0°0000\ 1007\ 9625\ T^3$$
$$- 9°60194 \times 10^{-9}\ T^4 - 1°68806 \times 10^{-10}\ T^5$$

$$N = 0°5567\ 1997\ 31\ T - 0°0001\ 1930\ 372\ T^2 - 0°0000\ 1161\ 7400\ T^3$$
$$- 1°96917 \times 10^{-9}\ T^4 - 3°5389 \times 10^{-11}\ T^5$$

$$a = 1°3968\ 8783\ 19\ T + 0°0003\ 0706\ 522\ T^2 + 2°2122 \times 10^{-8}\ T^3$$
$$- 6°62694 \times 10^{-9}\ T^4 + 1°0639 \times 10^{-11}\ T^5$$

$$b = 0°0130\ 5527\ 03\ T - 0°0000\ 0930\ 350\ T^2 + 3°4886 \times 10^{-8}\ T^3$$
$$+ 3°13889 \times 10^{-11}\ T^4 - 6°11 \times 10^{-13}\ T^5$$

$$c = 5°1258\ 9067 + 0°8189\ 93580\ T + 0°0001\ 4256\ 094\ T^2 + 2°971\ 04 \times 10^{-8}\ T^3$$
$$- 2°480\ 66 \times 10^{-9}\ T^4 + 4°694 \times 10^{-12}\ T^5$$

$$c' = 5°1258\ 9067 - 0°5778\ 94252\ T - 0°0001\ 6450\ 428\ T^2 + 7°588\ 19 \times 10^{-9}\ T^3$$
$$+ 4°146\ 28 \times 10^{-9}\ T^4 - 5°944 \times 10^{-12}\ T^5$$

Formulae for the reduction from the mean equinox and equator or ecliptic of the middle of year (t_1) to date (t) are as follows:

$$\alpha = \alpha_1 + \tau(m + n \sin \alpha_1 \tan \delta_1)$$
$$\lambda = \lambda_1 + \tau(p - \pi \cos (\lambda_1 + 6°) \tan \beta)$$
$$\Omega = \Omega_1 + \tau(p - \pi \sin (\Omega_1 + 6°) \cot i)$$
$$\omega = \omega_1 + \tau\pi \sin (\Omega_1 + 6°) \operatorname{cosec} i$$

$$\delta = \delta_1 + \tau n \cos \alpha_1$$
$$\beta = \beta_1 + \tau\pi \sin (\lambda_1 + 6°)$$
$$i = i_1 + \tau\pi \cos (\Omega_1 + 6°)$$

where $\tau = t - t_1$ and π is the annual rate of rotation of the ecliptic.

Reduction for precession—approximate formulae (continued)

The precessional constants p, m, etc., are as follows:

	Epoch J2020·5		Epoch J2020·5
Annual		Annual rate of rotation	
general precession $p = +0°013\ 9701$		Annual rate of rotation	$\pi = +0°000\ 1305$
precession in R.A. $m = +0°012\ 8132$		Longitude of axis	$\Pi = +174°8247$
precession in Dec. $n = +0°005\ 5667$		$\gamma = 180° - \Pi = +5°1753$	

where Π is the longitude of the instantaneous rotation axis of the ecliptic, measured from the mean equinox of date.

Reduction for nutation—rigorous formulae

Nutations in longitude $(\Delta\psi)$ and obliquity $(\Delta\epsilon)$ have been calculated using the IAU 2000A series definitions (order of 1μas) with the following adjustments which are required for use at the highest precision with the IAU 2006 precession, viz:

$$\Delta\psi = \Delta\psi_{2000A} + (0{\cdot}4697\times 10^{-6} - 2{\cdot}7774\times 10^{-6}\ T)\ \Delta\psi_{2000A}$$

$$\Delta\epsilon = \Delta\epsilon_{2000A} - 2{\cdot}7774\times 10^{-6}\ T\ \Delta\epsilon_{2000A}$$

where T is measured in Julian centuries from 245 1545·0 TT. $\Delta\psi$ and $\Delta\epsilon$ together with the true obliquity of the ecliptic (ϵ) are tabulated, daily at $0^{\rm h}$ TT, on pages B58–B65. Web links are given on page x or on *The Astronomical Almanac Online* for series for evaluating $\Delta\psi_{2000A}$, $\Delta\epsilon_{2000A}$, and $\Delta\psi$, $\Delta\epsilon$.

A mean place $(\mathbf{r}_m)$ may be transformed to a true place $(\mathbf{r}_t)$, and vice versa, as follows:

$$\mathbf{r}_t = \mathbf{N}\,\mathbf{r}_m \qquad \mathbf{r}_m = \mathbf{N}^{-1}\,\mathbf{r}_t = \mathbf{N}'\,\mathbf{r}_t$$

where
$$\mathbf{N} = \mathbf{R}_1(-\epsilon)\,\mathbf{R}_3(-\Delta\psi)\,\mathbf{R}_1(+\epsilon_A)$$

$$\epsilon = \epsilon_A + \Delta\epsilon$$

and ϵ_A is given on page B52. The matrix for nutation is given by

$$\mathbf{N} = \begin{pmatrix} \cos\Delta\psi & -\sin\Delta\psi\cos\epsilon_A & -\sin\Delta\psi\sin\epsilon_A \\ \sin\Delta\psi\cos\epsilon & \cos\Delta\psi\cos\epsilon_A\cos\epsilon+\sin\epsilon_A\sin\epsilon & \cos\Delta\psi\sin\epsilon_A\cos\epsilon-\cos\epsilon_A\sin\epsilon \\ \sin\Delta\psi\sin\epsilon & \cos\Delta\psi\cos\epsilon_A\sin\epsilon-\sin\epsilon_A\cos\epsilon & \cos\Delta\psi\sin\epsilon_A\sin\epsilon+\cos\epsilon_A\cos\epsilon \end{pmatrix}$$

Approximate reduction for nutation

To first order, the contributions of the nutations in longitude $(\Delta\psi)$ and in obliquity $(\Delta\epsilon)$ to the reduction from mean place to true place are given by:

$$\Delta\alpha = (\cos\epsilon + \sin\epsilon\,\sin\alpha\,\tan\delta)\,\Delta\psi - \cos\alpha\,\tan\delta\,\Delta\epsilon \qquad \Delta\lambda = \Delta\psi$$

$$\Delta\delta = \sin\epsilon\,\cos\alpha\,\Delta\psi + \sin\alpha\,\Delta\epsilon \qquad\qquad \Delta\beta = 0$$

The following formulae may be used to compute $\Delta\psi$ and $\Delta\epsilon$ to a precision of about $0°0002$ $(1'')$ during 2020.

$$\Delta\psi = -0°0048\,\sin(98°3 - 0{\cdot}053\,d) \qquad \Delta\epsilon = +0°0026\,\cos(98°3 - 0{\cdot}053\,d)$$

$$\qquad\quad -0°0004\,\sin(198°3 + 1{\cdot}971\,d) \qquad\qquad +0°0002\,\cos(198°3 + 1{\cdot}971\,d)$$

where $d = \mathrm{JD}_{\rm TT} - 245\ 8848{\cdot}5$ is the day of the year and fraction; for this precision

$$\epsilon = 23°44 \qquad \cos\epsilon = 0{\cdot}918 \qquad \sin\epsilon = 0{\cdot}398$$

Approximate reduction for nutation (continued)

The corrections to be added to the mean rectangular coordinates (x, y, z) to produce the true rectangular coordinates are given by:

$$\Delta x = -(y\cos\epsilon + z\sin\epsilon)\,\Delta\psi \quad \Delta y = +x\,\Delta\psi\,\cos\epsilon - z\,\Delta\epsilon \quad \Delta z = +x\,\Delta\psi\,\sin\epsilon + y\,\Delta\epsilon$$

where $\Delta\psi$ and $\Delta\epsilon$ are expressed in radians. The corresponding rotation matrix is

$$\mathbf{N} = \begin{pmatrix} 1 & -\Delta\psi\,\cos\epsilon & -\Delta\psi\,\sin\epsilon \\ +\Delta\psi\,\cos\epsilon & 1 & -\Delta\epsilon \\ +\Delta\psi\,\sin\epsilon & +\Delta\epsilon & 1 \end{pmatrix}$$

Combined reduction for frame bias, precession and nutation—rigorous formulae

The angles $\bar{\gamma}$, $\bar{\phi}$, $\bar{\psi}$ which combine frame bias with the effects of precession are given by

$$\bar{\gamma} = -0\rlap{.}''052\,928 + 10\rlap{.}''556\,378\,T + 0\rlap{.}''493\,2044\,T^2 - 0\rlap{.}''000\,312\,38\,T^3$$
$$- 2\rlap{.}''788\times 10^{-6}\,T^4 + 2\rlap{.}''60\times 10^{-8}\,T^5$$

$$\bar{\phi} = 84381\rlap{.}''412\,819 - 46\rlap{.}''811\,016\,T + 0\rlap{.}''051\,1268\,T^2 + 0\rlap{.}''000\,532\,89\,T^3$$
$$- 0\rlap{.}''440\times 10^{-6}\,T^4 - 1\rlap{.}''76\times 10^{-8}\,T^5$$

$$\bar{\psi} = -0\rlap{.}''041\,775 + 5038\rlap{.}''481\,484\,T + 1\rlap{.}''558\,4175\,T^2 - 0\rlap{.}''000\,185\,22\,T^3$$
$$- 26\rlap{.}''452\times 10^{-6}\,T^4 - 1\rlap{.}''48\times 10^{-8}\,T^5$$

Nutation (see page B55) is applied by adding the nutations in longitude ($\Delta\psi$) and obliquity ($\Delta\epsilon$) thus

$$\psi = \bar{\psi} + \Delta\psi \quad \text{and} \quad \epsilon = \epsilon_A + \Delta\epsilon$$

Values for $\Delta\psi$ and $\Delta\epsilon$ are tabulated daily on pages B58–B65 with ϵ, the true obliquity of the ecliptic, while ϵ_A is given on page B52.

Thus the reduction from a geocentric position $\mathbf{r}$ with respect to the GCRS to a position $\mathbf{r}_t$ with respect to the (true) equator and equinox of date, and vice versa, is given by:

$$\mathbf{r}_t = \mathbf{M}\,\mathbf{r} = \mathbf{N}\mathbf{P}\mathbf{B}\,\mathbf{r} \quad \mathbf{r} = \mathbf{B}^{-1}\,\mathbf{P}^{-1}\,\mathbf{N}^{-1}\,\mathbf{r}_t = \mathbf{B}'\,\mathbf{P}'\,\mathbf{N}'\,\mathbf{r}_t$$

or where
$$\mathbf{M} = \mathbf{R}_1(-\epsilon)\,\mathbf{R}_3(-\psi)\,\mathbf{R}_1(\bar{\phi})\,\mathbf{R}_3(\bar{\gamma})$$

and the matrices $\mathbf{B}$, $\mathbf{P}$ and $\mathbf{N}$ are defined in the preceding sections. The combined matrix $\mathbf{M}$ (see page B50) is tabulated daily at 0^h TT on even numbered pages B30–B44. There should be no significant difference between the various methods of calculating $\mathbf{M}$.

Values for the middle of the year, epoch J2020·5 for $\bar{\gamma}$, $\bar{\phi}$, $\bar{\psi}$, ϵ_A, and the combined bias and precession matrices are

F-W Bias and Precession Angles $\bar{\gamma}$, $\bar{\phi}$, $\bar{\psi}$, and ϵ_A

$$\bar{\gamma} = +2\rlap{.}''13 = +0\rlap{.}°000\,592 \qquad \bar{\phi} = +843\,71\rlap{.}''82 = +23\rlap{.}°436\,616$$
$$\bar{\psi} = +103\,2\rlap{.}''91 = +0\rlap{.}°286\,920 \qquad \epsilon_A = 23°\,26'\,11\rlap{.}''80 = 23\rlap{.}°436\,612$$

$$\mathbf{PB} = \begin{pmatrix} +0\cdot999\,987\,509 & -0\cdot004\,584\,214 & -0\cdot001\,991\,726 \\ +0\cdot004\,584\,214 & +0\cdot999\,989\,492 & -0\cdot000\,004\,507 \\ +0\cdot001\,991\,726 & -0\cdot000\,004\,624 & +0\cdot999\,998\,017 \end{pmatrix}$$

where the combined frame bias and precession matrix has been calculated by ignoring the nutation terms $\Delta\psi$ and $\Delta\epsilon$.

Approximate reduction for precession and nutation

The following formulae and table may be used for the approximate reduction from the equator and equinox of J2000·0 (or from the GCRS if the small frame bias correction is ignored) to the true equator and equinox of date during 2020:

$$\alpha = \alpha_0 + f + g \sin(G + \alpha_0) \tan \delta_0$$
$$\delta = \delta_0 + g \cos(G + \alpha_0)$$

where the units of the correction to α_0 and δ_0 are seconds and arcminutes, respectively.

Date		f	g	g	G	Date		f	g	g	G
		s	s	′	h m			s	s	′	h m
Jan.	−8*	+60·4	26·2	6·56	00 02		30	+62·0	26·9	6·73	00 01
	2	+60·5	26·3	6·57	00 01	July	10*	+62·1	27·0	6·75	00 01
	12	+60·6	26·3	6·58	00 01		20	+62·2	27·0	6·76	00 00
	22	+60·7	26·4	6·59	00 01		30	+62·3	27·1	6·77	00 00
Feb.	1*	+60·8	26·4	6·60	00 01	Aug.	9	+62·4	27·1	6·78	00 00
	11	+60·9	26·5	6·61	00 01		19*	+62·5	27·1	6·79	00 00
	21	+61·0	26·5	6·62	00 01		29	+62·5	27·2	6·79	00 00
Mar.	2	+61·0	26·5	6·63	00 01	Sept.	8	+62·6	27·2	6·80	00 00
	12*	+61·1	26·5	6·63	00 01		18	+62·6	27·2	6·81	00 00
	22	+61·1	26·6	6·64	00 00		28*	+62·7	27·3	6·81	00 00
Apr.	1	+61·2	26·6	6·65	00 01	Oct.	8	+62·8	27·3	6·82	00 00
	11	+61·2	26·6	6·65	00 01		18	+62·8	27·3	6·82	00 00
	21*	+61·3	26·6	6·66	00 00		28	+62·9	27·3	6·83	00 00
May	1	+61·4	26·7	6·67	00 01	Nov.	7*	+63·0	27·4	6·84	00 00
	11	+61·5	26·7	6·68	00 01		17	+63·1	27·4	6·85	00 00
	21	+61·6	26·7	6·69	00 01		27	+63·2	27·4	6·86	00 00
	31*	+61·7	26·8	6·70	00 01	Dec.	7	+63·3	27·5	6·88	00 00
June	10	+61·8	26·8	6·71	00 01		17*†	+63·4	27·6	6·89	00 00
	20	+61·9	26·9	6·72	00 01		27	+63·5	27·6	6·90	00 00
	30	+62·0	26·9	6·73	00 01		37	+63·6	27·6	6·91	00 00

* 40-day date   † 400-day date for osculation epoch

Differential precession and nutation

The corrections for differential precession and nutation are given below. These are to be added to the observed differences of the right ascension and declination, $\Delta\alpha$ and $\Delta\delta$, of an object relative to a comparison star to obtain the differences in the mean place for a standard epoch (e.g. J2000·0 or the beginning of the year). The differences $\Delta\alpha$ and $\Delta\delta$ are measured in the sense "object − comparison star", and the corrections are in the same units as $\Delta\alpha$ and $\Delta\delta$.

In the correction to right ascension the same units must be used for $\Delta\alpha$ and $\Delta\delta$.

correction to right ascension $e \tan \delta \, \Delta\alpha - f \sec^2 \delta \, \Delta\delta$

correction to declination $f \, \Delta\alpha$

where
$$e = -\cos\alpha\,(nt + \sin\epsilon\,\Delta\psi) - \sin\alpha\,\Delta\epsilon$$
$$f = +\sin\alpha\,(nt + \sin\epsilon\,\Delta\psi) - \cos\alpha\,\Delta\epsilon$$
$$\epsilon = 23°44, \sin\epsilon = 0·3977, n = 0·000\,0972 \text{ radians for epoch J2020·5,}$$

and t is the time in years *from* the standard epoch *to* the time of observation. $\Delta\psi$, $\Delta\epsilon$ are nutations in longitude and obliquity at the time of observation, *expressed in radians*. ($1'' = 0·000\,004\,8481$ rad).

The errors in arc units caused by using these formulae are of order $10^{-8}\,t^2\,\sec^2\delta$ multiplied by the displacement in arc from the comparison star.

FOR 0ʰ TERRESTRIAL TIME

Date 0ʰ TT		NUTATION in Long. $\Delta\psi$	NUTATION in Obl. $\Delta\epsilon$	True Obl. of Ecliptic ϵ 23° 26′	Julian Date 0ʰ TT 245	CELESTIAL INTERMEDIATE Pole x	CELESTIAL INTERMEDIATE Pole y	Origin s
		"	"	"		"	"	"
Jan.	0	− 16·467 80	− 1·746 47	10·294 11	8848·5	+ 394·163 25	− 2·625 30	+ 0·000 21
	1	− 16·494 09	− 1·701 98	10·337 32	8849·5	+ 394·207 86	− 2·581 01	+ 0·000 17
	2	− 16·543 69	− 1·669 27	10·368 75	8850·5	+ 394·243 14	− 2·548 46	+ 0·000 13
	3	− 16·602 81	− 1·650 90	10·385 83	8851·5	+ 394·274 57	− 2·530 23	+ 0·000 12
	4	− 16·656 58	− 1·647 44	10·388 00	8852·5	+ 394·308 07	− 2·526 92	+ 0·000 11
	5	− 16·690 26	− 1·657 33	10·376 83	8853·5	+ 394·349 50	− 2·536 99	+ 0·000 12
	6	− 16·690 68	− 1·676 80	10·356 09	8854·5	+ 394·404 11	− 2·556 70	+ 0·000 14
	7	− 16·648 30	− 1·699 86	10·331 75	8855·5	+ 394·475 73	− 2·580 07	+ 0·000 16
	8	− 16·559 72	− 1·718 68	10·311 64	8856·5	+ 394·565 74	− 2·599 29	+ 0·000 18
	9	− 16·430 43	− 1·724 63	10·304 41	8857·5	+ 394·672 00	− 2·605 71	+ 0·000 19
	10	− 16·276 37	− 1·710 22	10·317 54	8858·5	+ 394·788 20	− 2·591 82	+ 0·000 17
	11	− 16·122 51	− 1·671 66	10·354 82	8859·5	+ 394·904 43	− 2·553 76	+ 0·000 13
	12	− 15·997 27	− 1·611 05	10·414 14	8860·5	+ 395·009 38	− 2·493 62	+ 0·000 08
	13	− 15·923 80	− 1·536 91	10·486 99	8861·5	+ 395·093 79	− 2·419 86	+ 0·000 01
	14	− 15·911 58	− 1·462 11	10·560 51	8862·5	+ 395·153 85	− 2·345 32	− 0·000 07
	15	− 15·952 62	− 1·399 86	10·621 49	8863·5	+ 395·192 66	− 2·283 23	− 0·000 13
	16	− 16·024 41	− 1·359 50	10·660 56	8864·5	+ 395·219 15	− 2·243 00	− 0·000 16
	17	− 16·097 65	− 1·343 99	10·674 79	8865·5	+ 395·244 96	− 2·227 60	− 0·000 18
	18	− 16·145 25	− 1·349 68	10·667 82	8866·5	+ 395·280 87	− 2·233 45	− 0·000 17
	19	− 16·149 22	− 1·368 01	10·648 20	8867·5	+ 395·334 07	− 2·252 02	− 0·000 16
	20	− 16·103 94	− 1·388 23	10·626 70	8868·5	+ 395·406 86	− 2·272 56	− 0·000 14
	21	− 16·015 92	− 1·400 10	10·613 55	8869·5	+ 395·496 68	− 2·284 82	− 0·000 13
	22	− 15·901 02	− 1·396 04	10·616 32	8870·5	+ 395·597 26	− 2·281 21	− 0·000 13
	23	− 15·779 98	− 1·372 45	10·638 64	8871·5	+ 395·700 37	− 2·258 07	− 0·000 15
	24	− 15·673 63	− 1·329 92	10·679 88	8872·5	+ 395·797 72	− 2·215 98	− 0·000 19
	25	− 15·598 67	− 1·272 67	10·735 85	8873·5	+ 395·882 66	− 2·159 10	− 0·000 25
	26	− 15·564 99	− 1·207 19	10·800 05	8874·5	+ 395·951 21	− 2·093 92	− 0·000 31
	27	− 15·574 78	− 1·140 79	10·865 16	8875·5	+ 396·002 47	− 2·027 75	− 0·000 38
	28	− 15·623 23	− 1·080 26	10·924 42	8876·5	+ 396·038 34	− 1·967 37	− 0·000 43
	29	− 15·700 21	− 1·030 83	10·972 56	8877·5	+ 396·062 80	− 1·918 05	− 0·000 48
	30	− 15·792 35	− 0·995 74	11·006 37	8878·5	+ 396·081 18	− 1·883 05	− 0·000 51
	31	− 15·884 90	− 0·976 06	11·024 77	8879·5	+ 396·099 32	− 1·863 45	− 0·000 53
Feb.	1	− 15·963 29	− 0·970 70	11·028 85	8880·5	+ 396·123 03	− 1·858 19	− 0·000 54
	2	− 16·014 49	− 0·976 53	11·021 74	8881·5	+ 396·157 51	− 1·864 17	− 0·000 53
	3	− 16·028 38	− 0·988 51	11·008 47	8882·5	+ 396·206 80	− 1·876 38	− 0·000 52
	4	− 15·999 40	− 0·999 94	10·995 75	8883·5	+ 396·273 14	− 1·888 11	− 0·000 51
	5	− 15·928 63	− 1·002 99	10·991 43	8884·5	+ 396·356 14	− 1·891 51	− 0·000 51
	6	− 15·825 84	− 0·989 81	11·003 33	8885·5	+ 396·451 94	− 1·878 76	− 0·000 52
	7	− 15·710 39	− 0·954 54	11·037 31	8886·5	+ 396·552 88	− 1·843 94	− 0·000 55
	8	− 15·609 13	− 0·895 79	11·094 78	8887·5	+ 396·648 28	− 1·785 61	− 0·000 61
	9	− 15·549 97	− 0·818 66	11·170 63	8888·5	+ 396·727 02	− 1·708 83	− 0·000 69
	10	− 15·551 93	− 0·734 80	11·253 20	8889·5	+ 396·781 48	− 1·625 21	− 0·000 77
	11	− 15·616 29	− 0·659 25	11·327 47	8890·5	+ 396·811 08	− 1·549 80	− 0·000 84
	12	− 15·724 42	− 0·605 10	11·380 34	8891·5	+ 396·823 18	− 1·495 70	− 0·000 89
	13	− 15·844 79	− 0·578 63	11·405 52	8892·5	+ 396·830 29	− 1·469 26	− 0·000 92
	14	− 15·945 02	− 0·577 66	11·405 22	8893·5	+ 396·845 30	− 1·468 35	− 0·000 92
	15	− 16·002 54	− 0·593 32	11·388 27	8894·5	+ 396·877 21	− 1·484 16	− 0·000 90

FOR 0ʰ TERRESTRIAL TIME

Date 0ʰ TT	NUTATION in Long. $\Delta\psi$	in Obl. $\Delta\epsilon$	True Obl. of Ecliptic ϵ 23° 26′	Julian Date 0ʰ TT 245	CELESTIAL INTERMEDIATE Pole x	y	Origin s
	″	″	″		″	″	″
Feb. 15	− 16·002 54	− 0·593 32	11·388 27	8894·5	+ 396·877 21	− 1·484 16	− 0·000 90
16	− 16·009 48	− 0·613 85	11·366 46	8895·5	+ 396·929 23	− 1·504 92	− 0·000 88
17	− 15·971 75	− 0·628 13	11·350 90	8896·5	+ 396·999 04	− 1·519 51	− 0·000 87
18	− 15·904 86	− 0·628 10	11·349 65	8897·5	+ 397·080 51	− 1·519 84	− 0·000 87
19	− 15·828 80	− 0·609 74	11·366 72	8898·5	+ 397·165 71	− 1·501 86	− 0·000 89
20	− 15·763 55	− 0·573 10	11·402 08	8899·5	+ 397·246 69	− 1·465 58	− 0·000 92
21	− 15·725 66	− 0·521 56	11·452 34	8900·5	+ 397·316 85	− 1·414 35	− 0·000 97
22	− 15·725 98	− 0·460 87	11·511 75	8901·5	+ 397·371 86	− 1·353 90	− 0·001 03
23	− 15·768 55	− 0·397 92	11·573 41	8902·5	+ 397·410 07	− 1·291 13	− 0·001 09
24	− 15·850 72	− 0·339 57	11·630 48	8903·5	+ 397·432 52	− 1·232 87	− 0·001 15
25	− 15·964 05	− 0·291 56	11·677 21	8904·5	+ 397·442 52	− 1·184 91	− 0·001 19
26	− 16·096 03	− 0·257 84	11·709 64	8905·5	+ 397·445 05	− 1·151 20	− 0·001 22
27	− 16·232 05	− 0·240 11	11·726 09	8906·5	+ 397·445 89	− 1·133 48	− 0·001 24
28	− 16·357 33	− 0·237 76	11·727 16	8907·5	+ 397·450 94	− 1·131 15	− 0·001 24
29	− 16·458 67	− 0·248 03	11·715 61	8908·5	+ 397·465 46	− 1·141 48	− 0·001 23
Mar. 1	− 16·525 81	− 0·266 29	11·696 07	8909·5	+ 397·493 54	− 1·159 87	− 0·001 22
2	− 16·552 74	− 0·286 46	11·674 61	8910·5	+ 397·537 60	− 1·180 24	− 0·001 20
3	− 16·538 95	− 0·301 53	11·658 26	8911·5	+ 397·597 89	− 1·195 57	− 0·001 18
4	− 16·490 63	− 0·304 29	11·654 22	8912·5	+ 397·671 96	− 1·198 67	− 0·001 18
5	− 16·421 70	− 0·288 60	11·668 63	8913·5	+ 397·754 31	− 1·183 33	− 0·001 19
6	− 16·353 44	− 0·251 09	11·704 86	8914·5	+ 397·836 49	− 1·146 19	− 0·001 23
7	− 16·311 58	− 0·193 25	11·761 41	8915·5	+ 397·908 26	− 1·088 67	− 0·001 29
8	− 16·319 68	− 0·122 85	11·830 53	8916·5	+ 397·960 22	− 1·018 50	− 0·001 35
9	− 16·389 66	− 0·053 32	11·898 78	8917·5	+ 397·987 57	− 0·949 09	− 0·001 42
10	− 16·514 04	+ 0·000 02	11·950 83	8918·5	+ 397·993 20	− 0·895 78	− 0·001 47
11	− 16·665 76	+ 0·025 81	11·975 35	8919·5	+ 397·987 84	− 0·869 96	− 0·001 50
12	− 16·808 16	+ 0·021 56	11·969 81	8920·5	+ 397·986 05	− 0·874 21	− 0·001 49
13	− 16·909 76	− 0·005 75	11·941 22	8921·5	+ 398·000 38	− 0·901 59	− 0·001 47
14	− 16·955 29	− 0·043 22	11·902 47	8922·5	+ 398·036 98	− 0·939 21	− 0·001 43
15	− 16·947 85	− 0·077 30	11·867 11	8923·5	+ 398·094 65	− 0·973 55	− 0·001 40
16	− 16·903 88	− 0·097 83	11·845 29	8924·5	+ 398·166 91	− 0·994 41	− 0·001 38
17	− 16·845 65	− 0·099 67	11·842 17	8925·5	+ 398·244 93	− 0·996 59	− 0·001 38
18	− 16·794 99	− 0·082 47	11·858 09	8926·5	+ 398·320 02	− 0·979 73	− 0·001 39
19	− 16·769 37	− 0·049 55	11·889 73	8927·5	+ 398·385 23	− 0·947 10	− 0·001 42
20	− 16·780 09	− 0·006 52	11·931 47	8928·5	+ 398·436 02	− 0·904 30	− 0·001 47
21	− 16·831 82	+ 0·039 90	11·976 61	8929·5	+ 398·470 52	− 0·858 03	− 0·001 51
22	− 16·922 86	+ 0·082 95	12·018 38	8930·5	+ 398·489 36	− 0·815 06	− 0·001 55
23	− 17·045 99	+ 0·116 72	12·050 86	8931·5	+ 398·495 41	− 0·781 32	− 0·001 58
24	− 17·189 68	+ 0·136 81	12·069 67	8932·5	+ 398·493 21	− 0·761 22	− 0·001 60
25	− 17·339 76	+ 0·140 89	12·072 47	8933·5	+ 398·488 41	− 0·757 12	− 0·001 61
26	− 17·481 24	+ 0·128 97	12·059 27	8934·5	+ 398·486 95	− 0·769 04	− 0·001 60
27	− 17·600 26	+ 0·103 36	12·032 37	8935·5	+ 398·494 37	− 0·794 68	− 0·001 57
28	− 17·685 91	+ 0·068 43	11·996 17	8936·5	+ 398·515 01	− 0·829 70	− 0·001 54
29	− 17·731 68	+ 0·030 11	11·956 56	8937·5	+ 398·551 50	− 0·868 18	− 0·001 50
30	− 17·736 57	− 0·004 81	11·920 36	8938·5	+ 398·604 27	− 0·903 34	− 0·001 47
31	− 17·705 77	− 0·029 51	11·894 38	8939·5	+ 398·671 28	− 0·928 33	− 0·001 44
Apr. 1	− 17·650 91	− 0·038 09	11·884 52	8940·5	+ 398·747 93	− 0·937 26	− 0·001 43

FOR 0ʰ TERRESTRIAL TIME

Date 0ʰ TT		NUTATION in Long. $\Delta\psi$	in Obl. $\Delta\epsilon$	True Obl. of Ecliptic ϵ 23° 26′	Julian Date 0ʰ TT 245	CELESTIAL INTERMEDIATE Pole x	y	Origin s
		″	″	″		″	″	″
Apr.	1	− 17·650 91	− 0·038 09	11·884 52	8940·5	+ 398·747 93	− 0·937 26	− 0·001 43
	2	− 17·589 54	− 0·026 86	11·894 46	8941·5	+ 398·827 25	− 0·926 38	− 0·001 44
	3	− 17·543 36	+ 0·004 31	11·924 35	8942·5	+ 398·900 62	− 0·895 54	− 0·001 47
	4	− 17·534 31	+ 0·050 71	11·969 47	8943·5	+ 398·959 29	− 0·849 40	− 0·001 52
	5	− 17·578 22	+ 0·102 40	12·019 88	8944·5	+ 398·996 93	− 0·797 87	− 0·001 57
	6	− 17·677 41	+ 0·145 68	12·061 87	8945·5	+ 399·012 54	− 0·754 67	− 0·001 61
	7	− 17·815 68	+ 0·167 01	12·081 93	8946·5	+ 399·012 50	− 0·733 33	− 0·001 63
	8	− 17·960 77	+ 0·158 48	12·072 10	8947·5	+ 399·009 62	− 0·741 86	− 0·001 62
	9	− 18·075 71	+ 0·121 66	12·034 01	8948·5	+ 399·018 61	− 0·778 71	− 0·001 59
	10	− 18·133 87	+ 0·067 32	11·978 38	8949·5	+ 399·050 11	− 0·833 20	− 0·001 54
	11	− 18·128 70	+ 0·010 62	11·920 40	8950·5	+ 399·106 77	− 0·890 15	− 0·001 48
	12	− 18·073 36	− 0·034 75	11·873 75	8951·5	+ 399·183 45	− 0·935 87	− 0·001 44
	13	− 17·992 45	− 0·060 58	11·846 64	8952·5	+ 399·270 38	− 0·962 08	− 0·001 41
	14	− 17·912 43	− 0·064 92	11·841 02	8953·5	+ 399·357 06	− 0·966 81	− 0·001 41
	15	− 17·854 86	− 0·050 81	11·853 84	8954·5	+ 399·434 88	− 0·953 05	− 0·001 42
	16	− 17·833 49	− 0·024 24	11·879 13	8955·5	+ 399·498 37	− 0·926 76	− 0·001 45
	17	− 17·854 06	+ 0·007 63	11·909 72	8956·5	+ 399·545 19	− 0·895 10	− 0·001 48
	18	− 17·915 33	+ 0·037 73	11·938 53	8957·5	+ 399·575 83	− 0·865 14	− 0·001 51
	19	− 18·010 46	+ 0·059 89	11·959 42	8958·5	+ 399·592 95	− 0·843 05	− 0·001 53
	20	− 18·128 45	+ 0·069 45	11·967 69	8959·5	+ 399·600 94	− 0·833 53	− 0·001 54
	21	− 18·255 51	+ 0·063 60	11·960 56	8960·5	+ 399·605 24	− 0·839 40	− 0·001 53
	22	− 18·376 64	+ 0·041 75	11·937 43	8961·5	+ 399·611 83	− 0·861 28	− 0·001 51
	23	− 18·477 33	+ 0·005 61	11·900 01	8962·5	+ 399·626 49	− 0·897 49	− 0·001 47
	24	− 18·545 53	− 0·040 87	11·852 24	8963·5	+ 399·654 02	− 0·944 09	− 0·001 43
	25	− 18·573 45	− 0·091 92	11·799 91	8964·5	+ 399·697 56	− 0·995 34	− 0·001 38
	26	− 18·559 06	− 0·140 65	11·749 90	8965·5	+ 399·757 93	− 1·044 34	− 0·001 33
	27	− 18·506 93	− 0·180 03	11·709 24	8966·5	+ 399·833 36	− 1·084 05	− 0·001 29
	28	− 18·428 21	− 0·204 03	11·683 95	8967·5	+ 399·919 42	− 1·108 44	− 0·001 27
	29	− 18·339 58	− 0·208 81	11·677 89	8968·5	+ 400·009 52	− 1·113 62	− 0·001 27
	30	− 18·261 06	− 0·193 80	11·691 62	8969·5	+ 400·095 68	− 1·099 00	− 0·001 28
May	1	− 18·212 77	− 0·162 52	11·721 62	8970·5	+ 400·169 89	− 1·068 05	− 0·001 31
	2	− 18·210 28	− 0·122 77	11·760 08	8971·5	+ 400·225 93	− 1·028 55	− 0·001 35
	3	− 18·259 35	− 0·085 89	11·795 68	8972·5	+ 400·261 44	− 0·991 83	− 0·001 38
	4	− 18·351 49	− 0·064 32	11·815 97	8973·5	+ 400·279 76	− 0·970 34	− 0·001 41
	5	− 18·463 01	− 0·067 93	11·811 07	8974·5	+ 400·290 25	− 0·974 00	− 0·001 40
	6	− 18·560 22	− 0·099 88	11·777 84	8975·5	+ 400·306 32	− 1·006 02	− 0·001 37
	7	− 18·610 82	− 0·154 45	11·721 99	8976·5	+ 400·340 81	− 1·060 75	− 0·001 32
	8	− 18·596 57	− 0·218 61	11·656 55	8977·5	+ 400·401 06	− 1·125 18	− 0·001 26
	9	− 18·520 07	− 0·276 99	11·596 89	8978·5	+ 400·486 09	− 1·183 94	− 0·001 20
	10	− 18·402 11	− 0·317 47	11·555 12	8979·5	+ 400·587 69	− 1·224 88	− 0·001 16
	11	− 18·272 01	− 0·334 52	11·536 79	8980·5	+ 400·694 23	− 1·242 41	− 0·001 14
	12	− 18·157 37	− 0·329 29	11·540 74	8981·5	+ 400·794 71	− 1·237 62	− 0·001 15
	13	− 18·077 62	− 0·307 54	11·561 20	8982·5	+ 400·881 39	− 1·216 26	− 0·001 17
	14	− 18·042 12	− 0·277 17	11·590 30	8983·5	+ 400·950 52	− 1·186 20	− 0·001 20
	15	− 18·051 22	− 0·246 14	11·620 04	8984·5	+ 401·001 90	− 1·155 40	− 0·001 23
	16	− 18·098 50	− 0·221 33	11·643 57	8985·5	+ 401·038 07	− 1·130 76	− 0·001 25
	17	− 18·172 97	− 0·207 94	11·655 68	8986·5	+ 401·063 38	− 1·117 47	− 0·001 27

FOR 0^h TERRESTRIAL TIME

Date 0^h TT	NUTATION in Long. $\Delta\psi$	NUTATION in Obl. $\Delta\epsilon$	True Obl. of Ecliptic ϵ 23° 26′	Julian Date 0^h TT 245	CELESTIAL INTERMEDIATE Pole x	Pole y	Origin s
	″	″	″		″	″	″
May 17	− 18·172 97	− 0·207 94	11·655 68	8986·5	+ 401·063 38	− 1·117 47	− 0·001 27
18	− 18·260 83	− 0·209 16	11·653 18	8987·5	+ 401·083 30	− 1·118 78	− 0·001 26
19	− 18·347 02	− 0·226 10	11·634 96	8988·5	+ 401·103 81	− 1·135 82	− 0·001 25
20	− 18·416 63	− 0·257 65	11·602 12	8989·5	+ 401·130 85	− 1·167 49	− 0·001 22
21	− 18·456 53	− 0·300 50	11·557 99	8990·5	+ 401·169 65	− 1·210 51	− 0·001 18
22	− 18·457 19	− 0·349 29	11·507 92	8991·5	+ 401·224 04	− 1·259 55	− 0·001 13
23	− 18·414 57	− 0·397 19	11·458 74	8992·5	+ 401·295 64	− 1·307 77	− 0·001 08
24	− 18·331 56	− 0·436 79	11·417 86	8993·5	+ 401·383 35	− 1·347 76	− 0·001 04
25	− 18·218 42	− 0·461 40	11·391 96	8994·5	+ 401·483 10	− 1·372 82	− 0·001 02
26	− 18·091 88	− 0·466 48	11·385 60	8995·5	+ 401·588 27	− 1·378 38	− 0·001 01
27	− 17·972 58	− 0·450 92	11·399 88	8996·5	+ 401·690 66	− 1·363 27	− 0·001 03
28	− 17·881 11	− 0·417 75	11·431 76	8997·5	+ 401·782 05	− 1·330 51	− 0·001 06
29	− 17·833 44	− 0·374 16	11·474 08	8998·5	+ 401·856 07	− 1·287 25	− 0·001 10
30	− 17·836 36	− 0·330 43	11·516 52	8999·5	+ 401·909 97	− 1·243 77	− 0·001 15
31	− 17·884 29	− 0·297 95	11·547 71	9000·5	+ 401·945 92	− 1·211 45	− 0·001 18
June 1	− 17·958 60	− 0·286 36	11·558 02	9001·5	+ 401·971 29	− 1·199 98	− 0·001 19
2	− 18·030 87	− 0·300 48	11·542 62	9002·5	+ 401·997 34	− 1·214 21	− 0·001 17
3	− 18·070 23	− 0·338 12	11·503 70	9003·5	+ 402·036 39	− 1·252 02	− 0·001 14
4	− 18·053 30	− 0·389 98	11·450 55	9004·5	+ 402·097 76	− 1·304 17	− 0·001 09
5	− 17·972 67	− 0·442 36	11·396 90	9005·5	+ 402·184 45	− 1·356 93	− 0·001 04
6	− 17·839 66	− 0·481 64	11·356 34	9006·5	+ 402·292 04	− 1·396 70	− 0·001 00
7	− 17·679 66	− 0·498 77	11·337 92	9007·5	+ 402·410 47	− 1·414 36	− 0·000 98
8	− 17·522 70	− 0·491 41	11·344 00	9008·5	+ 402·527 80	− 1·407 53	− 0·000 99
9	− 17·394 28	− 0·463 42	11·370 71	9009·5	+ 402·633 87	− 1·380 01	− 0·001 01
10	− 17·309 92	− 0·422 45	11·410 39	9010·5	+ 402·722 47	− 1·339 45	− 0·001 05
11	− 17·274 19	− 0·377 37	11·454 19	9011·5	+ 402·791 75	− 1·294 67	− 0·001 10
12	− 17·282 62	− 0·336 21	11·494 07	9012·5	+ 402·843 45	− 1·253 75	− 0·001 14
13	− 17·324 63	− 0·305 14	11·523 85	9013·5	+ 402·881 74	− 1·222 85	− 0·001 17
14	− 17·386 21	− 0·288 08	11·539 63	9014·5	+ 402·912 20	− 1·205 93	− 0·001 19
15	− 17·451 95	− 0·286 63	11·539 80	9015·5	+ 402·940 92	− 1·204 61	− 0·001 19
16	− 17·506 58	− 0·300 22	11·524 93	9016·5	+ 402·974 00	− 1·218 35	− 0·001 17
17	− 17·536 26	− 0·326 12	11·497 75	9017·5	+ 403·016 94	− 1·244 44	− 0·001 15
18	− 17·530 05	− 0·359 64	11·462 94	9018·5	+ 403·074 13	− 1·278 22	− 0·001 12
19	− 17·481 62	− 0·394 39	11·426 91	9019·5	+ 403·148 10	− 1·313 31	− 0·001 08
20	− 17·391 03	− 0·422 94	11·397 08	9020·5	+ 403·238 87	− 1·342 26	− 0·001 05
21	− 17·266 02	− 0·437 91	11·380 82	9021·5	+ 403·343 39	− 1·357 71	− 0·001 04
22	− 17·122 12	− 0·433 58	11·383 87	9022·5	+ 403·455 51	− 1·353 88	− 0·001 04
23	− 16·980 58	− 0·407 51	11·408 67	9023·5	+ 403·566 79	− 1·328 31	− 0·001 07
24	− 16·864 23	− 0·361 79	11·453 10	9024·5	+ 403·668 13	− 1·283 05	− 0·001 11
25	− 16·791 83	− 0·303 25	11·510 36	9025·5	+ 403·752 06	− 1·224 88	− 0·001 17
26	− 16·772 54	− 0·242 28	11·570 05	9026·5	+ 403·814 87	− 1·164 20	− 0·001 23
27	− 16·802 52	− 0·190 48	11·620 56	9027·5	+ 403·858 04	− 1·112 59	− 0·001 28
28	− 16·864 91	− 0·157 67	11·652 09	9028·5	+ 403·888 25	− 1·079 92	− 0·001 31
29	− 16·933 44	− 0·149 14	11·659 34	9029·5	+ 403·915 89	− 1·071 51	− 0·001 32
30	− 16·979 13	− 0·163 97	11·643 23	9030·5	+ 403·952 52	− 1·086 51	− 0·001 31
July 1	− 16·978 23	− 0·195 00	11·610 92	9031·5	+ 404·007 60	− 1·117 79	− 0·001 28
2	− 16·919 14	− 0·230 62	11·574 01	9032·5	+ 404·085 81	− 1·153 77	− 0·001 24

FOR 0ʰ TERRESTRIAL TIME

Date 0ʰ TT		NUTATION in Long. $\Delta\psi$	in Obl. $\Delta\epsilon$	True Obl. of Ecliptic ϵ 23° 26′	Julian Date 0ʰ TT 245	CELESTIAL INTERMEDIATE Pole x	y	Origin s
		″	″	″		″	″	″
July	1	− 16·978 23	− 0·195 00	11·610 92	9031·5	+ 404·007 60	− 1·117 79	− 0·001 28
	2	− 16·919 14	− 0·230 62	11·574 01	9032·5	+ 404·085 81	− 1·153 77	− 0·001 24
	3	− 16·806 00	− 0·258 05	11·545 30	9033·5	+ 404·185 55	− 1·181 65	− 0·001 21
	4	− 16·657 30	− 0·267 00	11·535 07	9034·5	+ 404·299 52	− 1·191 11	− 0·001 20
	5	− 16·499 90	− 0·252 41	11·548 38	9035·5	+ 404·417 06	− 1·177 05	− 0·001 22
	6	− 16·360 99	− 0·215 31	11·584 19	9036·5	+ 404·527 34	− 1·140 45	− 0·001 25
	7	− 16·261 08	− 0·161 71	11·636 51	9037·5	+ 404·622 19	− 1·087 28	− 0·001 31
	8	− 16·210 23	− 0·100 26	11·696 68	9038·5	+ 404·697 55	− 1·026 17	− 0·001 37
	9	− 16·208 04	− 0·039 83	11·755 82	9039·5	+ 404·753 56	− 0·965 99	− 0·001 43
	10	− 16·245 93	+ 0·012 17	11·806 55	9040·5	+ 404·793 60	− 0·914 17	− 0·001 48
	11	− 16·310 30	+ 0·050 77	11·843 86	9041·5	+ 404·823 03	− 0·875 71	− 0·001 52
	12	− 16·385 39	+ 0·073 56	11·865 37	9042·5	+ 404·848 14	− 0·853 03	− 0·001 54
	13	− 16·455 38	+ 0·080 58	11·871 11	9043·5	+ 404·875 20	− 0·846 13	− 0·001 54
	14	− 16·505 88	+ 0·074 05	11·863 30	9044·5	+ 404·909 95	− 0·852 82	− 0·001 54
	15	− 16·525 13	+ 0·058 09	11·846 05	9045·5	+ 404·957 09	− 0·869 00	− 0·001 52
	16	− 16·505 19	+ 0·038 44	11·825 12	9046·5	+ 405·019 80	− 0·888 93	− 0·001 50
	17	− 16·443 47	+ 0·022 08	11·807 48	9047·5	+ 405·099 14	− 0·905 65	− 0·001 49
	18	− 16·344 21	+ 0·016 48	11·800 59	9048·5	+ 405·193 46	− 0·911 68	− 0·001 48
	19	− 16·219 53	+ 0·028 31	11·811 14	9049·5	+ 405·297 96	− 0·900 32	− 0·001 49
	20	− 16·089 00	+ 0·061 77	11·843 32	9050·5	+ 405·404 90	− 0·867 34	− 0·001 52
	21	− 15·976 63	+ 0·116 75	11·897 02	9051·5	+ 405·504 71	− 0·812 81	− 0·001 58
	22	− 15·905 18	+ 0·187 81	11·966 79	9052·5	+ 405·588 31	− 0·742 13	− 0·001 65
	23	− 15·889 05	+ 0·264 65	12·042 35	9053·5	+ 405·649 94	− 0·665 58	− 0·001 72
	24	− 15·928 54	+ 0·334 57	12·110 99	9054·5	+ 405·689 42	− 0·595 83	− 0·001 79
	25	− 16·008 51	+ 0·386 19	12·161 32	9055·5	+ 405·712 71	− 0·544 32	− 0·001 84
	26	− 16·102 43	+ 0·412 88	12·186 74	9056·5	+ 405·730 34	− 0·517 70	− 0·001 87
	27	− 16·180 30	+ 0·414 79	12·187 37	9057·5	+ 405·754 25	− 0·515 90	− 0·001 87
	28	− 16·217 34	+ 0·398 51	12·169 80	9058·5	+ 405·794 31	− 0·532 37	− 0·001 85
	29	− 16·200 48	+ 0·374 97	12·144 98	9059·5	+ 405·855 78	− 0·556 19	− 0·001 83
	30	− 16·131 07	+ 0·356 34	12·125 07	9060·5	+ 405·938 16	− 0·575 19	− 0·001 81
	31	− 16·023 56	+ 0·352 90	12·120 35	9061·5	+ 406·035 78	− 0·579 07	− 0·001 81
Aug.	1	− 15·900 95	+ 0·370 70	12·136 86	9062·5	+ 406·139 49	− 0·561 74	− 0·001 83
	2	− 15·788 62	+ 0·410 52	12·175 40	9063·5	+ 406·239 21	− 0·522 38	− 0·001 87
	3	− 15·708 24	+ 0·468 26	12·231 86	9064·5	+ 406·326 31	− 0·465 03	− 0·001 92
	4	− 15·673 41	+ 0·536 46	12·298 77	9065·5	+ 406·395 34	− 0·397 15	− 0·001 99
	5	− 15·687 89	+ 0·606 36	12·367 39	9066·5	+ 406·444 76	− 0·327 47	− 0·002 06
	6	− 15·746 38	+ 0·669 84	12·429 60	9067·5	+ 406·476 66	− 0·264 13	− 0·002 12
	7	− 15·836 98	+ 0·720 82	12·479 29	9068·5	+ 406·495 72	− 0·213 24	− 0·002 17
	8	− 15·944 24	+ 0·755 85	12·513 04	9069·5	+ 406·508 09	− 0·178 27	− 0·002 20
	9	− 16·051 84	+ 0·774 22	12·530 12	9070·5	+ 406·520 24	− 0·159 96	− 0·002 22
	10	− 16·144 73	+ 0·777 63	12·532 25	9071·5	+ 406·538 17	− 0·156 63	− 0·002 23
	11	− 16·210 50	+ 0·769 77	12·523 11	9072·5	+ 406·566 85	− 0·164 62	− 0·002 22
	12	− 16·240 40	+ 0·755 92	12·507 98	9073·5	+ 406·609 76	− 0·178 66	− 0·002 20
	13	− 16·230 30	+ 0·742 49	12·493 26	9074·5	+ 406·668 58	− 0·192 36	− 0·002 19
	14	− 16·181 76	+ 0·736 50	12·486 00	9075·5	+ 406·742 73	− 0·198 68	− 0·002 18
	15	− 16·103 06	+ 0·744 78	12·492 99	9076·5	+ 406·828 93	− 0·190 80	− 0·002 19
	16	− 16·009 77	+ 0·772 64	12·519 57	9077·5	+ 406·921 03	− 0·163 36	− 0·002 22

FOR 0ʰ TERRESTRIAL TIME

Date 0ʰ TT	NUTATION in Long. $\Delta\psi$	NUTATION in Obl. $\Delta\epsilon$	True Obl. of Ecliptic ϵ 23° 26′	Julian Date 0ʰ TT 245	CELESTIAL INTERMEDIATE Pole x	Pole y	Origin s
	″	″	″		″	″	″
Aug. 16	− 16·009 77	+ 0·772 64	12·519 57	**9077·5**	+ 406·921 03	− 0·163 36	− 0·002 22
17	− 15·923 66	+ 0·822 20	12·567 85	**9078·5**	+ 407·010 37	− 0·114 20	− 0·002 27
18	− 15·869 03	+ 0·890 68	12·635 04	**9079·5**	+ 407·087 28	− 0·046 07	− 0·002 34
19	− 15·865 96	+ 0·969 60	12·712 68	**9080·5**	+ 407·143 72	+ 0·032 59	− 0·002 41
20	− 15·922 40	+ 1·046 07	12·787 87	**9081·5**	+ 407·176 49	+ 0·108 91	− 0·002 49
21	− 16·028 91	+ 1·106 43	12·846 94	**9082·5**	+ 407·189 27	+ 0·169 21	− 0·002 55
22	− 16·159 98	+ 1·140 96	12·880 19	**9083·5**	+ 407·192 16	+ 0·203 73	− 0·002 58
23	− 16·282 47	+ 1·147 50	12·885 45	**9084·5**	+ 407·198 34	+ 0·210 25	− 0·002 59
24	− 16·367 13	+ 1·131 95	12·868 62	**9085·5**	+ 407·219 46	+ 0·194 60	− 0·002 57
25	− 16·397 58	+ 1·105 74	12·841 13	**9086·5**	+ 407·262 10	+ 0·168 19	− 0·002 55
26	− 16·373 58	+ 1·081 86	12·815 96	**9087·5**	+ 407·326 40	+ 0·144 01	− 0·002 52
27	− 16·308 78	+ 1·071 21	12·804 03	**9088·5**	+ 407·407 00	+ 0·133 00	− 0·002 51
28	− 16·225 22	+ 1·080 35	12·811 89	**9089·5**	+ 407·495 14	+ 0·141 74	− 0·002 52
29	− 16·147 23	+ 1·110 76	12·841 02	**9090·5**	+ 407·581 16	+ 0·171 76	− 0·002 55
30	− 16·096 06	+ 1·159 31	12·888 28	**9091·5**	+ 407·656 60	+ 0·219 96	− 0·002 60
31	− 16·086 23	+ 1·219 54	12·947 23	**9092·5**	+ 407·715 65	+ 0·279 92	− 0·002 66
Sept. 1	− 16·123 72	+ 1·283 33	13·009 75	**9093·5**	+ 407·755 90	+ 0·343 54	− 0·002 72
2	− 16·205 95	+ 1·342 57	13·067 70	**9094·5**	+ 407·778 33	+ 0·402 67	− 0·002 78
3	− 16·323 25	+ 1·390 55	13·114 40	**9095·5**	+ 407·786 76	+ 0·450 61	− 0·002 83
4	− 16·461 31	+ 1·422 90	13·145 46	**9096·5**	+ 407·786 87	+ 0·482 96	− 0·002 86
5	− 16·603 88	+ 1·438 00	13·159 28	**9097·5**	+ 407·785 10	+ 0·498 07	− 0·002 87
6	− 16·735 26	+ 1·436 88	13·156 88	**9098·5**	+ 407·787 71	+ 0·496 94	− 0·002 87
7	− 16·842 21	+ 1·422 83	13·141 55	**9099·5**	+ 407·799 97	+ 0·482 83	− 0·002 86
8	− 16·915 27	+ 1·400 83	13·118 27	**9100·5**	+ 407·825 68	+ 0·460 72	− 0·002 84
9	− 16·949 54	+ 1·377 00	13·093 15	**9101·5**	+ 407·866 81	+ 0·436 69	− 0·002 81
10	− 16·945 34	+ 1·357 95	13·072 82	**9102·5**	+ 407·923 26	+ 0·417 39	− 0·002 79
11	− 16·908 65	+ 1·350 20	13·063 78	**9103·5**	+ 407·992 68	+ 0·409 31	− 0·002 78
12	− 16·851 50	+ 1·359 21	13·071 52	**9104·5**	+ 408·070 32	+ 0·417 98	− 0·002 79
13	− 16·791 67	+ 1·388 30	13·099 32	**9105·5**	+ 408·149 12	+ 0·446 71	− 0·002 82
14	− 16·750 96	+ 1·437 08	13·146 82	**9106·5**	+ 408·220 40	+ 0·495 16	− 0·002 87
15	− 16·751 05	+ 1·500 17	13·208 62	**9107·5**	+ 408·275 52	+ 0·557 99	− 0·002 93
16	− 16·806 62	+ 1·566 90	13·274 07	**9108·5**	+ 408·308 59	+ 0·624 58	− 0·003 00
17	− 16·917 75	+ 1·623 23	13·329 12	**9109·5**	+ 408·319 51	+ 0·680 85	− 0·003 05
18	− 17·065 90	+ 1·656 08	13·360 69	**9110·5**	+ 408·315 60	+ 0·713 73	− 0·003 09
19	− 17·217 92	+ 1·658 68	13·362 01	**9111·5**	+ 408·310 02	+ 0·716 35	− 0·003 09
20	− 17·338 03	+ 1·633 70	13·335 75	**9112·5**	+ 408·317 00	+ 0·691 34	− 0·003 06
21	− 17·401 65	+ 1·592 23	13·293 00	**9113·5**	+ 408·346 38	+ 0·649 74	− 0·003 02
22	− 17·403 41	+ 1·549 10	13·248 59	**9114·5**	+ 408·400 34	+ 0·606 36	− 0·002 98
23	− 17·356 15	+ 1·517 57	13·215 77	**9115·5**	+ 408·473 86	+ 0·574 49	− 0·002 95
24	− 17·283 72	+ 1·505 83	13·202 75	**9116·5**	+ 408·557 49	+ 0·562 37	− 0·002 94
25	− 17·212 54	+ 1·516 11	13·211 74	**9117·5**	+ 408·640 71	+ 0·572 27	− 0·002 94
26	− 17·165 23	+ 1·545 52	13·239 87	**9118·5**	+ 408·714 53	+ 0·601 34	− 0·002 97
27	− 17·157 06	+ 1·587 80	13·280 87	**9119·5**	+ 408·772 84	+ 0·643 35	− 0·003 02
28	− 17·194 74	+ 1·635 06	13·326 84	**9120·5**	+ 408·812 94	+ 0·690 43	− 0·003 06
29	− 17·276 87	+ 1·679 30	13·369 81	**9121·5**	+ 408·835 34	+ 0·734 57	− 0·003 11
30	− 17·395 24	+ 1·713 66	13·402 88	**9122·5**	+ 408·843 29	+ 0·768 89	− 0·003 14
Oct. 1	− 17·536 76	+ 1·733 25	13·421 19	**9123·5**	+ 408·841 95	+ 0·788 49	− 0·003 16

FOR 0ʰ TERRESTRIAL TIME

Date 0ʰ TT	NUTATION in Long. $\Delta\psi$ ″	in Obl. $\Delta\epsilon$ ″	True Obl. of Ecliptic ϵ 23° 26′ ″	Julian Date 0ʰ TT 245	CELESTIAL INTERMEDIATE Pole x ″	y ″	Origin s ″
Oct. 1	− 17·536 76	+ 1·733 25	13·421 19	**9123·5**	+ 408·841 95	+ 0·788 49	− 0·003 16
2	− 17·685 73	+ 1·735 70	13·422 36	**9124·5**	+ 408·837 58	+ 0·790 95	− 0·003 16
3	− 17·826 15	+ 1·721 27	13·406 65	**9125·5**	+ 408·836 53	+ 0·776 53	− 0·003 15
4	− 17·943 90	+ 1·692 70	13·376 79	**9126·5**	+ 408·844 44	+ 0·747 92	− 0·003 12
5	− 18·028 46	+ 1·654 68	13·337 49	**9127·5**	+ 408·865 50	+ 0·709 80	− 0·003 08
6	− 18·074 09	+ 1·613 22	13·294 75	**9128·5**	+ 408·902 02	+ 0·668 18	− 0·003 04
7	− 18·080 41	+ 1·574 89	13·255 13	**9129·5**	+ 408·954 21	+ 0·629 61	− 0·003 00
8	− 18·052 55	+ 1·546 05	13·225 02	**9130·5**	+ 409·020 02	+ 0·600 47	− 0·002 97
9	− 18·000 99	+ 1·532 09	13·209 77	**9131·5**	+ 409·095 33	+ 0·586 17	− 0·002 96
10	− 17·940 92	+ 1·536 52	13·212 92	**9132·5**	+ 409·174 11	+ 0·590 23	− 0·002 96
11	− 17·891 00	+ 1·560 03	13·235 14	**9133·5**	+ 409·248 94	+ 0·613 40	− 0·002 98
12	− 17·870 83	+ 1·599 46	13·273 29	**9134·5**	+ 409·312 01	+ 0·652 54	− 0·003 02
13	− 17·896 65	+ 1·647 16	13·319 71	**9135·5**	+ 409·356 83	+ 0·700 04	− 0·003 07
14	− 17·975 29	+ 1·691 40	13·362 67	**9136·5**	+ 409·380 62	+ 0·744 17	− 0·003 11
15	− 18·098 34	+ 1·718 76	13·388 74	**9137·5**	+ 409·386 67	+ 0·771 50	− 0·003 14
16	− 18·240 19	+ 1·718 51	13·387 21	**9138·5**	+ 409·385 12	+ 0·771 26	− 0·003 14
17	− 18·364 20	+ 1·687 64	13·355 06	**9139·5**	+ 409·390 52	+ 0·740 36	− 0·003 11
18	− 18·436 31	+ 1·633 20	13·299 35	**9140·5**	+ 409·416 46	+ 0·685 81	− 0·003 06
19	− 18·439 37	+ 1·569 96	13·234 82	**9141·5**	+ 409·469 82	+ 0·622 32	− 0·002 99
20	− 18·379 28	+ 1·514 32	13·177 89	**9142·5**	+ 409·548 33	+ 0·566 31	− 0·002 94
21	− 18·280 14	+ 1·478 31	13·140 60	**9143·5**	+ 409·642 46	+ 0·529 87	− 0·002 90
22	− 18·173 08	+ 1·466 66	13·127 68	**9144·5**	+ 409·739 86	+ 0·517 78	− 0·002 89
23	− 18·085 93	+ 1·477 28	13·137 01	**9145·5**	+ 409·829 44	+ 0·527 99	− 0·002 90
24	− 18·037 51	+ 1·503 60	13·162 05	**9146·5**	+ 409·903 68	+ 0·553 97	− 0·002 92
25	− 18·036 20	+ 1·537 13	13·194 29	**9147·5**	+ 409·959 23	+ 0·587 24	− 0·002 96
26	− 18·081 16	+ 1·569 40	13·225 29	**9148·5**	+ 409·996 36	+ 0·619 35	− 0·002 99
27	− 18·164 48	+ 1·593 25	13·247 85	**9149·5**	+ 410·018 20	+ 0·643 10	− 0·003 01
28	− 18·273 50	+ 1·603 48	13·256 80	**9150·5**	+ 410·029 75	+ 0·653 27	− 0·003 02
29	− 18·392 87	+ 1·597 24	13·249 28	**9151·5**	+ 410·037 11	+ 0·647 00	− 0·003 02
30	− 18·506 57	+ 1·574 20	13·224 95	**9152·5**	+ 410·046 65	+ 0·623 91	− 0·002 99
31	− 18·599 85	+ 1·536 45	13·185 92	**9153·5**	+ 410·064 25	+ 0·586 08	− 0·002 96
Nov. 1	− 18·660 98	+ 1·488 22	13·136 41	**9154·5**	+ 410·094 58	+ 0·537 71	− 0·002 91
2	− 18·682 84	+ 1·435 35	13·082 25	**9155·5**	+ 410·140 51	+ 0·484 62	− 0·002 86
3	− 18·663 89	+ 1·384 51	13·030 13	**9156·5**	+ 410·202 68	+ 0·433 50	− 0·002 80
4	− 18·608 58	+ 1·342 31	12·986 65	**9157·5**	+ 410·279 35	+ 0·390 95	− 0·002 76
5	− 18·526 98	+ 1·314 35	12·957 41	**9158·5**	+ 410·366 55	+ 0·362 59	− 0·002 73
6	− 18·433 72	+ 1·304 31	12·946 09	**9159·5**	+ 410·458 46	+ 0·352 13	− 0·002 72
7	− 18·346 30	+ 1·313 18	12·953 68	**9160·5**	+ 410·548 14	+ 0·360 59	− 0·002 73
8	− 18·282 71	+ 1·338 63	12·977 85	**9161·5**	+ 410·628 42	+ 0·385 67	− 0·002 76
9	− 18·258 19	+ 1·374 68	13·012 61	**9162·5**	+ 410·693 20	+ 0·421 42	− 0·002 79
10	− 18·281 26	+ 1·411 94	13·048 59	**9163·5**	+ 410·739 06	+ 0·458 47	− 0·002 83
11	− 18·349 33	+ 1·438 86	13·074 23	**9164·5**	+ 410·766 98	+ 0·485 26	− 0·002 86
12	− 18·445 71	+ 1·444 40	13·078 48	**9165·5**	+ 410·783 54	+ 0·490 72	− 0·002 86
13	− 18·540 64	+ 1·421 84	13·054 64	**9166·5**	+ 410·800 54	+ 0·468 09	− 0·002 84
14	− 18·598 85	+ 1·372 50	13·004 02	**9167·5**	+ 410·832 03	+ 0·418 60	− 0·002 79
15	− 18·592 52	+ 1·306 77	12·937 01	**9168·5**	+ 410·889 12	+ 0·352 61	− 0·002 72
16	− 18·513 57	+ 1·240 96	12·869 91	**9169·5**	+ 410·975 08	+ 0·286 40	− 0·002 66

FOR 0^h TERRESTRIAL TIME

Date	NUTATION in Long. $\Delta\psi$	NUTATION in Obl. $\Delta\epsilon$	True Obl. of Ecliptic ϵ 23° 26′	Julian Date 0^h TT 245	CELESTIAL INTERMEDIATE Pole x	CELESTIAL INTERMEDIATE Pole y	CELESTIAL INTERMEDIATE Origin s
0^h TT	″	″	″		″	″	″
Nov. 16	− 18·513 57	+ 1·240 96	12·869 91	**9169·5**	+ 410·975 08	+ 0·286 40	− 0·002 66
17	− 18·377 41	+ 1·190 92	12·818 59	**9170·5**	+ 411·083 87	+ 0·235 86	− 0·002 61
18	− 18·215 66	+ 1·166 30	12·792 69	**9171·5**	+ 411·202 96	+ 0·210 69	− 0·002 58
19	− 18·063 06	+ 1·168 26	12·793 36	**9172·5**	+ 411·318 53	+ 0·212 12	− 0·002 58
20	− 17·946 39	+ 1·191 02	12·814 85	**9173·5**	+ 411·419 91	+ 0·234 42	− 0·002 61
21	− 17·879 59	+ 1·225 26	12·847 81	**9174·5**	+ 411·501 50	+ 0·268 29	− 0·002 64
22	− 17·864 30	+ 1·261 18	12·882 44	**9175·5**	+ 411·562 61	+ 0·303 92	− 0·002 67
23	− 17·893 03	+ 1·290 49	12·910 47	**9176·5**	+ 411·606 19	+ 0·333 03	− 0·002 70
24	− 17·952 67	+ 1·307 29	12·925 98	**9177·5**	+ 411·637 41	+ 0·349 69	− 0·002 72
25	− 18·027 42	+ 1·308 29	12·925 70	**9178·5**	+ 411·662 55	+ 0·350 57	− 0·002 72
26	− 18·100 91	+ 1·292 74	12·908 87	**9179·5**	+ 411·688 12	+ 0·334 91	− 0·002 71
27	− 18·157 88	+ 1·262 24	12·877 09	**9180·5**	+ 411·720 19	+ 0·304 25	− 0·002 67
28	− 18·185 64	+ 1·220 48	12·834 04	**9181·5**	+ 411·763 82	+ 0·262 29	− 0·002 63
29	− 18·175 51	+ 1·172 89	12·785 18	**9182·5**	+ 411·822 50	+ 0·214 44	− 0·002 59
30	− 18·124 11	+ 1·126 08	12·737 08	**9183·5**	+ 411·897 59	+ 0·167 28	− 0·002 54
Dec. 1	− 18·034 28	+ 1·086 95	12·696 67	**9184·5**	+ 411·988 01	+ 0·127 73	− 0·002 50
2	− 17·915 17	+ 1·061 67	12·670 10	**9185·5**	+ 412·090 13	+ 0·101 98	− 0·002 47
3	− 17·781 40	+ 1·054 57	12·661 73	**9186·5**	+ 412·198 17	+ 0·094 38	− 0·002 47
4	− 17·651 02	+ 1·067 16	12·673 03	**9187·5**	+ 412·304 95	+ 0·106 48	− 0·002 48
5	− 17·542 56	+ 1·097 46	12·702 05	**9188·5**	+ 412·403 10	+ 0·136 32	− 0·002 51
6	− 17·471 54	+ 1·139 94	12·743 25	**9189·5**	+ 412·486 41	+ 0·178 43	− 0·002 55
7	− 17·446 85	+ 1·186 07	12·788 10	**9190·5**	+ 412·551 31	+ 0·224 26	− 0·002 59
8	− 17·467 61	+ 1·225 52	12·826 26	**9191·5**	+ 412·598 10	+ 0·263 49	− 0·002 63
9	− 17·521 37	+ 1·248 24	12·847 70	**9192·5**	+ 412·631 69	+ 0·286 05	− 0·002 66
10	− 17·584 57	+ 1·247 05	12·845 23	**9193·5**	+ 412·661 41	+ 0·284 73	− 0·002 66
11	− 17·626 75	+ 1·220 42	12·817 32	**9194·5**	+ 412·699 38	+ 0·257 92	− 0·002 63
12	− 17·618 71	+ 1·174 16	12·769 77	**9195·5**	+ 412·757 23	+ 0·211 39	− 0·002 58
13	− 17·542 91	+ 1·120 80	12·715 13	**9196·5**	+ 412·842 00	+ 0·157 64	− 0·002 53
14	− 17·401 48	+ 1·075 97	12·669 02	**9197·5**	+ 412·952 91	+ 0·112 30	− 0·002 48
15	− 17·216 74	+ 1·052 85	12·644 62	**9198·5**	+ 413·081 15	+ 0·088 59	− 0·002 46
16	− 17·023 03	+ 1·057 63	12·648 11	**9199·5**	+ 413·213 09	+ 0·092 76	− 0·002 46
17	− 16·854 18	+ 1·088 14	12·677 34	**9200·5**	+ 413·335 25	+ 0·122 70	− 0·002 49
18	− 16·733 38	+ 1·135 99	12·723 91	**9201·5**	+ 413·438 38	+ 0·170 08	− 0·002 54
19	− 16·669 19	+ 1·190 27	12·776 91	**9202·5**	+ 413·519 03	+ 0·223 98	− 0·002 59
20	− 16·657 35	+ 1·240 81	12·826 17	**9203·5**	+ 413·578 84	+ 0·274 25	− 0·002 64
21	− 16·685 11	+ 1·280 09	12·864 16	**9204·5**	+ 413·622 85	+ 0·313 33	− 0·002 68
22	− 16·735 70	+ 1·303 78	12·886 57	**9205·5**	+ 413·657 70	+ 0·336 85	− 0·002 71
23	− 16·791 59	+ 1·310 55	12·892 06	**9206·5**	+ 413·690 37	+ 0·343 47	− 0·002 71
24	− 16·836 56	+ 1·301 64	12·881 87	**9207·5**	+ 413·727 31	+ 0·334 40	− 0·002 70
25	− 16·857 07	+ 1·280 38	12·859 33	**9208·5**	+ 413·773 92	+ 0·312 92	− 0·002 68
26	− 16·843 22	+ 1·251 76	12·829 42	**9209·5**	+ 413·834 17	+ 0·284 02	− 0·002 65
27	− 16·789 82	+ 1·222 02	12·798 40	**9210·5**	+ 413·910 14	+ 0·253 93	− 0·002 62
28	− 16·697 32	+ 1·198 04	12·773 14	**9211·5**	+ 414·001 68	+ 0·229 53	− 0·002 60
29	− 16·572 63	+ 1·186 48	12·760 30	**9212·5**	+ 414·106 09	+ 0·217 48	− 0·002 59
30	− 16·428 99	+ 1·192 61	12·765 15	**9213·5**	+ 414·218 12	+ 0·223 10	− 0·002 59
31	− 16·284 59	+ 1·219 09	12·790 34	**9214·5**	+ 414·330 54	+ 0·249 05	− 0·002 62
32	− 16·159 64	+ 1·264 88	12·834 85	**9215·5**	+ 414·435 31	+ 0·294 36	− 0·002 66

Planetary reduction overview

Data and formulae are provided for the precise computation of the geocentric apparent right ascension, intermediate right ascension, declination, and hour angle, at an instant of time, for an object within the solar system, ignoring polar motion (see page B84), from a barycentric ephemeris in rectangular coordinates and relativistic coordinate time referred to the International Celestial Reference System (ICRS).

1. Given an instant for which the position of the planet is required, obtain the dynamical time (TDB) to use with the ephemeris. If the position is required at a given Universal Time (UT1), or the hour angle is required, then obtain a value for ΔT, which may have to be predicted.

2. Calculate the geocentric rectangular coordinates of the planet from barycentric ephemerides of the planet and the Earth at coordinate time argument TDB, allowing for light time calculated from heliocentric coordinates.

3. Calculate the geocentric direction of the planet by allowing for light-deflection due to solar gravitation.

4. Calculate the proper direction of the planet by applying the correction for the Earth's orbital velocity about the barycentre (i.e. annual aberration). The resulting vector (from steps 2-4) is in the Geocentric Celestial Reference System (GCRS), and is sometimes called the proper or virtual place.

Equinox Method	*CIO Method*
5. Apply frame bias, precession and nutation to convert from the GCRS to the system defined by the true equator and equinox of date.	5. Rotate from the GCRS to the intermediate system using $\mathcal{X}, \mathcal{Y}$ and s to apply frame bias and precession-nutation.
6. Convert to spherical coordinates, giving the geocentric apparent right ascension and declination with respect to the true equator and equinox of date.	6. Convert to spherical coordinates, giving the geocentric intermediate right ascension and declination with respect to the CIO and equator of date.
7. Calculate Greenwich apparent sidereal time and form the Greenwich hour angle for the given UT1.	7. Calculate the Earth rotation angle and form the Greenwich hour angle for the given UT1.

Alternatively, if right ascension is not required, combine Steps 5 and 7

*5. Apply frame bias, precession, nutation, and Greenwich apparent sidereal time to convert from the GCRS to the Terrestrial Intermediate Reference System; with origin of longitude at the TIO, and the equator of date.	*5. Rotate, using $\mathcal{X}$, $\mathcal{Y}$, s and θ to apply frame bias, precession-nutation and Earth rotation, from the GCRS to the Terrestrial Intermediate Reference System; with origin of longitude at the TIO, and equator of date.

*6. Convert to spherical coordinates, giving the Greenwich hour angle (H) and declination (δ) with respect Terrestrial Intermediate Reference System (TIO and equator of date).

Note: In *Steps 7* and *Steps *5* the effects of polar motion (see page B84) have been ignored; they are the very small difference between the International Terrestrial Reference Frame (ITRF) zero meridian and the TIO, and the position of the CIP within the ITRS.

Formulae and method for planetary reduction

Step 1.   Depending on the instant at which the planetary position is required, obtain the terrestrial or proper time (TT) and the barycentric dynamical time (TDB). Terrestrial time is related to UT1, whereas TDB is used as the time argument for the barycentric ephemeris. For calculating an apparent place the following approximate formulae are sufficient for converting from UT1 to TT and TDB:

$$TT = UT1 + \Delta T, \qquad TDB = TT + 0\overset{s}{\cdot}001\,656\,67 \sin g + 0\cdot000\,022\,42 \sin(L - L_J)$$
$$g = 357\overset{\circ}{\cdot}53 + 0\cdot985\,600\,28\,D \quad \text{and} \quad L - L_J = 246\overset{\circ}{\cdot}11 + 0\cdot902\,517\,92\,D$$

where $D = JD - 245\,1545\cdot0$ and ΔT may be obtained from page K9 and JD is the Julian date to two decimals of a day. The difference between TT and TDB may be ignored.

Step 2.   Obtain the Earth's barycentric position $\mathbf{E}_B(t)$ in au and velocity $\dot{\mathbf{E}}_B(t)$ in au/d, at coordinate time $t = TDB$, referred to the ICRS.

Using an ephemeris, obtain the barycentric ICRS position of the planet $\mathbf{Q}_B$ in au at time $(t - \tau)$ where τ is the light time, so that light emitted by the planet at the event $\mathbf{Q}_B(t - \tau)$ arrives at the Earth at the event $\mathbf{E}_B(t)$.

The light time equation is solved iteratively using the heliocentric position of the Earth (**E**) and the planet (**Q**), starting with the approximation $\tau = 0$, as follows:

Form **P**, the vector from the Earth to the planet from the equation:

$$\mathbf{P} = \mathbf{Q}_B(t - \tau) - \mathbf{E}_B(t)$$

Form **E** and **Q** from the equations: $$\mathbf{E} = \mathbf{E}_B(t) - \mathbf{S}_B(t)$$
$$\mathbf{Q} = \mathbf{Q}_B(t - \tau) - \mathbf{S}_B(t - \tau)$$

where $\mathbf{S}_B$ is the barycentric position of the Sun.

Calculate τ from: $c\tau = P + (2\mu/c^2)\ln[(E + P + Q)/(E - P + Q)]$

where the light time (τ) includes the effect of gravitational retardation due to the Sun, and

$$\mu = \text{solar mass parameter} = GM_S \qquad c = \text{velocity of light} = 173\cdot1446\,\text{au/d}$$
$$\mu/c^2 = 9\cdot87 \times 10^{-9}\,\text{au} \qquad\qquad P = |\mathbf{P}|, \ Q = |\mathbf{Q}|, \ E = |\mathbf{E}|$$

where $|\ |$ means calculate the square root of the sum of the squares of the components.

After convergence, form unit vectors **p**, **q**, **e** by dividing **P**, **Q**, **E** by P, Q, E respectively.

Step 3.   Calculate the geocentric direction $(\mathbf{p}_1)$ of the planet, corrected for light-deflection due to solar gravitation, from:

$$\mathbf{p}_1 = \mathbf{p} + (2\mu/c^2 E)((\mathbf{p} \cdot \mathbf{q})\,\mathbf{e} - (\mathbf{e} \cdot \mathbf{p})\,\mathbf{q})/(1 + \mathbf{q} \cdot \mathbf{e})$$

where the dot indicates a scalar product.

The vector $\mathbf{p}_1$ is a unit vector to order μ/c^2.

Step 4.   Calculate the proper direction of the planet $(\mathbf{p}_2)$ in the GCRS that is moving with the instantaneous velocity (**V**) of the Earth, from:

$$\mathbf{p}_2 = (\beta^{-1}\mathbf{p}_1 + (1 + (\mathbf{p}_1 \cdot \mathbf{V})/(1 + \beta^{-1}))\,\mathbf{V})/(1 + \mathbf{p}_1 \cdot \mathbf{V})$$

where $\mathbf{V} = \dot{\mathbf{E}}_B/c = 0\cdot005\,7755\,\dot{\mathbf{E}}_B$ and $\beta = (1 - V^2)^{-1/2}$; the velocity (**V**) is expressed in units of the velocity of light.

Formulae and method for planetary reduction (continued)

Equinox method

Step 5. Apply frame bias, precession and nutation to the proper direction ($\mathbf{p}_2$) by multiplying by the rotation matrix $\mathbf{M} = \mathbf{NPB}$ given on the even pages B30–B44 to obtain the apparent direction $\mathbf{p}_3$ from:

$$\mathbf{p}_3 = \mathbf{M}\,\mathbf{p}_2$$

Step 6. Convert to spherical coordinates α_e, δ using:

$$\alpha_e = \tan^{-1}(\eta/\xi) \quad \delta = \tan^{-1}(\zeta/\beta)$$

where $\mathbf{p}_3 = (\xi, \eta, \zeta)$, $\beta = \sqrt{(\xi^2 + \eta^2)}$ and the quadrant of α_e or α_i is determined by the signs of ξ and η.

Step 7. Calculate Greenwich apparent sidereal time (GAST) for the required UT1 (B13–B20), and then form

$$H = \mathrm{GAST} - \alpha_e$$

Note: H is usually given in arc measure, while GAST and right ascension are given in units of time.

CIO method

Step 5. Apply the rotation from the GCRS to the Celestial Intermediate System by multiplying the proper direction ($\mathbf{p}_2$) by the matrix $\mathbf{C}(\mathcal{X}, \mathcal{Y}, s)$ given on the odd pages B31–B45 to obtain the intermediate direction $\mathbf{p}_3$ from:

$$\mathbf{p}_3 = \mathbf{C}\,\mathbf{p}_2$$

Step 6. Convert to spherical coordinates α_i, δ using:

$$\alpha_i = \tan^{-1}(\eta/\xi) \quad \delta = \tan^{-1}(\zeta/\beta)$$

Step 7. Calculate the Earth rotation angle (θ) for the required UT1 (B21–B24), and then form

$$H = \theta - \alpha_i$$

Note: H and θ are usually given in arc measure, while right ascension is given in units of time.

Alternatively combining steps 5 and 7 before forming spherical coordinates

Step *5. Apply frame bias, precession, nutation, and sidereal time, to the proper direction ($\mathbf{p}_2$) by multiplying by the rotation matrix $\mathbf{R}_3(\mathrm{GAST})\mathbf{M}$ to obtain the position ($\mathbf{p}_4$) measured relative to the Terrestrial Intermediate Reference System:

$$\mathbf{p}_4 = \mathbf{R}_3(\mathrm{GAST})\mathbf{M}\,\mathbf{p}_2$$

Step *5. Apply the rotation from the GCRS to the terrestrial system by multiplying the proper direction ($\mathbf{p}_2$) by the matrix $\mathbf{R}_3(\theta)\mathbf{C}(\mathcal{X}, \mathcal{Y}, s)$ to obtain the position ($\mathbf{p}_4$) measured with respect to the Terrestrial Intermediate Reference System:

$$\mathbf{p}_4 = \mathbf{R}_3(\theta)\,\mathbf{C}\,\mathbf{p}_2$$

Step *6. Convert to spherical coordinates Greenwich hour angle (H) and declination δ using:

$$H = \tan^{-1}(-\eta/\xi), \quad \delta = \tan^{-1}(\zeta/\beta)$$

where $\mathbf{p}_4 = (\xi, \eta, \zeta)$, $\beta = \sqrt{(\xi^2 + \eta^2)}$, and H is measured from the TIO meridian positive to the west, and the quadrant is determined by the signs of ξ and $-\eta$.

Example of planetary reduction: Equinox method

Calculate the apparent place, the apparent right ascension (right ascension with respect to the equinox) and declination and the Greenwich hour angle, of Venus on 2020 December 20 at $12^{\mathrm{h}} 00^{\mathrm{m}} 00^{\mathrm{s}}$ UT1. Assume that $\Delta T = 70^{\mathrm{s}}_{.}0$.

Example of planetary reduction: Equinox method (continued)

Step 1.   From page B20, on 2020 December 20 the tabular JD = 245 9203·5 UT1.

$$\Delta T = \text{TT} - \text{UT1} = 70\overset{s}{\cdot}0 = 8\cdot101\ 852 \times 10^{-4} \text{ days.}$$

At $12^h\ 00^m\ 00^s$ UT1 the required TT instant is therefore

$$\text{TT} = 245\ 9204\cdot000\ 810 = 245\ 9203\cdot5 + 0\cdot500\ 00 + 8\cdot101\ 852 \times 10^{-4}$$

and the equivalent TDB instant is

$$\text{TDB} = 245\ 9204\cdot000\ 810\ 180 = -4\cdot73 \times 10^{-9} + \text{TT}$$

where $g = 346°24$, and $L - L_J = 318°50$. Thus the difference between TDB and TT is small and may be neglected.

Step 2.   Tabular values, taken from the JPL DE430/LE430 barycentric ephemeris, referred to the ICRS at J2000·0, which are required for the calculation, are as follows:

Vector	Julian date (0^h TDB)	x	y	z
$\mathbf{Q}_B$	245 9201·5	−0·634 558 794	−0·332 964 279	−0·110 062 033
	245 9202·5	−0·624 500 674	−0·348 750 504	−0·117 801 616
	245 9203·5	−0·613 957 514	−0·364 258 651	−0·125 446 766
	245 9204·5	−0·602 937 860	−0·379 476 715	−0·132 991 541
	245 9205·5	−0·591 450 628	−0·394 392 932	−0·140 430 084
	245 9206·5	−0·579 505 089	−0·408 995 788	−0·147 756 626
$\mathbf{S}_B$	245 9202·5	−0·006 561 799	+0·005 535 523	+0·002 512 060
	245 9203·5	−0·006 568 713	+0·005 530 260	+0·002 510 015
	245 9204·5	−0·006 575 621	+0·005 524 989	+0·002 507 966
	245 9205·5	−0·006 582 523	+0·005 519 709	+0·002 505 914

Interpolating to the instant JD 245 9204·000 810 180 TDB gives:

$$\mathbf{S}_B = (-0\cdot006\ 572\ 173,\quad +0\cdot005\ 527\ 622,\quad +0\cdot002\ 508\ 990)$$
$$\mathbf{E}_B = (+0\cdot014\ 334\ 908,\quad +0\cdot907\ 946\ 048,\quad +0\cdot393\ 708\ 063)$$
$$\dot{\mathbf{E}}_B = (-0\cdot017\ 490\ 345,\quad +0\cdot000\ 265\ 138,\quad +0\cdot000\ 115\ 356)$$

where Bessel's interpolation formula (see page K14) has been used up to δ^2 for $\mathbf{S}_B$ and δ^4 for $\mathbf{E}_B$ and $\dot{\mathbf{E}}_B$, the tabular values of which may be found on page B83.

$$\mathbf{E} = (+0\cdot020\ 907\ 081,\quad +0\cdot902\ 418\ 426,\quad +0\cdot391\ 199\ 074) \qquad E = 0\cdot983\ 784\ 955$$

The first iteration, with $\tau = 0$, gives:

$$\mathbf{P} = (-0\cdot622\ 832\ 680,\quad -1\cdot279\ 863\ 062,\quad -0\cdot522\ 946\ 245) \qquad P = 1\cdot516\ 391\ 368$$
$$\mathbf{Q} = (-0\cdot601\ 925\ 599,\quad -0\cdot377\ 444\ 636,\quad -0\cdot131\ 747\ 171) \qquad Q = 0\cdot722\ 589\ 923$$
$$\tau = 0\overset{d}{\cdot}008\ 757\ 9465$$

The second iteration, with $\tau = 0\overset{d}{\cdot}008\ 757\ 9465$ using Bessel's interpolation formula up to δ^4 to interpolate $\mathbf{Q}_B$, and up to δ^2 to interpolate $\mathbf{S}_B$, gives:

$$\mathbf{P} = (-0\cdot622\ 929\ 178,\quad -1\cdot279\ 729\ 770,\quad -0\cdot522\ 880\ 163) \qquad P = 1\cdot516\ 295\ 719$$
$$\mathbf{Q} = (-0\cdot602\ 022\ 157,\quad -0\cdot377\ 311\ 389,\quad -0\cdot131\ 681\ 107) \qquad Q = 0\cdot722\ 588\ 732$$
$$\tau = 0\overset{d}{\cdot}008\ 757\ 3940$$

Iterate until P changes by less than 10^{-9}. Hence the unit vectors are:

$$\mathbf{p} = (-0\cdot410\ 823\ 009,\quad -0\cdot843\ 984\ 294,\quad -0\cdot344\ 840\ 494)$$
$$\mathbf{q} = (-0\cdot833\ 146\ 331,\quad -0\cdot522\ 166\ 179,\quad -0\cdot182\ 235\ 213)$$
$$\mathbf{e} = (+0\cdot021\ 251\ 678,\quad +0\cdot917\ 292\ 363,\quad +0\cdot397\ 646\ 937)$$

Example of planetary reduction: Equinox method (continued)

Step 3. Calculate the scalar products:

$$\mathbf{p} \cdot \mathbf{q} = +0.845\ 817\ 817 \quad \mathbf{e} \cdot \mathbf{p} = -0.920\ 035\ 793 \quad \mathbf{q} \cdot \mathbf{e} = -0.569\ 150\ 081 \qquad \text{then}$$

$$\frac{(2\mu/c^2 E)}{1 + \mathbf{q} \cdot \mathbf{e}}((\mathbf{p} \cdot \mathbf{q})\mathbf{e} - (\mathbf{e} \cdot \mathbf{p})\mathbf{q}) = (-0.000\ 000\ 035, +0.000\ 000\ 014, +0.000\ 000\ 008)$$

$$\text{and} \quad \mathbf{p}_1 = (-0.410\ 823\ 043, -0.843\ 984\ 281, -0.344\ 840\ 486)$$

Step 4. Take $\dot{\mathbf{E}}_B$, interpolated to JD 245 9204.000 810 TT from *Step* 2 and calculate:

$$\mathbf{V} = 0.005\ 775\ 518\ \dot{\mathbf{E}}_B = (-0.000\ 101\ 016, \quad +0.000\ 001\ 531, \quad +0.000\ 000\ 666)$$

Then $V = 0.000\ 101\ 030$, $\beta = 1.000\ 000\ 005$ and $\beta^{-1} = 0.999\ 999\ 995$

Calculate the scalar product $\mathbf{p}_1 \cdot \mathbf{V} = +0.000\ 039\ 977$

Then $1 + (\mathbf{p}_1 \cdot \mathbf{V})/(1 + \beta^{-1}) = 1.000\ 019\ 989$

Hence $\mathbf{p}_2 = (-0.410\ 907\ 632, \quad -0.843\ 949\ 006, \quad -0.344\ 826\ 033)$

Step 5. From page B44, the bias, precession and nutation matrix $\mathbf{M}$, interpolated to the required instant JD 245 9204.000 810 TT, is given by:

$$\mathbf{M} = \mathbf{NPB} = \begin{bmatrix} +0.999\ 987\ 340 & -0.004\ 615\ 003 & -0.002\ 005\ 173 \\ +0.004\ 614\ 991 & +0.999\ 989\ 351 & -0.000\ 010\ 687 \\ +0.002\ 005\ 201 & +0.000\ 001\ 433 & +0.999\ 997\ 990 \end{bmatrix}$$

Hence $\mathbf{p}_3 = \mathbf{M}\,\mathbf{p}_2 = (-0.406\ 316\ 167, -0.845\ 832\ 669, -0.345\ 650\ 501)$

Step 6. Converting to spherical coordinates $\alpha_e = 16^h\ 17^m\ 21^s.9775$, $\delta = -20° 13' 17''.435$.

Step 7. From page B20, interpolating in the daily values to the required UT1 instant gives

$$\text{GAST} - \text{UT1} = 5^h\ 58^m\ 07^s.0931, \qquad \text{and thus}$$

$$H = (\text{GAST} - \text{UT1}) - \alpha_e + \text{UT1}$$

$$= 5^h\ 58^m\ 07^s.0931 - 16^h\ 17^m\ 21^s.9775 + 12^h\ 00^m\ 00^s$$

$$= 25° 11' 16''.735$$

where H, the Greenwich hour angle of Venus, is expressed in angular measure.

Example of planetary reduction: CIO method

Step 1-4. Repeat Steps 1-4 of the planetary reduction given on page B66, calculating the proper direction of the planet ($\mathbf{p}_2$) in the GCRS, hence

$$\mathbf{p}_2 = (-0.410\ 907\ 632, \quad -0.843\ 949\ 006, \quad -0.344\ 826\ 033)$$

Step 5. From pages B45 extract $\mathbf{C}$, interpolated to the required TT time, that rotates the GCRS to the Celestial Intermediate Reference System, viz:

$$\mathbf{C} = \begin{bmatrix} +0.999\ 997\ 990 & +0.000\ 000\ 011 & -0.002\ 005\ 201 \\ -0.000\ 000\ 014 & +1.000\ 000\ 000 & -0.000\ 001\ 433 \\ +0.002\ 005\ 201 & +0.000\ 001\ 433 & +0.999\ 997\ 990 \end{bmatrix}$$

Hence $\mathbf{p}_3 = \mathbf{C}\,\mathbf{p}_2 = (-0.410\ 215\ 370, -0.843\ 948\ 506, -0.345\ 650\ 501)$

Example of planetary reduction: CIO method **(continued)**

Step 6. Converting to spherical coordinates $\alpha_i = 16^\mathrm{h}\ 16^\mathrm{m}\ 18\overset{\mathrm{s}}{.}5162, \quad \delta = -20°\ 13'\ 17\overset{''}{.}435.$

Step 7. From page B24, interpolating to the required UT1, gives

$$\theta - \mathrm{UT1} = 89°\ 15'\ 54\overset{''}{.}478$$

and thus the Greenwich hour angle (H) of Venus is

$$H = (\theta - \mathrm{UT1}) - \alpha_i + \mathrm{UT1}$$
$$= 89°\ 15'\ 54\overset{''}{.}478 - 16^\mathrm{h}\ 16^\mathrm{m}\ 18\overset{\mathrm{s}}{.}5162 \times 15 + 12^\mathrm{h}\ 00^\mathrm{m}\ 00^\mathrm{s} \times 15$$
$$= 25°\ 11'\ 16\overset{''}{.}735$$

Summary of planetary reduction examples

Thus on 2020 December 20 at $12^\mathrm{h}\ 00^\mathrm{m}\ 00^\mathrm{s}$ UT1, the position of Venus is

$H = 25°\ 11'\ 16\overset{''}{.}735$ is the Greenwich hour angle ignoring polar motion,

$\delta = -20°\ 13'\ 17\overset{''}{.}435$ is the apparent and intermediate declination,

$\alpha_e = 16^\mathrm{h}\ 17^\mathrm{m}\ 21\overset{\mathrm{s}}{.}9775$ is the apparent (equinox) right ascension, and

$\alpha_i = 16^\mathrm{h}\ 16^\mathrm{m}\ 18\overset{\mathrm{s}}{.}5162$ is the intermediate right ascension

The geometric distance between the Earth and Venus at time $t = \mathrm{JD}\ 245\ 9204{\cdot}000\ 810\ \mathrm{TT}$ is the value of $P = 1{\cdot}516\ 391\ 368$ au in the first iteration in *Step 2*, where $\tau = 0$. The distance between the Earth at time t and Venus at time $(t - \tau)$ is the value of $P = 1{\cdot}516\ 295\ 725$ au in the final iteration in *Step 2*, where $\tau = 0\overset{\mathrm{d}}{.}008\ 757\ 3941$.

Solar reduction

The method for solar reduction is identical to the method for planetary reduction, except for the following differences:

In *Step 2* set $\mathbf{Q_B} = \mathbf{S_B}$ and hence $\mathbf{P} = \mathbf{S_B}(t - \tau) - \mathbf{E_B}(t)$. Calculate the light time (τ) by iteration from $\tau = P/c$ and form the unit vector $\mathbf{p}$ only.

In *Step 3* set $\mathbf{p_1} = \mathbf{p}$ since there is no light-deflection from the centre of the Sun's disk.

Stellar reduction overview

The method for planetary reduction may be applied with some modification to the calculation of the apparent places of stars.

The barycentric direction of a star at a particular epoch is calculated from its right ascension, declination and space motion at the catalogue epoch with respect to the ICRS. If the position of the star is not on the ICRS, and the accuracy of the data warrants it, convert it to the ICRS. See page B50 for FK5 to ICRS conversion.

The main modifications to the planetary reduction in the stellar case are: in *Step 1*, the distinction between TDB and TT is not significant; in *Step 2*, the space motion of the star is included but light time is ignored; in *Step 3*, the relativity term for light-deflection is modified to the asymptotic case where the star is assumed to be at infinity.

Formulae and method for stellar reduction

The steps in the stellar reduction are as follows:

Step 1. Set TDB = TT.

Step 2. Obtain the Earth's barycentric position $\mathbf{E_B}$ in au and velocity $\dot{\mathbf{E}}_B$ in au/d, at coordinate time t = TDB, referred to the ICRS.

The barycentric direction ($\mathbf{q}$) of a star at epoch J2000·0, referred to the ICRS, is given by:

$$\mathbf{q} = (\cos\alpha_0\cos\delta_0, \ \sin\alpha_0\cos\delta_0, \ \sin\delta_0)$$

where α_0 and δ_0 are the ICRS right ascension and declination at epoch J2000·0.

The space motion vector $\mathbf{m} = (m_x, m_y, m_z)$ of the star, expressed in radians per century, is given by:

$$
\begin{aligned}
m_x &= -\mu_\alpha\sin\alpha_0 \ - \ \mu_\delta\sin\delta_0\cos\alpha_0 \ + \ v\,\pi\cos\delta_0\cos\alpha_0 \\
m_y &= \ \ \mu_\alpha\cos\alpha_0 \ - \ \mu_\delta\sin\delta_0\sin\alpha_0 \ + \ v\,\pi\cos\delta_0\sin\alpha_0 \\
m_z &= \qquad\qquad\quad \mu_\delta\cos\delta_0 \qquad\quad + \ v\,\pi\sin\delta_0
\end{aligned}
$$

where (μ_α, μ_δ), the proper motion in right ascension and declination, are in radians/century; μ_α is the measurement in units of a great circle, and so **includes** the $\cos\delta_0$ factor. Note: catalogues give proper motions in various units, e.g., arcseconds per century ("/cy), milliarcseconds per year (mas/yr). Use the factor 1/10 to convert from mas/yr to "/cy. The radial velocity (v) is in au/century (1 km/s = 21·095 au/century), measured positively away from the Earth.

Calculate $\mathbf{P}$, the geocentric vector of the star at the required epoch, as:

$$\mathbf{P} = \mathbf{q} + T\,\mathbf{m} - \pi\,\mathbf{E_B}$$

where $T = (\mathrm{JD_{TT}} - 245\ 1545\cdot0)/36\ 525$, which is the interval in Julian centuries from J2000·0, and $\mathrm{JD_{TT}}$ is the Julian date to one decimal of a day.

Form the heliocentric position of the Earth ($\mathbf{E}$) from:

$$\mathbf{E} = \mathbf{E_B} - \mathbf{S_B}$$

where $\mathbf{S_B}$ is the barycentric position of the Sun at time t.

Form the geocentric direction ($\mathbf{p}$) of the star and the unit vector ($\mathbf{e}$) from $\mathbf{p} = \mathbf{P}/|\mathbf{P}|$ and $\mathbf{e} = \mathbf{E}/|\mathbf{E}|$.

Step 3. Calculate the geocentric direction ($\mathbf{p_1}$) of the star, corrected for light-deflection, as:

$$\mathbf{p_1} = \mathbf{p} + (2\mu/c^2 E)(\mathbf{e} - (\mathbf{p}\cdot\mathbf{e})\mathbf{p})/(1 + \mathbf{p}\cdot\mathbf{e})$$

where the dot indicates a scalar product, $\mu/c^2 = 9\cdot87\times10^{-9}$ au and $E = |\mathbf{E}|$. Note that the expression is derived from the planetary case by substituting $\mathbf{q} = \mathbf{p}$ in the equation for light-deflection (*Step* 3) given on page B67.

The vector $\mathbf{p_1}$ is a unit vector to order μ/c^2.

Step 4. Calculate the proper direction ($\mathbf{p_2}$) in the GCRS that is moving with the instantaneous velocity ($\mathbf{V}$) of the Earth, from:

$$\mathbf{p_2} = (\beta^{-1}\mathbf{p_1} + (1 + (\mathbf{p_1}\cdot\mathbf{V})/(1 + \beta^{-1}))\mathbf{V})/(1 + \mathbf{p_1}\cdot\mathbf{V})$$

where $\mathbf{V} = \dot{\mathbf{E}}_B/c = 0\cdot005\ 7755\ \dot{\mathbf{E}}_B$ and $\beta = (1 - V^2)^{-1/2}$; the velocity ($\mathbf{V}$) is expressed in units of velocity of light.

Equinox method	*CIO method*

Step 5. Follow the left-hand *Steps 5–7* or   *Step* 5. Follow the right-hand *Steps 5–7* or
       Steps *5–*6 on page B68.   *Steps *5–*6* on page B68.

Example of stellar reduction: Equinox method

Calculate the apparent position of a fictitious star on 2020 January 1 at 0^h 00^m 00^s TT. The ICRS right ascension (α_0), declination (δ_0), proper motions (μ_α, μ_δ), parallax (π) and radial velocity (v) of the star at J2000·0 are given by:

$\alpha_0 = 14^h$ 39^m $36\overset{s}{\cdot}4958$ $\delta_0 = -60°$ $50'$ $02\overset{''}{\cdot}309$ $\pi = 0\overset{''}{\cdot}742 = 3\cdot5973 \times 10^{-6}$ rad

$\mu_\alpha = -367\ 8\cdot06$ mas/yr $\mu_\delta = +482\cdot87$ mas/yr $v = -21\cdot6$ km/s

$\quad = -0\cdot001\ 783\ 174$ rad/cy, $\quad = +0\cdot000\ 234\ 102$ rad/cy, $v\pi = -0\cdot001\ 639\ 121$ rad/cy

Note: $\mu_\alpha = -367\ 8\cdot06$ mas/yr is the arc proper motion in right ascension on a great circle in milliarcseconds per year; it includes the $\cos \delta_0$ factor.

Step 1.   TDB = TT = JD 245 8849·5 TT.

Step 2.   Tabular values of $\mathbf{E}_B$, $\dot{\mathbf{E}}_B$ and $\mathbf{S}_B$, taken from the JPL DE430/LE430 barycentric ephemeris, referred to the ICRS, which are required for the calculation, are as follows:

Vector	Julian date (0^h TDB)	x	y	z
$\mathbf{E}_B$	245 8849·5	−0·170 144 381	+0·895 983 825	+0·388 436 664
$\dot{\mathbf{E}}_B$	245 8849·5	−0·017 247 546	−0·002 737 580	−0·001 186 171
$\mathbf{S}_B$	245 8849·5	−0·003 798 619	+0·006 816 838	+0·002 980 563

From the positional data, calculate:

$$\mathbf{q} = (-0\cdot373\ 860\ 494,\ -0\cdot312\ 618\ 798,\ -0\cdot873\ 211\ 210)$$
$$\mathbf{m} = (-0\cdot000\ 687\ 882,\ +0\cdot001\ 749\ 237,\ +0\cdot001\ 545\ 387)$$

Form $\mathbf{P} = \mathbf{q} + T\,\mathbf{m} - \pi\,\mathbf{E}_B = (-0\cdot373\ 997\ 449,\ -0\cdot312\ 272\ 198,\ -0\cdot872\ 903\ 551)$

where $T = (245\ 8849\cdot5 - 245\ 1545\cdot0)/36\ 525 = +0\cdot199\ 986\ 311,$

and form $\mathbf{E} = \mathbf{E}_B - \mathbf{S}_B = (-0\cdot166\ 345\ 761,\ +0\cdot889\ 166\ 986,\ +0\cdot385\ 456\ 102),$
$$E = 0\cdot983\ 293\ 063$$

Hence the unit vectors are:

$$\mathbf{p} = (-0\cdot374\ 119\ 315,\ -0\cdot312\ 373\ 950,\ -0\cdot873\ 187\ 983)$$
$$\mathbf{e} = (-0\cdot169\ 172\ 109,\ +0\cdot904\ 274\ 646,\ +0\cdot392\ 005\ 310)$$

Step 3.   Calculate the scalar product $\mathbf{p} \cdot \mathbf{e} = -0\cdot561\ 475\ 615$, then

$$\frac{(2\mu/c^2 E)}{(1 + \mathbf{p} \cdot \mathbf{e})}(\mathbf{e} - (\mathbf{p} \cdot \mathbf{e})\mathbf{p}) = (-0\cdot000\ 000\ 017,\ +0\cdot000\ 000\ 033,\ -0\cdot000\ 000\ 004)$$

and $\mathbf{p}_1 = (-0\cdot374\ 119\ 332,\ -0\cdot312\ 373\ 917,\ -0\cdot873\ 187\ 987)$

Step 4.   Using $\dot{\mathbf{E}}_B$ given in the table in *Step* 2, calculate

$\mathbf{V} = 0\cdot005\ 775\ 518\ \dot{\mathbf{E}}_B = (-0\cdot000\ 099\ 614,\ -0\cdot000\ 015\ 811,\ -0\cdot000\ 006\ 851)$

Then $V = 0\cdot000\ 101\ 093$, $\beta = 1\cdot000\ 000\ 005$ and $\beta^{-1} = 0\cdot999\ 999\ 995$

Calculate the scalar product $\mathbf{p}_1 \cdot \mathbf{V} = +0\cdot000\ 048\ 188$

Then $1 + (\mathbf{p}_1 \cdot \mathbf{V})/(1 + \beta^{-1}) = 1\cdot000\ 024\ 094$

Hence $\mathbf{p}_2 = (-0\cdot374\ 200\ 914,\ -0\cdot312\ 374\ 674,\ -0\cdot873\ 152\ 758)$

Example of stellar reduction: Equinox method (continued)

Step 5.   From page B30, the bias, precession and nutation matrix **M** is given by:

$$\mathbf{M} = \mathbf{NPB} = \begin{bmatrix} +0.999\ 988\ 499 & -0.004\ 398\ 726 & -0.001\ 911\ 210 \\ +0.004\ 398\ 742 & +0.999\ 990\ 325 & +0.000\ 004\ 106 \\ +0.001\ 911\ 174 & -0.000\ 012\ 513 & +0.999\ 998\ 174 \end{bmatrix}$$

hence $\mathbf{p}_3 = \mathbf{M}\,\mathbf{p}_2 = (-0.371\ 153\ 781,\ -0.314\ 021\ 250,\ -0.873\ 862\ 418)$

Step 6.   Converting to spherical coordinates: $\alpha_e = 14^h\ 40^m\ 56\overset{s}{\cdot}0362,\ \delta = -60°\ 54'\ 38''\!\cdot\!260$

Example of stellar reduction: CIO method

Steps 1-4.   Repeat Steps 1-4 above, calculating the proper direction of the star ($\mathbf{p}_2$) in the GCRS. Hence

$$\mathbf{p}_2 = (-0.374\ 200\ 914,\quad -0.312\ 374\ 674,\quad -0.873\ 152\ 758)$$

Step 5.   From page B31 extract **C** that rotates the GCRS to the CIO and equator of date,

$$\mathbf{C} = \begin{bmatrix} +0.999\ 998\ 174 & +0.000\ 000\ 011 & -0.001\ 911\ 174 \\ +0.000\ 000\ 013 & +1.000\ 000\ 000 & +0.000\ 012\ 513 \\ +0.001\ 911\ 174 & -0.000\ 012\ 513 & +0.999\ 998\ 174 \end{bmatrix}$$

hence $\mathbf{p}_3 = \mathbf{C}\,\mathbf{p}_2 = (-0.372\ 531\ 487,\ -0.312\ 385\ 605,\ -0.873\ 862\ 418)$

Step 6.   Converting to spherical coordinates $\alpha_i = 14^h\ 39^m\ 55\overset{s}{\cdot}5490,\ \delta = -60°\ 54'\ 38''\!\cdot\!260$.

Note: the intermediate right ascension (α_i) may also be calculated thus

$$\alpha_i = \alpha_e + E_o = 14^h\ 40^m\ 56\overset{s}{\cdot}0362 - 60\overset{s}{\cdot}4872$$

where α_e is the apparent (equinox) right ascension and E_o is the equation of the origins, which is tabulated daily at 0^h UT1 on pages B21–B24.

Approximate reduction to apparent geocentric altitude and azimuth

The following example illustrates an approximate procedure based on the CIO method for calculating the altitude and azimuth of a star for a specified UT1 instant. The procedure given is accurate to about $\pm 1''$. It is valid for 2020 as it uses the relevant annual equations given earlier in this section. Strictly, all the parameters, except the Earth rotation angle (θ), should be evaluated for the equivalent TT (UT1+ΔT) instant.

Example On 2020 January 1 at $0^h\ 00^m\ 00^s$ UT1 calculate the local hour angle (h), declination (δ), and altitude and azimuth of the fictitious star given in the example on page B73, for an observer at W $60°\!\cdot\!0$, S $30°\!\cdot\!0$.

Step A The day of the year is 1; the time is $0^h\!000\ 00$ UT1; the ICRS barycentric direction (**q**) and space motion (**m**) of the star at epoch J2000·0 (see page B73) are

$$\mathbf{q} = (-0.373\ 860\ 494,\ -0.312\ 618\ 798,\ -0.873\ 211\ 210)$$

$$\mathbf{m} = (-0.000\ 687\ 882,\ +0.001\ 749\ 237,\ +0.001\ 545\ 387)$$

Apply space motion and ignore parallax to give the approximate geocentric position of the star at the epoch of date with respect to the GCRS

$$\mathbf{p} = \mathbf{q} + T\mathbf{m} = (-0.373\ 998\ 061,\ -0.312\ 268\ 975,\ -0.872\ 902\ 154)$$

where $T = +0.199\ 986\ 311$ centuries from 245 1545·0 TT and $\mathbf{p} = (p_x, p_y, p_z)$ is a column vector.

Approximate reduction to apparent geocentric altitude and azimuth (continued)

Step B Apply aberration and precession-nutation to form

$$x_i = v_x + (1 - \mathcal{X}^2/2)\, p_x \quad\quad - \quad\quad \mathcal{X}\, p_z = -0.372\ 427$$
$$y_i = v_y + \quad\quad\quad\quad p_y - \quad\quad \mathcal{Y}\, p_z = -0.312\ 297$$
$$z_i = v_z + \quad\quad \mathcal{X}\, p_x + \mathcal{Y}\, p_y + (1 - \mathcal{X}^2/2)\, p_z = -0.873\ 618$$

where

$$\mathbf{v} = \frac{1}{c}(0.0172 \sin L, -0.0158 \cos L, -0.0068 \cos L)$$

$$= \frac{1}{173.14}(-0.016\ 93, -0.002\ 77, -0.001\ 19)$$

where $\mathbf{v}$ in au/day is the approximate barycentric velocity of the Earth, $L = 280°\!.1$ is the ecliptic longitude of the Sun, and the speed of light is given by $c = 173.14$ au/d.

$\mathcal{X}$, $\mathcal{Y}$ are the approximate coordinates of the CIP, given in radians, and are evaluated using the approximate formulae on page B46, with arguments $\Omega = 98°\!.2$ and $2L = 200°\!.2$, giving

$$\mathcal{X} = +0.001\ 911 \quad\quad \text{and} \quad\quad \mathcal{Y} = -0.000\ 014$$

Therefore (x_i, y_i, z_i) is the position vector of the star with respect to the equator and CIO of date, i.e., the position of the star in the Celestial Intermediate Reference System.

Converting to spherical coordinates gives $\alpha_i = 14^h\ 39^m\ 55^s\!.5$ and $\delta = -60°\ 54'\ 38''$ (see page B68 *Step 6*).

Step C Transform from the celestial intermediate origin and equator of date to the observer's meridian at longitude $\lambda = -60°\!.0$ (west longitudes are negative)

$$x_g = +x_i \cos(\theta + \lambda) + y_i \sin(\theta + \lambda) = -0.486\ 035$$
$$y_g = -x_i \sin(\theta + \lambda) + y_i \cos(\theta + \lambda) = -0.000\ 982$$
$$z_g = +z_i \quad\quad\quad\quad\quad\quad\quad\quad\quad\quad = -0.873\ 618$$

where the Earth rotation angle (see page B8) is

$$\theta = 98°\!.879\ 964 + 0°\!.985\ 6123 \times \text{day of year} + 15°\!.041\ 067 \times \text{UT1}$$

$$= 99°\!.865\ 576$$

Thus the local hour angle (h) and declination (δ) are calculated using

$$h = \tan^{-1}(-y_g/x_g)$$
$$= 179°\ 53'\ 03''$$
$$\delta = -60°\ 54'\ 38''$$

h is measured positive to the west of the local meridian and the declination is unchanged (from Step B) by the rotation.

Step D Transform to altitude and azimuth (also see page B86), for the observer at latitude $\phi = -30°\!.0$:

$$x_t \quad = -x_g \sin\phi + z_g \cos\phi = -0.999\ 593$$
$$y_t \quad = +y_g \quad\quad\quad\quad\quad = -0.000\ 982$$
$$z_t \quad = +x_g \cos\phi + z_g \sin\phi = +0.015\ 890$$

Thus

$$\text{Altitude} = \tan^{-1}\left(\frac{z_t}{\sqrt{x_t^2 + y_t^2}}\right) \quad = +0°\ 54'\ 39''$$

$$\text{Azimuth} = \tan^{-1}\left(\frac{y_t}{x_t}\right) \quad = 180°\ 03'\ 23''$$

where azimuth is measured from north through east in the plane of the horizon.

POSITION AND VELOCITY OF THE EARTH, 2020

ICRS, ORIGIN AT SOLAR SYSTEM BARYCENTRE
FOR 0^h BARYCENTRIC DYNAMICAL TIME

Date 0^h TDB		X	Y	Z	$\dot{X}$	$\dot{Y}$	$\dot{Z}$
Jan.	0	−0·152 871 130	+0·898 582 698	+0·389 562 639	−1729 8043	− 245 9990	− 106 5702
	1	−0·170 144 381	+0·895 983 825	+0·388 436 664	−1724 7546	− 273 7580	− 118 6171
	2	−0·187 364 411	+0·893 107 911	+0·387 190 454	−1719 1615	− 301 4054	− 130 6168
	3	−0·204 525 823	+0·889 956 119	+0·385 824 502	−1713 0320	− 328 9322	− 142 5646
	4	−0·221 623 288	+0·886 529 699	+0·384 339 348	−1706 3736	− 356 3295	− 154 4564
	5	−0·238 651 558	+0·882 829 987	+0·382 735 574	−1699 1940	− 383 5892	− 166 2880
	6	−0·255 605 458	+0·878 858 398	+0·381 013 801	−1691 5013	− 410 7039	− 178 0555
	7	−0·272 479 903	+0·874 616 414	+0·379 174 688	−1683 3042	− 437 6671	− 189 7556
	8	−0·289 269 892	+0·870 105 578	+0·377 218 924	−1674 6119	− 464 4738	− 201 3853
	9	−0·305 970 520	+0·865 327 470	+0·375 147 224	−1665 4333	− 491 1210	− 212 9426
	10	−0·322 576 964	+0·860 283 694	+0·372 960 317	−1655 7763	− 517 6076	− 224 4265
	11	−0·339 084 473	+0·854 975 852	+0·370 658 939	−1645 6472	− 543 9344	− 235 8369
	12	−0·355 488 343	+0·849 405 533	+0·368 243 822	−1635 0487	− 570 1034	− 247 1746
	13	−0·371 783 881	+0·843 574 304	+0·365 715 687	−1623 9803	− 596 1164	− 258 4405
	14	−0·387 966 370	+0·837 483 724	+0·363 075 248	−1612 4379	− 621 9736	− 269 6355
	15	−0·404 031 037	+0·831 135 359	+0·360 323 213	−1600 4148	− 647 6726	− 280 7594
	16	−0·419 973 037	+0·824 530 820	+0·357 460 301	−1587 9030	− 673 2072	− 291 8109
	17	−0·435 787 442	+0·817 671 793	+0·354 487 247	−1574 8948	− 698 5683	− 302 7869
	18	−0·451 469 257	+0·810 560 074	+0·351 404 827	−1561 3840	− 723 7435	− 313 6835
	19	−0·467 013 431	+0·803 197 589	+0·348 213 859	−1547 3661	− 748 7187	− 324 4954
	20	−0·482 414 884	+0·795 586 418	+0·344 915 220	−1532 8396	− 773 4783	− 335 2167
	21	−0·497 668 529	+0·787 728 796	+0·341 509 849	−1517 8050	− 798 0060	− 345 8407
	22	−0·512 769 302	+0·779 627 126	+0·337 998 752	−1502 2658	− 822 2854	− 356 3608
	23	−0·527 712 181	+0·771 283 968	+0·334 383 002	−1486 2274	− 846 3008	− 366 7701
	24	−0·542 492 213	+0·762 702 041	+0·330 663 740	−1469 6977	− 870 0370	− 377 0621
	25	−0·557 104 529	+0·753 884 206	+0·326 842 173	−1452 6861	− 893 4801	− 387 2304
	26	−0·571 544 364	+0·744 833 456	+0·322 919 565	−1435 2034	− 916 6179	− 397 2691
	27	−0·585 807 064	+0·735 552 902	+0·318 897 239	−1417 2612	− 939 4394	− 407 1732
	28	−0·599 888 096	+0·726 045 754	+0·314 776 566	−1398 8716	− 961 9352	− 416 9379
	29	−0·613 783 046	+0·716 315 312	+0·310 558 960	−1380 0469	− 984 0969	− 426 5590
	30	−0·627 487 624	+0·706 364 952	+0·306 245 877	−1360 7991	−1005 9176	− 436 0329
	31	−0·640 997 659	+0·696 198 118	+0·301 838 804	−1341 1404	−1027 3907	− 445 3563
Feb.	1	−0·654 309 102	+0·685 818 315	+0·297 339 263	−1321 0827	−1048 5106	− 454 5261
	2	−0·667 418 023	+0·675 229 101	+0·292 748 803	−1300 6381	−1069 2722	− 463 5396
	3	−0·680 320 615	+0·664 434 080	+0·288 069 000	−1279 8191	−1089 6713	− 472 3944
	4	−0·693 013 199	+0·653 436 895	+0·283 301 451	−1258 6384	−1109 7045	− 481 0884
	5	−0·705 492 221	+0·642 241 215	+0·278 447 772	−1237 1090	−1129 3701	− 489 6203
	6	−0·717 754 258	+0·630 850 718	+0·273 509 587	−1215 2436	−1148 6681	− 497 9895
	7	−0·729 796 012	+0·619 269 071	+0·268 488 524	−1193 0540	−1167 6006	− 506 1962
	8	−0·741 614 290	+0·607 499 910	+0·263 386 199	−1170 5499	−1186 1719	− 514 2421
	9	−0·753 205 983	+0·595 546 820	+0·258 204 211	−1147 7375	−1204 3873	− 522 1294
	10	−0·764 568 020	+0·583 413 332	+0·252 944 131	−1124 6189	−1222 2523	− 529 8609
	11	−0·775 697 333	+0·571 102 930	+0·247 607 504	−1101 1919	−1239 7702	− 537 4390
	12	−0·786 590 813	+0·558 619 086	+0·242 195 858	−1077 4515	−1256 9407	− 544 8647
	13	−0·797 245 298	+0·545 965 291	+0·236 710 719	−1053 3916	−1273 7590	− 552 1373
	14	−0·807 657 565	+0·533 145 108	+0·231 153 630	−1029 0074	−1290 2165	− 559 2544
	15	−0·817 824 358	+0·520 162 203	+0·225 526 163	−1004 2967	−1306 3013	− 566 2120

$\dot{X}$, $\dot{Y}$, $\dot{Z}$ are in units of 10^{-9} au / d.

ICRS, ORIGIN AT SOLAR SYSTEM BARYCENTRE
FOR 0^h BARYCENTRIC DYNAMICAL TIME

Date 0^h TDB	X	Y	Z	$\dot{X}$	$\dot{Y}$	$\dot{Z}$
Feb. 15	$-0\cdot817\ 824\ 358$	$+0\cdot520\ 162\ 203$	$+0\cdot225\ 526\ 163$	$-1004\ 2967$	$-1306\ 3013$	$-\ 566\ 2120$
16	$-0\cdot827\ 742\ 413$	$+0\cdot507\ 020\ 368$	$+0\cdot219\ 829\ 938$	$-\ 979\ 2604$	$-1322\ 0002$	$-\ 573\ 0051$
17	$-0\cdot837\ 408\ 495$	$+0\cdot493\ 723\ 530$	$+0\cdot214\ 066\ 628$	$-\ 953\ 9028$	$-1337\ 2996$	$-\ 579\ 6283$
18	$-0\cdot846\ 819\ 422$	$+0\cdot480\ 275\ 751$	$+0\cdot208\ 237\ 956$	$-\ 928\ 2310$	$-1352\ 1863$	$-\ 586\ 0763$
19	$-0\cdot855\ 972\ 097$	$+0\cdot466\ 681\ 220$	$+0\cdot202\ 345\ 704$	$-\ 902\ 2539$	$-1366\ 6481$	$-\ 592\ 3437$
20	$-0\cdot864\ 863\ 520$	$+0\cdot452\ 944\ 242$	$+0\cdot196\ 391\ 701$	$-\ 875\ 9825$	$-1380\ 6738$	$-\ 598\ 4256$
21	$-0\cdot873\ 490\ 806$	$+0\cdot439\ 069\ 230$	$+0\cdot190\ 377\ 826$	$-\ 849\ 4289$	$-1394\ 2536$	$-\ 604\ 3174$
22	$-0\cdot881\ 851\ 200$	$+0\cdot425\ 060\ 686$	$+0\cdot184\ 306\ 000$	$-\ 822\ 6062$	$-1407\ 3787$	$-\ 610\ 0150$
23	$-0\cdot889\ 942\ 079$	$+0\cdot410\ 923\ 197$	$+0\cdot178\ 178\ 186$	$-\ 795\ 5283$	$-1420\ 0417$	$-\ 615\ 5146$
24	$-0\cdot897\ 760\ 963$	$+0\cdot396\ 661\ 414$	$+0\cdot171\ 996\ 378$	$-\ 768\ 2096$	$-1432\ 2364$	$-\ 620\ 8132$
25	$-0\cdot905\ 305\ 518$	$+0\cdot382\ 280\ 046$	$+0\cdot165\ 762\ 602$	$-\ 740\ 6650$	$-1443\ 9580$	$-\ 625\ 9079$
26	$-0\cdot912\ 573\ 559$	$+0\cdot367\ 783\ 843$	$+0\cdot159\ 478\ 907$	$-\ 712\ 9092$	$-1455\ 2028$	$-\ 630\ 7967$
27	$-0\cdot919\ 563\ 047$	$+0\cdot353\ 177\ 589$	$+0\cdot153\ 147\ 361$	$-\ 684\ 9569$	$-1465\ 9680$	$-\ 635\ 4778$
28	$-0\cdot926\ 272\ 091$	$+0\cdot338\ 466\ 088$	$+0\cdot146\ 770\ 048$	$-\ 656\ 8227$	$-1476\ 2519$	$-\ 639\ 9498$
29	$-0\cdot932\ 698\ 943$	$+0\cdot323\ 654\ 158$	$+0\cdot140\ 349\ 064$	$-\ 628\ 5210$	$-1486\ 0537$	$-\ 644\ 2119$
Mar. 1	$-0\cdot938\ 841\ 999$	$+0\cdot308\ 746\ 621$	$+0\cdot133\ 886\ 512$	$-\ 600\ 0659$	$-1495\ 3732$	$-\ 648\ 2635$
2	$-0\cdot944\ 699\ 798$	$+0\cdot293\ 748\ 299$	$+0\cdot127\ 384\ 497$	$-\ 571\ 4718$	$-1504\ 2111$	$-\ 652\ 1043$
3	$-0\cdot950\ 271\ 019$	$+0\cdot278\ 663\ 999$	$+0\cdot120\ 845\ 128$	$-\ 542\ 7527$	$-1512\ 5691$	$-\ 655\ 7346$
4	$-0\cdot955\ 554\ 483$	$+0\cdot263\ 498\ 506$	$+0\cdot114\ 270\ 506$	$-\ 513\ 9227$	$-1520\ 4503$	$-\ 659\ 1551$
5	$-0\cdot960\ 549\ 149$	$+0\cdot248\ 256\ 566$	$+0\cdot107\ 662\ 720$	$-\ 484\ 9953$	$-1527\ 8594$	$-\ 662\ 3674$
6	$-0\cdot965\ 254\ 106$	$+0\cdot232\ 942\ 872$	$+0\cdot101\ 023\ 843$	$-\ 455\ 9828$	$-1534\ 8026$	$-\ 665\ 3740$
7	$-0\cdot969\ 668\ 557$	$+0\cdot217\ 562\ 038$	$+0\cdot094\ 355\ 916$	$-\ 426\ 8956$	$-1541\ 2885$	$-\ 668\ 1782$
8	$-0\cdot973\ 791\ 792$	$+0\cdot202\ 118\ 594$	$+0\cdot087\ 660\ 941$	$-\ 397\ 7405$	$-1547\ 3265$	$-\ 670\ 7842$
9	$-0\cdot977\ 623\ 150$	$+0\cdot186\ 616\ 970$	$+0\cdot080\ 940\ 876$	$-\ 368\ 5201$	$-1552\ 9259$	$-\ 673\ 1968$
10	$-0\cdot981\ 161\ 970$	$+0\cdot171\ 061\ 513$	$+0\cdot074\ 197\ 636$	$-\ 339\ 2325$	$-1558\ 0939$	$-\ 675\ 4200$
11	$-0\cdot984\ 407\ 558$	$+0\cdot155\ 456\ 518$	$+0\cdot067\ 433\ 098$	$-\ 309\ 8726$	$-1562\ 8338$	$-\ 677\ 4565$
12	$-0\cdot987\ 359\ 161$	$+0\cdot139\ 806\ 271$	$+0\cdot060\ 649\ 125$	$-\ 280\ 4346$	$-1567\ 1435$	$-\ 679\ 3071$
13	$-0\cdot990\ 015\ 974$	$+0\cdot124\ 115\ 102$	$+0\cdot053\ 847\ 581$	$-\ 250\ 9139$	$-1571\ 0168$	$-\ 680\ 9702$
14	$-0\cdot992\ 377\ 162$	$+0\cdot108\ 387\ 423$	$+0\cdot047\ 030\ 355$	$-\ 221\ 3100$	$-1574\ 4438$	$-\ 682\ 4428$
15	$-0\cdot994\ 441\ 906$	$+0\cdot092\ 627\ 749$	$+0\cdot040\ 199\ 373$	$-\ 191\ 6261$	$-1577\ 4138$	$-\ 683\ 7208$
16	$-0\cdot996\ 209\ 441$	$+0\cdot076\ 840\ 705$	$+0\cdot033\ 356\ 602$	$-\ 161\ 8695$	$-1579\ 9162$	$-\ 684\ 7999$
17	$-0\cdot997\ 679\ 088$	$+0\cdot061\ 031\ 014$	$+0\cdot026\ 504\ 051$	$-\ 132\ 0504$	$-1581\ 9419$	$-\ 685\ 6761$
18	$-0\cdot998\ 850\ 280$	$+0\cdot045\ 203\ 480$	$+0\cdot019\ 643\ 767$	$-\ 102\ 1807$	$-1583\ 4835$	$-\ 686\ 3461$
19	$-0\cdot999\ 722\ 577$	$+0\cdot029\ 362\ 977$	$+0\cdot012\ 777\ 827$	$-\ \ 72\ 2736$	$-1584\ 5352$	$-\ 686\ 8069$
20	$-1\cdot000\ 295\ 673$	$+0\cdot013\ 514\ 425$	$+0\cdot005\ 908\ 334$	$-\ \ 42\ 3429$	$-1585\ 0926$	$-\ 687\ 0562$
21	$-1\cdot000\ 569\ 403$	$-0\cdot002\ 337\ 217$	$-0\cdot000\ 962\ 587$	$-\ \ 12\ 4027$	$-1585\ 1526$	$-\ 687\ 0923$
22	$-1\cdot000\ 543\ 743$	$-0\cdot018\ 186\ 964$	$-0\cdot007\ 832\ 797$	$+\ \ 17\ 5327$	$-1584\ 7135$	$-\ 686\ 9138$
23	$-1\cdot000\ 218\ 814$	$-0\cdot034\ 029\ 819$	$-0\cdot014\ 700\ 145$	$+\ \ 47\ 4486$	$-1583\ 7741$	$-\ 686\ 5199$
24	$-0\cdot999\ 594\ 885$	$-0\cdot049\ 860\ 779$	$-0\cdot021\ 562\ 474$	$+\ \ 77\ 3304$	$-1582\ 3347$	$-\ 685\ 9098$
25	$-0\cdot998\ 672\ 368$	$-0\cdot065\ 674\ 850$	$-0\cdot028\ 417\ 621$	$+\ 107\ 1636$	$-1580\ 3964$	$-\ 685\ 0837$
26	$-0\cdot997\ 451\ 824$	$-0\cdot081\ 467\ 050$	$-0\cdot035\ 263\ 429$	$+\ 136\ 9335$	$-1577\ 9612$	$-\ 684\ 0418$
27	$-0\cdot995\ 933\ 957$	$-0\cdot097\ 232\ 427$	$-0\cdot042\ 097\ 741$	$+\ 166\ 6259$	$-1575\ 0322$	$-\ 682\ 7850$
28	$-0\cdot994\ 119\ 612$	$-0\cdot112\ 966\ 062$	$-0\cdot048\ 918\ 415$	$+\ 196\ 2266$	$-1571\ 6135$	$-\ 681\ 3143$
29	$-0\cdot992\ 009\ 775$	$-0\cdot128\ 663\ 080$	$-0\cdot055\ 723\ 320$	$+\ 225\ 7221$	$-1567\ 7099$	$-\ 679\ 6315$
30	$-0\cdot989\ 605\ 566$	$-0\cdot144\ 318\ 662$	$-0\cdot062\ 510\ 344$	$+\ 255\ 0990$	$-1563\ 3273$	$-\ 677\ 7386$
31	$-0\cdot986\ 908\ 233$	$-0\cdot159\ 928\ 051$	$-0\cdot069\ 277\ 399$	$+\ 284\ 3446$	$-1558\ 4725$	$-\ 675\ 6381$
Apr. 1	$-0\cdot983\ 919\ 153$	$-0\cdot175\ 486\ 564$	$-0\cdot076\ 022\ 424$	$+\ 313\ 4466$	$-1553\ 1534$	$-\ 673\ 3330$

$\dot{X}, \dot{Y}, \dot{Z}$ are in units of 10^{-9} au / d.

POSITION AND VELOCITY OF THE EARTH, 2020

ICRS, ORIGIN AT SOLAR SYSTEM BARYCENTRE
FOR 0ʰ BARYCENTRIC DYNAMICAL TIME

Date 0ʰ TDB		X	Y	Z	$\dot{X}$	$\dot{Y}$	$\dot{Z}$
Apr.	1	−0·983 919 153	−0·175 486 564	−0·076 022 424	+ 313 4466	−1553 1534	− 673 3330
	2	−0·980 639 816	−0·190 989 602	−0·082 743 390	+ 342 3939	−1547 3792	− 670 8271
	3	−0·977 071 823	−0·206 432 666	−0·089 438 311	+ 371 1766	−1541 1605	− 668 1247
	4	−0·973 216 859	−0·221 811 368	−0·096 105 246	+ 399 7870	−1534 5090	− 665 2310
	5	−0·969 076 672	−0·237 121 444	−0·102 742 312	+ 428 2208	−1527 4371	− 662 1517
	6	−0·964 653 035	−0·252 358 750	−0·109 347 682	+ 456 4772	−1519 9569	− 658 8927
	7	−0·959 947 708	−0·267 519 254	−0·115 919 586	+ 484 5597	−1512 0781	− 655 4594
	8	−0·954 962 400	−0·282 599 004	−0·122 456 301	+ 512 4747	−1503 8066	− 651 8555
	9	−0·949 698 749	−0·297 594 080	−0·128 956 135	+ 540 2293	−1495 1431	− 648 0831
	10	−0·944 158 329	−0·312 500 547	−0·135 417 401	+ 567 8290	−1486 0838	− 644 1417
	11	−0·938 342 679	−0·327 314 413	−0·141 838 399	+ 595 2754	−1476 6215	− 640 0292
	12	−0·932 253 343	−0·342 031 606	−0·148 217 403	+ 622 5651	−1466 7478	− 635 7424
	13	−0·925 891 922	−0·356 647 973	−0·154 552 656	+ 649 6909	−1456 4554	− 631 2782
	14	−0·919 260 106	−0·371 159 298	−0·160 842 367	+ 676 6424	−1445 7385	− 626 6339
	15	−0·912 359 696	−0·385 561 316	−0·167 084 727	+ 703 4074	−1434 5937	− 621 8076
	16	−0·905 192 623	−0·399 849 741	−0·173 277 909	+ 729 9729	−1423 0198	− 616 7982
	17	−0·897 760 946	−0·414 020 281	−0·179 420 079	+ 756 3260	−1411 0169	− 611 6052
	18	−0·890 066 855	−0·428 068 655	−0·185 509 402	+ 782 4537	−1398 5868	− 606 2289
	19	−0·882 112 667	−0·441 990 601	−0·191 544 047	+ 808 3432	−1385 7319	− 600 6697
	20	−0·873 900 826	−0·455 781 888	−0·197 522 190	+ 833 9821	−1372 4557	− 594 9286
	21	−0·865 433 902	−0·469 438 323	−0·203 442 017	+ 859 3578	−1358 7623	− 589 0069
	22	−0·856 714 588	−0·482 955 759	−0·209 301 731	+ 884 4579	−1344 6568	− 582 9062
	23	−0·847 745 703	−0·496 330 104	−0·215 099 551	+ 909 2701	−1330 1450	− 576 6284
	24	−0·838 530 187	−0·509 557 327	−0·220 833 716	+ 933 7822	−1315 2337	− 570 1759
	25	−0·829 071 100	−0·522 633 473	−0·226 502 496	+ 957 9824	−1299 9309	− 563 5517
	26	−0·819 371 615	−0·535 554 670	−0·232 104 189	+ 981 8597	−1284 2453	− 556 7591
	27	−0·809 435 018	−0·548 317 137	−0·237 637 130	+1005 4033	−1268 1869	− 549 8019
	28	−0·799 264 693	−0·560 917 201	−0·243 099 694	+1028 6039	−1251 7665	− 542 6846
	29	−0·788 864 113	−0·573 351 299	−0·248 490 304	+1051 4528	−1234 9958	− 535 4119
	30	−0·778 236 831	−0·585 615 991	−0·253 807 432	+1073 9433	−1217 8875	− 527 9892
May	1	−0·767 386 460	−0·597 707 967	−0·259 049 608	+1096 0700	−1200 4548	− 520 4224
	2	−0·756 316 653	−0·609 624 052	−0·264 215 421	+1117 8302	−1182 7116	− 512 7178
	3	−0·745 031 079	−0·621 361 210	−0·269 303 525	+1139 2238	−1164 6715	− 504 8817
	4	−0·733 533 389	−0·632 916 534	−0·274 312 638	+1160 2540	−1146 3470	− 496 9205
	5	−0·721 827 191	−0·644 287 235	−0·279 241 537	+1180 9269	−1127 7482	− 488 8397
	6	−0·709 916 015	−0·655 470 605	−0·284 089 048	+1201 2509	−1108 8816	− 480 6436
	7	−0·697 803 307	−0·666 463 982	−0·288 854 032	+1221 2346	−1089 7494	− 472 3344
	8	−0·685 492 434	−0·677 264 700	−0·293 535 360	+1240 8848	−1070 3493	− 463 9122
	9	−0·672 986 712	−0·687 870 059	−0·298 131 896	+1260 2046	−1050 6763	− 455 3759
	10	−0·660 289 448	−0·698 277 297	−0·302 642 489	+1279 1925	−1030 7244	− 446 7230
	11	−0·647 403 987	−0·708 483 599	−0·307 065 959	+1297 8427	−1010 4883	− 437 9511
	12	−0·634 333 749	−0·718 486 105	−0·311 401 109	+1316 1464	− 989 9649	− 429 0587
	13	−0·621 082 248	−0·728 281 936	−0·315 646 727	+1334 0933	− 969 1534	− 420 0446
	14	−0·607 653 110	−0·737 868 218	−0·319 801 597	+1351 6722	− 948 0554	− 410 9091
	15	−0·594 050 068	−0·747 242 101	−0·323 864 506	+1368 8722	− 926 6743	− 401 6527
	16	−0·580 276 964	−0·756 400 776	−0·327 834 254	+1385 6829	− 905 0147	− 392 2771
	17	−0·566 337 741	−0·765 341 485	−0·331 709 656	+1402 0943	− 883 0821	− 382 7839

$\dot{X},\ \dot{Y},\ \dot{Z}$ are in units of 10^{-9} au / d.

ICRS, ORIGIN AT SOLAR SYSTEM BARYCENTRE
FOR 0^h BARYCENTRIC DYNAMICAL TIME

Date 0^h TDB	X	Y	Z	$\dot{X}$	$\dot{Y}$	$\dot{Z}$
May 17	−0·566 337 741	−0·765 341 485	−0·331 709 656	+1402 0943	− 883 0821	− 382 7839
18	−0·552 236 440	−0·774 061 529	−0·335 489 547	+1418 0969	− 860 8829	− 373 1753
19	−0·537 977 197	−0·782 558 276	−0·339 172 785	+1433 6812	− 838 4237	− 363 4537
20	−0·523 564 241	−0·790 829 161	−0·342 758 254	+1448 8380	− 815 7120	− 353 6219
21	−0·509 001 892	−0·798 871 702	−0·346 244 864	+1463 5582	− 792 7562	− 343 6827
22	−0·494 294 561	−0·806 683 501	−0·349 631 561	+1477 8329	− 769 5653	− 333 6397
23	−0·479 446 748	−0·814 262 259	−0·352 917 324	+1491 6533	− 746 1496	− 323 4967
24	−0·464 463 036	−0·821 605 781	−0·356 101 176	+1505 0116	− 722 5204	− 313 2582
25	−0·449 348 081	−0·828 711 997	−0·359 182 187	+1517 9007	− 698 6903	− 302 9293
26	−0·434 106 604	−0·835 578 962	−0·362 159 480	+1530 3152	− 674 6727	− 292 5156
27	−0·418 743 371	−0·842 204 874	−0·365 032 236	+1542 2512	− 650 4819	− 282 0231
28	−0·403 263 180	−0·848 588 072	−0·367 799 700	+1553 7070	− 626 1325	− 271 4582
29	−0·387 670 832	−0·854 727 043	−0·370 461 182	+1564 6828	− 601 6390	− 260 8278
30	−0·371 971 114	−0·860 620 420	−0·373 016 059	+1575 1816	− 577 0157	− 250 1383
31	−0·356 168 772	−0·866 266 968	−0·375 463 773	+1585 2086	− 552 2754	− 239 3963
June 1	−0·340 268 489	−0·871 665 576	−0·377 803 829	+1594 7714	− 527 4294	− 228 6076
2	−0·324 274 860	−0·876 815 233	−0·380 035 786	+1603 8794	− 502 4862	− 217 7771
3	−0·308 192 384	−0·881 714 995	−0·382 159 243	+1612 5427	− 477 4511	− 206 9082
4	−0·292 025 455	−0·886 363 955	−0·384 173 828	+1620 7712	− 452 3257	− 196 0029
5	−0·275 778 383	−0·890 761 204	−0·386 079 181	+1628 5726	− 427 1085	− 185 0615
6	−0·259 455 412	−0·894 905 806	−0·387 874 934	+1635 9513	− 401 7957	− 174 0829
7	−0·243 060 765	−0·898 796 783	−0·389 560 708	+1642 9074	− 376 3829	− 163 0654
8	−0·226 598 683	−0·902 433 118	−0·391 136 105	+1649 4376	− 350 8666	− 152 0072
9	−0·210 073 453	−0·905 813 765	−0·392 600 713	+1655 5358	− 325 2453	− 140 9073
10	−0·193 489 434	−0·908 937 676	−0·393 954 111	+1661 1939	− 299 5197	− 129 7652
11	−0·176 851 068	−0·911 803 821	−0·395 195 879	+1666 4039	− 273 6929	− 118 5816
12	−0·160 162 878	−0·914 411 213	−0·396 325 609	+1671 1574	− 247 7699	− 107 3579
13	−0·143 429 466	−0·916 758 918	−0·397 342 910	+1675 4472	− 221 7566	− 96 0960
14	−0·126 655 504	−0·918 846 068	−0·398 247 411	+1679 2661	− 195 6603	− 84 7985
15	−0·109 845 733	−0·920 671 871	−0·399 038 770	+1682 6081	− 169 4884	− 73 4680
16	−0·093 004 953	−0·922 235 613	−0·399 716 672	+1685 4670	− 143 2493	− 62 1076
17	−0·076 138 023	−0·923 536 661	−0·400 280 833	+1687 8370	− 116 9514	− 50 7204
18	−0·059 249 861	−0·924 574 476	−0·400 731 003	+1689 7125	− 90 6041	− 39 3100
19	−0·042 345 441	−0·925 348 613	−0·401 066 968	+1691 0879	− 64 2176	− 27 8802
20	−0·025 429 789	−0·925 858 734	−0·401 288 556	+1691 9579	− 37 8030	− 16 4354
21	−0·008 507 983	−0·926 104 622	−0·401 395 642	+1692 3180	− 11 3731	− 4 9805
22	+0·008 414 859	−0·926 086 191	−0·401 388 153	+1692 1649	+ 15 0584	+ 6 4786
23	+0·025 333 599	−0·925 803 499	−0·401 266 076	+1691 4972	+ 41 4766	+ 17 9358
24	+0·042 243 091	−0·925 256 755	−0·401 029 467	+1690 3159	+ 67 8660	+ 29 3842
25	+0·059 138 215	−0·924 446 325	−0·400 678 445	+1688 6243	+ 94 2114	+ 40 8169
26	+0·076 013 897	−0·923 372 723	−0·400 213 205	+1686 4288	+ 120 4981	+ 52 2269
27	+0·092 865 139	−0·922 036 602	−0·399 634 004	+1683 7379	+ 146 7132	+ 63 6079
28	+0·109 687 039	−0·920 438 735	−0·398 941 163	+1680 5622	+ 172 8457	+ 74 9541
29	+0·126 474 807	−0·918 579 992	−0·398 135 055	+1676 9137	+ 198 8873	+ 86 2607
30	+0·143 223 776	−0·916 461 311	−0·397 216 093	+1672 8044	+ 224 8324	+ 97 5242
July 1	+0·159 929 400	−0·914 083 673	−0·396 184 721	+1668 2464	+ 250 6786	+ 108 7425
2	+0·176 587 243	−0·911 448 070	−0·395 041 396	+1663 2500	+ 276 4256	+ 119 9147

$\dot{X}, \dot{Y}, \dot{Z}$ are in units of 10^{-9} au / d.

POSITION AND VELOCITY OF THE EARTH, 2020

ICRS, ORIGIN AT SOLAR SYSTEM BARYCENTRE
FOR 0^h BARYCENTRIC DYNAMICAL TIME

Date 0^h TDB	X	Y	Z	$\dot{X}$	$\dot{Y}$	$\dot{Z}$
July 1	+0·159 929 400	−0·914 083 673	−0·396 184 721	+1668 2464	+ 250 6786	+ 108 7425
2	+0·176 587 243	−0·911 448 070	−0·395 041 396	+1663 2500	+ 276 4256	+ 119 9147
3	+0·193 192 965	−0·908 555 484	−0·393 786 581	+1657 8232	+ 302 0757	+ 131 0408
4	+0·209 742 291	−0·905 406 868	−0·392 420 729	+1651 9712	+ 327 6320	+ 142 1221
5	+0·226 230 978	−0·902 003 145	−0·390 944 283	+1645 6957	+ 353 0979	+ 153 1600
6	+0·242 654 789	−0·898 345 204	−0·389 357 669	+1638 9955	+ 378 4757	+ 164 1558
7	+0·259 009 461	−0·894 433 922	−0·387 661 304	+1631 8672	+ 403 7661	+ 175 1103
8	+0·275 290 690	−0·890 270 178	−0·385 855 600	+1624 3060	+ 428 9676	+ 186 0237
9	+0·291 494 120	−0·885 854 878	−0·383 940 971	+1616 3067	+ 454 0767	+ 196 8950
10	+0·307 615 346	−0·881 188 969	−0·381 917 844	+1607 8642	+ 479 0883	+ 207 7229
11	+0·323 649 912	−0·876 273 458	−0·379 786 664	+1598 9742	+ 503 9959	+ 218 5052
12	+0·339 593 326	−0·871 109 421	−0·377 547 901	+1589 6330	+ 528 7922	+ 229 2393
13	+0·355 441 057	−0·865 698 011	−0·375 202 049	+1579 8373	+ 553 4693	+ 239 9223
14	+0·371 188 549	−0·860 040 461	−0·372 749 635	+1569 5846	+ 578 0188	+ 250 5513
15	+0·386 831 218	−0·854 138 089	−0·370 191 215	+1558 8725	+ 602 4322	+ 261 1228
16	+0·402 364 459	−0·847 992 303	−0·367 527 381	+1547 6985	+ 626 7000	+ 271 6335
17	+0·417 783 642	−0·841 604 608	−0·364 758 761	+1536 0606	+ 650 8122	+ 282 0793
18	+0·433 084 118	−0·834 976 615	−0·361 886 025	+1523 9569	+ 674 7575	+ 292 4560
19	+0·448 261 223	−0·828 110 055	−0·358 909 889	+1511 3862	+ 698 5235	+ 302 7584
20	+0·463 310 287	−0·821 006 789	−0·355 831 124	+1498 3489	+ 722 0961	+ 312 9808
21	+0·478 226 653	−0·813 668 827	−0·352 650 561	+1484 8473	+ 745 4604	+ 323 1167
22	+0·493 005 704	−0·806 098 329	−0·349 369 101	+1470 8869	+ 768 6007	+ 333 1592
23	+0·507 642 891	−0·798 297 610	−0·345 987 713	+1456 4763	+ 791 5020	+ 343 1011
24	+0·522 133 768	−0·790 269 130	−0·342 507 436	+1441 6272	+ 814 1510	+ 352 9359
25	+0·536 474 021	−0·782 015 467	−0·338 929 372	+1426 3539	+ 836 5369	+ 362 6578
26	+0·550 659 482	−0·773 539 294	−0·335 254 671	+1410 6717	+ 858 6521	+ 372 2624
27	+0·564 686 144	−0·764 843 342	−0·331 484 526	+1394 5964	+ 880 4922	+ 381 7465
28	+0·578 550 149	−0·755 930 371	−0·327 620 148	+1378 1426	+ 902 0558	+ 391 1086
29	+0·592 247 778	−0·746 803 146	−0·323 662 763	+1361 3232	+ 923 3436	+ 400 3481
30	+0·605 775 430	−0·737 464 410	−0·319 613 594	+1344 1488	+ 944 3583	+ 409 4655
31	+0·619 129 597	−0·727 916 879	−0·315 473 856	+1326 6273	+ 965 1031	+ 418 4620
Aug. 1	+0·632 306 838	−0·718 163 235	−0·311 244 752	+1308 7642	+ 985 5817	+ 427 3391
2	+0·645 303 753	−0·708 206 122	−0·306 927 468	+1290 5624	+1005 7971	+ 436 0982
3	+0·658 116 959	−0·698 048 164	−0·302 523 177	+1272 0225	+1025 7511	+ 444 7406
4	+0·670 743 073	−0·687 691 970	−0·298 033 042	+1253 1437	+1045 4442	+ 453 2671
5	+0·683 178 697	−0·677 140 155	−0·293 458 221	+1233 9243	+1064 8750	+ 461 6778
6	+0·695 420 416	−0·666 395 354	−0·288 799 874	+1214 3622	+1084 0406	+ 469 9721
7	+0·707 464 793	−0·655 460 243	−0·284 059 171	+1194 4555	+1102 9364	+ 478 1487
8	+0·719 308 373	−0·644 337 545	−0·279 237 298	+1174 2028	+1121 5567	+ 486 2059
9	+0·730 947 694	−0·633 030 048	−0·274 335 460	+1153 6035	+1139 8951	+ 494 1413
10	+0·742 379 287	−0·621 540 606	−0·269 354 886	+1132 6573	+1157 9446	+ 501 9526
11	+0·753 599 685	−0·609 872 144	−0·264 296 832	+1111 3647	+1175 6976	+ 509 6369
12	+0·764 605 429	−0·598 027 667	−0·259 162 582	+1089 7265	+1193 1464	+ 517 1913
13	+0·775 393 067	−0·586 010 258	−0·253 953 450	+1067 7436	+1210 2827	+ 524 6126
14	+0·785 959 157	−0·573 823 086	−0·248 670 785	+1045 4171	+1227 0973	+ 531 8974
15	+0·796 300 270	−0·561 469 418	−0·243 315 970	+1022 7485	+1243 5802	+ 539 0417
16	+0·806 412 994	−0·548 952 625	−0·237 890 434	+ 999 7400	+1259 7202	+ 546 0409

$\dot{X}$, $\dot{Y}$, $\dot{Z}$ are in units of 10^{-9} au / d.

ICRS, ORIGIN AT SOLAR SYSTEM BARYCENTRE
FOR 0ʰ BARYCENTRIC DYNAMICAL TIME

Date 0^h TDB	X	Y	Z	$\dot{X}$	$\dot{Y}$	$\dot{Z}$
Aug. 16	+0·806 412 994	−0·548 952 625	−0·237 890 434	+ 999 7400	+1259 7202	+ 546 0409
17	+0·816 293 948	−0·536 276 199	−0·232 395 653	+ 976 3952	+1275 5045	+ 552 8897
18	+0·825 939 796	−0·523 443 768	−0·226 833 161	+ 952 7201	+1290 9191	+ 559 5819
19	+0·835 347 279	−0·510 459 097	−0·221 204 558	+ 928 7240	+1305 9498	+ 566 1111
20	+0·844 513 250	−0·497 326 097	−0·215 511 505	+ 904 4200	+1320 5831	+ 572 4706
21	+0·853 434 708	−0·484 048 798	−0·209 755 731	+ 879 8247	+1334 8079	+ 578 6545
22	+0·862 108 835	−0·470 631 327	−0·203 939 015	+ 854 9571	+1348 6165	+ 584 6584
23	+0·870 533 008	−0·457 077 865	−0·198 063 173	+ 829 8370	+1362 0058	+ 590 4794
24	+0·878 704 797	−0·443 392 608	−0·192 130 039	+ 804 4832	+1374 9761	+ 596 1166
25	+0·886 621 948	−0·429 579 730	−0·186 141 451	+ 778 9119	+1387 5308	+ 601 5707
26	+0·894 282 355	−0·415 643 360	−0·180 099 231	+ 753 1366	+1399 6751	+ 606 8431
27	+0·901 684 033	−0·401 587 576	−0·174 005 186	+ 727 1673	+1411 4148	+ 611 9362
28	+0·908 825 081	−0·387 416 395	−0·167 861 097	+ 701 0118	+1422 7553	+ 616 8524
29	+0·915 703 665	−0·373 133 785	−0·161 668 721	+ 674 6752	+1433 7013	+ 621 5938
30	+0·922 317 994	−0·358 743 671	−0·155 429 796	+ 648 1612	+1444 2566	+ 626 1625
31	+0·928 666 304	−0·344 249 946	−0·149 146 041	+ 621 4718	+1454 4237	+ 630 5602
Sept. 1	+0·934 746 850	−0·329 656 488	−0·142 819 159	+ 594 6085	+1464 2035	+ 634 7878
2	+0·940 557 898	−0·314 967 168	−0·136 450 849	+ 567 5721	+1473 5958	+ 638 8460
3	+0·946 097 717	−0·300 185 870	−0·130 042 805	+ 540 3632	+1482 5989	+ 642 7346
4	+0·951 364 589	−0·285 316 496	−0·123 596 723	+ 512 9826	+1491 2102	+ 646 4532
5	+0·956 356 801	−0·270 362 983	−0·117 114 310	+ 485 4317	+1499 4259	+ 650 0008
6	+0·961 072 660	−0·255 329 312	−0·110 597 283	+ 457 7122	+1507 2414	+ 653 3758
7	+0·965 510 491	−0·240 219 507	−0·104 047 375	+ 429 8265	+1514 6516	+ 656 5767
8	+0·969 668 646	−0·225 037 650	−0·097 466 337	+ 401 7777	+1521 6509	+ 659 6014
9	+0·973 545 511	−0·209 787 877	−0·090 855 942	+ 373 5690	+1528 2336	+ 662 4478
10	+0·977 139 505	−0·194 474 388	−0·084 217 984	+ 345 2041	+1534 3933	+ 665 1135
11	+0·980 449 087	−0·179 101 445	−0·077 554 283	+ 316 6872	+1540 1230	+ 667 5959
12	+0·983 472 757	−0·163 673 386	−0·070 866 687	+ 288 0226	+1545 4151	+ 669 8919
13	+0·986 209 063	−0·148 194 631	−0·064 157 078	+ 259 2155	+1550 2606	+ 671 9978
14	+0·988 656 613	−0·132 669 696	−0·057 427 378	+ 230 2726	+1554 6495	+ 673 9094
15	+0·990 814 091	−0·117 103 199	−0·050 679 554	+ 201 2028	+1558 5708	+ 675 6217
16	+0·992 680 287	−0·101 499 877	−0·043 915 627	+ 172 0185	+1562 0130	+ 677 1291
17	+0·994 254 133	−0·085 864 572	−0·037 137 673	+ 142 7359	+1564 9657	+ 678 4263
18	+0·995 534 743	−0·070 202 220	−0·030 347 817	+ 113 3749	+1567 4212	+ 679 5088
19	+0·996 521 445	−0·054 517 816	−0·023 548 222	+ 83 9581	+1569 3763	+ 680 3737
20	+0·997 213 794	−0·038 816 358	−0·016 741 070	+ 54 5082	+1570 8324	+ 681 0204
21	+0·997 611 567	−0·023 102 811	−0·009 928 538	+ 25 0459	+1571 7955	+ 681 4502
22	+0·997 714 728	−0·007 382 061	−0·003 112 779	− 4 4117	+1572 2747	+ 681 6664
23	+0·997 523 392	+0·008 341 103	+0·003 704 090	− 33 8518	+1572 2799	+ 681 6729
24	+0·997 037 783	+0·024 061 990	+0·010 519 995	− 63 2650	+1571 8210	+ 681 4742
25	+0·996 258 202	+0·039 776 004	+0·017 332 903	− 92 6452	+1570 9064	+ 681 0741
26	+0·995 185 004	+0·055 478 622	+0·024 140 817	− 121 9878	+1569 5431	+ 680 4761
27	+0·993 818 583	+0·071 165 388	+0·030 941 776	− 151 2893	+1567 7366	+ 679 6833
28	+0·992 159 363	+0·086 831 890	+0·037 733 842	− 180 5472	+1565 4909	+ 678 6980
29	+0·990 207 794	+0·102 473 752	+0·044 515 101	− 209 7589	+1562 8090	+ 677 5221
30	+0·987 964 347	+0·118 086 621	+0·051 283 654	− 238 9222	+1559 6925	+ 676 1570
Oct. 1	+0·985 429 519	+0·133 666 158	+0·058 037 614	− 268 0347	+1556 1425	+ 674 6037

$\dot{X}$, $\dot{Y}$, $\dot{Z}$ are in units of 10^{-9} au / d.

POSITION AND VELOCITY OF THE EARTH, 2020

ICRS, ORIGIN AT SOLAR SYSTEM BARYCENTRE
FOR 0^h BARYCENTRIC DYNAMICAL TIME

Date 0^h TDB	X	Y	Z	$\dot{X}$	$\dot{Y}$	$\dot{Z}$
Oct. 1	+0·985 429 519	+0·133 666 158	+0·058 037 614	− 268 0347	+1556 1425	+ 674 6037
2	+0·982 603 830	+0·149 208 025	+0·064 775 103	− 297 0939	+1552 1587	+ 672 8629
3	+0·979 487 827	+0·164 707 883	+0·071 494 247	− 326 0970	+1547 7405	+ 670 9346
4	+0·976 082 087	+0·180 161 381	+0·078 193 170	− 355 0407	+1542 8862	+ 668 8188
5	+0·972 387 223	+0·195 564 148	+0·084 869 997	− 383 9213	+1537 5939	+ 666 5151
6	+0·968 403 885	+0·210 911 790	+0·091 522 844	− 412 7345	+1531 8609	+ 664 0227
7	+0·964 132 772	+0·226 199 888	+0·098 149 819	− 441 4756	+1525 6844	+ 661 3407
8	+0·959 574 631	+0·241 423 988	+0·104 749 021	− 470 1393	+1519 0608	+ 658 4678
9	+0·954 730 264	+0·256 579 602	+0·111 318 535	− 498 7198	+1511 9865	+ 655 4027
10	+0·949 600 534	+0·271 662 200	+0·117 856 429	− 527 2107	+1504 4568	+ 652 1436
11	+0·944 186 373	+0·286 667 203	+0·124 360 753	− 555 6047	+1496 4666	+ 648 6882
12	+0·938 488 791	+0·301 589 977	+0·130 829 530	− 583 8932	+1488 0098	+ 645 0337
13	+0·932 508 896	+0·316 425 821	+0·137 260 753	− 612 0653	+1479 0796	+ 641 1770
14	+0·926 247 918	+0·331 169 968	+0·143 652 383	− 640 1072	+1469 6692	+ 637 1143
15	+0·919 707 244	+0·345 817 585	+0·150 002 342	− 668 0014	+1459 7730	+ 632 8423
16	+0·912 888 451	+0·360 363 798	+0·156 308 523	− 695 7270	+1449 3882	+ 628 3585
17	+0·905 793 343	+0·374 803 724	+0·162 568 803	− 723 2606	+1438 5163	+ 623 6621
18	+0·898 423 956	+0·389 132 523	+0·168 781 062	− 750 5791	+1427 1643	+ 618 7547
19	+0·890 782 549	+0·403 345 447	+0·174 943 208	− 777 6616	+1415 3435	+ 613 6403
20	+0·882 871 565	+0·417 437 880	+0·181 053 197	− 804 4920	+1403 0687	+ 608 3245
21	+0·874 693 587	+0·431 405 358	+0·187 109 049	− 831 0590	+1390 3550	+ 602 8140
22	+0·866 251 286	+0·445 243 566	+0·193 108 849	− 857 3558	+1377 2168	+ 597 1152
23	+0·857 547 385	+0·458 948 320	+0·199 050 745	− 883 3785	+1363 6662	+ 591 2340
24	+0·848 584 637	+0·472 515 550	+0·204 932 938	− 909 1249	+1349 7134	+ 585 1755
25	+0·839 365 814	+0·485 941 275	+0·210 753 678	− 934 5932	+1335 3665	+ 578 9440
26	+0·829 893 704	+0·499 221 587	+0·216 511 253	− 959 7820	+1320 6318	+ 572 5429
27	+0·820 171 110	+0·512 352 638	+0·222 203 981	− 984 6897	+1305 5151	+ 565 9753
28	+0·810 200 854	+0·525 330 629	+0·227 830 212	−1009 3142	+1290 0207	+ 559 2438
29	+0·799 985 776	+0·538 151 806	+0·233 388 318	−1033 6536	+1274 1527	+ 552 3507
30	+0·789 528 739	+0·550 812 449	+0·238 876 695	−1057 7056	+1257 9143	+ 545 2981
31	+0·778 832 630	+0·563 308 868	+0·244 293 754	−1081 4677	+1241 3084	+ 538 0875
Nov. 1	+0·767 900 360	+0·575 637 397	+0·249 637 924	−1104 9373	+1224 3368	+ 530 7205
2	+0·756 734 868	+0·587 794 390	+0·254 907 645	−1128 1114	+1207 0012	+ 523 1980
3	+0·745 339 129	+0·599 776 211	+0·260 101 367	−1150 9863	+1189 3025	+ 515 5207
4	+0·733 716 153	+0·611 579 231	+0·265 217 546	−1173 5580	+1171 2409	+ 507 6892
5	+0·721 868 995	+0·623 199 821	+0·270 254 639	−1195 8219	+1152 8166	+ 499 7037
6	+0·709 800 760	+0·634 634 352	+0·275 211 105	−1217 7723	+1134 0290	+ 491 5639
7	+0·697 514 615	+0·645 879 186	+0·280 085 400	−1239 4028	+1114 8771	+ 483 2694
8	+0·685 013 794	+0·656 930 675	+0·284 875 976	−1260 7061	+1095 3597	+ 474 8197
9	+0·672 301 615	+0·667 785 157	+0·289 581 273	−1281 6730	+1075 4752	+ 466 2136
10	+0·659 381 492	+0·678 438 950	+0·294 199 723	−1302 2927	+1055 2218	+ 457 4499
11	+0·646 256 962	+0·688 888 359	+0·298 729 742	−1322 5519	+1034 5983	+ 448 5273
12	+0·632 931 710	+0·699 129 683	+0·303 169 736	−1342 4342	+1013 6049	+ 439 4448
13	+0·619 409 597	+0·709 159 234	+0·307 518 104	−1361 9209	+ 992 2444	+ 430 2024
14	+0·605 694 680	+0·718 973 370	+0·311 773 255	−1380 9913	+ 970 5237	+ 420 8016
15	+0·591 791 225	+0·728 568 545	+0·315 933 621	−1399 6252	+ 948 4545	+ 411 2463
16	+0·577 703 690	+0·737 941 351	+0·319 997 687	−1417 8049	+ 926 0529	+ 401 5426

$\dot{X}$, $\dot{Y}$, $\dot{Z}$ are in units of 10^{-9} au / d.

ICRS, ORIGIN AT SOLAR SYSTEM BARYCENTRE
FOR 0^h BARYCENTRIC DYNAMICAL TIME

Date 0^h TDB	X	Y	Z	$\dot{X}$	$\dot{Y}$	$\dot{Z}$
Nov. 16	+0·577 703 690	+0·737 941 351	+0·319 997 687	−1417 8049	+ 926 0529	+ 401 5426
17	+0·563 436 684	+0·747 088 558	+0·323 964 005	−1435 5176	+ 903 3380	+ 391 6982
18	+0·548 994 922	+0·756 007 131	+0·327 831 211	−1452 7555	+ 880 3292	+ 381 7218
19	+0·534 383 168	+0·764 694 225	+0·331 598 029	−1469 5157	+ 857 0450	+ 371 6217
20	+0·519 606 199	+0·773 147 166	+0·335 263 259	−1485 7986	+ 833 5011	+ 361 4056
21	+0·504 668 780	+0·781 363 425	+0·338 825 776	−1501 6060	+ 809 7104	+ 351 0800
22	+0·489 575 657	+0·789 340 587	+0·342 284 512	−1516 9400	+ 785 6836	+ 340 6503
23	+0·474 331 550	+0·797 076 340	+0·345 638 451	−1531 8029	+ 761 4297	+ 330 1212
24	+0·458 941 165	+0·804 568 451	+0·348 886 619	−1546 1959	+ 736 9565	+ 319 4969
25	+0·443 409 195	+0·811 814 763	+0·352 028 082	−1560 1202	+ 712 2711	+ 308 7808
26	+0·427 740 322	+0·818 813 187	+0·355 061 941	−1573 5764	+ 687 3799	+ 297 9765
27	+0·411 939 226	+0·825 561 696	+0·357 987 329	−1586 5650	+ 662 2892	+ 287 0872
28	+0·396 010 580	+0·832 058 324	+0·360 803 411	−1599 0864	+ 637 0045	+ 276 1156
29	+0·379 959 055	+0·838 301 157	+0·363 509 376	−1611 1409	+ 611 5309	+ 265 0645
30	+0·363 789 318	+0·844 288 327	+0·366 104 442	−1622 7286	+ 585 8727	+ 253 9360
Dec. 1	+0·347 506 039	+0·850 018 009	+0·368 587 846	−1633 8493	+ 560 0337	+ 242 7323
2	+0·331 113 892	+0·855 488 408	+0·370 958 841	−1644 5020	+ 534 0168	+ 231 4546
3	+0·314 617 565	+0·860 697 759	+0·373 216 695	−1654 6850	+ 507 8243	+ 220 1042
4	+0·298 021 768	+0·865 644 315	+0·375 360 685	−1664 3955	+ 481 4581	+ 208 6818
5	+0·281 331 245	+0·870 326 347	+0·377 390 093	−1673 6293	+ 454 9198	+ 197 1880
6	+0·264 550 788	+0·874 742 144	+0·379 304 208	−1682 3810	+ 428 2111	+ 185 6230
7	+0·247 685 255	+0·878 890 008	+0·381 102 318	−1690 6435	+ 401 3338	+ 173 9873
8	+0·230 739 580	+0·882 768 267	+0·382 783 718	−1698 4077	+ 374 2904	+ 162 2811
9	+0·213 718 797	+0·886 375 274	+0·384 347 707	−1705 6630	+ 347 0844	+ 150 5051
10	+0·196 628 057	+0·889 709 431	+0·385 793 591	−1712 3968	+ 319 7213	+ 138 6605
11	+0·179 472 647	+0·892 769 201	+0·387 120 696	−1718 5948	+ 292 2089	+ 126 7497
12	+0·162 257 996	+0·895 553 148	+0·388 328 376	−1724 2425	+ 264 5586	+ 114 7764
13	+0·144 989 679	+0·898 059 965	+0·389 416 033	−1729 3259	+ 236 7857	+ 102 7461
14	+0·127 673 397	+0·900 288 516	+0·390 383 131	−1733 8339	+ 208 9089	+ 90 6661
15	+0·110 314 941	+0·902 237 866	+0·391 229 219	−1737 7597	+ 180 9490	+ 78 5454
16	+0·092 920 150	+0·903 907 290	+0·391 953 935	−1741 1013	+ 152 9273	+ 66 3933
17	+0·075 494 855	+0·905 296 272	+0·392 557 012	−1743 8612	+ 124 8638	+ 54 2191
18	+0·058 044 847	+0·906 404 484	+0·393 038 272	−1746 0451	+ 96 7757	+ 42 0311
19	+0·040 575 849	+0·907 231 753	+0·393 397 614	−1747 6604	+ 68 6775	+ 29 8366
20	+0·023 093 509	+0·907 778 041	+0·393 635 003	−1748 7149	+ 40 5811	+ 17 6416
21	+0·005 603 397	+0·908 043 413	+0·393 750 460	−1749 2159	+ 12 4961	+ 5 4511
22	−0·011 888 986	+0·908 028 029	+0·393 744 054	−1749 1700	− 15 5689	− 6 7305
23	−0·029 378 200	+0·907 732 129	+0·393 615 894	−1748 5832	− 43 6060	− 18 8992
24	−0·046 858 865	+0·907 156 025	+0·393 366 126	−1747 4608	− 71 6082	− 31 0513
25	−0·064 325 649	+0·906 300 104	+0·392 994 935	−1745 8081	− 99 5685	− 43 1834
26	−0·081 773 276	+0·905 164 817	+0·392 502 535	−1743 6301	− 127 4804	− 55 2924
27	−0·099 196 516	+0·903 750 678	+0·391 889 174	−1740 9317	− 155 3380	− 67 3752
28	−0·116 590 191	+0·902 058 255	+0·391 155 126	−1737 7179	− 183 1362	− 79 4293
29	−0·133 949 172	+0·900 088 166	+0·390 300 690	−1733 9935	− 210 8707	− 91 4526
30	−0·151 268 372	+0·897 841 065	+0·389 326 182	−1729 7623	− 238 5382	− 103 4434
31	−0·168 542 739	+0·895 317 634	+0·388 231 933	−1725 0273	− 266 1361	− 115 4007
32	−0·185 767 244	+0·892 518 580	+0·387 018 282	−1719 7901	− 293 6627	− 127 3237

$\dot{X}, \dot{Y}, \dot{Z}$ are in units of 10^{-9} au / d.

Reduction for polar motion

The rotation of the Earth can be represented by a diurnal rotation about a reference axis whose motion with respect to a space-fixed system is given by the theories of precession and nutation plus very small (< 1 mas) corrections from observations. The pole of the reference axis is the celestial intermediate pole (CIP) and the system within which it moves is the GCRS (see page B25). The equator of date is orthogonal to the axis of the CIP. The axis of the CIP also moves with respect to the standard geodetic coordinate system, the ITRS (see below), which is fixed (in a specifically defined sense) with respect to the crust of the Earth. The motion of the CIP within the ITRS is known as polar motion; the path of the pole is quasi-circular with a maximum radius of about 10 m (0.″3) and principal periods of 365 and 428 days. The longer period component of the spin axis relative to the mean figure axis is called the Chandler wobble. It is the free nutation of the nonrigid triaxial mantle and crust of the Earth. The Chandler wobble is excited primarily by transfer of angular momentum from the atmosphere and oceans to the Earth's crust and mantle. The annual component is driven by seasonal effects. Polar motion as a whole is affected by unpredictable geophysical forces and must be determined continuously from various kinds of observations.

The origin of the International Terrestrial Reference System (ITRS) is the geocentre and the directions of its axes are defined implicitly by the adoption of a set of coordinates of stations (instruments) used to determine UT1 and polar motion from observations. The ITRS is systematically within a few centimetres of WGS 84, the geodetic system provided by GPS. The orientation of the Terrestrial Intermediate Reference System (see page B26) with respect to the ITRS is given by successive rotations through the three small angles y, x, and $-s'$. The celestial reference system is then obtained by a rotation about the z-axis, either by Greenwich apparent sidereal time (GAST) if the celestial coordinates are with respect to the true equator and equinox of date; or by the Earth rotation angle (θ) if the celestial coordinates are with respect to the Celestial Intermediate Reference System.

The small angle s', called the TIO locator, is a measure of the secular drift of the terrestrial intermediate origin (TIO), with respect to geodetic zero longitude, that is, the very slow systematic rotation of the Terrestrial Intermediate Reference System with respect to the ITRS (due to polar motion). The value of s' (see below) is minuscule and may be set to zero unless very precise results are needed.

The quantities x, y correspond to the coordinates of the CIP with respect to the ITRS, measured along the meridians at longitudes $0°$ and $270°$ ($90°$ west). Current values of the coordinates, x, y, of the pole for use in the reduction of observations are published by the Central Bureau of the IERS (see *The Astronomical Almanac Online* for web links). Previous values, from 1970 January 1 onwards, are given on page K10 at 3-monthly intervals. For precise work the values at 5-day intervals from the IERS should be used. The coordinates x and y are usually measured in arcseconds.

The longitude and latitude of a terrestrial observer, λ and ϕ, used in astronomical formulae (e.g., for hour angle or the determination of astronomical time), should be expressed in the Terrestrial Intermediate Reference System, that is, corrected for polar motion:

$$\lambda = \lambda_{\text{ITRS}} + \left(x \sin \lambda_{\text{ITRS}} + y \cos \lambda_{\text{ITRS}} \right) \tan \phi_{\text{ITRS}}$$

$$\phi = \phi_{\text{ITRS}} + \left(x \cos \lambda_{\text{ITRS}} - y \sin \lambda_{\text{ITRS}} \right)$$

where λ_{ITRS} and ϕ_{ITRS} are the ITRS (geodetic) longitude and latitude of the observer, and x and y are the ITRS coordinates of the CIP, in the same units as λ and ϕ. These formulae are approximate and should not be used for places at polar latitudes.

Reduction for polar motion (continued)

The rigorous transformation of a vector $\mathbf{p}_3$ with respect to the celestial system to the corresponding vector $\mathbf{p}_4$ with respect to the ITRS is given by the formula:

$$\mathbf{p}_4 = \mathbf{R}_1(-y)\,\mathbf{R}_2(-x)\,\mathbf{R}_3(s')\,\mathbf{R}_3(\beta)\,\mathbf{p}_3$$

and conversely,

$$\mathbf{p}_3 = \mathbf{R}_3(-\beta)\,\mathbf{R}_3(-s')\,\mathbf{R}_2(x)\,\mathbf{R}_1(y)\,\mathbf{p}_4$$

where the TIO locator

$$s' = -0\rlap{.}''000\,047\,T$$

and T is measured in Julian centuries of 365 25 days from 245 1545·0 TT. Some previous values of x and y are tabulated on page K10. Note, the standard rotation matrices $\mathbf{R}_1$, $\mathbf{R}_2$, $\mathbf{R}_3$ are given on page K19 and correspond to rotations about the x, y and z axes, respectively.

The method to form the vector $\mathbf{p}_3$ for celestial objects is given on page B68. However, the vectors given above could represent, for example, the coordinates of a point on the Earth's surface or of a satellite in orbit around the Earth. The quantity β depends on whether the true equinox or the celestial intermediate origin (CIO) is used, viz:

Equinox method	*CIO method*
where β = GAST, Greenwich apparent sidereal time, tabulated daily at 0^h UT1 on pages B13–B20. GAST must be used if $\mathbf{p}_3$ is an equinox based position,	or $\beta = \theta$, the Earth rotation angle, tabulated daily at 0^h UT1 on pages B21–B24. ERA must be used when $\mathbf{p}_3$ is a CIO based position.

Reduction for diurnal parallax and diurnal aberration

The computation of diurnal parallax and aberration due to the displacement of the observer from the centre of the Earth requires a knowledge of the geocentric coordinates (ρ, geocentric distance in units of the Earth's equatorial radius, and ϕ', geocentric latitude, see the explanation beginning on page K11) of the place of observation, and the local hour angle (h).

For bodies whose equatorial horizontal parallax (π) normally amounts to only a few arcseconds the corrections for diurnal parallax in right ascension and declination (in the sense geocentric place *minus* topocentric place) are given by:

$$\Delta\alpha = \pi(\rho\cos\phi'\sin h\,\sec\delta)$$

$$\Delta\delta = \pi(\rho\sin\phi'\cos\delta - \rho\cos\phi'\cos h\,\sin\delta)$$

and

$$h = \mathrm{GAST} - \alpha_e + \lambda$$
$$= \theta - \alpha_i + \lambda$$

where λ is the longitude. $\mathrm{GAST} - \alpha_e$ is the hour angle calculated from the Greenwich apparent sidereal time and the equinox right ascension, whereas $\theta - \alpha_i$ is the hour angle formed from the Earth rotation angle and the CIO right ascension. π may be calculated from $8\rlap{.}''794$ divided by the geocentric distance of the body (in au). For the Moon (and other very close bodies) more precise formulae are required (see page D3).

The corrections for diurnal aberration in right ascension and declination (in the sense apparent place *minus* mean place) are given by:

$$\Delta\alpha = 0\rlap{.}^\mathrm{s}0213\,\rho\cos\phi'\cos h\,\sec\delta$$

$$\Delta\delta = 0\rlap{.}''319\,\rho\cos\phi'\sin h\,\sin\delta$$

Reduction for diurnal parallax and diurnal aberration (continued)

For a body at transit the local hour angle (h) is zero and so $\Delta\delta$ is zero, but

$$\Delta\alpha = \pm0^{s}\!\cdot\!0213\,\rho\cos\phi'\sec\delta$$

where the plus and minus signs are used for the upper and lower transits, respectively; this may be regarded as a correction to the time of transit.

Alternatively, the effects may be computed in rectangular coordinates using the following expressions for the geocentric coordinates and velocity components of the observer with respect to the celestial equatorial reference system:

$$\text{position:} \quad (\ a_e\rho\cos\phi'\cos(\beta+\lambda),\ a_e\rho\cos\phi'\sin(\beta+\lambda),\ a_e\rho\sin\phi')$$
$$\text{velocity:} \quad (-a_e\omega\rho\cos\phi'\sin(\beta+\lambda),\ a_e\omega\rho\cos\phi'\cos(\beta+\lambda),\ 0)$$

where β is the Greenwich sidereal time (mean or apparent) or the Earth rotation angle (as appropriate), λ is the longitude of the observer (east longitudes are positive), a_e is the equatorial radius of the Earth and ω the angular velocity of the Earth.

$$a_e\omega = 0\!\cdot\!465\,\text{km/s} = 0\!\cdot\!269\times10^{-3}\text{au/d} \qquad c = 2\!\cdot\!998\times10^5\,\text{km/s} = 173\!\cdot\!14\,\text{au/d}$$
$$a_e\omega/c = 1\!\cdot\!55\times10^{-6}\,\text{rad} = 0''\!\cdot\!320 = 0^{s}\!\cdot\!0213$$

These geocentric position and velocity vectors of the observer are added to the barycentric position and velocity of the Earth's centre, respectively, to obtain the corresponding barycentric vectors of the observer. Then, the procedures on pages B66–B75 may be followed using the barycentric position and velocity of the observer rather than $\mathbf{E_B}$ and $\dot{\mathbf{E}}_\mathbf{B}$.

Conversion to altitude and azimuth

It is convenient to use the local hour angle (h) as an intermediary in the conversion from the right ascension (α_e or α_i) and declination (δ) to the azimuth (A_z) and altitude (a).

In order to determine the local hour angle (see page B11) corresponding to the UT1 of the observation, first obtain either Greenwich apparent sidereal time (GAST), see pages B13–B20, or the Earth rotation angle (θ) tabulated on pages B21–B24. This choice depends on whether the right ascension is with respect to the equinox or the CIO, respectively. The formulae are:

$$h = \text{GAST} + \lambda - \alpha_e = \theta + \lambda - \alpha_i$$

Then

$$\cos a \sin A_z = -\cos\delta\sin h$$
$$\cos a \cos A_z = \ \ \sin\delta\cos\phi - \cos\delta\cos h\sin\phi$$
$$\sin a = \ \ \sin\delta\sin\phi + \cos\delta\cos h\cos\phi$$

where azimuth (A_z) is measured from the north through east in the plane of the horizon, altitude (a) is measured perpendicular to the horizon, and λ, ψ are the astronomical values (see page K13) of the east longitude and latitude of the place of observation. The plane of the horizon is defined to be perpendicular to the apparent direction of gravity. Zenith distance is given by $z = 90° - a$.

For most purposes the values of the geodetic longitude and latitude may be used but in some cases the effects of local gravity anomalies and polar motion (see page B84) must be included. For full precision, the values of α, δ must be corrected for diurnal parallax and diurnal aberration. The inverse formulae are:

$$\cos\delta\sin h = -\cos a\sin A_z$$
$$\cos\delta\cos h = \ \ \sin a\cos\phi - \cos a\cos A_z\sin\phi$$
$$\sin\delta = \ \ \sin a\sin\phi + \cos a\cos A_z\cos\phi$$

Correction for refraction

For most astronomical purposes the effect of refraction in the Earth's atmosphere is to decrease the zenith distance (computed by the formulae of the previous section) by an amount R that depends on the zenith distance and on the meteorological conditions at the site. A simple expression for R for zenith distances less than $75°$ (altitudes greater than $15°$) is:

$$R = 0°004\ 52\ P \tan z/(273 + T)$$
$$= 0°004\ 52\ P/((273 + T) \tan a)$$

where T is the temperature ($°$C) and P is the barometric pressure (millibars). This formula is usually accurate to about 0.1 for altitudes above $15°$, but the error increases rapidly at lower altitudes, especially in abnormal meteorological conditions. For observed apparent altitudes below $15°$ use the approximate formula:

$$R = P(0.1594 + 0.0196a + 0.000\ 02a^2)/[(273 + T)(1 + 0.505a + 0.0845a^2)]$$

where the altitude a is in degrees.

DETERMINATION OF LATITUDE AND AZIMUTH

Use of the Polaris table

The table on pages B88-B91 gives data for obtaining latitude from an observed altitude of Polaris (suitably corrected for instrumental errors and refraction) and the azimuth of this star (measured from north, positive to the east and negative to the west), for all hour angles and northern latitudes. The six tabulated quantities, each given to a precision of 0.1, are a_0, a_1, a_2, referring to the correction to altitude, and b_0, b_1, b_2, to the azimuth.

$$\text{latitude} = \text{corrected observed altitude} + a_0 + a_1 + a_2$$
$$\text{azimuth} = (b_0 + b_1 + b_2)/\cos(\text{latitude})$$

The table is to be entered with the local apparent sidereal time of observation (LAST), and gives the values of a_0, b_0 directly; interpolation, with maximum differences of 0.7, can be done mentally. To the precision of these tables local mean sidereal time may be used instead of LAST. In the same vertical column, the values of a_1, b_1 are found with the latitude, and those of a_2, b_2 with the date, as argument. Thus all six quantities can, if desired, be extracted together. The errors due to the adoption of a mean value of the local sidereal time for each of the subsidiary tables have been reduced to a minimum, and the total error is not likely to exceed 0.2. Interpolation between columns should not be attempted.

The observed altitude must be corrected for refraction before being used to determine the astronomical latitude of the place of observation. Both the latitude and the azimuth so obtained are affected by local gravity anomalies if the altitude is measured with respect to a plane orthogonal to the local gravity vector, e.g., a liquid surface.

LST	0^h		1^h		2^h		3^h		4^h		5^h	
	a_0	b_0	a_0	b_0	a_0	b_0	a_0	b_0	a_0	b_0	a_0	b_0
m	′	′	′	′	′	′	′	′	′	′	′	′
0	−27.8	+27.5	−33.9	+19.3	−37.8	+9.8	−39.0	−0.4	−37.5	−10.7	−33.5	−20.1
3	−28.1	+27.2	−34.2	+18.9	−37.9	+9.3	−39.0	−1.0	−37.4	−11.1	−33.2	−20.5
6	−28.5	+26.8	−34.4	+18.4	−38.0	+8.8	−39.0	−1.5	−37.2	−11.6	−32.9	−21.0
9	−28.8	+26.4	−34.7	+18.0	−38.1	+8.3	−38.9	−2.0	−37.1	−12.1	−32.7	−21.4
12	−29.2	+26.0	−34.9	+17.5	−38.2	+7.8	−38.9	−2.5	−36.9	−12.6	−32.4	−21.8
15	−29.5	+25.6	−35.1	+17.1	−38.3	+7.3	−38.9	−3.0	−36.8	−13.1	−32.1	−22.3
18	−29.8	+25.3	−35.3	+16.6	−38.4	+6.8	−38.8	−3.5	−36.6	−13.6	−31.8	−22.7
21	−30.2	+24.9	−35.6	+16.1	−38.5	+6.3	−38.8	−4.1	−36.4	−14.1	−31.5	−23.1
24	−30.5	+24.5	−35.8	+15.7	−38.6	+5.7	−38.7	−4.6	−36.2	−14.6	−31.2	−23.5
27	−30.8	+24.1	−36.0	+15.2	−38.7	+5.2	−38.7	−5.1	−36.0	−15.0	−30.9	−23.9
30	−31.1	+23.6	−36.2	+14.7	−38.7	+4.7	−38.6	−5.6	−35.8	−15.5	−30.6	−24.3
33	−31.4	+23.2	−36.3	+14.2	−38.8	+4.2	−38.5	−6.1	−35.6	−16.0	−30.3	−24.7
36	−31.7	+22.8	−36.5	+13.7	−38.8	+3.7	−38.4	−6.6	−35.4	−16.5	−29.9	−25.1
39	−32.0	+22.4	−36.7	+13.3	−38.9	+3.2	−38.4	−7.1	−35.2	−16.9	−29.6	−25.5
42	−32.3	+22.0	−36.9	+12.8	−38.9	+2.7	−38.3	−7.6	−35.0	−17.4	−29.3	−25.9
45	−32.6	+21.5	−37.0	+12.3	−38.9	+2.1	−38.2	−8.1	−34.7	−17.9	−28.9	−26.3
48	−32.9	+21.1	−37.2	+11.8	−39.0	+1.6	−38.0	−8.6	−34.5	−18.3	−28.6	−26.7
51	−33.1	+20.7	−37.4	+11.3	−39.0	+1.1	−37.9	−9.2	−34.2	−18.8	−28.2	−27.1
54	−33.4	+20.2	−37.5	+10.8	−39.0	+0.6	−37.8	−9.7	−34.0	−19.2	−27.9	−27.4
57	−33.7	+19.8	−37.6	+10.3	−39.0	+0.1	−37.7	−10.2	−33.7	−19.7	−27.5	−27.8
60	−33.9	+19.3	−37.8	+9.8	−39.0	−0.4	−37.5	−10.7	−33.5	−20.1	−27.1	−28.1

Lat. °	a_1	b_1	a_1	b_1	a_1	b_1	a_1	b_1	a_1	b_1	a_1	b_1
0	−0.1	−0.3	0.0	−0.2	0.0	−0.1	0.0	+0.1	0.0	+0.2	−0.1	+0.3
10	−0.1	−0.2	0.0	−0.2	0.0	−0.1	0.0	+0.1	0.0	+0.2	−0.1	+0.2
20	−0.1	−0.2	0.0	−0.1	0.0	0.0	0.0	+0.1	0.0	+0.1	−0.1	+0.2
30	0.0	−0.1	0.0	−0.1	0.0	0.0	0.0	0.0	0.0	+0.1	−0.1	+0.1
40	0.0	−0.1	0.0	−0.1	0.0	0.0	0.0	0.0	0.0	+0.1	0.0	+0.1
45	0.0	0.0	0.0	0.0	0.0	0.0	0.0	0.0	0.0	0.0	0.0	0.0
50	0.0	0.0	0.0	0.0	0.0	0.0	0.0	0.0	0.0	0.0	0.0	0.0
55	0.0	+0.1	0.0	0.0	0.0	0.0	0.0	0.0	0.0	0.0	0.0	−0.1
60	0.0	+0.1	0.0	+0.1	0.0	0.0	0.0	0.0	0.0	−0.1	0.0	−0.1
62	+0.1	+0.1	0.0	+0.1	0.0	0.0	0.0	0.0	0.0	−0.1	+0.1	−0.1
64	+0.1	+0.2	0.0	+0.1	0.0	0.0	0.0	−0.1	0.0	−0.1	+0.1	−0.2
66	+0.1	+0.2	0.0	+0.2	0.0	+0.1	0.0	−0.1	0.0	−0.2	+0.1	−0.2

Month	a_2	b_2	a_2	b_2	a_2	b_2	a_2	b_2	a_2	b_2	a_2	b_2
Jan.	+0.1	−0.1	+0.1	0.0	+0.1	0.0	+0.1	0.0	+0.1	0.0	+0.1	+0.1
Feb.	0.0	−0.2	+0.1	−0.2	+0.1	−0.2	+0.2	−0.1	+0.2	−0.1	+0.2	0.0
Mar.	−0.1	−0.3	0.0	−0.3	0.0	−0.3	+0.1	−0.3	+0.2	−0.2	+0.2	−0.2
Apr.	−0.3	−0.3	−0.2	−0.3	−0.1	−0.4	0.0	−0.4	+0.1	−0.4	+0.2	−0.3
May	−0.4	−0.2	−0.3	−0.3	−0.2	−0.3	−0.1	−0.4	0.0	−0.4	+0.1	−0.4
June	−0.4	0.0	−0.4	−0.1	−0.3	−0.2	−0.3	−0.3	−0.2	−0.4	−0.1	−0.4
July	−0.4	+0.1	−0.4	0.0	−0.4	−0.1	−0.3	−0.2	−0.3	−0.3	−0.2	−0.3
Aug.	−0.2	+0.2	−0.3	+0.2	−0.3	+0.1	−0.3	0.0	−0.3	−0.1	−0.3	−0.2
Sept.	−0.1	+0.3	−0.1	+0.3	−0.2	+0.2	−0.3	+0.2	−0.3	+0.1	−0.3	0.0
Oct.	+0.1	+0.3	0.0	+0.3	−0.1	+0.3	−0.1	+0.3	−0.2	+0.3	−0.3	+0.2
Nov.	+0.3	+0.2	+0.2	+0.3	+0.1	+0.4	0.0	+0.4	−0.1	+0.4	−0.2	+0.3
Dec.	+0.4	+0.1	+0.4	+0.2	+0.3	+0.3	+0.2	+0.4	+0.1	+0.4	0.0	+0.4

Latitude = Corrected observed altitude of *Polaris* + $a_0 + a_1 + a_2$

Azimuth of *Polaris* = $(b_0 + b_1 + b_2)$ / cos (latitude)

LST	6ʰ a_0	6ʰ b_0	7ʰ a_0	7ʰ b_0	8ʰ a_0	8ʰ b_0	9ʰ a_0	9ʰ b_0	10ʰ a_0	10ʰ b_0	11ʰ a_0	11ʰ b_0
m	′	′	′	′	′	′	′	′	′	′	′	′
0	−27·1	−28·1	−18·9	−34·2	−9·4	−37·9	+0·7	−39·0	+10·8	−37·4	+20·1	−33·3
3	−26·8	−28·5	−18·5	−34·5	−8·9	−38·0	+1·2	−39·0	+11·2	−37·3	+20·5	−33·1
6	−26·4	−28·9	−18·0	−34·7	−8·4	−38·1	+1·7	−39·0	+11·7	−37·1	+20·9	−32·8
9	−26·0	−29·2	−17·6	−34·9	−7·9	−38·2	+2·2	−38·9	+12·2	−37·0	+21·4	−32·5
12	−25·6	−29·5	−17·1	−35·2	−7·4	−38·3	+2·7	−38·9	+12·7	−36·8	+21·8	−32·2
15	−25·2	−29·9	−16·6	−35·4	−6·9	−38·4	+3·2	−38·8	+13·2	−36·6	+22·2	−31·9
18	−24·8	−30·2	−16·2	−35·6	−6·4	−38·5	+3·8	−38·8	+13·7	−36·4	+22·6	−31·6
21	−24·4	−30·5	−15·7	−35·8	−5·9	−38·6	+4·3	−38·7	+14·1	−36·3	+23·0	−31·3
24	−24·0	−30·8	−15·2	−36·0	−5·4	−38·7	+4·8	−38·7	+14·6	−36·1	+23·4	−31·0
27	−23·6	−31·2	−14·8	−36·2	−4·9	−38·7	+5·3	−38·6	+15·1	−35·9	+23·8	−30·7
30	−23·2	−31·5	−14·3	−36·4	−4·4	−38·8	+5·8	−38·5	+15·5	−35·7	+24·2	−30·4
33	−22·8	−31·8	−13·8	−36·6	−3·9	−38·8	+6·3	−38·5	+16·0	−35·5	+24·6	−30·1
36	−22·4	−32·1	−13·3	−36·7	−3·4	−38·9	+6·8	−38·4	+16·5	−35·2	+25·0	−29·8
39	−22·0	−32·3	−12·9	−36·9	−2·9	−38·9	+7·3	−38·3	+16·9	−35·0	+25·4	−29·4
42	−21·5	−32·6	−12·4	−37·1	−2·4	−38·9	+7·8	−38·2	+17·4	−34·8	+25·8	−29·1
45	−21·1	−32·9	−11·9	−37·2	−1·9	−39·0	+8·3	−38·1	+17·8	−34·6	+26·2	−28·8
48	−20·7	−33·2	−11·4	−37·4	−1·3	−39·0	+8·8	−37·9	+18·3	−34·3	+26·6	−28·4
51	−20·3	−33·4	−10·9	−37·5	−0·8	−39·0	+9·3	−37·8	+18·7	−34·1	+26·9	−28·1
54	−19·8	−33·7	−10·4	−37·7	−0·3	−39·0	+9·8	−37·7	+19·2	−33·8	+27·3	−27·7
57	−19·4	−34·0	−9·9	−37·8	+0·2	−39·0	+10·3	−37·6	+19·6	−33·6	+27·7	−27·4
60	−18·9	−34·2	−9·4	−37·9	+0·7	−39·0	+10·8	−37·4	+20·1	−33·3	+28·0	−27·0

Lat.	6ʰ a_1	6ʰ b_1	7ʰ a_1	7ʰ b_1	8ʰ a_1	8ʰ b_1	9ʰ a_1	9ʰ b_1	10ʰ a_1	10ʰ b_1	11ʰ a_1	11ʰ b_1
°												
0	−0·2	+0·3	−0·2	+0·2	−0·3	+0·1	−0·3	−0·1	−0·2	−0·2	−0·2	−0·3
10	−0·1	+0·2	−0·2	+0·2	−0·2	+0·1	−0·2	−0·1	−0·2	−0·2	−0·1	−0·2
20	−0·1	+0·2	−0·2	+0·1	−0·2		−0·2	−0·1	−0·2	−0·1	−0·1	−0·2
30	−0·1	+0·1	−0·1	+0·1	−0·1		−0·1		−0·1	−0·1	−0·1	−0·1
40	0·0	+0·1	−0·1	+0·1	−0·1		−0·1		−0·1	−0·1	0·0	−0·1
45	0·0	0·0	0·0	0·0	0·0	0·0	0·0	0·0	0·0	0·0	0·0	0·0
50	0·0	0·0	0·0	0·0	0·0	0·0	0·0	0·0	0·0	0·0	0·0	0·0
55	0·0	−0·1	0·0	0·0	+0·1	0·0	+0·1	0·0	0·0	0·0	0·0	+0·1
60	+0·1	−0·1	+0·1	−0·1	+0·1	0·0	+0·1	0·0	+0·1	+0·1	+0·1	+0·1
62	+0·1	−0·1	+0·1	−0·1	+0·2	0·0	+0·1	0·0	+0·1	+0·1	+0·1	+0·1
64	+0·1	−0·2	+0·2	−0·1	+0·2	0·0	+0·2	+0·1	+0·2	+0·1	+0·1	+0·2
66	+0·1	−0·2	+0·2	−0·2	+0·2	−0·1	+0·2	+0·1	+0·2	+0·2	+0·1	+0·2

Month	6ʰ a_2	6ʰ b_2	7ʰ a_2	7ʰ b_2	8ʰ a_2	8ʰ b_2	9ʰ a_2	9ʰ b_2	10ʰ a_2	10ʰ b_2	11ʰ a_2	11ʰ b_2
Jan.	+0·1	+0·1	0·0	+0·1	0·0	+0·1	0·0	+0·1	0·0	+0·1	−0·1	+0·1
Feb.	+0·2	0·0	+0·2	+0·1	+0·2	+0·1	+0·1	+0·2	+0·1	+0·2	0·0	+0·2
Mar.	+0·3	−0·1	+0·3	0·0	+0·3	0·0	+0·3	+0·1	+0·2	+0·2	+0·2	+0·2
Apr.	+0·3	−0·3	+0·3	−0·2	+0·4	−0·1	+0·4	0·0	+0·4	+0·1	+0·3	+0·2
May	+0·2	−0·4	+0·3	−0·3	+0·3	−0·2	+0·4	−0·1	+0·4	0·0	+0·4	+0·1
June	0·0	−0·4	+0·1	−0·4	+0·2	−0·3	+0·3	−0·3	+0·4	−0·2	+0·4	−0·1
July	−0·1	−0·4	0·0	−0·4	+0·1	−0·4	+0·2	−0·3	+0·3	−0·3	+0·3	−0·2
Aug.	−0·2	−0·2	−0·2	−0·3	−0·1	−0·3	0·0	−0·3	+0·1	−0·3	+0·2	−0·3
Sept.	−0·3	−0·1	−0·3	−0·1	−0·2	−0·2	−0·2	−0·3	−0·1	−0·3	0·0	−0·3
Oct.	−0·3	+0·1	−0·3	0·0	−0·3	−0·1	−0·3	−0·1	−0·3	−0·2	−0·2	−0·3
Nov.	−0·2	+0·3	−0·3	+0·2	−0·4	+0·1	−0·4	0·0	−0·4	−0·1	−0·3	−0·2
Dec.	−0·1	+0·4	−0·2	+0·4	−0·3	+0·3	−0·4	+0·2	−0·4	+0·1	−0·4	0·0

Latitude = Corrected observed altitude of *Polaris* + $a_0 + a_1 + a_2$

Azimuth of *Polaris* = $(b_0 + b_1 + b_2) /$ cos (latitude)

LST	12^h		13^h		14^h		15^h		16^h		17^h	
	a_0	b_0	a_0	b_0	a_0	b_0	a_0	b_0	a_0	b_0	a_0	b_0
m	′	′	′	′	′	′	′	′	′	′	′	′
0	+28·0	−27·0	+34·1	−18·9	+37·8	−9·5	+39·0	+0·4	+37·6	+10·4	+33·6	+19·6
3	+28·4	−26·6	+34·3	−18·5	+37·9	−9·1	+39·0	+0·9	+37·4	+10·9	+33·4	+20·1
6	+28·7	−26·3	+34·5	−18·0	+38·0	−8·6	+39·0	+1·4	+37·3	+11·3	+33·1	+20·5
9	+29·1	−25·9	+34·8	−17·6	+38·1	−8·1	+39·0	+1·9	+37·1	+11·8	+32·8	+20·9
12	+29·4	−25·5	+35·0	−17·1	+38·2	−7·6	+38·9	+2·4	+37·0	+12·3	+32·5	+21·4
15	+29·7	−25·1	+35·2	−16·7	+38·3	−7·1	+38·9	+2·9	+36·8	+12·8	+32·3	+21·8
18	+30·0	−24·7	+35·4	−16·2	+38·4	−6·6	+38·8	+3·4	+36·6	+13·3	+32·0	+22·2
21	+30·4	−24·3	+35·6	−15·7	+38·5	−6·1	+38·8	+3·9	+36·5	+13·7	+31·7	+22·6
24	+30·7	−23·9	+35·8	−15·3	+38·6	−5·6	+38·7	+4·4	+36·3	+14·2	+31·4	+23·0
27	+31·0	−23·5	+36·0	−14·8	+38·7	−5·1	+38·7	+4·9	+36·1	+14·7	+31·1	+23·4
30	+31·3	−23·1	+36·2	−14·3	+38·7	−4·6	+38·6	+5·4	+35·9	+15·1	+30·8	+23·8
33	+31·6	−22·7	+36·4	−13·9	+38·8	−4·1	+38·5	+5·9	+35·7	+15·6	+30·5	+24·2
36	+31·9	−22·3	+36·6	−13·4	+38·8	−3·6	+38·5	+6·4	+35·5	+16·1	+30·1	+24·6
39	+32·2	−21·9	+36·8	−12·9	+38·9	−3·1	+38·4	+6·9	+35·3	+16·5	+29·8	+25·0
42	+32·5	−21·5	+36·9	−12·4	+38·9	−2·6	+38·3	+7·4	+35·1	+17·0	+29·5	+25·4
45	+32·7	−21·1	+37·1	−12·0	+38·9	−2·1	+38·2	+7·9	+34·8	+17·4	+29·2	+25·8
48	+33·0	−20·6	+37·2	−11·5	+39·0	−1·6	+38·1	+8·4	+34·6	+17·9	+28·8	+26·2
51	+33·3	−20·2	+37·4	−11·0	+39·0	−1·1	+38·0	+8·9	+34·4	+18·3	+28·5	+26·5
54	+33·5	−19·8	+37·5	−10·5	+39·0	−0·6	+37·8	+9·4	+34·1	+18·8	+28·1	+26·9
57	+33·8	−19·3	+37·7	−10·0	+39·0	−0·1	+37·7	+9·9	+33·9	+19·2	+27·8	+27·3
60	+34·1	−18·9	+37·8	−9·5	+39·0	+0·4	+37·6	+10·4	+33·6	+19·6	+27·4	+27·6

Lat.	a_1	b_1	a_1	b_1	a_1	b_1	a_1	b_1	a_1	b_1	a_1	b_1
°												
0	−0·1	−0·3	0·0	−0·2	0·0	−0·1	0·0	+0·1	0·0	+0·2	−0·1	+0·3
10	−0·1	−0·2	0·0	−0·2	0·0	−0·1	0·0	+0·1	0·0	+0·2	−0·1	+0·2
20	−0·1	−0·2	0·0	−0·1	0·0	0·0	0·0	+0·1	0·0	+0·1	−0·1	+0·2
30	0·0	−0·1	0·0	−0·1	0·0	0·0	0·0	0·0	0·0	+0·1	−0·1	+0·1
40	0·0	−0·1	0·0	−0·1	0·0	0·0	0·0	0·0	0·0	+0·1	0·0	+0·1
45	0·0	0·0	0·0	0·0	0·0	0·0	0·0	0·0	0·0	0·0	0·0	0·0
50	0·0	0·0	0·0	0·0	0·0	0·0	0·0	0·0	0·0	0·0	0·0	0·0
55	0·0	+0·1	0·0	0·0	0·0	0·0	0·0	0·0	0·0	0·0	0·0	−0·1
60	0·0	+0·1	0·0	+0·1	0·0	0·0	0·0	0·0	0·0	−0·1	0·0	−0·1
62	+0·1	+0·1	0·0	+0·1	0·0	0·0	0·0	0·0	0·0	−0·1	+0·1	−0·1
64	+0·1	+0·2	0·0	+0·1	0·0	0·0	0·0	−0·1	0·0	−0·1	+0·1	−0·2
66	+0·1	+0·2	0·0	+0·2	0·0	+0·1	0·0	−0·1	0·0	−0·2	+0·1	−0·2

Month	a_2	b_2	a_2	b_2	a_2	b_2	a_2	b_2	a_2	b_2	a_2	b_2
Jan.	−0·1	+0·1	−0·1	0·0	−0·1	0·0	−0·1	0·0	−0·1	0·0	−0·1	−0·1
Feb.	0·0	+0·2	−0·1	+0·2	−0·1	+0·2	−0·2	+0·1	−0·2	+0·1	−0·2	0·0
Mar.	+0·1	+0·3	0·0	+0·3	0·0	+0·3	−0·1	+0·3	−0·2	+0·2	−0·2	+0·2
Apr.	+0·3	+0·3	+0·2	+0·3	+0·1	+0·4	0·0	+0·4	−0·1	+0·4	−0·2	+0·3
May	+0·4	+0·2	+0·3	+0·3	+0·2	+0·3	+0·1	+0·4	0·0	+0·4	−0·1	+0·4
June	+0·4	0·0	+0·4	+0·1	+0·3	+0·2	+0·3	+0·3	+0·2	+0·4	+0·1	+0·4
July	+0·4	−0·1	+0·4	0·0	+0·4	+0·1	+0·3	+0·2	+0·3	+0·3	+0·2	+0·3
Aug.	+0·2	−0·2	+0·3	−0·2	+0·3	−0·1	+0·3	0·0	+0·3	+0·1	+0·3	+0·2
Sept.	+0·1	−0·3	+0·1	−0·3	+0·2	−0·2	+0·3	−0·2	+0·3	−0·1	+0·3	0·0
Oct.	−0·1	−0·3	0·0	−0·3	+0·1	−0·3	+0·1	−0·3	+0·2	−0·3	+0·3	−0·2
Nov.	−0·3	−0·2	−0·2	−0·3	−0·1	−0·4	0·0	−0·4	+0·1	−0·4	+0·2	−0·3
Dec.	−0·4	−0·1	−0·4	−0·2	−0·3	−0·3	−0·2	−0·4	−0·1	−0·4	0·0	−0·4

Latitude = Corrected observed altitude of *Polaris* + $a_0 + a_1 + a_2$

Azimuth of *Polaris* = $(b_0 + b_1 + b_2) / \cos(\text{latitude})$

LST	18^h		19^h		20^h		21^h		22^h		23^h	
	a_0	b_0	a_0	b_0	a_0	b_0	a_0	b_0	a_0	b_0	a_0	b_0
m	'	'	'	'	'	'	'	'	'	'	'	'
0	+27·4	+27·6	+19·3	+33·8	+9·9	+37·7	− 0·2	+39·0	−10·3	+37·7	−19·7	+33·8
3	+27·0	+28·0	+18·9	+34·0	+9·4	+37·8	− 0·7	+39·0	−10·8	+37·6	−20·1	+33·5
6	+26·7	+28·3	+18·4	+34·3	+8·9	+37·9	− 1·2	+39·0	−11·3	+37·4	−20·6	+33·3
9	+26·3	+28·7	+18·0	+34·5	+8·4	+38·0	− 1·7	+39·0	−11·7	+37·3	−21·0	+33·0
12	+25·9	+29·0	+17·5	+34·7	+7·9	+38·1	− 2·2	+39·0	−12·2	+37·1	−21·4	+32·7
15	+25·5	+29·3	+17·1	+35·0	+7·4	+38·2	− 2·7	+38·9	−12·7	+37·0	−21·8	+32·4
18	+25·2	+29·7	+16·6	+35·2	+6·9	+38·3	− 3·2	+38·9	−13·2	+36·8	−22·3	+32·1
21	+24·8	+30·0	+16·2	+35·4	+6·4	+38·4	− 3·7	+38·8	−13·7	+36·6	−22·7	+31·8
24	+24·4	+30·3	+15·7	+35·6	+5·9	+38·5	− 4·2	+38·8	−14·2	+36·4	−23·1	+31·5
27	+24·0	+30·6	+15·2	+35·8	+5·4	+38·6	− 4·8	+38·7	−14·6	+36·2	−23·5	+31·2
30	+23·6	+31·0	+14·7	+36·0	+4·9	+38·7	− 5·3	+38·7	−15·1	+36·1	−23·9	+30·9
33	+23·2	+31·3	+14·3	+36·2	+4·4	+38·7	− 5·8	+38·6	−15·6	+35·9	−24·3	+30·6
36	+22·7	+31·6	+13·8	+36·4	+3·9	+38·8	− 6·3	+38·5	−16·0	+35·6	−24·7	+30·3
39	+22·3	+31·9	+13·3	+36·6	+3·4	+38·8	− 6·8	+38·5	−16·5	+35·4	−25·1	+30·0
42	+21·9	+32·1	+12·8	+36·7	+2·9	+38·9	− 7·3	+38·4	−17·0	+35·2	−25·5	+29·6
45	+21·5	+32·4	+12·4	+36·9	+2·4	+38·9	− 7·8	+38·3	−17·4	+35·0	−25·9	+29·3
48	+21·1	+32·7	+11·9	+37·1	+1·9	+38·9	− 8·3	+38·2	−17·9	+34·8	−26·3	+29·0
51	+20·6	+33·0	+11·4	+37·2	+1·4	+39·0	− 8·8	+38·1	−18·3	+34·5	−26·7	+28·6
54	+20·2	+33·2	+10·9	+37·4	+0·8	+39·0	− 9·3	+37·9	−18·8	+34·3	−27·0	+28·3
57	+19·8	+33·5	+10·4	+37·5	+0·3	+39·0	− 9·8	+37·8	−19·2	+34·0	−27·4	+27·9
60	+19·3	+33·8	+ 9·9	+37·7	−0·2	+39·0	−10·3	+37·7	−19·7	+33·8	−27·8	+27·5

Lat.	a_1	b_1	a_1	b_1	a_1	b_1	a_1	b_1	a_1	b_1	a_1	b_1
°												
0	− 0·2	+ 0·3	− 0·2	+ 0·2	−0·3	+ 0·1	− 0·3	− 0·1	− 0·2	− 0·2	− 0·2	− 0·3
10	− 0·1	+ 0·2	− 0·2	+ 0·2	−0·2	+ 0·1	− 0·2	− 0·1	− 0·2	− 0·2	− 0·1	− 0·2
20	− 0·1	+ 0·2	− 0·2	+ 0·1	−0·2	0·0	− 0·2	− 0·1	− 0·2	− 0·1	− 0·1	− 0·2
30	− 0·1	+ 0·1	− 0·1	+ 0·1	−0·1	0·0	− 0·1	0·0	− 0·1	− 0·1	− 0·1	− 0·1
40	0·0	+ 0·1	− 0·1	+ 0·1	−0·1	0·0	− 0·1	0·0	− 0·1	− 0·1	0·0	− 0·1
45	0·0	0·0	0·0	0·0	0·0	0·0	0·0	0·0	0·0	0·0	0·0	0·0
50	0·0	0·0	0·0	0·0	0·0	0·0	0·0	0·0	0·0	0·0	0·0	0·0
55	0·0	− 0·1	0·0	0·0	+0·1	0·0	+ 0·1	0·0	0·0	0·0	0·0	+ 0·1
60	+ 0·1	− 0·1	+ 0·1	− 0·1	+0·1	0·0	+ 0·1	0·0	+ 0·1	+ 0·1	+ 0·1	+ 0·1
62	+ 0·1	− 0·1	+ 0·1	− 0·1	+0·2	0·0	+ 0·1	0·0	+ 0·1	+ 0·1	+ 0·1	+ 0·1
64	+ 0·1	− 0·2	+ 0·2	− 0·1	+0·2	0·0	+ 0·2	+ 0·1	+ 0·2	+ 0·1	+ 0·1	+ 0·2
66	+ 0·1	− 0·2	+ 0·2	− 0·2	+0·2	− 0·1	+ 0·2	+ 0·1	+ 0·2	+ 0·2	+ 0·1	+ 0·2

Month	a_2	b_2	a_2	b_2	a_2	b_2	a_2	b_2	a_2	b_2	a_2	b_2
Jan.	− 0·1	− 0·1	0·0	− 0·1	0·0	− 0·1	0·0	− 0·1	0·0	− 0·1	+ 0·1	− 0·1
Feb.	− 0·2	0·0	− 0·2	− 0·1	−0·2	− 0·1	− 0·1	− 0·2	− 0·1	− 0·2	0·0	− 0·2
Mar.	− 0·3	+ 0·1	− 0·3	0·0	−0·3	0·0	− 0·3	− 0·1	− 0·2	− 0·2	− 0·2	− 0·2
Apr.	− 0·3	+ 0·3	− 0·3	+ 0·2	−0·4	+ 0·1	− 0·4	0·0	− 0·4	− 0·1	− 0·3	− 0·2
May	− 0·2	+ 0·4	− 0·3	+ 0·3	−0·3	+ 0·2	− 0·4	+ 0·1	− 0·4	0·0	− 0·4	− 0·1
June	0·0	+ 0·4	− 0·1	+ 0·4	−0·2	+ 0·3	− 0·3	+ 0·3	− 0·4	+ 0·2	− 0·4	+ 0·1
July	+ 0·1	+ 0·4	0·0	+ 0·4	−0·1	+ 0·4	− 0·2	+ 0·3	− 0·3	+ 0·3	− 0·3	+ 0·2
Aug.	+ 0·2	+ 0·2	+ 0·2	+ 0·3	+0·1	+ 0·3	0·0	+ 0·3	− 0·1	+ 0·3	− 0·2	+ 0·3
Sept.	+ 0·3	+ 0·1	+ 0·3	+ 0·1	+0·2	+ 0·2	+ 0·2	+ 0·3	+ 0·1	+ 0·3	0·0	+ 0·3
Oct.	+ 0·3	− 0·1	+ 0·3	0·0	+0·3	+ 0·1	+ 0·3	+ 0·1	+ 0·3	+ 0·2	+ 0·2	+ 0·3
Nov.	+ 0·2	− 0·3	+ 0·3	− 0·2	+0·4	− 0·1	+ 0·4	0·0	+ 0·4	+ 0·1	+ 0·3	+ 0·2
Dec.	+ 0·1	− 0·4	+ 0·2	− 0·4	+0·3	− 0·3	+ 0·4	− 0·2	+ 0·4	− 0·1	+ 0·4	0·0

Latitude = Corrected observed altitude of *Polaris* + $a_0 + a_1 + a_2$

Azimuth of *Polaris* = $(b_0 + b_1 + b_2) / \cos(\text{latitude})$

Pole star formulae

The formulae below provide a method for obtaining latitude from the observed altitude of one of the pole stars, *Polaris* or σ Octantis, and an assumed *east* longitude of the observer λ. In addition, the azimuth of a pole star may be calculated from an assumed *east* longitude λ and the observed altitude a, or from λ and an assumed latitude ϕ. An error of $0°002$ in a or $0°1$ in λ will produce an error of about $0°002$ in the calculated latitude. Likewise an error of $0°03$ in λ, a or ϕ will produce an error of about $0°002$ in the calculated azimuth for latitudes below $70°$.

Step 1. Calculate the hour angle HA and polar distance p, in degrees, from expressions of the form:

$$HA = a_0 + a_1 L + a_2 \sin L + a_3 \cos L + 15\,t$$
$$p = a_0 + a_1 L + a_2 \sin L + a_3 \cos L$$

where
$$L = 0°985\,65\,d$$
$$d = \text{day of year (from pages B4–B5)} + t/24$$

and where the coefficients a_0, a_1, a_2, a_3 are given in the table below, t is the universal time in hours, d is the interval in days from 2020 January 0 at 0^h UT1 to the time of observation, and the quantity L is in degrees. In the above formulae d is required to two decimals of a day, L to two decimals of a degree and t to three decimals of an hour.

Step 2. Calculate the local hour angle *LHA* from:

$$LHA = HA + \lambda \quad \text{(add or subtract multiples of } 360°\text{)}$$

where λ is the assumed longitude measured east from the Greenwich meridian.

Form the quantities: $S = p \sin(LHA)$ $C = p \cos(LHA)$

Step 3. The latitude of the place of observation, in degrees, is given by:

$$\text{latitude} = a - C + 0.0087\,S^2 \tan a$$

where a is the observed altitude of the pole star after correction for instrument error and atmospheric refraction.

Step 4. The azimuth of the pole star, in degrees, is given by:

$$\text{azimuth of } Polaris = -S/\cos a$$
$$\text{azimuth of } \sigma \text{ Octantis} = 180° + S/\cos a$$

where azimuth is measured eastwards around the horizon from north.

In *Step* 4, if a has not been observed, use the quantity:

$$a = \phi + C - 0.0087\,S^2 \tan \phi$$

where ϕ is an assumed latitude, taken to be positive in either hemisphere.

POLE STAR COEFFICIENTS FOR 2020

	Polaris		σ Octantis	
	GHA	p	GHA	p
	°	°	°	°
a_0	54·96	0·6534	137·91	1·1268
a_1	0·999 13	−0·0000 114	0·999 39	0·0000 096
a_2	0·38	−0·0028	0·18	0·0038
a_3	−0·29	−0·0046	0·21	−0·0039

CONTENTS OF SECTION C

NOTES AND FORMULAS

Mean orbital elements of the Sun

Mean elements of the orbit of the Sun, referred to the mean equinox and ecliptic of date, are given by the following expressions. The time argument d is the interval in days from 2020 January 0, 0^h TT. These expressions are intended for use only during the year of this volume.

d = JD – 245 8848.5 = day of year (from B4–B5) + fraction of day from 0^h TT.

Geometric mean longitude:	$279°.141\ 941 + 0.985\ 647\ 36\ d$
Mean longitude of perigee:	$283°.281\ 180 + 0.000\ 047\ 08\ d$
Mean anomaly:	$355°.860\ 761 + 0.985\ 600\ 28\ d$
Eccentricity:	$0.016\ 700\ 22 - 0.000\ 000\ 0012\ d$
Mean obliquity of the ecliptic (w.r.t. mean equator of date):	$23°.436\ 678 - 0.000\ 000\ 36\ d$

The position of the ecliptic of date with respect to the ecliptic of the standard epoch is given by formulas on page B53. Osculating elements of the Earth/Moon barycenter are on page E8.

NOTES AND FORMULAS

Lengths of principal years

The lengths of the principal years at 2020.0 as derived from the Sun's mean motion are:

		d	d h m s
tropical year	(equinox to equinox)	365.242 189	365 05 48 45.1
sidereal year	(fixed star to fixed star)	365.256 363	365 06 09 09.8
anomalistic year	(perigee to perigee)	365.259 636	365 06 13 52.6
eclipse year	(node to node)	346.620 082	346 14 52 55.1

Apparent ecliptic coordinates of the Sun

The apparent ecliptic longitude may be computed from the geometric ecliptic longitude tabulated on pages C6–C20 using:

apparent longitude = tabulated longitude + nutation in longitude $(\Delta\psi) - 20''.496/R$

where $\Delta\psi$ is tabulated on pages B58–B65 and R is the true geocentric distance tabulated on pages C6–C20. The apparent ecliptic latitude is equal to the geometric ecliptic latitude found on pages C6–C20 to the precision of tabulation.

Time of transit of the Sun

The quantity tabulated as "Ephemeris Transit" on pages C7–C21 is the TT of transit of the Sun over the ephemeris meridian, which is at the longitude 1.002 738 ΔT east of the prime (Greenwich) meridian; in this expression ΔT is the difference TT – UT. The TT of transit of the Sun over a local meridian is obtained by interpolation where the first differences are about 24 hours. The interpolation factor p is given by:

$$p = -\lambda + 1.002\ 738\ \Delta T$$

where λ is the east longitude and the right-hand side of the equation is expressed in days. (Divide longitude in degrees by 360 and ΔT in seconds by 86 400). During 2020 it is expected that ΔT will be about 70 seconds, so that the second term is about +0.000 81 days.

The UT of transit is obtained by subtracting ΔT from the TT of transit obtained by interpolation.

Equation of Time

Apparent solar time is the timescale based on the diurnal motion of the true Sun. The rate of solar diurnal motion has seasonal variations caused by the obliquity of the ecliptic and by the eccentricity of the Earth's orbit. Additional small variations arise from irregularities in the rotation of the Earth on its axis. Mean solar time is the timescale based on the diurnal motion of the fictitious mean Sun, a point with uniform motion along the celestial equator. The difference between apparent solar time and mean solar time is the Equation of Time.

Equation of Time = apparent solar time – mean solar time

To obtain the Equation of Time to a precision of about 1 second it is sufficient to use:

Equation of Time at 12^h UT = 12^h – tabulated value of ephem. transit found on C7–C21.

NOTES AND FORMULAS

Equation of Time (continued)

Alternatively, Equation of Time may be calculated for any instant during 2020 in seconds of time to a precision of about 3 seconds directly from the expression:

$$\text{Equation of Time} = -110.1 \sin L + 595.9 \sin 2L + 4.5 \sin 3L - 12.7 \sin 4L$$
$$- 427.8 \cos L - 2.1 \cos 2L + 19.2 \cos 3L$$

where L is the mean longitude of the Sun, corrected for aberration, given by:

$$L = 279°.136 + 0.985\,647\,d$$

and where d is the interval in days from 2020 January 0 at 0^h UT, given by:

$$d = \text{day of year (from B4–B5)} + \text{fraction of day from } 0^h \text{ UT}.$$

ICRS geocentric rectangular coordinates of the Sun

The geocentric equatorial rectangular coordinates of the Sun in au, referred to the ICRS axes, are given on pages C22–C25. The direction of these axes have been defined by the International Astronomical Union and are realized in practice by the coordinates of several hundred extragalactic radio sources. A rigorous method of determining the apparent place of a solar system object is described beginning on page B66.

Elements of the rotation of the Sun

The mean elements of the rotation of the Sun for 2020.0 are given below. With the exception of the position of the ascending node of the solar equator on the ecliptic whose rate is $0°.014$ per year, the values change less than $0°.01$ per year and can be used for the entire year for most applications. Linear interpolation using values found in recent editions can be made if needed.

Position of the ascending node of the solar equator:
    on the ecliptic (longitude) = $76°.04$
    on the mean equator of 2020.0 (right ascension) = $16°.17$
Inclination of the solar equator:
    with respect to the "Carrington" ecliptic (1850) = $7°.25$
    with respect to the mean equator of 2020.0 = $26°.10$
Position of the pole of the solar equator, w.r.t. the mean equinox and equator of 2020.0:
    Right ascension = $286°.17$
    Declination = $63°.90$
Sidereal rotation rate of the prime meridian = $14°.1844$ per day.
Mean synodic period of rotation of the prime meridian = 27.2753 days.

These data are derived from elements originally given by R. C. Carrington, 1863, *Observations of the Spots on the Sun*, p. 244. They have been updated using values from Urban and Seidelmann, 2012, *Explanatory Supplement to the Astronomical Almanac*, p. 426, and Archinal et al., Celestial Mech Dyn Astr, 2011, **110** 401.

NOTES AND FORMULAS

Heliographic coordinates

Except for Ephemeris Transit, the quantities on the right-hand pages of C7–C21 are tabulated for 0^h TT. Except for L_0, the values are, to the accuracy given, essentially the same for 0^h UT. The value of L_0 at 0^h TT is approximately $0°01$ greater than its value at 0^h UT.

If ρ_1, θ are the observed angular distance and position angle of a sunspot from the center of the disk of the Sun as seen from the Earth, and ρ is the heliocentric angular distance of the spot on the solar surface from the center of the Sun's disk, then

$$\sin(\rho + \rho_1) = \rho_1/S$$

where S is the semidiameter of the Sun. The position angle is measured from the north point of the disk towards the east.

The formulas for the computation of the heliographic coordinates (L, B) of a sunspot (or other feature on the surface of the Sun) from (ρ, θ) are as follows:

$$\sin B = \sin B_0 \cos \rho + \cos B_0 \sin \rho \cos(P - \theta)$$
$$\cos B \sin(L - L_0) = \sin \rho \sin(P - \theta)$$
$$\cos B \cos(L - L_0) = \cos \rho \cos B_0 - \sin B_0 \sin \rho \cos(P - \theta)$$

where B is measured positive to the north of the solar equator and L is measured from $0°$ to $360°$ in the direction of rotation of the Sun, i.e., westwards on the apparent disk as seen from the Earth. Daily values for B_0 and L_0 are tabulated on pages C7–C21.

SYNODIC ROTATION NUMBERS, 2020

Number	Date of Commencement			Number	Date of Commencement		
2225	2019	Dec.	10.05	2233	2020	July	15.27
2226	2020	Jan.	6.38	2234		Aug.	11.49
2227		Feb.	2.72	2235		Sept	7.74
2228		Mar.	1.06	2236		Oct.	5.01
2229		Mar.	28.37	2237		Nov.	1.30
2230		Apr.	24.64	2238		Nov.	28.61
2231		May	21.87	2239	2020	Dec.	25.93
2232		June	18.07	2240	2021	Jan.	22.27

At the date of commencement of each synodic rotation period, the value of L_0 is zero; that is, the prime meridian passes through the central point of the disk.

NOTES AND FORMULAS

Low precision formulas for the Sun

The following are low precision formulas for the Sun. On this page, the time argument n is the number of days of TT from J2000.0. UT can be used with negligible error.

The low precision formulas for the apparent right ascension and declination of the Sun yield a precision better than $1''\!.0$ between the years 1950 and 2050.

n = JD – 2451545.0 = 7303.5 + day of year (from B4–B5) + fraction of day from $0^{\rm h}$ TT
Mean longitude of Sun, corrected for aberration: $L = 280°\!.460 + 0°\!.985\,6474\,n$
Mean anomaly: $g = 357°\!.528 + 0°\!.985\,6003\,n$

Put L and g in the range $0°$ to $360°$ by adding multiples of $360°$.

Ecliptic longitude: $\lambda = L + 1°\!.915 \sin g + 0°\!.020 \sin 2g$
Ecliptic latitude: $\beta = 0°$
Obliquity of ecliptic: $\epsilon = 23°\!.439 - 0°\!.000\,0004\,n$
Right ascension: $\alpha = \tan^{-1}(\cos \epsilon \tan \lambda)$; ($\alpha$ in same quadrant as λ)

Alternatively, right ascension, α, may be calculated directly from:

Right ascension: $\alpha = \lambda - ft \sin 2\lambda + (f/2)t^2 \sin 4\lambda$
where $f = 180/\pi$ and $t = \tan^2(\epsilon/2)$
Declination: $\delta = \sin^{-1}(\sin \epsilon \sin \lambda)$

The low precision formula for the distance of the Sun from Earth, R, in au, yields a precision better than 0.0003 au between the years 1950 and 2050.

$R = 1.000\,14 - 0.016\,71 \cos g - 0.000\,14 \cos 2g$

The low precision formulas for the equatorial rectangular coordinates of the Sun, in au, yield a precision better than 0.015 au between the years 1950 and 2050.

$x = R \cos \lambda$
$y = R \cos \epsilon \sin \lambda$
$z = R \sin \epsilon \sin \lambda$

The low precision formula for the Equation of Time, E, in minutes, yields a precision better than $3^{\rm s}\!.5$ between 1950 and 2050.

$E = (L - \alpha)$, in degrees, multiplied by 4

Other useful quantities:

Horizontal parallax: $0°\!.0024$
Semidiameter: $0°\!.2666/R$
Light-time: $0^{\rm d}\!.0058$

SUN, 2020

FOR 0ʰ TERRESTRIAL TIME

Date		Julian Date	Geometric Ecliptic Coords. Mn Equinox & Ecliptic of Date		Apparent R. A.	Apparent Declination	True Geocentric Distance
			Longitude	Latitude			
		245	° ′ ″	″	h m s	° ′ ″	au
Jan.	0	8848.5	278 59 58.49	−0.40	18 39 07.80	−23 07 53.8	0.983 3175
	1	8849.5	280 01 08.62	−0.47	18 43 33.11	−23 03 32.0	0.983 2931
	2	8850.5	281 02 18.62	−0.50	18 47 58.12	−22 58 42.5	0.983 2733
	3	8851.5	282 03 28.45	−0.50	18 52 22.77	−22 53 25.6	0.983 2583
	4	8852.5	283 04 38.07	−0.48	18 56 47.06	−22 47 41.2	0.983 2484
	5	8853.5	284 05 47.42	−0.43	19 01 10.94	−22 41 29.7	0.983 2439
	6	8854.5	285 06 56.49	−0.35	19 05 34.39	−22 34 51.2	0.983 2449
	7	8855.5	286 08 05.25	−0.25	19 09 57.39	−22 27 45.9	0.983 2516
	8	8856.5	287 09 13.69	−0.12	19 14 19.91	−22 20 14.0	0.983 2645
	9	8857.5	288 10 21.82	+0.01	19 18 41.91	−22 12 15.8	0.983 2835
	10	8858.5	289 11 29.63	+0.16	19 23 03.39	−22 03 51.4	0.983 3090
	11	8859.5	290 12 37.17	+0.30	19 27 24.32	−21 55 01.2	0.983 3410
	12	8860.5	291 13 44.46	+0.44	19 31 44.68	−21 45 45.5	0.983 3796
	13	8861.5	292 14 51.54	+0.56	19 36 04.45	−21 36 04.4	0.983 4248
	14	8862.5	293 15 58.45	+0.65	19 40 23.61	−21 25 58.2	0.983 4763
	15	8863.5	294 17 05.21	+0.72	19 44 42.14	−21 15 27.2	0.983 5341
	16	8864.5	295 18 11.82	+0.75	19 49 00.04	−21 04 31.7	0.983 5977
	17	8865.5	296 19 18.30	+0.75	19 53 17.29	−20 53 11.9	0.983 6669
	18	8866.5	297 20 24.60	+0.71	19 57 33.86	−20 41 28.2	0.983 7412
	19	8867.5	298 21 30.70	+0.64	20 01 49.76	−20 29 20.9	0.983 8203
	20	8868.5	299 22 36.54	+0.55	20 06 04.96	−20 16 50.2	0.983 9040
	21	8869.5	300 23 42.03	+0.44	20 10 19.44	−20 03 56.7	0.983 9918
	22	8870.5	301 24 47.11	+0.31	20 14 33.18	−19 50 40.5	0.984 0835
	23	8871.5	302 25 51.69	+0.18	20 18 46.18	−19 37 02.1	0.984 1789
	24	8872.5	303 26 55.67	+0.05	20 22 58.41	−19 23 01.9	0.984 2780
	25	8873.5	304 27 58.96	−0.08	20 27 09.87	−19 08 40.2	0.984 3805
	26	8874.5	305 29 01.47	−0.19	20 31 20.52	−18 53 57.3	0.984 4865
	27	8875.5	306 30 03.10	−0.28	20 35 30.38	−18 38 53.7	0.984 5960
	28	8876.5	307 31 03.79	−0.35	20 39 39.42	−18 23 29.8	0.984 7091
	29	8877.5	308 32 03.44	−0.39	20 43 47.63	−18 07 45.9	0.984 8258
	30	8878.5	309 33 01.99	−0.41	20 47 55.02	−17 51 42.5	0.984 9462
	31	8879.5	310 33 59.37	−0.39	20 52 01.59	−17 35 19.9	0.985 0706
Feb.	1	8880.5	311 34 55.52	−0.35	20 56 07.31	−17 18 38.6	0.985 1991
	2	8881.5	312 35 50.40	−0.28	21 00 12.21	−17 01 38.9	0.985 3317
	3	8882.5	313 36 43.96	−0.19	21 04 16.27	−16 44 21.3	0.985 4688
	4	8883.5	314 37 36.17	−0.08	21 08 19.50	−16 26 46.2	0.985 6106
	5	8884.5	315 38 26.99	+0.05	21 12 21.90	−16 08 54.1	0.985 7572
	6	8885.5	316 39 16.43	+0.18	21 16 23.48	−15 50 45.2	0.985 9088
	7	8886.5	317 40 04.47	+0.32	21 20 24.24	−15 32 20.2	0.986 0658
	8	8887.5	318 40 51.15	+0.46	21 24 24.18	−15 13 39.3	0.986 2282
	9	8888.5	319 41 36.49	+0.58	21 28 23.33	−14 54 43.0	0.986 3963
	10	8889.5	320 42 20.54	+0.68	21 32 21.68	−14 35 31.6	0.986 5700
	11	8890.5	321 43 03.34	+0.75	21 36 19.25	−14 16 05.7	0.986 7493
	12	8891.5	322 43 44.96	+0.79	21 40 16.05	−13 56 25.5	0.986 9340
	13	8892.5	323 44 25.43	+0.80	21 44 12.10	−13 36 31.4	0.987 1239
	14	8893.5	324 45 04.78	+0.77	21 48 07.42	−13 16 23.9	0.987 3187
	15	8894.5	325 45 43.02	+0.71	21 52 02.02	−12 56 03.3	0.987 5179

SUN, 2020

FOR 0ʰ TERRESTRIAL TIME

Date		Pos. Angle of Axis P	Heliographic Latitude B_0	Heliographic Longitude L_0	Horiz. Parallax	Semi-Diameter	Ephemeris Transit
		°	°	°	″	′ ″	h m s
Jan.	0	+ 2.81	− 2.82	84.02	8.94	16 15.93	12 02 50.60
	1	+ 2.32	− 2.94	70.85	8.94	16 15.95	12 03 19.22
	2	+ 1.84	− 3.06	57.68	8.94	16 15.97	12 03 47.51
	3	+ 1.35	− 3.18	44.51	8.94	16 15.98	12 04 15.44
	4	+ 0.87	− 3.29	31.34	8.94	16 15.99	12 04 42.98
	5	+ 0.38	− 3.40	18.17	8.94	16 16.00	12 05 10.11
	6	− 0.10	− 3.52	5.00	8.94	16 16.00	12 05 36.79
	7	− 0.58	− 3.63	351.83	8.94	16 15.99	12 06 02.99
	8	− 1.06	− 3.74	338.66	8.94	16 15.98	12 06 28.70
	9	− 1.55	− 3.85	325.49	8.94	16 15.96	12 06 53.89
	10	− 2.03	− 3.96	312.33	8.94	16 15.93	12 07 18.53
	11	− 2.50	− 4.07	299.16	8.94	16 15.90	12 07 42.62
	12	− 2.98	− 4.17	285.99	8.94	16 15.86	12 08 06.12
	13	− 3.45	− 4.28	272.82	8.94	16 15.82	12 08 29.04
	14	− 3.93	− 4.38	259.65	8.94	16 15.77	12 08 51.33
	15	− 4.40	− 4.48	246.48	8.94	16 15.71	12 09 13.00
	16	− 4.87	− 4.58	233.32	8.94	16 15.65	12 09 34.02
	17	− 5.33	− 4.68	220.15	8.94	16 15.58	12 09 54.39
	18	− 5.80	− 4.78	206.98	8.94	16 15.51	12 10 14.07
	19	− 6.26	− 4.88	193.81	8.94	16 15.43	12 10 33.06
	20	− 6.71	− 4.97	180.65	8.94	16 15.34	12 10 51.34
	21	− 7.17	− 5.06	167.48	8.94	16 15.26	12 11 08.89
	22	− 7.62	− 5.16	154.31	8.94	16 15.17	12 11 25.70
	23	− 8.07	− 5.25	141.15	8.94	16 15.07	12 11 41.75
	24	− 8.51	− 5.33	127.98	8.93	16 14.97	12 11 57.03
	25	− 8.95	− 5.42	114.82	8.93	16 14.87	12 12 11.53
	26	− 9.39	− 5.50	101.65	8.93	16 14.77	12 12 25.22
	27	− 9.83	− 5.59	88.48	8.93	16 14.66	12 12 38.11
	28	− 10.25	− 5.67	75.32	8.93	16 14.55	12 12 50.18
	29	− 10.68	− 5.75	62.15	8.93	16 14.43	12 13 01.43
	30	− 11.10	− 5.83	48.99	8.93	16 14.31	12 13 11.85
	31	− 11.52	− 5.90	35.82	8.93	16 14.19	12 13 21.44
Feb.	1	− 11.93	− 5.98	22.65	8.93	16 14.06	12 13 30.19
	2	− 12.34	− 6.05	9.49	8.93	16 13.93	12 13 38.11
	3	− 12.74	− 6.12	356.32	8.92	16 13.80	12 13 45.19
	4	− 13.14	− 6.19	343.16	8.92	16 13.66	12 13 51.44
	5	− 13.53	− 6.25	329.99	8.92	16 13.51	12 13 56.86
	6	− 13.92	− 6.32	316.82	8.92	16 13.36	12 14 01.46
	7	− 14.31	− 6.38	303.66	8.92	16 13.21	12 14 05.24
	8	− 14.69	− 6.44	290.49	8.92	16 13.05	12 14 08.22
	9	− 15.06	− 6.50	277.32	8.92	16 12.88	12 14 10.40
	10	− 15.43	− 6.55	264.15	8.91	16 12.71	12 14 11.80
	11	− 15.79	− 6.61	250.99	8.91	16 12.53	12 14 12.42
	12	− 16.15	− 6.66	237.82	8.91	16 12.35	12 14 12.29
	13	− 16.50	− 6.71	224.65	8.91	16 12.16	12 14 11.42
	14	− 16.85	− 6.76	211.48	8.91	16 11.97	12 14 09.82
	15	− 17.19	− 6.80	198.32	8.91	16 11.77	12 14 07.50

SUN, 2020

FOR 0ʰ TERRESTRIAL TIME

Date		Julian Date	Geometric Ecliptic Coords. Mn Equinox & Ecliptic of Date		Apparent R. A.	Apparent Declination	True Geocentric Distance
			Longitude	Latitude			
		245	° ′ ″	″	h m s	° ′ ″	au
Feb.	15	8894.5	325 45 43.02	+0.71	21 52 02.02	−12 56 03.3	0.987 5179
	16	8895.5	326 46 20.13	+0.62	21 55 55.91	−12 35 30.0	0.987 7212
	17	8896.5	327 46 56.10	+0.51	21 59 49.10	−12 14 44.4	0.987 9281
	18	8897.5	328 47 30.86	+0.39	22 03 41.60	−11 53 47.1	0.988 1383
	19	8898.5	329 48 04.38	+0.26	22 07 33.43	−11 32 38.3	0.988 3515
	20	8899.5	330 48 36.59	+0.13	22 11 24.58	−11 11 18.5	0.988 5673
	21	8900.5	331 49 07.42	+0.01	22 15 15.08	−10 49 48.1	0.988 7855
	22	8901.5	332 49 36.79	−0.10	22 19 04.93	−10 28 07.6	0.989 0060
	23	8902.5	333 50 04.65	−0.19	22 22 54.15	−10 06 17.4	0.989 2286
	24	8903.5	334 50 30.90	−0.26	22 26 42.74	− 9 44 17.9	0.989 4531
	25	8904.5	335 50 55.48	−0.31	22 30 30.72	− 9 22 09.5	0.989 6795
	26	8905.5	336 51 18.31	−0.33	22 34 18.10	− 8 59 52.6	0.989 9078
	27	8906.5	337 51 39.33	−0.32	22 38 04.90	− 8 37 27.7	0.990 1381
	28	8907.5	338 51 58.48	−0.29	22 41 51.14	− 8 14 55.2	0.990 3702
	29	8908.5	339 52 15.70	−0.23	22 45 36.82	− 7 52 15.4	0.990 6044
Mar.	1	8909.5	340 52 30.93	−0.15	22 49 21.97	− 7 29 28.8	0.990 8407
	2	8910.5	341 52 44.14	−0.04	22 53 06.60	− 7 06 35.8	0.991 0793
	3	8911.5	342 52 55.28	+0.07	22 56 50.74	− 6 43 36.9	0.991 3202
	4	8912.5	343 53 04.32	+0.20	23 00 34.39	− 6 20 32.3	0.991 5637
	5	8913.5	344 53 11.25	+0.34	23 04 17.57	− 5 57 22.6	0.991 8101
	6	8914.5	345 53 16.06	+0.47	23 08 00.32	− 5 34 08.2	0.992 0594
	7	8915.5	346 53 18.77	+0.59	23 11 42.63	− 5 10 49.3	0.992 3120
	8	8916.5	347 53 19.39	+0.69	23 15 24.55	− 4 47 26.4	0.992 5679
	9	8917.5	348 53 17.99	+0.76	23 19 06.08	− 4 24 00.0	0.992 8275
	10	8918.5	349 53 14.61	+0.81	23 22 47.25	− 4 00 30.2	0.993 0908
	11	8919.5	350 53 09.35	+0.82	23 26 28.10	− 3 36 57.5	0.993 3576
	12	8920.5	351 53 02.26	+0.80	23 30 08.64	− 3 13 22.2	0.993 6279
	13	8921.5	352 52 53.41	+0.74	23 33 48.91	− 2 49 44.7	0.993 9014
	14	8922.5	353 52 42.85	+0.66	23 37 28.93	− 2 26 05.2	0.994 1776
	15	8923.5	354 52 30.61	+0.55	23 41 08.72	− 2 02 24.1	0.994 4563
	16	8924.5	355 52 16.69	+0.43	23 44 48.30	− 1 38 41.8	0.994 7371
	17	8925.5	356 52 01.08	+0.30	23 48 27.70	− 1 14 58.7	0.995 0194
	18	8926.5	357 51 43.78	+0.18	23 52 06.92	− 0 51 15.2	0.995 3029
	19	8927.5	358 51 24.74	+0.06	23 55 45.99	− 0 27 31.5	0.995 5873
	20	8928.5	359 51 03.94	−0.05	23 59 24.93	− 0 03 48.1	0.995 8723
	21	8929.5	0 50 41.32	−0.15	0 03 03.75	+ 0 19 54.6	0.996 1576
	22	8930.5	1 50 16.84	−0.22	0 06 42.46	+ 0 43 36.3	0.996 4430
	23	8931.5	2 49 50.45	−0.27	0 10 21.10	+ 1 07 16.5	0.996 7282
	24	8932.5	3 49 22.09	−0.29	0 13 59.68	+ 1 30 55.0	0.997 0131
	25	8933.5	4 48 51.72	−0.28	0 17 38.21	+ 1 54 31.3	0.997 2977
	26	8934.5	5 48 19.28	−0.25	0 21 16.71	+ 2 18 05.1	0.997 5817
	27	8935.5	6 47 44.72	−0.20	0 24 55.20	+ 2 41 36.0	0.997 8652
	28	8936.5	7 47 07.98	−0.12	0 28 33.70	+ 3 05 03.6	0.998 1482
	29	8937.5	8 46 29.04	−0.02	0 32 12.23	+ 3 28 27.6	0.998 4306
	30	8938.5	9 45 47.83	+0.09	0 35 50.81	+ 3 51 47.6	0.998 7127
	31	8939.5	10 45 04.34	+0.22	0 39 29.44	+ 4 15 03.2	0.998 9944
Apr.	1	8940.5	11 44 18.53	+0.34	0 43 08.15	+ 4 38 14.0	0.999 2759

FOR 0ʰ TERRESTRIAL TIME

Date	Pos. Angle of Axis P	Heliographic Latitude B_0	Heliographic Longitude L_0	Horiz. Parallax	Semi-Diameter	Ephemeris Transit
	°	°	°	″	′ ″	h m s
Feb. 15	− 17.19	− 6.80	198.32	8.91	16 11.77	12 14 07.50
16	− 17.53	− 6.84	185.15	8.90	16 11.57	12 14 04.47
17	− 17.86	− 6.89	171.98	8.90	16 11.37	12 14 00.75
18	− 18.18	− 6.92	158.81	8.90	16 11.16	12 13 56.35
19	− 18.50	− 6.96	145.64	8.90	16 10.96	12 13 51.28
20	− 18.81	− 7.00	132.48	8.90	16 10.74	12 13 45.54
21	− 19.12	− 7.03	119.31	8.89	16 10.53	12 13 39.15
22	− 19.42	− 7.06	106.14	8.89	16 10.31	12 13 32.12
23	− 19.72	− 7.09	92.97	8.89	16 10.09	12 13 24.47
24	− 20.01	− 7.11	79.80	8.89	16 09.87	12 13 16.20
25	− 20.29	− 7.14	66.63	8.89	16 09.65	12 13 07.32
26	− 20.57	− 7.16	53.46	8.88	16 09.43	12 12 57.86
27	− 20.84	− 7.18	40.29	8.88	16 09.20	12 12 47.83
28	− 21.10	− 7.20	27.12	8.88	16 08.98	12 12 37.23
29	− 21.36	− 7.21	13.94	8.88	16 08.75	12 12 26.09
Mar. 1	− 21.62	− 7.22	0.77	8.88	16 08.52	12 12 14.43
2	− 21.86	− 7.23	347.60	8.87	16 08.28	12 12 02.25
3	− 22.10	− 7.24	334.43	8.87	16 08.05	12 11 49.58
4	− 22.34	− 7.25	321.25	8.87	16 07.81	12 11 36.44
5	− 22.56	− 7.25	308.08	8.87	16 07.57	12 11 22.84
6	− 22.78	− 7.25	294.90	8.86	16 07.33	12 11 08.80
7	− 23.00	− 7.25	281.73	8.86	16 07.08	12 10 54.36
8	− 23.20	− 7.25	268.55	8.86	16 06.83	12 10 39.53
9	− 23.41	− 7.24	255.37	8.86	16 06.58	12 10 24.33
10	− 23.60	− 7.24	242.20	8.86	16 06.32	12 10 08.79
11	− 23.79	− 7.23	229.02	8.85	16 06.06	12 09 52.93
12	− 23.97	− 7.21	215.84	8.85	16 05.80	12 09 36.79
13	− 24.14	− 7.20	202.66	8.85	16 05.53	12 09 20.38
14	− 24.31	− 7.18	189.48	8.85	16 05.26	12 09 03.73
15	− 24.47	− 7.17	176.30	8.84	16 04.99	12 08 46.86
16	− 24.63	− 7.15	163.12	8.84	16 04.72	12 08 29.79
17	− 24.78	− 7.12	149.94	8.84	16 04.45	12 08 12.54
18	− 24.92	− 7.10	136.76	8.84	16 04.17	12 07 55.13
19	− 25.05	− 7.07	123.58	8.83	16 03.90	12 07 37.58
20	− 25.18	− 7.04	110.39	8.83	16 03.62	12 07 19.90
21	− 25.30	− 7.01	97.21	8.83	16 03.35	12 07 02.12
22	− 25.41	− 6.98	84.02	8.83	16 03.07	12 06 44.25
23	− 25.52	− 6.94	70.84	8.82	16 02.79	12 06 26.31
24	− 25.62	− 6.90	57.65	8.82	16 02.52	12 06 08.32
25	− 25.71	− 6.86	44.47	8.82	16 02.25	12 05 50.29
26	− 25.79	− 6.82	31.28	8.82	16 01.97	12 05 32.24
27	− 25.87	− 6.78	18.09	8.81	16 01.70	12 05 14.19
28	− 25.94	− 6.73	4.90	8.81	16 01.43	12 04 56.16
29	− 26.01	− 6.69	351.71	8.81	16 01.15	12 04 38.15
30	− 26.07	− 6.64	338.52	8.81	16 00.88	12 04 20.20
31	− 26.12	− 6.58	325.33	8.80	16 00.61	12 04 02.32
Apr. 1	− 26.16	− 6.53	312.14	8.80	16 00.34	12 03 44.52

SUN, 2020

FOR 0ʰ TERRESTRIAL TIME

Date		Julian Date	Geometric Ecliptic Coords. Mn Equinox & Ecliptic of Date		Apparent R. A.	Apparent Declination	True Geocentric Distance
			Longitude	Latitude			
		245	° ′ ″	″	h m s	° ′ ″	au
Apr.	1	8940.5	11 44 18.53	+0.34	0 43 08.15	+ 4 38 14.0	0.999 2759
	2	8941.5	12 43 30.38	+0.47	0 46 46.96	+ 5 01 19.8	0.999 5574
	3	8942.5	13 42 39.89	+0.59	0 50 25.88	+ 5 24 20.0	0.999 8391
	4	8943.5	14 41 47.05	+0.69	0 54 04.93	+ 5 47 14.4	1.000 1212
	5	8944.5	15 40 51.91	+0.76	0 57 44.13	+ 6 10 02.6	1.000 4040
	6	8945.5	16 39 54.49	+0.81	1 01 23.50	+ 6 32 44.3	1.000 6877
	7	8946.5	17 38 54.87	+0.83	1 05 03.07	+ 6 55 19.2	1.000 9725
	8	8947.5	18 37 53.13	+0.81	1 08 42.85	+ 7 17 46.9	1.001 2585
	9	8948.5	19 36 49.35	+0.76	1 12 22.88	+ 7 40 07.1	1.001 5456
	10	8949.5	20 35 43.62	+0.68	1 16 03.17	+ 8 02 19.7	1.001 8338
	11	8950.5	21 34 36.03	+0.57	1 19 43.75	+ 8 24 24.1	1.002 1227
	12	8951.5	22 33 26.65	+0.45	1 23 24.64	+ 8 46 20.3	1.002 4121
	13	8952.5	23 32 15.51	+0.32	1 27 05.86	+ 9 08 07.7	1.002 7016
	14	8953.5	24 31 02.66	+0.19	1 30 47.42	+ 9 29 46.1	1.002 9907
	15	8954.5	25 29 48.11	+0.06	1 34 29.33	+ 9 51 15.2	1.003 2791
	16	8955.5	26 28 31.87	−0.05	1 38 11.62	+10 12 34.6	1.003 5665
	17	8956.5	27 27 13.92	−0.15	1 41 54.29	+10 33 44.0	1.003 8525
	18	8957.5	28 25 54.27	−0.22	1 45 37.36	+10 54 43.0	1.004 1367
	19	8958.5	29 24 32.88	−0.27	1 49 20.84	+11 15 31.3	1.004 4189
	20	8959.5	30 23 09.74	−0.30	1 53 04.74	+11 36 08.5	1.004 6989
	21	8960.5	31 21 44.81	−0.30	1 56 49.08	+11 56 34.3	1.004 9764
	22	8961.5	32 20 18.07	−0.27	2 00 33.87	+12 16 48.4	1.005 2512
	23	8962.5	33 18 49.48	−0.22	2 04 19.11	+12 36 50.4	1.005 5232
	24	8963.5	34 17 19.02	−0.14	2 08 04.81	+12 56 39.9	1.005 7923
	25	8964.5	35 15 46.63	−0.04	2 11 50.99	+13 16 16.7	1.006 0584
	26	8965.5	36 14 12.28	+0.07	2 15 37.65	+13 35 40.3	1.006 3214
	27	8966.5	37 12 35.94	+0.19	2 19 24.81	+13 54 50.5	1.006 5814
	28	8967.5	38 10 57.59	+0.32	2 23 12.45	+14 13 46.9	1.006 8385
	29	8968.5	39 09 17.18	+0.44	2 27 00.60	+14 32 29.2	1.007 0928
	30	8969.5	40 07 34.71	+0.56	2 30 49.25	+14 50 56.9	1.007 3443
May	1	8970.5	41 05 50.17	+0.66	2 34 38.41	+15 09 09.8	1.007 5934
	2	8971.5	42 04 03.55	+0.74	2 38 28.08	+15 27 07.6	1.007 8402
	3	8972.5	43 02 14.89	+0.79	2 42 18.28	+15 44 49.9	1.008 0850
	4	8973.5	44 00 24.20	+0.81	2 46 09.01	+16 02 16.4	1.008 3281
	5	8974.5	44 58 31.57	+0.79	2 50 00.27	+16 19 26.8	1.008 5697
	6	8975.5	45 56 37.05	+0.75	2 53 52.09	+16 36 20.8	1.008 8101
	7	8976.5	46 54 40.74	+0.67	2 57 44.46	+16 52 58.2	1.009 0494
	8	8977.5	47 52 42.74	+0.56	3 01 37.40	+17 09 18.7	1.009 2875
	9	8978.5	48 50 43.15	+0.44	3 05 30.92	+17 25 22.0	1.009 5245
	10	8979.5	49 48 42.06	+0.30	3 09 25.02	+17 41 07.9	1.009 7600
	11	8980.5	50 46 39.57	+0.16	3 13 19.71	+17 56 36.1	1.009 9939
	12	8981.5	51 44 35.72	+0.03	3 17 14.98	+18 11 46.3	1.010 2258
	13	8982.5	52 42 30.58	−0.09	3 21 10.84	+18 26 38.2	1.010 4554
	14	8983.5	53 40 24.19	−0.20	3 25 07.28	+18 41 11.5	1.010 6823
	15	8984.5	54 38 16.56	−0.28	3 29 04.30	+18 55 26.0	1.010 9062
	16	8985.5	55 36 07.71	−0.34	3 33 01.91	+19 09 21.4	1.011 1267
	17	8986.5	56 33 57.66	−0.38	3 37 00.09	+19 22 57.3	1.011 3437

FOR 0ʰ TERRESTRIAL TIME

Date		Pos. Angle of Axis P	Heliographic		Horiz. Parallax	Semi-Diameter	Ephemeris Transit
			Latitude B_0	Longitude L_0			
		°	°	°	″	′ ″	h m s
Apr.	1	− 26.16	− 6.53	312.14	8.80	16 00.34	12 03 44.52
	2	− 26.19	− 6.48	298.95	8.80	16 00.07	12 03 26.83
	3	− 26.22	− 6.42	285.75	8.80	15 59.80	12 03 09.26
	4	− 26.24	− 6.36	272.56	8.79	15 59.53	12 02 51.83
	5	− 26.26	− 6.30	259.36	8.79	15 59.26	12 02 34.57
	6	− 26.26	− 6.24	246.17	8.79	15 58.99	12 02 17.49
	7	− 26.26	− 6.17	232.97	8.79	15 58.71	12 02 00.62
	8	− 26.26	− 6.11	219.77	8.78	15 58.44	12 01 43.97
	9	− 26.24	− 6.04	206.57	8.78	15 58.16	12 01 27.58
	10	− 26.22	− 5.97	193.37	8.78	15 57.89	12 01 11.47
	11	− 26.19	− 5.90	180.17	8.78	15 57.61	12 00 55.65
	12	− 26.15	− 5.82	166.97	8.77	15 57.34	12 00 40.15
	13	− 26.11	− 5.75	153.77	8.77	15 57.06	12 00 24.97
	14	− 26.05	− 5.67	140.57	8.77	15 56.78	12 00 10.15
	15	− 26.00	− 5.59	127.36	8.77	15 56.51	11 59 55.70
	16	− 25.93	− 5.51	114.16	8.76	15 56.23	11 59 41.62
	17	− 25.85	− 5.43	100.95	8.76	15 55.96	11 59 27.94
	18	− 25.77	− 5.35	87.75	8.76	15 55.69	11 59 14.66
	19	− 25.68	− 5.26	74.54	8.76	15 55.42	11 59 01.81
	20	− 25.59	− 5.18	61.33	8.75	15 55.16	11 58 49.38
	21	− 25.49	− 5.09	48.13	8.75	15 54.89	11 58 37.39
	22	− 25.37	− 5.00	34.92	8.75	15 54.63	11 58 25.85
	23	− 25.26	− 4.91	21.71	8.75	15 54.37	11 58 14.78
	24	− 25.13	− 4.82	8.50	8.74	15 54.12	11 58 04.17
	25	− 25.00	− 4.73	355.29	8.74	15 53.87	11 57 54.03
	26	− 24.86	− 4.63	342.07	8.74	15 53.62	11 57 44.38
	27	− 24.71	− 4.54	328.86	8.74	15 53.37	11 57 35.22
	28	− 24.56	− 4.44	315.65	8.73	15 53.13	11 57 26.56
	29	− 24.39	− 4.34	302.43	8.73	15 52.89	11 57 18.39
	30	− 24.23	− 4.25	289.22	8.73	15 52.65	11 57 10.74
May	1	− 24.05	− 4.15	276.00	8.73	15 52.41	11 57 03.60
	2	− 23.87	− 4.04	262.79	8.73	15 52.18	11 56 56.98
	3	− 23.68	− 3.94	249.57	8.72	15 51.95	11 56 50.89
	4	− 23.48	− 3.84	236.35	8.72	15 51.72	11 56 45.33
	5	− 23.27	− 3.73	223.13	8.72	15 51.49	11 56 40.32
	6	− 23.06	− 3.63	209.91	8.72	15 51.26	11 56 35.86
	7	− 22.84	− 3.52	196.69	8.72	15 51.04	11 56 31.96
	8	− 22.62	− 3.42	183.47	8.71	15 50.81	11 56 28.63
	9	− 22.38	− 3.31	170.25	8.71	15 50.59	11 56 25.88
	10	− 22.14	− 3.20	157.02	8.71	15 50.37	11 56 23.71
	11	− 21.90	− 3.09	143.80	8.71	15 50.15	11 56 22.12
	12	− 21.64	− 2.98	130.58	8.71	15 49.93	11 56 21.12
	13	− 21.38	− 2.87	117.35	8.70	15 49.72	11 56 20.71
	14	− 21.12	− 2.75	104.13	8.70	15 49.50	11 56 20.89
	15	− 20.84	− 2.64	90.90	8.70	15 49.29	11 56 21.65
	16	− 20.56	− 2.53	77.68	8.70	15 49.08	11 56 22.99
	17	− 20.28	− 2.41	64.45	8.70	15 48.88	11 56 24.91

SUN, 2020

FOR 0ʰ TERRESTRIAL TIME

Date	Julian Date	Geometric Ecliptic Coords. Mn Equinox & Ecliptic of Date		Apparent R. A.	Apparent Declination	True Geocentric Distance
		Longitude	Latitude			
	245	° ′ ″	″	h m s	° ′ ″	au
May 17	8986.5	56 33 57.66	−0.38	3 37 00.09	+19 22 57.3	1.011 3437
18	8987.5	57 31 46.40	−0.38	3 40 58.85	+19 36 13.6	1.011 5567
19	8988.5	58 29 33.93	−0.36	3 44 58.17	+19 49 09.9	1.011 7657
20	8989.5	59 27 20.25	−0.32	3 48 58.04	+20 01 46.0	1.011 9702
21	8990.5	60 25 05.34	−0.24	3 52 58.47	+20 14 01.6	1.012 1702
22	8991.5	61 22 49.17	−0.15	3 56 59.44	+20 25 56.4	1.012 3654
23	8992.5	62 20 31.74	−0.04	4 01 00.93	+20 37 30.2	1.012 5557
24	8993.5	63 18 13.00	+0.08	4 05 02.94	+20 48 42.8	1.012 7411
25	8994.5	64 15 52.93	+0.20	4 09 05.45	+20 59 33.9	1.012 9215
26	8995.5	65 13 31.51	+0.33	4 13 08.45	+21 10 03.3	1.013 0969
27	8996.5	66 11 08.69	+0.44	4 17 11.90	+21 20 10.7	1.013 2674
28	8997.5	67 08 44.48	+0.55	4 21 15.81	+21 29 55.9	1.013 4332
29	8998.5	68 06 18.84	+0.63	4 25 20.15	+21 39 18.7	1.013 5943
30	8999.5	69 03 51.79	+0.69	4 29 24.91	+21 48 18.8	1.013 7512
31	9000.5	70 01 23.32	+0.71	4 33 30.07	+21 56 56.1	1.013 9040
June 1	9001.5	70 58 53.48	+0.70	4 37 35.61	+22 05 10.4	1.014 0530
2	9002.5	71 56 22.30	+0.66	4 41 41.52	+22 13 01.5	1.014 1986
3	9003.5	72 53 49.85	+0.59	4 45 47.79	+22 20 29.2	1.014 3410
4	9004.5	73 51 16.21	+0.49	4 49 54.41	+22 27 33.5	1.014 4806
5	9005.5	74 48 41.49	+0.37	4 54 01.37	+22 34 14.2	1.014 6173
6	9006.5	75 46 05.78	+0.23	4 58 08.65	+22 40 31.1	1.014 7514
7	9007.5	76 43 29.18	+0.09	5 02 16.23	+22 46 24.3	1.014 8826
8	9008.5	77 40 51.80	−0.06	5 06 24.09	+22 51 53.5	1.015 0111
9	9009.5	78 38 13.73	−0.19	5 10 32.23	+22 56 58.6	1.015 1364
10	9010.5	79 35 35.03	−0.30	5 14 40.62	+23 01 39.5	1.015 2584
11	9011.5	80 32 55.78	−0.40	5 18 49.24	+23 05 56.2	1.015 3768
12	9012.5	81 30 16.03	−0.47	5 22 58.07	+23 09 48.5	1.015 4914
13	9013.5	82 27 35.82	−0.52	5 27 07.09	+23 13 16.4	1.015 6018
14	9014.5	83 24 55.18	−0.53	5 31 16.28	+23 16 19.7	1.015 7078
15	9015.5	84 22 14.14	−0.52	5 35 25.62	+23 18 58.4	1.015 8090
16	9016.5	85 19 32.72	−0.48	5 39 35.09	+23 21 12.4	1.015 9054
17	9017.5	86 16 50.92	−0.42	5 43 44.65	+23 23 01.7	1.015 9965
18	9018.5	87 14 08.76	−0.33	5 47 54.30	+23 24 26.3	1.016 0822
19	9019.5	88 11 26.23	−0.23	5 52 04.00	+23 25 26.1	1.016 1623
20	9020.5	89 08 43.32	−0.11	5 56 13.72	+23 26 01.1	1.016 2366
21	9021.5	90 06 00.02	+0.02	6 00 23.44	+23 26 11.3	1.016 3050
22	9022.5	91 03 16.28	+0.15	6 04 33.13	+23 25 56.7	1.016 3673
23	9023.5	92 00 32.10	+0.27	6 08 42.75	+23 25 17.3	1.016 4236
24	9024.5	92 57 47.44	+0.38	6 12 52.29	+23 24 13.1	1.016 4739
25	9025.5	93 55 02.27	+0.47	6 17 01.71	+23 22 44.2	1.016 5182
26	9026.5	94 52 16.57	+0.53	6 21 10.97	+23 20 50.6	1.016 5568
27	9027.5	95 49 30.32	+0.57	6 25 20.07	+23 18 32.3	1.016 5898
28	9028.5	96 46 43.53	+0.57	6 29 28.96	+23 15 49.4	1.016 6177
29	9029.5	97 43 56.22	+0.54	6 33 37.63	+23 12 42.0	1.016 6407
30	9030.5	98 41 08.40	+0.48	6 37 46.07	+23 09 10.2	1.016 6592
July 1	9031.5	99 38 20.15	+0.38	6 41 54.24	+23 05 14.0	1.016 6734
2	9032.5	100 35 31.51	+0.27	6 46 02.14	+23 00 53.6	1.016 6838

FOR 0ʰ TERRESTRIAL TIME

Date	Pos. Angle of Axis P	Heliographic Latitude B_0	Heliographic Longitude L_0	Horiz. Parallax	Semi-Diameter	Ephemeris Transit
	°	°	°	″	′ ″	h m s
May 17	− 20.28	− 2.41	64.45	8.70	15 48.88	11 56 24.91
18	− 19.99	− 2.30	51.22	8.69	15 48.68	11 56 27.40
19	− 19.69	− 2.18	37.99	8.69	15 48.49	11 56 30.44
20	− 19.38	− 2.06	24.77	8.69	15 48.29	11 56 34.04
21	− 19.07	− 1.95	11.54	8.69	15 48.11	11 56 38.19
22	− 18.75	− 1.83	358.31	8.69	15 47.92	11 56 42.86
23	− 18.43	− 1.71	345.08	8.69	15 47.75	11 56 48.06
24	− 18.10	− 1.59	331.85	8.68	15 47.57	11 56 53.76
25	− 17.77	− 1.48	318.62	8.68	15 47.40	11 56 59.95
26	− 17.42	− 1.36	305.39	8.68	15 47.24	11 57 06.61
27	− 17.08	− 1.24	292.16	8.68	15 47.08	11 57 13.73
28	− 16.73	− 1.12	278.93	8.68	15 46.92	11 57 21.30
29	− 16.37	− 1.00	265.69	8.68	15 46.77	11 57 29.30
30	− 16.01	− 0.88	252.46	8.67	15 46.63	11 57 37.70
31	− 15.64	− 0.76	239.23	8.67	15 46.48	11 57 46.50
June 1	− 15.27	− 0.64	225.99	8.67	15 46.35	11 57 55.68
2	− 14.89	− 0.52	212.76	8.67	15 46.21	11 58 05.22
3	− 14.51	− 0.40	199.53	8.67	15 46.08	11 58 15.12
4	− 14.12	− 0.28	186.29	8.67	15 45.95	11 58 25.35
5	− 13.73	− 0.15	173.06	8.67	15 45.82	11 58 35.90
6	− 13.34	− 0.03	159.82	8.67	15 45.69	11 58 46.77
7	− 12.94	+ 0.09	146.58	8.67	15 45.57	11 58 57.93
8	− 12.54	+ 0.21	133.35	8.66	15 45.45	11 59 09.37
9	− 12.13	+ 0.33	120.11	8.66	15 45.34	11 59 21.08
10	− 11.72	+ 0.45	106.88	8.66	15 45.22	11 59 33.03
11	− 11.31	+ 0.57	93.64	8.66	15 45.11	11 59 45.20
12	− 10.89	+ 0.69	80.40	8.66	15 45.01	11 59 57.57
13	− 10.47	+ 0.81	67.17	8.66	15 44.90	12 00 10.13
14	− 10.04	+ 0.93	53.93	8.66	15 44.80	12 00 22.85
15	− 9.62	+ 1.05	40.70	8.66	15 44.71	12 00 35.71
16	− 9.19	+ 1.17	27.46	8.66	15 44.62	12 00 48.68
17	− 8.75	+ 1.29	14.22	8.66	15 44.54	12 01 01.74
18	− 8.32	+ 1.41	0.99	8.65	15 44.46	12 01 14.86
19	− 7.88	+ 1.52	347.75	8.65	15 44.38	12 01 28.01
20	− 7.44	+ 1.64	334.51	8.65	15 44.31	12 01 41.18
21	− 7.00	+ 1.76	321.28	8.65	15 44.25	12 01 54.32
22	− 6.55	+ 1.87	308.04	8.65	15 44.19	12 02 07.42
23	− 6.11	+ 1.99	294.80	8.65	15 44.14	12 02 20.44
24	− 5.66	+ 2.11	281.57	8.65	15 44.09	12 02 33.36
25	− 5.21	+ 2.22	268.33	8.65	15 44.05	12 02 46.15
26	− 4.76	+ 2.34	255.09	8.65	15 44.01	12 02 58.78
27	− 4.31	+ 2.45	241.86	8.65	15 43.98	12 03 11.23
28	− 3.86	+ 2.56	228.62	8.65	15 43.96	12 03 23.46
29	− 3.41	+ 2.67	215.38	8.65	15 43.94	12 03 35.47
30	− 2.96	+ 2.79	202.15	8.65	15 43.92	12 03 47.22
July 1	− 2.50	+ 2.90	188.91	8.65	15 43.91	12 03 58.70
2	− 2.05	+ 3.01	175.67	8.65	15 43.90	12 04 09.89

SUN, 2020

FOR 0ʰ TERRESTRIAL TIME

Date		Julian Date	Geometric Ecliptic Coords. Mn Equinox & Ecliptic of Date		Apparent R. A.	Apparent Declination	True Geocentric Distance
			Longitude	Latitude			
		245	° ′ ″	″	h m s	° ′ ″	au
July	1	9031.5	99 38 20.15	+0.38	6 41 54.24	+23 05 14.0	1.016 6734
	2	9032.5	100 35 31.51	+0.27	6 46 02.14	+23 00 53.6	1.016 6838
	3	9033.5	101 32 42.58	+0.14	6 50 09.74	+22 56 09.2	1.016 6906
	4	9034.5	102 29 53.45	0.00	6 54 17.02	+22 51 00.8	1.016 6939
	5	9035.5	103 27 04.21	−0.14	6 58 23.98	+22 45 28.5	1.016 6938
	6	9036.5	104 24 14.98	−0.28	7 02 30.59	+22 39 32.6	1.016 6904
	7	9037.5	105 21 25.83	−0.40	7 06 36.84	+22 33 13.2	1.016 6837
	8	9038.5	106 18 36.87	−0.50	7 10 42.71	+22 26 30.4	1.016 6734
	9	9039.5	107 15 48.17	−0.58	7 14 48.19	+22 19 24.4	1.016 6594
	10	9040.5	108 12 59.80	−0.63	7 18 53.26	+22 11 55.3	1.016 6416
	11	9041.5	109 10 11.83	−0.65	7 22 57.91	+22 04 03.2	1.016 6198
	12	9042.5	110 07 24.30	−0.65	7 27 02.13	+21 55 48.5	1.016 5936
	13	9043.5	111 04 37.26	−0.62	7 31 05.90	+21 47 11.1	1.016 5630
	14	9044.5	112 01 50.75	−0.56	7 35 09.21	+21 38 11.4	1.016 5275
	15	9045.5	112 59 04.79	−0.48	7 39 12.05	+21 28 49.6	1.016 4872
	16	9046.5	113 56 19.40	−0.38	7 43 14.40	+21 19 05.7	1.016 4416
	17	9047.5	114 53 34.60	−0.27	7 47 16.25	+21 09 00.2	1.016 3906
	18	9048.5	115 50 50.40	−0.15	7 51 17.59	+20 58 33.1	1.016 3340
	19	9049.5	116 48 06.77	−0.02	7 55 18.40	+20 47 44.7	1.016 2717
	20	9050.5	117 45 23.71	+0.11	7 59 18.66	+20 36 35.3	1.016 2033
	21	9051.5	118 42 41.19	+0.22	8 03 18.37	+20 25 05.1	1.016 1290
	22	9052.5	119 39 59.16	+0.32	8 07 17.50	+20 13 14.3	1.016 0485
	23	9053.5	120 37 17.61	+0.39	8 11 16.05	+20 01 03.3	1.015 9621
	24	9054.5	121 34 36.48	+0.43	8 15 14.00	+19 48 32.2	1.015 8697
	25	9055.5	122 31 55.75	+0.45	8 19 11.34	+19 35 41.4	1.015 7717
	26	9056.5	123 29 15.40	+0.43	8 23 08.06	+19 22 31.0	1.015 6683
	27	9057.5	124 26 35.42	+0.37	8 27 04.17	+19 09 01.5	1.015 5599
	28	9058.5	125 23 55.84	+0.29	8 30 59.66	+18 55 13.0	1.015 4469
	29	9059.5	126 21 16.68	+0.19	8 34 54.52	+18 41 05.8	1.015 3296
	30	9060.5	127 18 38.00	+0.06	8 38 48.76	+18 26 40.3	1.015 2084
	31	9061.5	128 15 59.85	−0.07	8 42 42.38	+18 11 56.8	1.015 0836
Aug.	1	9062.5	129 13 22.31	−0.21	8 46 35.38	+17 56 55.4	1.014 9555
	2	9063.5	130 10 45.46	−0.34	8 50 27.75	+17 41 36.6	1.014 8243
	3	9064.5	131 08 09.40	−0.46	8 54 19.52	+17 26 00.6	1.014 6901
	4	9065.5	132 05 34.22	−0.56	8 58 10.67	+17 10 07.7	1.014 5531
	5	9066.5	133 02 59.99	−0.65	9 02 01.22	+16 53 58.2	1.014 4132
	6	9067.5	134 00 26.81	−0.71	9 05 51.18	+16 37 32.3	1.014 2704
	7	9068.5	134 57 54.76	−0.74	9 09 40.55	+16 20 50.3	1.014 1247
	8	9069.5	135 55 23.89	−0.74	9 13 29.33	+16 03 52.6	1.013 9758
	9	9070.5	136 52 54.28	−0.72	9 17 17.55	+15 46 39.3	1.013 8237
	10	9071.5	137 50 25.98	−0.67	9 21 05.20	+15 29 10.9	1.013 6683
	11	9072.5	138 47 59.04	−0.59	9 24 52.31	+15 11 27.5	1.013 5092
	12	9073.5	139 45 33.49	−0.50	9 28 38.86	+14 53 29.5	1.013 3465
	13	9074.5	140 43 09.37	−0.39	9 32 24.88	+14 35 17.2	1.013 1797
	14	9075.5	141 40 46.71	−0.27	9 36 10.37	+14 16 50.8	1.013 0089
	15	9076.5	142 38 25.52	−0.15	9 39 55.34	+13 58 10.8	1.012 8337
	16	9077.5	143 36 05.80	−0.02	9 43 39.80	+13 39 17.4	1.012 6540

FOR 0^h TERRESTRIAL TIME

Date	Pos. Angle of Axis P	Heliographic Latitude B_0	Heliographic Longitude L_0	Horiz. Parallax	Semi-Diameter	Ephemeris Transit
	°	°	°	"	′ "	h m s
July 1	− 2.50	+ 2.90	188.91	8.65	15 43.91	12 03 58.70
2	− 2.05	+ 3.01	175.67	8.65	15 43.90	12 04 09.89
3	− 1.60	+ 3.12	162.44	8.65	15 43.89	12 04 20.78
4	− 1.14	+ 3.22	149.20	8.65	15 43.89	12 04 31.33
5	− 0.69	+ 3.33	135.97	8.65	15 43.89	12 04 41.56
6	− 0.24	+ 3.44	122.73	8.65	15 43.89	12 04 51.42
7	+ 0.21	+ 3.54	109.49	8.65	15 43.90	12 05 00.92
8	+ 0.67	+ 3.65	96.26	8.65	15 43.91	12 05 10.04
9	+ 1.12	+ 3.75	83.02	8.65	15 43.92	12 05 18.76
10	+ 1.57	+ 3.86	69.79	8.65	15 43.94	12 05 27.07
11	+ 2.01	+ 3.96	56.55	8.65	15 43.96	12 05 34.96
12	+ 2.46	+ 4.06	43.32	8.65	15 43.98	12 05 42.40
13	+ 2.91	+ 4.16	30.09	8.65	15 44.01	12 05 49.39
14	+ 3.35	+ 4.25	16.85	8.65	15 44.04	12 05 55.92
15	+ 3.80	+ 4.35	3.62	8.65	15 44.08	12 06 01.96
16	+ 4.24	+ 4.45	350.39	8.65	15 44.12	12 06 07.50
17	+ 4.68	+ 4.54	337.16	8.65	15 44.17	12 06 12.53
18	+ 5.12	+ 4.64	323.93	8.65	15 44.22	12 06 17.04
19	+ 5.55	+ 4.73	310.69	8.65	15 44.28	12 06 21.02
20	+ 5.98	+ 4.82	297.46	8.65	15 44.34	12 06 24.44
21	+ 6.42	+ 4.91	284.23	8.65	15 44.41	12 06 27.30
22	+ 6.84	+ 5.00	271.00	8.66	15 44.49	12 06 29.58
23	+ 7.27	+ 5.08	257.77	8.66	15 44.57	12 06 31.27
24	+ 7.69	+ 5.17	244.54	8.66	15 44.65	12 06 32.36
25	+ 8.11	+ 5.25	231.32	8.66	15 44.74	12 06 32.84
26	+ 8.53	+ 5.34	218.09	8.66	15 44.84	12 06 32.71
27	+ 8.94	+ 5.42	204.86	8.66	15 44.94	12 06 31.95
28	+ 9.35	+ 5.50	191.63	8.66	15 45.05	12 06 30.57
29	+ 9.76	+ 5.58	178.40	8.66	15 45.16	12 06 28.56
30	+ 10.17	+ 5.65	165.18	8.66	15 45.27	12 06 25.92
31	+ 10.57	+ 5.73	151.95	8.66	15 45.38	12 06 22.66
Aug. 1	+ 10.97	+ 5.80	138.72	8.66	15 45.50	12 06 18.79
2	+ 11.36	+ 5.87	125.50	8.67	15 45.63	12 06 14.29
3	+ 11.75	+ 5.94	112.27	8.67	15 45.75	12 06 09.19
4	+ 12.14	+ 6.01	99.05	8.67	15 45.88	12 06 03.48
5	+ 12.52	+ 6.08	85.82	8.67	15 46.01	12 05 57.18
6	+ 12.90	+ 6.14	72.60	8.67	15 46.14	12 05 50.29
7	+ 13.27	+ 6.21	59.38	8.67	15 46.28	12 05 42.81
8	+ 13.64	+ 6.27	46.15	8.67	15 46.42	12 05 34.77
9	+ 14.01	+ 6.33	32.93	8.67	15 46.56	12 05 26.15
10	+ 14.37	+ 6.39	19.71	8.68	15 46.70	12 05 16.97
11	+ 14.73	+ 6.44	6.49	8.68	15 46.85	12 05 07.25
12	+ 15.08	+ 6.50	353.27	8.68	15 47.01	12 04 56.98
13	+ 15.43	+ 6.55	340.05	8.68	15 47.16	12 04 46.18
14	+ 15.78	+ 6.60	326.83	8.68	15 47.32	12 04 34.85
15	+ 16.12	+ 6.65	313.61	8.68	15 47.48	12 04 23.00
16	+ 16.45	+ 6.70	300.39	8.68	15 47.65	12 04 10.64

SUN, 2020

FOR 0ʰ TERRESTRIAL TIME

Date		Julian Date	Geometric Ecliptic Coords. Mn Equinox & Ecliptic of Date		Apparent R. A.	Apparent Declination	True Geocentric Distance
			Longitude	Latitude			
		245	° ′ ″	″	h m s	° ′ ″	au
Aug.	16	9077.5	143 36 05.80	−0.02	9 43 39.80	+13 39 17.4	1.012 6540
	17	9078.5	144 33 47.55	+0.09	9 47 23.75	+13 20 10.9	1.012 4695
	18	9079.5	145 31 30.73	+0.19	9 51 07.20	+13 00 51.7	1.012 2801
	19	9080.5	146 29 15.32	+0.27	9 54 50.15	+12 41 20.1	1.012 0857
	20	9081.5	147 27 01.27	+0.32	9 58 32.61	+12 21 36.5	1.011 8863
	21	9082.5	148 24 48.52	+0.34	10 02 14.59	+12 01 41.1	1.011 6818
	22	9083.5	149 22 37.02	+0.33	10 05 56.09	+11 41 34.3	1.011 4726
	23	9084.5	150 20 26.74	+0.28	10 09 37.14	+11 21 16.4	1.011 2587
	24	9085.5	151 18 17.64	+0.21	10 13 17.73	+11 00 47.8	1.011 0407
	25	9086.5	152 16 09.71	+0.11	10 16 57.89	+10 40 08.9	1.010 8188
	26	9087.5	153 14 02.96	−0.01	10 20 37.63	+10 19 19.8	1.010 5936
	27	9088.5	154 11 57.42	−0.14	10 24 16.96	+ 9 58 21.0	1.010 3653
	28	9089.5	155 09 53.11	−0.27	10 27 55.90	+ 9 37 12.9	1.010 1343
	29	9090.5	156 07 50.11	−0.40	10 31 34.46	+ 9 15 55.7	1.009 9011
	30	9091.5	157 05 48.46	−0.52	10 35 12.66	+ 8 54 29.7	1.009 6658
	31	9092.5	158 03 48.24	−0.62	10 38 50.53	+ 8 32 55.3	1.009 4288
Sept.	1	9093.5	159 01 49.52	−0.71	10 42 28.07	+ 8 11 12.8	1.009 1901
	2	9094.5	159 59 52.37	−0.77	10 46 05.31	+ 7 49 22.5	1.008 9500
	3	9095.5	160 57 56.87	−0.80	10 49 42.27	+ 7 27 24.6	1.008 7086
	4	9096.5	161 56 03.09	−0.81	10 53 18.98	+ 7 05 19.5	1.008 4657
	5	9097.5	162 54 11.09	−0.78	10 56 55.45	+ 6 43 07.5	1.008 2216
	6	9098.5	163 52 20.95	−0.74	11 00 31.70	+ 6 20 48.9	1.007 9760
	7	9099.5	164 50 32.71	−0.67	11 04 07.77	+ 5 58 23.9	1.007 7290
	8	9100.5	165 48 46.43	−0.58	11 07 43.66	+ 5 35 52.9	1.007 4804
	9	9101.5	166 47 02.15	−0.47	11 11 19.40	+ 5 13 16.3	1.007 2301
	10	9102.5	167 45 19.92	−0.36	11 14 55.00	+ 4 50 34.2	1.006 9780
	11	9103.5	168 43 39.75	−0.23	11 18 30.50	+ 4 27 47.0	1.006 7239
	12	9104.5	169 42 01.68	−0.11	11 22 05.91	+ 4 04 55.1	1.006 4676
	13	9105.5	170 40 25.72	0.00	11 25 41.23	+ 3 41 58.8	1.006 2089
	14	9106.5	171 38 51.86	+0.11	11 29 16.50	+ 3 18 58.4	1.005 9477
	15	9107.5	172 37 20.10	+0.19	11 32 51.73	+ 2 55 54.2	1.005 6836
	16	9108.5	173 35 50.38	+0.25	11 36 26.93	+ 2 32 46.6	1.005 4166
	17	9109.5	174 34 22.67	+0.27	11 40 02.13	+ 2 09 36.0	1.005 1465
	18	9110.5	175 32 56.90	+0.26	11 43 37.32	+ 1 46 22.8	1.004 8732
	19	9111.5	176 31 33.00	+0.22	11 47 12.55	+ 1 23 07.1	1.004 5968
	20	9112.5	177 30 10.90	+0.15	11 50 47.81	+ 0 59 49.5	1.004 3175
	21	9113.5	178 28 50.55	+0.05	11 54 23.13	+ 0 36 30.3	1.004 0356
	22	9114.5	179 27 31.89	−0.06	11 57 58.53	+ 0 13 09.8	1.003 7515
	23	9115.5	180 26 14.90	−0.19	12 01 34.02	− 0 10 11.5	1.003 4654
	24	9116.5	181 24 59.58	−0.33	12 05 09.62	− 0 33 33.4	1.003 1780
	25	9117.5	182 23 45.93	−0.46	12 08 45.35	− 0 56 55.5	1.002 8895
	26	9118.5	183 22 33.97	−0.58	12 12 21.24	− 1 20 17.4	1.002 6003
	27	9119.5	184 21 23.75	−0.68	12 15 57.29	− 1 43 38.7	1.002 3109
	28	9120.5	185 20 15.30	−0.76	12 19 33.54	− 2 06 59.2	1.002 0214
	29	9121.5	186 19 08.67	−0.82	12 23 10.01	− 2 30 18.5	1.001 7322
	30	9122.5	187 18 03.91	−0.85	12 26 46.73	− 2 53 36.2	1.001 4436
Oct.	1	9123.5	188 17 01.07	−0.86	12 30 23.70	− 3 16 52.1	1.001 1555

FOR 0ʰ TERRESTRIAL TIME

Date		Pos. Angle of Axis P	Heliographic		Horiz. Parallax	Semi-Diameter	Ephemeris Transit
			Latitude B_0	Longitude L_0			
		°	°	°	″	′ ″	h m s
Aug.	16	+ 16.45	+ 6.70	300.39	8.68	15 47.65	12 04 10.64
	17	+ 16.78	+ 6.75	287.18	8.69	15 47.83	12 03 57.78
	18	+ 17.11	+ 6.79	273.96	8.69	15 48.00	12 03 44.42
	19	+ 17.43	+ 6.83	260.74	8.69	15 48.19	12 03 30.57
	20	+ 17.75	+ 6.87	247.53	8.69	15 48.37	12 03 16.24
	21	+ 18.06	+ 6.91	234.31	8.69	15 48.56	12 03 01.44
	22	+ 18.37	+ 6.95	221.10	8.69	15 48.76	12 02 46.17
	23	+ 18.67	+ 6.98	207.88	8.70	15 48.96	12 02 30.44
	24	+ 18.96	+ 7.01	194.67	8.70	15 49.17	12 02 14.27
	25	+ 19.26	+ 7.04	181.46	8.70	15 49.37	12 01 57.66
	26	+ 19.54	+ 7.07	168.24	8.70	15 49.59	12 01 40.64
	27	+ 19.82	+ 7.10	155.03	8.70	15 49.80	12 01 23.21
	28	+ 20.10	+ 7.12	141.82	8.71	15 50.02	12 01 05.40
	29	+ 20.37	+ 7.14	128.61	8.71	15 50.24	12 00 47.23
	30	+ 20.63	+ 7.16	115.40	8.71	15 50.46	12 00 28.70
	31	+ 20.89	+ 7.18	102.19	8.71	15 50.68	12 00 09.85
Sept.	1	+ 21.15	+ 7.20	88.98	8.71	15 50.91	11 59 50.69
	2	+ 21.40	+ 7.21	75.77	8.72	15 51.13	11 59 31.25
	3	+ 21.64	+ 7.22	62.56	8.72	15 51.36	11 59 11.54
	4	+ 21.88	+ 7.23	49.35	8.72	15 51.59	11 58 51.58
	5	+ 22.11	+ 7.24	36.14	8.72	15 51.82	11 58 31.40
	6	+ 22.33	+ 7.25	22.94	8.72	15 52.05	11 58 11.01
	7	+ 22.55	+ 7.25	9.73	8.73	15 52.28	11 57 50.44
	8	+ 22.77	+ 7.25	356.52	8.73	15 52.52	11 57 29.71
	9	+ 22.97	+ 7.25	343.32	8.73	15 52.76	11 57 08.83
	10	+ 23.18	+ 7.25	330.11	8.73	15 52.99	11 56 47.83
	11	+ 23.37	+ 7.24	316.91	8.74	15 53.24	11 56 26.72
	12	+ 23.56	+ 7.24	303.70	8.74	15 53.48	11 56 05.53
	13	+ 23.75	+ 7.23	290.50	8.74	15 53.72	11 55 44.28
	14	+ 23.93	+ 7.22	277.30	8.74	15 53.97	11 55 22.97
	15	+ 24.10	+ 7.20	264.10	8.74	15 54.22	11 55 01.64
	16	+ 24.26	+ 7.19	250.89	8.75	15 54.47	11 54 40.29
	17	+ 24.42	+ 7.17	237.69	8.75	15 54.73	11 54 18.94
	18	+ 24.58	+ 7.15	224.49	8.75	15 54.99	11 53 57.61
	19	+ 24.73	+ 7.13	211.29	8.75	15 55.25	11 53 36.30
	20	+ 24.87	+ 7.11	198.09	8.76	15 55.52	11 53 15.05
	21	+ 25.00	+ 7.08	184.89	8.76	15 55.79	11 52 53.86
	22	+ 25.13	+ 7.05	171.69	8.76	15 56.06	11 52 32.75
	23	+ 25.25	+ 7.02	158.49	8.76	15 56.33	11 52 11.73
	24	+ 25.36	+ 6.99	145.30	8.77	15 56.60	11 51 50.84
	25	+ 25.47	+ 6.96	132.10	8.77	15 56.88	11 51 30.10
	26	+ 25.57	+ 6.92	118.90	8.77	15 57.16	11 51 09.51
	27	+ 25.67	+ 6.88	105.70	8.77	15 57.43	11 50 49.11
	28	+ 25.75	+ 6.84	92.50	8.78	15 57.71	11 50 28.92
	29	+ 25.84	+ 6.80	79.31	8.78	15 57.99	11 50 08.96
	30	+ 25.91	+ 6.76	66.11	8.78	15 58.26	11 49 49.26
Oct.	1	+ 25.98	+ 6.71	52.92	8.78	15 58.54	11 49 29.83

SUN, 2020

FOR 0ʰ TERRESTRIAL TIME

Date		Julian Date	Geometric Ecliptic Coords. Mn Equinox & Ecliptic of Date		Apparent R. A.	Apparent Declination	True Geocentric Distance
			Longitude	Latitude			
		245	° ′ ″	″	h m s	° ′ ″	au
Oct.	1	9123.5	188 17 01.07	−0.86	12 30 23.70	− 3 16 52.1	1.001 1555
	2	9124.5	189 16 00.22	−0.84	12 34 00.97	− 3 40 05.8	1.000 8683
	3	9125.5	190 15 01.40	−0.79	12 37 38.55	− 4 03 17.0	1.000 5820
	4	9126.5	191 14 04.67	−0.72	12 41 16.47	− 4 26 25.3	1.000 2965
	5	9127.5	192 13 10.08	−0.63	12 44 54.75	− 4 49 30.5	1.000 0121
	6	9128.5	193 12 17.67	−0.53	12 48 33.42	− 5 12 32.1	0.999 7286
	7	9129.5	194 11 27.49	−0.41	12 52 12.49	− 5 35 29.9	0.999 4459
	8	9130.5	195 10 39.57	−0.28	12 55 52.00	− 5 58 23.5	0.999 1641
	9	9131.5	196 09 53.94	−0.16	12 59 31.95	− 6 21 12.5	0.998 8829
	10	9132.5	197 09 10.63	−0.04	13 03 12.37	− 6 43 56.6	0.998 6022
	11	9133.5	198 08 29.66	+0.06	13 06 53.27	− 7 06 35.5	0.998 3219
	12	9134.5	199 07 51.01	+0.15	13 10 34.69	− 7 29 08.7	0.998 0417
	13	9135.5	200 07 14.69	+0.21	13 14 16.62	− 7 51 35.8	0.997 7615
	14	9136.5	201 06 40.66	+0.25	13 17 59.09	− 8 13 56.6	0.997 4810
	15	9137.5	202 06 08.88	+0.25	13 21 42.12	− 8 36 10.5	0.997 1999
	16	9138.5	203 05 39.29	+0.21	13 25 25.72	− 8 58 17.2	0.996 9182
	17	9139.5	204 05 11.79	+0.15	13 29 09.90	− 9 20 16.3	0.996 6357
	18	9140.5	205 04 46.30	+0.05	13 32 54.69	− 9 42 07.3	0.996 3525
	19	9141.5	206 04 22.73	−0.07	13 36 40.08	−10 03 49.9	0.996 0688
	20	9142.5	207 04 01.00	−0.20	13 40 26.10	−10 25 23.7	0.995 7848
	21	9143.5	208 03 41.05	−0.34	13 44 12.76	−10 46 48.2	0.995 5010
	22	9144.5	209 03 22.82	−0.47	13 48 00.06	−11 08 03.0	0.995 2175
	23	9145.5	210 03 06.30	−0.60	13 51 48.02	−11 29 07.6	0.994 9350
	24	9146.5	211 02 51.47	−0.70	13 55 36.65	−11 50 01.8	0.994 6538
	25	9147.5	212 02 38.32	−0.79	13 59 25.97	−12 10 45.0	0.994 3742
	26	9148.5	213 02 26.87	−0.85	14 03 15.99	−12 31 16.9	0.994 0966
	27	9149.5	214 02 17.14	−0.89	14 07 06.72	−12 51 37.1	0.993 8213
	28	9150.5	215 02 09.15	−0.90	14 10 58.19	−13 11 45.2	0.993 5486
	29	9151.5	216 02 02.92	−0.88	14 14 50.40	−13 31 40.9	0.993 2787
	30	9152.5	217 01 58.49	−0.83	14 18 43.38	−13 51 23.6	0.993 0118
	31	9153.5	218 01 55.89	−0.76	14 22 37.13	−14 10 53.2	0.992 7481
Nov.	1	9154.5	219 01 55.15	−0.66	14 26 31.68	−14 30 09.1	0.992 4877
	2	9155.5	220 01 56.31	−0.55	14 30 27.03	−14 49 11.0	0.992 2308
	3	9156.5	221 01 59.40	−0.43	14 34 23.19	−15 07 58.5	0.991 9772
	4	9157.5	222 02 04.46	−0.30	14 38 20.19	−15 26 31.3	0.991 7272
	5	9158.5	223 02 11.51	−0.17	14 42 18.01	−15 44 48.9	0.991 4806
	6	9159.5	224 02 20.59	−0.05	14 46 16.68	−16 02 50.9	0.991 2373
	7	9160.5	225 02 31.71	+0.06	14 50 16.21	−16 20 37.1	0.990 9973
	8	9161.5	226 02 44.88	+0.16	14 54 16.58	−16 38 06.9	0.990 7604
	9	9162.5	227 03 00.11	+0.23	14 58 17.82	−16 55 19.9	0.990 5264
	10	9163.5	228 03 17.39	+0.27	15 02 19.92	−17 12 15.8	0.990 2950
	11	9164.5	229 03 36.70	+0.28	15 06 22.89	−17 28 54.2	0.990 0661
	12	9165.5	230 03 57.99	+0.26	15 10 26.73	−17 45 14.6	0.989 8394
	13	9166.5	231 04 21.21	+0.20	15 14 31.43	−18 01 16.6	0.989 6146
	14	9167.5	232 04 46.27	+0.12	15 18 36.99	−18 16 59.8	0.989 3915
	15	9168.5	233 05 13.07	0.00	15 22 43.41	−18 32 23.9	0.989 1700
	16	9169.5	234 05 41.51	−0.13	15 26 50.68	−18 47 28.4	0.988 9502

SUN, 2020

FOR 0ʰ TERRESTRIAL TIME

Date	Pos. Angle of Axis P	Heliographic		Horiz. Parallax	Semi-Diameter	Ephemeris Transit
		Latitude B_0	Longitude L_0			
	°	°	°	"	′ "	h m s
Oct. 1	+ 25.98	+ 6.71	52.92	8.78	15 58.54	11 49 29.83
2	+ 26.04	+ 6.66	39.72	8.79	15 58.81	11 49 10.71
3	+ 26.09	+ 6.61	26.52	8.79	15 59.09	11 48 51.91
4	+ 26.14	+ 6.56	13.33	8.79	15 59.36	11 48 33.46
5	+ 26.18	+ 6.51	0.13	8.79	15 59.63	11 48 15.38
6	+ 26.21	+ 6.45	346.94	8.80	15 59.91	11 47 57.70
7	+ 26.23	+ 6.39	333.75	8.80	16 00.18	11 47 40.43
8	+ 26.25	+ 6.33	320.55	8.80	16 00.45	11 47 23.59
9	+ 26.26	+ 6.27	307.36	8.80	16 00.72	11 47 07.21
10	+ 26.26	+ 6.20	294.17	8.81	16 00.99	11 46 51.32
11	+ 26.26	+ 6.14	280.97	8.81	16 01.26	11 46 35.91
12	+ 26.25	+ 6.07	267.78	8.81	16 01.53	11 46 21.03
13	+ 26.23	+ 6.00	254.59	8.81	16 01.80	11 46 06.67
14	+ 26.20	+ 5.93	241.40	8.82	16 02.07	11 45 52.87
15	+ 26.17	+ 5.86	228.21	8.82	16 02.34	11 45 39.63
16	+ 26.13	+ 5.78	215.02	8.82	16 02.61	11 45 26.97
17	+ 26.08	+ 5.71	201.83	8.82	16 02.88	11 45 14.90
18	+ 26.02	+ 5.63	188.64	8.83	16 03.16	11 45 03.43
19	+ 25.96	+ 5.55	175.45	8.83	16 03.43	11 44 52.57
20	+ 25.88	+ 5.46	162.26	8.83	16 03.71	11 44 42.34
21	+ 25.80	+ 5.38	149.07	8.83	16 03.98	11 44 32.75
22	+ 25.72	+ 5.30	135.88	8.84	16 04.26	11 44 23.81
23	+ 25.62	+ 5.21	122.69	8.84	16 04.53	11 44 15.54
24	+ 25.52	+ 5.12	109.50	8.84	16 04.80	11 44 07.95
25	+ 25.41	+ 5.03	96.32	8.84	16 05.07	11 44 01.05
26	+ 25.29	+ 4.94	83.13	8.85	16 05.34	11 43 54.87
27	+ 25.16	+ 4.85	69.94	8.85	16 05.61	11 43 49.41
28	+ 25.03	+ 4.75	56.75	8.85	16 05.88	11 43 44.69
29	+ 24.89	+ 4.66	43.57	8.85	16 06.14	11 43 40.73
30	+ 24.74	+ 4.56	30.38	8.86	16 06.40	11 43 37.54
31	+ 24.58	+ 4.46	17.19	8.86	16 06.65	11 43 35.13
Nov. 1	+ 24.42	+ 4.36	4.00	8.86	16 06.91	11 43 33.51
2	+ 24.24	+ 4.26	350.82	8.86	16 07.16	11 43 32.70
3	+ 24.06	+ 4.15	337.63	8.87	16 07.41	11 43 32.71
4	+ 23.87	+ 4.05	324.45	8.87	16 07.65	11 43 33.55
5	+ 23.68	+ 3.94	311.26	8.87	16 07.89	11 43 35.23
6	+ 23.47	+ 3.84	298.07	8.87	16 08.13	11 43 37.75
7	+ 23.26	+ 3.73	284.89	8.87	16 08.36	11 43 41.13
8	+ 23.04	+ 3.62	271.70	8.88	16 08.59	11 43 45.37
9	+ 22.81	+ 3.51	258.52	8.88	16 08.82	11 43 50.48
10	+ 22.57	+ 3.40	245.34	8.88	16 09.05	11 43 56.45
11	+ 22.33	+ 3.28	232.15	8.88	16 09.27	11 44 03.29
12	+ 22.08	+ 3.17	218.97	8.88	16 09.50	11 44 11.00
13	+ 21.82	+ 3.05	205.79	8.89	16 09.72	11 44 19.57
14	+ 21.55	+ 2.94	192.60	8.89	16 09.93	11 44 29.01
15	+ 21.28	+ 2.82	179.42	8.89	16 10.15	11 44 39.29
16	+ 21.00	+ 2.70	166.24	8.89	16 10.37	11 44 50.41

SUN, 2020

FOR 0ʰ TERRESTRIAL TIME

Date	Julian Date	Geometric Ecliptic Coords. Mn Equinox & Ecliptic of Date		Apparent R. A.	Apparent Declination	True Geocentric Distance
		Longitude	Latitude			
	245	° ′ ″	″	h m s	° ′ ″	au
Nov. 16	9169.5	234 05 41.51	−0.13	15 26 50.68	−18 47 28.4	0.988 9502
17	9170.5	235 06 11.49	−0.27	15 30 58.79	−19 02 12.8	0.988 7321
18	9171.5	236 06 42.90	−0.41	15 35 07.73	−19 16 36.9	0.988 5159
19	9172.5	237 07 15.66	−0.55	15 39 17.48	−19 30 40.1	0.988 3020
20	9173.5	238 07 49.70	−0.66	15 43 28.04	−19 44 22.2	0.988 0907
21	9174.5	239 08 24.98	−0.76	15 47 39.38	−19 57 42.7	0.987 8824
22	9175.5	240 09 01.44	−0.83	15 51 51.50	−20 10 41.2	0.987 6774
23	9176.5	241 09 39.07	−0.87	15 56 04.39	−20 23 17.4	0.987 4760
24	9177.5	242 10 17.86	−0.88	16 00 18.04	−20 35 30.9	0.987 2786
25	9178.5	243 10 57.79	−0.87	16 04 32.44	−20 47 21.5	0.987 0855
26	9179.5	244 11 38.86	−0.82	16 08 47.57	−20 58 48.7	0.986 8969
27	9180.5	245 12 21.08	−0.75	16 13 03.43	−21 09 52.3	0.986 7130
28	9181.5	246 13 04.45	−0.66	16 17 19.99	−21 20 32.0	0.986 5342
29	9182.5	247 13 48.98	−0.54	16 21 37.26	−21 30 47.5	0.986 3605
30	9183.5	248 14 34.70	−0.42	16 25 55.20	−21 40 38.4	0.986 1921
Dec. 1	9184.5	249 15 21.62	−0.28	16 30 13.81	−21 50 04.6	0.986 0291
2	9185.5	250 16 09.76	−0.15	16 34 33.06	−21 59 05.7	0.985 8716
3	9186.5	251 16 59.15	−0.02	16 38 52.94	−22 07 41.5	0.985 7196
4	9187.5	252 17 49.80	+0.11	16 43 13.42	−22 15 51.7	0.985 5731
5	9188.5	253 18 41.74	+0.21	16 47 34.49	−22 23 36.2	0.985 4319
6	9189.5	254 19 34.98	+0.29	16 51 56.12	−22 30 54.6	0.985 2960
7	9190.5	255 20 29.51	+0.35	16 56 18.29	−22 37 46.6	0.985 1651
8	9191.5	256 21 25.35	+0.37	17 00 40.97	−22 44 12.2	0.985 0391
9	9192.5	257 22 22.46	+0.36	17 05 04.14	−22 50 11.1	0.984 9176
10	9193.5	258 23 20.82	+0.31	17 09 27.76	−22 55 42.9	0.984 8004
11	9194.5	259 24 20.37	+0.24	17 13 51.82	−23 00 47.7	0.984 6872
12	9195.5	260 25 21.05	+0.13	17 18 16.28	−23 05 25.2	0.984 5777
13	9196.5	261 26 22.77	+0.01	17 22 41.11	−23 09 35.1	0.984 4716
14	9197.5	262 27 25.41	−0.13	17 27 06.27	−23 13 17.5	0.984 3688
15	9198.5	263 28 28.87	−0.27	17 31 31.73	−23 16 32.1	0.984 2692
16	9199.5	264 29 33.03	−0.41	17 35 57.43	−23 19 18.9	0.984 1729
17	9200.5	265 30 37.78	−0.54	17 40 23.35	−23 21 37.7	0.984 0800
18	9201.5	266 31 43.02	−0.64	17 44 49.43	−23 23 28.3	0.983 9907
19	9202.5	267 32 48.68	−0.72	17 49 15.65	−23 24 50.9	0.983 9053
20	9203.5	268 33 54.67	−0.77	17 53 41.97	−23 25 45.2	0.983 8240
21	9204.5	269 35 00.95	−0.79	17 58 08.35	−23 26 11.2	0.983 7472
22	9205.5	270 36 07.47	−0.78	18 02 34.76	−23 26 08.9	0.983 6751
23	9206.5	271 37 14.18	−0.75	18 07 01.17	−23 25 38.3	0.983 6080
24	9207.5	272 38 21.07	−0.68	18 11 27.53	−23 24 39.5	0.983 5462
25	9208.5	273 39 28.12	−0.59	18 15 53.83	−23 23 12.4	0.983 4899
26	9209.5	274 40 35.30	−0.48	18 20 20.03	−23 21 17.1	0.983 4393
27	9210.5	275 41 42.60	−0.36	18 24 46.10	−23 18 53.6	0.983 3946
28	9211.5	276 42 50.04	−0.22	18 29 12.00	−23 16 02.1	0.983 3560
29	9212.5	277 43 57.61	−0.09	18 33 37.71	−23 12 42.6	0.983 3236
30	9213.5	278 45 05.32	+0.05	18 38 03.20	−23 08 55.3	0.983 2976
31	9214.5	279 46 13.20	+0.18	18 42 28.43	−23 04 40.2	0.983 2780
32	9215.5	280 47 21.25	+0.29	18 46 53.38	−22 59 57.5	0.983 2649

FOR 0ʰ TERRESTRIAL TIME

Date	Pos. Angle of Axis P	Heliographic Latitude B_0	Heliographic Longitude L_0	Horiz. Parallax	Semi-Diameter	Ephemeris Transit
	°	°	°	″	′ ″	h m s
Nov. 16	+ 21.00	+ 2.70	166.24	8.89	16 10.37	11 44 50.41
17	+ 20.71	+ 2.59	153.06	8.89	16 10.58	11 45 02.37
18	+ 20.41	+ 2.47	139.87	8.90	16 10.79	11 45 15.14
19	+ 20.11	+ 2.35	126.69	8.90	16 11.00	11 45 28.72
20	+ 19.80	+ 2.23	113.51	8.90	16 11.21	11 45 43.11
21	+ 19.48	+ 2.10	100.33	8.90	16 11.42	11 45 58.28
22	+ 19.16	+ 1.98	87.15	8.90	16 11.62	11 46 14.23
23	+ 18.83	+ 1.86	73.97	8.91	16 11.82	11 46 30.94
24	+ 18.49	+ 1.73	60.79	8.91	16 12.01	11 46 48.41
25	+ 18.14	+ 1.61	47.61	8.91	16 12.20	11 47 06.62
26	+ 17.79	+ 1.49	34.43	8.91	16 12.39	11 47 25.57
27	+ 17.43	+ 1.36	21.25	8.91	16 12.57	11 47 45.23
28	+ 17.07	+ 1.23	8.07	8.91	16 12.74	11 48 05.59
29	+ 16.70	+ 1.11	354.89	8.92	16 12.92	11 48 26.63
30	+ 16.32	+ 0.98	341.71	8.92	16 13.08	11 48 48.35
Dec. 1	+ 15.94	+ 0.85	328.53	8.92	16 13.24	11 49 10.72
2	+ 15.55	+ 0.73	315.35	8.92	16 13.40	11 49 33.73
3	+ 15.15	+ 0.60	302.17	8.92	16 13.55	11 49 57.35
4	+ 14.75	+ 0.47	288.99	8.92	16 13.69	11 50 21.57
5	+ 14.34	+ 0.34	275.81	8.92	16 13.83	11 50 46.37
6	+ 13.93	+ 0.22	262.64	8.93	16 13.97	11 51 11.71
7	+ 13.52	+ 0.09	249.46	8.93	16 14.10	11 51 37.59
8	+ 13.09	− 0.04	236.28	8.93	16 14.22	11 52 03.97
9	+ 12.67	− 0.17	223.10	8.93	16 14.34	11 52 30.82
10	+ 12.24	− 0.30	209.93	8.93	16 14.46	11 52 58.12
11	+ 11.80	− 0.42	196.75	8.93	16 14.57	11 53 25.84
12	+ 11.36	− 0.55	183.58	8.93	16 14.68	11 53 53.94
13	+ 10.92	− 0.68	170.40	8.93	16 14.78	11 54 22.39
14	+ 10.47	− 0.81	157.23	8.93	16 14.88	11 54 51.14
15	+ 10.02	− 0.94	144.05	8.93	16 14.98	11 55 20.17
16	+ 9.56	− 1.06	130.88	8.94	16 15.08	11 55 49.42
17	+ 9.10	− 1.19	117.70	8.94	16 15.17	11 56 18.88
18	+ 8.64	− 1.32	104.53	8.94	16 15.26	11 56 48.48
19	+ 8.18	− 1.44	91.35	8.94	16 15.34	11 57 18.21
20	+ 7.71	− 1.57	78.18	8.94	16 15.42	11 57 48.02
21	+ 7.24	− 1.69	65.01	8.94	16 15.50	11 58 17.87
22	+ 6.77	− 1.82	51.83	8.94	16 15.57	11 58 47.74
23	+ 6.29	− 1.94	38.66	8.94	16 15.64	11 59 17.59
24	+ 5.81	− 2.07	25.49	8.94	16 15.70	11 59 47.39
25	+ 5.34	− 2.19	12.32	8.94	16 15.75	12 00 17.10
26	+ 4.86	− 2.31	359.14	8.94	16 15.80	12 00 46.68
27	+ 4.38	− 2.43	345.97	8.94	16 15.85	12 01 16.12
28	+ 3.89	− 2.55	332.80	8.94	16 15.89	12 01 45.38
29	+ 3.41	− 2.67	319.63	8.94	16 15.92	12 02 14.43
30	+ 2.93	− 2.79	306.46	8.94	16 15.95	12 02 43.24
31	+ 2.44	− 2.91	293.29	8.94	16 15.97	12 03 11.78
32	+ 1.96	− 3.03	280.11	8.94	16 15.98	12 03 40.03

SUN, 2020

ICRS GEOCENTRIC RECTANGULAR COORDINATES
FOR 0ʰ TERRESTRIAL TIME

Date		x	y	z	Date		x	y	z
		au	au	au			au	au	au
Jan.	0	+0.149 0809	−0.891 7639	−0.386 5815	Feb.	15	+0.813 6525	−0.513 4407	−0.222 5757
	1	+0.166 3458	−0.889 1670	−0.385 4561		16	+0.823 5623	−0.500 3012	−0.216 8803
	2	+0.183 5574	−0.886 2930	−0.384 2105		17	+0.833 2201	−0.487 0067	−0.211 1177
	3	+0.200 7105	−0.883 1431·	−0.382 8451		18	+0.842 6228	−0.473 5612	−0.205 2898
	4	+0.217 7996	−0.879 7187	−0.381 3605		19	+0.851 7672	−0.459 9691	−0.199 3983
	5	+0.234 8195	−0.876 0209	−0.379 7574		20	+0.860 6504	−0.446 2344	−0.193 4451
	6	+0.251 7651	−0.872 0513	−0.378 0362		21	+0.869 2695	−0.432 3618	−0.187 4320
	7	+0.268 6312	−0.867 8113	−0.376 1977		22	+0.877 6216	−0.418 3556	−0.181 3609
	8	+0.285 4129	−0.863 3024	−0.374 2425		23	+0.885 7043	−0.404 2205	−0.175 2339
	9	+0.302 1052	−0.858 5263	−0.372 1714		24	+0.893 5149	−0.389 9610	−0.169 0529
	10	+0.318 7033	−0.853 4845	−0.369 9851		25	+0.901 0513	−0.375 5821	−0.162 8199
	11	+0.335 2025	−0.848 1787	−0.367 6844		26	+0.908 3111	−0.361 0883	−0.156 5370
	12	+0.351 5980	−0.842 6104	−0.365 2699		27	+0.915 2923	−0.346 4844	−0.150 2062
	13	+0.367 8852	−0.836 7812	−0.362 7424		28	+0.921 9931	−0.331 7753	−0.143 8297
	14	+0.384 0594	−0.830 6926	−0.360 1026		29	+0.928 4118	−0.316 9658	−0.137 4095
	15	+0.400 1157	−0.824 3463	−0.357 3512	Mar.	1	+0.934 5466	−0.302 0607	−0.130 9478
	16	+0.416 0494	−0.817 7438	−0.354 4889		2	+0.940 3962	−0.287 0648	−0.124 4465
	17	+0.431 8555	−0.810 8868	−0.351 5165		3	+0.945 9592	−0.271 9830	−0.117 9080
	18	+0.447 5290	−0.803 7772	−0.348 4347		4	+0.951 2344	−0.256 8199	−0.111 3342
	19	+0.463 0649	−0.796 4168	−0.345 2444		5	+0.956 2209	−0.241 5804	−0.104 7272
	20	+0.478 4580	−0.788 8077	−0.341 9464		6	+0.960 9176	−0.226 2692	−0.098 0892
	21	+0.493 7034	−0.780 9522	−0.338 5417		7	+0.965 3238	−0.210 8909	−0.091 4221
	22	+0.508 7959	−0.772 8526	−0.335 0313		8	+0.969 4388	−0.195 4499	−0.084 7279
	23	+0.523 7304	−0.764 5116	−0.331 4162		9	+0.973 2620	−0.179 9508	−0.078 0087
	24	+0.538 5022	−0.755 9318	−0.327 6976		10	+0.976 7926	−0.164 3978	−0.071 2663
	25	+0.553 1062	−0.747 1160	−0.323 8767		11	+0.980 0299	−0.148 7954	−0.064 5026
	26	+0.567 5377	−0.738 0674	−0.319 9548		12	+0.982 9733	−0.133 1476	−0.057 7194
	27	+0.581 7922	−0.728 7890	−0.315 9331		13	+0.985 6219	−0.117 4590	−0.050 9187
	28	+0.595 8649	−0.719 2840	−0.311 8132		14	+0.987 9749	−0.101 7339	−0.044 1024
	29	+0.609 7516	−0.709 5558	−0.307 5962		15	+0.990 0314	−0.085 9767	−0.037 2722
	30	+0.623 4479	−0.699 6076	−0.303 2838		16	+0.991 7907	−0.070 1923	−0.030 4303
	31	+0.636 9496	−0.689 4429	−0.298 8775		17	+0.993 2522	−0.054 3851	−0.023 5786
Feb.	1	+0.650 2528	−0.679 0653	−0.294 3786		18	+0.994 4151	−0.038 5602	−0.016 7192
	2	+0.663 3534	−0.668 4783	−0.289 7889		19	+0.995 2792	−0.022 7223	−0.009 8542
	3	+0.676 2478	−0.657 6855	−0.285 1098		20	+0.995 8441	−0.006 8763	0.002 9855
	4	+0.688 9321	−0.646 6905	−0.280 3429		21	+0.996 1096	+0.008 9727	+0.003 8845
	5	+0.701 4028	−0.635 4971	−0.275 4900		22	+0.996 0758	+0.024 8199	+0.010 7538
	6	+0.713 6566	−0.624 1088	−0.270 5525		23	+0.995 7426	+0.040 6601	+0.017 6203
	7	+0.725 6901	−0.612 5294	−0.265 5322		24	+0.995 1105	+0.056 4884	+0.024 4817
	8	+0.737 5001	−0.600 7625	−0.260 4306		25	+0.994 1798	+0.072 2998	+0.031 3360
	9	+0.749 0836	−0.588 8116	−0.255 2493		26	+0.992 9510	+0.088 0894	+0.038 1809
	10	+0.760 4374	−0.576 6804	−0.249 9900		27	+0.991 4249	+0.103 8521	+0.045 0143
	11	+0.771 5584	−0.564 3723	−0.244 6541		28	+0.989 6024	+0.119 5831	+0.051 8341
	12	+0.782 4437	−0.551 8907	−0.239 2432		29	+0.987 4843	+0.135 2774	+0.058 6380
	13	+0.793 0899	−0.539 2392	−0.233 7588		30	+0.985 0719	+0.150 9303	+0.065 4242
	14	+0.803 4939	−0.526 4213	−0.228 2024		31	+0.982 3664	+0.166 5370	+0.072 1903
	15	+0.813 6525	−0.513 4407	−0.222 5757	Apr.	1	+0.979 3691	+0.182 0928	+0.078 9344

ICRS GEOCENTRIC RECTANGULAR COORDINATES
FOR 0^h TERRESTRIAL TIME

Date		x	y	z	Date		x	y	z
		au	au	au			au	au	au
Apr.	1	+0.979 3691	+0.182 0928	+0.078 9344	May	17	+0.561 4115	+0.771 8117	+0.334 5743
	2	+0.976 0816	+0.197 5931	+0.085 6544		18	+0.547 3020	+0.780 5285	+0.338 3530
	3	+0.972 5054	+0.213 0334	+0.092 3484		19	+0.533 0347	+0.789 0220	+0.342 0351
	4	+0.968 6422	+0.228 4094	+0.099 0144		20	+0.518 6136	+0.797 2897	+0.345 6194
	5	+0.964 4938	+0.243 7167	+0.105 6505		21	+0.504 0431	+0.805 3290	+0.349 1049
	6	+0.960 0620	+0.258 9512	+0.112 2550		22	+0.489 3276	+0.813 1375	+0.352 4904
	7	+0.955 3484	+0.274 1090	+0.118 8259		23	+0.474 4717	+0.820 7130	+0.355 7750
	8	+0.950 3549	+0.289 1859	+0.125 3617		24	+0.459 4798	+0.828 0533	+0.358 9577
	9	+0.945 0831	+0.304 1782	+0.131 8606		25	+0.444 3568	+0.835 1562	+0.362 0375
	10	+0.939 5345	+0.319 0819	+0.138 3209		26	+0.429 1071	+0.842 0199	+0.365 0137
	11	+0.933 7106	+0.333 8929	+0.144 7409		27	+0.413 7358	+0.848 6425	+0.367 8852
	12	+0.927 6131	+0.348 6073	+0.151 1189		28	+0.398 2475	+0.855 0223	+0.370 6515
	13	+0.921 2435	+0.363 2209	+0.157 4532		29	+0.382 6470	+0.861 1580	+0.373 3118
	14	+0.914 6035	+0.377 7293	+0.163 7419		30	+0.366 9392	+0.867 0480	+0.375 8655
	15	+0.907 6949	+0.392 1285	+0.169 9833		31	+0.351 1287	+0.872 6912	+0.378 3120
	16	+0.900 5196	+0.406 4141	+0.176 1755	June	1	+0.335 2203	+0.878 0864	+0.380 6508
	17	+0.893 0797	+0.420 5817	+0.182 3167		2	+0.319 2186	+0.883 2327	+0.382 8816
	18	+0.885 3774	+0.434 6272	+0.188 4050		3	+0.303 1280	+0.888 1291	+0.385 0038
	19	+0.877 4151	+0.448 5463	+0.194 4386		4	+0.286 9530	+0.892 7746	+0.387 0172
	20	+0.869 1950	+0.462 3346	+0.200 4158		5	+0.270 6978	+0.897 1684	+0.388 9213
	21	+0.860 7199	+0.475 9882	+0.206 3346		6	+0.254 3667	+0.901 3096	+0.390 7158
	22	+0.851 9924	+0.489 5027	+0.212 1933		7	+0.237 9640	+0.905 1971	+0.392 4004
	23	+0.843 0154	+0.502 8741	+0.217 9901		8	+0.221 4938	+0.908 8300	+0.393 9745
	24	+0.833 7917	+0.516 0983	+0.223 7232		9	+0.204 9605	+0.912 2072	+0.395 4379
	25	+0.824 3244	+0.529 1715	+0.229 3910		10	+0.188 3684	+0.915 3276	+0.396 7900
	26	+0.814 6167	+0.542 0898	+0.234 9916		11	+0.171 7220	+0.918 1903	+0.398 0305
	27	+0.804 6720	+0.554 8492	+0.240 5235		12	+0.155 0257	+0.920 7942	+0.399 1590
	28	+0.794 4935	+0.567 4463	+0.245 9850		13	+0.138 2842	+0.923 1384	+0.400 1750
	29	+0.784 0847	+0.579 8774	+0.251 3746		14	+0.121 5022	+0.925 2220	+0.401 0782
	30	+0.773 4492	+0.592 1391	+0.256 6907		15	+0.104 6844	+0.927 0442	+0.401 8683
May	1	+0.762 5907	+0.604 2280	+0.261 9318		16	+0.087 8355	+0.928 6044	+0.402 5449
	2	+0.751 5127	+0.616 1411	+0.267 0965		17	+0.070 9605	+0.929 9019	+0.403 1078
	3	+0.740 2190	+0.627 8752	+0.272 1836		18	+0.054 0643	+0.930 9362	+0.403 5567
	4	+0.728 7131	+0.639 4275	+0.277 1916		19	+0.037 1518	+0.931 7067	+0.403 8913
	5	+0.716 9988	+0.650 7951	+0.282 1194		20	+0.020 2281	+0.932 2132	+0.404 1116
	6	+0.705 0794	+0.661 9754	+0.286 9659		21	+0.003 2983	+0.932 4555	+0.404 2174
	7	+0.692 9586	+0.672 9657	+0.291 7298		22	−0.013 6326	+0.932 4334	+0.404 2086
	8	+0.680 6395	+0.683 7633	+0.296 4100		23	−0.030 5594	+0.932 1471	+0.404 0852
	9	+0.668 1256	+0.694 3655	+0.301 0054		24	−0.047 4769	+0.931 5967	+0.403 8472
	10	+0.655 4202	+0.704 7697	+0.305 5149		25	−0.064 3800	+0.930 7826	+0.403 4949
	11	+0.642 5266	+0.714 9728	+0.309 9373		26	−0.081 2637	+0.929 7054	+0.403 0283
	12	+0.629 4482	+0.724 9722	+0.314 2713		27	−0.098 1230	+0.928 3655	+0.402 4478
	13	+0.616 1886	+0.734 7649	+0.318 5158		28	−0.114 9529	+0.926 7640	+0.401 7536
	14	+0.602 7513	+0.744 3480	+0.322 6696		29	−0.131 7487	+0.924 9015	+0.400 9461
	15	+0.589 1401	+0.753 7187	+0.326 7314		30	−0.148 5056	+0.922 7791	+0.400 0258
	16	+0.575 3588	+0.762 8742	+0.330 7000	July	1	−0.165 2192	+0.920 3978	+0.398 9930
	17	+0.561 4115	+0.771 8117	+0.334 5743		2	−0.181 8851	+0.917 7584	+0.397 8483

SUN, 2020

ICRS GEOCENTRIC RECTANGULAR COORDINATES
FOR 0^h TERRESTRIAL TIME

Date		x	y	z	Date		x	y	z
		au	au	au			au	au	au
July	1	−0.165 2192	+0.920 3978	+0.398 9930	Aug.	16	−0.812 0641	+0.555 0829	+0.240 6305
	2	−0.181 8851	+0.917 7584	+0.397 8483		17	−0.821 9527	+0.542 4022	+0.235 1341
	3	−0.198 4988	+0.914 8621	+0.396 5921		18	−0.831 6063	+0.529 5656	+0.229 5700
	4	−0.215 0561	+0.911 7097	+0.395 2249		19	−0.841 0214	+0.516 5766	+0.223 9398
	5	−0.231 5528	+0.908 3022	+0.393 7471		20	−0.850 1951	+0.503 4394	+0.218 2451
	6	−0.247 9845	+0.904 6405	+0.392 1591		21	−0.859 1242	+0.490 1578	+0.212 4878
	7	−0.264 3472	+0.900 7254	+0.390 4613		22	−0.867 8060	+0.476 7360	+0.206 6694
	8	−0.280 6364	+0.896 5578	+0.388 6542		23	−0.876 2378	+0.463 1783	+0.200 7920
	9	−0.296 8477	+0.892 1387	+0.386 7382		24	−0.884 4172	+0.449 4887	+0.194 8572
	10	−0.312 9769	+0.887 4689	+0.384 7136		25	−0.892 3420	+0.435 6715	+0.188 8670
	11	−0.329 0194	+0.882 5496	+0.382 5810		26	−0.900 0101	+0.421 7308	+0.182 8231
	12	−0.344 9708	+0.877 3817	+0.380 3408		27	−0.907 4194	+0.407 6707	+0.176 7275
	13	−0.360 8264	+0.871 9664	+0.377 9936		28	−0.914 5681	+0.393 4952	+0.170 5817
	14	−0.376 5818	+0.866 3050	+0.375 5397		29	−0.921 4543	+0.379 2082	+0.164 3877
	15	−0.392 2324	+0.860 3987	+0.372 9798		30	−0.928 0762	+0.364 8138	+0.158 1471
	16	−0.407 7736	+0.854 2490	+0.370 3146		31	−0.934 4321	+0.350 3157	+0.151 8617
	17	−0.423 2007	+0.847 8574	+0.367 5445	Sept.	1	−0.940 5202	+0.335 7178	+0.145 5332
	18	−0.438 5090	+0.841 2255	+0.364 6703		2	−0.946 3389	+0.321 0241	+0.139 1632
	19	−0.453 6940	+0.834 3550	+0.361 6927		3	−0.951 8863	+0.306 2384	+0.132 7535
	20	−0.468 7510	+0.827 2477	+0.358 6125		4	−0.957 1607	+0.291 3647	+0.126 3058
	21	−0.483 6752	+0.819 9058	+0.355 4305		5	−0.962 1605	+0.276 4067	+0.119 8217
	22	−0.498 4622	+0.812 3313	+0.352 1475		6	−0.966 8839	+0.261 3686	+0.113 3030
	23	−0.513 1072	+0.804 5266	+0.348 7646		7	−0.971 3293	+0.246 2544	+0.106 7514
	24	−0.527 6060	+0.796 4942	+0.345 2829		8	−0.975 4950	+0.231 0681	+0.100 1687
	25	−0.541 9541	+0.788 2365	+0.341 7033		9	−0.979 3794	+0.215 8139	+0.093 5566
	26	−0.556 1474	+0.779 7563	+0.338 0271		10	−0.982 9809	+0.200 4959	+0.086 9170
	27	−0.570 1819	+0.771 0563	+0.334 2555		11	−0.986 2980	+0.185 1185	+0.080 2516
	28	−0.584 0537	+0.762 1393	+0.330 3896		12	−0.989 3292	+0.169 6860	+0.073 5623
	29	−0.597 7592	+0.753 0080	+0.326 4307		13	−0.992 0730	+0.154 2027	+0.066 8509
	30	−0.611 2946	+0.743 6652	+0.322 3800		14	−0.994 5281	+0.138 6733	+0.060 1195
	31	−0.624 6566	+0.734 1136	+0.318 2388		15	−0.996 6931	+0.123 1023	+0.053 3700
Aug.	1	−0.637 8417	+0.724 3559	+0.314 0082		16	−0.998 5667	+0.107 4945	+0.046 6044
	2	−0.650 8464	+0.714 3947	+0.309 6893		17	−1.000 1481	+0.091 8547	+0.039 8247
	3	−0.663 6674	+0.704 2326	+0.305 2835		18	−1.001 4362	+0.076 1878	+0.033 0331
	4	−0.676 3013	+0.693 8723	+0.300 7918		19	−1.002 4303	+0.060 4988	+0.026 2318
	5	−0.688 7447	+0.683 3164	+0.296 2155		20	−1.003 1301	+0.044 7928	+0.019 4229
	6	−0.700 9942	+0.672 5675	+0.291 5556		21	−1.003 5354	+0.029 0747	+0.012 6086
	7	−0.713 0463	+0.661 6282	+0.286 8133		22	−1.003 6460	+0.013 3494	+0.005 7912
	8	−0.724 8976	+0.650 5014	+0.281 9899		23	−1.003 4621	−0.002 3783	−0.001 0275
	9	−0.736 5447	+0.639 1897	+0.277 0865		24	−1.002 9839	−0.018 1038	−0.007 8451
	10	−0.747 9840	+0.627 6961	+0.272 1044		25	−1.002 2117	−0.033 8224	−0.014 6598
	11	−0.759 2122	+0.616 0235	+0.267 0448		26	−1.001 1460	−0.049 5296	−0.021 4694
	12	−0.770 2257	+0.604 1748	+0.261 9089		27	−0.999 7870	−0.065 2209	−0.028 2721
	13	−0.781 0210	+0.592 1532	+0.256 6982		28	−0.998 1351	−0.080 8921	−0.035 0660
	14	−0.791 5948	+0.579 9618	+0.251 4140		29	−0.996 1910	−0.096 5385	−0.041 8490
	15	−0.801 9436	+0.567 6039	+0.246 0576		30	−0.993 9549	−0.112 1560	−0.048 6193
	16	−0.812 0641	+0.555 0829	+0.240 6305	Oct.	1	−0.991 4275	−0.127 7402	−0.055 3750

ICRS GEOCENTRIC RECTANGULAR COORDINATES
FOR 0ʰ TERRESTRIAL TIME

Date		x	y	z	Date		x	y	z
		au	au	au			au	au	au
Oct.	1	−0.991 4275	−0.127 7402	−0.055 3750	Nov.	16	−0.584 0343	−0.732 2369	−0.317 4202
	2	−0.988 6092	−0.143 2867	−0.062 1143		17	−0.569 7744	−0.741 3891	−0.321 3885
	3	−0.985 5005	−0.158 7912	−0.068 8352		18	−0.555 3397	−0.750 3127	−0.325 2576
	4	−0.982 1022	−0.174 2494	−0.075 5359		19	−0.540 7350	−0.759 0048	−0.329 0263
	5	−0.978 4147	−0.189 6568	−0.082 2145		20	−0.525 9651	−0.767 4627	−0.332 6935
	6	−0.974 4387	−0.205 0091	−0.088 8692		21	−0.511 0348	−0.775 6840	−0.336 2580
	7	−0.970 1749	−0.220 3019	−0.095 4979		22	−0.495 9487	−0.783 6662	−0.339 7186
	8	−0.965 6241	−0.235 5307	−0.102 0989		23	−0.480 7117	−0.791 4070	−0.343 0745
	9	−0.960 7871	−0.250 6910	−0.108 6702		24	−0.465 3283	−0.798 9041	−0.346 3246
	10	−0.955 6647	−0.265 7783	−0.115 2099		25	−0.449 8034	−0.806 1555	−0.349 4681
	11	−0.950 2578	−0.280 7880	−0.121 7161		26	−0.434 1416	−0.813 1590	−0.352 5039
	12	−0.944 5675	−0.295 7155	−0.128 1867		27	−0.418 3475	−0.819 9126	−0.355 4312
	13	−0.938 5950	−0.310 5561	−0.134 6197		28	−0.402 4259	−0.826 4143	−0.358 2493
	14	−0.932 3413	−0.325 3050	−0.141 0131		29	−0.386 3814	−0.832 6622	−0.360 9572
	15	−0.925 8079	−0.339 9574	−0.147 3649		30	−0.370 2187	−0.838 6544	−0.363 5542
	16	−0.918 9964	−0.354 5083	−0.153 6729	Dec.	1	−0.353 9424	−0.844 3892	−0.366 0396
	17	−0.911 9085	−0.368 9530	−0.159 9350		2	−0.337 5573	−0.849 8647	−0.368 4126
	18	−0.904 5464	−0.383 2866	−0.166 1491		3	−0.321 0680	−0.855 0792	−0.370 6724
	19	−0.896 9123	−0.397 5043	−0.172 3131		4	−0.304 4792	−0.860 0309	−0.372 8184
	20	−0.889 0086	−0.411 6015	−0.178 4249		5	−0.287 7957	−0.864 7181	−0.374 8498
	21	−0.880 8378	−0.425 5738	−0.184 4826		6	−0.271 0222	−0.869 1390	−0.376 7659
	22	−0.872 4028	−0.439 4168	−0.190 4843		7	−0.254 1637	−0.873 2920	−0.378 5660
	23	−0.863 7061	−0.453 1263	−0.196 4280		8	−0.237 2250	−0.877 1754	−0.380 2494
	24	−0.854 7506	−0.466 6984	−0.202 3120		9	−0.220 2112	−0.880 7876	−0.381 8154
	25	−0.845 5390	−0.480 1289	−0.208 1346		10	−0.203 1274	−0.884 1269	−0.383 2633
	26	−0.836 0741	−0.493 4141	−0.213 8941		11	−0.185 9789	−0.887 1919	−0.384 5924
	27	−0.826 3587	−0.506 5499	−0.219 5887		12	−0.168 7712	−0.889 9810	−0.385 8021
	28	−0.816 3957	−0.519 5328	−0.225 2168		13	−0.151 5099	−0.892 4930	−0.386 8918
	29	−0.806 1878	−0.532 3588	−0.230 7767		14	−0.134 2005	−0.894 7268	−0.387 8609
	30	−0.795 7379	−0.545 0243	−0.236 2670		15	−0.116 8490	−0.896 6814	−0.388 7090
	31	−0.785 0490	−0.557 5256	−0.241 6859		16	−0.099 4612	−0.898 3560	−0.389 4358
Nov.	1	−0.774 1239	−0.569 8590	−0.247 0319		17	−0.082 0428	−0.899 7503	−0.390 0409
	2	−0.762 9656	−0.582 0209	−0.252 3035		18	−0.064 5997	−0.900 8637	−0.390 5242
	3	−0.751 5770	−0.594 0076	−0.257 4991		19	−0.047 1376	−0.901 6962	−0.390 8856
	4	−0.739 9612	−0.605 8155	−0.262 6172		20	−0.029 6622	−0.902 2478	−0.391 1250
	5	−0.728 1212	−0.617 4410	−0.267 6562		21	−0.012 1790	−0.902 5184	−0.391 2425
	6	−0.716 0601	−0.628 8804	−0.272 6146		22	+0.005 3065	−0.902 5083	−0.391 2381
	7	−0.703 7811	−0.640 1302	−0.277 4907		23	+0.022 7888	−0.902 2177	−0.391 1120
	8	−0.691 2875	−0.651 1866	−0.282 2832		24	+0.040 2626	−0.901 6469	−0.390 8643
	9	−0.678 5824	−0.662 0460	−0.286 9904		25	+0.057 7225	−0.900 7963	−0.390 4952
	10	−0.665 6694	−0.672 7047	−0.291 6108		26	+0.075 1632	−0.899 6663	−0.390 0049
	11	−0.652 5520	−0.683 1591	−0.296 1427		27	+0.092 5796	−0.898 2575	−0.389 3936
	12	−0.639 2339	−0.693 4053	−0.300 5846		28	+0.109 9664	−0.896 5704	−0.388 6616
	13	−0.625 7189	−0.703 4399	−0.304 9349		29	+0.127 3185	−0.894 6057	−0.387 8093
	14	−0.612 0111	−0.713 2590	−0.309 1919		30	+0.144 6308	−0.892 3639	−0.386 8368
	15	−0.598 1147	−0.722 8591	−0.313 3542		31	+0.161 8984	−0.889 8458	−0.385 7447
	16	−0.584 0343	−0.732 2369	−0.317 4202		32	+0.179 1160	−0.887 0522	−0.384 5331

CONTENTS OF SECTION D

NOTE: All the times on this page are expressed in Universal Time (UT1).

PHASES OF THE MOON

Lunation	New Moon			First Quarter			Full Moon			Last Quarter		
		d	h m		d	h m		d	h m		d	h m
1200				Jan.	3	04 45	Jan.	10	19 21	Jan.	17	12 58
1201	Jan.	24	21 42	Feb.	2	01 42	Feb.	9	07 33	Feb.	15	22 17
1202	Feb.	23	15 32	Mar.	2	19 57	Mar.	9	17 48	Mar.	16	09 34
1203	Mar.	24	09 28	Apr.	1	10 21	Apr.	8	02 35	Apr.	14	22 56
1204	Apr.	23	02 26	Apr.	30	20 38	May	7	10 45	May	14	14 03
1205	May	22	17 39	May	30	03 30	June	5	19 12	June	13	06 24
1206	June	21	06 41	June	28	08 16	July	5	04 44	July	12	23 29
1207	July	20	17 33	July	27	12 33	Aug.	3	15 59	Aug.	11	16 45
1208	Aug.	19	02 42	Aug.	25	17 58	Sept.	2	05 22	Sept.	10	09 26
1209	Sept.	17	11 00	Sept.	24	01 55	Oct.	1	21 05	Oct.	10	00 40
1210	Oct.	16	19 31	Oct.	23	13 23	Oct.	31	14 49	Nov.	8	13 46
1211	Nov.	15	05 07	Nov.	22	04 45	Nov.	30	09 30	Dec.	8	00 37
1212	Dec.	14	16 17	Dec.	21	23 41	Dec.	30	03 28			

MOON AT PERIGEE

d h		d h		d h
Jan. 13 20	June	3 04	Oct.	17 00
Feb. 10 20	June	30 02	Nov.	14 12
Mar. 10 06	July	25 05	Dec.	12 21
Apr. 7 18	Aug.	21 11		
May 6 03	Sept.	18 14		

MOON AT APOGEE

d h		d h		d h
Jan. 2 02	May	18 08	Oct.	3 17
Jan. 29 21	June	15 01	Oct.	30 19
Feb. 26 12	July	12 19	Nov.	27 00
Mar. 24 15	Aug.	9 14	Dec.	24 17
Apr. 20 19	Sept.	6 06		

NOTES AND FORMULAE

Mean elements of the orbit of the Moon

The following expressions for the mean elements of the Moon are based on the fundamental arguments developed by Simon *et al.* (*Astron. & Astrophys.*, **282**, 663, 1994). The angular elements are referred to the mean equinox and ecliptic of date. The time argument (d) is the interval in days from 2020 January 0 at 0^h TT. These expressions are intended for use during 2020 only.

$$d = \text{JD} - 245\ 8848 \cdot 5 = \text{day of year (from B4–B5)} + \text{fraction of day from } 0^h \text{ TT}$$

Mean longitude of the Moon, measured in the ecliptic to the mean ascending node and then along the mean orbit:

$$L' = 332°128\ 231 + 13 \cdot 176\ 396\ 46\ d$$

Mean longitude of the lunar perigee, measured as for L':

$$\varGamma' = 176°988\ 452 + 0 \cdot 111\ 403\ 41\ d$$

Mean longitude of the mean ascending node of the lunar orbit on the ecliptic:

$$\varOmega = 98°296\ 816 - 0 \cdot 052\ 953\ 74\ d$$

Mean elongation of the Moon from the Sun:

$$D = L' - L = 52°986\ 290 + 12 \cdot 190\ 749\ 10\ d$$

Mean inclination of the lunar orbit to the ecliptic: $5°156\ 6898$.

Mean elements of the rotation of the Moon

The following expressions give the mean elements of the mean equator of the Moon, referred to the true equator of the Earth, during 2020 to a precision of about $0°001$; the time-argument d is as defined above for the orbital elements.

Inclination of the mean equator of the Moon to the true equator of the Earth:

$$i = 23°7057 - 0 \cdot 001\ 409\ d - 0 \cdot 000\ 000\ 027\ d^2$$

Arc of the mean equator of the Moon from its ascending node on the true equator of the Earth to its ascending node on the ecliptic of date:

$$\varDelta = 281°7746 - 0 \cdot 052\ 264\ d - 0 \cdot 000\ 001\ 502\ d^2$$

Arc of the true equator of the Earth from the true equinox of date to the ascending node of the mean equator of the Moon:

$$\varOmega' = -3°7991 - 0 \cdot 000\ 734\ d + 0 \cdot 000\ 001\ 643\ d^2$$

The inclination (I) of the mean lunar equator to the ecliptic: $1° 32' 33''6$

The ascending node of the mean lunar equator on the ecliptic is at the descending node of the mean lunar orbit on the ecliptic, that is at longitude $\varOmega + 180°$.

Lengths of mean months

The lengths of the mean months at 2020·0, as derived from the mean orbital elements are:

		d	d h m s
synodic month	(new moon to new moon)	29·530 589	29 12 44 02·9
tropical month	(equinox to equinox)	27·321 582	27 07 43 04·7
sidereal month	(fixed star to fixed star)	27·321 662	27 07 43 11·6
anomalistic month	(perigee to perigee)	27·554 550	27 13 18 33·1
draconic month	(node to node)	27·212 221	27 05 05 35·9

NOTES AND FORMULAE

Geocentric coordinates

The apparent longitude (λ) and latitude (β) of the Moon given on pages D6–D20 are referred to the true ecliptic and equinox of date: the apparent right ascension (α) and declination (δ) are referred to the true equator and equinox of date. These coordinates are primarily intended for planning purposes. The true distance r in kilometres and the horizonal parallax (π) are also tabulated. The semidiameter s may be formed from

$$\sin s = \frac{R_M}{r} = \frac{R_M}{a_E} \sin \pi = 0 \cdot 272\ 399 \sin \pi$$

where π is the horizontal parallax, $R_M = 1737 \cdot 4$ km is the mean radius of the Moon, and $a_E = 6\,378 \cdot 1366$ km is the equatorial radius of the Earth. The semidiameter is tabulated on pages D7–D21. The distance r_e in Earth radii may be obtained from

$$r_e = \frac{r}{a_E} = r/6\,378 \cdot 1366$$

More precise values of right ascension, declination and horizontal parallax for any time may be obtained by using the polynomial coefficients given on *The Astronomical Almanac Online*.

The tabulated values are all referred to the centre of the Earth, and may differ from the topocentric values by up to about 1 degree in angle and 2 per cent in distance.

Time of transit of the Moon

The TT of upper (or lower) transit of the Moon over a local meridian may be obtained by interpolation in the tabulation of the time of upper (or lower) transit over the ephemeris meridian given on pages D6–D20, where the first differences are about 25 hours. The interpolation factor p is given by:

$$p = -\lambda + 1 \cdot 002\ 738\ \Delta T$$

where λ is the *east* longitude and the right-hand side is expressed in days. (Divide longitude in degrees by 360 and ΔT in seconds by 86 400). During 2020 it is expected that ΔT will be about 70 seconds, so that the second term is about $+0 \cdot 000$ 81 days. In general, second-order differences are sufficient to give times to a few seconds, but higher-order differences must be taken into account if a precision of better than 1 second is required. The UT1 of transit is obtained by subtracting ΔT from the TT of transit, which is obtained by interpolation.

Topocentric coordinates

The topocentric equatorial rectangular coordinates of the Moon (x', y', z'), referred to the true equinox of date, are equal to the geocentric equatorial rectangular coordinates of the Moon *minus* the geocentric equatorial rectangular coordinates of the observer. Hence, the topocentric right ascension (α'), declination (δ') and distance (r') of the Moon may be calculated from the formulae:

$$\begin{aligned}
x' &= r' \cos \delta' \cos \alpha' = r \cos \delta \cos \alpha - \rho \cos \phi' \cos \theta_0 \\
y' &= r' \cos \delta' \sin \alpha' = r \cos \delta \sin \alpha - \rho \cos \phi' \sin \theta_0 \\
z' &= r' \sin \delta' \qquad\ \ = r \sin \delta \qquad\ \ - \rho \sin \phi'
\end{aligned}$$

where θ_0 is the local apparent sidereal time (see B11) and ρ and ϕ' are the geocentric distance and latitude of the observer.

Then $\qquad\qquad r'^2 = x'^2 + y'^2 + z'^2, \quad \alpha' = \tan^{-1}(y'/x'), \quad \delta' = \sin^{-1}(z'/r')$

The topocentric hour angle (h') may be calculated from $h' = \theta_0 - \alpha'$.

Physical ephemeris

See page D4 for notes on the physical ephemeris of the Moon on pages D7–D21.

NOTES AND FORMULAE

Appearance of the Moon

The quantities tabulated in the ephemeris for physical observations of the Moon on odd pages D7–D21 represent the geocentric aspect and illumination of the Moon's disk. The semidiameter of the Moon is also included on these pages. For most purposes it is sufficient to regard the instant of tabulation as 0^h UT1. The fraction illuminated (or phase) is the ratio of the illuminated area to the total area of the lunar disk; it is also the fraction of the diameter illuminated perpendicular to the line of cusps. This quantity indicates the general aspect of the Moon, while the precise times of the four principal phases are given on pages A1 and D1; they are the times when the apparent longitudes of the Moon and Sun differ by $0°$, $90°$, $180°$ and $270°$.

The position angle of the bright limb is measured anticlockwise around the disk from the north point (of the hour circle through the centre of the apparent disk) to the midpoint of the bright limb. Before full moon the morning terminator is visible and the position angle of the northern cusp is $90°$ greater than the position angle of the bright limb; after full moon the evening terminator is visible and the position angle of the northern cusp is $90°$ less than the position angle of the bright limb.

The brightness of the Moon is determined largely by the fraction illuminated, but it also depends on the distance of the Moon, on the nature of the part of the lunar surface that is illuminated, and on other factors. The integrated visual magnitude of the full Moon at mean distance is about -12.7. The crescent Moon is not normally visible to the naked eye when the phase is less than 0.01, but much depends on the conditions of observation.

Selenographic coordinates

The positions of points on the Moon's surface are specified by a system of selenographic coordinates, in which latitude is measured positively to the north from the equator of the pole of rotation, and longitude is measured positively to the east on the selenocentric celestial sphere from the lunar meridian through the mean centre of the apparent disk. Selenographic longitudes are measured positive to the west (towards Mare Crisium) on the apparent disk; this sign convention implies that the longitudes of the Sun and of the terminators are decreasing functions of time, and so for some purposes it is convenient to use colongitude which is $90°$ (or $450°$) minus longitude.

The tabulated values of the Earth's selenographic longitude and latitude specify the sub-terrestrial point on the Moon's surface (that is, the centre of the apparent disk). The position angle of the axis of rotation is measured anticlockwise from the north point, and specifies the orientation of the lunar meridian through the sub-terrestrial point, which is the pole of the great circle that corresponds to the limb of the Moon.

The tabulated values of the Sun's selenographic colongitude and latitude specify the sub-solar point of the Moon's surface (that is at the pole of the great circle that bounds the illuminated hemisphere). The following relations hold approximately:

longitude of morning terminator = $360°$ − colongitude of Sun
longitude of evening terminator = $180°$ (or $540°$) − colongitude of Sun

The altitude (a) of the Sun above the lunar horizon at a point at selenographic longitude and latitude (l, b) may be calculated from:

$$\sin a = \sin b_0 \sin b + \cos b_0 \cos b \sin (c_0 + l)$$

where (c_0, b_0) are the Sun's colongitude and latitude at the time.

NOTES AND FORMULAE

Librations of the Moon

On average the same hemisphere of the Moon is always turned to the Earth but there is a periodic oscillation or libration of the apparent position of the lunar surface that allows about 59 per cent of the surface to be seen from the Earth. The libration is due partly to a physical libration, which is an oscillation of the actual rotational motion about its mean rotation, but mainly to the much larger geocentric optical libration, which results from the non-uniformity of the revolution of the Moon around the centre of the Earth. Both of these effects are taken into account in the computation of the Earth's selenographic longitude (l) and latitude (b) and of the position angle (C) of the axis of rotation. There is a further contribution to the optical libration due to the difference between the viewpoints of the observer on the surface of the Earth and of the hypothetical observer at the centre of the Earth. These topocentric optical librations may be as much as $1°$ and have important effects on the apparent contour of the limb.

When the libration in longitude, that is the selenographic longitude of the Earth, is positive the mean centre of the disk is displaced eastwards on the celestial sphere, exposing to view a region on the west limb. When the libration in latitude, or selenographic latitude of the Earth, is positive the mean centre of the disk is displaced towards the south, and a region on the north limb is exposed to view. In a similar way the selenographic coordinates of the Sun show which regions of the lunar surface are illuminated.

Differential corrections to be applied to the tabular geocentric librations to form the topocentric librations may be computed from the following formulae:

$$\Delta l = -\pi' \sin (Q - C) \sec b$$
$$\Delta b = +\pi' \cos (Q - C)$$
$$\Delta C = + \sin (b + \Delta b) \, \Delta l - \pi' \sin Q \tan \delta$$

where Q is the geocentric parallactic angle of the Moon and π' is the geocentric parallax (diurnal parallax). The latter is obtained from the Moon's horizontal parallax (π), which is tabulated on even pages D6–D20 by using:

$$\pi' = \pi \, (\sin z + 0 \cdot 0084 \sin 2z)$$

where z is the geocentric zenith distance of the Moon. The values of z and Q may be calculated from the geocentric right ascension (α) and declination (δ) of the Moon by using:

$$\sin z \sin Q = \cos \phi \, \sin h$$
$$\sin z \cos Q = \cos \delta \, \sin \phi - \sin \delta \, \cos \phi \, \cos h$$
$$\cos z = \sin \delta \, \sin \phi + \cos \delta \, \cos \phi \, \cos h$$

where ϕ is the geocentric latitude of the observer and h is the local hour angle of the Moon, given by:

$$h = \text{local apparent sidereal time} - \alpha$$

Second differences must be taken into account in the interpolation of the tabular geocentric librations to the time of observation.

MOON, 2020

FOR 0ʰ TERRESTRIAL TIME

Date 0ʰ TT	Apparent Longitude	Apparent Latitude	R.A.	Dec.	True Distance	Horiz. Parallax	Ephemeris Transit for date Upper	Lower
	o ′ ″	o ′ ″	h m s	o ′ ″	km	′ ″	h	h
Jan. 0	334 09 53	− 4 22 28	22 30 44·46	− 14 03 06·5	401 962·560	54 33·04	16·3843	04·0231
1	346 07 44	− 4 53 37	23 16 38·29	− 9 58 41·6	403 859·527	54 17·67	17·0841	04·7374
2	358 00 35	− 5 11 59	0 00 59·58	− 5 33 39·5	404 577·566	54 11·88	17·7663	05·4264
3	9 52 55	− 5 17 01	0 44 36·93	− 0 56 48·3	404 002·471	54 16·51	18·4468	06·1057
4	21 49 26	− 5 08 30	1 28 22·95	+ 3 43 44·6	402 117·841	54 31·78	19·1426	06·7918
5	33 54 51	− 4 46 19	2 13 12·00	+ 8 19 35·8	399 012·179	54 57·25	19·8706	07·5016
6	46 13 39	− 4 10 43	2 59 57·84	+ 12 41 03·1	394 878·726	55 31·76	20·6467	08·2517
7	58 49 41	− 3 22 21	3 49 29·12	+ 16 36 11·1	390 006·661	56 13·39	21·4831	09·0568
8	71 45 54	− 2 22 31	4 42 20·88	+ 19 50 25·9	384 761·776	56 59·38	22·3842	09·9257
9	85 03 55	− 1 13 27	5 38 41·63	+ 22 07 15·1	379 555·090	57 46·29	23·3417	10·8570
10	98 43 44	+ 0 01 35	6 38 00·46	+ 23 10 31·1	374 799·888	58 30·27	...	11·8350
11	112 43 28	+ 1 18 16	7 39 04·56	+ 22 48 29·1	370 861·481	59 07·55	00·3329	12·8314
12	126 59 30	+ 2 31 29	8 40 16·88	+ 20 57 51·1	368 008·754	59 35·05	01·3263	13·8145
13	141 26 43	+ 3 35 57	9 40 08·82	+ 17 45 28·8	366 379·642	59 50·95	02·2933	14·7614
14	155 59 14	+ 4 26 52	10 37 48·03	+ 13 26 42·9	365 971·295	59 54·96	03·2182	15·6641
15	170 31 05	+ 5 00 35	11 33 06·35	+ 8 21 35·8	366 658·739	59 48·22	04·1001	16·5277
16	184 57 06	+ 5 15 04	12 26 30·50	+ 2 51 13·3	368 236·313	59 32·84	04·9488	17·3655
17	199 13 18	+ 5 09 55	13 18 47·04	− 2 44 25·1	370 468·886	59 11·31	05·7800	18·1944
18	213 17 09	+ 4 46 11	14 10 48·72	− 8 07 08·9	373 138·404	58 45·90	06·6105	19·0301
19	227 07 25	+ 4 06 07	15 03 23·77	− 13 00 28·8	376 075·098	58 18·37	07·4547	19·8850
20	240 43 49	+ 3 12 46	15 57 06·49	− 17 09 23·6	379 168·934	57 49·82	08·3216	20·7643
21	254 06 39	+ 2 09 42	16 52 08·46	− 20 20 38·0	382 362·606	57 20·83	09·2123	21·6640
22	267 16 27	+ 1 00 45	17 48 12·53	− 22 23 45·2	385 631·193	56 51·67	10·1177	22·5708
23	280 13 46	− 0 10 12	18 44 33·95	− 23 12 41·4	388 955·495	56 22·51	11·0208	23·4652
24	292 59 03	− 1 19 26	19 40 12·01	− 22 47 02·1	392 296·181	55 53·70	11·9018	...
25	305 32 43	− 2 23 38	20 34 08·68	− 21 12 07·3	395 574·741	55 25·90	12·7446	00·3287
26	317 55 19	− 3 19 59	21 25 45·27	− 18 37 41·9	398 664·957	55 00·12	13·5415	01·1489
27	330 07 41	− 4 06 15	22 14 49·66	− 15 15 47·6	401 396·016	54 37·66	14·2932	01·9226
28	342 11 08	− 4 40 53	23 01 34·17	− 11 18 44·0	403 565·895	54 20·04	15·0073	02·6543
29	354 07 39	− 5 02 52	23 46 28·90	− 6 57 54·4	404 962·121	54 08·80	15·6957	03·3539
30	5 59 52	− 5 11 41	0 30 14·91	− 2 23 20·4	405 386·478	54 05·40	16·3726	04·0347
31	17 51 10	− 5 07 10	1 13 39·59	+ 2 16 04·9	404 680·600	54 11·06	17·0534	04·7115
Feb. 1	29 45 34	− 4 49 27	1 57 33·82	+ 6 51 59·5	402 750·104	54 26·64	17·7544	05·4004
2	41 47 36	− 4 18 53	2 42 50·09	+ 11 15 40·9	399 585·596	54 52·51	18·4920	06·1176
3	54 02 07	− 3 36 07	3 30 19·69	+ 15 17 09·5	395 279·024	55 28·39	19·2810	06·8792
4	66 33 57	− 2 42 09	4 20 47·41	+ 18 44 20·8	390 033·428	56 13·16	20·1324	07·6985
5	79 27 31	− 1 38 34	5 14 41·87	+ 21 22 48·7	384 163·184	57 04·70	21·0483	08·5826
6	92 46 19	− 0 27 46	6 12 02·42	+ 22 56 40·9	378 080·801	57 59·81	22·0180	09·5277
7	106 32 07	+ 0 46 51	7 12 08·28	+ 23 11 16·9	372 266·175	58 54·16	23·0171	10·5157
8	120 44 27	+ 2 00 47	8 13 40·97	+ 21 57 14·8	367 216·283	59 42·77	...	11·5181
9	135 19 59	+ 3 08 44	9 15 06·32	+ 19 14 23·4	363 378·885	60 20·61	00·0151	12·5053
10	150 12 29	+ 4 05 09	10 15 06·60	+ 15 13 03·1	361 082·125	60 43·64	00·9866	13·4580
11	165 13 28	+ 4 45 12	11 13 02·76	+ 10 12 06·6	360 479·106	60 49·74	01·9192	14·3710
12	180 13 28	+ 5 05 38	12 08 56·64	+ 4 35 00·3	361 526·398	60 39·16	02·8144	15·2511
13	195 03 34	+ 5 05 17	13 03 19·23	− 1 14 07·9	364 005·027	60 14·38	03·6828	16·1115
14	209 36 55	+ 4 45 08	13 56 55·23	− 6 53 03·1	367 576·432	59 39·26	04·5391	16·9671
15	223 49 19	+ 4 07 45	14 50 29·79	− 12 02 29·4	371 853·873	58 58·08	05·3972	17·8304

EPHEMERIS FOR PHYSICAL OBSERVATIONS
FOR 0^h TERRESTRIAL TIME

Julian Date	The Earth's Selenographic Long.	Lat.	The Sun's Selenographic Colong.	Lat.	Position Angle Axis	Bright Limb	Semi-diameter	Fraction Illum.
	°	°	°	°	°	°	′ ″	
245								
8848·5	+1·968	+5·688	323·26	−0·02	337·476	251·38	14 51·54	0·216
8849·5	+0·774	+6·359	335·43	−0·04	336·333	249·08	14 47·35	0·299
8850·5	−0·494	+6·754	347·60	−0·06	336·185	247·66	14 45·78	0·389
8851·5	−1·766	+6·861	359·76	−0·09	336·973	247·13	14 47·04	0·483
8852·5	−2·969	+6·675	11·92	−0·11	338·649	247·49	14 51·20	0·577
8853·5	−4·030	+6·193	24·07	−0·13	341·185	248·80	14 58·13	0·670
8854·5	−4·878	+5·422	36·21	−0·15	344·571	251·10	15 07·53	0·759
8855·5	−5·454	+4·376	48·35	−0·18	348·787	254·49	15 18·87	0·839
8856·5	−5·709	+3·084	60·49	−0·21	353·775	259·06	15 31·40	0·908
8857·5	−5·614	+1·594	72·62	−0·24	359·379	265·02	15 44·17	0·960
8858·5	−5·165	−0·024	84·74	−0·27	5·297	273·91	15 56·15	0·992
8859·5	−4·383	−1·676	96·87	−0·31	11·075	72·28	16 06·31	0·999
8860·5	−3·321	−3·252	108·99	−0·35	16·187	95·98	16 13·80	0·981
8861·5	−2·056	−4·640	121·12	−0·38	20·169	102·65	16 18·13	0·936
8862·5	−0·681	−5·734	133·25	−0·42	22·737	107·14	16 19·22	0·867
8863·5	+0·701	−6·457	145·39	−0·45	23·806	110·02	16 17·38	0·778
8864·5	+1·996	−6·764	157·53	−0·49	23·435	111·43	16 13·20	0·674
8865·5	+3·130	−6·645	169·68	−0·52	21·761	111·44	16 07·33	0·563
8866·5	+4·050	−6·126	181·83	−0·55	18·941	110·12	16 00·41	0·450
8867·5	+4·728	−5·254	194·00	−0·58	15·131	107·52	15 52·91	0·341
8868·5	+5·156	−4·096	206·17	−0·61	10·498	103·70	15 45·13	0·241
8869·5	+5·341	−2·731	218·35	−0·64	5·248	98·74	15 37·24	0·155
8870·5	+5·297	−1·240	230·53	−0·67	359·653	92·67	15 29·30	0·087
8871·5	+5·039	+0·292	242·71	−0·69	354·054	85·18	15 21·35	0·037
8872·5	+4·583	+1·785	254·90	−0·72	348·821	73·16	15 13·51	0·008
8873·5	+3·941	+3·169	267·09	−0·74	344·286	321·17	15 05·94	0·001
8874·5	+3·127	+4·383	279·29	−0·77	340·684	266·60	14 58·91	0·013
8875·5	+2·157	+5·378	291·48	−0·79	338·129	258·34	14 52·80	0·043
8876·5	+1·053	+6·122	303·66	−0·80	336·639	254·01	14 48·00	0·091
8877·5	−0·156	+6·591	315·85	−0·82	336·171	251·43	14 44·94	0·152
8878·5	−1·432	+6·774	328·03	−0·84	336·658	250·11	14 44·01	0·226
8879·5	−2·722	+6·669	340·20	−0·86	338·036	249·87	14 45·55	0·309
8880·5	−3·965	+6·277	352·37	−0·87	340·256	250·66	14 49·80	0·399
8881·5	−5·090	+5·608	4·54	−0·89	343·291	252·46	14 56·84	0·494
8882·5	−6·020	+4·675	16·70	−0·91	347·122	255·32	15 06·61	0·592
8883·5	−6·677	+3·502	28·85	−0·92	351·718	259·30	15 18·81	0·688
8884·5	−6·985	+2·122	40·99	−0·95	356·987	264·42	15 32·85	0·779
8885·5	−6·882	+0·588	53·14	−0·97	2·728	270·72	15 47·85	0·861
8886·5	−6·333	−1·027	65·27	−0·99	8·583	278·37	16 02·66	0·928
8887·5	−5·336	−2·625	77·40	−1·02	14·058	288·86	16 15·90	0·976
8888·5	−3·939	−4·092	89·53	−1·04	18·625	323·24	16 26·20	0·998
8889·5	−2·238	−5·307	101·66	−1·07	21·861	87·92	16 32·48	0·992
8890·5	−0·375	−6·167	113·79	−1·09	23·547	102·22	16 34·14	0·957
8891·5	+1·486	−6·600	125·93	−1·12	23·667	106·92	16 31·26	0·896
8892·5	+3·186	−6·582	138·07	−1·14	22·342	108·53	16 24·51	0·812
8893·5	+4·600	−6·134	150·22	−1·16	19·756	108·16	16 14·94	0·713
8894·5	+5·650	−5·312	162·37	−1·19	16·108	106·19	16 03·73	0·604

MOON, 2020

FOR 0ʰ TERRESTRIAL TIME

Date 0ʰ TT	Apparent Longitude	Apparent Latitude	R.A.	Dec.	True Distance	Horiz. Parallax	Ephemeris Transit for date Upper	Lower
	o ′ ″	o ′ ″	h m s	o ′ ″	km	′ ″	h	h
Feb. 15	223 49 19	+4 07 45	14 50 29·79	− 12 02 29·4	371 853·873	58 58·08	05·3972	17·8304
16	237 39 18	+3 16 41	15 44 37·84	− 16 26 23·2	376 468·093	58 14·71	06·2674	18·7083
17	251 07 34	+2 15 53	16 39 35·63	− 19 51 52·0	381 113·102	57 32·12	07·1530	19·6004
18	264 16 14	+1 09 18	17 35 15·15	− 22 09 31·0	385 567·571	56 52·23	08·0492	20·4977
19	277 08 05	+0 00 38	18 31 04·35	− 23 14 02·0	389 694·498	56 16·09	08·9438	21·3855
20	289 46 00	− 1 06 43	19 26 15·45	− 23 04 51·7	393 425·347	55 44·07	09·8208	22·2479
21	302 12 31	− 2 09 42	20 19 59·27	− 21 46 14·6	396 735·568	55 16·17	10·6656	23·0729
22	314 29 46	− 3 05 39	21 11 39·53	− 19 26 22·7	399 617·806	54 52·25	11·4694	23·8553
23	326 39 21	− 3 52 23	22 01 00·82	− 16 15 57·2	402 057·957	54 32·27	12·2309	...
24	338 42 30	− 4 28 09	22 48 08·97	− 12 26 36·7	404 017·845	54 16·39	12·9549	00·5971
25	350 40 23	− 4 51 44	23 33 26·53	− 8 09 48·2	405 426·813	54 05·07	13·6506	01·3056
26	2 34 14	− 5 02 27	0 17 27·28	− 3 36 11·4	406 182·946	53 59·03	14·3298	01·9914
27	14 25 41	− 5 00 02	1 00 51·73	+ 1 04 27·7	406 163·227	53 59·19	15·0060	02·6674
28	26 16 56	− 4 44 41	1 44 24·26	+ 5 43 01·7	405 240·904	54 06·56	15·6933	03·3473
29	38 10 53	− 4 16 56	2 28 51·20	+ 10 10 32·1	403 307·804	54 22·12	16·4063	04·0457
Mar. 1	50 11 12	− 3 37 37	3 14 58·77	+ 14 17 30·8	400 299·159	54 46·64	17·1590	04·7769
2	62 22 12	− 2 47 51	4 03 29·64	+ 17 53 20·9	396 218·611	55 20·50	17·9631	05·5541
3	74 48 40	− 1 49 09	4 54 56·71	+ 20 45 51·0	391 160·867	56 03·43	18·8253	06·3869
4	87 35 34	− 0 43 28	5 49 33·79	+ 22 41 25·6	385 328·923	56 54·34	19·7435	07·2780
5	100 47 26	+0 26 33	6 47 05·76	+ 23 26 21·4	379 041·612	57 50·98	20·7045	08·2199
6	114 27 45	+1 37 25	7 46 44·50	+ 22 49 22·2	372 725·860	58 49·80	21·6859	09·1943
7	128 37 56	+2 44 46	8 47 18·03	+ 20 45 01·3	366 887·524	59 45·98	22·6635	10·1765
8	143 16 25	+3 43 28	9 47 32·65	+ 17 16 25·7	362 056·938	60 33·83	23·6197	11·1449
9	158 18 01	+4 28 18	10 46 36·65	+ 12 36 00·1	358 712·267	61 07·72	...	12·0874
10	173 34 02	+4 54 48	11 44 12·16	+ 7 03 51·1	357 194·976	61 23·30	00·5484	13·0034
11	188 53 19	+5 00 19	12 40 32·29	+ 1 04 43·6	357 641·925	61 18·69	01·4538	13·9011
12	204 04 21	+4 44 34	13 36 09·18	− 4 55 22·4	359 958·865	60 55·01	02·3466	14·7920
13	218 57 14	+4 09 41	14 31 40·15	− 10 32 01·7	363 846·267	60 15·96	03·2386	15·6873
14	233 25 18	+3 19 29	15 27 35·01	− 15 24 20·5	368 867·200	59 26·73	04·1388	16·5932
15	247 25 32	+2 18 35	16 24 06·06	− 19 16 04·2	374 532·229	58 32·78	05·0502	17·5087
16	260 58 06	+1 11 40	17 21 02·12	− 21 56 14·5	380 375·927	57 38·81	05·9676	18·4249
17	274 05 29	+0 02 54	18 17 49·51	− 23 19 30·2	386 009·712	56 48·32	06·8788	19·3273
18	286 51 28	− 1 04 09	19 13 41·23	− 23 26 03·0	391 147·539	56 03·55	07·7685	20·2009
19	299 20 15	− 2 06 31	20 07 51·36	− 22 20 56·2	395 608·667	55 25·61	08·6231	21·0344
20	311 35 58	− 3 01 47	20 59 48·20	− 20 12 45·3	399 304·447	54 54·83	09·4347	21·8238
21	323 42 14	− 3 47 58	21 49 20·65	− 17 12 03·4	402 215·888	54 30·98	10·2025	22·5713
22	335 42 01	− 4 23 31	22 36 37·39	− 13 30 01·2	404 367·475	54 13·57	10·9315	23·2843
23	347 37 35	− 4 47 12	23 22 02·11	− 9 17 36·8	405 801·467	54 02·08	11·6310	23·9731
24	359 30 41	− 4 58 15	0 06 08·03	− 4 45 15·0	406 555·954	53 56·06	12·3121	...
25	11 22 41	− 4 56 20	0 49 33·79	− 0 02 48·1	406 649·202	53 55·32	12·9874	00·6497
26	23 14 54	− 4 41 32	1 33 00·60	+ 4 40 11·0	406 072·005	53 59·92	13·6700	01·3270
27	35 08 46	− 4 14 23	2 17 10·52	+ 9 14 09·9	404 788·869	54 10·19	14·3727	02·0180
28	47 06 14	− 3 35 52	3 02 44·54	+ 13 29 14·0	402 747·811	54 26·66	15·1079	02·7355
29	59 09 49	− 2 47 16	3 50 19·79	+ 17 14 46·5	399 897·653	54 49·94	15·8859	03·4910
30	71 22 44	− 1 50 18	4 40 24·78	+ 20 19 17·2	396 210·850	55 20·56	16·7132	04·2932
31	83 48 53	− 0 47 00	5 33 12·73	+ 22 30 34·9	391 709·276	55 58·72	17·5895	05·1455
Apr. 1	96 32 36	+0 20 10	6 28 34·58	+ 23 36 38·2	386 489·743	56 44·09	18·5065	06·0438

EPHEMERIS FOR PHYSICAL OBSERVATIONS
FOR 0^h TERRESTRIAL TIME

Julian Date	The Earth's Selenographic		The Sun's Selenographic		Position Angle		Semi-diameter	Fraction Illum.
	Long.	Lat.	Colong.	Lat.	Axis	Bright Limb		
245	°	°	°	°	°	°	′ ″	
8894·5	+5·650	−5·312	162·37	−1·19	16·108	106·19	16 03·73	0·604
8895·5	+6·308	−4·196	174·53	−1·21	11·602	102·87	15 51·92	0·493
8896·5	+6·586	−2·872	186·70	−1·23	6·460	98·40	15 40·31	0·386
8897·5	+6·525	−1·424	198·87	−1·25	0·947	93·01	15 29·45	0·286
8898·5	+6·177	+0·067	211·05	−1·27	355·379	86·93	15 19·61	0·198
8899·5	+5·598	+1·528	223·24	−1·29	350·100	80·32	15 10·89	0·123
8900·5	+4·837	+2·893	235·44	−1·31	345·428	73·01	15 03·29	0·066
8901·5	+3·932	+4·104	247·63	−1·33	341·609	63·55	14 56·77	0·026
8902·5	+2·914	+5·115	259·83	−1·34	338·784	41·51	14 51·33	0·005
8903·5	+1·802	+5·887	272·03	−1·36	337·005	296·69	14 47·00	0·003
8904·5	+0·613	+6·394	284·23	−1·37	336·251	264·39	14 43·92	0·019
8905·5	−0·636	+6·620	296·43	−1·38	336·468	256·87	14 42·28	0·052
8906·5	−1·925	+6·561	308·63	−1·39	337·589	254·04	14 42·32	0·100
8907·5	−3·220	+6·221	320·82	−1·39	339·556	253·34	14 44·33	0·164
8908·5	−4·479	+5·611	333·01	−1·40	342·323	254·12	14 48·57	0·239
8909·5	−5·644	+4·749	345·20	−1·40	345·857	256·13	14 55·24	0·325
8910·5	−6·645	+3·662	357·38	−1·41	350·121	259·29	15 04·46	0·419
8911·5	−7·401	+2·382	9·55	−1·42	355·045	263·54	15 16·16	0·518
8912·5	−7·827	+0·951	21·72	−1·42	0·486	268·79	15 30·03	0·620
8913·5	−7·841	−0·572	33·88	−1·43	6·183	274·87	15 45·45	0·720
8914·5	−7·379	−2·114	46·04	−1·44	11·740	281·59	16 01·47	0·812
8915·5	−6·409	−3·577	58·19	−1·45	16·675	288·88	16 16·77	0·893
8916·5	−4·948	−4·853	70·33	−1·46	20·520	297·58	16 29·81	0·954
8917·5	−3·082	−5·826	82·47	−1·47	22·934	314·91	16 39·03	0·990
8918·5	−0·958	−6·400	94·62	−1·48	23·761	60·45	16 43·28	0·997
8919·5	+1·229	−6·515	106·76	−1·48	23·022	98·12	16 42·02	0·974
8920·5	+3·275	−6·166	118·90	−1·49	20·854	103·90	16 35·57	0·922
8921·5	+5·004	−5·400	131·05	−1·50	17·458	104·34	16 24·94	0·847
8922·5	+6·301	−4·302	143·21	−1·51	13·065	102·28	16 11·53	0·754
8923·5	+7·115	−2·973	155·37	−1·52	7·933	98·58	15 56·84	0·651
8924·5	+7·453	−1·513	167·55	−1·52	2·362	93·76	15 42·14	0·544
8925·5	+7·366	−0·015	179·72	−1·53	356·691	88·24	15 28·39	0·438
8926·5	+6·921	+1·446	191·91	−1·54	351·279	82·41	15 16·19	0·338
8927·5	+6·197	+2·804	204·10	−1·55	346·446	76·60	15 05·86	0·247
8928·5	+5·267	+4·009	216·30	−1·55	342·437	70·96	14 57·47	0·168
8929·5	+4·192	+5·016	228·51	−1·56	339·397	65·39	14 50·98	0·103
8930·5	+3·023	+5·790	240·72	−1·56	337·383	59·24	14 46·24	0·053
8931·5	+1·794	+6·307	252·93	−1·57	336·387	49·74	14 43·11	0·019
8932·5	+0·532	+6·549	265·14	−1·57	336·365	17·43	14 41·47	0·003
8933·5	−0·747	+6·507	277·36	−1·57	337·258	283·81	14 41·26	0·005
8934·5	−2·026	+6·184	289·58	−1·57	339·010	263·07	14 42·52	0·025
8935·5	−3·286	+5·592	301·79	−1·56	341·571	258·56	14 45·31	0·062
8936·5	−4·498	+4·753	314·00	−1·56	344·899	258·21	14 49·80	0·115
8937·5	−5·621	+3·694	326·21	−1·55	348·947	259·98	14 56·14	0·182
8938·5	−6·601	+2·453	338·41	−1·54	353·644	263·21	15 04·48	0·264
8939·5	−7·371	+1·074	350·61	−1·53	358·858	267·58	15 14·88	0·356
8940·5	−7·853	−0·389	2·80	−1·53	4·371	272·80	15 27·23	0·456

MOON, 2020

FOR 0ʰ TERRESTRIAL TIME

Date 0ʰ TT	Apparent Longitude	Apparent Latitude	R.A.	Dec.	True Distance	Horiz. Parallax	Ephemeris Transit for date Upper	Lower
	° ′ ″	° ′ ″	h m s	° ′ ″	km	′ ″	h	h
Apr. 1	96 32 36	+0 20 10	6 28 34·58	+23 36 38·2	386 489·743	56 44·09	18·5065	06·0438
2	109 38 19	+1 28 12	7 25 56·04	+23 27 14·7	380 745·123	57 35·45	19·4480	06·9754
3	123 09 53	+2 33 32	8 24 23·32	+21 56 10·4	374 775·746	58 30·50	20·3953	07·9221
4	137 09 47	+3 31 57	9 22 58·38	+19 03 11·0	368 984·461	59 25·60	21·3329	08·8660
5	151 38 07	+4 18 52	10 20 57·12	+14 55 07·0	363 848·582	60 15·93	22·2538	09·7955
6	166 31 40	+4 49 48	11 18 01·29	+ 9 45 48·9	359 864·932	60 55·97	23·1600	10·7083
7	181 43 34	+5 01 07	12 14 19·62	+ 3 55 04·3	357 472·052	61 20·44	...	11·6103
8	197 03 47	+4 51 03	13 10 20·29	− 2 13 04·9	356 965·534	61 25·66	00·0604	12·5121
9	212 20 41	+4 20 13	14 06 39·19	− 8 12 35·5	358 432·202	61 10·58	00·9665	13·4249
10	227 23 12	+3 31 39	15 03 46·68	−13 37 59·0	361 727·591	60 37·14	01·8880	14·3558
11	242 02 46	+2 30 02	16 01 54·92	−18 07 02·2	366 505·762	59 49·72	02·8282	15·3039
12	256 14 18	+1 20 45	17 00 48·59	−21 23 11·9	372 289·243	58 53·94	03·7814	16·2583
13	269 56 22	+0 08 56	17 59 44·15	−23 17 15·5	378 553·755	57 55·46	04·7323	17·2007
14	283 10 21	−1 01 04	18 57 40·69	−23 47 50·6	384 803·499	56 59·01	05·6610	18·1112
15	295 59 39	−2 05 50	19 53 39·26	−23 00 23·1	390 623·387	56 08·06	06·5496	18·9752
16	308 28 39	−3 02 49	20 47 00·27	−21 04 53·2	395 705·764	55 24·80	07·3876	19·7870
17	320 42 05	−3 50 08	21 37 31·10	−18 13 23·7	399 855·904	54 50·29	08·1739	20·5492
18	332 44 30	−4 26 26	22 25 23·56	−14 38 04·2	402 982·626	54 24·76	08·9143	21·2706
19	344 39 58	−4 50 41	23 11 06·49	−10 30 12·0	405 079·800	54 07·85	09·6196	21·9629
20	356 31 53	−5 02 16	23 55 18·33	− 6 00 01·7	406 203·120	53 58·87	10·3024	22·6396
21	8 23 00	−5 00 48	0 38 41·95	− 1 17 02·7	406 445·378	53 56·94	10·9763	23·3143
22	20 15 27	−4 46 19	1 22 01·55	+ 3 29 31·1	405 912·853	54 01·19	11·6551	...
23	32 10 53	−4 19 16	2 06 00·74	+ 8 10 10·6	404 705·163	54 10·86	12·3521	00·0005
24	44 10 43	−3 40 31	2 51 20·72	+12 34 46·3	402 900·797	54 25·42	13·0794	00·7113
25	56 16 20	−2 51 28	3 38 37·42	+16 32 13·1	400 550·191	54 44·58	13·8471	01·4577
26	68 29 21	−1 53 55	4 28 16·82	+19 50 31·6	397 677·562	55 08·31	14·6609	02·2481
27	80 51 48	−0 50 08	5 20 28·70	+22 17 17·6	394 291·647	55 36·72	15·5201	03·0851
28	93 26 11	+0 17 14	6 15 00·63	+23 40 44·7	390 404·228	56 09·95	16·4161	03·9643
29	106 15 26	+1 25 10	7 11 16·51	+23 51 22·0	386 053·990	56 47·93	17·3335	04·8733
30	119 22 43	+2 30 17	8 08 23·50	+22 43 39·5	381 331·933	57 30·13	18·2543	05·7946
May 1	132 50 58	+3 28 54	9 05 27·16	+20 17 25·3	376 403·348	58 15·31	19·1642	06·7113
2	146 42 20	+4 17 06	10 01 48·22	+16 38 06·4	371 520·206	59 01·26	20·0569	07·6127
3	160 57 21	+4 50 58	10 57 12·94	+11 56 22·1	367 017·233	59 44·71	20·9349	08·4972
4	175 34 12	+5 07 03	11 51 54·07	+ 6 27 21·4	363 285·837	60 21·54	21·8081	09·3713
5	190 28 15	+5 02 59	12 46 24·48	+ 0 30 05·7	360 723·991	60 47·26	22·6901	10·2471
6	205 32 07	+4 38 05	13 41 27·22	− 5 33 08·0	359 667·908	60 57·97	23·5942	11·1386
7	220 36 32	+3 53 54	14 37 43·64	−11 17 51·5	360 321·099	60 51·34	...	12·0576
8	235 31 50	+2 54 04	15 35 39·64	−16 19 21·8	362 702·659	60 27·36	00·5292	13·0084
9	250 09 33	+1 43 42	16 35 11·93	−20 15 36·1	366 633·282	59 48·47	01·4940	13·9837
10	264 23 39	+0 28 29	17 35 39·71	−22 50 36·2	371 763·993	58 58·94	02·4749	14·9640
11	278 11 02	−0 46 15	18 35 50·48	−23 57 11·3	377 636·454	58 03·90	03·4478	15·9228
12	291 31 24	−1 56 07	19 34 22·07	−23 37 35·4	383 754·671	57 08·35	04·3864	16·8363
13	304 26 42	−2 57 52	20 30 09·79	−22 01 29·9	389 649·465	56 16·48	05·2715	17·6914
14	317 00 22	−3 49 16	21 22 43·11	−19 22 32·9	394 925·099	55 31·37	06·0962	18·4867
15	329 16 43	−4 28 52	22 12 05·98	−15 55 02·3	399 285·803	54 54·99	06·8642	19·2302
16	341 20 25	−4 55 48	22 58 47·23	−11 51 59·3	402 544·981	54 28·31	07·5865	19·9348
17	353 16 02	−5 09 36	23 43 29·60	− 7 24 33·7	404 621·613	54 11·53	08·2773	20·6157

EPHEMERIS FOR PHYSICAL OBSERVATIONS
FOR 0ʰ TERRESTRIAL TIME

Julian Date	The Earth's Selenographic Long.	Lat.	The Sun's Selenographic Colong.	Lat.	Position Angle Axis	Bright Limb	Semi-diameter	Fraction Illum.
	°	°	°	°	°	°	′ ″	
245								
8940·5	−7·853	−0·389	2·80	−1·53	4·371	272·80	15 27·23	0·456
8941·5	−7·968	−1·872	14·99	−1·52	9·855	278·56	15 41·22	0·562
8942·5	−7·643	−3·297	27·17	−1·51	14·901	284·47	15 56·21	0·668
8943·5	−6·831	−4·573	39·34	−1·50	19·083	290·22	16 11·22	0·769
8944·5	−5·525	−5·600	51·51	−1·49	22·043	295·68	16 24·93	0·859
8945·5	−3·781	−6·280	63·68	−1·49	23·550	301·36	16 35·83	0·931
8946·5	−1·719	−6·532	75·84	−1·48	23·519	310·54	16 42·50	0·979
8947·5	+0·483	−6·318	87·99	−1·47	21·989	4·54	16 43·92	0·998
8948·5	+2·620	−5·651	100·15	−1·46	19·088	91·35	16 39·81	0·986
8949·5	+4·497	−4·597	112·31	−1·45	15·006	99·14	16 30·71	0·946
8950·5	+5·971	−3·258	124·48	−1·44	9·991	98·39	16 17·79	0·880
8951·5	+6·961	−1·752	136·65	−1·43	4·359	94·84	16 02·60	0·797
8952·5	+7·450	−0·190	148·83	−1·42	358·492	89·96	15 46·67	0·701
8953·5	+7·472	+1·333	161·01	−1·41	352·805	84·52	15 31·30	0·599
8954·5	+7·088	+2·745	173·20	−1·41	347·673	79·06	15 17·42	0·497
8955·5	+6·378	+3·988	185·40	−1·40	343·375	73·97	15 05·64	0·397
8956·5	+5·422	+5·022	197·61	−1·40	340·067	69·45	14 56·24	0·304
8957·5	+4·297	+5·818	209·82	−1·39	337·804	65·54	14 49·28	0·220
8958·5	+3·066	+6·352	222·04	−1·38	336·571	62·17	14 44·68	0·147
8959·5	+1·784	+6·611	234·26	−1·38	336·319	59·01	14 42·23	0·087
8960·5	+0·491	+6·586	246·49	−1·37	336·990	55·17	14 41·71	0·042
8961·5	−0·783	+6·277	258·72	−1·36	338·530	46·79	14 42·86	0·013
8962·5	−2·015	+5·694	270·95	−1·35	340·894	354·68	14 45·50	0·002
8963·5	−3·186	+4·857	283·18	−1·33	344·043	273·17	14 49·46	0·009
8964·5	−4·274	+3·796	295·41	−1·32	347·934	264·07	14 54·68	0·034
8965·5	−5·252	+2·550	307·64	−1·30	352·495	264·09	15 01·15	0·078
8966·5	−6·083	+1·167	319·87	−1·28	357·598	266·96	15 08·88	0·139
8967·5	−6·721	−0·295	332·09	−1·26	3·032	271·29	15 17·93	0·216
8968·5	−7·111	−1·770	344·31	−1·24	8·486	276·39	15 28·28	0·307
8969·5	−7·192	−3·187	356·52	−1·22	13·581	281·74	15 39·77	0·408
8970·5	−6·910	−4·465	8·72	−1·20	17·926	286·87	15 52·08	0·517
8971·5	−6·224	−5·519	20·92	−1·18	21·191	291·42	16 04·59	0·627
8972·5	−5·127	−6·264	33·12	−1·16	23·148	295·17	16 16·43	0·734
8973·5	−3·651	−6·623	45·30	−1·14	23·685	298·04	16 26·46	0·831
8974·5	−1·885	−6·545	57·48	−1·11	22·786	300·32	16 33·46	0·911
8975·5	+0·039	−6·015	69·66	−1·09	20·508	303·40	16 36·38	0·967
8976·5	+1·955	−5·065	81·83	−1·06	16·961	319·59	16 34·57	0·996
8977·5	+3·698	−3·774	94·01	−1·04	12·319	82·95	16 28·04	0·995
8978·5	+5·129	−2·254	106·18	−1·01	6·842	93·86	16 17·45	0·966
8979·5	+6·153	−0·628	118·36	−0·99	0·893	91·73	16 03·96	0·912
8980·5	+6·729	+0·990	130·55	−0·97	354·926	87·16	15 48·97	0·839
8981·5	+6·861	+2·505	142·74	−0·95	349·397	81·96	15 33·84	0·752
8982·5	+6·586	+3·846	154·94	−0·93	344·673	76·93	15 19·71	0·658
8983·5	+5·964	+4·964	167·14	−0·91	340·971	72·48	15 07·43	0·559
8984·5	+5·070	+5·829	179·35	−0·89	338·366	68·81	14 57·52	0·461
8985·5	+3·976	+6·419	191·57	−0·88	336·839	65·96	14 50·25	0·366
8986·5	+2·756	+6·725	203·79	−0·86	336·327	63·94	14 45·68	0·277

MOON, 2020

FOR 0ʰ TERRESTRIAL TIME

Date 0ʰ TT	Apparent Longitude	Apparent Latitude	Apparent R.A.	Apparent Dec.	True Distance	Horiz. Parallax	Ephemeris Transit for date Upper	Ephemeris Transit for date Lower
	° ′ ″	° ′ ″	h m s	° ′ ″	km	′ ″	h	h
May 17	353 16 02	− 5 09 36	23 43 29·60	− 7 24 33·7	404 621·613	54 11·53	08·2773	20·6157
18	5 07 50	− 5 10 04	0 27 01·85	− 2 42 22·8	405 527·921	54 04·26	08·9521	21·2884
19	16 59 35	− 4 57 16	1 10 14·24	+ 2 05 44·0	405 351·369	54 05·68	09·6265	21·9684
20	28 54 25	− 4 31 35	1 53 56·21	+ 6 50 56·4	404 233·138	54 14·66	10·3157	22·6703
21	40 54 53	− 3 53 44	2 38 54·51	+11 23 37·8	402 344·886	54 29·93	11·0336	23·4072
22	53 02 57	− 3 04 57	3 25 50·41	+15 32 53·8	399 865·686	54 50·21	11·7922	...
23	65 20 09	− 2 06 57	4 15 14·73	+19 06 23·7	396 961·470	55 14·28	12·5989	00·1893
24	77 47 39	− 1 02 01	5 07 20·57	+21 50 48·9	393 769·663	55 41·15	13·4543	01·0208
25	90 26 32	+0 07 02	6 01 55·80	+23 33 11·0	390 391·596	56 10·06	14·3499	01·8980
26	103 17 50	+1 16 57	6 58 20·16	+24 02 54·1	386 894·503	56 40·53	15·2685	02·8077
27	116 22 38	+2 24 08	7 55 32·48	+23 13 57·9	383 323·330	57 12·21	16·1890	03·7298
28	129 42 04	+3 24 50	8 52 28·36	+21 06 23·5	379 720·532	57 44·78	17·0936	04·6441
29	143 17 10	+4 15 19	9 48 20·27	+17 46 12·2	376 149·866	58 17·67	17·9735	05·5368
30	157 08 27	+4 52 05	10 42 49·97	+13 24 12·6	372 718·502	58 49·87	18·8299	06·4041
31	171 15 40	+5 12 05	11 36 09·53	+ 8 14 32·0	369 590·791	59 19·75	19·6729	07·2522
June 1	185 37 14	+5 13 10	12 28 54·41	+ 2 33 37·7	366 987·388	59 45·00	20·5174	08·0939
2	200 10 03	+4 54 23	13 21 53·60	− 3 20 00·9	365 165·502	60 02·89	21·3801	08·9455
3	214 49 21	+4 16 23	14 15 59·14	− 9 05 53·6	364 380·378	60 10·66	22·2755	09·8230
4	229 29 10	+3 21 34	15 11 54·19	−14 21 52·3	364 834·408	60 06·16	23·2109	10·7381
5	244 02 52	+2 13 59	16 09 58·81	−18 45 36·1	366 626·461	59 48·53	...	11·6928
6	258 24 06	+0 58 44	17 09 55·82	−21 57 18·2	369 716·652	59 18·54	00·1817	12·6749
7	272 27 41	−0 18 40	18 10 45·30	−23 43 28·7	373 918·094	58 38·55	01·1687	13·6593
8	286 10 06	−1 33 07	19 10 57·57	−23 59 54·4	378 918·089	57 52·12	02·1426	14·6154
9	299 29 47	−2 40 27	20 09 02·83	−22 52 04·9	384 321·357	57 03·30	03·0748	15·5191
10	312 27 07	−3 37 35	21 04 00·46	−20 32 34·4	389 702·569	56 16·02	03·9473	16·3595
11	325 04 00	−4 22 33	21 55 31·05	−17 16 58·6	394 656·004	55 33·64	04·7564	17·1390
12	337 23 36	−4 54 15	22 43 50·80	−13 20 32·4	398 834·679	54 58·71	05·5090	17·8682
13	349 29 53	−5 12 14	23 29 38·58	− 8 56 27·0	401 976·319	54 32·93	06·2187	18·5625
14	1 27 16	−5 16 26	0 13 44·40	− 4 15 36·0	403 916·929	54 17·20	06·9017	19·2385
15	13 20 19	−5 07 05	0 57 02·35	+ 0 32 48·8	404 594·174	54 11·75	07·5750	19·9133
16	25 13 27	−4 44 36	1 40 26·94	+ 5 20 20·1	404 042·766	54 16·19	08·2555	20·6035
17	37 10 48	−4 09 41	2 24 51·14	+ 9 58 14·7	402 383·410	54 29·62	08·9593	21·3246
18	49 16 02	−3 23 21	3 11 03·98	+14 16 39·5	399 806·239	54 50·70	09·7010	22·0899
19	61 32 07	−2 27 01	3 59 46·15	+18 03 56·0	396 549·429	55 17·72	10·4921	22·9082
20	74 01 20	−1 22 44	4 51 22·46	+21 06 40·0	392 874·028	55 48·77	11·3377	23·7799
21	86 45 08	−0 13 08	5 45 52·00	+23 10 40·2	389 036·988	56 21·80	12·2331	...
22	99 44 07	+0 58 30	6 42 40·76	+24 03 06·5	385 265·611	56 54·90	13·1625	00·6950
23	112 58 11	+2 08 22	7 40 44·30	+23 35 25·2	381 737·645	57 26·47	14·1019	01·6325
24	126 26 32	+3 12 22	8 38 44·95	+21 45 47·5	378 571·259	57 55·30	15·0275	02·5676
25	140 07 50	+4 06 25	9 35 36·89	+18 39 50·7	375 827·594	58 20·67	15·9237	03·4798
26	154 00 25	+4 46 51	10 30 45·41	+14 29 16·5	373 525·673	58 42·25	16·7871	04·3593
27	168 02 22	+5 10 44	11 24 11·68	+ 9 29 30·6	371 665·966	58 59·87	17·6248	05·2084
28	182 11 34	+5 16 06	12 16 26·09	+ 3 57 42·2	370 256·069	59 13·35	18·4510	06·0383
29	196 25 45	+5 02 14	13 08 17·14	− 1 48 17·7	369 330·908	59 22·25	19·2832	06·8652
30	210 42 24	+4 29 46	14 00 40·55	− 7 30 04·9	368 960·851	59 25·83	20·1385	07·7070
July 1	224 58 41	+3 40 40	14 54 28·71	−12 48 32·2	369 244·116	59 23·09	21·0301	08·5792
2	239 11 32	+2 38 10	15 50 18·69	−17 24 01·9	370 284·091	59 13·08	21·9623	09·4913

EPHEMERIS FOR PHYSICAL OBSERVATIONS
FOR 0^h TERRESTRIAL TIME

Julian Date	The Earth's Selenographic Long.	Lat.	The Sun's Selenographic Colong.	Lat.	Position Angle Axis	Bright Limb	Semi-diameter	Fraction Illum.
245	°	°	°	°	°	°	′ ″	
8986·5	+2·756	+6·725	203·79	−0·86	336·327	63·94	14 45·68	0·277
8987·5	+1·476	+6·743	216·02	−0·85	336·756	62·67	14 43·70	0·197
8988·5	+0·192	+6·472	228·25	−0·83	338·064	62·05	14 44·09	0·127
8989·5	−1·048	+5·922	240·49	−0·82	340·206	61·85	14 46·53	0·071
8990·5	−2·206	+5·109	252·73	−0·80	343·147	61·28	14 50·69	0·030
8991·5	−3·250	+4·058	264·98	−0·78	346·857	55·44	14 56·21	0·006
8992·5	−4·157	+2·808	277·22	−0·76	351·280	295·01	15 02·77	0·001
8993·5	−4·903	+1·407	289·47	−0·74	356·307	268·79	15 10·09	0·016
8994·5	−5·467	−0·084	301·71	−0·71	1·734	269·95	15 17·96	0·052
8995·5	−5·823	−1·594	313·95	−0·69	7·253	274·11	15 26·26	0·107
8996·5	−5·948	−3·047	326·19	−0·66	12·475	279·09	15 34·89	0·181
8997·5	−5·815	−4·362	338·42	−0·63	17·000	284·03	15 43·76	0·271
8998·5	−5·403	−5·458	350·65	−0·60	20·494	288·44	15 52·72	0·374
8999·5	−4·704	−6·259	2·87	−0·57	22·743	291·97	16 01·49	0·485
9000·5	−3·725	−6·697	15·08	−0·54	23·648	294·44	16 09·63	0·598
9001·5	−2·501	−6·727	27·28	−0·51	23·197	295·73	16 16·51	0·709
9002·5	−1·092	−6·327	39·48	−0·48	21·433	295·82	16 21·38	0·809
9003·5	+0·411	−5·510	51·68	−0·45	18·431	294·74	16 23·49	0·893
9004·5	+1·903	−4·331	63·87	−0·41	14·300	292·84	16 22·27	0·955
9005·5	+3·273	−2·875	76·06	−0·38	9·211	292·19	16 17·47	0·991
9006·5	+4·419	−1·254	88·24	−0·35	3·443	74·64	16 09·30	0·999
9007·5	+5·265	+0·415	100·43	−0·31	357·400	90·03	15 58·41	0·981
9008·5	+5·760	+2·020	112·62	−0·28	351·567	85·89	15 45·76	0·940
9009·5	+5·886	+3·474	124·81	−0·25	346·399	80·82	15 32·46	0·878
9010·5	+5·655	+4·708	137·01	−0·23	342·216	76·08	15 19·59	0·802
9011·5	+5·099	+5·681	149·22	−0·20	339·165	72·11	15 08·05	0·715
9012·5	+4·269	+6·368	161·43	−0·18	337·255	69·06	14 58·53	0·623
9013·5	+3·226	+6·758	173·64	−0·16	336·419	66·95	14 51·51	0·527
9014·5	+2·040	+6·851	185·86	−0·14	336·565	65·76	14 47·23	0·432
9015·5	+0·779	+6·650	198·09	−0·12	337·612	65·47	14 45·74	0·339
9016·5	−0·486	+6·165	210·33	−0·10	339·498	66·09	14 46·95	0·253
9017·5	−1·692	+5·412	222·57	−0·09	342·187	67·63	14 50·61	0·174
9018·5	−2·781	+4·412	234·81	−0·07	345·655	70·13	14 56·35	0·107
9019·5	−3·703	+3·198	247·06	−0·05	349·869	73·63	15 03·71	0·054
9020·5	−4·418	+1·812	259·31	−0·03	354·752	78·17	15 12·16	0·018
9021·5	−4·899	+0·312	271·56	0·00	0·138	84·85	15 21·16	0·001
9022·5	−5·129	−1·232	283·81	+0·02	5·741	267·87	15 30·18	0·006
9023·5	−5·101	−2·738	296·06	+0·05	11·163	274·19	15 38·77	0·034
9024·5	−4·823	−4·117	308·31	+0·07	15·965	279·91	15 46·63	0·084
9025·5	−4·311	−5·282	320·56	+0·10	19·767	284·87	15 53·54	0·156
9026·5	−3·593	−6·154	332·80	+0·13	22·322	288·82	15 59·41	0·245
9027·5	−2·704	−6·668	345·03	+0·16	23·527	291·58	16 04·21	0·349
9028·5	−1·686	−6·781	357·26	+0·19	23·387	293·06	16 07·89	0·461
9029·5	−0·587	−6·479	9·48	+0·23	21·969	293·21	16 10·31	0·577
9030·5	+0·542	−5·774	21·69	+0·26	19·359	291·99	16 11·28	0·688
9031·5	+1·646	−4·711	33·90	+0·30	15·656	289·38	16 10·54	0·789
9032·5	+2·674	−3·360	46·10	+0·33	10·987	285·31	16 07·81	0·875

MOON, 2020

FOR 0ʰ TERRESTRIAL TIME

Date 0ʰ TT	Apparent Longitude	Apparent Latitude	R.A.	Dec.	True Distance	Horiz. Parallax	Ephemeris Transit for date Upper	Lower
	o ′ ″	o ′ ″	h m s	o ′ ″	km	′ ″	h	h
July 1	224 58 41	+3 40 40	14 54 28·71	−12 48 32·2	369 244·116	59 23·09	21·0301	08·5792
2	239 11 32	+2 38 10	15 50 18·69	−17 24 01·9	370 284·091	59 13·08	21·9623	09·4913
3	253 17 38	+1 26 31	16 48 18·48	−20 57 40·4	372 156·846	58 55·20	22·9261	10·4414
4	267 13 37	+0 10 34	17 47 55·71	−23 13 53·3	374 877·624	58 29·54	23·8992	11·4133
5	280 56 26	−1 04 47	18 47 58·61	−24 03 42·7	378 376·069	57 57·09	. . .	12·3799
6	294 23 33	−2 15 00	19 46 55·74	−23 27 05·5	382 487·518	57 19·71	00·8518	13·3120
7	307 33 21	−3 16 25	20 43 26·86	−21 32 31·9	386 962·622	56 39·93	01·7584	14·1895
8	320 25 18	−4 06 21	21 36 46·39	−18 34 09·1	391 492·268	56 00·59	02·6052	15·0057
9	333 00 03	−4 43 07	22 26 48·47	−14 47 55·6	395 741·273	55 24·50	03·3919	15·7653
10	345 19 26	−5 05 56	23 13 57·95	−10 28 51·7	399 383·832	54 54·18	04·1275	16·4806
11	357 26 17	−5 14 37	23 58 57·91	− 5 49 43·9	402 135·317	54 31·64	04·8265	17·1673
12	9 24 15	−5 09 30	0 42 40·03	− 1 01 04·6	403 777·500	54 18·33	05·5052	17·8422
13	21 17 36	−4 51 08	1 25 59·04	+ 3 48 07·4	404 176·301	54 15·11	06·1807	18·5226
14	33 10 57	−4 20 18	2 09 49·99	+ 8 29 27·8	403 292·298	54 22·25	06·8701	19·2252
15	45 09 03	−3 37 59	2 55 06·20	+12 54 05·0	401 184·431	54 39·39	07·5897	19·9656
16	57 16 30	−2 45 28	3 42 36·08	+16 51 44·5	398 006·954	55 05·57	08·3541	20·7566
17	69 37 28	−1 44 22	4 32 57·10	+20 10 16·1	393 999·144	55 39·20	09·1736	21·6051
18	82 15 23	−0 36 55	5 26 26·02	+22 35 45·5	389 466·934	56 18·06	10·0504	22·5081
19	95 12 38	+0 34 00	6 22 48·12	+23 54 01·0	384 756·012	56 59·43	10·9756	23·4502
20	108 30 14	+1 44 48	7 21 12·13	+23 53 20·0	380 217·364	57 40·25	11·9283	. . .
21	122 07 37	+2 51 18	8 20 19·70	+22 27 52·5	376 168·724	58 17·49	12·8815	00·4064
22	136 02 31	+3 49 01	9 18 49·59	+19 39 59·7	372 858·307	58 48·55	13·8121	01·3507
23	150 11 15	+4 33 43	10 15 44·30	+15 40 09·8	370 438·950	59 11·60	14·7081	02·2646
24	164 29 10	+5 01 54	11 10 43·98	+10 44 42·9	368 959·807	59 25·84	15·5705	03·1431
25	178 51 15	+5 11 21	12 04 04·39	+ 5 12 56·2	368 378·367	59 31·47	16·4098	03·9921
26	193 12 48	+5 01 21	12 56 25·89	− 0 35 11·9	368 589·316	59 29·42	17·2418	04·8256
27	207 30 01	+4 32 45	13 48 40·88	− 6 20 10·1	369 461·459	59 21·00	18·0837	05·6605
28	221 40 08	+3 47 42	14 41 42·55	−11 43 10·3	370 872·011	59 07·45	18·9505	06·5132
29	235 41 26	+2 49 25	15 36 13·96	−16 26 07·9	372 729·405	58 49·77	19·8509	07·3963
30	249 32 53	+1 41 50	16 32 36·26	−20 12 06·0	374 980·120	58 28·58	20·7835	08·3137
31	263 13 55	+0 29 17	17 30 37·66	−22 46 34·6	377 599·887	58 04·24	21·7344	09·2579
Aug. 1	276 44 00	−0 43 51	18 29 29·57	−23 59 43·7	380 573·618	57 37·01	22·6800	10·2095
2	290 02 33	−1 53 25	19 27 56·86	−23 48 37·4	383 870·788	57 07·31	23·5949	11·1426
3	303 08 50	−2 55 45	20 24 41·44	−22 18 01·4	387 423·422	56 35·88	. . .	12·0346
4	316 02 12	−3 47 53	21 18 46·86	−19 39 01·0	391 112·481	56 03·85	00·4607	12·8727
5	328 42 15	−4 27 44	22 09 50·63	−16 06 10·2	394 765·731	55 32·72	01·2707	13·6555
6	341 09 08	−4 54 01	22 58 02·08	−11 54 40·2	398 167·114	55 04·24	02·0284	14·3907
7	353 23 45	−5 06 17	23 43 52·70	− 7 18 27·4	401 075·157	54 40·28	02·7442	15·0908
8	5 27 50	−5 04 39	0 28 06·46	− 2 29 30·7	403 246·718	54 22·62	03·4324	15·7710
9	17 24 04	−4 49 44	1 11 33·11	+ 2 21 59·5	404 462·382	54 12·81	04·1086	16·4472
10	29 15 59	−4 22 25	1 55 04·46	+ 7 07 03·8	404 550·648	54 12·10	04·7889	17·1356
11	41 07 50	−3 43 50	2 39 32·31	+11 37 02·1	403 409·041	54 21·31	05·4893	17·8519
12	53 04 23	−2 55 15	3 25 46·13	+15 42 39·4	401 021·033	54 40·73	06·2251	18·6105
13	65 10 43	−1 58 14	4 14 28·93	+19 13 19·5	397 467·784	55 10·06	07·0092	19·4221
14	77 31 54	−0 54 38	5 06 09·98	+21 56 44·2	392 933·413	55 48·26	07·8493	20·2906
15	90 12 33	+0 13 11	6 00 54·77	+23 39 22·9	387 701·710	56 33·45	08·7446	21·2095
16	103 16 21	+1 22 13	6 58 16·06	+24 08 18·7	382 141·595	57 22·82	09·6827	22·1611

EPHEMERIS FOR PHYSICAL OBSERVATIONS
FOR 0ʰ TERRESTRIAL TIME

Julian Date	The Earth's Selenographic Long.	Lat.	The Sun's Selenographic Colong.	Lat.	Position Angle Axis	Bright Limb	Semi-diameter	Fraction Illum.
	°	°	°	°	°	°	′ ″	
245								
9031·5	+1·646	−4·711	33·90	+0·30	15·656	289·38	16 10·54	0·789
9032·5	+2·674	−3·360	46·10	+0·33	10·987	285·31	16 07·81	0·875
9033·5	+3·572	−1·814	58·30	+0·37	5·553	279·72	16 02·94	0·941
9034·5	+4·293	−0·175	70·49	+0·40	359·668	271·85	15 55·95	0·982
9035·5	+4·793	+1·449	82·69	+0·44	353·764	241·92	15 47·12	0·999
9036·5	+5·039	+2·962	94·88	+0·47	348·311	92·24	15 36·93	0·992
9037·5	+5·011	+4·284	107·07	+0·50	343·708	82·85	15 26·10	0·962
9038·5	+4·701	+5·359	119·27	+0·53	340·196	77·16	15 15·38	0·913
9039·5	+4·120	+6·150	131·47	+0·55	337·851	73·08	15 05·56	0·848
9040·5	+3·294	+6·638	143·67	+0·58	336·634	70·25	14 57·30	0·771
9041·5	+2·265	+6·821	155·88	+0·60	336·454	68·54	14 51·16	0·685
9042·5	+1·087	+6·704	168·10	+0·61	337·210	67·87	14 47·53	0·594
9043·5	−0·172	+6·301	180·32	+0·63	338·822	68·18	14 46·66	0·499
9044·5	−1·442	+5·629	192·54	+0·65	341·235	69·48	14 48·60	0·405
9045·5	−2·645	+4·710	204·77	+0·66	344·419	71·80	14 53·27	0·313
9046·5	−3·707	+3·571	217·01	+0·68	348·352	75·20	15 00·40	0·226
9047·5	−4·557	+2·248	229·25	+0·69	352·987	79·79	15 09·56	0·149
9048·5	−5·134	+0·789	241·50	+0·71	358·211	85·75	15 20·14	0·084
9049·5	−5·392	−0·743	253·75	+0·73	3·796	93·70	15 31·41	0·035
9050·5	−5·308	−2·271	266·00	+0·75	9·379	108·54	15 42·53	0·007
9051·5	−4·883	−3·704	278·25	+0·77	14·506	243·47	15 52·67	0·002
9052·5	−4·149	−4·948	290·50	+0·79	18·727	274·94	16 01·13	0·021
9053·5	−3·165	−5·908	302·75	+0·81	21·715	283·03	16 07·41	0·067
9054·5	−2·012	−6·510	315·00	+0·83	23·309	287·57	16 11·29	0·136
9055·5	−0·780	−6·706	327·24	+0·86	23·497	290·09	16 12·82	0·225
9056·5	+0·443	−6·479	339·47	+0·88	22·360	290·93	16 12·26	0·329
9057·5	+1·583	−5·850	351·70	+0·91	20·015	290·24	16 09·97	0·441
9058·5	+2·587	−4·866	3·92	+0·94	16·586	288·08	16 06·28	0·556
9059·5	+3·426	−3·597	16·14	+0·97	12·207	284·51	16 01·46	0·667
9060·5	+4·083	−2·130	28·34	+1·00	7·054	279·59	15 55·69	0·768
9061·5	+4·557	−0·557	40·54	+1·03	1·386	273·40	15 49·06	0·854
9062·5	+4·845	+1·026	52·74	+1·06	355·566	265·93	15 41·65	0·922
9063·5	+4·947	+2·530	64·93	+1·09	350·025	256·29	15 33·56	0·969
9064·5	+4·857	+3·877	77·12	+1·12	345·173	236·37	15 25·00	0·995
9065·5	+4·567	+5·001	89·31	+1·14	341·306	116·09	15 16·27	0·998
9066·5	+4·070	+5·859	101·50	+1·17	338·569	84·79	15 07·79	0·980
9067·5	+3·366	+6·421	113·69	+1·19	336·973	76·83	15 00·04	0·944
9068·5	+2·465	+6·679	125·89	+1·20	336·451	72·92	14 53·51	0·891
9069·5	+1·389	+6·636	138·08	+1·22	336·905	70·97	14 48·70	0·824
9070·5	+0·179	+6·303	150·28	+1·23	338·239	70·40	14 46·03	0·746
9071·5	−1·113	+5·702	162·49	+1·24	340·382	71·00	14 45·84	0·660
9072·5	−2·418	+4·858	174·70	+1·25	343·288	72·69	14 48·34	0·568
9073·5	−3·659	+3·798	186·92	+1·25	346·929	75·46	14 53·63	0·472
9074·5	−4·749	+2·556	199·14	+1·26	351·261	79·31	15 01·62	0·376
9075·5	−5·602	+1·173	211·37	+1·27	356·218	84·25	15 12·03	0·283
9076·5	−6·135	−0·300	223·60	+1·27	1·634	90·26	15 24·33	0·196
9077·5	−6·282	−1·798	235·84	+1·28	7·222	97·36	15 37·78	0·119

MOON, 2020

FOR 0ʰ TERRESTRIAL TIME

Date 0ʰ TT	Apparent Longitude	Apparent Latitude	R.A.	Dec.	True Distance	Horiz. Parallax	Ephemeris Transit for date Upper	Lower
	° ′ ″	° ′ ″	h m s	° ′ ″	km	′ ″	h	h
Aug. 16	103 16 21	+1 22 13	6 58 16·06	+24 08 18·7	382 141·595	57 22·82	09·6827	22·1611
17	116 45 28	+2 28 45	7 57 13·87	+23 14 05·7	376 678·722	58 12·76	10·6413	23·1204
18	130 39 54	+3 28 27	8 56 30·43	+20 54 00·9	371 752·489	58 59·05	11·5954	...
19	144 57 03	+4 16 44	9 54 55·48	+17 13 53·4	367 761·891	59 37·45	12·5259	00·0643
20	159 31 44	+4 49 23	10 51 47·95	+12 27 35·5	365 009·496	60 04·43	13·4255	00·9795
21	174 16 44	+5 03 18	11 47 03·03	+ 6 54 42·0	363 657·561	60 17·83	14·2985	01·8647
22	189 03 53	+4 57 05	12 41 05·92	+ 0 57 36·7	363 710·066	60 17·31	15·1567	02·7285
23	203 45 31	+4 31 18	13 34 39·59	− 5 00 52·9	365 027·229	60 04·26	16·0153	03·5850
24	218 15 30	+3 48 20	14 28 32·02	−10 39 07·3	367 367·703	59 41·29	16·8886	04·4494
25	232 30 00	+2 51 49	15 23 24·43	−15 37 24·4	370 444·409	59 11·55	17·7863	05·3341
26	246 27 19	+1 46 03	16 19 39·87	−19 38 34·3	373 977·504	58 37·99	18·7094	06·2450
27	260 07 35	+0 35 26	17 17 13·39	−22 28 49·6	377 732·248	58 03·02	19·6487	07·1781
28	273 31 58	−0 35 44	18 15 28·05	−23 59 06·1	381 536·666	57 28·28	20·5854	08·1188
29	286 42 05	−1 43 38	19 13 22·27	−24 06 24·9	385 280·252	56 54·77	21·4975	09·0458
30	299 39 32	−2 44 55	20 09 48·28	−22 54 23·4	388 898·768	56 23·00	22·3674	09·9385
31	312 25 33	−3 36 50	21 03 53·18	−20 32 19·0	392 351·657	55 53·22	23·1862	10·7833
Sept. 1	325 00 58	−4 17 16	21 55 11·62	−17 13 03·4	395 598·420	55 25·70	23·9548	11·5764
2	337 26 20	−4 44 48	22 43 46·51	−13 10 46·1	398 579·190	55 00·83	...	12·3225
3	349 42 06	−4 58 42	23 30 02·13	− 8 39 12·6	401 203·034	54 39·24	00·6810	13·0318
4	1 48 58	−4 58 53	0 14 35·78	− 3 50 52·8	403 345·604	54 21·82	01·3767	13·7173
5	13 48 03	−4 45 47	0 58 11·34	+ 1 03 09·2	404 855·940	54 09·65	02·0555	14·3932
6	25 41 11	−4 20 18	1 41 35·37	+ 5 52 59·5	405 570·865	54 03·92	02·7322	15·0742
7	37 31 01	−3 43 40	2 25 34·78	+10 29 22·9	405 334·681	54 05·81	03·4211	15·7745
8	49 21 01	−2 57 19	3 10 54·97	+14 43 04·7	404 021·732	54 16·36	04·1363	16·5078
9	61 15 25	−2 02 55	3 58 16·88	+18 24 13·3	401 559·653	54 36·33	04·8905	17·2852
10	73 19 05	−1 02 18	4 48 11·95	+21 21 55·3	397 951·337	55 06·04	05·6928	18·1134
11	85 37 18	+0 02 26	5 40 54·80	+23 24 17·8	393 293·655	55 45·19	06·5467	18·9918
12	98 15 19	+1 08 42	6 36 15·39	+24 19 21·8	387 790·373	56 32·67	07·4470	19·9104
13	111 17 52	+2 13 28	7 33 35·73	+23 56 53·4	381 755·717	57 26·30	08·3793	20·8512
14	124 48 25	+3 13 02	8 31 56·59	+22 10 56·3	375 603·866	58 22·76	09·3234	21·7936
15	138 48 19	+4 03 12	9 30 14·90	+19 02 08·9	369 819·437	59 17·55	10·2602	22·7218
16	153 15 56	+4 39 35	10 27 44·06	+14 38 50·3	364 906·247	60 05·45	11·1782	23·6293
17	168 06 17	+4 58 16	11 24 06·33	+ 9 16 31·8	361 317·767	60 41·26	12·0761	...
18	183 11 08	+4 56 43	12 19 33·33	+ 3 16 18·5	359 382·109	61 00·88	12·9614	00·5196
19	198 20 19	+4 34 25	13 14 37·58	− 2 57 24·6	359 242·546	61 02·30	13·8465	01·4032
20	213 23 25	+3 53 09	14 10 00·39	− 8 59 13·8	360 834·519	60 46·14	14·7444	02·2932
21	228 11 42	+2 56 40	15 06 18·85	−14 24 57·6	363 908·364	60 15·34	15·6643	03·2013
22	242 39 17	+1 49 54	16 03 52·93	−18 53 31·4	368 089·221	59 34·27	16·6071	04·1331
23	256 43 23	+0 38 02	17 02 34·77	−22 08 38·8	372 952·674	58 47·66	17·5634	05·0845
24	270 23 58	−0 34 10	18 01 44·92	−24 00 21·3	378 093·623	57 59·69	18·5147	06·0411
25	283 42 49	−1 42 36	19 00 20·64	−24 25 54·7	383 174·047	57 13·55	19·4389	06·9814
26	296 42 45	−2 44 01	19 57 15·20	−23 29 36·1	387 945·694	56 31·31	20·3187	07·8851
27	309 26 51	−3 35 51	20 51 38·53	−21 21 08·9	392 251·031	55 54·08	21·1455	08·7388
28	321 58 02	−4 16 17	21 43 08·64	−18 13 21·4	396 008·905	55 22·25	21·9203	09·5390
29	334 18 43	−4 44 02	22 31 51·13	−14 19 55·6	399 191·656	54 55·76	22·6511	10·2906
30	346 30 47	−4 58 23	23 18 11·71	− 9 54 04·0	401 799·488	54 34·37	23·3495	11·0036
Oct. 1	358 35 42	−4 59 08	0 02 47·81	− 5 07 54·9	403 836·677	54 17·85	...	11·6908

EPHEMERIS FOR PHYSICAL OBSERVATIONS
FOR 0^h TERRESTRIAL TIME

Julian Date	The Earth's Selenographic Long.	Lat.	The Sun's Selenographic Colong.	Lat.	Position Angle Axis	Bright Limb	Semi-diameter	Fraction Illum.
245	°	°	°	°	°	°	′ ″	
9077.5	− 6·282	− 1·798	235·84	+ 1·28	7·222	97·36	15 37·78	0·119
9078.5	− 5·998	− 3·240	248·08	+ 1·29	12·570	105·93	15 51·38	0·058
9079.5	− 5·277	− 4·533	260·32	+ 1·30	17·212	118·98	16 03·99	0·018
9080.5	− 4·158	− 5·576	272·57	+ 1·31	20·736	180·27	16 14·45	0·002
9081.5	− 2·729	− 6·279	284·81	+ 1·32	22·876	271·00	16 21·80	0·013
9082.5	− 1·116	− 6·573	297·05	+ 1·33	23·543	283·20	16 25·45	0·052
9083.5	+ 0·534	− 6·428	309·29	+ 1·35	22·781	287·20	16 25·31	0·117
9084.5	+ 2·084	− 5·858	321·53	+ 1·36	20·714	288·09	16 21·75	0·204
9085.5	+ 3·422	− 4·915	333·76	+ 1·38	17·491	286·91	16 15·50	0·306
9086.5	+ 4·483	− 3·679	345·98	+ 1·39	13·277	284·07	16 07·39	0·417
9087.5	+ 5·240	− 2·244	358·19	+ 1·41	8·265	279·81	15 58·25	0·529
9088.5	+ 5·702	− 0·706	10·40	+ 1·43	2·709	274·40	15 48·73	0·638
9089.5	+ 5·896	+ 0·843	22·60	+ 1·45	356·948	268·14	15 39·27	0·739
9090.5	+ 5·858	+ 2·319	34·79	+ 1·47	351·381	261·33	15 30·14	0·826
9091.5	+ 5·619	+ 3·650	46·98	+ 1·49	346·400	254·08	15 21·49	0·897
9092.5	+ 5·204	+ 4·777	59·16	+ 1·51	342·310	245·86	15 13·38	0·950
9093.5	+ 4·627	+ 5·654	71·34	+ 1·52	339·286	233·36	15 05·88	0·984
9094.5	+ 3·895	+ 6·250	83·52	+ 1·53	337·377	186·11	14 59·11	0·998
9095.5	+ 3·011	+ 6·549	95·70	+ 1·54	336·547	96·11	14 53·23	0·992
9096.5	+ 1·981	+ 6·548	107·88	+ 1·55	336·713	80·01	14 48·48	0·969
9097.5	+ 0·819	+ 6·258	120·06	+ 1·56	337·784	75·17	14 45·17	0·928
9098.5	− 0·452	+ 5·698	132·25	+ 1·56	339·681	73·71	14 43·61	0·872
9099.5	− 1·789	+ 4·896	144·44	+ 1·56	342·343	74·12	14 44·12	0·803
9100.5	− 3·137	+ 3·883	156·63	+ 1·55	345·728	75·93	14 47·00	0·724
9101.5	− 4·424	+ 2·696	168·82	+ 1·55	349·794	78·94	14 52·43	0·635
9102.5	− 5·567	+ 1·374	181·02	+ 1·54	354·477	83·04	15 00·53	0·540
9103.5	− 6·473	− 0·036	193·23	+ 1·54	359·653	88·11	15 11·19	0·441
9104.5	− 7·049	− 1·479	205·44	+ 1·53	5·099	93·98	15 24·12	0·342
9105.5	− 7·210	− 2·890	217·66	+ 1·53	10·482	100·41	15 38·73	0·246
9106.5	− 6·892	− 4·188	229·88	+ 1·52	15·380	107·21	15 54·11	0·159
9107.5	− 6·067	− 5·281	242·11	+ 1·52	19·369	114·48	16 09·03	0·086
9108.5	− 4·760	− 6·074	254·34	+ 1·51	22·109	123·91	16 22·08	0·033
9109.5	− 3·061	− 6·481	266·57	+ 1·51	23·405	150·66	16 31·83	0·005
9110.5	− 1·115	− 6·447	278·80	+ 1·51	23·210	260·74	16 37·17	0·006
9111.5	+ 0·898	− 5·959	291·03	+ 1·51	21·591	280·95	16 37·56	0·037
9112.5	+ 2·793	− 5·058	303·26	+ 1·51	18·680	284·30	16 33·16	0·096
9113.5	+ 4·420	− 3·826	315·48	+ 1·51	14·649	283·40	16 24·77	0·178
9114.5	+ 5·683	− 2·370	327·70	+ 1·51	9·710	280·21	16 13·58	0·276
9115.5	+ 6·543	− 0·804	339·91	+ 1·51	4·143	275·51	16 00·89	0·383
9116.5	+ 7·007	+ 0·769	352·11	+ 1·52	358·307	269·84	15 47·82	0·492
9117.5	+ 7·113	+ 2·260	4·31	+ 1·52	352·617	263·71	15 35·26	0·599
9118.5	+ 6·914	+ 3·599	16·49	+ 1·53	347·474	257·58	15 23·75	0·699
9119.5	+ 6·466	+ 4·730	28·68	+ 1·53	343·188	251·73	15 13·61	0·788
9120.5	+ 5·817	+ 5·614	40·85	+ 1·54	339·939	246·23	15 04·94	0·863
9121.5	+ 5·006	+ 6·221	53·03	+ 1·54	337·786	240·76	14 57·73	0·923
9122.5	+ 4·060	+ 6·537	65·19	+ 1·54	336·702	234·01	14 51·90	0·966
9123.5	+ 2·997	+ 6·556	77·36	+ 1·54	336·618	219·47	14 47·40	0·991

MOON, 2020

FOR 0ʰ TERRESTRIAL TIME

Date 0ʰ TT	Apparent Longitude	Apparent Latitude	Apparent R.A.	Apparent Dec.	True Distance	Horiz. Parallax	Ephemeris Transit for date Upper	Ephemeris Transit for date Lower
	° ′ ″	° ′ ″	h m s	° ′ ″	km	′ ″	h	h
Oct. 1	358 35 42	− 4 59 08	0 02 47·81	− 5 07 54·9	403 836·677	54 17·85	...	11·6908
2	10 34 38	− 4 46 36	0 46 22·27	− 0 12 31·7	405 293·052	54 06·14	00·0290	12·3659
3	22 28 47	− 4 21 34	1 29 39·57	+ 4 41 51·3	406 133·004	53 59·43	00·7032	13·0427
4	34 19 34	− 3 45 15	2 13 23·62	+ 9 25 25·3	406 293·150	53 58·15	01·3859	13·7345
5	46 08 54	− 2 59 09	2 58 15·97	+13 48 23·2	405 688·611	54 02·98	02·0899	14·4536
6	57 59 23	− 2 05 07	3 44 53·32	+17 40 38·8	404 226·931	54 14·71	02·8267	15·2102
7	69 54 17	− 1 05 07	4 33 43·53	+20 51 35·1	401 827·932	54 34·14	03·6047	16·0106
8	81 57 39	− 0 01 23	5 25 00·06	+23 10 12·0	398 447·407	55 01·92	04·4277	16·8553
9	94 14 06	+ 1 03 38	6 18 36·36	+24 25 45·4	394 102·262	55 38·33	05·2925	17·7376
10	106 48 35	+ 2 07 13	7 14 03·56	+24 29 00·7	388 894·318	56 23·04	06·1888	18·6440
11	119 45 58	+ 3 06 15	8 10 35·43	+23 13 51·9	383 029·183	57 14·85	07·1011	19·5581
12	133 10 22	+ 3 57 12	9 07 21·25	+20 38 54·6	376 825·330	58 11·40	08·0135	20·4662
13	147 04 18	+ 4 36 11	10 03 41·76	+16 48 23·7	370 707·075	59 09·03	08·9156	21·3617
14	161 27 47	+ 4 59 23	10 59 20·62	+11 52 28·2	365 174·821	60 02·80	09·8050	22·2465
15	176 17 26	+ 5 03 31	11 54 27·29	+ 6 06 55·7	360 748·649	60 47·01	10·6876	23·1299
16	191 26 17	+ 4 46 46	12 49 32·06	− 0 07 24·3	357 889·184	61 16·15	11·5752	...
17	206 44 24	+ 4 09 27	13 45 16·44	− 6 25 44·5	356 911·648	61 26·22	12·4814	00·0252
18	222 00 32	+ 3 14 20	14 42 20·55	−12 21 08·8	357 919·178	61 15·84	13·4171	00·9451
19	237 04 05	+ 2 06 12	15 41 08·35	−17 27 12·7	360 780·412	60 46·69	14·3853	01·8974
20	251 46 51	+ 0 50 56	16 41 32·86	−21 21 22·7	365 160·645	60 02·94	15·3766	02·8792
21	266 03 59	− 0 25 36	17 42 48·04	−23 48 17·5	370 593·933	59 10·11	16·3689	03·8743
22	279 53 52	− 1 38 19	18 43 36·47	−24 42 06·7	376 569·767	58 13·77	17·3344	04·8566
23	293 17 31	− 2 43 21	19 42 33·68	−24 06 36·6	382 609·178	57 18·62	18·2500	05·7995
24	306 17 40	− 3 37 57	20 38 36·14	−22 12 48·5	388 316·199	56 28·07	19·1042	06·6850
25	318 57 57	− 4 20 21	21 31 16·55	−19 15 21·7	393 402·389	55 44·27	19·8973	07·5079
26	331 22 18	− 4 49 31	22 20 42·23	−15 29 24·3	397 689·182	55 08·22	20·6385	08·2736
27	343 34 25	− 5 04 58	23 07 24·19	−11 08 47·3	401 095·031	54 40·12	21·3412	08·9937
28	355 37 36	− 5 06 38	23 52 05·88	− 6 25 37·2	403 613·697	54 19·65	22·0204	09·6827
29	7 34 38	− 4 54 51	0 35 35·36	− 1 30 34·0	405 288·672	54 06·18	22·6912	10·3559
30	19 27 47	− 4 30 20	1 18 41·01	+ 3 26 32·3	406 187·459	53 59·00	23·3681	11·0280
31	31 18 56	− 3 54 09	2 02 09·24	+ 8 16 04·4	406 378·688	53 57·47	...	11·7131
Nov. 1	43 09 47	− 3 07 48	2 46 42·82	+12 48 07·2	405 914·497	54 01·17	00·0644	12·4236
2	55 02 00	− 2 13 05	3 32 58·37	+16 52 09·5	404 820·155	54 09·94	00·7917	13·1697
3	66 57 31	− 1 12 08	4 21 22·38	+20 17 03·0	403 092·162	54 23·87	01·5583	13·9576
4	78 58 36	− 0 07 22	5 12 05·76	+22 51 25·1	400 705·245	54 43·31	02·3675	14·7873
5	91 08 02	+ 0 58 36	6 04 58·82	+24 24 31·6	397 627·586	55 08·73	03·2158	15·6516
6	103 29 07	+ 2 03 00	6 59 29·94	+24 47 36·1	393 842·667	55 40·53	04·0927	16·5370
7	116 05 31	+ 3 02 51	7 54 51·71	+23 55 16·0	389 375·158	56 18·86	04·9825	17·4273
8	129 01 05	+ 3 55 01	8 50 14·33	+21 46 32·7	384 317·382	57 03·33	05·8698	18·3089
9	142 19 22	+ 4 36 13	9 45 00·97	+18 25 07·3	378 851·787	57 52·72	06·7442	19·1756
10	156 03 00	+ 5 03 10	10 38 58·31	+13 58 59·4	373 263·592	58 44·72	07·6038	20·0297
11	170 12 56	+ 5 12 50	11 32 18·87	+ 8 40 00·4	367 936·568	59 35·75	08·4547	20·8808
12	184 47 43	+ 5 02 56	12 25 36·84	+ 2 43 47·6	363 325·078	60 21·14	09·3098	21·7439
13	199 42 51	+ 4 32 37	13 19 40·26	− 3 30 03·6	359 898·952	60 55·62	10·1852	22·6356
14	214 51 02	+ 3 42 58	14 15 20·71	− 9 37 59·4	358 066·087	61 14·33	11·0967	23·5697
15	230 02 47	+ 2 37 22	15 13 19·49	−15 13 25·9	358 089·580	61 14·09	12·0546	...
16	245 08 02	+ 1 21 05	16 13 49·75	−19 49 25·6	360 025·173	60 54·34	13·0568	00·5510

EPHEMERIS FOR PHYSICAL OBSERVATIONS
FOR 0ʰ TERRESTRIAL TIME

Julian Date	The Earth's Selenographic Long.	Lat.	The Sun's Selenographic Colong.	Lat.	Position Angle Axis	Bright Limb	Semi-diameter	Fraction Illum.
245	°	°	°	°	°	°	′ ″	
9123·5	+2·997	+6·556	77·36	+1·54	336·618	219·47	14 47·40	0·991
9124·5	+1·832	+6·285	89·52	+1·53	337·450	141·50	14 44·21	0·998
9125·5	+0·579	+5·742	101·69	+1·52	339·123	87·67	14 42·38	0·987
9126·5	−0·742	+4·953	113·85	+1·51	341·574	79·28	14 42·04	0·959
9127·5	−2·099	+3·952	126·02	+1·50	344·756	77·94	14 43·35	0·915
9128·5	−3·451	+2·777	138·19	+1·48	348·620	79·31	14 46·55	0·855
9129·5	−4·739	+1·473	150·36	+1·47	353·101	82·33	14 51·84	0·782
9130·5	−5·893	+0·088	162·54	+1·45	358·082	86·54	14 59·41	0·698
9131·5	−6·829	−1·327	174·72	+1·43	3·372	91·62	15 09·32	0·605
9132·5	−7·459	−2·711	186·91	+1·41	8·684	97·25	15 21·50	0·504
9133·5	−7·696	−3·998	199·10	+1·39	13·658	103·05	15 35·61	0·401
9134·5	−7·468	−5·111	211·30	+1·37	17·909	108·67	15 51·01	0·298
9135·5	−6·729	−5·966	223·51	+1·35	21·099	113·87	16 06·71	0·201
9136·5	−5·482	−6·478	235·71	+1·34	22·986	118·66	16 21·35	0·117
9137·5	−3·789	−6·576	247·93	+1·32	23·447	123·86	16 33·39	0·052
9138·5	−1·779	−6·219	260·14	+1·30	22·462	134·96	16 41·33	0·012
9139·5	+0·373	−5·415	272·36	+1·29	20·092	233·64	16 44·07	0·002
9140·5	+2·471	−4·222	284·58	+1·27	16·452	277·10	16 41·25	0·023
9141·5	+4·337	−2·746	296·79	+1·26	11·723	279·61	16 33·31	0·072
9142·5	+5·842	−1·115	309·00	+1·24	6·174	276·82	16 21·39	0·145
9143·5	+6·913	+0·545	321·20	+1·23	0·185	271·98	16 07·00	0·236
9144·5	+7·534	+2·125	333·40	+1·22	354·228	266·25	15 51·66	0·337
9145·5	+7·728	+3·539	345·59	+1·21	348·768	260·40	15 36·64	0·443
9146·5	+7·545	+4·729	357·77	+1·20	344·169	254·93	15 22·87	0·547
9147·5	+7·047	+5·656	9·95	+1·19	340·633	250·15	15 10·94	0·646
9148·5	+6·296	+6·296	22·12	+1·18	338·222	246·16	15 01·12	0·738
9149·5	+5·351	+6·638	34·28	+1·17	336·899	242·93	14 53·47	0·818
9150·5	+4·260	+6·681	46·44	+1·16	336·586	240·29	14 47·89	0·885
9151·5	+3·064	+6·432	58·60	+1·15	337·198	237·79	14 44·22	0·938
9152·5	+1·796	+5·906	70·75	+1·13	338·659	233·99	14 42·27	0·975
9153·5	+0·483	+5·127	82·90	+1·11	340·910	219·85	14 41·85	0·995
9154·5	−0·849	+4·127	95·05	+1·09	343·908	109·71	14 42·86	0·998
9155·5	−2·171	+2·945	107·19	+1·07	347·608	84·43	14 45·25	0·983
9156·5	−3·449	+1·628	119·34	+1·04	351·948	82·92	14 49·04	0·950
9157·5	−4·641	+0·228	131·50	+1·01	356·817	85·43	14 54·34	0·900
9158·5	−5·695	−1·200	143·65	+0·99	2·028	89·62	15 01·26	0·835
9159·5	−6·550	−2·595	155·81	+0·96	7·308	94·65	15 09·92	0·755
9160·5	−7·140	−3·894	167·97	+0·93	12·319	99·99	15 20·36	0·663
9161·5	−7·395	−5·028	180·14	+0·90	16·702	105·16	15 32·47	0·562
9162·5	−7·255	−5·926	192·31	+0·87	20·147	109·80	15 45·93	0·455
9163·5	−6·676	−6·517	204·49	+0·84	22·425	113·64	16 00·09	0·347
9164·5	−5·648	−6·735	216·68	+0·81	23·405	116·50	16 13·99	0·243
9165·5	−4·205	−6·529	228·87	+0·78	23·032	118·36	16 26·35	0·150
9166·5	−2·430	−5·880	241·07	+0·76	21·310	119·44	16 35·74	0·075
9167·5	−0·457	−4·813	253·27	+0·73	18·282	121·15	16 40·84	0·024
9168·5	+1·554	−3·400	265·47	+0·70	14·044	146·20	16 40·77	0·001
9169·5	+3·437	−1·756	277·67	+0·68	8·774	273·35	16 35·39	0·009

MOON, 2020

FOR 0ʰ TERRESTRIAL TIME

Date 0ʰ TT	Apparent Longitude	Apparent Latitude	Apparent R.A.	Apparent Dec.	True Distance	Horiz. Parallax	Ephemeris Transit for date Upper	Lower
	° ′ ″	° ′ ″	h m s	° ′ ″	km	′ ″	h	h
Nov. 16	245 08 02	+1 21 05	16 13 49·75	−19 49 25·6	360 025·173	60 54·34	13·0568	00·5510
17	259 57 39	+0 00 26	17 16 19·07	−23 02 59·7	363 702·379	60 17·39	14·0840	01·5691
18	274 24 50	−1 18 21	18 19 25·66	−24 40 06·5	368 756·680	59 27·80	15·1029	02·5968
19	288 25 42	−2 30 05	19 21 19·87	−24 38 49·5	374 699·722	58 31·21	16·0787	03·5980
20	301 59 12	−3 31 00	20 20 23·67	−23 08 27·2	381 002·567	57 33·12	16·9882	04·5425
21	315 06 38	−4 18 45	21 15 41·68	−20 25 12·1	387 169·027	56 38·11	17·8250	05·4154
22	327 50 57	−4 52 12	22 07 07·13	−16 47 06·8	392 786·546	55 49·51	18·5964	06·2181
23	340 16 04	−5 11 01	22 55 09·05	−12 30 40·0	397 552·646	55 09·35	19·3170	06·9620
24	352 26 19	−5 15 23	23 40 35·60	−7 49 34·8	401 281·131	54 38·60	20·0038	07·6635
25	4 26 00	−5 05 51	0 24 21·96	−2 55 03·2	403 893·993	54 17·39	20·6745	08·3401
26	16 19 10	−4 43 15	1 07 23·82	+2 03 20·7	405 404·263	54 05·25	21·3456	09·0090
27	28 09 26	−4 08 37	1 50 34·50	+6 56 39·2	405 893·684	54 01·34	22·0327	09·6863
28	39 59 55	−3 23 19	2 34 43·21	+11 35 38·6	405 487·984	54 04·58	22·7493	10·3866
29	51 53 13	−2 29 00	3 20 32·74	+15 50 10·6	404 332·023	54 13·86	23·5061	11·1222
30	63 51 30	−1 27 43	4 08 35·34	+19 28 58·6	402 567·070	54 28·13	…	11·9013
Dec. 1	75 56 35	−0 21 53	4 59 06·48	+22 19 56·5	400 312·618	54 46·53	00·3081	12·7257
2	88 10 06	+0 45 46	5 51 58·10	+24 11 12·4	397 655·146	55 08·50	01·1532	13·5887
3	100 33 37	+1 52 13	6 46 35·74	+24 52 51·9	394 645·776	55 33·73	02·0302	14·4753
4	113 08 47	+2 54 18	7 42 04·21	+24 18 53·6	391 307·766	56 02·17	02·9214	15·3662
5	125 57 19	+3 48 49	8 37 23·09	+22 28 27·9	387 653·264	56 33·87	03·8076	16·2441
6	139 01 02	+4 32 38	9 31 45·46	+19 26 01·2	383 707·054	57 08·78	04·6747	17·0993
7	152 21 41	+5 02 49	10 24 51·00	+15 20 15·3	379 533·326	57 46·49	05·5181	17·9320
8	166 00 39	+5 16 50	11 16 48·95	+10 22 48·8	375 260·049	58 25·96	06·3425	18·7512
9	179 58 32	+5 12 45	12 08 13·35	+4 47 28·0	371 094·406	59 05·32	07·1603	19·5721
10	194 14 42	+4 49 35	12 59 55·26	−1 09 53·9	367 322·366	59 41·73	07·9889	20·4131
11	208 46 54	+4 07 39	13 52 54·04	−7 10 43·9	364 286·626	60 11·59	08·8472	21·2932
12	223 30 55	+3 08 55	14 48 06·88	−12 53 18·1	362 341·101	60 30·98	09·7525	22·2262
13	238 20 50	+1 57 10	15 46 13·82	−17 53 06·6	361 787·456	60 36·54	10·7141	23·2149
14	253 09 28	+0 37 38	16 47 17·78	−21 45 12·1	362 808·132	60 26·30	11·7261	…
15	267 49 17	−0 43 38	17 50 27·00	−24 08 45·5	365 416·104	60 00·42	12·7630	00·2437
16	282 13 27	−2 00 39	18 53 57·26	−24 52 37·6	369 438·806	59 21·21	13·7856	01·2787
17	296 16 45	−3 08 25	19 55 44·54	−23 58 33·8	374 541·758	58 32·69	14·7566	02·2794
18	309 56 01	−4 03 21	20 54 11·15	−21 39 38·9	380 282·776	57 39·65	15·6548	03·2154
19	323 10 25	−4 43 27	21 48 33·29	−18 14 57·8	386 178·878	56 46·83	16·4775	04·0751
20	336 01 07	−5 07 57	22 38 58·57	−14 04 07·6	391 768·551	55 58·22	17·2357	04·8637
21	348 30 54	−5 17 03	23 26 07·68	−9 24 06·1	396 658·833	55 16·81	17·9461	05·5957
22	0 43 38	−5 11 30	0 10 56·63	−4 28 23·8	400 554·185	54 44·55	18·6278	06·2894
23	12 43 52	−4 52 22	0 54 25·66	+0 32 19·2	403 269·048	54 22·44	19·2992	06·9637
24	24 36 23	−4 20 53	1 37 34·05	+5 29 03·6	404 727·844	54 10·68	19·9782	07·6367
25	36 25 54	−3 38 27	2 21 17·83	+10 13 19·2	404 955·907	54 08·85	20·6808	08·3256
26	48 16 50	−2 46 37	3 06 27·85	+14 36 02·0	404 063·926	54 16·02	21·4208	09·0454
27	60 13 07	−1 47 11	3 53 46·40	+18 26 51·6	402 227·557	54 30·89	22·2078	09·8081
28	72 18 04	−0 42 20	4 43 40·94	+21 34 00·4	399 663·477	54 51·87	23·0442	10·6200
29	84 34 12	+0 25 23	5 36 15·86	+23 44 53·1	396 603·400	55 17·27	23·9225	11·4790
30	97 03 18	+1 32 58	6 31 05·47	+24 47 46·3	393 268·328	55 45·41	…	12·3724
31	109 46 19	+2 37 07	7 27 14·98	+24 34 14·7	389 846·196	56 14·78	00·8257	13·2795
32	122 43 29	+3 34 19	8 23 33·98	+23 01 27·5	386 476·620	56 44·20	01·7310	14·1779

EPHEMERIS FOR PHYSICAL OBSERVATIONS
FOR 0ʰ TERRESTRIAL TIME

Julian Date	The Earth's Selenographic Long.	Lat.	The Sun's Selenographic Colong.	Lat.	Position Angle Axis	Bright Limb	Semi-diameter	Fraction Illum.
245	°	°	°	°	°	°	′ ″	
9169·5	+ 3·437	− 1·756	277·67	+ 0·68	8·774	273·35	16 35·39	0·009
9170·5	+ 5·049	− 0·016	289·87	+ 0·65	2·796	274·31	16 25·33	0·047
9171·5	+ 6·287	+ 1·685	302·07	+ 0·63	356·586	269·72	16 11·82	0·108
9172·5	+ 7·097	+ 3·235	314·26	+ 0·60	350·695	264·05	15 56·41	0·189
9173·5	+ 7·465	+ 4·553	326·45	+ 0·58	345·605	258·48	15 40·59	0·281
9174·5	+ 7·417	+ 5·589	338·63	+ 0·56	341·613	253·58	15 25·61	0·380
9175·5	+ 6·998	+ 6·316	350·80	+ 0·54	338·818	249·60	15 12·37	0·481
9176·5	+ 6·269	+ 6·727	2·97	+ 0·52	337·183	246·62	15 01·43	0·580
9177·5	+ 5·296	+ 6·826	15·13	+ 0·50	336·610	244·61	14 53·05	0·674
9178·5	+ 4·146	+ 6·624	27·28	+ 0·48	336·989	243·52	14 47·28	0·759
9179·5	+ 2·880	+ 6·139	39·43	+ 0·46	338·231	243·29	14 43·97	0·835
9180·5	+ 1·555	+ 5·394	51·58	+ 0·44	340·271	243·84	14 42·91	0·899
9181·5	+ 0·220	+ 4·418	63·72	+ 0·41	343·067	245·03	14 43·79	0·948
9182·5	− 1·082	+ 3·248	75·85	+ 0·38	346·585	246·23	14 46·32	0·982
9183·5	− 2·313	+ 1·928	87·99	+ 0·36	350·778	240·84	14 50·20	0·998
9184·5	− 3·438	+ 0·510	100·13	+ 0·33	355·555	87·11	14 55·21	0·997
9185·5	− 4·426	− 0·948	112·26	+ 0·29	0·741	86·84	15 01·20	0·976
9186·5	− 5·242	− 2·380	124·40	+ 0·26	6·069	91·28	15 08·07	0·936
9187·5	− 5·855	− 3·720	136·54	+ 0·23	11·188	96·53	15 15·82	0·878
9188·5	− 6·230	− 4·896	148·68	+ 0·19	15·731	101·73	15 24·45	0·803
9189·5	− 6·336	− 5·843	160·83	+ 0·16	19·380	106·42	15 33·96	0·714
9190·5	− 6·143	− 6·496	172·98	+ 0·13	21·916	110·27	15 44·23	0·613
9191·5	− 5·634	− 6·800	185·14	+ 0·10	23·224	113·07	15 54·98	0·504
9192·5	− 4·806	− 6·712	197·31	+ 0·06	23·269	114·69	16 05·70	0·392
9193·5	− 3·679	− 6·213	209·48	+ 0·03	22·056	115·02	16 15·62	0·284
9194·5	− 2·300	− 5·308	221·66	0·00	19·613	113·95	16 23·75	0·184
9195·5	− 0·743	− 4·041	233·84	− 0·03	15·981	111·40	16 29·03	0·101
9196·5	+ 0·891	− 2·495	246·03	− 0·06	11·248	107·24	16 30·54	0·040
9197·5	+ 2·489	− 0·782	258·22	− 0·09	5·612	100·96	16 27·76	0·007
9198·5	+ 3·936	+ 0·968	270·41	− 0·12	359·440	280·41	16 20·71	0·001
9199·5	+ 5·128	+ 2·626	282·60	− 0·15	353·267	270·93	16 10·03	0·024
9200·5	‡ 5·987	+ 4·085	294·79	− 0·18	347·668	264·14	15 56·81	0·071
9201·5	+ 6·463	+ 5·268	306·98	− 0·21	343·088	258·33	15 42·37	0·138
9202·5	+ 6·542	+ 6·131	319·16	− 0·23	339·746	253·64	15 27·98	0·220
9203·5	+ 6·238	+ 6·658	331·33	− 0·26	337·658	250·12	15 14·74	0·310
9204·5	+ 5·592	+ 6·851	343·50	− 0·28	336·725	247·76	15 03·46	0·406
9205·5	+ 4·661	+ 6·728	355·67	− 0·30	336·815	246·48	14 54·67	0·503
9206·5	+ 3·515	+ 6·312	7·83	− 0·32	337·807	246·21	14 48·65	0·597
9207·5	+ 2·230	+ 5·629	19·98	− 0·35	339·612	246·95	14 45·45	0·688
9208·5	+ 0·882	+ 4·710	32·12	− 0·37	342·177	248·68	14 44·95	0·771
9209·5	− 0·456	+ 3·590	44·26	− 0·40	345·468	251·48	14 46·90	0·845
9210·5	− 1·717	+ 2·306	56·40	− 0·42	349·455	255·47	14 50·95	0·907
9211·5	− 2·843	+ 0·907	68·53	− 0·45	354·075	260·97	14 56·67	0·956
9212·5	− 3·787	− 0·553	80·66	− 0·48	359·191	269·45	15 03·59	0·987
9213·5	− 4·512	− 2·010	92·79	− 0·51	4·564	315·65	15 11·25	1·000
9214·5	− 4·997	− 3·392	104·92	− 0·54	9·846	84·00	15 19·25	0·992
9215·5	− 5·232	− 4·623	117·05	− 0·57	14·638	94·72	15 27·26	0·963

NOTES AND FORMULAE

Low-precision formulae for geocentric coordinates of the Moon

The following formulae give approximate geocentric coordinates of the Moon. During the period 1900 to 2100 the errors will rarely exceed $0°\!.3$ in ecliptic longitude (λ), $0°\!.2$ in ecliptic latitude (β), $0°\!.003$ in horizontal parallax (π), $0°\!.001$ in semidiameter (SD), 0·2 Earth radii in distance (r), $0°\!.3$ in right ascension (α) and $0°\!.2$ in declination (δ).

On this page the time argument T is the number of Julian centuries from J2000·0.

$$T = (\text{JD} - 245\ 1545\!\cdot\!0)/36\ 525 = (7303\!\cdot\!5 + \text{day of year} + (\text{UT1} + \Delta T)/24)/36\ 525$$

where day of year is given on pages B4–B5. The Universal Time (UT1) and $\Delta T = \text{TT} - \text{UT1}$ (see pages K8–K9), are expressed in hours. To the precision quoted ΔT may be ignored.

$$\lambda = 218°\!.32 + 481\ 267°\!.881\ T$$
$$+ 6°\!.29 \sin(135°\!.0 + 477\ 198°\!.87\ T) - 1°\!.27 \sin(259°\!.3 - 413\ 335°\!.36\ T)$$
$$+ 0°\!.66 \sin(235°\!.7 + 890\ 534°\!.22\ T) + 0°\!.21 \sin(269°\!.9 + 954\ 397°\!.74\ T)$$
$$- 0°\!.19 \sin(357°\!.5 + 35\ 999°\!.05\ T) - 0°\!.11 \sin(186°\!.5 + 966\ 404°\!.03\ T)$$
$$\beta = + 5°\!.13 \sin(93°\!.3 + 483\ 202°\!.02\ T) + 0°\!.28 \sin(228°\!.2 + 960\ 400°\!.89\ T)$$
$$- 0°\!.28 \sin(318°\!.3 + 6\ 003°\!.15\ T) - 0°\!.17 \sin(217°\!.6 - 407\ 332°\!.21\ T)$$
$$\pi = + 0°\!.9508 + 0°\!.0518 \cos(135°\!.0 + 477\ 198°\!.87\ T) + 0°\!.0095 \cos(259°\!.3 - 413\ 335°\!.36\ T)$$
$$+ 0°\!.0078 \cos(235°\!.7 + 890\ 534°\!.22\ T) + 0°\!.0028 \cos(269°\!.9 + 954\ 397°\!.74\ T)$$

$$SD = 0\!\cdot\!2724\,\pi \qquad \text{and} \qquad r = 1/\sin\pi$$

Form the geocentric direction cosines (l, m, n) from:

$$l = \cos\beta \cos\lambda \qquad\qquad\qquad = \cos\delta \cos\alpha$$
$$m = +0\!\cdot\!9175 \cos\beta \sin\lambda - 0\!\cdot\!3978 \sin\beta = \cos\delta \sin\alpha$$
$$n = +0\!\cdot\!3978 \cos\beta \sin\lambda + 0\!\cdot\!9175 \sin\beta = \sin\delta$$

Then

$$\alpha = \tan^{-1}(m/l) \qquad \text{and} \qquad \delta = \sin^{-1}(n)$$

where the quadrant of α is determined by the signs of l and m, and where α, δ are referred to the mean equator and equinox of date.

Low-precision formulae for topocentric coordinates of the Moon

The following formulae give approximate topocentric values of right ascension (α'), declination (δ'), distance (r'), parallax (π') and semidiameter (SD').

Form the geocentric rectangular coordinates (x, y, z) from:

$$x = rl = r \cos\delta \cos\alpha$$
$$y = rm = r \cos\delta \sin\alpha$$
$$z = rn = r \sin\delta$$

Form the topocentric rectangular coordinates (x', y', z') from:

$$x' = x - \cos\phi' \cos\theta_0$$
$$y' = y - \cos\phi' \sin\theta_0$$
$$z' = z - \sin\phi'$$

where (ϕ', λ') are the observer's geocentric latitude and longitude (east positive). The local sidereal time (see page B8) may be approximated by

$$\theta_0 = 100°\!.46 + 36\ 000°\!.77\ T_U + \lambda' + 15\,\text{UT1}$$

where
$$T_U = (\text{JD} - 245\ 1545\!\cdot\!0)/36\ 525 = (7303\!\cdot\!5 + \text{day of year} + \text{UT1}/24)/36\ 525$$

Then
$$r' = (x'^2 + y'^2 + z'^2)^{1/2} \qquad \alpha' = \tan^{-1}(y'/x') \qquad \delta' = \sin^{-1}(z'/r')$$
$$\pi' = \sin^{-1}(1/r') \qquad\qquad SD' = 0\!\cdot\!2724\pi'$$

CONTENTS OF SECTION E

PLANETS
NOTES AND FORMULAS

Orbital elements

The heliocentric osculating orbital elements for the Earth given on page E8 and the heliocentric coordinates and velocity of the Earth on page E7 actually refer to the Earth-Moon barycenter. The heliocentric coordinates and velocity of the Earth itself are given by:

$$\text{(Earth's center)} = \text{(Earth-Moon barycenter)} - (0.000\,0312 \cos L, 0.000\,0286 \sin L,$$
$$0.000\,0124 \sin L, -0.000\,00718 \sin L, 0.000\,00657 \cos L, 0.000\,00285 \cos L)$$

where $L = 218° + 481\,268° T$, with T in Julian centuries from JD 245 1545.0. This estimate is accurate to the fifth decimal place in position and the sixth decimal place in velocity. The position and velocity are with respect to the mean equator and equinox of J2000.0, in units of au and au/day, respectively.

Linear interpolation of the heliocentric osculating orbital elements usually leads to errors of about $1''$ or $2''$ in the resulting geocentric positions of the Sun and planets; the errors may, however, reach about $7''$ for Venus at inferior conjunction and about $3''$ for Mars at opposition.

Heliocentric coordinates

The heliocentric ecliptic coordinates of the Earth may be obtained from the geocentric ecliptic coordinates of the Sun given on pages C6–C20 by adding $\pm\,180°$ to the longitude, and reversing the sign of the latitude.

Invariable plane of the solar system

Approximate coordinates of the north pole of the invariable plane are:

$$\alpha_0 = 273°85 \quad \delta_0 = 66°99$$

This is the direction of the total angular momentum vector of the solar system (Sun and major planets) with respect to the ICRS coordinate axes.

Semidiameter and horizontal parallax

The apparent angular semidiameter, s, of a planet is given by:

$$s = \text{semidiameter at 1 au} / \text{distance in au}$$

where the distance in au is given in the daily geocentric ephemeris on pages E18–E45. Unless otherwise specified, the semidiameters at unit distance (1 au) are for equatorial radii. They are:

Planet	Semi-diameter	Planet	Semi-diameter	Planet	Semi-diameter
	$''$		$''$		$''$
Mercury	3.36	Jupiter: equatorial	98.57	Uranus: equatorial	35.24
Venus	8.34	Jupiter: polar	92.18	Uranus: polar	34.43
Mars	4.68	Saturn: equatorial	83.10	Neptune: equatorial	34.14
		Saturn: polar	74.96	Neptune: polar	33.56

The difference in transit times of the limb and center of a planet in seconds of time is given approximately by:

$$\text{difference in transit time} = (s \text{ in seconds of arc}) / 15 \cos \delta$$

where the sidereal motion of the planet is ignored.

The equatorial horizontal parallax of a planet is given by $8''.794\,143$ divided by its distance in au; formulas for the corrections for diurnal parallax are given on page B85.

NOTES AND FORMULAS

Time of transit of a planet

The transit times that are tabulated on pages E46–E53 are expressed in terrestrial time (TT) and refer to the transits over the ephemeris meridian; for most purposes this may be regarded as giving the universal time (UT) of transit over the Greenwich meridian.

The UT of transit over a local meridian is given by:

$$\text{time of ephemeris transit} - (\lambda/24) \times \text{first difference}$$

with an error that is usually less than 1 second, where λ is the *east* longitude in hours and the first difference is about 24 hours.

Times of rising and setting

Approximate times of the rising and setting of a planet at a place with latitude φ may be obtained from the time of transit by applying the value of the hour angle h of the point on the horizon at the same declination δ as the planet; h is given by:

$$\cos h = -\tan \varphi \tan \delta$$

This ignores the sidereal motion of the planet during the interval between transit and rising or setting and the effects of refraction (~ 2.25 minutes). Similarly, the time at which a planet reaches a zenith distance z may be obtained by determining the corresponding hour angle h:

$$\cos h = -\tan \varphi \tan \delta + \sec \varphi \sec \delta \cos z$$

and applying h to the time of transit.

Ephemeris for physical observations

Explanatory information for data presented in the ephemeris for physical observations (E54–E79) of the planets and the planetary central meridians (E80–E87) is given here. Additional information is given in the Notes and References section, on page L12.

The tabulated surface brightness is the average visual magnitude of an area of one square arcsecond of the illuminated portion of the apparent disk. For a few days around inferior and superior conjunctions, the tabulated surface brightness and magnitude of Mercury and Venus are unknown; surface brightness values are given for phase angles $2°\!.1 < \phi < 169°\!.5$ for Mercury and $2°\!.2 < \phi < 170°\!.2$ for Venus. For Saturn the magnitude includes the contribution due to the rings, but the surface brightness applies only to the disk of the planet.

The diagram on the next page illustrates many of the quantities tabulated. The primary reference points are the sub-Earth point, e (center of the apparent disk); the sub-solar point, s; and the north pole of the planet, n. Points e and s are on the lines of sight (taking into account light-time and aberration) between the center of a planet and the centers of the Earth and Sun, respectively. An observer on the body's surface at point e or point s would see the apparent center of the Earth or the Sun at the at the planetocentric zenith, respectively.

For points e and s, planetographic longitudes, λ_e and λ_s, and planetographic latitudes, β_e and β_s, are given. Planetographic longitude is reckoned from the prime meridian and increases from $0°$ to $360°$ in the direction opposite rotation. Planetographic latitude is the angle between the planet's equator and the normal to the reference spheroid at the point. Latitudes north of the equator are positive for planets.

For points s and n, apparent distances from the center of the disk, d_s and d_n, and apparent position angles, p_s and p_n, are given. Position angles are measured east from north on the celestial sphere, with north defined by the great circle on the celestial sphere passing through the center of the planet's apparent disk and the true celestial pole of date. Apparent distances are positive in the visible hemisphere and negative on the far side of the planet, so the sign of the distance may change abruptly for points near the limb. Points close to e may appear to be discontinuous in the tables because distance and position angle can vary rapidly and the tabular interval is fixed.

PLANETS
NOTES AND FORMULAS

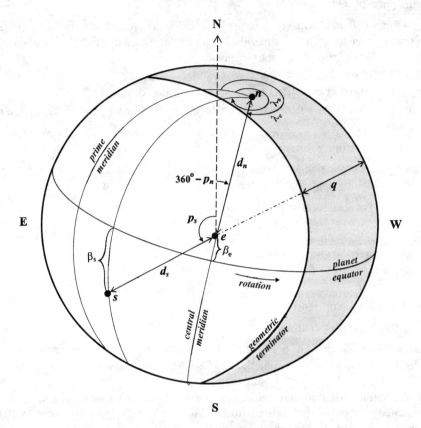

Diagram illustrating many of the physical ephemeris values

The phase is the ratio of the illuminated area of the disk to the total area of the disk, as seen from the Earth. The phase angle, ϕ, is the planetocentric elongation of the Earth from the Sun. The defect of illumination, q, is the length of the unilluminated section of the diameter passing through e and s. The position angle of q can be computed by adding $180°$ to p_s. Phase and q are based on the geometric terminator, defined by the plane crossing through the planet's center of mass, orthogonal to the direction of the Sun. Both the phase and q assume that the change in their values caused by the flattening of the planet is insignificant.

The planetocentric orbital longitude of the Sun, L_s, is measured eastward in the planet's orbital plane from the planet's vernal equinox. Instantaneous orbital and equatorial planes are used in computing L_s. Values of L_s of $0°$, $90°$, $180°$, and $270°$ correspond to the beginning of spring, summer, autumn and winter, for the northern hemisphere of a planet. For small solar system bodies, such as dwarf planets and minor planets, $L_s=0$ corresponds to the beginning of spring in the hemisphere in which the rotation about the pole is counterclockwise.

The angle W of the prime meridian is measured counterclockwise (when viewed from above the planet's north pole) along the planet's equator from the ascending node of the planet's equator on the ICRS equator. For a planet with direct rotation (counterclockwise viewed from the planet's north pole), W increases with time. Values of W and their rates of change are given on page E5.

Longitudes of the planetary central meridians are sub-Earth planetographic longitudes, λ_e, measured from the planet's prime meridian. None are given for Uranus and Neptune since their rotational periods are not well known. Cassini mission data calls into question Saturn's rotation rate.

ROTATION ELEMENTS REFERRED TO THE ICRS
at 2020 JANUARY 0, 0^h TDB

Planet	North Pole Right Ascension α_1 (°)	North Pole Declination δ_1 (°)	Argument of Prime Meridian at epoch W_0 (°)	Argument of Prime Meridian var./day $\dot{W}$ (°)	Longitude of Central Meridian λ_e (°)	Inclination of Equator to Orbit (°)
Mercury	281.00	+ 61.41	162.21	+ 6.1385108	79.64	+ 0.03
Venus	272.76	+ 67.16	141.02	− 1.4813688	349.37	+ 2.64
Mars	317.66	+ 52.87	76.23	+ 350.8919824	54.11	+ 25.19
Jupiter I	268.06	+ 64.50	209.75	+ 877.9000000	80.31	+ 3.12
II	268.06	+ 64.50	260.25	+ 870.2700000	131.08	+ 3.12
III	268.06	+ 64.50	284.63	+ 870.5360000	155.45	+ 3.12
Saturn	40.58	+ 83.54	32.17	+ 810.7939024	355.98	+ 26.73
Uranus	257.31	− 15.18	101.07	− 501.1600928	24.62	+ 82.23
Neptune	299.46	+ 42.96	24.26	+ 541.1397757	145.50	+ 28.35

Rotational elements definitions and formulas

α_1, δ_1 right ascension and declination of the north pole of the planet; variations during one year are negligible.

W_0 the angle measured from the planet's equator in the positive sense with respect to the planet's north pole from the ascending node of the planet's equator on the Earth's mean equator of date to the prime meridian of the planet.

$\dot{W}$ the daily rate of change of W_0. Sidereal periods of rotation are given on page E6.

Given:

α, δ: apparent right ascension and declination of planet (pages E18–E45).
s: apparent equatorial diameter (pages E54–E79).
p_n: position angle of north pole (or central meridian or axis) (pages E54–E79).
λ_e: planetographic longitude of sub-Earth point (or central meridian) (pages E54–E77 or E80–E87).
β_e: planetographic latitude of sub-Earth point (pages E54–E79).
$\dot{W}$: from the above table.
f: geometric flattening (from page E6).

To compute the displacements $\Delta\alpha$, $\Delta\delta$ in right ascension and declination, measured from the center of the disk, of a feature at planetographic longitude λ and planetographic latitude ϕ, first compute the planetocentric quantities ϕ', β'_e, λ', and λ'_e, and the quantity s'. The formulas on the right may be used for planets where the flattening f is small and can be ignored [1]:

$$\tan\phi' = (1-f)^2 \tan\phi \qquad\qquad \phi' = \phi$$
$$\tan\beta'_e = (1-f)^2 \tan\beta_e \qquad\qquad \beta'_e = \beta_e$$
$$\lambda' = 360° - \lambda \ \text{ if } \dot{W} \text{ is positive}; \quad \lambda' = \lambda \ \text{ if } \dot{W} \text{ is negative} \qquad \lambda' \quad \text{as at left}$$
$$\lambda'_e = 360° - \lambda_e \ \text{ if } \dot{W} \text{ is positive}; \quad \lambda'_e = \lambda_e \ \text{ if } \dot{W} \text{ is negative} \qquad \lambda'_e \quad \text{as at left}$$
$$s' = \tfrac{1}{2} s (1 - f \sin^2\phi') \qquad\qquad s' = \tfrac{1}{2} s$$

Then compute the quantities X, Y, and Z:

$$X = s' \cos\phi' \sin(\lambda' - \lambda'_e)$$
$$Y = s' \left(\sin\phi' \cos\beta'_e - \cos\phi' \sin\beta'_e \cos(\lambda' - \lambda'_e) \right)$$
$$Z = s' \left(\sin\phi' \sin\beta'_e + \cos\phi' \cos\beta'_e \cos(\lambda' - \lambda'_e) \right)$$

Finally,

$$\Delta\alpha \cos\delta = -X \cos p_n + Y \sin p_n$$
$$\Delta\delta = X \sin p_n + Y \cos p_n$$

If Z is positive, the feature is on the near (visible) side of the planet; if Z is negative, it is on the far side. If $|Z| < 0.1\, s'$, the feature is on or very near the limb.

---

[1] The flattening is negligible if only one apparent diameter is given, or if the difference between the apparent equatorial and polar diameters is not significant to the precision required.

PLANETS

PHYSICAL AND PHOTOMETRIC DATA

Planet	Mass[1]	Mean Equatorial Radius	Minimum Geocentric Distance[2]	Flattening[3] (geometric)	Coefficients of the Potential		
					J_2	J_3	J_4
	kg	km	au		10^{-3}	10^{-6}	10^{-6}
Mercury	3.3010×10^{23}	2440.5	0.549	0.000 930	—	—	—
Venus	4.8673×10^{24}	6051.8	0.265	0	0.027	—	—
Earth	5.9721×10^{24}	6378.14	—	0.003 352 81	1.082 64	− 2.54	− 1.61
(Moon)	7.3458×10^{22}	1737.4	0.002 38	0	0.202 7	—	—
Mars	6.4169×10^{23}	3396.19	0.373	0.005 886	1.964	36	—
Jupiter	1.8981×10^{27}	71492	3.945	0.064 9	14.75	—	− 580
Saturn	5.6831×10^{26}	60268	8.032	0.098 0	16.45	—	− 1000
Uranus	8.6809×10^{25}	25559	17.292	0.023 0	12	—	—
Neptune	1.0241×10^{26}	24764	28.814	0.017	4	—	—

Planet	Period of Rotation	Mean Density	Maximum Angular Diameter[2]	Geometric Albedo	Visual Magnitude		Color Indices	
					$V(1.0)$	V_0	$B-V$	$U-B$
	d	g/cm³	″					
Mercury	58.646 145 9	5.43	12.3	0.106	− 0.60	—	0.93	0.41
Venus	243.018 5	5.24	63.0	0.65	− 4.47	—	0.82	0.50
Earth	0.997 269 566	5.513	—	0.367	− 3.86	—	—	—
(Moon)	27.321 66	3.34	2010.8	0.12	+ 0.21	− 12.74	0.92	0.46
Mars	1.025 956 76	3.93	25.1	0.150	− 1.52	− 2.01	1.36	0.58
Jupiter	0.413 54 (System III)	1.33	49.9	0.52	− 9.40	− 2.70	0.83	0.49
Saturn	0.444 01	0.69	20.7	0.47	− 8.88	+ 0.67	1.04	0.58
Uranus	0.718 33	1.27	4.1	0.51	− 7.19	+ 5.52	0.56	0.28
Neptune	0.662 26	1.64	2.4	0.41	− 6.87	+ 7.84	0.41	0.21

NOTES TO TABLE

[1] Values for the masses include the atmospheres but exclude satellites.

[2] The tabulated minimum geocentric distance applies to the interval 1950 to 2050.

[3] The flattening for Mars is calculated by using the average of its north and south polar radii.

HELIOCENTRIC COORDINATES AND VELOCITY COMPONENTS
REFERRED TO THE MEAN EQUATOR AND EQUINOX OF J2000.0

Julian Date (TDB) 245	x	y	z	$\dot{x}$	$\dot{y}$	$\dot{z}$
MERCURY	au	au	au	au/day	au/day	au/day
8800.5	+ 0.169 3287	+ 0.236 7985	+ 0.108 9436	− 0.029 195 95	+ 0.013 502 99	+ 0.010 239 60
8880.5	+ 0.334 1619	+ 0.073 2865	+ 0.004 5106	− 0.011 134 42	+ 0.025 089 61	+ 0.014 556 85
8960.5	+ 0.350 1048	− 0.128 6340	− 0.105 0062	+ 0.006 186 83	+ 0.024 004 72	+ 0.012 181 84
9040.5	+ 0.253 3701	− 0.293 0096	− 0.182 7868	+ 0.016 989 94	+ 0.016 662 77	+ 0.007 140 04
9120.5	+ 0.095 0657	− 0.389 0287	− 0.217 6707	+ 0.021 867 47	+ 0.007 289 48	+ 0.001 627 34
9200.5	− 0.082 7394	− 0.408 5349	− 0.209 6609	+ 0.022 041 73	− 0.002 359 36	− 0.003 545 07
9280.5	− 0.245 3933	− 0.352 9119	− 0.163 0880	+ 0.018 108 64	− 0.011 447 97	− 0.007 992 47
VENUS						
8800.5	+ 0.206 8553	− 0.631 2900	− 0.297 1381	+ 0.019 255 43	+ 0.005 625 34	+ 0.001 312 76
8880.5	+ 0.427 5673	+ 0.540 4975	+ 0.216 1437	− 0.016 362 13	+ 0.010 467 71	+ 0.005 745 25
8960.5	− 0.717 9934	− 0.053 2486	+ 0.021 4706	+ 0.001 012 27	− 0.018 475 73	− 0.008 377 23
9040.5	+ 0.474 4576	− 0.491 9576	− 0.251 3780	+ 0.015 198 14	+ 0.012 314 23	+ 0.004 579 18
9120.5	+ 0.146 1635	+ 0.646 6922	+ 0.281 7329	− 0.019 873 99	+ 0.003 194 82	+ 0.002 695 00
9200.5	− 0.637 5757	− 0.322 4583	− 0.104 7501	+ 0.009 322 59	− 0.016 175 61	− 0.007 868 13
9280.5	+ 0.658 1879	− 0.265 6394	− 0.161 1703	+ 0.008 453 51	+ 0.016 824 69	+ 0.007 035 46
EARTH*						
8800.5	+ 0.635 7894	+ 0.695 9560	+ 0.301 6942	− 0.013 466 13	+ 0.010 080 21	+ 0.004 369 79
8880.5	− 0.650 2244	+ 0.679 0811	+ 0.294 3825	− 0.013 206 06	− 0.010 477 66	− 0.004 542 01
8960.5	− 0.860 6874	− 0.475 9828	− 0.206 3353	+ 0.008 600 80	− 0.013 578 55	− 0.005 886 30
9040.5	+ 0.313 0082	− 0.887 4754	− 0.384 7196	+ 0.016 088 60	+ 0.004 800 84	+ 0.002 081 11
9120.5	+ 0.998 1603	+ 0.080 8748	+ 0.035 0558	− 0.001 793 56	+ 0.015 664 52	+ 0.006 790 54
9200.5	+ 0.082 0561	+ 0.899 7259	+ 0.390 0284	− 0.017 424 90	+ 0.001 256 72	+ 0.000 544 84
9280.5	− 0.964 2400	+ 0.214 8983	+ 0.093 1610	− 0.004 341 49	− 0.015 398 39	− 0.006 675 14
MARS						
8800.5	− 1.604 908	− 0.301 548	− 0.095 000	+ 0.003 212 152	− 0.011 365 792	− 0.005 299 891
8880.5	− 1.017 803	− 1.076 426	− 0.466 261	+ 0.011 095 890	− 0.007 138 998	− 0.003 573 921
8960.5	+ 0.052 295	− 1.317 559	− 0.605 740	+ 0.014 513 384	+ 0.001 694 298	+ 0.000 385 480
9040.5	+ 1.071 094	− 0.787 733	− 0.390 215	+ 0.009 403 254	+ 0.011 020 016	+ 0.004 800 867
9120.5	+ 1.376 656	+ 0.257 981	+ 0.081 184	− 0.002 146 983	+ 0.013 551 810	+ 0.006 273 827
9200.5	+ 0.797 563	+ 1.151 809	+ 0.506 787	− 0.011 288 761	+ 0.007 783 272	+ 0.003 874 607
9280.5	− 0.234 034	+ 1.426 875	+ 0.660 788	− 0.013 311 899	− 0.000 923 645	− 0.000 064 469
JUPITER						
8800.5	+ 0.161 351	− 4.817 408	− 2.068 802	+ 0.007 459 100	+ 0.000 607 629	+ 0.000 078 868
8880.5	+ 0.755 700	− 4.737 131	− 2.048 861	+ 0.007 383 011	+ 0.001 399 261	+ 0.000 420 041
8960.5	+ 1.339 955	− 4.593 673	− 2.001 593	+ 0.007 206 491	+ 0.002 185 424	+ 0.000 761 310
9040.5	+ 1.906 025	− 4.387 896	− 1.927 171	+ 0.006 928 272	+ 0.002 955 320	+ 0.001 098 085
9120.5	+ 2.445 772	− 4.121 573	− 1.826 156	+ 0.006 548 678	+ 0.003 697 062	+ 0.001 425 259
9200.5	+ 2.951 176	− 3.797 434	− 1.699 523	+ 0.006 070 224	+ 0.004 398 778	+ 0.001 737 676
9280.5	+ 3.414 472	− 3.419 149	− 1.548 657	+ 0.005 496 759	+ 0.005 048 697	+ 0.002 030 212
SATURN						
8800.5	+ 3.557 619	− 8.621 479	− 3.714 330	+ 0.004 916 559	+ 0.001 891 206	+ 0.000 569 551
8880.5	+ 3.947 463	− 8.462 101	− 3.665 278	+ 0.004 827 949	+ 0.002 092 679	+ 0.000 656 587
8960.5	+ 4.329 847	− 8.286 743	− 3.609 304	+ 0.004 730 124	+ 0.002 290 740	+ 0.000 742 607
9040.5	+ 4.704 033	− 8.095 676	− 3.546 489	+ 0.004 622 955	+ 0.002 485 283	+ 0.000 827 582
9120.5	+ 5.069 269	− 7.889 210	− 3.476 927	+ 0.004 506 429	+ 0.002 675 621	+ 0.000 911 217
9200.5	+ 5.424 826	− 7.667 699	− 3.400 735	+ 0.004 381 056	+ 0.002 861 411	+ 0.000 993 350
9280.5	+ 5.770 001	− 7.431 509	− 3.318 032	+ 0.004 246 841	+ 0.003 042 516	+ 0.001 073 937
URANUS						
8800.5	+16.336 48	+ 10.370 60	+ 4.311 05	− 0.002 249 754	+ 0.002 790 004	+ 0.001 253 624
8880.5	+16.154 51	+ 10.592 56	+ 4.410 82	− 0.002 299 368	+ 0.002 758 857	+ 0.001 240 682
8960.5	+15.968 60	+ 10.811 99	+ 4.509 55	− 0.002 348 401	+ 0.002 726 951	+ 0.001 227 394
9040.5	+15.778 78	+ 11.028 86	+ 4.607 20	− 0.002 397 090	+ 0.002 694 522	+ 0.001 213 874
9120.5	+15.585 07	+ 11.243 09	+ 4.703 76	− 0.002 445 568	+ 0.002 661 230	+ 0.001 199 978
9200.5	+15.387 50	+ 11.454 63	+ 4.799 19	− 0.002 493 456	+ 0.002 627 087	+ 0.001 185 695
9280.5	+15.186 13	+ 11.663 41	+ 4.893 46	− 0.002 540 886	+ 0.002 592 311	+ 0.001 171 136
NEPTUNE						
8800.5	+29.210 34	− 5.766 10	− 3.087 43	+ 0.000 670 633	+ 0.002 860 965	+ 0.001 154 306
8880.5	+29.262 95	− 5.536 99	− 2.994 96	+ 0.000 644 606	+ 0.002 866 719	+ 0.001 157 327
8960.5	+29.313 48	− 5.307 43	− 2.902 26	+ 0.000 618 623	+ 0.002 872 234	+ 0.001 160 243
9040.5	+29.361 92	− 5.077 43	− 2.809 32	+ 0.000 592 437	+ 0.002 877 741	+ 0.001 163 167
9120.5	+29.408 26	− 4.847 01	− 2.716 16	+ 0.000 565 905	+ 0.002 882 894	+ 0.001 165 953
9200.5	+29.452 47	− 4.616 18	− 2.622 78	+ 0.000 539 396	+ 0.002 887 700	+ 0.001 168 586
9280.5	+29.494 56	− 4.384 98	− 2.529 19	+ 0.000 512 765	+ 0.002 892 372	+ 0.001 171 177

*Values labeled for the Earth are actually for the Earth-Moon barycenter; shading is given on the 400-day date.

PLANETS, 2020

HELIOCENTRIC OSCULATING ORBITAL ELEMENTS
REFERRED TO THE MEAN EQUINOX AND ECLIPTIC OF J2000.0

Julian Date (TDB) 245	Inclin- ation i	Longitude Asc. Node Ω	Longitude Perihelion ϖ	Semimajor Axis a	Daily Motion n	Eccen- tricity e	Mean Longitude L
MERCURY	°	°	°	au	°		°
8800.5	7.003 82	48.3066	77.4892	0.387 0976	4.092 356	0. 205 6512	64.214 38
8840.5	7.003 81	48.3065	77.4889	0.387 0975	4.092 357	0. 205 6507	227.908 61
8880.5	7.003 80	48.3064	77.4897	0.387 0970	4.092 365	0. 205 6511	31.602 81
8920.5	7.003 79	48.3062	77.4886	0.387 0968	4.092 368	0. 205 6479	195.297 13
8960.5	7.003 78	48.3061	77.4891	0.387 0976	4.092 356	0. 205 6479	358.991 26
9000.5	7.003 77	48.3060	77.4886	0.387 0970	4.092 365	0. 205 6470	162.685 51
9040.5	7.003 71	48.3055	77.4901	0.387 1003	4.092 313	0. 205 6347	326.378 45
9080.5	7.003 71	48.3052	77.4914	0.387 0989	4.092 336	0. 205 6338	130.071 52
9120.5	7.003 70	48.3051	77.4915	0.387 0991	4.092 332	0. 205 6331	293.764 79
9160.5	7.003 70	48.3049	77.4921	0.387 0986	4.092 339	0. 205 6328	97.458 18
9200.5	7.003 70	48.3047	77.4912	0.387 0979	4.092 351	0. 205 6372	261.151 57
9240.5	7.003 70	48.3045	77.4916	0.387 0977	4.092 355	0. 205 6362	64.845 50
VENUS							
8800.5	3.394 59	76.6247	131.508	0.723 3309	1.602 135	0. 006 7334	286.237 63
8840.5	3.394 59	76.6246	131.533	0.723 3236	1.602 159	0. 006 7438	350.323 30
8880.5	3.394 59	76.6246	131.498	0.723 3258	1.602 152	0. 006 7458	54.409 87
8920.5	3.394 58	76.6246	131.462	0.723 3279	1.602 145	0. 006 7458	118.495 49
8960.5	3.394 57	76.6242	131.458	0.723 3272	1.602 147	0. 006 7445	182.581 32
9000.5	3.394 60	76.6238	131.633	0.723 3419	1.602 099	0. 006 7521	246.665 54
9040.5	3.394 57	76.6234	131.731	0.723 3356	1.602 120	0. 006 7715	310.747 58
9080.5	3.394 56	76.6230	131.803	0.723 3228	1.602 162	0. 006 7873	14.833 26
9120.5	3.394 56	76.6230	131.773	0.723 3253	1.602 154	0. 006 7908	78.919 91
9160.5	3.394 55	76.6228	131.724	0.723 3286	1.602 143	0. 006 7934	143.005 33
9200.5	3.394 55	76.6227	131.696	0.723 3253	1.602 154	0. 006 7898	207.091 26
9240.5	3.394 54	76.6227	131.747	0.723 3300	1.602 138	0. 006 7858	271.177 28
EARTH*							
8800.5	0.002 62	176.8	103.0727	0.999 9958	0.985 616 7	0. 016 7488	51.552 97
8840.5	0.002 62	176.8	103.0291	1.000 0069	0.985 600 3	0. 016 7538	90.976 39
8880.5	0.002 63	176.6	103.0009	1.000 0076	0.985 599 2	0. 016 7554	130.399 44
8920.5	0.002 62	176.6	102.9807	1.000 0002	0.985 610 2	0. 016 7504	169.823 61
8960.5	0.002 63	176.7	102.9608	0.999 9941	0.985 619 2	0. 016 7420	209.249 14
9000.5	0.002 65	177.4	102.9434	0.999 9990	0.985 611 9	0. 016 7276	248.675 44
9040.5	0.002 66	176.7	102.9426	1.000 0208	0.985 579 6	0. 016 7034	288.100 02
9080.5	0.002 67	176.4	102.9800	1.000 0142	0.985 589 5	0. 016 7057	327.522 39
9120.5	0.002 68	176.3	103.0327	0.999 9973	0.985 614 5	0. 016 7135	6.946 46
9160.5	0.002 68	176.4	103.0524	0.999 9923	0.985 621 9	0. 016 7168	46.371 69
9200.5	0.002 68	176.5	103.0355	0.999 9968	0.985 615 2	0. 016 7192	85.796 14
9240.5	0.002 69	176.4	103.0009	1.000 0005	0.985 609 7	0. 016 7235	125.219 46

*Values labeled for the Earth are actually for the Earth-Moon barycenter (see note on page E2).

FORMULAS

Mean anomaly, $M = L - \varpi$

Argument of perihelion, measured from node, $\omega = \varpi - \Omega$

True anomaly, $v = M + (2e - e^3/4)\sin M + (5e^2/4)\sin 2M + (13e^3/12)\sin 3M + \ldots$ in radians.

Planet-Sun distance, $r = a(1 - e^2)/(1 + e\cos v)$

Heliocentric rectangular coordinates, referred to the ecliptic, may be computed from these elements by:

$$x = r\{\cos(v + \omega)\cos\Omega - \sin(v + \omega)\cos i \sin\Omega\}$$
$$y = r\{\cos(v + \omega)\sin\Omega + \sin(v + \omega)\cos i \cos\Omega\}$$
$$z = r\sin(v + \omega)\sin i$$

HELIOCENTRIC OSCULATING ORBITAL ELEMENTS
REFERRED TO THE MEAN EQUINOX AND ECLIPTIC OF J2000.0

Julian Date (TDB) 245	Inclin- ation i	Longitude Asc. Node Ω	Longitude Perihelion ϖ	Semimajor Axis a	Daily Motion n	Eccen- tricity e	Mean Longitude L
MARS	°	°	°	au	°		°
8800.5	1.848 08	49.5009	336.1891	1.523 6033	0.524 0799	0.093 5047	197.567 52
8840.5	1.848 08	49.5011	336.1837	1.523 6134	0.524 0747	0.093 5045	218.531 30
8880.5	1.848 04	49.5012	336.1691	1.523 6513	0.524 0551	0.093 4945	239.493 91
8920.5	1.848 00	49.5010	336.1416	1.523 7186	0.524 0204	0.093 4824	260.454 28
8960.5	1.847 95	49.5000	336.1137	1.523 7799	0.523 9888	0.093 4760	281.412 16
9000.5	1.847 91	49.4986	336.0984	1.523 7937	0.523 9817	0.093 4633	302.368 73
9040.5	1.847 90	49.4968	336.0981	1.523 7508	0.524 0038	0.093 4345	323.327 04
9080.5	1.847 91	49.4955	336.1035	1.523 6811	0.524 0398	0.093 3932	344.288 66
9120.5	1.847 94	49.4943	336.1078	1.523 6253	0.524 0686	0.093 3554	5.252 99
9160.5	1.847 96	49.4939	336.1160	1.523 6116	0.524 0756	0.093 3338	26.218 55
9200.5	1.847 94	49.4939	336.1259	1.523 6307	0.524 0658	0.093 3302	47.182 46
9240.5	1.847 92	49.4938	336.1398	1.523 6655	0.524 0478	0.093 3320	68.144 60
JUPITER							
8800.5	1.303 65	100.5162	14.0236	5.203 385	0.083 077 54	0.048 7328	277.258 05
8840.5	1.303 64	100.5162	14.0201	5.203 405	0.083 077 07	0.048 7233	280.580 10
8880.5	1.303 61	100.5163	14.0187	5.203 413	0.083 076 87	0.048 7079	283.901 44
8920.5	1.303 61	100.5163	13.9987	5.203 499	0.083 074 82	0.048 6856	287.221 97
8960.5	1.303 60	100.5163	13.9607	5.203 660	0.083 070 95	0.048 6706	290.543 08
9000.5	1.303 60	100.5163	13.9248	5.203 814	0.083 067 27	0.048 6643	293.864 83
9040.5	1.303 58	100.5162	13.9064	5.203 895	0.083 065 32	0.048 6651	297.187 33
9080.5	1.303 57	100.5160	13.9158	5.203 845	0.083 066 52	0.048 6584	300.509 40
9120.5	1.303 56	100.5159	13.9290	5.203 762	0.083 068 52	0.048 6420	303.830 63
9160.5	1.303 57	100.5161	13.9374	5.203 680	0.083 070 48	0.048 6183	307.151 11
9200.5	1.303 59	100.5164	13.9256	5.203 686	0.083 070 34	0.048 5989	310.471 46
9240.5	1.303 58	100.5162	13.9149	5.203 697	0.083 070 06	0.048 5867	313.792 59
SATURN							
8800.5	2.486 24	113.5949	92.0414	9.572 264	0.033 300 64	0.051 7937	292.729 02
8840.5	2.486 24	113.5949	91.9201	9.572 187	0.033 301 05	0.051 8459	294.075 45
8880.5	2.486 23	113.5949	91.8056	9.572 048	0.033 301 77	0.051 9061	295.421 60
8920.5	2.486 25	113.5949	91.6915	9.572 068	0.033 301 66	0.051 9506	296.767 03
8960.5	2.486 24	113.5949	91.5564	9.572 319	0.033 300 35	0.051 9795	298.113 76
9000.5	2.486 24	113.5949	91.4065	9.572 607	0.033 298 85	0.052 0144	299.462 09
9040.5	2.486 21	113.5949	91.2496	9.572 776	0.033 297 97	0.052 0719	300.812 21
9080.5	2.486 21	113.5949	91.1115	9.572 658	0.033 298 59	0.052 1602	302.162 25
9120.5	2.486 23	113.5949	90.9876	9.572 489	0.033 299 47	0.052 2520	303.511 25
9160.5	2.486 27	113.5950	90.8719	9.572 370	0.033 300 09	0.052 3369	304.859 16
9200.5	2.486 30	113.5951	90.7443	9.572 505	0.033 299 39	0.052 4000	306.206 83
9240.5	2.486 28	113.5951	90.6082	9.572 687	0.033 298 43	0.052 4667	307.555 44
URANUS							
8800.5	0.770 55	74.0832	174.1226	19.147 30	0.011 771 25	0.047 7385	38.144 53
8880.5	0.770 53	74.0846	173.8888	19.154 46	0.011 764 66	0.047 3876	39.075 06
8960.5	0.770 44	74.0897	173.7000	19.160 69	0.011 758 92	0.047 0657	40.003 27
9040.5	0.770 38	74.0931	173.3937	19.169 34	0.011 750 96	0.046 6512	40.930 45
9120.5	0.770 38	74.0933	172.9799	19.178 57	0.011 742 48	0.046 2825	41.866 60
9200.5	0.770 30	74.0972	172.6235	19.186 21	0.011 735 47	0.045 9869	42.803 23
9280.5	0.770 32	74.0964	172.2050	19.194 89	0.011 727 50	0.045 6605	43.739 18
NEPTUNE							
8800.5	1.770 42	131.7801	23.511	30.142 03	0.005 959 867	0.008 5222	348.005 41
8880.5	1.770 18	131.7745	22.278	30.156 96	0.005 955 440	0.008 9898	348.495 00
8960.5	1.770 02	131.7707	21.058	30.171 53	0.005 951 126	0.009 4339	348.980 35
9040.5	1.769 78	131.7648	19.922	30.189 66	0.005 945 767	0.010 0136	349.472 15
9120.5	1.769 57	131.7596	19.690	30.203 73	0.005 941 614	0.010 5230	349.972 95
9200.5	1.769 48	131.7576	19.587	30.215 09	0.005 938 264	0.010 9399	350.469 83
9280.5	1.769 28	131.7524	19.522	30.227 84	0.005 934 506	0.011 4098	350.969 57

MERCURY, 2020

HELIOCENTRIC POSITIONS FOR 0ʰ BARYCENTRIC DYNAMICAL TIME
MEAN EQUINOX AND ECLIPTIC OF J2000.0

Date	Longitude	Latitude	True Heliocentric Distance	Date	Longitude	Latitude	True Heliocentric Distance
	° ′ ″	° ′ ″	au		° ′ ″	° ′ ″	au
Jan. 0	259 25 31.6	− 3 37 58.6	0.466 6212	Feb. 15	94 52 16.4	+ 5 05 52.1	0.309 9640
1	262 10 29.1	− 3 54 59.6	0.466 2660	16	101 05 09.1	+ 5 35 14.6	0.312 0174
2	264 55 54.3	− 4 11 30.3	0.465 6319	17	107 13 02.9	+ 6 00 20.8	0.314 6420
3	267 41 59.4	− 4 27 29.3	0.464 7197	18	113 14 44.8	+ 6 21 00.4	0.317 7990
4	270 28 56.8	− 4 42 55.1	0.463 5304	19	119 09 12.1	+ 6 37 10.7	0.321 4436
5	273 16 59.1	− 4 57 46.0	0.462 0654	20	124 55 33.6	+ 6 48 55.7	0.325 5271
6	276 06 19.1	− 5 12 00.1	0.460 3265	21	130 33 09.1	+ 6 56 25.4	0.329 9982
7	278 57 09.7	− 5 25 35.4	0.458 3157	22	136 01 30.5	+ 6 59 53.9	0.334 8047
8	281 49 44.3	− 5 38 29.8	0.456 0358	23	141 20 19.9	+ 6 59 38.7	0.339 8946
9	284 44 16.7	− 5 50 40.7	0.453 4898	24	146 29 29.2	+ 6 55 59.3	0.345 2169
10	287 41 00.9	− 6 02 05.4	0.450 6812	25	151 28 58.7	+ 6 49 16.1	0.350 7230
11	290 40 11.7	− 6 12 40.9	0.447 6142	26	156 18 55.9	+ 6 39 49.7	0.356 3665
12	293 42 04.0	− 6 22 24.0	0.444 2935	27	160 59 33.7	+ 6 28 00.1	0.362 1041
13	296 46 53.6	− 6 31 10.9	0.440 7247	28	165 31 09.7	+ 6 14 06.1	0.367 8958
14	299 54 56.7	− 6 38 57.8	0.436 9140	29	169 54 04.8	+ 5 58 25.6	0.373 7045
15	303 06 30.2	− 6 45 40.1	0.432 8686	Mar. 1	174 08 42.1	+ 5 41 14.8	0.379 4967
16	306 21 51.8	− 6 51 13.2	0.428 5966	2	178 15 26.5	+ 5 22 48.3	0.385 2415
17	309 41 19.7	− 6 55 31.8	0.424 1071	3	182 14 43.5	+ 5 03 19.4	0.390 9115
18	313 05 13.0	− 6 58 30.2	0.419 4107	4	186 06 59.0	+ 4 42 59.6	0.396 4817
19	316 33 51.2	− 7 00 02.1	0.414 5191	5	189 52 39.0	+ 4 21 59.3	0.401 9298
20	320 07 34.9	− 7 00 01.1	0.409 4458	6	193 32 08.8	+ 4 00 27.6	0.407 2359
21	323 46 45.0	− 6 58 19.9	0.404 2057	7	197 05 53.4	+ 3 38 32.2	0.412 3821
22	327 31 43.3	− 6 54 50.9	0.398 8157	8	200 34 16.9	+ 3 16 19.9	0.417 3528
23	331 22 51.8	− 6 49 26.3	0.393 2949	9	203 57 42.4	+ 2 53 56.8	0.422 1338
24	335 20 33.0	− 6 41 57.6	0.387 6645	10	207 16 32.2	+ 2 31 27.8	0.426 7126
25	339 25 09.3	− 6 32 16.3	0.381 9483	11	210 31 07.7	+ 2 08 57.4	0.431 0784
26	343 37 03.3	− 6 20 13.9	0.376 1727	12	213 41 49.3	+ 1 46 29.3	0.435 2213
27	347 56 36.8	− 6 05 41.7	0.370 3672	13	216 48 56.5	+ 1 24 06.9	0.439 1327
28	352 24 10.6	− 5 48 32.0	0.364 5639	14	219 52 47.9	+ 1 01 52.8	0.442 8053
29	357 00 04.2	− 5 28 37.3	0.358 7986	15	222 53 41.2	+ 0 39 49.6	0.446 2322
30	1 44 34.8	− 5 05 51.7	0.353 1099	16	225 51 53.4	+ 0 17 59.4	0.449 4077
31	6 37 56.7	− 4 40 11.0	0.347 5399	17	228 47 40.9	− 0 03 36.0	0.452 3267
Feb. 1	11 40 20.4	− 4 11 33.4	0.342 1336	18	231 41 19.3	− 0 24 55.1	0.454 9849
2	16 51 51.4	− 3 40 00.2	0.336 9387	19	234 33 03.4	− 0 45 56.2	0.457 3784
3	22 12 29.6	− 3 05 36.5	0.332 0054	20	237 23 07.9	− 1 06 38.2	0.459 5040
4	27 42 07.6	− 2 28 31.9	0.327 3851	21	240 11 46.7	− 1 26 59.8	0.461 3588
5	33 20 30.0	− 1 49 01.2	0.323 1304	22	242 59 13.3	− 1 46 59.9	0.462 9406
6	39 07 12.0	− 1 07 24.9	0.319 2929	23	245 45 41.0	− 2 06 37.5	0.464 2473
7	45 01 38.9	− 0 24 09.3	0.315 9227	24	248 31 22.7	− 2 25 51.5	0.465 2775
8	51 03 05.6	+ 0 20 13.6	0.313 0664	25	251 16 31.0	− 2 44 41.0	0.466 0300
9	57 10 36.0	+ 1 05 06.9	0.310 7656	26	254 01 18.3	− 3 03 04.7	0.466 5038
10	63 23 04.1	+ 1 49 49.6	0.309 0554	27	256 45 57.1	− 3 21 01.7	0.466 6985
11	69 39 14.5	+ 2 33 38.3	0.307 9626	28	259 30 39.5	− 3 38 30.9	0.466 6139
12	75 57 44.2	+ 3 15 49.1	0.307 5048	29	262 15 37.8	− 3 55 31.0	0.466 2500
13	82 17 05.0	+ 3 55 39.8	0.307 6895	30	265 01 04.0	− 4 12 00.8	0.465 6072
14	88 35 45.9	+ 4 32 31.8	0.308 5137	31	267 47 10.6	− 4 27 58.8	0.464 6863
15	94 52 16.4	+ 5 05 52.1	0.309 9640	Apr. 1	270 34 09.9	− 4 43 23.5	0.463 4884

MERCURY, 2020

HELIOCENTRIC POSITIONS FOR 0ʰ BARYCENTRIC DYNAMICAL TIME
MEAN EQUINOX AND ECLIPTIC OF J2000.0

Date	Longitude	Latitude	True Heliocentric Distance	Date	Longitude	Latitude	True Heliocentric Distance
	° ′ ″	° ′ ″	au		° ′ ″	° ′ ″	au
Apr. 1	270 34 09.9	− 4 43 23.5	0.463 4884	May 17	119 20 05.2	+ 6 37 36.6	0.321 5657
2	273 22 14.4	− 4 58 13.2	0.462 0148	18	125 06 10.6	+ 6 49 13.5	0.325 6620
3	276 11 37.0	− 5 12 26.1	0.460 2673	19	130 43 29.2	+ 6 56 35.3	0.330 1442
4	279 02 30.7	− 5 26 00.2	0.458 2481	20	136 11 32.8	+ 6 59 56.6	0.334 9602
5	281 55 08.8	− 5 38 53.2	0.455 9599	21	141 30 04.1	+ 6 59 34.8	0.340 0579
6	284 49 45.1	− 5 51 02.7	0.453 4056	22	146 38 55.3	+ 6 55 49.4	0.345 3866
7	287 46 33.8	− 6 02 25.9	0.450 5888	23	151 38 06.8	+ 6 49 00.8	0.350 8975
8	290 45 49.3	− 6 12 59.9	0.447 5139	24	156 27 46.3	+ 6 39 29.7	0.356 5444
9	293 47 47.0	− 6 22 41.3	0.444 1854	25	161 08 06.9	+ 6 27 35.9	0.362 2842
10	296 52 42.4	− 6 31 26.4	0.440 6090	26	165 39 26.4	+ 6 13 38.4	0.368 0768
11	300 00 51.8	− 6 39 11.3	0.436 7909	27	170 02 05.6	+ 5 57 54.8	0.373 8854
12	303 12 32.3	− 6 45 51.6	0.432 7383	28	174 16 27.9	+ 5 40 41.5	0.379 6763
13	306 28 01.3	− 6 51 22.4	0.428 4593	29	178 22 58.0	+ 5 22 12.9	0.385 4191
14	309 47 37.3	− 6 55 38.5	0.423 9632	30	182 22 01.4	+ 5 02 42.2	0.391 0863
15	313 11 39.1	− 6 58 34.3	0.419 2606	31	186 14 04.3	+ 4 42 21.0	0.396 6529
16	316 40 26.6	− 7 00 03.5	0.414 3632	June 1	189 59 32.4	+ 4 21 19.6	0.402 0967
17	320 14 20.2	− 6 59 59.4	0.409 2844	2	193 38 51.2	+ 3 59 47.0	0.407 3980
18	323 53 40.9	− 6 58 14.9	0.404 0394	3	197 12 25.5	+ 3 37 51.0	0.412 5389
19	327 38 50.4	− 6 54 42.5	0.398 6451	4	200 40 39.4	+ 3 15 38.3	0.417 5037
20	331 30 10.8	− 6 49 14.1	0.393 1206	5	204 03 56.1	+ 2 53 14.9	0.422 2785
21	335 28 04.6	− 6 41 41.4	0.387 4873	6	207 22 37.7	+ 2 30 45.8	0.426 8508
22	339 32 54.4	− 6 31 55.8	0.381 7689	7	210 37 05.7	+ 2 08 15.4	0.431 2097
23	343 45 02.4	− 6 19 48.8	0.375 9920	8	213 47 40.5	+ 1 45 47.5	0.435 3454
24	348 04 50.5	− 6 05 11.9	0.370 1861	9	216 54 41.4	+ 1 23 25.3	0.439 2495
25	352 32 39.6	− 5 47 57.1	0.364 3836	10	219 58 27.0	+ 1 01 11.5	0.442 9144
26	357 08 49.1	− 5 27 57.1	0.358 6202	11	222 59 15.1	+ 0 39 08.7	0.446 3335
27	1 53 36.1	− 5 05 06.1	0.352 9347	12	225 57 22.7	+ 0 17 18.9	0.449 5010
28	6 47 14.7	− 4 39 19.9	0.347 3692	13	228 53 06.1	− 0 04 16.1	0.452 4120
29	11 49 55.3	− 4 10 36.8	0.341 9688	14	231 46 40.7	− 0 25 34.6	0.455 0620
30	17 01 43.4	− 3 38 58.2	0.336 7815	15	234 38 21.6	− 0 46 35.1	0.457 4472
May 1	22 22 38.6	− 3 04 29.3	0.331 8572	16	237 28 23.3	− 1 07 16.5	0.459 5643
2	27 52 33.1	− 2 27 19.9	0.327 2477	17	240 16 59.8	− 1 27 37.5	0.461 4107
3	33 31 11.3	− 1 47 45.0	0.323 0053	18	243 04 24.4	− 1 47 36.9	0.462 9839
4	39 18 08.3	− 1 06 05.2	0.319 1818	19	245 50 50.6	− 2 07 13.8	0.464 2821
5	45 12 48.9	− 0 22 47.0	0.315 8270	20	248 36 31.2	− 2 26 27.1	0.465 3036
6	51 14 27.6	+ 0 21 37.4	0.312 9876	21	251 21 38.7	− 2 45 15.7	0.466 0475
7	57 22 08.2	+ 1 06 31.0	0.310 7048	22	254 06 25.7	− 3 03 38.7	0.466 5127
8	63 34 44.2	+ 1 51 12.6	0.309 0135	23	256 51 04.5	− 3 21 34.8	0.466 6987
9	69 51 00.0	+ 2 34 58.9	0.307 9403	24	259 35 47.4	− 3 39 03.1	0.466 6055
10	76 09 32.4	+ 3 17 05.9	0.307 5024	25	262 20 46.4	− 3 56 02.3	0.466 2330
11	82 28 53.1	+ 3 56 51.6	0.307 7072	26	265 06 13.8	− 4 12 31.1	0.465 5816
12	88 47 31.1	+ 4 33 37.5	0.308 5511	27	267 52 21.9	− 4 28 28.1	0.464 6522
13	95 03 55.9	+ 5 06 50.7	0.310 0206	28	270 39 23.1	− 4 43 51.7	0.463 4458
14	101 16 40.3	+ 5 36 05.4	0.312 0922	29	273 27 30.0	− 4 58 40.3	0.461 9638
15	107 24 23.3	+ 6 01 03.4	0.314 7340	30	276 16 55.3	− 5 12 52.1	0.460 2080
16	113 25 52.4	+ 6 21 34.6	0.317 9068	July 1	279 07 52.1	− 5 26 24.9	0.458 1806
17	119 20 05.2	+ 6 37 36.6	0.321 5657	2	282 00 33.8	− 5 39 16.6	0.455 8842

MERCURY, 2020

HELIOCENTRIC POSITIONS FOR 0ʰ BARYCENTRIC DYNAMICAL TIME
MEAN EQUINOX AND ECLIPTIC OF J2000.0

Date	Longitude	Latitude	True Heliocentric Distance	Date	Longitude	Latitude	True Heliocentric Distance
	° ′ ″	° ′ ″	au		° ′ ″	° ′ ″	au
July 1	279 07 52.1	− 5 26 24.9	0.458 1806	Aug. 16	136 21 17.0	+ 6 59 58.9	0.335 1129
2	282 00 33.8	− 5 39 16.6	0.455 8842	17	141 39 30.7	+ 6 59 30.6	0.340 2178
3	284 55 14.1	− 5 51 24.7	0.453 3219	18	146 48 04.1	+ 6 55 39.4	0.345 5522
4	287 52 07.1	− 6 02 46.4	0.450 4973	19	151 46 58.2	+ 6 48 45.6	0.351 0673
5	290 51 27.5	− 6 13 18.7	0.447 4146	20	156 36 20.6	+ 6 39 09.8	0.356 7172
6	293 53 30.5	− 6 22 58.4	0.444 0786	21	161 16 24.7	+ 6 27 12.0	0.362 4587
7	296 58 31.7	− 6 31 41.7	0.440 4948	22	165 47 28.2	+ 6 13 11.1	0.368 2519
8	300 06 47.5	− 6 39 24.6	0.436 6696	23	170 09 52.2	+ 5 57 24.6	0.374 0600
9	303 18 34.8	− 6 46 02.8	0.432 6102	24	174 23 59.9	+ 5 40 08.7	0.379 8496
10	306 34 11.2	− 6 51 31.4	0.428 3247	25	178 30 16.3	+ 5 21 38.0	0.385 5901
11	309 53 55.0	− 6 55 45.1	0.423 8224	26	182 29 06.9	+ 5 02 05.6	0.391 2543
12	313 18 05.4	− 6 58 38.2	0.419 1139	27	186 20 57.7	+ 4 41 43.1	0.396 8172
13	316 47 02.0	− 7 00 04.5	0.414 2111	28	190 06 14.5	+ 4 20 40.6	0.402 2567
14	320 21 05.3	− 6 59 57.4	0.409 1274	29	193 45 22.7	+ 3 59 07.2	0.407 5532
15	324 00 36.3	− 6 58 09.7	0.403 8779	30	197 18 47.2	+ 3 37 10.5	0.412 6888
16	327 45 56.8	− 6 54 33.8	0.398 4797	31	200 46 52.0	+ 3 14 57.4	0.417 6479
17	331 37 28.9	− 6 49 01.6	0.392 9520	Sept. 1	204 10 00.3	+ 2 52 33.8	0.422 4166
18	335 35 35.0	− 6 41 24.9	0.387 3160	2	207 28 34.2	+ 2 30 04.5	0.426 9824
19	339 40 37.7	− 6 31 35.0	0.381 5959	3	210 42 55.1	+ 2 07 34.2	0.431 3346
20	343 52 59.2	− 6 19 23.5	0.375 8181	4	213 53 23.3	+ 1 45 06.3	0.435 4633
21	348 13 01.6	− 6 04 41.8	0.370 0123	5	217 00 18.3	+ 1 22 44.3	0.439 3602
22	352 41 05.4	− 5 47 22.0	0.364 2109	6	220 03 58.5	+ 1 00 30.8	0.443 0177
23	357 17 30.1	− 5 27 16.9	0.358 4497	7	223 04 41.8	+ 0 38 28.3	0.446 4293
24	2 02 32.7	− 5 04 20.5	0.352 7676	8	226 02 45.0	+ 0 16 38.9	0.449 5891
25	6 56 27.4	− 4 38 28.9	0.347 2069	9	228 58 24.4	− 0 04 55.6	0.452 4923
26	11 59 24.1	− 4 09 40.4	0.341 8128	10	231 51 55.6	− 0 26 13.6	0.455 1343
27	17 11 28.4	− 3 37 56.5	0.336 6330	11	234 43 33.5	− 0 47 13.6	0.457 5114
28	22 32 39.5	− 3 03 22.6	0.331 7180	12	237 33 32.7	− 1 07 54.4	0.459 6205
29	28 02 49.6	− 2 26 08.6	0.327 1192	13	240 22 06.9	− 1 28 14.7	0.461 4587
30	33 41 42.7	− 1 46 29.6	0.322 8890	14	243 09 29.8	− 1 48 13.5	0.463 0237
31	39 28 53.6	− 1 04 46.5	0.319 0793	15	245 55 54.6	− 2 07 49.7	0.464 3136
Aug. 1	45 23 46.8	− 0 21 25.9	0.315 7397	16	248 41 34.1	− 2 27 02.2	0.465 3269
2	51 25 36.5	+ 0 22 59.9	0.312 9167	17	251 26 41.0	− 2 45 50.1	0.466 0624
3	57 33 26.3	+ 1 07 53.6	0.310 6514	18	254 11 27.8	− 3 04 12.2	0.466 5192
4	63 46 09.2	+ 1 52 34.0	0.308 9785	19	256 56 06.7	− 3 22 07.6	0.466 6969
5	70 02 29.5	+ 2 36 17.7	0.307 9243	20	259 40 50.0	− 3 39 35.0	0.466 5953
6	76 21 03.8	+ 3 18 21.0	0.307 5057	21	262 25 49.8	− 3 56 33.3	0.466 2145
7	82 40 23.8	+ 3 58 01.6	0.307 7297	22	265 11 18.4	− 4 13 01.1	0.465 5548
8	88 58 58.2	+ 4 34 41.3	0.308 5926	23	267 57 28.1	− 4 28 57.1	0.464 6171
9	95 15 16.9	+ 5 07 47.5	0.310 0803	24	270 44 31.2	− 4 44 19.6	0.463 4025
10	101 27 52.6	+ 5 36 54.6	0.312 1693	25	273 32 40.4	− 4 59 07.1	0.461 9123
11	107 35 24.7	+ 6 01 44.5	0.314 8274	26	276 22 08.4	− 5 13 17.7	0.460 1483
12	113 36 40.9	+ 6 22 07.6	0.318 0151	27	279 13 08.3	− 5 26 49.3	0.458 1128
13	119 30 39.2	+ 6 38 01.3	0.321 6875	28	282 05 53.4	− 5 39 39.7	0.455 8085
14	125 16 28.8	+ 6 49 30.3	0.325 7956	29	285 00 37.6	− 5 51 46.4	0.453 2383
15	130 53 30.7	+ 6 56 44.7	0.330 2882	30	287 57 34.9	− 6 03 06.6	0.450 4059
16	136 21 17.0	+ 6 59 58.9	0.335 1129	Oct. 1	290 57 00.2	− 6 13 37.4	0.447 3155

MERCURY, 2020

HELIOCENTRIC POSITIONS FOR 0ʰ BARYCENTRIC DYNAMICAL TIME
MEAN EQUINOX AND ECLIPTIC OF J2000.0

Date		Longitude	Latitude	True Heliocentric Distance	Date		Longitude	Latitude	True Heliocentric Distance
		° ′ ″	° ′ ″	au			° ′ ″	° ′ ″	au
Oct.	1	290 57 00.2	− 6 13 37.4	0.447 3155	Nov.	16	156 45 02.8	+ 6 38 49.8	0.356 8910
	2	293 59 08.4	− 6 23 15.4	0.443 9721		17	161 24 50.1	+ 6 26 47.9	0.362 6347
	3	297 04 15.3	− 6 31 56.9	0.440 3810		18	165 55 37.5	+ 6 12 43.5	0.368 4288
	4	300 12 37.3	− 6 39 37.9	0.436 5487		19	170 17 46.0	+ 5 56 54.0	0.374 2369
	5	303 24 31.3	− 6 46 14.0	0.432 4823		20	174 31 39.0	+ 5 39 35.6	0.380 0254
	6	306 40 15.0	− 6 51 40.3	0.428 1902		21	178 37 41.4	+ 5 21 02.9	0.385 7641
	7	310 00 06.7	− 6 55 51.6	0.423 6816		22	182 36 18.8	+ 5 01 28.7	0.391 4255
	8	313 24 25.5	− 6 58 42.1	0.418 9671		23	186 27 57.2	+ 4 41 04.8	0.396 9850
	9	316 53 31.1	− 7 00 05.7	0.414 0586		24	190 13 02.4	+ 4 20 01.3	0.402 4205
	10	320 27 44.1	− 6 59 55.6	0.408 9696		25	193 51 59.8	+ 3 58 27.0	0.407 7123
	11	324 07 25.5	− 6 58 04.7	0.403 7154		26	197 25 14.2	+ 3 36 29.7	0.412 8428
	12	327 52 56.9	− 6 54 25.3	0.398 3130		27	200 53 09.6	+ 3 14 16.2	0.417 7963
	13	331 44 40.7	− 6 48 49.4	0.392 7817		28	204 16 09.1	+ 2 51 52.3	0.422 5590
	14	335 42 59.1	− 6 41 08.7	0.387 1429		29	207 34 35.0	+ 2 29 23.0	0.427 1186
	15	339 48 14.8	− 6 31 14.7	0.381 4206		30	210 48 48.5	+ 2 06 52.6	0.431 4641
	16	344 00 50.1	− 6 18 58.7	0.375 6415	Dec.	1	213 59 09.9	+ 1 44 24.9	0.435 5859
	17	348 21 06.8	− 6 04 12.3	0.369 8353		2	217 05 58.6	+ 1 22 03.1	0.439 4756
	18	352 49 25.6	− 5 46 47.5	0.364 0346		3	220 09 33.1	+ 0 59 50.0	0.443 1257
	19	357 26 05.8	− 5 26 37.2	0.358 2753		4	223 10 11.3	+ 0 37 47.8	0.446 5297
	20	2 11 24.4	− 5 03 35.5	0.352 5963		5	226 08 09.8	+ 0 15 58.9	0.449 6818
	21	7 05 35.4	− 4 37 38.6	0.347 0400		6	229 03 45.1	− 0 05 35.1	0.452 5771
	22	12 08 48.8	− 4 08 44.7	0.341 6516		7	231 57 12.6	− 0 26 52.6	0.455 2111
	23	17 21 09.8	− 3 36 55.5	0.336 4792		8	234 48 47.2	− 0 47 52.0	0.457 5801
	24	22 42 37.4	− 3 02 16.5	0.331 5730		9	237 38 43.5	− 1 08 32.2	0.459 6809
	25	28 13 03.7	− 2 24 57.7	0.326 9847		10	240 27 15.4	− 1 28 51.9	0.461 5108
	26	33 52 12.4	− 1 45 14.6	0.322 7666		11	243 14 36.3	− 1 48 50.0	0.463 0674
	27	39 39 37.9	− 1 03 28.1	0.318 9705		12	246 00 59.5	− 2 08 25.5	0.464 3489
	28	45 34 44.5	− 0 20 05.1	0.315 6460		13	248 46 37.8	− 2 27 37.3	0.465 3537
	29	51 36 46.1	+ 0 24 22.1	0.312 8394		14	251 31 43.9	− 2 46 24.4	0.466 0806
	30	57 44 45.8	+ 1 09 16.0	0.310 5917		15	254 16 30.2	− 3 04 45.7	0.466 5290
	31	63 57 36.5	+ 1 53 55.4	0.308 9373		16	257 01 09.0	− 3 22 40.2	0.466 6981
Nov.	1	70 14 02.1	+ 2 37 36.7	0.307 9022		17	259 45 52.6	− 3 40 06.7	0.466 5879
	2	76 32 39.2	+ 3 19 36.1	0.307 5032		18	262 30 53.1	− 3 57 04.1	0.466 1985
	3	82 51 59.0	+ 3 59 11.7	0.307 7468		19	265 16 22.8	− 4 13 31.0	0.465 5303
	4	89 10 30.7	+ 4 35 45.4	0.308 6289		20	268 02 33.9	− 4 29 25.9	0.464 5841
	5	95 26 43.8	+ 5 08 44.6	0.310 1354		21	270 49 38.8	− 4 44 47.4	0.463 3609
	6	101 39 11.4	+ 5 37 44.0	0.312 2422		22	273 37 50.2	− 4 59 33.8	0.461 8622
	7	107 46 33.1	+ 6 02 25.9	0.314 9170		23	276 27 20.8	− 5 13 43.3	0.460 0899
	8	113 47 36.8	+ 6 22 40.7	0.318 1201		24	279 18 23.7	− 5 27 13.6	0.458 0461
	9	119 41 20.9	+ 6 38 26.3	0.321 8065		25	282 11 12.2	− 5 40 02.7	0.455 7334
	10	125 26 54.9	+ 6 49 47.3	0.325 9271		26	285 06 00.3	− 5 52 08.0	0.453 1551
	11	131 03 40.2	+ 6 56 54.1	0.330 4305		27	288 03 01.9	− 6 03 26.8	0.450 3146
	12	136 31 09.3	+ 7 00 01.2	0.335 2646		28	291 02 31.9	− 6 13 56.0	0.447 2164
	13	141 49 05.3	+ 6 59 26.4	0.340 3772		29	294 04 45.4	− 6 23 32.2	0.443 8651
	14	146 57 21.1	+ 6 55 29.3	0.345 7178		30	297 09 58.0	− 6 32 11.9	0.440 2665
	15	151 55 57.6	+ 6 48 30.2	0.351 2377		31	300 18 26.3	− 6 39 51.0	0.436 4268
	16	156 45 02.8	+ 6 38 49.8	0.356 8910		32	303 30 27.1	− 6 46 25.0	0.432 3533

VENUS, 2020

HELIOCENTRIC POSITIONS FOR 0ʰ BARYCENTRIC DYNAMICAL TIME
MEAN EQUINOX AND ECLIPTIC OF J2000.0

Date	Longitude	Latitude	True Heliocentric Distance	Date	Longitude	Latitude	True Heliocentric Distance
	° ′ ″	° ′ ″	au		° ′ ″	° ′ ″	au
Jan. 0	2 33 52.6	− 3 15 51.7	0.726 3730	Apr. 1	150 45 59.8	+ 3 15 56.4	0.718 7201
2	5 44 51.0	− 3 12 27.6	0.726 1563	3	154 00 59.9	+ 3 18 46.5	0.718 8177
4	8 55 55.1	− 3 08 27.8	0.725 9307	5	157 15 57.5	+ 3 20 58.2	0.718 9296
6	12 07 04.9	− 3 03 53.1	0.725 6970	7	160 30 52.0	+ 3 22 31.2	0.719 0554
8	15 18 20.4	− 2 58 44.0	0.725 4558	9	163 45 42.7	+ 3 23 25.2	0.719 1946
10	18 29 41.8	− 2 53 01.6	0.725 2079	11	167 00 28.9	+ 3 23 40.2	0.719 3469
12	21 41 09.1	− 2 46 46.8	0.724 9540	13	170 15 09.9	+ 3 23 16.0	0.719 5117
14	24 52 42.5	− 2 40 00.8	0.724 6949	15	173 29 45.0	+ 3 22 12.9	0.719 6886
16	28 04 22.0	− 2 32 44.6	0.724 4315	17	176 44 13.7	+ 3 20 31.0	0.719 8769
18	31 16 07.6	− 2 24 59.7	0.724 1646	19	179 58 35.3	+ 3 18 10.9	0.720 0760
20	34 27 59.6	− 2 16 47.4	0.723 8949	21	183 12 49.3	+ 3 15 12.9	0.720 2853
22	37 39 57.9	− 2 08 09.2	0.723 6233	23	186 26 55.1	+ 3 11 37.8	0.720 5041
24	40 52 02.6	− 1 59 06.6	0.723 3506	25	189 40 52.1	+ 3 07 26.3	0.720 7318
26	44 04 13.9	− 1 49 41.3	0.723 0778	27	192 54 40.1	+ 3 02 39.2	0.720 9676
28	47 16 31.9	− 1 39 55.0	0.722 8057	29	196 08 18.5	+ 2 57 17.7	0.721 2107
30	50 28 56.6	− 1 29 49.5	0.722 5351	May 1	199 21 47.0	+ 2 51 22.7	0.721 4604
Feb. 1	53 41 28.1	− 1 19 26.6	0.722 2668	3	202 35 05.3	+ 2 44 55.5	0.721 7159
3	56 54 06.5	− 1 08 48.3	0.722 0018	5	205 48 13.2	+ 2 37 57.4	0.721 9764
5	60 06 51.9	− 0 57 56.6	0.721 7409	7	209 01 10.4	+ 2 30 29.7	0.722 2410
7	63 19 44.4	− 0 46 53.5	0.721 4848	9	212 13 56.7	+ 2 22 34.1	0.722 5090
9	66 32 43.9	− 0 35 41.1	0.721 2344	11	215 26 32.3	+ 2 14 11.9	0.722 7794
11	69 45 50.6	− 0 24 21.5	0.720 9906	13	218 38 56.9	+ 2 05 24.9	0.723 0515
13	72 59 04.5	− 0 12 56.8	0.720 7540	15	221 51 10.6	+ 1 56 14.8	0.723 3244
15	76 12 25.6	− 0 01 29.2	0.720 5254	17	225 03 13.5	+ 1 46 43.4	0.723 5972
17	79 25 53.9	+ 0 09 59.2	0.720 3056	19	228 15 05.7	+ 1 36 52.4	0.723 8692
19	82 39 29.4	+ 0 21 26.0	0.720 0953	21	231 26 47.4	+ 1 26 43.9	0.724 1394
21	85 53 11.9	+ 0 32 49.1	0.719 8951	23	234 38 18.8	+ 1 16 19.6	0.724 4070
23	89 07 01.5	+ 0 44 06.4	0.719 7057	25	237 49 40.3	+ 1 05 41.6	0.724 6712
25	92 20 58.0	+ 0 55 15.6	0.719 5277	27	241 00 52.1	+ 0 54 51.8	0.724 9312
27	95 35 01.2	+ 1 06 14.5	0.719 3616	29	244 11 54.6	+ 0 43 52.4	0.725 1862
29	98 49 11.1	+ 1 17 01.1	0.719 2081	31	247 22 48.2	+ 0 32 45.3	0.725 4354
Mar. 2	102 03 27.3	+ 1 27 33.2	0.719 0676	June 2	250 33 33.3	+ 0 21 32.6	0.725 6781
4	105 17 49.7	+ 1 37 48.7	0.718 9406	4	253 44 10.4	+ 0 10 16.3	0.725 9134
6	108 32 18.0	+ 1 47 45.7	0.718 8274	6	256 54 40.0	− 0 01 01.4	0.726 1408
8	111 46 51.7	+ 1 57 22.2	0.718 7284	8	260 05 02.7	− 0 12 18.5	0.726 3595
10	115 01 30.6	+ 2 06 36.3	0.718 6441	10	263 15 18.8	− 0 23 32.9	0.726 5687
12	118 16 14.3	+ 2 15 26.1	0.718 5745	12	266 25 29.1	− 0 34 42.6	0.726 7680
14	121 31 02.3	+ 2 23 50.1	0.718 5200	14	269 35 33.9	0 45 15.6	0.726 9567
16	124 45 54.2	+ 2 31 46.3	0.718 4808	16	272 45 34.1	− 0 56 39.9	0.727 1342
18	128 00 49.3	+ 2 39 13.5	0.718 4569	18	275 55 30.0	− 1 07 23.5	0.727 2999
20	131 15 47.3	+ 2 46 09.9	0.718 4485	20	279 05 22.3	− 1 17 54.5	0.727 4535
22	134 30 47.5	+ 2 52 34.4	0.718 4555	22	282 15 11.5	− 1 28 11.0	0.727 5943
24	137 45 49.3	+ 2 58 25.5	0.718 4780	24	285 24 58.3	− 1 38 11.2	0.727 7220
26	141 00 52.1	+ 3 03 42.3	0.718 5159	26	288 34 43.1	− 1 47 53.2	0.727 8361
28	144 15 55.3	+ 3 08 23.6	0.718 5690	28	291 44 26.5	− 1 57 15.3	0.727 9364
30	147 30 58.1	+ 3 12 28.6	0.718 6371	30	294 54 09.1	− 2 06 15.9	0.728 0226
Apr. 1	150 45 59.8	+ 3 15 56.4	0.718 7201	July 2	298 03 51.4	− 2 14 53.4	0.728 0942

HELIOCENTRIC POSITIONS FOR 0ʰ BARYCENTRIC DYNAMICAL TIME
MEAN EQUINOX AND ECLIPTIC OF J2000.0

Date	Longitude	Latitude	True Heliocentric Distance	Date	Longitude	Latitude	True Heliocentric Distance
	° ′ ″	° ′ ″	au		° ′ ″	° ′ ″	au
July 2	298 03 51.4	− 2 14 53.4	0.728 0942	Oct. 2	84 44 49.9	+ 0 28 49.0	0.719 9583
4	301 13 33.8	− 2 23 06.1	0.728 1513	4	87 58 37.2	+ 0 40 08.6	0.719 7628
6	304 23 16.9	− 2 30 52.7	0.728 1935	6	91 12 31.6	+ 0 51 20.8	0.719 5784
8	307 33 01.1	− 2 38 11.7	0.728 2207	8	94 26 32.8	+ 1 02 23.6	0.719 4059
10	310 42 46.8	− 2 45 01.7	0.728 2329	10	97 40 40.8	+ 1 13 14.8	0.719 2457
12	313 52 34.5	− 2 51 21.7	0.728 2300	12	100 54 55.4	+ 1 23 52.3	0.719 0985
14	317 02 24.5	− 2 57 10.4	0.728 2120	14	104 09 16.2	+ 1 34 13.9	0.718 9645
16	320 12 17.1	− 3 02 26.8	0.728 1790	16	107 23 43.0	+ 1 44 17.7	0.718 8444
18	323 22 12.8	− 3 07 09.8	0.728 1310	18	110 38 15.6	+ 1 54 01.7	0.718 7385
20	326 32 11.9	− 3 11 18.7	0.728 0682	20	113 52 53.5	+ 2 03 23.9	0.718 6470
22	329 42 14.5	− 3 14 52.6	0.727 9908	22	117 07 36.4	+ 2 12 22.5	0.718 5704
24	332 52 21.0	− 3 17 51.0	0.727 8990	24	120 22 23.8	+ 2 20 55.8	0.718 5089
26	336 02 31.6	− 3 20 13.1	0.727 7931	26	123 37 15.4	+ 2 29 02.0	0.718 4627
28	339 12 46.6	− 3 21 58.6	0.727 6734	28	126 52 10.4	+ 2 36 39.6	0.718 4319
30	342 23 06.1	− 3 23 07.1	0.727 5402	30	130 07 08.6	+ 2 43 47.0	0.718 4166
Aug. 1	345 33 30.3	− 3 23 38.3	0.727 3940	Nov. 1	133 22 09.2	+ 2 50 22.9	0.718 4169
3	348 43 59.4	− 3 23 32.2	0.727 2352	3	136 37 11.6	+ 2 56 25.9	0.718 4328
5	351 54 33.4	− 3 22 48.6	0.727 0643	5	139 52 15.3	+ 3 01 54.9	0.718 4642
7	355 05 12.7	− 3 21 27.6	0.726 8817	7	143 07 19.6	+ 3 06 48.8	0.718 5110
9	358 15 57.2	− 3 19 29.5	0.726 6881	9	146 22 23.9	+ 3 11 06.7	0.718 5731
11	1 26 47.1	− 3 16 54.6	0.726 4840	11	149 37 27.4	+ 3 14 47.7	0.718 6502
13	4 37 42.4	− 3 13 43.3	0.726 2701	13	152 52 29.4	+ 3 17 51.0	0.718 7422
15	7 48 43.4	− 3 09 56.0	0.726 0469	15	156 07 29.2	+ 3 20 16.3	0.718 8487
17	10 59 50.0	− 3 05 33.4	0.725 8152	17	159 22 26.2	+ 3 22 02.9	0.718 9693
19	14 11 02.4	− 3 00 36.3	0.725 5757	19	162 37 19.7	+ 3 23 10.7	0.719 1038
21	17 22 20.7	− 2 55 05.6	0.725 3291	21	165 52 08.8	+ 3 23 39.3	0.719 2515
23	20 33 44.9	− 2 49 02.1	0.725 0761	23	169 06 53.0	+ 3 23 28.8	0.719 4121
25	23 45 15.1	− 2 42 27.0	0.724 8176	25	172 21 31.6	+ 3 22 39.3	0.719 5851
27	26 56 51.4	− 2 35 21.3	0.724 5544	27	175 36 03.9	+ 3 21 11.0	0.719 7698
29	30 08 33.9	− 2 27 46.4	0.724 2872	29	178 50 29.4	+ 3 19 04.2	0.719 9657
31	33 20 22.7	− 2 19 43.6	0.724 0168	Dec. 1	182 04 47.3	+ 3 16 19.3	0.720 1722
Sept. 2	36 32 17.9	− 2 11 14.4	0.723 7442	3	185 18 57.2	+ 3 12 57.1	0.720 3886
4	39 44 19.6	− 2 02 20.2	0.723 4702	5	188 32 58.6	+ 3 08 58.2	0.720 6141
6	42 56 27.9	− 1 53 02.7	0.723 1956	7	191 46 51.0	+ 3 04 23.5	0.720 8481
8	46 08 42.8	− 1 43 23.6	0.722 9213	9	195 00 33.9	+ 2 59 13.8	0.721 0898
10	49 21 04.5	− 1 33 24.7	0.722 6482	11	198 14 07.0	+ 2 53 30.4	0.721 3385
12	52 33 33.0	− 1 23 07.8	0.722 3770	13	201 27 29.9	+ 2 47 14.2	0.721 5934
14	55 46 08.5	− 1 12 34.8	0.722 1087	15	204 40 42.4	+ 2 40 26.7	0.721 8535
16	58 58 51.0	− 1 01 47.6	0.721 8441	17	207 53 44.3	+ 2 33 09.2	0.722 1182
18	62 11 40.6	− 0 50 48.3	0.721 5841	19	211 06 35.4	+ 2 25 23.1	0.722 3866
20	65 24 37.3	− 0 39 38.9	0.721 3295	21	214 19 15.5	+ 2 17 10.0	0.722 6578
22	68 37 41.3	− 0 28 21.6	0.721 0810	23	217 31 44.7	+ 2 08 31.5	0.722 9310
24	71 50 52.5	− 0 16 58.5	0.720 8395	25	220 44 02.9	+ 1 59 29.2	0.723 2054
26	75 04 10.9	− 0 05 31.6	0.720 6057	27	223 56 10.2	+ 1 50 05.0	0.723 4800
28	78 17 36.7	+ 0 05 56.7	0.720 3805	29	227 08 06.7	+ 1 40 20.6	0.723 7540
30	81 31 09.7	+ 0 17 24.3	0.720 1644	31	230 19 52.6	+ 1 30 17.9	0.724 0265
Oct. 2	84 44 49.9	+ 0 28 49.0	0.719 9583	33	233 31 28.1	+ 1 19 58.9	0.724 2968

MARS, 2020

HELIOCENTRIC POSITIONS FOR 0ʰ BARYCENTRIC DYNAMICAL TIME
MEAN EQUINOX AND ECLIPTIC OF J2000.0

Date		Longitude	Latitude	True Heliocentric Distance	Date		Longitude	Latitude	True Heliocentric Distance
		° ′ ″	° ′ ″	au			° ′ ″	° ′ ″	au
Jan.	0	213 22 54.8	+ 0 30 47.7	1.590 8959	July	2	315 37 15.2	− 1 50 37.2	1.388 8777
	4	215 18 02.4	+ 0 27 12.6	1.586 4491		6	318 08 14.0	− 1 50 50.6	1.387 1559
	8	217 13 49.2	+ 0 23 34.5	1.581 9120		10	320 39 33.8	− 1 50 51.1	1.385 6528
	12	219 10 16.3	+ 0 19 53.4	1.577 2892		14	323 11 11.9	− 1 50 38.7	1.384 3717
	16	221 07 24.7	+ 0 16 09.7	1.572 5856		18	325 43 05.3	− 1 50 13.3	1.383 3156
	20	223 05 15.6	+ 0 12 23.4	1.567 8062		22	328 15 11.0	− 1 49 35.0	1.382 4867
	24	225 03 50.0	+ 0 08 34.9	1.562 9562		26	330 47 26.0	− 1 48 43.7	1.381 8871
	28	227 03 09.0	+ 0 04 44.4	1.558 0410		30	333 19 47.2	− 1 47 39.6	1.381 5180
Feb.	1	229 03 13.5	+ 0 00 52.0	1.553 0661	Aug.	3	335 52 11.6	− 1 46 22.8	1.381 3803
	5	231 04 04.6	− 0 03 02.0	1.548 0372		7	338 24 36.0	− 1 44 53.5	1.381 4743
	9	233 05 43.3	− 0 06 57.2	1.542 9602		11	340 56 57.4	− 1 43 11.8	1.381 7996
	13	235 08 10.4	− 0 10 53.5	1.537 8413		15	343 29 12.6	− 1 41 18.1	1.382 3557
	17	237 11 26.8	− 0 14 50.5	1.532 6866		19	346 01 18.7	− 1 39 12.6	1.383 1412
	21	239 15 33.3	− 0 18 48.0	1.527 5027		23	348 33 12.5	− 1 36 55.6	1.384 1542
	25	241 20 30.9	− 0 22 45.6	1.522 2960		27	351 04 51.1	− 1 34 27.5	1.385 3925
	29	243 26 20.1	− 0 26 43.0	1.517 0734		31	353 36 11.7	− 1 31 48.7	1.386 8532
Mar.	4	245 33 01.6	− 0 30 39.9	1.511 8418	Sept.	4	356 07 11.3	− 1 28 59.7	1.388 5330
	8	247 40 36.2	− 0 34 35.9	1.506 6082		8	358 37 47.2	− 1 26 00.8	1.390 4281
	12	249 49 04.2	− 0 38 30.6	1.501 3800		12	1 07 56.7	− 1 22 52.6	1.392 5344
	16	251 58 26.4	− 0 42 23.8	1.496 1646		16	3 37 37.2	− 1 19 35.6	1.394 8470
	20	254 08 42.9	− 0 46 14.9	1.490 9693		20	6 06 46.3	− 1 16 10.2	1.397 3611
	24	256 19 54.2	− 0 50 03.6	1.485 8019		24	8 35 21.6	− 1 12 37.0	1.400 0710
	28	258 32 00.6	− 0 53 49.5	1.480 6702		28	11 03 20.9	− 1 08 56.6	1.402 9711
Apr.	1	260 45 02.2	− 0 57 32.1	1.475 5820	Oct.	2	13 30 41.9	− 1 05 09.6	1.406 0550
	5	262 58 59.0	− 1 01 11.1	1.470 5453		6	15 57 22.8	− 1 01 16.4	1.409 3165
	9	265 13 51.0	− 1 04 45.9	1.465 5681		10	18 23 21.5	− 0 57 17.6	1.412 7486
	13	267 29 38.2	− 1 08 16.1	1.460 6585		14	20 48 36.5	− 0 53 14.0	1.416 3444
	17	269 46 20.3	− 1 11 41.2	1.455 8247		18	23 13 06.1	− 0 49 05.9	1.420 0967
	21	272 03 56.8	− 1 15 00.9	1.451 0749		22	25 36 48.7	− 0 44 54.0	1.423 9981
	25	274 22 27.5	− 1 18 14.6	1.446 4172		26	27 59 43.1	− 0 40 38.8	1.428 0409
	29	276 41 51.6	− 1 21 21.8	1.441 8599		30	30 21 48.0	− 0 36 20.9	1.432 2173
May	3	279 02 08.5	− 1 24 22.1	1.437 4111	Nov.	3	32 43 02.4	− 0 32 00.8	1.436 5195
	7	281 23 17.4	− 1 27 15.0	1.433 0789		7	35 03 25.3	− 0 27 39.1	1.440 9395
	11	283 45 17.2	− 1 30 00.0	1.428 8714		11	37 22 55.8	− 0 23 16.3	1.445 4692
	15	286 08 07.0	− 1 32 36.7	1.424 7964		15	39 41 33.3	− 0 18 52.9	1.450 1005
	19	288 31 45.4	− 1 35 04.6	1.420 8618		19	41 59 17.2	− 0 14 29.3	1.454 8252
	23	290 56 11.1	− 1 37 23.3	1.417 0753		23	44 16 07.1	− 0 10 06.1	1.459 6353
	27	293 21 22.5	− 1 39 32.4	1.413 4443		27	46 32 02.5	− 0 05 43.6	1.464 3225
	31	295 47 18.2	− 1 41 31.3	1.409 9762	Dec.	1	48 47 03.2	− 0 01 22.4	1.469 4788
June	4	298 13 56.3	− 1 43 19.8	1.406 6779		5	51 01 09.2	+ 0 02 57.1	1.474 4960
	8	300 41 14.9	− 1 44 57.4	1.403 5562		9	53 14 20.3	+ 0 07 14.7	1.479 5661
	12	303 09 12.0	− 1 46 23.8	1.400 6177		13	55 26 36.6	+ 0 11 29.8	1.484 6812
	16	305 37 45.4	− 1 47 38.7	1.397 8686		17	57 37 58.3	+ 0 15 42.2	1.489 8334
	20	308 06 52.9	− 1 48 41.7	1.395 3148		21	59 48 25.6	+ 0 19 51.4	1.495 0151
	24	310 36 32.0	− 1 49 32.6	1.392 9617		25	61 57 58.8	+ 0 23 57.2	1.500 2184
	28	313 06 40.3	− 1 50 11.2	1.390 8144		29	64 06 38.3	+ 0 27 59.3	1.505 4360
July	2	315 37 15.2	− 1 50 37.2	1.388 8777		33	66 14 24.7	+ 0 31 57.4	1.510 6605

JUPITER, SATURN, URANUS, NEPTUNE, 2020 E17

HELIOCENTRIC POSITIONS FOR 0ʰ BARYCENTRIC DYNAMICAL TIME
MEAN EQUINOX AND ECLIPTIC OF J2000.0

Date	Longitude	Latitude	True Heliocentric Distance	Date	Longitude	Latitude	True Heliocentric Distance
		JUPITER				SATURN	
	° ′ ″	° ′ ″	au		° ′ ″	° ′ ″	au
Jan. −8	275 02 14.1	+ 0 07 28.2	5.230 853	Jan. −8	291 57 50.7	+ 0 04 14.9	10.035 233
2	275 51 31.4	+ 0 06 21.1	5.227 214	2	292 15 59.1	+ 0 03 27.6	10.034 235
12	276 40 52.8	+ 0 05 13.9	5.223 567	12	292 34 07.6	+ 0 02 40.4	10.033 221
22	277 30 18.3	+ 0 04 06.6	5.219 914	22	292 52 16.4	+ 0 01 53.1	10.032 191
Feb. 1	278 19 48.0	+ 0 02 59.1	5.216 256	Feb. 1	293 10 25.5	+ 0 01 05.8	10.031 146
11	279 09 21.8	+ 0 01 51.4	5.212 592	11	293 28 34.7	+ 0 00 18.5	10.030 084
21	279 58 59.8	+ 0 00 43.7	5.208 925	21	293 46 44.2	− 0 00 28.8	10.029 007
Mar. 2	280 48 42.1	− 0 00 24.2	5.205 254	Mar. 2	294 04 53.9	− 0 01 16.1	10.027 914
12	281 38 28.6	− 0 01 32.2	5.201 581	12	294 23 03.9	− 0 02 03.4	10.026 805
22	282 28 19.2	− 0 02 40.2	5.197 905	22	294 41 14.1	− 0 02 50.7	10.025 681
Apr. 1	283 18 14.2	− 0 03 48.3	5.194 229	Apr. 1	294 59 24.5	− 0 03 38.1	10.024 541
11	284 08 13.4	− 0 04 56.4	5.190 552	11	295 17 35.3	− 0 04 25.4	10.023 385
21	284 58 16.9	− 0 06 04.6	5.186 876	21	295 35 46.2	− 0 05 12.8	10.022 213
May 1	285 48 24.6	− 0 07 12.8	5.183 201	May 1	295 53 57.5	− 0 06 00.1	10.021 025
11	286 38 36.6	− 0 08 21.0	5.179 528	11	296 12 08.9	− 0 06 47.5	10.019 822
21	287 28 52.9	− 0 09 29.2	5.175 857	21	296 30 20.7	− 0 07 34.8	10.018 602
31	288 19 13.6	− 0 10 37.4	5.172 190	31	296 48 32.7	− 0 08 22.2	10.017 367
June 10	289 09 38.5	− 0 11 45.5	5.168 528	June 10	297 06 45.0	− 0 09 09.5	10.016 116
20	290 00 07.7	− 0 12 53.5	5.164 870	20	297 24 57.6	− 0 09 56.8	10.014 849
30	290 50 41.2	− 0 14 01.5	5.161 218	30	297 43 10.5	− 0 10 44.2	10.013 566
July 10	291 41 19.0	− 0 15 09.5	5.157 572	July 10	298 01 23.7	− 0 11 31.5	10.012 267
20	292 32 01.1	− 0 16 17.3	5.153 934	20	298 19 37.1	− 0 12 18.8	10.010 952
30	293 22 47.6	− 0 17 25.0	5.150 304	30	298 37 50.8	− 0 13 06.2	10.009 621
Aug. 9	294 13 38.3	− 0 18 32.5	5.146 683	Aug. 9	298 56 04.8	− 0 13 53.5	10.008 275
19	295 04 33.3	− 0 19 39.9	5.143 072	19	299 14 19.2	− 0 14 40.8	10.006 912
29	295 55 32.6	− 0 20 47.2	5.139 472	29	299 32 33.8	− 0 15 28.0	10.005 534
Sept. 8	296 46 36.2	− 0 21 54.2	5.135 883	Sept. 8	299 50 48.7	− 0 16 15.3	10.004 141
18	297 37 44.1	− 0 23 01.1	5.132 307	18	300 09 03.9	− 0 17 02.6	10.002 732
28	298 28 56.3	− 0 24 07.8	5.128 744	28	300 27 19.4	− 0 17 49.8	10.001 307
Oct. 8	299 20 12.7	− 0 25 14.2	5.125 195	Oct. 8	300 45 35.3	− 0 18 37.0	9.999 867
18	300 11 33.4	− 0 26 20.4	5.121 661	18	301 03 51.4	− 0 19 24.2	9.998 412
28	301 02 58.4	− 0 27 26.3	5.118 142	28	301 22 07.9	− 0 20 11.4	9.996 941
Nov. 7	301 54 27.6	− 0 28 31.9	5.114 641	Nov. 7	301 40 24.7	− 0 20 58.6	9.995 456
17	302 46 01.0	− 0 29 37.3	5.111 156	17	301 58 41.8	− 0 21 45.7	9.993 955
27	303 37 38.7	− 0 30 42.3	5.107 690	27	302 16 59.3	− 0 22 32.9	9.992 439
Dec. 7	304 29 20.5	− 0 31 47.0	5.104 243	Dec. 7	302 35 17.1	− 0 23 20.0	9.990 908
17	305 21 06.6	− 0 32 51.4	5.100 816	17	302 53 35.3	− 0 24 07.0	9.989 361
27	306 12 56.9	− 0 33 55.4	5.097 409	27	303 11 53.7	− 0 24 54.1	9.987 800
		URANUS				NEPTUNE	
	° ′ ″	° ′ ″	au		° ′ ″	° ′ ″	au
Jan. −8	34 56 36.3	− 0 29 11.0	19.819 72	Jan. −8	347 39 43.3	− 1 02 16.4	29.933 03
Feb. 1	35 22 57.1	− 0 28 54.5	19.814 79	Feb. 1	347 54 13.6	− 1 02 38.1	29.932 40
Mar. 12	35 49 18.9	− 0 28 37.9	19.809 83	Mar. 12	348 08 44.0	− 1 02 59.8	29.931 76
Apr. 21	36 15 41.5	− 0 28 21.1	19.804 83	Apr. 21	348 23 14.5	− 1 03 21.5	29.931 12
May 31	36 42 05.2	− 0 28 04.2	19.799 80	May 31	348 37 45.2	− 1 03 43.0	29.930 48
July 10	37 08 29.8	− 0 27 47.2	19.794 74	July 10	348 52 16.1	− 1 04 04.5	29.929 84
Aug. 19	37 34 55.4	− 0 27 30.2	19.789 65	Aug. 19	349 06 47.2	− 1 04 25.9	29.929 19
Sept. 28	38 01 22.1	− 0 27 13.0	19.784 51	Sept. 28	349 21 18.3	− 1 04 47.3	29.928 52
Nov. 7	38 27 49.8	− 0 26 55.7	19.779 34	Nov. 7	349 35 49.6	− 1 05 08.6	29.927 86
Dec. 17	38 54 18.5	− 0 26 38.3	19.774 12	Dec. 17	349 50 21.1	− 1 05 29.8	29.927 18
Dec. 57	39 20 48.2	− 0 26 20.7	19.768 88	Dec. 57	350 04 52.6	− 1 05 50.9	29.926 50

MERCURY, 2020

GEOCENTRIC COORDINATES FOR 0ʰ TERRESTRIAL TIME

Date	Apparent Right Ascension	Apparent Declination	True Geocentric Distance	Date	Apparent Right Ascension	Apparent Declination	True Geocentric Distance
	h m s	o ′ ″	au		h m s	o ′ ″	au
Jan. 0	18 12 21.483	−24 35 23.27	1.431 4448	Feb. 15	22 52 38.749	− 5 05 38.45	0.827 2312
1	18 19 16.963	−24 38 08.49	1.434 0240	16	22 53 13.684	− 4 44 53.31	0.801 4101
2	18 26 13.947	−24 39 32.33	1.436 0541	17	22 53 10.964	− 4 28 30.61	0.776 7560
3	18 33 12.336	−24 39 33.66	1.437 5344	18	22 52 30.648	− 4 16 46.15	0.753 4965
4	18 40 12.031	−24 38 11.43	1.438 4632	19	22 51 13.595	− 4 09 50.86	0.731 8427
5	18 47 12.928	−24 35 24.60	1.438 8374	20	22 49 21.538	− 4 07 49.87	0.711 9839
6	18 54 14.923	−24 31 12.19	1.438 6531	21	22 46 57.129	− 4 10 41.66	0.694 0823
7	19 01 17.907	−24 25 33.26	1.437 9049	22	22 44 03.922	− 4 18 17.55	0.678 2694
8	19 08 21.771	−24 18 26.91	1.436 5862	23	22 40 46.307	− 4 30 21.47	0.664 6423
9	19 15 26.399	−24 09 52.28	1.434 6891	24	22 37 09.384	− 4 46 30.21	0.653 2617
10	19 22 31.672	−23 59 48.57	1.432 2044	25	22 33 18.771	− 5 06 14.21	0.644 1513
11	19 29 37.465	−23 48 15.01	1.429 1214	26	22 29 20.384	− 5 28 58.75	0.637 2985
12	19 36 43.649	−23 35 10.91	1.425 4278	27	22 25 20.178	− 5 54 05.64	0.632 6562
13	19 43 50.086	−23 20 35.64	1.421 1101	28	22 21 23.899	− 6 20 55.04	0.630 1470
14	19 50 56.636	−23 04 28.63	1.416 1527	29	22 17 36.861	− 6 48 47.30	0.629 6672
15	19 58 03.148	−22 46 49.39	1.410 5389	Mar. 1	22 14 03.764	− 7 17 04.68	0.631 0929
16	20 05 09.464	−22 27 37.53	1.404 2500	2	22 10 48.579	− 7 45 12.65	0.634 2851
17	20 12 15.409	−22 06 52.78	1.397 2657	3	22 07 54.481	− 8 12 40.85	0.639 0957
18	20 19 20.796	−21 44 35.02	1.389 5642	4	22 05 23.851	− 8 39 03.55	0.645 3729
19	20 26 25.418	−21 20 44.26	1.381 1221	5	22 03 18.316	− 9 03 59.75	0.652 9650
20	20 33 29.044	−20 55 20.76	1.371 9144	6	22 01 38.823	− 9 27 12.99	0.661 7248
21	20 40 31.418	−20 28 24.95	1.361 9148	7	22 00 25.735	− 9 48 30.92	0.671 5118
22	20 47 32.250	−19 59 57.55	1.351 0957	8	21 59 38.929	−10 07 44.78	0.682 1943
23	20 54 31.216	−19 29 59.60	1.339 4285	9	21 59 17.902	−10 24 48.80	0.693 6506
24	21 01 27.948	−18 58 32.50	1.326 8840	10	21 59 21.859	−10 39 39.66	0.705 7693
25	21 08 22.027	−18 25 38.07	1.313 4327	11	21 59 49.798	−10 52 15.98	0.718 4498
26	21 15 12.975	−17 51 18.68	1.299 0451	12	22 00 40.574	−11 02 37.87	0.731 6017
27	21 22 00.247	−17 15 37.28	1.283 6929	13	22 01 52.959	−11 10 46.54	0.745 1445
28	21 28 43.215	−16 38 37.54	1.267 3496	14	22 03 25.683	−11 16 44.04	0.759 0068
29	21 35 21.161	−16 00 23.95	1.249 9915	15	22 05 17.471	−11 20 32.95	0.773 1261
30	21 41 53.260	−15 21 01.98	1.231 5990	16	22 07 27.067	−11 22 16.25	0.787 4475
31	21 48 18.564	−14 40 38.21	1.212 1586	17	22 09 53.259	−11 21 57.11	0.801 9232
Feb. 1	21 54 35.995	−13 59 20.46	1.191 6643	18	22 12 34.887	−11 19 38.79	0.816 5117
2	22 00 44.319	−13 17 17.98	1.170 1196	19	22 15 30.855	−11 15 24.57	0.831 1774
3	22 06 42.146	−12 34 41.61	1.147 5403	20	22 18 40.136	−11 09 17.71	0.845 8892
4	22 12 27.910	−11 51 43.88	1.123 9566	21	22 22 01.774	11 01 21.36	0.860 6207
5	22 17 59.866	−11 08 39.20	1.099 4159	22	22 25 34.885	−10 51 38.59	0.875 3493
6	22 23 16.093	−10 25 43.89	1.073 9849	23	22 29 18.652	−10 40 12.32	0.890 0554
7	22 28 14.496	− 9 43 16.23	1.047 7519	24	22 33 12.331	−10 27 05.37	0.904 7226
8	22 32 52.828	− 9 01 36.45	1.020 8285	25	22 37 15.239	−10 12 20.41	0.919 3368
9	22 37 08.721	− 8 21 06.57	0.993 3504	26	22 41 26.758	− 9 56 00.00	0.933 8859
10	22 40 59.726	− 7 42 10.20	0.965 4775	27	22 45 46.326	− 9 38 06.56	0.948 3597
11	22 44 23.374	− 7 05 12.22	0.937 3925	28	22 50 13.441	− 9 18 42.40	0.962 7494
12	22 47 17.249	− 6 30 38.32	0.909 2989	29	22 54 47.648	− 8 57 49.72	0.977 0473
13	22 49 39.072	− 5 58 54.49	0.881 4173	30	22 59 28.546	− 8 35 30.61	0.991 2467
14	22 51 26.803	− 5 30 26.37	0.853 9811	31	23 04 15.776	− 8 11 47.07	1.005 3418
15	22 52 38.749	− 5 05 38.45	0.827 2312	Apr. 1	23 09 09.026	− 7 46 41.01	1.019 3269

GEOCENTRIC COORDINATES FOR 0ʰ TERRESTRIAL TIME

Date	Apparent Right Ascension	Apparent Declination	True Geocentric Distance	Date	Apparent Right Ascension	Apparent Declination	True Geocentric Distance
	h m s	° ′ ″	au		h m s	° ′ ″	au
Apr. 1	23 09 09.026	− 7 46 41.01	1.019 3269	May 17	4 33 57.710	+23 46 07.57	1.191 2161
2	23 14 08.024	− 7 20 14.26	1.033 1970	18	4 42 15.555	+24 08 26.04	1.172 9726
3	23 19 12.535	− 6 52 28.57	1.046 9470	19	4 50 24.979	+24 28 08.94	1.154 0765
4	23 24 22.364	− 6 23 25.64	1.060 5719	20	4 58 25.040	+24 45 18.28	1.134 6358
5	23 29 37.350	− 5 53 07.07	1.074 0661	21	5 06 14.882	+24 59 57.17	1.114 7545
6	23 34 57.367	− 5 21 34.46	1.087 4238	22	5 13 53.732	+25 12 09.57	1.094 5303
7	23 40 22.320	− 4 48 49.31	1.100 6386	23	5 21 20.898	+25 22 00.18	1.074 0542
8	23 45 52.149	− 4 14 53.13	1.113 7029	24	5 28 35.755	+25 29 34.25	1.053 4101
9	23 51 26.818	− 3 39 47.40	1.126 6084	25	5 35 37.742	+25 34 57.47	1.032 6745
10	23 57 06.320	− 3 03 33.58	1.139 3454	26	5 42 26.349	+25 38 15.83	1.011 9169
11	0 02 50.673	− 2 26 13.18	1.151 9027	27	5 49 01.113	+25 39 35.53	0.991 1997
12	0 08 39.915	− 1 47 47.73	1.164 2677	28	5 55 21.604	+25 39 02.90	0.970 5790
13	0 14 34.109	− 1 08 18.81	1.176 4258	29	6 01 27.424	+25 36 44.34	0.950 1055
14	0 20 33.342	− 0 27 48.06	1.188 3606	30	6 07 18.197	+25 32 46.27	0.929 8242
15	0 26 37.719	+ 0 13 42.81	1.200 0534	31	6 12 53.562	+25 27 15.09	0.909 7760
16	0 32 47.370	+ 0 56 12.01	1.211 4831	June 1	6 18 13.175	+25 20 17.14	0.889 9977
17	0 39 02.446	+ 1 39 37.59	1.222 6255	2	6 23 16.697	+25 11 58.73	0.870 5228
18	0 45 23.115	+ 2 23 57.51	1.233 4539	3	6 28 03.795	+25 02 26.08	0.851 3820
19	0 51 49.563	+ 3 09 09.51	1.243 9377	4	6 32 34.137	+24 51 45.33	0.832 6040
20	0 58 21.992	+ 3 55 11.14	1.254 0431	5	6 36 47.392	+24 40 02.57	0.814 2155
21	1 05 00.617	+ 4 41 59.68	1.263 7321	6	6 40 43.230	+24 27 23.78	0.796 2419
22	1 11 45.660	+ 5 29 32.12	1.272 9626	7	6 44 21.318	+24 13 54.86	0.778 7078
23	1 18 37.351	+ 6 17 45.09	1.281 6879	8	6 47 41.328	+23 59 41.63	0.761 6371
24	1 25 35.916	+ 7 06 34.82	1.289 8571	9	6 50 42.937	+23 44 49.83	0.745 0538
25	1 32 41.579	+ 7 55 57.06	1.297 4141	10	6 53 25.832	+23 29 25.14	0.728 9820
26	1 39 54.548	+ 8 45 47.02	1.304 2986	11	6 55 49.720	+23 13 33.17	0.713 4462
27	1 47 15.007	+ 9 35 59.31	1.310 4456	12	6 57 54.329	+22 57 19.47	0.698 4717
28	1 54 43.112	+10 26 27.88	1.315 7861	13	6 59 39.425	+22 40 49.58	0.684 0851
29	2 02 18.970	+11 17 05.93	1.320 2476	14	7 01 04.817	+22 24 08.97	0.670 3137
30	2 10 02.636	+12 07 45.89	1.323 7553	15	7 02 10.378	+22 07 23.10	0.657 1865
May 1	2 17 54.089	+12 58 19.36	1.326 2329	16	7 02 56.054	+21 50 37.40	0.644 7338
2	2 25 53.227	+13 48 37.11	1.327 6050	17	7 03 21.887	+21 33 57.27	0.632 9873
3	2 33 59.846	+14 38 29.09	1.327 7981	18	7 03 28.031	+21 17 28.10	0.621 9801
4	2 42 13.629	+15 27 44.46	1.326 7440	19	7 03 14.772	+21 01 15.26	0.611 7466
5	2 50 34.194	+16 16 11.57	1.324 3815	20	7 02 42.550	+20 45 24.10	0.602 3223
6	2 59 00.811	+17 03 39.19	1.320 6598	21	7 01 51.979	+20 29 59.93	0.593 7436
7	3 07 32.906	+17 49 54.17	1.315 5408	22	7 00 43.863	+20 15 08.02	0.586 0476
8	3 16 09.590	+18 34 44.46	1.309 0017	23	6 59 19.215	+20 00 53.59	0.579 2712
9	3 24 49.882	+19 17 57.89	1.301 0367	24	6 57 39.268	+19 47 21.77	0.573 4513
10	3 33 32.686	+19 59 22.83	1.291 6587	25	6 55 45.481	+19 34 37.60	0.568 6238
11	3 42 16.812	+20 38 48.39	1.280 8997	26	6 53 39.537	+19 22 45.93	0.564 8231
12	3 51 01.005	+21 16 04.80	1.268 8099	27	6 51 23.338	+19 11 51.46	0.562 0815
13	3 59 43.964	+21 51 03.60	1.255 4566	28	6 48 58.987	+19 01 58.63	0.560 4288
14	4 08 24.384	+22 23 37.83	1.240 9222	29	6 46 28.756	+18 53 11.56	0.559 8913
15	4 17 00.972	+22 53 42.11	1.225 3009	30	6 43 55.058	+18 45 34.01	0.560 4912
16	4 25 32.478	+23 21 12.73	1.208 6960	July 1	6 41 20.399	+18 39 09.29	0.562 2468
17	4 33 57.710	+23 46 07.57	1.191 2161	2	6 38 47.333	+18 34 00.13	0.565 1714

MERCURY, 2020

GEOCENTRIC COORDINATES FOR 0ʰ TERRESTRIAL TIME

Date	Apparent Right Ascension	Apparent Declination	True Geocentric Distance	Date	Apparent Right Ascension	Apparent Declination	True Geocentric Distance
	h m s	° ′ ″	au		h m s	° ′ ″	au
July 1	6 41 20.399	+18 39 09.29	0.562 2468	Aug. 16	9 39 15.815	+15 51 58.22	1.344 0434
2	6 38 47.333	+18 34 00.13	0.565 1714	17	9 47 13.550	+15 12 53.34	1.350 5277
3	6 36 18.413	+18 30 08.70	0.569 2734	18	9 55 04.229	+14 32 30.44	1.355 8541
4	6 33 56.139	+18 27 36.43	0.574 5562	19	10 02 47.513	+13 50 58.72	1.360 0806
5	6 31 42.917	+18 26 24.00	0.581 0182	20	10 10 23.187	+13 08 26.94	1.363 2663
6	6 29 41.014	+18 26 31.29	0.588 6529	21	10 17 51.142	+12 25 03.28	1.365 4704
7	6 27 52.529	+18 27 57.33	0.597 4495	22	10 25 11.354	+11 40 55.40	1.366 7510
8	6 26 19.366	+18 30 40.33	0.607 3930	23	10 32 23.869	+10 56 10.38	1.367 1642
9	6 25 03.223	+18 34 37.63	0.618 4645	24	10 39 28.794	+10 10 54.75	1.366 7636
10	6 24 05.581	+18 39 45.77	0.630 6420	25	10 46 26.276	+ 9 25 14.54	1.365 5995
11	6 23 27.708	+18 46 00.51	0.643 9004	26	10 53 16.498	+ 8 39 15.27	1.363 7191
12	6 23 10.664	+18 53 16.86	0.658 2121	27	10 59 59.667	+ 7 53 01.99	1.361 1662
13	6 23 15.319	+19 01 29.16	0.673 5471	28	11 06 36.008	+ 7 06 39.32	1.357 9809
14	6 23 42.363	+19 10 31.07	0.689 8731	29	11 13 05.755	+ 6 20 11.48	1.354 2000
15	6 24 32.329	+19 20 15.69	0.707 1557	30	11 19 29.149	+ 5 33 42.33	1.349 8570
16	6 25 45.607	+19 30 35.55	0.725 3581	31	11 25 46.434	+ 4 47 15.41	1.344 9820
17	6 27 22.468	+19 41 22.67	0.744 4412	Sept. 1	11 31 57.851	+ 4 00 53.95	1.339 6024
18	6 29 23.073	+19 52 28.58	0.764 3631	2	11 38 03.638	+ 3 14 40.94	1.333 7424
19	6 31 47.493	+20 03 44.37	0.785 0785	3	11 44 04.025	+ 2 28 39.12	1.327 4237
20	6 34 35.719	+20 15 00.69	0.806 5388	4	11 49 59.234	+ 1 42 51.04	1.320 6655
21	6 37 47.667	+20 26 07.78	0.828 6905	5	11 55 49.474	+ 0 57 19.07	1.313 4848
22	6 41 23.189	+20 36 55.46	0.851 4756	6	12 01 34.946	+ 0 12 05.43	1.305 8964
23	6 45 22.071	+20 47 13.22	0.874 8298	7	12 07 15.833	− 0 32 47.79	1.297 9131
24	6 49 44.031	+20 56 50.18	0.898 6826	8	12 12 52.305	− 1 17 18.60	1.289 5461
25	6 54 28.714	+21 05 35.17	0.922 9559	9	12 18 24.518	− 2 01 25.11	1.280 8048
26	6 59 35.683	+21 13 16.80	0.947 5635	10	12 23 52.610	− 2 45 05.49	1.271 6973
27	7 05 04.405	+21 19 43.54	0.972 4109	11	12 29 16.700	− 3 28 17.97	1.262 2303
28	7 10 54.239	+21 24 43.84	0.997 3946	12	12 34 36.893	− 4 11 00.83	1.252 4093
29	7 17 04.417	+21 28 06.25	1.022 4024	13	12 39 53.271	− 4 53 12.36	1.242 2386
30	7 23 34.034	+21 29 39.62	1.047 3139	14	12 45 05.896	− 5 34 50.85	1.231 7219
31	7 30 22.032	+21 29 13.31	1.072 0018	15	12 50 14.809	− 6 15 54.59	1.220 8616
Aug. 1	7 37 27.197	+21 26 37.42	1.096 3329	16	12 55 20.030	− 6 56 21.87	1.209 6597
2	7 44 48.152	+21 21 43.06	1.120 1714	17	13 00 21.552	− 7 36 10.91	1.198 1175
3	7 52 23.369	+21 14 22.60	1.143 3807	18	13 05 19.345	− 8 15 19.92	1.186 2359
4	8 00 11.181	+21 04 29.92	1.165 8275	19	13 10 13.351	− 8 53 47.03	1.174 0155
5	8 08 09.806	+20 52 00.63	1.187 3849	20	13 15 03.482	− 9 31 30.30	1.161 4568
6	8 16 17.379	+20 36 52.24	1.207 9360	21	13 19 49.617	−10 08 27.70	1.148 5603
7	8 24 31.992	+20 19 04.24	1.227 3773	22	13 24 31.598	−10 44 37.07	1.135 3265
8	8 32 51.736	+19 58 38.08	1.245 6214	23	13 29 09.229	−11 19 56.14	1.121 7562
9	8 41 14.745	+19 35 37.13	1.262 5991	24	13 33 42.271	−11 54 22.47	1.107 8506
10	8 49 39.239	+19 10 06.47	1.278 2601	25	13 38 10.440	−12 27 53.47	1.093 6114
11	8 58 03.558	+18 42 12.70	1.292 5737	26	13 42 33.404	−13 00 26.32	1.079 0410
12	9 06 26.192	+18 12 03.66	1.305 5273	27	13 46 50.774	−13 31 58.03	1.064 1428
13	9 14 45.802	+17 39 48.11	1.317 1256	28	13 51 02.103	−14 02 25.32	1.048 9212
14	9 23 01.229	+17 05 35.47	1.327 3881	29	13 55 06.876	−14 31 44.63	1.033 3823
15	9 31 11.499	+16 29 35.54	1.336 3467	30	13 59 04.506	−14 59 52.07	1.017 5337
16	9 39 15.815	+15 51 58.22	1.344 0434	Oct. 1	14 02 54.326	−15 26 43.36	1.001 3857

GEOCENTRIC COORDINATES FOR 0ʰ TERRESTRIAL TIME

Date	Apparent Right Ascension	Apparent Declination	True Geocentric Distance	Date	Apparent Right Ascension	Apparent Declination	True Geocentric Distance
	h m s	° ′ ″	au		h m s	° ′ ″	au
Oct. 1	14 02 54.326	−15 26 43.36	1.001 3857	Nov. 16	14 18 13.159	−11 34 58.88	1.123 6082
2	14 06 35.580	−15 52 13.82	0.984 9508	17	14 23 26.060	−12 05 47.13	1.145 7301
3	14 10 07.415	−16 16 18.25	0.968 2449	18	14 28 47.838	−12 37 17.93	1.166 9783
4	14 13 28.874	−16 38 50.89	0.951 2878	19	14 34 17.386	−13 09 18.10	1.187 3416
5	14 16 38.886	−16 59 45.36	0.934 1039	20	14 39 53.761	−13 41 36.03	1.206 8173
6	14 19 36.263	−17 18 54.55	0.916 7226	21	14 45 36.164	−14 14 01.51	1.225 4091
7	14 22 19.688	−17 36 10.55	0.899 1802	22	14 51 23.918	−14 46 25.58	1.243 1258
8	14 24 47.717	−17 51 24.58	0.881 5201	23	14 57 16.457	−15 18 40.37	1.259 9798
9	14 26 58.775	−18 04 26.84	0.863 7944	24	15 03 13.303	−15 50 38.94	1.275 9865
10	14 28 51.169	−18 15 06.50	0.846 0655	25	15 09 14.059	−16 22 15.21	1.291 1629
11	14 30 23.091	−18 23 11.62	0.828 4073	26	15 15 18.395	−16 53 23.78	1.305 5274
12	14 31 32.656	−18 28 29.12	0.810 9069	27	15 21 26.035	−17 23 59.87	1.319 0990
13	14 32 17.929	−18 30 44.86	0.793 6666	28	15 27 36.754	−17 53 59.25	1.331 8969
14	14 32 36.991	−18 29 43.77	0.776 8054	29	15 33 50.362	−18 23 18.10	1.343 9400
15	14 32 28.019	−18 25 10.20	0.760 4609	30	15 40 06.705	−18 51 53.03	1.355 2471
16	14 31 49.389	−18 16 48.41	0.744 7903	Dec. 1	15 46 25.656	−19 19 40.96	1.365 8362
17	14 30 39.817	−18 04 23.38	0.729 9717	2	15 52 47.109	−19 46 39.07	1.375 7246
18	14 28 58.527	−17 47 41.95	0.716 2038	3	15 59 10.978	−20 12 44.82	1.384 9286
19	14 26 45.436	−17 26 34.32	0.703 7045	4	16 05 37.188	−20 37 55.84	1.393 4636
20	14 24 01.363	−17 00 55.99	0.692 7081	5	16 12 05.678	−21 02 09.93	1.401 3440
21	14 20 48.226	−16 30 49.92	0.683 4599	6	16 18 36.396	−21 25 25.06	1.408 5831
22	14 17 09.194	−15 56 28.79	0.676 2086	7	16 25 09.297	−21 47 39.29	1.415 1931
23	14 13 08.777	−15 18 17.08	0.671 1962	8	16 31 44.338	−22 08 50.79	1.421 1851
24	14 08 52.793	−14 36 52.28	0.668 6456	9	16 38 21.483	−22 28 57.85	1.426 5689
25	14 04 28.206	−13 53 05.07	0.668 7470	10	16 45 00.694	−22 47 58.80	1.431 3536
26	14 00 02.818	−13 07 57.83	0.671 6448	11	16 51 41.935	−23 05 52.05	1.435 5467
27	13 55 44.844	−12 22 41.52	0.677 4248	12	16 58 25.166	−23 22 36.08	1.439 1551
28	13 51 42.412	−11 38 31.18	0.686 1065	13	17 05 10.346	−23 38 09.40	1.442 1843
29	13 48 03.060	−10 56 40.65	0.697 6384	14	17 11 57.425	−23 52 30.58	1.444 6390
30	13 44 53.300	−10 18 17.46	0.711 8993	15	17 18 46.349	−24 05 38.23	1.446 5229
31	13 42 18.303	− 9 44 18.47	0.728 7048	16	17 25 37.060	−24 17 30.95	1.447 8384
Nov. 1	13 40 21.729	− 9 15 27.07	0.747 8167	17	17 32 29.494	−24 28 07.42	1.448 5874
2	13 39 05.718	− 8 52 11.98	0.768 9569	18	17 39 23.580	−24 37 26.29	1.448 7704
3	13 38 30.988	− 8 34 47.60	0.791 8210	19	17 46 19.246	−24 45 26.29	1.448 3869
4	13 38 37.040	− 8 23 15.44	0.816 0926	20	17 53 16.414	−24 52 06.11	1.447 4354
5	13 39 22.399	− 8 17 26.35	0.841 4560	21	18 00 14.995	−24 57 24.51	1.445 9133
6	13 40 44.867	− 8 17 02.92	0.867 6067	22	18 07 14.894	−25 01 20.30	1.443 8166
7	13 42 41.773	− 8 21 41.98	0.894 2599	23	18 14 16.012	−25 03 52.33	1.441 1405
8	13 45 10.178	− 8 30 56.69	0.921 1563	24	18 21 18.238	−25 04 59.46	1.437 8788
9	13 48 07.047	− 8 44 18.43	0.948 0657	25	18 28 21.452	−25 04 40.59	1.434 0240
10	13 51 29.388	− 9 01 18.14	0.974 7882	26	18 35 25.524	−25 02 54.66	1.429 5675
11	13 55 14.339	− 9 21 27.41	1.001 1544	27	18 42 30.313	−24 59 40.66	1.424 4995
12	13 59 19.232	− 9 44 19.22	1.027 0239	28	18 49 35.664	−24 54 57.65	1.418 8089
13	14 03 41.631	−10 09 28.35	1.052 2831	29	18 56 41.408	−24 48 44.72	1.412 4831
14	14 08 19.344	−10 36 31.64	1.076 8426	30	19 03 47.363	−24 41 01.06	1.405 5084
15	14 13 10.424	−11 05 08.11	1.100 6343	31	19 10 53.330	−24 31 45.94	1.397 8696
16	14 18 13.159	−11 34 58.88	1.123 6082	32	19 17 59.091	−24 20 58.70	1.389 5504

VENUS, 2020

GEOCENTRIC COORDINATES FOR 0ʰ TERRESTRIAL TIME

Date	Apparent Right Ascension	Apparent Declination	True Geocentric Distance	Date	Apparent Right Ascension	Apparent Declination	True Geocentric Distance
	h m s	° ′ ″	au		h m s	° ′ ″	au
Jan. 0	21 04 48.437	−18 37 42.29	1.283 5334	Feb. 15	0 30 45.321	+ 3 18 06.05	0.995 3499
1	21 09 44.587	−18 15 56.18	1.277 9183	16	0 34 54.655	+ 3 49 16.93	0.988 4261
2	21 14 39.264	−17 53 40.38	1.272 2729	17	0 39 03.644	+ 4 20 22.93	0.981 4766
3	21 19 32.467	−17 30 55.68	1.266 5975	18	0 43 12.314	+ 4 51 23.38	0.974 5013
4	21 24 24.199	−17 07 42.86	1.260 8922	19	0 47 20.687	+ 5 22 17.60	0.967 5000
5	21 29 14.462	−16 44 02.69	1.255 1571	20	0 51 28.784	+ 5 53 04.92	0.960 4726
6	21 34 03.263	−16 19 55.98	1.249 3925	21	0 55 36.625	+ 6 23 44.66	0.953 4192
7	21 38 50.611	−15 55 23.53	1.243 5987	22	0 59 44.229	+ 6 54 16.16	0.946 3397
8	21 43 36.515	−15 30 26.13	1.237 7758	23	1 03 51.611	+ 7 24 38.73	0.939 2341
9	21 48 20.989	−15 05 04.59	1.231 9242	24	1 07 58.787	+ 7 54 51.70	0.932 1025
10	21 53 04.044	−14 39 19.71	1.226 0442	25	1 12 05.771	+ 8 24 54.41	0.924 9449
11	21 57 45.698	−14 13 12.30	1.220 1360	26	1 16 12.577	+ 8 54 46.19	0.917 7615
12	22 02 25.969	−13 46 43.15	1.214 1999	27	1 20 19.214	+ 9 24 26.36	0.910 5526
13	22 07 04.876	−13 19 53.05	1.208 2360	28	1 24 25.692	+ 9 53 54.28	0.903 3183
14	22 11 42.443	−12 52 42.78	1.202 2446	29	1 28 32.018	+10 23 09.27	0.896 0590
15	22 16 18.695	−12 25 13.11	1.196 2256	Mar. 1	1 32 38.196	+10 52 10.68	0.888 7749
16	22 20 53.661	−11 57 24.79	1.190 1790	2	1 36 44.231	+11 20 57.86	0.881 4665
17	22 25 27.368	−11 29 18.58	1.184 1045	3	1 40 50.121	+11 49 30.15	0.874 1341
18	22 29 59.848	−11 00 55.26	1.178 0021	4	1 44 55.865	+12 17 46.91	0.866 7785
19	22 34 31.128	−10 32 15.58	1.171 8714	5	1 49 01.459	+12 45 47.47	0.859 4000
20	22 39 01.237	−10 03 20.31	1.165 7122	6	1 53 06.896	+13 13 31.20	0.851 9993
21	22 43 30.203	− 9 34 10.22	1.159 5242	7	1 57 12.166	+13 40 57.46	0.844 5772
22	22 47 58.053	− 9 04 46.11	1.153 3071	8	2 01 17.260	+14 08 05.61	0.837 1344
23	22 52 24.813	− 8 35 08.73	1.147 0607	9	2 05 22.169	+14 34 55.04	0.829 6718
24	22 56 50.510	− 8 05 18.87	1.140 7848	10	2 09 26.882	+15 01 25.15	0.822 1902
25	23 01 15.171	− 7 35 17.30	1.134 4791	11	2 13 31.389	+15 27 35.37	0.814 6904
26	23 05 38.823	− 7 05 04.80	1.128 1436	12	2 17 35.682	+15 53 25.17	0.807 1732
27	23 10 01.495	− 6 34 42.13	1.121 7783	13	2 21 39.747	+16 18 54.02	0.799 6392
28	23 14 23.214	− 6 04 10.05	1.115 3830	14	2 25 43.568	+16 44 01.39	0.792 0890
29	23 18 44.011	− 5 33 29.32	1.108 9578	15	2 29 47.124	+17 08 46.79	0.784 5231
30	23 23 03.915	− 5 02 40.70	1.102 5027	16	2 33 50.389	+17 33 09.70	0.776 9420
31	23 27 22.956	− 4 31 44.94	1.096 0179	17	2 37 53.333	+17 57 09.62	0.769 3460
Feb. 1	23 31 41.164	− 4 00 42.80	1.089 5035	18	2 41 55.922	+18 20 46.04	0.761 7357
2	23 35 58.570	− 3 29 35.01	1.082 9597	19	2 45 58.117	+18 43 58.48	0.754 1114
3	23 40 15.202	− 2 58 22.32	1.076 3865	20	2 49 59.874	+19 06 46.43	0.746 4736
4	23 44 31.091	− 2 27 05.48	1.069 7844	21	2 54 01.149	+19 29 09.42	0.738 8229
5	23 48 46.267	− 1 55 45.23	1.063 1537	22	2 58 01.889	+19 51 06.98	0.731 1597
6	23 53 00.758	− 1 24 22.31	1.056 4945	23	3 02 02.039	+20 12 38.66	0.723 4846
7	23 57 14.594	− 0 52 57.45	1.049 8074	24	3 06 01.540	+20 33 44.00	0.715 7982
8	0 01 27.802	− 0 21 31.38	1.043 0927	25	3 10 00.326	+20 54 22.59	0.708 1014
9	0 05 40.412	+ 0 09 55.17	1.036 3509	26	3 13 58.328	+21 14 34.00	0.700 3947
10	0 09 52.455	+ 0 41 21.49	1.029 5824	27	3 17 55.470	+21 34 17.84	0.692 6790
11	0 14 03.963	+ 1 12 46.90	1.022 7876	28	3 21 51.672	+21 53 33.71	0.684 9552
12	0 18 14.970	+ 1 44 10.72	1.015 9668	29	3 25 46.849	+22 12 21.24	0.677 2242
13	0 22 25.509	+ 2 15 32.29	1.009 1202	30	3 29 40.907	+22 30 40.09	0.669 4872
14	0 26 35.616	+ 2 46 50.95	1.002 2479	31	3 33 33.749	+22 48 29.91	0.661 7452
15	0 30 45.321	+ 3 18 06.05	0.995 3499	Apr. 1	3 37 25.271	+23 05 50.37	0.653 9994

GEOCENTRIC COORDINATES FOR 0ʰ TERRESTRIAL TIME

Date	Apparent Right Ascension	Apparent Declination	True Geocentric Distance	Date	Apparent Right Ascension	Apparent Declination	True Geocentric Distance
	h m s	° ′ ″	au		h m s	° ′ ″	au
Apr. 1	3 37 25.271	+23 05 50.37	0.653 9994	May 17	5 22 10.847	+27 00 44.86	0.333 9154
2	3 41 15.363	+23 22 41.17	0.646 2513	18	5 21 27.856	+26 52 38.51	0.329 2715
3	3 45 03.909	+23 39 02.01	0.638 5022	19	5 20 34.356	+26 43 50.22	0.324 8320
4	3 48 50.788	+23 54 52.62	0.630 7537	20	5 19 30.479	+26 34 19.22	0.320 6062
5	3 52 35.876	+24 10 12.74	0.623 0075	21	5 18 16.422	+26 24 04.85	0.316 6030
6	3 56 19.044	+24 25 02.15	0.615 2655	22	5 16 52.449	+26 13 06.61	0.312 8316
7	4 00 00.163	+24 39 20.65	0.607 5295	23	5 15 18.897	+26 01 24.23	0.309 3011
8	4 03 39.098	+24 53 08.07	0.599 8015	24	5 13 36.180	+25 48 57.67	0.306 0203
9	4 07 15.715	+25 06 24.31	0.592 0836	25	5 11 44.786	+25 35 47.20	0.302 9980
10	4 10 49.874	+25 19 09.28	0.584 3776	26	5 09 45.284	+25 21 53.47	0.300 2426
11	4 14 21.428	+25 31 22.93	0.576 6856	27	5 07 38.320	+25 07 17.48	0.297 7622
12	4 17 50.225	+25 43 05.23	0.569 0096	28	5 05 24.616	+24 52 00.73	0.295 5643
13	4 21 16.103	+25 54 16.16	0.561 3513	29	5 03 04.967	+24 36 05.16	0.293 6560
14	4 24 38.894	+26 04 55.71	0.553 7128	30	5 00 40.237	+24 19 33.23	0.292 0438
15	4 27 58.423	+26 15 03.89	0.546 0960	31	4 58 11.350	+24 02 27.93	0.290 7332
16	4 31 14.507	+26 24 40.72	0.538 5031	June 1	4 55 39.281	+23 44 52.78	0.289 7291
17	4 34 26.956	+26 33 46.20	0.530 9360	2	4 53 05.047	+23 26 51.79	0.289 0354
18	4 37 35.571	+26 42 20.40	0.523 3971	3	4 50 29.691	+23 08 29.48	0.288 6548
19	4 40 40.146	+26 50 23.33	0.515 8888	4	4 47 54.269	+22 49 50.79	0.288 5890
20	4 43 40.468	+26 57 55.06	0.508 4135	5	4 45 19.833	+22 31 01.02	0.288 8386
21	4 46 36.314	+27 04 55.65	0.500 9739	6	4 42 47.415	+22 12 05.71	0.289 4028
22	4 49 27.456	+27 11 25.15	0.493 5727	7	4 40 18.014	+21 53 10.59	0.290 2796
23	4 52 13.653	+27 17 23.62	0.486 2129	8	4 37 52.579	+21 34 21.43	0.291 4659
24	4 54 54.659	+27 22 51.11	0.478 8976	9	4 35 32.001	+21 15 43.94	0.292 9576
25	4 57 30.219	+27 27 47.68	0.471 6303	10	4 33 17.103	+20 57 23.73	0.294 7493
26	5 00 00.067	+27 32 13.34	0.464 4143	11	4 31 08.632	+20 39 26.13	0.296 8351
27	5 02 23.931	+27 36 08.11	0.457 2535	12	4 29 07.257	+20 21 56.21	0.299 2080
28	5 04 41.532	+27 39 31.99	0.450 1519	13	4 27 13.565	+20 04 58.64	0.301 8605
29	5 06 52.581	+27 42 24.92	0.443 1139	14	4 25 28.061	+19 48 37.69	0.304 7845
30	5 08 56.787	+27 44 46.83	0.436 1439	15	4 23 51.168	+19 32 57.15	0.307 9714
May 1	5 10 53.850	+27 46 37.61	0.429 2468	16	4 22 23.234	+19 18 00.33	0.311 4123
2	5 12 43.471	+27 47 57.09	0.422 4278	17	4 21 04.528	+19 03 50.06	0.315 0980
3	5 14 25.349	+27 48 45.05	0.415 6925	18	4 19 55.252	+18 50 28.63	0.319 0191
4	5 15 59.187	+27 49 01.23	0.409 0467	19	4 18 55.541	+18 37 57.87	0.323 1661
5	5 17 24.692	+27 48 45.33	0.402 4964	20	4 18 05.471	+18 26 19.11	0.327 5298
6	5 18 41.579	+27 47 56.98	0.396 0483	21	4 17 25.064	+18 15 33.25	0.332 1006
7	5 19 49.574	+27 46 35.77	0.389 7090	22	4 16 54.296	+18 05 40.76	0.336 8694
8	5 20 48.414	+27 44 41.27	0.383 4854	23	4 16 33.101	+17 56 41.73	0.341 8272
9	5 21 37.846	+27 42 12.94	0.377 3846	24	4 16 21.379	+17 48 35.89	0.346 9652
10	5 22 17.636	+27 39 10.21	0.371 4140	25	4 16 19.003	+17 41 22.68	0.352 2749
11	5 22 47.563	+27 35 32.42	0.365 5810	26	4 16 25.824	+17 35 01.25	0.357 7480
12	5 23 07.430	+27 31 18.85	0.359 8932	27	4 16 41.675	+17 29 30.55	0.363 3767
13	5 23 17.062	+27 26 28.71	0.354 3585	28	4 17 06.377	+17 24 49.32	0.369 1533
14	5 23 16.312	+27 21 01.14	0.348 9850	29	4 17 39.741	+17 20 56.12	0.375 0704
15	5 23 05.069	+27 14 55.26	0.343 7809	30	4 18 21.570	+17 17 49.41	0.381 1208
16	5 22 43.258	+27 08 10.14	0.338 7549	July 1	4 19 11.663	+17 15 27.51	0.387 2976
17	5 22 10.847	+27 00 44.86	0.333 9154	2	4 20 09.812	+17 13 48.66	0.393 5942

VENUS, 2020

GEOCENTRIC COORDINATES FOR 0^h TERRESTRIAL TIME

Date	Apparent Right Ascension	Apparent Declination	True Geocentric Distance	Date	Apparent Right Ascension	Apparent Declination	True Geocentric Distance
	h m s	° ′ ″	au		h m s	° ′ ″	au
July 1	4 19 11.663	+17 15 27.51	0.387 2976	Aug. 16	6 33 40.120	+20 05 51.54	0.730 9833
2	4 20 09.812	+17 13 48.66	0.393 5942	17	6 37 51.088	+20 06 26.66	0.738 7937
3	4 21 15.807	+17 12 50.99	0.400 0038	18	6 42 03.768	+20 06 37.58	0.746 5947
4	4 22 29.433	+17 12 32.59	0.406 5203	19	6 46 18.079	+20 06 23.72	0.754 3855
5	4 23 50.474	+17 12 51.46	0.413 1373	20	6 50 33.944	+20 05 44.50	0.762 1655
6	4 25 18.714	+17 13 45.57	0.419 8491	21	6 54 51.290	+20 04 39.39	0.769 9344
7	4 26 53.937	+17 15 12.85	0.426 6496	22	6 59 10.047	+20 03 07.92	0.777 6917
8	4 28 35.928	+17 17 11.22	0.433 5336	23	7 03 30.148	+20 01 09.62	0.785 4370
9	4 30 24.476	+17 19 38.60	0.440 4956	24	7 07 51.529	+19 58 44.07	0.793 1701
10	4 32 19.372	+17 22 32.90	0.447 5306	25	7 12 14.127	+19 55 50.91	0.800 8907
11	4 34 20.412	+17 25 52.07	0.454 6338	26	7 16 37.882	+19 52 29.77	0.808 5984
12	4 36 27.396	+17 29 34.06	0.461 8007	27	7 21 02.733	+19 48 40.34	0.816 2929
13	4 38 40.130	+17 33 36.87	0.469 0270	28	7 25 28.620	+19 44 22.32	0.823 9736
14	4 40 58.425	+17 37 58.54	0.476 3085	29	7 29 55.484	+19 39 35.42	0.831 6401
15	4 43 22.097	+17 42 37.12	0.483 6416	30	7 34 23.268	+19 34 19.41	0.839 2918
16	4 45 50.968	+17 47 30.74	0.491 0224	31	7 38 51.914	+19 28 34.04	0.846 9281
17	4 48 24.864	+17 52 37.53	0.498 4475	Sept. 1	7 43 21.366	+19 22 19.11	0.854 5485
18	4 51 03.617	+17 57 55.71	0.505 9139	2	7 47 51.571	+19 15 34.45	0.862 1521
19	4 53 47.064	+18 03 23.51	0.513 4184	3	7 52 22.474	+19 08 19.91	0.869 7385
20	4 56 35.048	+18 08 59.22	0.520 9582	4	7 56 54.022	+19 00 35.36	0.877 3067
21	4 59 27.415	+18 14 41.17	0.528 5307	5	8 01 26.163	+18 52 20.71	0.884 8563
22	5 02 24.021	+18 20 27.73	0.536 1337	6	8 05 58.846	+18 43 35.92	0.892 3864
23	5 05 24.726	+18 26 17.33	0.543 7648	7	8 10 32.020	+18 34 20.95	0.899 8963
24	5 08 29.398	+18 32 08.45	0.551 4220	8	8 15 05.634	+18 24 35.81	0.907 3855
25	5 11 37.915	+18 37 59.61	0.559 1036	9	8 19 39.639	+18 14 20.52	0.914 8532
26	5 14 50.161	+18 43 49.39	0.566 8077	10	8 24 13.987	+18 03 35.16	0.922 2988
27	5 18 06.027	+18 49 36.43	0.574 5327	11	8 28 48.628	+17 52 19.80	0.929 7217
28	5 21 25.409	+18 55 19.41	0.582 2769	12	8 33 23.517	+17 40 34.59	0.937 1212
29	5 24 48.205	+19 00 57.04	0.590 0387	13	8 37 58.605	+17 28 19.66	0.944 4967
30	5 28 14.321	+19 06 28.10	0.597 8165	14	8 42 33.848	+17 15 35.19	0.951 8478
31	5 31 43.660	+19 11 51.37	0.605 6088	15	8 47 09.200	+17 02 21.38	0.959 1739
Aug. 1	5 35 16.131	+19 17 05.67	0.613 4138	16	8 51 44.619	+16 48 38.46	0.966 4746
2	5 38 51.642	+19 22 09.84	0.621 2301	17	8 56 20.064	+16 34 26.67	0.973 7497
3	5 42 30.104	+19 27 02.77	0.629 0559	18	9 00 55.500	+16 19 46.26	0.980 9989
4	5 46 11.430	+19 31 43.35	0.636 8897	19	9 05 30.893	+16 04 37.54	0.988 2221
5	5 49 55.533	+19 36 10.50	0.644 7298	20	9 10 06.215	+15 49 00.82	0.995 4192
6	5 53 42.328	+19 40 23.21	0.652 5748	21	9 14 41.438	+15 32 56.41	1.002 5904
7	5 57 31.731	+19 44 20.45	0.660 4230	22	9 19 16.539	+15 16 24.69	1.009 7357
8	6 01 23.659	+19 48 01.26	0.668 2731	23	9 23 51.495	+14 59 26.03	1.016 8550
9	6 05 18.028	+19 51 24.70	0.676 1236	24	9 28 26.286	+14 42 00.80	1.023 9484
10	6 09 14.757	+19 54 29.88	0.683 9732	25	9 33 00.894	+14 24 09.41	1.031 0158
11	6 13 13.763	+19 57 15.93	0.691 8205	26	9 37 35.303	+14 05 52.25	1.038 0569
12	6 17 14.966	+19 59 42.03	0.699 6645	27	9 42 09.501	+13 47 09.75	1.045 0717
13	6 21 18.284	+20 01 47.38	0.707 5038	28	9 46 43.476	+13 28 02.31	1.052 0599
14	6 25 23.636	+20 03 31.23	0.715 3374	29	9 51 17.220	+13 08 30.39	1.059 0211
15	6 29 30.942	+20 04 52.84	0.723 1642	30	9 55 50.725	+12 48 34.42	1.065 9551
16	6 33 40.120	+20 05 51.54	0.730 9833	Oct. 1	10 00 23.988	+12 28 14.86	1.072 8615

GEOCENTRIC COORDINATES FOR 0^h TERRESTRIAL TIME

Date	Apparent Right Ascension	Apparent Declination	True Geocentric Distance	Date	Apparent Right Ascension	Apparent Declination	True Geocentric Distance
	h m s	° ′ ″	au		h m s	° ′ ″	au
Oct. 1	10 00 23.988	+12 28 14.86	1.072 8615	Nov. 16	13 28 17.668	− 7 20 21.41	1.355 3475
2	10 04 57.004	+12 07 32.19	1.079 7398	17	13 32 55.168	− 7 47 29.45	1.360 6497
3	10 09 29.772	+11 46 26.90	1.086 5897	18	13 37 33.397	− 8 14 29.05	1.365 9135
4	10 14 02.292	+11 24 59.49	1.093 4107	19	13 42 12.383	− 8 41 19.40	1.371 1392
5	10 18 34.563	+11 03 10.48	1.100 2023	20	13 46 52.154	− 9 07 59.71	1.376 3269
6	10 23 06.587	+10 41 00.40	1.106 9642	21	13 51 32.739	− 9 34 29.20	1.381 4770
7	10 27 38.367	+10 18 29.79	1.113 6957	22	13 56 14.168	−10 00 47.09	1.386 5897
8	10 32 09.906	+ 9 55 39.23	1.120 3965	23	14 00 56.470	−10 26 52.58	1.391 6650
9	10 36 41.207	+ 9 32 29.27	1.127 0661	24	14 05 39.675	−10 52 44.92	1.396 7031
10	10 41 12.275	+ 9 09 00.51	1.133 7039	25	14 10 23.812	−11 18 23.31	1.401 7041
11	10 45 43.117	+ 8 45 13.55	1.140 3095	26	14 15 08.909	−11 43 46.99	1.406 6681
12	10 50 13.738	+ 8 21 09.00	1.146 8824	27	14 19 54.994	−12 08 55.17	1.411 5950
13	10 54 44.146	+ 7 56 47.48	1.153 4222	28	14 24 42.093	−12 33 47.08	1.416 4849
14	10 59 14.349	+ 7 32 09.62	1.159 9285	29	14 29 30.230	−12 58 21.93	1.421 3377
15	11 03 44.358	+ 7 07 16.05	1.166 4010	30	14 34 19.429	−13 22 38.95	1.426 1534
16	11 08 14.185	+ 6 42 07.42	1.172 8394	Dec. 1	14 39 09.711	−13 46 37.35	1.430 9319
17	11 12 43.847	+ 6 16 44.39	1.179 2436	2	14 44 01.096	−14 10 16.34	1.435 6731
18	11 17 13.358	+ 5 51 07.60	1.185 6137	3	14 48 53.602	−14 33 35.14	1.440 3767
19	11 21 42.737	+ 5 25 17.72	1.191 9497	4	14 53 47.244	−14 56 32.95	1.445 0426
20	11 26 12.001	+ 4 59 15.42	1.198 2518	5	14 58 42.036	−15 19 08.98	1.449 6706
21	11 30 41.171	+ 4 33 01.39	1.204 5200	6	15 03 37.990	−15 41 22.43	1.454 2603
22	11 35 10.266	+ 4 06 36.30	1.210 7547	7	15 08 35.117	−16 03 12.49	1.458 8115
23	11 39 39.310	+ 3 40 00.83	1.216 9558	8	15 13 33.426	−16 24 38.38	1.463 3240
24	11 44 08.328	+ 3 13 15.64	1.223 1235	9	15 18 32.923	−16 45 39.30	1.467 7973
25	11 48 37.345	+ 2 46 21.40	1.229 2577	10	15 23 33.613	−17 06 14.46	1.472 2312
26	11 53 06.390	+ 2 19 18.79	1.235 3584	11	15 28 35.500	−17 26 23.09	1.476 6255
27	11 57 35.492	+ 1 52 08.47	1.241 4256	12	15 33 38.583	−17 46 04.40	1.480 9799
28	12 02 04.681	+ 1 24 51.12	1.247 4591	13	15 38 42.858	−18 05 17.64	1.485 2943
29	12 06 33.988	+ 0 57 27.40	1.253 4588	14	15 43 48.318	−18 24 02.05	1.489 5686
30	12 11 03.444	+ 0 29 58.00	1.259 4244	15	15 48 54.952	−18 42 16.87	1.493 8030
31	12 15 33.082	+ 0 02 23.61	1.265 3558	16	15 54 02.745	−19 00 01.35	1.497 9976
Nov. 1	12 20 02.934	− 0 25 15.09	1.271 2528	17	15 59 11.682	−19 17 14.77	1.502 1527
2	12 24 33.032	− 0 52 57.41	1.277 1150	18	16 04 21.747	−19 33 56.38	1.506 2685
3	12 29 03.407	− 1 20 42.63	1.282 9421	19	16 09 32.921	−19 50 05.49	1.510 3453
4	12 33 34.091	− 1 48 30.05	1.288 7339	20	16 14 45.187	−20 05 41.40	1.514 3834
5	12 38 05.117	− 2 16 18.94	1.294 4900	21	16 19 58.525	−20 20 43.46	1.518 3832
6	12 42 36.514	− 2 44 08.59	1.300 2100	22	16 25 12.914	−20 35 11.01	1.522 3449
7	12 47 08.314	− 3 11 58.25	1.305 8936	23	16 30 28.329	−20 49 03.42	1.526 2687
8	12 51 40.547	− 3 39 47.19	1.311 5404	24	16 35 44.746	−21 02 20.09	1.530 1548
9	12 56 13.243	− 4 07 34.65	1.317 1499	25	16 41 02.135	−21 15 00.44	1.534 0035
10	13 00 46.434	− 4 35 19.88	1.322 7219	26	16 46 20.465	−21 27 03.90	1.537 8148
11	13 05 20.149	− 5 03 02.11	1.328 2559	27	16 51 39.704	−21 38 29.93	1.541 5889
12	13 09 54.420	− 5 30 40.58	1.333 7516	28	16 56 59.815	−21 49 18.01	1.545 3259
13	13 14 29.277	− 5 58 14.52	1.339 2087	29	17 02 20.760	−21 59 27.64	1.549 0260
14	13 19 04.751	− 6 25 43.15	1.344 6271	30	17 07 42.498	−22 08 58.34	1.552 6891
15	13 23 40.872	− 6 53 05.71	1.350 0067	31	17 13 04.985	−22 17 49.67	1.556 3152
16	13 28 17.668	− 7 20 21.41	1.355 3475	32	17 18 28.177	−22 26 01.18	1.559 9042

MARS, 2020

GEOCENTRIC COORDINATES FOR 0ʰ TERRESTRIAL TIME

Date	Apparent Right Ascension	Apparent Declination	True Geocentric Distance	Date	Apparent Right Ascension	Apparent Declination	True Geocentric Distance
	h m s	° ′ ″	au		h m s	° ′ ″	au
Jan. 0	15 42 08.059	−19 17 07.11	2.191 6418	Feb. 15	17 55 33.165	−23 36 48.97	1.835 2855
1	15 44 54.203	−19 26 41.71	2.184 4749	16	17 58 33.177	−23 37 53.80	1.827 1428
2	15 47 40.747	−19 36 07.19	2.177 2739	17	18 01 33.316	−23 38 46.18	1.818 9911
3	15 50 27.689	−19 45 23.44	2.170 0394	18	18 04 33.569	−23 39 26.09	1.810 8309
4	15 53 15.031	−19 54 30.35	2.162 7723	19	18 07 33.923	−23 39 53.51	1.802 6628
5	15 56 02.772	−20 03 27.84	2.155 4734	20	18 10 34.362	−23 40 08.43	1.794 4873
6	15 58 50.913	−20 12 15.80	2.148 1433	21	18 13 34.874	−23 40 10.83	1.786 3052
7	16 01 39.451	−20 20 54.14	2.140 7828	22	18 16 35.444	−23 40 00.71	1.778 1170
8	16 04 28.388	−20 29 22.77	2.133 3926	23	18 19 36.061	−23 39 38.05	1.769 9235
9	16 07 17.721	−20 37 41.60	2.125 9731	24	18 22 36.713	−23 39 02.84	1.761 7255
10	16 10 07.449	−20 45 50.54	2.118 5250	25	18 25 37.388	−23 38 15.09	1.753 5238
11	16 12 57.568	−20 53 49.49	2.111 0488	26	18 28 38.077	−23 37 14.80	1.745 3191
12	16 15 48.075	−21 01 38.35	2.103 5447	27	18 31 38.770	−23 36 01.97	1.737 1123
13	16 18 38.966	−21 09 17.03	2.096 0130	28	18 34 39.457	−23 34 36.62	1.728 9042
14	16 21 30.238	−21 16 45.42	2.088 4541	29	18 37 40.129	−23 32 58.78	1.720 6955
15	16 24 21.888	−21 24 03.40	2.080 8681	Mar. 1	18 40 40.778	−23 31 08.46	1.712 4869
16	16 27 13.913	−21 31 10.89	2.073 2552	2	18 43 41.394	−23 29 05.71	1.704 2794
17	16 30 06.309	−21 38 07.78	2.065 6156	3	18 46 41.970	−23 26 50.54	1.696 0735
18	16 32 59.072	−21 44 53.99	2.057 9496	4	18 49 42.495	−23 24 23.00	1.687 8700
19	16 35 52.195	−21 51 29.43	2.050 2575	5	18 52 42.962	−23 21 43.13	1.679 6695
20	16 38 45.672	−21 57 54.01	2.042 5399	6	18 55 43.362	−23 18 50.97	1.671 4727
21	16 41 39.494	−22 04 07.64	2.034 7972	7	18 58 43.685	−23 15 46.56	1.663 2801
22	16 44 33.652	−22 10 10.24	2.027 0301	8	19 01 43.925	−23 12 29.93	1.655 0920
23	16 47 28.136	−22 16 01.72	2.019 2391	9	19 04 44.074	−23 09 01.11	1.646 9088
24	16 50 22.935	−22 21 41.98	2.011 4251	10	19 07 44.125	−23 05 20.14	1.638 7308
25	16 53 18.041	−22 27 10.94	2.003 5888	11	19 10 44.073	−23 01 27.05	1.630 5580
26	16 56 13.444	−22 32 28.50	1.995 7311	12	19 13 43.912	−22 57 21.87	1.622 3904
27	16 59 09.031	−22 37 34.59	1.987 8528	13	19 16 43.636	−22 53 04.67	1.614 2282
28	17 02 05.112	−22 42 29.12	1.979 9547	14	19 19 43.235	−22 48 35.51	1.606 0713
29	17 05 01.361	−22 47 12.02	1.972 0378	15	19 22 42.698	−22 43 54.46	1.597 9200
30	17 07 57.879	−22 51 43.22	1.964 1028	16	19 25 42.012	−22 39 01.60	1.589 7744
31	17 10 54.659	−22 56 02.65	1.956 1507	17	19 28 41.165	−22 33 57.00	1.581 6349
Feb. 1	17 13 51.695	−23 00 10.25	1.948 1822	18	19 31 40.143	−22 28 40.73	1.573 5017
2	17 16 48.980	−23 04 05.98	1.940 1983	19	19 34 38.934	−22 23 12.88	1.565 3754
3	17 19 46.508	−23 07 49.77	1.932 1995	20	19 37 37.525	−22 17 33.51	1.557 2564
4	17 22 44.273	−23 11 21.59	1.924 1868	21	19 40 35.905	−22 11 42.71	1.549 1453
5	17 25 42.267	−23 14 41.38	1.916 1609	22	19 43 34.065	−22 05 40.54	1.541 0426
6	17 28 40.484	−23 17 49.12	1.908 1225	23	19 46 31.994	−21 59 27.11	1.532 9488
7	17 31 38.916	−23 20 44.76	1.900 0721	24	19 49 29.684	−21 53 02.48	1.524 8646
8	17 34 37.555	−23 23 28.26	1.892 0103	25	19 52 27.126	−21 46 26.75	1.516 7907
9	17 37 36.392	−23 25 59.57	1.883 9376	26	19 55 24.314	−21 39 40.02	1.508 7277
10	17 40 35.420	−23 28 18.65	1.875 8543	27	19 58 21.240	−21 32 42.39	1.500 6761
11	17 43 34.631	−23 30 25.44	1.867 7606	28	20 01 17.898	−21 25 33.94	1.492 6368
12	17 46 34.019	−23 32 19.91	1.859 6567	29	20 04 14.282	−21 18 14.81	1.484 6102
13	17 49 33.576	−23 34 02.00	1.851 5427	30	20 07 10.385	−21 10 45.08	1.476 5971
14	17 52 33.295	−23 35 31.70	1.843 4190	31	20 10 06.203	−21 03 04.88	1.468 5980
15	17 55 33.165	−23 36 48.97	1.835 2855	Apr. 1	20 13 01.730	−20 55 14.32	1.460 6136

GEOCENTRIC COORDINATES FOR 0ʰ TERRESTRIAL TIME

Date	Apparent Right Ascension	Apparent Declination	True Geocentric Distance	Date	Apparent Right Ascension	Apparent Declination	True Geocentric Distance
	h m s	° ′ ″	au		h m s	° ′ ″	au
Apr. 1	20 13 01.730	−20 55 14.32	1.460 6136	May 17	22 21 13.782	−12 24 46.87	1.112 9617
2	20 15 56.960	−20 47 13.50	1.452 6443	18	22 23 51.585	−12 11 21.91	1.105 8976
3	20 18 51.889	−20 39 02.56	1.444 6907	19	22 26 28.944	−11 57 53.70	1.098 8555
4	20 21 46.513	−20 30 41.58	1.436 7531	20	22 29 05.854	−11 44 22.43	1.091 8355
5	20 24 40.829	−20 22 10.69	1.428 8320	21	22 31 42.311	−11 30 48.29	1.084 8379
6	20 27 34.834	−20 13 29.97	1.420 9276	22	22 34 18.313	−11 17 11.46	1.077 8630
7	20 30 28.528	−20 04 39.51	1.413 0399	23	22 36 53.856	−11 03 32.14	1.070 9110
8	20 33 21.912	−19 55 39.43	1.405 1690	24	22 39 28.936	−10 49 50.51	1.063 9822
9	20 36 14.984	−19 46 29.83	1.397 3148	25	22 42 03.551	−10 36 06.78	1.057 0770
10	20 39 07.743	−19 37 10.81	1.389 4771	26	22 44 37.696	−10 22 21.13	1.050 1956
11	20 42 00.184	−19 27 42.53	1.381 6559	27	22 47 11.370	−10 08 33.75	1.043 3384
12	20 44 52.301	−19 18 05.12	1.373 8510	28	22 49 44.570	− 9 54 44.81	1.036 5056
13	20 47 44.085	−19 08 18.72	1.366 0625	29	22 52 17.295	− 9 40 54.49	1.029 6975
14	20 50 35.528	−18 58 23.49	1.358 2903	30	22 54 49.544	− 9 27 02.96	1.022 9142
15	20 53 26.621	−18 48 19.56	1.350 5347	31	22 57 21.320	− 9 13 10.37	1.016 1558
16	20 56 17.355	−18 38 07.09	1.342 7959	June 1	22 59 52.625	− 8 59 16.86	1.009 4223
17	20 59 07.725	−18 27 46.20	1.335 0740	2	23 02 23.460	− 8 45 22.58	1.002 7136
18	21 01 57.722	−18 17 17.06	1.327 3693	3	23 04 53.830	− 8 31 27.68	0.996 0295
19	21 04 47.342	−18 06 39.80	1.319 6824	4	23 07 23.735	− 8 17 32.30	0.989 3698
20	21 07 36.578	−17 55 54.57	1.312 0133	5	23 09 53.174	− 8 03 36.60	0.982 7340
21	21 10 25.428	−17 45 01.52	1.304 3627	6	23 12 22.145	− 7 49 40.77	0.976 1218
22	21 13 13.886	−17 34 00.80	1.296 7308	7	23 14 50.640	− 7 35 44.98	0.969 5327
23	21 16 01.949	−17 22 52.57	1.289 1182	8	23 17 18.652	− 7 21 49.44	0.962 9663
24	21 18 49.615	−17 11 36.99	1.281 5252	9	23 19 46.172	− 7 07 54.35	0.956 4222
25	21 21 36.880	−17 00 14.21	1.273 9524	10	23 22 13.190	− 6 53 59.91	0.949 9003
26	21 24 23.741	−16 48 44.39	1.266 4002	11	23 24 39.697	− 6 40 06.32	0.943 4003
27	21 27 10.196	−16 37 07.70	1.258 8690	12	23 27 05.684	− 6 26 13.80	0.936 9220
28	21 29 56.244	−16 25 24.30	1.251 3593	13	23 29 31.140	− 6 12 22.53	0.930 4653
29	21 32 41.882	−16 13 34.35	1.243 8716	14	23 31 56.056	− 5 58 32.72	0.924 0301
30	21 35 27.109	−16 01 38.01	1.236 4062	15	23 34 20.423	− 5 44 44.58	0.917 6166
May 1	21 38 11.924	−15 49 35.44	1.228 9635	16	23 36 44.229	− 5 30 58.31	0.911 2247
2	21 40 56.328	−15 37 26.78	1.221 5437	17	23 39 07.466	− 5 17 14.12	0.904 8544
3	21 43 40.322	−15 25 12.18	1.214 1471	18	23 41 30.122	− 5 03 32.21	0.898 5059
4	21 46 23.908	−15 12 51.77	1.206 7737	19	23 43 52.187	− 4 49 52.80	0.892 1794
5	21 49 07.091	−15 00 25.68	1.199 4236	20	23 46 13.648	− 4 36 16.08	0.885 8750
6	21 51 49.875	−14 47 54.04	1.192 0967	21	23 48 34.494	− 4 22 42.26	0.879 5931
7	21 54 32.262	−14 35 17.00	1.184 7927	22	23 50 54.714	− 4 09 11.55	0.873 3337
8	21 57 14.256	−14 22 34.69	1.177 5114	23	23 53 14.295	− 3 55 44.15	0.867 0973
9	21 59 55.854	−14 09 47.30	1.170 2524	24	23 55 33.226	− 3 42 20.26	0.860 8841
10	22 02 37.052	−13 56 55.00	1.163 0154	25	23 57 51.497	− 3 29 00.06	0.854 6945
11	22 05 17.846	−13 43 57.97	1.155 8003	26	0 00 09.098	− 3 15 43.71	0.848 5285
12	22 07 58.230	−13 30 56.40	1.148 6067	27	0 02 26.023	− 3 02 31.40	0.842 3865
13	22 10 38.196	−13 17 50.47	1.141 4347	28	0 04 42.264	− 2 49 23.25	0.836 2686
14	22 13 17.739	−13 04 40.37	1.134 2842	29	0 06 57.815	− 2 36 19.42	0.830 1747
15	22 15 56.854	−12 51 26.28	1.127 1551	30	0 09 12.670	− 2 23 20.03	0.824 1048
16	22 18 35.537	−12 38 08.38	1.120 0476	July 1	0 11 26.822	− 2 10 25.23	0.818 0588
17	22 21 13.782	−12 24 46.87	1.112 9617	2	0 13 40.262	− 1 57 35.17	0.812 0364

MARS, 2020

GEOCENTRIC COORDINATES FOR 0ʰ TERRESTRIAL TIME

Date		Apparent Right Ascension	Apparent Declination	True Geocentric Distance	Date		Apparent Right Ascension	Apparent Declination	True Geocentric Distance
		h m s	o ′ ″	au			h m s	o ′ ″	au
July	1	0 11 26.822	− 2 10 25.23	0.818 0588	Aug.	16	1 34 50.637	+ 5 28 43.82	0.566 1754
	2	0 13 40.262	− 1 57 35.17	0.812 0364		17	1 36 01.403	+ 5 34 42.85	0.561 3981
	3	0 15 52.977	− 1 44 49.99	0.806 0373		18	1 37 09.803	+ 5 40 28.99	0.556 6620
	4	0 18 04.955	− 1 32 09.86	0.800 0612		19	1 38 15.781	+ 5 46 02.10	0.551 9688
	5	0 20 16.177	− 1 19 34.96	0.794 1078		20	1 39 19.284	+ 5 51 22.06	0.547 3202
	6	0 22 26.625	− 1 07 05.50	0.788 1766		21	1 40 20.263	+ 5 56 28.78	0.542 7177
	7	0 24 36.278	− 0 54 41.65	0.782 2674		22	1 41 18.670	+ 6 01 22.19	0.538 1631
	8	0 26 45.114	− 0 42 23.62	0.776 3800		23	1 42 14.463	+ 6 06 02.25	0.533 6579
	9	0 28 53.112	− 0 30 11.62	0.770 5141		24	1 43 07.597	+ 6 10 28.93	0.529 2038
	10	0 31 00.247	− 0 18 05.84	0.764 6697		25	1 43 58.030	+ 6 14 42.21	0.524 8021
	11	0 33 06.496	− 0 06 06.49	0.758 8467		26	1 44 45.717	+ 6 18 42.05	0.520 4543
	12	0 35 11.835	+ 0 05 46.23	0.753 0452		27	1 45 30.610	+ 6 22 28.42	0.516 1619
	13	0 37 16.237	+ 0 17 32.11	0.747 2652		28	1 46 12.662	+ 6 26 01.26	0.511 9263
	14	0 39 19.676	+ 0 29 10.95	0.741 5069		29	1 46 51.823	+ 6 29 20.53	0.507 7489
	15	0 41 22.126	+ 0 40 42.55	0.735 7704		30	1 47 28.045	+ 6 32 26.16	0.503 6312
	16	0 43 23.557	+ 0 52 06.69	0.730 0560		31	1 48 01.277	+ 6 35 18.07	0.499 5748
	17	0 45 23.940	+ 1 03 23.18	0.724 3640	Sept.	1	1 48 31.469	+ 6 37 56.22	0.495 5813
	18	0 47 23.246	+ 1 14 31.81	0.718 6948		2	1 48 58.573	+ 6 40 20.51	0.491 6526
	19	0 49 21.443	+ 1 25 32.37	0.713 0488		3	1 49 22.539	+ 6 42 30.90	0.487 7905
	20	0 51 18.499	+ 1 36 24.67	0.707 4266		4	1 49 43.322	+ 6 44 27.32	0.483 9969
	21	0 53 14.384	+ 1 47 08.51	0.701 8286		5	1 50 00.876	+ 6 46 09.73	0.480 2739
	22	0 55 09.065	+ 1 57 43.71	0.696 2556		6	1 50 15.158	+ 6 47 38.08	0.476 6239
	23	0 57 02.515	+ 2 08 10.10	0.690 7079		7	1 50 26.129	+ 6 48 52.33	0.473 0490
	24	0 58 54.705	+ 2 18 27.52	0.685 1864		8	1 50 33.751	+ 6 49 52.49	0.469 5519
	25	1 00 45.609	+ 2 28 35.84	0.679 6914		9	1 50 37.991	+ 6 50 38.53	0.466 1350
	26	1 02 35.202	+ 2 38 34.94	0.674 2235		10	1 50 38.820	+ 6 51 10.49	0.462 8010
	27	1 04 23.459	+ 2 48 24.72	0.668 7830		11	1 50 36.212	+ 6 51 28.38	0.459 5528
	28	1 06 10.352	+ 2 58 05.06	0.663 3704		12	1 50 30.149	+ 6 51 32.26	0.456 3932
	29	1 07 55.855	+ 3 07 35.86	0.657 9858		13	1 50 20.618	+ 6 51 22.22	0.453 3253
	30	1 09 39.936	+ 3 16 57.00	0.652 6293		14	1 50 07.612	+ 6 50 58.36	0.450 3522
	31	1 11 22.561	+ 3 26 08.36	0.647 3013		15	1 49 51.135	+ 6 50 20.83	0.447 4771
Aug.	1	1 13 03.694	+ 3 35 09.78	0.642 0018		16	1 49 31.200	+ 6 49 29.81	0.444 7033
	2	1 14 43.296	+ 3 44 01.12	0.636 7309		17	1 49 07.831	+ 6 48 25.56	0.442 0341
	3	1 16 21.324	+ 3 52 42.22	0.631 4888		18	1 48 41.066	+ 6 47 08.37	0.439 4727
	4	1 17 57.736	+ 4 01 12.91	0.626 2757		19	1 48 10.953	+ 6 45 38.61	0.437 0225
	5	1 19 32.485	+ 4 09 33.00	0.621 0920		20	1 47 37.553	+ 6 43 56.70	0.434 6864
	6	1 21 05.526	+ 4 17 42.33	0.615 9380		21	1 47 00.934	+ 6 42 03.08	0.432 4674
	7	1 22 36.809	+ 4 25 40.72	0.610 8141		22	1 46 21.171	+ 6 39 58.24	0.430 3684
	8	1 24 06.285	+ 4 33 27.98	0.605 7209		23	1 45 38.344	+ 6 37 42.67	0.428 3919
	9	1 25 33.903	+ 4 41 03.93	0.600 6590		24	1 44 52.541	+ 6 35 16.87	0.426 5405
	10	1 26 59.610	+ 4 48 28.40	0.595 6291		25	1 44 03.853	+ 6 32 41.36	0.424 8168
	11	1 28 23.353	+ 4 55 41.19	0.590 6322		26	1 43 12.379	+ 6 29 56.66	0.423 2230
	12	1 29 45.076	+ 5 02 42.13	0.585 6690		27	1 42 18.225	+ 6 27 03.33	0.421 7617
	13	1 31 04.723	+ 5 09 31.05	0.580 7406		28	1 41 21.503	+ 6 24 01.94	0.420 4352
	14	1 32 22.238	+ 5 16 07.75	0.575 8480		29	1 40 22.333	+ 6 20 53.08	0.419 2457
	15	1 33 37.562	+ 5 22 32.07	0.570 9925		30	1 39 20.843	+ 6 17 37.37	0.418 1956
	16	1 34 50.637	+ 5 28 43.82	0.566 1754	Oct.	1	1 38 17.165	+ 6 14 15.44	0.417 2871

GEOCENTRIC COORDINATES FOR 0ʰ TERRESTRIAL TIME

Date	Apparent Right Ascension	Apparent Declination	True Geocentric Distance	Date	Apparent Right Ascension	Apparent Declination	True Geocentric Distance
	h m s	° ′ ″	au		h m s	° ′ ″	au
Oct. 1	1 38 17.165	+ 6 14 15.44	0.417 2871	Nov. 16	0 57 25.977	+ 5 16 50.87	0.541 7611
2	1 37 11.441	+ 6 10 47.96	0.416 5223	17	0 57 28.085	+ 5 20 44.40	0.547 7337
3	1 36 03.819	+ 6 07 15.63	0.415 9035	18	0 57 33.219	+ 5 24 52.84	0.553 8141
4	1 34 54.454	+ 6 03 39.15	0.415 4327	19	0 57 41.350	+ 5 29 15.97	0.559 9998
5	1 33 43.506	+ 5 59 59.27	0.415 1119	20	0 57 52.439	+ 5 33 53.54	0.566 2880
6	1 32 31.143	+ 5 56 16.75	0.414 9431	21	0 58 06.448	+ 5 38 45.29	0.572 6762
7	1 31 17.537	+ 5 52 32.36	0.414 9282	22	0 58 23.332	+ 5 43 50.91	0.579 1620
8	1 30 02.865	+ 5 48 46.90	0.415 0690	23	0 58 43.047	+ 5 49 10.12	0.585 7430
9	1 28 47.310	+ 5 45 01.19	0.415 3670	24	0 59 05.546	+ 5 54 42.61	0.592 4170
10	1 27 31.059	+ 5 41 16.04	0.415 8239	25	0 59 30.781	+ 6 00 28.06	0.599 1818
11	1 26 14.303	+ 5 37 32.32	0.416 4411	26	0 59 58.705	+ 6 06 26.17	0.606 0352
12	1 24 57.236	+ 5 33 50.88	0.417 2199	27	1 00 29.266	+ 6 12 36.60	0.612 9755
13	1 23 40.055	+ 5 30 12.58	0.418 1614	28	1 01 02.416	+ 6 18 59.05	0.620 0006
14	1 22 22.964	+ 5 26 38.33	0.419 2665	29	1 01 38.104	+ 6 25 33.17	0.627 1087
15	1 21 06.165	+ 5 23 09.02	0.420 5362	30	1 02 16.279	+ 6 32 18.66	0.634 2981
16	1 19 49.866	+ 5 19 45.59	0.421 9707	Dec. 1	1 02 56.892	+ 6 39 15.17	0.641 5672
17	1 18 34.273	+ 5 16 28.97	0.423 5704	2	1 03 39.893	+ 6 46 22.41	0.648 9144
18	1 17 19.591	+ 5 13 20.07	0.425 3351	3	1 04 25.232	+ 6 53 40.04	0.656 3383
19	1 16 06.015	+ 5 10 19.78	0.427 2642	4	1 05 12.862	+ 7 01 07.75	0.663 8373
20	1 14 53.732	+ 5 07 28.95	0.429 3571	5	1 06 02.737	+ 7 08 45.24	0.671 4102
21	1 13 42.918	+ 5 04 48.33	0.431 6126	6	1 06 54.811	+ 7 16 32.21	0.679 0556
22	1 12 33.739	+ 5 02 18.64	0.434 0295	7	1 07 49.043	+ 7 24 28.39	0.686 7722
23	1 11 26.347	+ 5 00 00.52	0.436 6063	8	1 08 45.392	+ 7 32 33.50	0.694 5587
24	1 10 20.887	+ 4 57 54.55	0.439 3416	9	1 09 43.820	+ 7 40 47.30	0.702 4138
25	1 09 17.491	+ 4 56 01.26	0.442 2337	10	1 10 44.291	+ 7 49 09.54	0.710 3362
26	1 08 16.283	+ 4 54 21.14	0.445 2809	11	1 11 46.773	+ 7 57 40.01	0.718 3245
27	1 07 17.378	+ 4 52 54.60	0.448 4815	12	1 12 51.232	+ 8 06 18.48	0.726 3772
28	1 06 20.881	+ 4 51 42.04	0.451 8336	13	1 13 57.635	+ 8 15 04.75	0.734 4928
29	1 05 26.886	+ 4 50 43.79	0.455 3353	14	1 15 05.945	+ 8 23 58.59	0.742 6695
30	1 04 35.483	+ 4 50 00.15	0.458 9849	15	1 16 16.127	+ 8 32 59.76	0.750 9058
31	1 03 46.747	+ 4 49 31.37	0.462 7803	16	1 17 28.140	+ 8 42 08.02	0.759 1997
Nov. 1	1 03 00.750	+ 4 49 17.66	0.466 7198	17	1 18 41.945	+ 8 51 23.08	0.767 5496
2	1 02 17.553	+ 4 49 19.19	0.470 8012	18	1 19 57.500	+ 9 00 44.69	0.775 9537
3	1 01 37.209	+ 4 49 36.11	0.475 0228	19	1 21 14.766	+ 9 10 12.55	0.784 4104
4	1 00 59.765	+ 4 50 08.50	0.479 3825	20	1 22 33.702	+ 9 19 46.40	0.792 9181
5	1 00 25.261	+ 4 50 56.46	0.483 8784	21	1 23 54.271	+ 9 29 25.94	0.801 4753
6	0 59 53.731	+ 4 52 00.01	0.488 5087	22	1 25 16.434	+ 9 39 10.91	0.810 0806
7	0 59 25.201	+ 4 53 19.19	0.493 2713	23	1 26 40.154	+ 9 49 01.04	0.818 7326
8	0 58 59.695	+ 4 54 53.98	0.498 1643	24	1 28 05.396	+ 9 58 56.05	0.827 4302
9	0 58 37.231	+ 4 56 44.38	0.503 1858	25	1 29 32.125	+10 08 55.68	0.836 1721
10	0 58 17.823	+ 4 58 50.36	0.508 3338	26	1 31 00.305	+10 18 59.67	0.844 9572
11	0 58 01.483	+ 5 01 11.87	0.513 6064	27	1 32 29.904	+10 29 07.75	0.853 7845
12	0 57 48.219	+ 5 03 48.89	0.519 0014	28	1 34 00.889	+10 39 19.67	0.862 6530
13	0 57 38.037	+ 5 06 41.35	0.524 5166	29	1 35 33.228	+10 49 35.17	0.871 5617
14	0 57 30.940	+ 5 09 49.23	0.530 1500	30	1 37 06.890	+10 59 54.00	0.880 5098
15	0 57 26.923	+ 5 13 12.43	0.535 8990	31	1 38 41.845	+11 10 15.92	0.889 4964
16	0 57 25.977	+ 5 16 50.87	0.541 7611	32	1 40 18.066	+11 20 40.68	0.898 5209

JUPITER, 2020

GEOCENTRIC COORDINATES FOR 0^h TERRESTRIAL TIME

Date	Apparent Right Ascension	Apparent Declination	True Geocentric Distance	Date	Apparent Right Ascension	Apparent Declination	True Geocentric Distance
	h m s	o ′ ″	au		h m s	o ′ ″	au
Jan. 0	18 28 02.020	−23 11 22.32	6.210 1040	Feb. 15	19 12 05.678	−22 23 02.51	5.939 8086
1	18 29 02.140	−23 10 46.99	6.208 8901	16	19 12 58.148	−22 21 37.60	5.929 4252
2	18 30 02.229	−23 10 10.23	6.207 4597	17	19 13 50.312	−22 20 12.17	5.918 8716
3	18 31 02.280	−23 09 32.02	6.205 8132	18	19 14 42.159	−22 18 46.27	5.908 1495
4	18 32 02.290	−23 08 52.39	6.203 9512	19	19 15 33.683	−22 17 19.92	5.897 2607
5	18 33 02.253	−23 08 11.34	6.201 8742	20	19 16 24.873	−22 15 53.17	5.886 2070
6	18 34 02.164	−23 07 28.89	6.199 5828	21	19 17 15.722	−22 14 26.06	5.874 9904
7	18 35 02.018	−23 06 45.04	6.197 0776	22	19 18 06.222	−22 12 58.59	5.863 6130
8	18 36 01.810	−23 05 59.81	6.194 3591	23	19 18 56.365	−22 11 30.82	5.852 0771
9	18 37 01.534	−23 05 13.23	6.191 4282	24	19 19 46.144	−22 10 02.76	5.840 3849
10	18 38 01.183	−23 04 25.32	6.188 2852	25	19 20 35.553	−22 08 34.45	5.828 5387
11	18 39 00.750	−23 03 36.08	6.184 9308	26	19 21 24.586	−22 07 05.91	5.816 5410
12	18 40 00.227	−23 02 45.55	6.181 3656	27	19 22 13.237	−22 05 37.17	5.804 3942
13	18 40 59.609	−23 01 53.71	6.177 5899	28	19 23 01.500	−22 04 08.28	5.792 1008
14	18 41 58.888	−23 01 00.58	6.173 6041	29	19 23 49.370	−22 02 39.26	5.779 6635
15	18 42 58.060	−23 00 06.16	6.169 4085	Mar. 1	19 24 36.842	−22 01 10.16	5.767 0847
16	18 43 57.121	−22 59 10.44	6.165 0033	2	19 25 23.909	−21 59 41.02	5.754 3670
17	18 44 56.066	−22 58 13.45	6.160 3889	3	19 26 10.566	−21 58 11.88	5.741 5133
18	18 45 54.892	−22 57 15.19	6.155 5656	4	19 26 56.807	−21 56 42.78	5.728 5259
19	18 46 53.593	−22 56 15.69	6.150 5339	5	19 27 42.624	−21 55 13.77	5.715 4077
20	18 47 52.162	−22 55 14.97	6.145 2940	6	19 28 28.010	−21 53 44.90	5.702 1612
21	18 48 50.594	−22 54 13.07	6.139 8468	7	19 29 12.959	−21 52 16.20	5.688 7891
22	18 49 48.878	−22 53 10.01	6.134 1928	8	19 29 57.462	−21 50 47.70	5.675 2937
23	18 50 47.008	−22 52 05.81	6.128 3330	9	19 30 41.514	−21 49 19.44	5.661 6775
24	18 51 44.974	−22 51 00.50	6.122 2683	10	19 31 25.109	−21 47 51.43	5.647 9429
25	18 52 42.768	−22 49 54.09	6.115 9997	11	19 32 08.244	−21 46 23.69	5.634 0921
26	18 53 40.382	−22 48 46.59	6.109 5284	12	19 32 50.915	−21 44 56.27	5.620 1273
27	18 54 37.809	−22 47 38.03	6.102 8556	13	19 33 33.118	−21 43 29.19	5.606 0507
28	18 55 35.043	−22 46 28.41	6.095 9828	14	19 34 14.847	−21 42 02.51	5.591 8647
29	18 56 32.078	−22 45 17.75	6.088 9113	15	19 34 56.095	−21 40 36.28	5.577 5715
30	18 57 28.908	−22 44 06.07	6.081 6425	16	19 35 36.854	−21 39 10.54	5.563 1737
31	18 58 25.527	−22 42 53.39	6.074 1780	17	19 36 17.114	−21 37 45.35	5.548 6740
Feb. 1	18 59 21.931	−22 41 39.74	6.066 5194	18	19 36 56.867	−21 36 20.75	5.534 0751
2	19 00 18.114	−22 40 25.14	6.058 6682	19	19 37 36.104	−21 34 56.79	5.519 3799
3	19 01 14.071	−22 39 09.63	6.050 6260	20	19 38 14.817	−21 33 33.49	5.504 5914
4	19 02 09.796	−22 37 53.22	6.042 3945	21	19 38 52.998	−21 32 10.90	5.489 7125
5	19 03 05.284	−22 36 35.95	6.033 9754	22	19 39 30.639	−21 30 49.05	5.474 7466
6	19 04 00.528	−22 35 17.87	6.025 3704	23	19 40 07.734	−21 29 27.97	5.459 6967
7	19 04 55.521	−22 33 59.00	6.016 5810	24	19 40 44.277	−21 28 07.70	5.444 5662
8	19 05 50.257	−22 32 39.37	6.007 6089	25	19 41 20.261	−21 26 48.28	5.429 3585
9	19 06 44.727	−22 31 19.01	5.998 4556	26	19 41 55.682	−21 25 29.75	5.414 0770
10	19 07 38.926	−22 29 57.94	5.989 1227	27	19 42 30.532	−21 24 12.14	5.398 7251
11	19 08 32.848	−22 28 36.18	5.979 6114	28	19 43 04.807	−21 22 55.49	5.383 3063
12	19 09 26.487	−22 27 13.73	5.969 9231	29	19 43 38.501	−21 21 39.86	5.367 8241
13	19 10 19.842	−22 25 50.61	5.960 0590	30	19 44 11.607	−21 20 25.28	5.352 2821
14	19 11 12.907	−22 24 26.86	5.950 0204	31	19 44 44.120	−21 19 11.81	5.336 6838
15	19 12 05.678	−22 23 02.51	5.939 8086	Apr. 1	19 45 16.033	−21 17 59.49	5.321 0327

GEOCENTRIC COORDINATES FOR 0ʰ TERRESTRIAL TIME

Date	Apparent Right Ascension	Apparent Declination	True Geocentric Distance	Date	Apparent Right Ascension	Apparent Declination	True Geocentric Distance
	h m s	° ′ ″	au		h m s	° ′ ″	au
Apr. 1	19 45 16.033	−21 17 59.49	5.321 0327	May 17	19 57 17.642	−20 52 46.04	4.606 3024
2	19 45 47.340	−21 16 48.36	5.305 3325	18	19 57 15.454	−20 53 01.83	4.592 3613
3	19 46 18.032	−21 15 38.46	5.289 5865	19	19 57 12.466	−20 53 19.86	4.578 5549
4	19 46 48.104	−21 14 29.84	5.273 7983	20	19 57 08.680	−20 53 40.13	4.564 8877
5	19 47 17.548	−21 13 22.53	5.257 9712	21	19 57 04.098	−20 54 02.62	4.551 3643
6	19 47 46.360	−21 12 16.54	5.242 1085	22	19 56 58.723	−20 54 27.33	4.537 9893
7	19 48 14.536	−21 11 11.90	5.226 2135	23	19 56 52.558	−20 54 54.24	4.524 7672
8	19 48 42.071	−21 10 08.63	5.210 2892	24	19 56 45.605	−20 55 23.37	4.511 7025
9	19 49 08.964	−21 09 06.77	5.194 3387	25	19 56 37.868	−20 55 54.68	4.498 7997
10	19 49 35.209	−21 08 06.34	5.178 3652	26	19 56 29.349	−20 56 28.18	4.486 0633
11	19 50 00.801	−21 07 07.42	5.162 3718	27	19 56 20.053	−20 57 03.84	4.473 4976
12	19 50 25.733	−21 06 10.03	5.146 3618	28	19 56 09.982	−20 57 41.65	4.461 1067
13	19 50 49.997	−21 05 14.23	5.130 3385	29	19 55 59.143	−20 58 21.57	4.448 8949
14	19 51 13.582	−21 04 20.07	5.114 3056	30	19 55 47.540	−20 59 03.58	4.436 8662
15	19 51 36.482	−21 03 27.58	5.098 2667	31	19 55 35.180	−20 59 47.62	4.425 0243
16	19 51 58.688	−21 02 36.78	5.082 2256	June 1	19 55 22.073	−21 00 33.65	4.413 3732
17	19 52 20.193	−21 01 47.73	5.066 1861	2	19 55 08.226	−21 01 21.64	4.401 9163
18	19 52 40.991	−21 01 00.43	5.050 1521	3	19 54 53.650	−21 02 11.54	4.390 6572
19	19 53 01.076	−21 00 14.91	5.034 1278	4	19 54 38.355	−21 03 03.32	4.379 5994
20	19 53 20.442	−20 59 31.21	5.018 1172	5	19 54 22.347	−21 03 56.96	4.368 7464
21	19 53 39.085	−20 58 49.35	5.002 1245	6	19 54 05.635	−21 04 52.43	4.358 1015
22	19 53 57.001	−20 58 09.36	4.986 1538	7	19 53 48.224	−21 05 49.71	4.347 6683
23	19 54 14.184	−20 57 31.26	4.970 2094	8	19 53 30.120	−21 06 48.76	4.337 4504
24	19 54 30.632	−20 56 55.09	4.954 2956	9	19 53 11.331	−21 07 49.54	4.327 4514
25	19 54 46.339	−20 56 20.87	4.938 4167	10	19 52 51.863	−21 08 52.00	4.317 6748
26	19 55 01.302	−20 55 48.64	4.922 5769	11	19 52 31.727	−21 09 56.10	4.308 1245
27	19 55 15.517	−20 55 18.43	4.906 7807	12	19 52 10.933	−21 11 01.78	4.298 8041
28	19 55 28.978	−20 54 50.27	4.891 0323	13	19 51 49.493	−21 12 08.98	4.289 7173
29	19 55 41.682	−20 54 24.19	4.875 3360	14	19 51 27.418	−21 13 17.65	4.280 8677
30	19 55 53.624	−20 54 00.22	4.859 6961	15	19 51 04.724	−21 14 27.72	4.272 2590
May 1	19 56 04.799	−20 53 38.37	4.844 1167	16	19 50 41.424	−21 15 39.15	4.263 8946
2	19 56 15.205	−20 53 18.67	4.828 6020	17	19 50 17.533	−21 16 51.88	4.255 7782
3	19 56 24.837	−20 53 01.11	4.813 1560	18	19 49 53.067	−21 18 05.86	4.247 9130
4	19 56 33.695	−20 52 45.70	4.797 7827	19	19 49 28.041	−21 19 21.02	4.240 3025
5	19 56 41.778	−20 52 32.44	4.782 4859	20	19 49 02.472	−21 20 37.32	4.232 9498
6	19 56 49.085	−20 52 21.33	4.767 2694	21	19 48 36.376	−21 21 54.70	4.225 8581
7	19 56 55.618	−20 52 12.39	4.752 1369	22	19 48 09.769	−21 23 13.11	4.219 0304
8	19 57 01.374	−20 52 05.64	4.737 0922	23	19 47 42.668	−21 24 32.50	4.212 4695
9	19 57 06.351	−20 52 01.10	4.722 1391	24	19 47 15.090	−21 25 52.79	4.206 1781
10	19 57 10.545	−20 51 58.79	4.707 2815	25	19 46 47.054	−21 27 13.93	4.200 1587
11	19 57 13.950	−20 51 58.73	4.692 5234	26	19 46 18.578	−21 28 35.83	4.194 4134
12	19 57 16.563	−20 52 00.94	4.677 8690	27	19 45 49.682	−21 29 58.42	4.188 9444
13	19 57 18.380	−20 52 05.43	4.663 3224	28	19 45 20.389	−21 31 21.63	4.183 7536
14	19 57 19.398	−20 52 12.18	4.648 8880	29	19 44 50.720	−21 32 45.36	4.178 8426
15	19 57 19.614	−20 52 21.21	4.634 5702	30	19 44 20.698	−21 34 09.56	4.174 2129
16	19 57 19.029	−20 52 32.49	4.620 3735	July 1	19 43 50.346	−21 35 34.16	4.169 8660
17	19 57 17.642	−20 52 46.04	4.606 3024	2	19 43 19.684	−21 36 59.09	4.165 8031

JUPITER, 2020

GEOCENTRIC COORDINATES FOR 0ʰ TERRESTRIAL TIME

Date	Apparent Right Ascension	Apparent Declination	True Geocentric Distance	Date	Apparent Right Ascension	Apparent Declination	True Geocentric Distance
	h m s	° ′ ″	au		h m s	° ′ ″	au
July 1	19 43 50.346	−21 35 34.16	4.169 8660	Aug. 16	19 20 55.487	−22 31 40.53	4.281 5089
2	19 43 19.684	−21 36 59.09	4.165 8031	17	19 20 34.212	−22 32 26.54	4.290 2958
3	19 42 48.733	−21 38 24.32	4.162 0254	18	19 20 13.597	−22 33 11.04	4.299 3154
4	19 42 17.512	−21 39 49.78	4.158 5342	19	19 19 53.654	−22 33 54.00	4.308 5641
5	19 41 46.040	−21 41 15.42	4.155 3306	20	19 19 34.397	−22 34 35.41	4.318 0382
6	19 41 14.335	−21 42 41.18	4.152 4158	21	19 19 15.840	−22 35 15.25	4.327 7335
7	19 40 42.418	−21 44 07.00	4.149 7908	22	19 18 57.996	−22 35 53.51	4.337 6460
8	19 40 10.307	−21 45 32.81	4.147 4568	23	19 18 40.879	−22 36 30.16	4.347 7714
9	19 39 38.025	−21 46 58.54	4.145 4149	24	19 18 24.501	−22 37 05.21	4.358 1054
10	19 39 05.595	−21 48 24.12	4.143 6660	25	19 18 08.873	−22 37 38.66	4.368 6435
11	19 38 33.039	−21 49 49.48	4.142 2111	26	19 17 54.003	−22 38 10.52	4.379 3816
12	19 38 00.382	−21 51 14.55	4.141 0508	27	19 17 39.899	−22 38 40.82	4.390 3153
13	19 37 27.647	−21 52 39.28	4.140 1861	28	19 17 26.565	−22 39 09.54	4.401 4403
14	19 36 54.860	−21 54 03.60	4.139 6173	29	19 17 14.006	−22 39 36.70	4.412 7525
15	19 36 22.044	−21 55 27.46	4.139 3450	30	19 17 02.227	−22 40 02.31	4.424 2478
16	19 35 49.225	−21 56 50.81	4.139 3695	31	19 16 51.231	−22 40 26.35	4.435 9220
17	19 35 16.427	−21 58 13.60	4.139 6910	Sept. 1	19 16 41.024	−22 40 48.82	4.447 7712
18	19 34 43.673	−21 59 35.77	4.140 3094	2	19 16 31.610	−22 41 09.72	4.459 7914
19	19 34 10.989	−22 00 57.29	4.141 2247	3	19 16 22.993	−22 41 29.04	4.471 9785
20	19 33 38.398	−22 02 18.10	4.142 4365	4	19 16 15.180	−22 41 46.77	4.484 3286
21	19 33 05.923	−22 03 38.17	4.143 9444	5	19 16 08.175	−22 42 02.92	4.496 8378
22	19 32 33.586	−22 04 57.43	4.145 7474	6	19 16 01.983	−22 42 17.48	4.509 5021
23	19 32 01.413	−22 06 15.84	4.147 8447	7	19 15 56.608	−22 42 30.47	4.522 3174
24	19 31 29.427	−22 07 33.33	4.150 2351	8	19 15 52.054	−22 42 41.87	4.535 2798
25	19 30 57.654	−22 08 49.84	4.152 9170	9	19 15 48.324	−22 42 51.71	4.548 3851
26	19 30 26.119	−22 10 05.33	4.155 8889	10	19 15 45.422	−22 42 59.99	4.561 6294
27	19 29 54.847	−22 11 19.74	4.159 1489	11	19 15 43.348	−22 43 06.72	4.575 0085
28	19 29 23.863	−22 12 33.04	4.162 6951	12	19 15 42.104	−22 43 11.90	4.588 5182
29	19 28 53.189	−22 13 45.20	4.166 5254	13	19 15 41.692	−22 43 15.54	4.602 1543
30	19 28 22.846	−22 14 56.19	4.170 6378	14	19 15 42.109	−22 43 17.65	4.615 9125
31	19 27 52.854	−22 16 06.00	4.175 0300	15	19 15 43.358	−22 43 18.23	4.629 7884
Aug. 1	19 27 23.232	−22 17 14.60	4.179 6999	16	19 15 45.436	−22 43 17.26	4.643 7775
2	19 26 53.996	−22 18 21.97	4.184 6454	17	19 15 48.345	−22 43 14.73	4.657 8752
3	19 26 25.165	−22 19 28.08	4.189 8642	18	19 15 52.085	−22 43 10.64	4.672 0767
4	19 25 56.756	−22 20 32.89	4.195 3542	19	19 15 56.658	−22 43 04.96	4.686 3774
5	19 25 28.788	−22 21 36.39	4.201 1131	20	19 16 02.066	−22 42 57.69	4.700 7723
6	19 25 01.279	−22 22 38.52	4.207 1386	21	19 16 08.307	−22 42 48.84	4.715 2567
7	19 24 34.247	−22 23 39.27	4.213 4285	22	19 16 15.379	−22 42 38.43	4.729 8258
8	19 24 07.712	−22 24 38.61	4.219 9803	23	19 16 23.277	−22 42 26.47	4.744 4749
9	19 23 41.693	−22 25 36.51	4.226 7915	24	19 16 31.997	−22 42 12.96	4.759 1996
10	19 23 16.208	−22 26 32.96	4.233 8597	25	19 16 41.530	−22 41 57.93	4.773 9953
11	19 22 51.276	−22 27 27.94	4.241 1821	26	19 16 51.872	−22 41 41.35	4.788 8579
12	19 22 26.913	−22 28 21.45	4.248 7561	27	19 17 03.017	−22 41 23.24	4.803 7831
13	19 22 03.137	−22 29 13.47	4.256 5787	28	19 17 14.958	−22 41 03.57	4.818 7668
14	19 21 39.964	−22 30 03.99	4.264 6471	29	19 17 27.690	−22 40 42.35	4.833 8050
15	19 21 17.409	−22 30 53.01	4.272 9582	30	19 17 41.210	−22 40 19.57	4.848 8937
16	19 20 55.487	−22 31 40.53	4.281 5089	Oct. 1	19 17 55.513	−22 39 55.21	4.864 0291

GEOCENTRIC COORDINATES FOR 0^h TERRESTRIAL TIME

Date	Apparent Right Ascension	Apparent Declination	True Geocentric Distance	Date	Apparent Right Ascension	Apparent Declination	True Geocentric Distance
	h m s	° ′ ″	au		h m s	° ′ ″	au
Oct. 1	19 17 55.513	−22 39 55.21	4.864 0291	Nov. 16	19 41 16.441	−21 51 37.81	5.545 1429
2	19 18 10.595	−22 39 29.27	4.879 2071	17	19 42 00.340	−21 49 53.94	5.558 3141
3	19 18 26.451	−22 39 01.75	4.894 4241	18	19 42 44.690	−21 48 08.26	5.571 3649
4	19 18 43.078	−22 38 32.64	4.909 6762	19	19 43 29.481	−21 46 20.78	5.584 2928
5	19 19 00.471	−22 38 01.94	4.924 9596	20	19 44 14.702	−21 44 31.50	5.597 0949
6	19 19 18.626	−22 37 29.66	4.940 2705	21	19 45 00.343	−21 42 40.40	5.609 7689
7	19 19 37.538	−22 36 55.80	4.955 6051	22	19 45 46.395	−21 40 47.47	5.622 3123
8	19 19 57.200	−22 36 20.35	4.970 9597	23	19 46 32.851	−21 38 52.72	5.634 7229
9	19 20 17.607	−22 35 43.33	4.986 3305	24	19 47 19.702	−21 36 56.13	5.646 9985
10	19 20 38.753	−22 35 04.72	5.001 7135	25	19 48 06.943	−21 34 57.69	5.659 1369
11	19 21 00.631	−22 34 24.53	5.017 1051	26	19 48 54.566	−21 32 57.40	5.671 1360
12	19 21 23.234	−22 33 42.76	5.032 5013	27	19 49 42.564	−21 30 55.26	5.682 9937
13	19 21 46.555	−22 32 59.38	5.047 8981	28	19 50 30.931	−21 28 51.27	5.694 7082
14	19 22 10.589	−22 32 14.39	5.063 2915	29	19 51 19.661	−21 26 45.44	5.706 2773
15	19 22 35.330	−22 31 27.76	5.078 6775	30	19 52 08.747	−21 24 37.76	5.717 6992
16	19 23 00.773	−22 30 39.47	5.094 0519	Dec. 1	19 52 58.180	−21 22 28.26	5.728 9719
17	19 23 26.915	−22 29 49.52	5.109 4103	2	19 53 47.955	−21 20 16.93	5.740 0935
18	19 23 53.752	−22 28 57.88	5.124 7487	3	19 54 38.062	−21 18 03.78	5.751 0621
19	19 24 21.276	−22 28 04.57	5.140 0629	4	19 55 28.495	−21 15 48.81	5.761 8758
20	19 24 49.479	−22 27 09.60	5.155 3487	5	19 56 19.245	−21 13 32.04	5.772 5326
21	19 25 18.353	−22 26 12.98	5.170 6023	6	19 57 10.305	−21 11 13.46	5.783 0305
22	19 25 47.885	−22 25 14.70	5.185 8198	7	19 58 01.668	−21 08 53.07	5.793 3676
23	19 26 18.066	−22 24 14.77	5.200 9977	8	19 58 53.327	−21 06 30.85	5.803 5417
24	19 26 48.886	−22 23 13.18	5.216 1324	9	19 59 45.277	−21 04 06.80	5.813 5508
25	19 27 20.334	−22 22 09.91	5.231 2205	10	20 00 37.512	−21 01 40.91	5.823 3926
26	19 27 52.404	−22 21 04.95	5.246 2587	11	20 01 30.028	−20 59 13.18	5.833 0650
27	19 28 25.087	−22 19 58.28	5.261 2438	12	20 02 22.821	−20 56 43.60	5.842 5658
28	19 28 58.375	−22 18 49.91	5.276 1727	13	20 03 15.884	−20 54 12.20	5.851 8929
29	19 29 32.263	−22 17 39.80	5.291 0422	14	20 04 09.210	−20 51 38.99	5.861 0440
30	19 30 06.742	−22 16 27.97	5.305 8494	15	20 05 02.790	−20 49 03.98	5.870 0172
31	19 30 41.807	−22 15 14.39	5.320 5911	16	20 05 56.614	−20 46 27.21	5.878 8106
Nov. 1	19 31 17.450	−22 13 59.07	5.335 2644	17	20 06 50.670	−20 43 48.69	5.887 4224
2	19 31 53.665	−22 12 42.01	5.349 8665	18	20 07 44.951	−20 41 08.42	5.895 8512
3	19 32 30.445	−22 11 23.20	5.364 3942	19	20 08 39.447	−20 38 26.40	5.904 0954
4	19 33 07.781	−22 10 02.65	5.378 8448	20	20 09 34.151	−20 35 42.64	5.912 1538
5	19 33 45.667	−22 08 40.35	5.393 2153	21	20 10 29.056	−20 32 57.14	5.920 0251
6	19 34 24.093	−22 07 16.30	5.407 5028	22	20 11 24.155	−20 30 09.91	5.927 7082
7	19 35 03.052	−22 05 50.51	5.421 7043	23	20 12 19.444	−20 27 20.94	5.935 2019
8	19 35 42.535	−22 04 22.96	5.435 8168	24	20 13 14.917	−20 24 30.24	5.942 5053
9	19 36 22.535	−22 02 53.64	5.449 8374	25	20 14 10.567	−20 21 37.84	5.949 6173
10	19 37 03.044	−22 01 22.55	5.463 7629	26	20 15 06.389	−20 18 43.74	5.956 5371
11	19 37 44.055	−21 59 49.67	5.477 5903	27	20 16 02.377	−20 15 47.96	5.963 2636
12	19 38 25.562	−21 58 14.97	5.491 3164	28	20 16 58.525	−20 12 50.51	5.969 7960
13	19 39 07.559	−21 56 38.44	5.504 9380	29	20 17 54.826	−20 09 51.42	5.976 1334
14	19 39 50.043	−21 55 00.07	5.518 4517	30	20 18 51.274	−20 06 50.71	5.982 2750
15	19 40 33.006	−21 53 19.85	5.531 8545	31	20 19 47.861	−20 03 48.39	5.988 2198
16	19 41 16.441	−21 51 37.81	5.545 1429	32	20 20 44.581	−20 00 44.48	5.993 9671

SATURN, 2020

GEOCENTRIC COORDINATES FOR 0^h TERRESTRIAL TIME

Date	Apparent Right Ascension	Apparent Declination	True Geocentric Distance	Date	Apparent Right Ascension	Apparent Declination	True Geocentric Distance
	h m s	° ′ ″	au		h m s	° ′ ″	au
Jan. 0	19 31 57.680	−21 42 04.23	10.993 0332	Feb. 15	19 54 33.918	−20 49 53.62	10.880 6898
1	19 32 27.542	−21 41 03.08	10.996 3919	16	19 55 01.270	−20 48 43.45	10.872 4185
2	19 32 57.457	−21 40 01.44	10.999 4926	17	19 55 28.460	−20 47 33.44	10.863 9194
3	19 33 27.421	−21 38 59.32	11.002 3349	18	19 55 55.484	−20 46 23.62	10.855 1942
4	19 33 57.428	−21 37 56.73	11.004 9183	19	19 56 22.334	−20 45 14.03	10.846 2449
5	19 34 27.476	−21 36 53.67	11.007 2425	20	19 56 49.005	−20 44 04.68	10.837 0733
6	19 34 57.560	−21 35 50.15	11.009 3074	21	19 57 15.491	−20 42 55.59	10.827 6817
7	19 35 27.677	−21 34 46.20	11.011 1126	22	19 57 41.785	−20 41 46.78	10.818 0724
8	19 35 57.821	−21 33 41.83	11.012 6582	23	19 58 07.883	−20 40 38.26	10.808 2478
9	19 36 27.988	−21 32 37.05	11.013 9441	24	19 58 33.780	−20 39 30.05	10.798 2103
10	19 36 58.172	−21 31 31.88	11.014 9702	25	19 58 59.471	−20 38 22.15	10.787 9626
11	19 37 28.369	−21 30 26.35	11.015 7365	26	19 59 24.954	−20 37 14.59	10.777 5074
12	19 37 58.574	−21 29 20.46	11.016 2429	27	19 59 50.224	−20 36 07.38	10.766 8474
13	19 38 28.801	−21 28 14.13	11.016 4892	28	20 00 15.277	−20 35 00.52	10.755 9856
14	19 38 58.843	−21 27 07.82	11.016 4753	29	20 00 40.112	−20 33 54.05	10.744 9248
15	19 39 29.090	−21 26 00.90	11.016 2010	Mar. 1	20 01 04.723	−20 32 47.99	10.733 6680
16	19 39 59.263	−21 24 53.64	11.015 6659	2	20 01 29.108	−20 31 42.35	10.722 2182
17	19 40 29.414	−21 23 46.05	11.014 8698	3	20 01 53.262	−20 30 37.17	10.710 5784
18	19 40 59.543	−21 22 38.14	11.013 8126	4	20 02 17.181	−20 29 32.46	10.698 7519
19	19 41 29.647	−21 21 29.92	11.012 4940	5	20 02 40.861	−20 28 28.26	10.686 7417
20	19 41 59.724	−21 20 21.42	11.010 9141	6	20 03 04.295	−20 27 24.58	10.674 5509
21	19 42 29.766	−21 19 12.65	11.009 0729	7	20 03 27.480	−20 26 21.46	10.662 1826
22	19 42 59.768	−21 18 03.64	11.006 9705	8	20 03 50.410	−20 25 18.91	10.649 6399
23	19 43 29.724	−21 16 54.41	11.004 6074	9	20 04 13.079	−20 24 16.94	10.636 9257
24	19 43 59.627	−21 15 44.98	11.001 9840	10	20 04 35.486	−20 23 15.54	10.624 0429
25	19 44 29.469	−21 14 35.37	10.999 1010	11	20 04 57.628	−20 22 14.73	10.610 9944
26	19 44 59.246	−21 13 25.57	10.995 9591	12	20 05 19.504	−20 21 14.52	10.597 7827
27	19 45 28.951	−21 12 15.61	10.992 5591	13	20 05 41.113	−20 20 14.91	10.584 4108
28	19 45 58.580	−21 11 05.49	10.988 9021	14	20 06 02.451	−20 19 15.93	10.570 8815
29	19 46 28.128	−21 09 55.23	10.984 9892	15	20 06 23.516	−20 18 17.63	10.557 1975
30	19 46 57.591	−21 08 44.82	10.980 8216	16	20 06 44.301	−20 17 20.01	10.543 3621
31	19 47 26.965	−21 07 34.29	10.976 4005	17	20 07 04.801	−20 16 23.13	10.529 3784
Feb. 1	19 47 56.247	−21 06 23.64	10.971 7273	18	20 07 25.011	−20 15 26.99	10.515 2495
2	19 48 25.432	−21 05 12.90	10.966 8033	19	20 07 44.924	−20 14 31.63	10.500 9791
3	19 48 54.516	−21 04 02.08	10.961 6302	20	20 08 04.536	−20 13 37.05	10.486 5706
4	19 49 23.496	−21 02 51.21	10.956 2094	21	20 08 23.842	−20 12 43.27	10.472 0277
5	19 49 52.366	−21 01 40.31	10.950 5426	22	20 08 42.838	−20 11 50.30	10.457 3540
6	19 50 21.123	−21 00 29.40	10.944 6313	23	20 09 01.521	−20 10 58.16	10.442 5535
7	19 50 49.759	−20 59 18.50	10.938 4773	24	20 09 19.888	−20 10 06.85	10.427 6300
8	19 51 18.270	−20 58 07.65	10.932 0821	25	20 09 37.935	−20 09 16.40	10.412 5875
9	19 51 46.649	−20 56 56.85	10.925 4473	26	20 09 55.661	−20 08 26.81	10.397 4301
10	19 52 14.890	−20 55 46.12	10.918 5745	27	20 10 13.063	−20 07 38.10	10.382 1618
11	19 52 42.990	−20 54 35.46	10.911 4652	28	20 10 30.137	−20 06 50.30	10.366 7868
12	19 53 10.944	−20 53 24.87	10.904 1207	29	20 10 46.882	−20 06 03.41	10.351 3093
13	19 53 38.752	−20 52 14.36	10.896 5423	30	20 11 03.295	−20 05 17.48	10.335 7335
14	19 54 06.411	−20 51 03.93	10.888 7316	31	20 11 19.372	−20 04 32.50	10.320 0636
15	19 54 33.918	−20 49 53.62	10.880 6898	Apr. 1	20 11 35.110	−20 03 48.52	10.304 3039

GEOCENTRIC COORDINATES FOR 0^h TERRESTRIAL TIME

Date	Apparent Right Ascension	Apparent Declination	True Geocentric Distance	Date	Apparent Right Ascension	Apparent Declination	True Geocentric Distance
	h m s	° ′ ″	au		h m s	° ′ ″	au
Apr. 1	20 11 35.110	−20 03 48.52	10.304 3039	May 17	20 16 51.464	−19 51 14.80	9.555 3061
2	20 11 50.504	−20 03 05.55	10.288 4585	18	20 16 48.990	−19 51 28.66	9.540 1787
3	20 12 05.551	−20 02 23.61	10.272 5318	19	20 16 46.116	−19 51 43.80	9.525 1731
4	20 12 20.247	−20 01 42.72	10.256 5278	20	20 16 42.845	−19 52 00.23	9.510 2940
5	20 12 34.587	−20 01 02.89	10.240 4506	21	20 16 39.178	−19 52 17.92	9.495 5461
6	20 12 48.571	−20 00 24.12	10.224 3043	22	20 16 35.118	−19 52 36.89	9.480 9343
7	20 13 02.195	−19 59 46.40	10.208 0926	23	20 16 30.668	−19 52 57.11	9.466 4631
8	20 13 15.460	−19 59 09.74	10.191 8196	24	20 16 25.830	−19 53 18.60	9.452 1374
9	20 13 28.367	−19 58 34.15	10.175 4888	25	20 16 20.606	−19 53 41.34	9.437 9618
10	20 13 40.914	−19 57 59.63	10.159 1041	26	20 16 14.998	−19 54 05.34	9.423 9408
11	20 13 53.100	−19 57 26.22	10.142 6692	27	20 16 09.007	−19 54 30.59	9.410 0788
12	20 14 04.921	−19 56 53.94	10.126 1881	28	20 16 02.635	−19 54 57.07	9.396 3804
13	20 14 16.372	−19 56 22.82	10.109 6648	29	20 15 55.884	−19 55 24.77	9.382 8497
14	20 14 27.450	−19 55 52.88	10.093 1033	30	20 15 48.758	−19 55 53.67	9.369 4909
15	20 14 38.149	−19 55 24.13	10.076 5080	31	20 15 41.261	−19 56 23.74	9.356 3079
16	20 14 48.466	−19 54 56.59	10.059 8832	June 1	20 15 33.397	−19 56 54.96	9.343 3046
17	20 14 58.397	−19 54 30.26	10.043 2334	2	20 15 25.172	−19 57 27.30	9.330 4848
18	20 15 07.941	−19 54 05.14	10.026 5631	3	20 15 16.593	−19 58 00.73	9.317 8519
19	20 15 17.095	−19 53 41.25	10.009 8769	4	20 15 07.665	−19 58 35.24	9.305 4097
20	20 15 25.858	−19 53 18.58	9.993 1795	5	20 14 58.393	−19 59 10.82	9.293 1614
21	20 15 34.229	−19 52 57.15	9.976 4756	6	20 14 48.780	−19 59 47.48	9.281 1107
22	20 15 42.206	−19 52 36.96	9.959 7700	7	20 14 38.828	−20 00 25.20	9.269 2611
23	20 15 49.789	−19 52 18.01	9.943 0675	8	20 14 28.539	−20 01 03.98	9.257 6161
24	20 15 56.977	−19 52 00.31	9.926 3729	9	20 14 17.916	−20 01 43.79	9.246 1793
25	20 16 03.769	−19 51 43.89	9.909 6910	10	20 14 06.961	−20 02 24.63	9.234 9545
26	20 16 10.165	−19 51 28.74	9.893 0268	11	20 13 55.679	−20 03 06.46	9.223 9453
27	20 16 16.163	−19 51 14.88	9.876 3851	12	20 13 44.073	−20 03 49.25	9.213 1554
28	20 16 21.762	−19 51 02.33	9.859 7708	13	20 13 32.151	−20 04 32.98	9.202 5887
29	20 16 26.959	−19 50 51.10	9.843 1885	14	20 13 19.917	−20 05 17.62	9.192 2486
30	20 16 31.753	−19 50 41.20	9.826 6432	15	20 13 07.379	−20 06 03.14	9.182 1390
May 1	20 16 36.142	−19 50 32.63	9.810 1395	16	20 12 54.542	−20 06 49.52	9.172 2635
2	20 16 40.124	−19 50 25.39	9.793 6820	17	20 12 41.415	−20 07 36.73	9.162 6255
3	20 16 43.700	−19 50 19.48	9.777 2753	18	20 12 28.003	−20 08 24.75	9.153 2286
4	20 16 46.870	−19 50 14.89	9.760 9237	19	20 12 14.313	−20 09 13.56	9.144 0762
5	20 16 49.634	−19 50 11.60	9.744 6316	20	20 12 00.353	−20 10 03.14	9.135 1718
6	20 16 51.996	−19 50 09.60	9.728 4032	21	20 11 46.128	−20 10 53.47	9.126 5185
7	20 16 53.959	−19 50 08.91	9.712 2426	22	20 11 31.645	−20 11 44.53	9.118 1195
8	20 16 55.522	−19 50 09.51	9.696 1540	23	20 11 16.909	−20 12 36.31	9.109 9779
9	20 16 56.686	−19 50 11.42	9.680 1414	24	20 11 01.928	−20 13 28.78	9.102 0965
10	20 16 57.451	−19 50 14.66	9.664 2091	25	20 10 46.706	−20 14 21.91	9.094 4780
11	20 16 57.812	−19 50 19.25	9.648 3615	26	20 10 31.251	−20 15 15.66	9.087 1250
12	20 16 57.769	−19 50 25.17	9.632 6029	27	20 10 15.572	−20 16 09.99	9.080 0398
13	20 16 57.321	−19 50 32.44	9.616 9379	28	20 09 59.678	−20 17 04.86	9.073 2245
14	20 16 56.465	−19 50 41.05	9.601 3710	29	20 09 43.577	−20 18 00.24	9.066 6812
15	20 16 55.203	−19 50 50.99	9.585 9070	30	20 09 27.282	−20 18 56.08	9.060 4116
16	20 16 53.536	−19 51 02.24	9.570 5504	July 1	20 09 10.800	−20 19 52.37	9.054 4174
17	20 16 51.464	−19 51 14.80	9.555 3061	2	20 08 54.142	−20 20 49.07	9.048 7004

SATURN, 2020

GEOCENTRIC COORDINATES FOR 0ʰ TERRESTRIAL TIME

Date	Apparent Right Ascension	Apparent Declination	True Geocentric Distance	Date	Apparent Right Ascension	Apparent Declination	True Geocentric Distance
	h m s	∘ ′ ″	au		h m s	∘ ′ ″	au
July 1	20 09 10.800	−20 19 52.37	9.054 4174	Aug. 16	19 55 39.008	−21 03 09.41	9.092 8794
2	20 08 54.142	−20 20 49.07	9.048 7004	17	19 55 23.622	−21 03 56.07	9.100 4519
3	20 08 37.315	−20 21 46.17	9.043 2621	18	19 55 08.470	−21 04 41.98	9.108 2887
4	20 08 20.325	−20 22 43.65	9.038 1040	19	19 54 53.559	−21 05 27.12	9.116 3872
5	20 08 03.179	−20 23 41.50	9.033 2277	20	19 54 38.897	−21 06 11.46	9.124 7444
6	20 07 45.883	−20 24 39.69	9.028 6346	21	19 54 24.492	−21 06 54.97	9.133 3573
7	20 07 28.443	−20 25 38.19	9.024 3265	22	19 54 10.353	−21 07 37.62	9.142 2226
8	20 07 10.867	−20 26 36.97	9.020 3048	23	19 53 56.490	−21 08 19.39	9.151 3370
9	20 06 53.162	−20 27 36.00	9.016 5710	24	19 53 42.912	−21 09 00.26	9.160 6968
10	20 06 35.337	−20 28 35.22	9.013 1267	25	19 53 29.628	−21 09 40.23	9.170 2985
11	20 06 17.402	−20 29 34.62	9.009 9734	26	19 53 16.643	−21 10 19.29	9.180 1384
12	20 05 59.367	−20 30 34.15	9.007 1123	27	19 53 03.964	−21 10 57.44	9.190 2130
13	20 05 41.241	−20 31 33.79	9.004 5448	28	19 52 51.594	−21 11 34.69	9.200 5186
14	20 05 23.035	−20 32 33.49	9.002 2722	29	19 52 39.537	−21 12 11.02	9.211 0516
15	20 05 04.759	−20 33 33.24	9.000 2954	30	19 52 27.798	−21 12 46.43	9.221 8085
16	20 04 46.422	−20 34 33.01	8.998 6157	31	19 52 16.380	−21 13 20.90	9.232 7857
17	20 04 28.034	−20 35 32.77	8.997 2338	Sept. 1	19 52 05.287	−21 13 54.42	9.243 9797
18	20 04 09.605	−20 36 32.50	8.996 1506	2	19 51 54.526	−21 14 26.97	9.255 3870
19	20 03 51.144	−20 37 32.19	8.995 3667	3	19 51 44.101	−21 14 58.54	9.267 0039
20	20 03 32.659	−20 38 31.80	8.994 8828	4	19 51 34.019	−21 15 29.11	9.278 8270
21	20 03 14.159	−20 39 31.31	8.994 6990	5	19 51 24.284	−21 15 58.67	9.290 8528
22	20 02 55.651	−20 40 30.70	8.994 8156	6	19 51 14.904	−21 16 27.21	9.303 0774
23	20 02 37.146	−20 41 29.93	8.995 2324	7	19 51 05.883	−21 16 54.71	9.315 4974
24	20 02 18.653	−20 42 28.96	8.995 9493	8	19 50 57.226	−21 17 21.18	9.328 1090
25	20 02 00.183	−20 43 27.74	8.996 9657	9	19 50 48.940	−21 17 46.62	9.340 9084
26	20 01 41.748	−20 44 26.25	8.998 2809	10	19 50 41.027	−21 18 11.01	9.353 8917
27	20 01 23.359	−20 45 24.43	8.999 8940	11	19 50 33.493	−21 18 34.37	9.367 0551
28	20 01 05.029	−20 46 22.28	9.001 8042	12	19 50 26.339	−21 18 56.69	9.380 3945
29	20 00 46.766	−20 47 19.76	9.004 0102	13	19 50 19.570	−21 19 17.98	9.393 9059
30	20 00 28.581	−20 48 16.86	9.006 5111	14	19 50 13.188	−21 19 38.22	9.407 5851
31	20 00 10.481	−20 49 13.57	9.009 3055	15	19 50 07.194	−21 19 57.42	9.421 4277
Aug. 1	19 59 52.474	−20 50 09.88	9.012 3922	16	19 50 01.592	−21 20 15.56	9.435 4294
2	19 59 34.566	−20 51 05.77	9.015 7701	17	19 49 56.385	−21 20 32.62	9.449 5855
3	19 59 16.765	−20 52 01.21	9.019 4380	18	19 49 51.577	−21 20 48.58	9.463 8913
4	19 58 59.078	−20 52 56.17	9.023 3945	19	19 49 47.173	−21 21 03.43	9.478 3418
5	19 58 41.514	−20 53 50.64	9.027 6385	20	19 49 43.179	−21 21 17.16	9.492 9321
6	19 58 24.080	−20 54 44.58	9.032 1687	21	19 49 39.599	−21 21 29.76	9.507 6571
7	19 58 06.786	−20 55 37.95	9.036 9837	22	19 49 36.435	−21 21 41.25	9.522 5119
8	19 57 49.642	−20 56 30.74	9.042 0821	23	19 49 33.688	−21 21 51.64	9.537 4914
9	19 57 32.658	−20 57 22.91	9.047 4625	24	19 49 31.357	−21 22 00.94	9.552 5907
10	19 57 15.842	−20 58 14.45	9.053 1234	25	19 49 29.442	−21 22 09.15	9.567 8051
11	19 56 59.205	−20 59 05.33	9.059 0630	26	19 49 27.941	−21 22 16.28	9.583 1298
12	19 56 42.756	−20 59 55.55	9.065 2798	27	19 49 26.855	−21 22 22.31	9.598 5602
13	19 56 26.504	−21 00 45.07	9.071 7718	28	19 49 26.183	−21 22 27.25	9.614 0916
14	19 56 10.456	−21 01 33.90	9.078 5371	29	19 49 25.925	−21 22 31.09	9.629 7195
15	19 55 54.622	−21 02 22.01	9.085 5737	30	19 49 26.083	−21 22 33.81	9.645 4393
16	19 55 39.008	−21 03 09.41	9.092 8794	Oct. 1	19 49 26.658	−21 22 35.41	9.661 2466

GEOCENTRIC COORDINATES FOR 0^h TERRESTRIAL TIME

Date	Apparent Right Ascension	Apparent Declination	True Geocentric Distance	Date	Apparent Right Ascension	Apparent Declination	True Geocentric Distance
	h m s	o ′ ″	au		h m s	o ′ ″	au
Oct. 1	19 49 26.658	−21 22 35.41	9.661 2466	Nov. 16	19 57 10.553	−21 03 57.70	10.402 8231
2	19 49 27.651	−21 22 35.89	9.677 1369	17	19 57 29.304	−21 03 08.30	10.417 5566
3	19 49 29.064	−21 22 35.24	9.693 1058	18	19 57 48.373	−21 02 17.91	10.432 1620
4	19 49 30.897	−21 22 33.46	9.709 1487	19	19 58 07.753	−21 01 26.53	10.446 6353
5	19 49 33.151	−21 22 30.56	9.725 2613	20	19 58 27.437	−21 00 34.18	10.460 9728
6	19 49 35.827	−21 22 26.54	9.741 4391	21	19 58 47.420	−20 59 40.86	10.475 1708
7	19 49 38.925	−21 22 21.39	9.757 6775	22	19 59 07.696	−20 58 46.57	10.489 2259
8	19 49 42.444	−21 22 15.14	9.773 9720	23	19 59 28.262	−20 57 51.30	10.503 1345
9	19 49 46.384	−21 22 07.79	9.790 3181	24	19 59 49.114	−20 56 55.05	10.516 8933
10	19 49 50.744	−21 21 59.34	9.806 7113	25	20 00 10.247	−20 55 57.82	10.530 4991
11	19 49 55.521	−21 21 49.79	9.823 1468	26	20 00 31.659	−20 54 59.62	10.543 9488
12	19 50 00.714	−21 21 39.15	9.839 6199	27	20 00 53.346	−20 54 00.45	10.557 2391
13	19 50 06.321	−21 21 27.42	9.856 1259	28	20 01 15.305	−20 53 00.32	10.570 3671
14	19 50 12.342	−21 21 14.58	9.872 6599	29	20 01 37.531	−20 51 59.24	10.583 3296
15	19 50 18.775	−21 21 00.62	9.889 2168	30	20 02 00.022	−20 50 57.22	10.596 1238
16	19 50 25.622	−21 20 45.53	9.905 7917	Dec. 1	20 02 22.771	−20 49 54.27	10.608 7467
17	19 50 32.883	−21 20 29.30	9.922 3792	2	20 02 45.775	−20 48 50.41	10.621 1954
18	19 50 40.560	−21 20 11.92	9.938 9743	3	20 03 09.028	−20 47 45.65	10.633 4669
19	19 50 48.653	−21 19 53.42	9.955 5718	4	20 03 32.525	−20 46 40.01	10.645 5584
20	19 50 57.158	−21 19 33.80	9.972 1664	5	20 03 56.260	−20 45 33.48	10.657 4669
21	19 51 06.072	−21 19 13.08	9.988 7532	6	20 04 20.228	−20 44 26.08	10.669 1896
22	19 51 15.390	−21 18 51.29	10.005 3273	7	20 04 44.423	−20 43 17.81	10.680 7234
23	19 51 25.107	−21 18 28.41	10.021 8839	8	20 05 08.843	−20 42 08.67	10.692 0654
24	19 51 35.219	−21 18 04.46	10.038 4185	9	20 05 33.482	−20 40 58.65	10.703 2125
25	19 51 45.723	−21 17 39.43	10.054 9265	10	20 05 58.339	−20 39 47.75	10.714 1618
26	19 51 56.615	−21 17 13.32	10.071 4035	11	20 06 23.410	−20 38 35.96	10.724 9101
27	19 52 07.893	−21 16 46.12	10.087 8450	12	20 06 48.694	−20 37 23.31	10.735 4543
28	19 52 19.555	−21 16 17.83	10.104 2469	13	20 07 14.187	−20 36 09.79	10.745 7915
29	19 52 31.598	−21 15 48.44	10.120 6049	14	20 07 39.883	−20 34 55.44	10.755 9187
30	19 52 44.022	−21 15 17.96	10.136 9148	15	20 08 05.776	−20 33 40.27	10.765 8330
31	19 52 56.824	−21 14 46.39	10.153 1724	16	20 08 31.859	−20 32 24.32	10.775 5318
Nov. 1	19 53 10.002	−21 14 13.74	10.169 3736	17	20 08 58.124	−20 31 07.60	10.785 0126
2	19 53 23.553	−21 13 40.00	10.185 5143	18	20 09 24.563	−20 29 50.11	10.794 2730
3	19 53 37.475	−21 13 05.19	10.201 5904	19	20 09 51.171	−20 28 31.86	10.803 3108
4	19 53 51.765	−21 12 29.32	10.217 5979	20	20 10 17.942	−20 27 12.86	10.812 1242
5	19 54 06.419	−21 11 52.41	10.233 5326	21	20 10 44.872	−20 25 53.10	10.820 7110
6	19 54 21.432	−21 11 14.44	10.249 3906	22	20 11 11.956	−20 24 32.59	10.829 0697
7	19 54 36.802	−21 10 35.45	10.265 1676	23	20 11 39.192	−20 23 11.33	10.837 1983
8	19 54 52.523	−21 09 55.42	10.280 8596	24	20 12 06.574	−20 21 49.34	10.845 0953
9	19 55 08.591	−21 09 14.37	10.296 4624	25	20 12 34.099	−20 20 26.63	10.852 7590
10	19 55 25.002	−21 08 32.28	10.311 9718	26	20 13 01.763	−20 19 03.21	10.860 1880
11	19 55 41.754	−21 07 49.15	10.327 3835	27	20 13 29.562	−20 17 39.09	10.867 3808
12	19 55 58.844	−21 07 04.97	10.342 6931	28	20 13 57.490	−20 16 14.30	10.874 3359
13	19 56 16.270	−21 06 19.73	10.357 8963	29	20 14 25.542	−20 14 48.85	10.881 0520
14	19 56 34.032	−21 05 33.44	10.372 9887	30	20 14 53.714	−20 13 22.77	10.887 5277
15	19 56 52.128	−21 04 46.09	10.387 9657	31	20 15 21.999	−20 11 56.06	10.893 7618
16	19 57 10.553	−21 03 57.70	10.402 8231	32	20 15 50.391	−20 10 28.76	10.899 7529

URANUS, 2020

GEOCENTRIC COORDINATES FOR 0ʰ TERRESTRIAL TIME

Date	Apparent Right Ascension	Apparent Declination	True Geocentric Distance	Date	Apparent Right Ascension	Apparent Declination	True Geocentric Distance
	h m s	° ′ ″	au		h m s	° ′ ″	au
Jan. 0	2 02 42.103	+11 56 40.39	19.402 934	Feb. 15	2 04 28.132	+12 07 38.52	20.171 271
1	2 02 39.948	+11 56 30.90	19.418 729	16	2 04 34.912	+12 08 16.36	20.187 073
2	2 02 37.987	+11 56 22.44	19.434 640	17	2 04 41.868	+12 08 55.12	20.202 761
3	2 02 36.223	+11 56 15.04	19.450 662	18	2 04 48.997	+12 09 34.77	20.218 328
4	2 02 34.656	+11 56 08.69	19.466 791	19	2 04 56.296	+12 10 15.30	20.233 772
5	2 02 33.289	+11 56 03.41	19.483 020	20	2 05 03.762	+12 10 56.70	20.249 087
6	2 02 32.122	+11 55 59.20	19.499 345	21	2 05 11.392	+12 11 38.95	20.264 268
7	2 02 31.156	+11 55 56.08	19.515 759	22	2 05 19.184	+12 12 22.03	20.279 312
8	2 02 30.393	+11 55 54.04	19.532 259	23	2 05 27.136	+12 13 05.92	20.294 213
9	2 02 29.832	+11 55 53.09	19.548 838	24	2 05 35.246	+12 13 50.62	20.308 967
10	2 02 29.472	+11 55 53.24	19.565 493	25	2 05 43.512	+12 14 36.10	20.323 570
11	2 02 29.312	+11 55 54.47	19.582 217	26	2 05 51.934	+12 15 22.36	20.338 018
12	2 02 29.350	+11 55 56.78	19.599 006	27	2 06 00.509	+12 16 09.38	20.352 307
13	2 02 29.585	+11 56 00.14	19.615 855	28	2 06 09.238	+12 16 57.17	20.366 432
14	2 02 30.016	+11 56 04.56	19.632 759	29	2 06 18.117	+12 17 45.71	20.380 390
15	2 02 30.645	+11 56 10.03	19.649 713	Mar. 1	2 06 27.146	+12 18 35.00	20.394 177
16	2 02 31.474	+11 56 16.55	19.666 712	2	2 06 36.323	+12 19 25.02	20.407 790
17	2 02 32.504	+11 56 24.14	19.683 752	3	2 06 45.644	+12 20 15.77	20.421 224
18	2 02 33.738	+11 56 32.79	19.700 827	4	2 06 55.109	+12 21 07.23	20.434 477
19	2 02 35.176	+11 56 42.53	19.717 931	5	2 07 04.712	+12 21 59.39	20.447 545
20	2 02 36.820	+11 56 53.36	19.735 059	6	2 07 14.450	+12 22 52.23	20.460 425
21	2 02 38.667	+11 57 05.29	19.752 207	7	2 07 24.319	+12 23 45.73	20.473 115
22	2 02 40.718	+11 57 18.30	19.769 367	8	2 07 34.316	+12 24 39.85	20.485 611
23	2 02 42.970	+11 57 32.39	19.786 535	9	2 07 44.437	+12 25 34.58	20.497 910
24	2 02 45.422	+11 57 47.56	19.803 706	10	2 07 54.681	+12 26 29.89	20.510 010
25	2 02 48.072	+11 58 03.79	19.820 872	11	2 08 05.049	+12 27 25.77	20.521 908
26	2 02 50.919	+11 58 21.08	19.838 030	12	2 08 15.539	+12 28 22.24	20.533 602
27	2 02 53.962	+11 58 39.40	19.855 173	13	2 08 26.152	+12 29 19.27	20.545 087
28	2 02 57.201	+11 58 58.76	19.872 295	14	2 08 36.887	+12 30 16.89	20.556 363
29	2 03 00.636	+11 59 19.15	19.889 392	15	2 08 47.741	+12 31 15.07	20.567 425
30	2 03 04.266	+11 59 40.57	19.906 459	16	2 08 58.711	+12 32 13.82	20.578 271
31	2 03 08.092	+12 00 03.01	19.923 489	17	2 09 09.793	+12 33 13.10	20.588 897
Feb. 1	2 03 12.113	+12 00 26.47	19.940 477	18	2 09 20.983	+12 34 12.90	20.599 301
2	2 03 16.329	+12 00 50.96	19.957 419	19	2 09 32.278	+12 35 13.20	20.609 480
3	2 03 20.740	+12 01 16.47	19.974 310	20	2 09 43.675	+12 36 13.98	20.619 431
4	2 03 25.343	+12 01 42.99	19.991 143	21	2 09 55.170	+12 37 15.22	20.629 151
5	2 03 30.139	+12 02 10.53	20.007 916	22	2 10 06.762	+12 38 16.90	20.638 637
6	2 03 35.124	+12 02 39.07	20.024 622	23	2 10 18.449	+12 39 19.01	20.647 888
7	2 03 40.295	+12 03 08.60	20.041 258	24	2 10 30.229	+12 40 21.53	20.656 900
8	2 03 45.651	+12 03 39.11	20.057 818	25	2 10 42.099	+12 41 24.45	20.665 671
9	2 03 51.187	+12 04 10.56	20.074 299	26	2 10 54.058	+12 42 27.76	20.674 199
10	2 03 56.901	+12 04 42.95	20.090 696	27	2 11 06.105	+12 43 31.45	20.682 482
11	2 04 02.792	+12 05 16.25	20.107 005	28	2 11 18.237	+12 44 35.52	20.690 518
12	2 04 08.860	+12 05 50.46	20.123 221	29	2 11 30.451	+12 45 39.94	20.698 305
13	2 04 15.105	+12 06 25.57	20.139 341	30	2 11 42.746	+12 46 44.72	20.705 841
14	2 04 21.529	+12 07 01.59	20.155 359	31	2 11 55.117	+12 47 49.83	20.713 125
15	2 04 28.132	+12 07 38.52	20.171 271	Apr. 1	2 12 07.562	+12 48 55.26	20.720 155

GEOCENTRIC COORDINATES FOR 0ʰ TERRESTRIAL TIME

Date	Apparent Right Ascension	Apparent Declination	True Geocentric Distance	Date	Apparent Right Ascension	Apparent Declination	True Geocentric Distance
	h m s	° ′ ″	au		h m s	° ′ ″	au
Apr. 1	2 12 07.562	+12 48 55.26	20.720 155	May 17	2 22 12.441	+13 40 30.96	20.756 294
2	2 12 20.075	+12 50 00.99	20.726 930	18	2 22 25.312	+13 41 35.08	20.750 827
3	2 12 32.654	+12 51 07.00	20.733 449	19	2 22 38.131	+13 42 38.86	20.745 105
4	2 12 45.294	+12 52 13.26	20.739 710	20	2 22 50.896	+13 43 42.29	20.739 129
5	2 12 57.991	+12 53 19.75	20.745 713	21	2 23 03.604	+13 44 45.37	20.732 901
6	2 13 10.743	+12 54 26.45	20.751 457	22	2 23 16.255	+13 45 48.08	20.726 422
7	2 13 23.549	+12 55 33.33	20.756 941	23	2 23 28.844	+13 46 50.41	20.719 694
8	2 13 36.408	+12 56 40.40	20.762 164	24	2 23 41.370	+13 47 52.37	20.712 719
9	2 13 49.321	+12 57 47.65	20.767 125	25	2 23 53.829	+13 48 53.93	20.705 499
10	2 14 02.286	+12 58 55.09	20.771 823	26	2 24 06.217	+13 49 55.09	20.698 036
11	2 14 15.302	+13 00 02.71	20.776 257	27	2 24 18.531	+13 50 55.82	20.690 331
12	2 14 28.366	+13 01 10.50	20.780 427	28	2 24 30.765	+13 51 56.11	20.682 388
13	2 14 41.472	+13 02 18.45	20.784 331	29	2 24 42.918	+13 52 55.92	20.674 209
14	2 14 54.617	+13 03 26.53	20.787 967	30	2 24 54.986	+13 53 55.26	20.665 796
15	2 15 07.797	+13 04 34.73	20.791 336	31	2 25 06.967	+13 54 54.09	20.657 152
16	2 15 21.009	+13 05 43.03	20.794 435	June 1	2 25 18.861	+13 55 52.40	20.648 279
17	2 15 34.249	+13 06 51.40	20.797 264	2	2 25 30.667	+13 56 50.21	20.639 180
18	2 15 47.515	+13 07 59.82	20.799 823	3	2 25 42.386	+13 57 47.50	20.629 858
19	2 16 00.805	+13 09 08.29	20.802 109	4	2 25 54.015	+13 58 44.28	20.620 314
20	2 16 14.117	+13 10 16.78	20.804 124	5	2 26 05.555	+13 59 40.56	20.610 551
21	2 16 27.449	+13 11 25.29	20.805 866	6	2 26 17.001	+14 00 36.32	20.600 572
22	2 16 40.800	+13 12 33.80	20.807 335	7	2 26 28.350	+14 01 31.57	20.590 379
23	2 16 54.167	+13 13 42.31	20.808 530	8	2 26 39.598	+14 02 26.27	20.579 973
24	2 17 07.551	+13 14 50.80	20.809 452	9	2 26 50.741	+14 03 20.42	20.569 358
25	2 17 20.951	+13 15 59.25	20.810 100	10	2 27 01.776	+14 04 13.99	20.558 535
26	2 17 34.373	+13 17 07.26	20.810 475	11	2 27 12.700	+14 05 06.96	20.547 507
27	2 17 47.711	+13 18 15.58	20.810 577	12	2 27 23.512	+14 05 59.33	20.536 276
28	2 18 01.125	+13 19 24.26	20.810 406	13	2 27 34.210	+14 06 51.08	20.524 844
29	2 18 14.536	+13 20 32.60	20.809 962	14	2 27 44.793	+14 07 42.21	20.513 215
30	2 18 27.938	+13 21 40.80	20.809 246	15	2 27 55.259	+14 08 32.71	20.501 391
May 1	2 18 41.329	+13 22 48.86	20.808 259	16	2 28 05.607	+14 09 22.57	20.489 375
2	2 18 54.706	+13 23 56.78	20.807 002	17	2 28 15.835	+14 10 11.79	20.477 170
3	2 19 08.066	+13 25 04.52	20.805 475	18	2 28 25.943	+14 11 00.37	20.464 778
4	2 19 21.408	+13 26 12.09	20.803 680	19	2 28 35.927	+14 11 48.30	20.452 203
5	2 19 34.731	+13 27 19.46	20.801 618	20	2 28 45.786	+14 12 35.58	20.439 449
6	2 19 48.034	+13 28 26.64	20.799 288	21	2 28 55.516	+14 13 22.19	20.426 517
7	2 20 01.318	+13 29 33.62	20.796 693	22	2 29 05.115	+14 14 08.14	20.413 412
8	2 20 14.582	+13 30 40.42	20.793 833	23	2 29 14.579	+14 14 53.40	20.400 138
9	2 20 27.822	+13 31 47.02	20.790 709	24	2 29 23.903	+14 15 37.95	20.386 697
10	2 20 41.034	+13 32 53.43	20.787 322	25	2 29 33.086	+14 16 21.78	20.373 095
11	2 20 54.215	+13 33 59.61	20.783 672	26	2 29 42.124	+14 17 04.87	20.359 334
12	2 21 07.361	+13 35 05.55	20.779 759	27	2 29 51.016	+14 17 47.21	20.345 418
13	2 21 20.466	+13 36 11.22	20.775 586	28	2 29 59.761	+14 18 28.78	20.331 352
14	2 21 33.530	+13 37 16.62	20.771 151	29	2 30 08.360	+14 19 09.59	20.317 138
15	2 21 46.548	+13 38 21.72	20.766 457	30	2 30 16.813	+14 19 49.64	20.302 782
16	2 21 59.519	+13 39 26.50	20.761 505	July 1	2 30 25.120	+14 20 28.94	20.288 286
17	2 22 12.441	+13 40 30.96	20.756 294	2	2 30 33.279	+14 21 07.48	20.273 655

URANUS, 2020

GEOCENTRIC COORDINATES FOR 0ʰ TERRESTRIAL TIME

Date	Apparent Right Ascension	Apparent Declination	True Geocentric Distance	Date	Apparent Right Ascension	Apparent Declination	True Geocentric Distance
	h m s	° ′ ″	au		h m s	° ′ ″	au
July 1	2 30 25.120	+14 20 28.94	20.288 286	Aug. 16	2 33 40.991	+14 35 24.37	19.539 236
2	2 30 33.279	+14 21 07.48	20.273 655	17	2 33 40.835	+14 35 22.66	19.522 809
3	2 30 41.290	+14 21 45.28	20.258 892	18	2 33 40.480	+14 35 20.02	19.506 451
4	2 30 49.148	+14 22 22.33	20.244 000	19	2 33 39.927	+14 35 16.45	19.490 166
5	2 30 56.851	+14 22 58.61	20.228 983	20	2 33 39.175	+14 35 11.94	19.473 959
6	2 31 04.395	+14 23 34.11	20.213 845	21	2 33 38.226	+14 35 06.47	19.457 836
7	2 31 11.777	+14 24 08.81	20.198 589	22	2 33 37.081	+14 35 00.07	19.441 802
8	2 31 18.996	+14 24 42.71	20.183 218	23	2 33 35.744	+14 34 52.73	19.425 861
9	2 31 26.050	+14 25 15.78	20.167 736	24	2 33 34.217	+14 34 44.48	19.410 019
10	2 31 32.937	+14 25 48.03	20.152 147	25	2 33 32.502	+14 34 35.33	19.394 280
11	2 31 39.657	+14 26 19.44	20.136 454	26	2 33 30.601	+14 34 25.30	19.378 649
12	2 31 46.210	+14 26 50.01	20.120 662	27	2 33 28.513	+14 34 14.40	19.363 131
13	2 31 52.595	+14 27 19.74	20.104 774	28	2 33 26.237	+14 34 02.62	19.347 730
14	2 31 58.811	+14 27 48.63	20.088 794	29	2 33 23.774	+14 33 49.98	19.332 450
15	2 32 04.857	+14 28 16.68	20.072 726	30	2 33 21.123	+14 33 36.45	19.317 295
16	2 32 10.732	+14 28 43.90	20.056 575	31	2 33 18.283	+14 33 22.05	19.302 271
17	2 32 16.434	+14 29 10.26	20.040 344	Sept. 1	2 33 15.257	+14 33 06.77	19.287 380
18	2 32 21.963	+14 29 35.79	20.024 039	2	2 33 12.045	+14 32 50.60	19.272 628
19	2 32 27.314	+14 30 00.46	20.007 662	3	2 33 08.649	+14 32 33.56	19.258 018
20	2 32 32.487	+14 30 24.27	19.991 220	4	2 33 05.071	+14 32 15.66	19.243 555
21	2 32 37.477	+14 30 47.21	19.974 717	5	2 33 01.314	+14 31 56.89	19.229 244
22	2 32 42.282	+14 31 09.26	19.958 156	6	2 32 57.380	+14 31 37.28	19.215 087
23	2 32 46.900	+14 31 30.41	19.941 544	7	2 32 53.271	+14 31 16.84	19.201 091
24	2 32 51.330	+14 31 50.64	19.924 885	8	2 32 48.988	+14 30 55.57	19.187 258
25	2 32 55.572	+14 32 09.95	19.908 184	9	2 32 44.535	+14 30 33.49	19.173 594
26	2 32 59.628	+14 32 28.33	19.891 445	10	2 32 39.911	+14 30 10.61	19.160 103
27	2 33 03.499	+14 32 45.81	19.874 674	11	2 32 35.119	+14 29 46.94	19.146 789
28	2 33 07.185	+14 33 02.38	19.857 875	12	2 32 30.159	+14 29 22.48	19.133 657
29	2 33 10.687	+14 33 18.06	19.841 052	13	2 32 25.031	+14 28 57.24	19.120 711
30	2 33 14.004	+14 33 32.85	19.824 210	14	2 32 19.735	+14 28 31.23	19.107 955
31	2 33 17.134	+14 33 46.75	19.807 354	15	2 32 14.274	+14 28 04.43	19.095 395
Aug. 1	2 33 20.076	+14 33 59.76	19.790 488	16	2 32 08.647	+14 27 36.85	19.083 034
2	2 33 22.826	+14 34 11.87	19.773 616	17	2 32 02.857	+14 27 08.49	19.070 878
3	2 33 25.384	+14 34 23.07	19.756 742	18	2 31 56.909	+14 26 39.36	19.058 930
4	2 33 27.747	+14 34 33.36	19.739 870	19	2 31 50.806	+14 26 09.47	19.047 195
5	2 33 29.916	+14 34 42.71	19.723 006	20	2 31 44.554	+14 25 38.85	19.035 677
6	2 33 31.890	+14 34 51.12	19.706 153	21	2 31 38.157	+14 25 07.53	19.024 380
7	2 33 33.669	+14 34 58.61	19.689 315	22	2 31 31.618	+14 24 35.54	19.013 308
8	2 33 35.254	+14 35 05.16	19.672 498	23	2 31 24.939	+14 24 02.88	19.002 464
9	2 33 36.646	+14 35 10.77	19.655 705	24	2 31 18.122	+14 23 29.58	18.991 851
10	2 33 37.845	+14 35 15.46	19.638 942	25	2 31 11.167	+14 22 55.63	18.981 474
11	2 33 38.851	+14 35 19.23	19.622 212	26	2 31 04.075	+14 22 21.05	18.971 334
12	2 33 39.666	+14 35 22.08	19.605 520	27	2 30 56.850	+14 21 45.84	18.961 436
13	2 33 40.287	+14 35 24.02	19.588 872	28	2 30 49.492	+14 21 10.01	18.951 782
14	2 33 40.716	+14 35 25.05	19.572 272	29	2 30 42.007	+14 20 33.56	18.942 375
15	2 33 40.951	+14 35 25.16	19.555 725	30	2 30 34.396	+14 19 56.51	18.933 219
16	2 33 40.991	+14 35 24.37	19.539 236	Oct. 1	2 30 26.665	+14 19 18.87	18.924 315

GEOCENTRIC COORDINATES FOR 0ʰ TERRESTRIAL TIME

Date	Apparent Right Ascension	Apparent Declination	True Geocentric Distance	Date	Apparent Right Ascension	Apparent Declination	True Geocentric Distance
	h m s	° ′ ″	au		h m s	° ′ ″	au
Oct. 1	2 30 26.665	+14 19 18.87	18.924 315	Nov. 16	2 23 24.217	+13 45 04.27	18.825 821
2	2 30 18.817	+14 18 40.66	18.915 668	17	2 23 15.090	+13 44 19.89	18.830 804
3	2 30 10.855	+14 18 01.90	18.907 279	18	2 23 06.033	+13 43 35.87	18.836 085
4	2 30 02.785	+14 17 22.61	18.899 152	19	2 22 57.049	+13 42 52.24	18.841 663
5	2 29 54.610	+14 16 42.80	18.891 290	20	2 22 48.138	+13 42 08.99	18.847 535
6	2 29 46.333	+14 16 02.51	18.883 695	21	2 22 39.306	+13 41 26.13	18.853 700
7	2 29 37.958	+14 15 21.75	18.876 370	22	2 22 30.556	+13 40 43.69	18.860 154
8	2 29 29.486	+14 14 40.53	18.869 317	23	2 22 21.891	+13 40 01.68	18.866 895
9	2 29 20.922	+14 13 58.87	18.862 541	24	2 22 13.317	+13 39 20.12	18.873 921
10	2 29 12.267	+14 13 16.79	18.856 042	25	2 22 04.839	+13 38 39.02	18.881 230
11	2 29 03.523	+14 12 34.29	18.849 824	26	2 21 56.460	+13 37 58.42	18.888 817
12	2 28 54.693	+14 11 51.39	18.843 890	27	2 21 48.186	+13 37 18.33	18.896 682
13	2 28 45.780	+14 11 08.08	18.838 242	28	2 21 40.020	+13 36 38.78	18.904 822
14	2 28 36.787	+14 10 24.39	18.832 883	29	2 21 31.967	+13 35 59.79	18.913 232
15	2 28 27.718	+14 09 40.31	18.827 815	30	2 21 24.030	+13 35 21.39	18.921 912
16	2 28 18.580	+14 08 55.88	18.823 040	Dec. 1	2 21 16.212	+13 34 43.60	18.930 858
17	2 28 09.379	+14 08 11.12	18.818 561	2	2 21 08.515	+13 34 06.42	18.940 067
18	2 28 00.121	+14 07 26.07	18.814 379	3	2 21 00.942	+13 33 29.88	18.949 536
19	2 27 50.812	+14 06 40.76	18.810 497	4	2 20 53.494	+13 32 53.99	18.959 262
20	2 27 41.455	+14 05 55.23	18.806 915	5	2 20 46.174	+13 32 18.75	18.969 244
21	2 27 32.053	+14 05 09.48	18.803 634	6	2 20 38.984	+13 31 44.17	18.979 476
22	2 27 22.608	+14 04 23.55	18.800 657	7	2 20 31.926	+13 31 10.26	18.989 957
23	2 27 13.123	+14 03 37.43	18.797 983	8	2 20 25.004	+13 30 37.04	19.000 684
24	2 27 03.600	+14 02 51.14	18.795 613	9	2 20 18.223	+13 30 04.51	19.011 652
25	2 26 54.043	+14 02 04.69	18.793 549	10	2 20 11.585	+13 29 32.70	19.022 859
26	2 26 44.457	+14 01 18.09	18.791 790	11	2 20 05.098	+13 29 01.63	19.034 302
27	2 26 34.846	+14 00 31.37	18.790 337	12	2 19 58.765	+13 28 31.32	19.045 975
28	2 26 25.215	+13 59 44.54	18.789 191	13	2 19 52.592	+13 28 01.82	19.057 877
29	2 26 15.569	+13 58 57.63	18.788 351	14	2 19 46.579	+13 27 33.14	19.070 002
30	2 26 05.914	+13 58 10.66	18.787 819	15	2 19 40.729	+13 27 05.30	19.082 346
31	2 25 56.253	+13 57 23.66	18.787 595	16	2 19 35.043	+13 26 38.31	19.094 904
Nov. 1	2 25 46.592	+13 56 36.65	18.787 678	17	2 19 29.520	+13 26 12.17	19.107 673
2	2 25 36.936	+13 55 49.66	18.788 069	18	2 19 24.162	+13 25 46.87	19.120 647
3	2 25 27.287	+13 55 02.71	18.788 768	19	2 19 18.971	+13 25 22.43	19.133 822
4	2 25 17.651	+13 54 15.82	18.789 775	20	2 19 13.948	+13 24 58.84	19.147 193
5	2 25 08.029	+13 53 29.02	18.791 090	21	2 19 09.098	+13 24 36.13	19.160 754
6	2 24 58.426	+13 52 42.32	18.792 713	22	2 19 04.423	+13 24 14.30	19.174 502
7	2 24 48.844	+13 51 55.73	18.794 644	23	2 18 59.927	+13 23 53.37	19.188 432
8	2 24 39.286	+13 51 09.27	18.796 883	24	2 18 55.612	+13 23 33.35	19.202 538
9	2 24 29.756	+13 50 22.96	18.799 429	25	2 18 51.480	+13 23 14.26	19.216 816
10	2 24 20.256	+13 49 36.79	18.802 282	26	2 18 47.534	+13 22 56.11	19.231 262
11	2 24 10.792	+13 48 50.80	18.805 443	27	2 18 43.776	+13 22 38.91	19.245 869
12	2 24 01.370	+13 48 04.99	18.808 909	28	2 18 40.206	+13 22 22.68	19.260 635
13	2 23 51.994	+13 47 19.40	18.812 681	29	2 18 36.827	+13 22 07.43	19.275 553
14	2 23 42.673	+13 46 34.05	18.816 758	30	2 18 33.637	+13 21 53.15	19.290 620
15	2 23 33.413	+13 45 49.00	18.821 138	31	2 18 30.638	+13 21 39.86	19.305 830
16	2 23 24.217	+13 45 04.27	18.825 821	32	2 18 27.830	+13 21 27.55	19.321 178

NEPTUNE, 2020

GEOCENTRIC COORDINATES FOR 0ʰ TERRESTRIAL TIME

Date	Apparent Right Ascension	Apparent Declination	True Geocentric Distance	Date	Apparent Right Ascension	Apparent Declination	True Geocentric Distance
	h m s	° ′ ″	au		h m s	° ′ ″	au
Jan. 0	23 10 58.336	− 6 22 21.21	30.299 301	Feb. 15	23 15 48.625	− 5 51 04.74	30.846 639
1	23 11 02.527	− 6 21 53.33	30.315 253	16	23 15 56.583	− 5 50 14.11	30.853 104
2	23 11 06.830	− 6 21 24.76	30.331 083	17	23 16 04.585	− 5 49 23.22	30.859 298
3	23 11 11.245	− 6 20 55.49	30.346 786	18	23 16 12.631	− 5 48 32.09	30.865 220
4	23 11 15.772	− 6 20 25.53	30.362 359	19	23 16 20.716	− 5 47 40.74	30.870 866
5	23 11 20.410	− 6 19 54.88	30.377 797	20	23 16 28.837	− 5 46 49.20	30.876 236
6	23 11 25.159	− 6 19 23.55	30.393 095	21	23 16 36.992	− 5 45 57.47	30.881 328
7	23 11 30.018	− 6 18 51.53	30.408 250	22	23 16 45.178	− 5 45 05.58	30.886 140
8	23 11 34.987	− 6 18 18.85	30.423 256	23	23 16 53.392	− 5 44 13.54	30.890 671
9	23 11 40.063	− 6 17 45.51	30.438 110	24	23 17 01.632	− 5 43 21.35	30.894 920
10	23 11 45.244	− 6 17 11.53	30.452 808	25	23 17 09.897	− 5 42 29.03	30.898 886
11	23 11 50.529	− 6 16 36.93	30.467 346	26	23 17 18.186	− 5 41 36.59	30.902 568
12	23 11 55.913	− 6 16 01.72	30.481 721	27	23 17 26.498	− 5 40 44.02	30.905 964
13	23 12 01.394	− 6 15 25.93	30.495 928	28	23 17 34.830	− 5 39 51.35	30.909 076
14	23 12 06.971	− 6 14 49.55	30.509 964	29	23 17 43.183	− 5 38 58.57	30.911 901
15	23 12 12.641	− 6 14 12.60	30.523 824	Mar. 1	23 17 51.555	− 5 38 05.70	30.914 440
16	23 12 18.406	− 6 13 35.07	30.537 505	2	23 17 59.944	− 5 37 12.75	30.916 693
17	23 12 24.267	− 6 12 56.96	30.551 002	3	23 18 08.348	− 5 36 19.73	30.918 658
18	23 12 30.222	− 6 12 18.26	30.564 312	4	23 18 16.766	− 5 35 26.66	30.920 337
19	23 12 36.273	− 6 11 38.98	30.577 431	5	23 18 25.194	− 5 34 33.56	30.921 730
20	23 12 42.418	− 6 10 59.13	30.590 354	6	23 18 33.631	− 5 33 40.47	30.922 836
21	23 12 48.656	− 6 10 18.72	30.603 078	7	23 18 42.073	− 5 32 47.42	30.923 656
22	23 12 54.983	− 6 09 37.77	30.615 598	8	23 18 50.514	− 5 31 54.56	30.924 190
23	23 13 01.398	− 6 08 56.29	30.627 910	9	23 18 58.927	− 5 31 01.67	30.924 439
24	23 13 07.897	− 6 08 14.32	30.640 011	10	23 19 07.350	− 5 30 08.51	30.924 402
25	23 13 14.478	− 6 07 31.85	30.651 897	11	23 19 15.778	− 5 29 15.49	30.924 081
26	23 13 21.137	− 6 06 48.91	30.663 564	12	23 19 24.203	− 5 28 22.56	30.923 475
27	23 13 27.874	− 6 06 05.51	30.675 009	13	23 19 32.625	− 5 27 29.70	30.922 585
28	23 13 34.687	− 6 05 21.65	30.686 229	14	23 19 41.042	− 5 26 36.90	30.921 411
29	23 13 41.574	− 6 04 37.34	30.697 221	15	23 19 49.454	− 5 25 44.16	30.919 952
30	23 13 48.534	− 6 03 52.58	30.707 981	16	23 19 57.857	− 5 24 51.52	30.918 209
31	23 13 55.567	− 6 03 07.39	30.718 506	17	23 20 06.248	− 5 23 58.99	30.916 183
Feb. 1	23 14 02.671	− 6 02 21.77	30.728 794	18	23 20 14.624	− 5 23 06.59	30.913 874
2	23 14 09.846	− 6 01 35.72	30.738 843	19	23 20 22.982	− 5 22 14.33	30.911 281
3	23 14 17.091	− 6 00 49.25	30.748 649	20	23 20 31.319	− 5 21 22.24	30.908 407
4	23 14 24.403	− 6 00 02.39	30.758 210	21	23 20 39.632	− 5 20 30.32	30.905 252
5	23 14 31.782	− 5 59 15.13	30.767 524	22	23 20 47.921	− 5 19 38.59	30.901 816
6	23 14 39.224	− 5 58 27.49	30.776 590	23	23 20 56.184	− 5 18 47.05	30.898 101
7	23 14 46.727	− 5 57 39.51	30.785 403	24	23 21 04.418	− 5 17 55.72	30.894 108
8	23 14 54.287	− 5 56 51.19	30.793 964	25	23 21 12.624	− 5 17 04.59	30.889 838
9	23 15 01.901	− 5 56 02.56	30.802 270	26	23 21 20.800	− 5 16 13.68	30.885 294
10	23 15 09.567	− 5 55 13.64	30.810 318	27	23 21 28.945	− 5 15 22.99	30.880 475
11	23 15 17.281	− 5 54 24.43	30.818 108	28	23 21 37.057	− 5 14 32.53	30.875 385
12	23 15 25.044	− 5 53 34.94	30.825 637	29	23 21 45.136	− 5 13 42.31	30.870 024
13	23 15 32.855	− 5 52 45.16	30.832 903	30	23 21 53.180	− 5 12 52.35	30.864 396
14	23 15 40.716	− 5 51 55.09	30.839 905	31	23 22 01.187	− 5 12 02.65	30.858 501
15	23 15 48.625	− 5 51 04.74	30.846 639	Apr. 1	23 22 09.153	− 5 11 13.24	30.852 343

GEOCENTRIC COORDINATES FOR 0ʰ TERRESTRIAL TIME

Date	Apparent Right Ascension	Apparent Declination	True Geocentric Distance	Date	Apparent Right Ascension	Apparent Declination	True Geocentric Distance
	h m s	° ′ ″	au		h m s	° ′ ″	au
Apr. 1	23 22 09.153	− 5 11 13.24	30.852 343	May 17	23 27 03.928	− 4 41 25.58	30.328 246
2	23 22 17.077	− 5 10 24.13	30.845 922	18	23 27 08.261	− 4 41 00.49	30.312 825
3	23 22 24.955	− 5 09 35.34	30.839 242	19	23 27 12.487	− 4 40 36.10	30.297 291
4	23 22 32.785	− 5 08 46.89	30.832 305	20	23 27 16.606	− 4 40 12.41	30.281 651
5	23 22 40.563	− 5 07 58.81	30.825 114	21	23 27 20.618	− 4 39 49.41	30.265 907
6	23 22 48.288	− 5 07 11.08	30.817 670	22	23 27 24.523	− 4 39 27.12	30.250 065
7	23 22 55.959	− 5 06 23.72	30.809 975	23	23 27 28.321	− 4 39 05.52	30.234 129
8	23 23 03.577	− 5 05 36.73	30.802 034	24	23 27 32.009	− 4 38 44.64	30.218 104
9	23 23 11.143	− 5 04 50.09	30.793 846	25	23 27 35.588	− 4 38 24.48	30.201 995
10	23 23 18.657	− 5 04 03.81	30.785 415	26	23 27 39.055	− 4 38 05.05	30.185 806
11	23 23 26.117	− 5 03 17.89	30.776 743	27	23 27 42.408	− 4 37 46.37	30.169 542
12	23 23 33.522	− 5 02 32.35	30.767 831	28	23 27 45.645	− 4 37 28.44	30.153 208
13	23 23 40.869	− 5 01 47.22	30.758 682	29	23 27 48.765	− 4 37 11.28	30.136 809
14	23 23 48.154	− 5 01 02.52	30.749 297	30	23 27 51.768	− 4 36 54.88	30.120 350
15	23 23 55.374	− 5 00 18.25	30.739 681	31	23 27 54.652	− 4 36 39.25	30.103 834
16	23 24 02.527	− 4 59 34.45	30.729 834	June 1	23 27 57.418	− 4 36 24.38	30.087 268
17	23 24 09.611	− 4 58 51.11	30.719 759	2	23 28 00.068	− 4 36 10.26	30.070 655
18	23 24 16.624	− 4 58 08.25	30.709 460	3	23 28 02.604	− 4 35 56.89	30.054 000
19	23 24 23.565	− 4 57 25.87	30.698 938	4	23 28 05.026	− 4 35 44.24	30.037 307
20	23 24 30.432	− 4 56 43.98	30.688 198	5	23 28 07.335	− 4 35 32.33	30.020 581
21	23 24 37.226	− 4 56 02.59	30.677 241	6	23 28 09.530	− 4 35 21.15	30.003 826
22	23 24 43.945	− 4 55 21.69	30.666 071	7	23 28 11.609	− 4 35 10.74	29.987 045
23	23 24 50.590	− 4 54 41.29	30.654 692	8	23 28 13.570	− 4 35 01.09	29.970 243
24	23 24 57.158	− 4 54 01.40	30.643 107	9	23 28 15.411	− 4 34 52.21	29.953 425
25	23 25 03.649	− 4 53 22.02	30.631 319	10	23 28 17.130	− 4 34 44.13	29.936 595
26	23 25 10.062	− 4 52 43.17	30.619 332	11	23 28 18.727	− 4 34 36.83	29.919 756
27	23 25 16.396	− 4 52 04.85	30.607 149	12	23 28 20.202	− 4 34 30.31	29.902 915
28	23 25 22.647	− 4 51 27.08	30.594 775	13	23 28 21.555	− 4 34 24.58	29.886 075
29	23 25 28.814	− 4 50 49.88	30.582 212	14	23 28 22.786	− 4 34 19.63	29.869 241
30	23 25 34.894	− 4 50 13.26	30.569 465	15	23 28 23.896	− 4 34 15.45	29.852 417
May 1	23 25 40.886	− 4 49 37.23	30.556 539	16	23 28 24.886	− 4 34 12.04	29.835 610
2	23 25 46.785	− 4 49 01.82	30.543 435	17	23 28 25.757	− 4 34 09.39	29.818 823
3	23 25 52.592	− 4 48 27.02	30.530 160	18	23 28 26.509	− 4 34 07.50	29.802 061
4	23 25 58.305	− 4 47 52.83	30.516 715	19	23 28 27.142	− 4 34 06.37	29.785 329
5	23 26 03.925	− 4 47 19.26	30.503 106	20	23 28 27.657	− 4 34 06.00	29.768 632
6	23 26 09.453	− 4 46 46.30	30.489 336	21	23 28 28.053	− 4 34 06.39	29.751 976
7	23 26 14.890	− 4 46 13.94	30.475 408	22	23 28 28.329	− 4 34 07.55	29.735 365
8	23 26 20.236	− 4 45 42.18	30.461 326	23	23 28 28.484	− 4 34 09.48	29.718 805
9	23 26 25.490	− 4 45 11.02	30.447 093	24	23 28 28.516	− 4 34 12.20	29.702 300
10	23 26 30.650	− 4 44 40.50	30.432 714	25	23 28 28.426	− 4 34 15.70	29.685 855
11	23 26 35.713	− 4 44 10.62	30.418 190	26	23 28 28.213	− 4 34 19.99	29.669 476
12	23 26 40.675	− 4 43 41.40	30.403 527	27	23 28 27.876	− 4 34 25.05	29.653 167
13	23 26 45.536	− 4 43 12.86	30.388 728	28	23 28 27.419	− 4 34 30.89	29.636 932
14	23 26 50.293	− 4 42 45.00	30.373 796	29	23 28 26.842	− 4 34 37.48	29.620 778
15	23 26 54.944	− 4 42 17.83	30.358 736	30	23 28 26.149	− 4 34 44.80	29.604 707
16	23 26 59.489	− 4 41 51.36	30.343 551	July 1	23 28 25.340	− 4 34 52.85	29.588 725
17	23 27 03.928	− 4 41 25.58	30.328 246	2	23 28 24.419	− 4 35 01.62	29.572 835

NEPTUNE, 2020

GEOCENTRIC COORDINATES FOR 0ʰ TERRESTRIAL TIME

Date	Apparent Right Ascension	Apparent Declination	True Geocentric Distance	Date	Apparent Right Ascension	Apparent Declination	True Geocentric Distance
	h m s	° ′ ″	au		h m s	° ′ ″	au
July 1	23 28 25.340	− 4 34 52.85	29.588 725	Aug. 16	23 25 55.095	− 4 52 45.47	29.020 889
2	23 28 24.419	− 4 35 01.62	29.572 835	17	23 25 49.836	− 4 53 20.80	29.013 595
3	23 28 23.384	− 4 35 11.10	29.557 042	18	23 25 44.516	− 4 53 56.48	29.006 567
4	23 28 22.236	− 4 35 21.31	29.541 350	19	23 25 39.136	− 4 54 32.51	28.999 808
5	23 28 20.973	− 4 35 32.24	29.525 763	20	23 25 33.696	− 4 55 08.88	28.993 320
6	23 28 19.594	− 4 35 43.90	29.510 285	21	23 25 28.201	− 4 55 45.55	28.987 106
7	23 28 18.099	− 4 35 56.30	29.494 920	22	23 25 22.654	− 4 56 22.52	28.981 167
8	23 28 16.487	− 4 36 09.43	29.479 673	23	23 25 17.058	− 4 56 59.74	28.975 506
9	23 28 14.759	− 4 36 23.29	29.464 547	24	23 25 11.419	− 4 57 37.19	28.970 124
10	23 28 12.915	− 4 36 37.88	29.449 547	25	23 25 05.740	− 4 58 14.86	28.965 022
11	23 28 10.958	− 4 36 53.17	29.434 678	26	23 25 00.022	− 4 58 52.73	28.960 203
12	23 28 08.889	− 4 37 09.16	29.419 943	27	23 24 54.268	− 4 59 30.79	28.955 668
13	23 28 06.710	− 4 37 25.83	29.405 347	28	23 24 48.477	− 5 00 09.03	28.951 417
14	23 28 04.421	− 4 37 43.19	29.390 895	29	23 24 42.652	− 5 00 47.46	28.947 451
15	23 28 02.025	− 4 38 01.20	29.376 591	30	23 24 36.792	− 5 01 26.07	28.943 773
16	23 27 59.524	− 4 38 19.88	29.362 439	31	23 24 30.899	− 5 02 04.84	28.940 383
17	23 27 56.917	− 4 38 39.20	29.348 443	Sept. 1	23 24 24.975	− 5 02 43.76	28.937 281
18	23 27 54.207	− 4 38 59.17	29.334 609	2	23 24 19.021	− 5 03 22.82	28.934 470
19	23 27 51.392	− 4 39 19.79	29.320 941	3	23 24 13.041	− 5 04 02.01	28.931 949
20	23 27 48.474	− 4 39 41.06	29.307 443	4	23 24 07.037	− 5 04 41.29	28.929 721
21	23 27 45.451	− 4 40 02.97	29.294 119	5	23 24 01.013	− 5 05 20.64	28.927 785
22	23 27 42.323	− 4 40 25.53	29.280 974	6	23 23 54.972	− 5 06 00.06	28.926 143
23	23 27 39.092	− 4 40 48.74	29.268 012	7	23 23 48.917	− 5 06 39.52	28.924 796
24	23 27 35.758	− 4 41 12.58	29.255 238	8	23 23 42.850	− 5 07 18.99	28.923 745
25	23 27 32.323	− 4 41 37.03	29.242 654	9	23 23 36.774	− 5 07 58.48	28.922 990
26	23 27 28.790	− 4 42 02.08	29.230 266	10	23 23 30.692	− 5 08 37.95	28.922 532
27	23 27 25.164	− 4 42 27.70	29.218 076	11	23 23 24.605	− 5 09 17.41	28.922 372
28	23 27 21.446	− 4 42 53.87	29.206 088	12	23 23 18.516	− 5 09 56.84	28.922 511
29	23 27 17.640	− 4 43 20.58	29.194 306	13	23 23 12.425	− 5 10 36.24	28.922 948
30	23 27 13.746	− 4 43 47.82	29.182 733	14	23 23 06.333	− 5 11 15.59	28.923 685
31	23 27 09.766	− 4 44 15.58	29.171 371	15	23 23 00.242	− 5 11 54.90	28.924 721
Aug. 1	23 27 05.699	− 4 44 43.88	29.160 224	16	23 22 54.153	− 5 12 34.14	28.926 058
2	23 27 01.545	− 4 45 12.69	29.149 295	17	23 22 48.069	− 5 13 13.30	28.927 694
3	23 26 57.305	− 4 45 42.04	29.138 587	18	23 22 41.993	− 5 13 52.36	28.929 631
4	23 26 52.979	− 4 46 11.90	29.128 104	19	23 22 35.930	− 5 14 31.29	28.931 866
5	23 26 48.569	− 4 46 42.27	29.117 847	20	23 22 29.884	− 5 15 10.04	28.934 401
6	23 26 44.075	− 4 47 13.13	29.107 820	21	23 22 23.861	− 5 15 48.61	28.937 233
7	23 26 39.501	− 4 47 44.47	29.098 027	22	23 22 17.861	− 5 16 26.97	28.940 362
8	23 26 34.848	− 4 48 16.28	29.088 470	23	23 22 11.889	− 5 17 05.12	28.943 787
9	23 26 30.120	− 4 48 48.52	29.079 153	24	23 22 05.943	− 5 17 43.05	28.947 506
10	23 26 25.319	− 4 49 21.20	29.070 078	25	23 22 00.026	− 5 18 20.76	28.951 518
11	23 26 20.446	− 4 49 54.28	29.061 248	26	23 21 54.137	− 5 18 58.24	28.955 821
12	23 26 15.506	− 4 50 27.77	29.052 667	27	23 21 48.279	− 5 19 35.48	28.960 415
13	23 26 10.499	− 4 51 01.64	29.044 338	28	23 21 42.452	− 5 20 12.47	28.965 298
14	23 26 05.427	− 4 51 35.88	29.036 263	29	23 21 36.659	− 5 20 49.19	28.970 468
15	23 26 00.292	− 4 52 10.49	29.028 446	30	23 21 30.904	− 5 21 25.63	28.975 923
16	23 25 55.095	− 4 52 45.47	29.020 889	Oct. 1	23 21 25.188	− 5 22 01.77	28.981 663

GEOCENTRIC COORDINATES FOR 0ʰ TERRESTRIAL TIME

Date	Apparent Right Ascension	Apparent Declination	True Geocentric Distance	Date	Apparent Right Ascension	Apparent Declination	True Geocentric Distance
	h m s	o ′ ″	au		h m s	o ′ ″	au
Oct. 1	23 21 25.188	− 5 22 01.77	28.981 663	Nov. 16	23 18 22.133	− 5 40 34.15	29.510 033
2	23 21 19.514	− 5 22 37.59	28.987 685	17	23 18 20.531	− 5 40 42.57	29.525 949
3	23 21 13.887	− 5 23 13.06	28.993 989	18	23 18 19.052	− 5 40 50.20	29.541 984
4	23 21 08.308	− 5 23 48.18	29.000 572	19	23 18 17.696	− 5 40 57.04	29.558 133
5	23 21 02.781	− 5 24 22.91	29.007 432	20	23 18 16.461	− 5 41 03.10	29.574 389
6	23 20 57.309	− 5 24 57.26	29.014 569	21	23 18 15.346	− 5 41 08.39	29.590 748
7	23 20 51.892	− 5 25 31.20	29.021 980	22	23 18 14.353	− 5 41 12.89	29.607 205
8	23 20 46.534	− 5 26 04.73	29.029 663	23	23 18 13.481	− 5 41 16.60	29.623 754
9	23 20 41.236	− 5 26 37.83	29.037 616	24	23 18 12.733	− 5 41 19.52	29.640 390
10	23 20 35.999	− 5 27 10.51	29.045 838	25	23 18 12.109	− 5 41 21.64	29.657 107
11	23 20 30.824	− 5 27 42.76	29.054 327	26	23 18 11.610	− 5 41 22.94	29.673 902
12	23 20 25.711	− 5 28 14.57	29.063 080	27	23 18 11.239	− 5 41 23.43	29.690 768
13	23 20 20.663	− 5 28 45.93	29.072 094	28	23 18 10.997	− 5 41 23.08	29.707 701
14	23 20 15.681	− 5 29 16.83	29.081 368	29	23 18 10.883	− 5 41 21.92	29.724 696
15	23 20 10.768	− 5 29 47.25	29.090 899	30	23 18 10.898	− 5 41 19.92	29.741 747
16	23 20 05.926	− 5 30 17.17	29.100 684	Dec. 1	23 18 11.044	− 5 41 17.10	29.758 850
17	23 20 01.161	− 5 30 46.56	29.110 721	2	23 18 11.318	− 5 41 13.45	29.776 000
18	23 19 56.477	− 5 31 15.38	29.121 005	3	23 18 11.721	− 5 41 08.99	29.793 192
19	23 19 51.877	− 5 31 43.64	29.131 533	4	23 18 12.252	− 5 41 03.72	29.810 421
20	23 19 47.363	− 5 32 11.31	29.142 302	5	23 18 12.910	− 5 40 57.65	29.827 681
21	23 19 42.936	− 5 32 38.40	29.153 308	6	23 18 13.693	− 5 40 50.78	29.844 968
22	23 19 38.595	− 5 33 04.91	29.164 548	7	23 18 14.601	− 5 40 43.12	29.862 277
23	23 19 34.340	− 5 33 30.84	29.176 016	8	23 18 15.635	− 5 40 34.66	29.879 603
24	23 19 30.172	− 5 33 56.19	29.187 711	9	23 18 16.795	− 5 40 25.40	29.896 940
25	23 19 26.091	− 5 34 20.94	29.199 627	10	23 18 18.083	− 5 40 15.33	29.914 283
26	23 19 22.100	− 5 34 45.10	29.211 762	11	23 18 19.501	− 5 40 04.43	29.931 626
27	23 19 18.201	− 5 35 08.63	29.224 110	12	23 18 21.049	− 5 39 52.69	29.948 965
28	23 19 14.395	− 5 35 31.54	29.236 669	13	23 18 22.731	− 5 39 40.12	29.966 294
29	23 19 10.685	− 5 35 53.80	29.249 435	14	23 18 24.544	− 5 39 26.71	29.983 606
30	23 19 07.074	− 5 36 15.40	29.262 404	15	23 18 26.488	− 5 39 12.49	30.000 896
31	23 19 03.563	− 5 36 36.33	29.275 571	16	23 18 28.560	− 5 38 57.46	30.018 158
Nov. 1	23 19 00.155	− 5 36 56.57	29.288 934	17	23 18 30.758	− 5 38 41.65	30.035 387
2	23 18 56.852	− 5 37 16.11	29.302 488	18	23 18 33.080	− 5 38 25.06	30.052 578
3	23 18 53.656	− 5 37 34.95	29.316 229	19	23 18 35.524	− 5 38 07.70	30.069 723
4	23 18 50.567	− 5 37 53.08	29.330 153	20	23 18 38.090	− 5 37 49.57	30.086 819
5	23 18 47.585	− 5 38 10.51	29.344 257	21	23 18 40.778	− 5 37 30.68	30.103 860
6	23 18 44.713	− 5 38 27.22	29.358 537	22	23 18 43.588	− 5 37 11.02	30.120 841
7	23 18 41.949	− 5 38 43.22	29.372 988	23	23 18 46.521	− 5 36 50.58	30.137 756
8	23 18 39.294	− 5 38 58.51	29.387 605	24	23 18 49.577	− 5 36 29.37	30.154 602
9	23 18 36.749	− 5 39 13.09	29.402 386	25	23 18 52.755	− 5 36 07.38	30.171 372
10	23 18 34.313	− 5 39 26.95	29.417 325	26	23 18 56.056	− 5 35 44.63	30.188 062
11	23 18 31.989	− 5 39 40.07	29.432 419	27	23 18 59.479	− 5 35 21.11	30.204 667
12	23 18 29.779	− 5 39 52.45	29.447 662	28	23 19 03.024	− 5 34 56.84	30.221 183
13	23 18 27.685	− 5 40 04.07	29.463 050	29	23 19 06.689	− 5 34 31.81	30.237 605
14	23 18 25.711	− 5 40 14.90	29.478 578	30	23 19 10.472	− 5 34 06.06	30.253 928
15	23 18 23.860	− 5 40 24.93	29.494 241	31	23 19 14.371	− 5 33 39.58	30.270 148
16	23 18 22.133	− 5 40 34.15	29.510 033	32	23 19 18.385	− 5 33 12.40	30.286 260

Date	Mercury	Venus	Mars	Jupiter	Saturn	Uranus	Neptune
	h m s	h m s	h m s	h m s	h m s	h m s	h m s
Jan. 0	11 37 16	14 28 53	9 05 10	11 50 03	12 53 35	19 22 58	16 31 47
1	11 40 16	14 29 52	9 03 59	11 47 07	12 50 09	19 19 00	16 27 55
2	11 43 18	14 30 49	9 02 50	11 44 11	12 46 43	19 15 02	16 24 03
3	11 46 21	14 31 45	9 01 40	11 41 15	12 43 17	19 11 05	16 20 12
4	11 49 25	14 32 39	9 00 31	11 38 19	12 39 51	19 07 07	16 16 21
5	11 52 30	14 33 32	8 59 23	11 35 23	12 36 25	19 03 10	16 12 29
6	11 55 36	14 34 23	8 58 14	11 32 26	12 32 59	18 59 13	16 08 38
7	11 58 44	14 35 13	8 57 07	11 29 30	12 29 33	18 55 16	16 04 47
8	12 01 52	14 36 02	8 55 59	11 26 33	12 26 07	18 51 20	16 00 56
9	12 05 01	14 36 49	8 54 52	11 23 37	12 22 41	18 47 24	15 57 06
10	12 08 10	14 37 34	8 53 46	11 20 40	12 19 15	18 43 28	15 53 15
11	12 11 20	14 38 19	8 52 39	11 17 44	12 15 49	18 39 32	15 49 24
12	12 14 30	14 39 02	8 51 33	11 14 47	12 12 23	18 35 36	15 45 34
13	12 17 40	14 39 43	8 50 28	11 11 50	12 08 58	18 31 40	15 41 43
14	12 20 51	14 40 23	8 49 23	11 08 53	12 05 31	18 27 45	15 37 53
15	12 24 01	14 41 02	8 48 18	11 05 56	12 02 06	18 23 50	15 34 03
16	12 27 11	14 41 40	8 47 14	11 02 59	11 58 40	18 19 55	15 30 13
17	12 30 21	14 42 16	8 46 10	11 00 01	11 55 14	18 16 00	15 26 23
18	12 33 30	14 42 52	8 45 06	10 57 04	11 51 48	18 12 06	15 22 33
19	12 36 38	14 43 26	8 44 03	10 54 07	11 48 22	18 08 11	15 18 43
20	12 39 44	14 43 58	8 43 00	10 51 09	11 44 56	18 04 17	15 14 53
21	12 42 50	14 44 30	8 41 57	10 48 11	11 41 30	18 00 23	15 11 04
22	12 45 54	14 45 01	8 40 55	10 45 13	11 38 04	17 56 30	15 07 14
23	12 48 55	14 45 30	8 39 53	10 42 15	11 34 38	17 52 36	15 03 25
24	12 51 54	14 45 59	8 38 52	10 39 17	11 31 11	17 48 43	14 59 35
25	12 54 51	14 46 26	8 37 50	10 36 18	11 27 45	17 44 50	14 55 46
26	12 57 44	14 46 53	8 36 49	10 33 19	11 24 19	17 40 57	14 51 57
27	13 00 32	14 47 18	8 35 49	10 30 21	11 20 52	17 37 04	14 48 07
28	13 03 16	14 47 43	8 34 48	10 27 22	11 17 26	17 33 11	14 44 18
29	13 05 55	14 48 07	8 33 48	10 24 22	11 13 59	17 29 19	14 40 29
30	13 08 27	14 48 30	8 32 48	10 21 23	11 10 33	17 25 27	14 36 40
31	13 10 52	14 48 51	8 31 49	10 18 23	11 07 06	17 21 35	14 32 52
Feb. 1	13 13 08	14 49 13	8 30 49	10 15 23	11 03 39	17 17 43	14 29 03
2	13 15 15	14 49 33	8 29 50	10 12 23	11 00 12	17 13 52	14 25 14
3	13 17 10	14 49 53	8 28 51	10 09 23	10 56 45	17 10 00	14 21 25
4	13 18 52	14 50 12	8 27 52	10 06 22	10 53 18	17 06 09	14 17 37
5	13 20 19	14 50 30	8 26 54	10 03 22	10 49 51	17 02 18	14 13 48
6	13 21 29	14 50 47	8 25 56	10 00 21	10 46 24	16 58 27	14 10 00
7	13 22 20	14 51 04	8 24 58	9 57 19	10 42 56	16 54 37	14 06 11
8	13 22 49	14 51 20	8 24 00	9 54 18	10 39 28	16 50 46	14 02 23
9	13 22 55	14 51 36	8 23 02	9 51 16	10 36 01	16 46 56	13 58 35
10	13 22 34	14 51 51	8 22 05	9 48 14	10 32 33	16 43 06	13 54 46
11	13 21 45	14 52 06	8 21 08	9 45 12	10 29 05	16 39 16	13 50 58
12	13 20 25	14 52 20	8 20 11	9 42 09	10 25 37	16 35 26	13 47 10
13	13 18 32	14 52 34	8 19 14	9 39 06	10 22 08	16 31 36	13 43 22
14	13 16 04	14 52 47	8 18 17	9 36 03	10 18 40	16 27 47	13 39 34
15	13 12 59	14 53 00	8 17 20	9 32 59	10 15 11	16 23 58	13 35 46

Date	Mercury	Venus	Mars	Jupiter	Saturn	Uranus	Neptune
	h m s	h m s	h m s	h m s	h m s	h m s	h m s
Feb. 15	13 12 59	14 53 00	8 17 20	9 32 59	10 15 11	16 23 58	13 35 46
16	13 09 17	14 53 13	8 16 24	9 29 55	10 11 43	16 20 09	13 31 58
17	13 04 58	14 53 25	8 15 28	9 26 51	10 08 14	16 16 20	13 28 10
18	13 00 02	14 53 37	8 14 31	9 23 47	10 04 45	16 12 31	13 24 22
19	12 54 31	14 53 48	8 13 35	9 20 42	10 01 15	16 08 43	13 20 34
20	12 48 26	14 54 00	8 12 39	9 17 37	9 57 46	16 04 54	13 16 46
21	12 41 51	14 54 11	8 11 43	9 14 32	9 54 16	16 01 06	13 12 59
22	12 34 50	14 54 22	8 10 47	9 11 26	9 50 46	15 57 18	13 09 11
23	12 27 27	14 54 33	8 09 51	9 08 20	9 47 16	15 53 30	13 05 23
24	12 19 48	14 54 43	8 08 55	9 05 13	9 43 46	15 49 42	13 01 35
25	12 11 59	14 54 53	8 08 00	9 02 06	9 40 16	15 45 55	12 57 48
26	12 04 05	14 55 04	8 07 04	8 58 59	9 36 45	15 42 07	12 54 00
27	11 56 12	14 55 14	8 06 08	8 55 51	9 33 14	15 38 20	12 50 13
28	11 48 26	14 55 23	8 05 12	8 52 43	9 29 43	15 34 33	12 46 25
29	11 40 51	14 55 33	8 04 16	8 49 35	9 26 12	15 30 46	12 42 37
Mar. 1	11 33 32	14 55 43	8 03 20	8 46 26	9 22 40	15 26 59	12 38 50
2	11 26 32	14 55 52	8 02 25	8 43 17	9 19 09	15 23 13	12 35 02
3	11 19 54	14 56 01	8 01 29	8 40 07	9 15 37	15 19 26	12 31 15
4	11 13 40	14 56 10	8 00 33	8 36 57	9 12 04	15 15 40	12 27 27
5	11 07 51	14 56 19	7 59 36	8 33 47	9 08 32	15 11 53	12 23 40
6	11 02 29	14 56 28	7 58 40	8 30 36	9 04 59	15 08 07	12 19 52
7	10 57 32	14 56 37	7 57 44	8 27 24	9 01 26	15 04 21	12 16 05
8	10 53 02	14 56 45	7 56 48	8 24 13	8 57 53	15 00 35	12 12 17
9	10 48 56	14 56 53	7 55 51	8 21 00	8 54 20	14 56 49	12 08 30
10	10 45 15	14 57 01	7 54 55	8 17 48	8 50 46	14 53 04	12 04 42
11	10 41 57	14 57 09	7 53 58	8 14 35	8 47 12	14 49 18	12 00 54
12	10 39 01	14 57 17	7 53 02	8 11 21	8 43 38	14 45 33	11 57 07
13	10 36 27	14 57 24	7 52 05	8 08 07	8 40 03	14 41 48	11 53 19
14	10 34 12	14 57 31	7 51 08	8 04 52	8 36 28	14 38 03	11 49 32
15	10 32 15	14 57 38	7 50 11	8 01 37	8 32 53	14 34 17	11 45 44
16	10 30 36	14 57 45	7 49 13	7 58 22	8 29 18	14 30 33	11 41 57
17	10 29 12	14 57 51	7 48 16	7 55 06	8 25 42	14 26 48	11 38 09
18	10 28 04	14 57 57	7 47 18	7 51 49	8 22 07	14 23 03	11 34 22
19	10 27 09	14 58 02	7 46 21	7 48 32	8 18 30	14 19 18	11 30 34
20	10 26 27	14 58 07	7 45 23	7 45 15	8 14 54	14 15 34	11 26 46
21	10 25 58	14 58 11	7 44 24	7 41 57	8 11 17	14 11 49	11 22 59
22	10 25 39	14 58 15	7 43 26	7 38 38	8 07 40	14 08 05	11 19 11
23	10 25 30	14 58 18	7 42 27	7 35 19	8 04 02	14 04 21	11 15 23
24	10 25 32	14 58 21	7 41 28	7 31 59	8 00 25	14 00 37	11 11 36
25	10 25 42	14 58 23	7 40 29	7 28 39	7 56 47	13 56 53	11 07 48
26	10 26 00	14 58 23	7 39 30	7 25 18	7 53 08	13 53 09	11 04 00
27	10 26 27	14 58 23	7 38 30	7 21 57	7 49 30	13 49 25	11 00 12
28	10 27 01	14 58 22	7 37 30	7 18 35	7 45 51	13 45 41	10 56 24
29	10 27 41	14 58 20	7 36 30	7 15 12	7 42 11	13 41 57	10 52 37
30	10 28 28	14 58 17	7 35 30	7 11 49	7 38 32	13 38 14	10 48 49
31	10 29 22	14 58 13	7 34 29	7 08 25	7 34 52	13 34 30	10 45 01
Apr. 1	10 30 21	14 58 07	7 33 28	7 05 01	7 31 11	13 30 47	10 41 13

Date	Mercury	Venus	Mars	Jupiter	Saturn	Uranus	Neptune
	h m s	h m s	h m s	h m s	h m s	h m s	h m s
Apr. 1	10 30 21	14 58 07	7 33 28	7 05 01	7 31 11	13 30 47	10 41 13
2	10 31 26	14 57 59	7 32 26	7 01 36	7 27 30	13 27 03	10 37 25
3	10 32 36	14 57 50	7 31 25	6 58 10	7 23 49	13 23 20	10 33 37
4	10 33 52	14 57 39	7 30 23	6 54 44	7 20 08	13 19 37	10 29 48
5	10 35 13	14 57 27	7 29 20	6 51 17	7 16 26	13 15 53	10 26 00
6	10 36 38	14 57 12	7 28 18	6 47 50	7 12 44	13 12 10	10 22 12
7	10 38 09	14 56 55	7 27 15	6 44 22	7 09 02	13 08 27	10 18 24
8	10 39 45	14 56 36	7 26 12	6 40 53	7 05 19	13 04 44	10 14 35
9	10 41 25	14 56 15	7 25 08	6 37 24	7 01 36	13 01 01	10 10 47
10	10 43 10	14 55 51	7 24 04	6 33 54	6 57 52	12 57 18	10 06 58
11	10 45 00	14 55 24	7 23 00	6 30 23	6 54 08	12 53 35	10 03 10
12	10 46 55	14 54 55	7 21 56	6 26 52	6 50 24	12 49 52	9 59 21
13	10 48 55	14 54 22	7 20 51	6 23 20	6 46 39	12 46 09	9 55 33
14	10 51 01	14 53 46	7 19 46	6 19 47	6 42 54	12 42 26	9 51 44
15	10 53 11	14 53 07	7 18 40	6 16 14	6 39 09	12 38 44	9 47 55
16	10 55 27	14 52 25	7 17 34	6 12 40	6 35 23	12 35 01	9 44 06
17	10 57 48	14 51 38	7 16 28	6 09 05	6 31 37	12 31 18	9 40 18
18	11 00 15	14 50 48	7 15 21	6 05 30	6 27 51	12 27 35	9 36 29
19	11 02 48	14 49 53	7 14 14	6 01 54	6 24 04	12 23 53	9 32 40
20	11 05 27	14 48 54	7 13 07	5 58 17	6 20 16	12 20 10	9 28 50
21	11 08 12	14 47 51	7 11 59	5 54 40	6 16 29	12 16 28	9 25 01
22	11 11 04	14 46 42	7 10 51	5 51 01	6 12 41	12 12 45	9 21 12
23	11 14 03	14 45 29	7 09 43	5 47 22	6 08 52	12 09 02	9 17 23
24	11 17 09	14 44 10	7 08 34	5 43 43	6 05 03	12 05 20	9 13 33
25	11 20 21	14 42 46	7 07 24	5 40 02	6 01 14	12 01 37	9 09 44
26	11 23 42	14 41 16	7 06 15	5 36 21	5 57 24	11 57 55	9 05 54
27	11 27 10	14 39 39	7 05 04	5 32 39	5 53 34	11 54 12	9 02 05
28	11 30 46	14 37 56	7 03 54	5 28 56	5 49 44	11 50 29	8 58 15
29	11 34 29	14 36 07	7 02 43	5 25 13	5 45 53	11 46 47	8 54 25
30	11 38 21	14 34 10	7 01 31	5 21 29	5 42 02	11 43 04	8 50 35
May 1	11 42 20	14 32 07	7 00 20	5 17 44	5 38 10	11 39 22	8 46 45
2	11 46 27	14 29 55	6 59 07	5 13 58	5 34 18	11 35 39	8 42 55
3	11 50 42	14 27 36	6 57 55	5 10 11	5 30 26	11 31 56	8 39 05
4	11 55 03	14 25 08	6 56 42	5 06 24	5 26 33	11 28 14	8 35 15
5	11 59 31	14 22 33	6 55 28	5 02 36	5 22 40	11 24 31	8 31 24
6	12 04 05	14 19 48	6 54 15	4 58 47	5 18 46	11 20 48	8 27 34
7	12 08 44	14 16 54	6 53 00	4 54 58	5 14 52	11 17 06	8 23 43
8	12 13 27	14 13 51	6 51 46	4 51 07	5 10 58	11 13 23	8 19 53
9	12 18 13	14 10 39	6 50 31	4 47 16	5 07 03	11 09 40	8 16 02
10	12 23 01	14 07 17	6 49 15	4 43 24	5 03 07	11 05 57	8 12 11
11	12 27 49	14 03 45	6 47 59	4 39 32	4 59 12	11 02 15	8 08 20
12	12 32 37	14 00 03	6 46 43	4 35 38	4 55 16	10 58 32	8 04 29
13	12 37 24	13 56 11	6 45 27	4 31 44	4 51 19	10 54 49	8 00 38
14	12 42 07	13 52 08	6 44 09	4 27 49	4 47 22	10 51 06	7 56 47
15	12 46 45	13 47 55	6 42 52	4 23 53	4 43 25	10 47 23	7 52 56
16	12 51 18	13 43 31	6 41 34	4 19 56	4 39 28	10 43 40	7 49 04
17	12 55 43	13 38 57	6 40 16	4 15 59	4 35 30	10 39 57	7 45 13

Date	Mercury	Venus	Mars	Jupiter	Saturn	Uranus	Neptune
	h m s	h m s	h m s	h m s	h m s	h m s	h m s
May 17	12 55 43	13 38 57	6 40 16	4 15 59	4 35 30	10 39 57	7 45 13
18	13 00 01	13 34 12	6 38 57	4 12 01	4 31 31	10 36 14	7 41 21
19	13 04 09	13 29 17	6 37 38	4 08 02	4 27 32	10 32 31	7 37 29
20	13 08 08	13 24 12	6 36 18	4 04 02	4 23 33	10 28 47	7 33 38
21	13 11 56	13 18 57	6 34 58	4 00 01	4 19 33	10 25 04	7 29 46
22	13 15 33	13 13 33	6 33 37	3 56 00	4 15 33	10 21 21	7 25 53
23	13 18 57	13 07 59	6 32 16	3 51 58	4 11 33	10 17 37	7 22 01
24	13 22 09	13 02 16	6 30 55	3 47 55	4 07 32	10 13 54	7 18 09
25	13 25 07	12 56 25	6 29 33	3 43 51	4 03 31	10 10 10	7 14 17
26	13 27 52	12 50 26	6 28 10	3 39 47	3 59 29	10 06 27	7 10 24
27	13 30 22	12 44 21	6 26 47	3 35 41	3 55 28	10 02 43	7 06 32
28	13 32 38	12 38 09	6 25 24	3 31 35	3 51 25	9 58 59	7 02 39
29	13 34 39	12 31 52	6 24 00	3 27 29	3 47 23	9 55 15	6 58 46
30	13 36 25	12 25 30	6 22 36	3 23 21	3 43 19	9 51 31	6 54 53
31	13 37 55	12 19 04	6 21 11	3 19 13	3 39 16	9 47 47	6 51 00
June 1	13 39 09	12 12 36	6 19 46	3 15 04	3 35 12	9 44 03	6 47 07
2	13 40 06	12 06 06	6 18 20	3 10 54	3 31 08	9 40 19	6 43 13
3	13 40 47	11 59 36	6 16 54	3 06 43	3 27 04	9 36 35	6 39 20
4	13 41 12	11 53 06	6 15 27	3 02 32	3 22 59	9 32 50	6 35 26
5	13 41 18	11 46 38	6 14 00	2 58 20	3 18 54	9 29 06	6 31 33
6	13 41 08	11 40 12	6 12 32	2 54 08	3 14 48	9 25 21	6 27 39
7	13 40 39	11 33 50	6 11 04	2 49 54	3 10 42	9 21 37	6 23 45
8	13 39 52	11 27 31	6 09 35	2 45 40	3 06 36	9 17 52	6 19 51
9	13 38 46	11 21 18	6 08 06	2 41 26	3 02 30	9 14 07	6 15 57
10	13 37 22	11 15 12	6 06 37	2 37 10	2 58 23	9 10 22	6 12 03
11	13 35 39	11 09 11	6 05 07	2 32 54	2 54 16	9 06 37	6 08 08
12	13 33 36	11 03 18	6 03 36	2 28 38	2 50 08	9 02 52	6 04 14
13	13 31 13	10 57 33	6 02 05	2 24 20	2 46 00	8 59 06	6 00 19
14	13 28 31	10 51 56	6 00 33	2 20 02	2 41 52	8 55 21	5 56 25
15	13 25 30	10 46 28	5 59 01	2 15 44	2 37 44	8 51 35	5 52 30
16	13 22 08	10 41 09	5 57 28	2 11 25	2 33 35	8 47 50	5 48 35
17	13 18 27	10 35 59	5 55 55	2 07 05	2 29 26	8 44 04	5 44 40
18	13 14 27	10 30 58	5 54 21	2 02 45	2 25 17	8 40 18	5 40 45
19	13 10 07	10 26 07	5 52 46	1 58 24	2 21 07	8 36 32	5 36 49
20	13 05 29	10 21 26	5 51 11	1 54 03	2 16 57	8 32 46	5 32 54
21	13 00 33	10 16 54	5 49 35	1 49 41	2 12 47	8 29 00	5 28 58
22	12 55 21	10 12 31	5 47 59	1 45 18	2 08 37	8 25 13	5 25 03
23	12 49 52	10 08 18	5 46 22	1 40 55	2 04 26	8 21 27	5 21 07
24	12 44 10	10 04 15	5 44 44	1 36 32	2 00 16	8 17 40	5 17 11
25	12 38 14	10 00 20	5 43 06	1 32 08	1 56 04	8 13 53	5 13 15
26	12 32 07	9 56 35	5 41 27	1 27 44	1 51 53	8 10 06	5 09 19
27	12 25 52	9 52 58	5 39 47	1 23 19	1 47 42	8 06 19	5 05 23
28	12 19 29	9 49 31	5 38 07	1 18 54	1 43 30	8 02 32	5 01 26
29	12 13 02	9 46 11	5 36 26	1 14 29	1 39 18	7 58 44	4 57 30
30	12 06 33	9 43 00	5 34 44	1 10 03	1 35 06	7 54 57	4 53 33
July 1	12 00 04	9 39 58	5 33 02	1 05 37	1 30 54	7 51 09	4 49 36
2	11 53 38	9 37 03	5 31 19	1 01 10	1 26 41	7 47 21	4 45 39

Date	Mercury	Venus	Mars	Jupiter	Saturn	Uranus	Neptune
	h m s	h m s	h m s	h m s	h m s	h m s	h m s
July 1	12 00 04	9 39 58	5 33 02	1 05 37	1 30 54	7 51 09	4 49 36
2	11 53 38	9 37 03	5 31 19	1 01 10	1 26 41	7 47 21	4 45 39
3	11 47 17	9 34 16	5 29 35	0 56 44	1 22 28	7 43 33	4 41 42
4	11 41 04	9 31 36	5 27 50	0 52 17	1 18 16	7 39 45	4 37 45
5	11 35 01	9 29 03	5 26 05	0 47 50	1 14 03	7 35 57	4 33 48
6	11 29 10	9 26 38	5 24 19	0 43 22	1 09 49	7 32 08	4 29 51
7	11 23 33	9 24 20	5 22 32	0 38 55	1 05 36	7 28 20	4 25 53
8	11 18 13	9 22 08	5 20 44	0 34 27	1 01 23	7 24 31	4 21 56
9	11 13 10	9 20 03	5 18 55	0 29 59	0 57 09	7 20 42	4 17 58
10	11 08 25	9 18 04	5 17 06	0 25 31	0 52 56	7 16 53	4 14 01
11	11 04 01	9 16 11	5 15 15	0 21 02	0 48 42	7 13 04	4 10 03
12	10 59 58	9 14 23	5 13 24	0 16 34	0 44 28	7 09 14	4 06 05
13	10 56 17	9 12 42	5 11 32	0 12 05	0 40 14	7 05 25	4 02 07
14	10 52 58	9 11 06	5 09 39	0 07 37	0 36 00	7 01 35	3 58 08
15	10 50 03	9 09 35	5 07 45	0 03 08	0 31 46	6 57 45	3 54 10
16	10 47 30	9 08 09	5 05 49	23 54 11	0 27 32	6 53 55	3 50 12
17	10 45 21	9 06 49	5 03 53	23 49 43	0 23 18	6 50 04	3 46 13
18	10 43 36	9 05 33	5 01 56	23 45 14	0 19 03	6 46 14	3 42 15
19	10 42 15	9 04 21	4 59 57	23 40 46	0 14 49	6 42 23	3 38 16
20	10 41 17	9 03 14	4 57 58	23 36 18	0 10 35	6 38 33	3 34 17
21	10 40 43	9 02 12	4 55 57	23 31 50	0 06 21	6 34 42	3 30 18
22	10 40 32	9 01 14	4 53 55	23 27 22	0 02 06	6 30 50	3 26 19
23	10 40 45	9 00 19	4 51 52	23 22 54	23 53 38	6 26 59	3 22 20
24	10 41 21	8 59 29	4 49 47	23 18 27	23 49 23	6 23 07	3 18 21
25	10 42 19	8 58 42	4 47 42	23 13 59	23 45 09	6 19 16	3 14 21
26	10 43 39	8 57 59	4 45 35	23 09 32	23 40 55	6 15 24	3 10 22
27	10 45 21	8 57 20	4 43 26	23 05 06	23 36 41	6 11 32	3 06 22
28	10 47 24	8 56 44	4 41 17	23 00 39	23 32 27	6 07 39	3 02 23
29	10 49 46	8 56 12	4 39 05	22 56 13	23 28 13	6 03 47	2 58 23
30	10 52 28	8 55 42	4 36 53	22 51 47	23 23 59	5 59 54	2 54 23
31	10 55 28	8 55 16	4 34 39	22 47 22	23 19 45	5 56 01	2 50 23
Aug. 1	10 58 44	8 54 53	4 32 23	22 42 57	23 15 31	5 52 08	2 46 23
2	11 02 16	8 54 33	4 30 06	22 38 32	23 11 18	5 48 15	2 42 23
3	11 06 01	8 54 16	4 27 48	22 34 08	23 07 04	5 44 22	2 38 23
4	11 09 58	8 54 02	4 25 27	22 29 45	23 02 51	5 40 28	2 34 23
5	11 14 06	8 53 51	4 23 06	22 25 21	22 58 38	5 36 34	2 30 23
6	11 18 21	8 53 42	4 20 42	22 20 58	22 54 24	5 32 40	2 26 22
7	11 22 42	8 53 36	4 18 17	22 16 36	22 50 11	5 28 46	2 22 22
8	11 27 08	8 53 32	4 15 50	22 12 14	22 45 59	5 24 52	2 18 21
9	11 31 36	8 53 31	4 13 21	22 07 53	22 41 46	5 20 57	2 14 21
10	11 36 05	8 53 32	4 10 50	22 03 32	22 37 34	5 17 02	2 10 20
11	11 40 33	8 53 35	4 08 17	21 59 12	22 33 21	5 13 08	2 06 19
12	11 44 59	8 53 41	4 05 42	21 54 53	22 29 09	5 09 12	2 02 18
13	11 49 21	8 53 48	4 03 05	21 50 34	22 24 57	5 05 17	1 58 17
14	11 53 38	8 53 58	4 00 26	21 46 15	22 20 46	5 01 22	1 54 16
15	11 57 49	8 54 09	3 57 44	21 41 57	22 16 34	4 57 26	1 50 15
16	12 01 55	8 54 22	3 55 01	21 37 40	22 12 23	4 53 30	1 46 14

Second transits: Jupiter, July 15^{d}23^{h}58^{m}40^s; Saturn, July 22^{d}23^{h}57^{m}52^s.

Date	Mercury	Venus	Mars	Jupiter	Saturn	Uranus	Neptune
	h m s	h m s	h m s	h m s	h m s	h m s	h m s
Aug. 16	12 01 55	8 54 22	3 55 01	21 37 40	22 12 23	4 53 30	1 46 14
17	12 05 53	8 54 37	3 52 15	21 33 24	22 08 12	4 49 34	1 42 13
18	12 09 44	8 54 54	3 49 27	21 29 08	22 04 01	4 45 37	1 38 12
19	12 13 28	8 55 13	3 46 36	21 24 53	21 59 51	4 41 41	1 34 11
20	12 17 03	8 55 32	3 43 43	21 20 38	21 55 40	4 37 44	1 30 09
21	12 20 31	8 55 54	3 40 47	21 16 25	21 51 31	4 33 47	1 26 08
22	12 23 51	8 56 16	3 37 49	21 12 12	21 47 21	4 29 50	1 22 07
23	12 27 04	8 56 41	3 34 49	21 07 59	21 43 11	4 25 53	1 18 05
24	12 30 09	8 57 06	3 31 45	21 03 48	21 39 02	4 21 56	1 14 04
25	12 33 06	8 57 32	3 28 39	20 59 37	21 34 53	4 17 58	1 10 02
26	12 35 56	8 58 00	3 25 30	20 55 27	21 30 45	4 14 00	1 06 01
27	12 38 40	8 58 29	3 22 18	20 51 18	21 26 37	4 10 02	1 01 59
28	12 41 16	8 58 58	3 19 04	20 47 09	21 22 29	4 06 04	0 57 57
29	12 43 46	8 59 29	3 15 47	20 43 02	21 18 21	4 02 05	0 53 55
30	12 46 10	9 00 01	3 12 26	20 38 55	21 14 14	3 58 07	0 49 54
31	12 48 28	9 00 33	3 09 03	20 34 48	21 10 07	3 54 08	0 45 52
Sept. 1	12 50 40	9 01 06	3 05 37	20 30 43	21 06 00	3 50 09	0 41 50
2	12 52 46	9 01 40	3 02 08	20 26 38	21 01 54	3 46 10	0 37 48
3	12 54 48	9 02 15	2 58 35	20 22 35	20 57 48	3 42 11	0 33 46
4	12 56 44	9 02 50	2 54 59	20 18 32	20 53 42	3 38 11	0 29 45
5	12 58 35	9 03 26	2 51 21	20 14 29	20 49 37	3 34 12	0 25 43
6	13 00 22	9 04 02	2 47 39	20 10 28	20 45 32	3 30 12	0 21 41
7	13 02 04	9 04 39	2 43 53	20 06 28	20 41 27	3 26 12	0 17 39
8	13 03 41	9 05 16	2 40 04	20 02 28	20 37 23	3 22 12	0 13 37
9	13 05 15	9 05 54	2 36 12	19 58 29	20 33 19	3 18 11	0 09 35
10	13 06 44	9 06 32	2 32 17	19 54 31	20 29 16	3 14 11	0 05 33
11	13 08 10	9 07 10	2 28 18	19 50 33	20 25 13	3 10 10	0 01 31
12	13 09 31	9 07 48	2 24 16	19 46 37	20 21 10	3 06 09	23 53 27
13	13 10 49	9 08 27	2 20 10	19 42 41	20 17 08	3 02 08	23 49 25
14	13 12 03	9 09 06	2 16 01	19 38 46	20 13 06	2 58 07	23 45 23
15	13 13 14	9 09 45	2 11 48	19 34 52	20 09 04	2 54 06	23 41 21
16	13 14 20	9 10 23	2 07 32	19 30 59	20 05 03	2 50 04	23 37 19
17	13 15 23	9 11 02	2 03 13	19 27 07	20 01 02	2 46 02	23 33 17
18	13 16 22	9 11 41	1 58 50	19 23 15	19 57 02	2 42 00	23 29 15
19	13 17 18	9 12 20	1 54 24	19 19 25	19 53 02	2 37 58	23 25 14
20	13 18 09	9 12 59	1 49 55	19 15 35	19 49 03	2 33 56	23 21 12
21	13 18 57	9 13 37	1 45 22	19 11 46	19 45 04	2 29 54	23 17 10
22	13 19 40	9 14 16	1 40 46	19 07 58	19 41 05	2 25 52	23 13 08
23	13 20 18	9 14 54	1 36 08	19 04 10	19 37 06	2 21 49	23 09 06
24	13 20 52	9 15 33	1 31 26	19 00 24	19 33 09	2 17 46	23 05 04
25	13 21 21	9 16 11	1 26 42	18 56 38	19 29 11	2 13 44	23 01 02
26	13 21 44	9 16 48	1 21 54	18 52 53	19 25 14	2 09 41	22 57 01
27	13 22 02	9 17 26	1 17 04	18 49 09	19 21 17	2 05 37	22 52 59
28	13 22 13	9 18 03	1 12 12	18 45 25	19 17 21	2 01 34	22 48 57
29	13 22 17	9 18 40	1 07 17	18 41 43	19 13 25	1 57 31	22 44 56
30	13 22 14	9 19 17	1 02 20	18 38 01	19 09 30	1 53 27	22 40 54
Oct. 1	13 22 03	9 19 54	0 57 21	18 34 20	19 05 35	1 49 24	22 36 53

Second transit: Neptune, Sept. $11^d23^h57^m29^s$.

Date	Mercury	Venus	Mars	Jupiter	Saturn	Uranus	Neptune
	h m s	h m s	h m s	h m s	h m s	h m s	h m s
Oct. 1	13 22 03	9 19 54	0 57 21	18 34 20	19 05 35	1 49 24	22 36 53
2	13 21 42	9 20 30	0 52 20	18 30 39	19 01 40	1 45 20	22 32 51
3	13 21 12	9 21 06	0 47 16	18 27 00	18 57 46	1 41 16	22 28 50
4	13 20 31	9 21 42	0 42 11	18 23 21	18 53 52	1 37 12	22 24 48
5	13 19 37	9 22 18	0 37 05	18 19 43	18 49 59	1 33 08	22 20 47
6	13 18 30	9 22 53	0 31 57	18 16 06	18 46 06	1 29 04	22 16 46
7	13 17 09	9 23 28	0 26 48	18 12 29	18 42 14	1 25 00	22 12 44
8	13 15 31	9 24 03	0 21 38	18 08 53	18 38 22	1 20 56	22 08 43
9	13 13 36	9 24 38	0 16 27	18 05 18	18 34 30	1 16 51	22 04 42
10	13 11 21	9 25 12	0 11 15	18 01 44	18 30 39	1 12 47	22 00 41
11	13 08 45	9 25 47	0 06 03	17 58 11	18 26 48	1 08 42	21 56 40
12	13 05 45	9 26 21	0 00 51	17 54 38	18 22 57	1 04 37	21 52 39
13	13 02 20	9 26 54	23 50 26	17 51 05	18 19 07	1 00 32	21 48 38
14	12 58 28	9 27 28	23 45 13	17 47 34	18 15 18	0 56 28	21 44 37
15	12 54 08	9 28 01	23 40 02	17 44 03	18 11 29	0 52 23	21 40 37
16	12 49 17	9 28 35	23 34 51	17 40 33	18 07 40	0 48 18	21 36 36
17	12 43 55	9 29 08	23 29 40	17 37 04	18 03 51	0 44 13	21 32 35
18	12 38 02	9 29 41	23 24 31	17 33 35	18 00 03	0 40 08	21 28 35
19	12 31 38	9 30 13	23 19 24	17 30 07	17 56 16	0 36 02	21 24 35
20	12 24 44	9 30 46	23 14 17	17 26 40	17 52 29	0 31 57	21 20 34
21	12 17 23	9 31 19	23 09 13	17 23 13	17 48 42	0 27 52	21 16 34
22	12 09 38	9 31 51	23 04 10	17 19 47	17 44 56	0 23 47	21 12 34
23	12 01 35	9 32 24	22 59 09	17 16 21	17 41 10	0 19 41	21 08 34
24	11 53 20	9 32 56	22 54 10	17 12 57	17 37 24	0 15 36	21 04 34
25	11 45 00	9 33 29	22 49 13	17 09 32	17 33 39	0 11 30	21 00 34
26	11 36 44	9 34 01	22 44 18	17 06 09	17 29 54	0 07 25	20 56 34
27	11 28 39	9 34 34	22 39 26	17 02 46	17 26 10	0 03 20	20 52 34
28	11 20 52	9 35 06	22 34 36	16 59 24	17 22 26	23 55 09	20 48 35
29	11 13 32	9 35 39	22 29 49	16 56 02	17 18 42	23 51 03	20 44 35
30	11 06 43	9 36 12	22 25 05	16 52 41	17 14 59	23 46 58	20 40 36
31	11 00 30	9 36 45	22 20 23	16 49 20	17 11 16	23 42 52	20 36 37
Nov. 1	10 54 57	9 37 19	22 15 44	16 46 00	17 07 33	23 38 47	20 32 37
2	10 50 04	9 37 53	22 11 07	16 42 40	17 03 51	23 34 41	20 28 38
3	10 45 52	9 38 26	22 06 34	16 39 22	17 00 09	23 30 36	20 24 39
4	10 42 20	9 39 01	22 02 04	16 36 03	16 56 28	23 26 30	20 20 40
5	10 39 26	9 39 35	21 57 36	16 32 45	16 52 47	23 22 25	20 16 42
6	10 37 08	9 40 10	21 53 12	16 29 28	16 49 06	23 18 19	20 12 43
7	10 35 22	9 40 46	21 48 50	16 26 11	16 45 26	23 14 14	20 08 44
8	10 34 07	9 41 22	21 44 32	16 22 55	16 41 46	23 10 08	20 04 46
9	10 33 19	9 41 58	21 40 16	16 19 39	16 38 06	23 06 03	20 00 48
10	10 32 55	9 42 35	21 36 04	16 16 24	16 34 27	23 01 58	19 56 49
11	10 32 53	9 43 12	21 31 54	16 13 09	16 30 48	22 57 52	19 52 51
12	10 33 09	9 43 50	21 27 48	16 09 55	16 27 09	22 53 47	19 48 53
13	10 33 42	9 44 29	21 23 45	16 06 41	16 23 31	22 49 42	19 44 55
14	10 34 29	9 45 08	21 19 44	16 03 28	16 19 53	22 45 37	19 40 57
15	10 35 29	9 45 48	21 15 47	16 00 15	16 16 15	22 41 32	19 37 00
16	10 36 40	9 46 28	21 11 53	15 57 03	16 12 38	22 37 27	19 33 02

Second transits: Mars, Oct. 12^{d}23^{h}55^{m}38^s; Uranus, Oct. 27^{d}23^{h}59^{m}14^s.

Date	Mercury	Venus	Mars	Jupiter	Saturn	Uranus	Neptune
	h m s	h m s	h m s	h m s	h m s	h m s	h m s
Nov. 16	10 36 40	9 46 28	21 11 53	15 57 03	16 12 38	22 37 27	19 33 02
17	10 38 00	9 47 10	21 08 02	15 53 51	16 09 01	22 33 22	19 29 05
18	10 39 29	9 47 52	21 04 14	15 50 39	16 05 24	22 29 17	19 25 08
19	10 41 06	9 48 34	21 00 28	15 47 28	16 01 47	22 25 12	19 21 10
20	10 42 48	9 49 18	20 56 46	15 44 17	15 58 11	22 21 08	19 17 13
21	10 44 37	9 50 02	20 53 06	15 41 07	15 54 35	22 17 03	19 13 16
22	10 46 30	9 50 48	20 49 30	15 37 57	15 51 00	22 12 58	19 09 20
23	10 48 28	9 51 34	20 45 56	15 34 48	15 47 25	22 08 54	19 05 23
24	10 50 31	9 52 21	20 42 25	15 31 39	15 43 50	22 04 50	19 01 26
25	10 52 37	9 53 09	20 38 56	15 28 30	15 40 15	22 00 45	18 57 30
26	10 54 46	9 53 58	20 35 30	15 25 22	15 36 40	21 56 41	18 53 34
27	10 56 59	9 54 48	20 32 07	15 22 14	15 33 06	21 52 37	18 49 38
28	10 59 15	9 55 39	20 28 46	15 19 07	15 29 32	21 48 33	18 45 41
29	11 01 33	9 56 31	20 25 28	15 15 59	15 25 59	21 44 29	18 41 46
30	11 03 54	9 57 24	20 22 12	15 12 52	15 22 25	21 40 26	18 37 50
Dec. 1	11 06 18	9 58 18	20 18 59	15 09 46	15 18 52	21 36 22	18 33 54
2	11 08 44	9 59 13	20 15 48	15 06 40	15 15 19	21 32 19	18 29 59
3	11 11 13	10 00 10	20 12 39	15 03 34	15 11 47	21 28 15	18 26 03
4	11 13 44	10 01 08	20 09 32	15 00 28	15 08 14	21 24 12	18 22 08
5	11 16 17	10 02 06	20 06 28	14 57 23	15 04 42	21 20 09	18 18 13
6	11 18 53	10 03 06	20 03 25	14 54 18	15 01 10	21 16 06	18 14 18
7	11 21 30	10 04 07	20 00 25	14 51 14	14 57 39	21 12 03	18 10 23
8	11 24 10	10 05 10	19 57 27	14 48 09	14 54 07	21 08 01	18 06 28
9	11 26 52	10 06 13	19 54 31	14 45 05	14 50 36	21 03 58	18 02 33
10	11 29 36	10 07 18	19 51 37	14 42 02	14 47 05	20 59 56	17 58 39
11	11 32 22	10 08 24	19 48 45	14 38 58	14 43 34	20 55 53	17 54 44
12	11 35 10	10 09 31	19 45 55	14 35 55	14 40 03	20 51 51	17 50 50
13	11 38 00	10 10 39	19 43 06	14 32 52	14 36 33	20 47 50	17 46 56
14	11 40 52	10 11 49	19 40 20	14 29 49	14 33 03	20 43 48	17 43 02
15	11 43 45	10 12 59	19 37 35	14 26 47	14 29 33	20 39 46	17 39 08
16	11 46 41	10 14 11	19 34 53	14 23 45	14 26 03	20 35 45	17 35 14
17	11 49 38	10 15 24	19 32 12	14 20 43	14 22 33	20 31 43	17 31 21
18	11 52 36	10 16 38	19 29 32	14 17 41	14 19 04	20 27 42	17 27 27
19	11 55 37	10 17 53	19 26 55	14 14 39	14 15 34	20 23 41	17 23 34
20	11 58 38	10 19 09	19 24 19	14 11 38	14 12 05	20 19 41	17 19 40
21	12 01 41	10 20 27	19 21 44	14 08 37	14 08 36	20 15 40	17 15 47
22	12 04 46	10 21 45	19 19 11	14 05 36	14 05 07	20 11 40	17 11 54
23	12 07 51	10 23 04	19 16 40	14 02 35	14 01 38	20 07 39	17 08 01
24	12 10 58	10 24 25	19 14 10	13 59 34	13 58 10	20 03 39	17 04 09
25	12 14 05	10 25 46	19 11 42	13 56 34	13 54 41	19 59 40	17 00 16
26	12 17 14	10 27 08	19 09 15	13 53 34	13 51 13	19 55 40	16 56 23
27	12 20 23	10 28 31	19 06 49	13 50 34	13 47 45	19 51 40	16 52 31
28	12 23 32	10 29 55	19 04 25	13 47 34	13 44 17	19 47 41	16 48 39
29	12 26 42	10 31 20	19 02 02	13 44 34	13 40 49	19 43 42	16 44 46
30	12 29 52	10 32 46	18 59 40	13 41 34	13 37 21	19 39 43	16 40 54
31	12 33 01	10 34 12	18 57 20	13 38 35	13 33 53	19 35 44	16 37 02
32	12 36 11	10 35 39	18 55 01	13 35 35	13 30 26	19 31 46	16 33 11

MERCURY, 2020

EPHEMERIS FOR PHYSICAL OBSERVATIONS
FOR 0ʰ TERRESTRIAL TIME

Date		Light-time	Magnitude	Surface Brightness	Diameter	Phase	Phase Angle	Defect of Illumination
		m		mag./arcsec^2	"		°	"
Jan.	0	11.90	− 0.9	+ 2.2	4.70	0.986	13.4	0.06
	2	11.94	− 1.0	+ 2.1	4.69	0.991	11.1	0.04
	4	11.96	− 1.1	+ 2.0	4.68	0.994	9.0	0.03
	6	11.96	− 1.2	+ 1.9	4.68	0.996	6.9	0.02
	8	11.95	− 1.3	+ 1.8	4.68	0.998	5.2	0.01
	10	11.91	− 1.3	+ 1.7	4.70	0.999	4.2	0.01
	12	11.86	− 1.4	+ 1.7	4.72	0.998	4.8	0.01
	14	11.78	− 1.3	+ 1.8	4.75	0.997	6.6	0.02
	16	11.68	− 1.3	+ 1.8	4.79	0.994	9.2	0.03
	18	11.56	− 1.2	+ 1.9	4.84	0.989	12.2	0.05
	20	11.41	− 1.2	+ 2.0	4.91	0.981	15.6	0.09
	22	11.24	− 1.1	+ 2.1	4.98	0.971	19.4	0.14
	24	11.04	− 1.1	+ 2.1	5.07	0.958	23.7	0.21
	26	10.80	− 1.1	+ 2.2	5.18	0.940	28.4	0.31
	28	10.54	− 1.0	+ 2.2	5.31	0.916	33.6	0.44
	30	10.24	− 1.0	+ 2.3	5.46	0.886	39.4	0.62
Feb.	1	9.91	− 1.0	+ 2.3	5.65	0.848	46.0	0.86
	3	9.55	− 1.0	+ 2.4	5.86	0.799	53.2	1.18
	5	9.15	− 0.9	+ 2.4	6.12	0.741	61.2	1.59
	7	8.72	− 0.9	+ 2.5	6.42	0.670	70.1	2.12
	9	8.26	− 0.8	+ 2.6	6.77	0.590	79.7	2.78
	11	7.80	− 0.6	+ 2.7	7.18	0.500	90.0	3.59
	13	7.33	− 0.3	+ 2.9	7.63	0.406	100.9	4.54
	15	6.88	+ 0.2	+ 3.2	8.13	0.310	112.3	5.61
	17	6.46	+ 0.8	+ 3.6	8.66	0.220	124.0	6.75
	19	6.09	+ 1.6	+ 4.0	9.19	0.141	135.9	7.90
	21	5.77	+ 2.6	+ 4.5	9.70	0.078	147.6	8.94
	23	5.53	+ 3.9	+ 5.0	10.12	0.034	158.8	9.78
	25	5.36	+ 5.0	+ 5.0	10.45	0.011	167.7	10.32
	27	5.26	+ 5.2	+ 5.1	10.64	0.010	168.5	10.52
	29	5.24	+ 4.2	+ 5.2	10.69	0.027	161.1	10.40
Mar.	2	5.27	+ 3.2	+ 5.0	10.61	0.058	152.0	9.99
	4	5.37	+ 2.4	+ 4.8	10.43	0.100	143.2	9.39
	6	5.50	+ 1.8	+ 4.5	10.17	0.147	134.9	8.68
	8	5.67	+ 1.3	+ 4.3	9.87	0.196	127.4	7.93
	10	5.87	+ 1.0	+ 4.1	9.54	0.246	120.6	7.19
	12	6.08	+ 0.7	+ 4.0	9.20	0.294	114.4	6.50
	14	6.31	+ 0.6	+ 3.9	8.87	0.339	108.8	5.86
	16	6.55	+ 0.4	+ 3.8	8.55	0.382	103.7	5.29
	18	6.79	+ 0.3	+ 3.7	8.24	0.421	99.1	4.77
	20	7.03	+ 0.3	+ 3.6	7.96	0.458	94.8	4.31
	22	7.28	+ 0.2	+ 3.6	7.69	0.492	90.9	3.90
	24	7.52	+ 0.2	+ 3.5	7.44	0.524	87.2	3.54
	26	7.77	+ 0.1	+ 3.5	7.21	0.554	83.8	3.21
	28	8.01	+ 0.1	+ 3.5	6.99	0.582	80.5	2.92
	30	8.24	+ 0.1	+ 3.4	6.79	0.609	77.4	2.65
Apr.	1	8.48	0.0	+ 3.4	6.60	0.635	74.3	2.41

MERCURY, 2020

EPHEMERIS FOR PHYSICAL OBSERVATIONS
FOR 0ʰ TERRESTRIAL TIME

Date		Sub-Earth Point		Sub-Solar Point			North Pole	
		Long.	Lat.	Long.	Dist.	P.A.	Dist.	P.A.
		°	°	°	″	°	″	°
Jan.	0	79.64	− 3.74	92.48	+0.54	77.97	−2.34	3.81
	2	88.76	− 3.84	99.23	+0.45	72.44	−2.34	2.15
	4	97.85	− 3.93	105.95	+0.37	64.97	−2.33	0.48
	6	106.93	− 4.03	112.60	+0.28	53.82	−2.33	358.80
	8	115.98	− 4.13	119.17	+0.21	35.14	−2.33	357.11
	10	125.00	− 4.23	125.60	+0.17	3.65	−2.34	355.43
	12	134.00	− 4.33	131.89	+0.20	327.56	−2.35	353.75
	14	142.96	− 4.43	137.99	+0.27	303.43	−2.37	352.09
	16	151.90	− 4.54	143.86	+0.38	289.51	−2.39	350.45
	18	160.80	− 4.66	149.46	+0.51	280.72	−2.41	348.85
	20	169.68	− 4.78	154.75	+0.66	274.51	−2.44	347.28
	22	178.53	− 4.91	159.68	+0.83	269.74	−2.48	345.76
	24	187.36	− 5.05	164.20	+1.02	265.85	−2.52	344.30
	26	196.18	− 5.21	168.25	+1.23	262.56	−2.58	342.91
	28	205.00	− 5.38	171.78	+1.47	259.68	−2.64	341.59
	30	213.85	− 5.57	174.74	+1.74	257.12	−2.72	340.35
Feb.	1	222.76	− 5.78	177.08	+2.03	254.81	−2.81	339.22
	3	231.77	− 6.03	178.79	+2.35	252.70	−2.91	338.18
	5	240.93	− 6.31	179.87	+2.68	250.74	−3.04	337.27
	7	250.31	− 6.63	180.39	+3.02	248.90	−3.19	336.48
	9	260.01	− 6.99	180.43	+3.33	247.12	−3.36	335.82
	11	270.12	− 7.40	180.15	+3.59	245.34	−3.56	335.31
	13	280.73	− 7.86	179.74	−3.75	243.45	−3.78	334.94
	15	291.95	− 8.34	179.42	−3.76	241.31	−4.02	334.72
	17	303.84	− 8.85	179.37	−3.59	238.67	−4.28	334.65
	19	316.43	− 9.34	179.77	−3.20	235.04	−4.53	334.73
	21	329.70	− 9.78	180.72	−2.60	229.29	−4.77	334.98
	23	343.53	−10.13	182.29	−1.83	218.11	−4.98	335.36
	25	357.78	−10.35	184.50	−1.11	189.22	−5.13	335.87
	27	12.23	−10.42	187.32	−1.06	130.95	−5.23	336.45
	29	26.67	−10.34	190.73	−1.73	99.11	−5.25	337.05
Mar.	2	40.90	−10.13	194.67	−2.49	87.19	−5.22	337.61
	4	54.78	− 9.80	199.09	−3.13	81.37	−5.13	338.08
	6	68.23	− 9.40	203.93	−3.60	77.90	−5.01	338.43
	8	81.22	− 8.95	209.15	−3.92	75.52	−4.87	338.62
	10	93.76	− 8.48	214.69	−4.11	73.72	−4.71	338.68
	12	105.87	− 8.00	220.50	−4.19	72.24	−4.55	338.59
	14	117.60	− 7.54	226.55	−4.20	70.97	−4.39	338.39
	16	128.99	− 7.08	232.80	−4.15	69.82	−4.24	338.07
	18	140.07	− 6.65	239.21	−4.07	68.76	−4.09	337.68
	20	150.89	− 6.24	245.74	−3.96	67.76	−3.95	337.22
	22	161.48	− 5.84	252.38	−3.84	66.82	−3.82	336.71
	24	171.87	− 5.47	259.08	+3.72	65.93	−3.70	336.18
	26	182.07	− 5.11	265.83	+3.58	65.09	−3.59	335.62
	28	192.11	− 4.77	272.59	+3.45	64.29	−3.48	335.06
	30	202.00	− 4.45	279.35	+3.31	63.54	−3.38	334.51
Apr.	1	211.76	− 4.14	286.06	+3.18	62.85	−3.29	333.98

MERCURY, 2020
EPHEMERIS FOR PHYSICAL OBSERVATIONS
FOR 0ʰ TERRESTRIAL TIME

Date		Light-time	Magnitude	Surface Brightness	Diameter	Phase	Phase Angle	Defect of Illumination
		m		mag./arcsec^2	″		°	″
Apr.	1	8.48	0.0	+3.4	6.60	0.635	74.3	2.41
	3	8.71	0.0	+3.3	6.43	0.660	71.4	2.19
	5	8.93	−0.1	+3.2	6.27	0.684	68.4	1.98
	7	9.15	−0.1	+3.2	6.12	0.708	65.4	1.79
	9	9.37	−0.2	+3.1	5.97	0.731	62.4	1.60
	11	9.58	−0.2	+3.0	5.84	0.755	59.3	1.43
	13	9.78	−0.3	+3.0	5.72	0.779	56.1	1.27
	15	9.98	−0.4	+2.9	5.61	0.803	52.8	1.11
	17	10.17	−0.5	+2.8	5.51	0.827	49.2	0.95
	19	10.34	−0.6	+2.6	5.41	0.851	45.3	0.80
	21	10.51	−0.7	+2.5	5.33	0.876	41.2	0.66
	23	10.66	−0.9	+2.4	5.25	0.901	36.7	0.52
	25	10.79	−1.0	+2.2	5.19	0.925	31.8	0.39
	27	10.90	−1.2	+2.0	5.14	0.948	26.4	0.27
	29	10.98	−1.5	+1.8	5.10	0.968	20.5	0.16
May	1	11.03	−1.8	+1.5	5.07	0.985	14.1	0.08
	3	11.04	−2.1	+1.2	5.07	0.996	7.2	0.02
	5	11.01	—	—	5.08	1.000	0.5	0.00
	7	10.94	−2.2	+1.1	5.12	0.995	8.2	0.03
	9	10.82	−1.9	+1.4	5.17	0.980	16.4	0.11
	11	10.65	−1.6	+1.6	5.25	0.954	24.8	0.24
	13	10.44	−1.4	+1.9	5.36	0.919	33.2	0.44
	15	10.19	−1.2	+2.1	5.49	0.875	41.4	0.69
	17	9.91	−1.1	+2.2	5.65	0.826	49.3	0.98
	19	9.60	−0.9	+2.4	5.83	0.774	56.8	1.32
	21	9.27	−0.7	+2.6	6.04	0.720	63.8	1.69
	23	8.93	−0.6	+2.7	6.27	0.667	70.5	2.09
	25	8.59	−0.4	+2.9	6.52	0.615	76.7	2.51
	27	8.24	−0.3	+3.0	6.79	0.565	82.6	2.96
	29	7.90	−0.1	+3.2	7.08	0.517	88.1	3.42
	31	7.57	0.0	+3.3	7.40	0.470	93.4	3.92
June	2	7.24	+0.2	+3.5	7.73	0.426	98.5	4.43
	4	6.93	+0.4	+3.6	8.08	0.384	103.4	4.98
	6	6.62	+0.6	+3.8	8.45	0.343	108.3	5.55
	8	6.34	+0.8	+3.9	8.83	0.304	113.1	6.15
	10	6.06	+1.0	+4.1	9.23	0.265	118.0	6.78
	12	5.81	+1.2	+4.3	9.63	0.228	122.9	7.43
	14	5.58	+1.5	+4.5	10.04	0.193	127.9	8.11
	16	5.36	+1.9	+4.7	10.44	0.158	133.1	8.79
	18	5.17	+2.3	+4.9	10.82	0.126	138.5	9.46
	20	5.01	+2.7	+5.1	11.17	0.096	144.0	10.10
	22	4.87	+3.2	+5.4	11.48	0.069	149.6	10.70
	24	4.77	+3.8	+5.6	11.74	0.045	155.4	11.20
	26	4.70	+4.5	+5.7	11.91	0.027	161.1	11.59
	28	4.66	+5.1	+5.7	12.01	0.014	166.3	11.83
	30	4.66	—	—	12.01	0.008	169.7	11.90
July	2	4.70	+5.6	+5.5	11.91	0.009	169.3	11.80

EPHEMERIS FOR PHYSICAL OBSERVATIONS
FOR 0ʰ TERRESTRIAL TIME

Date		Sub-Earth Point		Sub-Solar Point			North Pole	
		Long.	Lat.	Long.	Dist.	P.A.	Dist.	P.A.
		°	°	°	″	°	″	°
Apr.	1	211.76	− 4.14	286.06	+3.18	62.85	−3.29	333.98
	3	221.39	− 3.85	292.71	+3.05	62.21	−3.20	333.47
	5	230.91	− 3.57	299.27	+2.91	61.63	−3.12	333.01
	7	240.31	− 3.29	305.71	+2.78	61.12	−3.05	332.58
	9	249.60	− 3.03	311.99	+2.65	60.67	−2.98	332.21
	11	258.78	− 2.78	318.08	+2.51	60.30	−2.92	331.91
	13	267.86	− 2.54	323.95	+2.38	60.00	−2.86	331.67
	15	276.83	− 2.31	329.55	+2.23	59.79	−2.80	331.50
	17	285.69	− 2.08	334.83	+2.08	59.67	−2.75	331.42
	19	294.45	− 1.87	339.76	+1.92	59.64	−2.70	331.44
	21	303.10	− 1.66	344.27	+1.75	59.70	−2.66	331.55
	23	311.63	− 1.45	348.31	+1.57	59.87	−2.62	331.78
	25	320.06	− 1.25	351.83	+1.37	60.14	−2.59	332.12
	27	328.38	− 1.06	354.78	+1.14	60.50	−2.57	332.60
	29	336.59	− 0.87	357.11	+0.89	60.91	−2.55	333.21
May	1	344.70	− 0.69	358.81	+0.62	61.26	−2.53	333.97
	3	352.74	− 0.51	359.88	+0.32	60.84	−2.53	334.89
	5	0.71	− 0.33	0.39	+0.02	292.35	−2.54	335.96
	7	8.64	− 0.14	0.42	+0.37	248.30	−2.56	337.19
	9	16.57	+ 0.04	0.14	+0.73	248.51	+2.58	338.56
	11	24.54	+ 0.23	359.73	+1.10	249.64	+2.62	340.06
	13	32.58	+ 0.42	359.41	+1.47	251.08	+2.68	341.67
	15	40.74	+ 0.63	359.37	+1.81	252.69	+2.74	343.35
	17	49.04	+ 0.85	359.78	+2.14	254.40	+2.82	345.08
	19	57.50	+ 1.08	0.74	+2.44	256.16	+2.91	346.83
	21	66.16	+ 1.33	2.32	+2.71	257.94	+3.01	348.56
	23	75.01	+ 1.60	4.53	+2.95	259.72	+3.13	350.26
	25	84.07	+ 1.88	7.37	+3.17	261.47	+3.25	351.89
	27	93.34	+ 2.19	10.78	+3.37	263.18	+3.39	353.44
	29	102.84	+ 2.53	14.73	+3.54	264.84	+3.53	354.90
	31	112.55	+ 2.88	19.16	−3.69	266.44	+3.69	356.26
June	2	122.50	+ 3.27	24.01	−3.82	267.99	+3.86	357.49
	4	132.68	+ 3.68	29.23	−3.93	269.48	+4.03	358.60
	6	143.11	+ 4.11	34.77	−4.01	270.94	+4.21	359.58
	8	153.80	+ 4.57	40.59	−4.06	272.36	+4.40	0.41
	10	164.75	+ 5.06	46.65	−4.08	273.79	+4.59	1.10
	12	175.98	+ 5.57	52.90	−4.04	275.24	+4.79	1.64
	14	187.50	+ 6.10	59.31	−3.96	276.78	+4.99	2.02
	16	199.33	+ 6.65	65.85	−3.81	278.48	+5.18	2.25
	18	211.46	+ 7.20	72.49	−3.59	280.46	+5.36	2.31
	20	223.89	+ 7.74	79.19	−3.29	282.94	+5.53	2.23
	22	236.62	+ 8.26	85.94	−2.90	286.26	+5.68	1.99
	24	249.61	+ 8.75	92.70	−2.44	291.15	+5.79	1.62
	26	262.82	+ 9.18	99.46	−1.93	299.12	+5.88	1.14
	28	276.21	+ 9.54	106.17	−1.42	313.79	+5.92	0.58
	30	289.70	+ 9.82	112.82	−1.07	342.16	+5.91	359.96
July	2	303.21	+10.01	119.38	−1.10	20.52	+5.86	359.34

MERCURY, 2020

EPHEMERIS FOR PHYSICAL OBSERVATIONS
FOR 0ʰ TERRESTRIAL TIME

Date	Light-time	Magnitude	Surface Brightness	Diameter	Phase	Phase Angle	Defect of Illumination
	m		mag./arcsec^2	''		°	''
July 2	4.70	+5.6	+5.5	11.91	0.009	169.3	11.80
4	4.78	+5.0	+5.6	11.71	0.016	165.3	11.52
6	4.90	+4.3	+5.5	11.43	0.031	159.6	11.07
8	5.05	+3.6	+5.3	11.08	0.053	153.3	10.49
10	5.24	+2.9	+5.1	10.67	0.081	146.9	9.81
12	5.47	+2.3	+4.8	10.23	0.115	140.3	9.05
14	5.74	+1.8	+4.5	9.76	0.154	133.7	8.25
16	6.03	+1.3	+4.2	9.28	0.199	127.1	7.44
18	6.36	+0.9	+3.9	8.81	0.248	120.3	6.63
20	6.71	+0.6	+3.6	8.35	0.301	113.4	5.83
22	7.08	+0.3	+3.4	7.91	0.359	106.4	5.07
24	7.47	0.0	+3.2	7.49	0.421	99.1	4.34
26	7.88	−0.3	+2.9	7.10	0.487	91.5	3.65
28	8.29	−0.5	+2.8	6.75	0.555	83.6	3.00
30	8.71	−0.7	+2.6	6.43	0.626	75.4	2.41
Aug. 1	9.12	−0.9	+2.4	6.14	0.696	66.9	1.87
3	9.51	−1.0	+2.3	5.89	0.763	58.3	1.39
5	9.87	−1.2	+2.1	5.67	0.825	49.5	0.99
7	10.21	−1.3	+2.0	5.48	0.879	40.7	0.66
9	10.50	−1.4	+1.8	5.33	0.923	32.3	0.41
11	10.75	−1.6	+1.7	5.21	0.956	24.2	0.23
13	10.95	−1.8	+1.5	5.11	0.979	16.7	0.11
15	11.11	−1.9	+1.3	5.04	0.992	10.1	0.04
17	11.23	−2.0	+1.2	4.98	0.998	5.6	0.01
19	11.31	−1.9	+1.3	4.95	0.997	6.5	0.02
21	11.36	−1.6	+1.5	4.93	0.991	10.8	0.04
23	11.37	−1.4	+1.8	4.92	0.982	15.3	0.09
25	11.36	−1.2	+2.0	4.93	0.971	19.6	0.14
27	11.32	−1.0	+2.2	4.94	0.958	23.6	0.21
29	11.26	−0.8	+2.3	4.97	0.944	27.4	0.28
31	11.19	−0.7	+2.5	5.00	0.929	30.8	0.35
Sept. 2	11.09	−0.6	+2.6	5.05	0.914	34.1	0.43
4	10.98	−0.5	+2.7	5.10	0.899	37.1	0.52
6	10.86	−0.4	+2.8	5.15	0.883	40.0	0.60
8	10.73	−0.3	+2.9	5.22	0.867	42.8	0.70
10	10.58	−0.2	+2.9	5.29	0.850	45.6	0.79
12	10.42	−0.2	+3.0	5.37	0.833	48.2	0.90
14	10.24	−0.2	+3.1	5.46	0.816	50.9	1.01
16	10.06	−0.1	+3.1	5.56	0.797	53.5	1.13
18	9.87	−0.1	+3.1	5.67	0.778	56.2	1.26
20	9.66	−0.1	+3.2	5.79	0.758	59.0	1.40
22	9.44	−0.1	+3.2	5.93	0.736	61.9	1.57
24	9.21	0.0	+3.2	6.07	0.712	64.9	1.75
26	8.98	0.0	+3.3	6.24	0.687	68.1	1.95
28	8.72	0.0	+3.3	6.42	0.659	71.4	2.19
30	8.46	0.0	+3.3	6.61	0.629	75.1	2.46
Oct. 2	8.19	0.0	+3.3	6.83	0.595	79.1	2.77

EPHEMERIS FOR PHYSICAL OBSERVATIONS
FOR 0ʰ TERRESTRIAL TIME

Date		Sub-Earth Point		Sub-Solar Point			North Pole	
		Long.	Lat.	Long.	Dist.	P.A.	Dist.	P.A.
		°	°	°	″	°	″	°
July	2	303.21	+10.01	119.38	−1.10	20.52	+5.86	359.34
	4	316.66	+10.10	125.81	−1.49	46.44	+5.76	358.75
	6	329.96	+10.09	132.09	−1.99	59.84	+5.62	358.23
	8	343.04	+ 9.99	138.18	−2.49	67.40	+5.45	357.83
	10	355.85	+ 9.82	144.04	−2.92	72.27	+5.25	357.56
	12	8.33	+ 9.58	149.64	−3.26	75.78	+5.04	357.45
	14	20.47	+ 9.30	154.92	−3.53	78.57	+4.81	357.52
	16	32.24	+ 8.99	159.83	−3.70	80.96	+4.58	357.77
	18	43.64	+ 8.65	164.34	−3.80	83.14	+4.35	358.20
	20	54.67	+ 8.31	168.37	−3.83	85.24	+4.13	358.84
	22	65.34	+ 7.96	171.88	−3.79	87.32	+3.91	359.66
	24	75.64	+ 7.62	174.82	−3.70	89.45	+3.71	0.66
	26	85.61	+ 7.30	177.14	−3.55	91.66	+3.52	1.85
	28	95.24	+ 6.99	178.83	+3.35	93.99	+3.35	3.21
	30	104.56	+ 6.70	179.90	+3.11	96.46	+3.19	4.72
Aug.	1	113.60	+ 6.44	180.39	+2.82	99.10	+3.05	6.36
	3	122.38	+ 6.21	180.42	+2.50	101.93	+2.92	8.10
	5	130.94	+ 6.00	180.14	+2.15	105.03	+2.82	9.91
	7	139.33	+ 5.82	179.73	+1.79	108.49	+2.73	11.75
	9	147.60	+ 5.66	179.41	+1.42	112.54	+2.65	13.58
	11	155.79	+ 5.53	179.38	+1.07	117.70	+2.59	15.36
	13	163.94	+ 5.42	179.79	+0.73	125.32	+2.54	17.05
	15	172.11	+ 5.33	180.76	+0.44	139.85	+2.51	18.64
	17	180.31	+ 5.26	182.35	+0.24	178.69	+2.48	20.12
	19	188.56	+ 5.20	184.57	+0.28	239.25	+2.46	21.46
	21	196.89	+ 5.15	187.42	+0.46	264.57	+2.45	22.67
	23	205.29	+ 5.10	190.84	+0.65	274.82	+2.45	23.75
	25	213.79	+ 5.07	194.79	+0.83	280.39	+2.45	24.71
	27	222.36	+ 5.04	199.23	+0.99	283.99	+2.46	25.54
	29	231.03	+ 5.01	204.08	+1.14	286.56	+2.47	26.26
	31	239.78	+ 4.98	209.31	+1.28	288.51	+2.49	26.88
Sept.	2	248.61	+ 4.96	214.86	+1.41	290.04	+2.51	27.39
	4	257.53	+ 4.93	220.68	+1.54	291.27	+2.54	27.81
	6	266.52	+ 4.91	226.73	+1.66	292.27	+2.56	28.14
	8	275.60	+ 4.88	232.99	+1.77	293.09	+2.60	28.38
	10	284.75	+ 4.86	239.40	+1.89	293.76	+2.63	28.55
	12	293.97	+ 4.83	245.94	+2.00	294.30	+2.67	28.65
	14	303.28	+ 4.81	252.58	+2.12	294.73	+2.72	28.67
	16	312.66	+ 4.78	259.28	+2.24	295.07	+2.77	28.64
	18	322.12	+ 4.75	266.03	+2.36	295.33	+2.82	28.54
	20	331.67	+ 4.72	272.80	+2.48	295.52	+2.88	28.39
	22	341.31	+ 4.69	279.55	+2.61	295.65	+2.95	28.19
	24	351.05	+ 4.65	286.26	+2.75	295.72	+3.02	27.94
	26	0.89	+ 4.62	292.91	+2.89	295.76	+3.11	27.66
	28	10.85	+ 4.59	299.47	+3.04	295.78	+3.19	27.35
	30	20.96	+ 4.55	305.90	+3.20	295.78	+3.29	27.02
Oct.	2	31.22	+ 4.51	312.18	+3.35	295.77	+3.40	26.68

MERCURY, 2020

EPHEMERIS FOR PHYSICAL OBSERVATIONS
FOR 0ʰ TERRESTRIAL TIME

Date	Light-time	Magnitude	Surface Brightness	Diameter	Phase	Phase Angle	Defect of Illumination
	m		mag./arcsec²	″		°	″
Oct. 2	8.19	0.0	+3.3	6.83	0.595	79.1	2.77
4	7.91	0.0	+3.4	7.07	0.557	83.4	3.13
6	7.63	0.0	+3.4	7.34	0.516	88.2	3.56
8	7.33	+0.1	+3.4	7.63	0.469	93.5	4.05
10	7.04	+0.2	+3.5	7.95	0.418	99.5	4.63
12	6.75	+0.3	+3.6	8.30	0.361	106.1	5.30
14	6.46	+0.6	+3.7	8.66	0.299	113.7	6.07
16	6.19	+0.9	+3.9	9.04	0.234	122.2	6.92
18	5.96	+1.5	+4.1	9.40	0.167	131.7	7.82
20	5.76	+2.3	+4.5	9.71	0.104	142.4	8.71
22	5.62	+3.4	+4.8	9.95	0.049	154.3	9.46
24	5.56	+4.9	+4.9	10.06	0.013	167.1	9.94
26	5.59	—	—	10.02	0.001	176.9	10.01
28	5.71	+4.5	+4.9	9.81	0.019	164.2	9.62
30	5.92	+2.8	+4.5	9.45	0.067	150.0	8.82
Nov. 1	6.22	+1.6	+3.9	9.00	0.140	136.0	7.74
3	6.58	+0.7	+3.5	8.50	0.231	122.6	6.54
5	7.00	+0.1	+3.1	8.00	0.328	110.1	5.37
7	7.44	−0.3	+2.9	7.53	0.426	98.5	4.32
9	7.88	−0.5	+2.8	7.10	0.517	88.0	3.43
11	8.32	−0.6	+2.7	6.72	0.599	78.6	2.70
13	8.75	−0.7	+2.6	6.40	0.670	70.1	2.11
15	9.15	−0.7	+2.6	6.12	0.730	62.6	1.65
17	9.53	−0.7	+2.6	5.87	0.781	55.9	1.29
19	9.87	−0.7	+2.6	5.67	0.822	49.9	1.01
21	10.19	−0.7	+2.6	5.49	0.857	44.5	0.79
23	10.48	−0.7	+2.5	5.34	0.885	39.7	0.62
25	10.74	−0.7	+2.5	5.21	0.908	35.3	0.48
27	10.97	−0.7	+2.5	5.10	0.927	31.4	0.37
29	11.18	−0.7	+2.4	5.01	0.942	27.8	0.29
Dec. 1	11.36	−0.8	+2.4	4.93	0.955	24.5	0.22
3	11.52	−0.8	+2.3	4.86	0.965	21.4	0.17
5	11.65	−0.8	+2.3	4.80	0.974	18.6	0.12
7	11.77	−0.9	+2.2	4.76	0.981	15.9	0.09
9	11.86	−0.9	+2.2	4.72	0.987	13.3	0.06
11	11.94	−1.0	+2.1	4.69	0.991	10.9	0.04
13	11.99	−1.1	+2.0	4.67	0.994	8.6	0.03
15	12.03	−1.2	+1.9	4.65	0.997	6.4	0.01
17	12.05	−1.2	+1.8	4.65	0.998	4.5	0.01
19	12.05	−1.3	+1.8	4.65	0.999	3.2	0.00
21	12.03	−1.3	+1.8	4.65	0.999	3.4	0.00
23	11.99	−1.3	+1.8	4.67	0.998	5.0	0.01
25	11.93	−1.2	+1.9	4.69	0.996	7.1	0.02
27	11.85	−1.1	+2.0	4.72	0.993	9.6	0.03
29	11.75	−1.1	+2.0	4.76	0.989	12.3	0.05
31	11.63	−1.0	+2.1	4.81	0.983	15.1	0.08
33	11.48	−1.0	+2.2	4.87	0.975	18.2	0.12

EPHEMERIS FOR PHYSICAL OBSERVATIONS
FOR 0ʰ TERRESTRIAL TIME

Date		Sub-Earth Point		Sub-Solar Point			North Pole	
		Long.	Lat.	Long.	Dist.	P.A.	Dist.	P.A.
		°	°	°	″	°	″	°
Oct.	2	31.22	+ 4.51	312.18	+3.35	295.77	+3.40	26.68
	4	41.66	+ 4.47	318.27	+3.51	295.79	+3.52	26.34
	6	52.33	+ 4.42	324.13	+3.67	295.85	+3.66	26.02
	8	63.25	+ 4.37	329.72	−3.81	295.96	+3.80	25.73
	10	74.49	+ 4.30	334.99	−3.92	296.18	+3.96	25.49
	12	86.09	+ 4.23	339.91	−3.99	296.53	+4.13	25.33
	14	98.13	+ 4.14	344.40	−3.97	297.05	+4.32	25.26
	16	110.67	+ 4.03	348.43	−3.82	297.81	+4.50	25.31
	18	123.77	+ 3.88	351.93	−3.51	298.90	+4.68	25.47
	20	137.46	+ 3.69	354.86	−2.96	300.52	+4.84	25.75
	22	·151.69	+ 3.44	357.17	−2.16	303.26	+4.96	26.12
	24	166.35	+ 3.14	358.85	−1.12	310.34	+5.02	26.52
	26	181.21	+ 2.78	359.91	−0.27	52.08	+5.00	26.92
	28	195.98	+ 2.37	0.40	−1.33	108.79	+4.90	27.26
	30	210.36	+ 1.96	0.42	−2.36	114.08	+4.72	27.50
Nov.	1	224.11	+ 1.54	0.13	−3.13	116.02	+4.49	27.65
	3	237.11	+ 1.15	359.72	−3.58	116.93	+4.25	27.70
	5	249.33	+ 0.80	359.41	−3.76	117.35	+4.00	27.67
	7	260.85	+ 0.48	359.38	−3.72	117.45	+3.76	27.56
	9	271.76	+ 0.20	359.80	+3.55	117.34	+3.55	27.37
	11	282.19	− 0.06	0.78	+3.30	117.04	−3.36	27.09
	13	292.25	− 0.29	2.38	+3.01	116.59	−3.20	26.72
	15	302.03	− 0.50	4.62	+2.71	115.98	−3.05	26.27
	17	311.60	− 0.69	7.47	+2.43	115.23	−2.93	25.73
	19	321.03	− 0.87	10.90	+2.17	114.33	−2.83	25.09
	21	330.36	− 1.04	14.86	+1.93	113.29	−2.74	24.38
	23	339.62	− 1.20	19.30	+1.71	112.10	−2.67	23.57
	25	348.83	− 1.36	24.16	+1.51	110.76	−2.60	22.69
	27	358.02	− 1.51	29.39	+1.33	109.24	−2.55	21.72
	29	7.18	− 1.66	34.94	+1.17	107.54	−2.50	20.69
Dec.	1	16.34	− 1.80	40.77	+1.02	105.63	−2.46	19.57
	3	25.49	− 1.94	46.83	+0.89	103.46	−2.43	18.39
	5	34.63	− 2.08	53.08	+0.76	100.98	−2.40	17.15
	7	43.78	− 2.22	59.50	+0.65	98.08	−2.37	15.84
	9	52.92	− 2.35	66.04	+0.54	94.57	−2.35	14.47
	11	62.06	− 2.49	72.68	+0.44	90.14	−2.34	13.04
	13	71.19	− 2.62	79.38	+0.35	84.12	−2.33	11.57
	15	80.33	− 2.75	86.13	+0.26	75.00	−2.32	10.04
	17	89.45	− 2.89	92.90	+0.18	58.87	−2.32	8.48
	19	98.57	− 3.02	99.65	+0.13	26.73	−2.32	6.88
	21	107.68	− 3.16	106.36	+0.14	342.35	−2.32	5.24
	23	116.77	− 3.29	113.01	+0.20	314.38	−2.33	3.58
	25	125.86	− 3.43	119.56	+0.29	300.13	−2.34	1.90
	27	134.92	− 3.58	125.99	+0.39	291.63	−2.36	0.21
	29	143.98	− 3.72	132.27	+0.51	285.72	−2.37	358.51
	31	153.01	− 3.87	138.35	+0.63	281.14	−2.40	356.81
	33	162.03	− 4.03	144.21	+0.76	277.33	−2.43	355.13

VENUS, 2020

EPHEMERIS FOR PHYSICAL OBSERVATIONS
FOR 0ʰ TERRESTRIAL TIME

Date		Light-time	Magnitude	Surface Brightness	Diameter	Phase	Phase Angle	Defect of Illumination
		m		mag./arcsec²	″		°	″
Jan.	0	10.68	−4.0	+1.1	13.00	0.824	49.6	2.29
	4	10.49	−4.0	+1.2	13.23	0.814	51.1	2.46
	8	10.30	−4.0	+1.2	13.48	0.804	52.6	2.64
	12	10.10	−4.0	+1.2	13.74	0.793	54.1	2.84
	16	9.90	−4.0	+1.2	14.02	0.782	55.6	3.05
	20	9.70	−4.0	+1.2	14.31	0.771	57.2	3.28
	24	9.49	−4.1	+1.2	14.63	0.759	58.8	3.52
	28	9.28	−4.1	+1.2	14.96	0.747	60.4	3.78
Feb.	1	9.06	−4.1	+1.2	15.32	0.735	62.0	4.07
	5	8.84	−4.1	+1.2	15.70	0.721	63.7	4.37
	9	8.62	−4.1	+1.2	16.10	0.708	65.4	4.70
	13	8.39	−4.2	+1.3	16.54	0.694	67.2	5.06
	17	8.16	−4.2	+1.3	17.00	0.679	69.0	5.46
	21	7.93	−4.2	+1.3	17.50	0.664	70.9	5.88
	25	7.69	−4.3	+1.3	18.04	0.648	72.8	6.35
	29	7.45	−4.3	+1.3	18.62	0.632	74.7	6.86
Mar.	4	7.21	−4.3	+1.3	19.25	0.614	76.8	7.42
	8	6.96	−4.3	+1.3	19.93	0.597	78.9	8.04
	12	6.71	−4.4	+1.3	20.67	0.578	81.0	8.73
	16	6.46	−4.4	+1.4	21.48	0.558	83.3	9.48
	20	6.21	−4.4	+1.4	22.35	0.538	85.6	10.32
	24	5.95	−4.5	+1.4	23.31	0.517	88.1	11.26
	28	5.70	−4.5	+1.4	24.36	0.495	90.6	12.31
Apr.	1	5.44	−4.5	+1.4	25.51	0.471	93.3	13.49
	5	5.18	−4.6	+1.4	26.78	0.447	96.1	14.82
	9	4.92	−4.6	+1.4	28.18	0.421	99.1	16.33
	13	4.67	−4.6	+1.4	29.73	0.393	102.3	18.04
	17	4.42	−4.7	+1.5	31.43	0.364	105.7	19.98
	21	4.17	−4.7	+1.5	33.31	0.334	109.4	22.19
	25	3.92	−4.7	+1.5	35.38	0.301	113.4	24.72
	29	3.69	−4.7	+1.5	37.66	0.267	117.8	27.60
May	3	3.46	−4.7	+1.4	40.14	0.231	122.5	30.86
	7	3.24	−4.7	+1.4	42.82	0.194	127.7	34.52
	11	3.04	−4.7	+1.4	45.65	0.156	133.5	38.54
	15	2.86	−4.6	+1.3	48.54	0.117	139.9	42.84
	19	2.70	−4.5	+1.1	51.37	0.081	146.9	47.21
	23	2.57	−4.3	+0.8	53.95	0.048	154.6	51.34
	27	2.48	−4.0	+0.3	56.04	0.022	162.8	54.80
	31	2.42	—	—	57.40	0.005	171.5	57.09
June	4	2.40	—	—	57.83	0.000	179.2	57.82
	8	2.42	—	—	57.26	0.007	170.6	56.87
	12	2.49	−4.1	+0.4	55.78	0.025	162.0	54.41
	16	2.59	−4.3	+0.9	53.59	0.051	153.8	50.84
	20	2.72	−4.5	+1.1	50.96	0.084	146.3	46.67
	24	2.89	−4.6	+1.3	48.10	0.120	139.4	42.31
	28	3.07	−4.6	+1.4	45.21	0.158	133.1	38.06
July	2	3.27	−4.7	+1.4	42.40	0.196	127.5	34.10

EPHEMERIS FOR PHYSICAL OBSERVATIONS
FOR 0ʰ TERRESTRIAL TIME

Date		L_s	Sub-Earth Point		Sub-Solar Point				North Pole	
			Long.	Lat.	Long.	Lat.	Dist.	P.A.	Dist.	P.A.
		°	°	°	°	°	″	°	″	°
Jan.	0	124.79	349.37	+ 1.57	39.00	+ 2.17	+ 4.95	256.02	+ 6.50	344.52
	4	131.15	0.19	+ 1.43	51.29	+ 1.99	+ 5.15	254.54	+ 6.62	343.14
	8	137.51	11.00	+ 1.27	63.58	+ 1.78	+ 5.35	253.18	+ 6.74	341.90
	12	143.89	21.80	+ 1.09	75.88	+ 1.55	+ 5.56	251.95	+ 6.87	340.81
	16	150.27	32.57	+ 0.89	88.19	+ 1.31	+ 5.78	250.85	+ 7.01	339.87
	20	156.67	43.33	+ 0.67	100.50	+ 1.05	+ 6.01	249.88	+ 7.16	339.07
	24	163.07	54.07	+ 0.43	112.83	+ 0.77	+ 6.25	249.05	+ 7.31	338.41
	28	169.48	64.79	+ 0.18	125.16	+ 0.48	+ 6.50	248.35	+ 7.48	337.90
Feb.	1	175.91	75.48	− 0.09	137.50	+ 0.19	+ 6.76	247.78	− 7.66	337.52
	5	182.34	86.14	− 0.38	149.85	− 0.11	+ 7.04	247.34	− 7.85	337.28
	9	188.78	96.77	− 0.67	162.21	− 0.40	+ 7.32	247.03	− 8.05	337.17
	13	195.23	107.37	− 0.98	174.58	− 0.69	+ 7.62	246.85	− 8.27	337.19
	17	201.69	117.93	− 1.29	186.96	− 0.97	+ 7.94	246.79	− 8.50	337.34
	21	208.16	128.45	− 1.61	199.35	− 1.24	+ 8.27	246.85	− 8.75	337.61
	25	214.63	138.93	− 1.93	211.74	− 1.50	+ 8.62	247.03	− 9.02	338.00
	29	221.11	149.35	− 2.26	224.15	− 1.73	+ 8.98	247.33	− 9.30	338.51
Mar.	4	227.59	159.72	− 2.59	236.56	− 1.95	+ 9.37	247.73	− 9.62	339.13
	8	234.08	170.02	− 2.92	248.98	− 2.14	+ 9.78	248.25	− 9.95	339.85
	12	240.57	180.25	− 3.24	261.40	− 2.30	+ 10.21	248.86	− 10.32	340.68
	16	247.07	190.40	− 3.55	273.82	− 2.43	+ 10.66	249.56	− 10.72	341.60
	20	253.57	200.46	− 3.86	286.25	− 2.53	+ 11.14	250.35	− 11.15	342.60
	24	260.06	210.43	− 4.15	298.68	− 2.60	+ 11.65	251.21	− 11.63	343.68
	28	266.56	220.28	− 4.43	311.10	− 2.63	− 12.18	252.13	− 12.14	344.82
Apr.	1	273.05	230.00	− 4.69	323.53	− 2.63	− 12.74	253.08	− 12.71	346.00
	5	279.54	239.56	− 4.93	335.95	− 2.60	− 13.32	254.06	− 13.34	347.22
	9	286.02	248.96	− 5.14	348.37	− 2.54	− 13.91	255.04	− 14.03	348.44
	13	292.50	258.15	− 5.33	0.78	− 2.44	− 14.52	255.98	− 14.80	349.65
	17	298.98	267.11	− 5.47	13.18	− 2.31	− 15.12	256.87	− 15.64	350.83
	21	305.44	275.81	− 5.58	25.58	− 2.15	− 15.71	257.66	− 16.58	351.93
	25	311.90	284.20	− 5.64	37.96	− 1.96	− 16.23	258.33	− 17.60	352.94
	29	318.35	292.23	− 5.64	50.34	− 1.75	− 16.66	258.84	− 18.74	353.82
May	3	324.80	299.83	− 5.58	62.71	− 1.52	− 16.93	259.15	− 19.98	354.53
	7	331.23	306.95	− 5.43	75.06	− 1.27	− 16.93	259.21	− 21.31	355.05
	11	337.65	313.52	− 5.19	87.41	− 1.00	− 16.55	258.98	− 22.73	355.33
	15	344.07	319.48	− 4.85	99.74	− 0.72	− 15.63	258.45	− 24.18	355.36
	19	350.47	324.80	− 4.38	112.06	− 0.44	− 14.01	257.56	− 25.61	355.13
	23	356.86	329.49	− 3.78	124.38	− 0.14	− 11.57	256.30	− 26.92	354.63
	27	3.25	333.60	− 3.05	136.68	+ 0.15	− 8.27	254.48	− 27.98	353.91
	31	9.62	337.26	− 2.22	148.97	+ 0.44	− 4.23	251.01	− 28.68	353.03
June	4	15.99	340.69	− 1.33	161.26	+ 0.73	− 0.42	128.77	− 28.91	352.09
	8	22.35	344.14	− 0.42	173.54	+ 1.00	− 4.68	77.59	− 28.63	351.18
	12	28.70	347.85	+ 0.44	185.81	+ 1.27	− 8.64	74.94	+ 27.89	350.39
	16	35.05	352.03	+ 1.22	198.08	+ 1.51	− 11.82	73.87	+ 26.79	349.80
	20	41.38	356.80	+ 1.88	210.34	+ 1.74	− 14.15	73.44	+ 25.46	349.42
	24	47.72	2.21	+ 2.42	222.60	+ 1.95	− 15.66	73.42	+ 24.03	349.26
	28	54.05	8.23	+ 2.85	234.86	+ 2.14	− 16.50	73.72	+ 22.58	349.32
July	2	60.37	14.84	+ 3.16	247.11	+ 2.29	− 16.83	74.26	+ 21.17	349.59

VENUS, 2020

EPHEMERIS FOR PHYSICAL OBSERVATIONS
FOR 0ʰ TERRESTRIAL TIME

Date		Light-time	Magnitude	Surface Brightness	Diameter	Phase	Phase Angle	Defect of Illumination
		m		mag./arcsec^2	″		°	″
July	2	3.27	−4.7	+1.4	42.40	0.196	127.5	34.10
	6	3.49	−4.7	+1.5	39.75	0.232	122.4	30.51
	10	3.72	−4.7	+1.5	37.29	0.268	117.7	27.32
	14	3.96	−4.7	+1.5	35.04	0.301	113.5	24.50
	18	4.21	−4.7	+1.5	32.99	0.332	109.6	22.02
	22	4.46	−4.6	+1.5	31.13	0.362	106.0	19.85
	26	4.71	−4.6	+1.5	29.45	0.390	102.7	17.95
	30	4.97	−4.6	+1.5	27.92	0.417	99.5	16.27
Aug.	3	5.23	−4.5	+1.4	26.53	0.443	96.6	14.79
	7	5.49	−4.5	+1.4	25.27	0.467	93.8	13.48
	11	5.75	−4.5	+1.4	24.13	0.490	91.2	12.31
	15	6.01	−4.4	+1.4	23.08	0.511	88.7	11.27
	19	6.27	−4.4	+1.4	22.12	0.532	86.3	10.34
	23	6.53	−4.3	+1.4	21.25	0.553	84.0	9.51
	27	6.79	−4.3	+1.4	20.45	0.572	81.7	8.75
	31	7.04	−4.3	+1.4	19.71	0.591	79.6	8.07
Sept.	4	7.30	−4.3	+1.3	19.02	0.609	77.4	7.45
	8	7.55	−4.2	+1.3	18.39	0.626	75.4	6.88
	12	7.79	−4.2	+1.3	17.81	0.643	73.4	6.36
	16	8.04	−4.2	+1.3	17.27	0.659	71.4	5.89
	20	8.28	−4.2	+1.3	16.77	0.675	69.5	5.45
	24	8.52	−4.1	+1.3	16.30	0.690	67.6	5.05
	28	8.75	−4.1	+1.2	15.86	0.705	65.8	4.68
Oct.	2	8.98	−4.1	+1.2	15.46	0.719	64.0	4.34
	6	9.21	−4.1	+1.2	15.08	0.733	62.2	4.02
	10	9.43	−4.1	+1.2	14.72	0.747	60.4	3.73
	14	9.65	−4.0	+1.2	14.39	0.760	58.7	3.45
	18	9.86	−4.0	+1.2	14.08	0.773	57.0	3.20
	22	10.07	−4.0	+1.2	13.78	0.785	55.3	2.96
	26	10.27	−4.0	+1.2	13.51	0.797	53.6	2.74
	30	10.47	−4.0	+1.1	13.25	0.808	51.9	2.54
Nov.	3	10.67	−4.0	+1.1	13.01	0.819	50.3	2.35
	7	10.86	−4.0	+1.1	12.78	0.830	48.7	2.17
	11	11.05	−3.9	+1.1	12.57	0.841	47.1	2.00
	15	11.23	−3.9	+1.1	12.36	0.850	45.5	1.85
	19	11.40	−3.9	+1.1	12.17	0.860	43.9	1.70
	23	11.57	−3.9	+1.1	11.99	0.869	42.4	1.57
	27	11.74	−3.9	+1.0	11.82	0.878	40.9	1.44
Dec.	1	11.90	−3.9	+1.0	11.66	0.887	39.4	1.32
	5	12.06	−3.9	+1.0	11.51	0.895	37.9	1.21
	9	12.21	−3.9	+1.0	11.37	0.903	36.4	1.11
	13	12.35	−3.9	+1.0	11.24	0.910	34.9	1.01
	17	12.49	−3.9	+1.0	11.11	0.917	33.5	0.92
	21	12.63	−3.9	+1.0	10.99	0.924	32.1	0.84
	25	12.76	−3.9	+1.0	10.88	0.930	30.7	0.76
	29	12.88	−3.9	+1.0	10.77	0.936	29.3	0.69
	33	13.00	−3.9	+0.9	10.67	0.942	27.9	0.62

EPHEMERIS FOR PHYSICAL OBSERVATIONS
FOR 0ʰ TERRESTRIAL TIME

Date		L_s	Sub-Earth Point		Sub-Solar Point				North Pole	
			Long.	Lat.	Long.	Lat.	Dist.	P.A.	Dist.	P.A.
		°	°	°	°	°	″	°	″	°
July	2	60.37	14.84	+3.16	247.11	+2.29	−16.83	74.26	+21.17	349.59
	6	66.70	21.98	+3.38	259.36	+2.42	−16.79	75.02	+19.84	350.04
	10	73.02	29.58	+3.52	271.62	+2.52	−16.51	75.95	+18.61	350.66
	14	79.34	37.59	+3.58	283.87	+2.59	−16.07	77.05	+17.49	351.44
	18	85.67	45.94	+3.59	296.12	+2.63	−15.54	78.28	+16.46	352.36
	22	91.99	54.59	+3.55	308.38	+2.64	−14.96	79.65	+15.54	353.42
	26	98.32	63.50	+3.47	320.64	+2.61	−14.37	81.12	+14.70	354.59
	30	104.65	72.62	+3.36	332.90	+2.55	−13.77	82.70	+13.94	355.86
Aug.	3	110.99	81.93	+3.22	345.17	+2.46	−13.18	84.38	+13.25	357.24
	7	117.33	91.41	+3.06	357.44	+2.34	−12.61	86.13	+12.62	358.69
	11	123.68	101.03	+2.88	9.72	+2.20	−12.06	87.96	+12.05	0.22
	15	130.04	110.78	+2.69	22.00	+2.02	+11.54	89.83	+11.53	1.80
	19	136.40	120.65	+2.48	34.29	+1.82	+11.04	91.75	+11.05	3.42
	23	142.77	130.61	+2.27	46.59	+1.60	+10.57	93.69	+10.62	5.06
	27	149.15	140.66	+2.05	58.90	+1.35	+10.12	95.64	+10.22	6.71
	31	155.55	150.79	+1.84	71.21	+1.09	+9.69	97.58	+9.85	8.35
Sept.	4	161.95	161.00	+1.62	83.53	+0.82	+9.28	99.49	+9.51	9.97
	8	168.36	171.27	+1.40	95.86	+0.53	+8.90	101.36	+9.19	11.54
	12	174.78	181.60	+1.19	108.20	+0.24	+8.53	103.16	+8.90	13.06
	16	181.21	191.99	+0.99	120.55	−0.06	+8.19	104.89	+8.63	14.50
	20	187.65	202.42	+0.79	132.90	−0.35	+7.85	106.53	+8.38	15.86
	24	194.09	212.91	+0.61	145.27	−0.64	+7.54	108.07	+8.15	17.13
	28	200.55	223.43	+0.43	157.65	−0.93	+7.23	109.49	+7.93	18.28
Oct.	2	207.02	233.99	+0.27	170.03	−1.20	+6.95	110.79	+7.73	19.32
	6	213.49	244.59	+0.12	182.43	−1.46	+6.67	111.94	+7.54	20.23
	10	219.97	255.23	−0.01	194.83	−1.69	+6.40	112.96	−7.36	21.02
	14	226.45	265.90	−0.13	207.24	−1.91	+6.15	113.82	−7.19	21.67
	18	232.94	276.59	−0.24	219.65	−2.11	+5.90	114.53	−7.04	22.18
	22	239.43	287.31	−0.33	232.07	−2.27	+5.66	115.08	−6.89	22.54
	26	245.92	298.06	−0.41	244.49	−2.41	+5.44	115.46	−6.75	22.76
	30	252.42	308.83	−0.47	256.92	−2.52	+5.22	115.67	−6.63	22.84
Nov.	3	258.92	319.61	−0.51	269.35	−2.59	+5.00	115.70	−6.50	22.76
	7	265.41	330.42	−0.54	281.78	−2.63	+4.80	115.57	−6.39	22.54
	11	271.90	341.25	−0.55	294.20	−2.64	+4.60	115.25	−6.28	22.16
	15	278.39	352.09	−0.55	306.62	−2.61	+4.41	114.76	−6.18	21.64
	19	284.88	2.95	−0.54	319.04	−2.55	+4.22	114.08	−6.09	20.96
	23	291.36	13.81	−0.52	331.45	−2.46	+4.04	113.22	−6.00	20.14
	27	297.84	24.69	−0.48	343.86	−2.33	+3.87	112.18	−5.91	19.17
Dec.	1	304.30	35.58	−0.43	356.25	−2.18	+3.70	110.96	−5.83	18.05
	5	310.77	46.48	−0.38	8.64	−2.00	+3.53	109.55	−5.76	16.78
	9	317.22	57.38	−0.31	21.02	−1.79	+3.37	107.98	−5.69	15.38
	13	323.66	68.30	−0.24	33.39	−1.56	+3.22	106.23	−5.62	13.85
	17	330.10	79.22	−0.17	45.74	−1.32	+3.07	104.32	−5.56	12.19
	21	336.52	90.14	−0.09	58.09	−1.05	+2.92	102.25	−5.50	10.41
	25	342.94	101.07	−0.01	70.43	−0.77	+2.77	100.04	−5.44	8.54
	29	349.34	112.00	+0.07	82.75	−0.49	+2.63	97.71	+5.39	6.58
	33	355.74	122.94	+0.16	95.07	−0.20	+2.50	95.26	+5.34	4.55

MARS, 2020

EPHEMERIS FOR PHYSICAL OBSERVATIONS
FOR 0ʰ TERRESTRIAL TIME

Date		Light-time	Magnitude	Surface Brightness	Diameter		Phase	Phase Angle	Defect of Illumination
					Eq.	Polar			
		m		mag./arcsec²	″	″		°	″
Jan.	0	18.23	+1.6	+4.4	4.27	4.25	0.957	24.1	0.19
	4	17.99	+1.6	+4.4	4.33	4.31	0.954	24.8	0.20
	8	17.74	+1.5	+4.4	4.39	4.36	0.951	25.6	0.22
	12	17.49	+1.5	+4.4	4.45	4.43	0.948	26.4	0.23
	16	17.24	+1.5	+4.4	4.52	4.49	0.945	27.1	0.25
	20	16.99	+1.5	+4.4	4.59	4.56	0.942	27.9	0.27
	24	16.73	+1.4	+4.4	4.66	4.63	0.939	28.6	0.28
	28	16.47	+1.4	+4.4	4.73	4.70	0.936	29.3	0.30
Feb.	1	16.20	+1.4	+4.4	4.81	4.78	0.933	30.1	0.32
	5	15.94	+1.3	+4.4	4.89	4.86	0.930	30.8	0.34
	9	15.67	+1.3	+4.4	4.97	4.94	0.926	31.5	0.37
	13	15.40	+1.3	+4.4	5.06	5.03	0.923	32.2	0.39
	17	15.13	+1.2	+4.4	5.15	5.12	0.920	32.9	0.41
	21	14.86	+1.2	+4.4	5.24	5.21	0.917	33.6	0.44
	25	14.58	+1.2	+4.4	5.34	5.31	0.913	34.3	0.46
	29	14.31	+1.1	+4.4	5.44	5.41	0.910	34.9	0.49
Mar.	4	14.04	+1.1	+4.4	5.55	5.52	0.907	35.6	0.52
	8	13.76	+1.0	+4.4	5.66	5.63	0.903	36.2	0.55
	12	13.49	+1.0	+4.4	5.77	5.74	0.900	36.8	0.58
	16	13.22	+1.0	+4.4	5.89	5.86	0.897	37.5	0.61
	20	12.95	+0.9	+4.4	6.01	5.98	0.894	38.1	0.64
	24	12.68	+0.9	+4.4	6.14	6.11	0.890	38.7	0.67
	28	12.41	+0.8	+4.4	6.27	6.24	0.887	39.2	0.71
Apr.	1	12.15	+0.8	+4.4	6.41	6.38	0.884	39.8	0.74
	5	11.88	+0.7	+4.4	6.55	6.52	0.881	40.3	0.78
	9	11.62	+0.7	+4.4	6.70	6.67	0.878	40.9	0.82
	13	11.36	+0.6	+4.4	6.86	6.82	0.875	41.4	0.86
	17	11.10	+0.6	+4.4	7.02	6.98	0.872	41.9	0.90
	21	10.85	+0.5	+4.4	7.18	7.14	0.869	42.4	0.94
	25	10.59	+0.5	+4.4	7.35	7.31	0.867	42.8	0.98
	29	10.34	+0.4	+4.4	7.53	7.49	0.864	43.3	1.02
May	3	10.10	+0.4	+4.4	7.71	7.67	0.862	43.7	1.07
	7	9.85	+0.3	+4.4	7.91	7.86	0.859	44.1	1.11
	11	9.61	+0.3	+4.4	8.10	8.06	0.857	44.5	1.16
	15	9.37	+0.2	+4.4	8.31	8.27	0.855	44.8	1.21
	19	9.14	+0.2	+4.4	8.52	8.48	0.853	45.1	1.26
	23	8.91	+0.1	+4.4	8.75	8.70	0.851	45.4	1.30
	27	8.68	+0.1	+4.4	8.98	8.93	0.849	45.7	1.35
	31	8.45	0.0	+4.4	9.22	9.17	0.848	45.9	1.40
June	4	8.23	−0.1	+4.4	9.47	9.42	0.846	46.2	1.45
	8	8.01	−0.1	+4.4	9.73	9.68	0.845	46.3	1.50
	12	7.79	−0.2	+4.4	10.00	9.95	0.844	46.5	1.55
	16	7.58	−0.2	+4.4	10.28	10.23	0.844	46.5	1.60
	20	7.37	−0.3	+4.4	10.57	10.52	0.844	46.6	1.65
	24	7.16	−0.4	+4.4	10.88	10.83	0.844	46.6	1.70
	28	6.95	−0.4	+4.3	11.20	11.14	0.844	46.5	1.75
July	2	6.75	−0.5	+4.3	11.53	11.48	0.845	46.4	1.79

MARS, 2020

EPHEMERIS FOR PHYSICAL OBSERVATIONS
FOR 0ʰ TERRESTRIAL TIME

Date		L_s	Sub-Earth Point		Sub-Solar Point				North Pole	
			Long.	Lat.	Long.	Lat.	Dist.	P.A.	Dist.	P.A.
		°	°	°	°	°	″	°	″	°
Jan.	0	128.35	54.11	+ 10.92	77.39	+ 19.72	+ 0.87	103.43	+ 2.09	37.43
	4	130.27	15.24	+ 9.82	39.07	+ 19.16	+ 0.91	102.42	+ 2.12	36.94
	8	132.20	336.37	+ 8.70	0.75	+ 18.59	+ 0.95	101.38	+ 2.16	36.37
	12	134.15	297.52	+ 7.56	322.44	+ 17.99	+ 0.99	100.30	+ 2.19	35.71
	16	136.10	258.68	+ 6.41	284.12	+ 17.36	+ 1.03	99.20	+ 2.23	34.97
	20	138.06	219.84	+ 5.25	245.81	+ 16.72	+ 1.07	98.08	+ 2.27	34.15
	24	140.04	181.00	+ 4.07	207.50	+ 16.05	+ 1.11	96.93	+ 2.31	33.25
	28	142.03	142.17	+ 2.88	169.19	+ 15.36	+ 1.16	95.76	+ 2.35	32.28
Feb.	1	144.03	103.34	+ 1.69	130.89	+ 14.64	+ 1.20	94.57	+ 2.39	31.23
	5	146.05	64.50	+ 0.50	92.58	+ 13.91	+ 1.25	93.37	+ 2.43	30.11
	9	148.08	25.67	− 0.70	54.28	+ 13.16	+ 1.30	92.16	− 2.47	28.93
	13	150.12	346.83	− 1.89	15.97	+ 12.39	+ 1.35	90.94	− 2.51	27.68
	17	152.18	307.97	− 3.09	337.66	+ 11.60	+ 1.40	89.71	− 2.56	26.38
	21	154.24	269.11	− 4.27	299.35	+ 10.79	+ 1.45	88.49	− 2.60	25.01
	25	156.33	230.24	− 5.45	261.04	+ 9.96	+ 1.50	87.27	− 2.64	23.59
	29	158.43	191.35	− 6.62	222.72	+ 9.11	+ 1.56	86.05	− 2.69	22.13
Mar.	4	160.54	152.45	− 7.77	184.40	+ 8.25	+ 1.61	84.85	− 2.73	20.61
	8	162.67	113.52	− 8.91	146.07	+ 7.37	+ 1.67	83.66	− 2.78	19.06
	12	164.81	74.58	− 10.02	107.74	+ 6.48	+ 1.73	82.50	− 2.83	17.46
	16	166.97	35.62	− 11.12	69.40	+ 5.58	+ 1.79	81.35	− 2.87	15.83
	20	169.14	356.63	− 12.19	31.06	+ 4.66	+ 1.85	80.23	− 2.92	14.17
	24	171.32	317.62	− 13.23	352.70	+ 3.73	+ 1.92	79.14	− 2.97	12.47
	28	173.53	278.58	− 14.24	314.33	+ 2.79	+ 1.98	78.08	− 3.03	10.76
Apr.	1	175.75	239.52	− 15.22	275.96	+ 1.83	+ 2.05	77.06	− 3.08	9.02
	5	177.98	200.44	− 16.16	237.57	+ 0.87	+ 2.12	76.08	− 3.13	7.27
	9	180.23	161.32	− 17.06	199.16	− 0.10	+ 2.19	75.14	− 3.19	5.50
	13	182.49	122.18	− 17.92	160.75	− 1.07	+ 2.27	74.24	− 3.25	3.72
	17	184.77	83.01	− 18.74	122.31	− 2.05	+ 2.34	73.39	− 3.31	1.93
	21	187.06	43.82	− 19.51	83.87	− 3.03	+ 2.42	72.58	− 3.37	0.13
	25	189.37	4.60	− 20.22	45.40	− 4.02	+ 2.50	71.83	− 3.43	358.34
	29	191.69	325.37	− 20.89	6.91	− 5.01	+ 2.58	71.12	− 3.50	356.55
May	3	194.03	286.11	− 21.50	328.41	− 5.99	+ 2.66	70.46	− 3.57	354.77
	7	196.38	246.84	− 22.05	289.88	− 6.98	+ 2.75	69.86	− 3.65	353.00
	11	198.75	207.55	− 22.54	251.33	− 7.96	+ 2.84	69.31	− 3.73	351.25
	15	201.13	168.25	− 22.98	212.75	− 8.93	+ 2.93	68.82	− 3.81	349.52
	19	203.52	128.95	− 23.35	174.15	− 9.89	+ 3.02	68.38	− 3.90	347.81
	23	205.93	89.65	− 23.66	135.53	− 10.85	+ 3.12	67.99	− 3.99	346.14
	27	208.35	50.35	− 23.91	96.88	− 11.80	+ 3.21	67.66	− 4.09	344.50
	31	210.78	11.06	− 24.09	58.20	− 12.73	+ 3.31	67.38	− 4.19	342.90
June	4	213.22	331.79	− 24.21	19.49	− 13.64	+ 3.41	67.16	− 4.30	341.34
	8	215.68	292.54	− 24.27	340.76	− 14.54	+ 3.52	66.98	− 4.42	339.84
	12	218.14	253.32	− 24.27	301.99	− 15.41	+ 3.62	66.87	− 4.54	338.38
	16	220.62	214.13	− 24.21	263.20	− 16.27	+ 3.73	66.80	− 4.67	336.99
	20	223.10	174.98	− 24.10	224.37	− 17.10	+ 3.84	66.78	− 4.81	335.66
	24	225.60	135.88	− 23.93	185.51	− 17.90	+ 3.95	66.82	− 4.95	334.39
	28	228.10	96.84	− 23.71	146.63	− 18.67	+ 4.06	66.90	− 5.11	333.20
July	2	230.61	57.85	− 23.45	107.71	− 19.42	+ 4.18	67.03	− 5.27	332.08

MARS, 2020
EPHEMERIS FOR PHYSICAL OBSERVATIONS
FOR 0ʰ TERRESTRIAL TIME

Date		Light-time	Magnitude	Surface Brightness	Diameter		Phase	Phase Angle	Defect of Illumination
					Eq.	Polar			
		m		mag./arcsec^2	"	"		°	"
July	2	6.75	− 0.5	+ 4.3	11.53	11.48	·0.845	46.4	1.79
	6	6.55	− 0.6	+ 4.3	11.88	11.82	0.846	46.3	1.83
	10	6.36	− 0.7	+ 4.3	12.25	12.19	0.847	46.0	1.87
	14	6.17	− 0.7	+ 4.3	12.63	12.57	0.849	45.7	1.91
	18	5.98	− 0.8	+ 4.3	13.03	12.97	0.851	45.4	1.94
	22	5.79	− 0.9	+ 4.3	13.45	13.38	0.854	44.9	1.96
	26	5.61	− 1.0	+ 4.3	13.89	13.82	0.858	44.4	1.98
	30	5.43	− 1.0	+ 4.3	14.35	14.28	0.862	43.7	1.99
Aug.	3	5.25	− 1.1	+ 4.3	14.83	14.75	0.866	42.9	1.99
	7	5.08	− 1.2	+ 4.3	15.33	15.25	0.871	42.1	1.97
	11	4.91	− 1.3	+ 4.3	15.86	15.77	0.877	41.1	1.95
	15	4.75	− 1.4	+ 4.3	16.40	16.32	0.884	39.9	1.91
	19	4.59	− 1.5	+ 4.3	16.97	16.88	0.891	38.6	1.85
	23	4.44	− 1.6	+ 4.3	17.55	17.46	0.899	37.1	1.78
	27	4.29	− 1.7	+ 4.2	18.15	18.05	0.907	35.5	1.68
	31	4.15	− 1.8	+ 4.2	18.75	18.65	0.916	33.6	1.57
Sept.	4	4.03	− 1.9	+ 4.2	19.35	19.25	0.926	31.6	1.43
	8	3.90	− 2.0	+ 4.2	19.95	19.84	0.936	29.3	1.28
	12	3.80	− 2.1	+ 4.2	20.52	20.41	0.946	26.8	1.10
	16	3.70	− 2.2	+ 4.1	21.06	20.95	0.956	24.1	0.92
	20	3.62	− 2.3	+ 4.1	21.55	21.43	0.966	21.2	0.73
	24	3.55	− 2.4	+ 4.1	21.96	21.84	0.975	18.0	0.54
	28	3.50	− 2.4	+ 4.0	22.28	22.16	0.984	14.7	0.37
Oct.	2	3.46	− 2.5	+ 4.0	22.48	22.37	0.990	11.3	0.22
	6	3.45	− 2.6	+ 3.9	22.57	22.45	0.995	7.8	0.10
	10	3.46	− 2.6	+ 3.9	22.52	22.41	0.999	4.3	0.03
	14	3.49	− 2.6	+ 3.9	22.34	22.22	1.000	2.1	0.01
	18	3.54	− 2.5	+ 3.9	22.02	21.91	0.999	4.1	0.03
	22	3.61	− 2.4	+ 4.0	21.58	21.47	0.996	7.4	0.09
	26	3.70	− 2.3	+ 4.0	21.03	20.93	0.991	10.8	0.19
	30	3.82	− 2.2	+ 4.1	20.40	20.30	0.985	14.0	0.30
Nov.	3	3.95	− 2.1	+ 4.1	19.72	19.62	0.978	17.0	0.43
	7	4.10	− 1.9	+ 4.1	18.99	18.89	0.970	19.8	0.56
	11	4.27	− 1.8	+ 4.2	18.23	18.14	0.962	22.4	0.69
	15	4.46	− 1.7	+ 4.2	17.48	17.39	0.954	24.7	0.80
	19	4.66	− 1.5	+ 4.3	16.72	16.64	0.946	26.9	0.90
	23	4.87	− 1.4	+ 4.3	15.99	15.91	0.938	28.8	0.99
	27	5.10	− 1.3	+ 4.3	15.28	15.20	0.931	30.5	1.06
Dec.	1	5.34	− 1.1	+ 4.3	14.60	14.53	0.924	32.0	1.11
	5	5.58	− 1.0	+ 4.4	13.95	13.88	0.918	33.3	1.15
	9	5.84	− 0.9	+ 4.4	13.33	13.27	0.912	34.5	1.17
	13	6.11	− 0.8	+ 4.4	12.75	12.69	0.907	35.5	1.19
	17	6.38	− 0.6	+ 4.4	12.20	12.14	0.902	36.4	1.19
	21	6.67	− 0.5	+ 4.4	11.68	11.63	0.898	37.2	1.19
	25	6.95	− 0.4	+ 4.4	11.20	11.14	0.895	37.8	1.17
	29	7.25	− 0.3	+ 4.4	10.74	10.69	0.892	38.3	1.16
	33	7.55	− 0.2	+ 4.5	10.32	10.27	0.890	38.7	1.13

EPHEMERIS FOR PHYSICAL OBSERVATIONS
FOR 0ʰ TERRESTRIAL TIME

Date		L_s	Sub-Earth Point		Sub-Solar Point				North Pole	
			Long.	Lat.	Long.	Lat.	Dist.	P.A.	Dist.	P.A.
		°	°	°	°	°	″	°	″	°
July	2	230.61	57.85	− 23.45	107.71	− 19.42	+ 4.18	67.03	− 5.27	332.08
	6	233.12	18.94	− 23.14	68.76	− 20.12	+ 4.29	67.20	− 5.44	331.03
	10	235.64	340.10	− 22.79	29.79	− 20.80	+ 4.41	67.41	− 5.62	330.05
	14	238.17	301.34	− 22.42	350.78	− 21.43	+ 4.52	67.67	− 5.81	329.15
	18	240.70	262.68	− 22.02	311.75	− 22.02	+ 4.63	67.96	− 6.02	328.33
	22	243.23	224.11	− 21.59	272.70	− 22.58	+ 4.74	68.28	− 6.23	327.58
	26	245.77	185.65	− 21.16	233.62	− 23.08	+ 4.85	68.64	− 6.45	326.91
	30	248.31	147.31	− 20.71	194.51	− 23.55	+ 4.95	69.03	− 6.68	326.31
Aug.	3	250.85	109.09	− 20.27	155.39	− 23.96	+ 5.05	69.44	− 6.93	325.78
	7	253.39	71.00	− 19.84	116.25	− 24.33	+ 5.13	69.87	− 7.18	325.32
	11	255.92	33.06	− 19.42	77.10	− 24.64	+ 5.20	70.33	− 7.44	324.92
	15	258.46	355.27	− 19.03	37.93	− 24.91	+ 5.26	70.80	− 7.72	324.58
	19	260.99	317.64	− 18.68	358.76	− 25.12	+ 5.29	71.28	− 8.00	324.30
	23	263.53	280.20	− 18.36	319.58	− 25.28	+ 5.29	71.78	− 8.29	324.07
	27	266.05	242.94	− 18.11	280.40	− 25.39	+ 5.26	72.29	− 8.58	323.90
	31	268.57	205.88	− 17.91	241.21	− 25.45	+ 5.18	72.82	− 8.88	323.76
Sept.	4	271.09	169.03	− 17.78	202.03	− 25.45	+ 5.06	73.37	− 9.17	323.68
	8	273.60	132.39	− 17.73	162.85	− 25.40	+ 4.88	73.96	− 9.45	323.63
	12	276.10	95.98	− 17.76	123.69	− 25.30	+ 4.62	74.60	− 9.72	323.63
	16	278.60	59.80	− 17.88	84.53	− 25.15	+ 4.30	75.34	− 9.97	323.67
	20	281.08	23.85	− 18.08	45.39	− 24.95	+ 3.89	76.23	−10.19	323.75
	24	283.56	348.10	− 18.37	6.27	− 24.70	+ 3.39	77.38	−10.37	323.88
	28	286.03	312.54	− 18.74	327.16	− 24.41	+ 2.83	79.03	−10.50	324.05
Oct.	2	288.48	277.14	− 19.17	288.07	− 24.06	+ 2.20	81.67	−10.57	324.26
	6	290.93	241.86	− 19.65	249.01	− 23.68	+ 1.52	86.73	−10.58	324.52
	10	293.36	206.66	− 20.17	209.97	− 23.25	+ 0.85	100.11	−10.52	324.81
	14	295.78	171.48	− 20.71	170.95	− 22.78	+ 0.41	158.61	−10.40	325.12
	18	298.19	136.28	− 21.25	131.96	− 22.27	+ 0.79	220.52	−10.22	325.44
	22	300.59	100.99	− 21.78	93.00	− 21.73	+ 1.40	234.64	− 9.98	325.76
	26	302.97	65.57	− 22.27	54.06	− 21.15	+ 1.96	239.82	− 9.69	326.05
	30	305.34	29.98	− 22.72	15.15	− 20.54	+ 2.46	242.44	− 9.37	326.30
Nov.	3	307.70	354.18	− 23.13	336.28	− 19.90	+ 2.88	243.99	− 9.03	326.49
	7	310.04	318.18	− 23.49	297.43	− 19.23	+ 3.21	245.01	− 8.67	326.63
	11	312.36	281.94	− 23.79	258.61	− 18.54	+ 3.47	245.72	− 8.31	326.69
	15	314.67	245.47	− 24.04	219.82	− 17.82	+ 3.65	246.24	− 7.95	326.68
	19	316.97	208.78	− 24.23	181.06	− 17.08	+ 3.78	246.64	− 7.59	326.60
	23	319.25	171.86	− 24.37	142.33	− 16.32	+ 3.85	246.96	− 7.25	326.45
	27	321.52	134.73	− 24.45	103.63	− 15.54	+ 3.88	247.23	− 6.93	326.24
Dec.	1	323.77	97.42	− 24.48	64.95	− 14.74	+ 3.87	247.45	− 6.62	325.97
	5	326.01	59.92	− 24.45	26.31	− 13.93	+ 3.83	247.66	− 6.32	325.65
	9	328.23	22.27	− 24.37	347.69	− 13.10	+ 3.78	247.86	− 6.05	325.29
	13	330.43	344.48	− 24.24	309.10	− 12.27	+ 3.70	248.05	− 5.79	324.91
	17	332.62	306.55	− 24.06	270.53	− 11.42	+ 3.62	248.25	− 5.55	324.51
	21	334.80	268.51	− 23.82	231.99	− 10.57	+ 3.53	248.47	− 5.32	324.10
	25	336.96	230.36	− 23.53	193.47	− 9.70	+ 3.43	248.69	− 5.11	323.68
	29	339.10	192.12	− 23.19	154.98	− 8.84	+ 3.33	248.94	− 4.92	323.28
	33	341.23	153.81	− 22.81	116.50	− 7.97	+ 3.23	249.21	− 4.74	322.89

JUPITER, 2020

EPHEMERIS FOR PHYSICAL OBSERVATIONS
FOR 0ʰ TERRESTRIAL TIME

Date		Light-time	Magnitude	Surface Brightness	Diameter		Phase Angle	Defect of Illumination
					Eq.	Polar		
		m		mag./arcsec^2	$''$	$''$	$°$	$''$
Jan.	0	51.65	−1.8	+5.3	31.75	29.69	0.5	0.00
	4	51.60	−1.8	+5.3	31.78	29.72	1.1	0.00
	8	51.52	−1.8	+5.3	31.83	29.76	1.7	0.01
	12	51.41	−1.8	+5.3	31.89	29.83	2.2	0.01
	16	51.27	−1.8	+5.3	31.98	29.91	2.8	0.02
	20	51.11	−1.9	+5.3	32.08	30.00	3.4	0.03
	24	50.92	−1.9	+5.3	32.20	30.11	4.0	0.04
	28	50.70	−1.9	+5.3	32.34	30.24	4.5	0.05
Feb.	1	50.45	−1.9	+5.3	32.50	30.39	5.1	0.06
	5	50.18	−1.9	+5.4	32.67	30.56	5.6	0.08
	9	49.89	−1.9	+5.4	32.87	30.74	6.1	0.09
	13	49.57	−1.9	+5.4	33.08	30.93	6.6	0.11
	17	49.23	−1.9	+5.4	33.31	31.15	7.1	0.13
	21	48.86	−1.9	+5.4	33.56	31.38	7.6	0.15
	25	48.47	−1.9	+5.4	33.82	31.63	8.0	0.17
	29	48.07	−2.0	+5.4	34.11	31.90	8.4	0.18
Mar.	4	47.64	−2.0	+5.4	34.41	32.18	8.8	0.20
	8	47.20	−2.0	+5.4	34.74	32.49	9.2	0.22
	12	46.74	−2.0	+5.4	35.08	32.80	9.6	0.24
	16	46.27	−2.0	+5.4	35.44	33.14	9.9	0.26
	20	45.78	−2.1	+5.4	35.81	33.49	10.2	0.28
	24	45.28	−2.1	+5.4	36.21	33.86	10.4	0.30
	28	44.77	−2.1	+5.4	36.62	34.25	10.6	0.31
Apr.	1	44.25	−2.1	+5.4	37.05	34.65	10.8	0.33
	5	43.73	−2.2	+5.4	37.49	35.06	11.0	0.34
	9	43.20	−2.2	+5.4	37.95	35.49	11.1	0.35
	13	42.67	−2.2	+5.4	38.43	35.94	11.1	0.36
	17	42.13	−2.2	+5.4	38.91	36.39	11.2	0.37
	21	41.60	−2.3	+5.4	39.41	36.86	11.1	0.37
	25	41.07	−2.3	+5.4	39.92	37.33	11.1	0.37
	29	40.55	−2.3	+5.4	40.44	37.82	10.9	0.37
May	3	40.03	−2.4	+5.4	40.96	38.30	10.8	0.36
	7	39.52	−2.4	+5.4	41.49	38.80	10.6	0.35
	11	39.03	−2.4	+5.4	42.01	39.29	10.3	0.34
	15	38.54	−2.4	+5.4	42.54	39.78	10.0	0.32
	19	38.08	−2.5	+5.3	43.06	40.27	9.6	0.30
	23	37.63	−2.5	+5.3	43.57	40.75	9.2	0.28
	27	37.20	−2.5	+5.3	44.07	41.21	8.7	0.26
	31	36.80	−2.6	+5.3	44.55	41.66	8.2	0.23
June	4	36.42	−2.6	+5.3	45.01	42.10	7.7	0.20
	8	36.07	−2.6	+5.3	45.45	42.50	7.0	0.17
	12	35.75	−2.6	+5.3	45.86	42.89	6.4	0.14
	16	35.46	−2.7	+5.3	46.24	43.24	5.7	0.11
	20	35.20	−2.7	+5.3	46.57	43.55	5.0	0.09
	24	34.98	−2.7	+5.3	46.87	43.83	4.2	0.06
	28	34.80	−2.7	+5.3	47.12	44.07	3.4	0.04
July	2	34.65	−2.7	+5.3	47.32	44.26	2.6	0.02

EPHEMERIS FOR PHYSICAL OBSERVATIONS
FOR 0ʰ TERRESTRIAL TIME

Date		L_s	Sub-Earth Point		Sub-Solar Point				North Pole	
			Long.	Lat.	Long.	Lat.	Dist.	P.A.	Dist.	P.A.
		°	°	°	°	°	"	°	"	°
Jan.	0	318.46	155.45	−2.33	155.93	−2.36	+0.13	89.27	−14.83	356.17
	4	318.79	36.70	−2.31	37.77	−2.35	+0.30	87.67	−14.85	355.74
	8	319.12	277.98	−2.28	279.64	−2.33	+0.46	86.93	−14.87	355.32
	12	319.45	159.27	−2.25	161.52	−2.32	+0.62	86.38	−14.90	354.89
	16	319.78	40.59	−2.22	43.41	−2.30	+0.79	85.89	−14.94	354.48
	20	320.11	281.93	−2.20	285.33	−2.29	+0.95	85.45	−14.99	354.06
	24	320.44	163.29	−2.17	167.26	−2.27	+1.11	85.03	−15.05	353.66
	28	320.77	44.68	−2.14	49.20	−2.25	+1.28	84.62	−15.11	353.26
Feb.	1	321.10	286.09	−2.11	291.16	−2.24	+1.44	84.23	−15.19	352.86
	5	321.43	167.54	−2.08	173.14	−2.22	+1.59	83.85	−15.27	352.48
	9	321.76	49.01	−2.05	55.13	−2.21	+1.75	83.48	−15.36	352.10
	13	322.09	290.52	−2.02	297.14	−2.19	+1.91	83.13	−15.46	351.73
	17	322.42	172.05	−1.99	179.16	−2.17	+2.06	82.78	−15.57	351.37
	21	322.75	53.62	−1.96	61.19	−2.16	+2.21	82.45	−15.68	351.02
	25	323.08	295.22	−1.93	303.24	−2.14	+2.36	82.13	−15.81	350.69
	29	323.41	176.86	−1.90	185.30	−2.12	+2.50	81.82	−15.94	350.36
Mar.	4	323.75	58.53	−1.87	67.37	−2.11	+2.64	81.52	−16.08	350.05
	8	324.08	300.23	−1.84	309.45	−2.09	+2.78	81.24	−16.24	349.75
	12	324.41	181.98	−1.81	191.54	−2.07	+2.91	80.97	−16.40	349.46
	16	324.74	63.76	−1.79	73.64	−2.06	+3.04	80.71	−16.56	349.18
	20	325.07	305.58	−1.76	315.74	−2.04	+3.16	80.47	−16.74	348.93
	24	325.41	187.44	−1.73	197.86	−2.02	+3.27	80.24	−16.92	348.68
	28	325.74	69.34	−1.70	79.98	−2.01	+3.38	80.03	−17.12	348.45
Apr.	1	326.07	311.28	−1.68	322.10	−1.99	+3.48	79.83	−17.32	348.24
	5	326.41	193.26	−1.65	204.23	−1.97	+3.57	79.65	−17.53	348.05
	9	326.74	75.29	−1.63	86.36	−1.95	+3.64	79.49	−17.74	347.87
	13	327.07	317.36	−1.61	328.49	−1.94	+3.71	79.34	−17.96	347.71
	17	327.41	199.47	−1.59	210.62	−1.92	+3.76	79.21	−18.19	347.56
	21	327.74	81.62	−1.56	92.76	−1.90	+3.80	79.10	−18.42	347.44
	25	328.07	323.82	−1.55	334.89	−1.88	+3.83	79.01	−18.66	347.33
	29	328.41	206.07	−1.53	217.01	−1.87	+3.84	78.94	−18.90	347.24
May	3	328.74	88.36	−1.51	99.14	−1.85	+3.83	78.88	−19.15	347.17
	7	329.08	330.69	−1.49	341.25	−1.83	+3.80	78.85	−19.39	347.13
	11	329.41	213.06	−1.48	223.36	−1.81	+3.76	78.84	−19.64	347.10
	15	329.75	95.48	−1.47	105.46	−1.80	+3.69	78.85	−19.88	347.09
	19	330.08	337.93	−1.46	347.55	−1.78	+3.60	78.88	−20.13	347.10
	23	330.42	220.43	−1.45	229.63	−1.76	+3.48	78.94	−20.37	347.13
	27	330.75	102.96	−1.44	111.70	−1.74	+3.35	79.01	−20.60	347.18
	31	331.09	345.53	−1.43	353.75	−1.72	+3.19	79.12	−20.83	347.25
June	4	331.43	228.13	−1.43	235.79	−1.70	+3.00	79.24	−21.04	347.34
	8	331.76	110.76	−1.42	117.81	−1.69	+2.79	79.39	−21.25	347.45
	12	332.10	353.41	−1.42	359.81	−1.67	+2.56	79.58	−21.44	347.58
	16	332.44	236.09	−1.42	241.79	−1.65	+2.30	79.79	−21.61	347.72
	20	332.77	118.78	−1.42	123.75	−1.63	+2.02	80.04	−21.77	347.88
	24	333.11	1.49	−1.42	5.70	−1.61	+1.72	80.35	−21.91	348.05
	28	333.45	244.20	−1.43	247.62	−1.59	+1.41	80.74	−22.03	348.24
July	2	333.78	126.91	−1.43	129.51	−1.57	+1.08	81.27	−22.12	348.43

JUPITER, 2020
EPHEMERIS FOR PHYSICAL OBSERVATIONS
FOR 0ʰ TERRESTRIAL TIME

Date		Light-time	Magnitude	Surface Brightness	Diameter		Phase Angle	Defect of Illumination
					Eq.	Polar		
		m		mag./arcsec²	"	"	°	"
July	2	34.65	−2.7	+ 5.3	47.32	44.26	2.6	0.02
	6	34.53	−2.7	+ 5.3	47.48	44.40	1.8	0.01
	10	34.46	−2.7	+ 5.3	47.58	44.49	0.9	0.00
	14	34.43	−2.8	+ 5.3	47.62	44.54	0.1	0.00
	18	34.43	−2.7	+ 5.3	47.62	44.53	0.8	0.00
	22	34.48	−2.7	+ 5.3	47.55	44.47	1.6	0.01
	26	34.56	−2.7	+ 5.3	47.44	44.36	2.5	0.02
	30	34.69	−2.7	+ 5.3	47.27	44.20	3.3	0.04
Aug.	3	34.85	−2.7	+ 5.3	47.05	44.00	4.1	0.06
	7	35.04	−2.7	+ 5.3	46.79	43.76	4.9	0.08
	11	35.27	−2.7	+ 5.3	46.48	43.47	5.6	0.11
	15	35.54	−2.7	+ 5.3	46.14	43.15	6.3	0.14
	19	35.83	−2.6	+ 5.3	45.76	42.79	7.0	0.17
	23	36.16	−2.6	+ 5.3	45.34	42.40	7.6	0.20
	27	36.51	−2.6	+ 5.3	44.90	41.99	8.2	0.23
	31	36.89	−2.6	+ 5.3	44.44	41.56	8.7	0.26
Sept.	4	37.30	−2.5	+ 5.3	43.96	41.11	9.2	0.28
	8	37.72	−2.5	+ 5.3	43.47	40.65	9.6	0.30
	12	38.16	−2.5	+ 5.3	42.96	40.18	10.0	0.33
	16	38.62	−2.5	+ 5.3	42.45	39.70	10.3	0.34
	20	39.10	−2.4	+ 5.3	41.94	39.22	10.6	0.36
	24	39.58	−2.4	+ 5.3	41.42	38.74	10.8	0.37
	28	40.08	−2.4	+ 5.3	40.91	38.26	11.0	0.38
Oct.	2	40.58	−2.4	+ 5.3	40.40	37.78	11.1	0.38
	6	41.09	−2.3	+ 5.3	39.91	37.32	11.2	0.38
	10	41.60	−2.3	+ 5.3	39.42	36.86	11.2	0.38
	14	42.11	−2.3	+ 5.3	38.94	36.41	11.2	0.37
	18	42.62	−2.2	+ 5.3	38.47	35.97	11.2	0.36
	22	43.13	−2.2	+ 5.3	38.02	35.55	11.1	0.35
	26	43.63	−2.2	+ 5.3	37.58	35.14	10.9	0.34
	30	44.13	−2.2	+ 5.3	37.16	34.75	10.7	0.33
Nov.	3	44.61	−2.2	+ 5.3	36.75	34.37	10.5	0.31
	7	45.09	−2.1	+ 5.3	36.36	34.00	10.3	0.29
	11	45.56	−2.1	+ 5.3	35.99	33.66	10.0	0.27
	15	46.01	−2.1	+ 5.3	35.64	33.33	9.7	0.25
	19	46.44	−2.1	+ 5.3	35.30	33.01	9.3	0.23
	23	46.86	−2.1	+ 5.3	34.99	32.72	8.9	0.21
	27	47.26	−2.0	+ 5.3	34.69	32.44	8.5	0.19
Dec.	1	47.65	−2.0	+ 5.3	34.41	32.18	8.1	0.17
	5	48.01	−2.0	+ 5.3	34.15	31.94	7.7	0.15
	9	48.35	−2.0	+ 5.3	33.91	31.71	7.2	0.13
	13	48.67	−2.0	+ 5.3	33.69	31.50	6.7	0.11
	17	48.96	−2.0	+ 5.3	33.49	31.31	6.2	0.10
	21	49.24	−2.0	+ 5.3	33.30	31.14	5.7	0.08
	25	49.48	−2.0	+ 5.3	33.14	30.99	5.1	0.07
	29	49.70	−2.0	+ 5.3	32.99	30.85	4.6	0.05
	33	49.90	−2.0	+ 5.3	32.86	30.73	4.0	0.04

JUPITER, 2020

EPHEMERIS FOR PHYSICAL OBSERVATIONS
FOR 0ʰ TERRESTRIAL TIME

Date		L_s	Sub-Earth Point		Sub-Solar Point				North Pole	
			Long.	Lat.	Long.	Lat.	Dist.	P.A.	Dist.	P.A.
		°	°	°	°	°	″	°	″	°
July	2	333.78	126.91	−1.43	129.51	−1.57	+1.08	81.27	−22.12	348.43
	6	334.12	9.61	−1.43	11.39	−1.56	+0.74	82.14	−22.19	348.63
	10	334.46	252.31	−1.44	253.24	−1.54	+0.39	84.25	−22.24	348.84
	14	334.80	134.99	−1.44	135.06	−1.52	+0.04	120.58	−22.26	349.06
	18	335.14	17.65	−1.45	16.87	−1.50	+0.32	255.93	−22.26	349.27
	22	335.47	260.27	−1.45	258.65	−1.48	+0.67	258.63	−22.23	349.49
	26	335.81	142.87	−1.46	140.40	−1.46	+1.02	259.62	−22.17	349.70
	30	336.15	25.42	−1.46	22.13	−1.44	+1.35	260.21	−22.10	349.90
Aug.	3	336.49	267.93	−1.47	263.84	−1.42	+1.68	260.63	−21.99	350.10
	7	336.83	150.38	−1.47	145.53	−1.40	+1.98	260.96	−21.87	350.29
	11	337.17	32.79	−1.48	27.19	−1.38	+2.27	261.24	−21.73	350.46
	15	337.51	275.14	−1.48	268.84	−1.36	+2.53	261.48	−21.57	350.62
	19	337.85	157.43	−1.48	150.46	−1.34	+2.78	261.69	−21.39	350.76
	23	338.19	39.66	−1.49	32.07	−1.32	+3.00	261.87	−21.20	350.88
	27	338.53	281.83	−1.49	273.66	−1.30	+3.19	262.02	−20.99	350.98
	31	338.87	163.93	−1.49	155.24	−1.29	+3.36	262.14	−20.77	351.07
Sept.	4	339.21	45.98	−1.49	36.80	−1.27	+3.51	262.24	−20.55	351.13
	8	339.55	287.95	−1.49	278.34	−1.25	+3.63	262.31	−20.32	351.17
	12	339.89	169.87	−1.48	159.88	−1.23	+3.73	262.37	−20.08	351.18
	16	340.23	51.72	−1.48	41.41	−1.21	+3.80	262.40	−19.84	351.18
	20	340.57	293.52	−1.47	282.92	−1.19	+3.86	262.40	−19.60	351.15
	24	340.91	175.25	−1.47	164.43	−1.17	+3.89	262.38	−19.36	351.10
	28	341.25	56.93	−1.46	45.94	−1.15	+3.90	262.35	−19.12	351.03
Oct.	2	341.60	298.55	−1.45	287.43	−1.13	+3.90	262.29	−18.89	350.93
	6	341.94	180.13	−1.44	168.93	−1.11	+3.88	262.21	−18.65	350.82
	10	342.28	61.65	−1.43	50.42	−1.08	+3.84	262.11	−18.42	350.68
	14	342.62	303.13	−1.42	291.92	−1.06	+3.79	261.99	−18.20	350.53
	18	342.96	184.56	−1.40	173.41	−1.04	+3.72	261.86	−17.98	350.35
	22	343.31	65.96	−1.39	54.90	−1.02	+3.65	261.71	−17.77	350.16
	26	343.65	307.31	−1.37	296.40	−1.00	+3.56	261.54	−17.57	349.96
	30	343.99	188.63	−1.35	177.90	−0.98	+3.46	261.36	−17.37	349.73
Nov.	3	344.34	69.92	−1.34	59.41	−0.96	+3.35	261.17	−17.18	349.49
	7	344.68	311.18	−1.31	300.92	−0.94	+3.24	260.97	−17.00	349.24
	11	345.02	192.42	−1.29	182.44	−0.92	+3.12	260.76	−16.82	348.98
	15	345.37	73.63	−1.27	63.97	−0.90	+2.99	260.53	−16.66	348.70
	19	345.71	314.82	−1.25	305.51	−0.88	+2.86	260.30	−16.50	348.42
	23	346.05	195.99	−1.22	187.05	−0.86	+2.72	260.07	−16.36	348.12
	27	346.40	77.14	−1.19	68.61	−0.84	+2.57	259.83	−16.22	347.81
Dec.	1	346.74	318.28	−1.16	310.18	−0.82	+2.43	259.59	−16.09	347.50
	5	347.09	199.41	−1.14	191.76	−0.80	+2.28	259.34	−15.97	347.18
	9	347.43	80.54	−1.10	73.35	−0.78	+2.12	259.10	−15.85	346.86
	13	347.78	321.65	−1.07	314.96	−0.75	+1.96	258.87	−15.75	346.53
	17	348.12	202.76	−1.04	196.58	−0.73	+1.80	258.64	−15.65	346.20
	21	348.47	83.87	−1.01	78.22	−0.71	+1.64	258.42	−15.57	345.87
	25	348.81	324.98	−0.97	319.87	−0.69	+1.48	258.23	−15.49	345.53
	29	349.16	206.10	−0.93	201.53	−0.67	+1.31	258.06	−15.42	345.19
	33	349.51	87.21	−0.90	83.21	−0.65	+1.15	257.93	−15.36	344.86

SATURN, 2020

EPHEMERIS FOR PHYSICAL OBSERVATIONS
FOR 0ʰ TERRESTRIAL TIME

Date		Light-time	Magnitude	Surface Brightness	Diameter		Phase Angle	Defect of Illumination
					Eq.	Polar		
		m		mag./arcsec²	″	″	°	″
Jan.	0	91.43	+0.5	+6.9	15.12	13.88	1.2	0.00
	4	91.53	+0.5	+6.9	15.10	13.87	0.9	0.00
	8	91.59	+0.5	+6.9	15.09	13.86	0.5	0.00
	12	91.62	+0.5	+6.9	15.09	13.85	0.1	0.00
	16	91.61	+0.5	+6.9	15.09	13.85	0.2	0.00
	20	91.58	+0.5	+6.9	15.09	13.85	0.6	0.00
	24	91.50	+0.6	+6.9	15.11	13.86	0.9	0.00
	28	91.39	+0.6	+6.9	15.12	13.87	1.3	0.00
Feb.	1	91.25	+0.6	+6.9	15.15	13.89	1.6	0.00
	5	91.07	+0.6	+6.9	15.18	13.92	1.9	0.00
	9	90.86	+0.6	+6.9	15.21	13.95	2.3	0.01
	13	90.62	+0.6	+6.9	15.25	13.98	2.6	0.01
	17	90.35	+0.6	+6.9	15.30	14.02	2.9	0.01
	21	90.05	+0.6	+6.9	15.35	14.06	3.2	0.01
	25	89.72	+0.7	+6.9	15.41	14.11	3.5	0.01
	29	89.36	+0.7	+6.9	15.47	14.17	3.8	0.02
Mar.	4	88.98	+0.7	+6.9	15.53	14.23	4.0	0.02
	8	88.57	+0.7	+6.9	15.61	14.29	4.3	0.02
	12	88.14	+0.7	+6.9	15.68	14.36	4.5	0.02
	16	87.69	+0.7	+6.9	15.76	14.43	4.7	0.03
	20	87.21	+0.7	+6.9	15.85	14.51	4.9	0.03
	24	86.72	+0.7	+6.9	15.94	14.59	5.1	0.03
	28	86.22	+0.7	+6.9	16.03	14.67	5.3	0.03
Apr.	1	85.70	+0.7	+6.9	16.13	14.76	5.4	0.04
	5	85.17	+0.7	+6.9	16.23	14.85	5.5	0.04
	9	84.63	+0.6	+6.9	16.33	14.94	5.6	0.04
	13	84.08	+0.6	+6.9	16.44	15.04	5.7	0.04
	17	83.53	+0.6	+6.9	16.55	15.14	5.7	0.04
	21	82.97	+0.6	+6.9	16.66	15.24	5.8	0.04
	25	82.42	+0.6	+6.9	16.77	15.34	5.8	0.04
	29	81.86	+0.6	+6.9	16.88	15.44	5.7	0.04
May	3	81.31	+0.6	+6.9	17.00	15.55	5.7	0.04
	7	80.77	+0.5	+6.9	17.11	15.65	5.6	0.04
	11	80.24	+0.5	+6.9	17.23	15.75	5.5	0.04
	15	79.72	+0.5	+6.9	17.34	15.86	5.3	0.04
	19	79.22	+0.5	+6.9	17.45	15.96	5.2	0.04
	23	78.73	+0.5	+6.9	17.56	16.06	5.0	0.03
	27	78.26	+0.4	+6.9	17.66	16.16	4.8	0.03
	31	77.81	+0.4	+6.9	17.76	16.25	4.6	0.03
June	4	77.39	+0.4	+6.9	17.86	16.34	4.3	0.02
	8	76.99	+0.4	+6.9	17.95	16.42	4.0	0.02
	12	76.62	+0.3	+6.9	18.04	16.51	3.7	0.02
	16	76.28	+0.3	+6.9	18.12	16.58	3.4	0.02
	20	75.97	+0.3	+6.9	18.19	16.65	3.1	0.01
	24	75.70	+0.3	+6.9	18.26	16.71	2.7	0.01
	28	75.46	+0.2	+6.9	18.32	16.77	2.3	0.01
July	2	75.26	+0.2	+6.9	18.37	16.81	1.9	0.01

SATURN, 2020

EPHEMERIS FOR PHYSICAL OBSERVATIONS
FOR 0ʰ TERRESTRIAL TIME

Date		L_s	Sub-Earth Point		Sub-Solar Point				North Pole	
			Long.	Lat.	Long.	Lat.	Dist.	P.A.	Dist.	P.A.
		°	°	°	°	°	″	°	″	°
Jan.	0	118.61	355.98	+ 28.22	354.73	+ 27.85	+ 0.16	260.82	+ 6.25	6.61
	4	118.73	358.61	+ 28.09	357.72	+ 27.81	+ 0.11	260.56	+ 6.25	6.62
	8	118.85	1.25	+ 27.94	0.73	+ 27.78	+ 0.06	260.20	+ 6.25	6.63
	12	118.97	3.91	+ 27.80	3.76	+ 27.75	+ 0.02	259.03	+ 6.25	6.64
	16	119.09	6.60	+ 27.65	6.81	+ 27.72	+ 0.03	81.27	+ 6.26	6.65
	20	119.21	9.30	+ 27.51	9.88	+ 27.68	+ 0.07	80.44	+ 6.27	6.66
	24	119.34	12.02	+ 27.36	12.97	+ 27.65	+ 0.12	80.11	+ 6.28	6.67
	28	119.46	14.77	+ 27.21	16.08	+ 27.62	+ 0.16	79.87	+ 6.29	6.68
Feb.	1	119.58	17.55	+ 27.06	19.21	+ 27.58	+ 0.21	79.66	+ 6.31	6.69
	5	119.70	20.35	+ 26.91	22.35	+ 27.55	+ 0.25	79.46	+ 6.33	6.70
	9	119.82	23.17	+ 26.76	25.52	+ 27.52	+ 0.30	79.27	+ 6.35	6.71
	13	119.94	26.03	+ 26.61	28.70	+ 27.48	+ 0.34	79.09	+ 6.37	6.71
	17	120.06	28.91	+ 26.47	31.90	+ 27.45	+ 0.38	78.92	+ 6.39	6.72
	21	120.18	31.81	+ 26.32	35.12	+ 27.42	+ 0.42	78.76	+ 6.42	6.73
	25	120.30	34.75	+ 26.18	38.36	+ 27.38	+ 0.46	78.60	+ 6.45	6.73
	29	120.43	37.72	+ 26.05	41.61	+ 27.35	+ 0.50	78.45	+ 6.48	6.73
Mar.	4	120.55	40.72	+ 25.91	44.87	+ 27.31	+ 0.54	78.31	+ 6.52	6.74
	8	120.67	43.74	+ 25.78	48.15	+ 27.28	+ 0.57	78.17	+ 6.55	6.74
	12	120.79	46.80	+ 25.66	51.44	+ 27.24	+ 0.61	78.04	+ 6.59	6.74
	16	120.91	49.88	+ 25.54	54.74	+ 27.21	+ 0.64	77.92	+ 6.63	6.75
	20	121.03	53.00	+ 25.42	58.06	+ 27.18	+ 0.67	77.80	+ 6.67	6.75
	24	121.15	56.14	+ 25.32	61.38	+ 27.14	+ 0.70	77.69	+ 6.71	6.75
	28	121.27	59.32	+ 25.22	64.71	+ 27.11	+ 0.72	77.60	+ 6.75	6.75
Apr.	1	121.40	62.52	+ 25.13	68.06	+ 27.07	+ 0.75	77.50	+ 6.80	6.75
	5	121.52	65.76	+ 25.04	71.40	+ 27.04	+ 0.77	77.42	+ 6.84	6.76
	9	121.64	69.02	+ 24.97	74.76	+ 27.00	+ 0.79	77.35	+ 6.89	6.76
	13	121.76	72.31	+ 24.90	78.11	+ 26.96	+ 0.80	77.29	+ 6.94	6.76
	17	121.88	75.62	+ 24.84	81.47	+ 26.93	+ 0.81	77.23	+ 6.98	6.76
	21	122.00	78.97	+ 24.79	84.83	+ 26.89	+ 0.82	77.19	+ 7.03	6.76
	25	122.12	82.33	+ 24.75	88.20	+ 26.86	+ 0.83	77.15	+ 7.08	6.76
	29	122.25	85.73	+ 24.72	91.56	+ 26.82	+ 0.83	77.12	+ 7.13	6.76
May	3	122.37	89.14	+ 24.70	94.91	+ 26.79	+ 0.83	77.11	+ 7.18	6.76
	7	122.49	92.58	+ 24.70	98.27	+ 26.75	+ 0.82	77.10	+ 7.23	6.76
	11	122.61	96.04	+ 24.70	101.62	+ 26.71	+ 0.81	77.11	+ 7.28	6.76
	15	122.73	99.52	+ 24.71	104.96	+ 26.68	+ 0.79	77.13	+ 7.32	6.76
	19	122.85	103.01	+ 24.73	108.29	+ 26.64	+ 0.78	77.15	+ 7.37	6.76
	23	122.97	106.53	+ 24.76	111.61	+ 26.60	+ 0.75	77.19	+ 7.41	6.76
	27	123.10	110.05	+ 24.80	114.93	+ 26.57	+ 0.73	77.24	+ 7.46	6.76
	31	123.22	113.59	+ 24.85	118.23	+ 26.53	+ 0.69	77.30	+ 7.50	6.76
June	4	123.34	117.14	+ 24.91	121.52	+ 26.49	+ 0.66	77.37	+ 7.54	6.76
	8	123.46	120.70	+ 24.98	124.79	+ 26.45	+ 0.62	77.45	+ 7.57	6.76
	12	123.58	124.26	+ 25.06	128.05	+ 26.42	+ 0.58	77.55	+ 7.60	6.76
	16	123.70	127.83	+ 25.14	131.29	+ 26.38	+ 0.53	77.66	+ 7.63	6.76
	20	123.82	131.40	+ 25.23	134.51	+ 26.34	+ 0.48	77.79	+ 7.66	6.76
	24	123.95	134.96	+ 25.33	137.71	+ 26.30	+ 0.42	77.94	+ 7.68	6.76
	28	124.07	138.52	+ 25.43	140.90	+ 26.27	+ 0.37	78.11	+ 7.70	6.76
July	2	124.19	142.08	+ 25.54	144.06	+ 26.23	+ 0.31	78.33	+ 7.72	6.76

SATURN, 2020

EPHEMERIS FOR PHYSICAL OBSERVATIONS
FOR 0ʰ TERRESTRIAL TIME

Date		Light-time	Magnitude	Surface Brightness	Diameter		Phase Angle	Defect of Illumination
					Eq.	Polar		
		m		mag./arcsec^2	$''$	$''$	$°$	$''$
July	2	75.26	+0.2	+6.9	18.37	16.81	1.9	0.01
	6	75.09	+0.2	+6.9	18.41	16.85	1.5	0.00
	10	74.96	+0.2	+6.9	18.44	16.89	1.1	0.00
	14	74.87	+0.1	+6.9	18.46	16.91	0.7	0.00
	18	74.82	+0.1	+6.9	18.47	16.92	0.3	0.00
	22	74.81	+0.1	+6.9	18.48	16.93	0.1	0.00
	26	74.84	+0.1	+6.9	18.47	16.92	0.5	0.00
	30	74.90	+0.1	+6.9	18.45	16.91	0.9	0.00
Aug.	3	75.01	+0.2	+6.9	18.43	16.89	1.3	0.00
	7	75.16	+0.2	+6.9	18.39	16.86	1.7	0.00
	11	75.34	+0.2	+6.9	18.35	16.82	2.1	0.01
	15	75.56	+0.2	+6.9	18.29	16.77	2.5	0.01
	19	75.82	+0.2	+6.9	18.23	16.71	2.9	0.01
	23	76.11	+0.3	+6.9	18.16	16.65	3.2	0.01
	27	76.43	+0.3	+6.9	18.08	16.58	3.6	0.02
	31	76.79	+0.3	+6.9	18.00	16.51	3.9	0.02
Sept.	4	77.17	+0.3	+6.9	17.91	16.43	4.2	0.02
	8	77.58	+0.3	+6.9	17.82	16.34	4.4	0.03
	12	78.01	+0.4	+6.9	17.72	16.25	4.7	0.03
	16	78.47	+0.4	+6.9	17.61	16.16	4.9	0.03
	20	78.95	+0.4	+6.9	17.51	16.06	5.1	0.03
	24	79.45	+0.4	+6.9	17.40	15.96	5.3	0.04
	28	79.96	+0.5	+6.9	17.29	15.86	5.4	0.04
Oct.	2	80.48	+0.5	+6.9	17.17	15.76	5.5	0.04
	6	81.02	+0.5	+6.9	17.06	15.65	5.6	0.04
	10	81.56	+0.5	+6.9	16.95	15.55	5.7	0.04
	14	82.11	+0.5	+6.9	16.83	15.44	5.7	0.04
	18	82.66	+0.5	+6.9	16.72	15.34	5.7	0.04
	22	83.21	+0.6	+6.9	16.61	15.24	5.7	0.04
	26	83.76	+0.6	+6.9	16.50	15.14	5.7	0.04
	30	84.31	+0.6	+6.9	16.39	15.04	5.6	0.04
Nov.	3	84.84	+0.6	+6.9	16.29	14.94	5.5	0.04
	7	85.37	+0.6	+6.9	16.19	14.85	5.4	0.04
	11	85.89	+0.6	+6.9	16.09	14.76	5.3	0.03
	15	86.39	+0.6	+6.9	16.00	14.67	5.1	0.03
	19	86.88	+0.6	+6.9	15.91	14.58	4.9	0.03
	23	87.35	+0.6	+6.9	15.82	14.50	4.7	0.03
	27	87.80	+0.6	+6.9	15.74	14.43	4.5	0.02
Dec.	1	88.23	+0.6	+6.9	15.67	14.35	4.3	0.02
	5	88.64	+0.6	+6.9	15.59	14.29	4.0	0.02
	9	89.02	+0.6	+6.9	15.53	14.22	3.8	0.02
	13	89.37	+0.6	+6.9	15.47	14.16	3.5	0.01
	17	89.70	+0.6	+6.9	15.41	14.11	3.2	0.01
	21	89.99	+0.6	+6.9	15.36	14.06	2.9	0.01
	25	90.26	+0.6	+6.9	15.31	14.02	2.6	0.01
	29	90.50	+0.6	+6.9	15.27	13.98	2.3	0.01
	33	90.70	+0.6	+6.9	15.24	13.94	1.9	0.00

SATURN, 2020

EPHEMERIS FOR PHYSICAL OBSERVATIONS
FOR 0ʰ TERRESTRIAL TIME

Date		L_s	Sub-Earth Point		Sub-Solar Point				North Pole	
			Long.	Lat.	Long.	Lat.	Dist.	P.A.	Dist.	P.A.
		°	°	°	°	°	"	°	"	°
July	2	124.19	142.08	+ 25.54	144.06	+ 26.23	+ 0.31	78.33	+ 7.72	6.76
	6	124.31	145.63	+ 25.65	147.21	+ 26.19	+ 0.24	78.62	+ 7.73	6.76
	10	124.43	149.16	+ 25.76	150.33	+ 26.15	+ 0.18	79.04	+ 7.74	6.75
	14	124.55	152.68	+ 25.87	153.43	+ 26.11	+ 0.12	79.82	+ 7.75	6.75
	18	124.68	156.18	+ 25.99	156.51	+ 26.08	+ 0.05	82.40	+ 7.75	6.75
	22	124.80	159.66	+ 26.10	159.56	+ 26.04	+ 0.02	245.49	+ 7.74	6.75
	26	124.92	163.12	+ 26.21	162.60	+ 26.00	+ 0.08	255.72	+ 7.73	6.75
	30	125.04	166.56	+ 26.33	165.61	+ 25.96	+ 0.15	256.98	+ 7.72	6.74
Aug.	3	125.16	169.96	+ 26.44	168.60	+ 25.92	+ 0.21	257.54	+ 7.70	6.74
	7	125.28	173.34	+ 26.54	171.57	+ 25.88	+ 0.28	257.88	+ 7.68	6.74
	11	125.41	176.69	+ 26.64	174.51	+ 25.84	+ 0.34	258.13	+ 7.66	6.73
	15	125.53	180.00	+ 26.74	177.44	+ 25.80	+ 0.40	258.33	+ 7.63	6.73
	19	125.65	183.28	+ 26.83	180.34	+ 25.76	+ 0.45	258.51	+ 7.60	6.73
	23	125.77	186.53	+ 26.91	183.23	+ 25.72	+ 0.50	258.65	+ 7.57	6.73
	27	125.89	189.73	+ 26.99	186.10	+ 25.69	+ 0.55	258.78	+ 7.53	6.72
	31	126.01	192.90	+ 27.06	188.95	+ 25.65	+ 0.60	258.90	+ 7.50	6.72
Sept.	4	126.14	196.04	+ 27.12	191.79	+ 25.61	+ 0.64	259.00	+ 7.46	6.72
	8	126.26	199.13	+ 27.18	194.60	+ 25.57	+ 0.68	259.08	+ 7.41	6.72
	12	126.38	202.19	+ 27.22	197.41	+ 25.53	+ 0.71	259.16	+ 7.37	6.71
	16	126.50	205.21	+ 27.26	200.20	+ 25.49	+ 0.74	259.23	+ 7.33	6.71
	20	126.62	208.19	+ 27.29	202.98	+ 25.44	+ 0.76	259.28	+ 7.28	6.71
	24	126.74	211.13	+ 27.31	205.76	+ 25.40	+ 0.79	259.32	+ 7.23	6.71
	28	126.87	214.04	+ 27.32	208.52	+ 25.36	+ 0.80	259.35	+ 7.19	6.71
Oct.	2	126.99	216.91	+ 27.32	211.27	+ 25.32	+ 0.81	259.37	+ 7.14	6.71
	6	127.11	219.76	+ 27.31	214.02	+ 25.28	+ 0.82	259.38	+ 7.09	6.71
	10	127.23	222.56	+ 27.30	216.77	+ 25.24	+ 0.83	259.38	+ 7.05	6.71
	14	127.35	225.34	+ 27.27	219.51	+ 25.20	+ 0.82	259.37	+ 7.00	6.71
	18	127.48	228.09	+ 27.24	222.25	+ 25.16	+ 0.82	259.35	+ 6.96	6.72
	22	127.60	230.81	+ 27.19	224.99	+ 25.12	+ 0.81	259.32	+ 6.91	6.72
	26	127.72	233.51	+ 27.14	227.73	+ 25.08	+ 0.80	259.28	+ 6.87	6.72
	30	127.84	236.19	+ 27.08	230.48	+ 25.04	+ 0.79	259.24	+ 6.83	6.72
Nov.	3	127.96	238.84	+ 27.01	233.22	+ 24.99	+ 0.77	259.18	+ 6.79	6.73
	7	128.09	241.48	+ 26.93	235.98	+ 24.95	+ 0.75	259.12	+ 6.75	6.73
	11	128.21	244.10	+ 26.85	238.74	+ 24.91	+ 0.73	259.05	+ 6.71	6.73
	15	128.33	246.70	+ 26.75	241.50	+ 24.87	+ 0.70	258.97	+ 6.68	6.74
	19	128.45	249.29	+ 26.65	244.28	+ 24.83	+ 0.67	258.89	+ 6.64	6.74
	23	128.57	251.88	+ 26.54	247.07	+ 24.78	+ 0.64	258.81	+ 6.61	6.74
	27	128.70	254.45	+ 26.42	249.87	+ 24.74	+ 0.61	258.72	+ 6.58	6.75
Dec.	1	128.82	257.02	+ 26.30	252.68	+ 24.70	+ 0.58	258.63	+ 6.56	6.75
	5	128.94	259.59	+ 26.17	255.50	+ 24.66	+ 0.54	258.54	+ 6.53	6.75
	9	129.06	262.16	+ 26.03	258.34	+ 24.61	+ 0.50	258.45	+ 6.51	6.76
	13	129.18	264.72	+ 25.88	261.19	+ 24.57	+ 0.46	258.37	+ 6.49	6.76
	17	129.31	267.29	+ 25.73	264.06	+ 24.53	+ 0.42	258.29	+ 6.47	6.76
	21	129.43	269.87	+ 25.58	266.94	+ 24.48	+ 0.38	258.23	+ 6.45	6.76
	25	129.55	272.45	+ 25.42	269.84	+ 24.44	+ 0.34	258.18	+ 6.44	6.77
	29	129.67	275.04	+ 25.25	272.76	+ 24.40	+ 0.30	258.16	+ 6.43	6.77
	33	129.79	277.65	+ 25.08	275.70	+ 24.36	+ 0.25	258.19	+ 6.42	6.77

URANUS, 2020

EPHEMERIS FOR PHYSICAL OBSERVATIONS
FOR 0ʰ TERRESTRIAL TIME

Date		Light-time	Magnitude	Equatorial Diameter	Phase Angle	L_s	Sub-Earth Lat.	North Pole	
								Dist.	P.A.
		m		"	°	°	°	"	°
Jan.	0	161.37	+5.7	3.63	2.6	47.49	+ 45.69	+ 1.27	260.33
	8	162.45	+5.8	3.61	2.7	47.57	+ 45.64	+ 1.26	260.32
	16	163.56	+5.8	3.58	2.8	47.66	+ 45.64	+ 1.25	260.32
	24	164.70	+5.8	3.56	2.8	47.75	+ 45.70	+ 1.24	260.35
Feb.	1	165.84	+5.8	3.53	2.8	47.84	+ 45.82	+ 1.23	260.40
	9	166.95	+5.8	3.51	2.7	47.92	+ 45.98	+ 1.22	260.47
	17	168.02	+5.8	3.49	2.6	48.01	+ 46.20	+ 1.21	260.55
	25	169.03	+5.8	3.47	2.4	48.10	+ 46.46	+ 1.20	260.66
Mar.	4	169.95	+5.9	3.45	2.2	48.19	+ 46.77	+ 1.18	260.79
	12	170.77	+5.9	3.43	1.9	48.28	+ 47.11	+ 1.17	260.93
	20	171.49	+5.9	3.42	1.6	48.36	+ 47.48	+ 1.16	261.08
	28	172.08	+5.9	3.41	1.3	48.45	+ 47.88	+ 1.14	261.25
Apr.	5	172.54	+5.9	3.40	1.0	48.54	+ 48.30	+ 1.13	261.43
	13	172.86	+5.9	3.39	0.6	48.63	+ 48.74	+ 1.12	261.62
	21	173.04	+5.9	3.39	0.3	48.72	+ 49.18	+ 1.11	261.82
	29	173.07	+5.9	3.39	0.1	48.80	+ 49.63	+ 1.10	262.02
May	7	172.96	+5.9	3.39	0.5	48.89	+ 50.08	+ 1.09	262.22
	15	172.71	+5.9	3.39	0.9	48.98	+ 50.52	+ 1.08	262.43
	23	172.32	+5.9	3.40	1.2	49.07	+ 50.94	+ 1.08	262.63
	31	171.80	+5.9	3.41	1.5	49.16	+ 51.35	+ 1.07	262.83
June	8	171.16	+5.9	3.42	1.8	49.24	+ 51.73	+ 1.07	263.01
	16	170.40	+5.9	3.44	2.1	49.33	+ 52.09	+ 1.06	263.19
	24	169.55	+5.8	3.46	2.4	49.42	+ 52.41	+ 1.06	263.35
July	2	168.61	+5.8	3.48	2.6	49.51	+ 52.69	+ 1.06	263.50
	10	167.60	+5.8	3.50	2.7	49.60	+ 52.94	+ 1.06	263.62
	18	166.53	+5.8	3.52	2.8	49.68	+ 53.14	+ 1.06	263.73
	26	165.43	+5.8	3.54	2.9	49.77	+ 53.29	+ 1.07	263.80
Aug.	3	164.31	+5.8	3.57	2.9	49.86	+ 53.40	+ 1.07	263.86
	11	163.19	+5.8	3.59	2.9	49.95	+ 53.45	+ 1.08	263.88
	19	162.09	+5.7	3.62	2.8	50.04	+ 53.46	+ 1.08	263.88
	27	161.04	+5.7	3.64	2.7	50.12	+ 53.41	+ 1.09	263.86
Sept.	4	160.04	+5.7	3.66	2.5	50.21	+ 53.31	+ 1.10	263.80
	12	159.13	+5.7	3.68	2.3	50.30	+ 53.17	+ 1.11	263.72
	20	158.31	+5.7	3.70	2.0	50.39	+ 52.98	+ 1.12	263.62
	28	157.62	+5.7	3.72	1.7	50.48	+ 52.76	+ 1.13	263.50
Oct.	6	157.05	+5.7	3.73	1.3	50.57	+ 52.50	+ 1.14	263.37
	14	156.63	+5.7	3.74	0.9	50.65	+ 52.21	+ 1.15	263.22
	22	156.36	+5.7	3.75	0.5	50.74	+ 51.90	+ 1.16	263.07
	30	156.25	+5.7	3.75	0.1	50.83	+ 51.58	+ 1.17	262.91
Nov.	7	156.31	+5.7	3.75	0.3	50.92	+ 51.26	+ 1.18	262.76
	15	156.53	+5.7	3.74	0.7	51.01	+ 50.95	+ 1.18	262.61
	23	156.91	+5.7	3.74	1.1	51.09	+ 50.65	+ 1.19	262.47
Dec.	1	157.44	+5.7	3.72	1.5	51.18	+ 50.38	+ 1.19	262.35
	9	158.12	+5.7	3.71	1.8	51.27	+ 50.14	+ 1.19	262.24
	17	158.91	+5.7	3.69	2.1	51.36	+ 49.94	+ 1.19	262.15
	25	159.82	+5.7	3.67	2.4	51.45	+ 49.78	+ 1.19	262.08
	33	160.82	+5.7	3.64	2.6	51.54	+ 49.67	+ 1.18	262.03
	41	161.88	+5.7	3.62	2.7	51.62	+ 49.61	+ 1.18	262.01

EPHEMERIS FOR PHYSICAL OBSERVATIONS
FOR 0ʰ TERRESTRIAL TIME

Date		Light-time	Magnitude	Equatorial Diameter	Phase Angle	L_s	Sub-Earth Lat.	North Pole	
								Dist.	P.A.
		m		"	°	°	°	"	°
Jan.	0	251.99	+7.9	2.25	1.7	302.04	−24.92	−1.01	323.36
	8	253.02	+7.9	2.24	1.6	302.09	−24.88	−1.01	323.27
	16	253.97	+7.9	2.24	1.5	302.14	−24.83	−1.00	323.17
	24	254.83	+7.9	2.23	1.3	302.18	−24.78	−1.00	323.05
Feb.	1	255.56	+7.9	2.22	1.1	302.23	−24.72	−1.00	322.92
	9	256.17	+8.0	2.22	0.9	302.28	−24.65	−1.00	322.78
	17	256.65	+8.0	2.21	0.6	302.33	−24.58	−0.99	322.63
	25	256.98	+8.0	2.21	0.4	302.38	−24.51	−0.99	322.48
Mar.	4	257.16	+8.0	2.21	0.2	302.42	−24.43	−0.99	322.32
	12	257.18	+8.0	2.21	0.1	302.47	−24.35	−0.99	322.17
	20	257.06	+8.0	2.21	0.4	302.52	−24.27	−1.00	322.01
	28	256.78	+8.0	2.21	0.6	302.57	−24.19	−1.00	321.86
Apr.	5	256.36	+8.0	2.22	0.8	302.62	−24.11	−1.00	321.72
	13	255.81	+8.0	2.22	1.1	302.67	−24.04	−1.00	321.59
	21	255.13	+7.9	2.23	1.3	302.71	−23.96	−1.01	321.46
	29	254.34	+7.9	2.23	1.5	302.76	−23.90	−1.01	321.35
May	7	253.46	+7.9	2.24	1.6	302.81	−23.84	−1.01	321.25
	15	252.49	+7.9	2.25	1.7	302.86	−23.78	−1.02	321.16
	23	251.45	+7.9	2.26	1.8	302.91	−23.74	−1.02	321.09
	31	250.37	+7.9	2.27	1.9	302.95	−23.70	−1.03	321.04
June	8	249.25	+7.9	2.28	1.9	303.00	−23.67	−1.03	321.00
	16	248.14	+7.9	2.29	1.9	303.05	−23.65	−1.04	320.97
	24	247.03	+7.9	2.30	1.9	303.10	−23.64	−1.04	320.97
July	2	245.95	+7.9	2.31	1.8	303.15	−23.64	−1.05	320.98
	10	244.92	+7.9	2.32	1.7	303.20	−23.65	−1.05	321.01
	18	243.97	+7.8	2.33	1.6	303.24	−23.67	−1.05	321.05
	26	243.10	+7.8	2.34	1.4	303.29	−23.70	−1.06	321.11
Aug.	3	242.34	+7.8	2.34	1.2	303.34	−23.73	−1.06	321.18
	11	241.69	+7.8	2.35	1.0	303.39	−23.77	−1.06	321.26
	19	241.18	+7.8	2.35	0.8	303.44	−23.82	−1.06	321.35
	27	240.82	+7.8	2.36	0.5	303.48	−23.88	−1.07	321.45
Sept.	4	240.60	+7.8	2.36	0.3	303.53	−23.93	−1.07	321.56
	12	240.54	+7.8	2.36	0.0	303.58	−23.99	−1.07	321.67
	20	240.64	+7.8	2.36	0.3	303.63	−24.05	−1.07	321.78
	28	240.90	+7.8	2.36	0.5	303.68	−24.10	−1.06	321.88
Oct.	6	241.31	+7.8	2.35	0.8	303.72	−24.16	−1.06	321.99
	14	241.86	+7.8	2.35	1.0	303.77	−24.21	−1.06	322.08
	22	242.55	+7.8	2.34	1.2	303.82	−24.26	−1.06	322.17
	30	243.37	+7.8	2.33	1.4	303.87	−24.29	−1.05	322.24
Nov.	7	244.29	+7.9	2.32	1.6	303.92	−24.33	−1.05	322.30
	15	245.30	+7.9	2.32	1.7	303.97	−24.35	−1.04	322.34
	23	246.37	+7.9	2.31	1.8	304.01	−24.37	−1.04	322.36
Dec.	1	247.50	+7.9	2.29	1.9	304.06	−24.37	−1.03	322.37
	9	248.65	+7.9	2.28	1.9	304.11	−24.37	−1.03	322.35
	17	249.80	+7.9	2.27	1.9	304.16	−24.36	−1.02	322.32
	25	250.93	+7.9	2.26	1.8	304.21	−24.33	−1.02	322.27
	33	252.02	+7.9	2.25	1.7	304.25	−24.30	−1.02	322.20
	41	253.04	+7.9	2.24	1.6	304.30	−24.26	−1.01	322.11

PLANETARY CENTRAL MERIDIANS, 2020
FOR 0ʰ TERRESTRIAL TIME

Date		Mars	Jupiter			Saturn
			System I	System II	System III	
		°	°	°	°	°
Jan.	0	54.11	80.31	131.08	155.45	355.98
	1	44.39	237.99	281.12	305.76	86.64
	2	34.67	35.66	71.17	96.07	177.29
	3	24.96	193.34	221.22	246.39	267.95
	4	15.24	351.02	11.27	36.70	358.61
	5	5.52	148.70	161.32	187.02	89.27
	6	355.80	306.38	311.37	337.34	179.93
	7	346.09	104.06	101.42	127.66	270.59
	8	336.37	261.75	251.48	277.98	1.25
	9	326.66	59.43	41.53	68.30	91.92
	10	316.95	217.12	191.59	218.62	182.58
	11	307.23	14.81	341.65	8.95	273.25
	12	297.52	172.50	131.71	159.27	3.91
	13	287.81	330.19	281.77	309.60	94.58
	14	278.10	127.88	71.83	99.93	185.25
	15	268.39	285.58	221.89	250.26	275.92
	16	258.68	83.27	11.96	40.59	6.60
	17	248.97	240.97	162.03	190.92	97.27
	18	239.26	38.67	312.09	341.25	187.94
	19	229.55	196.37	102.16	131.59	278.62
	20	219.84	354.07	252.23	281.93	9.30
	21	210.13	151.77	42.31	72.26	99.98
	22	200.42	309.47	192.38	222.60	190.66
	23	190.71	107.18	342.46	12.95	281.34
	24	181.00	264.89	132.53	163.29	12.02
	25	171.29	62.60	282.61	313.63	102.71
	26	161.58	220.31	72.69	103.98	193.40
	27	151.88	18.02	222.77	254.33	284.08
	28	142.17	175.73	12.86	44.68	14.77
	29	132.46	333.45	162.94	195.03	105.47
	30	122.75	131.17	313.03	345.38	196.16
	31	113.05	288.89	103.12	135.74	286.85
Feb.	1	103.34	86.61	253.21	286.09	17.55
	2	93.63	244.33	43.30	76.45	108.25
	3	83.92	42.06	193.40	226.81	198.94
	4	74.21	199.78	343.49	17.18	289.65
	5	64.50	357.51	133.59	167.54	20.35
	6	51.80	155.24	283.69	317.91	111.05
	7	45.09	312.97	73.79	108.27	201.76
	8	35.38	110.71	223.90	258.64	292.46
	9	25.67	268.44	14.00	49.01	23.17
	10	15.96	66.18	164.11	199.39	113.88
	11	6.25	223.92	314.22	349.76	204.60
	12	356.54	21.66	104.33	140.14	295.31
	13	346.83	179.40	254.44	290.52	26.03
	14	337.11	337.15	44.56	80.90	116.74
	15	327.40	134.90	194.67	231.28	207.46

FOR 0ʰ TERRESTRIAL TIME

Date		Mars	Jupiter			Saturn
			System I	System II	System III	
		°	°	°	°	°
Feb.	15	327.40	134.90	194.67	231.28	207.46
	16	317.69	292.65	344.79	21.67	298.18
	17	307.97	90.40	134.91	172.05	28.91
	18	298.26	248.15	285.03	322.44	119.63
	19	288.54	45.90	75.16	112.83	210.36
	20	278.83	203.66	225.29	263.22	301.09
	21	269.11	1.42	15.42	53.62	31.81
	22	259.39	159.18	165.55	204.02	122.55
	23	249.68	316.95	315.68	354.42	213.28
	24	239.96	114.71	105.81	144.82	304.02
	25	230.24	272.48	255.95	295.22	34.75
	26	220.52	70.25	46.09	85.63	125.49
	27	210.79	228.02	196.23	236.03	216.23
	28	201.07	25.80	346.38	26.44	306.97
	29	191.35	183.57	136.52	176.86	37.72
Mar.	1	181.62	341.35	286.67	327.27	128.47
	2	171.90	139.13	76.82	117.69	219.21
	3	162.17	296.92	226.97	268.10	309.96
	4	152.45	94.70	17.13	58.53	40.72
	5	142.72	252.49	167.29	208.95	131.47
	6	132.99	50.28	317.45	359.37	222.23
	7	123.26	208.07	107.61	149.80	312.98
	8	113.52	5.87	257.77	300.23	43.74
	9	103.79	163.66	47.94	90.66	134.50
	10	94.06	321.46	198.11	241.10	225.27
	11	84.32	119.26	348.28	31.54	316.03
	12	74.58	277.07	138.45	181.98	46.80
	13	64.84	74.88	288.63	332.42	137.57
	14	55.10	232.68	78.81	122.86	228.34
	15	45.36	30.49	228.99	273.31	319.11
	16	35.62	188.31	19.17	63.76	49.88
	17	25.87	346.12	169.35	214.21	140.66
	18	16.13	143.94	319.54	4.66	231.44
	19	6.38	301.76	109.73	155.12	322.22
	20	356.63	99.59	259.92	305.58	53.00
	21	346.88	257.41	50.12	96.04	143.78
	22	337.13	55.24	200.32	246.50	234.57
	23	327.37	213.07	350.52	36.97	325.36
	24	317.62	10.91	140.72	187.44	56.14
	25	307.86	168.74	290.93	337.91	146.94
	26	298.10	326.58	81.13	128.38	237.73
	27	288.35	124.42	231.34	278.86	328.52
	28	278.58	282.26	21.56	69.34	59.32
	29	268.82	80.11	171.77	219.82	150.12
	30	259.06	237.96	321.99	10.30	240.92
	31	249.29	35.81	112.21	160.79	331.72
Apr.	1	239.52	193.66	262.43	311.28	62.52

PLANETARY CENTRAL MERIDIANS, 2020
FOR 0ʰ TERRESTRIAL TIME

Date		Mars	Jupiter			Saturn
			System I	System II	System III	
		°	°	°	°	°
Apr.	1	239.52	193.66	262.43	311.28	62.52
	2	229.75	351.52	52.66	101.77	153.33
	3	219.98	149.38	202.89	252.27	244.14
	4	210.21	307.24	353.12	42.76	334.95
	5	200.44	105.11	143.35	193.26	65.76
	6	190.66	262.97	293.59	343.76	156.57
	7	180.88	60.84	83.83	134.27	247.38
	8	171.10	218.72	234.07	284.78	338.20
	9	161.32	16.59	24.31	75.29	69.02
	10	151.54	174.47	174.56	225.80	159.84
	11	141.76	332.35	324.81	16.32	250.66
	12	131.97	130.23	115.06	166.84	341.48
	13	122.18	288.12	265.32	317.36	72.31
	14	112.39	86.01	55.58	107.88	163.13
	15	102.60	243.90	205.84	258.41	253.96
	16	92.81	41.79	356.10	48.94	344.79
	17	83.01	199.69	146.37	199.47	75.62
	18	73.22	357.59	296.64	350.00	166.46
	19	63.42	155.49	86.91	140.54	257.29
	20	53.62	313.40	237.18	291.08	348.13
	21	43.82	111.30	27.46	81.62	78.97
	22	34.02	269.21	177.74	232.17	169.81
	23	24.21	67.13	328.02	22.72	260.65
	24	14.41	225.04	118.31	173.27	351.49
	25	4.60	22.96	268.59	323.82	82.33
	26	354.80	180.88	58.89	114.38	173.18
	27	344.99	338.81	209.18	264.94	264.03
	28	335.18	136.73	359.48	55.50	354.88
	29	325.37	294.66	149.77	206.07	85.73
	30	315.56	92.60	300.08	356.64	176.58
May	1	305.74	250.53	90.38	147.21	267.43
	2	295.93	48.47	240.69	297.78	358.29
	3	286.11	206.41	31.00	88.36	89.14
	4	276.30	4.35	181.31	238.93	180.00
	5	266.48	162.30	331.63	29.52	270.86
	6	256.66	320.25	121.94	180.10	1.72
	7	246.84	118.20	272.26	330.69	92.58
	8	237.02	276.15	62.59	121.28	183.44
	9	227.20	74.11	212.91	271.87	274.31
	10	217.38	232.07	3.24	62.46	5.17
	11	207.55	30.03	153.57	213.06	96.04
	12	197.73	188.00	303.91	3.66	186.91
	13	187.90	345.96	94.24	154.26	277.78
	14	178.08	143.93	244.58	304.87	8.65
	15	168.25	301.91	34.93	95.48	99.52
	16	158.43	99.88	185.27	246.09	190.39
	17	148.60	257.86	335.62	36.70	281.26

FOR 0^h TERRESTRIAL TIME

Date		Mars	Jupiter			Saturn
			System I	System II	System III	
		°	°	°	°	°
May	17	148.60	257.86	335.62	36.70	281.26
	18	138.78	55.84	125.97	187.31	12.14
	19	128.95	213.82	276.32	337.93	103.01
	20	119.13	11.81	66.67	128.55	193.89
	21	109.30	169.79	217.03	279.18	284.77
	22	99.47	327.78	7.39	69.80	15.65
	23	89.65	125.78	157.75	220.43	106.53
	24	79.82	283.77	308.11	11.06	197.41
	25	70.00	81.77	98.48	161.69	288.29
	26	60.17	239.77	248.85	312.32	19.17
	27	50.35	37.77	39.22	102.96	110.05
	28	40.53	195.77	189.59	253.60	200.94
	29	30.71	353.78	339.97	44.24	291.82
	30	20.88	151.78	130.34	194.88	22.71
	31	11.06	309.79	280.72	345.53	113.59
June	1	1.24	107.81	71.10	136.18	204.48
	2	351.43	265.82	221.49	286.83	295.36
	3	341.61	63.83	11.87	77.48	26.25
	4	331.79	221.85	162.26	228.13	117.14
	5	321.98	19.87	312.65	18.78	208.03
	6	312.16	177.89	103.04	169.44	298.92
	7	302.35	335.91	253.43	320.10	29.81
	8	292.54	133.94	43.82	110.76	120.70
	9	282.73	291.96	194.22	261.42	211.59
	10	272.92	89.99	344.62	52.08	302.48
	11	263.12	248.02	135.01	202.75	33.37
	12	253.32	46.05	285.41	353.41	124.26
	13	243.52	204.08	75.82	144.08	215.15
	14	233.72	2.11	226.22	294.75	306.04
	15	223.92	160.15	16.62	85.42	36.94
	16	214.13	318.18	167.03	236.09	127.83
	17	204.33	116.22	317.43	26.76	218.72
	18	194.55	274.26	107.84	177.43	309.61
	19	184.76	72.29	258.25	328.11	40.50
	20	174.98	230.33	48.65	118.78	131.40
	21	165.20	28.37	199.06	269.46	222.29
	22	155.42	186.41	349.47	60.13	313.18
	23	145.65	344.45	139.88	210.81	44.07
	24	135.88	142.50	290.30	1.49	134.96
	25	126.11	300.54	80.71	152.16	225.85
	26	116.35	98.58	231.12	302.84	316.74
	27	106.59	256.62	21.53	93.52	47.63
	28	96.84	54.66	171.94	244.20	138.52
	29	87.08	212.71	322.35	34.88	229.41
	30	77.34	10.75	112.77	185.55	320.30
July	1	67.59	168.79	263.18	336.23	51.19
	2	57.85	326.83	53.59	126.91	142.08

PLANETARY CENTRAL MERIDIANS, 2020
FOR 0ʰ TERRESTRIAL TIME

Date		Mars	Jupiter			Saturn
			System I	System II	System III	
		°	°	°	°	°
July	1	67.59	168.79	263.18	336.23	51.19
	2	57.85	326.83	53.59	126.91	142.08
	3	48.12	124.87	204.00	277.59	232.97
	4	38.39	282.91	354.41	68.26	323.85
	5	28.66	80.95	144.82	218.94	54.74
	6	18.94	238.99	295.23	9.61	145.63
	7	9.22	37.03	85.64	160.29	236.51
	8	359.51	195.07	236.05	310.96	327.39
	9	349.80	353.11	26.46	101.64	58.28
	10	340.10	151.15	176.86	252.31	149.16
	11	330.40	309.18	327.27	42.98	240.04
	12	320.71	107.22	117.67	193.65	330.92
	13	311.02	265.25	268.08	344.32	61.80
	14	301.34	63.28	58.48	134.99	152.68
	15	291.67	221.31	208.88	285.66	243.56
	16	282.00	19.34	359.28	76.32	334.43
	17	272.33	177.37	149.68	226.98	65.31
	18	262.68	335.39	300.07	17.65	156.18
	19	253.03	133.42	90.46	168.31	247.05
	20	243.38	291.44	240.86	318.96	337.93
	21	233.74	89.46	31.25	109.62	68.79
	22	224.11	247.48	181.63	260.27	159.66
	23	214.49	45.49	332.02	50.92	250.53
	24	204.87	203.51	122.40	201.57	341.40
	25	195.26	1.52	272.78	352.22	72.26
	26	185.65	159.52	63.16	142.87	163.12
	27	176.06	317.53	213.54	293.51	253.98
	28	166.47	115.53	3.91	84.15	344.84
	29	156.89	273.53	154.28	234.78	75.70
	30	147.31	71.53	304.65	25.42	166.56
	31	137.75	229.53	95.02	176.05	257.41
Aug.	1	128.19	27.52	245.38	326.68	348.26
	2	118.64	185.51	35.74	117.30	79.11
	3	109.09	343.50	186.09	267.93	169.96
	4	99.56	141.48	336.45	58.54	260.81
	5	90.03	299.46	126.80	209.16	351.66
	6	80.51	97.44	277.15	359.77	82.50
	7	71.00	255.41	67.49	150.38	173.34
	8	61.50	53.38	217.83	300.99	264.18
	9	52.01	211.35	8.17	91.59	355.02
	10	42.53	9.31	158.50	242.19	85.85
	11	33.06	167.27	308.83	32.79	176.69
	12	23.60	325.23	99.16	183.38	267.52
	13	14.14	123.18	249.48	333.97	358.35
	14	4.70	281.13	39.80	124.56	89.18
	15	355.27	79.07	190.12	275.14	180.00
	16	345.84	237.02	340.43	65.72	270.83

Date		Mars	Jupiter			Saturn
			System I	System II	System III	
		°	°	°	°	°
Aug.	16	345.84	237.02	340.43	65.72	270.83
	17	336.43	34.96	130.74	216.29	1.65
	18	327.03	192.89	281.04	6.86	92.47
	19	317.64	350.82	71.35	157.43	183.28
	20	308.26	148.75	221.64	308.00	274.10
	21	298.90	306.67	11.94	98.56	4.91
	22	289.54	104.59	162.23	249.11	95.72
	23	280.20	262.51	312.51	39.66	186.53
	24	270.86	60.42	102.79	190.21	277.33
	25	261.54	218.32	253.07	340.75	8.14
	26	252.24	16.23	43.35	131.29	98.94
	27	242.94	174.13	193.62	281.83	189.73
	28	233.66	332.02	343.88	72.36	280.53
	29	224.39	129.91	134.14	222.89	11.32
	30	215.13	287.80	284.40	13.41	102.12
	31	205.88	85.69	74.66	163.93	192.90
Sept.	1	196.65	243.57	224.91	314.45	283.69
	2	187.43	41.44	15.15	104.96	14.48
	3	178.22	199.31	165.39	255.47	105.26
	4	169.03	357.18	315.63	45.98	196.04
	5	159.85	155.04	105.87	196.48	286.81
	6	150.68	312.90	256.10	346.97	17.59
	7	141.53	110.76	46.32	137.46	108.36
	8	132.39	268.61	196.55	287.95	199.13
	9	123.27	66.46	346.77	78.44	289.90
	10	114.16	224.31	136.98	228.92	20.66
	11	105.06	22.15	287.19	19.40	111.43
	12	95.98	179.98	77.40	169.87	202.19
	13	86.92	337.81	227.60	320.34	292.95
	14	77.86	135.64	17.80	110.80	23.70
	15	68.83	293.47	168.00	261.27	114.46
	16	59.80	91.29	318.19	51.72	205.21
	17	50.79	249.11	108.38	202.18	295.96
	18	41.80	46.92	258.56	352.63	26.70
	19	32.81	204.73	48.74	143.07	117.45
	20	23.85	2.54	198.92	293.52	208.19
	21	14.89	160.34	349.09	83.96	298.93
	22	5.95	318.14	139.26	234.39	29.66
	23	357.02	115.93	289.43	24.82	120.40
	24	348.10	273.72	79.59	175.25	211.13
	25	339.19	71.51	229.75	325.68	301.86
	26	330.30	229.30	19.90	116.10	32.59
	27	321.41	27.08	170.06	266.52	123.32
	28	312.54	184.86	320.20	56.93	214.04
	29	303.68	342.63	110.35	207.34	304.76
	30	294.82	140.40	260.49	357.75	35.48
Oct.	1	285.98	298.17	50.63	148.15	126.20

PLANETARY CENTRAL MERIDIANS, 2020

FOR 0ʰ TERRESTRIAL TIME

Date		Mars	Jupiter			Saturn
			System I	System II	System III	
		°	°	°	°	°
Oct.	1	285.98	298.17	50.63	148.15	126.20
	2	277.14	95.93	200.76	298.55	216.91
	3	268.31	253.70	350.90	88.95	307.63
	4	259.49	51.45	141.03	239.35	38.34
	5	250.67	209.21	291.15	29.74	129.05
	6	241.86	6.96	81.27	180.13	219.76
	7	233.05	164.71	231.39	330.51	310.46
	8	224.25	322.46	21.51	120.90	41.16
	9	215.45	120.20	171.62	271.28	131.87
	10	206.66	277.94	321.74	61.65	222.56
	11	197.86	75.68	111.84	212.03	313.26
	12	189.07	233.41	261.95	2.40	43.96
	13	180.28	31.14	52.05	152.77	134.65
	14	171.48	188.87	202.15	303.13	225.34
	15	162.69	346.60	352.25	93.49	316.03
	16	153.89	144.32	142.34	243.85	46.72
	17	145.09	302.04	292.43	34.21	137.41
	18	136.28	99.76	82.52	184.56	228.09
	19	127.47	257.47	232.61	334.92	318.78
	20	118.65	55.19	22.69	125.27	49.46
	21	109.82	212.90	172.77	275.61	140.14
	22	100.99	10.61	322.85	65.96	230.81
	23	92.15	168.31	112.93	216.30	321.49
	24	83.30	326.01	263.00	6.64	52.17
	25	74.44	123.72	53.07	156.98	142.84
	26	65.57	281.41	203.14	307.31	233.51
	27	56.69	79.11	353.21	97.65	324.18
	28	47.80	236.81	143.27	247.98	54.85
	29	38.89	34.50	293.34	38.31	145.52
	30	29.98	192.19	83.40	188.63	236.19
	31	21.05	349.88	233.46	338.96	326.85
Nov.	1	12.11	147.56	23.51	129.28	57.52
	2	3.15	305.25	173.57	279.60	148.18
	3	354.18	102.93	323.62	69.92	238.84
	4	345.20	260.61	113.67	220.24	329.50
	5	336.21	58.29	263.72	10.56	60.16
	6	327.20	215.97	53.77	160.87	150.82
	7	318.18	13.65	203.82	311.18	241.48
	8	309.14	171.32	353.86	101.49	332.13
	9	300.09	328.99	143.91	251.80	62.79
	10	291.02	126.66	293.95	42.11	153.44
	11	281.94	284.33	83.99	192.42	244.10
	12	272.85	82.00	234.03	342.72	334.75
	13	263.74	239.67	24.06	133.03	65.40
	14	254.61	37.33	174.10	283.33	156.05
	15	245.47	195.00	324.13	73.63	246.70
	16	236.32	352.66	114.17	223.93	337.35

FOR 0ʰ TERRESTRIAL TIME

Date		Mars	Jupiter			Saturn
			System I	System II	System III	
		°	°	°	°	°
Nov.	16	236.32	352.66	114.17	223.93	337.35
	17	227.15	150.32	264.20	14.22	68.00
	18	217.97	307.98	54.23	164.52	158.65
	19	208.78	105.64	204.26	314.82	249.29
	20	199.57	263.30	354.29	105.11	339.94
	21	190.35	60.95	144.31	255.40	70.59
	22	181.11	218.61	294.34	45.69	161.23
	23	171.86	16.26	84.37	195.99	251.88
	24	162.60	173.92	234.39	346.28	342.52
	25	153.32	331.57	24.41	136.57	73.16
	26	144.03	129.22	174.43	286.85	163.81
	27	134.73	286.87	324.46	77.14	254.45
	28	125.42	84.52	114.48	227.43	345.09
	29	116.10	242.17	264.50	17.71	75.74
	30	106.76	39.82	54.52	168.00	166.38
Dec.	1	97.42	197.47	204.53	318.28	257.02
	2	88.06	355.11	354.55	108.57	347.66
	3	78.69	152.76	144.57	258.85	78.31
	4	69.31	310.41	294.59	49.13	168.95
	5	59.92	108.05	84.60	199.41	259.59
	6	50.53	265.70	234.62	349.69	350.23
	7	41.12	63.34	24.63	139.98	80.87
	8	31.70	220.98	174.65	290.26	171.51
	9	22.27	18.63	324.66	80.54	262.16
	10	12.84	176.27	114.67	230.82	352.80
	11	3.39	333.91	264.69	21.09	83.44
	12	353.94	131.56	54.70	171.37	174.08
	13	344.48	289.20	204.71	321.65	264.72
	14	335.01	86.84	354.72	111.93	355.37
	15	325.53	244.48	144.74	262.21	86.01
	16	316.04	42.12	294.75	52.49	176.65
	17	306.55	199.76	84.76	202.76	267.29
	18	297.05	357.41	234.77	353.04	357.94
	19	287.54	155.05	24.78	143.32	88.58
	20	278.03	312.69	174.79	293.60	179.22
	21	268.51	110.33	324.81	83.87	269.87
	22	258.98	267.97	114.82	234.15	0.51
	23	249.44	65.61	264.83	24.43	91.16
	24	239.90	223.25	54.84	174.71	181.80
	25	230.36	20.90	204.85	324.98	272.45
	26	220.81	178.54	354.86	115.26	3.10
	27	211.25	336.18	144.88	265.54	93.75
	28	201.69	133.82	294.89	55.82	184.39
	29	192.12	291.46	84.90	206.10	275.04
	30	182.55	89.11	234.91	356.38	5.69
	31	172.98	246.75	24.93	146.66	96.34
	32	163.40	44.39	174.94	296.93	186.99

CONTENTS OF SECTION F

The satellite ephemerides were calculated using $\Delta T = 70.0$ seconds.

SATELLITES: ORBITAL DATA

Satellite		Orbital Period (R = Retrograde)	Max. Elong. at Mean Opposition	Semimajor Axis	Orbital Eccentricity	Inclination of Orbit to Planet's Equator	Motion of Node on Fixed Plane[2]
		d	° ′ ″	×10³ km		°	°/yr
Earth							
	Moon	27.321 661		384.400	0.054 900 489	18.2–28.6	19.34[7]
Mars							
I	Phobos[1]	0.318 910 11	25	9.376	0.015 1	1.075	158.8
II	Deimos[1]	1.262 440 8	1 02	23.458	0.000 2	1.788	6.260
Jupiter							
I	Io[1]	1.769 137 761	2 18	421.80	0.004 1	0.036	48.6
II	Europa[1]	3.551 181 055	3 40	671.10	0.009 4	0.466	12.0
III	Ganymede[1]	7.154 553 25	5 51	1 070.40	0.001 3	0.177	2.63
IV	Callisto[1]	16.689 017 0	10 18	1 882.70	0.007 4	0.192	0.643
V	Amalthea[1]	0.498 179 08	59	181.40	0.003 2	0.380	914.6
VI	Himalia	250.56	1 22 14	11 460.20	0.159	28.61	524.4
VII	Elara	259.64	1 24 14	11 740.30	0.211	27.94	506.1
VIII	Pasiphae	743.61 R	2 49 33	23 629.10	0.406	151.41	185.6
IX	Sinope	758.89 R	2 10 20	23 942.00	0.255	158.19	181.4
X	Lysithea	259.20	1 03 58	11 717.00	0.116	27.66	506.9
XI	Carme	734.17 R	2 47 55	23 400.50	0.255	164.99	187.1
XII	Ananke	629.80 R	2 32 30	21 253.70	0.233	148.69	215.2
XIII	Leda	240.93	1 20 07	11 164.40	0.162	27.88	545.4
XIV	Thebe[1]	0.675	1 13	221.90	0.017 6	1.080	
XV	Adrastea[1]	0.298	42	129.00	0.001 8	0.054	
XVI	Metis[1]	0.295	42	128.00	0.001 2	0.019	
XVII	Callirrhoe	758.82 R	2 52 55	24 098.9	0.280	147.08[9]	
XVIII	Themisto	130.02	53 51	7 503.9	0.243	42.98[9]	
XIX	Megaclite	752.88 R	2 50 52	23 813.9	0.416	152.78[9]	
XX	Taygete	732.41 R	2 47 38	23 362.9	0.252	165.25[9]	
XXI	Chaldene	723.73 R	2 46 20	23 180.6	0.250	165.16[9]	
XXII	Harpalyke	623.32 R	2 31 27	21 106.1	0.230	148.76[9]	
XXIII	Kalyke	742.04 R	2 49 05	23 564.6	0.247	165.12[9]	
XXIV	Iocaste	631.60 R	2 32 38	21 272.0	0.215	149.41[9]	
XXV	Erinome	728.49 R	2 47 05	23 285.9	0.266	164.91[9]	
XXVI	Isonoe	726.26 R	2 46 42	23 231.2	0.247	165.25[9]	
XXVII	Praxidike	625.39 R	2 31 45	21 147.7	0.227	148.88[9]	
XXVIII	Autonoe	761.01 R	2 52 29	24 037.2	0.315	152.37[9]	
XXIX	Thyone	627.19 R	2 32 06	21 197.2	0.231	148.59[9]	
XXX	Hermippe	633.91 R	2 32 49	21 297.1	0.210	150.74[9]	
XXXI	Aitne	730.12 R	2 47 18	23 316.7	0.263	165.05[9]	
XXXII	Eurydome	717.31 R	2 46 05	23 146.2	0.275	150.27[9]	
XXXIII	Euanthe	620.45 R	2 30 58	21 039.0	0.232	148.92[9]	
XXXVI	Sponde	748.32 R	2 50 42	23 790.1	0.311	151.00[9]	
XXXVII	Kale	729.61 R	2 47 14	23 305.8	0.260	164.94[9]	
XXXIX	Hegemone	739.82 R	2 49 09	23 574.7	0.344	154.16[9]	
XLI	Aoede	761.40 R	2 52 01	23 974.1	0.432	158.27[9]	
XLIII	Arche	731.90 R	2 47 34	23 352.0	0.249	165.01[9]	
XLV	Helike	626.33 R	2 31 09	21 065.5	0.150	154.84[9]	
XLVI	Carpo	456.28	2 02 23	17 056.6	0.432	51.62[9]	
XLVII	Eukelade	730.33 R	2 47 21	23 322.7	0.262	165.26[9]	
LIII	Dia	278.21	1 28 14	12 297.50	0.232	28.63[9]	
Saturn							
I	Mimas[1]	0.942 421 959	30	185.539	0.019 6	1.574	365.0
II	Enceladus[1]	1.370 218 093	38	238.042	0.000 0	0.003	156.2[8]
III	Tethys[1]	1.887 802 537	48	294.672	0.000 1	1.091	72.25
IV	Dione[1]	2.736 915 571	1 01	377.415	0.002 2	0.028	30.85[8]
V	Rhea[1]	4.517 502 73	1 25	527.068	0.000 2	0.333	10.16
VI	Titan[1]	15.945 448 4	3 17	1 221.865	0.028 8	0.306	0.521 3[8]
VII	Hyperion[1]	21.276 658 2	4 02	1 500.933	0.023 2	0.615	
VIII	Iapetus[1]	79.331 122	9 35	3 560.854	0.029 3	8.298	
IX	Phoebe[1]	548.02 R	34 51	12 947.918	0.163 4	175.243[9]	

[1] Mean orbital data given with respect to the local Laplace plane.
[2] Rate of decrease (or increase) in the longitude of the ascending node.
[3] S = Synchronous, rotation period same as orbital period. C = Chaotic.
[4] V(Sun) = −26.75
[5] $V(1, 0)$ is the visual magnitude of the satellite reduced to a distance of 1 au from both the Sun and Earth and with phase angle of zero.
[6] V_0 is the mean opposition magnitude of the satellite.

Satellite		Mass Ratio (sat./planet)	Radius	Sid. Rot. Per.[3]	Geom. Alb. (V)[4]	$V(1,0)$[5]	V_0[6]	$B-V$	$U-B$
			km	d					
Earth									
	Moon	0.012 300 037 1	1737.4	S	0.12	+ 0.21	−12.74	0.92	0.46
Mars									
I	Phobos	1.661×10^{-8}	$13.0 \times 11.4 \times 9.1$	S	0.07	+11.8	+11.4	0.6	
II	Deimos	2.300×10^{-9}	$7.8 \times 6.0 \times 5.1$	S	0.07	+12.89	+12.5	0.65	0.18
Jupiter									
I	Io	4.705×10^{-5}	$1829 \times 1819 \times 1816$	S	0.63	− 1.68	+ 5.0	1.17	1.30
II	Europa	2.528×10^{-5}	$1563 \times 1560 \times 1560$	S	0.67	− 1.41	+ 5.3	0.87	0.52
III	Ganymede	7.805×10^{-5}	2631.2	S	0.43	− 2.09	+ 4.6	0.83	0.50
IV	Callisto	5.667×10^{-5}	2410.3	S	0.17	− 1.05	+ 5.7	0.86	0.55
V	Amalthea	1.09×10^{-9}	$125 \times 73 \times 64$	S	0.09	+ 6.3	+14.1	1.50	
VI	Himalia	3.6×10^{-9}	85	0.40	0.04	+ 8.1	+14.6	0.67	0.30
VII	Elara	4.58×10^{-10}	40		0.04 :	+10.0	+16.3	0.69	0.28
VIII	Pasiphae	1.58×10^{-10}	18 :		0.04 :	+ 9.9	+17.0	0.74	0.34
IX	Sinope	3.95×10^{-11}	14 :	0.548	0.04 :	+11.6	+18.1	0.84	
X	Lysithea	3.32×10^{-11}	12 :	0.533	0.04 :	+11.1	+18.3	0.72	
XI	Carme	6.95×10^{-11}	15 :	0.433	0.04 :	+10.9	+17.6	0.76	
XII	Ananke	1.58×10^{-11}	10 :	0.35	0.04 :	+11.9	+18.8	0.90	
XIII	Leda	5.76×10^{-12}	5 :		0.04 :	+13.5	+19.0	0.7	
XIV	Thebe	7.89×10^{-10}	$58 \times 49 \times 42$	S	0.05	+ 9.0	+16.0	1.3	
XV	Adrastea	3.95×10^{-12}	$10 \times 8 \times 7$	S	0.1 :	+12.4	+18.7		
XVI	Metis	6.31×10^{-11}	$30 \times 20 \times 17$	S	0.06	+10.8	+17.5		
XVII	Callirrhoe	4.58×10^{-13}	4.3 :		0.04 :	+13.9	+20.7	0.72	
XVIII	Themisto	3.63×10^{-13}	4.0 :		0.04 :	+12.9	+20.3	0.83	
XIX	Megaclite	1.11×10^{-13}	2.7 :		0.04 :	+15.1	+22.1	0.94	
XX	Taygete	8.68×10^{-14}	2.5 :		0.04 :	+15.6	+22.9	0.56	
XXI	Chaldene	3.95×10^{-14}	1.9 :		0.04 :	+15.7	+22.5		
XXII	Harpalyke	6.31×10^{-14}	2.2 :		0.04 :	+15.2	+22.2		
XXIII	Kalyke	1.03×10^{-13}	2.6 :		0.04 :	+15.3	+21.8	0.94	
XXIV	Iocaste	1.03×10^{-13}	2.6 :		0.04 :	+15.3	+22.5	0.63	
XXV	Erinome	2.73×10^{-14}	1.6 :		0.04 :	+16.0	+22.8		
XXVI	Isonoe	3.95×10^{-14}	1.9 :		0.04 :	+15.9	+22.5		
XXVII	Praxidike	2.29×10^{-13}	3.4 :		0.04 :	+15.2	+22.5	0.77	
XXVIII	Autonoe	4.74×10^{-14}	2.0 :		0.04 :	+15.4	+22.0		
XXIX	Thyone	4.74×10^{-14}	2.0 :		0.04 :	+15.7	+22.3		
XXX	Hermippe	4.74×10^{-14}	2.0 :		0.04 :	+15.5	+22.1		
XXXI	Aitne	2.37×10^{-14}	1.5 :		0.04 :	+16.1	+22.7		
XXXII	Eurydome	2.37×10^{-14}	1.5 :		0.04 :	+16.1	+22.7		
XXXIII	Euanthe	2.37×10^{-14}	1.5 :		0.04 :	+16.2	+22.8		
XXXVI	Sponde	7.89×10^{-15}	1.0 :		0.04 :	+16.4	+23.0		
XXXVII	Kale	7.89×10^{-15}	1.0 :		0.04 :	+16.4	+23.0		
XXXIX	Hegemone	2.37×10^{-14}	1.5 :		0.04 :	+15.9	+22.8		
XLI	Aoede	4.74×10^{-14}	2.0 :		0.04 :	+15.8	+22.5		
XLIII	Arche	2.37×10^{-14}	1.5 :		0.04 :	+16.4	+22.8		
XLV	Helike	4.74×10^{-14}	2.0 :		0.04 :	+16.0	+22.6		
XLVI	Carpo	2.37×10^{-14}	1.5 :		0.04 :	+15.6	+23.0		
XLVII	Eukelade	4.74×10^{-14}	2.0 :		0.04 :	+15.0	+22.6		
LIII	Dia	7.89×10^{-15}	1.0 :		0.04 :	+16.1	+22.4		
Saturn									
I	Mimas	6.60×10^{-8}	$207.8 \times 196.7 \times 190.6$	S	0.6	+ 3.3	+12.8		
II	Enceladus	1.90×10^{-7}	$256.6 \times 251.4 \times 248.3$	S	1.0	+ 2.2	+11.8	0.70	0.28
III	Tethys	1.09×10^{-6}	$538.4 \times 528.3 \times 526.3$	S	0.8	+ 0.7	+10.3	0.73	0.30
IV	Dione	1.93×10^{-6}	$563.4 \times 561.3 \times 559.6$	S	0.6	+ 0.88	+10.4	0.71	0.31
V	Rhea	4.06×10^{-6}	$765.0 \times 763.1 \times 762.4$	S	0.6	+ 0.16	+ 9.7	0.78	0.38
VI	Titan	2.367×10^{-4}	2575.0	S	0.2	− 1.20	+ 8.4	1.28	0.75
VII	Hyperion	9.83×10^{-9}	$180.1 \times 133.0 \times 102.7$	C	0.25	+ 4.6	+14.4	0.78	0.33
VIII	Iapetus	3.177×10^{-6}	$745.7 \times 745.7 \times 712.1$	S	0.2[10]	+ 1.6	+11.0	0.72	0.30
IX	Phoebe	1.458×10^{-8}	$109.4 \times 108.5 \times 101.8$	0.4	0.081	+ 6.63	+16.7	0.63	0.34

[7] Motion on the ecliptic plane.

[8] Rate of increase in the longitude of the apse.

[9] Measured from the ecliptic plane.

[10] Bright side, 0.5; faint side, 0.05.

: Quantity is uncertain.

Satellite		Orbital Period (R = Retrograde)	Max. Elong. at Mean Opposition	Semimajor Axis	Orbital Eccentricity	Inclination of Orbit to Planet's Equator	Motion of Node on Fixed Plane[2]
		d	° ′ ″	×10³ km		°	°/yr
Saturn							
X	Janus	0.695	24	151.45	0.009 8	0.165	
XI	Epimetheus	0.695	24	151.45	0.016 1	0.353	
XII	Helene	2.737	1 01	377.44	0.000	0.213	
XIII	Telesto	1.888	48	294.720	0.0002	1.180	
XIV	Calypso	1.888	48	294.721	0.0005	1.500	
XV	Atlas	0.602	22	137.774	0.001 1	0.003	
XVI	Prometheus	0.613	23	139.429	0.002 2	0.007	
XVII	Pandora	0.629	23	141.810	0.004 2	0.050	
XVIII	Pan [1]	0.575	22	133.585	0.000 0	0.000	
XIX	Ymir	1315.13 R	1 02 14	23 128	0.333 8	173.497	
XX	Paaliaq	686.95	40 55	15 204	0.332 5	46.228	
XXI	Tarvos	926.35	49 06	18 243	0.538 2	33.725	
XXII	Ijiraq	451.42	30 42	11 408	0.271 7	47.485	
XXIV	Kiviuq	449.22	30 38	11 384	0.332 5	46.764	
XXVI	Albiorix	783.46	44 07	16 393	0.479 7	34.060	
XXIX	Siarnaq	895.51	48 56	18 182	0.280 2	45.809	
Uranus							
I	Ariel	2.520 379 052	14	190.9	0.001 2	0.041	6.8
II	Umbriel	4.144 176 46	20	266.0	0.003 9	0.128	3.6
III	Titania	8.705 866 93	33	436.3	0.001 1	0.079	2.0
IV	Oberon	13.463 234 2	44	583.5	0.001 4	0.068	1.4
V	Miranda	1.413 479 408	10	129.9	0.001 3	4.338	19.8
VII	Ophelia	0.376 400 393	4	53.8	0.009 9	0.104	417.9
VIII	Bianca	0.434 578 986	4	59.2	0.000 9	0.193	298.7
IX	Cressida	0.463 569 601	5	61.8	0.000 4	0.006	256.9
X	Desdemona	0.473 649 597	5	62.7	0.000 1	0.113	244.3
XI	Juliet	0.493 065 489	5	64.4	0.000 7	0.065	222.5
XII	Portia	0.513 195 920	5	66.1	0.000 1	0.059	202.6
XIII	Rosalind	0.558 459 529	5	69.9	0.000 1	0.279	166.4
XIV	Belinda	0.623 527 470	6	75.3	0.000 1	0.031	128.8
XV	Puck	0.761 832 871	7	86.0	0.000 1	0.319	80.91
XVI	Caliban	579.73 R	9 08	7 231.100	0.181 2	141.53[9]	
XVII	Sycorax	1288.38 R	15 24	12 179.400	0.521 9	159.42[9]	
Neptune							
I	Triton [1]	5.876 854 07 R	17	354.759	0.000 0	156.865	0.523 2
II	Nereid [1]	360.13	4 22	5 513.818	0.750 7	7.090	0.039
V	Despina [1]	0.334 66	2	52.526	0.000 2	0.068	466.0
VI	Galatea [1]	0.428 74	3	61.953	0.000 1	0.034	261.3
VII	Larissa [1]	0.554 65	3	73.548	0.001 4	0.205	143.5
VIII	Proteus [1]	1.122	6	117.646	0.000 5	0.075	28.80
Pluto							
I	Charon	6.387 2	1	19.596	0.000 05	0.00	

[1] Mean orbital data given with respect to the local Laplace plane.
[2] Rate of decrease (or increase) in the longitude of the ascending node.
[3] S = Synchronous, rotation period same as orbital period. C = Chaotic.
[4] $V(\text{Sun}) = -26.75$
[3] $V(1, 0)$ is the visual magnitude of the satellite reduced to a distance of 1 au from both the Sun and Earth and with phase angle of zero.
[6] V_0 is the mean opposition magnitude of the satellite.

A Note on the Satellite Diagrams

The satellite orbit diagrams have been designed to assist observers in locating many of the shorter period (< 21 days) satellites of the planets. Each diagram depicts a planet and the apparent orbits of its satellites at 0 hours UT on that planet's opposition date, unless no opposition date occurs during the year. In that case, the diagram depicts the planet and orbits at 0 hours UT on January 1 or December 31 depending on which date provides the better view. The diagrams are inverted to reproduce what an observer would normally see through a telescope. Two arrows or text in the diagram indicate the apparent motion of the satellite(s); for most satellites in the solar system, the orbital motion is counterclockwise when viewed from the northern side of the orbital plane. In the case of Jupiter, Saturn, and Uranus, the diagram may have an expanded scale in one direction to better clarify the relative positions of the orbits.

Satellite		Mass Ratio (sat./planet)	Radius	Sid. Rot. Per.[3]	Geom. Alb. (V)[4]	$V(1,0)$[5]	V_0[6]	$B - V$	$U - B$
			km	d					
Saturn									
X	Janus	3.330×10^{-9}	$101.7 \times 93.0 \times 76.3$	S	0.71	+ 4 :	+14.4		
XI	Epimetheus	9.254×10^{-10}	$64.9 \times 57.3 \times 53.0$	S	0.73	+ 5.4 :	+15.6		
XII	Helene	2.004×10^{-11}	$22.5 \times 19.6 \times 13.3$		1.67	+ 8.4 :	+18.4		
XIII	Telesto	7.118×10^{-12}	$16.3 \times 11.8 \times 9.8$		1.0	+ 8.9 :	+18.5		
XIV	Calypso	4.482×10^{-12}	$15.3 \times 9.3 \times 6.3$		0.7	+ 9.1 :	+18.7		
XV	Atlas	1.160×10^{-11}	$20.5 \times 17.8 \times 9.4$		0.4	+ 8.4 :	+19.0		
XVI	Prometheus	2.831×10^{-10}	$68.2 \times 41.6 \times 28.2$	S	0.6	+ 6.4 :	+15.8		
XVII	Pandora	2.436×10^{-10}	$52.2 \times 40.8 \times 31.5$	S	0.5	+ 6.4 :	+16.4		
XVIII	Pan	8.700×10^{-12}	$17.2 \times 15.4 \times 10.4$		0.5 :		+19.4		
XIX	Ymir	8.700×10^{-12}	10 :		0.08 :	+12.4	+21.9	0.80	
XX	Paaliaq	1.450×10^{-11}	13 :		0.08 :	+11.8	+21.2	0.86	
XXI	Tarvos	4.746×10^{-12}	7 :		0.08 :	+12.6	+23.0	0.78	
XXII	Ijiraq	2.109×10^{-12}	6 :		0.08 :	+13.6	+22.6	1.05	
XXIV	Kiviuq	5.800×10^{-12}	8 :		0.08 :	+12.7	+22.6	0.92	
XXVI	Albiorix	3.691×10^{-11}	16 :		0.08 :		+20.5	0.80	
XXIX	Siarnaq	6.855×10^{-11}	21 :		0.08 :	+10.7	+20.1	0.87	
Uranus									
I	Ariel	1.49×10^{-5}	$581.1 \times 577.9 \times 577.7$	S	0.39	+ 1.7	+13.2	0.65	
II	Umbriel	1.41×10^{-5}	584.7	S	0.21	+ 2.6	+14.0	0.68	
III	Titania	3.94×10^{-5}	788.9	S	0.27	+ 1.3	+13.0	0.70	0.28
IV	Oberon	3.32×10^{-5}	761.4	S	0.23	+ 1.5	+13.2	0.68	0.20
V	Miranda	7.59×10^{-7}	$240.4 \times 234.2 \times 232.9$	S	0.32	+ 3.8	+15.3		
VII	Ophelia	6.21×10^{-10}	15		0.07 :	+11.1	+22.8		
VIII	Bianca	1.07×10^{-9}	21		0.065 :	+10.3	+22.0		
IX	Cressida	3.95×10^{-9}	31		0.069 :	+ 9.5	+21.1		
X	Desdemona	2.05×10^{-9}	27		0.084 :	+ 9.8	+21.5		
XI	Juliet	6.42×10^{-9}	42		0.075 :	+ 8.8	+20.6		
XII	Portia	1.94×10^{-8}	54		0.069 :	+ 8.3	+19.9		
XIII	Rosalind	2.93×10^{-9}	27		0.072 :	+ 9.8	+21.3		
XIV	Belinda	4.11×10^{-9}	33		0.067 :	+ 9.4	+21.0		
XV	Puck	3.33×10^{-8}	77		0.104 :	+ 7.5	+19.2		
XVI	Caliban	3.45×10^{-9}	36 :		0.04 :	+ 9.7	+22.4		
XVII	Sycorax	3.11×10^{-8}	75 :		0.04 :	+ 8.2	+20.8		
Neptune									
I	Triton	2.089×10^{-4}	1352.6	S	0.719	− 1.2	+13.0	0.72	0.29
II	Nereid	3.01×10^{-7}	170		0.155	+ 4.0	+19.7	0.65	
V	Despina	2.05×10^{-8}	74		0.090	+ 7.9	+22.0		
VI	Galatea	3.66×10^{-8}	79		0.079	+ 7.6 :	+21.9		
VII	Larissa	4.83×10^{-8}	96		0.091	+ 7.3	+21.5		
VIII	Proteus	4.916×10^{-7}	$218 \times 208 \times 201$	S	0.096	+ 5.6	+19.8		
Pluto									
I	Charon	0.1175	606.0	S	0.372	+ 0.9	+17.3	0.71	

[7] Motion on the ecliptic plane.
[8] Rate of increase in the longitude of the apse.
[9] Measured from the ecliptic plane.
[10] Bright side, 0.5; faint side, 0.05.
: Quantity is uncertain.

A Note on Selection Criteria for the Satellite Data Tables

Due to the recent proliferation of known satellites associated with the gas giant planets, a set of selection criteria has been established under which satellites will be included in the data tables presented on pages F2-F5. These criteria are the following: The value of the visual magnitude of the satellite must not be greater than 23.0 and the satellite must be sanctioned by the IAU with a roman numeral and a name designation. Satellites that have yet to receive IAU approval shall be designated as "works in progress" and shall be included at a later time should such approval be granted, provided their visual magnitudes are not dimmer than 23.0. A more complete version of this table, including satellites with visual magnitude values larger than 23.0, is to be found at *The Astronomical Almanac Online* (**http://asa.usno.navy.mil** and **http://asa.hmnao.com**).

SATELLITES OF MARS, 2020

APPARENT ORBITS OF THE SATELLITES AT 0ʰ UNIVERSAL TIME ON THE DATE OF OPPOSITION OCTOBER 13

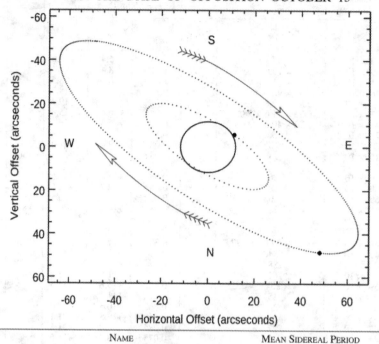

NAME	MEAN SIDEREAL PERIOD
	d
I Phobos	0.318 910 11
II Deimos	1.262 440 8

II Deimos

UNIVERSAL TIME OF GREATEST EASTERN ELONGATION

Jan.	Feb.	Mar.	Apr.	May	June	July	Aug.	Sept.	Oct.	Nov.	Dec.
d h	d h	d h	d h	d h	d h	d h	d h	d h	d h	d h	d h
−1 20.0	1 17.4	1 19.8	1 04.6	1 13.6	2 05.0	1 07.5	1 22.4	1 06.3	1 13.2	2 02.0	1 02.9
1 02.3	2 23.8	3 02.2	2 11.0	2 20.0	3 11.3	2 13.8	3 04.7	2 12.6	2 19.5	3 08.2	2 09.3
2 08.7	4 06.2	4 08.5	3 17.4	4 02.3	4 17.7	3 20.2	4 11.1	3 18.9	4 01.7	4 14.5	3 15.6
3 15.1	5 12.5	5 14.9	4 23.8	5 08.7	6 00.1	5 02.6	5 17.4	5 01.2	5 08.0	5 20.8	4 21.9
4 21.4	6 18.9	6 21.3	6 06.1	6 15.1	7 06.5	6 08.9	6 23.7	6 07.5	6 14.3	7 03.1	6 04.3
6 03.8	8 01.2	8 03.6	7 12.5	7 21.5	8 12.8	7 15.3	8 06.1	7 13.8	7 20.5	8 09.4	7 10.6
7 10.1	9 07.6	9 10.0	8 18.9	9 03.8	9 19.2	8 21.7	9 12.4	8 20.1	9 02.8	9 15.7	8 16.9
8 16.5	10 14.0	10 16.4	10 01.2	10 10.2	11 01.6	10 04.0	10 18.8	10 02.4	10 09.1	10 22.0	9 23.2
9 22.9	11 20.3	11 22.7	11 07.6	11 16.6	12 07.9	11 10.4	12 01.1	11 08.7	11 15.3	12 04.3	11 05.6
11 05.2	13 02.7	13 05.1	12 14.0	12 23.0	13 14.3	12 16.7	13 07.4	12 15.0	12 21.6	13 10.6	12 11.9
12 11.6	14 09.1	14 11.5	13 20.4	14 05.3	14 20.7	13 23.1	14 13.8	13 21.3	14 03.9	14 16.9	13 18.3
13 18.0	15 15.4	15 17.8	15 02.7	15 11.7	16 03.1	15 05.4	15 20.1	15 03.6	15 10.1	15 23.2	15 00.6
15 00.3	16 21.8	17 00.2	16 09.1	16 18.1	17 09.4	16 11.8	17 02.4	16 09.9	16 16.4	17 05.5	16 06.9
16 06.7	18 04.2	18 06.6	17 15.5	18 00.5	18 15.8	17 18.2	18 08.8	17 16.2	17 22.7	18 11.8	17 13.3
17 13.1	19 10.5	19 13.0	18 21.9	19 06.8	19 22.2	19 00.5	19 15.1	18 22.4	19 04.9	19 18.1	18 19.6
18 19.4	20 16.9	20 19.3	20 04.2	20 13.2	21 04.5	20 06.9	20 21.4	20 04.7	20 11.2	21 00.4	20 01.9
20 01.8	21 23.3	22 01.7	21 10.6	21 19.6	22 10.9	21 13.2	22 03.7	21 11.0	21 17.5	22 06.7	21 08.3
21 08.1	23 05.6	23 08.1	22 17.0	23 02.0	23 17.3	22 19.6	23 10.1	22 17.3	22 23.7	23 13.0	22 14.6
22 14.5	24 12.0	24 14.4	23 23.3	24 08.3	24 23.6	24 01.9	24 16.4	23 23.6	24 06.0	24 19.3	23 21.0
23 20.9	25 18.3	25 20.8	25 05.7	25 14.7	26 06.0	25 08.3	25 22.7	25 05.8	25 12.3	26 01.7	25 03.3
25 03.2	27 00.7	27 03.2	26 12.1	26 21.1	27 12.4	26 14.6	27 05.0	26 12.1	26 18.6	27 08.0	26 09.7
26 09.6	28 07.1	28 09.5	27 18.5	28 03.5	28 18.7	27 21.0	28 11.3	27 18.4	28 00.8	28 14.3	27 16.0
27 16.0	29 13.4	29 15.9	29 00.8	29 09.8	30 01.1	29 03.3	29 17.6	29 00.7	29 07.1	29 20.6	28 22.4
28 22.3		30 22.3	30 07.2	30 16.2		30 09.7		30 06.9	30 13.4		30 04.7
30 04.7				31 22.6		31 16.0			31 19.7		31 11.1
31 11.1											32 17.4

SATELLITES OF MARS, 2020

I Phobos

UNIVERSAL TIME OF EVERY THIRD GREATEST EASTERN ELONGATION

Jan.	Feb.	Mar.	Apr.	May	June	July	Aug.	Sept.	Oct.	Nov.	Dec.
d h	d h	d h	d h	d h	d h	d h	d h	d h	d h	d h	d h
−1 14.8	1 03.9	1 20.1	1 11.2	1 03.4	1 17.6	1 09.8	1 00.9	1 14.9	1 06.6	1 20.2	1 12.0
0 13.8	2 02.9	2 19.0	2 10.2	2 02.4	2 16.6	2 08.8	1 23.9	2 13.8	2 05.6	2 19.1	2 11.0
1 12.8	3 01.8	3 18.0	3 09.2	3 01.4	3 15.6	3 07.8	2 22.9	3 12.8	3 04.5	3 18.1	3 10.0
2 11.7	4 00.8	4 17.0	4 08.2	4 00.4	4 14.5	4 06.8	3 21.9	4 11.7	4 03.5	4 17.0	4 08.9
3 10.7	4 23.8	5 16.0	5 07.1	4 23.3	5 13.5	5 05.7	4 20.8	5 10.7	5 02.4	5 16.0	5 07.9
4 09.7	5 22.8	6 14.9	6 06.1	5 22.3	6 12.5	6 04.7	5 19.8	6 09.7	6 01.4	6 15.0	6 06.9
5 08.7	6 21.7	7 13.9	7 05.1	6 21.3	7 11.5	7 03.7	6 18.8	7 08.6	7 00.3	7 13.9	7 05.8
6 07.6	7 20.7	8 12.9	8 04.0	7 20.3	8 10.4	8 02.6	7 17.7	8 07.6	7 23.3	8 12.9	8 04.8
7 06.6	8 19.7	9 11.9	9 03.0	8 19.2	9 09.4	9 01.6	8 16.7	9 06.6	8 22.2	9 11.8	9 03.8
8 05.6	9 18.7	10 10.8	10 02.0	9 18.2	10 08.4	10 00.6	9 15.7	10 05.5	9 21.2	10 10.8	10 02.7
9 04.5	10 17.6	11 09.8	11 01.0	10 17.2	11 07.4	10 23.6	10 14.6	11 04.5	10 20.2	11 09.8	11 01.7
10 03.5	11 16.6	.12 08.8	11 23.9	11 16.2	12 06.3	11 22.5	11 13.6	12 03.4	11 19.1	12 08.7	12 00.7
11 02.5	12 15.6	13 07.7	12 22.9	12 15.1	13 05.3	12 21.5	12 12.6	13 02.4	12 18.1	13 07.7	12 23.6
12 01.5	13 14.5	14 06.7	13 21.9	13 14.1	14 04.3	13 20.5	13 11.5	14 01.4	13 17.0	14 06.7	13 22.6
13 00.4	14 13.5	15 05.7	14 20.9	14 13.1	15 03.3	14 19.5	14 10.5	15 00.3	14 16.0	15 05.6	14 21.6
13 23.4	15 12.5	16 04.7	15 19.8	15 12.1	16 02.2	15 18.4	15 09.5	15 23.3	15 14.9	16 04.6	15 20.6
14 22.4	16 11.5	17 03.6	16 18.8	16 11.0	17 01.2	16 17.4	16 08.4	16 22.2	16 13.9	17 03.5	16 19.5
15 21.4	17 10.4	18 02.6	17 17.8	17 10.0	18 00.2	17 16.4	17 07.4	17 21.2	17 12.8	18 02.5	17 18.5
16 20.3	18 09.4	19 01.6	18 16.8	18 09.0	18 23.2	18 15.3	18 06.4	18 20.2	18 11.8	19 01.5	18 17.5
17 19.3	19 08.4	20 00.6	19 15.7	19 08.0	19 22.1	19 14.3	19 05.3	19 19.1	19 10.8	20 00.4	19 16.4
18 18.3	20 07.4	20 23.5	20 14.7	20 06.9	20 21.1	20 13.3	20 04.3	20 18.1	20 09.7	20 23.4	20 15.4
19 17.2	21 06.3	21 22.5	21 13.7	21 05.9	21 20.1	21 12.3	21 03.3	21 17.0	21 08.7	21 22.4	21 14.4
20 16.2	22 05.3	22 21.5	22 12.7	22 04.9	22 19.1	22 11.2	22 02.2	22 16.0	22 07.6	22 21.3	22 13.4
21 15.2	23 04.3	23 20.5	23 11.6	23 03.9	23 18.0	23 10.2	23 01.2	23 14.9	23 06.6	23 20.3	23 12.3
22 14.2	24 03.3	24 19.4	24 10.6	24 02.8	24 17.0	24 09.2	24 00.2	24 13.9	24 05.5	24 19.3	24 11.3
23 13.1	25 02.2	25 18.4	25 09.6	25 01.8	25 16.0	25 08.1	24 23.1	25 12.9	25 04.5	25 18.2	25 10.3
24 12.1	26 01.2	26 17.4	26 08.6	26 00.8	26 15.0	26 07.1	25 22.1	26 11.8	26 03.5	26 17.2	26 09.2
25 11.1	27 00.2	27 16.4	27 07.5	26 23.8	27 13.9	27 06.1	26 21.1	27 10.8	27 02.4	27 16.2	27 08.2
26 10.1	27 23.1	28 15.3	28 06.5	27 22.7	28 12.9	28 05.1	27 20.0	28 09.7	28 01.4	28 15.1	28 07.2
27 09.0	28 22.1	29 14.3	29 05.5	28 21.7	29 11.9	29 04.0	28 19.0	29 08.7	29 00.3	29 14.1	29 06.2
28 08.0	29 21.1	30 13.3	30 04.5	29 20.7	30 10.9	30 03.0	29 18.0	30 07.6	29 23.3	30 13.1	30 05.1
29 07.0		31 12.3		30 19.7		31 02.0	30 16.9		30 22.2		31 04.1
30 06.0				31 18.6			31 15.9		31 21.2		32 03.1
31 04.9											

SATELLITES OF JUPITER, 2020

APPARENT ORBITS OF SATELLITES I–IV AT 0ʰ UNIVERSAL TIME ON THE DATE OF OPPOSITION, JULY 14

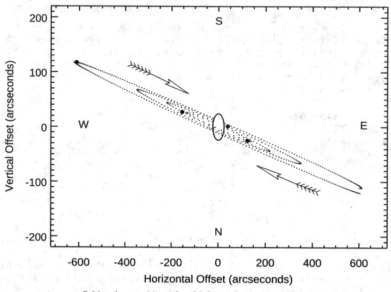

Orbits elongated in ratio of 2.3 to 1 in the North-South direction.

Name	Mean Sidereal Period		Name	Mean Sidereal Period
	d h m s	d		d
V Amalthea	0 11 57 22.673 =	0.498 179 08	XIII Leda	240.93
I Io	1 18 27 33.503 =	1.769 137 761	X Lysithea	259.20
II Europa	3 13 13 42.043 =	3.551 181 055	XII Ananke	629.80 R
III Ganymede	7 03 42 33.401 =	7.154 553 25	XI Carme	734.17 R
IV Callisto	16 16 32 11.069 =	16.689 017 0	VIII Pasiphae	743.61 R
VI Himalia	250.56		IX Sinope	758.89 R
VII Elara	259.64			

V Amalthea

UNIVERSAL TIME OF EVERY TWENTIETH GREATEST EASTERN ELONGATION

	d h		d h		d h		d h		d h
Jan.	−9 19.1	Mar.	11 12.6	May	30 05.6	Aug.	17 22.4	Nov.	5 15.6
	1 18.3		21 11.8	June	9 04.7		27 21.5		15 14.8
	11 17.5		31 10.9		19 03.8	Sept.	6 20.6		25 14.0
	21 16.7	Apr.	10 10.1		29 02.9		16 19.7	Dec.	5 13.2
	31 15.9		20 09.2	July	9 02.0		26 18.9		15 12.4
Feb.	10 15.1		30 08.3		19 01.1	Oct.	6 18.1		25 11.6
	20 14.3	May	10 07.4		29 00.1		16 17.2		35 10.8
Mar.	1 13.4		20 06.5	Aug.	7 23.2		26 16.4		

MULTIPLES OF THE MEAN SYNODIC PERIOD

	d	h		d	h		d	h		d	h
1	0	12.0	6	2	23.7	11	5	11.5	16	7	23.3
2	0	23.9	7	3	11.7	12	5	23.5	17	8	11.3
3	1	11.9	8	3	23.7	13	6	11.4	18	8	23.2
4	1	23.8	9	4	11.6	14	6	23.4	19	9	11.2
5	2	11.8	10	4	23.6	15	7	11.4	20	9	23.2

SATELLITES OF JUPITER, 2020

DIFFERENTIAL COORDINATES FOR 0ʰ UNIVERSAL TIME

Date		VI Himalia $\Delta\alpha$	VI Himalia $\Delta\delta$	VII Elara $\Delta\alpha$	VII Elara $\Delta\delta$	Date		VI Himalia $\Delta\alpha$	VI Himalia $\Delta\delta$	VII Elara $\Delta\alpha$	VII Elara $\Delta\delta$
		m s	′	m s	′			m s	′	m s	′
Jan.	0	− 2 53	+ 14.4	− 0 15	0.0	July	2	+ 3 17	+ 13.3	− 3 11	+ 26.1
	4	− 2 59	+ 12.9	+ 0 02	− 2.4		6	+ 2 57	+ 15.8	− 3 27	+ 26.5
	8	− 3 05	+ 11.3	+ 0 20	− 4.7		10	+ 2 33	+ 18.0	− 3 42	+ 26.7
	12	− 3 09	+ 9.6	+ 0 37	− 6.9		14	+ 2 06	+ 19.9	− 3 55	+ 26.8
	16	− 3 11	+ 7.7	+ 0 55	− 8.9		18	+ 1 36	+ 21.6	− 4 05	+ 26.6
	20	− 3 13	+ 5.8	+ 1 12	− 10.7		22	+ 1 05	+ 22.9	− 4 12	+ 26.3
	24	− 3 14	+ 3.8	+ 1 28	− 12.3		26	+ 0 33	+ 23.9	− 4 17	+ 25.8
	28	− 3 13	+ 1.8	+ 1 43	− 13.6		30	− 0 01	+ 24.5	− 4 19	+ 25.0
Feb.	1	− 3 12	− 0.3	+ 1 58	− 14.7	Aug.	3	− 0 33	+ 24.8	− 4 18	+ 24.0
	5	− 3 09	− 2.3	+ 2 11	− 15.5		7	− 1 05	+ 24.7	− 4 14	+ 22.8
	9	− 3 05	− 4.4	+ 2 23	− 16.1		11	− 1 35	+ 24.3	− 4 07	+ 21.3
	13	− 3 00	− 6.4	+ 2 34	− 16.4		15	− 2 03	+ 23.6	− 3 56	+ 19.6
	17	− 2 54	− 8.4	+ 2 43	− 16.5		19	− 2 29	+ 22.6	− 3 44	+ 17.7
	21	− 2 47	− 10.4	+ 2 51	− 16.4		23	− 2 51	+ 21.3	− 3 28	+ 15.6
	25	− 2 39	− 12.3	+ 2 58	− 16.0		27	− 3 11	+ 19.9	− 3 10	+ 13.3
	29	− 2 31	− 14.1	+ 3 04	− 15.5		31	− 3 28	+ 18.1	− 2 49	+ 10.9
Mar.	4	− 2 21	− 15.9	+ 3 08	− 14.8	Sept.	4	− 3 43	+ 16.3	− 2 27	+ 8.3
	8	− 2 10	− 17.5	+ 3 11	− 13.9		8	− 3 54	+ 14.3	− 2 02	+ 5.6
	12	− 1 58	− 19.0	+ 3 13	− 12.9		12	− 4 02	+ 12.2	− 1 37	+ 2.9
	16	− 1 45	− 20.4	+ 3 14	− 11.7		16	− 4 08	+ 9.9	− 1 10	+ 0.2
	20	− 1 32	− 21.7	+ 3 13	− 10.5		20	− 4 11	+ 7.7	− 0 43	− 2.5
	24	− 1 17	− 22.8	+ 3 11	− 9.1		24	− 4 12	+ 5.4	− 0 16	− 5.0
	28	− 1 02	− 23.7	+ 3 08	− 7.7		28	− 4 10	+ 3.0	+ 0 10	− 7.4
Apr.	1	− 0 46	− 24.5	+ 3 04	− 6.1	Oct.	2	− 4 07	+ 0.8	+ 0 36	− 9.5
	5	− 0 29	− 25.1	+ 2 58	− 4.5		6	− 4 02	− 1.5	+ 1 00	− 11.4
	9	− 0 11	− 25.4	+ 2 51	− 2.9		10	− 3 56	− 3.8	+ 1 23	− 13.0
	13	+ 0 07	− 25.6	+ 2 43	− 1.2		14	− 3 48	− 5.9	+ 1 43	− 14.3
	17	+ 0 26	− 25.6	+ 2 34	+ 0.5		18	− 3 38	− 8.0	+ 2 02	− 15.3
	21	+ 0 45	− 25.3	+ 2 24	+ 2.2		22	− 3 28	− 10.0	+ 2 18	− 16.0
	25	+ 1 05	− 24.8	+ 2 12	+ 4.0		26	− 3 17	− 11.8	+ 2 32	− 16.4
	29	+ 1 24	− 24.0	+ 1 59	+ 5.7		30	− 3 05	− 13.6	+ 2 44	− 16.4
May	3	+ 1 44	− 23.0	+ 1 45	+ 7.4	Nov.	3	− 2 52	− 15.2	+ 2 53	− 16.2
	7	+ 2 04	− 21.8	+ 1 29	+ 9.1		7	− 2 39	− 16.7	+ 3 01	− 15.8
	11	+ 2 22	− 20.3	+ 1 13	+ 10.8		11	− 2 25	− 18.1	+ 3 07	− 15.1
	15	+ 2 41	− 18.6	+ 0 55	+ 12.4		15	− 2 11	− 19.3	+ 3 10	− 14.2
	19	+ 2 58	− 16.6	+ 0 36	+ 14.0		19	− 1 56	− 20.3	+ 3 12	− 13.2
	23	+ 3 13	− 14.4	+ 0 17	+ 15.6		23	− 1 41	− 21.2	+ 3 13	− 12.0
	27	+ 3 27	− 12.0	− 0 04	+ 17.0		27	− 1 26	− 21.9	+ 3 12	− 10.7
	31	+ 3 39	− 9.5	− 0 25	+ 18.4	Dec.	1	− 1 11	− 22.4	+ 3 10	− 9.3
June	4	+ 3 49	− 6.8	− 0 46	+ 19.8		5	− 0 55	− 22.7	+ 3 07	− 7.8
	8	+ 3 55	− 3.9	− 1 08	+ 21.0		9	− 0 40	− 22.9	+ 3 03	− 6.3
	12	+ 3 58	− 1.0	− 1 30	+ 22.1		13	− 0 25	− 22.9	+ 2 58	− 4.7
	16	+ 3 58	+ 1.9	− 1 51	+ 23.2		17	− 0 10	− 22.6	+ 2 53	− 3.1
	20	+ 3 54	+ 4.9	− 2 13	+ 24.1		21	+ 0 05	− 22.2	+ 2 46	− 1.5
	24	+ 3 46	+ 7.8	− 2 33	+ 24.9		25	+ 0 20	− 21.6	+ 2 39	+ 0.1
	28	+ 3 33	+ 10.6	− 2 53	+ 25.6		29	+ 0 34	− 20.8	+ 2 32	+ 1.8
July	2	+ 3 17	+ 13.3	− 3 11	+ 26.1		33	+ 0 48	− 19.8	+ 2 23	+ 3.4

Differential coordinates are given in the sense "satellite minus planet."

SATELLITES OF JUPITER, 2020

DIFFERENTIAL COORDINATES FOR 0ʰ UNIVERSAL TIME

Date		VIII Pasiphae		IX Sinope		X Lysithea	
		$\Delta\alpha$	$\Delta\delta$	$\Delta\alpha$	$\Delta\delta$	$\Delta\alpha$	$\Delta\delta$
		m s	′	m s	′	m s	′
Jan.	−8	+ 5 01	+ 55.3	− 1 02	+ 24.4	+ 0 39	+ 16.9
	2	+ 4 22	+ 55.9	− 1 53	+ 22.9	− 0 09	+ 15.2
	12	+ 3 43	+ 56.2	− 2 42	+ 20.8	− 0 54	+ 11.7
	22	+ 3 03	+ 56.2	− 3 28	+ 18.2	− 1 36	+ 6.8
Feb.	1	+ 2 23	+ 56.0	− 4 13	+ 15.1	− 2 12	+ 1.1
	11	+ 1 43	+ 55.4	− 4 55	+ 11.7	− 2 39	− 5.2
	21	+ 1 03	+ 54.6	− 5 34	+ 7.9	− 2 59	− 11.5
Mar.	2	+ 0 23	+ 53.5	− 6 10	+ 3.9	− 3 11	− 17.4
	12	− 0 17	+ 52.0	− 6 43	− 0.3	− 3 15	− 22.8
	22	− 0 56	+ 50.3	− 7 13	− 4.7	− 3 12	− 27.2
Apr.	1	− 1 34	+ 48.3	− 7 40	− 9.1	− 3 02	− 30.6
	11	− 2 12	+ 46.0	− 8 05	− 13.6	− 2 45	− 32.8
	21	− 2 47	+ 43.4	− 8 28	− 18.1	− 2 22	− 33.6
May	1	− 3 21	+ 40.5	− 8 48	− 22.6	− 1 51	− 32.9
	11	− 3 53	+ 37.3	− 9 07	− 26.9	− 1 14	− 30.6
	21	− 4 23	+ 33.8	− 9 23	− 31.2	− 0 30	− 26.7
	31	− 4 49	+ 30.0	− 9 37	− 35.2	+ 0 19	− 21.3
June	10	− 5 12	+ 25.8	− 9 49	− 38.9	+ 1 11	− 14.7
	20	− 5 31	+ 21.2	− 9 57	− 42.3	+ 2 02	− 7.1
	30	− 5 46	+ 16.2	− 10 02	− 45.2	+ 2 50	+ 0.9
July	10	− 5 57	+ 10.9	− 10 02	− 47.6	+ 3 29	+ 8.9
	20	− 6 02	+ 5.3	− 9 56	− 49.6	+ 3 54	+ 16.1
	30	− 6 03	− 0.6	− 9 45	− 51.1	+ 4 01	+ 22.2
Aug.	9	− 5 57	− 6.5	− 9 27	− 52.2	+ 3 48	+ 26.4
	19	− 5 45	− 12.3	− 9 04	− 53.0	+ 3 15	+ 28.6
	29	− 5 26	− 17.8	− 8 35	− 53.5	+ 2 25	+ 28.3
Sept.	8	− 4 57	− 22.7	− 8 02	− 53.8	+ 1 24	+ 25.7
	18	− 4 20	− 26.8	− 7 24	− 53.9	+ 0 19	+ 21.0
	28	− 3 34	− 29.7	− 6 43	− 53.9	− 0 43	+ 14.7
Oct.	8	− 2 39	− 31.3	− 5 59	− 53.6	− 1 37	+ 7.4
	18	− 1 39	− 31.3	− 5 13	− 53.2	− 2 19	− 0.2
	28	− 0 36	− 29.9	− 4 25	− 52.5	− 2 48	− 7.5
Nov.	7	+ 0 27	− 27.1	− 3 36	− 51.5	− 3 04	− 14.1
	17	+ 1 26	− 23.2	− 2 47	− 50.2	− 3 10	− 19.7
	27	+ 2 21	− 18.4	− 1 57	− 48.5	− 3 07	− 24.2
Dec.	7	+ 3 10	− 13.1	− 1 08	− 46.6	− 2 57	− 27.4
	17	+ 3 52	− 7.4	− 0 19	− 44.2	− 2 42	− 29.5
	27	+ 4 27	− 1.6	+ 0 29	− 41.5	− 2 24	− 30.3
	37	+ 4 55	+ 4.3	+ 1 15	− 38.5	− 2 03	− 29.9

Differential coordinates are given in the sense "satellite minus planet."

DIFFERENTIAL COORDINATES FOR 0ʰ UNIVERSAL TIME

Date		XI Carme		XII Ananke		XIII Leda	
		$\Delta\alpha$	$\Delta\delta$	$\Delta\alpha$	$\Delta\delta$	$\Delta\alpha$	$\Delta\delta$
		m s	′	m s	′	m s	′
Jan.	−8	− 3 52	− 18.6	− 5 33	− 48.6	+ 0 22	− 16.2
	2	− 4 27	− 18.5	− 5 16	− 49.5	− 0 25	− 16.6
	12	− 5 00	− 18.7	− 4 56	− 50.1	− 1 10	− 15.6
	22	− 5 30	− 19.0	− 4 32	− 50.4	− 1 50	− 13.2
Feb.	1	− 5 59	− 19.4	− 4 06	− 50.3	− 2 21	− 9.6
	11	− 6 26	− 19.9	− 3 36	− 49.7	− 2 42	− 5.1
	21	− 6 50	− 20.4	− 3 04	− 48.6	− 2 51	− 0.2
Mar.	2	− 7 13	− 20.7	− 2 30	− 47.0	− 2 50	+ 4.9
	12	− 7 32	− 20.9	− 1 55	− 44.8	− 2 39	+ 9.9
	22	− 7 50	− 20.9	− 1 18	− 42.1	− 2 19	+ 14.5
Apr.	1	− 8 05	− 20.6	− 0 41	− 38.9	− 1 51	+ 18.6
	11	− 8 17	− 19.9	− 0 03	− 35.1	− 1 16	+ 22.2
	21	− 8 27	− 18.7	+ 0 35	− 30.7	− 0 35	+ 25.0
May	1	− 8 34	− 17.1	+ 1 12	− 25.9	+ 0 11	+ 26.9
	11	− 8 38	− 15.0	+ 1 47	− 20.6	+ 1 01	+ 27.8
	21	− 8 39	− 12.4	+ 2 21	− 14.9	+ 1 53	+ 27.6
	31	− 8 35	− 9.2	+ 2 53	− 8.9	+ 2 44	+ 26.0
June	10	− 8 27	− 5.7	+ 3 23	− 2.8	+ 3 31	+ 22.9
	20	− 8 14	− 1.9	+ 3 49	+ 3.5	+ 4 09	+ 18.3
	30	− 7 55	+ 2.1	+ 4 12	+ 9.8	+ 4 34	+ 12.3
July	10	− 7 30	+ 6.2	+ 4 33	+ 15.9	+ 4 41	+ 5.1
	20	− 6 59	+ 10.0	+ 4 50	+ 21.7	+ 4 27	− 2.6
	30	− 6 20	+ 13.4	+ 5 04	+ 27.1	+ 3 50	− 10.1
Aug.	9	− 5 36	+ 16.3	+ 5 16	+ 32.1	+ 2 53	− 16.6
	19	− 4 47	+ 18.6	+ 5 24	+ 36.5	+ 1 40	− 21.1
	29	− 3 54	+ 20.4	+ 5 30	+ 40.3	+ 0 21	− 23.0
Sept.	8	− 2 58	+ 21.6	+ 5 33	+ 43.5	− 0 56	− 22.1
	18	− 2 00	+ 22.3	+ 5 31	+ 46.2	− 2 00	− 18.5
	28	− 1 02	+ 22.6	+ 5 26	+ 48.2	− 2 46	− 13.1
Oct.	8	− 0 05	+ 22.7	+ 5 16	+ 49.7	− 3 10	− 6.7
	18	+ 0 50	+ 22.6	+ 5 02	+ 50.6	− 3 15	− 0.2
	28	+ 1 41	+ 22.4	+ 4 43	+ 50.8	− 3 05	+ 5.7
Nov.	7	+ 2 28	+ 22.1	+ 4 19	+ 50.4	− 2 45	+ 10.8
	17	+ 3 09	+ 21.7	+ 3 51	+ 49.2	− 2 18	+ 14.8
	27	+ 3 43	+ 21.2	+ 3 18	+ 47.3	− 1 47	+ 17.8
Dec.	7	+ 4 11	+ 20.6	+ 2 41	+ 44.7	− 1 14	+ 19.9
	17	+ 4 30	+ 19.9	+ 2 02	+ 41.2	− 0 41	+ 21.1
	27	+ 4 43	+ 18.8	+ 1 20	+ 37.0	− 0 09	+ 21.5
	37	+ 4 48	+ 17.5	+ 0 37	+ 32.0	+ 0 23	+ 21.2

Differential coordinates are given in the sense "satellite minus planet."

SATELLITES OF JUPITER, 2020

TERRESTRIAL TIME OF SUPERIOR GEOCENTRIC CONJUNCTION

I Io

	d	h m		d	h m		d	h m		d	h m
Jan.	23	19 58	Apr.	19	13 59	July	15	05 50	Oct.	9	22 00
	25	14 28		21	08 27		17	00 16		11	16 29
	27	08 58		23	02 56		18	18 42		13	10 58
	29	03 29		24	21 24		20	13 08		15	05 27
	30	21 59		26	15 52		22	07 34		16	23 56
Feb.	1	16 29		28	10 19		24	02 00		18	18 25
	3	10 59		30	04 47		25	20 26		20	12 54
	5	05 29	May	1	23 15		27	14 52		22	07 23
	6	23 59		3	17 43		29	09 18		24	01 53
	8	18 29		5	12 10		31	03 44		25	20 22
	10	12 59		7	06 38	Aug.	1	22 10		27	14 51
	12	07 30		9	01 06		3	16 36		29	09 21
	14	01 59		10	19 33		5	11 03		31	03 50
	15	20 29		12	14 00		7	05 29	Nov.	1	22 20
	17	14 59		14	08 28		8	23 55		3	16 50
	19	09 29		16	02 55		10	18 22		5	11 19
	21	03 59		17	21 22		12	12 48		7	05 49
	22	22 29		19	15 49		14	07 14		9	00 19
	24	16 59		21	10 16		16	01 41		10	18 48
	26	11 28		23	04 43		17	20 08		12	13 18
	28	05 58		24	23 10		19	14 34		14	07 48
Mar.	1	00 28		26	17 37		21	09 01		16	02 18
	2	18 57		28	12 04		23	03 28		17	20 48
	4	13 27		30	06 31		24	21 55		19	15 18
	6	07 57	June	1	00 57		26	16 22		21	09 48
	8	02 26		2	19 24		28	10 49		23	04 18
	9	20 56		4	13 50		30	05 16		24	22 48
	11	15 25		6	08 17		31	23 43		26	17 19
	13	09 54		8	02 43	Sept.	2	18 10		28	11 49
	15	04 24		9	21 10		4	12 38		30	06 19
	16	22 53		11	15 36		6	07 05	Dec.	2	00 49
	18	17 22		13	10 02		8	01 33		3	19 20
	20	11 51		15	04 29		9	20 00		5	13 50
	22	06 21		16	22 55		11	14 28		7	08 20
	24	00 50		18	17 21		13	08 55		9	02 50
	25	19 19		20	11 47		15	03 23		10	21 21
	27	13 48		22	06 13		16	21 51		12	15 51
	29	08 17		24	00 39		18	16 19		14	10 22
	31	02 45		25	19 05		20	10 47		16	04 52
Apr.	1	21 14		27	13 31		22	05 15		17	23 23
	3	15 43		29	07 57		23	23 43		19	17 53
	5	10 12	July	1	02 23		25	18 12		21	12 24
	7	04 40		2	20 49		27	12 40		23	06 54
	8	23 09		4	15 15		29	07 08		25	01 25
	10	17 37		6	09 41	Oct.	1	01 37		26	19 55
	12	12 06		8	04 07		2	20 05		28	14 26
	14	06 34		9	22 32		4	14 34		30	08 56
	16	01 03		11	16 58		6	09 02			
	17	19 31		13	11 24		8	03 31			

Jupiter is too close to the Sun for observations between January 1 and January 22.

TERRESTRIAL TIME OF SUPERIOR GEOCENTRIC CONJUNCTION

II Europa

	d	h m		d	h m		d	h m		d	h m
Jan.	23	07 00	Apr.	21	05 07	July	18	22 51	Oct.	15	17 10
	26	20 24		24	18 25		22	11 58		19	06 29
	30	09 49		28	07 41		26	01 07		22	19 49
Feb.	2	23 13	May	1	20 57		29	14 14		26	09 09
	6	12 37		5	10 13	Aug.	2	03 23		29	22 30
	10	02 01		8	23 28		5	16 32	Nov.	2	11 51
	13	15 25		12	12 42		9	05 41		6	01 12
	17	04 49		16	01 57		12	18 50		9	14 33
	20	18 12		19	15 10		16	08 00		13	03 55
	24	07 35		23	04 23		19	21 10		16	17 17
	27	20 59		26	17 35		23	10 22		20	06 40
Mar.	2	10 21		30	06 47		26	23 33		23	20 03
	5	23 44	June	2	19 58		30	12 45		27	09 26
	9	13 06		6	09 09	Sept.	3	01 57		30	22 49
	13	02 29		9	22 19		6	15 10	Dec.	4	12 12
	16	15 50		13	11 29		10	04 24		8	01 36
	20	05 12		17	00 38		13	17 38		11	15 00
	23	18 33		20	13 47		17	06 53		15	04 24
	27	07 54		24	02 55		20	20 08		18	17 48
	30	21 14		27	16 04		24	09 24		22	07 12
Apr.	3	10 34	July	1	05 12		27	22 40		25	20 36
	6	23 53		4	18 20	Oct.	1	11 57		29	10 01
	10	13 13		8	07 27		5	01 15			
	14	02 31		11	20 36		8	14 32			
	17	15 50		15	09 43		12	03 51			

III Ganymede

	d	h m		d	h m		d	h m		d	h m
Jan.	24	00 38	Apr.	19	03 49	July	13	22 20	Oct.	7	17 01
	31	05 05		26	07 43		21	01 36		14	21 03
Feb.	7	09 31	May	3	11 34		28	04 54		22	01 08
	14	13 57		10	15 20	Aug.	4	08 13		29	05 18
	21	18 20		17	19 01		11	11 35	Nov.	5	09 31
	28	22 41		24	22 39		18	15 00		12	13 46
Mar.	7	02 59	June	1	02 12		25	18 29		19	18 04
	14	07 15		8	05 41	Sept.	1	22 03		26	22 25
	21	11 28		15	09 06		9	01 41	Dec.	4	02 48
	28	15 38		22	12 27		16	05 25		11	07 14
Apr.	4	19 46		29	15 46		23	09 13		18	11 41
	11	23 49	July	6	19 03		30	13 05		25	16 10

IV Callisto

	d	h m		d	h m		d	h m		d	h m
Feb.	1	12 32	Apr.	25	13 20	July	17	18 36	Oct.	9	01 37
	18	08 57	May	12	06 27	Aug.	3	08 54		25	20 08
Mar.	6	04 59		28	22 36		19	23 44	Nov.	11	15 23
	23	00 29	June	14	13 51	Sept.	5	15 23		28	11 17
Apr.	8	19 19	July	1	04 24		22	08 00	Dec.	15	07 38

Jupiter is too close to the Sun for observations between January 1 and January 22.

SATELLITES OF JUPITER, 2020

UNIVERSAL TIME OF GEOCENTRIC PHENOMENA

JANUARY

d	h m			d	h m			d	h m			d	h m		
0	2 43	II	Sh I	7	22 31	I	Oc R	15	21 41	I	Tr E	23	22 57	IV	Tr I
	2 50	II	Tr I	8	17 13	I	Sh I	16	2 09	II	Ec D	24	1 44	IV	Tr E
	5 23	II	Sh E		17 25	I	Tr I		5 30	II	Oc R		2 08	III	Oc R
	5 30	II	Tr E		19 27	I	Sh E		16 27	I	Ec D		15 29	I	Sh I
	18 10	I	Ec D		19 40	I	Tr E		17 17	III	Ec D		15 58	I	Tr I
	20 29	I	Oc R		23 35	II	Ec D		19 03	I	Oc R		17 44	I	Sh E
1	15 19	I	Sh I	9	2 40	II	Oc R		21 39	III	Oc R		18 12	I	Tr E
	15 24	I	Tr I		13 18	III	Ec D	17	13 36	I	Sh I		23 50	II	Sh I
	17 33	I	Sh E		14 33	I	Ec D		13 57	I	Tr I	25	0 48	II	Tr I
	17 38	I	Tr E		17 01	I	Oc R		15 50	I	Sh E		2 30	II	Sh E
	21 00	II	Ec D		17 09	III	Oc R		16 11	I	Tr E		3 30	II	Tr E
	23 50	II	Oc R	10	11 42	I	Sh I		21 14	II	Sh I		12 50	I	Ec D
2	9 19	III	Ec D		11 56	I	Tr I		21 58	II	Tr I		15 35	I	Oc R
	12 38	III	Oc R		13 56	I	Sh E		23 54	II	Sh E	26	9 58	I	Sh I
	12 38	I	Ec D		14 10	I	Tr E	18	0 39	II	Tr E		10 28	I	Tr I
	14 59	I	Oc R		18 38	II	Sh I		10 55	I	Ec D		12 12	I	Sh E
3	9 48	I	Sh I		19 07	II	Tr I		13 33	I	Oc R		12 43	I	Tr E
	9 54	I	Tr I		21 18	II	Sh E	19	8 04	I	Sh I		18 01	II	Ec D
	12 02	I	Sh E		21 48	II	Tr E		8 27	I	Tr I		21 44	II	Oc R
	12 09	I	Tr E	11	9 01	I	Ec D		10 18	I	Sh E	27	7 18	I	Ec D
	16 02	II	Sh I		11 32	I	Oc R		10 42	I	Tr E		10 05	I	Oc R
	16 16	II	Tr I	12	6 10	I	Sh I		15 26	II	Ec D		11 01	III	Sh I
	18 42	II	Sh E		6 26	I	Tr I		18 55	II	Oc R		13 07	III	Tr I
	18 57	II	Tr E		8 24	I	Sh E	20	5 24	I	Ec D		13 59	III	Sh E
4	7 07	I	Ec D		8 40	I	Tr E		7 03	III	Sh I		16 09	III	Tr E
	9 30	I	Oc R		12 52	II	Ec D		8 04	I	Oc R	28	4 26	I	Sh I
5	4 16	I	Sh I		16 05	II	Oc R		8 40	III	Tr I		4 58	I	Tr I
	4 25	I	Tr I	13	3 03	III	Sh I		9 59	III	Sh E		6 41	I	Sh E
	6 30	I	Sh E		3 30	I	Ec D		11 40	III	Tr E		7 13	I	Tr E
	6 39	I	Tr E		4 11	III	Tr I	21	2 32	I	Sh I		13 07	II	Sh I
	10 18	II	Ec D		5 59	III	Sh E		2 57	I	Tr I		14 12	II	Tr I
	13 15	II	Oc R		6 02	I	Oc R		4 47	I	Sh E		15 48	II	Sh E
	23 05	III	Sh I		7 10	III	Tr E		5 12	I	Tr E		16 55	II	Tr E
	23 43	III	Tr I	14	0 39	I	Sh I		10 32	II	Sh I	29	1 47	I	Ec D
6	1 35	I	Ec D		0 56	I	Tr I		11 22	II	Tr I		4 35	I	Oc R
	1 59	III	Sh E		2 53	I	Sh E		13 12	II	Sh E		22 55	I	Sh I
	2 40	III	Tr E		3 11	I	Tr E		14 05	II	Tr E		23 28	I	Tr I
	4 00	I	Oc R		7 56	II	Sh I		23 53	I	Ec D	30	1 09	I	Sh E
	22 45	I	Sh I		8 32	II	Tr I	22	2 34	I	Oc R		1 43	I	Tr E
	22 55	I	Tr I		10 36	II	Sh E		21 01	I	Sh I		7 18	II	Ec D
7	0 44	IV	Sh I		11 14	II	Tr E		21 27	I	Tr I		11 09	II	Oc R
	0 59	I	Sh E		21 58	I	Ec D		23 15	I	Sh E		20 15	I	Ec D
	1 09	I	Tr E	15	0 33	I	Oc R		23 42	I	Tr E		23 05	I	Oc R
	2 21	IV	Tr I		11 31	IV	Ec D	23	4 44	II	Ec D	31	1 13	III	Ec D
	2 57	IV	Sh E		13 54	IV	Ec R		8 19	II	Oc R		6 36	III	Oc R
	4 46	IV	Tr E		14 30	IV	Oc D		18 21	I	Ec D		17 23	I	Sh I
	5 19	II	Sh I		17 08	IV	Oc R		18 41	IV	Sh I		17 58	I	Tr I
	5 41	II	Tr I		19 07	I	Sh I		21 04	I	Oc R		19 38	I	Sh E
	8 00	II	Sh E		19 26	I	Tr I		21 08	IV	Sh E		20 13	I	Tr E
	8 22	II	Tr E		21 21	I	Sh E		21 15	III	Ec D				
	20 04	I	Ec D												

I. Jan. 16	II. Jan. 16	III. Jan. 16	IV. Jan. 15
$x_1 = -1.3, \; y_1 = -0.2$	$x_1 = -1.4, \; y_1 = -0.4$	$x_1 = -1.6, \; y_1 = -0.5$	$x_1 = -1.8, \; y_1 = -0.8$
			$x_2 = -0.8, \; y_2 = -0.8$

NOTE.—I denotes ingress; E, egress; D, disappearance; R, reappearance; Ec, eclipse; Oc, occultation; Tr, transit of the satellite; Sh, transit of the shadow.

CONFIGURATIONS OF SATELLITES I-IV FOR JANUARY

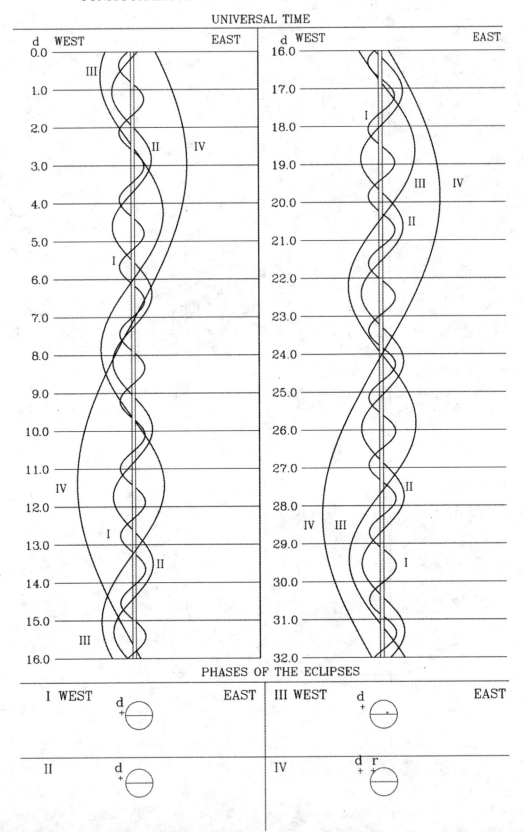

UNIVERSAL TIME

PHASES OF THE ECLIPSES

SATELLITES OF JUPITER, 2020

UNIVERSAL TIME OF GEOCENTRIC PHENOMENA

FEBRUARY

d	h m				d	h m				d	h m				d	h m			
1	2 26	II	Sh	I	8	9 08	II	Tr	E	15	18 31	I	Ec	D	22	23 36	I	Oc	R
	3 37	II	Tr	I		16 38	I	Ec	D		21 36	I	Oc	R					
	5 06	II	Sh	E		19 36	I	Oc	R						23	17 33	I	Sh	I
	5 29	IV	Ec	D						16	15 39	I	Sh	I		18 28	I	Tr	I
	6 20	II	Tr	E	9	12 38	IV	Sh	I		16 29	I	Tr	I		19 48	I	Sh	E
	8 05	IV	Ec	R		13 46	I	Sh	I		17 54	I	Sh	E		20 43	I	Tr	E
	11 01	IV	Oc	D		14 29	I	Tr	I		18 44	I	Tr	E					
	14 01	IV	Oc	R		15 17	IV	Sh	E						24	4 20	II	Ec	D
	14 44	I	Ec	D		16 00	I	Sh	E	17	1 45	II	Ec	D		8 57	II	Oc	R
	17 35	I	Oc	R		16 44	I	Tr	E		6 10	II	Oc	R		14 53	I	Ec	D
						19 22	IV	Tr	I		13 00	I	Ec	D		18 05	I	Oc	R
2	11 52	I	Sh	I		22 28	IV	Tr	E		16 06	I	Oc	R					
	12 28	I	Tr	I		23 10	II	Ec	D		22 57	III	Sh	I	25	2 55	III	Sh	I
	14 06	I	Sh	E							23 25	IV	Ec	D		5 56	III	Sh	E
	14 43	I	Tr	E	10	3 22	II	Oc	R							6 42	III	Tr	I
	20 36	II	Ec	D		11 06	I	Ec	D	18	1 57	III	Sh	E		9 51	III	Tr	E
						14 06	I	Oc	R		2 14	IV	Ec	R		12 02	I	Sh	I
3	0 33	II	Oc	R		18 59	III	Sh	I		2 21	III	Tr	I		12 58	I	Tr	I
	9 12	I	Ec	D		21 58	III	Sh	E		5 28	III	Tr	E		14 16	I	Sh	E
	12 06	I	Oc	R		21 58	III	Tr	I		7 18	IV	Oc	D		15 13	I	Tr	E
	15 00	III	Sh	I							10 08	I	Sh	I		23 29	II	Sh	I
	17 34	III	Tr	I	11	1 04	III	Tr	E		10 35	IV	Oc	R					
	17 59	III	Sh	E		8 14	I	Sh	I		10 59	I	Tr	I	26	1 22	II	Tr	I
	20 38	III	Tr	E		8 59	I	Tr	I		12 22	I	Sh	E		2 10	II	Sh	E
						10 28	I	Sh	E		13 14	I	Tr	E		4 06	II	Tr	E
4	6 20	I	Sh	I		11 14	I	Tr	E		20 54	II	Sh	I		6 36	IV	Sh	I
	6 59	I	Tr	I		18 18	II	Sh	I		22 36	II	Tr	I		9 22	I	Ec	D
	8 35	I	Sh	E		19 49	II	Tr	I		23 35	II	Sh	E		9 27	IV	Sh	E
	9 14	I	Tr	E		20 59	II	Sh	E							12 35	I	Oc	R
	15 43	II	Sh	I		22 32	II	Tr	E	19	1 20	II	Tr	E		15 30	IV	Tr	I
	17 01	II	Tr	I							7 28	I	Ec	D		18 52	IV	Tr	E
	18 24	II	Sh	E	12	5 35	I	Ec	D		10 36	I	Oc	R					
	19 44	II	Tr	E		8 36	I	Oc	R						27	6 30	I	Sh	I
										20	4 36	I	Sh	I		7 28	I	Tr	I
5	3 41	I	Ec	D	13	2 42	I	Sh	I		5 28	I	Tr	I		8 45	I	Sh	E
	6 36	I	Oc	R		3 29	I	Tr	I		6 51	I	Sh	E		9 43	I	Tr	E
						4 57	I	Sh	E		7 44	I	Tr	E		17 37	II	Ec	D
6	0 49	I	Sh	I		5 44	I	Tr	E		15 02	II	Ec	D		22 20	II	Oc	R
	1 29	I	Tr	I		12 28	II	Ec	D		19 34	II	Oc	R					
	3 03	I	Sh	E		16 46	II	Oc	R						28	3 50	I	Ec	D
	3 44	I	Tr	E						21	1 57	I	Ec	D		7 05	I	Oc	R
	9 53	II	Ec	D	14	0 03	I	Ec	D		5 06	I	Oc	R		17 07	III	Ec	D
	13 58	II	Oc	R		3 06	I	Oc	R		13 08	III	Ec	D		20 10	III	Ec	R
	22 09	I	Ec	D		9 10	III	Ec	D		16 10	III	Ec	R		21 05	III	Oc	D
						12 11	III	Ec	R		16 44	III	Oc	D					
7	1 06	I	Oc	R		12 22	III	Oc	D		19 53	III	Oc	R	29	0 15	III	Oc	R
	5 11	III	Ec	D		15 29	III	Oc	R		23 05	I	Sh	I		0 59	I	Sh	I
	11 03	III	Oc	R		21 11	I	Sh	I		23 58	I	Tr	I		1 57	I	Tr	I
	19 17	I	Sh	I		21 59	I	Tr	I							3 13	I	Sh	E
	19 59	I	Tr	I		23 25	I	Sh	E	22	1 19	I	Sh	E		4 13	I	Tr	E
	21 32	I	Sh	E							2 13	I	Tr	E		12 46	II	Sh	I
	22 14	I	Tr	E	15	0 14	I	Tr	E		10 11	II	Sh	I		14 44	II	Tr	I
						7 36	II	Sh	I		11 59	II	Tr	I		15 27	II	Sh	E
8	5 01	II	Sh	I		9 13	II	Tr	I		12 52	II	Sh	E		17 28	II	Tr	E
	6 25	II	Tr	I		10 17	II	Sh	E		14 43	II	Tr	E		22 19	I	Ec	D
	7 42	II	Sh	E		11 56	II	Tr	E		20 25	I	Ec	D					

I. Feb. 15	II. Feb. 17	III. Feb. 14	IV. Feb. 17, 18
$x_1 = -1.7,\ y_1 = -0.2$	$x_1 = -2.1,\ y_1 = -0.3$	$x_1 = -2.6,\ y_1 = -0.5$	$x_1 = -3.9,\ y_1 = -0.7$
		$x_2 = -1.0,\ y_2 = -0.5$	$x_2 = -2.7,\ y_2 = -0.7$

NOTE.—I denotes ingress; E, egress; D, disappearance; R, reappearance; Ec, eclipse; Oc, occultation; Tr, transit of the satellite; Sh, transit of the shadow.

CONFIGURATIONS OF SATELLITES I-IV FOR FEBRUARY

UNIVERSAL TIME

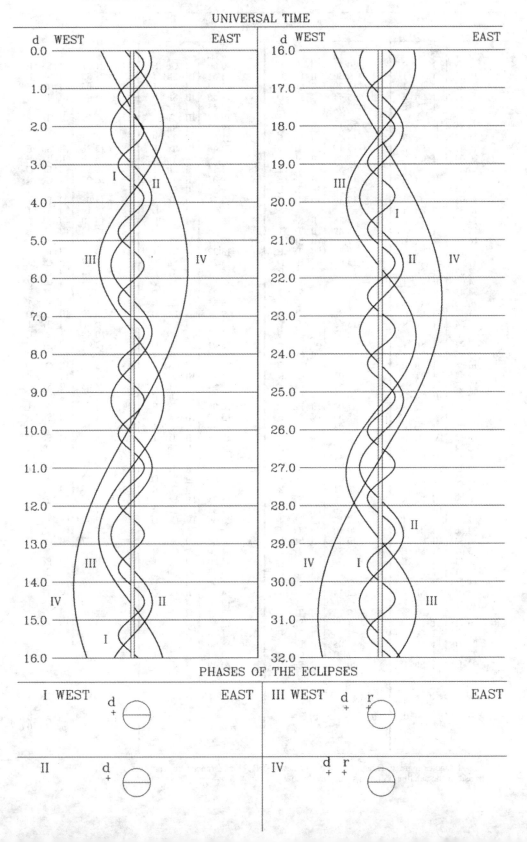

PHASES OF THE ECLIPSES

SATELLITES OF JUPITER, 2020

UNIVERSAL TIME OF GEOCENTRIC PHENOMENA

MARCH

d	h m				d	h m				d	h m				d	h m			
1	1 35	I	Oc	R	9	0 41	I	Tr	E	17	0 00	I	Oc	R	24	21 51	I	Sh	E
	19 27	I	Sh	I		9 30	II	Ec	D		14 51	III	Sh	I		21 55	III	Sh	E
	20 27	I	Tr	I		14 29	II	Oc	R		17 43	I	Sh	I		23 05	I	Tr	E
	21 41	I	Sh	E		18 41	I	Ec	D		17 55	III	Sh	E		23 46	III	Tr	I
	22 42	I	Tr	E		22 02	I	Oc	R		18 53	I	Tr	I	25	2 59	III	Tr	E
2	6 55	II	Ec	D	10	10 53	III	Sh	I		19 34	III	Tr	I		9 46	II	Sh	I
	11 43	II	Oc	R		13 56	III	Sh	E		19 57	I	Sh	E		12 11	II	Tr	I
	16 47	I	Ec	D		15 19	III	Tr	I		21 08	I	Tr	E		12 28	II	Sh	E
	20 04	I	Oc	R		15 49	I	Sh	I		22 46	III	Tr	E		14 56	II	Tr	E
3	6 54	III	Sh	I		16 55	I	Tr	I	18	7 12	II	Sh	I		16 56	I	Ec	D
	9 56	III	Sh	E		18 04	I	Sh	E		9 31	II	Tr	I		20 25	I	Oc	R
	11 01	III	Tr	I		18 30	III	Tr	E		9 54	II	Sh	E	26	14 05	I	Sh	I
	13 55	I	Sh	I		19 10	I	Tr	E		12 16	II	Tr	E		15 19	I	Tr	I
	14 11	III	Tr	E	11	4 38	II	Sh	I		15 02	I	Ec	D		16 20	I	Sh	E
	14 57	I	Tr	I		6 49	II	Tr	I		18 29	I	Oc	R		17 34	I	Tr	E
	16 10	I	Sh	E		7 19	II	Sh	E	19	12 11	I	Sh	I	27	3 58	II	Ec	D
	17 12	I	Tr	E		9 34	II	Tr	E		13 22	I	Tr	I		9 17	II	Oc	R
4	2 03	II	Sh	I		13 09	I	Ec	D		14 26	I	Sh	E		11 24	I	Ec	D
	4 06	II	Tr	I		16 32	I	Oc	R		15 37	I	Tr	E		14 54	I	Oc	R
	4 45	II	Sh	E	12	10 18	I	Sh	I	20	1 23	II	Ec	D	28	8 33	I	Sh	I
	6 50	II	Tr	E		11 24	I	Tr	I		6 35	II	Oc	R		8 59	III	Ec	D
	11 16	I	Ec	D		12 32	I	Sh	E		9 31	I	Ec	D		9 48	I	Tr	I
	14 34	I	Oc	R		13 40	I	Tr	E		12 58	I	Oc	R		10 48	I	Sh	E
5	8 24	I	Sh	I		22 47	II	Ec	D	21	5 01	III	Ec	D		12 03	I	Tr	E
	9 26	I	Tr	I	13	3 51	II	Oc	R		6 40	I	Sh	I		12 06	III	Ec	R
	10 38	I	Sh	E		7 37	I	Ec	D		7 51	I	Tr	I		13 59	III	Oc	D
	11 42	I	Tr	E		11 01	I	Oc	R		8 07	III	Ec	R		17 15	III	Oc	R
	17 23	IV	Ec	D	14	0 34	IV	Sh	I		8 54	I	Sh	E		23 03	II	Sh	I
	20 12	II	Ec	D		1 03	III	Ec	D		9 50	III	Oc	D	29	1 31	II	Tr	I
	20 23	IV	Ec	R		3 35	IV	Sh	E		10 06	I	Tr	E		1 45	II	Sh	E
6	1 06	II	Oc	R		4 08	III	Ec	R		13 04	III	Oc	R		4 15	II	Tr	E
	3 12	IV	Oc	D		4 46	I	Sh	I		20 29	II	Sh	I		5 52	I	Ec	D
	5 44	I	Ec	D		5 37	III	Oc	D		22 51	II	Tr	I		9 23	I	Oc	R
	6 43	IV	Oc	R		5 54	I	Tr	I		23 11	II	Sh	E	30	3 02	I	Sh	I
	9 03	I	Oc	R		7 01	I	Sh	E	22	1 36	II	Tr	E		4 17	I	Tr	I
	21 05	III	Ec	D		8 09	I	Tr	E		3 59	I	Ec	D		5 16	I	Sh	E
7	0 09	III	Ec	R		8 51	III	Oc	R		7 27	I	Oc	R		6 32	I	Tr	E
	1 22	III	Oc	D		11 12	IV	Tr	I		11 21	IV	Ec	D		17 15	II	Ec	D
	2 52	I	Sh	I		14 46	IV	Tr	E		14 31	IV	Ec	R		18 32	IV	Sh	I
	3 56	I	Tr	I		17 55	II	Sh	I		22 36	IV	Oc	D		21 43	IV	Sh	E
	4 34	III	Oc	R		20 10	II	Tr	I	23	1 08	I	Sh	I		22 37	II	Oc	R
	5 07	I	Sh	E		20 37	II	Sh	E		2 20	IV	Oc	R	31	0 21	I	Ec	D
	6 11	I	Tr	E		22 55	II	Tr	E		2 20	I	Tr	I		3 52	I	Oc	R
	15 21	II	Sh	I	15	2 06	I	Ec	D		3 23	I	Sh	E		6 19	IV	Tr	I
	17 28	II	Tr	I		5 30	I	Oc	R		4 36	I	Tr	E		10 04	IV	Tr	E
	18 02	II	Sh	E		23 14	I	Sh	I		14 40	II	Ec	D		21 30	I	Sh	I
	20 12	II	Tr	E	16	0 23	I	Tr	I		19 56	II	Oc	R		22 46	I	Tr	I
8	0 12	I	Ec	D		1 29	I	Sh	E		22 27	I	Ec	D		22 49	III	Sh	I
	3 33	I	Oc	R		2 38	I	Tr	E	24	1 56	I	Oc	R		23 45	I	Sh	E
	21 21	I	Sh	I		12 05	II	Ec	D		18 50	III	Sh	I					
	22 25	I	Tr	I		17 13	II	Oc	R		19 37	I	Sh	I					
	23 35	I	Sh	E		20 34	I	Ec	D		20 49	I	Tr	I					

I. Mar. 16	II. Mar. 16	III. Mar. 14	IV. Mar. 22
$x_1 = -2.0,\ y_1 = -0.2$	$x_1 = -2.5,\ y_1 = -0.3$	$x_1 = -3.4,\ y_1 = -0.4$	$x_1 = -5.4,\ y_1 = -0.6$
		$x_2 = -1.7,\ y_2 = -0.4$	$x_2 = -4.1,\ y_2 = -0.6$

NOTE.—I denotes ingress; E, egress; D, disappearance; R, reappearance; Ec, eclipse; Oc, occultation; Tr, transit of the satellite; Sh, transit of the shadow.

CONFIGURATIONS OF SATELLITES I-IV FOR MARCH

UNIVERSAL TIME

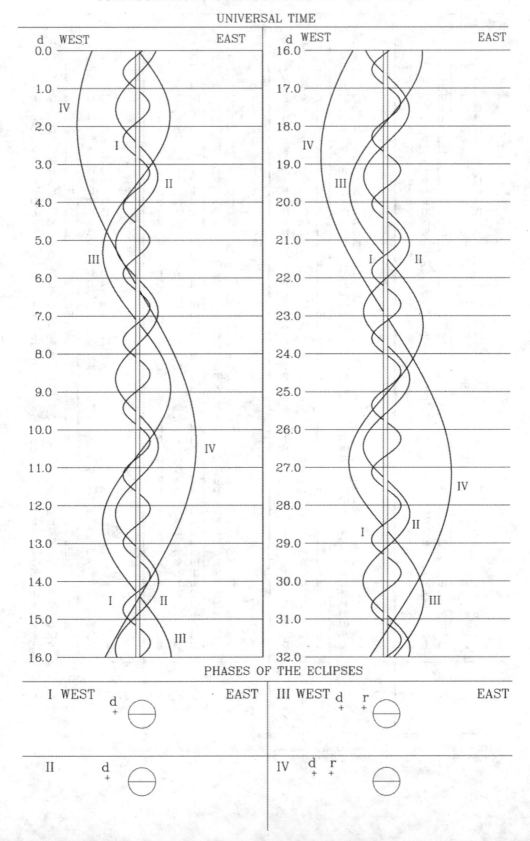

PHASES OF THE ECLIPSES

SATELLITES OF JUPITER, 2020

UNIVERSAL TIME OF GEOCENTRIC PHENOMENA

APRIL

d	h m				d	h m				d	h m				d	h m			
1	1 01	I	Tr	E	8	14 54	II	Sh	I	15	22 46	II	Tr	E	23	4 02	I	Oc	R
	1 54	III	Sh	E		17 21	IV	Oc	D	16	2 10	I	Oc	R		21 40	I	Sh	I
	3 54	III	Tr	I		17 26	II	Tr	I		12 31	IV	Sh	I		22 57	I	Tr	I
	7 08	III	Tr	E		17 36	II	Sh	E		15 52	IV	Sh	E		23 55	I	Sh	E
	12 20	II	Sh	I		20 11	II	Tr	E		19 46	I	Sh	I	24	1 13	I	Tr	E
	14 49	II	Tr	I		20 42	I	Ec	D		21 04	I	Tr	I		14 20	II	Ec	D
	15 02	II	Sh	E		21 14	IV	Oc	R		22 01	I	Sh	E		18 57	I	Ec	D
	17 34	II	Tr	E	9	0 16	I	Oc	R		23 19	I	Tr	E		19 48	II	Oc	R
	18 49	I	Ec	D		17 52	I	Sh	I	17	0 42	IV	Tr	I		22 30	I	Oc	R
	22 21	I	Oc	R		19 10	I	Tr	I		4 36	IV	Tr	E		23 17	IV	Ec	D
2	15 59	I	Sh	I		20 07	I	Sh	E		11 45	II	Ec	D	25	2 46	IV	Ec	R
	17 14	I	Tr	I		21 25	I	Tr	E		17 04	I	Ec	D		11 19	IV	Oc	D
	18 13	I	Sh	E	10	9 09	II	Ec	D		17 13	II	Oc	R		15 19	IV	Oc	R
	19 30	I	Tr	E		14 36	II	Oc	R		20 38	I	Oc	R		16 08	I	Sh	I
3	6 33	II	Ec	D		15 11	I	Ec	D	18	14 14	I	Sh	I		17 25	I	Tr	I
	11 57	II	Oc	R		18 44	I	Oc	R		15 32	I	Tr	I		18 23	I	Sh	E
	13 17	I	Ec	D	11	12 21	I	Sh	I		16 29	I	Sh	E		19 41	I	Tr	E
	16 50	I	Oc	R		13 38	I	Tr	I		17 48	I	Tr	E	26	0 52	III	Ec	D
4	10 27	I	Sh	I		14 35	I	Sh	E		20 54	III	Ec	D		4 03	III	Ec	R
	11 43	I	Tr	I		15 54	I	Tr	E	19	0 04	III	Ec	R		6 02	III	Oc	D
	12 42	I	Sh	E		16 56	III	Ec	D		2 08	III	Oc	D		9 18	II	Sh	I
	12 57	III	Ec	D		20 04	III	Ec	R		5 27	III	Oc	R		9 22	III	Oc	R
	13 59	I	Tr	E		22 09	III	Oc	D		6 44	II	Sh	I		11 49	II	Tr	I
	16 05	III	Ec	R	12	1 27	III	Oc	R		9 17	II	Tr	I		12 00	II	Sh	E
	18 06	III	Oc	D		4 11	II	Sh	I		9 27	II	Sh	E		13 25	I	Ec	D
	21 23	III	Oc	R		6 44	II	Tr	I		11 32	I	Ec	D		14 34	II	Tr	E
5	1 37	II	Sh	I		6 53	II	Sh	E		12 03	II	Tr	E		16 58	I	Oc	R
	4 08	II	Tr	I		9 29	II	Tr	E		15 06	I	Oc	R	27	10 37	I	Sh	I
	4 19	II	Sh	E		9 39	I	Ec	D	20	8 43	I	Sh	I		11 53	I	Tr	I
	6 53	II	Tr	E		13 13	I	Oc	R		10 00	I	Tr	I		12 52	I	Sh	E
	7 46	I	Ec	D	13	6 49	I	Sh	I		10 58	I	Sh	E		14 09	I	Tr	E
	11 19	I	Oc	R		8 07	I	Tr	I		12 16	I	Tr	E	28	3 38	II	Ec	D
6	4 56	I	Sh	I		9 04	I	Sh	E	21	1 02	II	Ec	D		7 54	I	Ec	D
	6 12	I	Tr	I		10 22	I	Tr	E		6 00	I	Ec	D		9 05	II	Oc	R
	7 10	I	Sh	E		22 26	II	Ec	D		6 31	II	Oc	R		11 26	I	Oc	R
	8 28	I	Tr	E	14	3 55	II	Oc	R		9 34	I	Oc	R	29	5 05	I	Sh	I
	19 51	II	Ec	D		4 07	I	Ec	D	22	3 11	I	Sh	I		6 21	I	Tr	I
7	1 17	II	Oc	R		7 41	I	Oc	R		4 29	I	Tr	I		7 20	I	Sh	E
	2 14	I	Ec	D	15	1 18	I	Sh	I		5 26	I	Sh	E		8 37	I	Tr	E
	5 47	I	Oc	R		2 35	I	Tr	I		6 44	I	Tr	E		14 42	III	Sh	I
	23 24	I	Sh	I		3 32	I	Sh	E		10 43	III	Sh	I		17 51	III	Sh	E
8	0 41	I	Tr	I		4 51	I	Tr	E		13 51	III	Sh	E		19 50	III	Tr	I
	1 39	I	Sh	E		6 45	III	Sh	I		15 56	III	Tr	I		22 35	II	Sh	I
	2 47	III	Sh	I		9 52	III	Sh	E		19 14	III	Tr	E		23 08	III	Tr	E
	2 56	I	Tr	E		11 59	III	Tr	I		20 01	II	Sh	I	30	1 04	II	Tr	I
	5 19	IV	Ec	D		15 16	III	Tr	E		22 33	II	Tr	I		1 17	II	Sh	E
	5 53	III	Sh	E		17 28	II	Sh	I		22 44	II	Sh	E		2 22	I	Ec	D
	7 58	III	Tr	I		20 01	II	Tr	I	23	0 29	I	Ec	D		3 50	II	Tr	E
	8 39	IV	Ec	R		20 10	II	Sh	E		1 19	II	Tr	E		5 54	I	Oc	R
	11 14	III	Tr	E		22 35	I	Ec	D								23 33	I	Sh	I

I. Apr. 15	II. Apr. 17	III. Apr. 18, 19	IV. Apr. 8
$x_1 = -2.1,\ y_1 = -0.1$	$x_1 = -2.8,\ y_1 = -0.3$	$x_1 = -3.7,\ y_1 = -0.4$	$x_1 = -5.7,\ y_1 = -0.5$
		$x_2 = -2.0,\ y_2 = -0.4$	$x_2 = -4.4,\ y_2 = -0.6$

NOTE.—I denotes ingress; E, egress; D, disappearance; R, reappearance; Ec, eclipse; Oc, occultation; Tr, transit of the satellite; Sh, transit of the shadow.

CONFIGURATIONS OF SATELLITES I-IV FOR APRIL

UNIVERSAL TIME

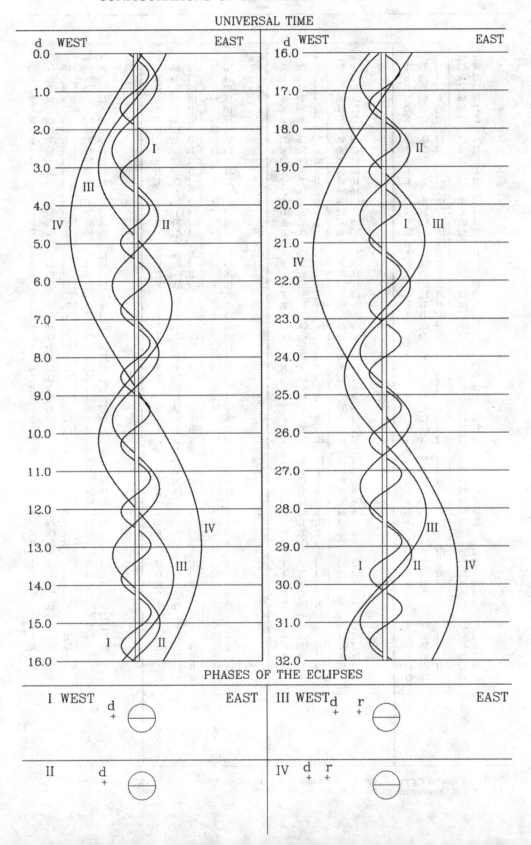

PHASES OF THE ECLIPSES

SATELLITES OF JUPITER, 2020

UNIVERSAL TIME OF GEOCENTRIC PHENOMENA

MAY

d	h m	Phenomenon
1	0 49	I Tr I
	1 48	I Sh E
	3 05	I Tr E
	16 56	II Ec D
	20 50	I Ec D
	22 21	II Oc R
2	0 22	I Oc R
	18 02	I Sh I
	19 17	I Tr I
	20 17	I Sh E
	21 33	I Tr E
3	4 50	III Ec D
	6 30	IV Sh I
	8 02	III Ec R
	9 52	III Oc D
	9 59	IV Sh E
	11 51	II Sh I
	13 13	III Oc R
	14 18	II Tr I
	14 34	II Sh E
	15 18	I Ec D
	17 04	II Tr E
	18 15	IV Tr I
	18 50	I Oc R
	22 14	IV Tr E
4	12 30	I Sh I
	13 45	I Tr I
	14 45	I Sh E
	16 01	I Tr E
5	6 14	II Ec D
	9 47	I Ec D
	11 37	II Oc R
	13 17	I Oc R
6	6 59	I Sh I
	8 13	I Tr I
	9 14	I Sh E
	10 29	I Tr E
	18 41	III Sh I
	21 51	III Sh E
	23 39	III Tr I
7	1 08	II Sh I
	2 58	III Tr E
	3 32	II Tr I
	3 51	II Sh E
	4 15	I Ec D
	6 18	II Tr E
	7 45	I Oc R
8	1 27	I Sh I
	2 40	I Tr I
	3 42	I Sh E
	4 56	I Tr E
	19 32	II Ec D
	22 43	I Ec D

d	h m	Phenomenon
9	0 52	II Oc R
	2 12	I Oc R
	19 56	I Sh I
	21 08	I Tr I
	22 11	I Sh E
	23 24	I Tr E
10	8 48	III Ec D
	12 00	III Ec R
	13 38	III Oc D
	14 24	II Sh I
	16 46	II Tr I
	16 59	III Oc R
	17 08	II Sh E
	17 12	I Ec D
	19 32	II Tr E
	20 40	I Oc R
11	14 24	I Sh I
	15 36	I Tr I
	16 39	I Sh E
	17 17	IV Ec D
	17 52	I Tr E
	20 54	IV Ec R
12	4 24	IV Oc D
	8 28	IV Oc R
	8 50	II Ec D
	11 40	I Ec D
	14 06	II Oc R
	15 07	I Oc R
13	8 52	I Sh I
	10 03	I Tr I
	11 08	I Sh E
	12 19	I Tr E
	22 40	III Sh I
14	1 51	III Sh E
	3 23	III Tr I
	3 41	II Sh I
	5 59	II Tr I
	6 08	I Ec D
	6 24	II Sh E
	6 43	III Tr E
	8 45	II Tr E
	9 35	I Oc R
15	3 21	I Sh I
	4 30	I Tr I
	5 36	I Sh E
	6 47	I Tr E
	22 09	II Ec D
16	0 37	I Ec D
	3 21	II Oc R
	4 02	I Oc R
	21 49	I Sh I
	22 58	I Tr I

d	h m	Phenomenon
17	0 05	I Sh E
	1 14	I Tr E
	12 46	III Ec D
	15 59	III Ec R
	16 58	II Sh I
	17 19	III Oc D
	19 05	I Ec D
	19 11	II Tr I
	19 41	II Sh E
	20 41	III Oc R
	21 57	II Tr E
	22 29	I Oc R
18	16 18	I Sh I
	17 25	I Tr I
	18 33	I Sh E
	19 41	I Tr E
19	11 26	II Ec D
	13 33	I Ec D
	16 34	II Oc R
	16 56	I Oc R
20	0 30	IV Sh I
	4 08	IV Sh E
	10 46	I Sh I
	10 52	IV Tr I
	11 52	I Tr I
	13 02	I Sh E
	14 09	I Tr E
	14 55	IV Tr E
21	2 38	III Sh I
	5 51	III Sh E
	6 14	II Sh I
	7 03	III Tr I
	8 02	I Ec D
	8 23	II Tr I
	8 58	II Sh E
	10 23	III Tr E
	11 09	II Tr E
	11 23	I Oc R
22	5 15	I Sh I
	6 19	I Tr I
	7 30	I Sh E
	8 36	I Tr E
23	0 45	II Ec D
	2 30	I Ec D
	5 47	II Oc R
	5 50	I Oc R
	23 43	I Sh I
24	0 47	I Tr I
	1 59	I Sh E
	3 03	I Tr E
	16 45	III Ec D
	19 31	II Sh I
	19 59	III Ec R

d	h m	Phenomenon
24	20 57	III Oc D
	20 58	I Ec D
	21 34	II Tr I
	22 15	II Sh E
25	0 17	I Oc R
	0 19	III Oc R
	0 20	II Tr E
	18 11	I Sh I
	19 14	I Tr I
	20 27	I Sh E
	21 30	I Tr E
26	14 03	II Ec D
	15 26	I Ec D
	18 44	I Oc R
	18 59	II Oc R
27	12 40	I Sh I
	13 41	I Tr I
	14 56	I Sh E
	15 57	I Tr E
28	6 36	III Sh I
	8 47	II Sh I
	9 50	III Sh E
	9 55	I Ec D
	10 37	III Tr I
	10 44	II Tr I
	11 16	IV Ec D
	11 32	II Sh E
	13 11	I Oc R
	13 31	II Tr E
	13 58	III Tr E
	15 01	IV Ec R
	20 31	IV Oc D
29	0 39	IV Oc R
	7 08	I Sh I
	8 07	I Tr I
	9 24	I Sh E
	10 24	I Tr E
30	3 21	II Ec D
	4 23	I Ec D
	7 37	I Oc R
	8 11	II Oc R
31	1 37	I Sh I
	2 34	I Tr I
	3 53	I Sh E
	4 51	I Tr E
	20 43	III Ec D
	22 04	II Sh I
	22 52	I Ec D
	23 55	II Tr I
	23 58	III Ec R

I. May 16	II. May 15	III. May 17	IV. May 11
$x_1 = -2.0$, $y_1 = -0.1$	$x_1 = -2.6$, $y_1 = -0.2$	$x_1 = -3.4$, $y_1 = -0.4$ $x_2 = -1.7$, $y_2 = -0.4$	$x_1 = -5.4$, $y_1 = -0.5$ $x_2 = -3.9$, $y_2 = -0.5$

NOTE.—I denotes ingress; E, egress; D, disappearance; R, reappearance; Ec, eclipse; Oc, occultation; Tr, transit of the satellite; Sh, transit of the shadow.

CONFIGURATIONS OF SATELLITES I-IV FOR MAY

UNIVERSAL TIME

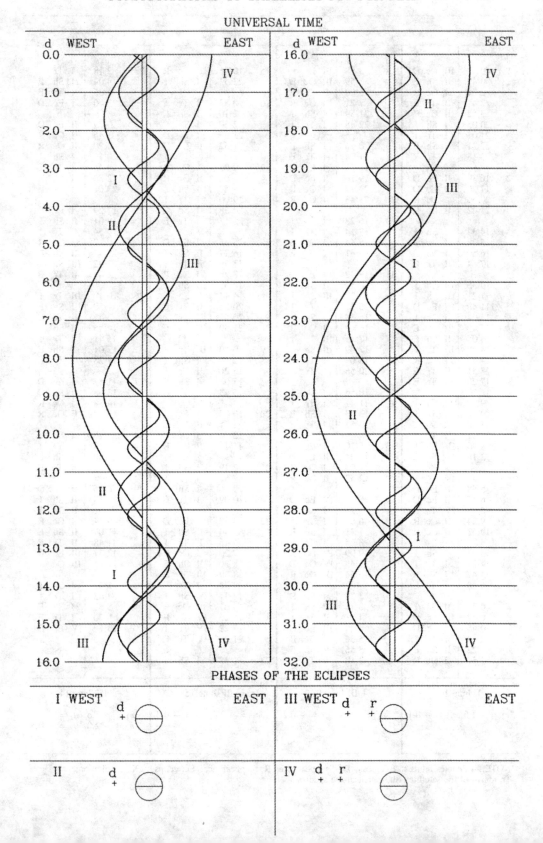

PHASES OF THE ECLIPSES

SATELLITES OF JUPITER, 2020

UNIVERSAL TIME OF GEOCENTRIC PHENOMENA

JUNE

d	h m				d	h m				d	h m				d	h m		
1	0 30	III	Oc	D	8	3 58	III	Ec	R	15	10 46	III	Oc	R	23	2 18	I	Tr	I
	0 49	II	Sh	E		3 59	III	Oc	D		23 53	I	Sh	I		4 04	I	Sh	E
	2 04	I	Oc	R		5 00	II	Tr	E	16	0 33	I	Tr	I		4 35	I	Tr	E
	2 41	II	Tr	E		7 21	III	Oc	R		2 10	I	Sh	E		23 00	I	Ec	D
	3 52	III	Oc	R		21 59	I	Sh	I		2 50	I	Tr	E	24	0 29	II	Ec	D
	20 05	I	Sh	I		22 48	I	Tr	I		21 07	I	Ec	D		1 46	I	Oc	R
	21 01	I	Tr	I	9	0 16	I	Sh	E		21 52	II	Ec	D		4 20	II	Oc	R
	22 21	I	Sh	E		1 04	I	Tr	E	17	0 02	I	Oc	R		20 16	I	Sh	I
	23 18	I	Tr	E		19 13	I	Ec	D		2 02	II	Oc	R		20 45	I	Tr	I
2	16 39	II	Ec	D		19 16	II	Ec	D		18 22	I	Sh	I		22 33	I	Sh	E
	17 20	I	Ec	D		22 17	I	Oc	R		19 00	I	Tr	I		23 01	I	Tr	E
	20 31	I	Oc	R		23 43	II	Oc	R		20 38	I	Sh	E	25	17 29	I	Ec	D
	21 22	II	Oc	R	10	16 28	I	Sh	I		21 17	I	Tr	E		19 01	II	Sh	I
3	14 34	I	Sh	I		17 14	I	Tr	I							19 54	II	Tr	I
	15 28	I	Tr	I		18 44	I	Sh	E	18	15 35	I	Ec	D		20 12	I	Oc	R
	16 50	I	Sh	E		19 31	I	Tr	E		16 27	II	Sh	I		21 47	II	Sh	E
	17 44	I	Tr	E	11	13 42	I	Ec	D		17 39	II	Tr	I		22 32	III	Sh	I
4	10 35	III	Sh	I		13 54	II	Sh	I		18 28	I	Oc	R		22 41	II	Tr	E
	11 21	II	Sh	I		14 33	III	Sh	I		18 33	III	Sh	I	26	0 19	III	Tr	I
	11 48	I	Ec	D		15 22	II	Tr	I		19 13	II	Sh	E		1 50	III	Sh	E
	13 04	II	Tr	I		16 39	II	Sh	E		20 26	II	Tr	E		3 41	III	Tr	E
	13 49	III	Sh	E		16 43	I	Oc	R		20 59	III	Tr	I		14 45	I	Sh	I
	14 05	II	Sh	E		17 35	III	Tr	I		21 50	III	Sh	E		15 11	I	Tr	I
	14 08	III	Tr	I		17 49	III	Sh	E	19	0 20	III	Tr	E		17 01	I	Sh	E
	14 57	I	Oc	R		18 09	II	Tr	E		12 50	I	Sh	I		17 28	I	Tr	E
	15 51	II	Tr	E		20 56	III	Tr	E		13 26	I	Tr	I	27	11 57	I	Ec	D
	17 29	III	Tr	E	12	10 56	I	Sh	I		15 07	I	Sh	E		13 48	II	Ec	D
5	9 02	I	Sh	I		11 41	I	Tr	I		15 43	I	Tr	E		14 38	I	Oc	R
	9 54	I	Tr	I		13 13	I	Sh	E	20	10 04	I	Ec	D		17 28	II	Oc	R
	11 18	I	Sh	E		13 57	I	Tr	E		11 11	II	Ec	D	28	9 13	I	Sh	I
	12 11	I	Tr	E	13	8 10	I	Ec	D		12 54	I	Oc	R		9 37	I	Tr	I
	18 30	IV	Sh	I		8 34	II	Ec	D		15 11	II	Oc	R		11 30	I	Sh	E
	22 16	IV	Sh	E		11 09	I	Oc	R	21	7 19	I	Sh	I		11 54	I	Tr	E
6	2 32	IV	Tr	I		12 53	II	Oc	R		7 52	I	Tr	I	29	6 26	I	Ec	D
	5 58	II	Ec	D	14	5 17	IV	Ec	D		9 36	I	Sh	E		8 18	II	Sh	I
	6 17	I	Ec	D		5 25	I	Sh	I		10 09	I	Tr	E		9 01	II	Tr	I
	6 38	IV	Tr	E		6 07	I	Tr	I	22	4 32	I	Ec	D		9 04	I	Oc	R
	9 24	I	Oc	R		7 41	I	Sh	E		5 44	II	Sh	I		11 04	II	Sh	E
	10 33	II	Oc	R		8 24	I	Tr	E		6 46	II	Tr	I		11 48	II	Tr	E
7	3 31	I	Sh	I		9 09	IV	Ec	R		7 20	I	Oc	R		12 37	III	Ec	D
	4 21	I	Tr	I		11 45	IV	Oc	D		8 30	II	Sh	E		17 25	III	Oc	R
	5 47	I	Sh	E		15 54	IV	Oc	R		8 39	III	Ec	D	30	3 42	I	Sh	I
	6 38	I	Tr	E	15	2 38	I	Ec	D		9 34	II	Tr	E		4 03	I	Tr	I
8	0 37	II	Sh	I		3 11	II	Sh	I		12 31	IV	Sh	I		5 59	I	Sh	E
	0 42	III	Ec	D		4 31	II	Tr	I		14 07	III	Oc	R		6 20	I	Tr	E
	0 45	I	Ec	D		4 40	III	Ec	D		16 25	IV	Sh	E		23 19	IV	Ec	D
	2 14	II	Tr	I		5 36	I	Oc	R		17 22	IV	Tr	I					
	3 22	II	Sh	E		5 56	II	Sh	E		21 29	IV	Tr	E					
	3 50	I	Oc	R		7 18	II	Tr	E	23	1 48	I	Sh	I					

I. June 16	II. June 16	III. June 15	IV. June 14
$x_1 = -1.5$, $y_1 = -0.1$	$x_1 = -1.9$, $y_1 = -0.2$	$x_1 = -2.4$, $y_1 = -0.4$	$x_1 = -3.6$, $y_1 = -0.5$
			$x_2 = -2.0$, $y_2 = -0.5$

NOTE.—I denotes ingress; E, egress; D, disappearance; R, reappearance; Ec, eclipse; Oc, occultation; Tr, transit of the satellite; Sh, transit of the shadow.

CONFIGURATIONS OF SATELLITES I-IV FOR JUNE

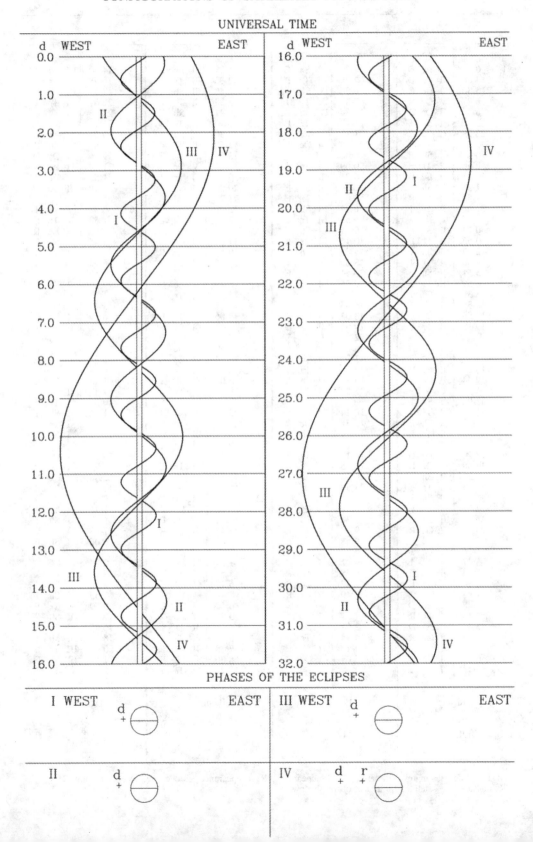

SATELLITES OF JUPITER, 2020

UNIVERSAL TIME OF GEOCENTRIC PHENOMENA

JULY

d	h m			
1	0 54	I	Ec	D
	3 06	II	Ec	D
	3 30	I	Oc	R
	6 27	IV	Oc	R
	6 36	II	Oc	R
	22 10	I	Sh	I
	22 29	I	Tr	I
2	0 27	I	Sh	E
	0 46	I	Tr	E
	19 23	I	Ec	D
	21 35	II	Sh	I
	21 56	I	Oc	R
	22 08	II	Tr	I
3	0 22	II	Sh	E
	0 55	II	Tr	E
	2 32	III	Sh	I
	3 38	III	Tr	I
	5 51	III	Sh	E
	6 59	III	Tr	E
	16 39	I	Sh	I
	16 55	I	Tr	I
	18 56	I	Sh	E
	19 12	I	Tr	E
4	13 51	I	Ec	D
	16 22	I	Oc	R
	16 25	II	Ec	D
	19 44	II	Oc	R
5	11 08	I	Sh	I
	11 21	I	Tr	I
	13 25	I	Sh	E
	13 38	I	Tr	E
6	8 20	I	Ec	D
	10 48	I	Oc	R
	10 52	II	Sh	I
	11 15	II	Tr	I
	13 39	II	Sh	E
	14 02	II	Tr	E
	16 36	III	Ec	D
	20 42	III	Oc	R
7	5 36	I	Sh	I
	5 47	I	Tr	I
	7 53	I	Sh	E
	8 04	I	Tr	E
8	2 48	I	Ec	D
	5 14	I	Oc	R
	5 43	II	Ec	D
	8 52	II	Oc	R
9	0 05	I	Sh	I
	0 13	I	Tr	I

d	h m			
9	2 22	I	Sh	E
	2 30	I	Tr	E
	6 34	IV	Sh	I
	7 41	IV	Tr	I
	10 34	IV	Sh	E
	11 47	IV	Tr	E
	21 17	I	Ec	D
	23 39	I	Oc	R
10	0 09	II	Sh	I
	0 21	II	Tr	I
	2 56	II	Sh	E
	3 09	II	Tr	E
	6 31	III	Sh	I
	6 54	III	Tr	I
	9 51	III	Sh	E
	10 16	III	Tr	E
	18 34	I	Sh	I
	18 39	I	Tr	I
	20 51	I	Sh	E
	20 56	I	Tr	E
11	15 45	I	Ec	D
	18 05	I	Oc	R
	19 02	II	Ec	D
	22 00	II	Oc	R
12	13 02	I	Sh	I
	13 05	I	Tr	I
	15 19	I	Sh	E
	15 22	I	Tr	E
13	10 14	I	Ec	D
	12 31	I	Oc	R
	13 26	II	Sh	I
	13 28	II	Tr	I
	16 13	II	Sh	E
	16 15	II	Tr	E
	20 36	III	Ec	D
	23 59	III	Oc	R
14	7 31	I	Tr	I
	7 31	I	Sh	I
	9 48	I	Tr	E
	9 48	I	Sh	E
15	4 41	I	Oc	D
	6 58	I	Ec	R
	8 17	II	Oc	D
	11 10	II	Ec	R
16	1 57	I	Tr	I
	2 00	I	Sh	I
	4 14	I	Tr	E
	4 17	I	Sh	E
	23 07	I	Oc	D

d	h m			
17	1 27	I	Ec	R
	2 35	II	Tr	I
	2 43	II	Sh	I
	5 22	II	Tr	E
	5 31	II	Sh	E
	10 10	III	Tr	I
	10 30	III	Sh	I
	13 32	III	Tr	E
	13 51	III	Sh	E
	16 31	IV	Oc	D
	20 23	I	Tr	I
	20 28	I	Sh	I
	21 27	IV	Ec	R
	22 40	I	Tr	E
	22 45	I	Sh	E
18	17 33	I	Oc	D
	19 56	I	Ec	R
	21 25	II	Oc	D
19	0 29	II	Ec	R
	14 49	I	Tr	I
	14 57	I	Sh	I
	17 06	I	Tr	E
	17 14	I	Sh	E
20	11 59	I	Oc	D
	14 24	I	Ec	R
	15 42	II	Tr	I
	16 01	II	Sh	I
	18 29	II	Tr	E
	18 48	II	Sh	E
	23 54	III	Oc	D
21	3 57	III	Ec	R
	9 15	I	Tr	I
	9 26	I	Sh	I
	11 32	I	Tr	E
	11 43	I	Sh	E
22	6 24	I	Oc	D
	8 53	I	Ec	R
	10 32	II	Oc	D
	13 47	II	Ec	R
23	3 41	I	Tr	I
	3 54	I	Sh	I
	5 58	I	Tr	E
	6 12	I	Sh	E
24	0 50	I	Oc	D
	3 21	I	Ec	R
	4 49	II	Tr	I
	5 18	II	Sh	I
	7 36	II	Tr	E
	8 06	II	Sh	E
	13 27	III	Tr	I

d	h m			
24	14 30	III	Sh	I
	16 48	III	Tr	E
	17 51	III	Sh	E
	22 07	I	Tr	I
	22 23	I	Sh	I
25	0 24	I	Tr	E
	0 40	I	Sh	E
	19 16	I	Oc	D
	21 50	I	Ec	R
	21 53	IV	Tr	I
	23 40	II	Oc	D
26	0 38	IV	Sh	I
	1 58	IV	Tr	E
	3 06	II	Ec	R
	4 45	IV	Sh	E
	16 33	I	Tr	I
	16 52	I	Sh	I
	18 50	I	Tr	E
	19 09	I	Sh	E
27	13 42	I	Oc	D
	16 19	I	Ec	R
	17 56	II	Tr	I
	18 35	II	Sh	I
	20 43	II	Tr	E
	21 23	II	Sh	E
28	3 12	III	Oc	D
	7 57	III	Ec	R
	10 59	I	Tr	I
	11 21	I	Sh	I
	13 16	I	Tr	E
	13 38	I	Sh	E
29	8 09	I	Oc	D
	10 47	I	Ec	R
	12 48	II	Oc	D
	16 25	II	Ec	R
30	5 26	I	Tr	I
	5 49	I	Sh	I
	7 43	I	Tr	E
	8 06	I	Sh	E
31	2 35	I	Oc	D
	5 16	I	Ec	R
	7 03	II	Tr	I
	7 53	II	Sh	I
	9 50	II	Tr	E
	10 41	II	Sh	E
	16 45	III	Tr	I
	18 30	III	Sh	I
	20 06	III	Tr	E
	21 52	III	Sh	E
	23 52	I	Tr	I

I. July 15	II. July 15	III. July 13	IV. July 17
		$x_1 = -0.9,\ y_1 = -0.4$	
$x_2 = +1.0,\ y_2 = -0.1$	$x_2 = +1.0,\ y_2 = -0.2$		$x_2 = +1.2,\ y_2 = -0.5$

NOTE.—I denotes ingress; E, egress; D, disappearance; R, reappearance; Ec, eclipse; Oc, occultation; Tr, transit of the satellite; Sh, transit of the shadow.

CONFIGURATIONS OF SATELLITES I–IV FOR JULY

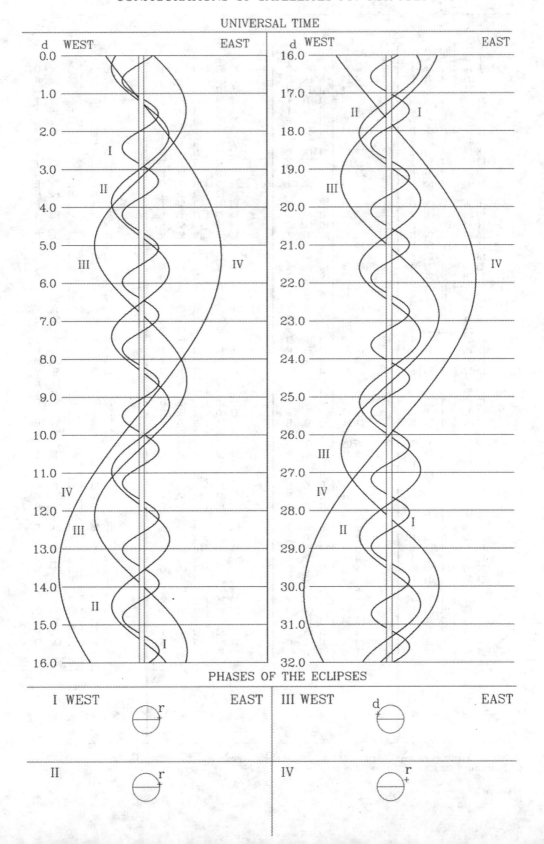

UNIVERSAL TIME

PHASES OF THE ECLIPSES

SATELLITES OF JUPITER, 2020

UNIVERSAL TIME OF GEOCENTRIC PHENOMENA

AUGUST

d	h m			d	h m			d	h m			d	h m		
1	0 18	I	Sh I	9	1 39	I	Ec R	16	22 37	I	Sh I	24	20 45	I	Oc D
	2 09	I	Tr E		4 15	II	Oc D	17	0 07	I	Tr E		23 58	I	Ec R
	2 35	I	Sh E		8 21	II	Ec R		0 54	I	Sh E	25	3 06	II	Tr I
	21 01	I	Oc D		20 04	I	Tr I		18 58	I	Oc D		4 56	II	Sh I
	23 45	I	Ec R		20 42	I	Sh I		22 03	I	Ec R		5 53	II	Tr E
					22 20	I	Tr E						7 45	II	Sh E
2	1 57	II	Oc D		22 59	I	Sh E	18	0 46	II	Tr I		16 47	III	Oc D
	5 44	II	Ec R						2 21	II	Sh I		18 05	I	Tr I
	18 18	I	Tr I	10	17 12	I	Oc D		3 33	II	Tr E		19 01	I	Sh I
	18 47	I	Sh I		20 08	I	Ec R		5 09	II	Sh E		20 08	III	Oc R
	20 35	I	Tr E		22 28	II	Tr I		13 18	III	Oc D		20 21	I	Tr E
	21 04	I	Sh E		23 45	II	Sh I		16 17	I	Tr I		20 34	III	Ec D
3	6 50	IV	Oc D	11	1 14	II	Tr E		17 06	I	Sh I		21 18	I	Sh E
	10 56	IV	Oc R		2 34	II	Sh E		18 33	I	Tr E		23 59	III	Ec R
	11 25	IV	Ec D		9 53	III	Oc D		19 22	I	Sh E	26	15 12	I	Oc D
	15 27	I	Oc D		12 23	IV	Tr I		19 58	III	Ec R		18 26	I	Ec R
	15 36	IV	Ec R		14 30	I	Tr I	19	13 25	I	Oc D		22 07	II	Oc D
	18 13	I	Ec R		15 11	I	Sh I		16 31	I	Ec R				
	20 11	II	Tr I		15 58	III	Ec R		19 44	II	Oc D	27	2 54	II	Ec R
	21 10	II	Sh I		16 27	IV	Tr E		21 40	IV	Oc D		12 32	I	Tr I
	22 58	II	Tr E		16 47	I	Tr E	20	0 17	II	Ec R		13 30	I	Sh I
	23 58	II	Sh E		17 27	I	Sh E		1 46	IV	Oc R		14 48	I	Tr E
					18 43	IV	Sh I		5 31	IV	Ec D		15 46	I	Sh E
4	6 31	III	Oc D		22 55	IV	Sh E		9 47	IV	Ec R	28	3 36	IV	Tr I
	11 58	III	Ec R						10 44	I	Tr I		7 39	IV	Tr E
	12 44	I	Tr I	12	11 39	I	Oc D		11 35	I	Sh I		9 39	I	Oc D
	13 16	I	Sh I		14 37	I	Ec R		13 00	I	Tr E		12 49	IV	Sh I
	15 01	I	Tr E		17 24	II	Oc D		13 51	I	Sh E		12 55	I	Ec R
	15 32	I	Sh E		21 39	II	Ec R	21	7 52	I	Oc D		16 17	II	Tr I
5	9 53	I	Oc D	13	8 57	I	Tr I		11 00	I	Ec R		17 06	IV	Sh E
	12 42	I	Ec R		9 39	I	Sh I		13 56	II	Tr I		18 14	II	Sh I
	15 05	II	Oc D		11 13	I	Tr E		15 38	II	Sh I		19 04	II	Tr E
	19 02	II	Ec R		11 56	I	Sh E		16 43	II	Tr E		21 03	II	Sh E
6	7 11	I	Tr I	14	6 05	I	Oc D		18 27	II	Sh E	29	6 31	III	Tr I
	7 44	I	Sh I		9 05	I	Ec R	22	2 59	III	Tr I		6 59	I	Tr I
	9 28	I	Tr E		11 37	II	Tr I		5 11	I	Tr I		7 59	I	Sh I
	10 01	I	Sh E		13 03	II	Sh I		6 03	I	Sh I		9 15	I	Tr E
					14 23	II	Tr E		6 19	III	Tr E		9 50	III	Tr E
7	4 19	I	Oc D		15 51	II	Sh E		6 31	III	Sh I		10 15	I	Sh E
	7 10	I	Ec R		23 31	III	Tr I		7 27	I	Tr E		10 31	III	Sh I
	9 19	II	Tr I	15	2 31	III	Sh I		8 20	I	Sh E		13 56	III	Sh E
	10 28	II	Sh I		2 51	III	Tr E		9 55	III	Sh E	30	4 07	I	Oc D
	12 06	II	Tr E		3 24	I	Tr I	23	2 19	I	Oc D		7 24	I	Ec R
	13 16	II	Sh E		4 08	I	Sh I		5 29	I	Ec R		11 19	II	Oc D
	20 07	III	Tr I		5 40	I	Tr E		8 56	II	Oc D		16 13	II	Ec R
	22 30	III	Sh I		5 54	III	Sh E		13 36	II	Ec R	31	1 26	I	Tr I
	23 27	III	Tr E		6 25	I	Sh E		23 38	I	Tr I		2 27	I	Sh I
8	1 37	I	Tr I					24	0 32	I	Sh I		3 43	I	Tr E
	1 53	III	Sh E	16	0 32	I	Oc D		1 54	I	Tr E		4 44	I	Sh E
	2 13	I	Sh I		3 34	I	Ec R		2 49	I	Sh E		22 34	I	Oc D
	3 54	I	Tr E		6 34	II	Oc D								
	4 30	I	Sh E		10 58	II	Ec R								
	22 46	I	Oc D		21 50	I	Tr I								

I. Aug. 16	II. Aug. 16	III. Aug. 18	IV. Aug. 20
			$x_1 = +2.4, y_1 = -0.5$
$x_2 = +1.6, y_2 = -0.1$	$x_2 = +2.0, y_2 = -0.2$	$x_2 = +2.7, y_2 = -0.4$	$x_2 = +4.2, y_2 = -0.5$

NOTE.—I denotes ingress; E, egress; D, disappearance; R, reappearance; Ec, eclipse; Oc, occultation; Tr, transit of the satellite; Sh, transit of the shadow.

CONFIGURATIONS OF SATELLITES I-IV FOR AUGUST

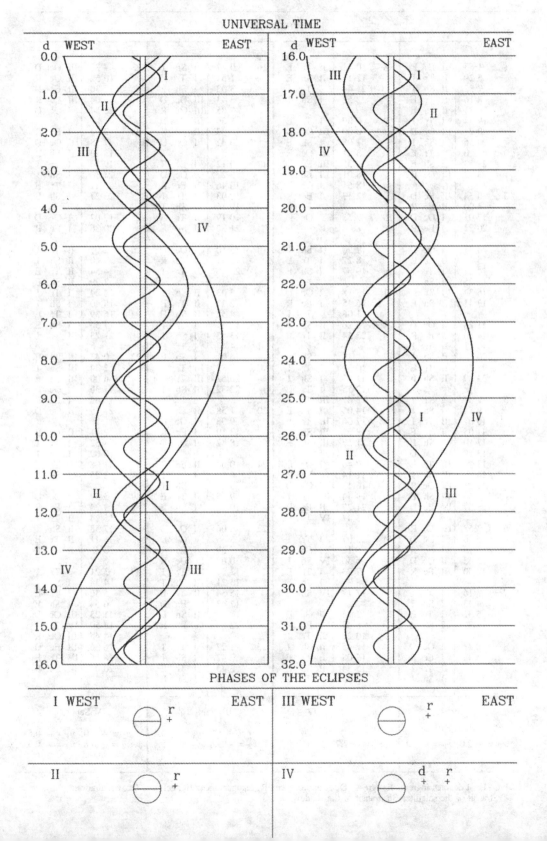

UNIVERSAL TIME

PHASES OF THE ECLIPSES

SATELLITES OF JUPITER, 2020

UNIVERSAL TIME OF GEOCENTRIC PHENOMENA

SEPTEMBER

d	h m				d	h m				d	h m				d	h m			
1	1 53	I	Ec	R	8	10 41	II	Tr	E	16	0 47	I	Sh	I	23	7 31	III	Oc	D
	5 29	II	Tr	I		12 57	II	Sh	E		1 51	I	Tr	E		10 52	III	Oc	R
	7 32	II	Sh	I		21 44	I	Tr	I		3 03	I	Sh	E		12 36	III	Ec	D
	8 16	II	Tr	E		22 52	I	Sh	I		3 43	III	Oc	D		16 04	III	Ec	R
	10 21	II	Sh	E	9	0 00	I	Tr	E		7 05	III	Oc	R		22 34	I	Oc	D
	19 54	I	Tr	I		0 00	III	Oc	D		8 36	III	Ec	D	24	2 07	I	Ec	R
	20 21	III	Oc	D		1 08	I	Sh	E		12 03	III	Ec	R		7 58	II	Oc	D
	20 56	I	Sh	I		3 21	III	Oc	R		20 42	I	Oc	D		13 23	II	Ec	R
	22 10	I	Tr	E		4 35	III	Ec	D	17	0 12	I	Ec	R		19 56	I	Tr	I
	23 13	I	Sh	E		8 01	III	Ec	R		5 27	II	Oc	D		21 11	I	Sh	I
	23 42	III	Oc	R		18 51	I	Oc	D		10 46	II	Ec	R		22 11	I	Tr	E
2	0 34	III	Ec	D		22 17	I	Ec	R		18 03	I	Tr	I		23 27	I	Sh	E
	4 00	III	Ec	R	10	2 58	II	Oc	D		19 16	I	Sh	I	25	17 02	I	Oc	D
	17 01	I	Oc	D		8 08	II	Ec	R		20 19	I	Tr	E		20 36	I	Ec	R
	20 21	I	Ec	R		16 12	I	Tr	I		21 32	I	Sh	E	26	2 07	II	Tr	I
3	0 31	II	Oc	D		17 20	I	Sh	I	18	15 10	I	Oc	D		4 40	II	Sh	I
	5 31	II	Ec	R		18 27	I	Tr	E		18 41	I	Ec	R		4 54	II	Tr	E
	14 21	I	Tr	I		19 37	I	Sh	E		23 36	II	Tr	I		7 29	II	Sh	E
	15 25	I	Sh	I	11	13 18	I	Oc	D	19	2 03	II	Sh	I		14 24	I	Tr	I
	16 37	I	Tr	E		16 45	I	Ec	R		2 23	II	Tr	E		15 40	I	Sh	I
	17 41	I	Sh	E		21 08	II	Tr	I		4 52	II	Sh	E		16 39	I	Tr	E
4	11 28	I	Oc	D		23 26	II	Sh	I		12 31	I	Tr	I		17 56	I	Sh	E
	14 50	I	Ec	R		23 54	II	Tr	E		13 45	I	Sh	I		21 23	III	Tr	I
	18 41	II	Tr	I	12	2 16	II	Sh	E		14 47	I	Tr	E	27	0 43	III	Tr	E
	20 50	II	Sh	I		10 39	I	Tr	I		16 01	I	Sh	E		2 34	III	Sh	I
	21 28	II	Tr	E		11 49	I	Sh	I		17 32	III	Tr	I		6 00	III	Sh	E
	23 39	II	Sh	E		12 55	I	Tr	E		20 52	III	Tr	E		11 30	I	Oc	D
5	8 49	I	Tr	I		13 47	III	Tr	I		22 32	III	Sh	I		15 05	I	Ec	R
	9 54	I	Sh	I		14 05	I	Sh	E	20	1 58	III	Sh	E		21 15	II	Oc	D
	10 07	III	Tr	I		17 06	III	Tr	E		9 38	I	Oc	D	28	2 41	II	Ec	R
	11 05	I	Tr	E		18 32	III	Sh	I		13 10	I	Ec	R		8 52	I	Tr	I
	12 10	I	Sh	E		21 57	III	Sh	E		18 42	II	Oc	D		10 09	I	Sh	I
	13 19	IV	Oc	D	13	7 46	I	Oc	D	21	0 04	II	Ec	R		11 08	I	Tr	E
	13 26	III	Tr	E		11 14	I	Ec	R		6 59	I	Tr	I		12 25	I	Sh	E
	14 32	III	Sh	I		16 12	II	Oc	D		8 13	I	Sh	I	29	5 59	I	Oc	D
	17 25	IV	Oc	R		19 44	IV	Tr	I		9 15	I	Tr	E		9 34	I	Ec	R
	17 56	III	Sh	E		21 27	II	Ec	R		10 29	I	Sh	E		15 24	II	Tr	I
	23 37	IV	Ec	D		23 47	IV	Tr	E	22	4 06	I	Oc	D		17 58	II	Sh	I
6	3 58	IV	Ec	R	14	5 07	I	Tr	I		5 55	IV	Oc	D		18 11	II	Tr	E
	5 56	I	Oc	D		6 18	I	Sh	I		7 39	I	Ec	R		20 48	II	Sh	E
	9 19	I	Ec	R		6 56	IV	Sh	I		10 03	IV	Oc	R	30	3 21	I	Tr	I
	13 45	II	Oc	D		7 23	I	Tr	E		12 51	II	Tr	I		4 38	I	Sh	I
	18 50	II	Ec	R		8 34	I	Sh	E		15 21	II	Sh	I		5 36	I	Tr	E
7	3 16	I	Tr	I		11 17	IV	Sh	E		15 38	II	Tr	E		6 54	I	Sh	E
	4 23	I	Sh	I	15	2 14	I	Oc	D		17 43	IV	Ec	D		11 23	III	Oc	D
	5 32	I	Tr	E		5 43	I	Ec	R		18 10	II	Sh	E		12 50	IV	Tr	I
	6 39	I	Sh	E		10 22	II	Tr	I		22 09	IV	Ec	R		14 45	III	Oc	R
8	0 23	I	Oc	D		12 45	II	Sh	I	23	1 27	I	Tr	I		16 36	III	Ec	D
	3 48	I	Ec	R		13 08	II	Tr	E		2 42	I	Sh	I		16 56	IV	Tr	E
	7 54	II	Tr	I		15 34	II	Sh	E		3 43	I	Tr	E		20 04	III	Ec	R
	10 08	II	Sh	I		23 35	I	Tr	I		4 58	I	Sh	E					

I. Sept. 15	II. Sept. 17	III. Sept. 16	IV. Sept. 22
		$x_1 = + 1.8, \; y_1 = - 0.4$	$x_1 = + 4.0, \; y_1 = - 0.5$
$x_2 = + 2.0, \; y_2 = - 0.1$	$x_2 = + 2.7, \; y_2 = - 0.2$	$x_2 = + 3.6, \; y_2 = - 0.4$	$x_2 = + 5.8, \; y_2 = - 0.5$

NOTE.—I denotes ingress; E, egress; D, disappearance; R, reappearance; Ec, eclipse; Oc, occultation; Tr, transit of the satellite; Sh, transit of the shadow.

CONFIGURATIONS OF SATELLITES I-IV FOR SEPTEMBER

UNIVERSAL TIME

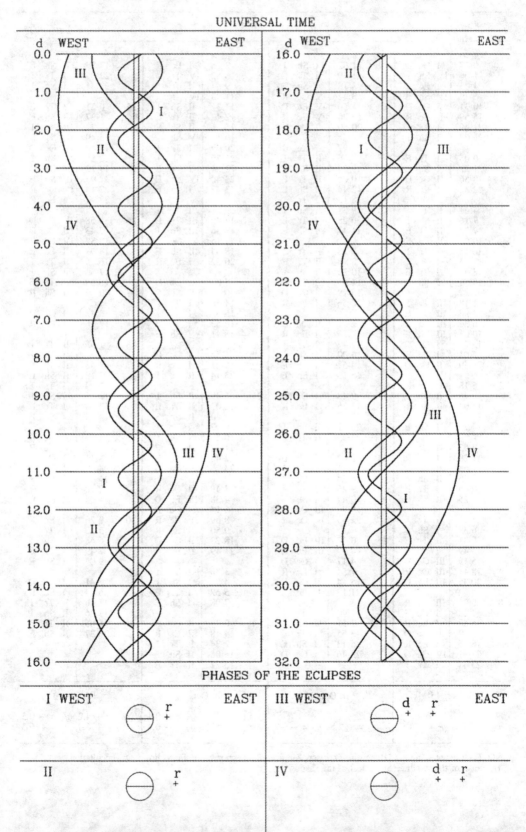

PHASES OF THE ECLIPSES

SATELLITES OF JUPITER, 2020

UNIVERSAL TIME OF GEOCENTRIC PHENOMENA

OCTOBER

d	h m		d	h m		d	h m		d	h m	
1	0 27	I Oc D	9	1 02	I Sh I	17	2 23	I Ec R	24	17 59	II Sh E
	1 04	IV Sh I		1 59	I Tr E		6 52	IV Tr I		22 05	I Tr I
	4 03	I Ec R		3 18	I Sh E		9 54	II Tr I		23 21	I Sh I
	5 29	IV Sh E		3 42	IV Oc R		11 02	IV Tr E	25	0 21	I Tr E
	10 31	II Oc D		11 50	IV Ec D		12 31	II Sh I		1 37	I Sh E
	15 59	II Ec R		16 20	IV Ec R		12 42	II Tr E		13 27	III Tr I
	21 49	I Tr I		20 50	I Oc D		15 21	II Sh E		16 49	III Tr E
	23 07	I Sh I	10	0 27	I Ec R		19 12	IV Sh I		17 59	IV Oc D
2	0 05	I Tr E		7 16	II Tr I		20 09	I Tr I		18 36	III Sh I
	1 22	I Sh E		9 54	II Sh I		21 26	I Sh I		19 12	I Oc D
	18 56	I Oc D		10 04	II Tr E		22 24	I Tr E		22 05	III Sh E
	22 32	I Ec R		12 44	II Sh E		23 42	IV Sh E		22 14	IV Oc R
3	4 41	II Tr I		18 13	I Tr I		23 42	I Sh E		22 47	I Ec R
	7 16	II Sh I		19 31	I Sh I	18	9 21	III Tr I	26	5 58	IV Ec D
	7 28	II Tr E		20 28	I Tr E		12 42	III Tr E		7 43	II Oc D
	10 06	II Sh E		21 47	I Sh E		14 36	III Sh I		10 32	IV Ec R
	16 18	I Tr I	11	5 18	III Tr I		17 15	I Oc D		13 07	II Ec R
	17 35	I Sh I		8 38	III Tr E		18 04	III Sh E		16 35	I Tr I
	18 33	I Tr E		10 35	III Sh I		20 52	I Ec R		17 50	I Sh I
	19 51	I Sh E		14 03	III Sh E	19	5 03	II Oc D		18 50	I Tr E
4	1 18	III Tr I		15 19	I Oc D		10 31	II Ec R		20 06	I Sh E
	4 38	III Tr E		18 56	I Ec R		14 38	I Tr I	27	13 42	I Oc D
	6 34	III Sh I	12	2 25	II Oc D		15 55	I Sh I		17 16	I Ec R
	10 01	III Sh E		7 55	II Ec R		16 53	I Tr E	28	1 55	II Tr I
	13 24	I Oc D		12 42	I Tr I		18 11	I Sh E		4 27	II Sh I
	17 01	I Ec R		14 00	I Sh I	20	11 44	I Oc D		4 43	II Tr E
	23 49	II Oc D		14 57	I Tr E		15 21	I Ec R		7 18	II Sh E
5	5 18	II Ec R		16 15	I Sh E		23 14	II Tr I		11 04	I Tr I
	10 46	I Tr I	13	9 48	I Oc D	21	1 49	II Sh I		12 19	I Sh I
	12 04	I Sh I		13 25	I Ec R		2 02	II Tr E		13 20	I Tr E
	13 02	I Tr E		20 35	II Tr I		4 40	II Sh E		14 35	I Sh E
	14 20	I Sh E		23 12	II Sh I		9 07	I Tr I	29	3 34	III Oc D
6	7 53	I Oc D		23 23	II Tr E		10 24	I Sh I		6 59	III Oc R
	11 29	I Ec R	14	2 02	II Sh E		11 22	I Tr E		8 11	I Oc D
	17 58	II Tr I		7 11	I Tr I		12 40	I Sh E		8 39	III Ec D
	20 35	II Sh I		8 28	I Sh I		23 25	III Oc D		11 45	I Ec R
	20 45	II Tr E		9 26	I Tr E	22	2 49	III Oc R		12 10	III Ec R
	23 25	II Sh E		10 44	I Sh E		4 38	III Ec D		21 04	II Oc D
7	5 15	I Tr I		19 20	III Oc D		6 14	I Oc D	30	2 26	II Ec R
	6 33	I Sh I		22 43	III Oc R		8 09	III Ec R		5 33	I Tr I
	7 31	I Tr E	15	0 37	III Ec D		9 50	I Ec R		6 48	I Sh I
	8 49	I Sh E		4 07	III Ec R		18 23	II Oc D		7 49	I Tr E
	15 19	III Oc D		4 17	I Oc D		23 49	II Ec R		9 04	I Sh E
	18 41	III Oc R		7 54	I Ec R	23	3 36	I Tr I	31	2 41	I Oc D
	20 36	III Ec D		15 44	II Oc D		4 53	I Sh I		6 14	I Ec R
8	0 05	III Ec R		21 13	II Ec R		5 52	I Tr E		15 16	II Tr I
	2 22	I Oc D	16	1 40	I Tr I		7 08	I Sh E		17 46	II Sh I
	5 58	I Ec R		2 57	I Sh I	24	0 43	I Oc D		18 05	II Tr E
	13 07	II Oc D		3 55	I Tr E		4 18	I Ec R		20 37	II Sh E
	18 36	II Ec R		5 13	I Sh E		12 34	II Tr I			
	23 31	IV Oc D		22 46	I Oc D		15 08	II Sh I			
	23 44	I Tr I					15 22	II Tr E			

I. Oct. 15	II. Oct. 15	III. Oct. 15	IV. Oct. 9
$x_2 = +2.1, y_2 = -0.1$	$x_2 = +2.8, y_2 = -0.2$	$x_1 = +2.0, y_1 = -0.4$ $x_2 = +3.8, y_2 = -0.4$	$x_1 = +4.2, y_1 = -0.5$ $x_2 = +6.0, y_2 = -0.5$

NOTE.—I denotes ingress; E, egress; D, disappearance; R, reappearance; Ec, eclipse; Oc, occultation; Tr, transit of the satellite; Sh, transit of the shadow.

CONFIGURATIONS OF SATELLITES I-IV FOR OCTOBER

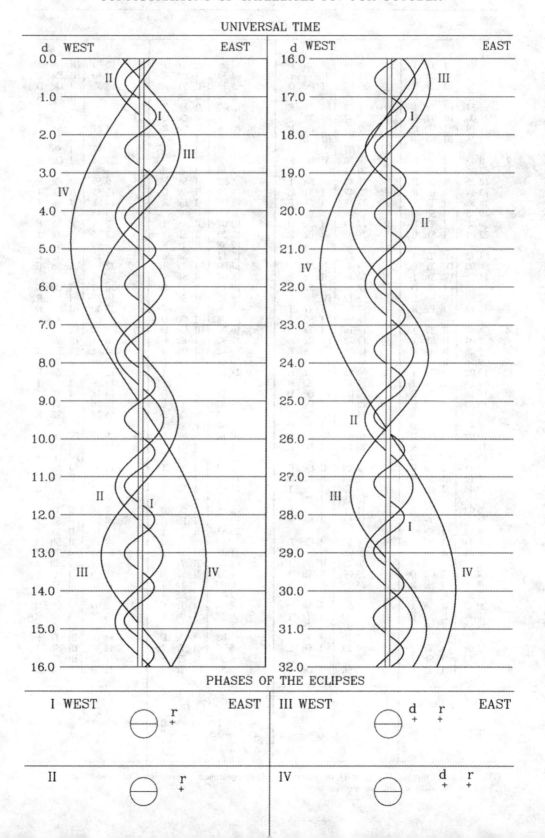

UNIVERSAL TIME

PHASES OF THE ECLIPSES

SATELLITES OF JUPITER, 2020

UNIVERSAL TIME OF GEOCENTRIC PHENOMENA

NOVEMBER

d	h m				d	h m				d	h m				d	h m			
1	0 03	I	Tr	I	8	5 28	I	Sh	E	16	2 08	III	Tr	I	23	10 39	III	Sh	I
	1 17	I	Sh	I		21 51	III	Tr	E		4 34	I	Ec	R		14 10	III	Sh	E
	2 19	I	Tr	E		23 09	I	Oc	D		5 33	III	Tr	E		18 37	II	Oc	D
	3 33	I	Sh	E	9	1 14	III	Tr	E		6 38	III	Sh	I		23 31	II	Ec	R
	17 37	III	Tr	I		2 37	III	Sh	I		10 09	III	Sh	E	24	0 29	I	Tr	I
	21 00	III	Tr	E		2 39	I	Ec	R		15 51	II	Oc	D		1 31	I	Sh	I
	21 10	I	Oc	D		6 07	III	Sh	E		20 56	II	Ec	R		2 46	I	Tr	E
	22 36	III	Sh	I		13 07	II	Oc	D		22 30	I	Tr	I		3 47	I	Sh	E
2	0 43	I	Ec	R		18 20	II	Ec	R		23 36	I	Sh	I		21 38	I	Oc	D
	2 06	III	Sh	E		20 31	I	Tr	I	17	0 46	I	Tr	E	25	0 59	I	Ec	R
	10 25	II	Oc	D		21 41	I	Sh	I		1 52	I	Sh	E		12 55	II	Tr	I
	15 44	II	Ec	R		22 47	I	Tr	E		19 38	I	Oc	D		14 58	II	Sh	I
	18 32	I	Tr	I		23 57	I	Sh	E		23 03	I	Ec	R		15 46	II	Tr	E
	19 45	I	Sh	I	10	17 39	I	Oc	D	18	10 07	II	Tr	I		17 51	II	Sh	E
	20 48	I	Tr	E		21 07	I	Ec	R		12 20	II	Sh	I		18 59	I	Tr	I
	22 01	I	Sh	E	11	7 21	II	Tr	I		12 58	II	Tr	E		19 59	I	Sh	I
3	1 45	IV	Tr	I		9 42	II	Sh	I		15 12	II	Sh	E		21 16	I	Tr	E
	6 00	IV	Tr	E		10 11	II	Tr	E		17 00	I	Tr	I		22 16	I	Sh	E
	13 21	IV	Sh	I		12 34	II	Sh	E		18 04	I	Sh	I	26	16 09	I	Oc	D
	15 40	I	Oc	D		13 12	IV	Oc	D		19 16	I	Tr	E		19 27	I	Ec	R
	17 55	IV	Sh	E		15 01	I	Tr	I		20 21	I	Sh	E		20 40	III	Oc	D
	19 12	I	Ec	R		16 09	I	Sh	I	19	14 08	I	Oc	D	27	0 08	III	Oc	R
4	4 37	II	Tr	I		17 16	I	Tr	E		16 20	III	Oc	D		0 41	III	Ec	D
	7 04	II	Sh	I		17 33	IV	Oc	R		17 32	I	Ec	R		4 14	III	Ec	R
	7 26	II	Tr	E		18 25	I	Sh	E		19 46	III	Oc	R		7 59	II	Oc	D
	9 56	II	Sh	E	12	0 05	IV	Ec	D		20 41	III	Ec	D		12 49	II	Ec	R
	13 02	I	Tr	I		4 43	IV	Ec	R		21 18	IV	Tr	I		13 29	I	Tr	I
	14 14	I	Sh	I		12 02	III	Oc	D	20	0 13	III	Ec	R		14 28	I	Sh	I
	15 18	I	Tr	E		12 08	I	Oc	D		1 40	IV	Tr	E		15 46	I	Tr	E
	16 30	I	Sh	E		15 28	III	Oc	R		5 14	I	Oc	D		16 45	I	Sh	E
5	7 47	III	Oc	D		15 36	I	Ec	R		7 30	IV	Sh	I	28	9 02	IV	Oc	D
	10 09	I	Oc	D		16 41	III	Ec	D		10 14	II	Ec	R		10 39	I	Oc	D
	11 12	III	Oc	R		20 13	III	Ec	R		11 30	I	Tr	I		13 29	IV	Oc	R
	12 40	III	Ec	D	13	2 29	II	Oc	D		12 07	IV	Sh	E		13 56	I	Ec	R
	13 41	I	Ec	R		7 38	II	Ec	R		12 33	I	Sh	I		18 14	IV	Ec	D
	16 12	III	Ec	R		9 30	I	Tr	I		13 46	I	Tr	E		22 54	IV	Ec	R
	23 46	II	Oc	D		10 38	I	Sh	I		14 49	I	Sh	E	29	2 19	II	Tr	I
6	5 02	II	Ec	R		11 46	I	Tr	E	21	8 38	I	Oc	D		4 17	II	Sh	I
	7 32	I	Tr	I		12 54	I	Sh	E		12 01	I	Ec	R		5 10	II	Tr	E
	8 43	I	Sh	I	14	6 38	I	Oc	D		23 31	II	Tr	I		7 10	II	Sh	E
	9 47	I	Tr	E		10 05	I	Ec	R	22	1 39	II	Sh	I		7 59	I	Tr	I
	10 59	I	Sh	E		20 45	II	Tr	I		2 22	II	Tr	E		8 57	I	Sh	I
7	4 39	I	Oc	D		23 01	II	Sh	I		4 32	II	Sh	E		10 16	I	Tr	E
	8 10	I	Ec	R		23 35	II	Tr	E		6 00	I	Tr	I		11 13	I	Sh	E
	17 59	II	Tr	I	15	1 53	II	Sh	E		7 02	I	Sh	I	30	5 09	I	Oc	D
	20 23	II	Sh	I		4 00	I	Tr	I		8 16	I	Tr	E		8 25	I	Ec	R
	20 49	II	Tr	E		5 07	I	Sh	I		9 18	I	Sh	E		10 49	III	Tr	I
	23 15	II	Sh	E		6 16	I	Tr	E	23	3 08	I	Oc	D		14 16	III	Tr	E
8	2 01	I	Tr	I		7 23	I	Sh	E		6 27	III	Tr	I		14 40	III	Sh	I
	3 12	I	Sh	I	16	1 08	I	Oc	D		6 30	I	Ec	R		18 12	III	Sh	E
	4 17	I	Tr	E							9 53	III	Tr	E		21 23	II	Oc	D

I. Nov. 16	II. Nov. 16	III. Nov. 12	IV. Nov. 12
$x_2 = +2.0$, $y_2 = -0.1$	$x_2 = +2.5$, $y_2 = -0.2$	$x_1 = +1.6$, $y_1 = -0.3$ $x_2 = +3.5$, $y_2 = -0.3$	$x_1 = +3.6$, $y_1 = -0.4$ $x_2 = +5.4$, $y_2 = -0.4$

NOTE.—I denotes ingress; E, egress; D, disappearance; R, reappearance; Ec, eclipse; Oc, occultation; Tr, transit of the satellite; Sh, transit of the shadow.

CONFIGURATIONS OF SATELLITES I-IV FOR NOVEMBER

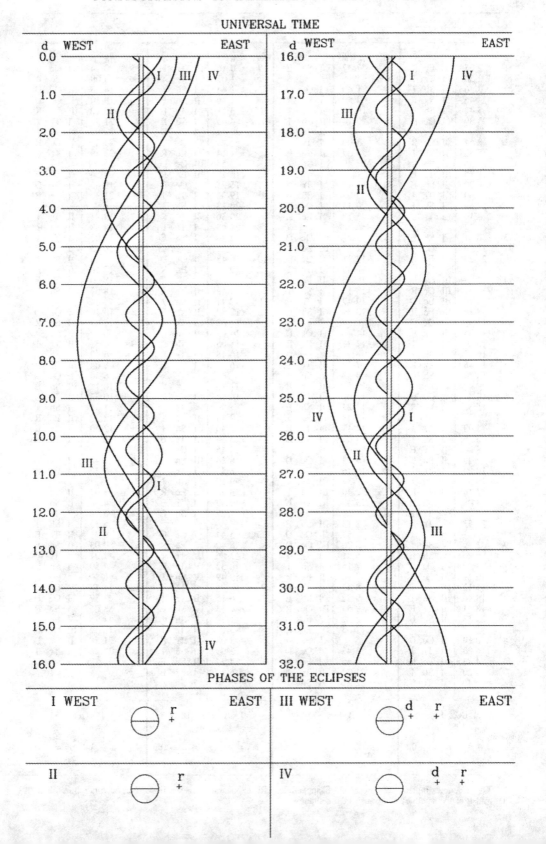

UNIVERSAL TIME

PHASES OF THE ECLIPSES

SATELLITES OF JUPITER, 2020

UNIVERSAL TIME OF GEOCENTRIC PHENOMENA

DECEMBER

d	h m		d	h m		d	h m		d	h m	
1	2 07	II Ec R	8	7 37	I Sh E	17	0 16	II Tr E	25	0 14	I Oc D
	2 30	I Tr I	9	1 40	I Oc D		1 01	I Tr I		3 09	I Ec R
	3 26	I Sh I		4 50	I Ec R		1 44	I Sh I		14 23	III Oc D
	4 46	I Tr E		18 33	II Tr I		1 46	II Sh E		19 10	II Oc D
	5 42	I Sh E		20 14	II Sh I		3 18	I Tr E		20 20	III Ec R
	23 39	I Oc D		21 25	II Tr E		4 01	I Sh E		21 33	I Tr I
2	2 54	I Ec R		23 00	I Tr I		22 12	I Oc D		22 07	I Sh I
	15 43	II Tr I		23 07	II Sh E	18	1 14	I Ec R		23 11	II Ec R
	17 36	II Sh I		23 49	I Sh I		9 55	III Oc D		23 49	I Tr E
	18 35	II Tr E	10	1 17	I Tr E		16 19	III Ec R	26	0 24	I Sh E
	20 29	II Sh E		2 06	I Sh E		16 21	II Oc D		18 45	I Oc D
	21 00	I Tr I		20 11	I Oc D		19 31	I Tr I		21 38	I Ec R
	21 54	I Sh I		23 18	I Ec R		20 13	I Sh I	27	13 41	II Tr I
	23 16	I Tr E	11	5 28	III Oc D		20 36	II Ec R		14 49	II Sh I
3	0 11	I Sh E		12 17	III Ec R		21 48	I Tr E		16 03	I Tr I
	18 09	I Oc D		13 33	II Oc D		22 29	I Sh E		16 35	II Tr E
	21 23	I Ec R		17 30	I Tr I	19	16 43	I Oc D		16 36	I Sh I
4	1 03	III Oc D		18 00	II Ec R		19 43	I Ec R		17 44	II Sh E
	4 31	III Oc R		18 18	I Sh I	20	10 49	II Tr I		18 20	I Tr E
	4 42	III Ec D		19 47	I Tr E		12 11	II Sh I		18 53	I Sh E
	8 16	III Ec R		20 35	I Sh E		13 43	II Tr E	28	13 16	I Oc D
	10 46	II Oc D	12	14 41	I Oc D		14 02	I Tr I		16 07	I Ec R
	15 25	II Ec R		17 47	I Ec R		14 41	I Sh I	29	4 32	III Tr I
	15 30	I Tr I	13	7 58	II Tr I		15 05	II Sh E		6 40	III Sh I
	16 23	I Sh I		9 33	II Sh I		16 18	I Tr E		8 04	III Tr E
	17 46	I Tr E		10 51	II Tr E		16 58	I Sh E		8 34	III Oc D
	18 40	I Sh E		12 01	I Tr I	21	11 13	I Oc D		10 15	III Sh E
5	12 40	I Oc D		12 27	II Sh E		14 12	I Ec R		10 33	I Tr I
	15 52	I Ec R		12 47	I Sh I	22	0 04	III Tr I		11 05	I Sh I
6	5 08	II Tr I		14 17	I Tr E		2 40	III Sh I		12 28	II Ec R
	6 55	II Sh I		15 03	I Sh E		3 34	III Tr E		12 50	I Tr E
	8 00	II Tr E	14	9 12	I Oc D		5 45	II Oc D		13 22	I Sh E
	9 49	II Sh E		12 16	I Ec R		6 14	III Sh E	30	7 46	I Oc D
	10 00	I Tr I		19 37	III Tr I		8 32	I Tr I		10 36	I Ec R
	10 52	I Sh I		22 40	III Sh I		9 10	I Sh I	31	3 07	II Tr I
	12 16	I Tr E		23 07	III Tr E		9 53	II Ec R		4 08	II Sh I
	13 08	I Sh E	15	2 13	III Sh E		10 49	I Tr E		5 04	I Tr I
	17 25	IV Tr I		2 57	II Oc D		11 27	I Sh E		5 33	I Sh I
	21 53	IV Tr E		5 20	IV Oc D	23	5 44	I Oc D		6 01	II Tr E
7	1 39	IV Sh I		6 31	I Tr I		8 40	I Ec R		7 03	II Sh E
	6 20	IV Sh E		7 15	I Sh I		13 56	IV Tr I		7 21	I Tr E
	7 10	I Oc D		7 18	II Ec R		18 32	IV Tr E		7 50	I Sh E
	10 21	I Ec R		8 47	I Tr E		19 49	IV Sh I	32	1 58	IV Oc D
	15 12	III Tr I		9 32	I Sh E	24	0 15	II Tr I		2 17	I Oc D
	18 40	III Sh I		9 54	IV Oc R		0 33	IV Sh E		5 05	I Ec R
	18 41	III Tr E		12 22	IV Ec D		1 30	II Sh I		11 15	IV Ec R
	22 13	III Sh E		17 05	IV Ec R		3 02	I Tr I		18 52	III Oc D
8	0 10	II Oc D	16	3 42	I Oc D		3 08	II Tr E		21 58	II Oc D
	4 30	I Tr I		6 45	I Ec R		3 39	I Sh I		23 34	I Tr I
	4 43	II Ec R		21 23	II Tr I		4 24	II Sh E			
	5 20	I Sh I		22 52	II Sh I		5 19	I Tr E			
	6 46	I Tr E					5 56	I Sh E			

I. Dec. 16	II. Dec. 15	III. Dec. 18	IV. Dec. 15
$x_2 = + 1.6,\ y_2 = - 0.1$	$x_2 = + 2.0,\ y_2 = - 0.1$	$x_2 = + 2.5,\ y_2 = - 0.3$	$x_1 = + 1.9,\ y_1 = - 0.3$ $x_2 = + 3.9,\ y_2 = - 0.3$

NOTE.—I denotes ingress; E, egress; D, disappearance; R, reappearance; Ec, eclipse; Oc, occultation; Tr, transit of the satellite; Sh, transit of the shadow.

CONFIGURATIONS OF SATELLITES I–IV FOR DECEMBER

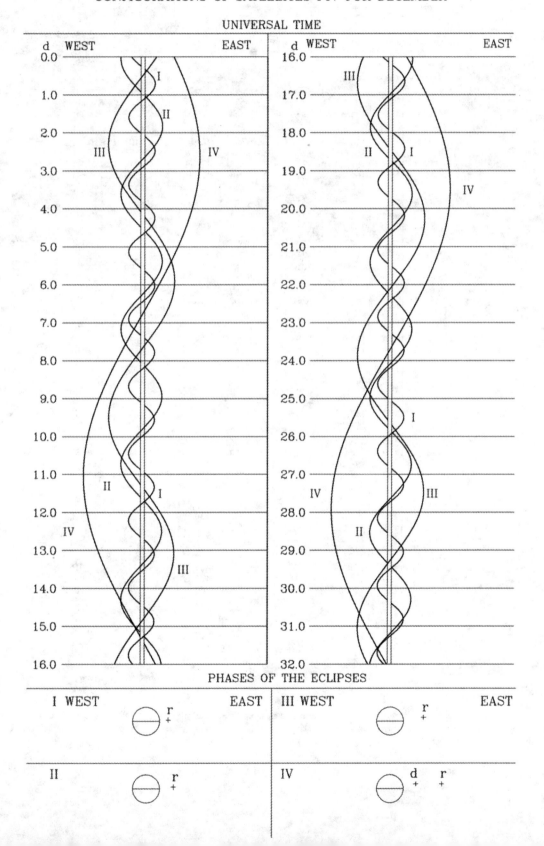

UNIVERSAL TIME

PHASES OF THE ECLIPSES

RINGS OF SATURN, 2020

FOR 0^h UNIVERSAL TIME

Date		Axes of outer edge of A ring		U	B	P	U'	B'	P'
		Major	Minor						
		"	"	°	°	°	°	°	°
Jan.	0	34.32	13.74	163.982	+23.605	+6.618	126.005	+23.273	+16.057
	4	34.28	13.66	164.475	+23.483	+6.631	126.133	+23.245	+16.108
	8	34.25	13.58	164.971	+23.359	+6.643	126.261	+23.216	+16.158
	12	34.24	13.51	165.467	+23.232	+6.655	126.389	+23.187	+16.209
	16	34.25	13.44	165.963	+23.104	+6.666	126.517	+23.159	+16.259
	20	34.26	13.37	166.457	+22.975	+6.677	126.645	+23.130	+16.310
	24	34.29	13.31	166.949	+22.845	+6.687	126.773	+23.101	+16.360
	28	34.33	13.26	167.436	+22.714	+6.696	126.901	+23.072	+16.410
Feb.	1	34.38	13.20	167.918	+22.583	+6.705	127.028	+23.043	+16.460
	5	34.45	13.16	168.393	+22.452	+6.713	127.156	+23.013	+16.510
	9	34.53	13.11	168.859	+22.321	+6.721	127.284	+22.984	+16.560
	13	34.62	13.08	169.317	+22.192	+6.728	127.411	+22.954	+16.610
	17	34.72	13.04	169.765	+22.065	+6.734	127.539	+22.925	+16.660
	21	34.84	13.02	170.201	+21.939	+6.739	127.667	+22.895	+16.709
	25	34.97	13.00	170.625	+21.816	+6.744	127.794	+22.865	+16.759
	29	35.11	12.98	171.035	+21.696	+6.749	127.922	+22.835	+16.808
Mar.	4	35.26	12.97	171.430	+21.580	+6.753	128.049	+22.805	+16.858
	8	35.42	12.96	171.809	+21.467	+6.756	128.176	+22.775	+16.907
	12	35.60	12.96	172.171	+21.358	+6.759	128.304	+22.745	+16.956
	16	35.78	12.97	172.516	+21.255	+6.762	128.431	+22.714	+17.005
	20	35.97	12.98	172.841	+21.156	+6.764	128.558	+22.684	+17.054
	24	36.18	13.00	173.147	+21.064	+6.766	128.685	+22.653	+17.103
	28	36.39	13.03	173.432	+20.977	+6.767	128.812	+22.623	+17.152
Apr.	1	36.61	13.06	173.696	+20.897	+6.769	128.940	+22.592	+17.201
	5	36.84	13.10	173.937	+20.824	+6.770	129.067	+22.561	+17.249
	9	37.07	13.14	174.155	+20.758	+6.771	129.194	+22.530	+17.298
	13	37.31	13.19	174.349	+20.700	+6.771	129.321	+22.499	+17.346
	17	37.56	13.25	174.519	+20.649	+6.772	129.447	+22.468	+17.395
	21	37.81	13.31	174.665	+20.607	+6.772	129.574	+22.437	+17.443
	25	38.07	13.38	174.785	+20.573	+6.773	129.701	+22.405	+17.491
	29	38.32	13.45	174.878	+20.548	+6.773	129.828	+22.374	+17.539
May	3	38.58	13.53	174.946	+20.532	+6.773	129.955	+22.342	+17.587
	7	38.84	13.62	174.988	+20.524	+6.774	130.081	+22.310	+17.635
	11	39.10	13.71	175.004	+20.525	+6.774	130.208	+22.279	+17.683
	15	39.35	13.80	174.994	+20.535	+6.774	130.335	+22.247	+17.731
	19	39.60	13.90	174.957	+20.554	+6.774	130.461	+22.215	+17.778
	23	39.85	14.01	174.895	+20.582	+6.775	130.588	+22.183	+17.826
	27	40.09	14.12	174.808	+20.617	+6.775	130.714	+22.151	+17.873
	31	40.32	14.23	174.696	+20.661	+6.775	130.841	+22.118	+17.920
June	4	40.54	14.34	174.560	+20.713	+6.775	130.967	+22.086	+17.968
	8	40.75	14.45	174.402	+20.773	+6.775	131.093	+22.053	+18.015
	12	40.94	14.57	174.223	+20.839	+6.774	131.220	+22.021	+18.062
	16	41.13	14.68	174.022	+20.911	+6.774	131.346	+21.988	+18.109
	20	41.29	14.79	173.803	+20.990	+6.774	131.472	+21.955	+18.156
	24	41.44	14.90	173.567	+21.074	+6.773	131.598	+21.922	+18.203
	28	41.58	15.01	173.315	+21.162	+6.772	131.724	+21.889	+18.249
July	2	41.69	15.11	173.049	+21.254	+6.771	131.850	+21.856	+18.296

Factor by which axes of outer edge of the A ring are to be multiplied to obtain axes of:

Inner edge of the A ring 0.8944   Inner edge of the B ring 0.6724
Outer edge of the B ring 0.8591   Inner edge of the C ring 0.5458

U = The geocentric longitude of Saturn, measured in the plane of the rings eastward from its ascending node on the mean equator of the Earth. The Saturnicentric longitude of the Earth, measured in the same way, is $U+180°$.

B = The Saturnicentric latitude of the Earth, referred to the plane of the rings, positive toward the north. When B is positive the visible surface of the rings is the northern surface.

P = The geocentric position angle of the northern semiminor axis of the apparent ellipse of the rings, measured eastward from north.

FOR 0^h UNIVERSAL TIME

Date		Axes of outer edge of A ring		U	B	P	U'	B'	P'
		Major	Minor						
		$''$	$''$	°	°	°	°	°	°
July	2	41.69	15.11	173.049	+21.254	+6.771	131.850	+21.856	+18.296
	6	41.78	15.21	172.773	+21.349	+6.770	131.976	+21.823	+18.342
	10	41.85	15.30	172.487	+21.447	+6.768	132.102	+21.790	+18.389
	14	41.90	15.39	172.193	+21.546	+6.766	132.228	+21.756	+18.435
	18	41.93	15.47	171.895	+21.645	+6.764	132.354	+21.723	+18.481
	22	41.94	15.54	171.595	+21.745	+6.762	132.480	+21.689	+18.527
	26	41.92	15.60	171.295	+21.844	+6.760	132.606	+21.656	+18.573
	30	41.88	15.65	170.997	+21.941	+6.757	132.731	+21.622	+18.619
Aug.	3	41.82	15.69	170.705	+22.036	+6.754	132.857	+21.588	+18.665
	7	41.74	15.72	170.420	+22.128	+6.751	132.983	+21.554	+18.711
	11	41.64	15.74	170.145	+22.216	+6.748	133.108	+21.520	+18.756
	15	41.52	15.75	169.882	+22.300	+6.745	133.234	+21.486	+18.802
	19	41.38	15.75	169.633	+22.379	+6.742	133.359	+21.452	+18.847
	23	41.22	15.74	169.400	+22.452	+6.739	133.485	+21.417	+18.892
	27	41.05	15.72	169.186	+22.520	+6.736	133.610	+21.383	+18.938
	31	40.86	15.69	168.992	+22.581	+6.734	133.735	+21.348	+18.983
Sept.	4	40.66	15.65	168.819	+22.636	+6.731	133.861	+21.314	+19.028
	8	40.44	15.60	168.669	+22.684	+6.729	133.986	+21.279	+19.073
	12	40.21	15.53	168.542	+22.724	+6.727	134.111	+21.244	+19.117
	16	39.98	15.47	168.441	+22.757	+6.726	134.236	+21.209	+19.162
	20	39.74	15.39	168.366	+22.782	+6.725	134.361	+21.174	+19.207
	24	39.49	15.30	168.318	+22.800	+6.724	134.487	+21.139	+19.251
	28	39.24	15.21	168.296	+22.810	+6.724	134.612	+21.104	+19.296
Oct.	2	38.98	15.11	168.302	+22.811	+6.724	134.737	+21.068	+19.340
	6	38.72	15.01	168.336	+22.805	+6.725	134.861	+21.033	+19.384
	10	38.47	14.90	168.397	+22.791	+6.726	134.986	+20.997	+19.428
	14	38.21	14.79	168.485	+22.769	+6.727	135.111	+20.962	+19.472
	18	37.95	14.67	168.600	+22.738	+6.729	135.236	+20.926	+19.516
	22	37.70	14.55	168.742	+22.701	+6.732	135.361	+20.890	+19.560
	26	37.46	14.43	168.911	+22.655	+6.734	135.486	+20.854	+19.604
	30	37.21	14.30	169.104	+22.601	+6.737	135.610	+20.818	+19.648
Nov.	3	36.98	14.17	169.322	+22.540	+6.740	135.735	+20.782	+19.691
	7	36.75	14.05	169.564	+22.472	+6.744	135.859	+20.746	+19.735
	11	36.53	13.92	169.829	+22.397	+6.747	135.984	+20.710	+19.778
	15	36.31	13.79	170.116	+22.314	+6.751	136.108	+20.674	+19.821
	19	36.11	13.66	170.424	+22.225	+6.754	136.233	+20.637	+19.864
	23	35.92	13.53	170.751	+22.128	+6.758	136.357	+20.601	+19.907
	27	35.73	13.40	171.098	+22.026	+6.762	136.482	+20.564	+19.950
Dec.	1	35.56	13.27	171.461	+21.917	+6.765	136.606	+20.527	+19.993
	5	35.40	13.15	171.841	+21.802	+6.769	136.730	+20.490	+20.036
	9	35.24	13.02	172.236	+21.682	+6.772	136.854	+20.453	+20.078
	13	35.11	12.90	172.644	+21.556	+6.774	136.979	+20.416	+20.121
	17	34.98	12.78	173.066	+21.425	+6.777	137.103	+20.379	+20.163
	21	34.86	12.66	173.498	+21.289	+6.779	137.227	+20.342	+20.206
	25	34.76	12.54	173.941	+21.148	+6.781	137.351	+20.305	+20.248
	29	34.67	12.43	174.392	+21.004	+6.782	137.475	+20.267	+20.290
	33	34.59	12.31	174.850	+20.856	+6.783	137.599	+20.230	+20.332

Factor by which axes of outer edge of the A ring are to be multiplied to obtain axes of:

    Inner edge of the A ring 0.8944   Inner edge of the B ring 0.6724
    Outer edge of the B ring 0.8591   Inner edge of the C ring 0.5458

U' = The heliocentric longitude of Saturn, measured in the plane of the rings eastward from its ascending node on the ecliptic. The Saturnicentric longitude of the Sun, measured in the same way is $U' + 180°$.

B' = The Saturnicentric latitude of the Sun, referred to the plane of the rings, positive toward the north. When B' is positive the northern surface of the rings is illuminated.

P' = The heliocentric position angle of the northern semiminor axis of the rings on the heliocentric celestial sphere, measured eastward from the great circle that passes through Saturn and the poles of the ecliptic.

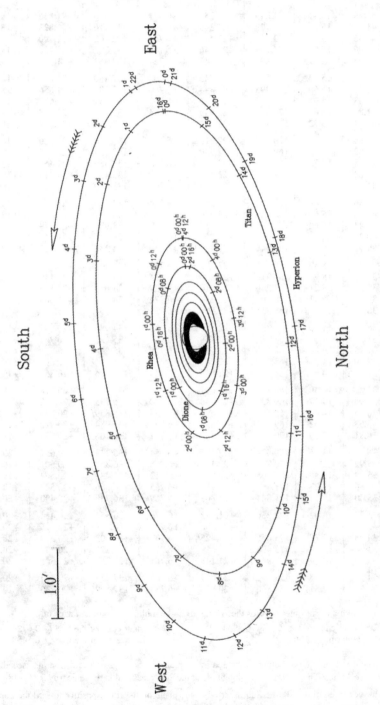

APPARENT ORBITS OF SATELLITES I–VII AT 0ʰ UNIVERSAL TIME ON THE DATE OF OPPOSITION, JULY 20

Orbits elongated in ratio of 1.3 to 1 in the North-South direction.

Name		Mean Sidereal Period		Name		Mean Sidereal Period
		d				d
I	Mimas	0.9424	VI	Titan		15.9454
II	Enceladus	1.3702	VII	Hyperion		21.2767
III	Tethys	1.8878	VIII	Iapetus		79.3311
IV	Dione	2.7369	IX	Phoebe		548.02 R
V	Rhea	4.5175				

UNIVERSAL TIME OF GREATEST EASTERN ELONGATION

I Mimas

Jan.	Feb.	Mar.	Apr.	May	June	July	Aug.	Sept.	Oct.	Nov.	Dec.
d h	d h	d h	d h	d h	d h	d h	d h	d h	d h	d h	d h
−1 17.7	1 17.7	1 00.4	1 02.9	1 06.7	1 09.0	1 12.6	1 14.8	1 17.1	1 20.9	1 00.8	1 04.8
0 16.3	2 16.3	1 23.0	2 01.5	2 05.3	2 07.6	2 11.2	2 13.4	2 15.7	2 19.5	1 23.4	2 03.5
1 15.0	3 14.9	2 21.7	3 00.2	3 03.9	3 06.2	3 09.8	3 12.0	3 14.3	3 18.1	2 22.1	3 02.1
2 13.6	4 13.5	3 20.3	3 22.8	4 02.6	4 04.8	4 08.4	4 10.6	4 12.9	4 16.7	3 20.7	4 00.7
3 12.2	5 12.2	4 18.9	4 21.4	5 01.2	5 03.5	5 07.0	5 09.3	5 11.6	5 15.4	4 19.3	4 23.4
4 10.8	6 10.8	5 17.5	5 20.0	5 23.8	6 02.1	6 05.7	6 07.9	6 10.2	6 14.0	5 17.9	5 22.0
5 09.5	7 09.4	6 16.1	6 18.6	6 22.4	7 00.7	7 04.3	7 06.5	7 08.8	7 12.6	6 16.6	6 20.6
6 08.1	8 08.0	7 14.8	7 17.3	7 21.0	7 23.3	8 02.9	8 05.1	8 07.4	8 11.2	7 15.2	7 19.2
7 06.7	9 06.7	8 13.4	8 15.9	8 19.6	8 21.9	9 01.5	9 03.7	9 06.0	9 09.9	8 13.8	8 17.9
8 05.4	10 05.3	9 12.0	9 14.5	9 18.3	9 20.5	10 00.1	10 02.3	10 04.6	10 08.5	9 12.4	9 16.5
9 04.0	11 03.9	10 10.6	10 13.1	10 16.9	10 19.1	10 22.7	11 00.9	11 03.3	11 07.1	10 11.1	10 15.1
10 02.6	12 02.5	11 09.3	11 11.7	11 15.5	11 17.7	11 21.3	11 23.5	12 01.9	12 05.7	11 09.7	11 13.7
11 01.2	13 01.2	12 07.9	12 10.4	12 14.1	12 16.4	12 19.9	12 22.2	13 00.5	13 04.3	12 08.3	12 12.4
11 23.9	13 23.8	13 06.5	13 09.0	13 12.7	13 15.0	13 18.6	13 20.8	13 23.1	14 03.0	13 06.9	13 11.0
12 22.5	14 22.4	14 05.1	14 07.6	14 11.3	14 13.6	14 17.2	14 19.4	14 21.7	15 01.6	14 05.6	14 09.6
13 21.1	15 21.0	15 03.7	15 06.2	15 09.9	15 12.2	15 15.8	15 18.0	15 20.3	16 00.2	15 04.2	15 08.3
14 19.8	16 19.7	16 02.4	16 04.8	16 08.6	16 10.8	16 14.4	16 16.6	16 19.0	16 22.8	16 02.8	16 06.9
15 18.4	17 18.3	17 01.0	17 03.5	17 07.2	17 09.4	17 13.0	17 15.2	17 17.6	17 21.5	17 01.4	17 05.5
16 17.0	18 16.9	17 23.6	18 02.1	18 05.8	18 08.0	18 11.6	18 13.8	18 16.2	18 20.1	18 00.1	18 04.1
17 15.6	19 15.5	18 22.2	19 00.7	19 04.4	19 06.6	19 10.2	19 12.5	19 14.8	19 18.7	18 22.7	19 02.8
18 14.3	20 14.2	19 20.9	19 23.3	20 03.0	20 05.3	20 08.8	20 11.1	20 13.4	20 17.3	19 21.3	20 01.4
19 12.9	21 12.8	20 19.5	20 21.9	21 01.6	21 03.9	21 07.4	21 09.7	21 12.1	21 15.9	20 20.0	21 00.0
20 11.5	22 11.4	21 18.1	21 20.5	22 00.2	22 02.5	22 06.1	22 08.3	22 10.7	22 14.6	21 18.6	21 22.6
21 10.1	23 10.0	22 16.7	22 19.2	22 22.9	23 01.1	23 04.7	23 06.9	23 09.3	23 13.2	22 17.2	22 21.3
22 08.8	24 08.7	23 15.3	23 17.8	23 21.5	23 23.7	24 03.3	24 05.5	24 07.9	24 11.8	23 15.8	23 19.9
23 07.4	25 07.3	24 14.0	24 16.4	24 20.1	24 22.3	25 01.9	25 04.2	25 06.5	25 10.4	24 14.5	24 18.5
24 06.0	26 05.9	25 12.6	25 15.0	25 18.7	25 20.9	26 00.5	26 02.8	26 05.2	26 09.1	25 13.1	25 17.2
25 04.6	27 04.5	26 11.2	26 13.6	26 17.3	26 19.5	26 23.1	27 01.4	27 03.8	27 07.7	26 11.7	26 15.8
26 03.3	28 03.2	27 09.8	27 12.2	27 15.9	27 18.2	27 21.7	28 00.0	28 02.4	28 06.3	27 10.3	27 14.4
27 01.9	29 01.8	28 08.4	28 10.9	28 14.5	28 16.8	28 20.3	28 22.6	29 01.0	29 04.9	28 09.0	28 13.0
28 00.5		29 07.1	29 09.5	29 13.2	29 15.4	29 19.0	29 21.2	29 23.6	30 03.6	29 07.6	29 11.7
28 23.1		30 05.7	30 08.1	30 11.8	30 14.0	30 17.6	30 19.9	30 22.3	31 02.2	30 06.2	30 10.3
29 21.8		31 04.3		31 10.4		31 16.2	31 18.5				31 08.9
30 20.4											32 07.5
31 19.0											

II Enceladus

Jan.	Feb.	Mar.	Apr.	May	June	July	Aug.	Sept.	Oct.	Nov.	Dec.
d h	d h	d h	d h	d h	d h	d h	d h	d h	d h	d h	d h
−2 17.5	2 00.0	1 18.9	2 07.4	1 02.0	1 14.3	1 17.6	2 05.7	1 09.0	1 12.5	2 01.0	2 04.8
0 02.4	3 08.9	3 03.7	3 16.3	2 10.9	2 23.1	3 02.4	3 14.6	2 17.9	2 21.4	3 09.9	3 13.7
1 11.3	4 17.8	4 12.6	5 01.2	3 19.8	4 08.0	4 11.3	4 23.5	4 02.8	4 06.3	4 18.8	4 22.6
2 20.2	6 02.7	5 21.5	6 10.0	5 04.7	5 16.9	5 20.2	6 08.3	5 11.7	5 15.2	6 03.7	6 07.5
4 05.1	7 11.6	7 06.4	7 18.9	6 13.5	7 01.8	7 05.1	7 17.2	6 20.6	7 00.1	7 12.6	7 16.4
5 14.0	8 20.5	8 15.3	9 03.8	7 22.4	8 10.7	8 13.9	9 02.1	8 05.5	8 09.0	8 21.5	9 01.3
6 22.9	10 05.4	10 00.2	10 12.7	9 07.3	9 19.5	9 22.8	10 11.0	9 14.3	9 17.9	10 06.4	10 10.2
8 07.8	11 14.3	11 09.1	11 21.6	10 16.2	11 04.4	11 07.7	11 19.8	10 23.2	11 02.7	11 15.3	11 19.1
9 16.7	12 23.2	12 18.0	13 06.5	12 01.1	12 13.3	12 16.6	13 04.7	12 08.1	12 11.6	13 00.2	13 04.0
11 01.6	14 08.1	14 02.9	14 15.4	13 09.9	13 22.2	14 01.4	14 13.6	13 17.0	13 20.5	14 09.1	14 12.9
12 10.5	15 17.0	15 11.8	16 00.3	14 18.8	15 07.0	15 10.3	15 22.5	15 01.9	15 05.4	15 18.0	15 21.8
13 19.4	17 01.9	16 20.7	17 09.1	16 03.7	16 15.9	16 19.2	17 07.4	16 10.8	16 14.3	17 02.9	17 06.7
15 04.3	18 10.8	18 05.6	18 18.0	17 12.6	18 00.8	18 04.1	18 16.2	17 19.6	17 23.2	18 11.8	18 15.6
16 13.2	19 19.7	19 14.5	20 02.9	18 21.5	19 09.7	19 12.9	20 01.1	19 04.5	19 08.1	19 20.7	20 00.5
17 22.1	21 04.6	20 23.4	21 11.8	20 06.4	20 18.6	20 21.8	21 10.0	20 13.4	20 17.0	21 05.6	21 09.4
19 07.0	22 13.5	22 08.3	22 20.7	21 15.2	22 03.4	22 06.7	22 18.9	21 22.3	22 01.9	22 14.5	22 18.3
20 15.9	23 22.4	23 17.1	24 05.6	23 00.1	23 12.3	23 15.6	24 03.8	23 07.2	23 10.8	23 23.4	24 03.2
22 00.8	25 07.3	25 02.0	25 14.5	24 09.0	24 21.2	25 00.4	25 12.6	24 16.1	24 19.7	25 08.3	25 12.1
23 09.7	26 16.2	26 10.9	26 23.4	25 17.9	26 06.1	26 09.3	26 21.5	26 01.0	26 04.6	26 17.2	26 21.0
24 18.6	28 01.1	27 19.8	28 08.2	27 02.8	27 14.9	27 18.2	28 06.4	27 09.9	27 13.5	28 02.1	28 05.9
26 03.5	29 10.0	29 04.7	29 17.1	28 11.6	28 23.8	29 03.1	29 15.3	28 18.7	28 22.4	29 11.0	29 14.8
27 12.4		30 13.6		29 20.5	30 08.7	30 11.9	31 00.2	30 03.6	30 07.2	30 19.9	30 23.7
28 21.3		31 22.5		31 05.4		31 20.8			31 16.1		32 08.6
30 06.2											
31 15.1											

SATELLITES OF SATURN, 2020

UNIVERSAL TIME OF GREATEST EASTERN ELONGATION

Jan.	Feb.	Mar.	Apr.	May	June	July	Aug.	Sept.	Oct.	Nov.	Dec.

III Tethys

d h	d h	d h	d h	d h	d h	d h	d h	d h	d h	d h	d h
−2 22.1	1 22.1	1 06.1	2 08.6	2 13.6	1 18.4	1 23.1	1 03.7	2 05.7	2 10.6	1 15.7	1 20.9
0 19.4	3 19.5	3 03.4	4 05.9	4 10.9	3 15.7	3 20.3	3 01.0	4 03.0	4 07.9	3 13.0	3 18.3
2 16.8	5 16.8	5 00.8	6 03.2	6 08.2	5 13.0	5 17.6	4 22.3	6 00.3	6 05.2	5 10.3	5 15.6
4 14.1	7 14.1	6 22.1	8 00.5	8 05.5	7 10.3	7 14.9	6 19.5	7 21.6	8 02.5	7 07.7	7 12.9
6 11.4	9 11.5	8 19.4	9 21.8	10 02.8	9 07.6	9 12.2	8 16.8	9 18.9	9 23.8	9 05.0	9 10.3
8 08.8	11 08.8	10 16.7	11 19.2	12 00.1	11 04.9	11 09.5	10 14.1	11 16.2	11 21.2	11 02.3	11 07.6
10 06.1	13 06.1	12 14.1	13 16.5	13 21.4	13 02.1	13 06.8	12 11.4	13 13.5	13 18.5	12 23.6	13 04.9
12 03.4	15 03.5	14 11.4	15 13.8	15 18.7	14 23.4	15 04.1	14 08.7	15 10.8	15 15.8	14 21.0	15 02.3
14 00.8	17 00.8	16 08.7	17 11.1	17 16.0	16 20.7	17 01.4	16 06.0	17 08.1	17 13.1	16 18.3	16 23.0
15 22.1	18 22.1	18 06.0	19 08.4	19 13.3	18 18.0	18 22.6	18 03.3	19 05.4	19 10.4	18 15.6	18 21.0
17 19.5	20 19.5	20 03.3	21 05.7	21 10.6	20 15.3	20 19.9	20 00.6	21 02.7	21 07.7	20 13.0	20 18.3
19 16.8	22 16.8	22 00.7	23 03.0	23 07.9	22 12.6	22 17.2	21 21.9	23 00.0	23 05.1	22 10.3	22 15.6
21 14.1	24 14.1	23 22.0	25 00.3	25 05.2	24 09.9	24 14.5	23 19.2	24 21.3	25 02.4	24 07.6	24 13.0
23 11.5	26 11.4	25 19.3	26 21.6	27 02.5	26 07.2	26 11.8	25 16.5	26 18.6	26 23.7	26 04.9	26 10.3
25 08.8	28 08.8	27 16.6	28 19.0	28 23.8	28 04.5	28 09.1	27 13.8	28 16.0	28 21.0	28 02.3	28 07.6
27 06.1		29 13.9	30 16.3	30 21.1	30 01.8	30 06.4	29 11.1	30 13.3	30 18.4	29 23.6	30 05.0
29 03.5		31 11.3					31 08.4				32 02.3
31 00.8											

IV Dione

d h	d h	d h	d h	d h	d h	d h	d h	d h	d h	d h	d h
−1 05.8	1 02.8	2 05.9	1 08.9	1 11.6	3 07.7	3 09.9	2 12.0	1 14.3	1 16.7	3 13.2	3 16.3
1 23.6	3 20.6	4 23.7	4 02.6	4 05.3	6 01.3	6 03.5	5 05.7	4 07.9	4 10.4	6 07.0	6 10.0
4 17.3	6 14.3	7 17.4	6 20.3	6 22.9	8 19.0	8 21.2	7 23.3	7 01.6	7 04.1	9 00.7	9 03.8
7 11.1	9 08.0	10 11.1	9 14.0	9 16.6	11 12.7	11 14.8	10 17.0	9 19.3	9 21.8	11 18.4	11 21.5
10 04.8	12 01.8	13 04.8	12 07.7	12 10.3	14 06.3	14 08.5	13 10.6	12 12.9	12 15.5	14 12.1	14 15.2
12 22.6	14 19.5	15 22.6	15 01.4	15 04.0	17 00.0	17 02.1	16 04.3	15 06.6	15 09.2	17 05.9	17 09.0
15 16.3	17 13.3	18 16.3	17 19.1	17 21.7	19 17.6	19 19.8	18 21.9	18 00.3	18 03.0	19 23.6	20 02.7
18 10.1	20 07.0	21 10.0	20 12.8	20 15.3	22 11.3	22 13.4	21 15.6	20 18.0	20 20.7	22 17.3	22 20.5
21 03.8	23 00.7	24 03.7	23 06.5	23 09.0	25 04.9	25 07.1	24 09.3	23 11.7	23 14.4	25 11.1	25 14.2
23 21.6	25 18.5	26 21.4	26 00.2	26 02.7	27 22.6	28 00.7	27 02.9	26 05.4	26 08.1	28 04.8	28 08.0
26 15.3	28 12.2	29 15.2	28 17.9	28 20.3	30 16.2	30 18.4	29 20.6	28 23.1	29 01.8	30 22.5	31 01.7
29 09.1				31 14.0					31 19.5		33 19.5

V Rhea

d h	d h	d h	d h	d h	d h	d h	d h	d h	d h	d h	d h
−1 09.2	4 14.0	2 17.3	3 09.0	5 00.2	1 02.6	2 17.0	3 07.2	3 21.6	1 00.0	1 15.3	3 07.0
3 21.8	9 02.5	7 05.9	7 21.5	9 12.6	5 14.9	7 05.3	7 19.5	8 10.0	5 12.4	6 03.8	7 19.6
8 10.4	13 15.1	11 18.4	12 10.0	14 01.0	10 03.3	11 17.6	12 07.8	12 22.3	10 00.9	10 16.3	12 08.2
12 23.0	18 03.7	16 07.0	16 22.4	18 13.4	14 15.6	16 05.9	16 20.2	17 10.7	14 13.3	15 04.9	16 20.7
17 11.6	22 16.2	20 19.5	21 10.9	23 01.8	19 04.0	20 18.2	21 08.5	21 23.2	19 01.8	19 17.4	21 09.3
22 00.2	27 04.8	25 08.0	25 23.3	27 14.2	23 16.3	25 06.5	25 20.9	26 11.6	23 14.3	24 05.9	25 21.9
26 12.8		29 20.5	30 11.8		28 04.6	29 18.9	30 09.2		28 02.8	28 18.5	30 10.5
31 01.4											34 23.1

UNIVERSAL TIME OF CONJUNCTIONS AND ELONGATIONS

VI Titan

Eastern Elongation		Inferior Conjunction		Western Elongation		Superior Conjunction	
	d h		d h		d h		d h
Jan.	−22 11.4	Jan.	−18 09.6	Jan.	−14 13.4	Jan.	−10 15.9
	−6 12.2		−2 10.4		2 14.3		6 16.6
	10 13.0		14 11.3		18 15.3		22 17.3
	26 13.8		30 12.1	Feb.	3 16.1	Feb.	7 17.9
Feb.	11 14.5	Feb.	15 12.9		19 16.8		23 18.3
	27 15.0	Mar.	2 13.4	Mar.	6 17.3	Mar.	10 18.6
Mar.	14 15.3		18 13.7		22 17.5		26 18.5
	30 15.2	Apr.	3 13.6	Apr.	7 17.3	Apr.	11 18.1
Apr.	15 14.8		19 13.1		23 16.7		27 17.3
May	1 13.9	May	5 12.1	May	9 15.6	May	13 16.1
	17 12.6		21 10.7		25 14.1		29 14.5
June	2 10.9	June	6 08.8	June	10 12.1	June	14 12.5
	18 08.8		22 06.6		26 09.7		30 10.3
July	4 06.3	July	8 04.1	July	12 07.1	July	16 07.8
	20 03.7		24 01.5		28 04.4	Aug.	1 05.3
Aug.	5 01.1	Aug.	8 22.9	Aug.	13 01.8		17 03.0
	20 22.6		24 20.6		28 23.4	Sept.	2 00.8
Sept.	5 20.5	Sept.	9 18.5	Sept.	13 21.5		17 23.1
	21 18.7		25 16.9		29 19.9	Oct.	3 21.7
Oct.	7 17.5	Oct.	11 15.8	Oct.	15 18.9		19 20.8
	23 16.7		27 15.2		31 18.4	Nov.	4 20.3
Nov.	8 16.3	Nov.	12 15.0	Nov.	16 18.3		20 20.2
	24 16.4		28 15.1	Dec.	2 18.6	Dec.	6 20.4
Dec.	10 16.7	Dec.	14 15.6		18 19.1		22 20.8
	26 17.3		30 16.3		34 19.8		38 21.3
	42 18.0		46 17.1				

VII Hyperion

Eastern Elongation		Inferior Conjunction		Western Elongation		Superior Conjunction	
	d h		d h		d h		d h
Jan.	−8 15.6	Jan.	−3 09.2	Jan.	3 18.1	Jan.	9 15.5
	14 01.8		18 21.1		25 05.8		31 01.5
Feb.	4 12.1	Feb.	9 08.1	Feb.	15 16.9	Feb.	21 11.4
	25 22.5	Mar.	1 19.5	Mar.	8 02.5	Mar.	13 18.3
Mar.	18 06.2		23 04.6		29 11.0	Apr.	4 01.4
Apr.	8 13.2	Apr.	13 11.8	Apr.	19 18.0		25 07.7
	29 19.8	May	4 18.6	May	10 23.1	May	16 11.2
May	20 23.7		25 23.1	June	1 03.1	June	6 15.0
June	11 02.7	June	16 01.5		22 05.5		27 17.9
July	2 05.5	July	7 04.0	July	13 06.9	July	18 19.1
	23 06.7		28 05.7	Aug.	3 08.7	Aug.	8 21.8
Aug.	13 08.7	Aug.	18 07.0		24 10.3		30 00.4
Sept.	3 11.5	Sept.	8 09.9	Sept.	14 12.9	Sept.	20 02.9
	24 14.4		29 14.3	Oct.	5 17.9	Oct.	11 08.4
Oct.	15 19.8	Oct.	20 19.8		26 23.7	Nov.	1 14.1
Nov.	6 02.2	Nov.	11 03.2	Nov.	17 06.9		22 20.1
	27 09.4	Dec.	2 12.7	Dec.	8 16.8	Dec.	14 05.3
Dec.	18 18.9		23 23.0		30 02.9		35 14.2
	40 04.9		45 10.5				

VIII Iapetus

Eastern Elongation		Inferior Conjunction		Western Elongation		Superior Conjunction	
	d h		d h		d h		d h
Jan.	−50 15.3	Jan.	−30 09.1	Jan.	−9 08.0	Jan.	12 11.4
Feb.	1 02.2	Feb.	20 16.9	Mar.	12 23.0	Apr.	2 11.4
Apr.	21 23.4	May	11 01.2	May	31 19.6	June	20 18.8
July	9 15.7	July	28 13.0	Aug.	17 16.6	Sept.	7 02.2
Sept.	25 20.3	Oct.	15 08.3	Nov.	4 20.2	Nov.	25 21.8
Dec.	15 05.0	Dec.	35 02.0				

SATELLITES OF SATURN, 2020

DIFFERENTIAL COORDINATES OF VII HYPERION FOR 0ʰ UNIVERSAL TIME

Date		$\Delta\alpha$ (s)	$\Delta\delta$ (′)	Date		$\Delta\alpha$ (s)	$\Delta\delta$ (′)	Date		$\Delta\alpha$ (s)	$\Delta\delta$ (′)
Jan.	0	− 9	− 0.9	May	1	+ 12	− 0.9	Sept.	2	+ 13	+ 0.2
	2	− 14	− 0.3		3	+ 6	− 1.3		4	+ 14	− 0.7
	4	− 15	+ 0.3		5	− 2	− 1.3		6	+ 9	− 1.3
	6	− 12	+ 0.9		7	− 9	− 0.9		8	+ 1	− 1.5
	8	− 6	+ 1.2		9	− 14	− 0.4		10	− 7	− 1.2
	10	+ 2	+ 1.0		11	− 16	+ 0.3		12	− 14	− 0.7
	12	+ 9	+ 0.4		13	− 13	+ 0.9		14	− 17	+ 0.1
	14	+ 12	− 0.4		15	− 6	+ 1.2		16	− 15	+ 0.8
	16	+ 9	− 1.0		17	+ 3	+ 1.0		18	− 9	+ 1.2
	18	+ 3	− 1.3		19	+ 11	+ 0.3		20	0	+ 1.2
	20	− 5	− 1.1		21	+ 14	− 0.5		22	+ 9	+ 0.7
	22	− 11	− 0.7		23	+ 10	− 1.1		24	+ 14	− 0.2
	24	− 14	− 0.1		25	− 3	− 1.4		26	+ 12	− 1.0
	26	− 14	+ 0.5		27	− 5	− 1.2		28	+ 6	− 1.4
	28	− 10	+ 1.0		29	− 12	− 0.7		30	− 2	− 1.4
	30	− 4	+ 1.1		31	− 16	− 0.1	Oct.	2	− 10	− 1.0
Feb.	1	+ 5	+ 0.8	June	2	− 16	+ 0.6		4	− 15	− 0.4
	3	+ 11	+ 0.2		4	− 11	+ 1.1		6	− 16	+ 0.3
	5	+ 12	− 0.6		6	− 2	+ 1.2		8	− 13	+ 1.0
	7	+ 7	− 1.1		8	+ 7	+ 0.8		10	− 5	+ 1.2
	9	+ 1	− 1.2		10	+ 14	0.0		12	+ 4	+ 1.0
	11	− 6	− 1.0		12	+ 13	− 0.8		14	+ 11	+ 0.3
	13	− 12	− 0.5		14	+ 8	− 1.3		16	+ 13	− 0.6
	15	− 14	+ 0.1		16	0	− 1.4		18	+ 10	− 1.2
	17	− 14	+ 0.6		18	− 8	− 1.1		20	+ 3	− 1.4
	19	− 9	+ 1.0		20	− 15	− 0.5		22	− 5	− 1.2
	21	− 1	+ 1.1		22	− 17	+ 0.2		24	− 12	− 0.8
	23	+ 7	+ 0.6		24	− 15	+ 0.9		26	− 15	− 0.1
	25	+ 12	− 0.1		26	− 8	+ 1.2		28	− 15	+ 0.6
	27	+ 11	− 0.8		28	+ 2	+ 1.1		30	− 10	+ 1.1
	29	+ 6	− 1.2		30	+ 11	+ 0.5	Nov.	1	− 2	+ 1.2
Mar.	2	− 1	− 1.2	July	2	+ 15	− 0.4		3	+ 7	+ 0.7
	4	− 8	− 0.9		4	+ 12	− 1.1		5	+ 12	0.0
	6	− 13	− 0.4		6	+ 4	− 1.5		7	+ 12	− 0.8
	8	− 15	+ 0.2		8	− 4	− 1.3		9	+ 7	− 1.3
	10	− 13	+ 0.8		10	− 12	− 0.9		11	0	− 1.3
	12	− 7	+ 1.1		12	− 16	− 0.2		13	− 7	− 1.0
	14	+ 2	+ 1.0		14	− 17	+ 0.5		15	− 13	− 0.5
	16	+ 9	+ 0.4		16	− 12	+ 1.1		17	− 15	+ 0.1
	18	+ 12	− 0.4		18	− 3	+ 1.3		19	− 13	+ 0.7
	20	+ 10	− 1.0		20	+ 7	+ 0.9		21	− 7	+ 1.1
	22	+ 4	− 1.2		22	+ 14	+ 0.1		23	+ 1	+ 1.0
	24	− 4	− 1.1		24	+ 14	− 0.8		25	+ 9	+ 0.5
	26	− 10	− 0.7		26	+ 9	− 1.4		27	+ 13	− 0.3
	28	− 14	− 0.2		28	0	− 1.5		29	+ 11	− 1.0
	30	− 15	+ 0.4		30	− 8	− 1.2	Dec.	1	+ 5	− 1.3
Apr.	1	− 11	+ 0.9	Aug.	1	− 15	− 0.6		3	− 2	− 1.2
	3	− 4	+ 1.1		3	− 17	+ 0.2		5	− 9	− 0.9
	5	+ 5	+ 0.8		5	− 15	+ 0.9		7	− 13	− 0.3
	7	+ 12	+ 0.1		7	− 9	+ 1.3		9	− 14	+ 0.3
	9	+ 13	− 0.6		9	+ 1	+ 1.2		11	− 11	+ 0.8
	11	+ 8	− 1.1		11	+ 11	+ 0.6		13	− 4	+ 1.1
	13	+ 1	− 1.3		13	+ 15	− 0.4		15	+ 4	+ 0.8
	15	− 6	− 1.1		15	+ 12	− 1.1		17	+ 11	+ 0.2
	17	− 12	− 0.6		17	+ 5	− 1.5		19	+ 12	− 0.5
	19	− 15	0.0		19	− 4	− 1.4		21	+ 9	− 1.0
	21	− 14	+ 0.7		21	− 11	− 1.0		23	+ 3	− 1.2
	23	− 9	+ 1.1		23	− 16	− 0.3		25	− 4	− 1.1
	25	− 1	+ 1.1		25	− 17	+ 0.5		27	− 10	− 0.7
	27	+ 8	+ 0.6		27	− 13	+ 1.1		29	− 14	− 0.1
	29	+ 13	− 0.2		29	− 4	+ 1.3		31	− 14	+ 0.5
May	1	+ 12	− 0.9		31	+ 6	+ 1.0		33	− 9	+ 0.9

Differential coordinates are given in the sense "satellite minus planet."

DIFFERENTIAL COORDINATES OF VIII IAPETUS FOR 0ʰ UNIVERSAL TIME

Date	$\Delta\alpha$	$\Delta\delta$	Date	$\Delta\alpha$	$\Delta\delta$	Date	$\Delta\alpha$	$\Delta\delta$
	s	′		s	′		s	′
Jan. 0	− 26	+ 1.3	May 1	+ 25	− 0.9	Sept. 2	− 14	+ 1.3
2	− 23	+ 1.3	3	+ 21	− 0.9	4	− 9	+ 1.2
4	− 19	+ 1.3	5	+ 16	− 0.9	6	− 3	+ 1.1
6	− 15	+ 1.3	7	+ 11	− 0.9	8	+ 3	+ 1.0
8	− 10	+ 1.2	9	+ 5	− 0.8	10	+ 9	+ 0.8
10	− 5	+ 1.1	11	0	− 0.8	12	+ 15	+ 0.7
12	0	+ 1.0	13	− 6	− 0.7	14	+ 20	+ 0.5
14	+ 4	+ 0.8	15	− 12	− 0.6	16	+ 25	+ 0.2
16	+ 9	+ 0.7	17	− 17	− 0.5	18	+ 29	0.0
18	+ 14	+ 0.5	19	− 22	− 0.3	20	+ 32	− 0.2
20	+ 18	+ 0.3	21	− 26	− 0.2	22	+ 34	− 0.4
22	+ 22	+ 0.2	23	− 30	0.0	24	+ 35	− 0.6
24	+ 25	0.0	25	− 33	+ 0.1	26	+ 36	− 0.8
26	+ 28	− 0.2	27	− 36	+ 0.3	28	+ 35	− 0.9
28	+ 29	− 0.4	29	− 37	+ 0.4	30	+ 33	− 1.1
30	+ 31	− 0.5	31	− 38	+ 0.5	Oct. 2	+ 31	− 1.2
Feb. 1	+ 31	− 0.7	June 2	− 38	+ 0.7	4	+ 27	− 1.2
3	+ 30	− 0.8	4	− 37	+ 0.8	6	+ 24	− 1.3
5	+ 29	− 0.9	6	− 35	+ 0.9	8	+ 19	− 1.3
7	+ 27	− 1.0	8	− 32	+ 0.9	10	+ 14	− 1.2
9	+ 25	− 1.0	10	− 29	+ 1.0	12	+ 9	− 1.2
11	+ 21	− 1.1	12	− 24	+ 1.0	14	+ 3	− 1.1
13	+ 17	− 1.1	14	− 19	+ 1.0	16	− 2	− 1.0
15	+ 13	− 1.0	16	− 14	+ 1.0	18	− 8	− 0.8
17	+ 8	− 1.0	18	− 8	+ 1.0	20	− 13	− 0.7
19	+ 4	− 0.9	20	− 2	+ 0.9	22	− 18	− 0.5
21	− 1	− 0.8	22	+ 4	+ 0.8	24	− 22	− 0.3
23	− 6	− 0.7	24	+ 10	+ 0.7	26	− 26	− 0.1
25	− 11	− 0.6	26	+ 16	+ 0.5	28	− 30	0.0
27	− 16	− 0.4	28	+ 21	+ 0.4	30	− 32	+ 0.2
29	− 20	− 0.3	30	+ 26	+ 0.2	Nov. 1	− 34	+ 0.4
Mar. 2	− 24	− 0.1	July 2	+ 30	0.0	3	− 35	+ 0.6
4	− 27	0.0	4	+ 34	− 0.2	5	− 35	+ 0.7
6	− 30	+ 0.2	6	+ 36	− 0.4	7	− 35	+ 0.8
8	− 32	+ 0.3	8	+ 37	− 0.5	9	− 33	+ 0.9
10	− 33	+ 0.4	10	+ 38	− 0.7	11	− 31	+ 1.0
12	− 34	+ 0.6	12	+ 37	− 0.8	13	− 28	+ 1.1
14	− 34	+ 0.7	14	+ 35	− 1.0	15	− 25	+ 1.1
16	− 33	+ 0.8	16	+ 32	− 1.1	17	− 21	+ 1.1
18	− 31	+ 0.8	18	+ 28	− 1.1	19	− 17	+ 1.1
20	− 29	+ 0.9	20	+ 24	− 1.2	21	− 12	+ 1.1
22	− 26	+ 0.9	22	+ 19	− 1.2	23	− 7	+ 1.0
24	− 22	+ 0.9	24	+ 13	− 1.2	25	− 2	+ 0.9
26	− 18	+ 0.9	26	+ 7	− 1.1	27	+ 3	+ 0.8
28	− 14	+ 0.9	28	+ 1	− 1.0	29	+ 8	+ 0.7
30	− 9	+ 0.9	30	− 5	− 0.9	Dec. 1	+ 13	+ 0.5
Apr. 1	− 3	+ 0.8	Aug. 1	− 11	− 0.8	3	+ 18	+ 0.4
3	+ 2	+ 0.7	3	− 17	− 0.6	5	+ 22	+ 0.2
5	+ 7	+ 0.6	5	− 22	− 0.4	7	+ 25	+ 0.1
7	+ 12	+ 0.5	7	− 27	− 0.3	9	+ 28	− 0.1
9	+ 17	+ 0.4	9	− 31	− 0.1	11	+ 30	− 0.3
11	+ 22	+ 0.2	11	− 35	+ 0.2	13	+ 31	− 0.4
13	+ 26	+ 0.1	13	− 37	+ 0.4	15	+ 32	− 0.5
15	+ 29	− 0.1	15	− 39	+ 0.5	17	+ 31	− 0.6
17	+ 31	− 0.2	17	− 39	+ 0.7	19	+ 30	− 0.7
19	+ 33	− 0.3	19	− 39	+ 0.9	21	+ 28	− 0.8
21	+ 34	− 0.5	21	− 38	+ 1.0	23	+ 25	− 0.8
23	+ 34	− 0.6	23	− 36	+ 1.2	25	+ 22	− 0.9
25	+ 33	− 0.7	25	− 33	+ 1.2	27	+ 18	− 0.9
27	+ 31	− 0.8	27	− 29	+ 1.3	29	+ 14	− 0.9
29	+ 28	− 0.8	29	− 25	+ 1.3	31	+ 9	− 0.8
May 1	+ 25	− 0.9	31	− 20	+ 1.3	33	+ 5	− 0.8

Differential coordinates are given in the sense "satellite minus planet."

DIFFERENTIAL COORDINATES OF IX PHOEBE FOR 0ʰ UNIVERSAL TIME

Date	$\Delta\alpha$	$\Delta\delta$	Date	$\Delta\alpha$	$\Delta\delta$	Date	$\Delta\alpha$	$\Delta\delta$
	m s	'		m s	'		m s	'
Jan. 0	+ 0 09	+ 1.2	May 1	+ 2 18	+ 4.1	Sept. 2	+ 1 12	+ 0.1
2	+ 0 12	+ 1.2	3	+ 2 19	+ 4.1	4	+ 1 09	+ 0.1
4	+ 0 15	+ 1.3	5	+ 2 20	+ 4.1	6	+ 1 06	0.0
6	+ 0 18	+ 1.3	7	+ 2 21	+ 4.1	8	+ 1 02	− 0.1
8	+ 0 20	+ 1.4	9	+ 2 22	+ 4.1	10	+ 0 59	− 0.1
10	+ 0 23	+ 1.4	11	+ 2 22	+ 4.1	12	+ 0 56	− 0.2
12	+ 0 26	+ 1.5	13	+ 2 23	+ 4.1	14	+ 0 53	− 0.3
14	+ 0 29	+ 1.5	15	+ 2 23	+ 4.0	16	+ 0 49	− 0.3
16	+ 0 32	+ 1.6	17	+ 2 24	+ 4.0	18	+ 0 46	− 0.4
18	+ 0 34	+ 1.6	19	+ 2 24	+ 4.0	20	+ 0 43	− 0.4
20	+ 0 37	+ 1.7	21	+ 2 25	+ 3.9	22	+ 0 39	− 0.5
22	+ 0 40	+ 1.7	23	+ 2 25	+ 3.9	24	+ 0 36	− 0.5
24	+ 0 43	+ 1.8	25	+ 2 25	+ 3.9	26	+ 0 32	− 0.6
26	+ 0 45	+ 1.8	27	+ 2 25	+ 3.8	28	+ 0 29	− 0.6
28	+ 0 48	+ 1.9	29	+ 2 25	+ 3.8	30	+ 0 26	− 0.7
30	+ 0 51	+ 2.0	31	+ 2 26	+ 3.7	Oct. 2	+ 0 22	− 0.7
Feb. 1	+ 0 53	+ 2.0	June 2	+ 2 26	+ 3.7	4	+ 0 19	− 0.8
3	+ 0 56	+ 2.1	4	+ 2 25	+ 3.6	6	+ 0 15	− 0.8
5	+ 0 59	+ 2.1	6	+ 2 25	+ 3.6	8	+ 0 12	− 0.9
7	+ 1 01	+ 2.2	8	+ 2 25	+ 3.5	10	+ 0 08	− 0.9
9	+ 1 04	+ 2.3	10	+ 2 25	+ 3.5	12	+ 0 05	− 1.0
11	+ 1 06	+ 2.3	12	+ 2 25	+ 3.4	14	+ 0 01	− 1.0
13	+ 1 09	+ 2.4	14	+ 2 24	+ 3.3	16	− 0 02	− 1.1
15	+ 1 11	+ 2.5	16	+ 2 24	+ 3.3	18	− 0 06	− 1.1
17	+ 1 14	+ 2.5	18	+ 2 23	+ 3.2	20	− 0 09	− 1.2
19	+ 1 16	+ 2.6	20	+ 2 23	+ 3.1	22	− 0 12	− 1.2
21	+ 1 18	+ 2.7	22	+ 2 22	+ 3.1	24	− 0 16	− 1.3
23	+ 1 21	+ 2.7	24	+ 2 21	+ 3.0	26	− 0 19	− 1.3
25	+ 1 23	+ 2.8	26	+ 2 20	+ 2.9	28	− 0 22	− 1.4
27	+ 1 25	+ 2.9	28	+ 2 19	+ 2.8	30	− 0 26	− 1.4
29	+ 1 28	+ 2.9	30	+ 2 18	+ 2.7	Nov. 1	− 0 29	− 1.5
Mar. 2	+ 1 30	+ 3.0	July 2	+ 2 17	+ 2.7	3	− 0 32	− 1.5
4	+ 1 32	+ 3.0	4	+ 2 16	+ 2.6	5	− 0 35	− 1.6
6	+ 1 34	+ 3.1	6	+ 2 15	+ 2.5	7	− 0 39	− 1.6
8	+ 1 36	+ 3.2	8	+ 2 14	+ 2.4	9	− 0 42	− 1.7
10	+ 1 39	+ 3.2	10	+ 2 13	+ 2.3	11	− 0 45	− 1.7
12	+ 1 41	+ 3.3	12	+ 2 11	+ 2.2	13	− 0 48	− 1.8
14	+ 1 43	+ 3.3	14	+ 2 10	+ 2.1	15	− 0 50	− 1.8
16	+ 1 45	+ 3.4	16	+ 2 08	+ 2.1	17	− 0 53	− 1.9
18	+ 1 47	+ 3.5	18	+ 2 07	+ 2.0	19	− 0 56	− 1.9
20	+ 1 48	+ 3.5	20	+ 2 05	+ 1.9	21	− 0 59	− 2.0
22	+ 1 50	+ 3.6	22	+ 2 03	+ 1.8	23	− 1 01	− 2.0
24	+ 1 52	+ 3.6	24	+ 2 02	+ 1.7	25	− 1 04	− 2.1
26	+ 1 54	+ 3.7	26	+ 2 00	+ 1.6	27	− 1 07	− 2.1
28	+ 1 56	+ 3.7	28	+ 1 58	+ 1.5	29	− 1 09	− 2.1
30	+ 1 57	+ 3.8	30	+ 1 56	+ 1.4	Dec. 1	− 1 11	− 2.2
Apr. 1	+ 1 59	+ 3.8	Aug. 1	+ 1 54	+ 1.4	3	− 1 14	− 2.2
3	+ 2 01	+ 3.8	3	+ 1 51	+ 1.3	5	− 1 16	− 2.3
5	+ 2 02	+ 3.9	5	+ 1 49	+ 1.2	7	− 1 18	− 2.3
7	+ 2 04	+ 3.9	7	+ 1 47	+ 1.1	9	− 1 20	− 2.4
9	+ 2 05	+ 3.9	9	+ 1 45	+ 1.0	11	− 1 22	− 2.4
11	+ 2 07	+ 4.0	11	+ 1 42	+ 0.9	13	− 1 24	− 2.5
13	+ 2 08	+ 4.0	13	+ 1 40	+ 0.9	15	− 1 26	− 2.5
15	+ 2 09	+ 4.0	15	+ 1 37	+ 0.8	17	− 1 27	− 2.5
17	+ 2 11	+ 4.0	17	+ 1 35	+ 0.7	19	− 1 29	− 2.6
19	+ 2 12	+ 4.1	19	+ 1 32	+ 0.6	21	− 1 30	− 2.6
21	+ 2 13	+ 4.1	21	+ 1 29	+ 0.5	23	− 1 32	− 2.6
23	+ 2 14	+ 4.1	23	+ 1 26	+ 0.5	25	− 1 33	− 2.7
25	+ 2 15	+ 4.1	25	+ 1 24	+ 0.4	27	− 1 34	− 2.7
27	+ 2 16	+ 4.1	27	+ 1 21	+ 0.3	29	− 1 35	− 2.7
29	+ 2 17	+ 4.1	29	+ 1 18	+ 0.3	31	− 1 37	− 2.7
May 1	+ 2 18	+ 4.1	31	+ 1 15	+ 0.2	33	− 1 37	− 2.8

Differential coordinates are given in the sense "satellite minus planet."

APPARENT ORBITS OF SATELLITES I-V AT 0^h UNIVERSAL TIME
ON THE DATE OF OPPOSITION, OCTOBER 31

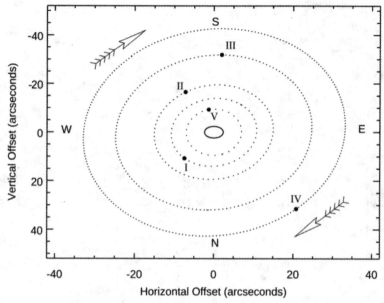

Orbits elongated in ratio of 1.7 to 1 in the East-West direction.

	NAME	MEAN SIDEREAL PERIOD
		d
V	Miranda	1.413 479 408
I	Ariel	2.520 379 052
II	Umbriel	4.144 176 46
III	Titania	8.705 866 93
IV	Oberon	13.463 234 2

RINGS OF URANUS

Ring	Semimajor Axis	Width	Eccentricity	Inclination	Optical Depth
	km	km		°	
6	41837	1.5	0.00101	0.062	~ 0.3
5	42234	~ 2	0.00190	0.054	~ 0.5
4	42571	~ 2	0.001065	0.032	~ 0.3
α	44718	4 – 10	0.00076	0.015	~ 0.4
β	45661	5 – 11	0.00044	0.005	~ 0.3
η	47176	1.6	—	—	$\leq$ 0.4
γ	47627	1 – 4	0.00109	0.000	$\geq$ 0.3
δ	48300	3 – 7	0.00004	0.001	~ 0.5
λ	50024	~ 2	0.	0.	~ 0.1
ϵ	51149	20 – 96	0.00794	0.000	0.5 – 2.3

UNIVERSAL TIME OF GREATEST NORTHERN ELONGATION

V Miranda

Jan.	Feb.	Mar.	Apr.	May	June	July	Aug.	Sept.	Oct.	Nov.	Dec.
d h	d h	d h	d h	d h	d h	d h	d h	d h	d h	d h	d h
−3 16.6	2 00.8	1 07.3	1 09.6	1 01.9	1 04.1	2 06.3	2 08.6	1 00.9	2 03.2	2 05.5	1 22.0
−1 02.5	3 10.7	2 17.2	2 19.5	2 11.8	2 14.1	3 16.3	3 18.5	2 10.8	3 13.1	3 15.4	3 07.9
0 12.5	4 20.6	4 03.1	4 05.4	3 21.8	4 00.0	5 02.2	5 04.4	3 20.7	4 23.0	5 01.4	4 17.8
1 22.4	6 06.5	5 13.0	5 15.3	5 07.7	5 09.9	6 12.1	6 14.3	5 06.6	6 08.9	6 11.3	6 03.7
3 08.3	7 16.5	6 23.0	7 01.3	6 17.6	6 19.8	7 22.0	8 00.2	6 16.6	7 18.9	7 21.2	7 13.7
4 18.2	9 02.4	8 08.9	8 11.2	8 03.5	8 05.7	9 07.9	9 10.2	8 02.5	9 04.8	9 07.1	8 23.6
6 04.2	10 12.3	9 18.8	9 21.1	9 13.4	9 15.6	10 17.9	10 20.1	9 12.4	10 14.7	10 17.1	10 09.5
7 14.1	11 22.2	11 04.7	11 07.0	10 23.4	11 01.6	12 03.8	12 06.0	10 22.3	12 00.6	12 03.0	11 19.5
9 00.0	13 08.2	12 14.6	12 16.9	12 09.3	12 11.5	13 13.7	13 15.9	12 08.3	13 10.6	13 12.9	13 05.4
10 09.9	14 18.1	14 00.6	14 02.9	13 19.2	13 21.4	14 23.6	15 01.8	13 18.2	14 20.5	14 22.8	14 15.3
11 19.9	16 04.0	15 10.5	15 12.8	15 05.1	15 07.3	16 09.5	16 11.8	15 04.1	16 06.4	16 08.8	16 01.2
13 05.8	17 13.9	16 20.4	16 22.7	16 15.0	16 17.2	17 19.5	17 21.7	16 14.0	17 16.3	17 18.7	17 11.2
14 15.7	18 23.9	18 06.3	18 08.6	18 00.9	18 03.2	19 05.4	19 07.6	17 23.9	19 02.3	19 04.6	18 21.1
16 01.6	20 09.8	19 16.3	19 18.5	19 10.9	19 13.1	20 15.3	20 17.5	19 09.9	20 12.2	20 14.6	20 07.0
17 11.6	21 19.7	21 02.2	21 04.5	20 20.8	20 23.0	22 01.2	22 03.4	20 19.8	21 22.1	22 00.5	21 16.9
18 21.5	23 05.6	22 12.1	22 14.4	22 06.7	22 08.9	23 11.1	23 13.4	22 05.7	23 08.0	23 10.4	23 02.9
20 07.4	24 15.6	23 22.0	24 00.3	23 16.6	23 18.8	24 21.0	24 23.3	23 15.6	24 18.0	24 20.3	24 12.8
21 17.4	26 01.5	25 08.0	25 10.2	25 02.5	25 04.8	26 07.0	26 09.2	25 01.6	26 03.9	26 06.3	25 22.7
23 03.3	27 11.4	26 17.9	26 20.1	26 12.5	26 14.7	27 16.9	27 19.1	26 11.5	27 13.8	27 16.2	27 08.7
24 13.2	28 21.3	28 03.8	28 06.1	27 22.4	28 00.6	29 02.8	29 05.0	27 21.4	28 23.7	29 02.1	28 18.6
25 23.1		29 13.7	29 16.0	29 08.3	29 10.5	30 12.7	30 15.0	29 07.3	30 09.7	30 12.0	30 04.5
27 09.1		30 23.6		30 18.2	30 20.4	31 22.6		30 17.3	31 19.6		31 14.4
28 19.0											33 00.4
30 04.9											34 10.3
31 14.8											

I Ariel

Jan.	Feb.	Mar.	Apr.	May	June	July	Aug.	Sept.	Oct.	Nov.	Dec.
d h	d h	d h	d h	d h	d h	d h	d h	d h	d h	d h	d h
−1 20.7	1 15.2	2 21.1	2 02.9	2 08.7	1 14.5	1 20.2	1 02.0	2 20.3	3 02.1	2 08.0	2 14.0
2 09.2	4 03.7	5 09.5	4 15.4	4 21.2	4 02.9	4 08.7	3 14.5	5 08.7	5 14.6	4 20.5	5 02.5
4 21.7	6 16.1	7 22.0	7 03.9	7 09.7	6 15.4	6 21.2	6 02.9	7 21.2	8 03.1	7 09.0	7 15.0
7 10.2	9 04.6	10 10.5	9 16.3	9 22.1	9 03.9	9 09.6	8 15.4	10 09.7	10 15.6	9 21.5	10 03.5
9 22.7	11 17.1	12 23.0	12 04.8	12 10.6	11 16.4	11 22.1	11 03.9	12 22.2	13 04.1	12 10.0	12 16.0
12 11.2	14 05.6	15 11.5	14 17.3	14 23.1	14 04.9	14 10.6	13 16.4	15 10.7	15 16.6	14 22.5	15 04.5
14 23.7	16 18.1	18 00.0	17 05.8	17 11.6	16 17.3	16 23.1	16 04.9	17 23.2	18 05.1	17 11.0	17 17.0
17 12.2	19 06.6	20 12.5	19 18.3	20 00.1	19 05.8	19 11.6	18 17.4	20 11.7	20 17.6	19 23.5	20 05.5
20 00.7	21 19.1	23 01.0	22 06.8	22 12.5	21 18.3	22 00.0	21 05.8	23 00.2	23 06.1	22 12.0	22 17.9
22 13.2	24 07.6	25 13.4	24 19.2	25 01.0	24 06.8	24 12.5	23 18.3	25 12.7	25 18.6	25 00.5	25 06.4
25 01.7	26 20.1	28 01.9	27 07.7	27 13.5	26 19.2	27 01.0	26 06.8	28 01.1	28 07.0	27 13.0	27 18.9
27 14.2	29 08.6	30 14.4	29 20.2	30 02.0	29 07.7	29 13.5	28 19.3	30 13.6	30 19.5	30 01.5	30 07.4
30 02.7							31 07.8				32 19.9

UNIVERSAL TIME OF GREATEST NORTHERN ELONGATION

Jan.	Feb.	Mar.	Apr.	May	June	July	Aug.	Sept.	Oct.	Nov.	Dec.

II Umbriel

d h	d h	d h	d h	d h	d h	d h	d h	d h	d h	d h	d h
−4 18.5	3 01.7	3 01.9	1 02.1	4 05.6	2 05.7	1 05.8	3 09.4	1 09.5	4 13.2	2 13.5	1 13.8
0 22.0	7 05.2	7 05.4	5 05.5	8 09.1	6 09.2	5 09.2	7 12.8	5 13.0	8 16.7	6 17.0	5 17.3
5 01.4	11 08.6	11 08.8	9 09.0	12 12.5	10 12.6	9 12.7	11 16.2	9 16.4	12 20.2	10 20.4	9 20.8
9 04.9	15 12.1	15 12.3	13 12.4	16 16.0	14 16.0	13 16.1	15 19.7	13 19.9	16 23.6	14 23.9	14 00.2
13 08.4	19 15.5	19 15.7	17 15.9	20 19.4	18 19.5	17 19.6	19 23.1	17 23.3	21 03.1	19 03.4	18 03.7
17 11.8	23 19.0	23 19.2	21 19.3	24 22.8	22 22.9	21 23.0	24 02.6	22 02.8	25 06.6	23 06.9	22 07.2
21 15.3	27 22.5	27 22.6	25 22.8	29 02.3	27 02.4	26 02.5	28 06.1	26 06.3	29 10.0	27 10.3	26 10.7
25 18.8			30 02.2			30 05.9		30 09.7			30 14.1
29 22.2											34 17.6

III Titania

d h	d h	d h	d h	d h	d h	d h	d h	d h	d h	d h.	d h
−4 03.6	8 16.3	5 19.1	9 14.7	5 17.3	9 12.7	5 15.3	9 10.9	4 13.7	9 09.5	4 12.5	9 08.4
4 20.6	17 09.3	14 12.0	18 07.5	14 10.1	18 05.6	14 08.2	18 03.8	13 06.6	18 02.5	13 05.5	18 01.4
13 13.5	26 02.2	23 04.9	27 00.4	23 03.0	26 22.4	23 01.1	26 20.7	21 23.6	26 19.5	21 22.5	26 18.4
22 06.5		31 21.8		31 19.9		31 17.9		30 16.6		30 15.4	35 11.4
30 23.4											

IV Oberon

d h	d h	d h	d h	d h	d h	d h	d h	d h	d h	d h	d h
−3 05.8	6 15.2	4 13.3	13 22.3	10 20.1	6 18.0	3 16.0	13 01.1	8 23.3	5 21.6	1 20.0	12 05.7
10 17.0	20 02.3	18 00.3	27 09.2	24 07.1	20 05.0	17 03.0	26 12.2	22 10.4	19 08.8	15 07.3	25 16.9
24 04.1		31 11.3				30 14.1				28 18.5	39 04.0

SATELLITES OF NEPTUNE, 2020

APPARENT ORBIT OF I TRITON AT 0ʰ UNIVERSAL TIME
ON THE DATE OF OPPOSITION, SEPTEMBER 11

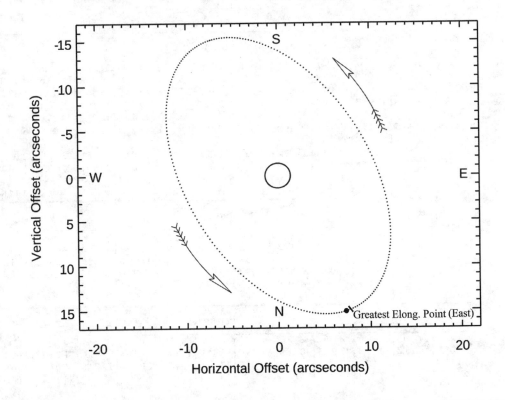

NAME	MEAN SIDEREAL PERIOD
	d
I Triton	5.876 854 07 R
II Nereid	360.13

DIFFERENTIAL COORDINATES OF II NEREID FOR 0ʰ UNIVERSAL TIME

Date		$\Delta\alpha\cos\delta$	$\Delta\delta$	Date		$\Delta\alpha\cos\delta$	$\Delta\delta$	Date		$\Delta\alpha\cos\delta$	$\Delta\delta$
		′ ″	′ ″			′ ″	′ ″			′ ″	′ ″
Jan.	−8	+3 03.5	+1 24.2	May	1	+4 15.2	+2 24.1	Sept.	8	+6 40.5	+3 26.2
	2	+2 23.1	+1 03.5		11	+4 40.2	+2 36.8		18	+6 33.5	+3 21.2
	12	+1 37.5	+0 40.4		21	15 02.8	+2 48.0		28	+6 23.4	+3 14 6
	22	+0 45.6	+0 14.8		31	+5 23.2	+2 57.9	Oct.	8	+6 10.3	+3 06.5
Feb.	1	−0 12.3	−0 12.5	June	10	+5 41.5	+3 06.7		18	+5 54.1	+2 56.9
	11	−0 54.4	−0 28.4		20	+5 57.7	+3 14.2		28	+5 34.9	+2 45.9
	21	−0 22.1	−0 05.6		30	+6 11.6	+3 20.4	Nov.	7	+5 12.6	+2 33.3
Mar.	2	+0 31.9	+0 25.4	July	10	+6 23.4	+3 25.4		17	+4 47.1	+2 19.3
	12	+1 21.2	+0 52.6		20	+6 32.8	+3 29.1		27	+4 18.5	+2 03.8
	22	+2 04.5	+1 16.0		30	+6 39.7	+3 31.4	Dec.	7	+3 46.3	+1 46.6
Apr.	1	+2 42.8	+1 36.3	Aug.	9	+6 44.1	+3 32.3		17	+3 10.1	+1 27.7
	11	+3 17.0	+1 54.2		19	+6 45.8	+3 31.8		27	+2 29.6	+1 06.7
	21	+3 47.6	+2 10.0		29	+6 44.6	+3 29.8		37	+1 43.5	+0 43.3

I Triton

UNIVERSAL TIME OF GREATEST EASTERN ELONGATION

Jan.	Feb.	Mar.	Apr.	May	June	July	Aug.	Sept.	Oct.	Nov.	Dec.
d h	d h	d h	d h	d h	d h	d h	d h	d h	d h	d h	d h
−4 14.7	6 17.6	1 05.5	5 11.2	4 20.1	3 05.0	2 14.2	6 20.6	5 06.1	4 15.6	3 01.1	2 10.4
2 11.7	12 14.6	7 02.4	11 08.2	10 17.1	9 02.1	8 11.2	12 17.7	11 03.1	10 12.7	8 22.2	8 07.5
8 08.7	18 11.6	12 23.4	17 05.2	16 14.1	14 23.1	14 08.3	18 14.7	17 00.3	16 09.8	14 19.2	14 04.5
14 05.7	24 08.5	18 20.4	23 02.1	22 11.0	20 20.1	20 05.3	24 11.8	22 21.4	22 06.9	20 16.3	20 01.6
20 02.7		24 17.3	28 23.1	28 08.0	26 17.1	26 02.4	30 08.9	28 18.5	28 04.0	26 13.4	25 22.6
25 23.7		30 14.3				31 23.5					31 19.6
31 20.7											37 16.6

SATELLITE OF PLUTO, 2020

APPARENT ORBIT OF I CHARON AT 0ʰ UNIVERSAL TIME ON THE DATE OF OPPOSITION, JULY 15

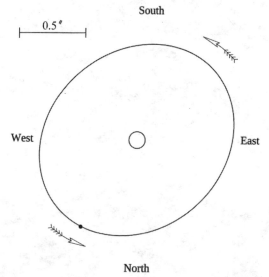

South · West · East · North · 0.5″

NAME	MEAN SIDEREAL PERIOD
	d
I Charon	6.387 2

I Charon

UNIVERSAL TIME OF GREATEST NORTHERN ELONGATION

Jan.	Feb.	Mar.	Apr.	May	June	July	Aug.	Sept.	Oct.	Nov.	Dec.
d h	d h	d h	d h	d h	d h	d h	d h	d h	d h	d h	d h
−2 23.1	6 06.1	2 18.9	3 16.9	5 15.2	6 13.8	2 03.2	3 02.1	4 00.9	5 23.5	6 21.9	2 10.8
5 08.3	12 15.3	9 04.1	10 02.1	12 00.5	12 23.1	8 12.6	9 11.4	10 10.2	12 08.8	13 07.1	8 20.0
11 17.4	19 00.5	15 13.2	16 11.4	18 09.8	19 08.5	14 21.9	15 20.8	16 19.6	18 18.1	19 16.4	15 05.2
18 02.6	25 09.7	21 22.5	22 20.6	24 19.1	25 17.8	21 07.3	22 06.2	23 04.9	25 03.4	26 01.6	21 14.4
24 11.8		28 07.7	29 05.9	31 04.4		27 16.7	28 15.5	29 14.2	31 12.6		27 23.6
30 21.0											34 08.8

CONTENTS OF SECTION G

WWW This symbol indicates that these data or auxiliary material may also be found on *The Astronomical Almanac Online* at **http://asa.usno.navy.mil** and **http://asa.hmnao.com**

Introduction

At the XXVI General Assembly (2006), the IAU defined a new classification scheme for the solar system. This scheme includes definitions for planets, dwarf planets and small solar system bodies (i.e. asteroids, trans-Neptunian objects, comets, and other small bodies). The 2006 IAU resolution B5 (2) classifies a dwarf planet as follows: A "dwarf planet" is a celestial body that (a) is in orbit around the Sun, (b) has sufficient mass for its self gravity to overcome rigid body forces so that it assumes a hydrostatic equilibrium shape, (c) has not cleared the neighbourhood around its orbit, and (d) is not a satellite. Resolution B6 confirmed the re-classification of Pluto as a dwarf planet.

This section includes tabulated data on selected dwarf planets, minor planets, and comets. Solar system bodies classified as planets are tabulated in Section E. See Section L for details about the selection of dwarf and minor planets, the sources of the various data and about the star catalogues used to plot the charts.

Notes on dwarf planets

The current selection of dwarf planets is (1) Ceres, (134340) Pluto and (136199) Eris. Prior to the 2013 edition Pluto was included in Section E—Planets and Ceres was classified as a minor planet. Eris (discovered in 2005) is another prominent member of the dwarf planet group. When these selected dwarf planets are at opposition between 2020 January 1 and January 31 of the following year more data are provided. Not only is the opposition date and time (nearest hour UT) given but also when the object is stationary in right ascension. Two star charts, one showing the path of the dwarf planet during the year and the other, a more detailed 60-day view on either side of opposition, are provided in order to help with identification. A daily astrometric ephemeris (see page B29) is also tabulated around opposition, which covers the interval when the dwarf planet is within 45° of opposition. Independent of the opposition date the osculating elements and heliocentric coordinates are tabulated for three dates during the year.

A physical ephemeris is tabulated at a ten day interval for those dwarf planets for which reliable data are available; currently (1) Ceres and (134340) Pluto. Information on the use of a physical ephemeris for the planets is given in Section E (see page E3) and can be applied to a dwarf planet ephemeris with the exception that a positive pole, defined as the pole around which the object rotates in a counterclockwise direction, replaces the notion of a north pole.

All dwarf planets acknowledged by the IAU (at the time of production) are listed with their basic physical properties. No reliable mass estimate is available for Makemake as the orbital parameters of its possible satellite are unknown. The topic of dwarf planets in our solar system and small solar system bodies is the subject of ongoing research and new discoveries are being made. This section makes no attempt to provide a complete or definitive list.

Notes on bright minor planets

Pages G12–G26 contain various data on a selection of 92 of the largest and/or brightest minor planets. The first of these tabulate their heliocentric osculating orbital elements for epoch 2020 December 17·0 TT (JD 245 9200·5), with respect to the ecliptic and equinox J2000·0.

The next opposition dates of all the objects are listed in chronological order together with the visual magnitude and apparent declination. A sub-set (printed in bold) of the 14 larger minor planets, consisting of (2) Pallas, (3) Juno, (4) Vesta, (6) Hebe, (7) Iris, (8) Flora, (9) Metis, (10) Hygiea, (15) Eunomia, (16) Psyche, (52) Europa, (65) Cybele, (511) Davida and (704) Interamnia are candidates for a daily ephemeris.

A daily geocentric astrometric ephemeris is tabulated for those of the 14 larger minor planets that have an opposition date occurring between 2020 January 1 and 2021 January 31. The daily ephemeris of each object is centred about the opposition date, which is repeated at the bottom of the first column and at the top of the second column. The highlighted dates indicate when the object is stationary in right ascension. It is very occasionally possible for a stationary date to be outside the period tabulated.

Linear interpolation is sufficient for the magnitude and ephemeris transit, but for the right ascension and declination second differences are significant. The tabulations are similar to those for the dwarf planets, and the use of the data is similar to that for the planets.

Notes on comets

The table of osculating elements (see last page of this section) is for use in the generation of ephemerides by numerical integration. Typically, an ephemeris may be computed from these unperturbed elements to provide positions accurate to one to two arcminutes within a year of the epoch (Osc. epoch). The innate inaccuracy of some of these elements can be more of a problem and are discussed further in that part of Section L that deals with section G.

PHYSICAL PROPERTIES OF DWARF PLANETS

Number	Name	Equat. Radius	Mass	Minimum Geocentric Distance	Sidereal Period of Rotation	Maximum Angular Diameter	Geometric Albedo	Year of Discovery
		km	kg × 10^{20}	au	d	″		
(1)	Ceres	487·3	9·38	1·5833	0·3781	0·840	0·073	1801
(134340)	Pluto	1188·3	130·41	28·6031	6·3872	0·110	0·30	1930
(136108)	Haumea	1000	42	33·5620	0·1631	0·092	0·73	2004
(136199)	Eris	1200	166·95	37·5984	1·0800	0·088	0·86	2005
(136472)	Makemake	850	—	37·0193	7·7710	0·053	0·78	2005

OSCULATING ELEMENTS FOR ECLIPTIC AND EQUINOX J2000·0

Name	Magnitude Parameters H	G	Mean Diameter	Julian Date	Inclination i	Long. of Asc. Node Ω	Argument of Perihelion ω	Semi-major Axis a	Daily Motion n	Eccentricity e	Mean Anomaly M
			km		°	°	°	au	°/d		°
Ceres	3·34	0·12	940	2459000·5	10·589	80·287	73·732	2·767	0·2140	0·077	162·6862633
				2459100·5	10·588	80·279	73·707	2·766	0·2141	0·077	184·1313069
				2459200·5	10·588	80·272	73·725	2·766	0·2142	0·078	205·5454470
Pluto	−0·76	0·12	2377	2459000·5	17·097	110·297	115·058	39·789	0·0039	0·252	43·2386439
				2459100·5	17·097	110·297	115·091	39·779	0·0039	0·251	43·6472857
				2459200·5	17·099	110·297	115·094	39·765	0·0039	0·251	44·0752882
Eris	−1·10	0·15	2400	2459000·5	44·039	35·951	151·678	67·824	0·0017	0·436	205·9397338
				2459100·5	44·003	35·967	151·634	67·864	0·0017	0·436	206·1493090
				2459200·5	43·972	35·980	151·589	67·896	0·0017	0·435	206·3730910

USEFUL FORMULAE

Mean Longitude: $L = M + \varpi$

Longitude of perihelion: $\varpi = \omega + \Omega$

True anomaly in radians:

$$\nu = M + (2e - e^3/4)\sin M + (5e^2/4)\sin 2M + (13e^3/12)\sin 3M + \cdots$$

Planet-Sun distance: $r = a(1 - e^2)/(1 + e\cos\nu)$

Heliocentric rectangular coordinates, referred to the ecliptic, may be computed from the elements using:

$$x = r\{\cos(\nu + \omega)\cos\Omega - \sin(\nu + \omega)\cos i \sin\Omega\}$$
$$y = r\{\cos(\nu + \omega)\sin\Omega + \sin(\nu + \omega)\cos i \cos\Omega\}$$
$$z = r\sin(\nu + \omega)\sin i$$

HELIOCENTRIC COORDINATES AND VELOCITY COMPONENTS REFERRED TO THE MEAN EQUATOR AND EQUINOX OF J2000·0

Name	Julian Date	x	y	z	$\dot{x}$	$\dot{y}$	$\dot{z}$
		au	au	au	au/d	au/d	au/d
Ceres	2459000·5	2·2059554	−1·5928703	−1·2002703	0·0063485	0·0069210	0·0019708
	2459100·5	2·7066514	−0·8253285	−0·9402766	0·0035755	0·0082847	0·0031788
	2459200·5	2·9072847	0·0334563	−0·5761370	0·0003901	0·0087311	0·0040381
Pluto	2459000·5	13·4256108	−28·4922428	−12·9359763	0·0029651	0·0008884	−0·0006136
	2459100·5	13·7215912	−28·4022828	−12·9968214	0·0029544	0·0009107	−0·0006034
	2459200·5	14·0164826	−28·3101112	−13·0566557	0·0029435	0·0009327	−0·0005933
Eris	2459000·5	86·1166424	42·2808583	−2·8135229	−0·0004041	0·0004468	0·0012012
	2459100·5	86·0760665	42·3255259	−2·6933728	−0·0004075	0·0004465	0·0012018
	2459200·5	86·0351372	42·3701422	−2·5731733	−0·0004110	0·0004458	0·0012022

SELECTED DWARF PLANETS, 2020

CERES AT OPPOSITION

Date	UT	Mag.
2020 Aug. 28	12^h	+ 7.7

Stationary in right ascension on 2020 July 13 and October 23.

The following diagrams are provided for observers wishing to find the position of Ceres in relation to the stars. The first chart shows the path of the dwarf planet during 2020. The second chart provides a detailed view of the path over 60 days either side of opposition. The V-magnitude scale used is given on each chart.

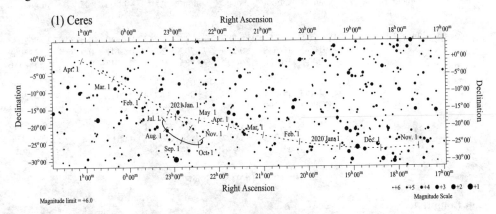

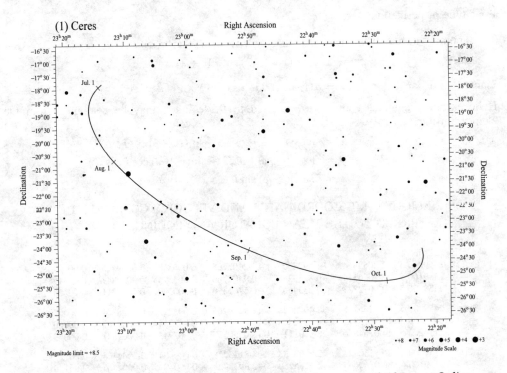

The charts are also available for download from *The Astronomical Almanac Online*.

CERES, 2020
GEOCENTRIC POSITIONS FOR 0^h TERRESTRIAL TIME

Date	Astrometric R.A.	Dec.	Vis. Mag.	Ephemeris Transit	Date	Astrometric R.A.	Dec.	Vis. Mag.	Ephemeris Transit
	h m s	° ′ ″		h m		h m s	° ′ ″		h m
2020 June 30	23 14 00.7	− 17 51 22	8.6	4 40.3	2020 Aug. 28	22 53 32.3	− 23 45 07	7.7	0 27.9
July 1	23 14 17.2	− 17 54 49	8.6	4 36.6	29	22 52 41.8	− 23 50 49	7.7	0 23.1
2	23 14 32.4	− 17 58 23	8.5	4 32.9	30	22 51 51.0	− 23 56 23	7.7	0 18.3
3	23 14 46.4	− 18 02 06	8.5	4 29.2	31	22 51 00.1	− 24 01 48	7.7	0 13.6
4	23 14 59.1	− 18 05 57	8.5	4 25.5	Sept. 1	22 50 09.0	− 24 07 04	7.7	0 08.8
5	23 15 10.6	− 18 09 56	8.5	4 21.8	2	22 49 17.9	− 24 12 11	7.7	0 04.0
6	23 15 20.7	− 18 14 04	8.5	4 18.0	3	22 48 26.7	− 24 17 08	7.7	23 54.4
7	23 15 29.5	− 18 18 20	8.5	4 14.2	4	22 47 35.5	− 24 21 55	7.7	23 49.7
8	23 15 37.1	− 18 22 43	8.5	4 10.4	5	22 46 44.4	− 24 26 33	7.7	23 44.9
9	23 15 43.2	− 18 27 15	8.4	4 06.6	6	22 45 53.5	− 24 31 00	7.7	23 40.1
10	23 15 48.1	− 18 31 55	8.4	4 02.7	7	22 45 02.7	− 24 35 16	7.7	23 35.4
11	23 15 51.6	− 18 36 42	8.4	3 58.8	8	22 44 12.2	− 24 39 22	7.7	23 30.6
12	23 15 53.7	− 18 41 38	8.4	3 54.9	9	22 43 21.9	− 24 43 16	7.8	23 25.8
13	23 15 54.5	− 18 46 41	8.4	3 51.0	10	22 42 32.1	− 24 47 00	7.8	23 21.1
14	23 15 53.9	− 18 51 51	8.4	3 47.1	11	22 41 42.6	− 24 50 32	7.8	23 16.3
15	23 15 51.9	− 18 57 09	8.3	3 43.1	12	22 40 53.6	− 24 53 52	7.8	23 11.6
16	23 15 48.6	− 19 02 35	8.3	3 39.1	13	22 40 05.1	− 24 57 01	7.8	23 06.9
17	23 15 43.8	− 19 08 07	8.3	3 35.1	14	22 39 17.1	− 24 59 59	7.8	23 02.2
18	23 15 37.6	− 19 13 46	8.3	3 31.1	15	22 38 29.8	− 25 02 44	7.9	22 57.5
19	23 15 30.1	− 19 19 32	8.3	3 27.0	16	22 37 43.1	− 25 05 17	7.9	22 52.8
20	23 15 21.1	− 19 25 25	8.2	3 22.9	17	22 36 57.2	− 25 07 38	7.9	22 48.1
21	23 15 10.7	− 19 31 24	8.2	3 18.8	18	22 36 12.1	− 25 09 47	7.9	22 43.4
22	23 14 58.9	− 19 37 29	8.2	3 14.7	19	22 35 27.7	− 25 11 43	7.9	22 38.8
23	23 14 45.7	− 19 43 40	8.2	3 10.5	20	22 34 44.2	− 25 13 28	8.0	22 34.1
24	23 14 31.2	− 19 49 57	8.2	3 06.4	21	22 34 01.7	− 25 15 00	8.0	22 29.5
25	23 14 15.2	− 19 56 19	8.2	3 02.2	22	22 33 20.1	− 25 16 20	8.0	22 24.9
26	23 13 57.9	− 20 02 46	8.1	2 57.9	23	22 32 39.5	− 25 17 27	8.0	22 20.3
27	23 13 39.2	− 20 09 17	8.1	2 53.7	24	22 31 59.9	− 25 18 23	8.0	22 15.8
28	23 13 19.1	− 20 15 54	8.1	2 49.4	25	22 31 21.4	− 25 19 06	8.0	22 11.2
29	23 12 57.7	− 20 22 34	8.1	2 45.1	26	22 30 44.0	− 25 19 37	8.1	22 06.7
30	23 12 34.9	− 20 29 19	8.1	2 40.8	27	22 30 07.7	− 25 19 56	8.1	22 02.2
31	23 12 10.8	− 20 36 06	8.0	2 36.5	28	22 29 32.6	− 25 20 03	8.1	21 57.7
Aug. 1	23 11 45.4	− 20 42 58	8.0	2 32.1	29	22 28 58.7	− 25 19 58	8.1	21 53.2
2	23 11 18.7	− 20 49 52	8.0	2 27.8	30	22 28 26.0	− 25 19 42	8.1	21 48.7
3	23 10 50.8	− 20 56 48	8.0	2 23.4	Oct. 1	22 27 54.5	− 25 19 14	8.2	21 44.3
4	23 10 21.5	− 21 03 47	8.0	2 19.0	2	22 27 24.3	− 25 18 34	8.2	21 39.9
5	23 09 51.0	− 21 10 48	8.0	2 14.5	3	22 26 55.3	− 25 17 44	8.2	21 35.5
6	23 09 19.3	− 21 17 50	7.9	2 10.1	4	22 26 27.7	− 25 16 42	8.2	21 31.1
7	23 08 46.4	− 21 24 53	7.9	2 05.6	5	22 26 01.4	− 25 15 28	8.2	21 26.8
8	23 08 12.3	− 21 31 57	7.9	2 01.1	6	22 25 36.4	− 25 14 04	8.2	21 22.4
9	23 07 37.0	− 21 39 02	7.9	1 56.6	7	22 25 12.8	− 25 12 29	8.3	21 18.1
10	23 07 00.6	− 21 46 06	7.9	1 52.0	8	22 24 50.5	− 25 10 44	8.3	21 13.9
11	23 06 23.1	− 21 53 10	7.9	1 47.5	9	22 24 29.6	− 25 08 47	8.3	21 09.6
12	23 05 44.5	− 22 00 13	7.8	1 42.9	10	22 24 10.1	− 25 06 41	8.3	21 05.4
13	23 05 04.8	− 22 07 15	7.8	1 38.3	11	22 23 52.0	− 25 04 24	8.3	21 01.2
14	23 04 24.1	− 22 14 15	7.8	1 33.7	12	22 23 35.3	− 25 01 57	8.4	20 57.0
15	23 03 42.5	− 22 21 13	7.8	1 29.1	13	22 23 20.0	− 24 59 20	8.4	20 52.8
16	23 02 59.9	− 22 28 08	7.8	1 24.5	14	22 23 06.2	− 24 56 33	8.4	20 48.7
17	23 02 16.4	− 22 35 00	7.8	1 19.8	15	22 22 53.8	− 24 53 37	8.4	20 44.5
18	23 01 32.1	− 22 41 49	7.7	1 15.1	16	22 22 42.8	− 24 50 31	8.4	20 40.5
19	23 00 47.0	− 22 48 33	7.7	1 10.5	17	22 22 33.3	− 24 47 16	8.4	20 36.4
20	23 00 01.0	− 22 55 14	7.7	1 05.8	18	22 22 25.2	− 24 43 51	8.5	20 32.3
21	22 59 14.4	− 23 01 49	7.7	1 01.1	19	22 22 18.6	− 24 40 18	8.5	20 28.3
22	22 58 27.1	− 23 08 20	7.7	0 56.3	20	22 22 13.4	− 24 36 36	8.5	20 24.3
23	22 57 39.2	− 23 14 44	7.7	0 51.6	21	22 22 09.6	− 24 32 45	8.5	20 20.3
24	22 56 50.7	− 23 21 02	7.7	0 46.9	22	22 22 07.3	− 24 28 45	8.5	20 16.4
25	22 56 01.7	− 23 27 14	7.7	0 42.1	23	22 22 06.5	− 24 24 37	8.5	20 12.5
26	22 55 12.3	− 23 33 19	7.7	0 37.4	24	22 22 07.0	− 24 20 21	8.6	20 08.6
27	22 54 22.4	− 23 39 17	7.7	0 32.6	25	22 22 08.9	− 24 15 57	8.6	20 04.7
Aug. 28	22 53 32.3	− 23 45 07	7.7	0 27.9	Oct. 26	22 22 12.3	− 24 11 26	8.6	20 00.8

Second transit for Ceres 2020 September 2^d 23^h 59^{m}2

SELECTED DWARF PLANETS, 2020

PLUTO AT OPPOSITION

Date	UT	Mag.
2020 July 15	19^h	+ 14.5

Stationary in right ascension on 2020 April 26 and October 4.

The following diagrams are provided for observers wishing to find the position of Pluto in relation to the stars. The first chart shows the path of the dwarf planet during 2020. The second chart provides a detailed view of the path over 60 days either side of opposition. The V-magnitude scale used is given on each chart.

Pluto is in Sagittarius, towards the Galactic Centre. The field of view is therefore crowded with background stars.

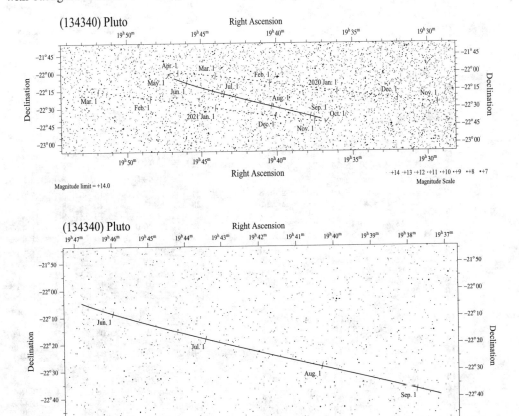

The charts are also available for download from *The Astronomical Almanac Online*.

GEOCENTRIC POSITIONS FOR 0ʰ TERRESTRIAL TIME

Date	Astrometric R.A. (h m s)	Dec. (° ′ ″)	Vis. Mag.	Ephemeris Transit (h m)
2020 May 17	19 46 46.7	− 22 04 52	14.7	4 06.7
18	19 46 44.2	− 22 05 05	14.7	4 02.7
19	19 46 41.6	− 22 05 19	14.7	3 58.7
20	19 46 38.9	− 22 05 32	14.7	3 54.8
21	19 46 36.0	− 22 05 47	14.7	3 50.8
22	19 46 33.1	− 22 06 01	14.7	3 46.8
23	19 46 30.1	− 22 06 16	14.7	3 42.8
24	19 46 26.9	− 22 06 31	14.7	3 38.8
25	19 46 23.7	− 22 06 46	14.7	3 34.9
26	19 46 20.3	− 22 07 01	14.7	3 30.9
27	19 46 16.9	− 22 07 17	14.7	3 26.9
28	19 46 13.4	− 22 07 33	14.7	3 22.9
29	19 46 09.7	− 22 07 49	14.7	3 18.9
30	19 46 06.0	− 22 08 05	14.7	3 14.9
31	19 46 02.2	− 22 08 22	14.7	3 10.9
June 1	19 45 58.3	− 22 08 38	14.7	3 06.9
2	19 45 54.3	− 22 08 55	14.7	3 02.9
3	19 45 50.2	− 22 09 12	14.7	2 58.9
4	19 45 46.0	− 22 09 30	14.7	2 54.9
5	19 45 41.7	− 22 09 47	14.7	2 50.9
6	19 45 37.4	− 22 10 05	14.7	2 46.9
7	19 45 33.0	− 22 10 23	14.7	2 42.9
8	19 45 28.5	− 22 10 41	14.7	2 38.9
9	19 45 23.9	− 22 10 59	14.7	2 34.9
10	19 45 19.2	− 22 11 17	14.7	2 30.9
11	19 45 14.5	− 22 11 36	14.7	2 26.9
12	19 45 09.7	− 22 11 54	14.7	2 22.9
13	19 45 04.8	− 22 12 13	14.7	2 18.9
14	19 44 59.8	− 22 12 32	14.7	2 14.8
15	19 44 54.8	− 22 12 51	14.7	2 10.8
16	19 44 49.7	− 22 13 10	14.6	2 06.8
17	19 44 44.5	− 22 13 30	14.6	2 02.8
18	19 44 39.3	− 22 13 49	14.6	1 58.8
19	19 44 34.0	− 22 14 09	14.6	1 54.8
20	19 44 28.7	− 22 14 28	14.6	1 50.7
21	19 44 23.3	− 22 14 48	14.6	1 46.7
22	19 44 17.8	− 22 15 08	14.6	1 42.7
23	19 44 12.3	− 22 15 28	14.6	1 38.7
24	19 44 06.8	− 22 15 48	14.6	1 34.6
25	19 44 01.2	− 22 16 08	14.6	1 30.6
26	19 43 55.5	− 22 16 29	14.6	1 26.6
27	19 43 49.8	− 22 16 49	14.6	1 22.6
28	19 43 44.1	− 22 17 09	14.6	1 18.5
29	19 43 38.3	− 22 17 30	14.6	1 14.5
30	19 43 32.5	− 22 17 50	14.6	1 10.5
July 1	19 43 26.7	− 22 18 11	14.6	1 06.5
2	19 43 20.8	− 22 18 31	14.6	1 02.4
3	19 43 14.9	− 22 18 52	14.6	0 58.4
4	19 43 08.9	− 22 19 12	14.6	0 54.4
5	19 43 02.9	− 22 19 33	14.6	0 50.3
6	19 42 57.0	− 22 19 54	14.6	0 46.3
7	19 42 50.9	− 22 20 14	14.6	0 42.3
8	19 42 44.9	− 22 20 35	14.6	0 38.2
9	19 42 38.8	− 22 20 56	14.6	0 34.2
10	19 42 32.8	− 22 21 16	14.6	0 30.2
11	19 42 26.7	− 22 21 37	14.5	0 26.1
12	19 42 20.6	− 22 21 58	14.5	0 22.1
13	19 42 14.5	− 22 22 18	14.5	0 18.1
14	19 42 08.4	− 22 22 39	14.5	0 14.1
July 15	19 42 02.2	− 22 22 59	14.5	0 10.0

Date	Astrometric R.A. (h m s)	Dec. (° ′ ″)	Vis. Mag.	Ephemeris Transit (h m)
2020 July 15	19 42 02.2	− 22 22 59	14.5	0 10.0
16	19 41 56.1	− 22 23 20	14.5	0 06.0
17	19 41 50.0	− 22 23 40	14.5	0 02.0
18	19 41 43.9	− 22 24 01	14.5	23 53.9
19	19 41 37.7	− 22 24 21	14.5	23 49.9
20	19 41 31.6	− 22 24 41	14.5	23 45.8
21	19 41 25.5	− 22 25 01	14.5	23 41.8
22	19 41 19.4	− 22 25 21	14.6	23 37.8
23	19 41 13.4	− 22 25 42	14.6	23 33.7
24	19 41 07.3	− 22 26 02	14.6	23 29.7
25	19 41 01.3	− 22 26 21	14.6	23 25.7
26	19 40 55.2	− 22 26 41	14.6	23 21.6
27	19 40 49.2	− 22 27 01	14.6	23 17.6
28	19 40 43.3	− 22 27 20	14.6	23 13.6
29	19 40 37.3	− 22 27 40	14.6	23 09.5
30	19 40 31.4	− 22 27 59	14.6	23 05.5
31	19 40 25.5	− 22 28 18	14.6	23 01.5
Aug. 1	19 40 19.7	− 22 28 37	14.6	22 57.5
2	19 40 13.8	− 22 28 56	14.6	22 53.4
3	19 40 08.1	− 22 29 15	14.6	22 49.4
4	19 40 02.3	− 22 29 34	14.6	22 45.4
5	19 39 56.6	− 22 29 52	14.6	22 41.3
6	19 39 51.0	− 22 30 11	14.6	22 37.3
7	19 39 45.4	− 22 30 29	14.6	22 33.3
8	19 39 39.8	− 22 30 47	14.6	22 29.3
9	19 39 34.3	− 22 31 05	14.6	22 25.3
10	19 39 28.9	− 22 31 23	14.6	22 21.2
11	19 39 23.5	− 22 31 40	14.6	22 17.2
12	19 39 18.1	− 22 31 58	14.6	22 13.2
13	19 39 12.8	− 22 32 15	14.6	22 09.2
14	19 39 07.6	− 22 32 32	14.7	22 05.2
15	19 39 02.5	− 22 32 49	14.7	22 01.1
16	19 38 57.4	− 22 33 05	14.7	21 57.1
17	19 38 52.3	− 22 33 22	14.7	21 53.1
18	19 38 47.4	− 22 33 38	14.7	21 49.1
19	19 38 42.5	− 22 33 54	14.7	21 45.1
20	19 38 37.7	− 22 34 10	14.7	21 41.1
21	19 38 32.9	− 22 34 25	14.7	21 37.1
22	19 38 28.3	− 22 34 41	14.7	21 33.1
23	19 38 23.7	− 22 34 56	14.7	21 29.1
24	19 38 19.2	− 22 35 11	14.7	21 25.0
25	19 38 14.8	− 22 35 25	14.7	21 21.0
26	19 38 10.4	− 22 35 40	14.7	21 17.0
27	19 38 06.2	− 22 35 54	14.7	21 13.0
28	19 38 02.0	− 22 36 08	14.7	21 09.0
29	19 37 57.9	− 22 36 22	14.7	21 05.0
30	19 37 54.0	− 22 36 35	14.7	21 01.0
31	19 37 50.1	− 22 36 49	14.7	20 57.0
Sept. 1	19 37 46.3	− 22 37 02	14.7	20 53.1
2	19 37 42.6	− 22 37 14	14.7	20 49.1
3	19 37 39.0	− 22 37 27	14.7	20 45.1
4	19 37 35.4	− 22 37 39	14.7	20 41.1
5	19 37 32.0	− 22 37 51	14.7	20 37.1
6	19 37 28.7	− 22 38 03	14.7	20 33.1
7	19 37 25.5	− 22 38 14	14.7	20 29.1
8	19 37 22.4	− 22 38 25	14.7	20 25.1
9	19 37 19.4	− 22 38 36	14.7	20 21.2
10	19 37 16.5	− 22 38 47	14.7	20 17.2
11	19 37 13.7	− 22 38 57	14.7	20 13.2
Sept. 12	19 37 11.0	− 22 39 08	14.7	20 09.2

Second transit for Pluto 2020 July 17ᵈ 23ʰ 57ᵐ9

SELECTED DWARF PLANETS, 2020

ERIS AT OPPOSITION

Date	UT	Mag.
2020 Oct. 16	22^h	+ 18.7

Stationary in right ascension on 2020 January 17 and July 23.

The following diagrams are provided for observers wishing to find the position of Eris in relation to the stars. The first chart shows the path of the dwarf planet during 2020. The second chart provides a detailed view of the path over 60 days either side of opposition. The V-magnitude scale used is given on each chart.

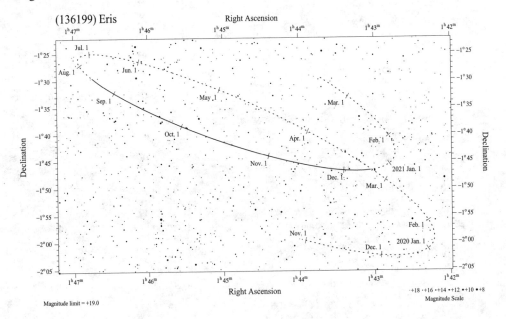

(136199) Eris

Magnitude limit = +19.0

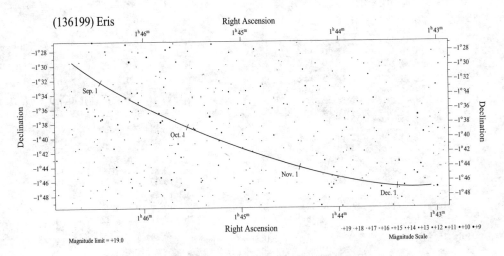

(136199) Eris

Magnitude limit = +19.0

The charts are also available for download from *The Astronomical Almanac Online*.

ERIS, 2020

GEOCENTRIC POSITIONS FOR 0ʰ TERRESTRIAL TIME

Date	Astrometric R.A.	Dec.	Vis. Mag.	Ephemeris Transit	Date	Astrometric R.A.	Dec.	Vis. Mag.	Ephemeris Transit
	h m s	° ′ ″		h m		h m s	° ′ ″		h m
2020 Aug. 18	1 46 43·8	− 1 29 41	18·8	3 59·8	2020 Oct. 16	1 45 00·1	− 1 41 26	18·7	0 06·2
19	1 46 42·8	− 1 29 51	18·8	3 55·9	17	1 44 57·8	− 1 41 37	18·7	0 02·2
20	1 46 41·8	− 1 30 02	18·8	3 52·0	18	1 44 55·6	− 1 41 48	18·7	23 54·3
21	1 46 40·8	− 1 30 12	18·8	3 48·0	19	1 44 53·3	− 1 41 59	18·7	23 50·3
22	1 46 39·7	− 1 30 23	18·8	3 44·1	20	1 44 51·1	− 1 42 10	18·7	23 46·3
23	1 46 38·6	− 1 30 34	18·8	3 40·1	21	1 44 48·8	− 1 42 20	18·7	23 42·4
24	1 46 37·4	− 1 30 45	18·8	3 36·2	22	1 44 46·5	− 1 42 30	18·7	23 38·4
25	1 46 36·2	− 1 30 56	18·8	3 32·2	23	1 44 44·3	− 1 42 41	18·7	23 34·4
26	1 46 35·0	− 1 31 08	18·8	3 28·3	24	1 44 42·0	− 1 42 51	18·7	23 30·4
27	1 46 33·8	− 1 31 19	18·8	3 24·3	25	1 44 39·8	− 1 43 01	18·7	23 26·5
28	1 46 32·5	− 1 31 30	18·8	3 20·3	26	1 44 37·5	− 1 43 10	18·7	23 22·5
29	1 46 31·2	− 1 31 42	18·8	3 16·4	27	1 44 35·3	− 1 43 20	18·7	23 18·5
30	1 46 29·8	− 1 31 53	18·8	3 12·4	28	1 44 33·1	− 1 43 29	18·7	23 14·6
31	1 46 28·5	− 1 32 05	18·8	3 08·5	29	1 44 30·8	− 1 43 38	18·7	23 10·6
Sept. 1	1 46 27·0	− 1 32 17	18·8	3 04·5	30	1 44 28·6	− 1 43 48	18·8	23 06·6
2	1 46 25·6	− 1 32 29	18·8	3 00·6	31	1 44 26·4	− 1 43 56	18·8	23 02·7
3	1 46 24·1	− 1 32 41	18·8	2 56·6	Nov. 1	1 44 24·2	− 1 44 05	18·8	22 58·7
4	1 46 22·7	− 1 32 53	18·8	2 52·7	2	1 44 22·0	− 1 44 14	18·8	22 54·7
5	1 46 21·1	− 1 33 05	18·8	2 48·7	3	1 44 19·8	− 1 44 22	18·8	22 50·8
6	1 46 19·6	− 1 33 17	18·8	2 44·7	4	1 44 17·6	− 1 44 30	18·8	22 46·8
7	1 46 18·0	− 1 33 29	18·8	2 40·8	5	1 44 15·4	− 1 44 38	18·8	22 42·8
8	1 46 16·4	− 1 33 42	18·8	2 36·8	6	1 44 13·2	− 1 44 46	18·8	22 38·9
9	1 46 14·7	− 1 33 54	18·8	2 32·9	7	1 44 11·0	− 1 44 54	18·8	22 34·9
10	1 46 13·1	− 1 34 06	18·8	2 28·9	8	1 44 08·9	− 1 45 01	18·8	22 30·9
11	1 46 11·4	− 1 34 19	18·8	2 25·0	9	1 44 06·8	− 1 45 08	18·8	22 27·0
12	1 46 09·7	− 1 34 31	18·8	2 21·0	10	1 44 04·6	− 1 45 15	18·8	22 23·0
13	1 46 07·9	− 1 34 44	18·8	2 17·0	11	1 44 02·5	− 1 45 22	18·8	22 19·0
14	1 46 06·2	− 1 34 56	18·8	2 13·1	12	1 44 00·4	− 1 45 28	18·8	22 15·1
15	1 46 04·4	− 1 35 09	18·8	2 09·1	13	1 43 58·4	− 1 45 35	18·8	22 11·1
16	1 46 02·6	− 1 35 21	18·8	2 05·2	14	1 43 56·3	− 1 45 41	18·8	22 07·1
17	1 46 00·7	− 1 35 34	18·8	2 01·2	15	1 43 54·3	− 1 45 47	18·8	22 03·2
18	1 45 58·9	− 1 35 47	18·8	1 57·2	16	1 43 52·2	− 1 45 52	18·8	21 59·2
19	1 45 57·0	− 1 35 59	18·8	1 53·3	17	1 43 50·2	− 1 45 58	18·8	21 55·2
20	1 45 55·1	− 1 36 12	18·8	1 49·3	18	1 43 48·2	− 1 46 03	18·8	21 51·3
21	1 45 53·1	− 1 36 25	18·8	1 45·3	19	1 43 46·3	− 1 46 08	18·8	21 47·3
22	1 45 51·2	− 1 36 37	18·8	1 41·4	20	1 43 44·3	− 1 46 13	18·8	21 43·3
23	1 45 49·2	− 1 36 50	18·8	1 37·4	21	1 43 42·4	− 1 46 17	18·8	21 39·4
24	1 45 47·3	− 1 37 02	18·8	1 33·4	22	1 43 40·5	− 1 46 21	18·8	21 35·4
25	1 45 45·2	− 1 37 15	18·8	1 29·5	23	1 43 38·6	− 1 46 25	18·8	21 31·4
26	1 45 43·2	− 1 37 28	18·8	1 25·5	24	1 43 36·7	− 1 46 29	18·8	21 27·5
27	1 45 41·2	− 1 37 40	18·8	1 21·6	25	1 43 34·9	− 1 46 32	18·8	21 23·5
28	1 45 39·1	− 1 37 53	18·8	1 17·6	26	1 43 33·1	− 1 46 36	18·8	21 19·6
29	1 45 37·1	− 1 38 05	18·8	1 13·6	27	1 43 31·3	− 1 46 39	18·8	21 15·6
30	1 45 35·0	− 1 38 17	18·8	1 09·7	28	1 43 29·5	− 1 46 41	18·8	21 11·6
Oct. 1	1 45 32·9	− 1 38 30	18·8	1 05·7	29	1 43 27·8	− 1 46 44	18·8	21 07·7
2	1 45 30·8	− 1 38 42	18·8	1 01·7	30	1 43 26·1	− 1 46 46	18·8	21 03·7
3	1 45 28·6	− 1 38 54	18·8	0 57·8	Dec. 1	1 43 24·4	− 1 46 48	18·8	20 59·8
4	1 45 26·5	− 1 39 06	18·8	0 53·8	2	1 43 22·7	− 1 46 50	18·8	20 55·8
5	1 45 24·3	− 1 39 19	18·7	0 49·8	3	1 43 21·1	− 1 46 51	18·8	20 51·8
6	1 45 22·2	− 1 39 31	18·7	0 45·9	4	1 43 19·5	− 1 46 53	18·8	20 47·9
7	1 45 20·0	− 1 39 43	18·7	0 41·9	5	1 43 17·9	− 1 46 53	18·8	20 43·9
8	1 45 17·8	− 1 39 55	18·7	0 37·9	6	1 43 16·4	− 1 46 54	18·8	20 40·0
9	1 45 15·6	− 1 40 06	18·7	0 33·9	7	1 43 14·8	− 1 46 55	18·8	20 36·0
10	1 45 13·4	− 1 40 18	18·7	0 30·0	8	1 43 13·4	− 1 46 55	18·8	20 32·1
11	1 45 11·2	− 1 40 30	18·7	0 26·0	9	1 43 11·9	− 1 46 55	18·8	20 28·1
12	1 45 09·0	− 1 40 41	18·7	0 22·0	10	1 43 10·5	− 1 46 54	18·8	20 24·1
13	1 45 06·8	− 1 40 53	18·7	0 18·1	11	1 43 09·1	− 1 46 53	18·8	20 20·2
14	1 45 04·5	− 1 41 04	18·7	0 14·1	12	1 43 07·7	− 1 46 53	18·8	20 16·2
15	1 45 02·3	− 1 41 15	18·7	0 10·1	13	1 43 06·4	− 1 46 51	18·8	20 12·3
Oct. 16	1 45 00·1	− 1 41 26	18·7	0 06·2	Dec. 14	1 43 05·1	− 1 46 50	18·8	20 08·3

Second transit for Eris 2020 October 17ᵈ 23ʰ 58ᵐ2

CERES, 2020

EPHEMERIS FOR PHYSICAL OBSERVATIONS
FOR 0^h TERRESTRIAL TIME

Date		Light Time	Visual Magnitude	Phase Angle	L_s	Sub-Earth Point Longitude	Latitude	Positive Pole P.A.
		m		°	°	°	°	°
Jan.	−8	32·07	9·0	4·7	76·84	298·23	+ 4·01	2·14
	2	32·32	8·9	2·8	78·77	95·63	+ 3·56	0·39
	12	32·45	8·8	1·5	80·70	253·09	+ 3·13	358·65
	22	32·45	8·9	2·3	82·61	50·65	+ 2·72	356·93
Feb.	1	32·33	9·0	4·1	84·52	208·31	+ 2·34	355·25
	11	32·09	9·1	6·0	86·42	6·08	+ 2·00	353·62
	21	31·72	9·2	7·9	88·32	163·99	+ 1·71	352·06
Mar.	2	31·24	9·2	9·8	90·21	322·04	+ 1·47	350·57
	12	30·66	9·3	11·6	92·10	120·25	+ 1·30	349·17
	22	29·97	9·3	13·3	93·98	278·63	+ 1·20	347·86
Apr.	1	29·18	9·3	14·9	95·85	77·21	+ 1·17	346·65
	11	28·31	9·3	16·3	97·72	235·99	+ 1·24	345·55
	21	27·37	9·2	17·5	99·59	35·00	+ 1·39	344·54
May	1	26·37	9·2	18·5	101·45	194·27	+ 1·64	343·65
	11	25·31	9·1	19·3	103·31	353·81	+ 1·99	342·87
	21	24·23	9·1	19·8	105·17	153·67	+ 2·45	342·19
	31	23·13	9·0	19·9	107·02	313·87	+ 3·01	341·62
June	10	22·03	8·9	19·7	108·87	114·46	+ 3·68	341·16
	20	20·96	8·7	19·1	110·72	275·48	+ 4·45	340·81
	30	19·94	8·6	18·0	112·56	76·96	+ 5·31	340·57
July	10	19·00	8·4	16·3	114·41	238·93	+ 6·24	340·45
	20	18·18	8·2	14·2	116·25	41·41	+ 7·20	340·45
	30	17·50	8·1	11·7	118·09	204·37	+ 8·13	340·57
Aug.	9	16·99	7·9	8·9	119·93	7·72	+ 8·98	340·83
	19	16·69	7·7	6·3	121·77	171·34	+ 9·67	341·21
	29	16·60	7·7	5·2	123·61	335·04	+10·14	341·70
Sept.	8	16·75	7·7	6·5	125·45	138·59	+10·34	342·26
	18	17·11	7·9	9·2	127·29	301·79	+10·27	342·81
	28	17·68	8·1	11·9	129·13	104·45	+ 9·95	343·29
Oct.	8	18·42	8·3	14·4	130·97	266·48	+ 9·41	343·65
	18	19·31	8·5	16·4	132·82	67·83	+ 8·72	343·85
	28	20·30	8·6	17·9	134·66	228·52	+ 7·93	343·88
Nov.	7	21·37	8·8	18·8	136·51	28·60	+ 7·07	343·74
	17	22·49	8·9	19·3	138·36	188·13	+ 6·18	343·45
	27	23·63	9·0	19·4	140·21	347·19	+ 5·29	343·03
Dec.	7	24·75	9·1	19·1	142·07	145·85	+ 4·42	342·52
	17	25·86	9·1	18·4	143·93	304·19	+ 3·58	341·95
	27	26·91	9·2	17·5	145·79	102·26	+ 2·79	341·33
	37	27·91	9·2	16·4	147·66	260·12	+ 2·05	340·69
Dec.	47	28·83	9·3	15·1	149·53	57·82	+ 1·36	340·05

EPHEMERIS FOR PHYSICAL OBSERVATIONS
FOR 0ʰ TERRESTRIAL TIME

Date		Light Time	Visual Magnitude	Phase Angle	L_s	Sub-Earth Point		Positive Pole P.A.
						Longitude	Latitude	
		m		°	°	°	°	°
Jan.	−8	289·92	14·7	0·6	252·98	241·13	+55·83	215·72
	2	290·37	14·7	0·3	253·03	85·16	+56·05	215·23
	12	290·59	14·6	0·1	253·08	289·22	+56·27	214·73
	22	290·57	14·7	0·2	253·13	133·30	+56·49	214·21
Feb.	1	290·30	14·7	0·5	253·19	337·39	+56·71	213·70
	11	289·80	14·7	0·8	253·24	181·47	+56·91	213·21
	21	289·09	14·8	1·0	253·29	25·54	+57·10	212·75
Mar.	2	288·18	14·8	1·2	253·34	229·57	+57·26	212·33
	12	287·12	14·8	1·4	253·39	73·58	+57·40	211·95
	22	285·92	14·8	1·5	253·45	277·53	+57·52	211·64
Apr.	1	284·62	14·8	1·6	253·50	121·43	+57·60	211·39
	11	283·28	14·8	1·7	253·55	325·26	+57·65	211·22
	21	281·91	14·8	1·7	253·60	169·03	+57·66	211·12
May	1	280·58	14·8	1·6	253·65	12·73	+57·65	211·10
	11	279·31	14·7	1·5	253·71	216·36	+57·60	211·16
	21	278·15	14·7	1·4	253·76	59·93	+57·52	211·29
	31	277·13	14·7	1·2	253·81	263·43	+57·42	211·48
June	10	276·28	14·7	1·0	253·86	106·87	+57·29	211·72
	20	275·62	14·6	0·7	253·91	310·27	+57·14	212·01
	30	275·19	14·6	0·5	253·96	153·63	+56·98	212·34
July	10	274·99	14·6	0·2	254·02	356·97	+56·81	212·68
	20	275·03	14·5	0·1	254·07	200·29	+56·63	213·03
	30	275·31	14·6	0·4	254·12	43·60	+56·46	213·38
Aug.	9	275·83	14·6	0·7	254·17	246·93	+56·29	213·70
	19	276·57	14·7	0·9	254·22	90·28	+56·14	213·99
	29	277·51	14·7	1·2	254·28	293·65	+56·01	214·24
Sept.	8	278·63	14·7	1·3	254·33	137·06	+55·91	214·43
	18	279·89	14·7	1·5	254·38	340·52	+55·83	214·57
	28	281·27	14·8	1·6	254·43	184·04	+55·78	214·64
Oct.	8	282·72	14·8	1·7	254·48	27·61	+55·77	214·64
	18	284·20	14·8	1·7	254·53	231·24	+55·79	214·57
	28	285·67	14·8	1·6	254·59	74·94	+55·85	214·43
Nov.	7	287·08	14·8	1·5	254·64	278·70	+55·94	214·21
	17	288·41	14·8	1·4	254·69	122·52	+56·06	213·93
	27	289·60	14·8	1·2	254·74	326·40	+56·20	213·58
Dec.	7	290·63	14·8	1·0	254·79	170·34	+56·37	213·18
	17	291·46	14·8	0·8	254·84	14·33	+56·56	212·73
	27	292·09	14·7	0·5	254·90	218·36	+56·76	212·25
	37	292·47	14·7	0·2	254·95	62·43	+56·97	211·73
Dec.	47	292·62	14·7	0·0	255·00	266·52	+57·18	211·20

BRIGHT MINOR PLANETS, 2020

HELIOCENTRIC OSCULATING ELEMENTS
FOR EPOCH 2020 DECEMBER 17·0 TT, ECLIPTIC AND EQUINOX J2000·0

No.	Name	Magnitude Parameters H	G	Mean Diameter km	Inclination i °	Long. of Asc. Node Ω °	Argument of Perihelion ω °	Semi-major Axis a au	Daily Motion n °/d	Eccentricity e	Mean Anomaly M °
(2)	Pallas	4·13	0·11	524	34·854	172·966	310·288	2·7744	0·21328	0·2297	187·586
(3)	Juno	5·33	0·32	274	12·991	169·853	248·033	2·6680	0·22616	0·2570	170·711
(4)	Vesta	3·20	0·32	512	7·142	103·808	150·923	2·3620	0·27150	0·0884	258·568
(5)	Astraea	6·85	0·15	120	5·368	141·572	358·625	2·5736	0·23872	0·1908	65·612
(6)	Hebe	5·71	0·24	190	14·740	138·643	239·708	2·4246	0·26107	0·2033	242·945
(7)	Iris	5·51	0·15	211	5·518	259·541	145·241	2·3871	0·26723	0·2296	300·793
(8)	Flora	6·49	0·28	138	5·889	110·876	285·502	2·2014	0·30176	0·1559	15·639
(9)	Metis	6·28	0·17	209	5·576	68·905	6·294	2·3861	0·26741	0·1234	77·429
(10)	Hygiea	5·43	0·15	444	3·831	283·198	312·421	3·1427	0·17691	0·1119	258·209
(11)	Parthenope	6·55	0·15	153	4·632	125·529	195·405	2·4524	0·25664	0·0997	72·997
(12)	Victoria	7·24	0·22	113	8·373	235·397	69·733	2·3335	0·27650	0·2205	299·100
(13)	Egeria	6·74	0·15	208	16·534	43·219	80·293	2·5766	0·23830	0·0854	330·792
(14)	Irene	6·30	0·15	180	9·121	86·124	97·751	2·5867	0·23691	0·1662	307·222
(15)	Eunomia	5·28	0·23	320	11·753	292·935	98·618	2·6443	0·22922	0·1863	60·846
(16)	Psyche	5·90	0·20	226	3·097	150·037	229·087	2·9235	0·19717	0·1337	46·436
(17)	Thetis	7·76	0·15	90	5·593	125·542	135·834	2·4701	0·25389	0·1332	95·984
(18)	Melpomene	6·51	0·25	138	10·132	150·362	228·105	2·2961	0·28328	0·2176	77·094
(19)	Fortuna	7·13	0·10	225	1·573	211·059	182·367	2·4421	0·25826	0·1568	351·901
(20)	Massalia	6·50	0·25	145	0·709	205·987	257·537	2·4083	0·26372	0·1428	275·032
(21)	Lutetia	7·35	0·11	105	3·064	80·865	250·054	2·4356	0·25930	0·1634	139·773
(22)	Kalliope	6·45	0·21	181	13·702	65·995	357·490	2·9093	0·19862	0·0981	314·140
(23)	Thalia	6·95	0·15	108	10·112	66·844	60·691	2·6258	0·23165	0·2345	114·807
(24)	Themis	7·08	0·19	175	0·752	35·919	107·098	3·1361	0·17747	0·1242	101·614
(25)	Phocaea	7·83	0·15	75	21·607	214·119	90·312	2·3997	0·26514	0·2550	331·921
(26)	Proserpina	7·40	0·15	95	3·562	45·773	193·580	2·6556	0·22775	0·0896	242·280
(27)	Euterpe	7·00	0·15	118	1·584	94·787	356·352	2·3461	0·27427	0·1731	139·953
(28)	Bellona	7·09	0·15	121	9·430	144·287	343·960	2·7757	0·21313	0·1517	41·427
(29)	Amphitrite	5·85	0·20	212	6·082	356·330	63·256	2·5550	0·24133	0·0731	69·177
(30)	Urania	7·57	0·15	100	2·096	307·468	87·276	2·3648	0·27103	0·1279	191·816
(31)	Euphrosyne	6·74	0·15	256	26·267	31·041	61·648	3·1597	0·17548	0·2193	192·518
(32)	Pomona	7·56	0·15	81	5·522	220·380	338·916	2·5866	0·23692	0·0818	174·605
(37)	Fides	7·29	0·24	108	3·071	7·258	62·709	2·6415	0·22957	0·1757	119·369
(39)	Laetitia	6·00	0·15	150	10·370	156·944	209·398	2·7696	0·21384	0·1116	69·654
(40)	Harmonia	7·00	0·15	108	4·257	94·190	269·109	2·2676	0·28864	0·0471	281·405
(41)	Daphne	7·12	0·10	187	15·788	178·063	45·926	2·7617	0·21476	0·2748	263·213
(42)	Isis	7·53	0·15	100	8·513	84·194	237·180	2·4425	0·25820	0·2231	358·518
(43)	Ariadne	7·93	0·11	66	3·471	264·806	16·399	2·2029	0·30145	0·1685	318·632
(44)	Nysa	7·03	0·46	71	3·712	131·496	344·084	2·4232	0·26129	0·1485	238·531
(45)	Eugenia	7·46	0·07	215	6·605	147·598	87·793	2·7197	0·21975	0·0840	170·623
(48)	Doris	6·90	0·15	222	6·547	183·546	252·768	3·1101	0·17970	0·0720	177·554
(51)	Nemausa	7·35	0·08	158	9·978	175·962	2·120	2·3654	0·27093	0·0677	259·116
(52)	Europa	6·31	0·18	315	7·479	128·599	343·267	3·0950	0·18101	0·1106	346·168
(54)	Alexandra	7·66	0·15	166	11·798	313·245	345·110	2·7116	0·22074	0·1972	150·709
(60)	Echo	8·21	0·27	60	3·600	191·542	271·189	2·3926	0·26632	0·1850	8·274
(63)	Ausonia	7·55	0·25	103	5·777	337·722	296·146	2·3948	0·26595	0·1270	298·863
(64)	Angelina	7·67	0·48	56	1·310	309·099	179·675	2·6853	0·22398	0·1248	172·350
(65)	Cybele	6·62	0·01	230	3·564	155·615	102·887	3·4253	0·15547	0·1122	354·076

HELIOCENTRIC OSCULATING ELEMENTS
FOR EPOCH 2020 DECEMBER 17·0 TT, ECLIPTIC AND EQUINOX J2000·0

No.	Name	Magnitude Parameters H	G	Mean Diameter km	Inclination i °	Long. of Asc. Node Ω °	Argument of Perihelion ω °	Semi-major Axis a au	Daily Motion n °/d	Eccentricity e	Mean Anomaly M °
(67)	Asia	8·28	0·15	58	6·029	202·411	106·907	2·4213	0·26160	0·1850	75·585
(68)	Leto	6·78	0·05	123	7·962	44·076	304·473	2·7818	0·21243	0·1850	28·991
(69)	Hesperia	7·05	0·19	138	8·592	184·982	289·056	2·9762	0·19196	0·1702	56·335
(71)	Niobe	7·30	0·40	83	23·266	316·003	267·126	2·7563	0·21538	0·1734	33·163
(79)	Eurynome	7·96	0·25	66	4·612	206·532	201·524	2·4451	0·25779	0·1901	23·064
(80)	Sappho	7·98	0·15	79	8·676	218·687	139·601	2·2953	0·28343	0·2004	267·380
(85)	Io	7·61	0·15	164	11·959	203·070	122·833	2·6532	0·22806	0·1946	357·802
(87)	Sylvia	6·94	0·15	261	10·876	73·032	263·660	3·4815	0·15172	0·0936	183·685
(88)	Thisbe	7·04	0·14	232	5·214	276·458	36·397	2·7701	0·21377	0·1618	177·218
(89)	Julia	6·60	0·15	151	16·131	311·552	45·267	2·5500	0·24204	0·1850	282·847
(92)	Undina	6·61	0·15	126	9·932	101·581	238·964	3·1858	0·17333	0·1050	283·919
(94)	Aurora	7·57	0·15	204	7·970	2·558	60·327	3·1582	0·17561	0·0944	54·397
(97)	Klotho	7·63	0·15	83	11·779	159·617	268·638	2·6687	0·22608	0·2573	86·683
(103)	Hera	7·66	0·15	91	5·418	136·077	188·841	2·7027	0·22182	0·0792	127·908
(107)	Camilla	7·08	0·08	223	10·003	172·581	306·198	3·4897	0·15119	0·0650	57·543
(115)	Thyra	7·51	0·12	80	11·594	308·796	97·028	2·3788	0·26864	0·1933	177·995
(121)	Hermione	7·31	0·15	209	7·569	73·016	296·580	3·4624	0·15298	0·1286	312·067
(128)	Nemesis	7·49	0·15	188	6·246	76·234	303·598	2·7485	0·21631	0·1279	201·886
(129)	Antigone	7·07	0·33	138	12·271	135·663	111·098	2·8696	0·20276	0·2128	61·700
(135)	Hertha	8·23	0·15	79	2·304	343·568	340·235	2·4288	0·26039	0·2069	134·292
(185)	Eunike	7·62	0·15	158	23·251	153·758	223·451	2·7395	0·21736	0·1280	316·113
(192)	Nausikaa	7·13	0·03	95	6·799	343·099	30·663	2·4030	0·26458	0·2454	156·916
(194)	Prokne	7·68	0·15	169	18·511	159·268	163·007	2·6153	0·23303	0·2379	55·418
(196)	Philomela	6·54	0·15	136	7·262	72·322	201·629	3·1151	0·17926	0·0156	197·518
(216)	Kleopatra	7·30	0·29	118	13·116	215·347	179·960	2·7925	0·21121	0·2512	197·513
(230)	Athamantis	7·35	0·27	109	9·451	239·843	139·976	2·3818	0·26814	0·0620	184·190
(270)	Anahita	8·75	0·15	51	2·368	254·341	80·505	2·1987	0·30232	0·1506	343·083
(287)	Nephthys	8·30	0·22	68	10·035	142·320	119·277	2·3533	0·27302	0·0229	204·456
(324)	Bamberga	6·82	0·09	228	11·105	327·858	44·229	2·6802	0·22462	0·3412	224·648
(346)	Hermentaria	7·13	0·15	107	8·752	91·937	291·905	2·7954	0·21088	0·1024	166·118
(349)	Dembowska	5·93	0·37	140	8·243	32·324	345·259	2·9244	0·19709	0·0913	263·408
(354)	Eleonora	6·44	0·37	155	18·401	140·351	5·658	2·7983	0·21056	0·1136	100·504
(372)	Palma	7·50	0·15	189	23·830	327·296	115·634	3·1542	0·17594	0·2573	197·788
(387)	Aquitania	7·41	0·15	101	18·116	128·219	157·353	2·7414	0·21714	0·2350	231·380
(389)	Industria	7·88	0·15	79	8·122	282·282	264·923	2·6078	0·23404	0·0668	3·352
(409)	Aspasia	7·62	0·29	162	11·266	242·145	353·405	2·5760	0·23838	0·0722	282·136
(423)	Diotima	7·24	0·15	209	11·242	69·378	199·280	3·0682	0·18339	0·0355	171·743
(433)	Eros	11·16	0·46	17	10·831	304·299	178·869	1·4582	0·55975	0·2230	23·042
(451)	Patientia	6·65	0·19	225	15·233	89·246	336·394	3·0634	0·18382	0·0737	214·443
(471)	Papagena	6·73	0·37	134	15·016	83·807	315·573	2·8892	0·20069	0·2284	5·887
(511)	Davida	6·22	0·16	300	15·939	107·594	337·291	3·1641	0·17512	0·1882	79·163
(532)	Herculina	5·81	0·26	207	16·311	107·525	76·627	2·7756	0·21315	0·1765	111·812
(654)	Zelinda	8·52	0·15	127	18·120	278·444	214·088	2·2985	0·28284	0·2307	144·813
(702)	Alauda	7·25	0·15	195	20·602	289·744	352·663	3·1943	0·17264	0·0169	155·735
(704)	Interamnia	5·94	−0·02	329	17·310	280·284	94·860	3·0561	0·18448	0·1552	211·376

BRIGHT MINOR PLANETS, 2020
NEXT OPPOSITION

Name		Date		Mag.	Dec.	Name		Date		Mag.	Dec.
(389)	Industria	2020 Jan.	2	11·0	+23 13	(129)	Antigone	2020 July	15	9·9	−13 18
(192)	Nausikaa	2020 Jan.	9	10·0	+31 42	(44)	Nysa	2020 Aug.	5	10·5	−16 54
(511)	**Davida**	**2020 Jan.**	**15**	**9·6**	**+24 13**	(20)	Massalia	2020 Aug.	28	9·6	−08 29
(87)	Sylvia	2020 Jan.	17	12·3	+30 49	(17)	Thetis	2020 Sept.	9	10·7	−10 46
(63)	Ausonia	2020 Jan.	18	11·0	+26 18	(22)	Kalliope	2020 Sept.	10	10·5	−23 36
(5)	Astraea	2020 Jan.	21	8·9	+16 26	(19)	Fortuna	2020 Sept.	11	9·2	−02 31
(230)	Athamantis	2020 Jan.	23	10·4	+05 43	(32)	Pomona	2020 Sept.	19	11·3	+04 21
(107)	Camilla	2020 Jan.	30	11·8	+08 20	(68)	Leto	2020 Sept.	30	9·5	−04 54
(43)	Ariadne	2020 Feb.	2	11·0	+12 56	(194)	Prokne	2020 Oct.	17	10·6	−12 29
(37)	Fides	2020 Feb.	2	10·1	+20 50	(11)	Parthenope	2020 Oct.	23	9·4	+04 12
(346)	Hermentaria	2020 Feb.	3	11·1	+25 06	(67)	Asia	2020 Oct.	24	10·7	+10 29
(12)	Victoria	2020 Feb.	18	11·1	−00 17	(471)	Papagena	2020 Oct.	26	9·5	−07 03
(30)	Urania	2020 Feb.	29	10·6	+05 55	(45)	Eugenia	2020 Oct.	31	11·6	+05 33
(115)	Thyra	2020 Mar.	7	10·9	−05 53	**(8)**	**Flora**	**2020 Nov.**	**1**	**8·0**	**+03 15**
(128)	Nemesis	2020 Mar.	9	11·8	+12 50	(51)	Nemausa	2020 Nov.	26	10·6	+05 43
(27)	Euterpe	2020 Mar.	14	9·4	+04 43	**(16)**	**Psyche**	**2020 Dec.**	**7**	**9·4**	**+18 02**
(25)	Phocaea	2020 Mar.	20	11·6	−18 18	(702)	Alauda	2020 Dec.	11	12·0	+38 15
(704)	**Interamnia**	**2020 Mar.**	**21**	**11·3**	**−22 03**	(423)	Diotima	2020 Dec.	11	11·6	+26 04
(324)	Bamberga	2020 Mar.	23	11·9	−09 44	(79)	Eurynome	2020 Dec.	11	9·9	+15 55
(71)	Niobe	2020 Mar.	27	10·4	−31 21	(13)	Egeria	2020 Dec.	20	10·0	+43 34
(80)	Sappho	2020 Mar.	27	11·7	−09 30	(39)	Laetitia	2020 Dec.	21	9·8	+08 28
(216)	Kleopatra	2020 Apr.	2	12·1	−11 46	**(52)**	**Europa**	**2020 Dec.**	**29**	**10·0**	**+17 12**
(3)	**Juno**	**2020 Apr.**	**2**	**9·5**	**+01 49**	(54)	Alexandra	2021 Jan.	1	12·2	+32 03
(6)	**Hebe**	**2020 Apr.**	**4**	**9·9**	**+11 15**	(41)	Daphne	2021 Jan.	2	11·6	+00 23
(354)	Eleonora	2020 Apr.	13	10·1	+15 13	(103)	Hera	2021 Jan.	3	11·5	+18 17
(65)	**Cybele**	**2020 Apr.**	**13**	**11·0**	**−05 51**	(287)	Nephthys	2021 Jan.	12	11·3	+13 07
(89)	Julia	2020 Apr.	17	11·0	−32 34	(196)	Philomela	2021 Jan.	16	11·0	+28 03
(40)	Harmonia	2020 Apr.	23	9·8	−06 39	(135)	Hertha	2021 Jan.	18	12·0	+22 52
(92)	Undina	2020 Apr.	23	11·5	−00 26	(26)	Proserpina	2021 Jan.	20	11·1	+25 16
(23)	Thalia	2020 Apr.	24	10·0	−04 12	**(15)**	**Eunomia**	**2021 Jan.**	**21**	**8·4**	**+16 52**
(24)	Themis	2020 Apr.	26	10·9	−13 41	(14)	Irene	2021 Jan.	24	9·1	+28 37
(48)	Doris	2020 Apr.	27	11·5	−09 01	**(10)**	**Hygiea**	**2021 Jan.**	**28**	**9·8**	**+15 41**
(349)	Dembowska	2020 May	12	10·2	−22 04	(21)	Lutetia	2021 Jan.	29	11·1	+21 12
(270)	Anahita	2020 May	16	11·0	−20 38	(60)	Echo	2021 Feb.	2	10·0	+10 59
(42)	Isis	2020 May	23	10·0	−14 57	(18)	Melpomene	2021 Feb.	2	9·4	+11 52
(451)	Patientia	2020 May	24	11·3	−11 17	(94)	Aurora	2021 Feb.	5	11·9	+23 51
(654)	Zelinda	2020 May	28	11·7	−37 52	(88)	Thisbe	2021 Feb.	7	11·5	+10 13
(372)	Palma	2020 June	4	13·4	−52 37	(387)	Aquitania	2021 Feb.	17	11·8	+20 43
(31)	Euphrosyne	2020 June	5	12·4	−48 05	(29)	Amphitrite	2021 Feb.	22	9·0	+13 44
(85)	Io	2020 June	12	10·7	−05 21	(4)	Vesta	2021 Mar.	4	6·0	+16 01
(64)	Angelina	2020 June	22	11·5	−24 41	(409)	Aspasia	2021 Mar.	11	10·9	−12 41
(7)	**Iris**	**2020 June**	**28**	**8·8**	**−20 38**	(9)	Metis	2021 Apr.	4	9·5	+01 04
(532)	Herculina	2020 July	2	9·3	−19 53	(97)	Klotho	2021 Apr.	14	12·0	+01 58
(121)	Hermione	2020 July	3	12·0	−28 03	(28)	Bellona	2021 Apr.	24	10·8	+00 23
(185)	Eunike	2020 July	7	11·7	+05 04	(69)	Hesperia	2021 Apr.	24	11·1	−07 02
(2)	**Pallas**	**2020 July**	**13**	**9·6**	**+21 22**	(433)	Eros	2021 June	18	11·9	−39 53

Daily ephemerides of minor planets printed in **bold** are given in this section

PALLAS, 2020
GEOCENTRIC POSITIONS FOR 0ʰ TERRESTRIAL TIME

Date	Astrometric R.A. (h m s)	Astrometric Dec. (° ′ ″)	Vis. Mag.	Ephemeris Transit (h m)	Date	Astrometric R.A. (h m s)	Astrometric Dec. (° ′ ″)	Vis. Mag.	Ephemeris Transit (h m)
2020 May 15	19 37 54.2	+18 52 24	10.0	4 05.4	2020 July 13	19 04 22.1	+21 20 32	9.6	23 35.3
16	19 37 49.2	+19 00 23	10.0	4 01.4	14	19 03 33.3	+21 15 30	9.6	23 30.5
17	19 37 43.0	+19 08 15	9.9	3 57.3	15	19 02 44.7	+21 10 12	9.6	23 25.8
18	19 37 35.6	+19 16 01	9.9	3 53.3	16	19 01 56.4	+21 04 38	9.6	23 21.1
19	19 37 26.9	+19 23 41	9.9	3 49.2	17	19 01 08.5	+20 58 48	9.6	23 16.3
20	19 37 16.9	+19 31 13	9.9	3 45.1	18	19 00 20.9	+20 52 43	9.6	23 11.6
21	19 37 05.7	+19 38 38	9.9	3 41.0	19	18 59 33.8	+20 46 23	9.6	23 06.9
22	19 36 53.3	+19 45 55	9.9	3 36.8	20	18 58 47.2	+20 39 47	9.6	23 02.2
23	19 36 39.7	+19 53 04	9.9	3 32.7	21	18 58 01.1	+20 32 57	9.6	22 57.5
24	19 36 24.8	+20 00 05	9.9	3 28.5	22	18 57 15.5	+20 25 52	9.6	22 52.9
25	19 36 08.7	+20 06 57	9.9	3 24.3	23	18 56 30.5	+20 18 33	9.6	22 48.2
26	19 35 51.4	+20 13 40	9.9	3 20.1	24	18 55 46.2	+20 10 59	9.6	22 43.5
27	19 35 32.8	+20 20 15	9.9	3 15.8	25	18 55 02.5	+20 03 12	9.6	22 38.9
28	19 35 13.1	+20 26 39	9.8	3 11.6	26	18 54 19.6	+19 55 12	9.6	22 34.3
29	19 34 52.2	+20 32 55	9.8	3 07.3	27	18 53 37.4	+19 46 58	9.6	22 29.7
30	19 34 30.1	+20 39 00	9.8	3 03.0	28	18 52 55.9	+19 38 32	9.6	22 25.0
31	19 34 06.9	+20 44 54	9.8	2 58.7	29	18 52 15.3	+19 29 53	9.6	22 20.5
June 1	19 33 42.5	+20 50 38	9.8	2 54.3	30	18 51 35.5	+19 21 02	9.6	22 15.9
2	19 33 17.0	+20 56 12	9.8	2 50.0	31	18 50 56.5	+19 11 59	9.6	22 11.3
3	19 32 50.3	+21 01 34	9.8	2 45.6	Aug. 1	18 50 18.5	+19 02 45	9.6	22 06.8
4	19 32 22.6	+21 06 44	9.8	2 41.2	2	18 49 41.3	+18 53 20	9.6	22 02.2
5	19 31 53.7	+21 11 43	9.8	2 36.8	3	18 49 05.1	+18 43 44	9.7	21 57.7
6	19 31 23.8	+21 16 31	9.8	2 32.4	4	18 48 29.8	+18 33 58	9.7	21 53.2
7	19 30 52.8	+21 21 06	9.8	2 27.9	5	18 47 55.6	+18 24 02	9.7	21 48.7
8	19 30 20.8	+21 25 28	9.8	2 23.4	6	18 47 22.3	+18 13 57	9.7	21 44.3
9	19 29 47.7	+21 29 38	9.7	2 19.0	7	18 46 50.0	+18 03 42	9.7	21 39.8
10	19 29 13.6	+21 33 35	9.7	2 14.5	8	18 46 18.8	+17 53 18	9.7	21 35.4
11	19 28 38.6	+21 37 19	9.7	2 10.0	9	18 45 48.7	+17 42 45	9.7	21 31.0
12	19 28 02.6	+21 40 49	9.7	2 05.4	10	18 45 19.6	+17 32 05	9.7	21 26.6
13	19 27 25.6	+21 44 05	9.7	2 00.9	11	18 44 51.7	+17 21 16	9.7	21 22.2
14	19 26 47.7	+21 47 07	9.7	1 56.3	12	18 44 24.8	+17 10 21	9.7	21 17.8
15	19 26 08.9	+21 49 55	9.7	1 51.7	13	18 43 59.1	+16 59 18	9.7	21 13.5
16	19 25 29.3	+21 52 29	9.7	1 47.1	14	18 43 34.5	+16 48 08	9.7	21 09.2
17	19 24 48.8	+21 54 47	9.7	1 42.5	15	18 43 11.1	+16 36 52	9.8	21 04.9
18	19 24 07.5	+21 56 51	9.7	1 37.9	16	18 42 48.9	+16 25 30	9.8	21 00.6
19	19 23 25.5	+21 58 39	9.7	1 33.3	17	18 42 27.8	+16 14 02	9.8	20 56.3
20	19 22 42.7	+22 00 12	9.7	1 28.7	18	18 42 08.0	+16 02 29	9.8	20 52.1
21	19 21 59.1	+22 01 30	9.7	1 24.0	19	18 41 49.3	+15 50 52	9.8	20 47.9
22	19 21 15.0	+22 02 31	9.6	1 19.3	20	18 41 31.9	+15 39 09	9.8	20 43.7
23	19 20 30.1	+22 03 17	9.6	1 14.7	21	18 41 15.7	+15 27 23	9.8	20 39.5
24	19 19 44.7	+22 03 46	9.6	1 10.0	22	18 41 00.7	+15 15 33	9.8	20 35.3
25	19 18 58.8	+22 03 59	9.6	1 05.3	23	18 40 47.0	+15 03 39	9.8	20 31.2
26	19 18 12.3	+22 03 56	9.6	1 00.6	24	18 40 34.5	+14 51 43	9.8	20 27.1
27	19 17 25.3	+22 03 36	9.6	0 55.9	25	18 40 23.3	+14 39 44	9.9	20 23.0
28	19 16 37.9	+22 03 00	9.6	0 51.2	26	18 40 13.3	+14 27 42	9.9	20 18.9
29	19 15 50.1	+22 02 07	9.6	0 46.4	27	18 40 04.6	+14 15 39	9.9	20 14.8
30	19 15 02.0	+22 00 57	9.6	0 41.7	28	18 39 57.1	+14 03 34	9.9	20 10.8
July 1	19 14 13.5	+21 59 31	9.6	0 37.0	29	18 39 50.8	+13 51 28	9.9	20 06.8
2	19 13 24.8	+21 57 47	9.6	0 32.2	30	18 39 45.8	+13 39 21	9.9	20 02.8
3	19 12 35.8	+21 55 47	9.6	0 27.5	31	18 39 42.0	+13 27 13	9.9	19 58.8
4	19 11 46.6	+21 53 31	9.6	0 22.7	Sept. 1	18 39 39.4	+13 15 05	9.9	19 54.9
5	19 10 57.3	+21 50 57	9.6	0 18.0	Sept. 2	18 39 38.1	+13 02 57	9.9	19 50.9
6	19 10 07.9	+21 48 07	9.6	0 13.2	3	18 39 38.0	+12 50 49	10.0	19 47.0
7	19 09 18.3	+21 45 00	9.6	0 08.5	4	18 39 39.1	+12 38 41	10.0	19 43.1
8	19 08 28.8	+21 41 37	9.6	0 03.7	5	18 39 41.4	+12 26 34	10.0	19 39.2
9	19 07 39.3	+21 37 57	9.6	23 54.2	6	18 39 44.9	+12 14 28	10.0	19 35.4
10	19 06 49.8	+21 34 00	9.6	23 49.5	7	18 39 49.7	+12 02 23	10.0	19 31.5
11	19 06 00.4	+21 29 47	9.6	23 44.7	8	18 39 55.6	+11 50 20	10.0	19 27.7
12	19 05 11.2	+21 25 17	9.6	23 40.0	9	18 40 02.8	+11 38 19	10.0	19 23.9
July 13	19 04 22.1	+21 20 32	9.6	23 35.3	Sept. 10	18 40 11.1	+11 26 19	10.0	19 20.2

Second transit for Pallas 2020 July 8ᵈ 23ʰ 59ᵐ0

JUNO, 2020
GEOCENTRIC POSITIONS FOR 0ʰ TERRESTRIAL TIME

Date	Astrometric R.A.	Dec.	Vis. Mag.	Ephemeris Transit	Date	Astrometric R.A.	Dec.	Vis. Mag.	Ephemeris Transit
	h m s	° ′ ″		h m		h m s	° ′ ″		h m
2020 Feb. 3	13 24 08.7	− 4 53 40	10.3	4 33.9	2020 Apr. 2	13 01 30.1	+ 1 49 02	9.5	0 19.3
4	13 24 22.0	− 4 50 35	10.3	4 30.2	3	13 00 42.4	+ 1 57 17	9.5	0 14.6
5	13 24 34.1	− 4 47 20	10.3	4 26.4	4	12 59 54.7	+ 2 05 28	9.6	0 09.8
6	13 24 44.7	− 4 43 56	10.3	4 22.7	5	12 59 07.0	+ 2 13 34	9.6	0 05.1
7	13 24 54.1	− 4 40 22	10.3	4 18.9	6	12 58 19.4	+ 2 21 34	9.6	0 00.4
8	13 25 02.1	− 4 36 38	10.3	4 15.1	7	12 57 32.0	+ 2 29 29	9.6	23 51.0
9	13 25 08.7	− 4 32 44	10.3	4 11.3	8	12 56 44.7	+ 2 37 17	9.6	23 46.3
10	13 25 13.9	− 4 28 41	10.2	4 07.4	9	12 55 57.7	+ 2 45 00	9.6	23 41.6
11	13 25 17.8	− 4 24 28	10.2	4 03.6	10	12 55 11.0	+ 2 52 35	9.6	23 36.9
12	13 25 20.3	− 4 20 05	10.2	3 59.7	11	12 54 24.5	+ 3 00 04	9.7	23 32.2
Feb. 13	13 25 21.4	− 4 15 33	10.2	3 55.7	12	12 53 38.5	+ 3 07 25	9.7	23 27.5
14	13 25 21.1	− 4 10 51	10.2	3 51.8	13	12 52 52.8	+ 3 14 39	9.7	23 22.8
15	13 25 19.4	− 4 05 59	10.2	3 47.8	14	12 52 07.6	+ 3 21 44	9.7	23 18.1
16	13 25 16.3	− 4 00 58	10.2	3 43.9	15	12 51 22.9	+ 3 28 42	9.7	23 13.4
17	13 25 11.8	− 3 55 47	10.1	3 39.8	16	12 50 38.7	+ 3 35 31	9.8	23 08.8
18	13 25 05.9	− 3 50 27	10.1	3 35.8	17	12 49 55.1	+ 3 42 11	9.8	23 04.1
19	13 24 58.6	− 3 44 57	10.1	3 31.8	18	12 49 12.1	+ 3 48 42	9.8	22 59.5
20	13 24 49.9	− 3 39 18	10.1	3 27.7	19	12 48 29.8	+ 3 55 04	9.8	22 54.9
21	13 24 39.8	− 3 33 30	10.1	3 23.6	20	12 47 48.1	+ 4 01 17	9.8	22 50.3
22	13 24 28.2	− 3 27 33	10.1	3 19.4	21	12 47 07.3	+ 4 07 20	9.9	22 45.7
23	13 24 15.3	− 3 21 27	10.1	3 15.3	22	12 46 27.2	+ 4 13 13	9.9	22 41.1
24	13 24 01.0	− 3 15 12	10.0	3 11.1	23	12 45 47.9	+ 4 18 56	9.9	22 36.5
25	13 23 45.4	− 3 08 48	10.0	3 06.9	24	12 45 09.4	+ 4 24 28	9.9	22 32.0
26	13 23 28.3	− 3 02 16	10.0	3 02.7	25	12 44 31.9	+ 4 29 51	9.9	22 27.4
27	13 23 09.9	− 2 55 36	10.0	2 58.5	26	12 43 55.2	+ 4 35 03	10.0	22 22.9
28	13 22 50.2	− 2 48 47	10.0	2 54.2	27	12 43 19.5	+ 4 40 04	10.0	22 18.4
29	13 22 29.2	− 2 41 51	10.0	2 49.9	28	12 42 44.8	+ 4 44 55	10.0	22 13.9
Mar. 1	13 22 06.8	− 2 34 47	10.0	2 45.6	29	12 42 11.0	+ 4 49 34	10.0	22 09.4
2	13 21 43.2	− 2 27 35	9.9	2 41.3	30	12 41 38.3	+ 4 54 03	10.0	22 05.0
3	13 21 18.3	− 2 20 16	9.9	2 37.0	May 1	12 41 06.6	+ 4 58 21	10.1	22 00.5
4	13 20 52.2	− 2 12 51	9.9	2 32.6	2	12 40 35.9	+ 5 02 28	10.1	21 56.1
5	13 20 24.8	− 2 05 18	9.9	2 28.2	3	12 40 06.4	+ 5 06 24	10.1	21 51.7
6	13 19 56.2	− 1 57 39	9.9	2 23.8	4	12 39 37.9	+ 5 10 10	10.1	21 47.3
7	13 19 26.5	− 1 49 54	9.9	2 19.4	5	12 39 10.6	+ 5 13 44	10.1	21 43.0
8	13 18 55.6	− 1 42 03	9.9	2 14.9	6	12 38 44.3	+ 5 17 07	10.2	21 38.6
9	13 18 23.6	− 1 34 07	9.8	2 10.5	7	12 38 19.2	+ 5 20 19	10.2	21 34.3
10	13 17 50.6	− 1 26 05	9.8	2 06.0	8	12 37 55.3	+ 5 23 20	10.2	21 30.0
11	13 17 16.4	− 1 17 59	9.8	2 01.5	9	12 37 32.4	+ 5 26 11	10.2	21 25.7
12	13 16 41.2	− 1 09 47	9.8	1 57.0	10	12 37 10.8	+ 5 28 50	10.2	21 21.4
13	13 16 05.0	− 1 01 31	9.8	1 52.4	11	12 36 50.3	+ 5 31 19	10.3	21 17.1
14	13 15 27.8	− 0 53 11	9.8	1 47.9	12	12 36 31.0	+ 5 33 37	10.3	21 12.9
15	13 14 49.7	− 0 44 49	9.8	1 43.3	13	12 36 12.9	+ 5 35 44	10.3	21 08.7
16	13 14 10.7	− 0 36 22	9.7	1 38.7	14	12 35 55.9	+ 5 37 41	10.3	21 04.5
17	13 13 30.8	− 0 27 52	9.7	1 34.1	15	12 35 40.2	+ 5 39 27	10.3	21 00.3
18	13 12 50.0	− 0 19 20	9.7	1 29.5	16	12 35 25.7	+ 5 41 03	10.3	20 56.2
19	13 12 08.5	− 0 10 46	9.7	1 24.9	17	12 35 12.3	+ 5 42 28	10.4	20 52.0
20	13 11 26.2	− 0 02 10	9.7	1 20.3	18	12 35 00.2	+ 5 43 43	10.4	20 47.9
21	13 10 43.2	+ 0 06 27	9.7	1 15.6	19	12 34 49.3	+ 5 44 48	10.4	20 43.8
22	13 09 59.6	+ 0 15 03	9.7	1 11.0	20	12 34 39.5	+ 5 45 42	10.4	20 39.7
23	13 09 15.4	+ 0 23 44	9.6	1 06.3	21	12 34 31.0	+ 5 46 26	10.4	20 35.7
24	13 08 30.5	+ 0 32 23	9.6	1 01.6	22	12 34 23.7	+ 5 47 01	10.5	20 31.7
25	13 07 45.2	+ 0 41 01	9.6	0 57.0	23	12 34 17.7	+ 5 47 25	10.5	20 27.6
26	13 06 59.4	+ 0 49 39	9.6	0 52.3	24	12 34 12.8	+ 5 47 40	10.5	20 23.6
27	13 06 13.2	+ 0 58 15	9.6	0 47.6	25	12 34 09.1	+ 5 47 45	10.5	20 19.7
28	13 05 26.6	+ 1 06 49	9.6	0 42.9	26	12 34 06.6	+ 5 47 41	10.5	20 15.7
29	13 04 39.7	+ 1 15 22	9.6	0 38.2	May 27	12 34 05.3	+ 5 47 27	10.5	20 11.8
30	13 03 52.6	+ 1 23 52	9.6	0 33.4	28	12 34 05.2	+ 5 47 04	10.6	20 07.9
31	13 03 05.2	+ 1 32 18	9.5	0 28.7	29	12 34 06.3	+ 5 46 32	10.6	20 04.0
Apr. 1	13 02 17.7	+ 1 40 42	9.5	0 24.0	30	12 34 08.5	+ 5 45 51	10.6	20 00.1
Apr. 2	13 01 30.1	+ 1 49 02	9.5	0 19.3	May 31	12 34 11.9	+ 5 45 01	10.6	19 56.2

Second transit for Juno 2020 April 6ᵈ 23ʰ 55ᵐ7

HEBE, 2020

GEOCENTRIC POSITIONS FOR 0ʰ TERRESTRIAL TIME

Date	Astrometric R.A. (h m s)	Dec. (° ′ ″)	Vis. Mag.	Ephemeris Transit (h m)
2020 Feb. 5	13 43 16.4	+ 3 12 46	10.7	4 45.1
6	13 43 35.1	+ 3 18 03	10.7	4 41.5
7	13 43 52.6	+ 3 23 30	10.7	4 37.8
8	13 44 08.7	+ 3 29 06	10.7	4 34.2
9	13 44 23.5	+ 3 34 52	10.7	4 30.5
10	13 44 37.0	+ 3 40 48	10.7	4 26.8
11	13 44 49.1	+ 3 46 53	10.7	4 23.0
12	13 44 59.9	+ 3 53 07	10.6	4 19.3
13	13 45 09.2	+ 3 59 31	10.6	4 15.5
14	13 45 17.2	+ 4 06 04	10.6	4 11.7
15	13 45 23.7	+ 4 12 46	10.6	4 07.9
16	13 45 28.8	+ 4 19 37	10.6	4 04.0
17	13 45 32.5	+ 4 26 37	10.6	4 00.1
18	13 45 34.8	+ 4 33 46	10.5	3 56.2
Feb. 19	13 45 35.6	+ 4 41 04	10.5	3 52.3
20	13 45 34.9	+ 4 48 30	10.5	3 48.4
21	13 45 32.8	+ 4 56 05	10.5	3 44.4
22	13 45 29.3	+ 5 03 48	10.5	3 40.4
23	13 45 24.2	+ 5 11 39	10.5	3 36.4
24	13 45 17.7	+ 5 19 37	10.4	3 32.3
25	13 45 09.7	+ 5 27 43	10.4	3 28.3
26	13 45 00.2	+ 5 35 56	10.4	3 24.2
27	13 44 49.3	+ 5 44 16	10.4	3 20.1
28	13 44 36.9	+ 5 52 43	10.4	3 15.9
29	13 44 23.1	+ 6 01 17	10.4	3 11.8
Mar. 1	13 44 07.7	+ 6 09 56	10.3	3 07.6
2	13 43 51.0	+ 6 18 41	10.3	3 03.4
3	13 43 32.8	+ 6 27 32	10.3	2 59.1
4	13 43 13.2	+ 6 36 28	10.3	2 54.9
5	13 42 52.2	+ 6 45 28	10.3	2 50.6
6	13 42 29.8	+ 6 54 33	10.3	2 46.3
7	13 42 06.0	+ 7 03 43	10.2	2 41.9
8	13 41 40.8	+ 7 12 55	10.2	2 37.6
9	13 41 14.3	+ 7 22 12	10.2	2 33.2
10	13 40 46.5	+ 7 31 31	10.2	2 28.8
11	13 40 17.3	+ 7 40 53	10.2	2 24.4
12	13 39 46.8	+ 7 50 16	10.2	2 20.0
13	13 39 15.1	+ 7 59 42	10.1	2 15.5
14	13 38 42.1	+ 8 09 09	10.1	2 11.0
15	13 38 07.8	+ 8 18 37	10.1	2 06.5
16	13 37 32.4	+ 8 28 05	10.1	2 02.0
17	13 36 55.7	+ 8 37 33	10.1	1 57.5
18	13 36 18.0	+ 8 47 01	10.1	1 52.9
19	13 35 39.1	+ 8 56 27	10.1	1 48.3
20	13 34 59.1	+ 9 05 53	10.0	1 43.7
21	13 34 18.1	+ 9 15 16	10.0	1 39.1
22	13 33 36.1	+ 9 24 36	10.0	1 34.5
23	13 32 53.1	+ 9 33 54	10.0	1 29.8
24	13 32 09.2	+ 9 43 08	10.0	1 25.2
25	13 31 24.5	+ 9 52 18	10.0	1 20.5
26	13 30 38.9	+10 01 23	10.0	1 15.8
27	13 29 52.5	+10 10 24	10.0	1 11.1
28	13 29 05.4	+10 19 19	9.9	1 06.4
29	13 28 17.6	+10 28 07	9.9	1 01.7
30	13 27 29.2	+10 36 49	9.9	0 56.9
31	13 26 40.3	+10 45 24	9.9	0 52.2
Apr. 1	13 25 50.7	+10 53 52	9.9	0 47.5
2	13 25 00.8	+11 02 11	9.9	0 42.7
3	13 24 10.4	+11 10 23	9.9	0 37.9
Apr. 4	13 23 19.6	+11 18 25	9.9	0 33.2

Date	Astrometric R.A. (h m s)	Dec. (° ′ ″)	Vis. Mag.	Ephemeris Transit (h m)
2020 Apr. 4	13 23 19.6	+11 18 25	9.9	0 33.2
5	13 22 28.5	+11 26 18	9.9	0 28.4
6	13 21 37.2	+11 34 01	9.9	0 23.6
7	13 20 45.7	+11 41 35	9.9	0 18.8
8	13 19 54.0	+11 48 58	9.9	0 14.0
9	13 19 02.2	+11 56 10	9.9	0 09.2
10	13 18 10.4	+12 03 11	9.9	0 04.4
11	13 17 18.6	+12 10 01	9.9	23 54.9
12	13 16 26.8	+12 16 39	10.0	23 50.1
13	13 15 35.2	+12 23 05	10.0	23 45.3
14	13 14 43.7	+12 29 19	10.0	23 40.5
15	13 13 52.4	+12 35 20	10.0	23 35.7
16	13 13 01.4	+12 41 09	10.0	23 31.0
17	13 12 10.8	+12 46 44	10.0	23 26.2
18	13 11 20.5	+12 52 06	10.0	23 21.4
19	13 10 30.6	+12 57 15	10.0	23 16.7
20	13 09 41.3	+13 02 10	10.1	23 11.9
21	13 08 52.4	+13 06 51	10.1	23 07.2
22	13 08 04.2	+13 11 18	10.1	23 02.5
23	13 07 16.5	+13 15 31	10.1	22 57.8
24	13 06 29.6	+13 19 29	10.1	22 53.1
25	13 05 43.4	+13 23 14	10.1	22 48.4
26	13 04 58.0	+13 26 44	10.1	22 43.7
27	13 04 13.3	+13 29 59	10.2	22 39.1
28	13 03 29.6	+13 33 00	10.2	22 34.4
29	13 02 46.7	+13 35 47	10.2	22 29.8
30	13 02 04.7	+13 38 19	10.2	22 25.2
May 1	13 01 23.8	+13 40 37	10.2	22 20.6
2	13 00 43.8	+13 42 40	10.2	22 16.0
3	13 00 04.8	+13 44 29	10.3	22 11.5
4	12 59 26.9	+13 46 04	10.3	22 06.9
5	12 58 50.1	+13 47 25	10.3	22 02.4
6	12 58 14.4	+13 48 32	10.3	21 57.9
7	12 57 39.9	+13 49 25	10.3	21 53.4
8	12 57 06.4	+13 50 04	10.3	21 48.9
9	12 56 34.2	+13 50 29	10.4	21 44.5
10	12 56 03.1	+13 50 42	10.4	21 40.1
11	12 55 33.3	+13 50 40	10.4	21 35.6
12	12 55 04.6	+13 50 26	10.4	21 31.3
13	12 54 37.2	+13 49 58	10.4	21 26.9
14	12 54 11.1	+13 49 18	10.4	21 22.5
15	12 53 46.2	+13 48 25	10.5	21 18.2
16	12 53 22.6	+13 47 19	10.5	21 13.9
17	12 53 00.3	+13 46 01	10.5	21 09.6
18	12 52 39.4	+13 44 30	10.5	21 05.4
19	12 52 19.7	+13 42 47	10.5	21 01.1
20	12 52 01.3	+13 40 53	10.5	20 56.9
21	12 51 44.3	+13 38 47	10.6	20 52.7
22	12 51 28.6	+13 36 29	10.6	20 48.5
23	12 51 14.2	+13 34 00	10.6	20 44.4
24	12 51 01.2	+13 31 20	10.6	20 40.3
25	12 50 49.5	+13 28 29	10.6	20 36.2
26	12 50 39.2	+13 25 27	10.6	20 32.1
27	12 50 30.2	+13 22 14	10.7	20 28.0
28	12 50 22.5	+13 18 52	10.7	20 24.0
29	12 50 16.2	+13 15 19	10.7	20 20.0
30	12 50 11.2	+13 11 36	10.7	20 16.0
31	12 50 07.5	+13 07 44	10.7	20 12.0
June 1	12 50 05.1	+13 03 42	10.7	20 08.0
June 2	12 50 04.1	+12 59 32	10.7	20 04.1

Second transit for Hebe 2020 April 10ᵈ 23ʰ 59ᵐ7

IRIS, 2020
GEOCENTRIC POSITIONS FOR 0ʰ TERRESTRIAL TIME

Date	Astrometric R.A.	Astrometric Dec.	Vis. Mag.	Ephemeris Transit	Date	Astrometric R.A.	Astrometric Dec.	Vis. Mag.	Ephemeris Transit
	h m s	° ′ ″		h m		h m s	° ′ ″		h m
2020 Apr. 30	18 59 31·8	−22 07 09	10·3	4 26·5	2020 June 28	18 28 04·5	−20 38 57	8·8	0 03·1
May 1	18 59 44·9	−22 05 10	10·3	4 22·8	29	18 26 59·2	−20 37 42	8·8	23 53·1
2	18 59 56·4	−22 03 12	10·3	4 19·0	30	18 25 54·0	−20 36 26	8·8	23 48·1
3	19 00 06·4	−22 01 14	10·3	4 15·2	July 1	18 24 48·7	−20 35 10	8·9	23 43·0
4	19 00 14·9	−21 59 18	10·3	4 11·4	2	18 23 43·5	−20 33 54	8·9	23 38·0
5	19 00 21·7	−21 57 23	10·2	4 07·6	3	18 22 38·5	−20 32 38	8·9	23 33·0
6	19 00 27·0	−21 55 29	10·2	4 03·8	4	18 21 33·7	−20 31 22	8·9	23 28·0
7	19 00 30·6	−21 53 36	10·2	3 59·9	5	18 20 29·2	−20 30 06	9·0	23 23·0
May 8	19 00 32·7	−21 51 44	10·2	3 56·0	6	18 19 25·0	−20 28 50	9·0	23 18·0
9	19 00 33·1	−21 49 54	10·2	3 52·1	7	18 18 21·3	−20 27 34	9·0	23 13·1
10	19 00 31·8	−21 48 04	10·1	3 48·1	8	18 17 18·1	−20 26 18	9·0	23 08·1
11	19 00 29·0	−21 46 16	10·1	3 44·1	9	18 16 15·4	−20 25 02	9·1	23 03·1
12	19 00 24·4	−21 44 29	10·1	3 40·1	10	18 15 13·4	−20 23 46	9·1	22 58·2
13	19 00 18·1	−21 42 44	10·1	3 36·1	11	18 14 12·1	−20 22 31	9·1	22 53·3
14	19 00 10·2	−21 41 00	10·0	3 32·0	12	18 13 11·5	−20 21 16	9·1	22 48·3
15	19 00 00·6	−21 39 17	10·0	3 27·9	13	18 12 11·8	−20 20 01	9·2	22 43·4
16	18 59 49·2	−21 37 35	10·0	3 23·8	14	18 11 13·0	−20 18 47	9·2	22 38·5
17	18 59 36·2	−21 35 55	10·0	3 19·6	15	18 10 15·1	−20 17 33	9·2	22 33·7
18	18 59 21·4	−21 34 16	10·0	3 15·5	16	18 09 18·3	−20 16 20	9·2	22 28·8
19	18 59 04·9	−21 32 38	9·9	3 11·2	17	18 08 22·5	−20 15 08	9·2	22 24·0
20	18 58 46·7	−21 31 01	9·9	3 07·0	18	18 07 27·9	−20 13 56	9·3	22 19·1
21	18 58 26·8	−21 29 26	9·9	3 02·7	19	18 06 34·5	−20 12 45	9·3	22 14·4
22	18 58 05·1	−21 27 52	9·9	2 58·4	20	18 05 42·4	−20 11 35	9·3	22 09·6
23	18 57 41·8	−21 26 20	9·8	2 54·1	21	18 04 51·5	−20 10 26	9·3	22 04·8
24	18 57 16·7	−21 24 48	9·8	2 49·8	22	18 04 02·0	−20 09 18	9·3	22 00·1
25	18 56 50·0	−21 23 18	9·8	2 45·4	23	18 03 13·9	−20 08 11	9·4	21 55·4
26	18 56 21·6	−21 21 49	9·8	2 41·0	24	18 02 27·3	−20 07 05	9·4	21 50·7
27	18 55 51·5	−21 20 21	9·7	2 36·6	25	18 01 42·2	−20 06 01	9·4	21 46·0
28	18 55 19·7	−21 18 55	9·7	2 32·1	26	18 00 58·6	−20 04 57	9·4	21 41·4
29	18 54 46·4	−21 17 29	9·7	2 27·6	27	18 00 16·5	−20 03 55	9·4	21 36·8
30	18 54 11·4	−21 16 04	9·7	2 23·1	28	17 59 36·1	−20 02 55	9·4	21 32·2
31	18 53 34·8	−21 14 41	9·6	2 18·6	29	17 58 57·3	−20 01 56	9·5	21 27·7
June 1	18 52 56·6	−21 13 18	9·6	2 14·0	30	17 58 20·2	−20 00 58	9·5	21 23·2
2	18 52 16·9	−21 11 56	9·6	2 09·4	31	17 57 44·7	−20 00 02	9·5	21 18·7
3	18 51 35·7	−21 10 35	9·6	2 04·8	Aug. 1	17 57 10·9	−19 59 08	9·5	21 14·2
4	18 50 53·0	−21 09 15	9·5	2 00·1	2	17 56 38·9	−19 58 15	9·5	21 09·8
5	18 50 08·8	−21 07 56	9·5	1 55·5	3	17 56 08·6	−19 57 24	9·6	21 05·4
6	18 49 23·2	−21 06 37	9·5	1 50·8	4	17 55 40·1	−19 56 35	9·6	21 01·0
7	18 48 36·2	−21 05 19	9·4	1 46·1	5	17 55 13·3	−19 55 47	9·6	20 56·6
8	18 47 47·8	−21 04 02	9·4	1 41·3	6	17 54 48·4	−19 55 01	9·6	20 52·3
9	18 46 58·0	−21 02 45	9·4	1 36·6	7	17 54 25·2	−19 54 16	9·6	20 48·0
10	18 46 07·0	−21 01 28	9·4	1 31·8	8	17 54 03·8	−19 53 34	9·6	20 43·8
11	18 45 14·7	−21 00 12	9·3	1 27·0	9	17 53 44·2	−19 52 53	9·7	20 39·5
12	18 44 21·2	−20 58 56	9·3	1 22·2	10	17 53 26·5	−19 52 14	9·7	20 35·3
13	18 43 26·5	−20 57 41	9·3	1 17·3	11	17 53 10·6	−19 51 37	9·7	20 31·2
14	18 42 30·7	−20 56 26	9·2	1 12·5	12	17 52 56·5	−19 51 02	9·7	20 27·0
15	18 41 33·8	−20 55 11	9·2	1 07·6	13	17 52 44·3	−19 50 28	9·7	20 22·9
16	18 40 35·9	−20 53 56	9·2	1 02·7	14	17 52 33·9	−19 49 56	9·8	20 18·8
17	18 39 37·0	−20 52 41	9·2	0 57·8	15	17 52 25·3	−19 49 26	9·8	20 14·8
18	18 38 37·3	−20 51 26	9·1	0 52·9	16	17 52 18·6	−19 48 57	9·8	20 10·8
19	18 37 36·6	−20 50 12	9·1	0 48·0	17	17 52 13·8	−19 48 31	9·8	20 06·8
20	18 36 35·3	−20 48 57	9·1	0 43·0	18	17 52 10·8	−19 48 06	9·8	20 02·8
21	18 35 33·2	−20 47 43	9·0	0 38·0	Aug. 19	17 52 09·6	−19 47 42	9·8	19 58·9
22	18 34 30·4	−20 46 28	9·0	0 33·1	20	17 52 10·3	−19 47 21	9·8	19 55·0
23	18 33 27·1	−20 45 13	9·0	0 28·1	21	17 52 12·8	−19 47 00	9·9	19 51·1
24	18 32 23·3	−20 43 58	8·9	0 23·1	22	17 52 17·2	−19 46 42	9·9	19 47·3
25	18 31 19·0	−20 42 43	8·9	0 18·1	23	17 52 23·3	−19 46 24	9·9	19 43·5
26	18 30 14·4	−20 41 28	8·9	0 13·1	24	17 52 31·3	−19 46 09	9·9	19 39·7
27	18 29 09·5	−20 40 13	8·8	0 08·1	25	17 52 41·0	−19 45 54	9·9	19 36·0
June 28	18 28 04·5	−20 38 57	8·8	0 03·1	Aug. 26	17 52 52·5	−19 45 41	9·9	19 32·3

Second transit for Iris 2020 June 28ᵈ 23ʰ 58ᵐ1

GEOCENTRIC POSITIONS FOR 0ʰ TERRESTRIAL TIME

Date	R.A. (h m s)	Dec. (° ′ ″)	Vis. Mag.	Ephemeris Transit (h m)	Date	R.A. (h m s)	Dec. (° ′ ″)	Vis. Mag.	Ephemeris Transit (h m)
2020 Sept. 3	2 52 33·9	+ 6 47 29	9·3	4 02·8	2020 Nov. 1	2 41 57·1	+ 3 10 35	8·0	0 00·1
4	2 53 22·5	+ 6 46 25	9·3	3 59·7	2	2 40 58·3	+ 3 07 54	8·0	23 50·3
5	2 54 09·3	+ 6 45 13	9·2	3 56·5	3	2 39 59·5	+ 3 05 25	8·0	23 45·4
6	2 54 54·4	+ 6 43 52	9·2	3 53·3	4	2 39 00·6	+ 3 03 08	8·0	23 40·5
7	2 55 37·6	+ 6 42 21	9·2	3 50·1	5	2 38 01·8	+ 3 01 04	8·0	23 35·6
8	2 56 18·9	+ 6 40 42	9·2	3 46·8	6	2 37 03·2	+ 2 59 13	8·0	23 30·7
9	2 56 58·4	+ 6 38 53	9·2	3 43·5	7	2 36 04·8	+ 2 57 35	8·0	23 25·8
10	2 57 35·9	+ 6 36 56	9·1	3 40·2	8	2 35 06·9	+ 2 56 11	8·0	23 20·9
11	2 58 11·4	+ 6 34 49	9·1	3 36·9	9	2 34 09·5	+ 2 55 01	8·0	23 16·0
12	2 58 44·9	+ 6 32 34	9·1	3 33·5	10	2 33 12·7	+ 2 54 05	8·1	23 11·1
13	2 59 16·4	+ 6 30 11	9·1	3 30·1	11	2 32 16·6	+ 2 53 25	8·1	23 06·3
14	2 59 45·8	+ 6 27 38	9·0	3 26·6	12	2 31 21·4	+ 2 52 58	8·1	23 01·5
15	3 00 13·2	+ 6 24 57	9·0	3 23·2	13	2 30 27·1	+ 2 52 48	8·1	22 56·7
16	3 00 38·3	+ 6 22 08	9·0	3 19·6	14	2 29 33·8	+ 2 52 52	8·2	22 51·9
17	3 01 01·4	+ 6 19 11	9·0	3 16·1	15	2 28 41·7	+ 2 53 12	8·2	22 47·1
18	3 01 22·2	+ 6 16 05	8·9	3 12·5	16	2 27 50·8	+ 2 53 47	8·2	22 42·3
19	3 01 40·9	+ 6 12 52	8·9	3 08·9	17	2 27 01·3	+ 2 54 38	8·2	22 37·6
20	3 01 57·3	+ 6 09 31	8·9	3 05·2	18	2 26 13·1	+ 2 55 45	8·3	22 32·9
21	3 02 11·5	+ 6 06 03	8·9	3 01·5	19	2 25 26·5	+ 2 57 08	8·3	22 28·2
22	3 02 23·5	+ 6 02 28	8·8	2 57·8	20	2 24 41·4	+ 2 58 46	8·3	22 23·6
23	3 02 33·2	+ 5 58 46	8·8	2 54·0	21	2 23 58·0	+ 3 00 41	8·3	22 18·9
24	3 02 40·6	+ 5 54 57	8·8	2 50·2	22	2 23 16·3	+ 3 02 51	8·4	22 14·3
25	3 02 45·7	+ 5 51 02	8·8	2 46·3	23	2 22 36·4	+ 3 05 16	8·4	22 09·8
Sept. 26	3 02 48·6	+ 5 47 01	8·7	2 42·4	24	2 21 58·3	+ 3 07 58	8·4	22 05·2
27	3 02 49·2	+ 5 42 54	8·7	2 38·5	25	2 21 22·1	+ 3 10 54	8·4	22 00·7
28	3 02 47·4	+ 5 38 41	8·7	2 34·5	26	2 20 47·8	+ 3 14 06	8·5	21 56·3
29	3 02 43·4	+ 5 34 24	8·7	2 30·5	27	2 20 15·4	+ 3 17 33	8·5	21 51·8
30	3 02 37·1	+ 5 30 01	8·6	2 26·5	28	2 19 45·1	+ 3 21 14	8·5	21 47·4
Oct. 1	3 02 28·5	+ 5 25 34	8·6	2 22·4	29	2 19 16·8	+ 3 25 10	8·5	21 43·1
2	3 02 17·5	+ 5 21 03	8·6	2 18·3	30	2 18 50·5	+ 3 29 21	8·6	21 38·7
3	3 02 04·3	+ 5 16 27	8·6	2 14·2	Dec. 1	2 18 26·4	+ 3 33 46	8·6	21 34·4
4	3 01 48·8	+ 5 11 49	8·5	2 10·0	2	2 18 04·3	+ 3 38 24	8·6	21 30·2
5	3 01 31·0	+ 5 07 07	8·5	2 05·7	3	2 17 44·4	+ 3 43 16	8·7	21 25·9
6	3 01 11·0	+ 5 02 22	8·5	2 01·5	4	2 17 26·7	+ 3 48 22	8·7	21 21·7
7	3 00 48·8	+ 4 57 35	8·4	1 57·2	5	2 17 11·1	+ 3 53 41	8·7	21 17·6
8	3 00 24·3	+ 4 52 46	8·4	1 52·8	6	2 16 57·6	+ 3 59 12	8·7	21 13·4
9	2 59 57·6	+ 4 47 56	8·4	1 48·4	7	2 16 46·4	+ 4 04 57	8·8	21 09·4
10	2 59 28·8	+ 4 43 04	8·4	1 44·0	8	2 16 37·4	+ 4 10 53	8·8	21 05·3
11	2 58 57·9	+ 4 38 12	8·3	1 39·6	9	2 16 30·5	+ 4 17 02	8·8	21 01·3
12	2 58 24·8	+ 4 33 20	8·3	1 35·1	10	2 16 25·9	+ 4 23 22	8·8	20 57·3
13	2 57 49·8	+ 4 28 29	8·3	1 30·6	Dec. 11	2 16 23·4	+ 4 29 54	8·9	20 53·4
14	2 57 12·8	+ 4 23 38	8·3	1 26·0	12	2 16 23·2	+ 4 36 37	8·9	20 49·5
15	2 56 33·8	+ 4 18 49	8·2	1 21·5	13	2 16 25·1	+ 4 43 32	8·9	20 45·6
16	2 55 53·0	+ 4 14 03	8·2	1 16·8	14	2 16 29·3	+ 4 50 37	8·9	20 41·8
17	2 55 10·4	+ 4 09 19	8·2	1 12·2	15	2 16 35·7	+ 4 57 52	9·0	20 38·0
18	2 54 26·1	+ 4 04 38	8·2	1 07·5	16	2 16 44·2	+ 5 05 18	9·0	20 34·2
19	2 53 40·2	+ 4 00 01	8·2	1 02·8	17	2 16 55·0	+ 5 12 54	9·0	20 30·5
20	2 52 52·7	+ 3 55 29	8·1	0 58·1	18	2 17 07·9	+ 5 20 39	9·1	20 26·8
21	2 52 03·8	+ 3 51 03	8·1	0 53·4	19	2 17 22·9	+ 5 28 33	9·1	20 23·2
22	2 51 13·5	+ 3 46 42	8·1	0 48·6	20	2 17 40·1	+ 5 36 37	9·1	20 19·5
23	2 50 21·9	+ 3 42 27	8·1	0 43·8	21	2 17 59·4	+ 5 44 49	9·1	20 16·0
24	2 49 29·2	+ 3 38 20	8·0	0 39·0	22	2 18 20·7	+ 5 53 09	9·2	20 12·4
25	2 48 35·4	+ 3 34 20	8·0	0 34·2	23	2 18 44·1	+ 6 01 37	9·2	20 08·9
26	2 47 40·6	+ 3 30 28	8·0	0 29·4	24	2 19 09·5	+ 6 10 13	9·2	20 05·4
27	2 46 44·9	+ 3 26 45	8·0	0 24·5	25	2 19 37·0	+ 6 18 57	9·2	20 02·0
28	2 45 48·5	+ 3 23 10	8·0	0 19·6	26	2 20 06·4	+ 6 27 47	9·3	19 58·6
29	2 44 51·4	+ 3 19 46	8·0	0 14·8	27	2 20 37·8	+ 6 36 45	9·3	19 55·2
30	2 43 53·7	+ 3 16 32	8·0	0 09·9	28	2 21 11·1	+ 6 45 49	9·3	19 51·8
31	2 42 55·6	+ 3 13 28	8·0	0 05·0	29	2 21 46·2	+ 6 54 59	9·3	19 48·5
Nov. 1	2 41 57·1	+ 3 10 35	8·0	0 00·1	Dec. 30	2 22 23·3	+ 7 04 15	9·4	19 45·2

Second transit for Flora 2020 November 1ᵈ 23ʰ 55ᵐ2

HYGIEA, 2020
GEOCENTRIC POSITIONS FOR 0ʰ TERRESTRIAL TIME

Date	Astrometric R.A.	Dec.	Vis. Mag.	Ephemeris Transit	Date	Astrometric R.A.	Dec.	Vis. Mag.	Ephemeris Transit
	h m s	° ′ ″		h m		h m s	° ′ ″		h m
2020 Nov. 30	9 08 31·2	+15 08 52	11·1	4 31·7	2021 Jan. 28	8 42 54·3	+15 43 35	9·8	0 14·1
Dec. 1	9 08 40·3	+15 07 02	11·1	4 27·9	29	8 42 03·5	+15 45 55	9·8	0 09·4
2	9 08 48·1	+15 05 18	11·0	4 24·1	30	8 41 12·7	+15 48 16	9·8	0 04·6
3	9 08 54·6	+15 03 38	11·0	4 20·2	31	8 40 21·8	+15 50 36	9·9	23 55·0
4	9 08 59·9	+15 02 03	11·0	4 16·4	Feb. 1	8 39 31·1	+15 52 57	9·9	23 50·3
5	9 09 03·9	+15 00 34	11·0	4 12·5	2	8 38 40·4	+15 55 18	9·9	23 45·5
6	9 09 06·6	+14 59 10	11·0	4 08·6	3	8 37 50·0	+15 57 38	9·9	23 40·7
Dec. 7	9 09 08·0	+14 57 51	11·0	4 04·7	4	8 36 59·7	+15 59 58	10·0	23 36·0
8	9 09 08·1	+14 56 37	10·9	4 00·8	5	8 36 09·7	+16 02 18	10·0	23 31·2
9	9 09 06·9	+14 55 29	10·9	3 56·8	6	8 35 20·0	+16 04 37	10·0	23 26·5
10	9 09 04·3	+14 54 26	10·9	3 52·9	7	8 34 30·7	+16 06 54	10·0	23 21·7
11	9 09 00·5	+14 53 29	10·9	3 48·9	8	8 33 41·8	+16 09 11	10·1	23 17·0
12	9 08 55·3	+14 52 37	10·9	3 44·8	9	8 32 53·4	+16 11 27	10·1	23 12·3
13	9 08 48·7	+14 51 51	10·9	3 40·8	10	8 32 05·5	+16 13 41	10·1	23 07·6
14	9 08 40·8	+14 51 10	10·8	3 36·7	11	8 31 18·2	+16 15 54	10·1	23 02·9
15	9 08 31·6	+14 50 35	10·8	3 32·6	12	8 30 31·5	+16 18 05	10·1	22 58·2
16	9 08 21·0	+14 50 05	10·8	3 28·5	13	8 29 45·5	+16 20 14	10·2	22 53·5
17	9 08 09·1	+14 49 41	10·8	3 24·4	14	8 29 00·2	+16 22 22	10·2	22 48·8
18	9 07 55·9	+14 49 22	10·8	3 20·2	15	8 28 15·7	+16 24 27	10·2	22 44·2
19	9 07 41·3	+14 49 09	10·7	3 16·1	16	8 27 32·0	+16 26 30	10·2	22 39·5
20	9 07 25·4	+14 49 02	10·7	3 11·9	17	8 26 49·2	+16 28 30	10·2	22 34·9
21	9 07 08·1	+14 49 00	10·7	3 07·7	18	8 26 07·2	+16 30 29	10·3	22 30·3
22	9 06 49·6	+14 49 04	10·7	3 03·4	19	8 25 26·2	+16 32 24	10·3	22 25·7
23	9 06 29·8	+14 49 13	10·7	2 59·1	20	8 24 46·2	+16 34 17	10·3	22 21·1
24	9 06 08·6	+14 49 28	10·6	2 54·9	21	8 24 07·2	+16 36 07	10·3	22 16·5
25	9 05 46·2	+14 49 48	10·6	2 50·6	22	8 23 29·2	+16 37 55	10·3	22 12·0
26	9 05 22·5	+14 50 13	10·6	2 46·2	23	8 22 52·3	+16 39 39	10·3	22 07·5
27	9 04 57·5	+14 50 43	10·6	2 41·9	24	8 22 16·5	+16 41 20	10·4	22 03·0
28	9 04 31·3	+14 51 19	10·6	2 37·5	25	8 21 41·9	+16 42 58	10·4	21 58·5
29	9 04 03·9	+14 52 00	10·5	2 33·1	26	8 21 08·3	+16 44 33	10·4	21 54·0
30	9 03 35·2	+14 52 46	10·5	2 28·7	27	8 20 36·0	+16 46 05	10·4	21 49·6
31	9 03 05·3	+14 53 38	10·5	2 24·3	28	8 20 04·9	+16 47 34	10·4	21 45·1
2021 Jan. 1	9 02 34·2	+14 54 34	10·5	2 19·8	Mar. 1	8 19 35·0	+16 48 59	10·5	21 40·7
2	9 02 02·0	+14 55 35	10·5	2 15·4	2	8 19 06·3	+16 50 21	10·5	21 36·3
3	9 01 28·6	+14 56 40	10·4	2 10·9	3	8 18 38·9	+16 51 39	10·5	21 32·0
4	9 00 54·1	+14 57 51	10·4	2 06·4	4	8 18 12·8	+16 52 54	10·5	21 27·6
5	9 00 18·5	+14 59 06	10·4	2 01·9	5	8 17 48·0	+16 54 05	10·5	21 23·3
6	8 59 41·8	+15 00 25	10·4	1 57·3	6	8 17 24·5	+16 55 13	10·5	21 19·0
7	8 59 04·0	+15 01 49	10·4	1 52·8	7	8 17 02·3	+16 56 17	10·6	21 14·7
8	8 58 25·3	+15 03 17	10·3	1 48·2	8	8 16 41·5	+16 57 18	10·6	21 10·5
9	8 57 45·5	+15 04 50	10·3	1 43·6	9	8 16 22·0	+16 58 15	10·6	21 06·2
10	8 57 04·7	+15 06 26	10·3	1 39·0	10	8 16 04·0	+16 59 08	10·6	21 02·0
11	8 56 23·1	+15 08 06	10·3	1 34·4	11	8 15 47·3	+16 59 57	10·6	20 57·8
12	8 55 40·5	+15 09 50	10·2	1 29·7	12	8 15 32·0	+17 00 43	10·6	20 53·7
13	8 54 57·1	+15 11 38	10·2	1 25·1	13	8 15 18·1	+17 01 24	10·7	20 49·5
14	8 54 12·9	+15 13 28	10·2	1 20·4	14	8 15 05·6	+17 02 02	10·7	20 45·4
15	8 53 27·9	+15 15 22	10·2	1 15·7	15	8 14 54·5	+17 02 36	10·7	20 41·3
16	8 52 42·2	+15 17 19	10·1	1 11·0	16	8 14 44·8	+17 03 07	10·7	20 37·2
17	8 51 55·8	+15 19 19	10·1	1 06·3	17	8 14 36·6	+17 03 33	10·7	20 33·2
18	8 51 08·8	+15 21 22	10·1	1 01·6	18	8 14 29·7	+17 03 55	10·7	20 29·2
19	8 50 21·1	+15 23 27	10·1	0 56·9	19	8 14 24·3	+17 04 14	10·7	20 25·2
20	8 49 33·0	+15 25 35	10·0	0 52·2	20	8 14 20·3	+17 04 28	10·8	20 21·2
21	8 48 44·4	+15 27 44	10·0	0 47·5	21	8 14 17·7	+17 04 39	10·8	20 17·3
22	8 47 55·3	+15 29 56	10·0	0 42·7	Mar. 22	8 14 16·5	+17 04 45	10·8	20 13·3
23	8 47 05·8	+15 32 09	10·0	0 38·0	23	8 14 16·7	+17 04 48	10·8	20 09·4
24	8 46 16·0	+15 34 24	9·9	0 33·2	24	8 14 18·3	+17 04 46	10·8	20 05·5
25	8 45 25·9	+15 36 40	9·9	0 28·4	25	8 14 21·3	+17 04 41	10·8	20 01·6
26	8 44 35·5	+15 38 58	9·9	0 23·7	26	8 14 25·6	+17 04 32	10·9	19 57·8
27	8 43 45·0	+15 41 16	9·9	0 18·9	27	8 14 31·3	+17 04 18	10·9	19 54·0
Jan. 28	8 42 54·3	+15 43 35	9·8	0 14·1	Mar. 28	8 14 38·4	+17 04 01	10·9	19 50·2

Second transit for Hygiea 2021 January 30ᵈ 23ʰ 59ᵐ8

GEOCENTRIC POSITIONS FOR 0ʰ TERRESTRIAL TIME

Date	Astrometric R.A. (h m s)	Astrometric Dec. (° ′ ″)	Vis. Mag.	Ephemeris Transit (h m)
2020 Nov. 23	8 47 17.3	+19 35 56	9.6	4 38.1
24	8 47 33.2	+19 31 11	9.5	4 34.4
25	8 47 47.3	+19 26 30	9.5	4 30.7
26	8 47 59.7	+19 21 54	9.5	4 27.0
27	8 48 10.1	+19 17 22	9.5	4 23.2
28	8 48 18.8	+19 12 54	9.5	4 19.4
29	8 48 25.6	+19 08 31	9.5	4 15.6
30	8 48 30.5	+19 04 13	9.4	4 11.7
Dec. 1	8 48 33.5	+18 59 58	9.4	4 07.8
Dec. 2	8 48 34.6	+18 55 49	9.4	4 03.9
3	8 48 33.9	+18 51 44	9.4	4 00.0
4	8 48 31.2	+18 47 43	9.4	3 56.0
5	8 48 26.6	+18 43 47	9.4	3 52.0
6	8 48 20.0	+18 39 56	9.3	3 47.9
7	8 48 11.6	+18 36 10	9.3	3 43.8
8	8 48 01.1	+18 32 29	9.3	3 39.7
9	8 47 48.8	+18 28 52	9.3	3 35.6
10	8 47 34.5	+18 25 20	9.3	3 31.4
11	8 47 18.2	+18 21 53	9.3	3 27.2
12	8 47 00.0	+18 18 31	9.2	3 23.0
13	8 46 39.8	+18 15 13	9.2	3 18.7
14	8 46 17.7	+18 12 01	9.2	3 14.4
15	8 45 53.7	+18 08 53	9.2	3 10.1
16	8 45 27.7	+18 05 50	9.2	3 05.7
17	8 44 59.9	+18 02 51	9.2	3 01.3
18	8 44 30.2	+17 59 57	9.1	2 56.9
19	8 43 58.6	+17 57 08	9.1	2 52.4
20	8 43 25.2	+17 54 23	9.1	2 47.9
21	8 42 50.0	+17 51 43	9.1	2 43.4
22	8 42 13.0	+17 49 07	9.1	2 38.9
23	8 41 34.3	+17 46 36	9.0	2 34.3
24	8 40 53.8	+17 44 08	9.0	2 29.7
25	8 40 11.7	+17 41 45	9.0	2 25.1
26	8 39 27.9	+17 39 26	9.0	2 20.4
27	8 38 42.5	+17 37 10	9.0	2 15.7
28	8 37 55.5	+17 34 59	8.9	2 11.0
29	8 37 07.0	+17 32 51	8.9	2 06.3
30	8 36 17.1	+17 30 47	8.9	2 01.5
31	8 35 25.7	+17 28 46	8.9	1 56.7
2021 Jan. 1	8 34 32.9	+17 26 49	8.9	1 51.9
2	8 33 38.7	+17 24 55	8.9	1 47.1
3	8 32 43.3	+17 23 04	8.8	1 42.2
4	8 31 46.7	+17 21 17	8.8	1 37.4
5	8 30 48.9	+17 19 32	8.8	1 32.5
6	8 29 50.0	+17 17 50	8.8	1 27.6
7	8 28 50.0	+17 16 11	8.8	1 22.6
8	8 27 49.1	+17 14 34	8.7	1 17.7
9	8 26 47.3	+17 13 00	8.7	1 12.7
10	8 25 44.6	+17 11 28	8.7	1 07.8
11	8 24 41.2	+17 09 58	8.7	1 02.8
12	8 23 37.1	+17 08 31	8.6	0 57.8
13	8 22 32.5	+17 07 05	8.6	0 52.8
14	8 21 27.3	+17 05 41	8.6	0 47.8
15	8 20 21.6	+17 04 19	8.6	0 42.8
16	8 19 15.7	+17 02 58	8.6	0 37.7
17	8 18 09.5	+17 01 38	8.5	0 32.7
18	8 17 03.1	+17 00 20	8.5	0 27.7
19	8 15 56.6	+16 59 03	8.5	0 22.6
20	8 14 50.1	+16 57 47	8.5	0 17.6
Jan. 21	8 13 43.7	+16 56 32	8.4	0 12.6
2021 Jan. 21	8 13 43.7	+16 56 32	8.4	0 12.6
22	8 12 37.5	+16 55 18	8.5	0 07.5
23	8 11 31.5	+16 54 04	8.5	0 02.5
24	8 10 25.8	+16 52 51	8.5	23 52.5
25	8 09 20.5	+16 51 39	8.5	23 47.5
26	8 08 15.7	+16 50 26	8.6	23 42.5
27	8 07 11.4	+16 49 15	8.6	23 37.5
28	8 06 07.8	+16 48 03	8.6	23 32.5
29	8 05 04.9	+16 46 52	8.7	23 27.6
30	8 04 02.7	+16 45 41	8.7	23 22.6
31	8 03 01.3	+16 44 29	8.7	23 17.7
Feb. 1	8 02 00.9	+16 43 18	8.7	23 12.8
2	8 01 01.4	+16 42 07	8.8	23 07.9
3	8 00 02.9	+16 40 56	8.8	23 03.0
4	7 59 05.6	+16 39 44	8.8	22 58.1
5	7 58 09.3	+16 38 33	8.9	22 53.3
6	7 57 14.3	+16 37 21	8.9	22 48.5
7	7 56 20.5	+16 36 09	8.9	22 43.7
8	7 55 28.0	+16 34 56	8.9	22 38.9
9	7 54 36.9	+16 33 44	9.0	22 34.1
10	7 53 47.2	+16 32 30	9.0	22 29.4
11	7 52 59.0	+16 31 17	9.0	22 24.7
12	7 52 12.3	+16 30 03	9.1	22 20.0
13	7 51 27.1	+16 28 49	9.1	22 15.3
14	7 50 43.5	+16 27 34	9.1	22 10.7
15	7 50 01.5	+16 26 18	9.1	22 06.1
16	7 49 21.2	+16 25 02	9.2	22 01.5
17	7 48 42.5	+16 23 45	9.2	21 57.0
18	7 48 05.6	+16 22 27	9.2	21 52.5
19	7 47 30.3	+16 21 09	9.2	21 48.0
20	7 46 56.8	+16 19 50	9.3	21 43.5
21	7 46 25.1	+16 18 31	9.3	21 39.1
22	7 45 55.1	+16 17 10	9.3	21 34.7
23	7 45 26.8	+16 15 49	9.3	21 30.3
24	7 45 00.4	+16 14 27	9.4	21 26.0
25	7 44 35.7	+16 13 04	9.4	21 21.7
26	7 44 12.9	+16 11 40	9.4	21 17.4
27	7 43 51.8	+16 10 15	9.4	21 13.1
28	7 43 32.5	+16 08 49	9.5	21 08.9
Mar. 1	7 43 14.9	+16 07 23	9.5	21 04.7
2	7 42 59.2	+16 05 55	9.5	21 00.5
3	7 42 45.2	+16 04 26	9.5	20 56.4
4	7 42 33.0	+16 02 56	9.5	20 52.3
5	7 42 22.6	+16 01 26	9.6	20 48.2
6	7 42 13.9	+15 59 54	9.6	20 44.1
7	7 42 07.0	+15 58 21	9.6	20 40.1
8	7 42 01.8	+15 56 46	9.6	20 36.1
9	7 41 58.3	+15 55 11	9.7	20 32.2
Mar. 10	7 41 56.6	+15 53 34	9.7	20 28.2
11	7 41 56.5	+15 51 56	9.7	20 24.3
12	7 41 58.2	+15 50 16	9.7	20 20.4
13	7 42 01.6	+15 48 35	9.8	20 16.6
14	7 42 06.6	+15 46 53	9.8	20 12.8
15	7 42 13.3	+15 45 09	9.8	20 09.0
16	7 42 21.6	+15 43 24	9.8	20 05.2
17	7 42 31.5	+15 41 37	9.8	20 01.4
18	7 42 43.0	+15 39 48	9.9	19 57.7
19	7 42 56.1	+15 37 58	9.9	19 54.0
20	7 43 10.8	+15 36 05	9.9	19 50.4
Mar. 21	7 43 26.9	+15 34 11	9.9	19 46.7

Second transit for Eunomia 2021 January 23ᵈ 23ʰ 57ᵐ5

PSYCHE, 2020
GEOCENTRIC POSITIONS FOR 0ʰ TERRESTRIAL TIME

Date	Astrometric R.A. (h m s)	Dec. (° ′ ″)	Vis. Mag.	Ephemeris Transit (h m)
2020 Oct. 9	5 26 26.0	+19 15 13	10.5	4 14.7
10	5 26 46.3	+19 14 10	10.5	4 11.1
11	5 27 04.9	+19 13 07	10.5	4 07.5
12	5 27 21.9	+19 12 01	10.4	4 03.9
13	5 27 37.2	+19 10 55	10.4	4 00.2
14	5 27 50.9	+19 09 47	10.4	3 56.5
15	5 28 02.9	+19 08 38	10.4	3 52.7
16	5 28 13.1	+19 07 27	10.4	3 49.0
17	5 28 21.7	+19 06 16	10.4	3 45.2
18	5 28 28.5	+19 05 03	10.3	3 41.3
19	5 28 33.7	+19 03 50	10.3	3 37.5
20	5 28 37.0	+19 02 35	10.3	3 33.6
Oct. 21	5 28 38.7	+19 01 20	10.3	3 29.7
22	5 28 38.6	+19 00 04	10.3	3 25.8
23	5 28 36.7	+18 58 47	10.3	3 21.8
24	5 28 33.2	+18 57 29	10.2	3 17.8
25	5 28 27.8	+18 56 11	10.2	3 13.8
26	5 28 20.8	+18 54 52	10.2	3 09.7
27	5 28 12.0	+18 53 33	10.2	3 05.6
28	5 28 01.4	+18 52 13	10.2	3 01.5
29	5 27 49.2	+18 50 53	10.2	2 57.4
30	5 27 35.2	+18 49 32	10.1	2 53.2
31	5 27 19.4	+18 48 11	10.1	2 49.0
Nov. 1	5 27 02.0	+18 46 50	10.1	2 44.8
2	5 26 42.9	+18 45 29	10.1	2 40.6
3	5 26 22.0	+18 44 07	10.1	2 36.3
4	5 25 59.5	+18 42 45	10.0	2 32.0
5	5 25 35.4	+18 41 23	10.0	2 27.6
6	5 25 09.5	+18 40 00	10.0	2 23.3
7	5 24 42.1	+18 38 38	10.0	2 18.9
8	5 24 13.0	+18 37 16	10.0	2 14.5
9	5 23 42.3	+18 35 53	9.9	2 10.0
10	5 23 10.1	+18 34 31	9.9	2 05.6
11	5 22 36.3	+18 33 09	9.9	2 01.1
12	5 22 01.1	+18 31 47	9.9	1 56.5
13	5 21 24.3	+18 30 25	9.9	1 52.0
14	5 20 46.1	+18 29 03	9.8	1 47.4
15	5 20 06.6	+18 27 42	9.8	1 42.8
16	5 19 25.6	+18 26 21	9.8	1 38.2
17	5 18 43.4	+18 25 00	9.8	1 33.6
18	5 18 00.0	+18 23 40	9.8	1 29.0
19	5 17 15.3	+18 22 20	9.7	1 24.3
20	5 16 29.5	+18 21 01	9.7	1 19.6
21	5 15 42.6	+18 19 43	9.7	1 14.9
22	5 14 54.6	+18 18 25	9.7	1 10.1
23	5 14 05.7	+18 17 08	9.7	1 05.4
24	5 13 15.8	+18 15 52	9.6	1 00.6
25	5 12 25.1	+18 14 37	9.6	0 55.9
26	5 11 33.6	+18 13 22	9.6	0 51.1
27	5 10 41.4	+18 12 09	9.6	0 46.3
28	5 09 48.5	+18 10 57	9.6	0 41.5
29	5 08 55.0	+18 09 46	9.5	0 36.7
30	5 08 00.9	+18 08 36	9.5	0 31.8
Dec. 1	5 07 06.4	+18 07 28	9.5	0 27.0
2	5 06 11.4	+18 06 21	9.5	0 22.2
3	5 05 16.1	+18 05 15	9.4	0 17.3
4	5 04 20.5	+18 04 11	9.4	0 12.5
5	5 03 24.7	+18 03 08	9.4	0 07.6
6	5 02 28.8	+18 02 07	9.4	0 02.7
Dec. 7	5 01 32.8	+18 01 08	9.4	23 53.0
2020 Dec. 7	5 01 32.8	+18 01 08	9.4	23 53.0
8	5 00 36.8	+18 00 11	9.4	23 48.2
9	4 59 40.9	+17 59 15	9.4	23 43.3
10	4 58 45.1	+17 58 22	9.4	23 38.5
11	4 57 49.5	+17 57 31	9.4	23 33.6
12	4 56 54.2	+17 56 42	9.5	23 28.8
13	4 55 59.3	+17 55 55	9.5	23 23.9
14	4 55 04.8	+17 55 11	9.5	23 19.1
15	4 54 10.8	+17 54 29	9.5	23 14.3
16	4 53 17.4	+17 53 50	9.6	23 09.5
17	4 52 24.6	+17 53 14	9.6	23 04.7
18	4 51 32.5	+17 52 41	9.6	22 59.9
19	4 50 41.2	+17 52 10	9.6	22 55.1
20	4 49 50.7	+17 51 43	9.7	22 50.4
21	4 49 01.2	+17 51 18	9.7	22 45.6
22	4 48 12.5	+17 50 57	9.7	22 40.9
23	4 47 24.9	+17 50 39	9.7	22 36.2
24	4 46 38.3	+17 50 25	9.8	22 31.5
25	4 45 52.9	+17 50 14	9.8	22 26.9
26	4 45 08.5	+17 50 06	9.8	22 22.2
27	4 44 25.4	+17 50 02	9.8	22 17.6
28	4 43 43.5	+17 50 01	9.9	22 13.0
29	4 43 02.9	+17 50 04	9.9	22 08.4
30	4 42 23.6	+17 50 11	9.9	22 03.8
31	4 41 45.6	+17 50 21	9.9	21 59.3
2021 Jan. 1	4 41 09.0	+17 50 35	10.0	21 54.8
2	4 40 33.8	+17 50 53	10.0	21 50.3
3	4 40 00.1	+17 51 15	10.0	21 45.8
4	4 39 27.8	+17 51 41	10.0	21 41.4
5	4 38 57.0	+17 52 10	10.1	21 36.9
6	4 38 27.7	+17 52 43	10.1	21 32.6
7	4 38 00.0	+17 53 20	10.1	21 28.2
8	4 37 33.8	+17 54 01	10.1	21 23.8
9	4 37 09.2	+17 54 46	10.1	21 19.5
10	4 36 46.2	+17 55 35	10.2	21 15.2
11	4 36 24.8	+17 56 28	10.2	21 11.0
12	4 36 05.0	+17 57 25	10.2	21 06.7
13	4 35 46.9	+17 58 26	10.2	21 02.5
14	4 35 30.5	+17 59 30	10.3	20 58.4
15	4 35 15.7	+18 00 39	10.3	20 54.2
16	4 35 02.5	+18 01 51	10.3	20 50.1
17	4 34 51.1	+18 03 07	10.3	20 46.0
18	4 34 41.3	+18 04 27	10.3	20 41.9
19	4 34 33.2	+18 05 51	10.4	20 37.9
20	4 34 26.8	+18 07 18	10.4	20 33.8
21	4 34 22.0	+18 08 49	10.4	20 29.9
22	4 34 18.9	+18 10 24	10.4	20 25.9
Jan. 23	4 34 17.4	+18 12 02	10.5	20 22.0
24	4 34 17.6	+18 13 43	10.5	20 18.1
25	4 34 19.5	+18 15 28	10.5	20 14.2
26	4 34 22.9	+18 17 16	10.5	20 10.3
27	4 34 28.0	+18 19 07	10.5	20 06.5
28	4 34 34.7	+18 21 02	10.6	20 02.7
29	4 34 43.0	+18 22 59	10.6	19 58.9
30	4 34 52.8	+18 24 59	10.6	19 55.2
31	4 35 04.2	+18 27 03	10.6	19 51.5
Feb. 1	4 35 17.2	+18 29 09	10.6	19 47.8
2	4 35 31.7	+18 31 17	10.7	19 44.1
3	4 35 47.8	+18 33 28	10.7	19 40.5
Feb. 4	4 36 05.3	+18 35 42	10.7	19 36.8

Second transit for Psyche 2020 December 6ᵈ 23ʰ 57ᵐ9

EUROPA, 2020
GEOCENTRIC POSITIONS FOR 0^h TERRESTRIAL TIME

Date	Astrometric R.A. h m s	Dec. ° ′ ″	Vis. Mag.	Ephemeris Transit h m	Date	Astrometric R.A. h m s	Dec. ° ′ ″	Vis. Mag.	Ephemeris Transit h m
2020 Oct. 31	6 54 59·0	+16 14 37	11·2	4 16·5	2020 Dec. 29	6 31 08·8	+17 12 51	10·0	0 00·7
Nov. 1	6 55 16·6	+16 13 36	11·2	4 12·9	30	6 30 15·6	+17 15 53	10·0	23 51·1
2	6 55 32·7	+16 12 39	11·2	4 09·2	31	6 29 22·4	+17 18 58	10·0	23 46·3
3	6 55 47·3	+16 11 44	11·1	4 05·5	2021 Jan. 1	6 28 29·3	+17 22 06	10·0	23 41·5
4	6 56 00·4	+16 10 53	11·1	4 01·8	2	6 27 36·4	+17 25 15	10·0	23 36·7
5	6 56 12·0	+16 10 05	11·1	3 58·0	3	6 26 43·7	+17 28 27	10·1	23 31·9
6	6 56 22·1	+16 09 20	11·1	3 54·3	4	6 25 51·3	+17 31 41	10·1	23 27·1
7	6 56 30·7	+16 08 38	11·1	3 50·5	5	6 24 59·3	+17 34 57	10·1	23 22·3
8	6 56 37·7	+16 08 00	11·1	3 46·7	6	6 24 07·6	+17 38 15	10·1	23 17·5
9	6 56 43·2	+16 07 26	11·0	3 42·8	7	6 23 16·4	+17 41 35	10·2	23 12·8
10	6 56 47·0	+16 06 55	11·0	3 38·9	8	6 22 25·8	+17 44 56	10·2	23 08·0
Nov. 11	6 56 49·4	+16 06 28	11·0	3 35·0	9	6 21 35·8	+17 48 19	10·2	23 03·3
12	6 56 50·1	+16 06 05	11·0	3 31·1	10	6 20 46·5	+17 51 44	10·2	22 58·5
13	6 56 49·2	+16 05 46	11·0	3 27·2	11	6 19 57·9	+17 55 09	10·2	22 53·8
14	6 56 46·7	+16 05 31	10·9	3 23·2	12	6 19 10·1	+17 58 36	10·3	22 49·1
15	6 56 42·6	+16 05 20	10·9	3 19·2	13	6 18 23·2	+18 02 04	10·3	22 44·4
16	6 56 37·0	+16 05 13	10·9	3 15·2	14	6 17 37·1	+18 05 33	10·3	22 39·7
17	6 56 29·7	+16 05 11	10·9	3 11·1	15	6 16 52·1	+18 09 03	10·3	22 35·0
18	6 56 20·8	+16 05 13	10·9	3 07·0	16	6 16 08·1	+18 12 34	10·4	22 30·4
19	6 56 10·3	+16 05 19	10·8	3 02·9	17	6 15 25·1	+18 16 05	10·4	22 25·8
20	6 55 58·2	+16 05 30	10·8	2 58·8	18	6 14 43·3	+18 19 37	10·4	22 21·2
21	6 55 44·5	+16 05 46	10·8	2 54·6	19	6 14 02·7	+18 23 10	10·4	22 16·6
22	6 55 29·3	+16 06 06	10·8	2 50·4	20	6 13 23·2	+18 26 43	10·4	22 12·0
23	6 55 12·5	+16 06 32	10·8	2 46·2	21	6 12 45·1	+18 30 16	10·5	22 07·5
24	6 54 54·1	+16 07 01	10·7	2 42·0	22	6 12 08·2	+18 33 50	10·5	22 03·0
25	6 54 34·2	+16 07 36	10·7	2 37·7	23	6 11 32·7	+18 37 23	10·5	21 58·5
26	6 54 12·7	+16 08 15	10·7	2 33·4	24	6 10 58·6	+18 40 57	10·5	21 54·0
27	6 53 49·8	+16 09 00	10·7	2 29·1	25	6 10 25·8	+18 44 31	10·5	21 49·5
28	6 53 25·3	+16 09 49	10·7	2 24·8	26	6 09 54·5	+18 48 05	10·6	21 45·1
29	6 52 59·3	+16 10 43	10·6	2 20·4	27	6 09 24·7	+18 51 39	10·6	21 40·7
30	6 52 31·9	+16 11 41	10·6	2 16·0	28	6 08 56·3	+18 55 12	10·6	21 36·3
Dec. 1	6 52 03·0	+16 12 45	10·6	2 11·6	29	6 08 29·4	+18 58 46	10·6	21 32·0
2	6 51 32·6	+16 13 54	10·6	2 07·2	30	6 08 04·1	+19 02 19	10·6	21 27·6
3	6 51 00·9	+16 15 07	10·6	2 02·7	31	6 07 40·3	+19 05 51	10·7	21 23·3
4	6 50 27·8	+16 16 25	10·5	1 58·2	Feb. 1	6 07 18·1	+19 09 23	10·7	21 19·1
5	6 49 53·3	+16 17 48	10·5	1 53·7	2	6 06 57·4	+19 12 55	10·7	21 14·8
6	6 49 17·5	+16 19 16	10·5	1 49·2	3	6 06 38·4	+19 16 25	10·7	21 10·6
7	6 48 40·4	+16 20 49	10·5	1 44·7	4	6 06 21·0	+19 19 56	10·7	21 06·4
8	6 48 02·0	+16 22 26	10·4	1 40·1	5	6 06 05·1	+19 23 25	10·8	21 02·2
9	6 47 22·4	+16 24 08	10·4	1 35·5	6	6 05 51·0	+19 26 54	10·8	20 58·1
10	6 46 41·6	+16 25 55	10·4	1 30·9	7	6 05 38·4	+19 30 22	10·8	20 54·0
11	6 45 59·7	+16 27 47	10·4	1 26·3	8	6 05 27·6	+19 33 49	10·8	20 49·9
12	6 45 16·6	+16 29 43	10·4	1 21·6	9	6 05 18·4	+19 37 16	10·8	20 45·8
13	6 44 32·5	+16 31 43	10·3	1 17·0	10	6 05 10·8	+19 40 41	10·9	20 41·8
14	6 43 47·4	+16 33 48	10·3	1 12·3	11	6 05 05·0	+19 44 05	10·9	20 37·8
15	6 43 01·3	+16 35 57	10·3	1 07·6	12	6 05 00·8	+19 47 29	10·9	20 33·8
16	6 42 14·3	+16 38 11	10·3	1 02·9	Feb. 13	6 04 58·3	+19 50 51	10·9	20 29·9
17	6 41 26·5	+16 40 29	10·2	0 58·1	14	6 04 57·5	+19 54 12	10·9	20 25·9
18	6 40 37·9	+16 42 50	10·2	0 53·4	15	6 04 58·4	+19 57 32	11·0	20 22·0
19	6 39 48·5	+16 45 16	10·2	0 48·7	16	6 05 00·9	+20 00 50	11·0	20 18·2
20	6 38 58·5	+16 47 46	10·2	0 43·9	17	6 05 05·1	+20 04 07	11·0	20 14·3
21	6 38 07·9	+16 50 20	10·1	0 39·1	18	6 05 11·0	+20 07 23	11·0	20 10·5
22	6 37 16·8	+16 52 57	10·1	0 34·4	19	6 05 18·5	+20 10 37	11·0	20 06·7
23	6 36 25·1	+16 55 38	10·1	0 29·6	20	6 05 27·7	+20 13 50	11·0	20 03·0
24	6 35 33·1	+16 58 22	10·1	0 24·8	21	6 05 38·5	+20 17 01	11·1	19 59·2
25	6 34 40·7	+17 01 10	10·1	0 20·0	22	6 05 50·9	+20 20 11	11·1	19 55·5
26	6 33 48·0	+17 04 00	10·0	0 15·2	23	6 06 04·9	+20 23 18	11·1	19 51·9
27	6 32 55·1	+17 06 54	10·0	0 10·4	24	6 06 20·5	+20 26 25	11·1	19 48·2
28	6 32 02·0	+17 09 51	10·0	0 05·6	25	6 06 37·7	+20 29 29	11·1	19 44·6
Dec. 29	6 31 08·8	+17 12 51	10·0	0 00·7	Feb. 26	6 06 56·4	+20 32 31	11·1	19 41·0

Second transit for Europa 2020 December 29^d 23^h 55^{m}9

CYBELE, 2020
GEOCENTRIC POSITIONS FOR 0ʰ TERRESTRIAL TIME

Date	Astrometric R.A.	Dec.	Vis. Mag.	Ephemeris Transit	Date	Astrometric R.A.	Dec.	Vis. Mag.	Ephemeris Transit
	h m s	° ′ ″		h m		h m s	° ′ ″		h m
2020 Feb. 14	13 54 16·8	− 8 54 04	12·4	4 20·7	2020 Apr. 13	13 35 57·9	− 5 48 58	11·0	0 10·4
15	13 54 30·6	− 8 53 50	12·3	4 17·0	14	13 35 16·4	− 5 44 09	11·0	0 05·8
16	13 54 43·2	− 8 53 30	12·3	4 13·3	15	13 34 34·8	− 5 39 21	11·0	0 01·2
17	13 54 54·6	− 8 53 03	12·3	4 09·5	16	13 33 53·2	− 5 34 35	11·0	23 52·0
18	13 55 04·9	− 8 52 29	12·3	4 05·8	17	13 33 11·6	− 5 29 50	11·1	23 47·3
19	13 55 13·9	− 8 51 47	12·3	4 02·0	18	13 32 30·0	− 5 25 08	11·1	23 42·7
20	13 55 21·8	− 8 50 59	12·2	3 58·2	19	13 31 48·5	− 5 20 28	11·1	23 38·1
21	13 55 28·4	− 8 50 04	12·2	3 54·4	20	13 31 07·2	− 5 15 50	11·1	23 33·5
22	13 55 33·8	− 8 49 01	12·2	3 50·5	21	13 30 26·1	− 5 11 16	11·2	23 28·9
23	13 55 38·0	− 8 47 52	12·2	3 46·7	22	13 29 45·2	− 5 06 44	11·2	23 24·3
24	13 55 41·0	− 8 46 36	12·2	3 42·8	23	13 29 04·6	− 5 02 17	11·2	23 19·7
Feb. 25	13 55 42·7	− 8 45 12	12·2	3 38·9	24	13 28 24·3	− 4 57 52	11·2	23 15·1
26	13 55 43·2	− 8 43 42	12·1	3 34·9	25	13 27 44·4	− 4 53 32	11·3	23 10·5
27	13 55 42·4	− 8 42 04	12·1	3 31·0	26	13 27 04·9	− 4 49 16	11·3	23 05·9
28	13 55 40·4	− 8 40 20	12·1	3 27·0	27	13 26 25·9	− 4 45 05	11·3	23 01·3
29	13 55 37·2	− 8 38 29	12·1	3 23·0	28	13 25 47·3	− 4 40 58	11·3	22 56·8
Mar. 1	13 55 32·7	− 8 36 31	12·1	3 19·0	29	13 25 09·3	− 4 36 57	11·4	22 52·2
2	13 55 27·0	− 8 34 26	12·0	3 15·0	30	13 24 31·9	− 4 33 00	11·4	22 47·7
3	13 55 20·1	− 8 32 14	12·0	3 10·9	May 1	13 23 55·1	− 4 29 09	11·4	22 43·1
4	13 55 12·0	− 8 29 56	12·0	3 06·9	2	13 23 18·9	− 4 25 24	11·4	22 38·6
5	13 55 02·6	− 8 27 31	12·0	3 02·8	3	13 22 43·4	− 4 21 45	11·4	22 34·1
6	13 54 52·1	− 8 24 59	12·0	2 58·7	4	13 22 08·7	− 4 18 11	11·5	22 29·6
7	13 54 40·3	− 8 22 21	11·9	2 54·6	5	13 21 34·6	− 4 14 44	11·5	22 25·1
8	13 54 27·3	− 8 19 36	11·9	2 50·4	6	13 21 01·4	− 4 11 23	11·5	22 20·7
9	13 54 13·2	− 8 16 46	11·9	2 46·2	7	13 20 28·9	− 4 08 09	11·5	22 16·2
10	13 53 57·8	− 8 13 49	11·9	2 42·0	8	13 19 57·3	− 4 05 02	11·6	22 11·8
11	13 53 41·3	− 8 10 45	11·8	2 37·8	9	13 19 26·5	− 4 02 01	11·6	22 07·3
12	13 53 23·6	− 8 07 36	11·8	2 33·6	10	13 18 56·7	− 3 59 07	11·6	22 02·9
13	13 53 04·8	− 8 04 21	11·8	2 29·4	11	13 18 27·7	− 3 56 20	11·6	21 58·5
14	13 52 44·8	− 8 00 59	11·8	2 25·1	12	13 17 59·6	− 3 53 40	11·6	21 54·1
15	13 52 23·8	− 7 57 32	11·8	2 20·8	13	13 17 32·5	− 3 51 08	11·7	21 49·8
16	13 52 01·6	− 7 54 00	11·7	2 16·5	14	13 17 06·4	− 3 48 43	11·7	21 45·4
17	13 51 38·3	− 7 50 21	11·7	2 12·2	15	13 16 41·3	− 3 46 26	11·7	21 41·1
18	13 51 13·9	− 7 46 38	11·7	2 07·9	16	13 16 17·2	− 3 44 16	11·7	21 36·8
19	13 50 48·4	− 7 42 49	11·7	2 03·5	17	13 15 54·1	− 3 42 14	11·7	21 32·5
20	13 50 22·0	− 7 38 55	11·6	1 59·1	18	13 15 32·1	− 3 40 20	11·8	21 28·2
21	13 49 54·5	− 7 34 56	11·6	1 54·7	19	13 15 11·2	− 3 38 33	11·8	21 23·9
22	13 49 26·0	− 7 30 52	11·6	1 50·3	20	13 14 51·4	− 3 36 55	11·8	21 19·7
23	13 48 56·6	− 7 26 43	11·6	1 45·9	21	13 14 32·6	− 3 35 24	11·8	21 15·5
24	13 48 26·3	− 7 22 31	11·5	1 41·5	22	13 14 15·0	− 3 34 01	11·8	21 11·3
25	13 47 55·0	− 7 18 14	11·5	1 37·0	23	13 13 58·5	− 3 32 47	11·8	21 07·1
26	13 47 22·9	− 7 13 53	11·5	1 32·6	24	13 13 43·2	− 3 31 41	11·9	21 02·9
27	13 46 49·9	− 7 09 28	11·5	1 28·1	25	13 13 29·0	− 3 30 43	11·9	20 58·8
28	13 46 16·2	− 7 05 00	11·4	1 23·6	26	13 13 16·0	− 3 29 53	11·9	20 54·6
29	13 45 41·7	− 7 00 29	11·4	1 19·1	27	13 13 04·2	− 3 29 11	11·9	20 50·5
30	13 45 06·4	− 6 55 54	11·4	1 14·6	28	13 12 53·5	− 3 28 37	11·9	20 46·4
31	13 44 30·4	− 6 51 17	11·4	1 10·0	29	13 12 44·0	− 3 28 12	12·0	20 42·3
Apr. 1	13 43 53·8	− 6 46 37	11·3	1 05·5	30	13 12 35·8	− 3 27 54	12·0	20 38·3
2	13 43 16·6	− 6 41 55	11·3	1 01·0	31	13 12 28·7	− 3 27 45	12·0	20 34·3
3	13 42 38·8	− 6 37 11	11·3	0 56·4	June 1	13 12 22·7	− 3 27 44	12·0	20 30·2
4	13 42 00·5	− 6 32 25	11·3	0 51·8	2	13 12 18·0	− 3 27 51	12·0	20 26·3
5	13 41 21·6	− 6 27 38	11·2	0 47·3	3	13 12 14·5	− 3 28 06	12·0	20 22·3
6	13 40 42·3	− 6 22 50	11·2	0 42·7	4	13 12 12·1	− 3 28 29	12·1	20 18·3
7	13 40 02·6	− 6 18 00	11·2	0 38·1	June 5	13 12 10·9	− 3 29 00	12·1	20 14·4
8	13 39 22·5	− 6 13 10	11·1	0 33·5	6	13 12 10·9	− 3 29 38	12·1	20 10·5
9	13 38 42·1	− 6 08 19	11·1	0 28·9	7	13 12 12·1	− 3 30 24	12·1	20 06·6
10	13 38 01·4	− 6 03 28	11·1	0 24·3	8	13 12 14·5	− 3 31 19	12·1	20 02·7
11	13 37 20·4	− 5 58 38	11·1	0 19·7	9	13 12 18·0	− 3 32 20	12·1	19 58·8
12	13 36 39·2	− 5 53 47	11·0	0 15·1	10	13 12 22·7	− 3 33 30	12·2	19 55·0
Apr. 13	13 35 57·9	− 5 48 58	11·0	0 10·4	June 11	13 12 28·5	− 3 34 46	12·2	19 51·2

Second transit for Cybele 2020 April 15ᵈ 23ʰ 56ᵐ6

GEOCENTRIC POSITIONS FOR 0ʰ TERRESTRIAL TIME

Date	Astrometric R.A.	Dec.	Vis. Mag.	Ephemeris Transit	Date	Astrometric R.A.	Dec.	Vis. Mag.	Ephemeris Transit
	h m s	° ′ ″		h m		h m s	° ′ ″		h m
2019 Nov. 17	8 07 26·0	+17 18 21	10·8	4 24·9	2020 Jan. 15	7 47 22·2	+24 13 10	9·6	0 12·9
18	8 07 50·7	+17 21 36	10·8	4 21·3	16	7 46 28·8	+24 21 59	9·6	0 08·1
19	8 08 13·7	+17 25 00	10·8	4 17·8	17	7 45 35·5	+24 30 45	9·6	0 03·2
20	8 08 35·3	+17 28 32	10·8	4 14·2	18	7 44 42·1	+24 39 26	9·6	23 53·6
21	8 08 55·2	+17 32 13	10·7	4 10·6	19	7 43 48·9	+24 48 02	9·6	23 48·8
22	8 09 13·6	+17 36 02	10·7	4 07·0	20	7 42 55·8	+24 56 34	9·7	23 44·0
23	8 09 30·4	+17 40 00	10·7	4 03·3	21	7 42 03·0	+25 05 00	9·7	23 39·2
24	8 09 45·6	+17 44 07	10·7	3 59·6	22	7 41 10·5	+25 13 20	9·7	23 34·4
25	8 09 59·1	+17 48 22	10·7	3 55·9	23	7 40 18·4	+25 21 34	9·8	23 29·6
26	8 10 11·0	+17 52 47	10·7	3 52·2	24	7 39 26·9	+25 29 42	9·8	23 24·8
27	8 10 21·3	+17 57 21	10·6	3 48·4	25	7 38 35·8	+25 37 43	9·8	23 20·1
28	8 10 29·9	+18 02 04	10·6	3 44·6	26	7 37 45·4	+25 45 37	9·9	23 15·3
29	8 10 36·8	+18 06 57	10·6	3 40·8	27	7 36 55·7	+25 53 24	9·9	23 10·6
30	8 10 42·0	+18 11 58	10·6	3 36·9	28	7 36 06·8	+26 01 03	9·9	23 05·9
Dec. 1	8 10 45·6	+18 17 09	10·6	3 33·1	29	7 35 18·7	+26 08 35	9·9	23 01·1
Dec. 2	8 10 47·5	+18 22 29	10·5	3 29·2	30	7 34 31·6	+26 15 59	10·0	22 56·5
3	8 10 47·6	+18 27 59	10·5	3 25·2	31	7 33 45·4	+26 23 15	10·0	22 51·8
4	8 10 46·1	+18 33 38	10·5	3 21·3	Feb. 1	7 33 00·2	+26 30 23	10·0	22 47·1
5	8 10 42·9	+18 39 26	10·5	3 17·3	2	7 32 16·2	+26 37 22	10·0	22 42·5
6	8 10 38·0	+18 45 24	10·5	3 13·3	3	7 31 33·3	+26 44 13	10·1	22 37·8
7	8 10 31·4	+18 51 30	10·4	3 09·2	4	7 30 51·6	+26 50 55	10·1	22 33·2
8	8 10 23·1	+18 57 46	10·4	3 05·2	5	7 30 11·1	+26 57 29	10·1	22 28·7
9	8 10 13·1	+19 04 11	10·4	3 01·1	6	7 29 32·0	+27 03 54	10·1	22 24·1
10	8 10 01·4	+19 10 45	10·4	2 56·9	7	7 28 54·2	+27 10 10	10·2	22 19·6
11	8 09 48·0	+19 17 27	10·4	2 52·8	8	7 28 17·7	+27 16 18	10·2	22 15·1
12	8 09 33·0	+19 24 19	10·3	2 48·6	9	7 27 42·7	+27 22 17	10·2	22 10·6
13	8 09 16·2	+19 31 19	10·3	2 44·4	10	7 27 09·2	+27 28 06	10·2	22 06·1
14	8 08 57·8	+19 38 27	10·3	2 40·1	11	7 26 37·2	+27 33 47	10·3	22 01·7
15	8 08 37·8	+19 45 44	10·3	2 35·9	12	7 26 06·7	+27 39 19	10·3	21 57·3
16	8 08 16·1	+19 53 09	10·3	2 31·6	13	7 25 37·7	+27 44 42	10·3	21 52·9
17	8 07 52·8	+20 00 42	10·2	2 27·3	14	7 25 10·3	+27 49 56	10·3	21 48·5
18	8 07 27·8	+20 08 23	10·2	2 22·9	15	7 24 44·6	+27 55 02	10·4	21 44·2
19	8 07 01·3	+20 16 11	10·2	2 18·5	16	7 24 20·5	+27 59 58	10·4	21 39·9
20	8 06 33·2	+20 24 06	10·2	2 14·1	17	7 23 58·0	+28 04 46	10·4	21 35·6
21	8 06 03·5	+20 32 08	10·1	2 09·7	18	7 23 37·3	+28 09 25	10·4	21 31·3
22	8 05 32·3	+20 40 17	10·1	2 05·3	19	7 23 18·2	+28 13 56	10·5	21 27·1
23	8 04 59·6	+20 48 33	10·1	2 00·8	20	7 23 00·9	+28 18 18	10·5	21 22·9
24	8 04 25·4	+20 56 54	10·1	1 56·3	21	7 22 45·3	+28 22 31	10·5	21 18·8
25	8 03 49·8	+21 05 22	10·1	1 51·8	22	7 22 31·5	+28 26 36	10·5	21 14·6
26	8 03 12·8	+21 13 54	10·0	1 47·2	23	7 22 19·4	+28 30 33	10·6	21 10·5
27	8 02 34·5	+21 22 32	10·0	1 42·7	24	7 22 09·1	+28 34 21	10·6	21 06·4
28	8 01 54·8	+21 31 15	10·0	1 38·1	25	7 22 00·7	+28 38 01	10·6	21 02·4
29	8 01 13·9	+21 40 01	10·0	1 33·5	26	7 21 54·0	+28 41 33	10·6	20 58·4
30	8 00 31·8	+21 48 52	9·9	1 28·8	27	7 21 49·1	+28 44 57	10·6	20 54·4
31	7 59 48·6	+21 57 46	9·9	1 24·2	28	7 21 45·9	+28 48 14	10·7	20 50·4
2020 Jan. 1	7 59 04·2	+22 06 43	9·9	1 19·5	Feb. 29	7 21 44·6	+28 51 22	10·7	20 46·5
2	7 58 18·8	+22 15 42	9·9	1 14·8	Mar. 1	7 21 45·1	+28 54 23	10·7	20 42·6
3	7 57 32·4	+22 24 44	9·8	1 10·1	2	7 21 47·3	+28 57 16	10·7	20 38·7
4	7 56 45·1	+22 33 47	9·8	1 05·4	3	7 21 51·4	+29 00 02	10·8	20 34·9
5	7 55 57·0	+22 42 52	9·8	1 00·7	4	7 21 57·1	+29 02 40	10·8	20 31·1
6	7 55 08·0	+22 51 57	9·8	0 56·0	5	7 22 04·7	+29 05 11	10·8	20 27·3
7	7 54 18·3	+23 01 03	9·7	0 51·2	6	7 22 14·0	+29 07 35	10·8	20 23·6
8	7 53 27·9	+23 10 09	9·7	0 46·4	7	7 22 25·0	+29 09 52	10·8	20 19·8
9	7 52 37·0	+23 19 14	9·7	0 41·7	8	7 22 37·7	+29 12 02	10·9	20 16·1
10	7 51 45·5	+23 28 19	9·7	0 36·9	9	7 22 52·1	+29 14 04	10·9	20 12·5
11	7 50 53·5	+23 37 21	9·6	0 32·1	10	7 23 08·2	+29 16 01	10·9	20 08·8
12	7 50 01·1	+23 46 22	9·6	0 27·3	11	7 23 25·9	+29 17 50	10·9	20 05·2
13	7 49 08·3	+23 55 21	9·6	0 22·5	12	7 23 45·3	+29 19 33	10·9	20 01·6
14	7 48 15·4	+24 04 17	9·6	0 17·7	13	7 24 06·3	+29 21 09	11·0	19 58·1
Jan. 15	7 47 22·2	+24 13 10	9·6	0 12·9	Mar. 14	7 24 28·9	+29 22 38	11·0	19 54·5

Second transit for Davida 2020 January 17ᵈ 23ʰ 58ᵐ4

INTERAMNIA, 2020
GEOCENTRIC POSITIONS FOR 0ʰ TERRESTRIAL TIME

Date	Astrometric R.A.	Dec.	Vis. Mag.	Ephemeris Transit	Date	Astrometric R.A.	Dec.	Vis. Mag.	Ephemeris Transit
	h m s	° ′ ″		h m		h m s	° ′ ″		h m
2020 Jan. 22	11 57 34·8	−20 50 27	12·1	3 54·7	2020 Mar. 21	11 24 12·2	−21 58 07	11·3	23 24·7
23	11 57 29·0	−20 56 33	12·1	3 50·7	22	11 23 25·2	−21 53 38	11·3	23 20·0
24	11 57 22·1	−21 02 33	12·1	3 46·6	23	11 22 38·6	−21 48 59	11·3	23 15·3
25	11 57 14·0	−21 08 24	12·0	3 42·5	24	11 21 52·3	−21 44 12	11·3	23 10·6
26	11 57 04·6	−21 14 08	12·0	3 38·4	25	11 21 06·6	−21 39 17	11·3	23 06·0
27	11 56 54·1	−21 19 44	12·0	3 34·3	26	11 20 21·3	−21 34 13	11·3	23 01·3
28	11 56 42·3	−21 25 11	12·0	3 30·2	27	11 19 36·6	−21 29 01	11·4	22 56·6
29	11 56 29·4	−21 30 30	12·0	3 26·1	28	11 18 52·5	−21 23 42	11·4	22 52·0
30	11 56 15·2	−21 35 40	12·0	3 21·9	29	11 18 08·9	−21 18 16	11·4	22 47·3
31	11 55 59·8	−21 40 41	12·0	3 17·7	30	11 17 26·1	−21 12 43	11·4	22 42·7
Feb. 1	11 55 43·3	−21 45 34	11·9	3 13·5	31	11 16 43·9	−21 07 03	11·4	22 38·1
2	11 55 25·6	−21 50 17	11·9	3 09·3	Apr. 1	11 16 02·4	−21 01 17	11·4	22 33·5
3	11 55 06·6	−21 54 51	11·9	3 05·0	2	11 15 21·7	−20 55 26	11·4	22 28·9
4	11 54 46·5	−21 59 16	11·9	3 00·7	3	11 14 41·8	−20 49 30	11·4	22 24·3
5	11 54 25·3	−22 03 31	11·9	2 56·5	4	11 14 02·8	−20 43 28	11·4	22 19·7
6	11 54 02·9	−22 07 36	11·9	2 52·2	5	11 13 24·5	−20 37 22	11·4	22 15·2
7	11 53 39·3	−22 11 31	11·9	2 47·8	6	11 12 47·2	−20 31 11	11·5	22 10·6
8	11 53 14·7	−22 15 16	11·8	2 43·5	7	11 12 10·7	−20 24 57	11·5	22 06·1
9	11 52 48·9	−22 18 51	11·8	2 39·1	8	11 11 35·2	−20 18 40	11·5	22 01·6
10	11 52 22·0	−22 22 15	11·8	2 34·7	9	11 11 00·7	−20 12 19	11·5	21 57·1
11	11 51 53·9	−22 25 29	11·8	2 30·3	10	11 10 27·1	−20 05 55	11·5	21 52·6
12	11 51 24·9	−22 28 32	11·8	2 25·9	11	11 09 54·5	−19 59 29	11·5	21 48·2
13	11 50 54·7	−22 31 24	11·8	2 21·5	12	11 09 22·9	−19 53 01	11·5	21 43·7
14	11 50 23·5	−22 34 05	11·7	2 17·0	13	11 08 52·3	−19 46 31	11·6	21 39·3
15	11 49 51·2	−22 36 35	11·7	2 12·6	14	11 08 22·8	−19 40 00	11·6	21 34·9
16	11 49 18·0	−22 38 53	11·7	2 08·1	15	11 07 54·4	−19 33 27	11·6	21 30·5
17	11 48 43·7	−22 41 00	11·7	2 03·6	16	11 07 27·1	−19 26 54	11·6	21 26·2
18	11 48 08·5	−22 42 55	11·7	1 59·1	17	11 07 00·8	−19 20 20	11·6	21 21·8
19	11 47 32·3	−22 44 38	11·7	1 54·5	18	11 06 35·7	−19 13 46	11·6	21 17·5
20	11 46 55·2	−22 46 10	11·7	1 50·0	19	11 06 11·8	−19 07 13	11·6	21 13·2
21	11 46 17·2	−22 47 29	11·6	1 45·4	20	11 05 48·9	−19 00 40	11·7	21 08·9
22	11 45 38·4	−22 48 36	11·6	1 40·9	21	11 05 27·3	−18 54 08	11·7	21 04·6
23	11 44 58·7	−22 49 31	11·6	1 36·3	22	11 05 06·8	−18 47 38	11·7	21 00·3
24	11 44 18·2	−22 50 14	11·6	1 31·7	23	11 04 47·5	−18 41 09	11·7	20 56·1
25	11 43 36·9	−22 50 44	11·6	1 27·0	24	11 04 29·4	−18 34 41	11·7	20 51·9
26	11 42 55·0	−22 51 02	11·6	1 22·4	25	11 04 12·4	−18 28 16	11·7	20 47·7
27	11 42 12·3	−22 51 08	11·5	1 17·8	26	11 03 56·7	−18 21 54	11·8	20 43·5
28	11 41 29·0	−22 51 01	11·5	1 13·1	27	11 03 42·2	−18 15 34	11·8	20 39·4
29	11 40 45·0	−22 50 41	11·5	1 08·5	28	11 03 28·9	−18 09 17	11·8	20 35·2
Mar. 1	11 40 00·5	−22 50 09	11·5	1 03·8	29	11 03 16·8	−18 03 04	11·8	20 31·1
2	11 39 15·4	−22 49 25	11·5	0 59·1	30	11 03 05·9	−17 56 54	11·8	20 27·0
3	11 38 29·8	−22 48 28	11·5	0 54·4	May 1	11 02 56·3	−17 50 48	11·8	20 22·9
4	11 37 43·8	−22 47 19	11·5	0 49·7	2	11 02 47·8	−17 44 46	11·9	20 18·9
5	11 36 57·4	−22 45 58	11·4	0 45·0	3	11 02 40·5	−17 38 48	11·9	20 14·9
6	11 36 10·6	−22 44 25	11·4	0 40·3	4	11 02 34·5	−17 32 55	11·9	20 10·8
7	11 35 23·4	−22 42 39	11·4	0 35·6	5	11 02 29·6	−17 27 07	11·9	20 06·8
8	11 34 36·0	−22 40 42	11·4	0 30·9	6	11 02 25·9	−17 21 23	11·9	20 02·9
9	11 33 48·3	−22 38 33	11·4	0 26·2	7	11 02 23·4	−17 15 44	11·9	19 58·9
10	11 33 00·4	−22 36 12	11·4	0 21·4	May 8	11 02 22·1	−17 10 11	11·9	19 55·0
11	11 32 12·3	−22 33 39	11·4	0 16·7	9	11 02 22·0	−17 04 42	12·0	19 51·1
12	11 31 24·1	−22 30 55	11·4	0 12·0	10	11 02 23·0	−16 59 20	12·0	19 47·2
13	11 30 35·9	−22 27 59	11·4	0 07·3	11	11 02 25·2	−16 54 02	12·0	19 43·3
14	11 29 47·6	−22 24 52	11·4	0 02·5	12	11 02 28·5	−16 48 51	12·0	19 39·4
15	11 28 59·3	−22 21 34	11·3	23 53·1	13	11 02 33·0	−16 43 45	12·0	19 35·6
16	11 28 11·0	−22 18 06	11·3	23 48·3	14	11 02 38·6	−16 38 46	12·0	19 31·7
17	11 27 22·9	−22 14 26	11·3	23 43·6	15	11 02 45·3	−16 33 52	12·0	19 27·9
18	11 26 34·9	−22 10 37	11·3	23 38·9	16	11 02 53·2	−16 29 05	12·1	19 24·2
19	11 25 47·1	−22 06 37	11·3	23 34·2	17	11 03 02·2	−16 24 24	12·1	19 20·4
20	11 24 59·5	−22 02 27	11·3	23 29·4	18	11 03 12·3	−16 19 50	12·1	19 16·6
Mar. 21	11 24 12·2	−21 58 07	11·3	23 24·7	May 19	11 03 23·5	−16 15 22	12·1	19 12·9

Second transit for Interamnia 2020 March 14ᵈ 23ʰ 57ᵐ8

OSCULATING ELEMENTS FOR ECLIPTIC AND EQUINOX OF J2000·0

Designation/Name	Perihelion Time T	Perihelion Distance q	Eccen-tricity e	Period P	Arg. of Perihelion ω	Long. of Asc. Node Ω	Inclin-ation i	Osc. Epoch
		au		years	°	°	°	
101P/Chernykh	Jan. 13·249 58	2·345 1766	0·595 4866	13·96	277·698 43	116·227 34	5·052 50	Feb. 1
114P/Wiseman-Skiff	Jan. 14·095 05	1·579 4026	0·554 7841	6·68	172·815 01	271·059 71	18·272 40	Feb. 1
321P/SOHO	Jan. 17·250 96	0·045 8886	0·981 0609	3·77	172·720 38	165·049 83	20·043 09	Feb. 1
306P/LINEAR	Jan. 22·859 65	1·269 8669	0·593 1786	5·51	0·801 02	341·383 91	8·310 40	Feb. 1
112P/Urata-Niijima	Feb. 7·965 02	1·446 6231	0·589 7415	6·62	21·500 14	31·849 93	24·190 86	Feb. 1
203P/Korlevic	Mar. 5·036 69	3·199 7783	0·314 9740	10·10	154·878 21	290·349 17	2·973 28	Mar. 12
228P/LINEAR	Mar. 10·707 64	3·435 8492	0·176 9357	8·53	115·302 59	30·988 90	7·909 56	Mar. 12
P/2006 W1 (Gibbs)	Mar. 31·765 70	1·699 3569	0·707 1859	13·98	232·381 51	152·259 75	18·557 02	Mar. 12
P/2004 WR9 (LINEAR)	Apr. 1·789 98	1·950 2620	0·682 9355	15·26	71·999 41	24·886 96	4·929 36	Apr. 21
210P/Christensen	Apr. 7·922 51	0·527 9928	0·833 2289	5·63	345·909 31	93·835 58	10·261 86	Apr. 21
P/2005 T2 (Christensen)	Apr. 8·536 32	2·244 2563	0·416 6684	7·55	58·799 81	260·159 23	8·292 93	Apr. 21
313P/Gibbs	Apr. 15·162 14	2·418 8538	0·234 7834	5·62	254·605 65	105·971 41	10·983 17	Apr. 21
266P/Christensen	Apr. 19·464 70	2·335 2201	0·339 4852	6·65	97·858 14	4·999 52	3·426 48	Apr. 21
124P/Mrkos	Apr. 26·889 53	1·647 5224	0·503 4603	6·04	183·855 35	0·370 85	31·512 81	Apr. 21
354P/LINEAR	Apr. 27·550 76	2·002 2882	0·125 6510	3·47	133·082 43	320·129 95	5·255 25	Apr. 21
P/2003 T12 (SOHO)	May 6·856 74	0·595 8251	0·769 6013	4·16	219·771 55	174·575 18	11·016 02	Apr. 21
87P/Bus	May 9·247 04	2·099 8393	0·389 1792	6·37	24·929 20	181·861 77	2·602 35	Apr. 21
58P/Jackson-Neujmin	May 25·064 90	1·377 5488	0·662 4992	8·25	200·464 51	159·063 85	13·101 70	May 31
36P/Whipple	May 31·630 37	3·021 6224	0·268 4134	8·39	200·769 90	181·863 38	9·952 72	May 31
84P/Giclas	June 3·811 78	1·718 8414	0·515 4524	6·68	281·561 99	108·174 54	7·552 31	May 31
P/2012 SB6 (Lemmon)	June 19·399 72	2·276 8503	0·404 7749	7·48	14·393 14	8·210 28	10·928 75	May 31
258P/PANSTARRS	June 19·617 15	3·481 5360	0·209 1209	9·24	26·118 36	126·247 52	6·745 85	May 31
2P/Encke	June 25·844 97	0·336 7203	0·847 9980	3·30	186·562 29	334·551 91	11·764 64	July 10
249P/LINEAR	June 29·498 30	0·496 7537	0·820 1544	4·59	65·605 54	239·176 49	8·396 86	July 10
P/2003 L1 (Scotti)	July 11·471 08	5·016 5603	0·252 7536	17·39	355·001 02	226·059 59	9·021 91	July 10
178P/Hug-Bell	July 16·607 72	1·881 2731	0·481 7981	6·92	297·784 51	102·874 20	11·089 67	July 10
115P/Maury	July 29·755 64	2·056 9146	0·519 0552	8·84	121·015 54	176·019 45	11·674 21	July 10
304P/Ory	Aug. 12·473 13	1·258 6832	0·600 4120	5·59	335·226 25	58·937 07	2·606 64	Aug. 19
P/2011 U1 (PANSTARRS)	Aug. 19·364 44	2·368 2878	0·416 4350	8·18	353·256 88	134·947 54	15·229 35	Aug. 19
298P/Christensen	Sept. 6·379 09	2·203 1801	0·386 8355	6·81	100·692 37	52·825 62	7·870 10	Aug. 19
P/2013 W1 (PANSTARRS)	Sept. 10·590 20	1·421 3966	0·592 8947	6·52	1·295 32	117·847 32	4·695 54	Sept. 28
257P/Catalina	Sept. 10·748 10	2·142 4401	0·430 7083	7·30	117·648 79	207·737 95	20·221 77	Sept. 28
278P/McNaught	Sept. 12·070 06	2·086 9866	0·434 9959	7·10	238·090 87	15·447 21	6·684 92	Sept. 28
P/2007 R2 (Gibbs)	Sept. 15·615 36	1·637 1837	0·541 8192	6·75	352·350 39	11·484 51	1·212 86	Sept. 28
296P/Garradd	Sept. 17·925 24	1·823 4250	0·478 5937	6·54	350·125 99	263·640 73	25·234 73	Sept. 28
P/2007 VQ11 (Catalina)	Sept. 17·990 65	2·695 3566	0·503 3178	12·64	277·675 37	163·815 59	12·320 07	Sept. 28
312P/NEAT	Sept. 24·989 07	1·983 2618	0·427 8747	6·45	207·529 45	144·669 43	19·768 23	Sept. 28
317P/WISE	Sept. 26·186 39	1·273 7532	0·570 4151	5·11	334·910 55	275·519 25	11·950 95	Sept. 28
88P/Howell	Sept. 26·425 08	1·353 0914	0·564 3155	5·47	235·910 55	56·683 81	4·383 55	Sept. 28
331P/Gibbs	Sept. 29·617 27	2·881 2097	0·040 6949	5·21	183·743 93	216·778 67	9·739 64	Sept. 28
254P/McNaught	Sept. 29·665 42	3·136 9713	0·320 0881	9·91	219·481 56	129·174 60	32·572 41	Sept. 28
233P/La Sagra	Oct. 1·670 71	1·782 6704	0·411 8324	5·28	27·057 48	74·926 92	11·283 69	Sept. 28
218P/LINEAR	Oct. 3·777 86	1·169 9041	0·621 8508	5·44	59·786 72	175·975 22	2·725 50	Sept. 28
311P/PANSTARRS	Oct. 7·428 08	1·936 0843	0·115 3904	3·24	144·581 36	279·227 59	4·969 93	Sept. 28
P/2015 X6 (PANSTARRS)	Oct. 17·236 33	2·278 0940	0·172 5573	4·57	329·881 79	106·950 46	4·564 65	Sept. 28
P/2005 Y2 (McNaught)	Oct. 20·841 19	3·380 8645	0·470 2787	16·12	194·048 50	94·513 02	19·096 61	Nov. 7
184P/Lovas	Oct. 26·191 83	1·703 2699	0·550 9326	7·39	186·435 81	173·255 55	4·572 86	Nov. 7
91P/Russell	Nov. 9·390 09	2·604 1819	0·330 6073	7·67	354·803 01	247·827 68	14·091 71	Nov. 7
P/2009 WX51 (Catalina)	Nov. 16·299 36	0·799 9989	0·740 2444	5·40	118·064 79	31·685 67	9·595 16	Nov. 7
156P/Russell-LINEAR	Nov. 17·871 55	1·333 0121	0·614 7292	6·44	0·427 08	35·369 86	17·263 12	Nov. 7
11P/Tempel-Swift-LINEAR	Nov. 26·259 02	1·388 7554	0·576 9649	5·95	167·947 19	238·916 26	14·420 93	Nov. 7
P/2007 Q2 (Gilmore)	Nov. 27·378 95	1·864 6523	0·670 2694	13·45	162·775 21	172·160 07	10·202 69	Dec. 17
P/2010 B2 (WISE)	Dec. 4·897 06	1·617 5004	0·479 9144	5·48	155·918 43	0·847 91	8·930 69	Dec. 17
162P/Siding Spring	Dec. 7·819 68	1·289 1345	0·582 8690	5·43	357·134 18	30·911 15	27·554 96	Dec. 17
220P/McNaught	Dec. 10·629 15	1·552 3499	0·501 8322	5·50	180·531 27	150·102 11	8·128 69	Dec. 17
141P/Machholz	Dec. 16·261 06	0·807 9397	0·735 6825	5·34	153·547 11	241·849 30	13·944 84	Dec. 17
293P/Spacewatch	Dec. 19·290 40	2·119 8406	0·418 3006	6·96	41·064 11	78·411 30	9·056 42	Dec. 17
P/2013 TL117 (Lemmon)	Dec. 24·201 46	1·121 9054	0·689 2382	6·86	112·248 67	3·313 59	9·364 71	Dec. 17
P/2009 Q4 (Boattini)	Dec. 26·964 19	1·305 6743	0·582 6087	5·53	320·236 10	127·463 58	11·015 46	Dec. 17
277P/LINEAR	Dec. 30·213 98	1·904 4938	0·505 6043	7·56	152·323 85	276·344 90	16·779 02	Dec. 17

Up-to-date elements of the comets currently observable may be found at the web site of the IAU Minor Planet Center (see page x for web address).

CONTENTS OF SECTION H

Except for the tables of ICRF radio sources, radio flux calibrators, quasars, pulsars, gamma ray sources and X-ray sources, positions tabulated in Section H are referred to the mean equator and equinox of J2020.5 = 2019 July 2.625 = JD 245 9032.625. The positions of the ICRF radio sources provide a practical realization of the ICRS. The positions of radio flux calibrators, quasars, pulsars, gamma ray sources and X-ray sources are referred to the equator and equinox of J2000.0 = JD 245 1545.0.

When present, notes associated with a table are found on the table's last page.

Designation	BS=HR No.	Right Ascension	Declination	Notes	V	B–V	V–I	Spectral Type
		h m s	° ′ ″					
28 ω Psc	9072	00 00 21.9	+06 58 36	b	4.03	+0.42	+0.49	F3 V
ε Tuc	9076	00 00 58.1	−65 27 47		4.49	−0.08	−0.04	B9 IV
θ Oct	9084	00 02 37.3	−76 57 09		4.78	+1.25	+1.26	K2 III
30 YY Psc	9089	00 03 00.7	−05 54 01		4.37	+1.63	+2.35	M3 III
2 Cet	9098	00 04 47.3	−17 13 19		4.55	−0.05	−0.03	B9 IV
33 BC Psc	3	00 06 23.1	−05 35 35	b	4.61	+1.03	+1.04	K0 III–IV
21 α And	15	00 09 27.1	+29 12 13	dbn01	2.07	−0.04	−0.10	B9p Hg Mn
11 β Cas	21	00 10 17.1	+59 15 46	svdb	2.28	+0.38	+0.40	F2 III
ε Phe	25	00 10 26.7	−45 38 04		3.88	+1.01	+1.00	K0 III
22 And	27	00 11 23.6	+46 11 11		5.01	+0.41	+0.55	F0 II
κ² Scl	34	00 12 36.7	−27 41 08	d	5.41	+1.35	+1.31	K5 III
θ Scl	35	00 12 46.3	−35 01 07		5.24	+0.46	+0.53	F3/5 V
88 γ Peg	39	00 14 17.6	+15 17 51	svdb	2.83	−0.19	−0.22	B2 IV
89 χ Peg	45	00 15 40.0	+20 19 14	as	4.79	+1.57	+1.93	M2⁺ III
7 AE Cet	48	00 15 40.8	−18 49 10		4.44	+1.64	+1.96	M1 III
25 σ And	68	00 19 24.3	+36 53 55	b	4.51	+0.05	+0.06	A2 Va
8 ι Cet	74	00 20 28.3	−08 42 38	d	3.56	+1.21	+1.13	K1 IIIb
ζ Tuc	77	00 21 07.6	−64 45 16		4.23	+0.58	+0.65	F9 V
41 Psc	80	00 21 39.3	+08 18 14		5.38	+1.34	+1.28	K3⁻ III Ca 1 CN 0.5
27 ρ And	82	00 22 12.4	+38 04 55		5.16	+0.44	+0.51	F6 IV
R And	90	00 25 07.3	+38 41 25	svd	10.71	+2.08	+2.63	S5/4.5e
β Hyi	98	00 26 48.0	−77 08 21		2.82	+0.62	+0.68	G1 IV
κ Phe	100	00 27 12.4	−43 33 59		3.93	+0.18	+0.20	A5 Vn
α Phe	99	00 27 17.6	−42 11 41	bn02	2.40	+1.08	+1.11	K0 IIIb
	118	00 31 24.0	−23 40 28	b	5.17	+0.13	+0.14	A5 Vn
λ¹ Phe	125	00 32 24.0	−48 41 25	db	4.76	+0.02	+0.01	A1 Va
β¹ Tuc	126	00 32 28.5	−62 50 44	db	4.36	−0.06	−0.02	B9 V
15 κ Cas	130	00 34 10.9	+63 02 41	sb	4.17	+0.13	+0.17	B0.7 Ia
29 π And	154	00 37 58.9	+33 49 55	db	4.34	−0.12	−0.08	B5 V
17 ζ Cas	153	00 38 07.5	+54 00 34		3.69	−0.20	−0.23	B2 IV
	157	00 38 27.5	+35 30 43	s	5.45	+0.89	+0.82	G2 Ib–II
30 ε And	163	00 39 38.6	+29 25 22		4.34	+0.87	+0.92	G6 III Fe−3 CH 1
31 δ And	165	00 40 25.7	+30 58 23	sdb	3.27	+1.27	+1.23	K3 III
18 α Cas	168	00 41 41.0	+56 38 58	dn03	2.24	+1.17	+1.13	K0⁻ IIIa
μ Phe	180	00 42 17.4	−45 58 22		4.59	+0.95	+0.95	G8 III
η Phe	191	00 44 16.1	−57 21 03	d	4.36	+0.02	+0.02	A0.5 IV
16 β Cet	188	00 44 37.0	−17 52 28	n04	2.04	+1.02	+1.00	G9 III CH−1 CN 0.5 Ca 1
22 ο Cas	193	00 45 52.6	+48 23 46	db	4.48	−0.07	0.00	B5 III
34 ζ And	215	00 48 25.8	+24 22 42	vdb	4.08	+1.10	+1.06	K0 III
λ Hyi	236	00 49 17.7	−74 48 44		5.09	+1.35	+1.34	K5 III
63 δ Psc	224	00 49 44.9	+07 41 47	d	4.44	+1.50	+1.58	K4.5 IIIb
64 Psc	225	00 50 03.5	+17 03 03	db	5.07	+0.50	+0.57	F7 V
24 η Cas	219	00 50 21.5	+57 55 24	sdb	3.46	+0.59	+0.66	F9 V
35 ν And	226	00 50 57.1	+41 11 25	b	4.53	−0.14	−0.14	B5 V
19 φ² Cet	235	00 51 09.2	−10 32 03		5.17	+0.51	+0.59	F8 V
	233	00 51 59.4	+64 21 31	cdb	5.35	+0.53	+0.60	G0 III–IV + B9.5 V
20 Cet	248	00 54 03.4	−01 02 00		4.78	+1.55	+1.66	M0⁻ IIIa
λ² Tuc	270	00 55 45.9	−69 25 00		5.45	+1.10	+1.05	K2 III
37 μ And	269	00 57 53.9	+38 36 36	d	3.86	+0.13	+0.14	A5 IV–V
27 γ Cas	264	00 57 57.8	+60 49 38	db	2.15	−0.05	−0.02	B0 IVnpe (shell)

Designation	BS=HR No.	Right Ascension	Declination	Notes	V	B–V	V–I	Spectral Type
		h m s	° ′ ″					
38 η And	271	00 58 18.3	+23 31 40	db	4.40	+0.94	+0.94	G8⁻ IIIb
68 Psc	274	00 58 57.0	+29 06 09		5.44	+1.08	+0.99	gG6
α Scl	280	00 59 35.5	−29 14 49	sb	4.30	−0.15	−0.12	B4 Vp
σ Scl	293	01 03 25.0	−31 26 31		5.50	+0.08	+0.10	A2 V
71 ε Psc	294	01 04 00.6	+08 00 00		4.27	+0.95	+0.98	G9 III Fe−2
β Phe	322	01 06 59.6	−46 36 32	d	3.32	+0.89	+0.90	G8 III
ι Tuc	332	01 08 07.1	−61 39 58		5.36	+0.88	+0.80	G5 III
υ Phe	331	01 08 43.9	−41 22 40	dm	5.21	+0.16	+0.19	A3 IV/V
ζ Phe	338	01 09 14.5	−55 08 12	vdbm	3.94	−0.12	−0.08	B7 V
31 η Cet	334	01 09 37.3	−10 04 27	d	3.46	+1.16	+1.11	K2⁻ III CN 0.5
30 μ Cas	321	01 09 39.2	+55 01 13	db	5.17	+0.70	+0.83	G5 Vb
42 φ And	335	01 10 42.1	+47 21 02	dm	4.26	+0.01	−0.02	B7 III
43 β And	337	01 10 53.2	+35 43 43	ad	2.07	+1.58	+1.74	M0⁺ IIIa
	285	01 11 58.0	+86 21 57		4.24	+1.21	+1.16	K2 III
33 θ Cas	343	01 12 21.9	+55 15 30	db	4.34	+0.17	+0.19	A7m
84 χ Psc	351	01 12 33.6	+21 08 35		4.66	+1.02	+0.99	G8.5 III
83 τ Psc	352	01 12 47.7	+30 11 53	b	4.51	+1.09	+1.05	K0.5 IIIb
86 ζ Psc	361	01 14 48.3	+07 41 00	db	5.21	+0.32	+0.37	F0 Vn
89 Psc	378	01 18 51.5	+03 43 19	b	5.13	+0.07	+0.11	A3 V
90 υ Psc	383	01 20 35.9	+27 22 16	b	4.74	+0.03	+0.10	A2 IV
34 φ Cas	382	01 21 23.2	+58 20 19	sdb	4.95	+0.68	+0.93	F0 Ia
46 ξ And	390	01 23 33.4	+45 38 08	b	4.87	+1.08	+1.04	K0⁻ IIIb
45 θ Cet	402	01 25 02.9	−08 04 41	d	3.60	+1.07	+1.05	K0 IIIb
37 δ Cas	403	01 27 10.5	+60 20 28	sdb	2.66	+0.16	+0.19	A5 IV
36 ψ Cas	399	01 27 24.6	+68 14 10	d	4.72	+1.05	+1.01	K0 III CN 0.5
94 Psc	414	01 27 48.4	+19 20 46		5.50	+1.11	+1.04	gK1
48 ω And	417	01 28 53.6	+45 30 43	d	4.83	+0.42	+0.49	F5 V
γ Phe	429	01 29 15.2	−43 12 50	vb	3.41	+1.54	+1.73	M0⁻ IIIa
48 Cet	433	01 30 35.1	−21 31 26	d	5.11	+0.03	+0.04	A1 Va
δ Phe	440	01 32 06.2	−48 58 00		3.93	+0.97	+1.00	G9 III
99 η Psc	437	01 32 35.0	+15 27 03	dm	3.62	+0.97	+0.94	G7 IIIa
50 υ And	458	01 38 00.5	+41 30 26	db	4.10	+0.54	+0.58	F8 V
α Eri	472	01 38 28.5	−57 07 59	n05	0.45	−0.16	−0.17	B3 Vnp (shell)
51 And	464	01 39 15.7	+48 43 53		3.59	+1.28	+1.23	K3⁻ III
40 Cas	456	01 40 11.7	+73 08 37	d	5.28	+0.97	+0.96	G7 III
106 ν Psc	489	01 42 30.0	+05 35 26		4.45	+1.35	+1.37	K3 IIIb
π Scl	497	01 43 04.0	−32 13 28		5.25	+1.04	+1.04	K1 II/III
	500	01 43 45.8	−03 35 16		4.98	+1.38	+1.26	K3 II−III
φ Per	496	01 44 57.5	+50 47 28	b	4.01	−0.10	−0.08	B2 Vep
52 τ Cet	509	01 45 01.2	−15 49 49	d	3.49	+0.73	+0.82	G8 V
110 ο Psc	510	01 46 28.7	+09 15 36	s	4.26	+0.94	+0.93	G8 III
ε Scl	514	01 46 36.3	−24 57 03	dm	5.29	+0.40	+0.46	F0 V
	513	01 47 01.1	−05 37 53	s	5.37	+1.52	+1.55	K4 III
53 χ Cet	531	01 50 35.6	−10 35 09	d	4.66	+0.33	+0.38	F2 IV−V
55 ζ Cet	539	01 52 28.4	−10 14 04	db	3.74	+1.14	+1.07	K0 III
2 α Tri	544	01 54 15.4	+29 40 40	dvb	3.42	+0.49	+0.55	F6 IV
ψ Phe	555	01 54 27.9	−46 12 10	b	4.39	+1.60	+2.49	M4 III
111 ξ Psc	549	01 54 37.2	+03 17 17	b	4.61	+0.93	+0.93	G9 IIIb Fe−0.5
φ Phe	558	01 55 13.0	−42 23 49	b	5.12	−0.06	−0.04	Ap Hg
η² Hyi	570	01 55 27.4	−67 32 49		4.68	+0.93	+0.95	G8.5 III

Designation	BS=HR No.	Right Ascension	Declination	Notes	V	B–V	V–I	Spectral Type
		h m s	° ′ ″					
6 β Ari	553	01 55 46.6	+20 54 27	db	2.64	+0.17	+0.18	A4 V
45 ε Cas	542	01 55 53.6	+63 46 12		3.35	−0.15	−0.12	B3 IV:p (shell)
χ Eri	566	01 56 45.2	−51 30 27	d	3.69	+0.84	+0.90	G8 III–IV CN−0.5 Hδ 0.5
α Hyi	591	01 59 24.9	−61 28 14		2.86	+0.29	+0.34	F0n III–IV
59 υ Cet	585	02 00 58.3	−20 58 45		3.99	+1.55	+1.79	M0 IIIb
113 α Psc	596	02 03 06.6	+02 51 43	vdbm	3.82	+0.02	+0.05	A0p Si Sr
4 Per	590	02 03 40.9	+54 35 08	b	4.99	−0.07	−0.02	B8 III
57 γ¹ And	603	02 05 10.0	+42 25 38	dbm	2.10	+1.37	+1.37	K3⁻ IIb
50 Cas	580	02 05 13.7	+72 31 09	b	3.95	0.00	+0.03	A1 Va
ν For	612	02 05 24.5	−29 11 57	v	4.68	−0.16	−0.12	B9.5p Si
13 α Ari	617	02 08 20.0	+23 33 30	abn06	2.01	+1.15	+1.13	K2 IIIab
4 β Tri	622	02 10 46.2	+35 05 00	db	3.00	+0.14	+0.17	A5 IV
μ For	652	02 13 48.6	−30 37 42		5.27	−0.01	+0.01	A0 Va⁺nn
65 ξ¹ Cet	649	02 14 05.4	+08 56 31	db	4.36	+0.88	+0.90	G7 II–III Fe−1
	645	02 14 58.9	+51 09 36	db	5.31	+0.93	+0.93	G8 III CN 1 CH 0.5 Fe−1
	641	02 15 09.5	+58 39 20	s	6.43	+0.55	+0.79	A3 Iab
φ Eri	674	02 17 14.5	−51 25 05	d	3.56	−0.12	−0.11	B8 V
67 Cet	666	02 18 00.5	−06 19 43		5.51	+0.96	+0.93	G8.5 III
9 γ Tri	664	02 18 32.4	+33 56 27		4.03	+0.02	−0.02	A0 IV–Vn
68 o Cet	681	02 20 23.0	−02 53 08	vd	6.47	+0.97	+5.71	M5.5–9e III + pec
62 And	670	02 20 36.8	+47 28 24		5.31	+0.01	+0.03	A1 V
δ Hyi	705	02 22 07.2	−68 33 59		4.08	+0.03	+0.04	A1 Va
κ Hyi	715	02 23 00.6	−73 33 11		5.99	+1.09	+1.01	K1 III
κ For	695	02 23 28.8	−23 43 25		5.19	+0.61	+0.68	G0 Va
λ Hor	714	02 25 28.4	−60 13 15		5.36	+0.40	+0.46	F2 IV–V
72 ρ Cet	708	02 26 56.5	−12 11 56		4.88	−0.03	−0.01	A0 III–IVn
κ Eri	721	02 27 44.2	−47 36 45	b	4.24	−0.14	−0.11	B5 IV
73 ξ² Cet	718	02 29 15.1	+08 33 03	b	4.30	−0.05	−0.06	A0 III⁻
12 Tri	717	02 29 22.4	+29 45 35		5.29	+0.31	+0.36	F0 III
ι Cas	707	02 30 47.0	+67 29 36	vdm	4.46	+0.15	+0.17	A5p Sr
μ Hyi	776	02 31 17.5	−79 01 11		5.27	+0.98	+0.98	G8 III
76 σ Cet	740	02 33 03.6	−15 09 21		4.74	+0.45	+0.55	F4 IV
14 Tri	736	02 33 21.7	+36 14 13		5.15	+1.47	+1.49	K5 III
78 ν Cet	754	02 36 57.2	+05 40 54	db	4.87	+0.88	+0.89	G8 III
	753	02 37 12.5	+06 59 01	sdb	5.79	+0.92	+1.06	K3⁻ V
ε Hyi	806	02 39 54.7	−68 10 46		4.12	−0.06	−0.07	B9 V
32 ν Ari	773	02 39 59.1	+22 02 56	b	5.45	+0.17	+0.18	A7 V
	743	02 40 01.7	+72 54 22		5.17	+0.90	+0.90	G8 III
82 δ Cet	779	02 40 32.1	+00 24 57	vb	4.08	−0.21	−0.22	B2 IV
ζ Hor	802	02 41 17.9	−54 27 46	h	5.21	+0.41	+0.48	F4 IV
ι Eri	794	02 41 28.6	−39 46 06		4.11	+1.01	+1.05	K0.5 IIIb Fe−0.5
86 γ Cet	804	02 44 21.9	+03 19 16	dm	3.47	+0.09	+0.10	A2 Va
35 Ari	801	02 44 39.6	+27 47 36	b	4.65	−0.12	−0.12	B3 V
89 π Cet	811	02 45 05.9	−13 46 22	b	4.24	−0.12	−0.11	B7 V
14 Per	800	02 45 25.8	+44 22 58		5.43	+0.90	+0.93	G0 Ib Ca 1
13 θ Per	799	02 45 36.7	+49 18 50	d	4.10	+0.51	+0.59	F7 V
87 μ Cet	813	02 46 03.2	+10 11 59	db	4.27	+0.31	+0.37	F0m F2 V⁺
1 τ¹ Eri	818	02 46 03.6	−18 29 12	b	4.47	+0.48	+0.54	F5 V
β For	841	02 49 56.9	−32 19 15	d	4.45	+0.98	+1.00	G8.5 III Fe−0.5
41 Ari	838	02 51 11.7	+27 20 38	db	3.61	−0.10	−0.08	B8 Vn

Designation		BS=HR No.	Right Ascension	Declination	Notes	V	B–V	V–I	Spectral Type
			h m s	° ′ ″					
16	Per	840	02 51 53.2	+38 24 06	d	4.22	+0.34	+0.41	F1 V+
2	τ^2 Eri	850	02 51 58.2	−20 55 14	d	4.76	+0.91	+0.91	K0 III
15	η Per	834	02 52 12.4	+55 58 45	db	3.77	+1.69	+1.64	K3− Ib–IIa
43	σ Ari	847	02 52 37.7	+15 09 55		5.52	−0.10	−0.08	B7 V
R	Hor	868	02 54 33.7	−49 48 24	v	7.22	+1.04	+1.01	gM6.5e:
18	τ Per	854	02 55 43.4	+52 50 42	cdb	3.93	+0.76	+0.80	G5 III + A4 V
3	η Eri	874	02 57 25.8	−08 49 03		3.89	+1.09	+1.08	K1 IIIb
		875	02 57 39.2	−03 37 51	b	5.16	+0.08	+0.10	A3 Vn
1	α UMi	424	02 57 49.6	+89 21 00	vdbn58	1.97	+0.64	+0.70	F5–8 Ib
	θ^1 Eri	897	02 59 02.3	−40 13 24	dbmn07	2.88	+0.13	+0.17	A5 IV
24	Per	882	03 00 20.3	+35 15 50		4.94	+1.24	+1.19	K2 III
91	λ Cet	896	03 00 49.0	+08 59 16		4.71	−0.11	−0.09	B6 III
	θ Hyi	939	03 02 18.9	−71 49 21	d	5.51	−0.13	−0.11	B9 IVp
11	τ^3 Eri	919	03 03 17.8	−23 32 42		4.08	+0.16	+0.18	A4 V
92	α Cet	911	03 03 21.2	+04 10 08	n08	2.54	+1.63	+1.97	M1.5 IIIa
	μ Hor	934	03 04 06.0	−59 39 32		5.12	+0.35	+0.41	F0 IV–V
23	γ Per	915	03 06 17.7	+53 35 06	cdb	2.91	+0.72	+0.77	G5 III + A2 V
25	ρ Per	921	03 06 29.9	+38 55 06	v	3.32	+1.53	+2.76	M4 II
		881	03 08 58.1	+79 29 48	dbm	5.49	+1.57	+2.02	M2 IIIab
26	β Per	936	03 09 30.6	+41 01 59	cvdb	2.09	0.00	+0.02	B8 V + F:
	ι Per	937	03 10 33.5	+49 41 24	d	4.05	+0.60	+0.65	G0 V
27	κ Per	941	03 10 53.3	+44 56 02	db	3.79	+0.98	+0.94	K0 III
57	δ Ari	951	03 12 48.3	+19 48 10		4.35	+1.03	+0.96	K0 III
	α For	963	03 12 56.9	−28 54 29	dm	3.80	+0.54	+0.63	F6 V
TW	Hor	977	03 13 04.5	−57 14 43	s	5.71	+2.42	+2.47	C6:,2.5 Ba2 Y4
94	Cet	962	03 13 49.3	−01 07 14	d	5.07	+0.58	+0.63	G0 IV
58	ζ Ari	972	03 16 05.0	+21 07 09		4.87	−0.01	+0.02	A0.5 Va+
13	ζ Eri	984	03 16 49.9	−08 44 41	b	4.80	+0.23	+0.28	A5m:
29	Per	987	03 20 06.0	+50 17 44	sb	5.16	−0.07	−0.05	B3 V
16	τ^4 Eri	1003	03 20 25.8	−21 41 04	d	3.70	+1.61	+2.42	M3+ IIIa Ca−1
96	κ Cet	996	03 20 26.4	+03 26 39	dasv	4.84	+0.68	+0.73	G5 V
		1008	03 20 44.8	−42 59 33		4.26	+0.71	+0.79	G8 V
		999	03 21 35.1	+29 07 17		4.47	+1.56	+1.61	K3 IIIa Ba 0.5
61	τ Ari	1005	03 22 24.9	+21 13 11	dvm	5.27	−0.07	−0.04	B5 IV
		961	03 23 00.6	+77 48 25	d	5.44	+0.21	+0.23	A5 III:
33	α Per	1017	03 25 47.8	+49 55 57	dasn09	1.79	+0.48	+0.63	F5 Ib
1	o Tau	1030	03 25 55.1	+09 05 59	b	3.61	+0.89	+0.90	G6 IIIa Fe−1
		1009	03 26 28.7	+64 39 26		5.13	+2.04	+2.23	M0 II
		1029	03 27 25.3	+49 11 29	sv	6.09	−0.07	−0.05	B7 V
2	ξ Tau	1038	03 28 17.0	+09 48 10	dbm	3.73	−0.08	−0.07	B9 Vn
	κ Ret	1083	03 29 44.5	−62 51 57	d	4.71	+0.41	+0.49	F5 IV–V
		1035	03 30 44.8	+60 00 35	vdm	4.21	+0.42	+0.58	B9 Ia
		1040	03 31 33.9	+58 56 53	asb	4.55	+0.49	+0.79	A0 Ia
17	Eri	1070	03 31 38.2	−05 00 22		4.74	−0.09	−0.07	B9 Vs
5	Tau	1066	03 32 00.5	+13 00 20	b	4.14	+1.11	+1.01	K0− II–III Fe−0.5
35	σ Per	1052	03 32 01.8	+48 03 51		4.36	+1.37	+1.42	K3 III
18	ϵ Eri	1084	03 33 53.9	−09 23 24	das	3.72	+0.88	+0.94	K2 V
19	τ^5 Eri	1088	03 34 41.7	−21 33 55	b	4.26	−0.11	−0.09	B8 V
20 EG	Eri	1100	03 37 13.5	−17 24 01	dvm	5.24	−0.12	−0.10	B9p Si
		1106	03 37 49.9	−40 12 29		4.57	+1.02	+1.07	K1 III

Designation		BS=HR No.	Right Ascension	Declination	Notes	V	B–V	V–I	Spectral Type
			h m s	° ′ ″					
10	Tau	1101	03 37 55.3	+00 27 56		4.29	+0.58	+0.66	F9 IV–V
37	ψ Per	1087	03 37 57.4	+48 15 33		4.32	−0.06	+0.07	B5 Ve
	δ For	1134	03 43 03.9	−31 52 26	b	4.99	−0.16	−0.15	B5 IV
BD	Cam	1105	03 43 57.2	+63 16 52	b	5.06	+1.65	+2.40	S3.5/2
23	δ Eri	1136	03 44 13.9	−09 41 43		3.52	+0.92	+0.94	K0⁺ IV
39	δ Per	1122	03 44 23.6	+47 51 05	dbm	3.01	−0.13	−0.07	B5 III
	β Ret	1175	03 44 27.8	−64 44 34	db	3.84	+1.13	+1.11	K2 III
24	Eri	1146	03 45 33.1	−01 05 59	b	5.24	−0.09	−0.07	B7 V
38	o Per	1131	03 45 36.6	+32 21 06	vdbm	3.84	+0.02	+0.12	B1 III
17	Tau	1142	03 46 05.8	+24 10 35	b	3.72	−0.11	−0.09	B6 III
19	Tau	1145	03 46 26.0	+24 31 48	db	4.30	−0.11	−0.08	B6 IV
41	ν Per	1135	03 46 35.6	+42 38 30	d	3.77	+0.43	+0.52	F5 II
29	Tau	1153	03 46 45.9	+06 06 46	db	5.34	−0.10	−0.08	B3 V
	γ Hyi	1208	03 46 56.6	−74 10 33		3.26	+1.59	+1.94	M2 III
20	Tau	1149	03 47 03.0	+24 25 49	sb	3.87	−0.06	−0.02	B7 IIIp
26	π Eri	1162	03 47 06.8	−12 02 19		4.43	+1.60	+1.89	M2⁻ IIIab
23 v971	Tau	1156	03 47 32.8	+24 00 39		4.14	−0.05	+0.02	B6 IV
27	τ⁶ Eri	1173	03 47 43.9	−23 11 25		4.22	+0.43	+0.51	F3 III
25	η Tau	1165	03 48 42.4	+24 10 01	d	2.85	−0.09	−0.01	B7 IIIn
		1195	03 50 13.3	−36 08 21		4.17	+0.93	+0.92	G7 IIIa
27	Tau	1178	03 50 23.1	+24 06 52	db	3.62	−0.07	−0.03	B8 III
BE	Cam	1155	03 51 25.2	+65 35 13		4.39	+1.87	+2.58	M2⁺ IIab
	γ Cam	1148	03 52 33.4	+71 23 34	d	4.59	+0.06	+0.13	A1 IIIn
44	ζ Per	1203	03 55 25.5	+31 56 34	sdb	2.84	+0.27	+0.18	B1 Ib
34	γ Eri	1231	03 58 59.2	−13 27 05	d	2.97	+1.59	+1.78	M0.5 IIIb Ca−1
	δ Ret	1247	03 59 04.5	−61 20 34		4.56	+1.59	+1.85	M1 III
45	ε Per	1220	03 59 14.1	+40 04 04	sdb	2.90	−0.20	−0.19	B0.5 IV
46	ξ Per	1228	04 00 18.0	+35 50 54	b	3.98	+0.02	+0.16	O7.5 IIIf
35	λ Tau	1239	04 01 49.1	+12 32 48	vb	3.41	−0.10	−0.08	B3 V
35	Eri	1244	04 02 34.5	−01 29 37		5.28	−0.13	−0.12	B5 V
38	ν Tau	1251	04 04 14.9	+06 02 41		3.91	+0.03	+0.03	A1 Va
37	Tau	1256	04 05 54.7	+22 08 11	d	4.36	+1.06	+1.02	K0 III
47	λ Per	1261	04 08 07.2	+50 24 18		4.25	−0.01	+0.08	A0 IIIn
		1279	04 08 51.8	+15 12 58	sdbm	6.02	+0.40	+0.46	F3 V
48 MX	Per	1273	04 10 09.5	+47 45 55		3.96	−0.03	+0.08	B3 Ve
43	Tau	1283	04 10 21.8	+19 39 43		5.51	+1.08	+1.05	K1 III
		1270	04 11 12.6	+59 57 38	s	6.29	+1.11	+1.16	G8 IIa
44 IM	Tau	1287	04 12 05.0	+26 31 58	v	5.39	+0.35	+0.41	F2 IV–V
38	o¹ Eri	1298	04 12 52.1	−06 47 08		4.04	+0.33	+0.38	F1 IV
	α Hor	1326	04 14 40.9	−42 14 41		3.85	+1.09	+1.09	K2 III
	α Ret	1336	04 14 41.6	−62 25 22	db	3.33	+0.92	+0.91	G8 II–III
40	o² Eri	1325	04 16 13.0	−07 37 20	d	4.43	+0.82	+0.89	K0.5 V
51	μ Per	1303	04 16 24.6	+48 27 34	db	4.12	+0.94	+0.93	G0 Ib
	γ Dor	1338	04 16 33.9	−51 26 09	v	4.26	+0.31	+0.37	F1 V⁺
49	μ Tau	1320	04 16 39.0	+08 56 32	b	4.27	−0.05	−0.02	B3 IV
	ε Ret	1355	04 16 50.5	−59 15 12	d	4.44	+1.08	+1.05	K2 IV
48	Tau	1319	04 16 56.3	+15 27 02	sd	6.31	+0.40	+0.46	F3 V
41	Eri	1347	04 18 40.3	−33 44 58	db	3.55	−0.11	−0.09	B9p Mn
54	γ Tau	1346	04 20 57.8	+15 40 32	db	3.65	+0.98	+0.95	G9.5 IIIab CN 0.5
57 v483	Tau	1351	04 21 07.1	+14 04 59	sdb	5.58	+0.28	+0.33	F0 IV

Designation		BS=HR No.	Right Ascension	Declination	Notes	V	B−V	V−I	Spectral Type
			h m s	° ′ ″					
		1367	04 21 32.7	−20 35 31		5.38	−0.03	−0.01	A1 V
54	Per	1343	04 21 44.8	+34 36 52	d	4.93	+0.95	+0.94	G8 III Fe 0.5
η	Ret	1395	04 22 06.9	−63 20 17		5.24	+0.96	+0.91	G8 III
		1327	04 22 37.1	+65 11 16	s	5.26	+0.82	+0.83	G5 IIb
61 δ	Tau	1373	04 24 07.2	+17 35 20	db	3.77	+0.98	+0.93	G9.5 III CN 0.5
63	Tau	1376	04 24 35.8	+16 49 25	csb	5.64	+0.31	+0.34	F0m
42 ξ	Eri	1383	04 24 42.2	−03 41 58	b	5.17	+0.07	+0.10	A2 V
43	Eri	1393	04 24 48.5	−33 58 13		3.97	+1.47	+1.53	K3.5− IIIb
65 κ¹	Tau	1387	04 26 35.7	+22 20 21	db	4.21	+0.14	+0.16	A5 IV−V
68 v776	Tau	1389	04 26 40.7	+17 58 23	dbm	4.30	+0.05	+0.08	A2 IV−Vs
71 v777	Tau	1394	04 27 31.0	+15 39 47	db	4.48	+0.26	+0.33	F0n IV−V
69 υ	Tau	1392	04 27 32.3	+22 51 30	db	4.28	+0.26	+0.32	A9 IV−n
77 θ¹	Tau	1411	04 29 44.9	+16 00 22	db	3.84	+0.95	+1.02	G9 III Fe−0.5
74 ε	Tau	1409	04 29 49.0	+19 13 27	d	3.53	+1.01	+1.04	G9.5 III CN 0.5
78 θ²	Tau	1412	04 29 50.1	+15 54 53	sdb	3.40	+0.18	+0.21	A7 III
δ	Cae	1443	04 31 27.8	−44 54 38		5.07	−0.19	−0.20	B2 IV−V
50 υ¹	Eri	1453	04 34 18.8	−29 43 34		4.49	+0.97	+1.00	K0+ III Fe−0.5
α	Dor	1465	04 34 26.5	−55 00 11	vdm	3.30	−0.08	−0.08	A0p Si
86 ρ	Tau	1444	04 35 00.9	+14 53 09	b	4.65	+0.26	+0.28	A9 V
52 υ²	Eri	1464	04 36 20.9	−30 31 17		3.81	+0.96	+0.93	G8.5 IIIa
88	Tau	1458	04 36 47.0	+10 12 05	dbm	4.25	+0.18	+0.21	A5m
R	Dor	1492	04 37 00.2	−62 02 13	vsd	5.59	+1.50	+4.70	M8e III:
87 α	Tau	1457	04 37 06.0	+16 32 56	sdbn10	0.87	+1.54	+1.67	K5+ III
48 ν	Eri	1463	04 37 20.7	−03 18 43	vdb	3.93	−0.21	−0.20	B2 III
58	Per	1454	04 38 07.0	+41 18 18	cb	4.25	+1.17	+1.13	K0 II−III + B9 V
53	Eri	1481	04 39 07.2	−14 15 55	dbm	3.86	+1.08	+1.09	K1.5 IIIb
90	Tau	1473	04 39 18.4	+12 33 01	db	4.27	+0.12	+0.15	A5 IV−V
α	Cae	1502	04 41 13.4	−41 49 32	d	4.44	+0.34	+0.40	F1 V
54 DM	Eri	1496	04 41 20.4	−19 38 00	d	4.32	+1.60	+2.27	M3 II−III
β	Cae	1503	04 42 47.0	−37 06 19		5.04	+0.39	+0.46	F2 V
94 τ	Tau	1497	04 43 28.7	+22 59 40	dbm	4.27	−0.11	−0.10	B3 V
57 μ	Eri	1520	04 46 31.7	−03 13 07	b	4.01	−0.15	−0.13	B4 IV
4	Cam	1511	04 49 43.3	+56 47 28	dm	5.29	+0.25	+0.22	Am
1 π³	Ori	1543	04 50 57.3	+06 59 44	adb	3.19	+0.48	+0.53	F6 V
		1533	04 51 17.7	+37 31 21		4.89	+1.45	+1.51	K3.5 III
2 π²	Ori	1544	04 51 43.9	+08 56 02	b	4.35	+0.01	+0.04	A0.5 IVn
3 π⁴	Ori	1552	04 52 18.0	+05 38 19	sb	3.68	−0.16	−0.16	B2 III
97 v480	Tau	1547	04 52 34.6	+18 52 23	d	5.08	+0.21	+0.26	A9 V+
4 o¹	Ori	1556	04 53 41.7	+14 16 59	cv	4.71	+1.77	+2.63	S3.5/1−
61 ω	Eri	1560	04 53 54.2	−05 25 11	b	4.36	+0.26	+0.33	A9 IV
η	Men	1629	04 54 36.8	−74 54 16		5.47	+1.52	+1.53	K4 III
8 π⁵	Ori	1567	04 55 19.3	+02 28 22	vb	3.71	−0.18	−0.18	B2 III
9 α	Cam	1542	04 56 06.1	+66 22 29		4.26	−0.01	+0.09	O9.5 Ia
9 o²	Ori	1580	04 57 31.5	+13 32 43	d	4.06	+1.16	+1.16	K2− III Fe−1
3 ι	Aur	1577	04 58 19.9	+33 11 48	a	2.69	+1.49	+1.46	K3 II
7	Cam	1568	04 58 56.2	+53 46 57	dbm	4.43	−0.02	+0.06	A0m A1 III
10 π⁶	Ori	1601	04 59 36.7	+01 44 38		4.47	+1.37	+1.32	K2− II
7 ε	Aur	1605	05 03 26.7	+43 51 05	vdb	3.03	+0.54	+0.61	A9 Ia
8 ζ	Aur	1612	05 03 54.9	+41 06 13	cdvb	3.69	+1.15	+1.12	K5 II + B5 V
102 ι	Tau	1620	05 04 19.4	+21 37 03		4.62	+0.16	+0.19	A7 IV

Designation			BS=HR No.	Right Ascension	Declination	Notes	V	B–V	V–I	Spectral Type
				h m s	° ′ ″					
10	β	Cam	1603	05 05 15.0	+60 28 11	d	4.03	+0.92	+0.89	G1 Ib–IIa
	η²	Pic	1663	05 05 30.0	−49 33 03		5.05	+1.48	+1.59	K5 III
11 v1032		Ori	1638	05 05 44.6	+15 25 52	v	4.65	−0.06	+0.02	A0p Si
	ζ	Dor	1674	05 05 51.9	−57 26 43		4.71	+0.53	+0.60	F7 V
2	ε	Lep	1654	05 06 19.8	−22 20 41		3.19	+1.46	+1.50	K4 III
10	η	Aur	1641	05 07 57.4	+41 15 36	a	3.18	−0.15	−0.17	B3 V
67	β	Eri	1666	05 08 51.5	−05 03 41	d	2.78	+0.16	+0.16	A3 IVn
69	λ	Eri	1679	05 10 07.7	−08 43 45		4.25	−0.19	−0.16	B2 IVn
16		Ori	1672	05 10 27.4	+09 51 15	db	5.43	+0.25	+0.24	A9m
3	ι	Lep	1696	05 13 15.3	−11 50 46	d	4.45	−0.10	−0.08	B9 V:
	θ	Dor	1744	05 13 44.8	−67 09 44		4.81	+1.27	+1.22	K2.5 IIIa
5	μ	Lep	1702	05 13 51.2	−16 10 57	s	3.29	−0.11	−0.09	B9p Hg Mn
4	κ	Lep	1705	05 14 10.7	−12 55 06	dm	4.36	−0.09	−0.07	B7 V
17	ρ	Ori	1698	05 14 21.9	+02 53 03	dbm	4.46	+1.17	+1.12	K1 III CN 0.5
11	μ	Aur	1689	05 14 50.1	+38 30 24		4.82	+0.19	+0.23	A7m
19	β	Ori	1713	05 15 31.4	−08 10 46	vdasbn11	0.18	−0.03	+0.03	B8 Ia
13	α	Aur	1708	05 18 12.4	+46 01 00	cdbn12	0.08	+0.80	+0.83	G6 III + G2 III
	o	Col	1743	05 18 13.5	−34 52 35		4.81	+0.99	+1.00	K0/1 III/IV
20	τ	Ori	1735	05 18 36.2	−06 49 25	sdb	3.59	−0.12	−0.10	B5 III
	ζ	Pic	1767	05 19 52.4	−50 35 05		5.44	+0.52	+0.59	F7 III–IV
6	λ	Lep	1756	05 20 31.2	−13 09 25		4.29	−0.24	−0.26	B0.5 IV
15	λ	Aur	1729	05 20 35.2	+40 06 55	d	4.69	+0.63	+0.70	G1.5 IV–V Fe−1
22		Ori	1765	05 22 48.6	−00 21 50	b	4.72	−0.17	−0.17	B2 IV–V
29		Ori	1784	05 24 56.1	−07 47 26		4.13	+0.94	+0.97	G8 III Fe−0.5
28	η	Ori	1788	05 25 30.5	−02 22 47	cdvbm	3.35	−0.24	−0.16	B1 IV + B
			1686	05 25 58.4	+79 14 59	d	5.08	+0.51	+0.58	F7 Vs
24	γ	Ori	1790	05 26 13.9	+06 22 00	dbn13	1.64	−0.22	−0.22	B2 III
112	β	Tau	1791	05 27 35.4	+28 37 22	sdn14	1.65	−0.13	−0.09	B7 III
115		Tau	1808	05 28 21.9	+17 58 41	d	5.40	−0.09	−0.07	B5 V
9	β	Lep	1829	05 29 07.5	−20 44 40	d	2.81	+0.81	+0.86	G5 II
			1856	05 30 43.4	−47 03 49	d	5.46	+0.62	+0.68	G3 IV
	γ	Men	1953	05 31 05.1	−76 19 31	d	5.18	+1.13	+1.11	K2 III
32		Ori	1839	05 31 52.9	+05 57 44	dm	4.20	−0.14	−0.14	B5 V
	ε	Col	1862	05 31 56.5	−35 27 24		3.86	+1.13	+1.09	K1 II/III
17		Cam	1802	05 32 06.7	+63 04 53		5.43	+1.70	+2.11	M1 IIIa
34	δ	Ori	1852	05 33 03.3	−00 17 08	dvbm	2.25	−0.18	−0.21	O9.5 II
119	CE	Tau	1845	05 33 24.9	+18 36 28		4.32	+2.06	+2.54	M2 Iab–Ib
11	α	Lep	1865	05 33 38.1	−17 48 32	das	2.58	+0.21	+0.32	F0 Ib
	β	Dor	1922	05 33 48.3	−62 28 36	v	3.76	+0.64	+0.69	F7–G2 Ib
25	χ	Aur	1843	05 34 03.8	+32 12 19	b	4.71	+0.28	+0.51	B5 Iab
37	φ¹	Ori	1876	05 35 56.8	+09 30 06	db	4.39	−0.16	−0.13	B0.5 IV–V
39	λ	Ori	1879	05 36 16.1	+09 56 46	dm	3.39	−0.16	−0.13	O8 IIIf
v1046		Ori	1890	05 36 22.8	−04 28 56	sdvbm	6.57	−0.14	−0.14	B2 Vh
			1891	05 36 23.2	−04 24 44	dsm	6.24	−0.15	−0.14	B2.5 V
44	ι	Ori	1899	05 36 26.2	−05 53 53	dsb	2.75	−0.21	−0.22	O9 III
46	ε	Ori	1903	05 37 15.3	−01 11 25	dasbn15	1.69	−0.18	−0.16	B0 Ia
40	φ²	Ori	1907	05 38 02.0	+09 18 00	s	4.09	+0.95	+1.02	K0 IIIb Fe−2
123	ζ	Tau	1910	05 38 52.3	+21 09 12	sb	2.97	−0.15	−0.15	B2 IIIpe (shell)
48	σ	Ori	1931	05 39 46.6	−02 35 23	dbm	3.77	−0.19	−0.25	O9.5 V
	α	Col	1956	05 40 23.5	−34 03 52	d	2.65	−0.12	−0.07	B7 IV

Designation			BS=HR No.	Right Ascension	Declination	Notes	V	B–V	V–I	Spectral Type
				h m s	° ′ ″					
50	ζ	Ori	1948	05 41 47.6	−01 56 00	dbm	1.74	−0.20	−0.18	O9.5 Ib
	δ	Dor	2015	05 44 48.7	−65 43 41		4.34	+0.22	+0.27	A7 V⁺n
13	γ	Lep	1983	05 45 19.1	−22 26 35	d	3.59	+0.48	+0.57	F7 V
27	o	Aur	1971	05 47 29.4	+49 49 58		5.46	+0.03	+0.07	A0p Cr
	β	Pic	2020	05 47 46.3	−51 03 35		3.85	+0.17	+0.18	A6 V
14	ζ	Lep	1998	05 47 53.1	−14 48 57	b	3.55	+0.10	+0.11	A2 Van
130		Tau	1990	05 48 38.0	+17 44 06		5.47	+0.30	+0.34	F0 III
53	κ	Ori	2004	05 48 43.8	−09 39 50		2.07	−0.17	−0.14	B0.5 Ia
	γ	Pic	2042	05 50 12.1	−56 09 44		4.50	+1.08	+1.06	K1 III
			2049	05 51 21.1	−52 06 18		5.16	+0.96	+0.97	G8 III
	β	Col	2040	05 51 41.0	−35 45 42		3.12	+1.15	+1.10	K1.5 III
15	δ	Lep	2035	05 52 12.2	−20 52 43		3.76	+0.98	+1.05	K0 III Fe−1.5 CH 0.5
32	ν	Aur	2012	05 52 54.7	+39 09 09	d	3.97	+1.13	+1.07	K0 III CN 0.5
136		Tau	2034	05 54 37.0	+27 36 55	b	4.56	−0.01	0.00	A0 IV
54	χ¹	Ori	2047	05 55 35.9	+20 16 41	b	4.39	+0.59	+0.66	G0⁻ V Ca 0.5
58	α	Ori	2061	05 56 16.9	+07 24 33	vadbn16	0.45	+1.50	+2.32	M1−M2 Ia−Iab
30	ξ	Aur	2029	05 56 34.0	+55 42 33		4.96	+0.05	+0.09	A1 Va
16	η	Lep	2085	05 57 20.4	−14 09 55		3.71	+0.34	+0.39	F1 V
	γ	Col	2106	05 58 15.9	−35 16 56	d	4.36	−0.17	−0.16	B2.5 IV
	η	Col	2120	05 59 46.5	−42 48 54		3.96	+1.15	+1.06	G8/K1 II
60		Ori	2103	05 59 52.9	+00 33 12	db	5.21	+0.01	+0.03	A1 Vs
34	β	Aur	2088	06 01 02.0	+44 56 50	vdb	1.90	+0.08	+0.05	A1 IV
37	θ	Aur	2095	06 01 07.2	+37 12 43	vdb	2.65	−0.08	−0.06	A0p Si
33	δ	Aur	2077	06 01 13.0	+54 17 01	d	3.72	+1.01	+0.99	K0⁻ III
35	π	Aur	2091	06 01 27.4	+45 56 11		4.30	+1.70	+2.51	M3 II
61	μ	Ori	2124	06 03 30.7	+09 38 44	dbm	4.12	+0.17	+0.19	A5m:
62	χ²	Ori	2135	06 05 08.3	+20 08 10	asv	4.64	+0.24	+0.41	B2 Ia
1		Gem	2134	06 05 22.0	+23 15 37	dbm	4.16	+0.84	+0.88	G5 III−IV
17 SS		Lep	2148	06 05 54.1	−16 29 14	sb	4.92	+0.20	+0.21	Ap (shell)
	ν	Dor	2221	06 08 36.4	−68 50 51		5.06	−0.07	−0.08	B8 V
67	ν	Ori	2159	06 08 44.6	+14 45 51	db	4.42	−0.16	−0.17	B3 IV
	α	Men	2261	06 09 37.7	−74 45 33		5.08	+0.71	+0.75	G5 V
			2180	06 09 49.6	−22 25 57		5.49	−0.01	+0.01	A0 V
	δ	Pic	2212	06 10 41.9	−54 58 26	vb	4.72	−0.23	−0.24	B0.5 IV
70	ξ	Ori	2199	06 13 06.4	+14 12 09	db	4.45	−0.18	−0.16	B3 IV
36		Cam	2165	06 14 54.7	+65 42 41	b	5.36	+1.34	+1.30	K2 II−III
5	γ	Mon	2227	06 15 51.4	−06 16 57	d	3.99	+1.32	+1.27	K1 III Ba 0.5
7	η	Gem	2216	06 16 06.9	+22 29 56	vdbm	3.31	+1.60	+2.70	M2.5 III
44	κ	Aur	2219	06 16 41.1	+29 29 19		4.32	+1.02	+1.04	G9 IIIb
	κ	Col	2256	06 17 16.9	−35 08 54		4.37	+0.98	+0.94	K0.5 IIIa
74		Ori	2241	06 17 35.7	+12 15 53	d	5.04	+0.43	+0.50	F4 IV
7		Mon	2273	06 20 42.1	−07 49 59	db	5.27	−0.18	−0.18	B2.5 V
			2209	06 21 06.1	+69 18 33	b	4.76	+0.03	+0.05	A0 IV⁺nn
1	ζ	CMa	2282	06 21 06.1	−30 04 25	db	3.02	−0.16	−0.20	B2.5 V
2 UZ		Lyn	2238	06 21 25.8	+59 00 03		4.44	+0.03	+0.05	A1 Va
	δ	Col	2296	06 22 51.8	−33 26 52	b	3.85	+0.86	+0.88	G7 II
2	β	CMa	2294	06 23 36.2	−17 58 03	svdb	1.98	−0.24	−0.24	B1 II−III
13	μ	Gem	2286	06 24 12.0	+22 30 04	sd	2.87	+1.62	+2.30	M3 IIIab
	α	Car	2326	06 24 24.4	−52 42 27	n17	−0.62	+0.16	+0.23	A9 II
8		Mon	2298	06 24 51.3	+04 34 51	db	4.39	+0.22	+0.25	A6 IV

Designation			BS=HR No.	Right Ascension	Declination	Notes	V	B–V	V–I	Spectral Type
				h m s	° ′ ″					
			2305	06 25 07.7	−11 32 33		5.21	+1.23	+1.18	K3 III
46	ψ^1	Aur	2289	06 26 28.6	+49 16 30	b	4.92	+1.91	+1.94	K5−M0 Iab−Ib
	λ	CMa	2361	06 28 55.9	−32 35 39		4.47	−0.17	−0.16	B4 V
10		Mon	2344	06 28 58.3	−04 46 35	d	5.06	−0.18	−0.18	B2 V
18	ν	Gem	2343	06 30 10.8	+20 11 51	db	4.13	−0.12	−0.10	B6 III
4	ξ^1	CMa	2387	06 32 42.7	−23 26 04	vdb	4.34	−0.25	−0.24	B1 III
			2392	06 33 44.5	−11 10 58	dsb	6.30	+1.10	+0.95	G9.5 III: Ba 3
13		Mon	2385	06 34 00.7	+07 18 59		4.47	+0.02	+0.09	A0 Ib−II
			2395	06 34 40.4	−01 14 14		5.09	−0.13	−0.12	B5 Vn
			2435	06 35 25.7	−52 59 35		4.35	−0.02	+0.06	A0 II
5	ξ^2	CMa	2414	06 35 55.0	−22 58 56		4.54	−0.04	−0.01	A0 III
7	ν^2	CMa	2429	06 37 34.7	−19 16 29		3.95	+1.04	+1.02	K1.5 III−IV Fe 1
	ν	Pup	2451	06 38 23.3	−43 12 53	b	3.17	−0.10	−0.07	B8 IIIn
8	ν^3	CMa	2443	06 38 47.5	−18 15 24	dm	4.42	+1.14	+1.12	K0.5 III
24	γ	Gem	2421	06 38 53.7	+16 22 48	db	1.93	0.00	+0.04	A1 IVs
15	S	Mon	2456	06 42 06.4	+09 52 31	dasbm	4.66	−0.23	−0.22	O7 Vf
30		Gem	2478	06 45 08.6	+13 12 20	d	4.49	+1.17	+1.11	K0.5 III CN 0.5
27	ϵ	Gem	2473	06 45 11.6	+25 06 32	dasb	3.06	+1.38	+1.22	G8 Ib
			2513	06 45 54.5	−52 13 25	s	6.56	+1.08	+1.03	G5 Iab
9	α	CMa	2491	06 46 02.7	−16 44 46	odbn18	−1.44	+0.01	−0.02	A0m A1 Va
31	ξ	Gem	2484	06 46 26.4	+12 52 19		3.35	+0.44	+0.48	F5 IV
			2518	06 48 03.5	−37 57 12	d	5.27	−0.08	−0.06	B8/9 V
56	ψ^5	Aur	2483	06 48 12.9	+43 33 18	d	5.24	+0.58	+0.65	G0 V
	α	Pic	2550	06 48 24.0	−61 57 50		3.24	+0.23	+0.28	A6 Vn
18		Mon	2506	06 48 55.8	+02 23 17	b	4.48	+1.10	+1.06	K0+ IIIa
57	ψ^6	Aur	2487	06 49 13.2	+48 45 56		5.22	+1.13	+1.09	K0 III
			2401	06 49 41.7	+79 32 16	b	5.44	+0.53	+0.60	F8 V
	v415	Car	2554	06 50 18.0	−53 38 50	b	4.41	+0.90	+0.92	G4 II
	τ	Pup	2553	06 50 26.7	−50 38 23	b	2.94	+1.21	+1.14	K1 III
13	κ	CMa	2538	06 50 36.4	−32 32 00		3.50	−0.12	−0.10	B1.5 IVne
	ι	Vol	2602	06 51 12.6	−70 59 19		5.41	−0.11	−0.09	B7 IV
	v592	Mon	2534	06 51 41.5	−08 03 59	sv	6.31	+0.01	+0.03	A2p Sr Cr Eu
34	θ	Gem	2540	06 54 08.3	+33 56 05	db	3.60	+0.10	+0.14	A3 III−IV
16	o^1	CMa	2580	06 54 59.0	−24 12 40	s	3.89	+1.74	+1.58	K2 Iab
	NP	Pup	2591	06 55 05.4	−42 23 33	s	6.32	+2.29	+2.34	C5,2.5
14	θ	CMa	2574	06 55 08.6	−12 03 56		4.08	+1.42	+1.49	K4 III
43		Cam	2511	06 55 54.2	+68 51 41		5.11	−0.11	−0.10	B7 III
20	ι	CMa	2596	06 57 03.1	−17 04 56		4.36	−0.06	+0.01	B3 II
15		Lyn	2560	06 59 02.8	+58 23 36	d	4.35	+0.85	+0.85	G5 III−IV
21	ϵ	CMa	2618	06 59 25.9	−29 00 04	dn19	1.50	−0.21	−0.20	B2 II
22	σ	CMa	2646	07 02 32.2	−27 57 55	d	3.49	+1.73	+1.82	K7 Ib
			2527	07 03 01.6	+76 56 49	b	4.55	+1.37	+1.35	K4 III
42	ω	Gem	2630	07 03 39.7	+24 11 04	s	5.20	+0.95	+0.83	G5 IIa
24	o^2	CMa	2653	07 03 52.9	−23 51 52	vasb	3.02	−0.08	−0.03	B3 Ia
23	γ	CMa	2657	07 04 41.2	−15 39 54		4.11	−0.11	−0.09	B8 II
	v386	Car	2683	07 04 41.2	−56 46 53	v	5.14	−0.03	−0.01	Ap Si
			2666	07 04 41.8	−42 22 07	dbm	5.20	+0.20	+0.15	A9m
43	ζ	Gem	2650	07 05 19.4	+20 32 19	vdb	4.01	+0.90	+0.90	F9 Ib (var)
	γ^2	Vol	2736	07 08 34.0	−70 31 55	d	3.78	+1.01	+0.94	G9 III
25	δ	CMa	2693	07 09 13.5	−26 25 37	dasb	1.83	+0.67	+0.67	F8 Ia

Designation			BS=HR No.	Right Ascension	Declination	Notes	V	B–V	V–I	Spectral Type
				h m s	° ′ ″					
20		Mon	2701	07 11 14.8	−04 16 14	d	4.91	+1.02	+1.03	K0 III
46	τ	Gem	2697	07 12 26.5	+30 12 35	d	4.41	+1.26	+1.25	K2 III
22	δ	Mon	2714	07 12 54.7	−00 31 41	d	4.15	−0.01	+0.02	A1 III+
63		Aur	2696	07 13 03.8	+39 17 06	b	4.91	+1.45	+1.48	K3.5 III
	QW	Pup	2740	07 13 08.7	−46 47 40		4.49	+0.32	+0.40	F0 IVs
48		Gem	2706	07 13 41.0	+24 05 33	s	5.85	+0.40	+0.46	F5 III–IV
	L₂	Pup	2748	07 14 09.9	−44 40 27	vd	4.42	+1.33	+3.46	M5 IIIe
51 BQ		Gem	2717	07 14 32.9	+16 07 21	dm	5.07	+1.65	+1.63	M4 IIIab
27 EW		CMa	2745	07 15 05.4	−26 23 20	dbm	4.42	−0.17	−0.12	B3 IIIep
28	ω	CMa	2749	07 15 38.6	−26 48 34		4.01	−0.15	−0.08	B2 IV−Ve
	δ	Vol	2803	07 16 48.9	−67 59 41		3.97	+0.76	+0.78	F9 Ib
	π	Pup	2773	07 17 52.0	−37 08 07	dm	2.71	+1.62	+1.65	K3 Ib
54	λ	Gem	2763	07 19 16.2	+16 30 06	db	3.58	+0.11	+0.12	A4 IV
30	τ	CMa	2782	07 19 33.5	−24 59 35	vdbm	4.37	−0.13	−0.10	O9 II
55	δ	Gem	2777	07 21 20.8	+21 56 34	db	3.50	+0.37	+0.44	F0 V+
31	η	CMa	2827	07 24 54.4	−29 20 39	das	2.45	−0.08	+0.01	B5 Ia
66		Aur	2805	07 25 33.4	+40 37 52	b	5.23	+1.25	+1.14	K1 IIIa Fe−1
60	ι	Gem	2821	07 26 59.9	+27 45 20		3.78	+1.02	+1.01	G9 IIIb
3	β	CMi	2845	07 28 15.7	+08 14 47	db	2.89	−0.10	−0.07	B8 V
4	γ	CMi	2854	07 29 16.7	+08 52 57	db	4.33	+1.43	+1.48	K3 III Fe−1
	σ	Pup	2878	07 29 52.9	−43 20 38	vdb	3.25	+1.51	+1.54	K5 III
62	ρ	Gem	2852	07 30 25.7	+31 44 32	db	4.16	+0.32	+0.40	F0 V+
6		CMi	2864	07 30 56.2	+11 57 45		4.55	+1.28	+1.21	K1 III
			2906	07 34 55.9	−22 20 30		4.44	+0.52	+0.60	F6 IV
66	α¹	Gem	2891	07 35 54.0	+31 50 28	odbm	1.58	+0.03	+0.05	A1m A2 Va
66	α²	Gem	2890	07 35 54.4	+31 50 31	odbm	1.58	+0.03	+0.05	A2m A5 V:
			2934	07 36 10.1	−52 34 49	b	4.93	+1.37	+1.39	K3 III
69	υ	Gem	2905	07 37 11.0	+26 50 54	d	4.06	+1.54	+1.66	M0 III−IIIb
			2937	07 38 07.7	−35 00 56	dm	4.53	−0.08	−0.08	B8 V
25		Mon	2927	07 38 17.8	−04 09 29	d	5.14	+0.44	+0.51	F6 III
10	α	CMi	2943	07 40 22.5	+05 10 14	osdbn20	0.40	+0.43	+0.49	F5 IV−V
	ζ	Vol	3024	07 41 33.4	−72 39 18	d	3.93	+1.03	+1.02	G9 III
	R	Pup	2974	07 41 40.3	−31 42 36	s	6.60	+1.07	+1.21	G2 0−Ia
26	α	Mon	2970	07 42 13.6	−09 36 01		3.94	+1.02	+1.01	G9 III Fe−1
75	σ	Gem	2973	07 44 35.4	+28 49 56	db	4.23	+1.12	+1.12	K1 III
3		Pup	2996	07 44 37.9	−29 00 18	b	3.94	+0.16	+0.34	A2 Ib
24		Lyn	2946	07 44 43.8	+58 39 36	d	4.93	+0.10	+0.17	A2 IVn
77	κ	Gem	2985	07 45 41.0	+24 20 50	ad	3.57	+0.93	+0.90	G8 III
			3017	07 45 59.2	−38 01 09		3.62	+1.71	+1.82	K5 IIa
78	β	Gem	2990	07 46 34.1	+27 58 30	adn21	1.16	+0.99	+0.97	K0 IIIb
4		Pup	3015	07 46 53.5	−14 36 54		5.03	+0.34	+0.40	F2 V
81		Gem	3003	07 47 18.6	+18 27 31	b	4.89	+1.43	+1.54	K4 III
11		CMi	3008	07 47 23.8	+10 43 01	b	5.25	+0.02	+0.04	A0.5 IV−nn
			2999	07 48 01.1	+37 27 57		5.15	+1.59	+2.03	M2+ IIIb
			3037	07 48 08.7	−46 39 37	b	5.22	−0.15	−0.15	B1.5 IV
80	π	Gem	3013	07 48 49.4	+33 21 49	d	5.14	+1.64	+1.83	M1+ IIIa
	o	Pup	3034	07 48 56.3	−25 59 21	d	4.40	−0.07	+0.13	B1 IV:nne
	OV	Cep	2609	07 49 20.1	+86 58 10		5.05	+1.60	+1.91	M2− IIIab
			3055	07 49 51.8	−46 25 32	dm	4.10	−0.16	−0.17	B0 III
7	ξ	Pup	3045	07 50 09.4	−24 54 45	db	3.34	+1.22	+1.08	G6 Iab−Ib

Designation			BS=HR No.	Right Ascension	Declination	Notes	V	B–V	V–I	Spectral Type
				h m s	° ′ ″					
13	ζ	CMi	3059	07 52 45.7	+01 42 47		5.12	−0.12	−0.09	B8 II
			3080	07 52 55.3	−40 37 47	cb	3.71	+1.01	+1.04	K1/2 II + A
	QZ	Pup	3084	07 53 22.2	−38 55 01	vb	4.49	−0.19	−0.18	B2.5 V
			3090	07 53 54.3	−48 09 26		4.22	−0.13	−0.11	B0.5 Ib
83	φ	Gem	3067	07 54 44.9	+26 42 40	b	4.97	+0.10	+0.14	A3 IV–V
26		Lyn	3066	07 56 11.8	+47 30 34		5.47	+1.46	+1.47	K3 III
	χ	Car	3117	07 57 18.0	−53 02 17		3.46	−0.18	−0.17	B3p Si
11		Pup	3102	07 57 44.4	−22 56 09		4.20	+0.72	+0.75	F8 II
			3113	07 58 29.2	−30 23 27		4.76	+0.15	+0.24	A6 II
	V	Pup	3129	07 58 49.8	−49 18 05	cvdb	4.47	−0.18	−0.14	B1 Vp + B2:
			3153	07 59 58.4	−60 38 38	s	5.19	+1.76	+2.12	M1.5 II
27		Mon	3122	08 00 45.6	−03 44 12		4.93	+1.21	+1.22	K2 III
			3131	08 00 47.2	−18 27 24		4.61	+0.09	+0.11	A2 IVn
			3075	08 02 36.6	+73 51 36		5.37	+1.42	+1.41	K3 III
			3145	08 03 19.9	+02 16 37	d	4.39	+1.25	+1.27	K2 IIIb Fe−0.5
	ζ	Pup	3165	08 04 18.3	−40 03 43	s	2.21	−0.27	−0.22	O5 Iafn
	χ	Gem	3149	08 04 46.4	+27 44 07	db	4.94	+1.13	+1.09	K1 III
	ε	Vol	3223	08 07 59.3	−68 40 38	dbm	4.35	−0.11	−0.10	B6 IV
15	ρ	Pup	3185	08 08 25.1	−24 21 52	vdb	2.83	+0.46	+0.42	F5 (Ib–II)p
29	ζ	Mon	3188	08 09 37.4	−03 02 41	d	4.36	+0.97	+0.92	G2 Ib
16		Pup	3192	08 09 56.6	−19 18 22	b	4.40	−0.16	−0.14	B5 IV
27		Lyn	3173	08 09 59.4	+51 26 44	d	4.78	+0.05	+0.10	A1 Va
	γ²	Vel	3207	08 10 09.9	−47 23 52	cdb	1.75	−0.15	−0.14	WC8 + O9I:
	NS	Pup	3225	08 12 05.5	−39 40 50	b	4.44	+1.59	+1.62	K4.5 Ib
20		Pup	3229	08 14 16.5	−15 51 04		4.99	+1.07	+1.02	G5 IIa
			3243	08 14 46.6	−40 24 41	db	4.42	+1.17	+1.15	K1 II/III
			3182	08 14 49.7	+68 24 40		5.34	+1.04	+0.96	G7 II
17	β	Cnc	3249	08 17 37.5	+09 07 16	d	3.53	+1.48	+1.47	K4 III Ba 0.5
	α	Cha	3318	08 17 57.9	−76 59 02		4.05	+0.41	+0.49	F4 IV
			3270	08 19 19.4	−36 43 25		4.44	+0.22	+0.25	A7 IV
	θ	Cha	3340	08 19 59.5	−77 32 59	d	4.34	+1.16	+1.10	K2 III CN 0.5
18	χ	Cnc	3262	08 21 18.4	+27 08 59		5.13	+0.49	+0.56	F6 V
			3282	08 22 11.5	−33 07 14		4.83	+1.42	+1.35	K2.5 II–III
	ε	Car	3307	08 22 56.0	−59 34 33	dcmn22	1.86	+1.20	+1.16	K3: III + B2: V
31		Lyn	3275	08 24 13.9	+43 07 14		4.25	+1.55	+1.61	K4.5 III
			3315	08 25 56.9	−24 06 50	db	5.32	+1.48	+1.49	K4.5 III CN 1
	β	Vol	3347	08 25 57.2	−66 12 20		3.77	+1.13	+1.10	K2 III
			3314	08 26 41.1	−03 58 28		3.91	−0.01	−0.02	A0 Va
1	ο	UMa	3323	08 31 57 1	+60 38 52	sd	3.35	+0.86	+0.87	G5 III
33	η	Cnc	3366	08 33 53.5	+20 22 12		5.33	+1.25	+1.11	K3 III
			3426	08 38 21.9	−43 03 42		4.11	+0.11	+0.20	A6 II
4	δ	Hya	3410	08 38 44.4	+05 37 52	db	4.14	0.00	+0.02	A1 IVnn
5	σ	Hya	3418	08 39 49.7	+03 16 06		4.45	+1.22	+1.12	K1 III
	η	Cha	3502	08 40 34.8	−79 02 13		5.46	−0.10	−0.08	B8 V
	ο	Vel	3447	08 40 52.8	−52 59 43	vb	3.60	−0.17	−0.16	B3 IV
	β	Pyx	3438	08 40 54.3	−35 22 55	db	3.97	+0.94	+0.91	G4 III
6		Hya	3431	08 40 59.7	−12 32 56		4.98	+1.42	+1.40	K4 III
	v343	Car	3457	08 41 04.1	−59 50 05	db	4.31	−0.12	−0.08	B1.5 III
			3445	08 41 18.4	−46 43 21	d	3.77	+0.67	+0.92	F0 Ia
34		Lyn	3422	08 42 25.6	+45 45 38		5.35	+0.99	+0.97	G8 IV

Designation			BS=HR No.	Right Ascension	Declination	Notes	V	B–V	V–I	Spectral Type
				h m s	° ′ ″					
7	η	Hya	3454	08 44 17.7	+03 19 26	b	4.30	−0.19	−0.20	B4 V
	α	Pyx	3468	08 44 25.0	−33 15 40		3.68	−0.18	−0.17	B1.5 III
43	γ	Cnc	3449	08 44 28.1	+21 23 36	db	4.66	+0.01	+0.03	A1 Va
			3477	08 45 07.9	−42 43 28	d	4.05	+0.87	+0.89	G6 II–III
	δ	Vel	3485	08 45 16.2	−54 47 05	dm	1.93	+0.04	+0.05	A1 Va
47	δ	Cnc	3461	08 45 50.8	+18 04 40	d	3.94	+1.08	+1.01	K0 IIIb
			3487	08 46 43.4	−46 07 02		3.87	+0.02	+0.09	A1 II
	v344	Car	3498	08 47 14.3	−56 50 45		4.50	−0.17	−0.16	B3 Vne
12		Hya	3484	08 47 20.7	−13 37 25	db	4.32	+0.90	+0.91	G8 III Fe−1
11	ε	Hya	3482	08 47 51.5	+06 20 33	cdbm	3.38	+0.69	+0.78	G5: III + A:
48	ι	Cnc	3475	08 47 56.0	+28 41 01	d	4.03	+1.01	+0.96	G8 II–III
13	ρ	Hya	3492	08 49 31.0	+05 45 39	db	4.35	−0.04	−0.03	A0 Vn
14	KX	Hya	3500	08 50 23.5	−03 31 13		5.30	−0.08	−0.06	B9p Hg Mn
	γ	Pyx	3518	08 51 24.2	−27 47 12		4.02	+1.27	+1.24	K2.5 III
	ζ	Oct	3678	08 53 18.6	−85 44 31		5.43	+0.31	+0.35	F0 III
			3571	08 55 30.6	−60 43 24	d	3.84	−0.10	−0.08	B7 II–III
16	ζ	Hya	3547	08 56 28.6	+05 51 59		3.11	+0.98	+0.96	G9 IIIa
	v376	Car	3582	08 57 28.5	−59 18 32	d	4.93	−0.18	−0.21	B2 IV–V
65	α	Cnc	3572	08 59 36.4	+11 46 38	db	4.26	+0.14	+0.14	A5m
9	ι	UMa	3569	09 00 36.1	+47 57 36	db	3.12	+0.22	+0.25	A7 IVn
64	σ³	Cnc	3575	09 00 47.9	+32 20 15	d	5.23	+0.91	+0.91	G8 III
			3591	09 00 51.4	−41 20 03	cb	4.45	+0.65	+0.75	G8/K1 III + A
			3579	09 01 57.8	+41 42 00	odbm	3.96	+0.46	+0.53	F7 V
	α	Vol	3615	09 02 45.9	−66 28 42	b	4.00	+0.15	+0.15	A5m
8	ρ	UMa	3576	09 04 21.9	+67 32 52		4.74	+1.54	+2.15	M3 IIIb Ca 1
			3614	09 04 51.8	−47 10 48		3.75	+1.17	+1.11	K2 III
12	κ	UMa	3594	09 05 00.9	+47 04 26	dm	3.57	+0.01	+0.03	A0 IIIn
			3643	09 05 11.3	−72 41 07		4.47	+0.61	+0.67	F8 II
			3612	09 07 49.6	+38 22 08		4.56	+1.04	+0.97	G7 Ib–II
	λ	Vel	3634	09 08 45.1	−43 30 58	dn23	2.23	+1.67	+1.69	K4.5 Ib
76	κ	Cnc	3623	09 08 51.3	+10 35 04	db	5.23	−0.09	−0.07	B8p Hg Mn
15		UMa	3619	09 10 18.3	+51 31 14		4.46	+0.29	+0.30	F0m
77	ξ	Cnc	3627	09 10 32.1	+21 57 41	db	5.16	+0.97	+0.90	G9 IIIa Fe−0.5 CH−1
	v357	Car	3659	09 11 30.5	−59 03 05	b	3.43	−0.19	−0.17	B2 IV–V
			3663	09 11 44.6	−62 24 06		3.96	−0.18	−0.18	B3 III
	β	Car	3685	09 13 25.0	−69 48 07	n24	1.67	+0.07	+0.02	A1 III
36		Lyn	3652	09 15 08.2	+43 07 55		5.30	−0.13	−0.12	B8p Mn
22	θ	Hya	3665	09 15 25.8	+02 13 36	db	3.89	−0.06	−0.07	B9.5 IV (C II)
			3696	09 16 46.8	−57 37 40		4.34	+1.60	+1.83	M0.5 III Ba 0.3
	ι	Car	3699	09 17 38.3	−59 21 42		2.21	+0.19	+0.28	A7 Ib
38		Lyn	3690	09 20 06.8	+36 42 53	dbm	3.82	+0.07	+0.12	A2 IV⁻
40	α	Lyn	3705	09 22 17.9	+34 18 17		3.14	+1.55	+1.65	K7 IIIab
	θ	Pyx	3718	09 22 24.1	−26 03 13		4.71	+1.63	+1.91	M0.5 III
	κ	Vel	3734	09 22 45.0	−55 05 56	b	2.47	−0.14	−0.17	B2 IV–V
1	κ	Leo	3731	09 25 50.7	+26 05 35	d	4.47	+1.22	+1.20	K2 III
30	α	Hya	3748	09 28 35.7	−08 44 54	dn25	1.99	+1.44	+1.39	K3 II–III
	ε	Ant	3765	09 30 05.6	−36 02 30	b	4.51	+1.41	+1.37	K3 III
	ψ	Vel	3786	09 31 30.6	−40 33 27	dm	3.60	+0.37	+0.43	F0 V⁺
			3821	09 31 44.8	−73 10 19		5.46	+1.56	+1.57	K4 III
			3803	09 31 50.7	−57 07 31		3.16	+1.54	+1.59	K5 III

Designation		BS=HR No.	Right Ascension	Declination	Notes	V	B–V	V–I	Spectral Type
			h m s	° ′ ″					
	R Car	3816	09 32 45.5	−62 52 48	vd	7.43	+0.91	+0.91	gM5e
4	λ Leo	3773	09 32 53.2	+22 52 35		4.32	+1.54	+1.63	K4.5 IIIb
5	ξ Leo	3782	09 33 02.9	+11 12 29		4.99	+1.05	+0.89	G9.5 III
23	UMa	3757	09 33 07.4	+62 58 15	d	3.65	+0.36	+0.41	F0 IV
		3808	09 34 09.2	−21 12 26		5.02	+1.02	+0.94	K0 III
25	θ UMa	3775	09 34 13.0	+51 34 58	db	3.17	+0.48	+0.56	F6 IV
		3825	09 35 02.4	−59 19 18		4.08	−0.01	+0.01	B5 II
10	SU LMi	3800	09 35 28.4	+36 18 20		4.54	+0.91	+0.91	G7.5 III Fe−0.5
26	UMa	3799	09 36 13.0	+51 57 33		4.47	+0.03	+0.08	A1 Va
24	DK UMa	3771	09 36 15.5	+69 44 19		4.54	+0.78	+0.83	G5 III–IV
		3836	09 37 33.7	−49 26 51	d	4.34	+0.17	+0.18	A5 IV–V
		3834	09 39 31.4	+04 33 21		4.68	+1.31	+1.35	K3 III
		3751	09 39 51.6	+81 14 00		4.28	+1.49	+1.46	K3 IIIa
35	ι Hya	3845	09 40 54.1	−01 14 12		3.90	+1.31	+1.29	K2.5 III
38	κ Hya	3849	09 41 17.4	−14 25 34		5.07	−0.15	−0.15	B5 V
14	o Leo	3852	09 42 14.6	+09 47 53	cdb	3.52	+0.52	+0.59	F5 II + A5?
16	ψ Leo	3866	09 44 50.8	+13 55 37	d	5.36	+1.61	+1.94	M24+ IIIab
	θ Ant	3871	09 45 07.0	−27 51 51	cdm	4.78	+0.52	+0.61	F7 II–III + A8 V
	l Car	3884	09 45 48.6	−62 36 10	v	3.69	+1.01	+1.03	F9−G5 Ib
17	ε Leo	3873	09 47 00.7	+23 40 44		2.97	+0.81	+0.81	G1 II
	υ Car	3890	09 47 36.8	−65 10 03	dm	2.92	+0.27	+0.42	A6 II
	R Leo	3882	09 48 39.5	+11 19 58	v	10.35	+1.50	+9.03	gM7e
		3881	09 49 54.1	+45 55 28		5.08	+0.62	+0.68	G0.5 Va
29	υ UMa	3888	09 52 25.8	+58 56 28	vd	3.78	+0.29	+0.39	F0 IV
39	υ¹ Hya	3903	09 52 27.9	−14 56 37		4.11	+0.92	+0.92	G8.5 IIIa
24	μ Leo	3905	09 53 55.5	+25 54 34	s	3.88	+1.22	+1.13	K2 III CN 1 Ca 1
		3923	09 55 50.3	−19 06 26	b	4.94	+1.56	+1.75	K5 III
	φ Vel	3940	09 57 35.1	−54 39 57	d	3.52	−0.07	−0.04	B5 Ib
19	LMi	3928	09 58 55.9	+40 57 25	b	5.11	+0.48	+0.55	F5 V
	η Ant	3947	09 59 45.2	−35 59 23	d	5.23	+0.30	+0.34	F1 III–IV
29	π Leo	3950	10 01 17.7	+07 56 42		4.68	+1.59	+1.96	M2⁻ IIIab
20	LMi	3951	10 02 11.3	+31 49 19		5.37	+0.68	+0.74	G3 Va Hδ 1
40	υ² Hya	3970	10 06 07.4	−13 09 53	b	4.60	−0.09	−0.07	B8 V
30	η Leo	3975	10 08 26.9	+16 39 43	asd	3.48	−0.03	+0.06	A0 Ib
21	LMi	3974	10 08 38.0	+35 08 38		4.49	+0.19	+0.19	A7 V
15	α Sex	3981	10 08 59.2	−00 28 21		4.48	−0.03	−0.01	A0 III
31	Leo	3980	10 08 59.4	+09 53 47	d	4.39	+1.45	+1.51	K3.5 IIIb Fe−1:
32	α Leo	3982	10 09 27.7	+11 51 59	dbn26	1.36	−0.09	−0.10	B7 Vn
41	λ Hya	3994	10 11 35.3	−12 27 22	db	3.61	+1.01	+0.96	K0 III CN 0.5
	ω Car	4037	10 14 13.4	−70 08 24		3.29	−0.07	−0.03	B8 IIIn
		4023	10 15 36.0	−42 13 27	b	3.85	+0.05	+0.03	A2 Va
	v337 Car	4050	10 17 46.2	−61 26 07	d	3.39	+1.54	+1.45	K2.5 II
36	ζ Leo	4031	10 17 49.6	+23 18 52	dasb	3.43	+0.31	+0.39	F0 III
33	λ UMa	4033	10 18 19.5	+42 48 40	s	3.45	+0.03	+0.05	A1 IV
22	ε Sex	4042	10 18 38.9	−08 10 19		5.25	+0.34	+0.39	F1 IV⁻
	AG Ant	4049	10 19 04.1	−29 05 42		5.52	+0.28	+0.31	A0p Ib–II
41	γ¹ Leo	4057	10 21 06.0	+19 44 13	dbm	2.01	+1.13	+1.17	K1⁻ IIIb Fe−0.5
		4080	10 23 12.5	−41 45 13		4.82	+1.10	+1.06	K1 III
34	μ UMa	4069	10 23 32.6	+41 23 44	b	3.06	+1.60	+1.77	M0 III
		4086	10 24 23.3	−38 06 52		5.34	+0.25	+0.28	A8 V

Designation			BS=HR No.	Right Ascension	Declination	Notes	V	B–V	V–I	Spectral Type
				h m s	° ′ ″					
			4102	10 24 47.8	−74 08 10	b	3.99	+0.37	+0.43	F2 V
			4072	10 25 35.1	+65 27 43	b	4.94	−0.05	−0.02	A0p Hg
42	μ	Hya	4094	10 27 05.0	−16 56 29		3.83	+1.46	+1.47	K4+ III
	α	Ant	4104	10 28 05.5	−31 10 22	b	4.28	+1.43	+1.47	K4.5 III
			4114	10 28 38.1	−58 50 40		3.81	+0.32	+0.41	F0 Ib
31	β	LMi	4100	10 29 03.7	+36 36 05	dbm	4.20	+0.91	+0.89	G9 IIIab
29	δ	Sex	4116	10 30 31.2	−02 50 40		5.19	−0.05	−0.03	B9.5 V
36		UMa	4112	10 31 55.5	+55 52 29	d	4.82	+0.54	+0.58	F8 V
	PP	Car	4140	10 32 45.5	−61 47 28		3.30	−0.09	+0.02	B4 Vne
46		Leo	4127	10 33 17.3	+14 01 53		5.43	+1.70	+1.91	M1 IIIb
			4084	10 33 24.7	+82 27 10		5.25	+0.40	+0.46	F4 V
			4143	10 33 49.0	−47 06 34	dm	5.02	+1.05	+1.11	K1/2 III
47	ρ	Leo	4133	10 33 53.3	+09 12 02	vdb	3.84	−0.15	−0.13	B1 Iab
44		Hya	4145	10 34 59.5	−23 51 05	d	5.08	+1.60	+1.59	K5 III
	γ	Cha	4174	10 35 41.7	−78 42 51		4.11	+1.58	+1.71	M0 III
			4159	10 36 22.8	−57 39 51	b	4.45	+1.60	+1.62	K5 II
37		UMa	4141	10 36 28.1	+56 58 35		5.16	+0.35	+0.39	F1 V
			4126	10 36 46.7	+75 36 23		4.86	+0.96	+0.94	G8 III
			4167	10 38 10.1	−48 19 57	dbm	3.84	+0.30	+0.35	F0m
37		LMi	4166	10 39 52.1	+31 52 09		4.68	+0.82	+0.82	G2.5 IIa
			4180	10 40 07.6	−55 42 38	d	4.29	+1.03	+0.96	G2 II
	θ	Car	4199	10 43 41.6	−64 30 08	b	2.74	−0.22	−0.24	B0.5 Vp
			4181	10 44 30.4	+68 58 06		5.01	+1.41	+1.38	K3 III
41		LMi	4192	10 44 31.6	+23 04 50		5.08	+0.04	+0.06	A2 IV
			4191	10 44 44.7	+46 05 44	db	5.18	+0.32	+0.38	F5 III
	δ²	Cha	4234	10 45 57.2	−80 38 54		4.45	−0.19	−0.19	B2.5 IV
42		LMi	4203	10 47 00.0	+30 34 26	db	5.36	−0.05	−0.03	A1 Vn
51		Leo	4208	10 47 30.6	+18 46 59		5.50	+1.13	+1.08'	gK3
	μ	Vel	4216	10 47 39.3	−49 31 44	cdbm	2.69	+0.90	+0.91	G5 III + F8: V
53		Leo	4227	10 50 20.0	+10 26 11	b	5.32	+0.04	+0.05	A2 V
	ν	Hya	4232	10 50 38.3	−16 18 05		3.11	+1.23	+1.22	K1.5 IIIb Hδ−0.5
			4257	10 54 20.0	−58 57 44	db	3.78	+0.95	+0.96	K0 IIIb
46		LMi	4247	10 54 27.2	+34 06 14		3.79	+1.04	+1.07	K0+ III–IV
54		Leo	4259	10 56 43.2	+24 38 24	cdm	4.30	+0.02	+0.07	A1 IIIn + A1 IVn
	ι	Ant	4273	10 57 40.6	−37 14 54		4.60	+1.01	+0.99	K0 III
47		UMa	4277	11 00 36.5	+40 19 13		5.03	+0.62	+0.69	G1− V Fe−0.5
7	α	Crt	4287	11 00 46.5	−18 24 30		4.08	+1.08	+1.06	K0+ III
			4293	11 01 06.0	−42 20 10		4.37	+0.12	+0.13	A3 IV
58		Leo	4291	11 01 37.1	+03 30 25	d	4.84	+1.14	+1.13	K0.5 III Fe−0.5
48	β	UMa	4295	11 03 03.9	+56 16 19	b	2.34	+0.03	+0.02	A0m A1 IV−V
60		Leo	4300	11 03 25.3	+20 04 10		4.42	+0.05	+0.03	A0.5m A3 V
50	α	UMa	4301	11 04 58.5	+61 38 24	mn27	1.81	+1.06	+1.03	K0− IIIa
63	χ	Leo	4310	11 06 04.4	+07 13 29	d	4.62	+0.33	+0.39	F1 IV
	χ¹	Hya	4314	11 06 19.3	−27 24 17	d	4.92	+0.37	+0.43	F3 IV
	v382	Car	4337	11 09 28.3	−59 05 11	cb	3.93	+1.23	+1.19	G4 0−Ia
52	ψ	UMa	4335	11 10 48.5	+44 23 13		3.00	+1.14	+1.09	K1 III
11	β	Crt	4343	11 12 40.1	−22 56 17	b	4.46	+0.03	+0.04	A2 IV
			4350	11 13 29.4	−49 12 45	b	5.37	+0.18	+0.19	A3 IV/V
68	δ	Leo	4357	11 15 11.8	+20 24 40	d	2.56	+0.13	+0.12	A4 IV
70	θ	Leo	4359	11 15 18.8	+15 19 02		3.33	0.00	+0.01	A2 IV (Kvar)

Designation			BS=HR No.	Right Ascension	Declination	Notes	V	B–V	V–I	Spectral Type
				h m s	° ′ ″					
74	φ	Leo	4368	11 17 42.3	−03 45 50	d	4.45	+0.21	+0.25	A7 V+n
	SV	Crt	4369	11 18 00.6	−07 14 49	sdb	6.11	+0.21	+0.23	A8p Sr Cr
54	ν	UMa	4377	11 19 34.9	+32 58 56	db	3.49	+1.40	+1.37	K3− III
55		UMa	4380	11 20 14.6	+38 04 22	db	4.76	+0.11	+0.11	A1 Va
12	δ	Crt	4382	11 20 22.0	−14 53 23	b	3.56	+1.11	+1.12	G9 IIIb CH 0.2
	π	Cen	4390	11 21 56.9	−54 36 13	dm	3.90	−0.16	−0.16	B5 Vn
77	σ	Leo	4386	11 22 11.6	+05 55 00	b	4.05	−0.06	−0.06	A0 III+
78	ι	Leo	4399	11 24 59.5	+10 24 59	dbm	4.00	+0.42	+0.47	F2 IV
15	γ	Crt	4405	11 25 54.5	−17 47 49	d	4.06	+0.22	+0.24	A7 V
84	τ	Leo	4418	11 28 59.5	+02 44 35	d	4.95	+1.00	+0.95	G7.5 IIIa
1	λ	Dra	4434	11 32 35.9	+69 13 04		3.82	+1.61	+1.79	M0 III Ca−1
	ξ	Hya	4450	11 34 00.8	−31 58 16	d	3.54	+0.95	+0.92	G7 III
	λ	Cen	4467	11 36 44.2	−63 08 00	d	3.11	−0.04	−0.01	B9.5 IIn
			4466	11 36 55.6	−47 45 20		5.26	+0.26	+0.29	A7m
21	θ	Crt	4468	11 37 43.4	−09 54 57	b	4.70	−0.07	−0.06	B9.5 Vn
91	υ	Leo	4471	11 37 59.9	−00 56 13		4.30	+0.98	+0.98	G8+ IIIb
	o	Hya	4494	11 41 14.2	−34 51 30		4.70	−0.07	−0.05	B9 V
61		UMa	4496	11 42 07.5	+34 05 09	das	5.31	+0.72	+0.78	G8 V
3		Dra	4504	11 43 35.9	+66 37 53		5.32	+1.27	+1.23	K3 III
	v810	Cen	4511	11 44 30.5	−62 36 12	s	5.00	+0.78	+0.87	G0 0−Ia Fe 1
27	ζ	Crt	4514	11 45 48.3	−18 27 53	dm	4.71	+0.96	+0.94	G8 IIIa
	λ	Mus	4520	11 46 35.2	−66 50 33	d	3.63	+0.16	+0.17	A7 IV
3	ν	Vir	4517	11 46 54.8	+06 24 52		4.04	+1.50	+1.79	M1 III
63	χ	UMa	4518	11 47 07.5	+47 39 56		3.69	+1.18	+1.15	K0.5 IIIb
			4522	11 47 31.0	−61 17 33	d	4.11	+0.90	+0.88	G3 II
93	DQ	Leo	4527	11 49 02.5	+20 06 18	cdb	4.50	+0.55	+0.69	G4 III−IV + A7 V
	II	Hya	4532	11 49 47.4	−26 51 50		5.10	+1.59	+2.84	M4+ III
94	β	Leo	4534	11 50 06.2	+14 27 27	dn28	2.14	+0.09	+0.10	A3 Va
			4537	11 50 41.7	−63 54 09		4.30	−0.15	−0.09	B3 V
5	β	Vir	4540	11 51 45.8	+01 38 57	d	3.59	+0.52	+0.61	F9 V
			4546	11 52 10.6	−45 17 15		4.47	+1.28	+1.24	K3 III
	β	Hya	4552	11 53 56.9	−34 01 20	vdm	4.29	−0.10	−0.07	Ap Si
64	γ	UMa	4554	11 54 54.0	+53 34 51	ab	2.41	+0.04	+0.06	A0 Van
95		Leo	4564	11 56 43.7	+15 31 58	db	5.53	+0.12	+0.13	A3 V
30	η	Crt	4567	11 57 03.8	−17 15 54		5.17	−0.02	0.00	A0 Va
8	π	Vir	4589	12 01 55.4	+06 30 00	b	4.65	+0.12	+0.14	A5 IV
	θ¹	Cru	4599	12 04 04.9	−63 25 37	db	4.32	+0.28	+0.36	A8m
			4600	12 04 43.7	−42 32 56		5.15	+0.42	+0.50	F6 V
9	o	Vir	4608	12 06 15.2	+08 37 09	s	4.12	+0.97	+0.96	G8 IIIa CN−1 Ba 1 CH 1
	η	Cru	4616	12 07 57.9	−64 43 41	db	4.14	+0.35	+0.41	F2 V+
			4618	12 09 09.4	−50 46 31	v	4.46	−0.16	−0.16	B2 IIIne
	δ	Cen	4621	12 09 25.7	−50 50 11	d	2.58	−0.13	−0.12	B2 IVne
1	α	Crv	4623	12 09 28.5	−24 50 35		4.02	+0.33	+0.40	F0 IV−V
2	ε	Crv	4630	12 11 10.9	−22 44 01		3.02	+1.33	+1.23	K2.5 IIIa
	ρ	Cen	4638	12 12 43.9	−52 28 57		3.97	−0.16	−0.17	B3 V
			4646	12 13 08.2	+77 30 09	vb	5.14	+0.36	+0.42	F2m
	δ	Cru	4656	12 16 14.8	−58 51 46		2.79	−0.19	−0.25	B2 IV
69	δ	UMa	4660	12 16 25.9	+56 55 08	d	3.32	+0.08	+0.03	A2 Van
4	γ	Crv	4662	12 16 51.8	−17 39 20	bn29	2.58	−0.11	−0.10	B8p Hg Mn
	ε	Mus	4671	12 18 41.8	−68 04 29	b	4.06	+1.60	+2.82	M5 III

Designation			BS=HR No.	Right Ascension	Declination	Notes	V	B–V	V–I	Spectral Type
				h m s	° ′ ″					
	ζ	Cru	4679	12 19 33.8	−64 07 01	d	4.06	−0.17	−0.18	B2.5 V
	β	Cha	4674	12 19 35.6	−79 25 33		4.24	−0.12	−0.11	B5 Vn
3		CVn	4690	12 20 48.9	+48 52 14		5.28	+1.62	+1.90	M1+ IIIab
15	η	Vir	4689	12 20 57.3	−00 46 50	db	3.89	+0.03	+0.03	A1 IV+
16		Vir	4695	12 21 23.5	+03 11 55	d	4.97	+1.17	+1.19	K0.5 IIIb Fe−0.5
	ε	Cru	4700	12 22 28.8	−60 30 51		3.59	+1.39	+1.39	K3 III
12		Com	4707	12 23 32.0	+25 43 57	cdb	4.78	+0.52	+0.61	G5 III + A5
6		CVn	4728	12 26 51.3	+38 54 18		5.01	+0.96	+0.94	G9 III
	α1	Cru	4730	12 27 45.2	−63 12 45	cdbmn30	0.77	−0.24	−0.26	B0.5 IV
15	γ	Com	4737	12 27 57.4	+28 09 17		4.35	+1.13	+1.04	K1 III Fe 0.5
	σ	Cen	4743	12 29 09.5	−50 20 38		3.91	−0.19	−0.20	B2 V
			4748	12 29 28.3	−39 09 16		5.45	−0.07	−0.05	B8/9 V
74		UMa	4760	12 30 54.3	+58 17 35		5.37	+0.21	+0.17	δ Del
7	δ	Crv	4757	12 30 55.7	−16 37 46	d	2.94	−0.01	−0.04	B9.5 IV−n
	γ	Cru	4763	12 32 18.9	−57 13 40	dn31	1.59	+1.60	+2.37	M3.5 III
8	η	Crv	4775	12 33 07.8	−16 18 33	b	4.30	+0.39	+0.44	F2 V
	γ	Mus	4773	12 33 43.1	−72 14 45		3.84	−0.16	−0.14	B5 V
5	κ	Dra	4787	12 34 20.8	+69 40 32	vb	3.85	−0.12	−0.02	B6 IIIpe
			4783	12 34 39.3	+33 08 04		5.42	+1.01	+0.96	K0 III CN−1
8	β	CVn	4785	12 34 42.7	+41 14 47	adsb	4.24	+0.59	+0.67	G0 V
9	β	Crv	4786	12 35 28.1	−23 30 36		2.65	+0.89	+0.88	G5 IIb
23		Com	4789	12 35 52.3	+22 31 00	dbm	4.80	+0.01	+0.03	A0m A1 IV
24		Com	4792	12 36 09.4	+18 15 52	d	5.03	+1.15	+1.12	K2 III
	α	Mus	4798	12 38 25.7	−69 14 54	d	2.69	−0.18	−0.23	B2 IV−V
	τ	Cen	4802	12 38 50.0	−48 39 14		3.85	+0.05	+0.06	A1 IVnn
26	χ	Vir	4813	12 40 18.4	−08 06 29	d	4.66	+1.24	+1.15	K2 III CN 1.5
	γ	Cen	4819	12 42 39.4	−49 04 20	dbm	2.20	−0.02	−0.01	A1 IV
29	γ1	Vir	4825	12 42 42.0	−01 33 43	ocdbm	2.74	+0.36	+0.43	F1 V
29	γ2	Vir	4826	12 42 42.0	−01 33 40	ocdm	2.74	+0.36	+0.43	F0m F2 V
30	ρ	Vir	4828	12 42 55.3	+10 07 23	b	4.88	+0.08	+0.08	A0 Va (λ Boo)
			4839	12 45 06.4	−28 26 10		5.46	+1.35	+1.31	K3 III
	Y	CVn	4846	12 46 05.4	+45 19 42		5.42	+2.99	+3.07	C5,5
32 FM		Vir	4847	12 46 39.2	+07 33 42	b	5.22	+0.32	+0.34	F2m
	β	Mus	4844	12 47 33.6	−68 13 12	cdm	3.04	−0.18	−0.19	B2 V + B2.5 V
	β	Cru	4853	12 48 56.0	−59 48 02	vdb	1.25	−0.24	−0.27	B0.5 III
			4874	12 51 48.3	−34 06 38	d	4.90	−0.03	−0.01	A0 IV
31		Com	4883	12 52 41.7	+27 25 46	s	4.93	+0.68	+0.70	G0 IIIp
			4888	12 54 17.1	−49 03 16	b	4.33	+1.34	+1.33	K3/4 III
			4889	12 54 34.8	−40 17 24		4.25	+0.22	+0.27	A7 V
77	ε	UMa	4905	12 54 55.5	+55 50 56	dvbn32	1.76	−0.02	−0.04	A0p Cr
40	ψ	Vir	4902	12 55 25.3	−09 39 00		4.77	+1.59	+2.18	M3− III Ca−1
	μ1	Cru	4898	12 55 48.7	−57 17 20	d	4.03	−0.18	−0.26	B2 IV−V
8		Dra	4916	12 56 17.1	+65 19 39	v	5.23	+0.30	+0.35	F0 IV−V
43	δ	Vir	4910	12 56 38.2	+03 17 11	d	3.39	+1.57	+2.24	M3+ III
12	α2	CVn	4915	12 56 59.0	+38 12 29	vd	2.89	−0.12	−0.13	A0p Si Eu
	ι	Oct	4870	12 57 21.7	−85 14 02	dm	5.45	+0.99	+0.97	K0 III
78		UMa	4931	13 01 36.2	+56 15 23	asdm	4.93	+0.37	+0.45	F2 V
47	ε	Vir	4932	13 03 11.8	+10 50 58	asd	2.85	+0.93	+0.83	G8 IIIab
	δ	Mus	4923	13 03 42.8	−71 39 32	b	3.61	+1.19	+1.17	K2 III
14		CVn	4943	13 06 41.8	+35 41 23		5.20	−0.06	−0.04	B9 V

Designation			BS=HR No.	Right Ascension	Declination	Notes	V	B−V	V−I	Spectral Type
				h m s	° ′ ″					
	ξ^2	Cen	4942	13 08 07.1	−50 00 56	db	4.27	−0.18	−0.18	B1.5 V
51	θ	Vir	4963	13 11 00.8	−05 38 53	dbm	4.38	−0.01	+0.01	A1 IV
43	β	Com	4983	13 12 49.7	+27 46 29	db	4.23	+0.57	+0.67	F9.5 V
	η	Mus	4993	13 16 39.8	−68 00 09	vdb	4.79	−0.08	−0.09	B7 V
			5006	13 18 01.8	−31 36 51		5.10	+0.96	+0.95	K0 III
20 AO		CVn	5017	13 18 27.5	+40 27 55	sv	4.72	+0.31	+0.31	F2 III (str. met.)
60	σ	Vir	5015	13 18 38.4	+05 21 45		4.78	+1.64	+1.97	M1 III
61		Vir	5019	13 19 28.9	−18 25 29	d	4.74	+0.71	+0.75	G6.5 V
46	γ	Hya	5020	13 20 02.4	−23 16 45	d	2.99	+0.92	+0.90	G8 IIIa
	ι	Cen	5028	13 21 45.4	−36 49 11		2.75	+0.07	+0.02	A2 Va
			5035	13 23 58.5	−61 05 43	d	4.52	−0.14	−0.13	B3 V
79	ζ	UMa	5054	13 24 44.9	+54 49 08	db	2.23	+0.06	+0.07	A1 Va⁺ (Si)
80		UMa	5062	13 26 02.6	+54 52 54	b	3.99	+0.17	+0.19	A5 Vn
67	α	Vir	5056	13 26 16.5	−11 16 04	vdbn33	0.98	−0.24	−0.25	B1 V
68		Vir	5064	13 27 48.3	−12 48 49		5.27	+1.48	+1.60	M0 III
			5085	13 29 12.1	+59 50 25	d	5.40	−0.01	+0.01	A1 Vn
70		Vir	5072	13 29 26.0	+13 40 12	d	4.97	+0.71	+0.77	G4 V
			5089	13 32 14.4	−39 30 45	dbm	3.90	+1.19	+1.10	G8 III
78 CW		Vir	5105	13 35 10.3	+03 33 16	vb	4.92	+0.03	+0.03	A1p Cr Eu
BH		CVn	5110	13 35 42.6	+37 04 41	b	4.91	+0.40	+0.55	F1 V⁺
79	ζ	Vir	5107	13 35 44.4	−00 42 00		3.38	+0.11	+0.12	A2 IV⁻
			5139	13 37 40.7	+71 08 18		5.50	+1.22	+1.18	gK2
	ϵ	Cen	5132	13 41 12.0	−53 34 11	d	2.29	−0.17	−0.23	B1 III
v744		Cen	5134	13 41 16.5	−50 03 11	s	5.74	+1.50	+3.33	M6 III
82		Vir	5150	13 42 41.5	−08 48 21		5.03	+1.62	+2.04	M1.5 III
1		Cen	5168	13 46 51.5	−33 08 48	b	4.23	+0.39	+0.44	F2 V⁺
4	τ	Boo	5185	13 48 14.2	+17 21 20	d	4.50	+0.51	+0.51	F7 V
85	η	UMa	5191	13 48 20.8	+49 12 41	abn34	1.85	−0.10	−0.08	B3 V
v766		Cen	5171	13 48 37.9	−62 41 29	sdm	6.40	+	+	K0 0−Ia
5	υ	Boo	5200	13 50 28.0	+15 41 49		4.05	+1.52	+1.60	K5.5 III
2 v806		Cen	5192	13 50 38.4	−34 33 08		4.19	+1.52	+3.00	M4.5 III
	ν	Cen	5190	13 50 44.6	−41 47 20	vb	3.41	−0.23	−0.24	B2 IV
	μ	Cen	5193	13 50 51.6	−42 34 30	sdb	3.47	−0.17	−0.21	B2 IV−Vpne (shell)
89		Vir	5196	13 50 59.3	−18 14 08		4.96	+1.06	+1.09	K0.5 III
10 CU		Dra	5226	13 52 01.9	+64 37 21	d	4.58	+1.57	+2.35	M3.5 III
8	η	Boo	5235	13 55 39.7	+18 17 44	asdb	2.68	+0.58	+0.65	G0 IV
	ζ	Cen	5231	13 56 49.7	−47 23 18	b	2.55	−0.18	−0.18	B2.5 IV
			5241	13 59 09.2	−63 47 10		4.71	+1.08	+1.05	K1.5 III
	ϕ	Cen	5248	13 59 31.6	−42 12 00		3.83	−0.22	−0.23	B2 IV
47		Hya	5250	13 59 40.5	−25 04 17	b	5.20	−0.09	−0.07	B8 V
	υ^1	Cen	5249	13 59 57.3	−44 54 10		3.87	−0.21	−0.22	B2 IV−V
93	τ	Vir	5264	14 02 41.5	+01 26 46	db	4.23	+0.12	+0.14	A3 IV
	υ^2	Cen	5260	14 03 00.8	−45 42 06	b	4.34	+0.60	+0.65	F6 II
			5270	14 03 32.2	+09 35 15	s	6.18	+0.85	+0.87	G8: II: Fe−5
11	α	Dra	5291	14 04 56.7	+64 16 42	sb	3.67	−0.05	−0.08	A0 III
	β	Cen	5267	14 05 17.3	−60 28 15	dbmn35	0.61	−0.23	−0.25	B1 III
	χ	Cen	5285	14 07 18.4	−41 16 37		4.36	−0.20	−0.21	B2 V
	θ	Aps	5261	14 07 23.8	−76 53 39	vs	5.69	+1.24	+4.10	M6.5 III:
49	π	Hya	5287	14 07 32.7	−26 46 49		3.25	+1.09	+1.10	K2⁻ III Fe−0.5
5	θ	Cen	5288	14 07 53.8	−36 28 12	dn36	2.06	+1.01	+1.01	K0⁻ IIIb

Designation			BS=HR No.	Right Ascension	Declination	Notes	V	B–V	V–I	Spectral Type
				h m s	° ′ ″					
	BY	Boo	5299	14 08 44.9	+43 45 27		5.13	+1.49	+2.74	M4.5 III
4		UMi	5321	14 08 47.9	+77 27 04	db	4.80	+1.37	+1.34	K3⁻ IIIb Fe−0.5
12		Boo	5304	14 11 20.0	+24 59 43	db	4.82	+0.54	+0.57	F8 IV
98	κ	Vir	5315	14 13 59.5	−10 22 06		4.18	+1.32	+1.35	K2.5 III Fe−0.5
16	α	Boo	5340	14 16 35.8	+19 04 35	dmn37	−0.05	+1.24	+1.22	K1.5 III Fe−0.5
21	ι	Boo	5350	14 16 53.4	+51 16 24	db	4.75	+0.24	+0.19	A7 IV
99	ι	Vir	5338	14 17 05.5	−06 05 51		4.07	+0.51	+0.59	F7 III−IV
19	λ	Boo	5351	14 17 09.7	+45 59 41		4.18	+0.09	+0.04	A0 Va (λ Boo)
			5361	14 18 51.8	+35 24 56	b	4.80	+1.06	+1.00	K0 III
100	λ	Vir	5359	14 20 13.3	−13 27 52	b	4.52	+0.13	+0.11	A5m:
18		Boo	5365	14 20 15.9	+12 54 38	d	5.41	+0.39	+0.41	F3 V
	ι	Lup	5354	14 20 43.6	−46 09 06		3.55	−0.18	−0.18	B2.5 IVn
			5358	14 21 46.4	−56 28 47		4.30	+0.08	+0.21	B6 Ib
	ψ	Cen	5367	14 21 48.7	−37 58 43	d	4.05	−0.03	−0.02	A0 III
	v761	Cen	5378	14 24 18.5	−39 36 16	v	4.41	−0.19	−0.20	B7 IIIp (var)
			5392	14 25 12.6	+05 43 41	b	5.10	+0.12	+0.14	A5 V
23	θ	Boo	5404	14 25 53.7	+51 45 24	d	4.04	+0.50	+0.59	F7 V
			5390	14 25 59.1	−24 53 54		5.34	+0.96	+0.95	K0 III
22		Boo	5405	14 27 24.6	+19 08 08		5.40	+0.23	+0.21	F0m
	τ¹	Lup	5395	14 27 27.8	−45 18 47	vd	4.56	−0.15	−0.14	B2 IV
5		UMi	5430	14 27 30.4	+75 36 17	d	4.25	+1.43	+1.42	K4⁻ III
	τ²	Lup	5396	14 27 30.5	−45 28 15	cdbm	4.33	+0.43	+0.58	F4 IV + A7:
105	φ	Vir	5409	14 29 15.6	−02 19 08	sdbm	4.81	+0.69	+0.73	G2 IV
52		Hya	5407	14 29 22.8	−29 34 58	d	4.97	−0.07	−0.05	B8 IV
	δ	Oct	5339	14 30 27.3	−83 45 32		4.31	+1.30	+1.30	K2 III
25	ρ	Boo	5429	14 32 42.8	+30 16 56	ad	3.57	+1.30	+1.22	K3 III
27	γ	Boo	5435	14 32 54.2	+38 13 10	d	3.04	+0.19	+0.17	A7 IV⁺
	σ	Lup	5425	14 34 00.6	−50 32 48		4.44	−0.18	−0.18	B2 III
28	σ	Boo	5447	14 35 34.4	+29 39 25	d	4.47	+0.36	+0.41	F2 V
	η	Cen	5440	14 36 49.0	−42 14 48	v	2.33	−0.16	−0.17	B1.5 IVpne (shell)
	ρ	Lup	5453	14 39 16.6	−49 30 50		4.05	−0.15	−0.16	B5 V
33		Boo	5468	14 39 36.0	+44 19 00	b	5.39	+0.03	+0.05	A1 V
	α²	Cen	5460	14 41 00.3	−60 55 07	odn38	1.35	+0.90	+0.88	K1 V
	α¹	Cen	5459	14 41 00.5	−60 55 12	odbn38	−0.01	+0.71	+0.69	G2 V
30	ζ	Boo	5478	14 42 07.7	+13 38 29	odbm	3.78	+0.04	+0.06	A2 Va
			5471	14 43 14.4	−37 52 49		4.01	−0.16	−0.18	B3 V
	α	Lup	5469	14 43 18.2	−47 28 30	vdb	2.30	−0.15	−0.21	B1.5 III
107	μ	Vir	5487	14 44 08.6	−05 44 47	b	3.87	+0.39	+0.47	F2 V
	α	Cir	5463	14 44 11.3	−65 03 46	db	3.18	+0.26	+0.26	A7p Sr Eu
34	W	Boo	5490	14 44 19.4	+26 26 30	v	4.80	+1.67	+2.13	M3⁻ III
			5485	14 44 55.1	−35 15 38		4.06	+1.36	+1.35	K3 IIIb
36	ε	Boo	5506	14 45 52.9	+26 59 19	dm	2.35	+0.97	+0.95	K0⁻ II−III
109		Vir	5511	14 47 17.2	+01 48 27		3.73	−0.01	+0.01	A0 IVnn
			5495	14 48 28.1	−52 28 08	d	5.22	+0.98	+0.96	G8 III
56		Hya	5516	14 48 56.9	−26 10 20		5.23	+0.94	+0.93	G8/K0 III
	α	Aps	5470	14 50 30.3	−79 07 45		3.83	+1.43	+1.42	K3 III CN 0.5
7	β	UMi	5563	14 50 40.0	+74 04 18	dn40	2.07	+1.47	+1.46	K4⁻ III
58		Hya	5526	14 51 29.9	−28 02 40		4.42	+1.37	+1.43	K2.5 IIIb Fe−1:
8	α¹	Lib	5530	14 51 49.4	−16 04 53		5.15	+0.40	+0.48	F3 V
			5552	14 51 57.8	+59 12 40		5.48	+1.37	+1.34	K4 III

Designation	BS=HR No.	Right Ascension	Declination	Notes	V	B–V	V–I	Spectral Type
		h m s	° ′ ″					
9 α^2 Lib	5531	14 52 01.0	−16 07 33	dbn39	2.75	+0.15	+0.16	A3 III–IV
o Lup	5528	14 52 59.1	−43 39 32	dbm	4.32	−0.15	−0.14	B5 IV
	5558	14 57 00.6	−33 56 16	db	5.32	+0.05	+0.06	A0 V
15 ξ^2 Lib	5564	14 57 53.0	−11 29 29		5.48	+1.49	+1.51	gK4
RR UMi	5589	14 57 54.9	+65 51 04	b	4.63	+1.59	+2.85	M4.5 III
16 Lib	5570	14 58 15.4	−04 25 44		4.47	+0.32	+0.38	F0 IV⁻
β Lup	5571	14 59 53.0	−43 12 55		2.68	−0.18	−0.23	B2 IV
κ Cen	5576	15 00 30.2	−42 11 06	dm	3.13	−0.21	−0.21	B2 V
19 δ Lib	5586	15 02 04.2	−08 35 57	vdb	4.91	0.00	+0.07	B9.5 V
42 β Boo	5602	15 02 43.1	+40 18 38		3.49	+0.96	+0.89	G8 IIIa Fe−0.5
110 Vir	5601	15 03 56.3	+02 00 43		4.39	+1.03	+1.04	K0⁺ IIIb Fe−0.5
20 σ Lib	5603	15 05 16.5	−25 21 40		3.25	+1.67	+2.23	M2.5 III
43 ψ Boo	5616	15 05 19.5	+26 52 07		4.52	+1.24	+1.23	K2 III
	5635	15 06 51.9	+54 28 41		5.24	+0.96	+0.95	G8 III Fe−1
45 Boo	5634	15 08 12.1	+24 47 25	d	4.93	+0.43	+0.51	F5 V
λ Lup	5626	15 10 14.0	−45 21 26	dbm	4.07	−0.16	−0.18	B3 V
κ^1 Lup	5646	15 13 22.2	−48 48 51	d	3.88	−0.03	−0.02	B9.5 IVnn
24 ι Lib	5652	15 13 23.6	−19 52 05	db	4.54	−0.07	−0.06	B9p Si
ζ Lup	5649	15 13 46.2	−52 10 32	d	3.41	+0.92	+0.91	G8 III
	5691	15 14 53.0	+67 16 09		5.15	+0.55	+0.62	F8 V
1 Lup	5660	15 15 53.0	−31 35 39		4.91	+0.37	+0.48	F0 Ib−II
3 Ser	5675	15 16 12.6	+04 51 52	dm	5.32	+1.09	+1.05	gK0
49 δ Boo	5681	15 16 19.8	+33 14 22	db	3.46	+0.96	+0.96	G8 III Fe−1
27 β Lib	5685	15 18 06.8	−09 27 26	b	2.61	−0.07	−0.08	B8 IIIn
2 Lup	5686	15 19 05.0	−30 13 21		4.35	+1.10	+1.03	K0⁻ IIIa CH−1
β Cir	5670	15 19 08.1	−58 52 33		4.07	+0.09	+0.08	A3 Vb
μ Lup	5683	15 19 58.2	−47 56 57	dm	4.27	−0.09	−0.07	B8 V
13 γ UMi	5735	15 20 42.7	+71 45 40		3.00	+0.06	+0.12	A3 III
γ TrA	5671	15 20 51.2	−68 45 11		2.87	+0.01	+0.04	A1 III
δ Lup	5695	15 22 43.5	−40 43 13		3.22	−0.23	−0.23	B1.5 IVn
ϕ^1 Lup	5705	15 23 06.8	−36 20 03	d	3.57	+1.53	+1.59	K4 III
ϵ Lup	5708	15 24 04.9	−44 45 42	dbm	3.37	−0.19	−0.20	B2 IV–V
ϕ^2 Lup	5712	15 24 28.3	−36 55 50		4.54	−0.16	−0.16	B4 V
γ Cir	5704	15 25 01.6	−59 23 34	cdm	4.48	+0.17	+0.18	B5 IV
51 μ^1 Boo	5733	15 25 15.9	+37 18 22	db	4.31	+0.31	+0.35	F0 IV
12 ι Dra	5744	15 25 23.3	+58 53 41	d	3.29	+1.17	+1.07	K2 III
9 τ^1 Ser	5739	15 26 44.5	+15 21 25		5.16	+1.65	+1.84	M1 IIIa
3 β CrB	5747	15 28 40.5	+29 02 10	vdb	3.66	+0.32	+0.37	F0p Cr Eu
52 ν^1 Boo	5763	15 31 40.0	+40 45 51		5.04	+1.59	+1.71	K4.5 IIIb Ba 0.5
4 θ CrB	5778	15 33 45.4	+31 17 27	dm	4.14	−0.13	−0.12	B6 Vnn
κ^1 Aps	5730	15 33 47.5	−73 27 29	d	5.40	−0.15	−0.14	B1pne
37 Lib	5777	15 35 18.1	−10 08 00		4.61	+1.00	+1.02	K1 III–IV
5 α CrB	5793	15 35 33.4	+26 38 48	bn41	2.22	+0.03	+0.05	A0 IV
13 δ Ser	5789	15 35 47.0	+10 28 17	cdm	3.80	+0.27	+0.30	F0 III–IV + F0 IIIb
γ Lup	5776	15 36 30.8	−41 14 03	dvbm	2.80	−0.22	−0.22	B2 IVn
38 γ Lib	5787	15 36 40.6	−14 51 24	d	3.91	+1.01	+1.02	G8.5 III
	5784	15 37 36.8	−44 27 50		5.44	+1.50	+1.49	K4/5 III
39 υ Lib	5794	15 38 16.4	−28 12 05	d	3.60	+1.36	+1.36	K3.5 III
54 ϕ Boo	5823	15 38 33.8	+40 17 15		5.25	+0.89	+0.89	G7 III–IV Fe−2
ϵ TrA	5771	15 38 37.2	−66 23 01	d	4.11	+1.16	+1.12	K1/2 III

Designation		BS=HR No.	Right Ascension	Declination	Notes	V	B–V	V–I	Spectral Type
			h m s	° ′ ″					
	ω Lup	5797	15 39 26.5	−42 37 59	db	4.34	+1.41	+1.42	K4.5 III
40	τ Lib	5812	15 39 55.2	−29 50 37	b	3.66	−0.18	−0.18	B2.5 V
		5798	15 40 21.5	−52 26 19	d	5.43	+0.01	+0.03	B9 V
43	κ Lib	5838	15 43 07.9	−19 44 38	db	4.75	+1.57	+1.74	M0⁻ IIIb
16	ζ UMi	5903	15 43 22.1	+77 43 50		4.29	+0.04	+0.05	A2 III–IVn
8	γ CrB	5849	15 43 36.3	+26 13 54	dm	3.81	+0.02	+0.04	A0 IV comp.?
24	α Ser	5854	15 45 16.7	+06 21 45	d	2.63	+1.17	+1.09	K2 IIIb CN 1
		5886	15 46 59.1	+62 32 12		5.19	+0.06	+0.07	A2 IV
28	β Ser	5867	15 47 08.1	+15 21 32	d	3.65	+0.07	+0.09	A2 IV
27	λ Ser	5868	15 47 26.4	+07 17 24	b	4.42	+0.60	+0.66	G0⁻ V
35	κ Ser	5879	15 49 39.8	+18 04 46		4.09	+1.62	+1.73	M0.5 IIIab
10	δ CrB	5889	15 50 27.3	+26 00 24	s	4.59	+0.79	+0.82	G5 III–IV Fe−1
32	μ Ser	5881	15 50 41.5	−03 29 30	db	3.54	−0.04	−0.03	A0 III
37	ε Ser	5892	15 51 50.4	+04 25 02		3.71	+0.15	+0.13	A5m
11	κ CrB	5901	15 52 00.3	+35 35 41	sd	4.79	+1.00	+0.97	K1 IVa
5	χ Lup	5883	15 52 16.0	−33 41 17	b	3.97	−0.05	−0.05	B9p Hg
1	χ Her	5914	15 53 23.1	+42 23 42		4.60	+0.56	+0.63	F8 V Fe−2 Hδ−1
45	λ Lib	5902	15 54 31.7	−20 13 36	b	5.04	−0.01	−0.03	B2.5 V
46	θ Lib	5908	15 54 59.8	−16 47 17		4.13	+1.00	+1.02	G9 IIIb
	β TrA	5897	15 56 58.0	−63 29 30	d	2.83	+0.32	+0.36	F0 IV
41	γ Ser	5933	15 57 24.1	+15 35 45	d	3.85	+0.48	+0.54	F6 V
5	ρ Sco	5928	15 58 09.3	−29 16 20	db	3.87	−0.20	−0.18	B2 IV–V
	CL Dra	5960	15 58 16.8	+54 41 33	b	4.96	+0.27	+0.29	F0 IV
13	ε CrB	5947	15 58 26.2	+26 49 11	sd	4.14	+1.23	+1.17	K2 IIIab
48 FX	Lib	5941	15 59 20.4	−14 20 13	b	4.95	−0.08	−0.06	B5 IIIpe (shell)
6	π Sco	5944	16 00 05.8	−26 10 18	cvdb	2.89	−0.18	−0.18	B1 V + B2 V
	T CrB	5958	16 00 21.7	+25 51 47	vdb	10.08	+1.34	+2.06	gM3: + Bep
		5943	16 00 54.4	−41 48 05		4.99	+0.99	+0.97	K0 II/III
49	Lib	5954	16 01 28.8	−16 35 32	db	5.47	+0.52	+0.52	F8 V
	η Lup	5948	16 01 29.2	−38 27 13	d	3.42	−0.21	−0.23	B2.5 IVn
7	δ Sco	5953	16 01 33.0	−22 40 43	dbm	2.29	−0.12	−0.09	B0.3 IV
13	θ Dra	5986	16 02 16.6	+58 30 40	b	4.01	+0.53	+0.55	F8 IV–V
8	β¹ Sco	5984	16 06 37.9	−19 51 36	db	2.56	−0.07	−0.04	B0.5 V
8	β² Sco	5985	16 06 38.2	−19 51 23	sd	4.90	−0.02	0.00	B2 V
	θ Lup	5987	16 07 56.6	−36 51 23		4.22	−0.18	−0.19	B2.5 Vn
	δ Nor	5980	16 07 56.8	−45 13 37		4.73	+0.23	+0.20	A7m
9	ω¹ Sco	5993	16 08 00.6	−20 43 23	s	3.93	−0.05	+0.01	B1 V
10	ω² Sco	5997	16 08 36.7	−20 55 21		4.31	+0.83	+0.85	G4 II–III
7	κ Her	6008	16 09 00.1	+16 59 37	d	5.00	+0.93	+0.93	G5 III
11	φ Her	6023	16 09 25.0	+44 52 55	vb	4.23	−0.05	−0.02	B9p Hg Mn
16	τ CrB	6018	16 09 43.3	+36 26 24	db	4.73	+1.02	+1.00	K1⁻ III–IV
19	UMi	6079	16 10 16.1	+75 49 31		5.48	−0.09	−0.07	B8 V
14	ν Sco	6027	16 13 11.4	−19 30 45	dbm	4.00	+0.08	+0.14	B2 IVp
	κ Nor	6024	16 15 06.3	−54 40 53	d	4.95	+1.02	+0.99	G8 III
1	δ Oph	6056	16 15 25.3	−03 44 44	d	2.73	+1.58	+1.82	M0.5 III
21	η UMi	6116	16 16 55.8	+75 42 26	d	4.95	+0.39	+0.46	F5 V
	δ TrA	6030	16 17 19.2	−63 44 08	d	3.86	+1.11	+1.03	G2 Ib–IIa
2	ε Oph	6075	16 19 24.5	−04 44 28	d	3.23	+0.97	+0.96	G9.5 IIIb Fe−0.5
22	τ Her	6092	16 20 21.5	+46 15 55	vd	3.91	−0.15	−0.19	B5 IV
		6077	16 20 50.8	−30 57 17	db	5.53	+0.47	+0.54	F6 III

Designation		BS=HR No.	Right Ascension	Declination	Notes	V	B–V	V–I	Spectral Type
			h m s	° ′ ″					
γ^2	Nor	6072	16 21 22.9	−50 12 14	d	4.01	+1.08	+1.03	K1$^+$ III
20 σ	Sco	6084	16 22 26.3	−25 38 25	vdbm	2.90	+0.30	+0.31	B1 III
20 γ	Her	6095	16 22 49.5	+19 06 22	db	3.74	+0.30	+0.34	A9 IIIbn
50 σ	Ser	6093	16 23 06.7	+00 58 56		4.82	+0.34	+0.39	F1 IV–V
δ^1	Aps	6020	16 23 28.7	−78 44 36	d	4.68	+1.68	+2.67	M4 IIIa
14 η	Dra	6132	16 24 16.4	+61 28 05	db	2.73	+0.91	+0.84	G8$^-$ IIIab
4 ψ	Oph	6104	16 25 18.3	−20 05 01		4.48	+1.00	+0.99	K0$^-$ II–III
24 ω	Her	6117	16 26 21.8	+13 59 15	vd	4.57	0.00	+0.02	B9p Cr
15	Dra	6161	16 27 57.1	+68 43 25		4.94	−0.05	+0.02	B9.5 III
7 χ	Oph	6118	16 28 12.9	−18 30 04	b	4.22	+0.22	+0.24	B1.5 Ve
ε	Nor	6115	16 28 41.6	−47 35 58	db	4.46	−0.07	−0.04	B4 V
21 α	Sco	6134	16 30 40.1	−26 28 33	vdbn42	1.06	+1.87	+2.90	M1.5 Iab–Ib
ζ	TrA	6098	16 30 41.9	−70 07 39	b	4.90	+0.56	+0.64	F9 V
27 β	Her	6148	16 31 06.1	+21 26 46	db	2.78	+0.95	+0.94	G7 IIIa Fe−0.5
10 λ	Oph	6149	16 31 56.9	+01 56 26	dbm	3.82	+0.02	+0.03	A1 IV
8 φ	Oph	6147	16 32 18.9	−16 39 21	d	4.29	+0.92	+0.89	G8$^+$ IIIa
		6143	16 32 43.6	−34 44 50		4.24	−0.17	−0.17	B2 III–IV
9 ω	Oph	6153	16 33 21.3	−21 30 31		4.45	+0.13	+0.12	Ap Sr Cr
35 σ	Her	6168	16 34 45.9	+42 23 45	db	4.20	−0.01	+0.02	A0 IIIn
γ	Aps	6102	16 36 39.6	−78 56 20	b	3.86	+0.92	+0.92	G8/K0 III
23 τ	Sco	6165	16 37 09.7	−28 15 24	s	2.82	−0.21	−0.24	B0 V
		6166	16 37 43.7	−35 17 44	b	4.18	+1.54	+1.72	K7 III
13 ζ	Oph	6175	16 38 17.4	−10 36 25		2.54	+0.04	+0.10	O9.5 Vn
42	Her	6200	16 39 18.3	+48 53 20	d	4.86	+1.56	+2.03	M3$^-$ IIIab
40 ζ	Her	6212	16 42 03.6	+31 33 59	dbm	2.81	+0.65	+0.70	G0 IV
		6196	16 42 45.7	−17 46 49		4.91	+1.10	+1.13	G7.5 II–III CN 1 Ba 0.5
44 η	Her	6220	16 43 36.0	+38 53 03	d	3.48	+0.92	+0.89	G7 III Fe−1
22 ε	UMi	6322	16 43 56.5	+82 00 02	vdb	4.21	+0.90	+0.91	G5 III
		6237	16 45 41.3	+56 44 45	db	4.84	+0.38	+0.44	F2 V$^+$
β	Aps	6163	16 46 03.2	−77 33 23	d	4.23	+1.06	+1.04	K0 III
α	TrA	6217	16 50 51.2	−69 03 44	n43	1.91	+1.45	+1.45	K2 IIb–IIIa
20	Oph	6243	16 50 58.2	−10 49 03	b	4.64	+0.48	+0.55	F7 III
26 ε	Sco	6241	16 51 29.7	−34 19 43		2.29	+1.14	+1.10	K2 III
η	Ara	6229	16 51 33.9	−59 04 32	d	3.77	+1.56	+1.67	K5 III
51	Her	6270	16 52 36.3	+24 37 23		5.03	+1.25	+1.11	K0.5 IIIa Ca 0.5
μ^1	Sco	6247	16 53 15.8	−38 04 50	vb	3.00	−0.20	−0.20	B1.5 IVn
μ^2	Sco	6252	16 53 43.7	−38 03 02		3.56	−0.21	−0.21	B2 IV
53	Her	6279	16 53 44.8	+31 40 08	d	5.34	+0.32	+0.37	F2 V
25 ι	Oph	6281	16 54 58.7	+10 07 59	b	4.39	−0.09	−0.13	B8 V
ζ^2	Sco	6271	16 56 01.8	−42 23 40		3.62	+1.39	+1.37	K3.5 IIIb
27 κ	Oph	6299	16 58 38.4	+09 20 40	as	3.19	+1.16	+1.10	K2 III
ζ	Ara	6285	17 00 19.4	−56 01 12		3.12	+1.55	+1.60	K4 III
58 ε	Her	6324	17 01 04.5	+30 53 50	db	3.92	−0.02	−0.04	A0 IV$^+$
ϵ^1	Ara	6295	17 01 13.4	−53 11 23		4.06	+1.45	+1.42	K4 IIIab
30	Oph	6318	17 02 08.5	−04 15 07	d	4.82	+1.48	+1.49	K4 III
59	Her	6332	17 02 21.8	+33 32 23		5.27	+0.03	+0.04	A3 IV–Vs
60	Her	6355	17 06 19.8	+12 42 51	d	4.89	+0.13	+0.11	A4 IV
22 ζ	Dra	6396	17 08 51.0	+65 41 22	d	3.17	−0.12	−0.14	B6 III
35 η	Oph	6378	17 11 33.3	−15 44 55	dbmn44	2.43	+0.06	+0.06	A2 Va$^+$ (Sr)
η	Sco	6380	17 13 37.5	−43 15 51		3.32	+0.44	+0.47	F2 V:p (Cr)

Designation			BS=HR No.	Right Ascension	Declination	Notes	V	B–V	V–I	Spectral Type
				h m s	° ′ ″					
64	α¹	Her	6406	17 15 35.0	+14 22 06	vsdm	2.78	+1.16	+1.13	M5 Ib−II
67	π	Her	6418	17 15 45.7	+36 47 14		3.16	+1.44	+1.31	K3 II
65	δ	Her	6410	17 15 52.5	+24 48 59	db	3.12	+0.08	+0.06	A1 Vann
	v656	Her	6452	17 21 13.1	+18 02 14		5.01	+1.65	+1.90	M1⁺ IIIab
72		Her	6458	17 21 25.7	+32 26 33	d	5.38	+0.62	+0.70	G0 V
53	ν	Ser	6446	17 21 58.9	−12 51 58	d	4.32	+0.04	+0.07	A1.5 IV
40	ξ	Oph	6445	17 22 14.2	−21 07 59	d	4.39	+0.39	+0.47	F2 V
42	θ	Oph	6453	17 23 16.2	−25 01 06	dvb	3.27	−0.19	−0.21	B2 IV
	ι	Aps	6411	17 24 23.7	−70 08 29	dm	5.39	−0.04	−0.02	B8/9 Vn
23	δ	UMi	6789	17 25 42.3	+86 34 17		4.35	+0.02	+0.04	A1 Van
	β	Ara	6461	17 27 00.5	−55 32 49		2.84	+1.48	+1.50	K3 Ib−IIa
	γ	Ara	6462	17 27 07.5	−56 23 40	d	3.31	−0.15	−0.12	B1 Ib
49	σ	Oph	6498	17 27 32.0	+04 07 27	s	4.34	+1.48	+1.44	K2 II
44		Oph	6486	17 27 37.4	−24 11 32		4.16	+0.28	+0.30	A9m:
			6493	17 27 43.2	−05 06 11	b	4.53	+0.39	+0.46	F2 V
45		Oph	6492	17 28 39.9	−29 53 01		4.28	+0.40	+0.45	δ Del
23	β	Dra	6536	17 30 53.8	+52 17 13	sd	2.79	+0.95	+0.93	G2 Ib−IIa
76	λ	Her	6526	17 31 34.1	+26 05 47		4.41	+1.43	+1.39	K3.5 III
27		Dra	6566	17 31 53.1	+68 07 19	db	5.07	+1.08	+1.04	G9 IIIb
34	υ	Sco	6508	17 32 09.6	−37 18 37	b	2.70	−0.18	−0.23	B2 IV
24	ν¹	Dra	6554	17 32 34.9	+55 10 15	b	4.89	+0.25	+0.28	A7m
25	ν²	Dra	6555	17 32 40.3	+55 09 35	db	4.86	+0.28	+0.30	A7m
	δ	Ara	6500	17 32 57.2	−60 41 54	d	3.60	−0.10	−0.10	B8 Vn
	α	Ara	6510	17 33 25.7	−49 53 24	db	2.84	−0.14	−0.15	B2 Vne
35	λ	Sco	6527	17 35 00.1	−37 07 00	vdbn45	1.62	−0.23	−0.24	B1.5 IV
55	α	Oph	6556	17 35 53.2	+12 32 48	bn46	2.08	+0.16	+0.17	A5 Vnn
28	ω	Dra	6596	17 36 50.0	+68 44 54	db	4.77	+0.43	+0.49	F4 V
			6546	17 37 57.6	−38 38 52		4.26	+1.08	+1.09	G8/K0 III/IV
55	ξ	Ser	6561	17 38 45.7	−15 24 35	db	3.54	+0.26	+0.29	F0 IIIb
	θ	Sco	6553	17 38 47.6	−43 00 31	m	1.86	+0.41	+0.48	F1 III
85	ι	Her	6588	17 40 02.7	+45 59 47	svdb	3.82	−0.18	−0.21	B3 IV
31	ψ	Dra	6636	17 41 34.8	+72 08 18	d	4.57	+0.43	+0.50	F5 V
56	o	Ser	6581	17 42 34.1	−12 53 04	b	4.24	+0.09	+0.10	A2 Va
	κ	Sco	6580	17 43 54.4	−39 02 19	vb	2.39	−0.17	−0.22	B1.5 III
84		Her	6608	17 44 12.1	+24 19 13	s	5.73	+0.68	+0.74	G2 IIIb
60	β	Oph	6603	17 44 29.2	+04 33 37		2.76	+1.17	+1.10	K2 III CN 0.5
58		Oph	6595	17 44 39.6	−21 41 29		4.86	+0.47	+0.54	F7 V:
	μ	Ara	6585	17 45 46.5	−51 50 33		5.12	+0.69	+0.71	G5 V
86	μ	Her	6623	17 47 15.8	+27 42 36	asd	3.42	+0.75	+0.71	G5 IV
	η	Pav	6582	17 47 44.9	−64 43 51		3.61	+1.16	+1.09	K1 IIIa CN 1
35		Dra	6701	17 48 32.2	+76 57 32		5.02	+0.52	+0.59	F7 IV
3	X	Sgr	6616	17 48 51.1	−27 50 12	v	4.53	+0.60	+0.76	F3 II
62	γ	Oph	6629	17 48 55.3	+02 42 04	b	3.75	+0.04	+0.05	A0 Van
	ι¹	Sco	6615	17 49 01.2	−40 07 58	sdb	2.99	+0.51	+0.64	F2 Ia
			6630	17 51 15.2	−37 02 52	d	3.19	+1.19	+1.15	K2 III
32	ξ	Dra	6688	17 53 53.0	+56 52 12	d	3.73	+1.18	+1.11	K2 III
89	v441	Her	6685	17 56 14.8	+26 02 53	svb	5.47	+0.34	+0.41	F2 Ibp
91	θ	Her	6695	17 56 57.4	+37 14 56		3.86	+1.35	+1.17	K1 IIa CN 2
33	γ	Dra	6705	17 57 05.0	+51 29 14	asdn47	2.24	+1.52	+1.54	K5 III
92	ξ	Her	6703	17 58 33.7	+29 14 49	v	3.70	+0.94	+0.89	G8.5 III

Designation	BS=HR No.	Right Ascension	Declination	Notes	V	B–V	V–I	Spectral Type
		h m s	° ′ ″					
94 ν Her	6707	17 59 17.3	+30 11 19	dm	4.41	+0.38	+0.51	F2m
64 ν Oph	6698	18 00 09.3	−09 46 28		3.32	+0.99	+0.95	G9 IIIa
93 Her	6713	18 00 58.2	+16 45 04		4.67	+1.25	+1.12	K0.5 IIb
67 Oph	6714	18 01 40.4	+02 55 56	sd	3.93	+0.03	+0.10	B5 Ib
68 Oph	6723	18 02 47.6	+01 18 22	dbm	4.42	+0.05	+0.06	A0.5 Van
W Sgr	6742	18 06 19.8	−29 34 38	vdb	4.66	+0.77	+0.81	G0 Ib/II
70 Oph	6752	18 06 29.3	+02 29 51	dvbm	4.03	+0.86	+0.96	K0− V
10 γ Sgr	6746	18 07 07.5	−30 25 19	b	2.98	+0.98	+0.99	K0+ III
	6791	18 08 05.8	+43 27 56	sb	5.00	+0.91	+0.91	G8 III CN−1 CH−3
θ Ara	6743	18 08 13.6	−50 05 16		3.65	−0.10	−0.06	B2 Ib
72 Oph	6771	18 08 19.3	+09 34 06	db	3.71	+0.16	+0.18	A5 IV–V
103 o Her	6779	18 08 20.6	+28 45 59	db	3.84	−0.02	−0.02	A0 II–III
102 Her	6787	18 09 38.1	+20 49 09	d	4.37	−0.16	−0.19	B2 IV
π Pav	6745	18 10 33.2	−63 39 54	b	4.33	+0.23	+0.23	A7p Sr
ε Tel	6783	18 12 45.0	−45 56 55	d	4.52	+1.01	+0.95	K0 III
36 Dra	6850	18 14 00.9	+64 24 16	d	4.99	+0.44	+0.51	F5 V
13 μ Sgr	6812	18 14 59.4	−21 03 06	db	3.84	+0.20	+0.21	B9 Ia
	6819	18 18 51.1	−56 00 52	b	5.36	−0.05	−0.01	B3 IIIpe
η Sgr	6832	18 19 00.8	−36 45 13	d	3.10	+1.58	+2.24	M3.5 IIIab
43 φ Dra	6920	18 20 27.7	+71 20 54	vdbm	4.22	−0.09	−0.11	A0p Si
1 κ Lyr	6872	18 20 34.8	+36 04 29		4.33	+1.16	+1.10	K2− IIIab CN 0.5
44 χ Dra	6927	18 20 41.1	+72 44 28	db	3.55	+0.49	+0.62	F7 V
74 Oph	6866	18 21 53.5	+03 23 16	d	4.85	+0.91	+0.90	G8 III
19 δ Sgr	6859	18 22 18.4	−29 49 03	d	2.72	+1.38	+1.35	K2.5 IIIa CN 0.5
58 η Ser	6869	18 22 22.3	−02 53 31	d	3.23	+0.94	+0.96	K0 III–IV
109 Her	6895	18 24 34.3	+21 46 49	sd	3.85	+1.17	+1.13	K2 IIIab
ξ Pav	6855	18 25 06.8	−61 28 55	db	4.35	+1.46	+1.50	K4 III
20 ε Sgr	6879	18 25 31.9	−34 22 23	dn48	1.79	−0.03	+0.01	A0 II−n (shell)
α Tel	6897	18 28 29.5	−45 57 18		3.49	−0.18	−0.18	B3 IV
22 λ Sgr	6913	18 29 14.1	−25 24 31		2.82	+1.03	+1.04	K1 IIIb
γ Sct	6930	18 30 21.9	−14 33 04		4.67	+0.08	+0.10	A2 III−
ζ Tel	6905	18 30 24.5	−49 03 26		4.10	+1.00	+1.02	G8/K0 III
60 Ser	6935	18 30 45.0	−01 58 14	b	5.38	+0.96	+0.95	K0 III
θ CrA	6951	18 34 57.9	−42 17 44		4.62	+0.99	+0.95	G8 III
α Sct	6973	18 36 19.4	−08 13 41		3.85	+1.32	+1.28	K3 III
	6985	18 37 26.5	+09 08 24	b	5.38	+0.39	+0.45	F5 IIIs
3 α Lyr	7001	18 37 38.0	+38 48 14	asdn49	0.03	0.00	−0.01	A0 Va
δ Sct	7020	18 43 23.8	−09 01 53	vdb	4.70	+0.36	+0.40	F2 III (str. met.)
ε Sct	7032	18 44 38.2	−08 15 12	d	4.88	+1.11	+1.07	G8 IIb
ζ Pav	6982	18 45 25.1	−71 24 26	d	4.01	+1.13	+1.14	K0 III
6 ξ¹ Lyr	7056	18 45 28.7	+37 37 39	db	4.34	+0.19	+0.18	A5m
50 Dra	7124	18 45 41.8	+75 27 26	b	5.37	+0.05	+0.06	A1 Vn
110 Her	7061	18 46 32.7	+20 34 02	d	4.19	+0.48	+0.55	F6 V
	7064	18 46 54.1	+26 41 07		4.83	+1.20	+1.16	K2 III
27 φ Sgr	7039	18 46 56.2	−26 58 04	b	3.17	−0.11	−0.10	B8 III
111 Her	7069	18 47 55.6	+18 12 20	db	4.34	+0.15	+0.16	A3 Va+
β Sct	7063	18 48 15.7	−04 43 28	b	4.22	+1.09	+1.09	G4 IIa
R Sct	7066	18 48 34.6	−05 40 54	vs	5.38	+1.28	+1.42	K0 Ib:p Ca−1
η¹ CrA	7062	18 50 19.1	−43 39 20		5.46	+0.13	+0.15	A2 Vn
10 β Lyr	7106	18 50 50.2	+33 23 15	cvdb	3.52	0.00	+0.02	B7 Vpe (shell)

Designation	BS=HR No.	Right Ascension	Declination	Notes	V	B−V	V−I	Spectral Type
		h m s	° ′ ″					
47 *o* Dra	7125	18 51 30.2	+59 24 50	dvb	4.63	+1.19	+1.20	G9 III Fe−0.5
λ Pav	7074	18 54 06.6	−62 09 41	d	4.22	−0.15	−0.14	B2 II−III
52 *υ* Dra	7180	18 54 08.4	+71 19 27	b	4.82	+1.15	+1.10	K0 III CN 0.5
12 *δ²* Lyr	7139	18 55 13.3	+36 55 32	d	4.22	+1.58	+2.60	M4 II
13 R Lyr	7157	18 55 57.5	+43 58 26	vsb	4.08	+1.40	+3.14	M5 III (var)
34 *σ* Sgr	7121	18 56 32.1	−26 16 10	dn50	2.05	−0.13	−0.13	B3 IV
63 *θ¹* Ser	7141	18 57 14.3	+04 13 54	d	4.62	+0.16	+0.20	A5 V
37 *ξ²* Sgr	7150	18 58 57.1	−21 04 41		3.52	+1.15	+1.09	K1 III
κ Pav	7107	18 59 03.2	−67 12 17	v	4.40	+0.53	+0.59	F5 I−II
14 *γ* Lyr	7178	18 59 42.7	+32 43 08	d	3.25	−0.05	−0.03	B9 II
λ Tel	7134	19 00 05.9	−52 54 34	b	4.85	−0.05	−0.03	A0 III⁺
13 *ε* Aql	7176	19 00 33.2	+15 05 51	db	4.02	+1.08	+1.00	K1⁻ III CN 0.5
12 Aql	7193	19 02 46.5	−05 42 31		4.02	+1.08	+1.08	K1 III
38 *ζ* Sgr	7194	19 03 54.9	−29 50 56	dbm	2.60	+0.06	+0.06	A2 IV−V
39 *o* Sgr	7217	19 05 54.6	−21 42 35	d	3.76	+1.01	+0.98	G9 IIIb
χ Oct	6721	19 06 17.7	−87 34 37		5.29	+1.30	+1.26	K3 III
17 *ζ* Aql	7235	19 06 21.1	+13 53 43	db	2.99	+0.01	−0.01	A0 Vann
16 *λ* Aql	7236	19 07 20.2	−04 51 01		3.43	0.10	−0.09	A0 IVp (wk 4481)
18 *ι* Lyr	7262	19 08 02.0	+36 08 00	d	5.25	−0.11	−0.09	B6 IV
40 *τ* Sgr	7234	19 08 13.1	−27 38 19	b	3.32	+1.17	+1.15	K1.5 IIIb
α CrA	7254	19 10 51.8	−37 52 14		4.11	+0.04	+0.03	A2 IVn
41 *π* Sgr	7264	19 10 58.9	−20 59 22	d	2.88	+0.38	+0.44	F2 II−III
β CrA	7259	19 11 26.2	−39 18 23		4.10	+1.16	+1.11	K0 II
57 *δ* Dra	7310	19 12 33.3	+67 41 51	d	3.07	+0.99	+0.94	G9 III
20 Aql	7279	19 13 47.4	−07 54 13		5.35	+0.09	+0.11	B3 V
20 *η* Lyr	7298	19 14 27.4	+39 10 56	db	4.43	−0.15	−0.19	B2.5 IV
60 *τ* Dra	7352	19 15 08.7	+73 23 34	b	4.45	+1.26	+1.15	K2⁺ IIIb CN 1
21 *θ* Lyr	7314	19 17 04.8	+38 10 16	d	4.35	+1.26	+1.13	K0 II
1 *κ* Cyg	7328	19 17 34.6	+53 24 25	b	3.80	+0.95	+0.85	G9 III
25 *ω¹* Aql	7315	19 18 46.7	+11 38 01		5.28	+0.20	+0.21	F0 IV
43 Sgr	7304	19 18 50.0	−18 54 53		4.88	+1.01	+0.99	G8 II−III
44 *ρ¹* Sgr	7340	19 22 51.6	−17 48 25		3.92	+0.23	+0.25	F0 III−IV
46 *υ* Sgr	7342	19 22 54.0	−15 54 54	b	4.52	+0.08	+0.34	Apep
β¹ Sgr	7337	19 24 06.4	−44 25 07	d	3.96	−0.09	−0.07	B8 V
β² Sgr	7343	19 24 41.7	−44 45 33		4.27	+0.35	+0.42	F0 IV
α Sgr	7348	19 25 18.2	−40 34 32	b	3.96	−0.11	−0.10	B8 V
31 Aql	7373	19 25 56.8	+11 59 23	d	5.17	+0.76	+0.75	G7 IV H*δ* 1
30 *δ* Aql	7377	19 26 31.9	+03 09 25	db	3.36	+0.32	+0.38	F2 IV−V
6 *α* Vul	7405	19 29 33.5	+24 42 27	d	4.44	+1.50	+1.68	M0.5 IIIb
10 *ι²* Cyg	7420	19 30 13.3	+51 46 27		3.76	+0.15	+0.18	A4 V
6 *β* Cyg	7417	19 31 32.9	+28 00 14	cdm	3.05	+1.09	+1.05	K3 II + B9.5 V
36 Aql	7414	19 31 44.1	−02 44 41		5.03	+1.77	+2.29	M1 IIIab
61 *σ* Dra	7462	19 32 19.0	+69 41 46	asd	4.67	+0.79	+0.85	K0 V
8 Cyg	7426	19 32 32.1	+34 29 51		4.74	−0.15	−0.12	B3 IV
38 *μ* Aql	7429	19 35 05.4	+07 25 26	d	4.45	+1.18	+1.14	K3⁻ IIIb Fe 0.5
ι Tel	7424	19 36 43.9	−48 03 11		4.88	+1.10	+1.06	K0 III
13 *θ* Cyg	7469	19 36 59.5	+50 16 10	d	4.49	+0.40	+0.44	F4 V
41 *ι* Aql	7447	19 37 46.9	−01 14 23	d	4.36	−0.08	−0.06	B5 III
52 Sgr	7440	19 37 57.1	−24 50 12	d	4.59	−0.08	−0.06	B8/9 V
39 *κ* Aql	7446	19 37 59.6	−06 58 50		4.93	−0.05	+0.03	B0.5 IIIn

Designation			BS=HR No.	Right Ascension	Declination	Notes	V	B–V	V–I	Spectral Type
				h m s	° ′ ″					
5	α	Sge	7479	19 41 00.8	+18 03 44	d	4.39	+0.78	+0.77	G1 II
			7495	19 41 28.1	+45 34 28	sd	5.06	+0.43	+0.49	F5 II–III
54		Sgr	7476	19 41 53.7	−16 14 41	d	5.30	+1.11	+1.14	K2 III
6	β	Sge	7488	19 41 58.2	+17 31 29		4.39	+1.04	+0.96	G8 IIIa CN 0.5
16		Cyg	7503	19 42 21.6	+50 34 24	sd	5.99	+0.64	+0.61	G1.5 Vb
16		Cyg	7504	19 42 24.7	+50 33 57	s	6.25	+0.66	+0.61	G3 V
55		Sgr	7489	19 43 41.4	−16 04 28	b	5.06	+0.32	+0.37	F0 IVn:
10		Vul	7506	19 44 34.1	+25 49 20		5.50	+0.94	+0.93	G8 III
15		Cyg	7517	19 45 01.0	+37 24 18		4.89	+0.95	+0.94	G8 III
18	δ	Cyg	7528	19 45 36.9	+45 10 54	dbm	2.86	0.00	−0.02	B9.5 III
50	γ	Aql	7525	19 47 14.0	+10 39 52	d	2.72	+1.51	+1.44	K3 II
56		Sgr	7515	19 47 33.4	−19 42 37		4.87	+1.06	+1.03	K0+ III
63	ε	Dra	7582	19 48 05.6	+70 19 12	dbm	3.84	+0.89	+0.88	G7 IIIb Fe−1
7	δ	Sge	7536	19 48 18.1	+18 35 10	cdbm	3.68	+1.31	+1.27	M2 II + Aθ V
	ν	Tel	7510	19 49 41.0	−56 18 40		5.33	+0.20	+0.21	A9 Vn
	χ	Cyg	7564	19 51 21.2	+32 58 01	vd	7.91	+2.10	+6.13	S6+/1e
53	α	Aql	7557	19 51 47.0	+08 55 26	dvn51	0.76	+0.22	+0.27	A7 Vnn
51		Aql	7553	19 51 54.4	−10 42 36	d	5.38	+0.40	+0.47	F0 V
			7589	19 52 36.1	+47 04 52	s	5.60	−0.08	0.00	O9.5 Iab
	v3961	Sgr	7552	19 53 13.8	−39 49 14	svb	5.32	−0.05	−0.02	A0p Si Cr Eu
9		Sge	7574	19 53 16.6	+18 43 33	sb	6.24	−0.03	−0.01	O8 If
55	η	Aql	7570	19 53 31.0	+01 03 35	vb	3.87	+0.63	+0.73	F6−G1 Ib
	v1291	Aql	7575	19 54 23.1	−03 03 36	s	5.63	+0.23	+0.26	A5p Sr Cr Eu
60	β	Aql	7602	19 56 19.2	+06 27 33	ad	3.71	+0.86	+0.89	G8 IV
	ι	Sgr	7581	19 56 40.2	−41 48 46		4.12	+1.06	+1.09	G8 III
21	η	Cyg	7615	19 57 04.5	+35 08 20	d	3.89	+1.02	+0.98	K0 III
61		Sgr	7614	19 59 06.7	−15 26 08		5.01	+0.06	+0.05	A3 Va
12	γ	Sge	7635	19 59 40.1	+19 32 56	s	3.51	+1.57	+1.65	M0− III
	θ¹	Sgr	7623	20 01 04.0	−35 13 09	db	4.37	−0.15	−0.15	B2.5 IV
15	NT	Vul	7653	20 01 56.7	+27 48 41	b	4.66	+0.18	+0.19	A7m
	ε	Pav	7590	20 02 55.6	−72 51 12		3.97	−0.03	−0.04	A0 Va
62 v3872		Sgr	7650	20 03 54.9	−27 39 05		4.43	+1.64	+2.50	M4.5 III
1	κ	Cep	7750	20 08 09.7	+77 46 20	dm	4.38	−0.05	−0.06	B9 III
	ξ	Tel	7673	20 08 56.8	−52 49 13	b	4.93	+1.59	+1.83	M1 IIab
28 v1624		Cyg	7708	20 10 11.3	+36 54 03	b	4.93	−0.14	−0.13	B2.5 V
	δ	Pav	7665	20 10 43.0	−66 07 38		3.55	+0.75	+0.76	G6/8 IV
65	θ	Aql	7710	20 12 21.7	−00 45 34	db	3.24	−0.07	−0.06	B9.5 III+
33		Cyg	7740	20 13 52.4	+56 37 52	b	4.28	+0.11	+0.14	A3 IVn
31	o¹	Cyg	7735	20 14 16.7	+46 48 16	cvdb	3.80	+1.27	+1.15	K2 II + B4 V
67	ρ	Aql	7724	20 15 13.5	+15 15 40	b	4.94	+0.07	+0.09	A1 Va
32	o²	Cyg	7751	20 16 06.4	+47 46 41	cvdb	3.96	+1.45	+1.45	K3 II + B9: V
24		Vul	7753	20 17 39.7	+24 44 07		5.30	+0.95	+0.94	G8 III
34	P	Cyg	7763	20 18 32.6	+38 05 51	vs	4.77	+0.38	+0.44	B1pe
5	α¹	Cap	7747	20 18 46.9	−12 26 37	dbm	4.30	+0.93	+1.05	G3 Ib
6	α²	Cap	7754	20 19 11.4	−12 28 48	db	3.58	+0.88	+0.92	G9 III
9	β	Cap	7776	20 22 09.7	−14 42 55	cdb	3.05	+0.79	+0.90	K0 II: + A5n: V:
37	γ	Cyg	7796	20 22 57.9	+40 19 23	asd	2.23	+0.67	+0.65	F8 Ib
			7794	20 24 11.6	+05 24 35		5.30	+0.98	+0.96	G8 III–IV
39		Cyg	7806	20 24 40.8	+32 15 26	s	4.43	+1.33	+1.31	K2.5 III Fe−0.5
	α	Pav	7790	20 27 15.4	−56 40 03	dbn52	1.94	−0.12	−0.10	B2.5 V

Designation			BS=HR No.	Right Ascension	Declination	Notes	V	B–V	V–I	Spectral Type
				h m s	° ′ ″					
2	θ	Cep	7850	20 29 55.3	+63 03 48	b	4.21	+0.20	+0.20	A7m
41		Cyg	7834	20 30 14.0	+30 26 17		4.01	+0.40	+0.46	F5 II
69		Aql	7831	20 30 43.2	−02 48 58		4.91	+1.16	+1.12	K2 III
73	AF	Dra	7879	20 31 12.8	+75 01 28	b	5.18	+0.10	+0.11	A0p Sr Cr Eu
2	ε	Del	7852	20 34 11.5	+11 22 26		4.03	−0.12	−0.10	B6 III
6	β	Del	7882	20 38 30.6	+14 40 03	dbm	3.64	+0.43	+0.50	F5 IV
	α	Ind	7869	20 39 00.0	−47 13 06	d	3.11	+1.00	+0.98	K0 III CN−1
71		Aql	7884	20 39 23.7	−01 01 56	db	4.31	+0.95	+0.91	G7.5 IIIa
29		Vul	7891	20 39 26.3	+21 16 27		4.81	−0.03	−0.01	A0 Va (shell)
7	κ	Del	7896	20 40 07.5	+10 09 34	d	5.07	+0.70	+0.75	G2 IV
9	α	Del	7906	20 40 35.4	+15 59 08	dbm	3.77	−0.06	−0.01	B9 IV
15	υ	Cap	7900	20 41 12.8	−18 03 55		5.15	+1.65	+2.02	M1 III
49		Cyg	7921	20 41 52.4	+32 22 52	sdbm	5.53	+0.87	+0.88	G8 IIb
50	α	Cyg	7924	20 42 07.9	+45 21 16	asdbn53	1.25	+0.09	+0.16	A2 Ia
11	δ	Del	7928	20 44 25.0	+15 08 57	vb	4.43	+0.30	+0.34	F0m
	η	Ind	7920	20 45 32.0	−51 50 46		4.51	+0.28	+0.30	A9 IV
3	η	Cep	7957	20 45 42.2	+61 55 08	d	3.41	+0.91	+0.94	K0 IV
			7955	20 45 51.6	+57 39 14	db	4.52	+0.54	+0.58	F8 IV−V
52		Cyg	7942	20 46 30.6	+30 47 44	d	4.22	+1.05	+1.01	K0 IIIa
	β	Pav	7913	20 46 46.8	−66 07 39		3.42	+0.16	+0.20	A6 IV−
53	ε	Cyg	7949	20 47 02.5	+34 02 53	adb	2.48	+1.02	+1.00	K0 III
16	ψ	Cap	7936	20 47 18.3	−25 11 45		4.13	+0.43	+0.49	F4 V
12	γ²	Del	7948	20 47 36.6	+16 11 57	dm	4.27	+1.04	+1.03	K1 IV
54	λ	Cyg	7963	20 48 12.5	+36 34 01	dbm	4.53	−0.08	−0.12	B6 IV
2	ε	Aqr	7950	20 48 47.0	−09 25 10		3.78	0.00	−0.01	A1 III−
3	EN	Aqr	7951	20 48 49.0	−04 57 05		4.43	+1.64	+2.21	M3 III
55	v1661	Cyg	7977	20 49 38.2	+46 11 27	sd	4.81	+0.57	+0.59	B2.5 Ia
	ι	Mic	7943	20 49 52.0	−43 54 45	d	5.11	+0.36	+0.42	F1 IV
18	ω	Cap	7980	20 53 02.5	−26 50 28		4.12	+1.63	+1.76	M0 III Ba 0.5
6	μ	Aqr	7990	20 53 45.5	−08 54 19	db	4.73	+0.33	+0.36	F2m
32		Vul	8008	20 55 26.1	+28 08 11		5.03	+1.48	+1.50	K4 III
	β	Ind	7986	20 56 23.8	−58 22 31	d	3.67	+1.25	+1.11	K1 II
			8023	20 57 18.2	+45 00 16	sb	5.96	+0.02	+0.04	O6 V
58	ν	Cyg	8028	20 57 56.3	+41 14 49	dbm	3.94	+0.03	+0.01	A0.5 IIIn
33		Vul	8032	20 59 11.4	+22 24 22		5.30	+1.42	+1.40	K3.5 III
59	v832	Cyg	8047	21 00 31.4	+47 36 06	dbm	4.74	−0.08	−0.06	B1.5 Vnne
20	AO	Cap	8033	21 00 45.8	−18 57 17	sv	6.26	−0.11	−0.09	B9psi
	γ	Mic	8039	21 02 32.6	−32 10 35	d	4.67	+0.89	+0.90	G8 III
	ζ	Mic	8048	21 04 16.2	−38 33 00		5.32	+0.42	+0.49	F3 V
62	ξ	Cyg	8079	21 05 40.7	+44 00 37	sb	3.72	+1.61	+1.63	K4.5 Ib−II
23	θ	Cap	8075	21 07 05.8	−17 09 01	b	4.08	−0.01	0.00	A1 Va+
	α	Oct	8021	21 07 07.8	−76 56 35	cvb	5.13	+0.49	+0.66	G2 III + A7 III
61	v1803	Cyg	8085	21 07 49.2	+38 51 04	asd	5.20	+1.07	+1.13	K5 V
61		Cyg	8086	21 07 50.4	+38 50 36	sd	6.05	+1.31	+1.27	K7 V
24		Cap	8080	21 08 19.4	−24 55 22	d	4.49	+1.60	+1.81	M1− III
13	ν	Aqr	8093	21 10 42.5	−11 17 15		4.50	+0.93	+0.92	G8+ III
5	γ	Equ	8097	21 11 20.3	+10 12 54	dm	4.70	+0.26	+0.26	F0p Sr Eu
64	ζ	Cyg	8115	21 13 48.6	+30 18 42	sdb	3.21	+0.99	+0.97	G8+ III−IIIa Ba 0.5
			8110	21 14 30.0	−27 32 04		5.41	+1.43	+1.41	K5 III
	o	Pav	8092	21 15 13.7	−70 02 27	b	5.06	+1.58	+2.03	M1/2 III

Designation			BS=HR No.	Right Ascension	Declination	Notes	V	B–V	V–I	Spectral Type
				h m s	° ′ ″					
7	δ	Equ	8123	21 15 28.7	+10 05 28	dbm	4.47	+0.53	+0.57	F8 V
65	τ	Cyg	8130	21 15 36.7	+38 08 01	dbm	3.74	+0.39	+0.46	F2 V
8	α	Equ	8131	21 16 50.9	+05 20 01	cdb	3.92	+0.55	+0.62	G2 II–III + A4 V
67	σ	Cyg	8143	21 18 13.3	+39 28 53	b	4.22	+0.10	+0.25	B9 Iab
66	υ	Cyg	8146	21 18 45.7	+34 59 02	db	4.41	−0.10	−0.09	B2 Ve
5	α	Cep	8162	21 19 04.0	+62 40 22	d	2.45	+0.26	+0.26	A7 V⁺n
	ε	Mic	8135	21 19 10.6	−32 05 09		4.71	+0.07	+0.09	A1m A2 Va⁺
	θ	Ind	8140	21 21 18.9	−53 21 44	dm	4.39	+0.19	+0.21	A5 IV–V
	θ¹	Mic	8151	21 22 03.9	−40 43 17	dvm	4.80	+0.03	+0.07	Ap Cr Eu
1		Peg	8173	21 23 02.1	+19 53 35	db	4.08	+1.11	+1.05	K1 III
32	ι	Cap	8167	21 23 23.1	−16 44 46		4.28	+0.89	+0.89	G7 III Fe−1.5
18		Aqr	8187	21 25 18.6	−12 47 21	d	5.48	+0.30	+0.34	F0 V⁺
	σ	Oct	7228	21 25 33.5	−88 52 12	vn59	5.45	+0.28	+0.32	F0 III
69		Cyg	8209	21 26 37.4	+36 45 24	sd	5.93	+0.03	−0.12	B0 Ib
34	ζ	Cap	8204	21 27 50.0	−22 19 17	db	3.77	+1.00	+0.88	G4 Ib: Ba 2
	γ	Pav	8181	21 28 06.7	−65 16 19		4.21	+0.49	+0.61	F6 Vp
8	β	Cep	8238	21 28 55.0	+70 39 03	vdb	3.23	−0.20	−0.25	B1 III
36		Cap	8213	21 29 53.3	−21 43 01		4.50	+0.89	+0.89	G7 IIIb Fe−1
71		Cyg	8228	21 30 12.4	+46 37 54		5.22	+0.97	+0.95	K0⁻ III
2		Peg	8225	21 30 52.7	+23 43 46	d	4.52	+1.62	+1.82	M1⁺ III
22	β	Aqr	8232	21 32 38.2	−05 28 48	asd	2.90	+0.83	+0.82	G0 Ib
73	ρ	Cyg	8252	21 34 45.2	+45 40 59		3.98	+0.89	+0.94	G8 III Fe−0.5
74		Cyg	8266	21 37 46.4	+40 30 23		5.04	+0.20	+0.22	A5 V
9 v337		Cep	8279	21 38 28.2	+62 10 30	as	4.76	+0.25	+0.38	B2 Ib
5		Peg	8267	21 38 43.0	+19 24 42		5.46	+0.32	+0.37	F0 V⁺
23	ξ	Aqr	8264	21 38 50.5	−07 45 41	db	4.68	+0.18	+0.19	A5 Vn
75		Cyg	8284	21 40 59.5	+43 22 03	sd	5.09	+1.60	+1.92	M1 IIIab
40	γ	Cap	8278	21 41 13.4	−16 34 08	b	3.69	+0.32	+0.32	A7m:
11		Cep	8317	21 42 12.9	+71 24 22		4.55	+1.11	+1.07	K0.5 III
	ν	Oct	8254	21 43 40.9	−77 17 50	b	3.73	+1.01	+0.98	K0 III
	μ	Cep	8316	21 44 08.2	+58 52 29	vasd	4.23	+2.24	+3.57	M2⁻ Ia
8	ε	Peg	8308	21 45 11.6	+09 58 11	sdn54	2.38	+1.52	+1.42	K2 Ib–II
9		Peg	8313	21 45 29.0	+17 26 41	as	4.34	+1.16	+1.05	G5 Ib
10	κ	Peg	8315	21 45 34.5	+25 44 24	dbm	4.14	+0.43	+0.48	F5 IV
10	ν	Cep	8334	21 46 02.4	+61 12 57		4.25	+0.47	+0.73	A2 Ia
9	ι	PsA	8305	21 46 09.7	−32 55 53	db	4.35	−0.05	−0.05	A0 IV
81	π²	Cyg	8335	21 47 33.2	+49 24 18	dbm	4.23	−0.12	−0.13	B2.5 III
49	δ	Cap	8322	21 48 10.2	−16 02 00	vdb	2.85	+0.18	+0.35	F2m
14		Peg	8343	21 50 45.2	+30 16 13	b	5.07	+0.01	+0.03	A1 Vs
	o	Ind	8333	21 52 29.2	−69 31 58		5.52	+1.38	+1.35	K2/3 III
16		Peg	8356	21 53 59.8	+26 01 20	b	5.09	−0.16	−0.15	B3 V
51	μ	Cap	8351	21 54 24.7	−13 27 16		5.08	+0.38	+0.43	F2 V
	γ	Gru	8353	21 55 09.8	−37 16 03		3.00	−0.08	−0.10	B8 IV–Vs
13		Cep	8371	21 55 34.6	+56 42 32	s	5.74	+0.66	+1.00	B8 Ib
	δ	Ind	8368	21 59 17.9	−54 53 39	dm	4.40	+0.30	+0.35	F0 III–IVn
17	ξ	Cep	8417	22 04 23.1	+64 43 42	dbm	4.26	+0.38	+0.44	A7m:
	ε	Ind	8387	22 04 54.8	−56 42 02		4.69	+1.06	+1.15	K4/5 V
20		Cep	8426	22 05 38.0	+62 53 10		5.27	+1.41	+1.39	K4 III
19		Cep	8428	22 05 46.8	+62 22 48	sd	5.07	+0.24	+0.15	O9.5 Ib
34	α	Aqr	8414	22 06 50.2	−00 13 10	sd	2.95	+0.97	+0.92	G2 Ib

Designation	BS=HR No.	Right Ascension	Declination	Notes	V	B–V	V–I	Spectral Type
		h m s	° ′ ″					
λ Gru	8411	22 07 20.6	−39 26 37		4.47	+1.35	+1.31	K3 III
33 ι Aqr	8418	22 07 32.5	−13 46 10	b	4.29	−0.08	−0.06	B9 IV–V
24 ι Peg	8430	22 07 58.0	+25 26 45	db	3.77	+0.44	+0.51	F5 V
α Gru	8425	22 09 30.9	−46 51 39	dn55	1.73	−0.07	−0.05	B7 Vn
14 μ PsA	8431	22 09 34.4	−32 53 16		4.50	+0.05	+0.06	A1 IVnn
24 Cep	8468	22 10 11.8	+72 26 33		4.79	+0.92	+0.91	G7 II–III
29 π Peg	8454	22 10 54.0	+33 16 46		4.28	+0.47	+0.52	F3 III
	8546	22 11 09.8	+86 12 36	b	5.27	−0.03	−0.01	B9.5 Vn
26 θ Peg	8450	22 11 14.0	+06 17 58	b	3.52	+0.09	+0.09	A2m A1 IV–V
21 ζ Cep	8465	22 11 34.1	+58 18 10	b	3.39	+1.56	+1.58	K1.5 Ib
22 λ Cep	8469	22 12 12.5	+59 30 58	s	5.05	+0.19	+0.21	O6 If
	8485	22 14 45.7	+39 49 02	dbm	4.50	+1.39	+1.36	K2.5 III
16 λ PsA	8478	22 15 28.2	−27 39 52		5.45	−0.12	−0.11	B8 III
23 ε Cep	8494	22 15 47.8	+57 08 47	db	4.18	+0.28	+0.33	A9 IV
1 Lac	8498	22 16 52.0	+37 51 05		4.14	+1.45	+1.33	K3⁻ II–III
43 θ Aqr	8499	22 17 54.8	−07 40 50		4.17	+0.98	+0.95	G9 III
α Tuc	8502	22 19 53.3	−60 09 24	b	2.87	+1.39	+1.37	K3 III
ε Oct	8481	22 22 12.8	−80 20 11		5.09	+1.28	+3.21	M6 III
31 IN Peg	8520	22 22 31.7	+12 18 33		4.82	−0.13	−0.16	B2 IV–V
48 γ Aqr	8518	22 22 42.9	−01 17 00	db	3.86	−0.06	−0.06	B9.5 III–IV
47 Aqr	8516	22 22 43.1	−21 29 41		5.12	+1.06	+1.02	K0 III
3 β Lac	8538	22 24 22.2	+52 19 56	d	4.42	+1.02	+1.03	G9 IIIb Ca 1
52 π Aqr	8539	22 26 19.4	+01 28 55		4.80	−0.17	−0.18	B1 Ve
δ Tuc	8540	22 28 46.1	−64 51 40	dm	4.51	−0.03	−0.01	B9.5 IVn
ν Gru	8552	22 29 50.9	−39 01 39	d	5.47	+0.96	+1.01	G8 III
55 ζ² Aqr	8559	22 29 53.2	+00 05 08	cdm	3.65	+0.41	+0.50	F2.5 IV–V
27 δ Cep	8571	22 29 56.2	+58 31 14	vdb	4.07	+0.78	+0.81	F5–G2 Ib
29 ρ² Cep	8591	22 30 02.7	+78 55 47	b	5.45	+0.09	+0.11	A3 V
5 Lac	8572	22 30 23.3	+47 48 44	cdb	4.34	+1.68	+1.90	M0 II + B8 V
δ¹ Gru	8556	22 30 29.2	−43 23 25	d	3.97	+1.02	+0.98	G6/8 III
δ² Gru	8560	22 30 58.4	−43 38 37	d	4.12	+1.57	+2.49	M4.5 IIIa
6 Lac	8579	22 31 22.6	+43 13 44	b	4.52	−0.09	−0.09	B2 IV
57 σ Aqr	8573	22 31 43.8	−10 34 21	dbm	4.82	−0.05	−0.04	A0 IV
7 α Lac	8585	22 32 08.4	+50 23 18	d	3.76	+0.03	+0.05	A1 Va
17 β PsA	8576	22 32 39.9	−32 14 25	d	4.29	+0.01	+0.03	A1 Va
59 υ Aqr	8592	22 35 48.7	−20 36 10		5.21	+0.45	+0.49	F5 V
31 Cep	8615	22 36 16.5	+73 45 00		5.08	+0.40	+0.46	F3 III–IV
62 η Aqr	8597	22 36 24.6	−00 00 41		4.04	−0.08	−0.07	B9 IV–V:n
63 κ Aqr	8610	22 38 49.0	−04 07 18	d	5.04	+1.14	+1.10	K1.5 IIIb CN 0.5
30 Cep	8627	22 39 23.0	+63 41 29	b	5.19	+0.08	+0.10	A3 IV
10 Lac	8622	22 40 11.1	+39 09 27	ad	4.89	−0.21	−0.23	O9 V
	8626	22 40 30.2	+37 42 00	sd	6.03	+0.85	+0.87	G3 Ib–II: CN−1 CH 2 Fe−1
11 Lac	8632	22 41 25.0	+44 23 02		4.50	+1.32	+1.25	K2.5 III
18 ε PsA	8628	22 41 47.1	−26 56 10		4.18	−0.11	−0.07	B8 Ve
42 ζ Peg	8634	22 42 29.1	+10 56 20	d	3.41	−0.09	−0.06	B8.5 III
β Gru	8636	22 43 53.0	−46 46 37		2.07	+1.61	+2.60	M4.5 III
44 η Peg	8650	22 43 58.0	+30 19 44	cdb	2.93	+0.85	+0.87	G8 II + F0 V
13 Lac	8656	22 45 00.6	+41 55 38	d	5.11	+0.96	+0.95	K0 III
47 λ Peg	8667	22 47 31.3	+23 40 26		3.97	+1.07	+0.99	G8 IIIa CN 0.5
46 ξ Peg	8665	22 47 43.1	+12 16 43	d	4.20	+0.50	+0.60	F6 V

Designation			BS=HR No.	Right Ascension	Declination	Notes	V	B–V	V–I	Spectral Type
				h m s	° ′ ″					
	β	Oct	8630	22 48 02.2	−81 16 24	b	4.13	+0.21	+0.24	A7 III–IV
68		Aqr	8670	22 48 39.0	−19 30 22		5.24	+0.94	+0.93	G8 III
	ε	Gru	8675	22 49 47.0	−51 12 31		3.49	+0.08	+0.10	A2 Va
32	ι	Cep	8694	22 50 24.9	+66 18 31	s	3.50	+1.05	+1.06	K0⁻ III
71	τ	Aqr	8679	22 50 40.5	−13 29 02	d	4.05	+1.57	+1.72	M0 III
48	μ	Peg	8684	22 50 59.7	+24 42 37	s	3.51	+0.93	+0.89	G8⁺ III
			8685	22 52 11.8	−39 02 52		5.43	+1.44	+1.44	K3 III
22	γ	PsA	8695	22 53 39.6	−32 45 59	dm	4.46	−0.04	−0.01	A0m A1 III–IV
73	λ	Aqr	8698	22 53 41.0	−07 28 12		3.73	+1.63	+2.07	M2.5 III Fe−0.5
			8748	22 54 10.4	+84 27 21		4.70	+1.42	+1.38	K4 III
76	δ	Aqr	8709	22 55 44.1	−15 42 41		3.27	+0.07	+0.08	A3 IV–V
23	δ	PsA	8720	22 57 04.7	−32 25 47	d	4.20	+0.95	+0.96	G8 III
			8726	22 57 20.2	+49 50 36	s	4.99	+1.78	+1.87	K5 Ib
24	α	PsA	8728	22 58 46.7	−29 30 47	an56	1.17	+0.15	+0.16	A3 Va
			8732	22 59 43.2	−35 24 50	s	6.15	+0.58	+0.62	F8 III–IV
	v509	Cas	8752	23 00 57.3	+57 03 20	s	5.10	+1.01	+0.99	G4v 0
	ζ	Gru	8747	23 02 04.8	−52 38 38	b	4.11	+0.96	+1.01	G8/K0 III
1	o	And	8762	23 02 52.1	+42 26 11	dbm	3.62	−0.10	−0.05	B6pe (shell)
	π	PsA	8767	23 04 37.6	−34 38 17	b	5.12	+0.31	+0.37	F0 V:
53	β	Peg	8775	23 04 46.3	+28 11 40	d	2.44	+1.66	+2.31	M2.5 II–III
4	β	Psc	8773	23 04 55.2	+03 55 51		4.48	−0.12	−0.09	B6 Ve
54	α	Peg	8781	23 05 47.0	+15 18 57	bn57	2.49	0.00	0.00	A0 III–IV
86		Aqr	8789	23 07 46.7	−23 37 55	dm	4.48	+0.89	+0.92	G6 IIIb
	θ	Gru	8787	23 08 01.6	−43 24 34	dm	4.28	+0.42	+0.44	F5 (II–III)m
55		Peg	8795	23 08 02.3	+09 31 14		4.54	+1.56	+1.79	M1 IIIab
33	π	Cep	8819	23 08 33.3	+75 29 55	dbm	4.41	+0.80	+0.84	G2 III
88		Aqr	8812	23 10 32.2	−21 03 39		3.68	+1.20	+1.16	K1.5 III
	ι	Gru	8820	23 11 30.7	−45 08 07	b	3.88	+1.00	+0.95	K1 III
59		Peg	8826	23 12 46.3	+08 49 54		5.15	+0.14	+0.15	A3 Van
90	φ	Aqr	8834	23 15 23.0	−05 56 18		4.22	+1.55	+1.89	M1.5 III
91	ψ¹	Aqr	8841	23 16 57.9	−08 58 33	d	4.24	+1.11	+1.06	K1⁻ III Fe−0.5
6	γ	Psc	8852	23 18 13.7	+03 23 40	s	3.70	+0.92	+0.97	G9 III: Fe−2
	γ	Tuc	8848	23 18 36.8	−58 07 23		3.99	+0.41	+0.50	F2 V
93	ψ²	Aqr	8858	23 18 58.1	−09 04 13		4.41	−0.14	−0.14	B5 Vn
	γ	Scl	8863	23 19 55.6	−32 25 13		4.41	+1.11	+1.08	K1 III
95	ψ³	Aqr	8865	23 20 01.6	−09 29 54	d	4.99	−0.02	0.00	A0 Va
62	τ	Peg	8880	23 21 39.3	+23 51 10	v	4.58	+0.18	+0.23	A5 V
98		Aqr	8892	23 24 02.7	−19 59 18		3.96	+1.08	+1.10	K1 III
4		Cas	8904	23 25 45.5	+62 23 44	d	4.96	+1.68	+1.94	M2⁻ IIIab
68	υ	Peg	8905	23 26 24.3	+23 31 02	s	4.42	+0.62	+0.67	F8 III
99		Aqr	8906	23 27 07.2	−20 31 46		4.38	+1.46	+1.52	K4.5 III
8	κ	Psc	8911	23 27 59.0	+01 22 05	d	4.95	+0.04	+0.01	A0p Cr Sr
10	θ	Psc	8916	23 29 00.5	+06 29 30		4.27	+1.06	+1.03	K0.5 III
70		Peg	8923	23 30 11.6	+12 52 26		4.54	+0.94	+0.93	G8 IIIa
	τ	Oct	8862	23 30 28.7	−87 22 09		5.50	+1.28	+1.24	K2 III
			8924	23 30 35.6	−04 25 15	s	6.26	+1.12	+1.04	K3⁻ IIIb Fe 2
	β	Scl	8937	23 34 03.9	−37 42 17		4.38	−0.10	−0.09	B9.5p Hg Mn
			8952	23 35 53.2	+71 45 20	s	5.86	+1.68	+1.71	G9 Ib
	ι	Phe	8949	23 36 10.3	−42 30 06	d	4.69	+0.08	+0.10	Ap Sr
16	λ	And	8961	23 38 34.4	+46 34 10	vdb	3.81	+0.98	+0.96	G8 III–IV

Designation			BS=HR No.	Right Ascension	Declination	Notes	V	B–V	V–I	Spectral Type
				h m s	° ′ ″					
			8959	23 38 56.8	−45 22 44	b	4.74	+0.08	+0.08	A1/2 V
17	ι	And	8965	23 39 08.9	+43 22 54	b	4.29	−0.08	−0.06	B8 V
35	γ	Cep	8974	23 40 12.5	+77 44 48	as	3.21	+1.03	+0.99	K1 III–IV CN 1
17	ι	Psc	8969	23 41 00.4	+05 44 15	d	4.13	+0.51	+0.59	F7 V
19	κ	And	8976	23 41 25.5	+44 26 51	d	4.15	−0.07	−0.06	B8 IVn
	μ	Scl	8975	23 41 42.4	−31 57 35		5.30	+0.97	+0.95	K0 III
18	λ	Psc	8984	23 43 05.6	+01 53 35	b	4.49	+0.20	+0.22	A6 IV⁻
105	ω²	Aqr	8988	23 43 47.0	−14 25 53	db	4.49	−0.03	−0.04	B9.5 IV
106		Aqr	8998	23 45 15.8	−18 09 47		5.24	−0.08	−0.06	B9 Vn
20	ψ	And	9003	23 47 03.4	+46 32 03	dm	4.97	+1.09	+1.05	G3 Ib–II
			9013	23 48 54.5	+67 55 15	b	5.05	+0.01	+0.03	A1 Vn
20		Psc	9012	23 48 59.8	−02 38 51	d	5.49	+0.94	+0.96	gG8
	δ	Scl	9016	23 49 59.4	−28 01 01	d	4.59	0.00	−0.01	A0 Va⁺n
81	φ	Peg	9036	23 53 32.0	+19 14 03		5.06	+1.59	+2.09	M3⁻ IIIb
82 HT		Peg	9039	23 53 40.0	+11 03 41		5.30	+0.19	+0.20	A4 Vn
7	ρ	Cas	9045	23 55 25.1	+57 36 48		4.51	+1.19	+1.15	G2 0 (var)
84	ψ	Peg	9064	23 58 48.4	+25 15 19	d	4.63	+1.58	+2.21	M3 III
27		Psc	9067	23 59 43.3	−03 26 32	db	4.88	+0.93	+0.92	G9 III
	π	Phe	9069	23 59 59.0	−52 37 53		5.13	+1.12	+1.08	K0 III

Notes to Table

- a   anchor point for the MK system
- b   spectroscopic binary
- c   composite or combined spectrum
- d   double star given in Washington Double Star Catalog
- m   magnitude and color refer to combined light of two or more stars
- n   navigational star followed by its star number in *The Nautical Almanac*
- o   orbital position generated using FK5 center-of-mass position and proper motion
- s   MK standard star
- v   variable star

 A searchable version of this table appears on *The Astronomical Almanac Online*.

 This symbol indicates that these data or auxiliary material may also be found on *The Astronomical Almanac Online* **http://asa.usno.navy.mil** and **http://asa.hmnao.com**

SELECTED DOUBLE STARS, J2020.5

BS=HR No.	WDS No.	Right Ascension	Declination	Discoverer Designation	Epoch[1]	P.A.	Separation	V of primary[2]	Δm_V
		h m s	° ′ ″			°	″		
126	00315−6257	00 32 28.5	−62 50 44	LCL 119 AC	2016	168	27.3	4.28	0.23
154	00369+3343	00 37 58.9	+33 49 55	H 5 17 AB	2016	174	35.6	4.36	2.72
361	01137+0735	01 14 48.3	+07 41 00	STF 100 AB	2016	63	22.9	5.22	0.93
382	01201+5814	01 21 23.2	+58 20 19	H 3 23 AC	2014	235	132.8	5.07	1.97
531	01496−1041	01 50 35.6	−10 35 09	ENG 8	2012	250	192.9	4.69	2.12
596	02020+0246	02 03 06.6	+02 51 43	STF 202 AB	2020.5	260	1.8	4.10	1.07
603	02039+4220	02 05 10.0	+42 25 38	STF 205 A,BC	2016	63	9.4	2.31	2.71
681	02193−0259	02 20 23.0	−02 53 08	H 6 1 AC	2020.5	68	123.7	6.65	2.94
897	02583−4018	02 59 02.3	−40 13 24	PZ 2	2013	91	8.6	3.20	0.92
1279	04077+1510	04 08 51.8	+15 12 58	STF 495	2015	224	3.8	6.11	2.66
1387	04254+2218	04 26 35.7	+22 20 21	STF 541 AB	2016	174	339.4	4.22	1.07
1412	04287+1552	04 29 50.1	+15 54 53	STFA 10	2016	339	347.9	3.41	0.53
1497	04422+2257	04 43 28.7	+22 59 40	S 455 AB	2015	214	62.8	4.24	2.78
1856	05302−4705	05 30 43.4	−47 03 49	DUN 21 AD	2009	272	198.3	5.52	1.16
1879	05351+0956	05 36 16.1	+09 56 46	STF 738 AB	2017	45	4.5	3.51	1.94
1931	05387−0236	05 39 46.6	−02 35 23	STF 762 AB,D	2017	84	12.7	3.73	2.83
1931	05387−0236	05 39 46.6	−02 35 23	STF 762 AB,E	2016	62	41.5	3.73	2.61
1983	05445−2227	05 45 19.1	−22 26 35	H 6 40 AB	2012	350	95.0	3.64	2.64
2298	06238+0436	06 24 51.3	+04 34 51	STF 900 AB	2017	29	12.0	4.42	2.22
2736	07087−7030	07 08 34.0	−70 31 55	DUN 42	2002	296	14.4	3.86	1.57
2891	07346+3153	07 35 54.0	+31 50 28	STF1110 AB	2020.5	52	5.4	1.93	1.04
3223	08079−6837	08 07 59.3	−68 40 38	RMK 7	2010	23	6.0	4.38	2.93
3207	08095−4720	08 10 09.9	−47 23 52	DUN 65 AB	2009	221	40.3	1.79	2.35
3315	08252−2403	08 25 56.9	−24 06 50	S 568	2010	90	42.7	5.48	2.95
3475	08467+2846	08 47 56.0	+28 41 01	STF1268	2016	308	31.3	4.13	1.86
3582	08570−5914	08 57 28.5	−59 18 32	DUN 74	2010	76	40.1	4.87	1.71
3890	09471−6504	09 47 36.8	−65 10 03	RMK 11	2010	126	5.0	3.02	2.98
4031	10167+2325	10 17 49.6	+23 18 52	STFA 18	2012	338	334.8	3.46	2.57
4057	10200+1950	10 21 06.0	+19 44 13	STF1424 AB	2020.5	127	4.7	2.37	1.30
4180	10393−5536	10 40 07.6	−55 42 38	DUN 95 AB	2000	105	51.7	4.38	1.68
4191	10435+4612	10 44 44.7	+46 05 44	SMA 75 AB	2012	88	288.4	5.21	2.14
4203	10459+3041	10 47 00.0	+30 34 26	S 612 AB	2015	174	196.2	5.34	2.44
4203	10459+3041	10 47 00.0	+30 34 26	ARN 3 AC	2012	94	424.6	5.34	2.97
4257	10535−5851	10 54 20.0	−58 57 44	DUN 102 AB	2000	204	159.4	3.88	2.35
4259	10556+2445	10 56 43.2	+24 38 24	STF1487	2017	112	6.4	4.48	1.82
4369	11170−0708	11 18 00.6	−07 14 49	BU 600 AC	2020.5	99	52.9	6.15	2.07
4418	11279+0251	11 28 59.5	+02 44 35	STFA 19 AB	2020.5	183	88.3	5.05	2.42
4621	12084−5043	12 09 25.7	−50 50 11	JC 2 AB	1999	325	269.1	2.51	1.91
4730	12266−6306	12 27 45.2	−63 12 45	DUN 252 AB	2016	112	4.2	1.25	0.30
4792	12351+1823	12 36 09.4	+18 15 52	STF1657	2016	272	20.4	5.11	1.22
4898	12546−5711	12 55 48.7	−57 17 20	DUN 126 AB	2016	17	34.9	3.94	1.01
4915	12560+3819	12 56 59.0	+38 12 29	STF1692	2016	229	20.0	2.85	2.67
4993	13152−6754	13 16 39.8	−68 00 09	DUN 131 AC	2002	332	58.4	4.76	2.48
5035	13226−6059	13 23 58.5	−61 05 43	DUN 133 AB,C	2016	346	60.4	4.51	1.66
5054	13239+5456	13 24 44.9	+54 49 08	STF1744 AB	2015	153	14.4	2.23	1.65
5054	13239+5456	13 24 44.9	+54 49 08	STF1744 AC	2013	70	706.9	2.23	1.78
5085	13288+5956	13 29 12.1	+59 50 25	S 649 CA	2014	111	182.2	5.46	2.73
5171	13472−6235	13 48 37.9	−62 41 29	COO 157 AB	1998	318	9.3	7.19	2.71
5350	14162+5122	14 16 53.4	+51 16 24	STFA 26 AB	2016	33	38.8	4.76	2.63
5460	14396−6050	14 41 00.3	−60 55 07	RHD 1 AB	2020.5	349	5.8	−0.01*	1.34

BS=HR No.	WDS No.	Right Ascension	Declination	Discoverer Designation	Epoch[1]	P.A.	Separation	V of primary[2]	Δm_V
		h m s	° ′ ″		°		″		
5459	14396−6050	14 41 00.5	−60 55 12	RHD 1 BA	2020.5	169	5.8	1.33*	1.34
5506	14450+2704	14 45 52.9	+26 59 19	STF1877 AB	2016	344	2.8	2.58	2.23
5531	14509−1603	14 52 01.0	−16 07 33	SHJ 186 AB	2012	314	231.1	2.74	2.45
5646	15119−4844	15 13 22.2	−48 48 51	DUN 177	2010	143	26.5	3.83	1.69
5683	15185−4753	15 19 58.2	−47 56 57	DUN 180 AC	2016	128	23.2	4.99	1.35
5733	15245+3723	15 25 15.9	+37 18 22	STFA 28 AB	2016	171	109.0	4.33	2.76
5789	15348+1032	15 35 47.0	+10 28 17	STF1954 AB	2020.5	171	4.0	4.17	0.99
5984	16054−1948	16 06 37.9	−19 51 36	H 3 7 AC	2016	20	13.9	2.59	1.93
5985	16054−1948	16 06 38.2	−19 51 23	H 3 7 CA	2016	200	13.9	4.52	1.93
6008	16081+1703	16 09 00.1	+16 59 37	STF2010 AB	2020.5	14	27.0	5.10	1.11
6027	16120−1928	16 13 11.4	−19 30 45	H 5 6 AC	2016	338	41.6	4.21	2.39
6077	16195−3054	16 20 50.8	−30 57 17	BSO 12	2010	319	23.8	5.55	1.33
6020	16203−7842	16 23 28.7	−78 44 36	BSO 22 AB	2010	10	103.0	4.90	0.51
6115	16272−4733	16 28 41.6	−47 35 58	HJ 4853	2016	334	22.9	4.51	1.61
6406	17146+1423	17 15 35.0	+14 22 06	STF2140 AB	2020.5	103	4.6	3.48	1.92
6555	17322+5511	17 32 40.3	+55 09 35	STFA 35	2016	310	62.5	4.87	0.03
6636	17419+7209	17 41 34.8	+72 08 18	STF2241 AB	2020.5	17	29.6	4.60	0.99
6752	18055+0230	18 06 29.3	+02 29 51	STF2272 AB	2020.5	121	6.6	4.22	1.95
7056	18448+3736	18 45 28.7	+37 37 39	STFA 38 AD	2016	150	43.9	4.34	1.28
7141	18562+0412	18 57 14.3	+04 13 54	STF2417 AB	2016	104	22.6	4.59	0.34
7405	19287+2440	19 29 33.5	+24 42 27	STFA 42	2020.5	28	427.7	4.61	1.32
7417	19307+2758	19 31 32.9	+28 00 14	STFA 43 AB	2016	54	34.7	3.19	1.49
7476	19407−1618	19 41 53.7	−16 14 41	HJ 599 AC	2016	42	45.6	5.42	2.23
7503	19418+5032	19 42 21.6	+50 34 24	STFA 46 AB	2020.5	133	39.8	6.00	0.23
7582	19482+7016	19 48 05.6	+70 19 12	STF2603	2012	21	3.2	4.01	2.86
7735	20136+4644	20 14 16.7	+46 48 16	STFA 50 AD	2016	322	336.7	3.93	0.90
7754	20181−1233	20 19 11.4	−12 28 48	STFA 51 AE	2012	290	381.2	3.67	0.67
7776	20210−1447	20 22 09.7	−14 42 55	STFA 52 AB	2012	267	205.4	3.15	2.93
7948	20467+1607	20 47 36.6	+16 11 57	STF2727	2020.5	265	8.9	4.36	0.67
8085	21069+3845	21 07 49.2	+38 51 04	STF2758 AB	2020.5	153	31.9	5.20	0.85
8086	21069+3845	21 07 50.4	+38 50 36	STF2758 BA	2020.5	333	31.9	6.05	0.85
8097	21103+1008	21 11 20.3	+10 12 54	STFA 54 AD	2011	152	335.8	4.70	1.36
8140	21199−5327	21 21 18.9	−53 21 44	HJ 5258	2020.5	269	7.4	4.50	2.43
8417	22038+6438	22 04 23.1	+64 43 42	STF2863 AB	2020.5	273	8.5	4.45	1.95
8559	22288−0001	22 29 53.2	+00 05 08	STF2909	2020.5	155	2.3	4.34	0.15
8571	22292+5825	22 29 56.2	+58 31 14	STFA 58 AC	2016	192	40.9	4.21	1.90
8576	22315−3221	22 32 39.9	−32 14 25	PZ 7	2009	172	30.6	4.28	2.84

Notes to Table

[1] Epoch represents the date of position angle and separation data. Data for Epoch 2020.5 are calculated; data for all other epochs represent the most recent measurement. In the latter cases, the system configuration at 2020.5 is not expected to be significantly different.

[2] Visual magnitudes are Tycho V except where indicated by *; in those cases, the magnitudes are Hipparcos V. Primary is not necessarily the brighter object, but is the object used as the origin of the measurements for the pair.

UBVRI STANDARD STARS, J2020.5

Name	Right Ascension	Declination	V	B–V	U–B	V–R	R–I	V–I
	h m s	o ′ ″						
TPhe I	00 31 03.8	−46 21 23	14.820	+0.764	+0.338	+0.422	+0.395	+0.817
TPhe A	00 31 08.8	−46 24 42	14.651	+0.793	+0.380	+0.435	+0.405	+0.841
TPhe H	00 31 08.9	−46 20 37	14.942	+0.740	+0.225	+0.425	+0.425	+0.851
TPhe B	00 31 15.5	−46 21 12	12.334	+0.405	+0.156	+0.262	+0.271	+0.535
TPhe C	00 31 16.1	−46 25 35	14.376	−0.298	−1.217	−0.148	−0.211	−0.360
TPhe D	00 31 17.5	−46 24 33	13.118	+1.551	+1.871	+0.849	+0.810	+1.663
TPhe E	00 31 19.1	−46 17 48	11.631	+0.443	−0.103	+0.276	+0.283	+0.564
TPhe J	00 31 22.2	−46 17 09	13.434	+1.465	+1.229	+0.980	+1.063	+2.043
TPhe F	00 31 49.1	−46 26 37	12.475	+0.853	+0.534	+0.492	+0.437	+0.929
TPhe K	00 31 55.4	−46 16 39	12.935	+0.806	+0.402	+0.473	+0.429	+0.909
TPhe G	00 32 03.4	−46 16 04	10.447	+1.545	+1.910	+0.934	+1.086	+2.025
PG0029+024	00 32 45.4	+02 44 31	15.268	+0.362	−0.184	+0.251	+0.337	+0.593
HD 2892	00 33 15.3	+01 18 04	9.360	+1.322	+1.414	+0.692	+0.628	+1.321
BD −15 115	00 39 22.1	−14 53 09	10.885	−0.199	−0.838	−0.095	−0.110	−0.204
PG0039+049	00 43 09.6	+05 16 07	12.877	−0.019	−0.871	+0.067	+0.097	+0.164
BD −11 162	00 53 16.9	−10 33 07	11.184	−0.082	−1.115	+0.051	+0.092	+0.145
SA 92 309	00 54 17.2	+00 52 42	13.842	+0.513	−0.024	+0.326	+0.325	+0.652
SA 92 312	00 54 19.7	+00 55 08	10.598	+1.636	+1.992	+0.898	+0.906	+1.806
SA 92 322	00 54 50.1	+00 54 14	12.676	+0.528	−0.002	+0.302	+0.305	+0.608
SA 92 245	00 55 19.3	+00 46 34	13.818	+1.418	+1.189	+0.929	+0.907	+1.836
SA 92 248	00 55 33.9	+00 46 56	15.346	+1.128	+1.289	+0.690	+0.553	+1.245
SA 92 249	00 55 36.7	+00 47 44	14.325	+0.699	+0.240	+0.399	+0.370	+0.770
SA 92 250	00 55 40.3	+00 45 36	13.178	+0.814	+0.480	+0.446	+0.394	+0.840
SA 92 330	00 55 46.5	+00 50 05	15.073	+0.568	−0.115	+0.331	+0.334	+0.666
SA 92 252	00 55 50.4	+00 46 03	14.932	+0.517	−0.140	+0.326	+0.332	+0.666
SA 92 253	00 55 54.5	+00 46 58	14.085	+1.131	+0.955	+0.719	+0.616	+1.337
SA 92 335	00 56 01.4	+00 50 39	12.523	+0.672	+0.208	+0.380	+0.338	+0.719
SA 92 339	00 56 06.4	+00 50 50	15.579	+0.449	−0.177	+0.306	+0.339	+0.645
SA 92 342	00 56 13.0	+00 49 52	11.615	+0.435	−0.037	+0.265	+0.271	+0.537
SA 92 188	00 56 13.5	+00 29 47	14.751	+1.050	+0.751	+0.679	+0.573	+1.254
SA 92 409	00 56 14.8	+01 02 34	10.627	+1.138	+1.136	+0.734	+0.625	+1.361
SA 92 410	00 56 17.4	+01 08 30	14.984	+0.398	−0.134	+0.239	+0.242	+0.484
SA 92 412	00 56 18.8	+01 08 33	15.036	+0.457	−0.152	+0.285	+0.304	+0.589
SA 92 259	00 56 24.7	+00 47 09	14.997	+0.642	+0.108	+0.370	+0.452	+0.821
SA 92 345	00 56 26.9	+00 57 46	15.216	+0.745	+0.121	+0.465	+0.476	+0.941
SA 92 347	00 56 29.2	+00 57 27	15.752	+0.543	−0.097	+0.339	+0.318	+0.658
SA 92 348	00 56 32.6	+00 51 11	12.109	+0.598	+0.056	+0.345	+0.341	+0.688
SA 92 417	00 56 35.4	+00 59 46	15.922	+0.477	−0.185	+0.351	+0.305	+0.657
SA 92 260	00 56 36.1	+00 45 01	15.071	+1.162	+1.115	+0.719	+0.608	+1.328
SA 92 263	00 56 42.5	+00 42 58	11.782	+1.046	+0.844	+0.562	+0.521	+1.083
SA 92 497	00 56 57.5	+01 18 20	13.642	+0.729	+0.257	+0.404	+0.378	+0.783
SA 92 498	00 56 59.7	+01 17 19	14.408	+1.010	+0.794	+0.648	+0.531	+1.181
SA 92 500	00 57 01.2	+01 17 03	15.841	+1.003	+0.211	+0.738	+0.599	+1.338
SA 92 425	00 57 01.3	+00 59 37	13.941	+1.191	+1.173	+0.755	+0.627	+1.384
SA 92 426	00 57 02.8	+00 59 33	14.466	+0.729	+0.184	+0.412	+0.396	+0.809
SA 92 501	00 57 03.3	+01 17 29	12.958	+0.610	+0.068	+0.345	+0.331	+0.677
SA 92 355	00 57 08.8	+00 57 25	14.965	+1.164	+1.201	+0.759	+0.645	+1.406
SA 92 427	00 57 09.8	+01 06 59	14.953	+0.809	+0.352	+0.462	+2.922	+3.275
SA 92 502	00 57 11.3	+01 11 03	11.812	+0.486	−0.095	+0.284	+0.292	+0.576
SA 92 430	00 57 18.3	+00 59 56	14.440	+0.567	−0.040	+0.338	+0.338	+0.676

Name	Right Ascension	Declination	V	B–V	U–B	V–R	R–I	V–I
	h m s	o ′ ″						
SA 92 276	00 57 29.7	+00 48 28	12.036	+0.629	+0.067	+0.368	+0.357	+0.726
SA 92 282	00 57 50.0	+00 45 07	12.969	+0.318	−0.038	+0.201	+0.221	+0.422
SA 92 507	00 57 54.0	+01 12 38	11.332	+0.932	+0.688	+0.507	+0.461	+0.969
SA 92 508	00 57 54.4	+01 16 12	11.679	+0.529	−0.047	+0.318	+0.320	+0.639
SA 92 364	00 57 55.4	+00 50 29	11.673	+0.607	−0.037	+0.356	+0.357	+0.714
SA 92 433	00 57 56.9	+01 07 19	11.667	+0.655	+0.110	+0.367	+0.348	+0.716
SA 92 288	00 58 20.1	+00 43 27	11.631	+0.858	+0.472	+0.491	+0.441	+0.932
Feige 11	01 05 25.3	+04 20 11	12.065	−0.239	−0.988	−0.118	−0.142	−0.259
Feige 11A	01 05 31.6	+04 18 30	14.475	+0.841	+0.454	+0.479	+0.426	+0.907
Feige 11B	01 05 32.0	+04 18 00	13.784	+0.747	+0.234	+0.437	+0.412	+0.849
Feige 16	01 55 36.1	−06 40 00	12.405	−0.008	+0.013	−0.007	+0.002	−0.004
SA 93 407	01 55 40.5	+00 59 47	11.971	+0.852	+0.564	+0.487	+0.421	+0.908
SA 93 317	01 55 40.9	+00 49 00	11.546	+0.488	−0.053	+0.293	+0.299	+0.592
SA 93 333	01 56 08.5	+00 51 42	12.009	+0.833	+0.436	+0.469	+0.422	+0.892
SA 93 424	01 56 29.6	+01 02 42	11.619	+1.083	+0.929	+0.553	+0.501	+1.056
G3−33	02 01 17.7	+13 08 26	12.298	+1.802	+1.306	+1.355	+1.752	+3.103
PG0220+132B	02 24 40.8	+13 33 36	14.216	+0.937	+0.319	+0.562	+0.496	+1.058
PG0220+132	02 24 45.3	+13 33 07	14.760	−0.132	−0.922	−0.050	−0.120	−0.170
PG0220+132A	02 24 46.9	+13 33 02	15.771	+0.783	−0.339	+0.514	+0.481	+0.995
Feige 22	02 31 21.3	+05 21 15	12.798	−0.052	−0.809	−0.103	−0.105	−0.206
PG0231+051E	02 34 33.5	+05 25 10	13.809	+0.677	+0.207	+0.383	+0.369	+0.752
PG0231+051D	02 34 38.7	+05 24 52	14.031	+1.077	+1.026	+0.671	+0.584	+1.252
PG0231+051A	02 34 44.7	+05 23 01	12.768	+0.711	+0.271	+0.405	+0.388	+0.794
PG0231+051	02 34 46.0	+05 24 05	16.096	−0.320	−1.214	−0.144	−0.373	−0.502
PG0231+051B	02 34 50.2	+05 22 54	14.732	+1.437	+1.279	+0.951	+0.991	+1.933
PG0231+051C	02 34 52.8	+05 25 47	13.707	+0.678	+0.078	+0.396	+0.385	+0.783
Feige 24	02 36 11.9	+03 49 17	12.412	−0.203	−1.182	+0.087	+0.361	+0.444
Feige 24A	02 36 20.8	+03 48 36	13.822	+0.525	+0.034	+0.314	+0.319	+0.635
Feige 24B	02 36 22.5	+03 48 00	13.546	+0.668	+0.188	+0.382	+0.367	+0.749
Feige 24C	02 36 30.5	+03 47 10	11.761	+1.133	+1.007	+0.598	+0.535	+1.127
SA 94 171	02 54 42.0	+00 22 17	12.659	+0.817	+0.304	+0.480	+0.483	+0.964
SA 94 296	02 56 23.2	+00 33 07	12.255	+0.750	+0.235	+0.415	+0.387	+0.803
SA 94 394	02 57 17.5	+00 40 06	12.273	+0.545	−0.047	+0.344	+0.330	+0.676
SA 94 401	02 57 34.1	+00 45 01	14.293	+0.638	+0.098	+0.389	+0.369	+0.759
SA 94 242	02 58 24.4	+00 23 32	11.725	+0.303	+0.110	+0.176	+0.184	+0.362
BD −2 524	02 58 42.1	−01 54 56	10.304	−0.111	−0.621	−0.048	−0.060	−0.108
SA 94 251	02 58 50.2	+00 20 55	11.204	+1.219	+1.281	+0.659	+0.586	+1.245
SA 94 702	02 59 16.8	+01 15 46	11.597	+1.416	+1.617	+0.757	+0.675	+1.431
GD 50	03 49 53.0	−00 54 54	14.063	−0.276	−1.191	−0.147	−0.180	−0.325
SA 95 15	03 53 43.3	−00 01 47	11.302	+0.712	+0.157	+0.424	+0.385	+0.809
SA 95 16	03 53 43.6	−00 01 30	14.313	+1.306	+1.322	+0.796	+0.676	+1.472
SA 95 301	03 53 44.4	+00 34 57	11.216	+1.293	+1.298	+0.692	+0.620	+1.311
SA 95 302	03 53 45.5	+00 34 53	11.694	+0.825	+0.447	+0.471	+0.420	+0.891
SA 95 96	03 53 57.3	+00 03 54	10.010	+0.147	+0.077	+0.079	+0.095	+0.174
SA 95 97	03 54 00.5	+00 03 16	14.818	+0.906	+0.380	+0.522	+0.546	+1.068
SA 95 98	03 54 03.3	+00 06 22	14.448	+1.181	+1.092	+0.723	+0.620	+1.342
SA 95 100	03 54 03.9	+00 03 51	15.633	+0.791	+0.051	+0.538	+0.421	+0.961
SA 95 101	03 54 07.2	+00 06 23	12.677	+0.778	+0.263	+0.436	+0.426	+0.863
SA 95 102	03 54 10.7	+00 04 46	15.622	+1.001	+0.162	+0.448	+0.618	+1.065
SA 95 252	03 54 13.9	+00 30 58	15.394	+1.452	+1.178	+0.816	+0.747	+1.566

Name	Right Ascension	Declination	V	B–V	U–B	V–R	R–I	V–I
	h m s	o ′ ″						
SA 95 190	03 54 16.4	+00 19 58	12.627	+0.287	+0.236	+0.195	+0.220	+0.415
SA 95 193	03 54 23.8	+00 20 09	14.338	+1.211	+1.239	+0.748	+0.616	+1.366
SA 95 105	03 54 24.4	+00 03 16	13.574	+0.976	+0.627	+0.550	+0.536	+1.088
SA 95 106	03 54 28.3	+00 04 57	15.137	+1.251	+0.369	+0.394	+0.508	+0.903
SA 95 107	03 54 28.7	+00 05 55	16.275	+1.324	+1.115	+0.947	+0.962	+1.907
SA 95 112	03 54 43.2	+00 02 23	15.502	+0.662	+0.077	+0.605	+0.620	+1.227
SA 95 41	03 54 44.3	+00 01 01	14.060	+0.903	+0.297	+0.589	+0.585	+1.176
SA 95 42	03 54 46.7	−00 01 02	15.606	−0.215	−1.111	−0.119	−0.180	−0.300
SA 95 317	03 54 47.4	+00 33 24	13.449	+1.320	+1.120	+0.768	+0.708	+1.476
SA 95 263	03 54 50.2	+00 30 15	12.679	+1.500	+1.559	+0.801	+0.711	+1.513
SA 95 115	03 54 50.9	+00 02 47	14.680	+0.836	+0.096	+0.577	+0.579	+1.157
SA 95 43	03 54 51.6	+00 00 32	10.803	+0.510	−0.016	+0.308	+0.316	+0.624
SA 95 271	03 55 19.5	+00 22 26	13.669	+1.287	+0.916	+0.734	+0.717	+1.453
SA 95 328	03 55 22.8	+00 40 05	13.525	+1.532	+1.298	+0.908	+0.868	+1.776
SA 95 329	03 55 27.1	+00 40 40	14.617	+1.184	+1.093	+0.766	+0.642	+1.410
SA 95 330	03 55 34.0	+00 32 38	12.174	+1.999	+2.233	+1.166	+1.100	+2.268
SA 95 275	03 55 47.5	+00 30 53	13.479	+1.763	+1.740	+1.011	+0.931	+1.944
SA 95 276	03 55 49.2	+00 29 26	14.118	+1.225	+1.218	+0.748	+0.646	+1.395
SA 95 60	03 55 52.6	−00 03 32	13.429	+0.776	+0.197	+0.464	+0.449	+0.914
SA 95 218	03 55 53.1	+00 13 41	12.095	+0.708	+0.208	+0.397	+0.370	+0.767
SA 95 132	03 55 54.8	+00 08 54	12.067	+0.445	+0.311	+0.263	+0.287	+0.546
SA 95 62	03 56 03.4	+00 00 38	13.538	+1.355	+1.181	+0.742	+0.685	+1.428
SA 95 137	03 56 06.8	+00 06 57	14.440	+1.457	+1.136	+0.893	+0.845	+1.737
SA 95 139	03 56 07.5	+00 06 38	12.196	+0.923	+0.677	+0.562	+0.476	+1.039
SA 95 66	03 56 09.5	−00 06 00	12.892	+0.715	+0.167	+0.426	+0.438	+0.864
SA 95 227	03 56 12.0	+00 18 06	15.779	+0.771	+0.034	+0.515	+0.552	+1.067
SA 95 142	03 56 12.4	+00 04 53	12.927	+0.588	+0.097	+0.371	+0.375	+0.745
SA 95 74	03 56 34.1	−00 05 42	11.531	+1.126	+0.686	+0.600	+0.567	+1.165
SA 95 231	03 56 42.0	+00 14 15	14.216	+0.452	+0.297	+0.270	+0.290	+0.560
SA 95 284	03 56 44.8	+00 30 09	13.669	+1.398	+1.073	+0.818	+0.766	+1.586
SA 95 285	03 56 47.3	+00 28 41	15.561	+0.937	+0.703	+0.607	+0.602	+1.210
SA 95 149	03 56 47.6	+00 10 34	10.938	+1.593	+1.564	+0.874	+0.811	+1.685
SA 95 236	03 57 16.5	+00 12 18	11.487	+0.737	+0.168	+0.419	+0.412	+0.831
SA 96 21	04 52 18.7	−00 12 50	12.182	+0.490	−0.004	+0.299	+0.297	+0.598
SA 96 36	04 52 45.4	−00 08 10	10.589	+0.247	+0.118	+0.133	+0.137	+0.271
SA 96 737	04 53 38.6	+00 24 28	11.719	+1.338	+1.146	+0.735	+0.696	+1.432
SA 96 409	04 54 01.6	+00 11 01	13.778	+0.543	+0.042	+0.340	+0.340	+0.682
SA 96 83	04 54 01.8	−00 12 44	11.719	+0.181	+0.205	+0.092	+0.096	+0.189
SA 96 235	04 54 21.9	−00 03 05	11.138	+1.077	+0.890	+0.557	+0.509	+1.066
G97–42	05 29 07.5	+09 39 19	12.443	+1.639	+1.259	+1.171	+1.485	+2.655
G102–22	05 43 21.1	+12 29 20	11.509	+1.621	+1.134	+1.211	+1.590	+2.800
GD 71C	05 53 23.6	+15 52 57	12.325	+1.159	+0.849	+0.655	+0.628	+1.274
GD 71E	05 53 31.3	+15 52 20	13.634	+0.824	+0.428	+0.472	+0.423	+0.892
GD 71B	05 53 32.3	+15 52 54	12.599	+0.680	+0.166	+0.404	+0.399	+0.800
GD 71D	05 53 35.6	+15 55 10	12.898	+0.570	+0.097	+0.359	+0.363	+0.719
GD 71	05 53 38.6	+15 53 22	13.033	−0.248	−1.110	−0.138	−0.166	−0.304
GD 71A	05 53 44.4	+15 52 12	12.643	+1.176	+0.897	+0.651	+0.621	+1.265
SA 97 249	05 58 10.6	+00 01 16	11.735	+0.647	+0.101	+0.369	+0.354	+0.725
SA 97 345	05 58 36.4	+00 21 20	11.605	+1.652	+1.706	+0.929	+0.843	+1.772
SA 97 351	05 58 40.4	+00 13 47	9.779	+0.201	+0.092	+0.124	+0.140	+0.264

Name	Right Ascension	Declination	V	B–V	U–B	V–R	R–I	V–I
	h m s	o ′ ″						
SA 97 75	05 58 58.1	−00 09 26	11.483	+1.872	+2.100	+1.047	+0.952	+1.999
SA 97 284	05 59 28.1	+00 05 15	10.787	+1.364	+1.089	+0.774	+0.726	+1.500
SA 97 224	05 59 47.0	−00 05 09	14.085	+0.910	+0.341	+0.553	+0.547	+1.102
SA 98 961	06 52 29.9	−00 17 09	13.089	+1.283	+1.003	+0.701	+0.662	+1.362
SA 98 966	06 52 31.2	−00 17 58	14.001	+0.469	+0.357	+0.283	+0.331	+0.613
SA 98 557	06 52 32.3	−00 26 39	14.780	+1.397	+1.072	+0.755	+0.741	+1.494
SA 98 556	06 52 32.4	−00 26 23	14.137	+0.338	+0.126	+0.196	+0.243	+0.437
SA 98 562	06 52 33.6	−00 20 31	12.185	+0.522	−0.002	+0.305	+0.303	+0.607
SA 98 563	06 52 34.4	−00 27 58	14.162	+0.416	−0.190	+0.294	+0.317	+0.610
SA 98 978	06 52 36.7	−00 13 05	10.574	+0.609	+0.094	+0.348	+0.321	+0.669
SA 98 L1	06 52 41.8	−00 28 09	15.672	+1.243	+0.776	+0.730	+0.712	+1.445
SA 98 580	06 52 42.6	−00 28 15	14.728	+0.367	+0.303	+0.241	+0.305	+0.547
SA 98 581	06 52 42.7	−00 27 15	14.556	+0.238	+0.161	+0.118	+0.244	+0.361
SA 98 L2	06 52 43.4	−00 23 32	15.859	+1.340	+1.497	+0.754	+0.572	+1.327
SA 98 L3	06 52 45.1	−00 17 28	14.614	+1.936	+1.837	+1.091	+1.047	+2.142
SA 98 L4	06 52 45.2	−00 17 54	16.332	+1.344	+1.086	+0.936	+0.785	+1.726
SA 98 590	06 52 45.8	−00 23 52	14.642	+1.352	+0.853	+0.753	+0.747	+1.500
SA 98 1002	06 52 46.0	−00 17 25	14.568	+0.574	−0.027	+0.354	+0.379	+0.733
SA 98 614	06 52 51.5	−00 22 05	15.674	+1.063	+0.399	+0.834	+0.645	+1.480
SA 98 618	06 52 52.4	−00 22 49	12.723	+2.192	+2.144	+1.254	+1.151	+2.407
SA 98 624	06 52 54.7	−00 21 49	13.811	+0.791	+0.394	+0.417	+0.404	+0.822
SA 98 626	06 52 55.3	−00 22 16	14.758	+1.406	+1.067	+0.806	+0.816	+1.624
SA 98 627	06 52 55.9	−00 23 34	14.900	+0.689	+0.078	+0.428	+0.387	+0.817
SA 98 634	06 52 58.6	−00 22 29	14.608	+0.647	+0.123	+0.382	+0.372	+0.757
SA 98 642	06 53 01.9	−00 23 05	15.290	+0.571	+0.318	+0.302	+0.393	+0.697
SA 98 185	06 53 04.7	−00 28 55	10.537	+0.202	+0.114	+0.110	+0.122	+0.231
SA 98 646	06 53 05.1	−00 22 50	15.839	+1.060	+1.426	+0.583	+0.504	+1.090
SA 98 193	06 53 06.2	−00 28 52	10.026	+1.176	+1.152	+0.614	+0.536	+1.151
SA 98 650	06 53 07.4	−00 21 12	12.271	+0.157	+0.110	+0.080	+0.086	+0.166
SA 98 652	06 53 07.7	−00 23 29	14.817	+0.611	+0.126	+0.276	+0.339	+0.618
SA 98 653	06 53 07.8	−00 19 52	9.538	−0.003	−0.102	+0.010	+0.009	+0.017
SA 98 666	06 53 12.8	−00 25 06	12.732	+0.164	−0.004	+0.091	+0.108	+0.200
SA 98 670	06 53 14.4	−00 20 50	11.930	+1.357	+1.325	+0.727	+0.654	+1.381
SA 98 671	06 53 14.7	−00 20 00	13.385	+0.968	+0.719	+0.575	+0.494	+1.071
SA 98 675	06 53 16.2	−00 21 14	13.398	+1.909	+1.936	+1.082	+1.002	+2.085
SA 98 676	06 53 16.6	−00 20 54	13.068	+1.146	+0.666	+0.683	+0.673	+1.352
SA 98 L5	06 53 18.6	−00 21 18	17.800	+1.900	−0.100	+3.100	+2.600	+5.800
SA 98 682	06 53 19.4	−00 21 15	13.749	+0.632	+0.098	+0.366	+0.352	+0.717
SA 98 685	06 53 21.3	−00 21 53	11.954	+0.463	+0.096	+0.290	+0.280	+0.570
SA 98 688	06 53 21.7	−00 25 07	12.754	+0.293	+0.245	+0.158	+0.180	+0.337
SA 98 1082	06 53 23.1	−00 15 47	15.010	+0.835	−0.001	+0.485	+0.619	+1.102
SA 98 1087	06 53 24.0	−00 17 24	14.439	+1.595	+1.284	+0.928	+0.882	+1.812
SA 98 1102	06 53 30.9	−00 15 17	12.113	+0.314	+0.089	+0.193	+0.195	+0.388
SA 98 1112	06 53 37.8	−00 17 01	13.975	+0.814	+0.286	+0.443	+0.431	+0.874
SA 98 1119	06 53 39.6	−00 16 06	11.878	+0.551	+0.069	+0.312	+0.299	+0.611
SA 98 724	06 53 40.1	−00 20 55	11.118	+1.104	+0.904	+0.575	+0.527	+1.103
SA 98 1122	06 53 40.5	−00 18 38	14.090	+0.595	−0.297	+0.376	+0.442	+0.816
SA 98 1124	06 53 41.0	−00 18 08	13.707	+0.315	+0.258	+0.173	+0.201	+0.373
SA 98 733	06 53 43.0	−00 18 49	12.238	+1.285	+1.087	+0.698	+0.650	+1.347
RL 149G	07 25 14.7	−00 34 27	12.829	+0.541	+0.033	+0.322	+0.322	+0.645

Name	Right Ascension	Declination	V	B–V	U–B	V–R	R–I	V–I
	h m s	o ′ ″						
RL 149A	07 25 16.0	−00 35 22	14.495	+0.298	+0.118	+0.196	+0.196	+0.391
RL 149F	07 25 16.9	−00 34 07	13.471	+1.115	+1.025	+0.594	+0.538	+1.132
RL 149	07 25 17.2	−00 35 33	13.866	−0.129	−0.779	−0.040	−0.068	−0.108
RL 149D	07 25 18.2	−00 35 16	11.480	−0.037	−0.287	+0.021	+0.008	+0.029
RL 149C	07 25 20.1	−00 34 54	14.425	+0.195	+0.141	+0.093	+0.127	+0.222
RL 149B	07 25 20.3	−00 35 35	12.642	+0.662	+0.151	+0.374	+0.354	+0.728
RL 149E	07 25 21.2	−00 33 47	13.718	+0.522	−0.007	+0.321	+0.314	+0.637
RL 152F	07 30 55.9	−02 07 30	14.564	+0.635	+0.069	+0.382	+0.315	+0.689
RL 152E	07 30 56.4	−02 08 09	12.362	+0.042	−0.086	+0.030	+0.034	+0.065
RL 152	07 31 00.6	−02 09 16	13.017	−0.187	−1.081	−0.059	−0.088	−0.147
RL 152B	07 31 01.3	−02 08 36	15.019	+0.500	+0.022	+0.290	+0.309	+0.600
RL 152A	07 31 02.6	−02 09 01	14.341	+0.543	−0.085	+0.325	+0.329	+0.654
RL 152C	07 31 04.7	−02 08 18	12.222	+0.573	−0.013	+0.342	+0.340	+0.683
RL 152D	07 31 08.2	−02 07 16	11.076	+0.875	+0.491	+0.473	+0.449	+0.921
SA 99 6	07 54 36.0	−00 52 54	11.055	+1.252	+1.289	+0.650	+0.577	+1.227
SA 99 367	07 55 14.7	−00 28 52	11.152	+1.005	+0.832	+0.531	+0.477	+1.007
SA 99 408	07 56 15.8	−00 28 52	9.807	+0.402	+0.038	+0.253	+0.247	+0.500
SA 99 438	07 56 57.2	−00 20 09	9.397	−0.156	−0.729	−0.060	−0.081	−0.142
SA 99 447	07 57 09.6	−00 24 03	9.419	−0.068	−0.220	−0.031	−0.041	−0.073
SA 100 241	08 53 36.8	−00 44 31	10.140	+0.157	+0.106	+0.078	+0.085	+0.162
SA 100 162	08 54 17.2	−00 48 13	9.150	+1.276	+1.495	+0.649	+0.552	+1.202
SA 100 267	08 54 20.0	−00 46 12	13.027	+0.485	−0.062	+0.307	+0.302	+0.608
SA 100 269	08 54 21.2	−00 45 53	12.350	+0.547	−0.040	+0.335	+0.331	+0.666
SA 100 280	08 54 38.3	−00 41 24	11.799	+0.493	−0.001	+0.295	+0.291	+0.588
SA 100 394	08 54 57.4	−00 37 05	11.384	+1.317	+1.457	+0.705	+0.636	+1.341
PG0918+029D	09 22 25.8	+02 42 11	12.272	+1.044	+0.821	+0.575	+0.535	+1.108
PG0918+029	09 22 32.0	+02 40 45	13.327	−0.271	−1.081	−0.129	−0.159	−0.288
PG0918+029B	09 22 36.8	+02 42 41	13.963	+0.765	+0.366	+0.417	+0.370	+0.787
PG0918+029A	09 22 39.0	+02 41 02	14.490	+0.536	−0.032	+0.325	+0.336	+0.661
PG0918+029C	09 22 46.2	+02 41 20	13.537	+0.631	+0.087	+0.367	+0.357	+0.722
BD −12 2918	09 32 19.5	−13 34 46	10.067	+1.501	+1.166	+1.067	+1.318	+2.385
PG0942−029D	09 46 10.8	−03 11 36	13.683	+0.576	+0.064	+0.341	+0.329	+0.668
PG0942−029A	09 46 12.1	−03 15 56	14.738	+0.888	+0.552	+0.563	+0.474	+1.035
PG0942−029B	09 46 13.8	−03 12 40	14.105	+0.573	+0.014	+0.353	+0.341	+0.693
PG0942−029	09 46 14.1	−03 15 04	14.012	−0.298	−1.177	−0.132	−0.165	−0.296
PG0942−029C	09 46 16.6	−03 12 23	14.950	+0.803	+0.338	+0.488	+0.395	+0.884
SA 101 315	09 55 54.2	−00 33 23	11.249	+1.153	+1.056	+0.612	+0.559	+1.172
SA 101 316	09 55 55.0	−00 24 26	11.552	+0.493	+0.032	+0.293	+0.291	+0.584
SA 101 L1	09 56 32.0	−00 27 35	16.501	+0.757	−0.104	+0.421	+0.527	+0.947
SA 101 320	09 56 35.8	−00 28 25	13.823	+1.052	+0.690	+0.581	+0.561	+1.141
SA 101 L2	09 56 37.6	−00 24 42	15.770	+0.602	+0.082	+0.321	+0.304	+0.625
SA 101 404	09 56 43.6	−00 24 14	13.459	+0.996	+0.697	+0.530	+0.500	+1.029
SA 101 324	09 56 59.6	−00 29 08	9.737	+1.161	+1.145	+0.591	+0.519	+1.109
SA 101 408	09 57 10.9	−00 18 34	14.785	+1.200	+1.347	+0.718	+0.603	+1.321
SA 101 262	09 57 11.0	−00 35 43	14.295	+0.784	+0.297	+0.440	+0.387	+0.827
SA 101 326	09 57 11.0	−00 33 04	14.923	+0.729	+0.227	+0.406	+0.375	+0.780
SA 101 327	09 57 11.8	−00 31 47	13.441	+1.155	+1.139	+0.717	+0.574	+1.290
SA 101 410	09 57 12.1	−00 19 55	13.646	+0.546	−0.063	+0.298	+0.326	+0.623
SA 101 413	09 57 17.0	−00 17 48	12.583	+0.983	+0.716	+0.529	+0.497	+1.025
SA 101 268	09 57 20.0	−00 37 50	14.380	+1.531	+1.381	+1.040	+1.200	+2.237

Name	Right Ascension	Declination	V	B–V	U–B	V–R	R–I	V–I
	h m s	o ′ ″						
SA 101 330	09 57 23.5	−00 33 15	13.723	+0.577	−0.026	+0.346	+0.338	+0.684
SA 101 415	09 57 26.1	−00 22 46	15.259	+0.577	−0.008	+0.346	+0.350	+0.695
SA 101 270	09 57 29.9	−00 41 37	13.711	+0.554	+0.055	+0.332	+0.306	+0.637
SA 101 278	09 57 57.3	−00 35 32	15.494	+1.041	+0.737	+0.596	+0.548	+1.144
SA 101 L3	09 57 57.9	−00 36 19	15.953	+0.637	−0.033	+0.396	+0.395	+0.792
SA 101 281	09 58 07.9	−00 37 37	11.576	+0.812	+0.415	+0.453	+0.412	+0.864
SA 101 L4	09 58 10.7	−00 37 18	16.264	+0.793	+0.362	+0.578	+0.062	+0.644
SA 101 L5	09 58 13.1	−00 36 34	15.928	+0.622	+0.115	+0.414	+0.305	+0.720
SA 101 421	09 58 19.1	−00 23 12	13.180	+0.507	−0.031	+0.327	+0.296	+0.623
SA 101 338	09 58 20.7	−00 26 54	13.788	+0.634	+0.024	+0.350	+0.340	+0.691
SA 101 339	09 58 21.3	−00 30 56	14.449	+0.850	+0.501	+0.458	+0.398	+0.857
SA 101 424	09 58 23.2	−00 22 20	15.058	+0.764	+0.273	+0.429	+0.425	+0.855
SA 101 427	09 58 29.4	−00 23 11	14.964	+0.805	+0.321	+0.484	+0.369	+0.854
SA 101 341	09 58 32.8	−00 27 48	14.342	+0.575	+0.059	+0.332	+0.309	+0.641
SA 101 342	09 58 34.2	−00 27 45	15.556	+0.529	−0.065	+0.339	+0.419	+0.758
SA 101 343	09 58 34.2	−00 28 49	15.504	+0.606	+0.094	+0.396	+0.338	+0.734
SA 101 429	09 58 34.6	−00 24 08	13.496	+0.980	+0.782	+0.617	+0.526	+1.143
SA 101 431	09 58 40.3	−00 23 48	13.684	+1.246	+1.144	+0.808	+0.708	+1.517
SA 101 L6	09 58 42.5	−00 23 48	16.497	+0.711	+0.183	+0.445	+0.583	+1.024
SA 101 207	09 58 55.3	−00 53 30	12.421	+0.513	−0.080	+0.320	+0.323	+0.645
SA 101 363	09 59 21.6	−00 31 31	9.874	+0.260	+0.132	+0.146	+0.151	+0.297
GD 108A	10 01 40.8	−07 39 22	13.881	+0.789	+0.316	+0.458	+0.449	+0.909
GD 108B	10 01 43.9	−07 37 05	15.056	+0.839	+0.364	+0.463	+0.466	+0.924
GD 108	10 01 48.4	−07 39 28	13.563	−0.214	−0.943	−0.099	−0.118	−0.218
GD 108C	10 01 56.5	−07 36 27	13.819	+0.786	+0.345	+0.435	+0.393	+0.825
GD 108D	10 01 57.1	−07 40 49	14.235	+0.641	+0.078	+0.372	+0.357	+0.731
BD +1 2447	10 29 57.9	+00 43 53	9.650	+1.501	+1.238	+1.033	+1.225	+2.261
G162−66	10 34 43.2	−11 48 01	13.012	−0.165	−0.997	−0.126	−0.141	−0.266
G44−27	10 37 04.2	+05 00 52	12.636	+1.586	+1.088	+1.185	+1.526	+2.714
PG1034+001	10 38 06.7	−00 14 43	13.228	−0.365	−1.274	−0.155	−0.203	−0.359
G163−6	10 43 57.3	+02 40 52	14.706	+1.550	+1.228	+1.090	+1.384	+2.478
PG1047+003	10 51 05.8	−00 07 10	13.474	−0.290	−1.121	−0.132	−0.162	−0.295
PG1047+003A	10 51 08.7	−00 07 44	13.512	+0.688	+0.168	+0.422	+0.418	+0.840
PG1047+003B	10 51 10.9	−00 08 36	14.751	+0.679	+0.172	+0.391	+0.371	+0.764
PG1047+003C	10 51 16.7	−00 07 04	12.453	+0.607	−0.019	+0.378	+0.358	+0.737
G44−40	10 51 54.8	+06 41 40	11.675	+1.644	+1.213	+1.216	+1.568	+2.786
SA 102 620	10 56 06.8	−00 54 53	10.074	+1.080	+1.025	+0.645	+0.524	+1.169
G45−20	10 57 27.6	+06 53 22	13.507	+2.034	+1.165	+1.823	+2.174	+4.000
SA 102 1081	10 58 07.1	−00 19 50	9.903	+0.664	+0.258	+0.366	+0.332	+0.697
G163−27	10 58 36.1	−07 37 57	14.338	+0.288	−0.548	+0.206	+0.210	+0.417
G163−51E	11 08 24.8	−05 22 54	14.466	+0.611	+0.095	+0.381	+0.344	+0.725
G163−51B	11 08 35.2	−05 19 18	11.292	+0.623	+0.119	+0.355	+0.336	+0.692
G163−51C	11 08 36.2	−05 21 00	12.672	+0.431	−0.009	+0.267	+0.272	+0.540
G163−51D	11 08 37.4	−05 21 41	13.862	+0.844	+0.202	+0.478	+0.466	+0.945
G163−51A	11 08 39.6	−05 19 04	12.504	+0.666	+0.060	+0.382	+0.371	+0.753
G163−50	11 09 02.3	−05 16 16	13.057	+0.036	−0.696	−0.084	−0.072	−0.158
G163−51	11 09 08.9	−05 20 37	12.559	+1.499	+1.195	+1.080	+1.355	+2.434
BD +5 2468	11 16 34.3	+04 50 40	9.352	−0.114	−0.543	−0.035	−0.052	−0.089
HD 100340	11 33 53.3	+05 09 48	10.115	−0.234	−0.975	−0.104	−0.135	−0.238
BD +5 2529	11 42 53.1	+05 01 27	9.585	+1.233	+1.194	+0.783	+0.667	+1.452

Name	Right Ascension	Declination	V	B–V	U–B	V–R	R–I	V–I
	h m s	° ′ ″						
G10–50	11 48 48.3	+00 41 01	11.153	+1.752	+1.318	+1.294	+1.673	+2.969
SA 103 302	11 57 09.0	−00 54 45	9.859	+0.370	−0.057	+0.230	+0.236	+0.465
SA 103 626	11 57 49.2	−00 30 06	11.836	+0.413	−0.057	+0.262	+0.274	+0.535
SA 103 526	11 57 57.2	−00 37 04	10.890	+1.090	+0.936	+0.560	+0.501	+1.056
G12–43	12 34 17.4	+08 54 34	12.467	+1.846	+1.085	+1.530	+1.944	+3.479
SA 104 306	12 42 06.7	−00 43 59	9.370	+1.592	+1.666	+0.832	+0.762	+1.591
SA 104 423	12 42 39.0	−00 37 55	15.602	+0.630	+0.050	+0.262	+0.559	+0.818
SA 104 428	12 42 44.4	−00 33 10	12.630	+0.985	+0.748	+0.534	+0.497	+1.032
SA 104 L1	12 42 52.5	−00 27 45	14.608	+0.630	+0.064	+0.374	+0.364	+0.739
SA 104 430	12 42 53.3	−00 32 36	13.858	+0.652	+0.131	+0.364	+0.363	+0.727
SA 104 325	12 43 05.3	−00 48 20	15.581	+0.694	+0.051	+0.345	+0.307	+0.652
SA 104 330	12 43 14.5	−00 47 26	15.296	+0.594	−0.028	+0.369	+0.371	+0.739
SA 104 440	12 43 17.3	−00 31 30	15.114	+0.440	−0.227	+0.289	+0.317	+0.605
SA 104 237	12 43 20.0	−00 58 02	15.395	+1.088	+0.918	+0.647	+0.628	+1.274
SA 104 L2	12 43 22.7	−00 41 08	16.048	+0.650	−0.172	+0.344	+0.323	+0.667
SA 104 443	12 43 22.9	−00 32 05	15.372	+1.331	+1.280	+0.817	+0.778	+1.595
SA 104 444	12 43 23.1	−00 39 12	13.477	+0.512	−0.070	+0.313	+0.331	+0.643
SA 104 334	12 43 23.5	−00 47 12	13.484	+0.518	−0.067	+0.323	+0.331	+0.653
SA 104 335	12 43 24.0	−00 39 52	11.665	+0.622	+0.145	+0.357	+0.334	+0.691
SA 104 239	12 43 26.0	−00 53 20	13.936	+1.356	+1.291	+0.868	+0.805	+1.675
SA 104 336	12 43 27.7	−00 46 42	14.404	+0.830	+0.495	+0.461	+0.403	+0.865
SA 104 338	12 43 33.2	−00 45 16	16.059	+0.591	−0.082	+0.348	+0.372	+0.719
SA 104 339	12 43 36.4	−00 48 24	15.459	+0.832	+0.709	+0.476	+0.374	+0.849
SA 104 244	12 43 37.3	−00 52 31	16.011	+0.590	−0.152	+0.338	+0.489	+0.825
SA 104 455	12 43 55.2	−00 31 01	15.105	+0.581	−0.024	+0.360	+0.357	+0.716
SA 104 456	12 43 56.5	−00 38 44	12.362	+0.622	+0.135	+0.357	+0.337	+0.694
SA 104 457	12 43 57.3	−00 35 32	16.048	+0.753	+0.522	+0.484	+0.490	+0.974
SA 104 460	12 44 05.8	−00 35 02	12.895	+1.281	+1.246	+0.813	+0.695	+1.511
SA 104 461	12 44 09.1	−00 39 01	9.705	+0.476	−0.035	+0.288	+0.289	+0.579
SA 104 350	12 44 17.3	−00 40 04	13.634	+0.673	+0.165	+0.383	+0.353	+0.736
SA 104 470	12 44 25.4	−00 36 36	14.310	+0.732	+0.101	+0.295	+0.356	+0.649
SA 104 364	12 44 49.1	−00 41 15	15.799	+0.601	−0.131	+0.314	+0.397	+0.712
SA 104 366	12 44 56.2	−00 41 27	12.908	+0.870	+0.424	+0.517	+0.464	+0.982
SA 104 479	12 44 58.3	−00 39 33	16.087	+1.271	+0.673	+0.657	+0.607	+1.264
SA 104 367	12 45 01.5	−00 40 17	15.844	+0.639	−0.126	+0.382	+0.296	+0.679
SA 104 484	12 45 23.6	−00 37 37	14.406	+1.024	+0.732	+0.514	+0.486	+1.000
SA 104 485	12 45 26.9	−00 37 00	15.017	+0.838	+0.493	+0.478	+0.488	+0.967
SA 104 490	12 45 36.5	−00 32 35	12.572	+0.535	+0.048	+0.318	+0.312	+0.630
SA 104 598	12 46 19.7	−00 23 25	11.478	+1.108	+1.051	+0.667	+0.545	+1.214
PG1323−086	13 26 44.1	−08 55 41	13.481	−0.140	−0.681	−0.048	−0.078	−0.127
PG1323−086A	13 26 54.3	−08 56 45	13.591	+0.393	−0.019	+0.252	+0.252	+0.506
PG1323−086C	13 26 54.8	−08 55 01	14.003	+0.707	+0.245	+0.395	+0.363	+0.759
PG1323−086B	13 26 55.3	−08 57 18	13.406	+0.761	+0.265	+0.426	+0.407	+0.833
PG1323−086D	13 27 09.9	−08 56 58	12.080	+0.587	+0.005	+0.346	+0.335	+0.684
G14−55	13 29 24.8	−02 28 07	11.336	+1.491	+1.157	+1.078	+1.388	+2.462
SA 105 505	13 36 27.9	−00 29 32	10.270	+1.422	+1.218	+0.910	+0.861	+1.771
SA 105 437	13 38 19.9	−00 44 11	12.535	+0.248	+0.067	+0.136	+0.143	+0.279
SA 105 815	13 41 05.2	−00 08 32	11.451	+0.381	−0.247	+0.267	+0.292	+0.559
BD +2 2711	13 43 21.7	+01 24 09	10.369	−0.163	−0.699	−0.072	−0.095	−0.168
UCAC2 32376437	13 43 25.9	+01 24 16	10.584	+0.499	+0.005	+0.304	+0.301	+0.606

Name	Right Ascension	Declination	V	B–V	U–B	V–R	R–I	V–I
	h m s	° ′ ″						
HD 121968	13 59 54.9	−03 00 48	10.256	−0.185	−0.915	−0.074	−0.100	−0.173
PG1407−013B	14 11 27.6	−01 33 02	12.471	+0.970	+0.665	+0.537	+0.505	+1.037
PG1407−013	14 11 29.3	−01 36 02	13.758	−0.259	−1.133	−0.119	−0.151	−0.272
PG1407−013C	14 11 31.4	−01 30 49	12.462	+0.805	+0.298	+0.464	+0.448	+0.914
PG1407−013A	14 11 33.0	−01 34 56	14.661	+1.151	+1.049	+0.617	+0.569	+1.178
PG1407−013D	14 11 37.5	−01 32 59	14.872	+0.891	+0.420	+0.496	+0.472	+0.967
PG1407−013E	14 11 39.1	−01 32 17	15.182	+0.883	+0.600	+0.496	+0.417	+0.915
SA 106 1024	14 41 10.0	−00 03 29	11.599	+0.332	+0.085	+0.196	+0.195	+0.390
SA 106 700	14 41 54.1	−00 28 50	9.786	+1.364	+1.580	+0.730	+0.643	+1.374
SA 106 575	14 42 41.6	−00 31 14	9.341	+1.306	+1.485	+0.676	+0.587	+1.268
SA 106 485	14 45 17.3	−00 42 16	9.477	+0.378	−0.052	+0.233	+0.236	+0.468
PG1514+034	15 18 16.2	+03 06 01	13.997	−0.009	−0.955	+0.087	+0.126	+0.212
PG1525−071	15 29 17.4	−07 20 45	15.046	−0.211	−1.177	−0.068	+0.012	−0.151
PG1525−071D	15 29 17.8	−07 20 51	16.300	+0.393	+0.224	+0.405	+0.343	+0.756
PG1525−071A	15 29 19.2	−07 20 13	13.506	+0.773	+0.282	+0.437	+0.421	+0.862
PG1525−071B	15 29 20.2	−07 20 25	16.392	+0.729	+0.141	+0.450	+0.387	+0.906
PG1525−071C	15 29 22.3	−07 18 42	13.519	+1.116	+1.073	+0.593	+0.509	+1.096
PG1528+062B	15 31 40.3	+05 57 05	11.989	+0.593	+0.005	+0.364	+0.344	+0.711
PG1528+062A	15 31 49.8	+05 57 16	15.553	+0.830	+0.356	+0.433	+0.389	+0.824
PG1528+062	15 31 50.7	+05 56 48	14.767	−0.252	−1.091	−0.111	−0.182	−0.296
PG1528+062C	15 31 56.4	+05 56 02	13.477	+0.644	+0.074	+0.357	+0.340	+0.699
PG1530+057A	15 34 11.1	+05 29 38	13.711	+0.829	+0.414	+0.473	+0.412	+0.886
PG1530+057	15 34 11.6	+05 28 22	14.211	+0.151	−0.789	+0.162	+0.036	+0.199
PG1530+057B	15 34 18.3	+05 29 41	12.842	+0.745	+0.325	+0.423	+0.376	+0.799
SA 107 544	15 37 51.2	−00 19 06	9.036	+0.399	+0.156	+0.232	+0.227	+0.458
SA 107 970	15 38 28.8	+00 14 35	10.939	+1.596	+1.750	+1.142	+1.435	+2.574
SA 107 568	15 38 55.9	−00 21 16	13.054	+1.149	+0.862	+0.625	+0.595	+1.217
SA 107 1006	15 39 36.3	+00 10 22	11.713	+0.766	+0.278	+0.442	+0.420	+0.863
SA 107 347	15 39 39.0	−00 39 55	9.446	+1.294	+1.302	+0.712	+0.652	+1.365
SA 107 720	15 39 40.0	−00 06 22	13.121	+0.599	+0.088	+0.374	+0.355	+0.731
SA 107 456	15 39 45.9	−00 23 44	12.919	+0.921	+0.589	+0.537	+0.478	+1.015
SA 107 351	15 39 49.0	−00 36 03	12.342	+0.562	−0.005	+0.351	+0.358	+0.708
SA 107 457	15 39 49.9	−00 24 12	14.910	+0.792	+0.350	+0.494	+0.469	+0.964
SA 107 458	15 39 53.4	−00 28 23	11.676	+1.214	+1.189	+0.667	+0.602	+1.274
SA 107 592	15 39 53.5	−00 21 06	11.847	+1.318	+1.380	+0.709	+0.647	+1.357
SA 107 459	15 39 54.0	−00 26 31	12.284	+0.900	+0.427	+0.525	+0.517	+1.045
SA 107 212	15 39 59.4	−00 49 28	13.383	+0.683	+0.135	+0.404	+0.411	+0.818
SA 107 215	15 40 01.0	−00 47 03	16.046	+0.115	−0.082	−0.032	−0.475	−0.511
SA 107 213	15 40 01.0	−00 48 12	14.262	+0.802	+0.261	+0.531	+0.509	+1.038
SA 107 357	15 40 08.8	−00 43 08	14.418	+0.675	+0.025	+0.416	+0.421	+0.840
SA 107 359	15 40 12.3	−00 39 36	12.797	+0.580	−0.124	+0.379	+0.381	+0.759
SA 107 599	15 40 12.6	−00 18 25	14.675	+0.698	+0.243	+0.433	+0.438	+0.869
SA 107 600	15 40 13.2	−00 19 47	14.884	+0.503	+0.049	+0.339	+0.361	+0.700
SA 107 601	15 40 17.0	−00 17 24	14.646	+1.412	+1.265	+0.923	+0.835	+1.761
SA 107 602	15 40 22.0	−00 19 26	12.116	+0.991	+0.585	+0.545	+0.531	+1.074
SA 107 611	15 40 38.2	−00 16 31	14.329	+0.890	+0.455	+0.520	+0.447	+0.968
SA 107 612	15 40 38.6	−00 19 03	14.256	+0.896	+0.296	+0.551	+0.530	+1.081
SA 107 614	15 40 44.3	−00 17 06	13.926	+0.622	+0.033	+0.361	+0.370	+0.732
SA 107 626	15 41 08.5	−00 21 24	13.468	+1.000	+0.728	+0.600	+0.527	+1.126
SA 107 627	15 41 10.6	−00 21 18	13.349	+0.779	+0.226	+0.465	+0.454	+0.918

Name	Right Ascension	Declination	V	B–V	U–B	V–R	R–I	V–I
	h m s	o ′ ″						
SA 107 484	15 41 20.0	−00 25 10	11.311	+1.240	+1.298	+0.664	+0.577	+1.240
SA 107 636	15 41 43.6	−00 18 47	14.873	+0.751	+0.121	+0.432	+0.465	+0.896
SA 107 639	15 41 47.9	−00 21 04	14.197	+0.640	−0.026	+0.399	+0.404	+0.803
SA 107 640	15 41 52.3	−00 20 41	15.050	+0.755	+0.092	+0.511	+0.506	+1.017
G153−41	16 19 05.0	−15 38 52	13.425	−0.210	−1.129	−0.133	−0.158	−0.289
G138−25	16 26 10.1	+15 37 45	13.513	+1.419	+1.265	+0.883	+0.796	+1.685
BD −12 4523	16 31 26.7	−12 42 45	10.072	+1.566	+1.195	+1.155	+1.499	+2.651
HD 149382	16 35 28.2	−04 03 21	8.943	−0.282	−1.143	−0.127	−0.135	−0.262
PG1633+099	16 36 22.6	+09 45 22	14.396	−0.191	−0.990	−0.085	−0.114	−0.208
SA 108 1332	16 36 24.5	−00 06 33	9.208	+0.380	+0.083	+0.225	+0.225	+0.449
PG1633+099A	16 36 24.6	+09 45 26	15.259	+0.871	+0.305	+0.506	+0.506	+1.011
PG1633+099G	16 36 31.0	+09 48 03	13.749	+0.693	+0.079	+0.412	+0.389	+0.804
PG1633+099B	16 36 32.0	+09 43 53	12.968	+1.081	+1.017	+0.589	+0.503	+1.090
PG1633+099F	16 36 35.3	+09 47 13	13.768	+0.878	+0.254	+0.523	+0.522	+1.035
PG1633+099C	16 36 35.9	+09 43 49	13.224	+1.144	+1.146	+0.612	+0.524	+1.133
PG1633+099D	16 36 38.7	+09 44 15	13.689	+0.535	−0.021	+0.324	+0.323	+0.649
PG1633+099E	16 36 43.7	+09 46 58	13.113	+0.841	+0.337	+0.484	+0.471	+0.953
SA 108 719	16 37 14.3	−00 27 55	12.690	+1.031	+0.648	+0.553	+0.533	+1.087
SA 108 1848	16 38 01.5	+00 03 31	11.738	+0.559	+0.073	+0.331	+0.325	+0.657
SA 108 475	16 38 03.9	−00 37 04	11.307	+1.380	+1.463	+0.743	+0.664	+1.408
SA 108 1863	16 38 15.5	+00 00 06	12.244	+0.803	+0.378	+0.446	+0.398	+0.844
SA 108 1491	16 38 17.0	−00 05 07	9.059	+0.964	+0.616	+0.522	+0.498	+1.020
SA 108 551	16 38 51.1	−00 35 28	10.702	+0.180	+0.182	+0.100	+0.109	+0.209
SA 108 1918	16 38 53.2	−00 03 00	11.384	+1.432	+1.839	+0.773	+0.661	+1.434
SA 108 981	16 40 19.8	−00 27 28	12.071	+0.494	+0.237	+0.310	+0.312	+0.622
PG1647+056	16 51 19.0	+05 30 54	14.773	−0.173	−1.064	−0.058	−0.022	−0.082
Wolf 629	16 56 31.0	−08 21 33	11.759	+1.676	+1.256	+1.185	+1.525	+2.715
PG1657+078E	17 00 26.7	+07 42 15	14.486	+0.787	+0.284	+0.436	+0.413	+0.851
PG1657+078D	17 00 27.3	+07 41 13	16.156	+0.986	+0.599	+0.635	+0.592	+1.227
PG1657+078B	17 00 31.4	+07 40 21	14.724	+0.697	+0.039	+0.417	+0.420	+0.838
PG1657+078	17 00 31.7	+07 41 45	15.019	−0.142	−0.958	−0.079	−0.058	−0.128
PG1657+078A	17 00 32.7	+07 40 34	14.032	+1.068	+0.735	+0.569	+0.538	+1.105
PG1657+078C	17 00 34.7	+07 40 40	15.225	+0.837	+0.382	+0.504	+0.442	+0.965
BD −4 4226	17 06 17.9	−05 07 39	10.071	+1.415	+1.085	+0.970	+1.141	+2.113
SA 109 71	17 45 10.0	−00 25 26	11.490	+0.326	+0.154	+0.187	+0.223	+0.409
SA 109 381	17 45 15.5	−00 21 00	11.731	+0.704	+0.222	+0.427	+0.435	+0.862
SA 109 949	17 45 16.7	−00 02 55	12.828	+0.806	+0.363	+0.500	+0.517	+1.020
SA 109 956	17 45 17.6	−00 02 35	14.639	+1.283	+0.858	+0.779	+0.743	+1.525
SA 109 954	17 45 18.9	−00 02 43	12.436	+1.296	+0.956	+0.764	+0.731	+1.496
SA 109 199	17 46 05.9	−00 29 55	10.990	+1.739	+1.967	+1.006	+0.900	+1.904
SA 109 231	17 46 23.2	−00 26 17	9.333	+1.465	+1.591	+0.787	+0.705	+1.494
SA 109 537	17 46 45.7	−00 22 00	10.353	+0.609	+0.226	+0.376	+0.393	+0.769
G21−15	18 28 13.8	+04 04 30	13.889	+0.092	−0.598	−0.039	−0.030	−0.069
SA 110 229	18 41 48.7	+00 03 03	13.649	+1.910	+1.391	+1.198	+1.155	+2.356
SA 110 230	18 41 54.5	+00 03 37	14.281	+1.084	+0.728	+0.624	+0.596	+1.218
SA 110 232	18 41 55.3	+00 03 08	12.516	+0.729	+0.147	+0.439	+0.450	+0.889
SA 110 233	18 41 55.7	+00 02 05	12.771	+1.281	+0.812	+0.773	+0.818	+1.593
SA 110 239	18 42 22.8	+00 01 28	13.858	+0.899	+0.584	+0.541	+0.517	+1.060
SA 110 339	18 42 29.4	+00 09 40	13.607	+0.988	+0.776	+0.563	+0.468	+1.036
SA 110 340	18 42 31.4	+00 16 38	10.025	+0.308	+0.124	+0.171	+0.183	+0.354

Name	Right Ascension	Declination	V	B–V	U–B	V–R	R–I	V–I
	h m s	° ′ ″						
SA 110 477	18 42 46.0	+00 27 58	13.988	+1.345	+0.715	+0.850	+0.857	+1.707
SA 110 246	18 42 53.7	+00 06 16	12.706	+0.586	−0.129	+0.381	+0.410	+0.790
SA 110 346	18 42 58.2	+00 11 14	14.757	+0.999	+0.752	+0.697	+0.646	+1.345
SA 110 349	18 43 16.3	+00 11 31	15.095	+1.088	+0.668	+0.503	−0.059	+0.477
SA 110 355	18 43 21.9	+00 09 41	11.944	+1.023	+0.504	+0.652	+0.727	+1.378
SA 110 358	18 43 38.4	+00 16 18	14.430	+1.039	+0.418	+0.603	+0.543	+1.150
SA 110 360	18 43 43.4	+00 10 28	14.618	+1.197	+0.539	+0.715	+0.717	+1.432
SA 110 361	18 43 48.0	+00 09 22	12.425	+0.632	+0.035	+0.361	+0.348	+0.709
SA 110 362	18 43 51.3	+00 07 45	15.693	+1.333	+3.919	+0.918	+0.885	+1.803
SA 110 266	18 43 51.8	+00 06 24	12.018	+0.889	+0.411	+0.538	+0.577	+1.111
SA 110 L1	18 43 53.2	+00 08 30	16.252	+1.752	+2.953	+1.066	+0.992	+2.058
SA 110 364	18 43 55.8	+00 09 12	13.615	+1.133	+1.095	+0.697	+0.585	+1.281
SA 110 157	18 43 59.6	−00 07 41	13.491	+2.123	+1.679	+1.257	+1.139	+2.395
SA 110 365	18 44 00.4	+00 08 40	13.470	+2.261	+1.895	+1.360	+1.270	+2.631
SA 110 496	18 44 02.1	+00 32 27	13.004	+1.040	+0.737	+0.607	+0.681	+1.287
SA 110 273	18 44 02.5	+00 03 42	14.686	+2.527	+1.000	+1.509	+1.345	+2.856
SA 110 497	18 44 05.3	+00 32 14	14.196	+1.052	+0.380	+0.606	+0.597	+1.203
SA 110 280	18 44 10.0	−00 02 24	12.996	+2.151	+2.133	+1.235	+1.148	+2.384
SA 110 499	18 44 10.5	+00 29 19	11.737	+0.987	+0.639	+0.600	+0.674	+1.273
SA 110 502	18 44 12.9	+00 29 00	12.330	+2.326	+2.326	+1.373	+1.250	+2.625
SA 110 503	18 44 14.5	+00 31 01	11.773	+0.671	+0.506	+0.373	+0.436	+0.808
SA 110 504	18 44 14.5	+00 31 21	14.022	+1.248	+1.323	+0.797	+0.683	+1.482
SA 110 506	18 44 21.7	+00 31 45	11.312	+0.568	+0.059	+0.335	+0.312	+0.652
SA 110 507	18 44 21.9	+00 30 44	12.440	+1.141	+0.830	+0.633	+0.579	+1.206
SA 110 290	18 44 25.2	+00 00 03	11.898	+0.708	+0.196	+0.418	+0.418	+0.836
SA 110 441	18 44 36.5	+00 20 59	11.122	+0.556	+0.108	+0.325	+0.335	+0.660
SA 110 311	18 44 50.6	+00 00 59	15.505	+1.796	+1.179	+1.010	+0.864	+1.874
SA 110 312	18 44 52.0	+00 01 25	16.093	+1.319	−0.788	+1.137	+1.154	+2.293
SA 110 450	18 44 54.3	+00 24 17	11.583	+0.946	+0.683	+0.549	+0.626	+1.175
SA 110 315	18 44 55.1	+00 02 08	13.637	+2.069	+2.256	+1.206	+1.133	+2.338
SA 110 316	18 44 55.4	+00 02 23	14.821	+1.731	+4.355	+0.858	+0.910	+1.769
SA 110 319	18 44 58.4	+00 03 19	11.861	+1.309	+1.076	+0.742	+0.700	+1.443
SA 111 773	19 38 18.8	+00 13 48	8.965	+0.209	−0.209	+0.121	+0.145	+0.265
SA 111 775	19 38 19.3	+00 14 55	10.748	+1.741	+2.017	+0.965	+0.897	+1.863
SA 111 1925	19 38 31.5	+00 27 53	12.387	+0.396	+0.264	+0.226	+0.256	+0.483
SA 111 1965	19 38 44.4	+00 29 42	11.419	+1.710	+1.865	+0.951	+0.877	+1.830
SA 111 1969	19 38 46.1	+00 28 39	10.382	+1.959	+2.306	+1.177	+1.222	+2.400
SA 111 2039	19 39 07.4	+00 35 04	12.395	+1.369	+1.237	+0.739	+0.689	+1.430
SA 111 2088	19 39 24.1	+00 33 52	13.193	+1.610	+1.678	+0.888	+0.818	+1.708
SA 111 2093	19 39 26.3	+00 34 17	12.538	+0.637	+0.283	+0.370	+0.397	+0.766
SA 112 595	20 42 21.4	+00 20 55	11.352	+1.601	+1.991	+0.898	+0.903	+1.801
SA 112 704	20 43 05.0	+00 23 36	11.452	+1.536	+1.742	+0.822	+0.746	+1.570
SA 112 223	20 43 17.6	+00 13 27	11.424	+0.454	+0.016	+0.273	+0.274	+0.547
SA 112 250	20 43 29.4	+00 12 10	12.095	+0.532	−0.025	+0.317	+0.323	+0.639
SA 112 275	20 43 38.4	+00 11 48	9.905	+1.210	+1.294	+0.648	+0.569	+1.217
SA 112 805	20 43 49.7	+00 20 37	12.086	+0.151	+0.158	+0.064	+0.075	+0.139
SA 112 822	20 43 57.8	+00 19 30	11.548	+1.030	+0.883	+0.558	+0.502	+1.060
Mark A4	20 45 00.5	−10 40 35	14.767	+0.795	+0.176	+0.471	+0.475	+0.952
Mark A2	20 45 01.9	−10 41 01	14.540	+0.666	+0.096	+0.379	+0.371	+0.751
Mark A1	20 45 05.4	−10 42 42	15.911	+0.609	−0.014	+0.367	+0.373	+0.740

UBVRI STANDARD STARS, J2020.5

Name	Right Ascension	Declination	V	B–V	U–B	V–R	R–I	V–I
	h m s	o ′ ″						
Mark A	20 45 06.2	−10 43 11	13.256	−0.246	−1.159	−0.114	−0.124	−0.238
Mark A3	20 45 10.8	−10 41 08	14.818	+0.938	+0.651	+0.587	+0.510	+1.098
Wolf 918	21 10 25.8	−13 13 47	10.869	+1.493	+1.139	+0.978	+1.083	+2.064
G26−7A	21 32 12.7	−09 41 08	13.047	+0.725	+0.279	+0.405	+0.371	+0.776
G26−7	21 32 26.2	−09 42 00	12.006	+1.664	+1.231	+1.298	+1.669	+2.968
G26−7C	21 32 29.3	−09 45 19	12.468	+0.624	+0.093	+0.354	+0.340	+0.695
G26−7B	21 32 32.3	−09 41 56	13.454	+0.562	+0.027	+0.323	+0.327	+0.652
SA 113 440	21 41 37.2	+00 47 24	11.796	+0.637	+0.167	+0.363	+0.350	+0.715
SA 113 221	21 41 39.5	+00 26 41	12.071	+1.031	+0.874	+0.550	+0.490	+1.041
SA 113 L1	21 41 50.3	+00 34 13	15.530	+1.343	+1.180	+0.867	+0.723	+1.594
SA 113 337	21 41 52.4	+00 33 36	14.225	+0.519	−0.025	+0.351	+0.331	+0.682
SA 113 339	21 41 58.6	+00 33 36	12.250	+0.568	−0.034	+0.340	+0.347	+0.687
SA 113 233	21 42 02.2	+00 27 41	12.398	+0.549	+0.096	+0.338	+0.322	+0.661
SA 113 342	21 42 02.8	+00 33 15	10.878	+1.015	+0.696	+0.537	+0.513	+1.050
SA 113 239	21 42 09.8	+00 28 12	13.038	+0.516	+0.051	+0.318	+0.327	+0.647
SA 113 241	21 42 12.1	+00 31 26	14.352	+1.344	+1.452	+0.897	+0.797	+1.683
SA 113 245	21 42 16.3	+00 27 31	15.665	+0.628	+0.112	+0.396	+0.318	+0.716
SA 113 459	21 42 17.8	+00 48 43	12.125	+0.535	−0.018	+0.307	+0.313	+0.623
SA 113 250	21 42 27.5	+00 26 19	13.160	+0.505	−0.003	+0.309	+0.316	+0.626
SA 113 466	21 42 30.3	+00 45 54	10.003	+0.453	+0.003	+0.279	+0.283	+0.564
SA 113 259	21 42 47.8	+00 23 19	11.744	+1.199	+1.220	+0.621	+0.544	+1.167
SA 113 260	21 42 51.0	+00 29 32	12.406	+0.514	+0.069	+0.308	+0.298	+0.606
SA 113 475	21 42 54.2	+00 44 59	10.304	+1.058	+0.841	+0.568	+0.528	+1.097
SA 113 263	21 42 55.8	+00 31 17	15.481	+0.280	+0.074	+0.194	+0.207	+0.401
SA 113 366	21 42 56.5	+00 35 02	13.537	+1.096	+0.896	+0.623	+0.588	+1.211
SA 113 265	21 42 56.7	+00 23 43	14.934	+0.639	+0.101	+0.411	+0.395	+0.807
SA 113 268	21 43 00.0	+00 25 35	15.281	+0.589	−0.018	+0.379	+0.407	+0.786
SA 113 34	21 43 01.8	+00 06 46	15.173	+0.484	−0.054	+0.306	+0.346	+0.652
SA 113 372	21 43 04.9	+00 34 18	13.681	+0.670	+0.080	+0.395	+0.370	+0.766
SA 113 149	21 43 08.5	+00 15 04	13.469	+0.621	+0.043	+0.379	+0.386	+0.765
SA 113 153	21 43 11.8	+00 20 44	14.476	+0.745	+0.285	+0.462	+0.441	+0.902
SA 113 272	21 43 23.2	+00 26 38	13.904	+0.633	+0.067	+0.370	+0.340	+0.710
SA 113 156	21 43 24.7	+00 17 49	11.224	+0.526	−0.057	+0.303	+0.314	+0.618
SA 113 158	21 43 24.7	+00 19 49	13.116	+0.723	+0.247	+0.407	+0.374	+0.782
SA 113 491	21 43 27.4	+00 49 34	14.373	+0.764	+0.306	+0.434	+0.420	+0.854
SA 113 492	21 43 30.7	+00 44 01	12.174	+0.553	+0.005	+0.342	+0.341	+0.684
SA 113 493	21 43 31.5	+00 43 51	11.767	+0.786	+0.392	+0.430	+0.393	+0.824
SA 113 495	21 43 32.6	+00 43 48	12.437	+0.947	+0.530	+0.512	+0.497	+1.010
SA 113 163	21 43 38.4	+00 22 25	14.540	+0.658	+0.106	+0.380	+0.355	+0.735
SA 113 165	21 43 41.0	+00 21 13	15.639	+0.601	+0.003	+0.354	+0.392	+0.746
SA 113 281	21 43 41.6	+00 24 36	15.247	+0.529	−0.026	+0.347	+0.359	+0.706
SA 113 167	21 43 43.9	+00 21 48	14.841	+0.597	−0.034	+0.351	+0.376	+0.728
SA 113 177	21 43 59.5	+00 20 24	13.560	+0.789	+0.318	+0.456	+0.436	+0.890
SA 113 182	21 44 11.3	+00 20 30	14.370	+0.659	+0.065	+0.402	+0.422	+0.824
SA 113 187	21 44 23.6	+00 22 35	15.080	+1.063	+0.969	+0.638	+0.535	+1.174
SA 113 189	21 44 30.4	+00 23 01	15.421	+1.118	+0.958	+0.713	+0.605	+1.319
SA 113 307	21 44 33.4	+00 23 45	14.214	+1.128	+0.911	+0.630	+0.614	+1.245
SA 113 191	21 44 36.5	+00 21 35	12.337	+0.799	+0.223	+0.471	+0.466	+0.937
SA 113 195	21 44 43.8	+00 23 02	13.692	+0.730	+0.201	+0.418	+0.413	+0.832
G93−48D	21 53 12.6	+02 27 14	13.664	+0.636	+0.120	+0.368	+0.362	+0.724

Name	Right Ascension	Declination	V	B–V	U–B	V–R	R–I	V–I
	h m s	° ′ ″						
G93–48C	21 53 16.4	+02 27 41	12.664	+1.320	+1.260	+0.852	+0.759	+1.610
G93–48A	21 53 19.9	+02 29 03	12.856	+0.715	+0.278	+0.403	+0.365	+0.772
G93–48B	21 53 20.8	+02 28 59	12.416	+0.719	+0.194	+0.405	+0.383	+0.791
G93–48	21 53 27.8	+02 29 03	12.743	−0.011	−0.790	−0.096	−0.099	−0.195
PG2213−006F	22 17 16.0	−00 11 46	12.644	+0.678	+0.171	+0.395	+0.384	+0.781
PG2213−006C	22 17 20.8	−00 16 04	15.108	+0.726	+0.175	+0.425	+0.432	+0.853
PG2213−006E	22 17 24.4	−00 11 30	13.776	+0.661	+0.087	+0.397	+0.373	+0.778
PG2213−006B	22 17 24.9	−00 15 39	12.710	+0.753	+0.291	+0.427	+0.404	+0.831
PG2213−006D	22 17 25.6	−00 11 32	13.987	+0.787	+0.128	+0.486	+0.479	+0.967
PG2213−006A	22 17 26.3	−00 15 17	14.180	+0.665	+0.094	+0.407	+0.408	+0.817
PG2213−006	22 17 31.5	−00 15 04	14.137	−0.214	−1.176	−0.072	−0.132	−0.211
G156−31	22 39 42.5	−15 10 47	12.361	+1.993	+1.408	+1.648	+2.042	+3.684
SA 114 531	22 41 39.6	+00 58 22	12.095	+0.733	+0.175	+0.421	+0.404	+0.824
SA 114 637	22 41 45.4	+01 09 37	12.070	+0.801	+0.307	+0.456	+0.415	+0.872
SA 114 446	22 42 06.8	+00 52 28	12.064	+0.737	+0.237	+0.397	+0.369	+0.769
SA 114 654	22 42 29.0	+01 16 38	11.833	+0.656	+0.178	+0.368	+0.341	+0.711
SA 114 656	22 42 37.9	+01 17 37	12.644	+0.965	+0.698	+0.547	+0.506	+1.051
SA 114 548	22 42 39.7	+01 05 33	11.599	+1.362	+1.568	+0.738	+0.651	+1.387
SA 114 750	22 42 47.5	+01 19 03	11.916	−0.037	−0.367	+0.027	−0.016	+0.010
SA 114 755	22 43 10.3	+01 23 16	10.909	+0.570	−0.063	+0.313	+0.310	+0.622
SA 114 670	22 43 12.1	+01 16 44	11.101	+1.206	+1.223	+0.645	+0.561	+1.208
SA 114 176	22 44 13.1	+00 27 44	9.239	+1.485	+1.853	+0.800	+0.717	+1.521
HD 216135	22 51 33.2	−13 12 12	10.111	−0.119	−0.618	−0.052	−0.065	−0.119
G156−57	22 54 23.1	−14 09 29	10.192	+1.557	+1.179	+1.179	+1.543	+2.730
GD 246A	23 13 19.4	+10 52 55	12.962	+0.463	−0.047	+0.288	+0.296	+0.584
GD 246	23 13 23.8	+10 53 46	13.090	−0.318	−1.194	−0.148	−0.181	−0.328
GD 246B	23 13 31.0	+10 53 53	14.368	+0.919	+0.693	+0.512	+0.431	+0.944
GD 246C	23 13 32.9	+10 55 56	13.637	+0.879	+0.540	+0.484	+0.448	+0.933
Feige 108	23 17 15.6	−01 43 52	12.973	−0.237	−1.050	−0.106	−0.140	−0.245
PG2317+046	23 20 58.0	+04 59 19	12.876	−0.246	−1.137	−0.074	−0.035	−0.118
PG2331+055	23 34 47.2	+05 53 28	15.182	−0.066	−0.487	−0.012	−0.031	−0.044
PG2331+055A	23 34 52.1	+05 53 41	13.051	+0.741	+0.257	+0.419	+0.401	+0.821
PG2331+055B	23 34 53.9	+05 51 57	14.744	+0.819	+0.429	+0.481	+0.454	+0.935
PG2336+004B	23 39 41.3	+00 49 36	12.429	+0.517	−0.048	+0.313	+0.317	+0.627
PG2336+004A	23 39 45.7	+00 49 18	11.274	+0.686	+0.129	+0.394	+0.382	+0.769
PG2336+004	23 39 46.6	+00 49 48	15.885	−0.160	−0.781	−0.056	−0.048	−0.109
SA 115 554	23 42 33.8	+01 33 15	11.812	+1.005	+0.548	+0.586	+0.538	+1.127
SA 115 486	23 42 36.0	+01 23 34	12.482	+0.493	−0.049	+0.298	+0.308	+0.607
SA 115 412	23 43 04.0	+01 15 51	12.209	+0.573	−0.040	+0.327	+0.335	+0.665
SA 115 268	23 43 33.7	+00 59 01	12.494	+0.634	+0.077	+0.366	+0.348	+0.714
SA 115 420	23 43 39.5	+01 12 48	11.160	+0.467	−0.019	+0.288	+0.293	+0.581
SA 115 271	23 43 44.9	+00 52 03	9.693	+0.612	+0.109	+0.354	+0.349	+0.702
SA 115 516	23 45 18.4	+01 21 02	10.431	+1.028	+0.760	+0.564	+0.534	+1.099
BD +1 4774	23 50 16.9	+02 30 35	8.993	+1.434	+1.105	+0.964	+1.081	+2.047
PG2349+002	23 52 56.2	+00 35 08	13.277	−0.191	−0.921	−0.103	−0.116	−0.219

 A searchable version of this table appears on *The Astronomical Almanac Online*.
The table of bright Johnson *UBVRI* standards listed in editions prior to 2003 is available online as well.

 This symbol indicates that these data or auxiliary material may also be found on *The Astronomical Almanac Online* **http://asa.usno.navy.mil** and **http://asa.hmnao.com**

Name	BS=HR No.	Right Ascension	Declination	V	Spectral Type	Note[1]
		h m s	° ′ ″			
HD 224926	9087	00 02 52.50	−02 54 48.4	5.12	B7III	
G 158−100		00 34 56.83	−12 01 16.7	14.89	dG−K	
HD 3360	153	00 38 07.50	+54 00 34.0	3.66	B2IV	
CD−34 241		00 42 46.59	−33 32 25.2	11.23	F	
BPM 16274		00 50 59.28	−52 01 33.7	14.20	DA2	Model
LTT 1020		01 55 46.93	−27 22 40.6	11.52	G	
HD 15318	718	02 29 15.11	+08 33 03.2	4.28	B9III	
EGGR 21 1		03 10 42.66	−68 31 28.8	11.38	DA	
LTT 1788		03 49 07.30	−39 04 58.9	13.16	F	
GD 50		03 49 52.99	−00 54 53.9	14.06	DA2	
SA 95−42		03 54 46.66	−00 01 01.4	15.61	DA	
HZ 4		03 56 29.31	+09 50 50.0	14.52	DA4	
LB 227		04 10 39.58	+17 11 03.7	15.34	DA4	
HZ 2		04 13 51.79	+11 54 51.8	13.86	DA3	
HD 30739	1544	04 51 43.86	+08 56 01.5	4.36	A1V	
G 191−B2B		05 07 08.82	+52 51 25.4	11.78	DA1	
HD 38666	1996	05 46 45.66	−32 17 59.3	5.17	O9V	Model
GD 71		05 53 38.56	+15 53 22.1	13.03	DA1	
LTT 2415		05 57 13.67	−27 51 29.8	12.21		
HILT 600		06 46 17.40	+02 06 53.2	10.44	B1	
HD 49798		06 48 41.57	−44 20 24.4	8.30	O6	Model
HD 60753		07 33 59.75	−50 37 46.6	6.70	B3IV	Model
G 193−74		07 55 01.39	+52 26 10.1	15.70	DA0	
BD+75 325		08 13 17.89	+74 54 14.2	9.54	O5p	
LTT 3218		08 42 20.10	−33 00 32.1	11.86	DA	
HD 74280	3454	08 44 17.71	+03 19 26.0	4.30	B3V	
AGK+81°266		09 24 20.72	+81 38 08.6	11.92	sdO	
GD 108		10 01 48.42	−07 39 27.8	13.56	sdB	
LTT 3864		10 33 08.88	−35 44 03.3	12.17	F	
Feige 34		10 40 48.53	+42 59 42.6	11.18	DO	
HD 93521		10 49 32.96	+37 27 41.9	7.04	O9Vp	
HD 100889	4468	11 37 43.39	−09 54 56.8	4.70	B9.5V	
LTT 4364		11 46 51.05	−64 57 13.5	11.50	C2	
HD 103287	4554	11 54 54.05	+53 34 50.6	2.44	A0V	Model
Feige 56		12 07 50.08	+11 33 21.8	11.06	B5p	
HZ 21		12 14 58.05	+32 49 42.4	14.68	DO2	
Feige 66		12 38 24.46	+24 57 14.1	10.50	sdO	
LTT 4816		12 39 58.28	−49 54 34.4	13.79	DA	
Feige 67		12 42 53.23	+17 24 35.2	11.81	sdO	
GD 153		12 58 02.58	+21 55 11.0	13.35	DA1	
G 60−54		13 01 11.09	+03 21 47.1	15.81	DC	
HD 114330	4963	13 11 00.79	−05 38 52.6	4.38	A1IV	
HZ 43		13 17 19.64	+28 59 25.3	12.91	DA1	
HZ 44		13 24 31.03	+36 01 36.1	11.66	sdO	
GRW+70°5824		13 39 19.94	+70 10 54.0	12.77	DA3	

Name	BS=HR No.	Right Ascension	Declination	V	Spectral Type	Note[1]
		h m s	° ′ ″			
HD 120315	5191	13 48 20.79	+49 12 41.4	1.86	B3V	Model
CD−32 9927		14 12 59.11	−33 08 58.4	10.42	A0	
HD 129956	5501	14 46 32.98	+00 37 54.4	5.68	B9.5V	
LTT 6248		15 40 14.57	−28 39 36.7	11.80	A	
BD+33 2642		15 52 47.85	+32 53 17.2	10.81	B2IV	
EGGR 274		16 24 57.47	−39 16 32.9	11.03	DA	
G 138−31		16 28 52.38	+09 09 26.9	16.14	DC	
HD 172167	7001	18 37 38.00	+38 48 13.7	0.00	A0V	
LTT 7379		18 37 55.04	−44 17 33.8	10.23	G0	
HD 188350	7596	19 55 47.77	+00 19 42.9	5.62	A0III	
LTT 7987		20 12 12.72	−30 09 28.6	12.23	DA	
G 24−9		20 14 56.15	+06 46 28.8	15.72	DC	
HD 198001	7950	20 48 47.02	−09 25 10.3	3.78	A1V	
LDS 749B		21 33 19.76	+00 20 44.3	14.67	DB4	
BD+28 4211		21 52 05.97	+28 57 37.3	10.51	Op	
G 93−48		21 53 27.84	+02 29 02.7	12.74	DA3	
BD+25 4655		22 00 38.14	+26 31 52.4	9.76	O	
NGC 7293		22 30 45.61	−20 43 54.1	13.51	V.Hot	
HD 214923	8634	22 42 29.11	+10 56 19.9	3.40	B8V	
LTT 9239		22 53 47.13	−20 29 05.7	12.07	F	
LTT 9491		23 20 40.21	−16 58 43.6	14.11	DC	
Feige 110		23 21 01.84	−05 03 11.6	11.82	DOp	
GD 248		23 27 08.41	+16 07 03.8	15.09	DC	

Notes to Table

[1] Model data for the optical range; only suitable as a standard in the ultraviolet range.

HIP No.	HD No.	Right Ascension	Declination	V	v_r	σv_r	Spectral Type
		h m s	° ′ ″		km/s	km/s	
699	400	00 09 44.6	+36 44 26	6.21	− 15.116	0.0119	F8IV
1499	1461	00 19 45.2	−07 56 24	6.47	− 10.086	0.0224	G0V
1541	1497	00 20 16.4	+13 41 24	8.19	− 7.367	0.0165	F8
1813	1832	00 24 04.7	+22 29 14	7.57	− 30.502	0.0085	F8
2712	3079	00 35 38.2	+48 01 43	7.38	− 12.296	0.0199	F8
2832	3268	00 36 58.7	+13 19 07	6.32	− 23.372	0.0153	F7V
3206	3765	00 41 57.1	+40 17 44	7.36	− 63.113	0.0160	K2V
4393	5372	00 57 29.6	+52 36 07	7.53	+ 0.649	0.0096	G5
5176	6512	01 07 17.8	+13 21 43	8.15	+ 10.366	0.0155	G0
5578	7134	01 12 33.2	−12 44 06	7.48	− 16.612	0.0208	G1V
6285	8004	01 21 53.3	+55 04 08	7.21	− 8.198	0.0136	G0
6405	8262	01 23 25.0	+18 47 22	6.96	+ 5.658	0.0183	G3V
6653	8648	01 26 23.5	+01 34 00	7.38	+ 1.051	0.0243	G5
7090	9224	01 32 28.9	+29 31 04	7.32	+ 14.991	0.0131	G0V
7576	10008	01 38 37.4	−06 39 26	7.66	+ 11.706	0.0074	G5
7734	10086	01 40 51.5	+45 58 47	6.60	+ 2.185	0.0193	G5IV
8798	11505	01 54 08.7	−01 13 43	7.43	− 16.438	0.0140	G0
10505	13825	02 16 35.1	+24 21 53	6.80	− 2.179	0.0160	G8IV
10681	13829	02 19 02.4	+65 21 22	7.61	− 11.846	0.0140	F8
11949	15830	02 35 30.3	+42 52 24	7.59	+ 16.846	0.0274	G0
13291	17674	02 52 18.4	+30 22 12	7.56	+ 10.568	0.0205	G0V
14150	18803	03 03 39.3	+26 41 16	6.62	+ 9.933	0.0113	G8V
14614	19518	03 09 53.0	+15 24 40	7.85	− 27.180	0.0209	G8V
15323	20367	03 18 55.5	+31 12 03	6.40	+ 6.482	0.0225	G0
17147	22879	03 41 24.8	−03 09 11	6.68	+120.400	0.0121	F9V
20917	28343	04 30 13.3	+21 58 03	8.30	− 35.406	0.0194	K7V
21553	232979	04 39 18.6	+52 55 50	8.62	+ 34.066	0.0177	K8V
22576	30708	04 52 51.4	+35 50 52	6.78	− 55.686	0.0117	G5
23311	32147	05 01 50.1	−05 42 47	6.22	+ 21.671	0.0079	K3V
24681	34445	05 18 47.5	+07 22 23	7.31	− 78.906	0.0271	G0
25973	36066	05 34 19.4	+57 13 59	6.44	+ 33.264	0.0160	F8V
26973	38459	05 43 59.5	−47 48 49	8.52	+ 26.600	0.0147	K0V
29432	42618	06 13 07.1	+06 46 31	6.85	− 53.440	0.0139	G4V
29525	42807	06 14 20.8	+10 37 07	6.43	+ 6.100	0.0293	G8V
30067	43947	06 20 51.0	+16 00 11	6.61	+ 40.579	0.0121	F8V
30862	45391	06 30 08.7	+36 27 51	7.15	− 5.289	0.0197	G0
32874	49736	06 52 16.4	+25 44 01	6.98	+ 6.734	0.0138	F8
35265	56124	07 18 29.3	+33 03 11	6.93	+ 22.605	0.0155	G0
37722	62346	07 45 26.1	+20 09 02	7.35	− 9.256	0.0185	G5
38784	62613	07 59 35.0	+80 12 36	6.55	− 7.752	0.0087	G8V
39157	65583	08 01 48.1	+29 10 01	6.97	+ 14.886	0.0235	G8V
39330	66653	08 03 05.1	−46 23 36	7.52	+ 23.176	0.0133	G5V
40093	67827	08 12 42.9	+38 40 07	6.61	+ 25.943	0.0167	G0
41484	71148	08 29 02.1	+45 34 56	6.32	− 32.300	0.0191	G5V
42403	73344	08 39 57.7	+23 36 43	6.89	+ 6.253	0.0255	F8
43297	75302	08 50 16.6	+03 24 29	7.45	+ 10.248	0.0207	G0
43737	75933	08 55 49.9	+40 03 12	7.62	− 35.533	0.0117	G5
44097	76780	09 00 06.2	+21 05 08	7.63	+ 31.022	0.0141	G5
45869	80536	09 22 21.9	+25 04 28	7.26	− 37.923	0.0099	G0
48331	85512	09 51 57.1	−43 36 08	7.67	− 9.510	0.0025	K5V

HIP No.	HD No.	Right Ascension	Declination	V	v_r	σv_r	Spectral Type
		h m s	° ′ ″		km/s	km/s	
50139	88725	10 15 12.3	+03 02 48	7.75	− 21.976	0.0039	G1V
50316	88986	10 17 37.5	+28 34 45	6.46	+ 29.061	0.0082	G0V
51700	91347	10 35 05.7	+49 04 50	7.50	− 25.065	0.0164	F8
54196	96094	11 06 20.9	+25 05 26	7.60	+ 0.490	0.0130	G0
57083	101690	11 43 10.2	+04 38 01	7.28	+ 21.526	0.0163	G0
59589	106210	12 14 15.9	+10 42 16	7.57	− 24.447	0.0157	G3V
61044	108942	12 31 39.9	+50 51 37	7.91	− 10.903	0.0092	G5
65530	117043	13 26 41.7	+63 09 23	6.50	− 30.934	0.0134	G6V
66974	119550	13 44 35.2	+14 15 47	6.92	+ 5.597	0.0044	G2V
67246	120066	13 47 58.1	+06 14 53	6.33	− 30.506	0.0103	G0V
69357	124106	14 12 52.2	−12 42 30	7.93	+ 3.373	0.0191	K1V
70252	126323	14 23 03.2	+60 52 21	7.40	− 2.909	0.0207	G0
70520	126512	14 26 27.2	+20 29 42	7.27	− 48.580	0.0160	F9V
71181	128165	14 34 09.0	+52 49 15	7.24	+ 11.392	0.0143	K3V
71679	129499	14 40 02.6	+66 15 33	7.38	− 11.449	0.0156	G5
72604	131042	14 51 35.5	+22 49 25	7.50	− 26.864	0.0109	G5
73623	133826	15 03 18.6	+65 41 53	7.33	− 2.712	0.0136	G0
73941	134044	15 07 23.4	+36 22 41	6.35	− 5.810	0.0125	F8V
76906	140233	15 43 12.9	+07 45 34	7.33	− 0.883	0.0292	G0
78424	145742	15 59 16.3	+80 34 15	7.57	− 21.711	0.0192	K0
78775	144579	16 05 39.3	+39 06 07	6.66	− 59.381	0.0171	G8V
79862	147044	16 18 51.8	+34 26 01	7.50	− 14.502	0.0092	G0
81813	151541	16 42 36.3	+68 04 00	7.56	+ 9.529	0.0190	K1V
83389	154345	17 03 11.2	+47 03 31	6.76	− 46.847	0.0222	G8V
83827	155060	17 08 41.9	+32 04 47	7.21	− 10.499	0.0098	F8
83863	154931	17 09 22.3	+04 23 53	7.25	− 18.598	0.0210	G0
85810	159222	17 32 45.1	+34 15 28	6.52	− 51.558	0.0176	G5V
87382	162826	17 51 54.0	+40 04 06	6.55	+ 1.880	0.0218	F8V
88194	164595	18 01 26.2	+29 34 24	7.07	+ 2.074	0.0155	G2V
89474	168009	18 16 07.8	+45 13 00	6.30	− 64.567	0.0092	G2V
90864	171067	18 33 07.0	+13 45 12	7.20	− 46.197	0.0100	G8V
91949	173701	18 45 12.2	+43 51 20	7.54	− 45.551	0.0193	K0
93373	175607	19 03 08.7	−66 09 52	8.60	− 91.911	0.0023	G8V
94981	181655	19 20 22.3	+37 22 07	6.29	+ 2.076	0.0267	G8V
98792	190404	20 04 47.8	+23 23 40	7.28	− 2.444	0.0263	K1V
99241	191649	20 09 17.9	+50 38 52	7.40	− 9.009	0.0205	G0
100963	195034	20 29 05.9	+22 11 48	7.09	− 0.864	0.0177	G5
102610	198089	20 48 36.2	+13 03 46	7.43	− 33.377	0.0217	F8
103692	200078	21 01 40.9	+17 31 45	8.05	− 60.171	0.0098	G5
106707	205702	21 37 54.6	+05 54 25	7.62	− 13.482	0.0198	F8
109439	210460	22 11 17.7	+19 43 02	6.18	+ 20.492	0.0215	G0V
109527	210667	22 12 05.8	+36 21 23	7.23	− 19.393	0.0295	K0
111274	213575	22 33 38.6	−06 21 40	6.94	− 21.460	0.0132	G0
111748	214557	22 39 04.7	+45 56 02	7.06	− 38.471	0.0201	F8
113829	217813	23 04 05.3	+21 01 45	6.65	+ 2.084	0.0180	G5V
114028	218133	23 06 33.1	+14 33 47	7.10	− 48.719	0.0210	G0
115697	220773	23 27 29.9	+08 45 20	7.10	− 37.700	0.0094	G0
116085	221354	23 32 22.6	+59 16 46	6.76	− 25.014	0.0189	K2V
116421	221830	23 36 31.1	+31 07 56	6.86	−112.260	0.0195	F9V
116542	222033	23 38 08.4	+30 47 31	7.21	− 13.040	0.0206	G0V

Name	HD No.	R.A.	Dec.	Type	Min.	Max.		Epoch 2400000+	Period	Spectral Type
		h m s	° ′ ″						d.	
WW Cet		00 12 27.5	−11 21 53	UGz	10.4	15.8	v		31.2:	pec(UG) + M2.5V
S Scl	1115	00 16 24.2	−31 55 53	M	5.5	13.6	v	42345	367	M3e−M9e(Tc)
T Cet	1760	00 22 48.4	−19 56 40	SRc	4.96	6.90	V	54286.0	159.3	M5−6SIIe
R And	1967	00 25 07.3	+38 41 25	M	5.8	15.2	v	53820.0	409.2	S3,5e−S8,8e(M7e)
TV Psc	2411	00 29 07.2	+18 00 23	SR	4.65	5.42	V	31387	49.1	M3III
EG And	4174	00 45 44.9	+40 47 28	Z And+E	6.97	7.8	V	50683.20	482.57	M2IIIep
U Cep	5679	01 04 14.4	+81 59 07	EA	6.75	9.24	V	51492.323	2.493	B7Ve + G8III−IV
RX And		01 05 45.3	+41 24 32	UGz	10.3	14.8	V		14:	pec(UG)
ζ Phe	6882	01 09 14.5	−55 08 12	EA	3.91	4.42	V	41957.6058	1.670	B6V + B9V
WX Hyi		02 10 24.7	−63 12 53	UGsu	9.6	14.85	V		13.7:	pec(UG)
KK Per	13136	02 11 41.3	+56 39 18	Lc	7.49	7.99	V			M1.0Iab−M3.5Iab
o Cet	14386	02 20 23.0	−02 53 08	M	2	10.1	v	44839	331.96	M5e−M9e
VW Ari	15165	02 27 51.8	+10 39 24	δ Sct	6.64	6.76	V		0.161	F0IV
U Cet	15971	02 34 42.8	−13 03 34	M	6.7	13.8	v	42137	234.76	M2e−M6e
R Tri	16210	02 38 17.3	+34 21 09	M	5.4	12.6	v	45215	266.9	M4IIIe−M8e
RZ Cas	17138	02 50 48.5	+69 43 07	EA	6.18	7.72	V	43200.3063	1.195	A2.8V
R Hor	18242	02 54 33.7	−49 48 24	M	4.7	14.3	v	41494	407.6	M5e−M8eII−III
ρ Per	19058	03 06 29.9	+38 55 06	SRb	3.3	4.0	V		50:	M4IIb−IIIa
β Per	19356	03 09 30.6	+41 01 59	EA	2.09	3.30	V	56181.84	2.867	B8V+G8III
λ Tau	25204	04 01 49.1	+12 32 48	EA	3.37	3.91	V	47185.265	3.953	B3V + A4IV
VW Hyi		04 09 03.1	−71 14 30	UGsu	8.4	14.4	v		27.3:	pec(UG)
R Dor	29712	04 37 00.2	−62 02 13	SRb	4.78	6.32	V	55335	172	M7−M8IIIe
HU Tau	29365	04 39 28.6	+20 43 27	EA	5.85	6.68	V	42412.456	2.056	B8V
R Cae	29844	04 41 12.8	−38 11 48	M	6.7	14.6	v	40645	390.95	M6e
R Pic	30551	04 46 42.5	−49 12 35	SR	6.35	10.1	V	54410	168	M1IIe−M4IIe
R Lep	31996	05 00 32.4	−14 46 36	M	5.5	11.7	v	54344	445	C7,6e(N6e)
ε Aur	31964	05 03 26.7	+43 51 05	EA	2.92	3.83	V	35629	9892	A8Ia−F2epIa + BV
RX Lep	33664	05 12 20.3	−11 49 30	SRb	5.12	6.65	V	48562.0	79.54	M6III
AR Aur	34364	05 19 40.0	+33 47 15	EA	6.15	6.82	V	49706.3615	4.135	Ap(Hg−Mn) + B9V
TZ Men	39780	05 26 20.1	−84 46 09	EA	6.19	6.87	V	39190.34	8.569	A1III + B9V:
β Dor	37350	05 33 48.3	−62 28 36	δ Cep	3.41	4.08	V	40905.3	9.843	F4−G4Ia−II
SU Tau	247925	05 50 17.4	+19 04 15	RCB	9.1	18.0	V	54862.0	44.68	G0−1Iep(C1,0HD)
α Ori	39801	05 56 16.9	+07 24 33	SRc	0.0	1.3	v		2335	M1−M2Ia−Ibe
U Ori	39816	05 57 02.2	+20 10 37	M	4.8	13.0	v	54520	377	M6e−M9.5e
SS Aur		06 14 55.5	+47 44 00	UGss	10.3	16.8	V		55.5:	M3−5Ve
η Gem	42995	06 16 06.9	+22 29 57	SRa+EA	3.15	3.9	V	37725	232.9	M3IIIab
T Mon	44990	06 26 19.4	+07 04 22	δ Cep	5.58	6.62	V	43784.615	27.025	F7Iab−K1Iab +...
RT Aur	45412	06 29 53.1	+30 28 42	δ Cep	5.00	5.82	V	42361.155	3.728	F4Ib−G1Ib
WW Aur	46052	06 33 17.4	+32 26 18	EA	5.79	6.54	V	41399.305	2.525	A3m: + A3m:
IR Gem		06 48 57.0	+28 03 18	UGsu	11.2	18.7:	V		75:	pec(UG)
ξ Gem	52973	07 05 19.4	+20 32 19	δ Cep	3.62	4.18	V	43805.927	10.151	F7Ib−G3Ib
L₂ Pup	56096	07 14 09.9	−44 40 27	SRb	2.6	8.0	V		140.6	M5IIIe−M6IIIe
R CMa	57167	07 20 23.9	−16 26 06	EA	5.7	6.34	V	50015.6841	1.136	F1V
U Mon	59693	07 31 46.1	−09 49 16	RVb	5.45	7.67	V	38496	91.32	F8eVIb−K0pIb(M2)
U Gem	64511	07 56 17.9	+21 56 46	UGss+E	8.2	14.9	v		105.2:	pec(UG) + M4.5V
V Pup	65818	07 58 49.8	−49 18 05	EB	4.35	4.92	V	45367.6063	1.454	B1Vp + B3:
AR Pup		08 03 47.2	−36 39 18	RVb	8.85	10.15	V	54900.0	76.32	F0I−II−F8I−II
AI Vel	69213	08 14 45.7	−44 38 20	δ Sct	6.15	6.76	V		0.116	A2p−F2pIV/V
Z Cam		08 27 28.5	+73 02 34	UGz	10.0	14.5	v		22:	pec(UG) + K7V
SW UMa		08 38 14.3	+53 24 18	UGsu	9.7	16.5	V		460:	pec(UG)

Name	HD No.	R.A.	Dec.	Type	Magnitude Min.	Magnitude Max.	Epoch 2400000+	Period	Spectral Type
		h m s	o ′ ″					d	
AK Hya	73844	08 40 50.0	−17 22 38	SRb	6.33	6.91 V		75	M4III
VZ Cnc	73857	08 41 58.7	+09 45 01	δ Sct	7.18	7.91 V	50071.282	0.178	A7III−F2III
BZ UMa		08 55 18.7	+57 43 57	UGsu	10.5	17.5 v		97:	pec(UG)
CU Vel		08 59 18.7	−41 52 42	UGsu	10.5	17.0 V		164.7:	M5V
TY Pyx	77137	09 00 35.5	−27 53 50	EA/RS	6.85	7.5 V	43187.2304	3.199	G5 + G5
CV Vel	77464	09 01 16.7	−51 38 12	EA	6.69	7.19 V	42048.6689	6.889	B2.5V + B2.5V
SY Cnc		09 02 12.5	+17 49 03	UGz	10.5	14.1 V		27:	pec(UG) + G
T Pyx		09 05 32.5	−32 27 45	Nr	6.2	15.5 V	51651.6526	7000:	pec(NOVA)
WY Vel	81137	09 22 39.4	−52 39 09	Z And	7.50	9.1 V			−M5epIb:+B2III:
IW Car	82085	09 27 22.1	−63 43 12	RVb	7.77	9.10 V	53866.0	143.6	F7/8+A3/5Ib/II:
R Car	82901	09 32 45.5	−62 52 48	M	3.9	10.5 v	54597	307.0	M4e−M8e
S Ant	82610	09 33 12.3	−28 43 08	EW	6.27	6.83 V	52627.7968	0.648	F3V
W UMa	83950	09 45 11.1	+55 51 27	EW	7.75	8.48 V	51276.3967	0.334	F8Vp + F8Vp
R Leo	84748	09 48 39.5	+11 19 58	M	4.4	11.3 v	44164	309.95	M6e−M8IIIe−...
CH UMa		10 08 34.8	+67 26 45	UG	10.7	15.3 v		204:	pec(UG) + K4−M0V
S Car	88366	10 10 01.2	−61 38 59	M	4.5	9.9 v	42112	149.49	K5e−M6e
η Car	93308	10 45 51.6	−59 47 33	S Dor	−0.8	7.9 v			pec(E)
VY UMa	92839	10 46 28.0	+67 18 12	SRb	5.73	6.32 V	49838.0	120.4	C6,3(N0)
U Car	95109	10 58 38.7	−59 50 32	δ Cep	5.74	6.96 V	53075.3	38.829	F6−G7Iab
VW UMa	94902	11 00 24.4	+69 52 44	SRb	6.69	7.71 V	52764	615	M4−M5III
QZ Vir		11 39 29.9	+03 15 17	UGsu	9.6	16.2 v			pec(UG)
BC UMa		11 53 19.8	+49 07 52	UGwz	10.9	19.37 v			
RU Cen	105578	12 10 28.1	−45 32 25	RVa	8.48	9.93 V	52718	64.727	A7Ib−G2pe
S Mus	106111	12 13 54.5	−70 15 57	δ Cep	5.89	6.49 V	40299.42	9.660	F6Ib−G0
RY UMa	107397	12 21 25.7	+61 11 45	SRa	6.49	7.94 V		310	M2−M3IIIe
SS Vir	108105	12 26 17.4	+00 39 23	SRa	6.0	9.6 v	54296	361	C6,3e(Ne)
BO Mus	109372	12 36 07.8	−67 52 11	SRb	5.3	6.56 V	52028	132.4	M6II−III
R Vir	109914	12 39 32.4	+06 52 34	M	6.1	12.1 v	45872	145.63	M3.5IIIe−M8.5e
R Mus	110311	12 43 21.6	−69 31 11	δ Cep	5.93	6.73 V	26496.288	7.510	F7Ib−G2
UW Cen		12 44 27.5	−54 38 24	RCB	9.1	17.8 V	54573	71.4	K
TX CVn		12 45 41.1	+36 39 08	Z And+EL	9.34	10.28 V		199.75	B1−B9Veq +...
SW Vir	114961	13 15 07.8	−02 54 54	SRb	6.2	8.0 V	54883	146	M7III
FH Vir	115322	13 17 25.9	+06 23 48	SRb	6.92	7.4 V	40740	70:	M6III
V CVn	115898	13 20 21.2	+45 25 11	SRa	6.52	8.56 V	43929	191.89	M4e−M6eIIIa:
R Hya	117287	13 30 50.3	−23 23 12	M	3.5	10.9 v	52863	380	M6e−M9eS(TC)
BV Cen		13 32 37.8	−55 04 52	UGss	10.7	13.6 v	40264.78		pec(UG)
T Cen	119090	13 42 56.4	−33 42 01	RVa	5.56	8.44 V	53530	181.4	K0:e−M4II:e
V412Cen	121518	13 58 52.5	−57 48 37	SRc	7.0	7.6 V	53541	89.44	M3Iab/b−M7
θ Aps	122250	14 07 23.8	−76 53 39	SRb	4.65	6.20 V	53846	111.0	M7III
Z Aps		14 08 41.0	−71 28 05	RVa	10.7	12.7 v		37.89	
R Cen	124601	14 18 04.0	−60 00 29	M	5.3	11.8 v	53079	502	M4e−M8IIe
δ Lib	132742	15 02 04.2	−08 35 57	EA	4.91	5.9 V	48788.426	2.327	A0IV−V
i Boo	133640	15 04 27.9	+47 34 30	EW	5.8	6.4 V	50945.4898	0.268	G2V + G2V
S Aps		15 11 30.2	−72 08 22	RCB	9.54	17.0 V	53149	66.03	C(R3)
GG Lup	135876	15 20 17.5	−40 51 43	EB	5.49	6.0 B	52501.301	1.85	B7V
τ4 Ser	139216	15 37 25.2	+15 02 05	SRb	5.89	7.07 V	54192	86.7	M5IIb−IIIa
R CrB	141527	15 49 25.1	+28 05 42	RCB	5.71	15.2 V			C0,0(F8pep)
R Ser	141850	15 51 38.5	+15 04 21	M	5.16	14.4 V	45521	356.41	M5IIIe−M9e
T CrB	143454	16 00 21.7	+25 51 47	Nr+EL	2.0	10.8 v	47919	227.6	M3III + pec(NOVA)
AG Dra		16 01 48.5	+66 44 47	Z And	7.9	10.3 v	50775.34	548.65	K3IIIep

SELECTED VARIABLE STARS, J2020.5

Name	HD No.	R.A.	Dec.	Type	Min.	Max.		Epoch 2400000+	Period	Spectral Type
		h m s	o ′ ″						d	
AT Dra	147232	16 17 36.1	+59 42 21	SRb	5.18	5.54	V	49856	35.57	M4IIIa
U Sco		16 23 41.9	−17 55 31	Nr+E	7.5	19.3	V	47717.6145		pec(E)
g Her	148783	16 29 19.0	+41 50 15	SRb	4.3	5.5	v		89.2	M6III
α Sco	148478	16 30 40.1	−26 28 33	SRc	0.75	1.21	V	55056	2180	M1.5Iab-Ib
R Ara	149730	16 41 27.4	−57 02 00	EA	6.17	7.32	V	47386.12	4.425	B9Vp
AH Her		16 45 00.8	+25 12 49	UGz	10.9	14.7	v		19.8:	pec(UG)+ K7V
V1010 Oph	151676	16 50 38.0	−15 42 08	EB	6.1	7.00	V	50963.757	0.661	A5V
ζ¹ Sco	152236	16 55 26.7	−42 23 39	S Dor:	4.66	4.86	V			B1Iape
RS Sco	152476	16 57 07.3	−45 08 04	M	5.96	13.0	V	53637	319	M5e−M9
V861 Sco	152667	16 58 01.8	−40 51 15	EB	6.07	6.4	V	43704.21	7.848	B0.5Iae
α¹ Her	156014	17 15 35.0	+14 22 06	SRb	2.73	3.60	V	50960	125.6	M3−M5Ib/III
U Oph	156247	17 17 34.2	+01 11 21	EA	5.84	6.56	V	52066.758	1.677	B5V + B5V
u Her	156633	17 18 05.1	+33 04 45	EA	4.69	5.37	V	48852.367	2.051	B1.5Vp + B5III
RY Ara		17 22 41.1	−51 08 22	RVa:	8.71	11.51	V	30220	145:	G5−K0
BM Sco	160371	17 42 18.8	−32 13 25	L	5.25	6.46	V			K2.5Ib
V703 Sco	160589	17 43 37.3	−32 31 54	δ Sct	7.58	8.04	V	42979.3923	0.115	A9−G0
X Sgr	161592	17 48 51.1	−27 50 12	δ Cep	4.2	4.9	V	40741.7	7.013	F5−G2II
RS Oph	162214	17 51 19.4	−06 42 45	Nr+Lb	4.3	12.5	v	51848	453.6	OB + K4−M4III
V539 Ara	161783	17 52 08.6	−53 37 00	EA+SPB	5.71	6.24	V	48753.44	3.169	B2V + B3V
OP Her	163990	17 57 23.9	+45 20 57	SRb	5.85	6.73	V	41196	120.5	M5IIb−IIIa(S)
W Sgr	164975	18 06 19.8	−29 34 38	δ Cep	4.29	5.14	V	43374.77	7.595	F4−G2Ib
VX Sgr	165674	18 09 18.3	−22 13 11	SRc	6.52	14.0	V	36493	732	M4eIa−M10eIa
RS Sgr	167647	18 18 57.8	−34 05 54	EA	6.01	6.97	V	20586.387	2.416	B3IV−V + A
RS Tel		18 20 23.0	−46 32 18	RCB	9.6	<16.5	v	51980	48.6	C(R4)
Y Sgr	168608	18 22 35.3	−18 50 57	δ Cep	5.25	6.24	V	40762.38	5.773	F5−G0Ib−II
AC Her	170756	18 31 08.4	+21 52 56	RVa	6.85	9.0	V	53831.8	75.29	F2pIb−K4e(C0.0)
T Lyr		18 33 02.7	+37 00 54	Lb	7.5	9.2	V			C6,5(R6)
XY Lyr	172380	18 38 47.1	+39 41 15	SRc	5.6	6.6	V		120	M4−5Ib−II
X Oph	172171	18 39 19.9	+08 51 13	M	5.9	8.6	v	53477	338	M5e−M9e
R Sct	173819	18 48 34.6	−05 40 54	RVa	4.2	8.6	v	44872	146.5	G0Iae−K2p(M3)Ibe
V CrA	173539	18 48 56.4	−38 08 07	RCB	9.4	17.9	V			C(R0)
β Lyr	174638	18 50 50.2	+33 23 15	EB	3.30	4.35	V	55434.8702	12.941	B8II−IIIep
FN Sgr		18 55 07.0	−18 58 04	Z And+EA	10.8	14.0	V	50270	568.3	M5III+WD
R Lyr	175865	18 55 57.5	+43 58 26	SRb	3.81	4.44	V		46:	M5III
κ Pav	174694	18 59 03.2	−67 12 17	CW	3.91	4.78	V	40140.167	9.083	F5−G5I−II
FF Aql	176155	18 59 09.5	+17 23 23	δ Cep	5.18	5.68	V	41576.428	4.471	F5Ia−F8Ia
MT Tel	176387	19 03 43.0	−46 37 23	RRc	8.70	9.25	V	54602.797	0.317	A0W
R Aql	177940	19 07 21.5	+08 15 45	M	5.5	12.0	v	43458	270.5	M5e−M9e
RY Sgr	180093	19 17 52.9	−33 29 05	RCB	5.8	14.0	v	54305	37.67	G0Iaep(C1,0)
RS Vul	180939	19 18 32.4	+22 28 45	EA	6.79	7.83	V	32808.257	4.478	B4V + A2IV
U Sge	181182	19 19 42.3	+19 38 57	EA	6.45	9.28	V	17130.4114	3.381	B8V + G2III−IV
UX Dra	183556	19 20 50.9	+76 35 57	SRb:	5.94	7.1	V		175	C7,3(N0)
BF Cyg		19 24 42.0	+29 42 57	Z And	9.1	13.5	V		755	Bep + M5III
CH Cyg	182917	19 25 05.4	+50 16 57	Z And+SR	5.6	10.1	v			M7IIIab + Be
RR Lyr	182989	19 26 07.1	+42 49 30	RRab	7.06	8.12	V	55751.4711	0.567	A5.0−F7.0
CI Cyg		19 50 57.4	+35 44 14	Z And+E	9.0	12.3	V	41838.8	852.98	Bep + M5III
χ Cyg	187796	19 51 21.2	+32 58 01	M	3.3	14.2	v	42140	408.05	S6,2e−S10,4e(MSe)
η Aql	187929	19 53 31.0	+01 03 35	δ Cep	3.48	4.39	V	36084.656	7.177	F6Ib−G4Ib
V449 Cyg	188344	19 54 07.7	+34 00 17	Lb	7.2	7.77	V			M1−M5
V505 Sgr	187949	19 54 15.7	−14 32 57	EA	6.46	7.51	V	50999.3118	1.183	A2V + F6:

Name	HD No.	R.A.	Dec.	Type	Magnitude Min.	Magnitude Max.		Epoch 2400000+	Period	Spectral Type
		h m s	° ′ ″						d	
S Sge	188727	19 56 57.1	+16 41 25	δ Cep	5.24	6.04	V	42678.792	8.382	F6Ib−G5Ib
RR Sgr	188378	19 57 12.8	−29 08 04	M	5.4	14.0	v	40809	336.33	M4e−M9e
RR Tel		20 05 55.9	−55 40 00	Nc	6.5	16.5	p			pec
WZ Sge		20 08 31.3	+17 45 55	UGwz+E+ZZ		15.53	B		11900:	DAep(UG)
P Cyg	193237	20 18 32.6	+38 05 51	S Dor	3	6	v			B1Iapeq
V Sge		20 21 08.5	+21 10 06	CBSS+E	8.6	13.9	v	37889.9154	0.514	pec(CONT + e)
EU Del	196610	20 38 50.8	+18 20 30	SRb	5.41	6.72	V	53145	58.63	M6III
AE Aqr		20 41 12.6	−00 47 50	DQ+EL	10.18	12.12	V		0.412	WD+K3Ve
X Cyg	197572	20 44 12.4	+35 39 45	δ Cep	5.85	6.91	V	43830.387	16.386	F7Ib−G8Ib
T Vul	198726	20 52 20.5	+28 19 42	δ Cep	5.41	6.09	V	41705.121	4.435	F5Ib−G0Ib
T Cep	202012	21 09 47.5	+68 34 29	M	5.2	11.3	v	44177	388.14	M5.5e−M8.8e
VY Aqr		21 13 15.2	−08 44 31	UGsu	10.0	17.52	V	17796		pec(UG)
W Cyg	205730	21 36 49.4	+45 28 01	SRb	5.10	6.83	V	48945	131.7	M4e−M6e(TC:)III
EE Peg	206155	21 41 02.4	+09 16 42	EA	6.93	7.51	V	45563.8916	2.628	A3mV + F5
V460 Cyg	206570	21 42 53.1	+35 36 16	SRb	5.57	6.5	V		180:	C6,4(N1)
SS Cyg	206697	21 43 31.4	+43 40 50	UGss	7.7	12.4	v			K5V + pec(UG)
μ Cep	206936	21 44 08.2	+58 52 29	SRc	3.43	5.1	V	49518	835	M2eIa
RS Gru	206379	21 44 24.2	−48 05 42	δ Sct	7.94	8.48	V	54734.729	0.147	A6−A9IV−F0
AG Peg	207757	21 52 01.7	+12 43 20	Z And+EL	6.0	9.4	v	31667.5	816.5	WN6 + M3III
VV Cep	208816	21 57 13.9	+63 43 25	EA+SRc	4.8	5.36	V	43360	7430	M2epIa−...
AR Lac	210334	22 09 30.7	+45 50 37	EA/RS	6.08	6.77	V	49292.3444	1.983	G2IV−V + K0IV
RU Peg		22 15 03.0	+12 48 24	UGss+ZZ:	9.5	13.0	v		74.3:	pec(UG) + K0/5V
π¹ Gru	212087	22 23 58.9	−45 50 38	SRb	5.31	7.1	V	54229	195.5	S5
δ Cep	213306	22 29 56.2	+58 31 14	δ Cep	3.49	4.36	V	36075.445	5.366	F5Ib−G1Ib
ER Aqr	218074	23 06 31.3	−22 22 33	Lb	7.14	7.81	V			M3III
Z And	221650	23 34 39.4	+48 55 54	Z And	7.7	11.3	V			M2III + B1eq
R Aqr	222800	23 44 53.1	−15 10 15	M+Z And	5.2	12.4	v	53650	387	M5e−M8.5e + pec
TX Psc	223075	23 47 26.4	+03 36 02	Lb	4.79	5.2	V			C7,2(N0)(Tc)
SX Phe	223065	23 47 37.8	−41 28 22	SX Phe(B)	6.76	7.53	V	38636.617	0.055	A5−F4

Notes to Table

CBSS	close binary supersoft x-ray source	RS	RS Canum Venaticorum type
CW	cepheid, W Vir type (period > 8 days)	RV	RV Tauri type
δ Cep	cepheid, classical type	RVa	RV Tauri type (constant mean brightness)
δ Sct	δ Scuti type	RVb	RV Tauri type (varying mean brightness)
DQ	DQ Herculis type	S Dor	S Doradus variable
E	eclipsing	SR	semi-regular, long period variable
EA	eclipsing, Algol type	SRa	semi-regular, late spectral class, strong periodicities
EB	eclipsing, β Lyrae type	SRb	semi-regular, late spectral class, weak periodicities
EL	rotating ellipsoidal close binary	SRc	semi-regular supergiant of late spectral class
EW	eclipsing, W Ursae Maj type	SRd	semi-regular giant or supergiant, spectrum F, G, or K
Lb	slow irregular variable	SPB	slowly pulsating B star
Lc	irregular supergiant (late spectral type)	SX Phe	SX Phoenicis variable
M	Mira type long period variable	UG	U Gem type dwarf nova
Nc	very slow nova	UGss	U Gem type dwarf nova (SS Cygni subtype)
NL	nova-like variable	UGsu	U Gem type dwarf nova (SU Ursae Majoris subtype)
Nr	recurrent nova	UGwz	U Gem type dwarf nova (WZ Sagittae subtype)
RCB	R Coronae Borealis variable	UGz	U Gem type dwarf nova (Z Camelopardalis subtype)
RRab	RR Lyrae variable (asymmetric light curves)	Z And	Z And type symbiotic star
RRc	RR Lyrae variable (symmetric sinusoidal light curves)	ZZ	ZZ Ceti variable
p	photographic magnitude	V	photoelectric magnitude, visual filter
v	visual magnitude	B	photoelectric magnitude, blue filter
:	uncertainty in period or spectral type	<	fainter than the magnitude indicated
...	full spectral type given in Section L		

HD No.	Star Name	R.A.	Dec.	V	B−V	[Fe/H]	Exoplanet	Period[1]	e[2]	Epoch[3] $_P$ 2440000+
		h m s	° ′ ″					d		
142		00 07 22.5	−48 57 41	5.70	+0.52	+0.0998	HD 142 b	350.3	0.26	11963
1237		00 17 08.0	−79 44 16	6.59	+0.75	+0.1200	HD 1237 b	133.71001	0.511	11545.86
1461		00 19 45.2	−07 56 24	6.60	+0.67	+0.1800	HD 1461 b	5.7727	0.14	10366.519
1605		00 21 36.2	+31 05 20	7.52	+0.96	+0.2100	HD 1605 b	577.9	0.078	13443.3
1605		00 21 36.2	+31 05 20	7.52	+0.96	+0.2100	HD 1605 c	2111	0.098	14758.3
2952		00 34 19.3	+55 00 28	5.93	+1.04	0.0000	HD 2952 b	311.6	0.129	10112
3651		00 40 26.0	+21 21 39	5.88	+0.85	+0.1645	HD 3651 b	62.218	0.596	13932.6
4308		00 45 31.0	−65 32 31	6.55	+0.66	−0.3100	HD 4308 b	15.56	0.0	13314.7
4732		00 50 14.4	−24 01 32	5.90	+0.95	+0.0100	HD 4732 b	360.2	0.13	14967
4732		00 50 14.4	−24 01 32	5.90	+0.95	+0.0100	HD 4732 c	2732.0	0.23	16093
5388		00 56 07.6	−47 17 46	6.84	+0.50	−0.2700	HD 5388 b	777.0	0.4	14570
5608		00 59 22.0	+34 03 40	6.00	+0.99	+0.1200	HD 5608 b	792.6	0.19	12327
6434		01 05 36.6	−39 22 54	7.72	+0.61	−0.5200	HD 6434 b	21.997999	0.17	11490.8
7449		01 15 31.4	−04 56 24	7.50	+0.58	−0.1100	HD 7449 b	1275.0	0.82	15298
7924		01 23 43.1	+76 49 01	7.19	+0.83	−0.1500	HD 7924 b	5.39792	0.058	15584.698
7924		01 23 43.1	+76 49 01	7.19	+0.83	−0.1500	HD 7924 c	15.299	0.098	15583.619
7924		01 23 43.1	+76 49 01	7.19	+0.83	−0.1500	HD 7924 d	24.451	0.21	15573.511
8535		01 24 31.8	−41 09 49	7.72	+0.55	+0.0600	HD 8535 b	1313.0	0.15	14537
8574		01 26 21.4	+28 40 19	7.12	+0.58	−0.0089	HD 8574 b	227.0	0.297	13981
9826	υ And	01 38 00.5	+41 30 26	4.10	+0.54	+0.1530	υ And b	4.6171363	0.013	14425.017
9826	υ And	01 38 00.5	+41 30 26	4.10	+0.54	+0.1530	υ And c	241.33335	0.223848	14265.567
9826	υ And	01 38 00.5	+41 30 26	4.10	+0.54	+0.1530	υ And d	1278.1218	0.267395	13937.728
10180		01 38 36.5	−60 24 28	7.33	+0.63	+0.0800	HD 10180 c	5.75962	0.077	14001.496
10180		01 38 36.5	−60 24 28	7.33	+0.63	+0.0800	HD 10180 d	16.3567	0.143	14005.380
10180		01 38 36.5	−60 24 28	7.33	+0.63	+0.0800	HD 10180 e	49.747	0.065	14008.788
10180		01 38 36.5	−60 24 28	7.33	+0.63	+0.0800	HD 10180 f	122.72	0.133	14027.553
10180		01 38 36.5	−60 24 28	7.33	+0.63	+0.0800	HD 10180 g	602.0	0.0	14042.585
10180		01 38 36.5	−60 24 28	7.33	+0.63	+0.0800	HD 10180 h	2248.0	0.151	13619.174
10647		01 43 16.6	−53 38 19	5.52	+0.55	−0.0776	HD 10647 b	1003.0	0.16	10960
10697		01 43 16.6	−53 38 19	6.27	+0.72	+0.1940	HD 10697 b	1075.2	0.099	11480
11506		01 53 49.0	−19 24 26	7.51	+0.61	+0.3100	HD 11506 b	1405.0	0.3	13603
11506		01 53 49.0	−19 24 26	7.51	+0.61	+0.3100	HD 11506 c	223.6	0.24	14127
11977		01 55 27.4	−67 32 49	4.70	+0.93	−0.1600	HD 11977 b	711.0	0.4	11420
11964		01 58 09.7	−10 08 40	6.42	+0.82	+0.1400	HD 11964 b	1944.5898	0.041	14170.722
11964		01 58 09.7	−10 08 40	6.42	+0.82	+0.1400	HD 11964 c	37.910254	0.301733	14366.648
12661		02 05 43.9	+25 30 39	7.43	+0.71	+0.3623	HD 12661 b	262.70861	0.376834	14152.755
12661		02 05 43.9	+25 30 39	7.43	+0.71	+0.3623	HD 12661 c	1707.8812	0.0312556	16153.417
12929	α Ari	02 08 20.0	+23 33 30	2.00	+1.16	−0.1600	α Ari b	380.0	0.25	11213.52
13189		02 10 52.6	׀32 24 46	7.56	+1.48	−0.3900	HD 13189 b	471.6	0.27	12327.9
13445	GJ 86	02 11 15.4	−50 43 26	6.12	+0.81	−0.2679	GJ 86 b	15.76491	0.0416	11903.36
13931		02 18 05.4	+43 51 58	7.61	+0.64	+0.0300	HD 13931 b	4218.0	0.02	14494
13908		02 19 52.1	+65 41 17	7.51	+0.53	+0.0100	HD 13908 b	19.382	0.046	15750.93
13908		02 19 52.1	+65 41 17	7.51	+0.53	+0.0100	HD 13908 c	931.0	0.12	16165
15779	75 Cet	02 33 12.2	−00 56 43	5.36	+1.01	+0.0200	75 Cet b	691.9	0.117	12213
16141		02 36 21.7	−03 28 28	6.83	+0.67	+0.1703	HD 16141 b	75.523	0.252	10338
16417		02 37 49.7	−34 29 28	5.78	+0.67	+0.0700	HD 16417 b	17.24	0.2	10099.74
16232	30 Ari B	02 38 09.0	+24 44 10	7.09	+0.51	+0.1500	30 Ari B b	335.1	0.289	14538
16175		02 38 20.6	+42 09 02	7.29	+0.63	+0.3900	HD 16175 b	990.0	0.6	13810
16400	81 Cet	02 38 43.9	−03 18 30	5.65	+1.02	−0.0700	81 Cet b	952.7	0.206	12486
17051	ι Hor	02 43 15.3	−50 42 45	5.40	+0.56	+0.1113	ι Hor b	302.8	0.14	11227

HD No.	Star Name	R.A.	Dec.	V	B–V	[Fe/H]	Exoplanet	Period[1]	e[2]	Epoch[3]$_P$ 2440000+
		h m s	o ′ ″					d		
17092	.	02 47 46.7	+49 44 17	7.74	+1.26	+0.1800	HD 17092 b	359.89999	0.166	12969.5
19994		03 13 49.3	−01 07 14	5.07	+0.58	+0.1865	HD 19994 b	466.2	0.266	13757
20794		03 20 44.8	−42 59 33	4.26	+0.71	−0.4000	HD 20794 b	18.315	0.0	14774.806
20794		03 20 44.8	−42 59 33	4.26	+0.71	−0.4000	HD 20794 c	40.114	0.0	14766.756
20794		03 20 44.8	−42 59 33	4.26	+0.71	−0.4000	HD 20794 d	90.309	0.0	14779.34
20782		03 20 55.6	−28 46 53	7.36	+0.63	−0.0510	HD 20782 b	591.9	0.97	11083.8
22049	ε Eri	03 33 53.9	−09 23 24	3.72	+0.88	−0.0309	ε Eri b	2500.0	0.25	8940
23079		03 40 16.0	−52 51 03	7.12	+0.58	−0.1497	HD 23079 b	730.6	0.102	10492
23596		03 49 23.2	+40 35 33	7.25	+0.63	+0.2179	HD 23596 b	1561.0	0.266	13162
24040		03 51 33.5	+17 32 09	7.50	+0.65	+0.2063	HD 24040 b	3668.0	0.04	14308
27442	ε Ret	04 16 50.5	−59 15 12	4.44	+1.08	+0.3300	ε Ret b	428.1	0.06	10836
28254		04 25 23.1	−50 34 38	7.71	+0.77	+0.3600	HD 28254 b	1116.0	0.81	14049
28305	ε Tau	04 29 49.0	+19 13 27	3.53	+1.01	+0.1700	ε Tau b	594.90002	0.151	12879
30562		04 49 37.3	−05 38 27	5.77	+0.63	+0.2600	HD 30562 b	1157.0	0.76	10131.5
31253		04 55 52.6	+12 23 02	7.13	+0.58	+0.1600	HD 31253 b	466.0	0.3	10660
32518		05 11 52.1	+69 39 48	6.44	+1.11	−0.1500	HD 32518 b	157.54	0.01	12950.29
33636		05 12 51.8	+04 25 35	7.00	+0.59	−0.1256	HD 33636 b	2127.7	0.4805	11205.8
34445		05 18 47.5	+07 22 23	7.31	+0.62	+0.1400	HD 34445 b	1049.0	0.27	13781
33564		05 25 58.4	+79 14 59	5.08	+0.51	−0.1200	HD 33564 b	388.0	0.34	12603
39091	π Men	05 35 33.4	−80 27 05	5.65	+0.60	+0.0483	HD 39091 b	2151.0	0.6405	7820
38283		05 36 32.6	−73 41 18	6.70	+0.56	−0.1200	HD 38283 b	363.2	0.41	10802.6
37124		05 38 15.7	+20 44 22	7.68	+0.67	−0.4416	HD 37124 b	154.378	0.054	10305
37124		05 38 15.7	+20 44 22	7.68	+0.67	−0.4416	HD 37124 c	885.5	0.125	9534
37124		05 38 15.7	+20 44 22	7.68	+0.67	−0.4416	HD 37124 d	1862.0	0.16	8558
38529		05 47 38.4	+01 10 26	5.95	+0.77	+0.4000	HD 38529 b	14.310195	0.243663	14384.815
38529		05 47 38.4	+01 10 26	5.95	+0.77	+0.4000	HD 38529 c	2146.0503	0.355094	12255.921
39060	β Pic	05 47 46.3	−51 03 36	3.86	+0.17		β Pic b	7154.0	0.021	13795.5
40307		05 54 19.7	−60 01 15	7.17	+0.92	−0.3100	HD 40307 b	4.3115	0.0	14562.77
40307		05 54 19.7	−60 01 15	7.17	+0.92	−0.3100	HD 40307 c	9.62	0.0	14551.53
40307		05 54 19.7	−60 01 15	7.17	+0.92	−0.3100	HD 40307 d	20.46	0.0	14532.42
40979		06 05 59.8	+44 15 25	6.74	+0.57	+0.1683	HD 40979 b	264.15	0.252	13919
44219		06 21 12.3	−10 44 07	7.69	+0.69	+0.0300	HD 44219 b	472.3	0.61	14585.6
45410	6 Lyn	06 32 33.7	+58 08 42	5.86	+0.93	−0.1300	6 Lyn b	874.774	0.059	14024.5
47186		06 36 57.7	−27 38 31	7.60	+0.71	+0.2300	HD 47186 b	4.0845	0.038	14566.95
47186		06 36 57.7	−27 38 31	7.60	+0.71	+0.2300	HD 47186 c	1353.6	0.249	12010
47205		06 37 34.7	−19 16 29	3.95	+1.06	+0.2100	7 CMa b	763.0	0.14	15520
50499		06 52 47.0	−33 56 28	7.21	+0.61	+0.3352	HD 50499 b	2457.8717	0.253675	11220.052
50554		06 55 57.8	+24 13 04	6.84	+0.58	−0.0658	HD 50554 b	1224.0	0.444	10646
52265		07 01 18.4	−05 23 48	6.29	+0.57	+0.1933	HD 52265 b	119.29	0.325	10833.7
60532		07 34 55.9	−22 20 30	4.45	+0.52	−0.2600	HD 60532 b	201.3	0.28	13987
60532		07 34 55.9	−22 20 30	4.45	+0.52	−0.2600	HD 60532 c	604.0	0.02	13732
62509	Pollux	07 46 34.1	+27 58 30	1.15	+1.00	+0.0900	β Gem b	589.64001	0.02	7739.02
69267	β Cnc	08 17 37.6	+09 07 16	3.52		−0.2900	β Cnc b	605.2	0.08	13229.8
69830		08 19 22.3	−12 42 10	5.95	+0.79	−0.0604	HD 69830 b	8.6669998	0.1	13496.8
69830		08 19 22.3	−12 42 10	5.95	+0.79	−0.0604	HD 69830 c	31.559999	0.13	13469.6
69830		08 19 22.3	−12 42 10	5.95	+0.79	−0.0604	HD 69830 d	197.0	0.07	13358
70642		08 22 12.3	−39 46 13	7.17	+0.69	+0.1642	HD 70642 b	2068.0	0.034	11350
71369	o UMa	08 31 57.2	+60 38 52	3.36	+0.83	−0.0900	o UMa b	1630.0	0.13	13400
72659		08 35 05.5	−01 38 24	7.46	+0.61	−0.0045	HD 72659 b	3658.0	0.22	15351
73108	4 UMa	08 41 59.1	+64 15 16	5.79	+1.20	−0.2500	4 UMa b	269.29999	0.432	12987.394

HD No.	Star Name	R.A.	Dec.	V	B–V	[Fe/H]	Exoplanet	Period[1]	e[2]	Epoch[3]_P 2440000+
		h m s	o ′ ″					d		
74156		08 43 29.8	+04 30 09	7.61	+0.59	+0.1308	HD 74156 b	51.638	0.63	10793.3
74156		08 43 29.8	+04 30 09	7.61	+0.59	+0.1308	HD 74156 c	2520.0	0.38	8416
75289		08 48 25.2	−41 48 52	6.35	+0.58	+0.2166	HD 75289 b	3.509267	0.034	10830.34
75732	55 Cnc	08 53 48.8	+28 15 04	5.96	+0.87	+0.3145	55 Cnc b	14.651	0.004	13035
75732	55 Cnc	08 53 48.8	+28 15 04	5.96	+0.87	+0.3145	55 Cnc c	44.38	0.07	13083
75732	55 Cnc	08 53 48.8	+28 15 04	5.96	+0.87	+0.3145	55 Cnc d	4909.0	0.02	13490
75732	55 Cnc	08 53 48.8	+28 15 04	5.96	+0.87	+0.3145	55 Cnc e	0.736546	0.0	15568.011
75732	55 Cnc	08 53 48.8	+28 15 04	5.96	+0.87	+0.3145	55 Cnc f	261.2	0.32	10080.911
81040		09 24 56.3	+20 16 33	7.72	+0.68	−0.1600	HD 81040 b	1001.7	0.526	12504
81688		09 30 00.1	+45 30 38	5.40	+0.99	−0.3590	HD 81688 b	184.02	0.0	12335.4
82943		09 35 50.3	−12 13 22	6.54	+0.62	+0.2654	HD 82943 b	442.4	0.203	11597.7
82943		09 35 50.3	−12 13 22	6.54	+0.62	+0.2654	HD 82943 c	219.3	0.425	11851
85512		09 51 57.1	−43 36 08	7.67	+1.16	−0.3300	HD 85512 b	58.43	0.11	15250.015
85503	μ Leo	09 53 55.7	+25 54 35	3.88		+0.3600	μ Leo b	357.8	0.09	12921
86264		09 57 56.9	−15 59 37	7.42	+0.46	+0.2560	HD 86264 b	1475.0	0.7	15172
87883		10 09 54.7	+34 08 27	7.57	+0.96	+0.0700	HD 87883 b	2754.0	0.53	11139
89307		10 19 26.6	+12 31 04	7.02	+0.59	−0.1592	HD 89307 b	2166.0	0.2	12346.4
89484	γ Leo A	10 21 06.1	+19 44 12	2.12	+1.08	−0.4100	γ Leo A b	428.5	0.144	11236
89744		10 23 23.2	+41 07 29	5.73	+0.53	+0.2200	HD 89744 b	256.78	0.673	11505.5
90043	24 Sex	10 24 31.3	−01 00 24	6.61	+0.92	−0.0100	24 Sex b	455.2	0.184	14758
90043	24 Sex	10 24 31.3	−01 00 24	6.61	+0.92	−0.0100	24 Sex c	910.0	0.412	14941
90156		10 24 51.9	−29 44 57	6.92	+0.66	−0.2400	HD 90156 b	49.77	0.31	14775.1
92788		10 43 51.2	−02 17 34	7.31	+0.69	+0.3179	HD 92788 b	325.81	0.334	10759.2
95128	47 UMa	11 00 36.5	+40 19 13	5.03	+0.62	+0.0431	47 UMa b	1078.0	0.032	11917
95128	47 UMa	11 00 36.5	+40 19 13	5.03	+0.62	+0.0431	47 UMa c	2391.0	0.098	12441
96127		11 06 55.2	+44 11 26	7.43	+1.50	−0.2400	HD 96127 b	647.3	0.3	13969.4
97658		11 15 38.6	+25 35 55	7.70	+0.84	−0.3000	HD 97658 b	9.4909	0.064	16361.805
99492	83 Leo B	11 27 48.5	+02 53 40	7.58	+1.00	+0.3623	HD 99492 b	17.0431	0.254	10468.7
100655		11 36 07.8	+20 19 41	6.45	+1.01	−0.0200	HD 100655 b	157.57	0.085	13072.4
102117		11 45 50.4	−58 49 05	7.47	+0.72	+0.2952	HD 102117 b	20.8133	0.121	10942.2
102365		11 47 30.0	−40 36 43	4.89	+0.68	−0.2600	HD 102365 b	122.1	0.34	10129
103774		11 57 58.6	−12 13 19	7.12	+0.49	+0.2800	HD 103774 b	5.8881	0.09	15675.4
104985		12 06 16.1	+76 47 28	5.78	+1.03	−0.3500	HD 104985 b	199.505	0.09	11927.5
106252		12 14 32.3	+09 55 34	7.41	+0.64	−0.0763	HD 106252 b	1531.0	0.482	13397.5
106270		12 14 40.5	−09 37 39	7.73	+0.74	+0.0600	HD 106270 b	2890.0	0.402	14830
107383	11 Com	12 21 45.1	+17 40 47	4.78	+0.99	−0.3400	11 Com b	326.03	0.231	12899.6
108147		12 26 55.2	−64 08 09	6.99	+0.54	+0.0868	HD 108147 b	10.8985	0.53	10828.86
111232		12 50 09.8	−68 32 10	7.59	+0.70	−0.3600	HD 111232 b	1143.0	0.2	11230
113337		13 02 34.9	+63 30 01	6.00	+0.43	+0.0700	HD 113337 b	324.0	0.46	16074.5
114613		13 13 12.5	−37 54 41	4.85	+0.70	+0.1900	HD 114613 b	3827.0	0.25	15550.3
114762		13 13 19.6	+17 24 31	7.30	+0.53	−0.6531	HD 114762 b	83.9151	0.3354	9889.106
114783		13 13 47.1	−02 22 24	7.56	+0.93	+0.1165	HD 114783 b	493.7	0.144	13806
114729		13 13 52.3	−31 59 00	6.68	+0.59	−0.2617	HD 114729 b	1114.0	0.167	10520
115617	61 Vir	13 19 28.9	−18 25 29	4.87	+0.71	+0.0500	61 Vir b	4.215	0.12	13367.222
115617	61 Vir	13 19 28.9	−18 25 29	4.87	+0.71	+0.0500	61 Vir c	38.021	0.14	13350.472
115617	61 Vir	13 19 28.9	−18 25 29	4.87	+0.71	+0.0500	61 Vir d	123.01	0.35	13350.031
117176	70 Vir	13 29 26.0	+13 40 12	4.97	+0.71	−0.0123	70 Vir b	116.6884	0.4007	7239.82
117207		13 30 31.3	−35 40 37	7.26	+0.72	+0.2661	HD 117207 b	2597.0	0.144	10630
117618		13 33 40.4	−47 22 37	7.17	+0.60	+0.0027	HD 117618 b	25.827	0.42	10832.2
120084		13 42 46.1	+77 57 42	5.91	+1.00	+0.0900	HD 120084 b	2082.0	0.66	10774

HD No.	Star Name	R.A.	Dec.	V	B−V	[Fe/H]	Exoplanet	Period[1]	e[2]	Epoch[3] P 2440000+
		h m s	° ′ ″					d		
120136	τ Boo	13 48 14.2	+17 21 20	4.50	+0.51	+0.2336	τ Boo b	3.312433	0.023	15652.108
121056	HIP 67851	13 55 04.1	−35 24 53	6.17	+1.01	0.0000	HIP 67851 b	88.8	0.09	15296.6
121504		13 58 39.7	−56 08 23	7.54	+0.59	+0.1600	HD 121504 b	63.330002	0.03	11450
128311		14 37 00.9	+09 39 24	7.48	+0.97	+0.2048	HD 128311 b	454.2	0.345	13835
128311		14 37 00.9	+09 39 24	7.48	+0.97	+0.2048	HD 128311 c	923.8	0.23	16987
128621	α Cen B	14 41 14.1	−60 55 36	1.33	+0.88	+0.3000	α Cen B b	3.2357	0.0	15280.17
131873	β UMi	14 50 40.2	+74 04 18	2.08		−0.2700	β UMi b	522.3	0.19	13175.3
134987		15 14 40.8	−25 23 07	6.47	+0.69	+0.2792	HD 134987 b	258.18	0.233	10071
134987		15 14 40.8	−25 23 07	6.47	+0.69	+0.2792	HD 134987 c	5000.0	0.12	11100
136726	11 UMi	15 17 05.9	+71 44 58	5.02	+1.39	+0.0400	11 UMi b	516.22	0.08	12861.04
136118		15 19 58.9	−01 39 57	6.93	+0.55	−0.0502	HD 136118 b	1187.3	0.338	12999.5
136512	o CrB	15 20 59.7	+29 32 35	5.52	+1.01	−0.2900	o CrB b	187.83	0.191	12211
137759	ι Dra	15 25 23.3	+58 53 41	3.29	+1.17	−0.1600	ι Dra b	511.098	0.7124	12014.59
139357		15 35 48.9	+53 51 18	5.98	+1.19	−0.1300	HD 139357 b	1125.7	0.1	12466.7
141680	ω Ser	15 51 19.7	+02 08 08	5.23	+1.01	−0.2400	ω Ser b	277.02	0.106	10022
142091	κ CrB	15 52 00.3	+35 35 41	4.79	+1.00	+0.1300	κ CrB b	1300.0	0.125	13899
141937		15 53 28.5	−18 29 46	7.25	+0.63	+0.1286	HD 141937 b	653.21997	0.41	11847.38
142245		15 53 52.8	+15 22 15	7.63	+1.04	+0.2300	HD 142245 b	1299.0	0.0	14760
143107	ε CrB	15 58 26.4	+26 49 12	4.13	+1.23	−0.2200	ε CrB b	417.9	0.11	11235.3
142415		15 59 24.8	−60 15 31	7.33	+0.62	+0.0880	HD 142415 b	386.29999	0.5	11519
143761	ρ CrB	16 01 49.8	+33 14 34	5.39	+0.61	−0.1990	ρ CrB b	39.8449	0.057	10563.2
145457		16 10 54.7	+26 41 26	6.57	+1.04	−0.1400	HD 145457 b	176.3	0.112	13518
145675	14 Her	16 11 04.3	+43 45 49	6.61	+0.88	+0.4599	14 Her b	1773.4	0.369	11372.7
142022		16 15 16.5	−84 17 00	7.70	+0.79	+0.1900	HD 142022 b	1928.0	0.53	10941
147513		16 25 24.9	−39 14 21	5.37	+0.63	+0.0892	HD 147513 b	528.40002	0.26	11123
148427		16 29 37.2	−13 26 37	6.89	+0.93	+0.0300	HD 148427 b	331.5	0.16	13991
148156		16 29 46.9	−46 21 42	7.69	+0.56	+0.2900	HD 148156 b	1027.0	0.52	14707
154345		17 03 11.2	+47 03 31	6.76	+0.73	−0.1049	HD 154345 b	3341.5588	0.044	12831.223
153950		17 05 59.2	−43 20 15	7.39	+0.57	−0.0100	HD 153950 b	499.4	0.34	14502
155358		17 10 19.7	+33 19 48	7.28	+0.55	−0.6800	HD 155358 b	194.3	0.17	11224.8
155358		17 10 19.7	+33 19 48	7.28	+0.55	−0.6800	HD 155358 c	391.9	0.16	15345.4
154857		17 12 59.8	−56 42 17	7.24	+0.65	−0.2200	HD 154857 b	408.6	0.46	13572.5
154857		17 12 59.8	−56 42 17	7.24	+0.65	−0.2200	HD 154857 c	3452.0	0.06	15219
156411		17 21 24.9	−48 34 12	6.67	+0.61	−0.1100	HD 156411 b	842.2	0.22	14356
156846		17 21 46.6	−19 21 14	6.50	+0.58	+0.2200	HD 156846 b	359.51001	0.8472	13998.09
158038		17 26 34.6	+27 17 10	7.64	+1.04	+0.2800	HD 158038 b	521.0	0.291	15491
159868		17 40 27.7	−43 09 24	7.24	+0.72	−0.0800	HD 159868 b	1178.4	0.01	13435
159868		17 40 27.7	−43 09 24	7.24	+0.72	−0.0800	HD 159868 c	352.3	0.15	13239
160691	μ Ara	17 45 46.5	−51 50 33	5.12	+0.69	+0.2929	μ Ara b	643.25	0.128	12365.6
160691	μ Ara	17 45 46.5	−51 50 33	5.12	+0.69	+0.2929	μ Ara c	4205.8	0.0985	12955.2
160691	μ Ara	17 45 46.5	−51 50 33	5.12	+0.69	+0.2929	μ Ara d	9.6386	0.172	12991.1
160691	μ Ara	17 45 46.5	−51 50 33	5.12	+0.69	+0.2929	μ Ara e	310.54999	0.0666	12708.7
164922		18 03 21.0	+26 18 40	7.01	+0.80	+0.1701	HD 164922 b	1155.0	0.05	11100
167042		18 10 56.9	+54 17 36	5.97	+0.94	+0.0300	HD 167042 b	420.77	0.089	14230.1
168443		18 21 11.5	−09 35 12	6.92	+0.72	+0.0400	HD 168443 b	58.11247	0.52883	15626.199
168443		18 21 11.5	−09 35 12	6.92	+0.72	+0.0400	HD 168443 c	1749.83	0.2113	15599.9
170693	42 Dra	18 26 02.6	+65 34 35	4.83	+1.19	−0.4600	42 Dra b	479.1	0.38	12757.4
169830		18 29 08.1	−29 48 09	5.90	+0.52	+0.1530	HD 169830 b	225.62	0.31	11923
169830		18 29 08.1	−29 48 09	5.90	+0.52	+0.1530	HD 169830 c	2102.0	0.33	12516
	Kepler-439	18 43 49.4	+44 03 20	5.46		+0.0200	Kepler-439 b	178.1396	0.0	15399.399

HD No.	Star Name	R.A.	Dec.	V	B–V	[Fe/H]	Exoplanet	Period[1]	e[2]	Epoch[3]ₚ 2440000+
		h m s	° ′ ″					d		
173416		18 44 19.2	+36 34 43	6.06	+1.04	−0.2200	HD 173416 b	323.6	0.21	13465.8
	Kepler-442	19 02 09.4	+39 18 38	7.73		−0.3700	Kepler-442 b	112.3053	0.0	15849.558
177830		19 06 11.0	+25 57 10	7.18	+1.09	+0.3000	HD 177830 b	410.1	0.096	10254
	Kepler-443	19 14 58.7	+50 00 19	6.83		−0.0100	Kepler-443 b	177.6693	0.0	15630.246
180314		19 15 37.2	+31 53 50	6.61	+1.00	+0.2000	HD 180314 b	396.03	0.257	13565.9
179949		19 16 48.1	−24 08 34	6.25	+0.55	+0.1369	HD 179949 b	3.092514	0.022	11002.36
181342		19 22 18.5	−23 34 47	7.55	+1.02	+0.1500	HD 181342 b	663.0	0.177	14881
185269		19 38 01.2	+28 32 48	6.67	+0.61	−0.0250	HD 185269 b	6.8378503	0.295952	13154.089
186427	16 Cyg B	19 42 24.7	+50 33 57	6.25	+0.66	+0.0375	16 Cyg B b	798.5	0.681	6549.1
186641	HIP 97233	19 46 44.6	−00 38 45	7.34	+1.00	+0.2900	HIP 97233 b	1058.8	0.61	15856.3
	Kepler-437	19 50 02.9	+44 04 46	7.20		0.0000	Kepler-437 b	66.65062	0.0	15670.688
187085		19 50 55.8	−37 43 42	7.22	+0.57	+0.0882	HD 187085 b	986.0	0.47	10912
188310	ξ Aql	19 55 14.5	+08 30 57	4.71	+1.02	−0.2700	ξ Aql b	136.75	0.0	13001.7
189733		20 01 36.8	+22 46 01	7.67	+0.93	−0.0300	HD 189733 b	2.21857567	0.0	14279.437
190228		20 03 51.3	+28 21 54	7.30	+0.79	−0.1803	HD 190228 b	1136.1	0.531	13522
190360		20 04 28.0	+29 57 09	5.73	+0.75	+0.2128	HD 190360 b	2915.0369	0.313105	13541.662
190360		20 04 28.0	+29 57 09	5.73	+0.75	+0.2128	HD 190360 c	17.111027	0.23747	14389.63
	Kepler-436	20 07 33.2	+44 28 20	6.98		+0.0100	Kepler-436 b	64.00205	0.0	14967.043
192310		20 16 33.9	−26 58 13	5.73	+0.88	−0.0400	HD 192310 b	74.72	0.13	15116.198
192310		20 16 33.9	−26 58 13	5.73	+0.88	−0.0400	HD 192310 c	525.8	0.32	15311.915
192699		20 17 07.2	+04 38 40	6.44	+0.87	−0.2000	HD 192699 b	345.53	0.129	14036.6
195019		20 29 14.7	+18 50 17	6.87	+0.66	+0.0680	HD 195019 b	18.20132	0.0138	11015.5
196050		20 39 31.6	−60 33 43	7.50	+0.67	+0.2291	HD 196050 b	1378.0	0.228	10843
197037		20 40 16.8	+42 19 14	6.87	+0.45	−0.2000	HD 197037 b	1035.7	0.22	11353.1
196885		20 40 50.8	+11 19 25	6.39	+0.51	+0.2200	HD 196885 b	1333.0	0.48	12554
199665	18 Del	20 59 25.2	+10 55 10	5.51	+0.93	0.0000	18 Del b	993.3	0.08	11672
200964		21 07 41.7	+03 53 12	6.64	+0.88	−0.2000	HD 200964 b	613.8	0.04	14900
200964		21 07 41.7	+03 53 12	6.64	+0.88	−0.2000	HD 200964 c	825.0	0.181	15000
203949		21 27 39.3	−37 44 24	5.64		+0.3100	HD 203949 b	184.2	0.02	15262.4
208527		21 57 21.6	+21 20 17	6.48	+1.70	−0.0900	HD 208527 b	875.5	0.08	10745.3
208487		21 58 33.8	−37 39 58	7.47	+0.57	+0.0223	HD 208487 b	130.08	0.24	10999
209458		22 04 09.3	+18 59 02	7.65	+0.59	0.0000	HD 209458 b	3.52474859	0.0	12826.629
210277		22 10 34.7	−07 27 00	6.54	+0.77	+0.2143	HD 210277 b	442.19	0.476	10104.3
210702		22 12 50.8	+16 08 32	5.93	+0.95	+0.0400	HD 210702 b	354.29	0.036	14142.6
213240		22 32 15.1	−49 19 43	6.81	+0.60	+0.1387	HD 213240 b	882.7	0.421	11499
216435	τ Gru	22 54 50.2	−48 29 21	6.03	+0.62	+0.2439	τ Gru b	1311.0	0.07	10870
216437		22 56 03.3	−69 57 49	6.04	+0.66	+0.2250	HD 216437 b	1353.0	0.319	10605
217014	51 Peg	22 58 28.5	+20 52 45	5.45	+0.67	+0.1999	51 Peg b	4.230785	0.013	10001.51
217107		22 59 18.9	−02 17 07	6.17	+0.74	+0.3893	HD 217107 b	7.1268163	0.126686	14395.787
217107		22 59 18.9	−02 17 07	6.17	+0.74	+0.3893	HD 217107 c	4270.0	0.517222	11106.321
220074		23 21 08.6	+62 04 57	6.49	+1.68	−0.2500	HD 220074 b	672.1	0.14	11158.2
220773		23 27 29.9	+08 45 20	7.06	+0.66	+0.0900	HD 220773 b	3724.7	0.51	13866.4
221345	14 And	23 32 18.2	+39 20 56	5.22	+1.03	−0.2400	14 And b	185.84	0.0	12861.4
222155		23 39 00.8	+49 06 34	7.12	+0.64	−0.1100	HD 222155 b	3999.0	0.16	16319
222404	γ Cep	23 40 12.5	+77 44 48	3.21	+1.03	+0.1300	γ Cep b	905.574	0.12	13121.925
222582		23 42 54.6	−05 52 21	7.68	+0.65	−0.0285	HD 222582 b	572.38	0.725	10706.7

Notes to Table

[1] Period of exoplanet in days.
[2] Eccentricity of exoplanet orbit.
[3] Julian date of periastron.

IAU Designation	Name	RA	Dec.	Appt. Diam.	Dist.	Log (age)	Mag. Mem.[1]	$E_{(B-V)}$	Metal-licity	Trumpler Class
		h m s	° ′ ″	′	pc	yr				
C0001−302	Blanco 1	00 05 10	−29 43 09	70.0	269	7.796	8	0.010	+0.04	IV 3 m
C0022+610	NGC 103	00 26 25	+61 26 12	4.0	3026	8.126	11	0.406		II 1 m
C0027+599	NGC 129	00 31 09	+60 19 53	19.0	1625	7.886	11	0.548		III 2 m
C0029+628	King 14	00 33 14	+63 16 07	8.0	2960	7.9	10	0.34		III 1 p
C0030+630	NGC 146	00 34 09	+63 26 49	5.5	3470	7.11		0.55		II 2 p
C0036+608	NGC 189	00 40 47	+61 12 26	5.0	752	7.00		0.42		III 1 p
C0040+615	NGC 225	00 44 52	+61 53 13	12.0	657	8.114		0.274		III 1 pn
C0039+850	NGC 188	00 49 41	+85 22 00	17.0	2047	9.632	10	0.082	−0.03	I 2 r
C0048+579	King 2	00 52 13	+58 17 40	5.0	5750	9.78	17	0.31	−0.42	II 2 m
	IC 1590	00 54 02	+56 44 22	4.0	2940	6.54		0.32		
C0112+598	NGC 433	01 16 30	+60 14 04	2.0	2323	7.50	9	0.86		III 2 p
C0112+585	NGC 436	01 17 16	+58 55 10	5.0	3014	7.926	10	0.460		I 2 m
C0115+580	NGC 457	01 20 53	+58 23 38	20.0	2429	7.324	6	0.472		II 3 r
C0126+630	NGC 559	01 30 56	+63 24 33	9.1	2430	8.35	9	0.82		I 1 m
C0129+604	NGC 581	01 34 46	+60 45 17	5.0	2194	7.336	9	0.382		II 2 m
C0132+610	Trumpler 1	01 37 05	+61 23 15	3.0	2469	7.30	10	0.68		II 2 p
C0139+637	NGC 637	01 44 32	+64 08 33	3.0	2500	7.0	8	0.64		I 2 m
C0140+616	NGC 654	01 45 26	+61 59 15	5.0	2410	7.0	10	0.82		II 2 r
C0140+604	NGC 659	01 45 49	+60 46 32	5.0	1938	7.548	10	0.652		I 2 m
C0144+717	Collinder 463	01 47 26	+71 54 43	57.0	702	8.373		0.259		III 2 m
C0142+610	NGC 663	01 47 35	+61 20 13	14.0	2420	7.4	9	0.80		II 3 r
C0149+615	IC 166	01 53 57	+61 56 02	7.0	4800	9.0	17	0.80	−0.178	II 1 r
C0154+374	NGC 752	01 58 55	+37 53 03	75.0	457	9.050	8	0.034	+0.01	II 2 r
C0155+552	NGC 744	01 59 56	+55 34 20	5.0	1207	8.248	10	0.384		III 1 p
C0211+590	Stock 2	02 16 12	+59 34 47	60.0	303	8.23		0.38	−0.14	I 2 m
C0215+569	NGC 869	02 20 27	+57 13 19	18.0	2079	7.069	7	0.575	−0.3	I 3 r
C0218+568	NGC 884	02 23 51	+57 13 06	18.2	2940	7.1	7	0.56	−0.3	I 3 r
C0225+604	Markarian 6	02 31 13	+60 47 49	6.0	698	7.214	8	0.606		III 1 P
C0228+612	IC 1805	02 34 16	+61 32 22	20.0	2344	6.48	9	0.87		II 3 mn
C0233+557	Trumpler 2	02 38 22	+56 00 11	17.0	725	7.95		0.40		II 2 p
C0238+425	NGC 1039	02 43 25	+42 50 53	35.0	499	8.249	9	0.070	+0.07	II 3 r
C0238+613	NGC 1027	02 44 19	+61 43 12	6.2	1030	8.4	9	0.41		II 3 mn
C0247+602	IC 1848	02 52 48	+60 31 00	18.0	2200	6.70		0.660		I 3 pn
C0302+441	NGC 1193	03 07 19	+44 27 42	3.0	4571	9.7	14	0.19	−0.293	I 2 m
	NGC 1252	03 11 20	−57 41 24	8.0	790	9.45		0.00		
C0311+470	NGC 1245	03 16 07	+47 18 42	40.0	2818	9.03	12	0.24	−0.04	II 2 r
C0318+484	Melotte 20	03 25 47	+49 55 59	300.0	185	7.854	3	0.090	+0.04	III 3 m
C0328+371	NGC 1342	03 32 58	+37 26 43	15.0	665	8.655	8	0.319	−0.16	III 2 m
C0341+321	IC 348	03 45 51	+32 13 36	8.0	385	7.641		0.929		
C0344+239	Melotte 22	03 48 13	+24 10 43	120.0	133	8.131	3	0.030	−0.03	I 3 rn
C0400+524	NGC 1496	04 06 07	+52 42 59	4.0	1230	8.80	12	0.45		III 2 p
C0403+622	NGC 1502	04 09 39	+62 23 06	8.0	1000	7.00	7	0.70		I 3 m
C0406+493	NGC 1513	04 11 29	+49 34 02	10.0	1320	8.11	11	0.67		II 1 m
C0411+511	NGC 1528	04 16 57	+51 15 54	16.0	1090	8.6	10	0.26		II 2 m
C0417+448	Berkeley 11	04 22 04	+44 57 51	5.0	2200	8.041	15	0.95	+0.01	II 2 m
C0417+501	NGC 1545	04 22 30	+50 18 03	18.0	711	8.448	9	0.303	−0.13	IV 2 p
C0424+157	Melotte 25	04 28 04	+15 54 41	330.0	45	8.896	4	0.010	+0.13	
C0443+189	NGC 1647	04 47 07	+19 09 03	40.0	540	8.158	9	0.370		II 2 r
C0445+108	NGC 1662	04 49 35	+10 58 17	20.0	437	8.625	9	0.304	−0.095	II 3 m
C0447+436	NGC 1664	04 52 34	+43 42 30	9.0	1199	8.465	10	0.254		

IAU Designation	Name	RA	Dec.	Appt. Diam.	Dist.	Log (age)	Mag. Mem.[1]	$E_{(B-V)}$	Metal-licity	Trumpler Class
		h m s	° ′ ″	′	pc	yr				
C0504+369	NGC 1778	05 09 27	+37 02 55	8.0	1469	8.155		0.336		III 2 p
C0509+166	NGC 1817	05 13 26	+16 42 48	16.0	1972	8.612	9	0.334	−0.16	IV 2 r
C0518−685	NGC 1901	05 18 06	−68 25 45	10.0	460	8.78		0.03	−0.018	III 3 m
C0519+333	NGC 1893	05 24 05	+33 25 47	25.0	6000	6.48		0.45		II 3 rn
C0520+295	Berkeley 19	05 25 24	+29 37 03	4.0	7870	9.40	15	0.32	−0.50	II 1 m
C0524+352	NGC 1907	05 29 27	+35 20 26	7.0	1800	8.5	11	0.52		I 1 mn
C0524+343	Stock 8	05 29 29	+34 26 20	12.0	2005	6.30		0.40		
C0525+358	NGC 1912	05 30 03	+35 51 49	20.0	1400	8.5	8	0.25	−0.38	II 2 r
C0532+099	Collinder 69	05 36 14	+09 56 43	70.0	400	6.70		0.12		
C0532−059	NGC 1980	05 36 24	−05 54 11	20.0	550	6.67		0.05		III 3 mn
C0532+341	NGC 1960	05 37 40	+34 09 05	10.0	1330	7.4	9	0.22		I 3 r
C0536−026	Sigma Orionis	05 39 44	−02 35 23	10.0	399	7.11		0.05		III 1 p
C0535+379	Stock 10	05 40 24	+37 56 36	25.0	380	7.90		0.07		IV 2 p
C0546+336	King 8	05 50 45	+33 38 18	4.0	6403	8.618	15	0.580	−0.460	II 2 m
C0548+217	Berkeley 21	05 52 56	+21 47 14	5.0	5000	9.34	6	0.76	−0.835	I 2
C0549+325	NGC 2099	05 53 39	+32 33 24	14.0	1383	8.540	11	0.302	+0.089	I 2 r
C0600+104	NGC 2141	06 04 03	+10 26 42	10.0	4033	9.231	15	0.250	−0.18	I 2 r
C0601+240	IC 2157	06 06 05	+24 03 11	5.0	2040	7.800	12	0.548		II 1 p
C0604+241	NGC 2158	06 08 40	+24 05 34	5.0	5071	9.023	15	0.360	−0.28	
C0605+139	NGC 2169	06 09 34	+13 57 38	5.0	1052	7.067		0.199		III 3 m
C0605+243	NGC 2168	06 10 09	+24 19 43	40.0	912	8.25	8	0.20	−0.160	III 3 r
C0606+203	NGC 2175	06 10 52	+20 28 54	22.0	1627	6.953	8	0.598		III 3 rn
C0609+054	NGC 2186	06 13 14	+05 26 50	8.1	2700	8.3	12	0.27		II 2 m
C0611+128	NGC 2194	06 14 54	+12 47 58	9.0	3781	8.515	13	0.383	−0.08	II 2 r
C0613−186	NGC 2204	06 16 27	−18 40 23	10.0	2629	8.896	13	0.085	−0.23	II 2 r
C0618−072	NGC 2215	06 21 49	−07 17 38	7.0	1293	8.369	11	0.300		II 2 m
C0624−047	NGC 2232	06 28 16	−04 46 20	53.0	359	7.727		0.030	+0.32	III 2 p
C0627−312	NGC 2243	06 30 21	−31 17 53	5.0	4458	9.032		0.051	−0.42	I 2 r
C0629+049	NGC 2244	06 33 00	+04 55 32	29.0	1660	6.28	7	0.47		II 3 rn
C0632+084	NGC 2251	06 35 45	+08 20 57	10.0	1329	8.427		0.186	−0.10	III 2 m
C0634+094	Trumpler 5	06 37 50	+09 24 53	15.4	2400	9.70	17	0.60	−0.30	III 1 rn
C0635+020	Collinder 110	06 39 28	+01 59 51	18.0	1950	9.15		0.50		
C0638+099	NGC 2264	06 42 06	+09 52 28	39.0	667	6.954	5	0.051	−0.15	III 3 mn
C0640+270	NGC 2266	06 44 36	+26 56 54	5.0	3000	8.80	11	0.20	−0.38	II 2 m
C0644−206	NGC 2287	06 46 54	−20 46 47	39.0	710	8.4	8	0.01	−0.23	I 3 r
C0645+411	NGC 2281	06 49 43	+41 03 15	25.0	558	8.554	8	0.063	+0.13	I 3 m
C0649+005	NGC 2301	06 52 48	+00 26 03	14.0	870	8.2	8	0.03	+0.060	I 3 r
C0649−070	NGC 2302	06 52 55	−07 06 33	5.0	1500	7.08	12	0.23		III 2 m
C0649+030	Berkeley 28	06 53 16	+02 54 26	3.0	2557	7.846	15	0.761		I 1 p
C0655+065	Berkeley 32	06 59 12	+06 24 16	6.0	3078	9.70	14	0.15	−0.29	II 2 r
C0700−082	NGC 2323	07 03 41	−08 24 52	14.0	950	8.0	9	0.20		II 3 r
C0701+011	NGC 2324	07 05 11	+01 00 48	10.6	3800	8.65	12	0.25	−0.17	II 2 r
C0704−100	NGC 2335	07 07 47	−10 03 41	6.0	1417	8.210	10	0.393	−0.18	III 2 mn
C0705−105	NGC 2343	07 09 04	−10 39 01	5.0	1056	7.104	8	0.118	−0.30	II 2 pn
C0706−130	NGC 2345	07 09 15	−13 13 37	12.0	2251	7.853	9	0.616		II 3 r
C0712−256	NGC 2354	07 15 01	−25 43 35	18.0	4085	8.126		0.307	−0.30	III 2 r
C0712−102	NGC 2353	07 15 28	−10 18 12	18.0	1170	8.10	9	0.10		III 3 p
C0712−310	Collinder 132	07 16 08	−30 43 13	80.0	472	7.080		0.037		III 3 p
C0715−367	Collinder 135	07 18 01	−36 51 16	50.0	316	7.407		0.032	−0.219	
C0714+138	NGC 2355	07 18 08	+13 42 44	7.0	1949	8.90	13	0.22	−0.08	II 2 m

IAU Designation	Name	RA	Dec.	Appt. Diam.	Dist.	Log (age)	Mag. Mem.[1]	$E_{(B-V)}$	Metallicity	Trumpler Class
		h m s	° ′ ″	′	pc	yr				
C0715−155	NGC 2360	07 18 39	−15 40 47	13.0	1887	8.749		0.111	−0.03	I 3 r
C0716−248	NGC 2362	07 19 32	−24 59 37	5.0	1480	6.70	8	0.10		I 3 r
C0717−130	Haffner 6	07 21 03	−13 10 21	6.0	3054	8.826	16	0.450		IV 2 rn
C0721−131	NGC 2374	07 24 53	−13 18 16	12.0	1468	8.463		0.090		IV 2 p
C0722−321	Collinder 140	07 25 14	−31 53 29	60.0	405	7.548		0.030	−0.10	III 3 m
C0722−261	Ruprecht 18	07 25 29	−26 15 29	7.0	1056	7.648		0.700	−0.010	
C0722−209	NGC 2384	07 26 03	−21 03 48	5.0	3070	7.15		0.31		IV 3 p
C0724−476	Melotte 66	07 26 58	−47 42 32	14.0	4313	9.445		0.143	−0.33	II 1 r
C0731−153	NGC 2414	07 34 08	−15 29 55	5.0	3455	6.976		0.508		I 3 m
C0734−205	NGC 2421	07 37 07	−20 39 30	6.0	2200	7.90	11	0.42		I 2 r
C0734−143	NGC 2422	07 37 32	−14 31 49	25.0	490	7.861	5	0.070	+0.11	I 3 m
C0734−137	NGC 2423	07 38 03	−13 55 08	12.0	766	8.867		0.097	+0.14	II 2 m
C0735−119	Melotte 71	07 38 28	−12 06 50	7.0	3154	8.371		0.113	−0.32	II 2 r
C0735+216	NGC 2420	07 39 36	+21 31 32	5.0	2480	9.3	11	0.04	−0.38	I 1 r
C0738−334	Bochum 15	07 40 53	−33 34 54	3.0	2806	6.742		0.576		IV 2 pn
C0738−315	NGC 2439	07 41 33	−31 44 31	9.0	1300	7.00	9	0.37		II 3 r
C0739−147	NGC 2437	07 42 42	−14 51 33	20.0	1510	8.4	10	0.10	+0.059	II 2 r
C0742−237	NGC 2447	07 45 22	−23 54 26	10.0	1037	8.588	9	0.046	−0.10	I 3 r
C0744−044	Berkeley 39	07 47 43	−04 39 05	7.0	4780	9.90	16	0.12	−0.20	II 2 r
C0745−271	NGC 2453	07 48 25	−27 14 48	4.0	2150	7.187		0.446		I 3 m
C0746−261	Ruprecht 36	07 49 14	−26 21 08	5.0	1681	7.606	12	0.166		IV 1 m
C0750−384	NGC 2477	07 52 54	−38 35 02	15.0	1341	8.85	12	0.31	+0.07	I 2 r
C0752−241	NGC 2482	07 56 04	−24 18 49	10.0	1343	8.604		0.093	−0.07	IV 1 m
C0754−299	NGC 2489	07 57 04	−30 07 08	6.0	3957	7.264	11	0.374	+0.080	I 2 m
C0757−607	NGC 2516	07 58 24	−60 48 34	30.0	409	8.052	7	0.101	+0.060	I 3 r
C0757−284	Ruprecht 44	07 59 41	−28 38 24	10.0	4730	6.941	12	0.619		IV 2 m
C0757−106	NGC 2506	08 01 00	−10 49 38	12.0	3750	9.00	11	0.10	−0.20	I 2 r
C0803−280	NGC 2527	08 05 49	−28 12 22	10.0	601	8.649		0.038	−0.10	II 2 m
C0805−297	NGC 2533	08 07 54	−29 56 37	5.0	1700	8.84		0.14		II 2 r
C0809−491	NGC 2547	08 10 45	−49 16 35	25.0	361	7.585	7	0.186	−0.160	I 3 rn
C0808−126	NGC 2539	08 11 35	−12 52 48	9.0	1363	8.570	9	0.082	+0.13	III 2 m
C0810−374	NGC 2546	08 13 00	−37 39 27	70.0	919	7.874	7	0.134	+0.120	III 2 m
C0811−056	NGC 2548	08 14 44	−05 48 47	30.0	770	8.6	8	0.03	+0.080	I 3 r
C0816−304	NGC 2567	08 19 22	−30 42 18	7.0	1677	8.469	11	0.128	0.00	II 2 m
C0816−295	NGC 2571	08 19 46	−29 48 55	8.0	1342	7.488		0.137	+0.05	II 3 m
C0835−394	Pismis 5	08 38 24	−39 39 21	12.0	869	7.197		0.421		
C0837−460	NGC 2645	08 39 44	−46 18 23	3.0	1668	7.283	9	0.380		II 3 p
C0838−528	IC 2391	08 41 07	−53 06 25	60.0	175	7.661	4	0.008	−0.01	II 3 m
	Mamajek 1	08 41 21	−79 06 04	40.0	97	6.9		0.00		
C0837+201	NGC 2632	08 41 34	+19 35 34	70.0	187	8.863	6	0.009	+0.27	II 3 m
C0839−461	Pismis 8	08 42 17	−46 20 27	3.0	1312	7.427	10	0.706		II 2 p
C0839−480	IC 2395	08 43 10	−48 11 16	18.6	800	6.80		0.09	0.00	II 3 m
C0840−469	NGC 2660	08 43 19	−47 16 28	3.5	2826	9.033	13	0.313	+0.04	I 1 r
C0843−486	NGC 2670	08 46 10	−48 52 32	7.0	1188	7.690	13	0.430		III 2 m
C0843−527	NGC 2669	08 46 58	−53 01 27	20.0	1046	7.927		0.180		III 3 m
C0846−423	Trumpler 10	08 48 38	−42 31 35	29.0	424	7.542		0.034	−0.13	II 3 m
C0847+120	NGC 2682	08 52 25	+11 43 20	25.0	808	9.45	9	0.03	+0.03	II 3 r
C0914−364	NGC 2818	09 16 51	−36 42 41	9.0	1855	8.626		0.121	−0.17	III 1 m
	NGC 2866	09 22 48	−51 11 17	2.0	2600	8.30		0.66		
C0922−515	Ruprecht 76	09 24 54	−51 45 20	5.0	1262	7.734	13	0.376		IV 2 p

IAU Designation	Name	RA	Dec.	Appt. Diam.	Dist.	Log (age)	Mag. Mem.[1]	$E_{(B-V)}$	Metallicity	Trumpler Class
		h m s	° ′ ″	′	pc	yr				
C0925−549	Ruprecht 77	09 27 43	−55 12 23	5.0	4129	7.501	14	0.622		II 1 m
C0926−567	IC 2488	09 28 15	−57 05 24	18.0	1134	8.113	10	0.231	+0.10	II 3 r
C0927−534	Ruprecht 78	09 29 50	−53 47 25	3.0	1641	7.987	15	0.350		II 2 m
C0939−536	Ruprecht 79	09 41 41	−53 56 38	5.0	1979	7.093	11	0.717		III 2 p
C1001−598	NGC 3114	10 03 16	−60 13 10	35.0	911	8.093	9	0.069	+0.02	
C1019−514	NGC 3228	10 22 11	−51 49 56	5.0	544	7.932		0.028	+0.03	
C1022−575	Westerlund 2	10 24 47	−57 52 16	2.0	2850	6.30		1.65		IV 1 pn
C1025−573	IC 2581	10 28 15	−57 43 18	5.0	2446	7.142		0.415	−0.34	II 2 pn
C1028−595	Collinder 223	10 33 01	−60 07 33	18.0	2820	8.0		0.25	−0.217	II 2 m
C1033−579	NGC 3293	10 36 38	−58 20 12	6.0	2327	7.014	8	0.263		
C1035−583	NGC 3324	10 38 07	−58 44 55	12.0	2317	6.754		0.438	−0.474	
C1036−538	NGC 3330	10 39 36	−54 13 50	4.0	894	8.229		0.050		III 2 m
C1040−588	Bochum 10	10 43 00	−59 14 28	20.0	2027	6.857		0.306		II 3 mn
C1041−641	IC 2602	10 43 42	−64 30 28	100.0	161	7.507	3	0.024	0.00	I 3 r
C1041−593	Trumpler 14	10 44 44	−59 39 29	8.4	2900	6.00		0.36		
C1041−597	Collinder 228	10 44 48	−60 11 41	14.0	2201	6.830		0.342		
C1042−591	Trumpler 15	10 45 31	−59 28 29	14.0	1853	6.926		0.434		III 2 pn
C1043−594	Trumpler 16	10 45 58	−59 49 29	12.0	2900	6.00		0.36		
C1045−598	Bochum 11	10 48 03	−60 11 30	21.0	2412	6.764		0.576		IV 3 pn
C1054−589	Trumpler 17	10 57 14	−59 18 35	5.0	2189	7.706		0.605		
C1055−614	Bochum 12	10 58 13	−61 49 36	10.0	2218	7.61		0.24		III 3 p
C1057−600	NGC 3496	11 00 27	−60 26 49	8.0	990	8.471		0.469		II 1 r
	Sher 1	11 01 55	−60 20 37	1.0	5875	6.713		1.374		
C1059−595	Pismis 17	11 01 57	−59 55 37	6.0	3504	7.023	9	0.471	−0.145	
C1104−584	NGC 3532	11 06 31	−58 51 51	50.0	492	8.477	8	0.028	+0.02	II 3 r
C1108−599	NGC 3572	11 11 16	−60 21 35	5.0	1995	6.891	7	0.389		II 3 mn
C1108−601	Hogg 10	11 11 35	−60 30 41	3.0	1776	6.784		0.460		
C1109−604	Trumpler 18	11 12 21	−60 46 42	5.0	1358	7.194		0.315		II 3 m
C1109−600	Collinder 240	11 12 33	−60 25 17	32.0	1577	7.160		0.310		III 2 mn
C1110−605	NGC 3590	11 13 52	−60 54 00	3.0	1651	7.231		0.449		I 2 p
C1110−586	Stock 13	11 13 59	−58 59 42	5.0	1577	7.222	10	0.218		I 3 pn
C1112−609	NGC 3603	11 16 00	−61 22 19	4.0	6900	6.00		1.338		II 3 mn
C1115−624	IC 2714	11 18 20	−62 50 44	14.0	1238	8.542	10	0.341	+0.01	II 2 r
C1117−632	Melotte 105	11 20 36	−63 35 45	5.0	1715	8.55		0.83	+0.08	I 2 r
C1123−429	NGC 3680	11 26 37	−43 21 22	5.0	938	9.077	10	0.066	−0.19	I 2 m
C1133−613	NGC 3766	11 37 12	−61 43 19	9.3	2218	7.32	8	0.20		I 3 r
C1134−627	IC 2944	11 39 18	−63 29 11	65.0	1794	6.818		0.320		III 3 mn
C1141−622	Stock 14	11 44 47	−62 37 50	6.0	2399	7.30	10	0.21		III 3 p
C1148−554	NGC 3960	11 51 34	−55 47 15	5.0	1850	9.1		0.29	+0.02	I 2 m
C1154−623	Ruprecht 97	11 58 31	−62 49 51	5.0	1357	8.343	12	0.229	−0.03	IV 1 p
C1204−609	NGC 4103	12 07 45	−61 21 51	6.0	1632	7.393	10	0.294		I 2 m
C1221−616	NGC 4349	12 25 17	−61 59 06	5.0	2176	8.315	11	0.384	−0.12	II 2 m
C1222+263	Melotte 111	12 26 08	+25 59 12	120.0	96	8.652	5	0.013	+0.07	III 3 r
C1226−604	Harvard 5	12 28 25	−60 53 32	5.0	1184	8.032		0.160	+0.07	
C1225−598	NGC 4439	12 29 36	−60 13 06	4.0	1785	7.909		0.348		
C1239−627	NGC 4609	12 43 31	−63 06 26	13.0	1320	7.7	10	0.37	+0.05	II 2 m
C1250−600	NGC 4755	12 54 53	−60 28 21	10.0	1976	7.216	7	0.388		
C1315−623	Stock 16	13 20 50	−62 44 26	3.0	1810	6.90	10	0.52		III 3 pn
C1317−646	Ruprecht 107	13 21 09	−65 03 26	3.0	1442	7.478	12	0.458		III 2 p
C1324−587	NGC 5138	13 28 36	−59 08 21	7.0	1986	7.986		0.262	+0.120	II 2 m

IAU Designation	Name	RA	Dec.	Appt. Diam.	Dist.	Log (age)	Mag. Mem.[1]	$E_{(B-V)}$	Metal-licity	Trumpler Class
		h m s	° ′ ″	′	pc	yr				
C1326−609	Hogg 16	13 30 40	−61 18 20	6.0	1585	7.047		0.411		II 2 p
C1327−606	NGC 5168	13 32 28	−61 02 42	4.0	1777	8.001		0.431		I 2 m
C1328−625	Trumpler 21	13 33 38	−62 54 18	5.0	1263	7.696		0.197		I 2 p
C1343−626	NGC 5281	13 48 02	−63 01 07	7.0	1108	7.146	10	0.225		I 3 m
C1350−616	NGC 5316	13 55 25	−61 58 06	14.0	1215	8.202	11	0.267	−0.02	II 2 r
C1356−619	Lynga 1	14 01 31	−62 14 55	3.0	1900	8.00		0.45	+0.040	II 2 p
C1404−480	NGC 5460	14 08 46	−48 26 24	35.0	700	8.2	9	0.092	−0.06	I 3 m
C1420−611	Lynga 2	14 26 08	−61 25 21	13.0	900	7.95		0.22		II 3 m
C1424−594	NGC 5606	14 29 18	−59 43 22	3.0	1805	7.075		0.474		I 3 p
C1426−605	NGC 5617	14 31 17	−60 48 07	10.0	2000	7.90	10	0.48	+0.31	I 3 r
C1427−609	Trumpler 22	14 32 36	−61 15 24	10.0	1516	7.950	12	0.521		III 2 m
C1431−563	NGC 5662	14 37 06	−56 42 25	29.0	666	7.968	10	0.311	−0.03	II 3 r
C1440+697	Collinder 285	14 41 22	+69 28 47	1400.0	25	8.30	2	0.00		
C1445−543	NGC 5749	14 50 22	−54 34 57	10.0	1031	7.728		0.376		II 2 m
C1501−541	NGC 5822	15 05 52	−54 28 32	35.0	933	8.95	10	0.103	+0.05	II 2 r
C1502−554	NGC 5823	15 07 02	−55 40 54	12.0	1192	8.900	13	0.090		II 2 r
C1511−588	Pismis 20	15 17 01	−59 08 29	4.0	3272	6.864		1.28		
C1559−603	NGC 6025	16 05 02	−60 29 13	14.0	756	7.889	7	0.159	+0.19	II 3 r
C1601−517	Lynga 6	16 06 26	−51 59 17	5.0	1600	7.430		1.250		
C1603−539	NGC 6031	16 09 11	−54 04 06	3.0	1823	8.069		0.371	+0.02	I 3 p
C1609−540	NGC 6067	16 14 48	−54 16 09	14.0	1417	8.076	10	0.380	+0.138	I 3 r
C1614−577	NGC 6087	16 20 33	−57 59 00	14.0	891	7.976	8	0.175	−0.01	II 2 m
C1622−405	NGC 6124	16 26 45	−40 41 56	39.0	512	8.147	9	0.750		I 3 r
C1623−261	Collinder 302	16 27 23	−26 17 43	500.0						III 3 p
C1624−490	NGC 6134	16 29 18	−49 11 46	6.0	1260	8.95	11	0.35	+0.15	
C1632−455	NGC 6178	16 37 16	−45 41 02	5.0	1014	7.248		0.219		III 3 p
C1637−486	NGC 6193	16 42 53	−48 48 05	14.0	1155	6.775		0.475		
C1642−469	NGC 6204	16 47 40	−47 03 09	5.0	1200	7.90		0.46	−1.053	I 3 m
C1645−537	NGC 6208	16 51 07	−53 45 45	18.0	939	9.069		0.210	−0.03	III 2 r
C1650−417	NGC 6231	16 55 37	−41 51 25	14.0	1243	6.843	6	0.439		
C1652−394	NGC 6242	16 56 58	−39 29 35	9.0	1131	7.608		0.377		
C1653−405	Trumpler 24	16 58 26	−40 41 50	60.0	1138	6.919		0.418		
C1654−447	NGC 6249	16 59 10	−44 50 31	5.0	981	7.386		0.443		II 2 m
C1654−457	NGC 6250	16 59 26	−45 58 01	10.0	865	7.415		0.350		II 3 r
C1657−446	NGC 6259	17 02 14	−44 41 02	14.0	1031	8.336	11	0.498	+0.020	II 2 r
C1714−355	Bochum 13	17 18 46	−35 34 15	14.0	1077	6.823		0.854		III 3 m
C1714−429	NGC 6322	17 19 53	−42 57 13	5.0	996	7.058		0.590		I 3 m
C1720−499	IC 4651	17 26 24	−49 57 01	10.0	888	9.057	10	0.116	+0.15	II 2 r
C1731−325	NGC 6383	17 36 08	−32 34 44	20.0	985	6.962		0.298		II 3 mn
C1732−334	Trumpler 27	17 37 41	−33 31 41	6.0	1211	7.063		1.194	−0.193	III 3 m
C1733−324	Trumpler 28	17 38 20	−32 29 40	5.0	1343	7.290		0.733	+0.326	III 2 mn
C1734−362	Ruprecht 127	17 39 14	−36 18 38	5.0	1466	7.351	11	0.990		II 2 p
C1736−321	NGC 6405	17 41 40	−32 15 46	20.0	487	7.974	7	0.144	+0.06	II 3 r
C1741−323	NGC 6416	17 45 39	−32 22 09	14.0	741	8.087		0.251	−0.613	III 2 m
C1743+057	IC 4665	17 47 18	+05 42 36	70.0	352	7.634	6	0.174	−0.03	III 2 m
C1747−302	NGC 6451	17 52 00	−30 12 52	7.0	2080	8.134	12	0.672	−0.34	I 2 rn
C1750−348	NGC 6475	17 55 13	−34 47 46	80.0	301	8.475	7	0.103	+0.14	I 3 r
C1753−190	NGC 6494	17 58 16	−18 59 10	29.0	628	8.477	10	0.356	+0.04	II 2 r
C1758−237	Bochum 14	18 03 15	−23 40 55	2.0	578	6.996		1.508		III 1 pn
C1800−279	NGC 6520	18 04 42	−27 53 11	2.0	1900	8.18	9	0.42		I 2 rn

IAU Designation	Name	RA	Dec.	Appt. Diam.	Dist.	Log (age)	Mag. Mem.[1]	$E_{(B-V)}$	Metal-licity	Trumpler Class
		h m s	° ′ ″	′	pc	yr				
C1801−225	NGC 6531	18 05 27	−22 29 15	14.0	1205	7.070	8	0.281		I 3 r
C1801−243	NGC 6530	18 05 46	−24 21 21	14.0	1330	6.867	6	0.333		I 3 r
C1804−233	NGC 6546	18 08 37	−23 17 34	14.0	938	7.849		0.491	−0.334	II 1 r
C1815−122	NGC 6604	18 19 12	−12 13 57	5.0	1696	6.810		0.970		I 3 mn
C1816−138	NGC 6611	18 19 58	−13 47 49	6.0	1800	6.11	11	0.80		
C1817−171	NGC 6613	18 21 09	−17 05 29	5.0	1296	7.223		0.450		II 3 pn
C1825+065	NGC 6633	18 28 15	+06 31 20	20.0	376	8.629	8	0.182	+0.06	III 2 m
C1828−192	IC 4725	18 32 59	−19 06 02	29.0	620	7.965	8	0.476	+0.17	I 3 m
C1830−104	NGC 6649	18 34 35	−10 23 11	5.0	1369	7.566	13	1.201		I 3 m
C1834−082	NGC 6664	18 37 44	−07 47 42	12.0	1164	7.162	· 9	0.709		III 2 m
C1836+054	IC 4756	18 40 00	+05 28 10	39.0	484	8.699	8	0.192	−0.01	II 3 r
C1840−041	Trumpler 35	18 43 59	−04 06 43	5.0	1206	7.862		1.218		I 2 m
C1842−094	NGC 6694	18 46 25	−09 21 38	7.0	1600	7.931	11	0.589		II 3 m
C1848−052	NGC 6704	18 51 50	−05 10 47	5.0	2974	7.863	12	0.717		I 2 m
C1848−063	NGC 6705	18 52 11	−06 14 40	32.0	1877	8.4	11	0.428	+0.23	
C1850−204	Collinder 394	18 53 29	−20 10 38	22.0	690	7.803		0.235		
C1851+368	Stephenson 1	18 54 13	+36 56 36	20.0	390	7.731		0.040		IV 3 p
C1851−199	NGC 6716	18 55 47	−19 52 28	10.0	789	7.961		0.220	−0.31	IV 1 p
C1905+041	NGC 6755	19 08 50	+04 18 01	14.0	1421	7.719	11	0.826		II 2 r
C1906+046	NGC 6756	19 09 43	+04 44 20	4.0	1507	7.79	13	1.18	+0.10	I 1 m
C1919+377	NGC 6791	19 21 36	+37 48 40	10.0	5035	9.92	15	0.160	+0.42	I 2 r
C1936+464	NGC 6811	19 37 54	+46 26 08	14.0	1215	8.799	11	0.160	−0.02	III 1 r
C1939+400	NGC 6819	19 41 58	+40 14 45	13.0	2511	9.38	11	0.12	+0.09	
C1941+231	NGC 6823	19 44 01	+23 20 59	6.0	3176	6.5		0.854		I 3 mn
C1948+229	NGC 6830	19 51 52	+23 09 12	5.0	1639	7.572	10	0.501	+0.24	II 2 p
C1950+292	NGC 6834	19 53 01	+29 27 44	5.0	2067	7.883	11	0.708		II 2 m
C1950+182	Harvard 20	19 54 01	+18 23 15	7.0	1540	7.476		0.247		IV 2 p
C2002+438	NGC 6866	20 04 35	+44 13 02	14.0	1470	8.8	10	0.10		II 2 r
C2002+290	Roslund 4	20 05 44	+29 16 34	5.0	2000	6.6		0.91		II 3 mn
C2004+356	NGC 6871	20 06 45	+35 50 11	29.0	1574	6.958		0.443		II 2 pn
C2007+353	Biurakan 2	20 09 59	+35 32 40	20.0	1106	7.011	16	0.360		III 2 p
C2008+410	IC 1311	20 11 01	+41 16 42	5.0	6026	9.20		0.28	−0.30	I 1 r
C2009+263	NGC 6885	20 12 53	+26 32 26	20.0	597	9.16	6	0.08		III 2 m
C2014+374	IC 4996	20 17 17	+37 43 10	2.2	2398	6.87	8	0.71		II 3 pn
C2018+385	Berkeley 86	20 21 09	+38 45 57	6.0	1112	7.116	13	0.898		IV 2 mn
C2019+372	Berkeley 87	20 22 28	+37 25 59	10.0	633	7.152	13	1.369		III 2 m
C2021+406	NGC 6910	20 23 56	+40 50 43	10.0	1139	7.127		0.971		I 3 mn
C2022+383	NGC 6913	20 24 42	+38 34 32	10.0	1148	7.111	9	0.744		II 3 mn
C2030+604	NGC 6939	20 31 55	+60 43 54	10.0	1800	9.20		0.33	0.00	II 1 r
C2032+281	NGC 6940	20 35 18	+28 21 17	25.0	770	8.858	11	0.214	+0.013	III 2 r
C2054+444	NGC 6996	20 57 14	+44 42 46	14.0	760	8.54		0.52		III 2 m
C2109+454	NGC 7039	21 11 32	+45 42 04	14.0	951	7.820		0.131		IV 2 m
C2121+461	NGC 7062	21 24 12	+46 28 01	5.0	1480	8.465		0.452	+0.08	II 2 m
C2122+478	NGC 7067	21 25 07	+48 05 56	6.0	3600	8.00		0.75		II 1 p
C2122+362	NGC 7063	21 25 11	+36 34 32	9.0	689	7.977		0.091		III 1 p
C2127+468	NGC 7082	21 30 02	+47 13 01	25.0	1442	8.233		0.237	−0.01	
C2130+482	NGC 7092	21 32 32	+48 31 28	29.0	326	8.445	7	0.013	+0.01	III 2 m
C2137+572	Trumpler 37	21 39 44	+57 35 36	89.0	835	7.054		0.470		IV 3 m
C2144+655	NGC 7142	21 45 38	+65 52 12	12.0	2300	9.48	11	0.35	+0.08	I 2 r
C2151+470	IC 5146	21 54 11	+47 21 50	20.0	852	6.00		0.593		III 2 pn

IAU Designation	Name	RA	Dec.	Appt. Diam.	Dist.	Log (age)	Mag. Mem.[1]	$E_{(B-V)}$	Metal-licity	Trumpler Class
		h m s	° ′ ″	′	pc	yr				
C2152+623	NGC 7160	21 54 15	+62 42 02	5.0	789	7.278		0.375	+0.16	I 3 p
C2203+462	NGC 7209	22 05 56	+46 35 01	14.0	1168	8.617	9	0.168	−0.12	III 1 m
C2208+551	NGC 7226	22 11 11	+55 29 59	2.0	2616	8.436		0.536		I 2 m
C2210+570	NGC 7235	22 13 09	+57 22 19	5.0	3330	6.90		0.90		II 3 m
C2213+496	NGC 7243	22 15 57	+50 00 03	29.0	808	8.058	8	0.220	+0.06	II 2 m
C2213+540	NGC 7245	22 15 57	+54 26 45	7.0	3467	8.65		0.45		II 2 m
C2218+578	NGC 7261	22 20 51	+58 13 54	7.0	2830	8.20		0.88		II 3 m
C2227+551	Berkeley 96	22 30 37	+55 30 07	3.0	3180	7.60	13	0.54		I 2 p
C2245+578	NGC 7380	22 48 10	+58 14 25	20.0	2222	7.077	10	0.602		III 2 mn
C2306+602	King 19	23 09 10	+60 37 41	5.0	1967	8.557	12	0.547		III 2 p
C2309+603	NGC 7510	23 11 56	+60 40 54	6.0	3480	7.35	10	0.90		II 3 rn
C2313+602	Markarian 50	23 16 12	+60 34 43	2.0	2114	7.095		0.810		III 1 pn
C2322+613	NGC 7654	23 25 43	+61 42 22	15.0	1400	8.2	11	0.57		II 2 r
C2345+683	King 11	23 48 47	+68 44 50	5.0	2892	9.048	17	1.270	−0.27	I 2 m
C2350+616	King 12	23 54 03	+62 03 36	5.0	2490	7.85	10	0.51		II 1 p
C2354+611	NGC 7788	23 57 40	+61 30 53	4.0	2750	8.20		0.49		I 2 p
C2354+564	NGC 7789	23 58 27	+56 49 21	25.0	1795	9.15	10	0.28	+0.02	II 2 r
C2355+609	NGC 7790	23 59 27	+61 19 21	5.0	2944	7.749	10	0.531		II 2 m

Notes to Table

[1] The Mag. Mem. column gives the visual magnitude of the brightest cluster member.

Alternate Names for Some Clusters

C0001−302	ζ Scl Cluster	C0838−528	o Vel Cluster
C0129+604	M103	C0847+120	M67
C0215+569	h Per	C1041−641	θ Car Cluster
C0218+568	χ Per	C1043−594	η Car Cluster
C0238+425	M34	C1239−627	Coal-Sack Cluster
C0344+239	M45	C1250−600	Jewel Box Cluster
C0525+358	M38	C1440+697	Ursa Major Moving Group
C0532+341	M36	C1736−321	M6
C0549+325	M37	C1750−348	M7
C0605+243	M35	C1753−190	M23
C0629+049	Rosette Cluster	C1801−225	M21
C0638+099	S Mon Cluster	C1816−138	M16
C0644−206	M41	C1817−171	M18
C0700−082	M50	C1828−192	M25
C0716−248	τ CMa Cluster	C1842−094	M26
C0734−143	M47	C1848−063	M11
C0739−147	M46	C2022+383	M29
C0742−237	M93	C2130+482	M39
C0811−056	M48	C2322+613	M52
C0837+201	M44		

Name	RA	Dec.	V_t	$B-V$	$E_{(B-V)}$	$(m-M)_V$	[Fe/H]	v_r	c^1	r_h^2	Alternate Name
	h m s	° ′ ″						km/s		′	
NGC 104	00 24 59.6	−71 58 04	3.95	0.88	0.04	13.37	−0.72	− 18.0	2.07	3.17	47 Tuc
NGC 288	00 53 45.1	−26 28 18	8.09	0.65	0.03	14.84	−1.32	− 45.4	0.99	2.23	
NGC 362	01 03 55.7	−70 44 20	6.40	0.77	0.05	14.83	−1.26	+223.5	1.76c:	0.82	
Whiting 1	02 03 59.3	−03 09 17	15.03		0.03	17.49	−0.70	−130.6	0.55	0.22	
NGC 1261	03 12 49.9	−55 08 24	8.29	0.72	0.01	16.09	−1.27	+ 68.2	1.16	0.68	
Pal 1	03 36 23.5	+79 38 55	13.18	0.96	0.15	15.70	−0.65	− 82.8	2.57	0.46	
AM 1	03 55 37.8	−49 33 22	15.72	0.72	0.00	20.45	−1.70	+116.0	1.36	0.41	E 1
Eridanus	04 25 37.8	−21 08 28	14.70	0.79	0.02	19.83	−1.43	− 23.6	1.10	0.46	
Pal 2	04 47 24.8	+31 25 02	13.04	2.08	1.24	21.01	−1.42	−133.0	1.53	0.50	
NGC 1851	05 14 47.2	−40 01 26	7.14	0.76	0.02	15.47	−1.18	+320.5	1.86	0.51	
NGC 1904	05 25 01.7	−24 30 26	7.73	0.65	0.01	15.59	−1.60	+205.8	1.70c:	0.65	M 79
NGC 2298	06 49 43.0	−36 01 47	9.29	0.75	0.14	15.60	−1.92	+148.9	1.38	0.98	
NGC 2419	07 39 31.5	+38 50 05	10.41	0.66	0.08	19.83	−2.15	− 20.2	1.37	0.89	
Ko 2	07 59 31.8	+26 11 54	17.60		0.08	17.95			0.50	0.21	
Pyxis	09 08 46.7	−37 18 18	12.90		0.21	18.63	−1.20	+ 34.3	0.00	0.00	
NGC 2808	09 12 27.1	−64 56 54	6.20	0.92	0.22	15.59	−1.14	+101.6	1.56	0.80	
E 3	09 20 42.1	−77 22 10	11.35		0.30	15.47	−0.83		0.75	2.10	
Pal 3	10 06 34.9	−00 01 43	14.26		0.04	19.95	−1.63	+ 83.4	0.99	0.65	
NGC 3201	10 18 27.4	−46 30 56	6.75	0.96	0.24	14.20	−1.59	+494.0	1.29	3.10	
Pal 4	11 30 21.8	+28 51 38	14.20		0.01	20.21	−1.41	+ 74.5	0.93	0.51	
Ko 1	12 00 21.5	+12 08 45	17.10		0.01	18.45			0.50	0.26	
NGC 4147	12 11 08.9	+18 25 43	10.32	0.59	0.02	16.49	−1.80	+183.2	1.83	0.48	
NGC 4372	12 26 58.5	−72 46 21	7.24	1.10	0.39	15.03	−2.17	+ 72.3	1.30	3.91	
Rup 106	12 39 49.0	−51 15 46	10.90		0.20	17.25	−1.68	− 44.0	0.70	1.05	
NGC 4590	12 40 33.3	−26 51 23	7.84	0.63	0.05	15.21	−2.23	− 94.7	1.41	1.51	M 68
NGC 4833	13 00 57.5	−70 59 12	6.91	0.93	0.32	15.08	−1.85	+200.2	1.25	2.41	
NGC 5024	13 13 55.4	+18 03 35	7.61	0.64	0.02	16.32	−2.10	− 62.9	1.72	1.31	M 53
NGC 5053	13 17 27.2	+17 35 33	9.47	0.65	0.01	16.23	−2.27	+ 44.0	0.74	2.61	
NGC 5139	13 28 01.4	−47 35 08	3.68	0.78	0.12	13.94	−1.53	+232.1	1.31	5.00	ω Cen
NGC 5272	13 43 08.2	+28 16 28	6.19	0.69	0.01	15.07	−1.50	−147.6	1.89	2.31	M 3
NGC 5286	13 47 45.3	−51 28 34	7.34	0.88	0.24	16.08	−1.69	+ 57.4	1.41	0.73	
AM 4	13 57 31.6	−27 16 02	15.88		0.05	17.69	−1.30		0.70	0.43	
NGC 5466	14 06 22.5	+28 26 14	9.04	0.67	0.00	16.02	−1.98	+110.7	1.04	2.30	
NGC 5634	14 30 42.0	−06 04 01	9.47	0.67	0.05	17.16	−1.88	− 45.1	2.07	0.86	
NGC 5694	14 40 48.1	−26 37 35	10.17	0.69	0.09	18.00	−1.98	−140.3	1.89	0.40	
IC 4499	15 03 45.1	−82 17 37	9.76	0.91	0.23	17.08	−1.53	+ 31.5	1.21	1.71	
NGC 5824	15 05 14.5	−33 08 50	9.09	0.75	0.13	17.94	−1.91	− 27.5	1.98	0.45	
Pal 5	15 17 08.3	−00 11 11	11.75		0.03	16.92	−1.41	− 58.7	0.52	2.73	
NGC 5897	15 18 35.6	−21 05 04	8.53	0.74	0.09	15.76	−1.90	+101.5	0.86	2.06	
NGC 5904	15 19 35.5	+02 00 26	5.65	0.72	0.03	14.46	−1.29	+ 53.2	1.73	1.77	M 5
NGC 5927	15 29 30.1	−50 44 35	8.01	1.31	0.45	15.82	−0.49	−107.5	1.60	1.10	
NGC 5946	15 36 58.6	−50 43 36	9.61	1.29	0.54	16.79	−1.29	+128.4	2.50c	0.89	
BH 176	15 40 37.2	−50 07 06	14.00		0.54	18.06	0.00		0.85	0.90	
NGC 5986	15 47 23.8	−37 50 57	7.52	0.90	0.28	15.96	−1.59	+ 88.9	1.23	0.98	
Pal 14	16 11 57.1	+14 54 21	14.74		0.04	19.54	−1.62	+ 72.3	0.80	1.22	AvdB
Lynga 7	16 12 41.9	−55 22 11	10.18		0.73	16.78	−1.01	+ 8.0	0.95	1.20	BH184
NGC 6093	16 18 15.9	−23 01 31	7.33	0.84	0.18	15.56	−1.75	+ 8.1	1.68	0.61	M 80
NGC 6121	16 24 50.7	−26 34 19	5.63	1.03	0.35	12.82	−1.16	+ 70.7	1.65	4.33	M 4
NGC 6101	16 28 09.6	−72 14 50	9.16	0.68	0.05	16.10	−1.98	+361.4	0.80	1.05	
NGC 6144	16 28 29.2	−26 04 05	9.01	0.96	0.36	15.86	−1.76	+193.8	1.55	1.63	

Name	RA	Dec.	V_t	$B-V$	$E_{(B-V)}$	$(m-M)_V$	[Fe/H]	v_r	c^1	r_h^2	Alternate Name
	h m s	o ′ ″						km/s		′	
NGC 6139	16 29 03.7	−38 53 35	8.99	1.40	0.75	17.35	−1.65	+ 6.7	1.86	0.85	
Terzan 3	16 30 01.0	−35 23 51	12.00		0.73	16.82	−0.74	−136.3	0.70	1.25	
NGC 6171	16 33 40.7	−13 05 46	7.93	1.10	0.33	15.05	−1.02	− 34.1	1.53	1.73	M 107
1636-283	16 40 42.4	−28 26 16	12.00		0.46	16.02	−1.50		1.00	0.50	ESO452−SC11
NGC 6205	16 42 25.2	+36 25 18	5.78	0.68	0.02	14.33	−1.53	−244.2	1.53	1.69	M 13
NGC 6229	16 47 33.3	+47 29 32	9.39	0.70	0.01	17.45	−1.47	−154.2	1.50	0.36	
NGC 6218	16 48 18.0	−01 59 02	6.70	0.83	0.19	14.01	−1.37	− 41.4	1.34	1.77	M 12
FSR 1735	16 53 41.8	−47 05 28	12.90		1.42	19.35			0.56	0.34	
NGC 6235	16 54 39.1	−22 12 35	9.97	1.05	0.31	16.26	−1.28	+ 87.3	1.53	1.00	
NGC 6254	16 58 13.9	−04 07 51	6.60	0.90	0.28	14.08	−1.56	+ 75.2	1.38	1.95	M 10
Pal 15	17 00 54.3	−00 34 06	14.00		0.40	19.51	−2.07	+ 68.9	0.60	1.10	
NGC 6256	17 00 55.7	−37 09 03	11.29	1.69	1.09	18.44	−1.02	−101.4	2.50c	0.86	
NGC 6266	17 02 31.2	−30 08 32	6.45	1.19	0.47	15.63	−1.18	− 70.1	1.71c:	0.92	M 62
NGC 6273	17 03 54.0	−26 17 45	6.77	1.03	0.38	15.90	−1.74	+135.0	1.53	1.32	M 19
NGC 6284	17 05 43.8	−24 47 31	8.83	0.99	0.28	16.79	−1.26	+ 27.5	2.50c	0.66	
NGC 6287	17 06 23.3	−22 44 06	9.35	1.20	0.60	16.72	−2.10	−288.7	1.38	0.74	
NGC 6293	17 11 26.6	−26 36 23	8.22	0.96	0.36	16.00	−1.99	−146.2	2.50c	0.89	
NGC 6304	17 15 50.4	−29 29 03	8.22	1.31	0.54	15.52	−0.45	−107.3	1.80	1.42	
NGC 6341	17 17 45.1	+43 06 54	6.44	0.63	0.02	14.65	−2.31	−120.0	1.68	1.02	M 92
NGC 6316	17 17 54.7	−28 09 41	8.43	1.39	0.54	16.77	−0.45	+ 71.4	1.65	0.65	
NGC 6325	17 19 14.1	−23 47 11	10.33	1.66	0.91	17.29	−1.25	+ 29.8	2.50c	0.63	
NGC 6333	17 20 23.3	−18 32 09	7.72	0.97	0.38	15.67	−1.77	+229.1	1.25	0.96	M 9
NGC 6342	17 22 22.7	−19 36 23	9.66	1.26	0.46	16.08	−0.55	+115.7	2.50c	0.73	
NGC 6356	17 24 46.6	−17 49 51	8.25	1.13	0.28	16.76	−0.40	+ 27.0	1.59	0.81	
NGC 6355	17 25 14.9	−26 22 15	9.14	1.48	0.77	17.21	−1.37	−176.9	2.50c	0.88	
NGC 6352	17 27 02.7	−48 26 20	7.96	1.06	0.22	14.43	−0.64	−137.0	1.10	2.05	
IC 1257	17 28 14.9	−07 06 33	13.10	1.38	0.73	19.25	−1.70	−140.2	1.55	1.40	
NGC 6366	17 28 49.7	−05 05 44	9.20	1.44	0.71	14.94	−0.59	−122.0	0.74	2.92	
Terzan 2	17 28 52.3	−30 49 05	14.29		1.87	20.17	−0.69	+109.0	2.50c	1.52	HP 3
Terzan 4	17 31 58.8	−31 36 35	16.00		2.00	20.48	−1.41	− 50.0	0.90	1.85	HP 4
HP 1	17 32 23.9	−29 59 45	11.59		1.12	18.05	−1.00	+ 45.8	2.50c	3.10	BH 229
NGC 6362	17 34 02.2	−67 03 42	7.73	0.85	0.09	14.68	−0.99	− 13.1	1.09	2.05	
Liller 1	17 34 45.5	−33 24 07	16.77		3.07	24.09	−0.33	+ 52.0	2.30		
NGC 6380	17 35 53.1	−39 04 53	11.31	2.01	1.17	18.81	−0.75	− 3.6	1.55c:	0.74	Ton 1
Terzan 1	17 37 06.9	−30 28 53	15.90		1.99	20.31	−1.03	+114.0	2.50c	3.82	HP 2
Ton 2	17 37 35.3	−38 33 53	12.24		1.24	18.41	−0.70	−184.4	1.30	1.30	Pismis 26
NGC 6388	17 37 47.2	−44 44 49	6.72	1.17	0.37	16.13	−0.55	+ 80.1	1.75	0.52	
NGC 6402	17 38 40.7	−03 15 24	7.59	1.25	0.60	16.69	−1.28	− 66.1	0.99	1.30	M 14
NGC 6401	17 39 51.7	−23 55 11	9.45	1.58	0.72	17.35	−1.02	− 65.0	1.69	1.91	
NGC 6397	17 42 22.2	−53 41 01	5.73	0.73	0.18	12.37	−2.02	+ 18.8	2.50c	2.90	
Pal 6	17 44 58.7	−26 13 49	11.55	2.83	1.46	18.34	−0.91	+181.0	1.10	1.20	
NGC 6426	17 45 56.1	+03 09 46	11.01	1.02	0.36	17.68	−2.15	−162.0	1.70	0.92	
Djorg 1	17 48 49.1	−33 04 17	13.60		1.58	20.58	−1.51	−362.4	1.50	1.59	
Terzan 5	17 49 20.5	−24 47 05	13.85	2.77	2.28	21.27	−0.23	− 93.0	1.62	0.72	Terzan 11
NGC 6440	17 50 05.9	−20 21 56	9.20	1.97	1.07	17.95	−0.36	− 76.6	1.62	0.48	
NGC 6441	17 51 36.7	−37 03 21	7.15	1.27	0.47	16.78	−0.46	+ 16.5	1.74	0.57	
Terzan 6	17 52 06.0	−31 16 47	13.85		2.35	21.44	−0.56	+126.0	2.50c	0.44	HP 5
NGC 6453	17 52 13.6	−34 36 12	10.08	1.31	0.64	17.30	−1.50	− 83.7	2.50c	0.44	
UKS 1	17 55 42.5	−24 08 52	17.29		3.14	24.20	−0.64	+ 57.0	2.10		
NGC 6496	18 00 33.3	−44 15 58	8.54	0.98	0.15	15.74	−0.46	−112.7	0.70	1.02	

Name	RA	Dec.	V_t	$B{-}V$	$E_{(B-V)}$	$(m{-}M)_V$	[Fe/H]	v_r	c^1	r_h^2	Alternate Name
	h m s	° ′ ″						km/s		′	
Terzan 9	18 02 55.7	−26 50 19	16.00		1.76	19.71	−1.05	+ 59.0	2.50c	0.78	
NGC 6517	18 02 57.9	−08 57 27	10.23	1.75	1.08	18.48	−1.23	− 39.6	1.82	0.50	
Djorg 2	18 03 06.6	−27 49 29	9.90		0.94	16.90	−0.65		1.50	1.05	ESO456−SC38
Terzan 10	18 04 52.8	−26 04 13	14.90		2.40	21.25	−1.00		0.75	1.55	
NGC 6522	18 04 52.9	−30 01 55	8.27	1.21	0.48	15.92	−1.34	− 21.1	2.50c	1.00	
NGC 6535	18 04 53.7	−00 17 44	10.47	0.94	0.34	15.22	−1.79	−215.1	1.33	0.85	
NGC 6539	18 05 56.3	−07 34 59	9.33	1.83	1.02	17.62	−0.63	+ 31.0	1.74	1.70	
NGC 6528	18 06 08.5	−30 03 13	9.60	1.53	0.54	16.17	−0.11	+206.6	1.50	0.38	
NGC 6540	18 07 26.0	−27 45 43	9.30		0.66	15.65	−1.35	− 17.7	2.50		Djorg 3
NGC 6544	18 08 36.3	−24 59 36	7.77	1.46	0.76	14.71	−1.40	− 27.3	1.63c:	1.21	
NGC 6541	18 09 31.5	−43 42 38	6.30	0.76	0.14	14.82	−1.81	−158.7	1.86c:	1.06	
2MS-GC01	18 09 34.7	−19 49 31	27.74		6.80	33.85			0.85	1.65	2MASS−GC01
NGC 6553	18 10 33.9	−25 54 14	8.06	1.73	0.63	15.83	−0.18	− 3.2	1.16	1.03	
ESO-SC06	18 10 37.8	−46 25 05	12.00		0.07	16.87	−1.80		0.90	1.05	ESO280−SC06
2MS-GC02	18 10 49.9	−20 46 26	24.60		5.16	29.46	−1.08	−238.0	0.95	0.55	2MASS−GC02
NGC 6558	18 11 37.6	−31 45 30	9.26	1.11	0.44	15.70	−1.32	−197.2	2.50c	2.15	
IC 1276	18 11 50.7	−07 12 07	10.34	1.76	1.08	17.01	−0.75	+155.7	1.33	2.38	Pal 7
Terzan 12	18 13 30.3	−22 44 08	15.63		2.06	19.77	−0.50	+ 94.1	0.57	0.75	
NGC 6569	18 14 58.8	−31 49 11	8.55	1.34	0.53	16.83	−0.76	− 28.1	1.31	0.80	
BH 261	18 15 24.6	−28 37 40	11.00		0.36	15.19	−1.30		1.00	0.55	AL 3
GLIMPSE02	18 19 41.9	−16 58 04			7.85	38.05	−0.33		1.33	1.75	
NGC 6584	18 20 15.8	−52 12 22	8.27	0.76	0.10	15.96	−1.50	+222.9	1.47	0.73	
NGC 6624	18 24 59.5	−30 20 56	7.87	1.11	0.28	15.36	−0.44	+ 53.9	2.50c	0.82	
NGC 6626	18 25 48.5	−24 51 26	6.79	1.08	0.40	14.95	−1.32	+ 17.0	1.67	1.97	M 28
NGC 6638	18 32 12.1	−25 28 54	9.02	1.15	0.41	16.14	−0.95	+ 18.1	1.33	0.51	
NGC 6637	18 32 43.3	−32 19 56	7.64	1.01	0.18	15.28	−0.64	+ 39.9	1.38	0.84	M 69
NGC 6642	18 33 08.9	−23 27 33	9.13	1.11	0.40	15.79	−1.26	− 57.2	1.99c:	0.73	
NGC 6652	18 37 06.2	−32 58 22	8.62	0.94	0.09	15.28	−0.81	−111.7	1.80	0.48	
NGC 6656	18 37 38.9	−23 53 11	5.10	0.98	0.34	13.60	−1.70	−146.3	1.38	3.36	M 22
Pal 8	18 42 42.6	−19 48 18	11.02	1.22	0.32	16.53	−0.37	− 43.0	1.53	0.58	
NGC 6681	18 44 32.7	−32 16 13	7.87	0.72	0.07	14.99	−1.62	+220.3	2.50c	0.71	M 70
GLIMPSE01	18 49 53.4	−01 28 22	22.24		4.85	28.15			1.37	0.65	
NGC 6712	18 54 11.4	−08 40 47	8.10	1.17	0.45	15.60	−1.02	−107.6	1.05	1.33	
NGC 6717	18 56 20.2	−22 40 26	9.28	1.00	0.22	14.94	−1.26	+ 22.8	2.07	0.68	Pal 9
NGC 6715	18 56 22.0	−30 27 09	7.60	0.85	0.15	17.58	−1.49	+141.3	2.04	0.82	M 54
NGC 6723	19 00 55.8	−36 36 09	7.01	0.75	0.05	14.84	−1.10	− 94.5	1.11c:	1.53	
NGC 6749	19 06 17.5	+01 55 59	12.44	2.14	1.50	19.14	−1.60	− 61.7	0.79	1.10	
NGC 6760	19 12 14.6	+01 03 56	8.88	1.66	0.77	16.72	−0.40	− 27.5	1.65	1.27	
NGC 6752	19 12 40.2	−59 56 58	5.40	0.66	0.04	13.13	−1.54	− 26.7	2.50c	1.91	
NGC 6779	19 17 23.5	+30 13 16	8.27	0.86	0.26	15.68	−1.98	−135.6	1.38	1.10	M 56
Pal 10	19 18 56.5	+18 36 36	13.22		1.66	19.01	−0.10	− 31.7	0.58	0.99	
Terzan 7	19 19 04.8	−34 37 10	12.00		0.07	17.01	−0.32	+166.0	0.93	0.77	
Arp 2	19 30 02.0	−30 18 44	12.30	0.86	0.10	17.59	−1.75	+115.0	0.88	1.77	
NGC 6809	19 41 17.6	−30 54 58	6.32	0.72	0.08	13.89	−1.94	+174.7	0.93	2.83	M 55
Terzan 8	19 43 04.1	−33 57 01	12.40		0.12	17.47	−2.16	+130.0	0.60	0.95	
Pal 11	19 46 20.9	−07 57 23	9.80	1.27	0.35	16.72	−0.40	− 68.0	0.57	1.46	
NGC 6838	19 54 41.2	+18 50 02	8.19	1.09	0.25	13.80	−0.78	− 22.8	1.15	1.67	M 71
NGC 6864	20 07 17.0	−21 51 40	8.52	0.87	0.16	17.09	−1.29	−189.3	1.80	0.46	M 75
NGC 6934	20 35 11.5	+07 28 33	8.83	0.77	0.10	16.28	−1.47	−411.4	1.53	0.69	
NGC 6981	20 54 35.1	−12 27 31	9.27	0.72	0.05	16.31	−1.42	−345.0	1.21	0.93	M 72

Name	RA	Dec.	V_t	$B-V$	$E_{(B-V)}$	$(m-M)_V$	[Fe/H]	v_r	c^1	r_h^2	Alternate Name
	h m s	° ′ ″						km/s		′	
NGC 7006	21 02 26.7	+16 16 07	10.56	0.75	0.05	18.23	−1.52	−384.1	1.41	0.44	
NGC 7078	21 30 57.7	+12 15 28	6.20	0.68	0.10	15.39	−2.37	−107.0	2.29c	1.00	M 15
NGC 7089	21 34 30.3	−00 43 53	6.47	0.66	0.06	15.50	−1.65	− 5.3	1.59	1.06	M 2
NGC 7099	21 41 31.8	−23 05 10	7.19	0.60	0.03	14.64	−2.27	−184.2	2.50c	1.03	M 30
Pal 12	21 47 47.7	−21 09 26	11.99	1.07	0.02	16.46	−0.85	+ 27.8	2.98	1.72	
Pal 13	23 07 46.0	+12 52 59	13.47	0.76	0.05	17.23	−1.88	+ 25.2	0.66	0.36	
NGC 7492	23 09 31.3	−15 30 01	11.29	0.42	0.00	17.10	−1.78	−177.5	0.72	1.15	

Notes to Table

[1] central concentration index: c = core collapsed; c: = possibly core collapsed
[2] half-light radius

Name	Right Ascension	Declination	Type	L	Log (D$_{25}$)	Log (R$_{25}$)	P.A.	B_T^w	B–V	U–B	v_r
	h m s	° ′ ″					°				km/s
WLM	00 03 00	−15 20.3	IB(s)m	9.0	2.06	0.46	4	11.03	0.44	−0.21	− 118
NGC 0045	00 15 05.9	−23 04 02	SA(s)dm	7.3	1.93	0.16	142	11.32	0.71	−0.05	+ 468
NGC 0055	00 15 56	−39 05.1	SB(s)m: sp	5.6	2.51	0.76	108	8.42	0.55	+0.12	+ 124
NGC 0134	00 31 22.6	−33 07 52	SAB(s)bc	3.7	1.93	0.62	50	11.23	0.84	+0.23	+1579
NGC 0147	00 34 19.7	+48 37 17	dE5 pec		2.12	0.23	25	10.47	0.95		− 160
NGC 0185	00 40 06.0	+48 26 58	dE3 pec		2.07	0.07	35	10.10	0.92	+0.39	− 251
NGC 0205	00 41 29.4	+41 47 51	dE5 pec		2.34	0.30	170	8.92	0.85	+0.22	− 239
NGC 0221	00 43 49.3	+40 58 38	cE2		1.94	0.13	170	9.03	0.95	+0.48	− 205
NGC 0224	00 43 51.86	+41 22 51.8	SA(s)b	2.2	3.28	0.49	35	4.36	0.92	+0.50	− 298
NGC 0247	00 48 09.3	−20 38 54	SAB(s)d	6.8	2.33	0.49	174	9.67	0.56	−0.09	+ 159
NGC 0253	00 48 33.50	−25 10 35.6	SAB(s)c	3.3	2.44	0.61	52	8.04	0.85	+0.38	+ 250
SMC	00 53 21	−72 41.3	SB(s)m pec	7.0	3.50	0.23	45	2.70	0.45	−0.20	+ 175
NGC 0300	00 55 51.5	−37 34 24	SA(s)d	6.2	2.34	0.15	111	8.72	0.59	+0.11	+ 141
Sculptor	01 01 07	−33 35.9	dSph		2.06:	0.17	99	9.5:	0.7		+ 107
IC 1613	01 05 51	+02 13.8	IB(s)m	9.5	2.21	0.05	50	9.88	0.67		− 230
NGC 0488	01 22 50.7	+05 21 50	SA(r)b	1.1	1.72	0.13	15	11.15	0.87	+0.35	+2267
NGC 0598	01 35 00.43	+30 45 52.8	SA(s)cd	4.3	2.85	0.23	23	6.27	0.55	−0.10	− 179
NGC 0613	01 35 15.02	−29 18 50.8	SB(rs)bc	3.0	1.74	0.12	120	10.73	0.68	+0.06	+1478
NGC 0628	01 37 48.0	+15 53 15	SA(s)c	1.1	2.02	0.04	25	9.95	0.56		+ 655
NGC 0672	01 49 03.7	+27 32 04	SB(s)cd	5.4	1.86	0.45	65	11.47	0.58	−0.10	+ 420
NGC 0772	02 00 27.4	+19 06 24	SA(s)b	1.2	1.86	0.23	130	11.09	0.78	+0.26	+2457
NGC 0891	02 23 50.9	+42 26 30	SA(s)b? sp	4.5	2.13	0.73	22	10.81	0.88	+0.27	+ 528
NGC 0908	02 24 01.4	−21 08 29	SA(s)c	1.5	1.78	0.36	75	10.83	0.65	0.00	+1499
NGC 0925	02 28 30.9	+33 40 12	SAB(s)d	4.3	2.02	0.25	102	10.69	0.57		+ 553
Fornax	02 40 50	−34 21.8	dSph		2.26:	0.18	82	8.4:	0.62	+0.04	+ 53
NGC 1023	02 41 41.4	+39 09 00	SB(rs)0⁻		1.94	0.47	87	10.35	1.00	+0.56	+ 632
NGC 1055	02 42 48.4	+00 31 48	SBb: sp	3.9	1.88	0.45	105	11.40	0.81	+0.19	+ 995
NGC 1068	02 43 43.77	+00 04 23.5	(R)SA(rs)b	2.3	1.85	0.07	70	9.61	0.74	+0.09	+1135
NGC 1097	02 47 11.40	−30 11 22.2	SB(s)b	2.2	1.97	0.17	130	10.23	0.75	+0.23	+1274
NGC 1187	03 03 32.4	−22 47 15	SB(r)c	2.1	1.74	0.13	130	11.34	0.56	−0.05	+1397
NGC 1232	03 10 40.9	−20 30 08	SAB(rs)c	2.0	1.87	0.06	108	10.52	0.63	0.00	+1683
NGC 1291	03 18 03.4	−41 02 01	(R)SB(s)0/a		1.99	0.08		9.39	0.93	+0.46	+ 836
NGC 1313	03 18 31.1	−66 25 28	SB(s)d	7.0	1.96	0.12		9.2	0.49	−0.24	+ 456
NGC 1300	03 20 36.8	−19 20 16	SB(rs)bc	1.1	1.79	0.18	106	11.11	0.68	+0.11	+1568
NGC 1316	03 23 28.67	−37 08 09.2	SAB(s)0⁰ pec		2.08	0.15	50	9.42	0.89	+0.39	+1793
NGC 1344	03 29 09.7	−30 59 53	E5		1.78	0.24	165	11.27	0.88	+0.44	+1169
NGC 1350	03 31 56.6	−33 33 34	(R′)SB(r)ab	3.0	1.72	0.27	0	11.16	0.87	+0.34	+1883
NGC 1365	03 34 23.4	−36 04 21	SB(s)b	1.3	2.05	0.26	32	10.32	0.69	+0.16	+1663
NGC 1399	03 39 16.2	−35 23 06	E1 pec		1.84	0.03		10.55	0.96	+0.50	+1447
NGC 1395	03 39 23.2	−22 57 42	E2		1.77	0.12		10.55	0.96	+0.58	+1699
NGC 1398	03 39 44.1	−26 16 19	(R′)SB(r)ab	1.1	1.85	0.12	100	10.57	0.90	+0.43	+1407
NGC 1433	03 42 40.1	−47 09 27	(R′)SB(r)ab	2.7	1.81	0.04		10.70	0.79	+0.21	+1067
NGC 1425	03 43 01.6	−29 49 44	SA(s)b	3.2	1.76	0.35	129	11.29	0.68	+0.11	+1508
NGC 1448	03 45 12.5	−44 34 53	SAcd: sp	4.4	1.88	0.65	41	11.40	0.72	+0.01	+1165
IC 342	03 48 48.6	+68 09 31	SAB(rs)cd	2.0	2.33	0.01		9.10			+ 32

Name	Right Ascension	Declination	Type	L	Log (D_{25})	Log (R_{25})	P.A.	B_T^w	$B-V$	$U-B$	v_r
	h m s	° ′ ″					°				km/s
NGC 1512	04 04 34.6	−43 17 37	SB(r)a	1.1	1.95	0.20	90	11.13	0.81	+0.17	+ 889
IC 356	04 09 55.8	+69 51 57	SA(s)ab pec		1.72	0.13	90	11.39	1.32	+0.76	+ 888
NGC 1532	04 12 51.6	−32 49 21	SB(s)b pec sp	1.9	2.10	0.58	33	10.65	0.80	+0.15	+1187
NGC 1566	04 20 28.2	−54 53 24	SAB(s)bc	1.7	1.92	0.10	60	10.33	0.60	−0.04	+1492
NGC 1672	04 46 02.2	−59 12 40	SB(s)b	3.1	1.82	0.08	170	10.28	0.60	+0.01	+1339
NGC 1792	05 05 56.7	−37 57 13	SA(rs)bc	4.0	1.72	0.30	137	10.87	0.68	+0.08	+1224
NGC 1808	05 08 24.89	−37 29 13.9	(R)SAB(s)a		1.81	0.22	133	10.76	0.82	+0.29	+1006
LMC	05 23.4	−69 44	SB(s)m	5.8	3.81	0.07	170	0.91	0.51	0.00	+ 313
NGC 2146	06 21 53.4	+78 20 48	SB(s)ab pec	3.4	1.78	0.25	56	11.38	0.79	+0.29	+ 890
Carina	06 42 07	−50 59.2	dSph		2.25:	0.17	65	11.5:	0.7:		+ 223
NGC 2280	06 45 38.1	−27 39 40	SA(s)cd	2.2	1.80	0.31	163	10.9	0.60	+0.15	+1906
NGC 2336	07 30 33.0	+80 08 06	SAB(r)bc	1.1	1.85	0.26	178	11.05	0.62	+0.06	+2200
NGC 2366	07 31 04.9	+69 10 24	IB(s)m	8.7	1.91	0.39	25	11.43	0.58		+ 99
NGC 2442	07 36 19.8	−69 34 38	SAB(s)bc pec	2.5	1.74	0.05		11.24	0.82	+0.23	+1448
NGC 2403	07 38 48.4	+65 33 15	SAB(s)cd	5.4	2.34	0.25	127	8.93	0.47		+ 130
Holmberg II	08 21 13	+70 39.0	Im	8.0	1.90	0.10	15	11.10	0.44		+ 157
NGC 2613	08 34 16.7	−23 02 40	SA(s)b	3.0	1.86	0.61	113	11.16	0.91	+0.38	+1677
NGC 2683	08 53 57.6	+33 20 34	SA(rs)b	4.0	1.97	0.63	44	10.64	0.89	+0.27	+ 405
NGC 2768	09 13 12.2	+59 57 09	E6:		1.91	0.28	95	10.84	0.97	+0.46	+1335
NGC 2784	09 13 14.2	−24 15 26	SA(s)0⁰:		1.74	0.39	73	11.30	1.14	+0.72	+ 691
NGC 2835	09 18 48.6	−22 26 30	SB(rs)c	1.8	1.82	0.18	8	11.01	0.49	−0.12	+ 887
NGC 2841	09 23 27.09	+50 53 17.8	SA(r)b:	0.5	1.91	0.36	147	10.09	0.87	+0.34	+ 637
NGC 2903	09 33 19.6	+21 24 35	SAB(rs)bc	2.3	2.10	0.32	17	9.68	0.67	+0.06	+ 556
NGC 2997	09 46 32.6	−31 17 10	SAB(rs)c	1.6	1.95	0.12	110	10.06	0.7	+0.3	+1087
NGC 2976	09 48 55.0	+67 49 14	SAc pec	6.8	1.77	0.34	143	10.82	0.66	0.00	+ 3
NGC 3031	09 57 12.885	+68 58 02.55	SA(s)ab	2.2	2.43	0.28	157	7.89	0.95	+0.48	− 36
NGC 3034	09 57 33.3	+69 34 54	I0		2.05	0.42	65	9.30	0.89	+0.31	+ 216
NGC 3109	10 04 08.7	−26 15 28	SB(s)m	8.2	2.28	0.71	93	10.39			+ 404
NGC 3077	10 04 56.1	+68 38 03	I0 pec		1.73	0.08	45	10.61	0.76	+0.14	+ 13
NGC 3115	10 06 15.3	−07 49 08	S0⁻		1.86	0.47	43	9.87	0.97	+0.54	+ 661
Leo I	10 09 33.3	+12 12 23	dSph		1.82:	0.10	79	10.7	0.6	+0.1:	+ 285
Sextans	10 14.0	−01 43	dSph		2.52:	0.91	56	11.0:			+ 224
NGC 3184	10 19 30.2	+41 19 16	SAB(rs)cd	3.5	1.87	0.03	135	10.36	0.58	−0.03	+ 591
NGC 3198	10 21 09.8	+45 26 47	SB(rs)c	2.6	1.93	0.41	35	10.87	0.54	−0.04	+ 663
NGC 3227	10 24 37.63	+19 45 38.8	SAB(s)a pec	3.5	1.73	0.17	155	11.1	0.82	+0.27	+1156
IC 2574	10 29 51.1	+68 18 24	SAB(s)m	8.0	2.12	0.39	50	10.80	0.44		+ 46
NGC 3319	10 40 20.9	+41 34 46	SB(rs)cd	3.8	1.79	0.26	37	11.48	0.41		+ 746
NGC 3344	10 44 38.3	+24 48 52	(R)SAB(r)bc	1.9	1.85	0.04		10.45	0.59	−0.07	+ 585
NGC 3351	10 45 02.6	+11 35 44	SB(r)b	3.3	1.87	0.17	13	10.53	0.80	+0.18	+ 777
NGC 3368	10 47 50.52	+11 42 41.8	SAB(rs)ab	3.4	1.88	0.16	5	10.11	0.86	+0.31	+ 897
NGC 3359	10 47 56.7	+63 06 57	SB(rs)c	3.0	1.86	0.22	170	11.03	0.46	−0.20	+1012
NGC 3377	10 48 47.4	+13 52 37	E5−6		1.72	0.24	35	11.24	0.86	+0.31	+ 692
NGC 3379	10 48 54.5	+12 28 23	E1		1.73	0.05		10.24	0.96	+0.53	+ 889
NGC 3384	10 49 21.8	+12 31 14	SB(s)0⁻:		1.74	0.34	53	10.85	0.93	+0.44	+ 735
NGC 3486	11 01 30.8	+28 51 53	SAB(r)c	2.6	1.85	0.13	80	11.05	0.52	−0.16	+ 681

Name	Right Ascension	Declination	Type	L	Log (D$_{25}$)	Log (R$_{25}$)	P.A.	B_T^w	$B-V$	$U-B$	v_r
	h m s	° ′ ″					°				km/s
NGC 3521	11 06 51.61	−00 08 48.7	SAB(rs)bc	3.6	2.04	0.33	163	9.83	0.81	+0.23	+ 804
NGC 3556	11 12 42.2	+55 33 46	SB(s)cd	5.7	1.94	0.59	80	10.69	0.66	+0.07	+ 694
NGC 3621	11 19 16.4	−32 55 34	SA(s)d	5.8	2.09	0.24	159	10.28	0.62	−0.08	+ 725
NGC 3623	11 20 00.1	+12 58 48	SAB(rs)a	3.3	1.99	0.53	174	10.25	0.92	+0.45	+ 806
NGC 3627	11 21 19.11	+12 52 44.6	SAB(s)b	3.0	1.96	0.34	173	9.65	0.73	+0.20	+ 726
NGC 3628	11 21 21.2	+13 28 35	Sb pec sp	4.5	2.17	0.70	104	10.28	0.80		+ 846
NGC 3631	11 22 12.0	+53 03 25	SA(s)c	1.8	1.70	0.02		11.01	0.58		+1157
NGC 3675	11 27 15.3	+43 28 22	SA(s)b	3.3	1.77	0.28	178	11.00			+ 766
NGC 3726	11 34 27.5	+46 54 57	SAB(r)c	2.2	1.79	0.16	10	10.91	0.49		+ 849
NGC 3923	11 52 04.3	−28 55 13	E4−5		1.77	0.18	50	10.8	1.00	+0.61	+1668
NGC 3938	11 53 53.2	+44 00 24	SA(s)c	1.1	1.73	0.04		10.90	0.52	−0.10	+ 808
NGC 3953	11 54 52.8	+52 12 45	SB(r)bc	1.8	1.84	0.30	13	10.84	0.77	+0.20	+1053
NGC 3992	11 58 39.3	+53 15 38	SB(rs)bc	1.1	1.88	0.21	68	10.60	0.77	+0.20	+1048
NGC 4038	12 02 56.0	−18 58 58	SB(s)m pec	4.2	1.72	0.23	80	10.91	0.65	−0.19	+1626
NGC 4039	12 02 56.7	−19 00 01	SB(s)m pec	5.3	1.72	0.29	171	11.10			+1655
NGC 4051	12 04 12.22	+44 25 01.9	SAB(rs)bc	3.3	1.72	0.13	135	10.83	0.65	−0.04	+ 720
NGC 4088	12 06 36.4	+50 25 31	SAB(rs)bc	3.9	1.76	0.41	43	11.15	0.59	−0.05	+ 758
NGC 4096	12 07 03.3	+47 21 50	SAB(rs)c	4.2	1.82	0.57	20	11.48	0.63	+0.01	+ 564
NGC 4125	12 09 06.8	+65 03 36	E6 pec		1.76	0.26	95	10.65	0.93	+0.49	+1356
NGC 4151	12 11 34.53	+39 17 30.5	(R′)SAB(rs)ab:		1.80	0.15	50	11.28	0.73	−0.17	+ 992
NGC 4192	12 14 50.9	+14 47 12	SAB(s)ab	2.9	1.99	0.55	155	10.95	0.81	+0.30	− 141
NGC 4214	12 16 41.0	+36 12 46	IAB(s)m	5.8	1.93	0.11		10.24	0.46	−0.31	+ 291
NGC 4216	12 16 57.0	+13 02 08	SAB(s)b:	3.0	1.91	0.66	19	10.99	0.98	+0.52	+ 129
NGC 4236	12 17 42	+69 20.7	SB(s)dm	7.6	2.34	0.48	162	10.05	0.42		0
NGC 4242	12 18 30.9	+45 30 19	SAB(s)dm	6.2	1.70	0.12	25	11.37	0.54		+ 517
NGC 4244	12 18 31.1	+37 41 37	SA(s)cd: sp	7.0	2.22	0.94	48	10.88	0.50		+ 242
NGC 4254	12 19 52.0	+14 18 11	SA(s)c	1.5	1.73	0.06		10.44	0.57	+0.01	+2407
NGC 4258	12 19 58.04	+47 11 24.9	SAB(s)bc	3.5	2.27	0.41	150	9.10	0.69		+ 449
NGC 4274	12 20 52.27	+29 30 03.3	(R)SB(r)ab	4.0	1.83	0.43	102	11.34	0.93	+0.44	+ 929
NGC 4293	12 22 14.99	+18 16 08.5	(R)SB(s)0/a		1.75	0.34	72	11.26	0.90		+ 943
NGC 4303	12 22 57.73	+04 21 36.2	SAB(rs)bc	2.0	1.81	0.05		10.18	0.53	−0.11	+1569
NGC 4321	12 23 57.1	+15 42 31	SAB(s)bc	1.1	1.87	0.07	30	10.05	0.70	−0.01	+1585
NGC 4365	12 25 31.0	+07 12 16	E3		1.84	0.14	40	10.52	0.96	+0.50	+1227
NGC 4374	12 26 06.086	+12 46 24.87	E1		1.81	0.06	135	10.09	0.98	+0.53	+ 951
NGC 4382	12 26 26.1	+18 04 40	SA(s)0$^+$ pec		1.85	0.11		10.00	0.89	+0.42	+ 722
NGC 4395	12 26 49.9	+33 26 01	SA(s)m:	7.3	2.12	0.08	147	10.64	0.46		+ 319
NGC 4406	12 27 14.08	+12 49 58.3	E3		1.95	0.19	130	9.83	0.93	+0.49	− 248
NGC 4429	12 28 29.0	+10 59 39	SA(r)0$^+$		1.75	0.34	99	11.02	0.98	+0.55	+1137
NGC 4438	12 28 47.83	+12 53 44.6	SA(s)0/a pec.		1.93	0.43	27	11.02	0.85	+0.33	+ 64
NGC 4449	12 29 10.8	+43 58 49	IBm	6.7	1.79	0.15	45	9.99	0.41	−0.35	+ 202
NGC 4450	12 29 31.56	+16 58 18.6	SA(s)ab	1.5	1.72	0.13	175	10.90	0.82		+1956
NGC 4472	12 30 49.28	+07 53 14.2	E2		2.01	0.09	155	9.37	0.96	+0.55	+ 912
NGC 4490	12 31 35.9	+41 31 48	SB(s)d pec	5.4	1.80	0.31	125	10.22	0.43	−0.19	+ 578
NGC 4486	12 31 51.644	+12 16 41.05	E+0−1 pec		1.92	0.10		9.59	0.96	+0.57	+1282
NGC 4501	12 33 01.20	+14 18 26.8	SA(rs)b	2.4	1.84	0.27	140	10.36	0.73	+0.24	+2279

Name	Right Ascension	Declination	Type	L	Log (D_{25})	Log (R_{25})	P.A.	B_T^w	$B-V$	$U-B$	v_r
	h m s	° ′ ″					°				km/s
NGC 4517	12 33 48.6	+00 00 07	SA(s)cd: sp	5.6	2.02	0.83	83	11.10	0.71		+1121
NGC 4526	12 35 05.49	+07 35 11.4	SAB(s)0⁰:		1.86	0.48	113	10.66	0.96	+0.53	+ 460
NGC 4527	12 35 11.30	+02 32 28.2	SAB(s)bc	3.3	1.79	0.47	67	11.38	0.86	+0.21	+1733
NGC 4535	12 35 22.73	+08 05 05.9	SAB(s)c	1.6	1.85	0.15	0	10.59	0.63	−0.01	+1957
NGC 4536	12 35 30.0	+02 04 30	SAB(rs)bc	2.0	1.88	0.37	130	11.16	0.61	−0.02	+1804
NGC 4548	12 36 28.3	+14 23 01	SB(rs)b	2.3	1.73	0.10	150	10.96	0.81	+0.29	+ 486
NGC 4552	12 36 42.0	+12 26 36	E0−1		1.71	0.04		10.73	0.98	+0.56	+ 311
NGC 4559	12 36 58.4	+27 50 50	SAB(rs)cd	4.3	2.03	0.39	150	10.46	0.45		+ 814
NGC 4565	12 37 21.70	+25 52 30.0	SA(s)b? sp	1.0	2.20	0.87	136	10.42	0.84		+1225
NGC 4569	12 37 51.79	+13 03 01.2	SAB(rs)ab	2.4	1.98	0.34	23	10.26	0.72	+0.30	− 236
NGC 4579	12 38 45.62	+11 42 20.6	SAB(rs)b	3.1	1.77	0.10	95	10.48	0.82	+0.32	+1521
NGC 4605	12 40 53.5	+61 29 49	SB(s)c pec	5.7	1.76	0.42	125	10.89	0.56	−0.08	+ 143
NGC 4594	12 41 03.464	−11 44 07.40	SA(s)a		1.94	0.39	89	8.98	0.98	+0.53	+1089
NGC 4621	12 43 04.3	+11 32 05	E5		1.73	0.16	165	10.57	0.94	+0.48	+ 430
NGC 4631	12 43 07.8	+32 25 45	SB(s)d	5.0	2.19	0.76	86	9.75	0.56		+ 608
NGC 4636	12 43 52.6	+02 34 33	E0−1		1.78	0.11	150	10.43	0.94	+0.44	+1017
NGC 4649	12 44 42.0	+11 26 26	E2		1.87	0.09	105	9.81	0.97	+0.60	+1114
NGC 4656	12 44 58.2	+32 03 36	SB(s)m pec	7.0	2.18	0.71	33	10.96	0.44		+ 640
NGC 4697	12 49 39.4	−05 54 43	E6		1.86	0.19	70	10.14	0.91	+0.39	+1236
NGC 4725	12 51 26.8	+25 23 23	SAB(r)ab pec	2.4	2.03	0.15	35	10.11	0.72	+0.34	+1205
NGC 4736	12 51 50.78	+41 00 32.5	(R)SA(r)ab	3.0	2.05	0.09	105	8.99	0.75	+0.16	+ 308
NGC 4753	12 53 25.3	−01 18 38	I0		1.78	0.33	80	10.85	0.90	+0.41	+1237
NGC 4762	12 53 57.8	+11 07 10	SB(r)0⁰? sp		1.94	0.72	32	11.12	0.86	+0.40	+ 979
NGC 4826	12 57 44.0	+21 34 21	(R)SA(rs)ab	3.5	2.00	0.27	115	9.36	0.84	+0.32	+ 411
NGC 4945	13 06 39.7	−49 34 40	SB(s)cd: sp	6.7	2.30	0.72	43	9.3			+ 560
NGC 4976	13 09 50.1	−49 36 53	E4 pec:		1.75	0.28	161	11.04	1.01	+0.44	+1453
NGC 5005	13 11 52.96	+36 57 01.7	SAB(rs)bc	3.3	1.76	0.32	65	10.61	0.80	+0.31	+ 948
NGC 5033	13 14 24.09	+36 29 08.4	SA(s)c	2.2	2.03	0.33	170	10.75	0.55		+ 877
NGC 5055	13 16 44.3	+41 55 18	SA(rs)bc	3.9	2.10	0.24	105	9.31	0.72		+ 504
NGC 5068	13 20 01.3	−21 08 46	SAB(rs)cd	4.7	1.86	0.06	110	10.7	0.67		+ 671
NGC 5102	13 23 07.8	−36 44 13	SA0⁻		1.94	0.49	48	10.35	0.72	+0.23	+ 468
NGC 5128	13 26 40.044	−43 07 31.00	E1/S0 + S pec		2.41	0.11	35	7.84	1.00		+ 559
NGC 5194	13 30 44.42	+47 05 23.3	SA(s)bc pec	1.8	2.05	0.21	163	8.96	0.60	−0.06	+ 463
NGC 5195	13 30 51.3	+47 09 39	I0 pec		1.76	0.10	79	10.45	0.90	+0.31	+ 484
NGC 5236	13 38 09.9	−29 58 07	SAB(s)c	2.8	2.11	0.05		8.20	0.66	+0.03	+ 514
NGC 5248	13 38 33.31	+08 46 54.1	SAB(rs)bc	1.8	1.79	0.14	110	10.97	0.65	+0.05	+1153
NGC 5247	13 39 09.79	−17 59 15.6	SA(s)bc	1.8	1.75	0.06	20	10.5	0.54	−0.11	+1357
NGC 5253	13 41 06.19	−31 44 36.4	Pec		1.70	0.41	45	10.87	0.43	−0.24	+ 404
NGC 5322	13 49 56.33	+60 05 21.1	E3−4		1.77	0.18	95	11.14	0.91	+0.47	+1915
NGC 5364	13 57 13.9	+04 54 54	SA(rs)bc pec	1.1	1.83	0.19	30	11.17	0.64	+0.07	+1241
NGC 5457	14 03 56.0	+54 15 02	SAB(rs)cd	1.1	2.46	0.03		8.31	0.45		+ 240
NGC 5585	14 20 27.2	+56 38 09	SAB(s)d	7.6	1.76	0.19	30	11.20	0.46	−0.22	+ 304
NGC 5566	14 21 22.0	+03 50 26	SB(r)ab	3.6	1.82	0.48	35	11.46	0.91	+0.45	+1505
NGC 5746	14 45 58.3	+01 52 09	SAB(rs)b? sp	4.5	1.87	0.75	170	11.29	0.97	+0.42	+1722
Ursa Minor	15 09 15	+67 09.0	dSph		2.50:	0.35	53	11.5:	0.9:		− 250

SELECTED BRIGHT GALAXIES, J2020.5

Name	Right Ascension	Declination	Type	L	Log (D$_{25}$)	Log (R$_{25}$)	P.A.	B_T^w	$B-V$	$U-B$	v_r
	h m s	° ′ ″					°				km/s
NGC 5907	15 16 25.6	+56 15 15	SA(s)c: sp	3.0	2.10	0.96	155	11.12	0.78	+0.15	+ 666
NGC 6384	17 33 24.0	+07 02 49	SAB(r)bc	1.1	1.79	0.18	30	11.14	0.72	+0.23	+1667
NGC 6503	17 49 13.7	+70 08 21	SA(s)cd	5.2	1.85	0.47	123	10.91	0.68	+0.03	+ 43
Sgr Dw Sph	18 56.5	−30 28	dSph		4.26:	0.42	104	4.3:	0.7:		+ 140
NGC 6744	19 11 42.3	−63 49 21	SAB(r)bc	3.3	2.30	0.19	15	9.14			+ 838
NGC 6822	19 46 07	−14 45.3	IB(s)m	8.5	2.19	0.06	5	9.0	0.79	+0.04:	− 54
NGC 6946	20 35 18.11	+60 13 31.6	SAB(rs)cd	2.3	2.06	0.07		9.61	0.80		+ 50
NGC 7090	21 37 54.1	−54 27 50	SBc? sp		1.87	0.77	127	11.33	0.61	−0.02	+ 854
IC 5152	22 04 01.3	−51 11 46	IA(s)m	8.4	1.72	0.21	100	11.06			+ 120
IC 5201	22 22 12.2	−45 55 54	SB(rs)cd	5.1	1.93	0.34	33	11.3			+ 914
NGC 7331	22 38 00.49	+34 31 21.2	SA(s)b	2.2	2.02	0.45	171	10.35	0.87	+0.30	+ 821
NGC 7410	22 56 10.2	−39 33 06	SB(s)a		1.72	0.51	45	11.24	0.93	+0.45	+1751
IC 1459	22 58 19.05	−36 21 08.2	E3–4		1.72	0.14	40	10.97	0.98	+0.51	+1691
IC 5267	22 58 23.5	−43 17 10	SA(rs)0/a		1.72	0.13	140	11.43	0.89	+0.37	+1713
NGC 7424	22 58 27.8	−40 57 38	SAB(rs)cd	4.0	1.98	0.07		10.96	0.48	−0.15	+ 941
NGC 7582	23 19 31.2	−42 15 31	(R′)SB(s)ab		1.70	0.38	157	11.37	0.75	+0.25	+1573
IC 5332	23 35 32.6	−35 59 16	SA(s)d	3.9	1.89	0.10		11.09			+ 706
NGC 7793	23 58 53.0	−32 28 37	SA(s)d	6.9	1.97	0.17	98	9.63	0.54	−0.09	+ 228

Notes to Table

: Indicates uncertainty or larger than normal standard deviation.

Alternate Names for Some Galaxies

Leo I	Regulus Dwarf
LMC	Large Magellanic Cloud
NGC 224	Andromeda Galaxy, M31
NGC 598	Triangulum Galaxy, M33
NGC 1068	M77, 3C 71
NGC 1316	Fornax A
NGC 3034	M82, 3C 231
NGC 4038/9	The Antennae
NGC 4374	M84, 3C 272.1
NGC 4486	Virgo A, M87, 3C 274
NGC 4594	Sombrero Galaxy, M104
NGC 4826	Black Eye Galaxy, M64
NGC 5055	Sunflower Galaxy, M63
NGC 5128	Centaurus A
NGC 5194	Whirlpool Galaxy, M51
NGC 5457	Pinwheel Galaxy, M101/2
NGC 6822	Barnard's Galaxy
Sgr Dw Sph	Sagittarius Dwarf Spheroidal Galaxy
SMC	Small Magellanic Cloud, NGC 292
WLM	Wolf-Lundmark-Melotte Galaxy

IERS Designation	Right Ascension	Declination	Type	z	Flux 8.4 GHz	Flux 2.3 GHz	α^1	V	Notes
	h m s	° ′ ″			Jy	Jy			
0002−478	00 04 35.6555 0384	−47 36 19.6037 899	A	0.880				19.0	
0007+106	00 10 31.0059 0186	+10 58 29.5043 827	G	0.089	0.38	0.18	+0.50	15.0	S1.2, var.
0008−264	00 11 01.2467 3846	−26 12 33.3770 171	Q	1.096	0.44	0.30	+0.50	19.0	
0010+405	00 13 31.1302 0334	+40 51 37.1441 040	G	0.255	0.56	0.48	−0.62	18.0	S1.9
0013−005	00 16 11.0885 5479	−00 15 12.4453 413	Q	1.576	0.35	0.88	−0.24	20.0	
0016+731	00 19 45.7864 1940	+73 27 30.0174 396	Q	1.781	0.77	1.56	+0.07	19.0	
0019+058	00 22 32.4412 0914	+06 08 04.2690 807	L	0.640	0.17	0.25	+0.03	18.8	
0035+413	00 38 24.8435 9231	+41 37 06.0003 032	Q	1.353	0.35	0.65	+0.20	19.9	
0048−097	00 50 41.3173 8756	−09 29 05.2102 688	L	0.634	1.24	0.84	+0.20	16.0	HP, var.
0048−427	00 51 09.5018 2012	−42 26 33.2932 480	Q	1.749	0.39	0.85		18.8	
0059+581	01 02 45.7623 8248	+58 24 11.1366 009	A	0.644	1.68	1.38		19.2	
0104−408	01 06 45.1079 6851	−40 34 19.9602 291	Q	0.584	3.34	1.16		19.0	
0107−610	01 09 15.4752 0598	−60 49 48.4599 686	G					19.0	
0109+224	01 12 05.8247 1754	+22 44 38.7863 909	L	0.265	0.67	0.42	+0.12	15.2	HP
0110+495	01 13 27.0068 0344	+49 48 24.0431 742	G	0.389	0.60	0.53	−0.14	18.4	S1.2
0116−219	01 18 57.2621 6666	−21 41 30.1399 986	Q	1.161	0.50	0.59	+0.09	19.0	
0119+115	01 21 41.5950 4339	+11 49 50.4131 012	Q	0.570	0.18	0.10	+0.33*	19.0	HP
0131−522	01 33 05.7625 5607	−52 00 03.9457 209	G	0.020				20.3	S1
0133+476	01 36 58.5948 0585	+47 51 29.1000 445	Q	0.859	2.00	1.86	+0.19	18.0	HP
0134+311	01 37 08.7336 2970	+31 22 35.8553 611	V	1.716	0.34	0.59	+0.03	20.7	red
0138−097	01 41 25.8321 5547	−09 28 43.6741 894	L	0.733	0.53	0.62	−0.12	17.5	HP
0151+474	01 54 56.2898 8783	+47 43 26.5395 732	Q	1.026	0.61	0.38	+0.50	19.0	red
0159+723	02 03 33.3849 6841	+72 32 53.6672 938	L	0.390	0.22	0.22	+0.09	19.2	
0202+319	02 05 04.9253 6007	+32 12 30.0954 538	Q	1.466	0.89	0.49	+0.07	17.9	
0215+015	02 17 48.9547 5182	+01 44 49.6990 704	Q	1.715	1.06	0.69		16.1	HP
0221+067	02 24 28.4281 9659	+06 59 23.3415 393	G	0.511	0.41	0.32	+0.04	20.0	HP
0230−790	02 29 34.9465 9358	−78 47 45.6017 972	Q	1.070				18.9	
0229+131	02 31 45.8940 5431	+13 22 54.7162 668	Q	2.059	1.04	1.34	+0.06	17.7	
0234−301	02 36 31.1694 2057	−29 53 55.5402 759	Q	2.103	0.48	0.20		18.0	
0235−618	02 36 53.2457 4589	−61 36 15.1834 250	A	0.465				18.5	
0234+285	02 37 52.4056 7732	+28 48 08.9900 231	Q	1.213	1.18	1.90	+0.13	18.5	HP
0237−027	02 39 45.4722 6775	−02 34 40.9144 020	Q	1.116	0.51	0.37	+0.49	19.4	
0300+470	03 03 35.2422 2254	+47 16 16.2754 406	L		0.78	1.22		16.6	
0302−623	03 03 50.6313 4799	−62 11 25.5498 711	A	1.351				17.9	red
0302+625	03 06 42.6595 4796	+62 43 02.0241 642	R		0.25	0.38		19.5	red
0306+102	03 09 03.6235 0016	+10 29 16.3409 599	Q	0.863	0.57	0.62	+0.44	21.2	
0308−611	03 09 56.0991 5397	−60 58 39.0561 502	A	1.480				18.5	
0307+380	03 10 49.8799 2951	+38 14 53.8378 720	Q	0.816	0.66	0.48	+0.36	19.7	
0309+411	03 13 01.9621 2305	+41 20 01.1835 585	G	0.134	0.44	0.29	+0.33	16.7	S1
0322+222	03 25 36.8143 5154	+22 24 00.3655 873	Q	2.060	1.69	0.99	−0.01	18.9	
0332−403	03 34 13.6545 1358	−40 08 25.3978 415	L	1.445	2.15	0.57	−0.04	18.5	HP
0334−546	03 35 53.9248 4162	−54 30 25.1146 727	A					20.0	
0342+147	03 45 06.4165 4424	+14 53 49.5582 021	A	1.556	0.28	0.44	+0.42	20.0	red
0346−279	03 48 38.1445 7723	−27 49 13.5655 526	Q	0.991	1.21	1.11		19.4	
0358+210	04 01 45.1660 7260	+21 10 28.5870 359	A	0.834	0.41	0.61		20.3	red
0402−362	04 03 53.7498 9835	−36 05 01.9131 085	Q	1.423	1.50	1.15	+0.43	17.2	
0403−132	04 05 34.0033 8957	−13 08 13.6907 083	Q	0.571	0.72	0.38	−0.37	17.1	HP
0405−385	04 06 59.0353 3560	−38 26 28.0423 567	Q	1.285	1.26	1.00	+0.19	18.0	
0414−189	04 16 36.5444 5140	−18 51 08.3400 284	Q	1.536	0.77	1.12	−0.09	18.0	
0420−014	04 23 15.8007 2776	−01 20 33.0654 034	Q	0.916	2.67	2.68	−0.08	17.4	HP
0422+004	04 24 46.8420 6092	+00 36 06.3293 676	L	0.310	0.41	0.43	−0.33	16.5	HP, var.
0426+273	04 29 52.9607 6804	+27 24 37.8762 939	V		0.40	0.49	−0.42	19.6	red

IERS Designation	Right Ascension	Declination	Type	z	Flux 8.4 GHz	Flux 2.3 GHz	α^1	V	Notes
	h m s	° ′ ″			Jy	Jy			
0430+289	04 33 37.8298 5993	+29 05 55.4770 346	L	0.970	0.42	0.48	+0.02	17.8	
0437−454	04 39 00.8546 6883	−45 22 22.5628 657	V	2.017	1.00			20.6	
0440+345	04 43 31.6352 0255	+34 41 06.6640 222	R		0.58	0.98			
0446+112	04 49 07.6711 0088	+11 21 28.5964 577	L?	2.153	0.55	0.76	+0.38	20.0	
0454−810	04 50 05.4402 0132	−81 01 02.2313 228	G	0.444			+0.29*	19.2	S1.5
0454−234	04 57 03.1792 2863	−23 24 52.0201 418	Q	1.003	1.62	1.43	−0.07	18.5	HP
0458−020	05 01 12.8098 8366	−01 59 14.2562 534	Q	2.286	1.47	1.84	−0.09	18.5	HP
0458+138	05 01 45.2708 2031	+13 56 07.2204 176	R		0.38	0.60	+0.16	22.2	red
0506−612	05 06 43.9887 2791	−61 09 40.9937 940	Q	1.093				16.9	
0454+844	05 08 42.3634 5199	+84 32 04.5440 155	L	1.340	0.23	0.33	+0.24	18.3	HP
0506+101	05 09 27.4570 6864	+10 11 44.6000 396	A	0.621	0.54	0.41	−0.30	17.8	
0507+179	05 10 02.3691 2982	+18 00 41.5816 534	G	0.416	0.65	0.75	0.00	19.0	
0516−621	05 16 44.9261 6793	−62 07 05.3892 036	A	1.300				17.9	
0515+208	05 18 03.8245 0329	+20 54 52.4974 899	A	2.579	0.32	0.43		20.4	red
0522−611	05 22 34.4254 7880	−61 07 57.1335 242	Q	1.400			−0.18	18.1	
0524−460	05 25 31.4001 5013	−45 57 54.6848 636	Q	1.479			+0.14*	17.3	
0524−485	05 26 16.6713 1064	−48 30 36.7915 470	V	1.300	0.10	0.10		20.0	
0524+034	05 27 32.7054 4796	+03 31 31.5166 429	L	0.509	0.39	0.46		20.0	
0529+483	05 33 15.8657 8266	+48 22 52.8076 620	Q	1.162	0.53	0.64		19.9	
0534−611	05 34 35.7724 8961	−61 06 07.0730 607	A	1.997				19.5	
0534−340	05 36 28.4323 7520	−34 01 11.4684 150		0.682	0.33	0.49		18.3	
0537−441	05 38 50.3615 5219	−44 05 08.9389 165	Q	0.894	4.79	4.03		16.5	HP
0536+145	05 39 42.3659 9103	+14 33 45.5616 993	A	2.690	0.47	0.54		18.4	red
0537−286	05 39 54.2814 7645	−28 39 55.9478 122	Q	3.104	0.53	0.65	+0.24	19.1	
0544+273	05 47 34.1489 2109	+27 21 56.8425 667	R		0.51	0.36			
0549−575	05 50 09.5801 8296	−57 32 24.3965 304	A	2.001				19.5	
0552+398	05 55 30.8056 1150	+39 48 49.1649 664	Q	2.365	5.28	3.99		18.0	
0556+238	05 59 32.0331 3165	+23 53 53.9267 683	R		0.49	0.64			
0600+177	06 03 09.1302 6176	+17 42 16.8105 604	A	1.738	0.42	0.58		19.2	red
0642+449	06 46 32.0259 9463	+44 51 16.5901 237	Q	3.396	3.86	1.07	+0.88	18.5	var.
0646−306	06 48 14.0964 7071	−30 44 19.6596 827	Q	1.153	0.95	0.90	+0.06	20.4	
0648−165	06 50 24.5818 5521	−16 37 39.7251 917	R		0.95	1.37		20.4	red
0656+082	06 59 17.9960 3428	+08 13 30.9533 022	V	2.780	0.51	0.68		16.1	red
0657+172	07 00 01.5255 3646	+17 09 21.7014 901	V		0.83	0.75		21.0	blue
0707+476	07 10 46.1048 7679	+47 32 11.1427 167	Q	1.292	0.49	0.88	−0.28	18.2	
0716+714	07 21 53.4484 6336	+71 20 36.3634 253	L	0.300	0.41	0.26	−0.13	13.7	HP
0722+145	07 25 16.8077 6128	+14 25 13.7466 902	A	1.038	0.45	0.93	+0.03	17.8	
0718+792	07 26 11.7352 4096	+79 11 31.0162 085	R		0.62	0.77	+0.19	23.1	red
0727−115	07 30 19.1124 7420	−11 41 12.6005 110	Q	1.591	2.02	2.90		20.3	
0736+017	07 39 18.0338 9693	+01 37 04.6178 588	Q	0.189	1.20	2.00	−0.09	16.5	HP, var.
0738+491	07 42 02.7489 4651	+49 00 15.6089 340	A	2.318	0.45	0.47	+0.11	21.8	
0743−006	07 45 54.0823 2111	−00 44 17.5398 546	Q	0.994	1.53	1.24	+0.67	17.1	
0743+259	07 46 25.8741 7871	+25 49 02.1347 553	Q	2.987	0.15	0.49		19.7	
0745+241	07 48 36.1092 7469	+24 00 24.1100 315	G	0.410	0.54	0.74	+0.25	18.9	HP
0748+126	07 50 52.0457 3519	+12 31 04.8281 766	Q	0.889	1.80	1.35	+0.15	17.3	
0759+183	08 02 48.0319 6182	+18 09 49.2493 958	A	1.586	0.47	0.57	+0.12	20.7	
0800+618	08 05 18.1795 6846	+61 44 23.7002 968	A	3.033	1.00	1.07	−0.08	19.6	red
0805+046	08 07 57.5385 7015	+04 32 34.5310 021	Q	2.877	0.20	0.34	−0.38	18.2	
0804+499	08 08 39.6662 8353	+49 50 36.5304 035	Q	1.435	0.81	1.08	−0.14	19.2	HP
0805+410	08 08 56.6520 3923	+40 52 44.8888 616	Q	1.420	0.93	0.77	+0.38	19.4	
0808+019	08 11 26.7073 1189	+01 46 52.2202 616	L	1.148	0.58	0.57	+0.43	18.0	
0812+367	08 15 25.9448 5739	+36 35 15.1488 917	Q	1.027	0.75	0.75	−0.08	18.8	

IERS Designation	Right Ascension	Declination	Type	z	Flux 8.4 GHz	Flux 2.3 GHz	α^1	V	Notes
	h m s	° ′ ″			Jy	Jy			
0814+425	08 18 15.9996 0470	+42 22 45.4149 140	L	0.530	1.05	1.08	−0.04	18.2	HP, z?
0823+033	08 25 50.3383 5429	+03 09 24.5200 730	L	0.506	1.13	1.45	+0.14	17.2	HP
0827+243	08 30 52.0861 9070	+24 10 59.8204 032	Q	0.941	0.85	0.89	+0.03	16.8	
0834−201	08 36 39.2152 5294	−20 16 59.5040 953	Q	2.752	3.40	2.46		19.4	
0851+202	08 54 48.8749 2702	+20 06 30.6408 861	L	0.306	1.31	1.24	+0.11*	15.1	HP
0854−108	08 56 41.8041 4812	−11 05 14.4301 901	R		1.10	0.63	+0.04	17.3	
0912+029	09 14 37.9134 3166	+02 45 59.2469 393	G	0.427	0.48	0.58		19.7	S1
0920−397	09 22 46.4182 6064	−39 59 35.0683 561	Q	0.591	1.39	1.19		18.0	
0920+390	09 23 14.4529 3105	+38 49 39.9101 375	V		0.37	0.36	−0.01	21.7	
0925−203	09 27 51.8243 1596	−20 34 51.2324 031	Q	0.347	0.45	0.31	−0.20	16.4	S1.0
0949+354	09 52 32.0261 6656	+35 12 52.4030 592	Q	1.876	0.34	0.29	−0.04	19.8	
0955+476	09 58 19.6716 3931	+47 25 07.8424 347	Q	1.882	1.89	1.30	+0.20	18.6	
0955+326	09 58 20.9496 3113	+32 24 02.2095 353	Q	0.531	0.68	0.43	−0.33	15.2	S1.8, var.
0954+658	09 58 47.2451 0127	+65 33 54.8180 587	L	0.368	0.56	0.67	+0.29	16.8	HP
1004−500	10 06 14.0093 1618	−50 18 13.4706 757	R					20.8	blue
1012+232	10 14 47.0654 5658	+23 01 16.5708 649	Q	0.566	0.77	0.69	−0.05	17.8	S1.5
1013+054	10 16 03.1364 6769	+05 13 02.3414 482	Q	1.713	0.52	0.54	−0.18	19.8	
1014+615	10 17 25.8875 7718	+61 16 27.4966 664	Q	2.801	0.50	0.58	+0.19	18.4	
1015+359	10 18 10.9880 9086	+35 42 39.4408 279	Q	1.230	0.63	0.61	0.00	18.1	
1022−665	10 23 43.5331 9996	−66 46 48.7177 526	R					17.9	blue
1022+194	10 24 44.8095 9508	+19 12 20.4156 249	Q	0.828	0.47	0.39	−0.05	17.8	
1030+415	10 33 03.7078 6817	+41 16 06.2329 177	Q	1.119	0.37	0.19	−0.14	19.6	HP
1030+074	10 33 34.0242 9130	+07 11 26.1477 035	A	1.535	0.19	0.20	+0.18	20.3	
1034−374	10 36 53.4396 0199	−37 44 15.0656 721	Q	1.821	0.50	0.22	+0.29	19.5	HP
1034−293	10 37 16.0797 3476	−29 34 02.8133 345	Q	0.312	1.49	1.21	+0.14	16.5	HP
1038+528	10 41 46.7816 3764	+52 33 28.2313 168	Q	0.678	0.53	0.44	−0.10	16.8	
1039+811	10 44 23.0625 4789	+80 54 39.4430 277	Q	1.260	0.76	0.71	+0.10	17.2	
1042+071	10 44 55.9112 4593	+06 55 38.2626 553	Q	0.690	0.24	0.35	−0.25	19.4	
1045−188	10 48 06.6206 0701	−19 09 35.7266 240	Q	0.595	1.19	0.85	−0.11	18.5	S1.8
1049+215	10 51 48.7890 7490	+21 19 52.3138 145	Q	1.300	0.91	1.27	−0.06	18.5	var.
1053+815	10 58 11.5353 7962	+81 14 32.6751 819	Q	0.706	0.78	0.54	+0.47	20.0	
1055+018	10 58 29.6052 0747	+01 33 58.8237 691	Q	0.890	3.75			17.7	HP
1101−536	11 03 52.2216 7171	−53 57 00.6966 293	A					17.9	
1101+384	11 04 27.3139 4136	+38 12 31.7990 644	L	0.030	0.32	0.36	−0.11	13.1	HP
1111+149	11 13 58.6950 8359	+14 42 26.9525 965	Q	0.867	0.23	0.55		17.6	var.
1123+264	11 25 53.7119 2285	+26 10 19.9786 840	Q	2.352	0.76	1.17	+0.04	18.4	
1124−186	11 27 04.3924 4958	−18 57 17.4416 582	Q	1.050	1.51	0.97	+0.53	19.2	red
1128+385	11 30 53.2826 1193	+38 15 18.5469 933	Q	1.740	1.15	0.80	+0.14	18.8	
1130+009	11 33 20.0557 9171	+00 40 52.8372 903	Q	1.640	0.22	0.29	−0.09	18.9	red
1133−032	11 36 24.5769 3290	−03 30 29.4964 694	Q	1.648	0.53	0.36		19.5	
1143−696	11 45 53.6241 7065	−69 54 01.7977 922	A	0.244				16.7	
1144+402	11 46 58.2979 1629	+39 58 34.3045 026	Q	1.090	0.73	0.48	+0.30	18.1	
1144−379	11 47 01.3707 0177	−38 12 11.0234 199	Q	1.048	2.72	1.08	+0.22	16.2	HP
1145−071	11 47 51.5540 2876	−07 24 41.1410 887	Q	1.342	0.53	0.78	+0.08	18.5	
1147+245	11 50 19.2121 7405	+24 17 53.8353 207	L	0.200	0.50	0.52	−0.05	15.7	HP, var.
1149−084	11 52 17.2095 1537	−08 41 03.3138 824	Q	2.370	1.05	0.97		18.5	
1156−663	11 59 18.3054 4873	−66 35 39.4272 186	R						
1156+295	11 59 31.8339 0975	+29 14 43.8268 741	Q	0.725	1.28	1.52	−0.29	14.4	HP
1213−172	12 15 46.7517 6110	−17 31 45.4029 502	G		1.62	1.23	−0.16	21.4	
1215+303	12 17 52.0819 6139	+30 07 00.6359 190	L	0.130	0.25	0.28	−0.30	14.7	HP, var.
1219+044	12 22 22.5496 2080	+04 13 15.7761 797	Q	0.966	0.67	0.54	+0.12	18.0	
1221+809	12 23 40.4937 3854	+80 40 04.3404 390	L	0.473	0.47	0.36	−0.28	19.0	

IERS Designation	Right Ascension	Declination	Type	z	Flux 8.4 GHz	2.3 GHz	α^1	V	Notes
	h m s	° ′ ″			Jy	Jy			
1226+373	12 28 47.4236 7744	+37 06 12.0958 631	Q	1.517	0.25	0.46	+0.44	18.3	
1236+077	12 39 24.5883 2517	+07 30 17.1892 686	G	1.365	0.70	0.70	+0.11	20.1	
1240+381	12 42 51.3690 7635	+37 51 00.0252 447	Q	1.318	0.51	0.68	+0.05	18.5	
1243−072	12 46 04.2321 0358	−07 30 46.5745 473	Q	1.286	0.78	0.69		20.1	
1244−255	12 46 46.8020 3492	−25 47 49.2887 900	Q	0.633	1.52	0.73	+0.25	17.4	HP
1252+119	12 54 38.2556 1161	+11 41 05.8951 798	Q	0.874	0.40	0.70	−0.14	16.6	
1251−713	12 54 59.9214 4870	−71 38 18.4366 697	A					20.6	blue
1300+580	13 02 52.4652 7568	+57 48 37.6093 180	V	1.088	0.28	0.25	+0.54	19.8	
1308+328	13 10 59.4027 2936	+32 33 34.4496 333	Q	1.635	0.45	0.49	+0.26	16.8	
1313−333	13 16 07.9859 3995	−33 38 59.1725 057	Q	1.210	0.87	0.77	−0.07	20.0	
1324+224	13 27 00.8613 1377	+22 10 50.1629 729	Q	1.400	1.79	1.98	+0.07	18.9	
1325−558	13 29 01.1449 2878	−56 08 02.6657 428	R						
1334−127	13 37 39.7827 7768	−12 57 24.6932 620	Q	0.539	4.88	3.21	+0.34	18.5	HP, var.
1342+662	13 43 45.9595 7134	+66 02 25.7451 011	Q	0.766	0.23	0.26	+0.55	19.7	
1342+663	13 44 08.6796 6687	+66 06 11.6438 846	Q	1.351	0.51		−0.16	18.6	
1349−439	13 52 56.5349 4294	−44 12 40.3875 227	L	0.050	0.06	0.06		15.7	HP
1351−018	13 54 06.8953 2213	−02 06 03.1904 447	Q	3.707	0.77	0.80		19.9	
1354−152	13 57 11.2449 7976	−15 27 28.7867 232	Q	1.890	1.34	0.69		19.0	
1357+769	13 57 55.3715 3147	+76 43 21.0510 512	A	1.585	0.80	0.68	+0.05	19.0	
1406−076	14 08 56.4812 0036	−07 52 26.6664 200	Q	1.494	0.73	0.63		18.4	
1418+546	14 19 46.5974 0212	+54 23 14.7871 875	L	0.153	0.50	0.60	+0.57	15.6	HP
1417+385	14 19 46.6137 6070	+38 21 48.4750 925	Q	1.830	0.59	0.50		19.7	
1420−679	14 24 55.5573 9563	−68 07 58.0945 205	A						
1423+146	14 25 49.0180 1632	+14 24 56.9019 040	Q	0.780	0.35	0.45	+0.09	18.0	
1424−418	14 27 56.2975 6536	−42 06 19.4375 991	Q	1.522	1.33	1.49	+0.28*	17.7	HP
1432+200	14 34 39.7933 5525	+19 52 00.7358 213	A	1.382	0.40	0.50		19.8	
1443−162	14 45 53.3762 8643	−16 29 01.6189 137	A		0.28	0.45		20.1	red
1448−648	14 52 39.6792 4989	−65 02 03.4333 591	G						
1451−400	14 54 32.9123 5921	−40 12 32.5142 375	Q	1.810	0.33	0.70		18.5	
1456+044	14 58 59.3562 1201	+04 16 13.8206 019	G	0.391	0.53	0.44	−0.33	18.6	
1459+480	15 00 48.6542 2191	+47 51 15.5381 838	A	1.059	0.61	0.40	+0.24	20.2	
1502+106	15 04 24.9797 8142	+10 29 39.1986 151	Q	1.838	1.00	1.50	−0.03	17.8	HP
1502+036	15 05 06.4771 5917	+03 26 30.8126 616	G	0.408	0.98	0.83	+0.41	18.7	
1504+377	15 06 09.5299 6778	+37 30 51.1325 044	G	0.671	0.86	0.66	−0.01	21.2	S2
1508+572	15 10 02.9223 6464	+57 02 43.3759 071	Q	4.309	0.38	0.22	−0.18	20.2	
1510−089	15 12 50.5329 2491	−09 05 59.8295 878	Q	0.360	1.23	2.20		16.9	HP, var.
1511−100	15 13 44.8934 1390	−10 12 00.2644 930	Q	1.513	0.82	0.80	+0.03	18.5	
1514+197	15 16 56.7961 6342	+19 32 12.9920 178	L	1.070	0.48	0.60	+0.14	18.7	
1520+437	15 21 49.6138 7985	+43 36 39.2681 562	Q	2.175	0.50	0.38	+0.48	18.9	
1519−273	15 22 37.6759 8872	−27 30 10.7854 174	L	1.294	1.68	1.34	+0.17	18.2	HP
1546+027	15 49 29.4368 4301	+02 37 01.1634 197	Q	0.414	1.23	1.25	+0.05	17.8	HP
1548+056	15 50 35.2692 4162	+05 27 10.4484 262	Q	1.422	2.10	2.35	−0.21	18.7	HP
1555+001	15 57 51.4339 7128	−00 01 50.4137 075	Q	1.770	0.96	0.78		19.7	
1554−643	15 58 50.2843 6339	−64 32 29.6374 071	G	0.080				14.6	red
1557+032	15 59 30.9726 1545	+03 04 48.2568 829	Q	3.891	0.35	0.35		19.8	
1604−333	16 07 34.7623 4480	−33 31 08.9133 114	V		0.17	0.26		20.5	blue
1606+106	16 08 46.2031 8554	+10 29 07.7758 300	Q	1.226	1.20	1.69	+0.12	18.0	
1611−710	16 16 30.6415 5980	−71 08 31.4545 422	A	2.271				20.7	red
1614+051	16 16 37.5568 1502	+04 59 32.7367 495	Q	3.215	0.55	0.67	+0.39	19.2	
1617+229	16 19 14.8246 1057	+22 47 47.8510 784	A	1.987	0.68	0.57		20.0	red
1619−680	16 24 18.4370 0573	−68 09 12.4965 314	Q	1.360				17.2	
1622−253	16 25 46.8916 4010	−25 27 38.3267 989	Q	0.786	2.24	2.18	−0.04	20.6	

IERS Designation	Right Ascension	Declination	Type	z	Flux 8.4 GHz	2.3 GHz	α^1	V	Notes
	h m s	° ′ ″			Jy	Jy			
1624−617	16 28 54.6898 2354	−61 52 36.3978 862	R	2.578				16.6	S1.2
1637+574	16 38 13.4562 9705	+57 20 23.9790 727	Q	0.751	0.91	1.28	+0.05	16.5	HP, var.
1638+398	16 40 29.6327 7180	+39 46 46.0285 033	Q	1.660	0.86	0.98	+0.28	16.5	HP, var.
1639+230	16 41 25.2275 6501	+22 57 04.0327 611	Q	2.063	0.42	0.37	+0.12	19.3	
1642+690	16 42 07.8485 0549	+68 56 39.7564 973	Q	0.751	1.10	1.48	−0.22	19.2	HP
1633−810	16 42 57.3456 5318	−81 08 35.0701 687	A					18.0	
1657−261	17 00 53.1540 6129	−26 10 51.7253 457	R		0.45	0.23		16.5	blue
1657−562	17 01 44.8581 1384	−56 21 55.9019 532	R						
1659−621	17 03 36.5412 4564	−62 12 40.0081 704	V	1.755				18.7	blue
1705+018	17 07 34.4152 7100	+01 48 45.6992 837	Q	2.568	0.51	0.76		18.5	
1706−174	17 09 34.3453 9327	−17 28 53.3649 724	R		0.33	0.52		17.5	
1717+178	17 19 13.0484 8160	+17 45 06.4373 011	L	0.137	0.54	0.68	+0.03	19.1	HP
1726+455	17 27 27.6508 0470	+45 30 39.7313 444	Q	0.717	1.02	1.14	+0.21	19.0	S1.2
1730−130	17 33 02.7057 8476	−13 04 49.5481 484	Q	0.902	8.31	4.67	−0.08	18.5	
1725−795	17 33 40.7002 7819	−79 35 55.7166 934	A	0.876				18.2	red
1732+389	17 34 20.5785 3662	+38 57 51.4430 746	Q	0.970	1.12	1.25	+0.19	19.0	HP
1738+499	17 39 27.3904 9252	+49 55 03.3684 410	Q	1.545	0.35	0.43		19.0	
1738+476	17 39 57.1290 7360	+47 37 58.3615 566	L	0.950	0.60	1.01	+0.04	19.5	
1741−038	17 43 58.8561 3396	−03 50 04.6166 450	Q	1.054	3.59	2.18	+0.78	18.5	HP
1743+173	17 45 35.2081 7083	+17 20 01.4236 878	Q	1.702	0.70	1.20	−0.14	19.0	
1745+624	17 46 14.0341 3721	+62 26 54.7383 903	Q	3.889	0.48	0.35	−0.29	19.5	
1749+096	17 51 32.8185 7318	+09 39 00.7284 829	Q	0.322	4.30	1.59	+0.64	17.3	HP, var.
1751+288	17 53 42.4736 4429	+28 48 04.9388 841	V	1.115	0.33	0.41		19.6	blue
1754+155	17 56 53.1021 3624	+15 35 20.8265 328	V		0.45	0.31		17.2	red
1758+388	18 00 24.7653 6125	+38 48 30.6975 330	Q	2.092	1.07	0.42	+0.72	17.8	
1803+784	18 00 45.6839 1641	+78 28 04.0184 502	Q	0.680	2.07	2.23	+0.13	16.4	HP
1800+440	18 01 32.3148 2108	+44 04 21.9003 219	Q	0.663	0.95	0.37	−0.20	17.0	
1758−651	18 03 23.4966 6700	−65 07 36.7612 094	V	1.199				16.6	red
1806−458	18 09 57.8717 5020	−45 52 41.0139 197	G	0.070				15.7	
1815−553	18 19 45.3995 1849	−55 21 20.7453 785	A	1.629				16.0	
1823+689	18 23 32.8539 0304	+68 57 52.6125 919	R		0.20	0.35	−0.04	19.0	red
1823+568	18 24 07.0683 7771	+56 51 01.4908 371	Q	0.664	0.98	0.95	−0.11	18.4	HP
1824−582	18 29 12.4023 7320	−58 13 55.1616 899	R	1.531				19.3	blue
1831−711	18 37 28.7149 3799	−71 08 43.5545 891	Q	1.356			+0.14	17.5	
1842+681	18 42 33.6416 8915	+68 09 25.2277 840	Q	0.472	0.80	0.65	+0.02	17.9	
1846+322	18 48 22.0885 8135	+32 19 02.6037 429	A	0.798	0.52	0.55		19.4	blue
1849+670	18 49 16.0722 8978	+67 05 41.6802 978	Q	0.657	0.85	0.67	−0.06	18.6	S1.2
1908−201	19 11 09.6528 9198	−20 06 55.1089 891	Q	1.119	1.78	1.84	+0.06	18.4	blue
1920−211	19 23 32.1898 1466	−21 04 33.3330 547	Q	0.874	2.60	2.30	−0.09	17.5	
1921−293	19 24 51.0559 5514	−29 14 30.1210 524	Q	0.353	12.03	13.93	+0.05	18.2	HP, var.
1925−610	19 30 06.1600 9446	−60 56 09.1841 517	A	3.254				19.9	red
1929+226	19 31 24.9167 8444	+22 43 31.2586 209	R		0.60	0.59			
1933−400	19 37 16.2173 5166	−39 58 01.5529 907	Q	0.965	0.96		−0.10	19.0	
1936−155	19 39 26.6577 4750	−15 25 43.0584 183	Q	1.657	0.75	0.67	+0.53	19.4	HP
1935−692	19 40 25.5282 0104	−69 07 56.9714 945	Q	3.154				18.8	
1954+513	19 55 42.7382 6837	+51 31 48.5461 210	Q	1.220	1.29	1.21		18.5	
1954−388	19 57 59.8192 7470	−38 45 06.3557 585	Q	0.630	3.15	2.45	+0.35	17.1	HP
1958−179	20 00 57.0904 4485	−17 48 57.6725 440	Q	0.650	1.06	0.70	+0.75	17.5	HP
2000+472	20 02 10.4182 5568	+47 25 28.7737 223	V	2.266	1.12	1.07		19.6	red
2002−375	20 05 55.0709 0025	−37 23 41.4778 536	R		0.32	0.45	+0.41	21.6	red
2008−159	20 11 15.7109 3257	−15 46 40.2536 652	Q	1.180	1.10	0.93	+0.59	17.2	
2029+121	20 31 54.9942 7114	+12 19 41.3403 129	Q	1.215	0.82	1.00	+0.74*	18.5	

IERS Designation	Right Ascension	Declination	Type	z	Flux 8.4 GHz	Flux 2.3 GHz	α^1	V	Notes
	h m s	° ′ ″			Jy	Jy			
2052−474	20 56 16.3598 1874	−47 14 47.6276 461	Q	1.489	0.10	0.10		19.1	
2059+034	21 01 38.8341 6420	+03 41 31.3209 577	Q	1.013	0.94	0.87		17.8	
2106+143	21 08 41.0321 5158	+14 30 27.0123 177	A	2.017	0.39	0.46	−0.06	20.0	
2106−413	21 09 33.1885 9195	−41 10 20.6053 191	Q	1.058	1.59	1.50		21.0	
2113+293	21 15 29.4134 5556	+29 33 38.3669 657	Q	1.514	0.66	0.48	+0.62*	19.5	
2123−463	21 26 30.7042 6484	−46 05 47.8920 231	Q	1.670	0.10	0.10		18.0	
2126−158	21 29 12.1758 9777	−15 38 41.0413 097	Q	3.268	0.84	1.06	+0.38	17.0	
2131−021	21 34 10.3095 9643	−01 53 17.2387 909	Q	1.285	1.26	1.54	+0.01	18.8	HP, z?
2136+141	21 39 01.3092 6937	+14 23 35.9922 096	Q	2.427	2.84	1.50	+0.38	18.5	
2142−758	21 47 12.7306 2415	−75 36 13.2248 179	Q	1.139				17.3	
2150+173	21 52 24.8193 9953	+17 34 37.7950 583	L	0.871	0.55	0.50	−0.06	17.9	HP
2204−540	22 07 43.7333 0411	−53 46 33.8197 226	Q	1.206				18.0	
2209+236	22 12 05.9663 1138	+23 55 40.5438 272	Q	1.125	0.93	0.82	+0.13	18.3	
2220−351	22 23 05.9305 7815	−34 55 47.1774 281	G	0.298	0.32	0.27	−0.51	17.5	S1
2223−052	22 25 47.2592 9302	−04 57 01.3907 581	Q	1.404	2.37	1.67	−0.31	18.4	HP
2227−088	22 29 40.0843 4003	−08 32 54.4353 948	Q	1.560	2.76	1.25	+0.13	17.4	HP
2229+695	22 30 36.4697 0494	+69 46 28.0768 954	G	1.413	0.24	0.52	+0.24	19.6	
2232−488	22 35 13.2365 7712	−48 35 58.7945 006	Q	0.506	0.10	0.10	−0.15	17.2	
2236−572	22 39 12.0759 2367	−57 01 00.8393 966	V	0.569				21.0	red
2244−372	22 47 03.9173 2284	−36 57 46.3039 624	Q	2.252	0.62	0.57	−0.33	19.0	
2245−328	22 48 38.6857 3771	−32 35 52.1879 540	Q	2.268	0.35	0.34	−0.12	18.7	
2250+190	22 53 07.3691 7339	+19 42 34.6287 472	Q	0.284	0.32	0.34	+0.17	16.8	S1
2254+074	22 57 17.3031 2249	+07 43 12.3024 770	L	0.190	0.51	0.36		16.5	HP, var.
2255−282	22 58 05.9628 8481	−27 58 21.2567 425	Q	0.926	3.83	1.38	+0.57	16.8	S1
2300−683	23 03 43.5646 2053	−68 07 37.4429 706	Q	0.516				16.4	S1.5
2318+049	23 20 44.8565 9790	+05 13 49.9525 567	Q	0.622	0.65	0.70		19.0	
2326−477	23 29 17.7043 5026	−47 30 19.1148 404	Q	1.304	0.10	0.10		16.8	
2333−415	23 36 33.9850 9655	−41 15 21.9839 279	A	1.406	0.10	0.10	−0.05	20.0	
2344−514	23 47 19.8640 9462	−51 10 36.0654 829	A	1.750				20.1	red
2351−154	23 54 30.1951 8762	−15 13 11.2130 207	Q	2.668	0.58	0.98		18.6	
2353−686	23 56 00.6814 0587	−68 20 03.4717 084	A	1.716				17.0	
2355−534	23 57 53.2660 8808	−53 11 13.6893 562	Q	1.006				17.8	
2355−106	23 58 10.8824 0761	−10 20 08.6113 211	Q	1.636	0.55	0.61	−0.07	18.9	
2356+385	23 59 33.1807 9739	+38 50 42.3182 943	Q	2.704	0.51	0.37	−0.29	18.0	
2357−318	23 59 35.4915 4293	−31 33 43.8242 510	Q	0.990	0.76	0.54		17.6	

Notes to Table

[1]	Spectral index from Healey *et al.* 2007; otherwise * indicates from Stickel *et al.* 1989, 1994
A	Active galactic nuclei or quasar
blue	Magnitude given in V is for B filter
G	Galaxy
HP	High optical polarization (> 3%)
L	BL Lac object
L?	BL Lac candidate
Q	Quasar
R	Radio source
red	Magnitude given in V is for R filter
S1	Seyfert 1 spectrum
S1.0 - S1.9	Intermediate Seyfert galaxies
V	Optical source
var.	Variable in optical
z?	Questionable redshift

Name	Right Ascension	Declination	S_{400}	S_{750}	S_{1400}	S_{1665}	S_{2700}	S_{5000}	S_{8000}
	h m s	° ′ ″	Jy	Jy	Jy	Jy	Jy	Jy	Jy
3C 48[e,h]	01 37 41.299	+33 09 35.13	42.3	26.7	16.30	14.12	9.33	5.33	3.39
3C 123	04 37 04.4	+29 40 15	119.2	77.7	48.70	42.40	28.50	16.5	10.60
3C 147[e,g,h]	05 42 36.138	+49 51 07.23	48.2	33.9	22.42	19.43	12.96	7.66	5.10
3C 161[h]	06 27 10.0	−05 53 07	40.5	28.4	18.64	16.38	11.13	6.42	4.03
3C 218	09 18 06.0	−12 05 45	134.6	76.0	43.10	36.80	23.70	13.5	8.81
3C 227	09 47 46.4	+07 25 12	20.3	12.1	7.21	6.25	4.19	2.52	1.71
3C 249.1	11 04 11.5	+76 59 01	6.1	4.0	2.48	2.14	1.40	0.77	0.47
3C 274[e,f]	12 30 49.423	+12 23 28.04	625.0	365.0	214.00	184.00	122.00	71.9	48.10
3C 286[e,h]	13 31 08.288	+30 30 32.96	23.8	19.2	14.71	13.55	10.55	7.34	5.39
3C 295[h]	14 11 20.7	+52 12 09	55.7	36.8	22.40	19.24	12.19	6.35	3.66
3C 348	16 51 08.3	+04 59 26	168.1	86.8	45.00	37.50	22.60	11.8	7.19
3C 353	17 20 29.5	−00 58 52	131.1	88.2	57.30	50.50	35.00	21.2	14.20
DR 21	20 39 01.2	+42 19 45							21.60
NGC 7027[d,h]	21 07 01.6	+42 14 10			1.43	1.93	3.69	5.43	5.90

Name	S_{10700}	S_{15000}	S_{22235}	S_{32000}	S_{43200}	Spec.	Type	Angular Size (at 1.4 GHz)
	Jy	Jy	Jy	Jy	Jy			″
3C 48[e,h]	2.54	1.80	1.18	0.80	0.57	C−	QSS	<1
3C 123	7.94	5.63	3.71			C−	GAL	20
3C 147[e,g,h]	3.95	2.92	2.05	1.47	1.12	C−	QSS	<1
3C 161[h]	2.97	2.04	1.29	0.82	0.56	C−	GAL	<3
3C 218	6.77					S	GAL	core 25, halo 220
3C 227	1.34	1.02	0.73			S	GAL	180
3C 249.1	0.34	0.23				S	QSS	15
3C 274[e,f]	37.50	28.10				S	GAL	halo 400[a]
3C 286[e,h]	4.38	3.40	2.49	1.83	1.40	C−	QSS	<5
3C 295[h]	2.54	1.63	0.94	0.55	0.35	C−	GAL	4
3C 348	5.30					S	GAL	115[b]
3C 353	10.90					C−	GAL	150
DR 21	20.80	20.00	19.00			Th	HII	20[c]
NGC 7027[d,h]	5.93	5.84	5.65	5.43	5.23	Th	PN	10

Notes to Table

a	Halo has steep spectral index, so for $\lambda \leq 6$ cm, more than 90% of the flux is in the core. The slope of the spectrum is positive above 20 GHz.
b	Angular distance between the two components
c	Angular size at 2 cm, but consists of 5 smaller components
d	All data are calculated from a fit to the thermal spectrum. Mean epoch is 1995.5.
e	Suitable for calibration of interferometers and synthesis telescopes.
f	Virgo A
g	Indications of time variability above 5 GHz.
h	Suitable for polarization calibrator; see following page.
GAL	Galaxy
HII	HII region
PN	Planetary Nebula
QSS	Quasar
C−	Concave parabola has been fitted to spectrum data.
S	Straight line has been fitted to spectrum data.
Th	Thermal spectrum

Name	1.40 GHz		1.66 GHz		2.65 GHz		4.85 GHz		8.35 GHz		10.45 GHz		14.60 GHz		32.00 GHz	
	m	χ	m	χ	m	χ	m	χ	m	χ	m	χ	m	χ	m	χ
	%	°	%	°	%	°	%	°	%	°	%	°	%	°	%	°
3C 48	0.6	147.6	0.7	178.7	1.6	70.5	4.2	106.6	5.4	114.4	5.9	115.9	5.9	114.0	8.0	106.1
3C 147	<0.3		<0.3		<0.3		<0.3		0.9	151.3	1.1	14.7	2.7	57.7		
3C 161	5.8	30.3	9.8	125.9	10.2	175.6	4.8	122.5	2.6	99.9	2.4	93.8			2.7	52.4
3C 286[a]	9.5	33.0	9.8	33.0	10.1	33.0	11.0	33.0	11.2	33.0	11.7	33.0	11.8	33.0	12.0	33.0
3C 295	<0.3		<0.3		<0.3		<0.3		0.9	28.7	1.7	155.2	1.9	95.4		

Notes to Table

Positions of these radio sources are found on the previous page.

m   Degree of polarization

χ   Polarization angle

a   Serves as main reference source, besides NGC 7027 which can be considered unpolarized at all frequencies.

Name	Right Ascension	Declination	Flux[1]	Mag.[2]	Identified Counterpart	Type of Source
	h m s	° ′ ″	mCrab			
Tycho's SNR	00 25 20.0	+64 08 18	9.4		Tycho's SNR	SNR
4U 0037−10	00 41 34.7	−09 21 00	3.1	12.8	Abell 85	C
4U 0053+60	00 56 42.5	+60 43 00	4.8 − 10.6	2.5	Gamma Cas	Be Star
SMC X−1	01 17 05.1	−73 26 36	0.5 − 54.7	13.3	Sanduleak 160	HMXB
2S 0114+650	01 18 02.7	+65 17 30	3.8	11.0	LSI+65 010	HMXB
4U 0115+634	01 18 31.9	+63 44 33	1.9 − 336.0	15.2	V 635 Cas	HMXB
4U 0316+41	03 19 48.0	+41 30 44	50.1	12.5*	Abell 426	C
V 0332+53	03 34 59.9	+53 10 23	0.48 − 1076.2	15.3V	BQ Cam	HMXB
4U 0352+309	03 55 23.1	+31 02 45	8.6 − 35.5	6.1	X Per	HMXB
4U 0431−12	04 33 36.1	−13 14 43	2.7	15.3*	Abell 496	C
4U 0513−40	05 14 06.6	−40 02 36	5.8	8.1	NGC 1851	LMXB
LMC X−2	05 20 28.7	−71 57 37	8.6 − 42.2	18.5*X		BHC
LMC X−4	05 32 49.6	−66 22 13	2.9 − 57.6	14.0	O7 IV Star	HMXB
Crab Nebula	05 34 31.3	+22 00 53	1000.0		Crab Nebula	SNR+P
A 0538−66	05 35 44.8	−66 50 25	0.01 − 172.8	13.8	Be star	HMXB
A 0535+262	05 38 54.6	+26 18 57	2.9 − 2687.9	9.2	HD 245770	HMXB
LMC X−3	05 38 56.7	−64 05 03	1.6 − 42.2	17.2	B3 V Star	BHC
LMC X−1	05 39 40.1	−69 44 34	2.9 − 24.0	14.5	O8 III Star	BHC
4U 0614+091	06 17 08.0	+09 08 37	48.0	18.8*	V 1055 Ori	BHC
IC 443	06 18 01.4	+22 33 48	3.6		IC 443	SNR
A 0620−00	06 22 44.5	−00 20 44	0.02 − 47998.5	18.2	V 616 Mon	BHC
4U 0726−260	07 28 53.6	−26 06 29	1.2 − 4.5	11.6	LS 437	HMXB
EXO 0748−676	07 48 33.7	−67 45 08	0.1 − 57.6	16.9	UY Vol	B
Pup A	08 24 07.1	−42 59 55	7.9		Pup A	SNR
Vela SNR	08 34 11.4	−45 45 10	9.6		Vela SNR	SNR
GRS 0834−430	08 36 51.4	−43 15 00	28.8 − 288.0	20.4X		HMXB
Vela X−1	09 02 06.9	−40 33 17	1.9 − 1056.0	6.9	GP Vel	HMXB
3A 1102+385	11 04 27.3	+38 12 31	4.4	13.0	MRK 421	Q
Cen X−3	11 21 15.2	−60 37 27	9.6 − 299.5	13.3V	V 779 Cen	HMXB
4U 1145−619	11 48 00.0	−62 12 25	3.8 − 960.0	8.9	V 801 Cen	HMXB
4U 1206+39	12 10 32.6	+39 24 21	4.5	11.9	NGC 4151	AGN
GX 301−2	12 26 37.6	−62 46 13	8.6 − 960.0	10.8V	Wray 977	HMXB
3C 273	12 29 06.7	+02 03 09	2.8	12.5	3C 273	Q
4U 1228+12	12 30 49.4	+12 23 27	22.9	8.6	M 87	AGN
4U 1246−41	12 48 49.3	−41 18 39	5.4		Centaurus Cluster	C
4U 1254−690	12 57 37.7	−69 17 15	24.0	18V	GR Mus	B
4U 1257+28	12 59 35.8	+27 57 44	15.6	10.7	Coma Cluster	C
GX 304−1	13 01 17.1	−61 36 07	0.3 − 192.0	13.4V	V 850 Cen	HMXB
Cen A	13 25 27.6	−43 01 09	8.9	6.8	NGC 5128	Q
Cen X−4	14 58 22.4	−32 01 06	0.1 − 19199.4	18.2*	V 822 Cen	B
SN 1006	15 02 22.2	−41 53 47	2.5		SN 1006	SNR
Cir X−1	15 20 40.9	−57 09 59	4.8 − 2879.9	21.4*	BR Cir	LMXB
4U 1538−522	15 42 23.4	−52 23 10	2.9 − 28.8	16.3	QV Nor	HMXB
4U 1556−605	16 01 01.5	−60 44 26	15.4	18.6V	LU TrA	LMXB
4U 1608−522	16 12 42.8	−52 25 20	1.0 − 105.6		QX Nor	LMXB
Sco X−1	16 19 55.1	−15 38 25	13439.6	11.1	V 818 Sco	LMXB
4U 1627+39	16 28 38.3	+39 33 05	4.1	12.6	Abell 2199	C
4U 1627−673	16 32 16.7	−67 27 40	24.0	18.2V	KZ TrA	LMXB
4U 1636−536	16 40 55.6	−53 45 05	211.2	16.9V	V 801 Ara	B
GX 340+0	16 45 47.9	−45 36 42	480.0			LMXB

Name	Right Ascension	Declination	Flux[1]	Mag.[2]	Identified Counterpart	Type of Source
	h m s	° ′ ″	mCrab			
GRO J1655−40	16 54 00.2	−39 50 45	3132.0	14.0V	V 1033 Sco	BHC
Her X−1	16 57 49.8	+35 20 33	14.4 − 48.0	13.8	HZ Her	LMXB
4U 1704−30	17 02 06.3	−29 56 45	3.3	13.0*V	V 2134 Oph	B
GX 339−4	17 02 49.4	−48 47 23	1.4 − 864.0	15.4	V 821 Ara	BHC
4U 1700−377	17 03 56.8	−37 50 39	10.6 − 105.6	6.5	V 884 Sco	HMXB
GX 349+2	17 05 44.5	−36 25 23	792.0	18.3V	V 1101 Sco	LMXB
4U 1722−30	17 27 33.2	−30 48 06	7.3		Terzan 2	LMXB
Kepler's SNR	17 30 35.9	−21 28 55	4.4	19	Kepler's SNR	SNR
GX 9+9	17 31 43.9	−16 57 43	288.0	17.1*	V 2216 Oph	LMXB
GX 354−0	17 31 57.3	−33 49 58	144.0			B
GX 1+4	17 32 02.2	−24 44 44	96.0	18.7V	V 2116 Oph	LMXB
Rapid Burster	17 33 23.6	−33 23 26	0.1 − 192.0		Liller 1	B
4U 1735−444	17 38 58.2	−44 27 00	153.6	17.4V	V 926 Sco	LMXB
1E 1740.7−2942	17 44 02.7	−29 43 25	3.8 − 28.8			BHC
GX 3+1	17 47 56.5	−26 33 50	384.0	14.0V	V 3893 Sgr	B
4U 1746−37	17 50 12.7	−37 03 08	30.7	8.0	NGC 6441	LMXB
4U 1755−338	17 58 40.2	−33 48 25	96.0	18.3V	V 4134 Sgr	BHC
GX 5−1	18 01 07.9	−25 04 54	1200.0			LMXB
GX 9+1	18 01 31.1	−20 31 39	672.0			LMXB
GX 13+1	18 14 30.3	−17 09 28	336.0		V 5512 Sgr	LMXB
GX 17+2	18 16 01.4	−14 02 12	1440.0	17.5V	NP Ser	LMXB
4U 1820−30	18 23 40.5	−30 21 42	403.2	9.1	NGC 6624	LMXB
4U 1822−37	18 25 46.9	−37 06 19	9.6 − 24.0	15.8*	V 691 CrA	B
Ser X−1	18 39 57.6	+05 02 11	216.0	19.2*	MM Ser	B
4U 1850−08	18 53 05.1	−08 42 23	9.6	8.7	NGC 6712	LMXB
Aql X−1	19 11 15.6	+00 35 14	0.1 − 1248.0	14.8V	V 1333 Aql	LMXB
SS 433	19 11 49.6	+04 58 58	2.5 − 9.9	13.0	V 1343 Aql	BHC
GRS 1915+105	19 15 11.7	+10 56 46	288.0		V 1487 Aql	BHC
4U 1916−053	19 18 48.0	−05 14 10	24.0	21.4*	V 1405 Aql	B
Cyg X−1	19 58 21.7	+35 12 06	225.6 − 1267.2	8.9	V 1357 Cyg	BHC
4U 1957+11	19 59 24.0	+11 42 30	28.8	18.7V	V 1408 Aql	LMXB
Cyg X−3	20 32 26.1	+40 57 20	86.4 − 412.8		V 1521 Cyg	BHC
4U 2129+12	21 29 58.3	+12 10 03	5.8	6.2	AC 211	LMXB
4U 2129+47	21 31 26.2	+47 17 25	8.6	15.6V	V1727 Cyg	B
SS Cyg	21 42 42.8	+43 35 10	3.5 − 19.9	12.1	SS Cyg	T
Cyg X−2	21 44 41.2	+38 19 17	432.0	14.4*	V 1341 Cyg	LMXB
Cas A	23 23 21.4	+58 48 45	56.4		Cassiopeia A	SNR

Notes to Table

[1]   (2-10) keV flux of X-ray source
[2]   *V* magnitude of optical counterpart
    * indicates *B* magnitude given instead of *V*
    V indicates variable magnitude
    X indicates magnitude is for X-ray source and not optical counterpart

AGN	active galactic nuclei	LMXB	low mass X-ray binary
B	X-ray burster	P	pulsar
BHC	black hole candidate	Q	quasar
C	cluster of galaxies	SNR	supernova remnant
HMXB	high mass X-ray binary	T	transient (nova-like optically)

LQAC−2 ID	Right Ascension	Declination	V	B−V	Flux 20 cm	Flux 13 cm	z	M_B	Criteria[1]
	h m s	° ′ ″			Jy	Jy			
009−002_001	00 38 20.53	−02 07 40.55	18.02	+0.28	5.33	0.34	0.220	−21.8	Flux
017+013_002	01 08 52.87	+13 20 14.27	13.93	−1.28	12.82		0.060	−24.5	Flux
017+014_010	01 09 34.33	+14 23 00.84	18.33	−1.68			3.990	−31.6	M_B
024+033_002	01 37 41.30	+33 09 35.13	16.46	+0.19	16.50	0.59	0.367	−25.3	Flux
030+001_015	02 03 41.42	+01 11 51.33	18.00	−2.86			3.808	−32.6	M_B
037+072_001	02 31 06.07	+72 01 17.63	10.14	+1.70			1.808		V
040−023_001	02 40 08.17	−23 09 15.73	16.63	+0.15	6.30	5.79	2.225	−28.7	Flux
040+072_001	02 43 25.00	+72 21 25.80	11.98	+1.51			1.808		V
047+004_007	03 11 21.52	+04 53 16.74	19.04	+1.56			6.833		Z
049+041_007	03 19 48.16	+41 30 42.10	12.48	−3.90	23.90	26.61	0.017		Flux
072+011_002	04 48 45.84	+11 21 23.13	18.90	+1.66			6.836		Z
080+016_001	05 21 09.89	+16 38 22.05	18.84	+0.53	8.47	1.94	0.759		Flux
083+019_001	05 34 44.51	+19 27 21.49	17.57	−0.34	6.80	0.05	0.000		Flux
085+049_001	05 42 36.14	+49 51 07.23	17.80	+0.65	22.50	2.78	0.545		Flux
114+027_009	07 38 20.10	+27 50 45.34	21.82				6.725		Z
118+019_005	07 53 01.57	+19 52 27.46	15.71	+0.63			4.316	−32.5	M_B
120+037_001	08 00 10.50	+37 10 13.80	15.77	−0.17			3.885	−32.4	M_B
120+055_004	08 02 48.19	+55 13 28.94	18.65	+0.55			6.787		Z
123+048_012	08 13 36.05	+48 13 02.26	17.79	+0.57	13.90		0.871	−25.2	Flux
124+043_014	08 19 40.24	+43 15 29.44	14.22	−1.35			1.317	−31.5	M_B
125+038_008	08 23 37.16	+38 38 16.51	19.18	+0.29			6.517		Z
128+055_003	08 34 54.90	+55 34 21.07	17.21	+0.88	8.80	7.07	0.242	−22.3	Flux
132+031_012	08 49 32.22	+31 42 38.39	16.12	−1.06			3.187	−31.7	M_B
135+030_010	09 02 47.57	+30 41 20.81	17.26	+0.16			4.760	−32.7	M_B
138+024_010	09 15 01.72	+24 18 12.13	20.38	+0.54			6.515		Z
140+045_005	09 21 08.62	+45 38 57.40	16.01	+0.26	8.75		0.175	−23.3	Flux
143+007_010	09 34 42.30	+07 03 39.33	17.56	−0.70			4.269	−31.9	M_B
146+007_008	09 47 45.15	+07 25 20.58	15.82	−0.66	6.94		0.086	−22.8	Flux
147+003_011	09 49 13.32	+03 58 49.25	17.65	−0.72			4.193	−31.7	M_B
150+028_009	10 01 49.52	+28 47 08.97	16.23	+0.57	5.47		0.185	−22.9	Flux
152+056_004	10 08 43.16	+56 20 44.93	18.87	+0.91			6.918		Z
153+059_004	10 12 44.20	+59 35 31.15	18.85	+0.26			6.889		Z
154+023_002	10 16 39.81	+23 56 31.39	23.32				6.677		Z
156+060_013	10 27 38.54	+60 50 16.52	17.67	+0.95	0.01		6.640		Z
165+040_002	11 00 48.55	+40 42 10.58	10.13	+1.28			1.794		V
170+003_005	11 21 06.93	+03 28 07.82	19.09	−2.76			4.048	−32.0	M_B
172−014_001	11 30 07.05	−14 49 27.39	16.74	+0.27	5.33	5.16	1.187	−26.9	Flux
173+032_006	11 34 24.64	+32 38 02.45	17.97	+2.40			6.983		Z
174+063_003	11 36 27.34	+63 36 29.08	17.61	−0.04			4.342	−31.3	M_B
175+004_001	11 40 54.92	+04 13 09.59	17.02	−1.96			4.318	−33.7	M_B
176+019_004	11 45 05.01	+19 36 22.74	8.73	+0.33	5.59	0.17	0.021	−25.8	Flux
176+004_013	11 47 49.59	+04 11 36.79	17.51	−0.30			4.281	−31.5	M_B
178+023_001	11 52 18.13	+23 03 01.08	17.78	+0.63			4.624	−31.3	M_B
179+019_007	11 57 27.69	+19 55 06.45	18.90	−1.95			4.017	−31.3	M_B
184+005_012	12 19 23.22	+05 49 29.70	12.87	−0.74	19.43	0.26	0.007		Flux
185−000_004	12 20 12.15	+00 03 06.78	19.33	+1.31	0.01		6.687		Z
186+012_005	12 25 03.74	+12 53 13.14	12.31	−0.65	6.50	0.15	0.003		Flux
186+046_006	12 27 28.70	+46 18 25.86	17.74	+0.17			4.585	−31.6	M_B
187+011_003	12 28 23.97	+11 25 13.58	18.16	−2.16			3.838	−31.8	M_B
187+012_009	12 30 49.42	+12 23 28.04	12.86	−1.83	22.37	2.32	0.004		Flux

[1] See Section L for explanation of the criteria column

LQAC−2 ID	Right Ascension	Declination	V	B−V	Flux 20 cm	Flux 13 cm	z	M_B	Criteria[1]
	h m s	° ′ ″			Jy	Jy			
194+020_002	12 56 37.30	+20 51 05.90	18.40	+2.15			6.691		Z
194+027_021	12 59 01.63	+27 32 12.95	16.17	−2.06			3.117	−32.5	M_B
199+027_012	13 19 35.27	+27 25 02.25	19.07	+0.94			6.501		Z
200+062_005	13 23 10.99	+62 06 57.05	17.63	−0.59			6.517		Z
202+025_008	13 30 37.69	+25 09 10.88	17.67	+0.56	6.80	0.13	1.055	−26.0	Flux
202+029_007	13 30 42.12	+29 47 33.62	18.70	−4.11			3.570	−32.9	M_B
202+030_007	13 31 08.29	+30 30 32.96	17.25	+0.13	15.00	5.33	0.849	−25.7	Flux
204+054_005	13 36 19.95	+54 07 38.43	13.02	+0.72			1.858	−31.1	M_B
206+012_011	13 47 33.36	+12 17 24.24	18.44		5.20	5.13	0.120		Flux
214+006_009	14 19 08.18	+06 28 34.80	16.79	+0.33	5.80	0.40	1.436	−27.3	Flux
217+045_007	14 29 36.58	+45 57 40.40	16.29	+0.33			4.898	−33.8	M_B
219+014_011	14 39 59.94	+14 37 11.02	17.93	−1.37			4.412	−32.4	M_B
222+046_014	14 50 45.56	+46 15 04.23	19.18	+1.67			6.908		Z
224+054_007	14 57 05.31	+54 30 13.28	15.34	−1.19			4.883	−36.2	M_B
224+071_001	14 59 07.58	+71 40 19.87	16.78	+0.46	7.60	2.25	0.905	−26.3	Flux
226+017_006	15 05 31.71	+17 59 04.78	14.42	−0.73			2.910	−32.7	M_B
228+058_002	15 12 25.69	+58 57 52.23	18.95	+1.94			6.903		Z
229+047_008	15 17 12.69	+47 03 33.41	18.02	−0.51			4.730	−32.5	M_B
234+014_007	15 37 53.45	+14 01 47.41	18.85	−1.18			4.269	−31.1	M_B
240+026_003	16 00 31.70	+26 52 28.77	10.88	+0.98			1.272		V
240+027_006	16 00 36.87	+27 26 23.66	10.95	+1.21			1.272		V
240+028_004	16 01 41.67	+28 03 15.04	11.02	+0.94			1.272		V
240+027_011	16 01 43.52	+27 05 48.07	11.78	+1.36			1.271		V
240+015_005	16 01 43.76	+15 02 37.74	17.15	+0.53			6.699		Z
240+026_012	16 02 10.34	+26 49 23.13	11.74	+1.09			1.271	−31.4	V, M_B
240+027_017	16 02 38.01	+27 22 44.72	11.79	+1.56			1.271		V
240+027_019	16 02 40.98	+27 12 26.18	12.99	+0.08			1.343	−31.3	M_B
240+027_020	16 02 46.87	+27 19 05.65	10.64	+1.23			1.272		V
240+027_022	16 02 53.07	+27 03 47.78	12.03	+1.11			1.272	−31.1	M_B
240+026_017	16 02 59.24	+26 53 21.10	11.92	+0.94			1.270		V
241+027_007	16 04 45.01	+27 54 56.42	11.80	+1.57			1.271		V
241+026_005	16 04 48.90	+26 49 45.82	11.54	+1.67			1.272		V
244+032_009	16 17 42.54	+32 22 34.32	16.29	+0.29			4.011	−31.6	M_B
246+017_003	16 24 15.13	+17 01 05.53	16.62	−2.71			2.601	−32.0	M_B
250+039_021	16 42 58.81	+39 48 36.99	15.96	+0.23	8.00	7.12	0.595	−24.8	Flux
257+062_003	17 09 08.38	+62 43 19.67	18.16	−0.08			6.519		Z
257+021_007	17 09 27.19	+21 12 48.53	18.89	−0.21			6.991		Z
263−013_001	17 33 02.71	−13 04 49.55	18.50	−0.59	5.20	4.61	0.902		Flux
277+048_002	18 29 31.78	+48 44 46.16	16.81	+0.24	14.20	2.13	0.692	−26.3	Flux
277+022_001	18 30 32.64	+22 14 39.60	17.17	+0.81			6.533		Z
278+032_001	18 35 03.39	+32 41 46.86	12.36	+0.21	5.12	0.20	0.058	−24.7	Flux
291−029_001	19 24 51.06	−29 14 30.12	16.82	+1.83	6.00	9.82	0.352	−22.9	Flux
309+051_001	20 38 37.03	+51 19 12.66	20.00	+1.00	5.80	2.52	1.686		Flux
330+042_001	22 02 43.29	+42 16 39.98	15.14	+0.97	6.07	2.88	0.069		Flux
331−018_016	22 06 10.42	−18 35 38.75	18.50	+0.43	6.44	0.78	0.619	−23.7	Flux
332+011_004	22 10 11.26	+11 54 28.90	18.88	−2.20			4.370	−32.5	M_B
336−004_001	22 25 47.26	−04 57 01.39	17.19	+0.45	5.70	3.04	1.404	−27.9	Flux
338+011_001	22 32 36.41	+11 43 50.90	17.66	+0.42	6.50	5.46	1.037	−27.1	Flux
343+016_001	22 53 57.75	+16 08 53.56	16.10	+0.47	10.00	11.03	0.859	−27.5	Flux

[1] See Section L for explanation of the criteria column

Name	Right Ascension	Declination	Period	$\dot{P}$	Epoch	DM	S_{400}	S_{1400}	Type
	h m s	° ′ ″	s	10^{-13} ss^{-1}	MJD	cm^{-3}pc	mJy	mJy	
B0021−72C	00 23 50.4	−72 04 31.5	0.005 756 780	0.00000	51600	24.6	1.53	0.6	
J0024−7204R	00 24 05.7	−72 04 52.6	0.003 480 463		51000	24.4			b
J0030+0451	00 30 27.4	+04 51 39.7	0.004 865 453	0.00000	50984	4.3	7.9	0.6	gx
B0031−07	00 34 08.9	−07 21 53.4	0.942 950 995	0.00408	46635	11.4	52	11	
J0034−0534	00 34 21.8	−05 34 36.6	0.001 877 182	0.00000	50690	13.8	17	0.61	b
J0045−7319	00 45 35.2	−73 19 03.0	0.926 275 905	0.04463	49144	105.4	1	0.3	b
J0218+4232	02 18 06.4	+42 32 17.4	0.002 323 090	0.00000	50864	61.3	35	0.9	bxg
B0329+54	03 32 59.4	+54 34 43.6	0.714 519 700	0.02048	46473	26.8	1500	203	
J0437−4715	04 37 15.9	−47 15 09.0	0.005 757 452	0.00000	52005	2.6	550	149	bxg
B0450−18	04 52 34.1	−17 59 23.4	0.548 939 223	0.05753	49289	39.9	82	5.3	
B0456−69	04 55 47.6	−69 51 34.3	0.320 422 712	0.10212	48757	94.9	0.6		ox
B0525+21	05 28 52.3	+22 00 04.0	3.745 539 250	0.40053	54200	50.9	57	9	oxg
B0531+21	05 34 32.0	+22 00 52.1	0.033 084 716	4.22765	40000	56.8	550	14	
J0537−6910	05 37 47.4	−69 10 19.9	0.016 122 222	0.51784	52061			0.00	x
B0540−69	05 40 11.2	−69 19 54.2	0.050 498 818	4.78925	51197	146.5	0.0	0.024	
J0613−0200	06 13 44.0	−02 00 47.2	0.003 061 844	0.00000	53114	38.8	21	2.3	gb
B0628−28	06 30 49.4	−28 34 42.8	1.244 418 596	0.07123	46603	34.5	206	23	x
J0633+1746	06 33 54.2	+17 46 12.9	0.237 099 442	0.10971	50498				g
B0656+14	06 59 48.1	+14 14 21.5	0.384 891 195	0.55003	49721	14.0	6.5	3.7	oxg
B0655+64	07 00 37.8	+64 18 11.2	0.195 670 945	0.00001	48806	8.8	5	0.3	b
J0737−3039A	07 37 51.2	−30 39 40.7	0.022 699 379	0.00002	53156	48.9		1.6	bx
J0737−3039B	07 37 51.2	−30 39 40.7	2.773 460 770	0.00892	53156	48.9		1.3	b
B0736−40	07 38 32.3	−40 42 40.9	0.374 919 985	0.01616	51700	160.8	190	80	
B0740−28	07 42 49.1	−28 22 43.8	0.166 762 292	0.16821	49326	73.8	296	15.0	
J0751+1807	07 51 09.2	+18 07 38.6	0.003 478 771	0.00000	51800	30.2	10	3.2	bg
J0806−4123	08 06 23.4	−41 22 30.9	11.370 385 930	0.56000	54771				o
B0818−13	08 20 26.4	−13 50 55.9	1.238 129 544	0.02105	48904	40.9	102	7	
B0820+02	08 23 09.8	+01 59 12.4	0.864 872 805	0.00105	49281	23.7	30	1.5	b
B0826−34	08 28 16.6	−34 17 07.0	1.848 918 804	0.00996	48132	52.2	16	0.25	
B0833−45	08 35 20.6	−45 10 34.9	0.089 328 385	1.25008	51559	68.0	5000	1100	oxg
B0834+06	08 37 05.6	+06 10 14.6	1.273 768 292	0.06799	48721	12.9	89	4	
B0835−41	08 37 21.2	−41 35 14.4	0.751 623 618	0.03539	51700	147.3	197	16.0	
B0950+08	09 53 09.3	+07 55 35.8	0.253 065 165	0.00230	46375	3.0	400	84	x
B0959−54	10 01 38.0	−55 07 06.7	1.436 582 629	0.51396	46800	130.3	80	6.3	
J1012+5307	10 12 33.4	+53 07 02.6	0.005 255 749	0.00000	50700	9.0	30	3	b
J1022+1001	10 22 58.0	+10 01 52.8	0.016 452 930	0.00000	53589	10.3	20	6.1	b
J1024−0719	10 24 38.7	−07 19 19.2	0.005 162 205	0.00000	53000	6.5	4.6	1.5	x
J1028−5819	10 28 28.0	−58 19 05.2	0.091 403 231	0.16100	54562	96.5		0.36	g
J1045−4509	10 45 50.2	−45 09 54.1	0.007 474 224	0.00000	53050	58.2	15	2.7	b
B1055−52	10 57 59.0	−52 26 56.3	0.197 107 608	0.05834	43556	30.1	80		xg
B1133+16	11 36 03.2	+15 51 04.5	1.187 913 066	0.03734	46407	4.8	257	32	
J1141−6545	11 41 07.0	−65 45 19.1	0.393 898 815	0.04307	54637	116.1		3.3	b
J1157−5112	11 57 08.2	−51 12 56.1	0.043 589 227	0.00000	51400	39.7			b
B1154−62	11 57 15.2	−62 24 50.9	0.400 522 048	0.03931	46800	325.2	145	5.9	
B1237+25	12 39 40.5	+24 53 49.3	1.382 449 103	0.00960	46531	9.2	110	10	

Name	Right Ascension	Declination	Period	$\dot{P}$	Epoch	DM	S_{400}	S_{1400}	Type
	h m s	° ′ ″	s	10^{-13} ss^{-1}	MJD	cm^{-3}pc	mJy	mJy	
B1240−64	12 43 17.2	−64 23 23.9	0.388 480 921	0.04501	46800	297.3	110	13.0	
B1257+12	13 00 03.6	+12 40 56.5	0.006 218 532	0.00000	49750	10.2	20	2	b
B1259−63	13 02 47.6	−63 50 08.7	0.047 762 508	0.02279	50357	146.7		1.70	b
B1323−58	13 26 58.3	−58 59 29.1	0.477 990 867	0.03238	47782	287.3	120	9.9	
B1323−62	13 27 17.4	−62 22 44.6	0.529 913 192	0.18879	47782	318.8	135	16.0	
B1356−60	13 59 58.2	−60 38 08.0	0.127 500 777	0.06339	43556	293.7	105	7.6	
B1426−66	14 30 40.9	−66 23 05.0	0.785 440 757	0.02770	46800	65.3	130	8.0	
B1449−64	14 53 32.7	−64 13 15.6	0.179 484 754	0.02746	46800	71.1	230	14.0	
J1453+1902	14 53 45.7	+19 02 12.2	0.005 792 303	0.00000	53337	14.0	2.2		
J1455−3330	14 55 48.0	−33 30 46.4	0.007 987 205	0.00000	50598	13.6	9	1.2	b
B1451−68	14 56 00.2	−68 43 39.3	0.263 376 815	0.00098	46800	8.6	350	80	
B1508+55	15 09 25.6	+55 31 32.4	0.739 681 923	0.04998	49904	19.6	114	8	
B1509−58	15 13 55.6	−59 08 09.0	0.151 251 258	15.31468	52835	252.5	1.5	0.94	xg
J1518+4904	15 18 16.8	+49 04 34.3	0.040 934 989	0.00000	52000	11.6	8	4	b
B1534+12	15 37 10.0	+11 55 55.6	0.037 904 441	0.00002	50300	11.6	36	0.6	b
B1556−44	15 59 41.5	−44 38 45.9	0.257 056 098	0.01019	46800	56.1	110	40	
B1620−26	16 23 38.2	−26 31 53.8	0.011 075 751	0.00001	48725	62.9	15	1.6	b
J1643−1224	16 43 38.2	−12 24 58.7	0.004 621 642	0.00000	49524	62.4	75	4.8	b
B1641−45	16 44 49.3	−45 59 09.5	0.455 059 775	0.20090	46800	478.8	375	310	
B1642−03	16 45 02.0	−03 17 58.3	0.387 689 698	0.01780	46515	35.7	393	21	
B1648−42	16 51 48.8	−42 46 11.0	0.844 080 666	0.04812	46800	482.0	100	16.0	
B1706−44	17 09 42.7	−44 29 08.2	0.102 459 246	0.92985	50042	75.7	25	7.3	xg
J1713+0747	17 13 49.5	+07 47 37.5	0.004 570 137	0.00000	52000	16.0	36	10.2	b
J1719−1438	17 19 10.1	−14 38 00.9	0.005 790 152	0.00000	55236	36.9		0.42	b
J1730−2304	17 30 21.7	−23 04 31.3	0.008 122 798	0.00000	53300	9.6	43	3.9	
B1727−47	17 31 42.1	−47 44 34.6	0.829 828 785	1.63626	50939	123.3	190	12	
B1737−30	17 40 33.8	−30 15 43.5	0.606 886 624	4.66124	54780	152.2	24.6	6.4	
J1744−1134	17 44 29.4	−11 34 54.7	0.004 074 546	0.00000	53742	3.1	18	3.1	g
B1744−24A	17 48 02.3	−24 46 36.9	0.011 563 148	0.00000	48270	242.2		0.61	b
J1748−2446ad	17 48 04.8	−24 46 45.0	0.001 395 955	0.00000	53500	235.6			b
B1749−28	17 52 58.7	−28 06 37.3	0.562 557 636	0.08129	46483	50.4	1100	18.0	
B1800−27	18 03 31.7	−27 12 06.0	0.334 415 427	0.00017	50261	165.5	3.4	1.00	b
J1804−2717	18 04 21.1	−27 17 31.2	0.009 343 031	0.00000	51041	24.7	15	0.4	b
B1802−07	18 04 49.9	−07 35 24.7	0.023 100 855	0.00000	50337	186.3	3.1	1.0	b
J1808−2024	18 08 39.3	−20 24 39.9	7.555 920 000	5490.0	53254				
J1819−1458	18 19 34.2	−14 58 03.6	4.263 164 033	5.75171	54451	196.0			
B1818−04	18 20 52.6	−04 27 38.1	0.598 075 930	0.06331	46634	84.4	157	6.1	
B1820−11	18 23 40.3	−11 15 11.0	0.279 828 697	0.01379	49465	428.6	11	3.2	b
D1820−30A	18 23 40.5	−30 21 40.1	0.005 440 004	0.00003	55049	86.9	16	0.72	
B1830−08	18 33 40.3	−08 27 31.3	0.085 284 251	0.09171	50483	411.0		3.6	
B1831−03	18 33 41.9	−03 39 04.3	0.686 704 444	0.41565	49698	234.5	89	2.8	
B1831−00	18 34 17.3	−00 10 53.3	0.520 954 311	0.00011	49123	88.7	5.1	0.29	b
J1841−0456	18 41 19.3	−04 56 11.2	11.788 978 400	409.2	55585				
J1846−0258	18 46 24.9	−02 58 30.1	0.326 571 288	71.07450	54834				
B1855+09	18 57 36.4	+09 43 17.3	0.005 362 000	0.00000	50481	13.3	31	5.0	b

Name	Right Ascension	Declination	Period	$\dot{P}$	Epoch	DM	S_{400}	S_{1400}	Type
	h m s	° ′ ″	s	10^{-13} ss^{-1}	MJD	cm^{-3}pc	mJy	mJy	
B1857−26	19 00 47.6	−26 00 43.8	0.612 209 204	0.00205	48891	38.0	131	13	
B1859+03	19 01 31.8	+03 31 05.9	0.655 450 239	0.07459	50027	402.1	165	4.2	
J1903+0327	19 03 05.8	+03 27 19.2	0.002 149 912	0.00000	55000	297.5		1.3	b
J1906+0746	19 06 48.7	+07 46 28.6	0.144 071 930	0.20280	53590	217.8	0.9	0.55	b
J1909−3744	19 09 47.4	−37 44 14.4	0.002 947 108	0.00000	53631	10.4		2.1	b
J1911−1114	19 11 49.3	−11 14 22.3	0.003 625 746	0.00000	50458	31.0	31	0.5	b
B1911−04	19 13 54.2	−04 40 47.7	0.825 935 803	0.04068	46634	89.4	118	4.4	
B1913+16	19 15 28.0	+16 06 27.4	0.059 030 003	0.00009	52984	168.8	4	0.9	b
B1919+21	19 21 44.8	+21 53 02.3	1.337 302 160	0.01348	48999	12.4	57	6	
B1929+10	19 32 13.9	+10 59 32.4	0.226 517 635	0.01157	46523	3.2	303	36	x
B1931+24	19 33 37.8	+24 36 39.6	0.813 690 303	0.08110	50629	106.0	7.5		
B1933+16	19 35 47.8	+16 16 40.0	0.358 738 411	0.06003	46434	158.5	242	42	
B1937+21	19 39 38.6	+21 34 59.1	0.001 557 806	0.00000	47900	71.0	240	13.2	x
B1946+35	19 48 25.0	+35 40 11.1	0.717 311 174	0.07061	49449	129.1	145	8.3	
B1951+32	19 52 58.2	+32 52 40.5	0.039 531 193	0.05845	49845	45.0	7	1.0	xg
B1953+29	19 55 27.9	+29 08 43.5	0.006 133 167	0.00000	54500	104.5	15	1.1	b
B1957+20	19 59 36.8	+20 48 15.1	0.001 607 402	0.00000	48196	29.1	20	0.4	bx
B2016+28	20 18 03.8	+28 39 54.2	0.557 953 480	0.00148	46384	14.2	314	30	
J2019+2425	20 19 31.9	+24 25 15.3	0.003 934 524	0.00000	50000	17.2			b
J2021+3651	20 21 05.5	+36 51 04.8	0.103 740 952	0.95721	54710	367.5		0.1	g
J2043+2740	20 43 43.5	+27 40 56.0	0.096 130 563	0.01270	49773	21.0	15		g
B2045−16	20 48 35.6	−16 16 44.6	1.961 572 304	0.10958	46423	11.5	116	13	
J2051−0827	20 51 07.5	−08 27 37.8	0.004 508 642	0.00000	51000	20.7	22	2.8	b
B2111+46	21 13 24.3	+46 44 08.7	1.014 684 793	0.00715	46614	141.3	230	19	
J2124−3358	21 24 43.9	−33 58 44.7	0.004 931 115	0.00000	53174	4.6	17	3.6	gx
B2127+11B	21 29 58.6	+12 10 00.3	0.056 133 036	0.00010	50000	67.7	1.0		
J2144−3933	21 44 12.1	−39 33 56.9	8.509 827 491	0.00496	49016	3.4	16	0.8	
J2145−0750	21 45 50.5	−07 50 18.4	0.016 052 424	0.00000	53040	9.0	100	8.9	b
B2154+40	21 57 01.8	+40 17 46.0	1.525 265 634	0.03433	49277	70.9	105	17	
B2217+47	22 19 48.1	+47 54 53.9	0.538 468 822	0.02765	46599	43.5	111	3	
J2229+2643	22 29 50.9	+26 43 57.8	0.002 977 819	0.00000	49718	23.0	13	0.9	b
J2235+1506	22 35 43.7	+15 06 49.1	0.059 767 358	0.00000	49250	18.1	3		
B2303+46	23 05 55.8	+47 07 45.3	1.066 371 072	0.00569	46107	62.1	1.9		b
B2310+42	23 13 08.6	+42 53 13.0	0.349 433 682	0.00112	48241	17.3	89	15	
J2317+1439	23 17 09.2	+14 39 31.2	0.003 445 251	0.00000	49300	21.9	19	4	b
J2322+2057	23 22 22.4	+20 57 02.9	0.004 808 428	0.00000	48900	13.4			

Notes to Table

b Pulsar is a member of a binary system.
g Pulsar has been observed in the gamma ray.
o Pulsar has been observed in the optical.
x Pulsar has been observed in the X-ray.

Name	Alternate Name	RA	Dec.	Flux[1]	E_{low}[2]	E_{high}	Type
		h m s	° ′ ″	photons cm^{-2}s^{-1}	MeV	MeV	
PSR J0007+7303	3FGL J0007.0+7302	00 07 02	+73 03 08	6.5E−8 ±5.7E−10	1000	100000	P
3C66A	3FGL J0222.6+4301	02 22 38	+43 02 09	1.9E−8 3.6E−10	1000	100000	Q
AO 0235+164	3FGL J0238.6+1636	02 38 42	+16 37 27	1.0E−8 2.7E−10	1000	100000	Q
LSI +61 303	3FGL J0240.5+6113	02 40 31	+61 13 30	4.6E−8 5.1E−10	1000	100000	B
LSI +61 303		02 40 31	+61 13 30	2.2E−11 7.0E−12	>200000		B
NGC 1275	3FGL J0319.8+4130	03 19 52	+41 30 45	2.1E−8 ±3.7E−10	1000	100000	Q
EXO 0331+530		03 34 58	+53 10 06	2.9E−3 4.8E−5	0.04	0.1	B
X Per	4U 0352+30	03 55 23	+31 02 45	2.9E−3 8.7E−5	0.04	0.1	B
GRO J0422+32	Nova Per 1992	04 21 43	+32 54 35	9.0E−4 3.1E−4	0.75	2	P
PKS 0426−380	3FGL J0428.6−3756	04 28 41	−37 56 00	2.0E−8 3.6E−10	1000	100000	Q
3FGL J0433.6+2905	MG2 J043337+2905	04 33 37	+29 05 55	3.7E−9 ±2.0E−10	1000	100000	Q
PKS 0454−234	3FGL J0457.0−2324	04 57 04	−23 25 38	1.8E−8 3.3E−10	1000	100000	Q
TXS 0506+056	3FGL J0509.4+0541	05 09 25	+05 41 35	6.5E−8 0.2E−8	1000	100000	Q
LMC	3FGL J0526.6−6825e	05 26 36	−68 25 12	2.0E−8 4.2E−10	1000	100000	G
Crab		05 34 32	+22 00 52	9.7E−2 2.9E−5	0.04	0.1	P,N
Crab	3FGL J0534.5+2201	05 34 32	+22 00 52	1.6E−7 ±1.1E−9	1000	100000	P,N
Crab		05 34 32	+22 00 52	2.0E−10 5.0E−12	>200000		P,N
SN 1987A		05 35 28	−69 16 11	6.5E−3 1.4E−3	0.85	line[3]	R
PKS 0537−441	3FGL J0538.8−4405	05 38 52	−44 04 51	3.3E−8 4.4E−10	1000	100000	Q
PSR J0540−6919		05 40 11	−69 19 54	2.5E−8 8.0E−9	>200		P
PSR J0614−3329	3FGL J0614.1−3329	06 14 10	−33 29 01	1.7E−8 ±3.6E−10	1000	100000	P
SNR G189.1−03.0	3FGL J0617.2+2234e	06 17 14	+22 34 48	6.3E−8 7.3E−10	1000	100000	R
PSR J0633+0632	3FGL J0633.7+0632	06 33 33	+06 34 41	1.7E−8 4.7E−10	1000	100000	P
Geminga	3FGL J0633.9+1746	06 33 54	+17 46 13	6.9E−7 2.1E−9	1000	100000	P
S5 0716+71	3FGL J0721.9+7120	07 21 54	+71 20 58	2.2E−8 3.1E−10	1000	100000	Q
PKS 0727−11	3FGL J0730.2−1141	07 30 17	−11 41 44	1.8E−8 ±3.6E−10	1000	100000	Q
PKS 0805−07	3FGL J0808.2−0751	08 08 14	−07 50 59	9.7E−9 2.8E−10	1000	100000	Q
Vela−X	3FGL J0833.1−4511e	08 33 09	−45 11 24	1.8E−7 3.0E−8	200	100000	N
Vela−X	HESS J0835−455	08 35 00	−45 36 00	1.3E−11 0.4E−11	>1000000		N
Vela Pulsar	3FGL J0835.3−4510	08 35 20	−45 10 35	1.3E−6 2.9E−9	1000	100000	P
RX J0852.0−4622	HESS J0852−463	08 52 00	−46 22 00	1.9E−11±0.6E−11	>1000000		N
Vela X−1	4U 0900−40	09 02 06	−40 33 16	5.3E−3 1.9E−5	0.04	0.1	B
1FGL J1018.6−5856	3FGL J1018.9−5856	10 18 55	−58 56 46	2.7E−8 6.4E−10	1000	100000	B
PSR J1023−5746	3FGL J1023.1−5745	10 23 03	−57 46 05	2.0E−8 7.8E−10	1000	100000	P
PSR J1028−5819	3FGL J1028.4−5819	10 28 30	−58 19 55	3.3E−8 7.3E−10	1000	100000	P
PSR J1044−5737	3FGL J1044.5−5737	10 44 33	−57 37 19	1.6E−8 ±4.3E−10	1000	100000	P
Eta Carinae	3FGL J1045.1−5941	10 45 00	−59 41 31	1.7E−8 7.3E−10	1000	100000	B
PSR J1048−5832	3FGL J1048.2−5832	10 48 17	−58 31 48	2.7E−8 5.4E−10	1000	100000	P
PSR J1057−5226	3FGL J1057.9−5227	10 57 59	−52 26 54	4.9E−8 5.8E−10	1000	100000	P
MRK 421	3FGL J1104.4+3812	11 04 30	+38 12 39	3.0E−8 4.1E−10	1000	100000	Q
MRK 421		11 04 30	+38 12 39	1.5E−10±3.0E−12	>250000		Q
NGC 4151	H 1208+396	12 10 33	+39 24 35	2.3E−6 3.5E−8	0.07	0.3	Q
4C +21.35	3FGL J1224.9+2122	12 24 54	+21 22 48	2.6E−8 3.8E−10	1000	100000	Q
4C +21.35		12 24 54	+21 22 48	4.6E−10 5.0E−11	>100000		Q
NGC 4388		12 25 47	+12 39 00	6.4E−4 5.8E−5	0.05	0.15	Q

Name	Alternate Name	RA	Dec.	Flux[1]		E_{low}[2]	E_{high}	Type
		h m s	° ′ ″	photons $cm^{-2}s^{-1}$		MeV	MeV	
3C 273	3FGL J1229.1+0202	12 29 06	+02 03 09	9.4 E−9	±2.5E−10	1000	100000	Q
PSR J1231−1411	3FGL J1231.2−1411	12 31 16	−14 11 13	1.8 E−8	3.8E−10	1000	100000	P
3C 279	3FGL J1256.1−0547	12 56 13	−05 47 28	2.1 E−8	3.6E−10	1000	100000	Q
HESS J1303−631		13 03 00	−63 11 55	1.2 E−11	0.2E−11	>380000		N
Cen A		13 25 39	−43 00 40	3.9 E−3	2.9E−5	0.04	0.1	Q
PSR J1410−6132	3FGL J1409.7−6132	14 09 42	−61 32 06	5.3 E−9	±5.2E−10	1000	100000	P
PSR J1413−6205	3FGL J1413.4−6205	14 13 26	−62 04 30	2.8 E−8	6.4E−10	1000	100000	P
NGC 5548	H 1415+253	14 18 00	+25 07 47	3.8 E−4	7.4E−5	0.05	0.15	Q
PSR J1418−6058	3FGL J1418.6−6058	14 18 42	−60 58 11	4.1 E−8	1.2E−9	1000	100000	P
PSR J1420−6048	3FGL J1420.0−6048	14 20 07	−60 47 49	1.7 E−8	1.0E−9	1000	100000	P
H 1426+428	RGB J1428+426	14 28 33	+42 40 25	2.0 E−11	±3.5E−12	>280000		Q
PKS 1502+106	3FGL J1504.4+1029	15 04 25	+10 29 34	2.4 E−8	3.8E−10	1000	100000	Q
PKS 1510−08	3FGL J1512.8−0906	15 12 50	−09 06 09	4.1 E−8	5.1E−10	1000	100000	Q
PSR B1509−58		15 13 55	−59 08 24	9.4 E−4	4.8E−5	0.05	5	P
MSH 15−52	HESS J1514−591	15 14 07	−59 09 27	2.3 E−11	0.6E−11	>280000		N
B2 1520+31	3FGL J1522.1+3144	15 22 10	+31 44 37	1.8 E−8	±3.1E−10	1000	100000	Q
XTE J1550−564	V381 Nor	15 50 58	−56 28 36	3.2 E−3	1.9E−5	0.04	0.1	B
PG 1553+113	3FGL J1555.7+1111	15 55 43	+11 11 24	13.2E−8	0.3E−8	1000	100000	Q
HESS J1614−518		16 14 19	−51 49 12	5.8 E−11	7.7E−12	>200000		U
HESS J1616−508		16 16 24	−50 54 00	4.3 E−11	2.0E−12	>200000		N
PSR J1620−4927	3FGL J1620.8−4928	16 20 52	−49 28 30	2.5 E−8	±7.2E−10	1000	100000	P
4U 1630−47		16 34 00	−47 23 39	2.0 E−3	9.7E−6	0.04	0.1	T
HESS J1632−478	3FGL J1633.0−4746e	16 36 21	−47 40 58	2.3 E−8	8.4E−10	1000	100000	N
MRK 501		16 53 52	+39 45 37	2.8 E−11	5.0E−12	>300000		Q
OAO 1657−415	H 1657−415	17 00 47	−41 40 23	3.7 E−3	9.7E−6	0.04	0.1	B
GX 339−4	1H 1659−487	17 02 50	−48 47 23	4.2 E−3	±1.9E−5	0.04	0.1	B
4U 1700−377	V884 Sco	17 03 56	−37 50 38	1.2 E−2	9.7E−6	0.04	0.1	B
HESS J1708−443		17 08 11	−44 20 00	3.8 E−12	8.0E−13	>1000000		U
PSR J1709−4429	3FGL J1709.7−4429	17 09 43	−44 29 08	1.9 E−7	1.2E−9	1000	100000	P
RX J1713.7−3946	G 347.3−0.5	17 13 33	−39 45 44	5.3 E−12	9 E−13	>1800000		R
GX 1+4	4U 1728−24	17 32 02	−24 44 44	4.0 E−3	±9.7E−6	0.04	0.1	B
PSR J1732−3131	3FGL J1732.5−3130	17 32 34	−31 31 21	3.1 E−8	7.4E−10	1000	100000	P
PSR J1741−2054	3FGL J1741.9−2054	17 41 58	−20 54 50	1.6 E−8	4.3E−10	1000	100000	P
1E 1740.7−2942		17 44 02	−29 43 26	3.5 E−3	9.7E−6	0.04	0.1	T
IGR J17464−3213	H 1743−32	17 45 02	−32 13 36	6.9 E−3	3.4E−5	0.04	0.1	B
PSR J1747−2958	3FGL J1747.2−2958	17 45 22	−29 03 47	2.2 E−8	±8.1E−10	1000	100000	P
Galactic Center	HESS J1745−290	17 45 40	−29 00 22	2.0 E−12	1.0E−13	>1000000		U
3FGL J1745.3−2903c	3EG J1746−2851	17 45 40	−28 50 38	3.9 E−8	2.0E−9	1000	100000	U
GRO J1753+57		17 51 40	+57 10 47	5.8 E−4	1.0E−4	0.75	8	U
Swift J1753.5−0127		17 53 29	−01 27 24	6.6 E−3	1.9E−5	0.04	0.1	B
GRS 1758−258	INTEGRAL1 79	18 01 12	−25 44 36	7.2 E−3	±9.7E−6	0.04	0.1	B
W28	3FGL J1801.3−2326e	18 01 22	−23 26 24	5.3 E−8	1.0E−9	1000	100000	N
PMN J1802−3940	3FGL J1802.6−3940	18 02 39	−39 40 45	1.0 E−8	2.9E−10	1000	100000	Q
PSR J1803−2149	3FGL J1803.1−2147	18 03 12	−21 47 30	1.4 E−8	7.5E−10	1000	100000	P
HESS J1804−216		18 04 31	−21 42 00	5.32E−11	2.0E−12	>200000		U

SELECTED GAMMA RAY SOURCES, J2000.0

Name	Alternate Name	RA	Dec.	Flux[1]	E_{low}[2]	E_{high}	Type
		h m s	° ′ ″	photons cm^{-2}s^{-1}	MeV	MeV	
W30	3FGL J1805.6–2136e	18 05 38	–21 36 42	2.4E–8 ±8.9 E–10	1000	100000	N
PSR J1809–2332	3FGL J1809.8–2332	18 09 50	–23 33 35	6.4E–8 8.1 E–10	1000	100000	P
PSR J1813–1246	3FGL J1813.4–1246	18 13 24	–12 45 59	2.7E–8 5.9 E–10	1000	100000	P
M 1812–12	4U 1812–12	18 15 12	–12 05 00	2.5E–3 1.9 E–5	0.04	0.1	B
HESS J1825–137	3FGL J1824.5–1351e	18 26 05	–13 45 36	3.9E–11 2.2 E–12	>200000		N
PSR J1826–1256	3FGL J1826.1–1256	18 26 08	–12 56 33	5.3E–8 ±9.5 E–10	1000	100000	P
LS 5039	3FGL J1826.2–1450	18 26 21	–14 50 13	1.9E–8 7.0 E–10	1000	100000	B
GS 1826–24		18 29 28	–24 48	6.4E–3 9.7 E–6	0.04	0.1	B
PSR J1836+5925	3FGL J1836.2+5925	18 36 14	+59 25 30	9.9E–8 7.1 E–10	1000	100000	P
PSR J1838–0537	3FGL J1838.9–0537	18 38 56	–05 37 33	2.1E–8 1.1 E–9	1000	100000	P
W44	3FGL J1855.9+0121e	18 55 58	+01 21 18	7.1E–8 ±1.3 E–9	1000	100000	R
MGRO J1908+06	HESS J1908+063	19 07 54	+06 16 07	3.8E–12 8.0 E–13	>1000000		U
PSR J1907+0602	3FGL J1907.9+0602	19 07 55	+06 02 17	3.8E–8 7.2 E–10	1000	100000	P
W 49B	3FGL J1910.9+0906	19 11 03	+09 05 39	2.0E–8 6.8 E–10	1000	100000	N
GRS 1915+105	Nova Aql 1992	19 15 11	+10 56 45	1.2E–2 9.7 E–6	0.04	0.1	B
W51C	3FGL J1923.2+1408e	19 23 16	+14 08 42	4.0E–8 ±7.5 E–10	1000	100000	N
2HWC J1928+177		19 28 36	+17 46 48	9.3E–12 4.5 E–12	>1000000		U
NGC 6814	QSO 1939–104	19 42 40	–10 19 12	3.2E–4 8.3 E–5	0.05	0.15	Q
PSR J1952+3252	3FGL J1952.9+3253	19 52 58	+32 52 41	2.0E–8 4.3 E–10	1000	100000	P
PSR J1954+2836	3FGL J1954.2+2836	19 54 18	+28 36 18	1.5E–8 4.6 E–10	1000	100000	P
Cyg X–1	4U 1956+35	19 58 21	+35 12 00	6.6E–4 ±7.4 E–5	0.75	2	B
1ES 1959+650	QSO B1959+650	20 00 00	+65 08 55	4.7E–11 1.6 E–11	>180000		Q
MAGIC J2001+435	3FGL J2001.1+4352	20 01 13	+43 52 53	6.8E–10 7.0 E–11	>100000		Q
VER J2019+407		20 20 05	+40 45 26	5.2E–12 2.0 E–12	>320000		U
PSR J2021+3651	3FGL J2021.1+3651	20 21 05	+36 51 48	6.9E–8 8.1 E–10	1000	100000	P
PSR J2021+4026	3FGL J2021.5+4026	20 21 52	+40 26 26	1.2E–7 ±9.7 E–10	1000	100000	P
EXO 2030+375		20 32 13	+37 37 48	3.3E–3 1.9 E–5	0.04	0.1	B
PSR J2032+4127	3FGL J2032.2+4126	20 32 13	+41 27 25	2.5E–8 5.8 E–10	1000	100000	P
Cyg X–3		20 32 26	+40 57 28	6.8E–3 1.9 E–5	0.04	0.1	B
J2124.6+5057	IGR J21247+5058	21 24 39	+50 58 26	6.5E–4 2.9 E–5	0.04	0.1	Q
PKS 2155–304	HESS J2158–302	21 58 52	–30 13 32	1.3E–11 ±0.1 E–11	>300000		Q
PKS 2155–304	3FGL J2158.8–3013	21 58 52	–30 13 32	2.2E–8 3.9 E–10	1000	100000	Q
PSR J2229+6114	3FGL J2229.0+6114	22 29 05	+61 14 29	2.9E–8 4.6 E–10	1000	100000	P
3C 454.3	3FGL J2254.0+1608	22 53 59	+16 08 58	1.1E–7 7.3 E–10	1000	100000	Q
Cas A	1H 2321+585	23 23 12	+58 48 36	2.8E–4 6.60E–5	0.04	0.25	R

Notes to Table

[1] Integrated flux over the low (< 100 KeV), high (100 MeV to 100 GeV), or very high (> 100 GeV) energy range; some sources are bright in multiple energy ranges.

[2] > indicates a lower limit energy value; flux is the integral observed flux.

[3] For SN1987A, flux is only for single observed spectral line.

B Binary system
G Galaxy
N Nebula/diffuse
P Pulsar
Q Quasar
R Supernova remnant
T Transient
U Unknown

CONTENTS OF SECTION J

NOTES

Beginning with the 1997 edition of *The Astronomical Almanac*, observatories in the general list are alphabetical first by country and then by observatory name within the country. If the country in which an observatory is located is unknown, it may be found in the index list. Taking Ebro Observatory as an example, the index list refers the reader to Spain, under which Ebro is listed in the general list.

Observatories in England, Northern Ireland, Scotland and Wales will be found under United Kingdom. Observatories in the United States will be found under the appropriate state, under United States of America (USA). Thus, the W.M. Keck Observatory is under USA, Hawaii. In the index list it is listed under Keck, W.M. and W.M. Keck, with referrals to Hawaii (USA) in the general list.

The "Location" column in the general list gives the city or town associated with the observatory, sometimes with the name of the mountain on which the observatory is actually located. Since some institutions have observatories located outside of their native countries, the "Location" column indicates the locale of the observatory, but not necessarily the ownership by that country. In the "Observatory Name" column of the general list, observatories with radio instruments, infrared instruments, or laser instruments are designated with an 'R', 'I', or 'L', respectively. The height of the observatory is given, in the final column, in meters (m) above mean sea level (m.s.l.); observatories for which the height is unknown at the time of publication have a "——" in the "Height" column.

Beginning with the 2012 edition of *The Astronomical Almanac*, the general list includes observatory codes as designated by the IAU Minor Planet Center (MPC), for some observatories; these codes are given in the "MPC Code" column.

Finally, readers interested in only a subset of the observatories—for example, those from a certain country (or few countries) or those with radio (or infrared or laser) instruments—may wish to use the observatory search feature on *The Astronomical Almanac Online* (see below).

INDEX LIST

INDEX LIST

Observatory Name	Location
Crimean	Ukraine
CSIRO Ast. and Space Sci. (CASS)	Australia
Daeduk	Korea
Damecuta	Italy
Dark Sky	North Carolina (USA)
Dearborn	Illinois (USA)
Deep Space Station	Australia
Deep Space Station	Spain
Devon	Canada
Dick Mountain Station	Colorado (USA)
Dodaira	Japan
Dominion	Canada
Dr. Carlos U. Cesco Sta.	Argentina
Dunsink	Ireland
Dwingeloo	Netherlands
Dyer, Arthur J.	Tennessee (USA)
Ebro	Spain
Ege University	Turkey
Einstein Tower	Germany
El Leoncito Ast. Complex	Argentina
Elginfield	Canada
Emory University	Georgia (USA)
Engelhardt	Russia
Erwin W. Fick	Iowa (USA)
European Incoherent Scatter Facility	Finland
European Incoherent Scatter Facility	Norway
European Incoherent Scatter Facility	Sweden
European Southern	Chile
Fan Mountain Station	Virginia (USA)
Félix Aguilar	Argentina
Fernbank	Georgia (USA)
Fick, Erwin W.	Iowa (USA)
Figl, L.	Austria
FitzRandolph	New Jersey (USA)
Five College	Massachusetts (USA)
Fleurs	Australia
Florence and George Wise	Israel
Florida, Univ. of	Florida (USA)
Foerster, Wilhelm	Germany
Fort Skala Station	Poland
Foster, Manuel	Chile
Franklin Institute, The	Pennsylvania (USA)
Fred L. Whipple	Arizona (USA)
Friedrich Schiller University	Germany
Fujigane Station	Japan
Gale, Grant O.	Iowa (USA)
Gauribidanur	India
Gemini North	Hawaii (USA)
Gemini South	Chile
Geneva	Switzerland

Observatory Name	Location
Geodetical Faculty	Croatia
George R. Agassiz Station	Texas (USA)
George R. Wallace Jr.	Massachusetts (USA)
George Wise, Florence and	Israel
German Spanish Ast. Center	Spain
Glasgow, Univ. of	United Kingdom
Goddard Space Flight Center	Maryland (USA)
Godlee	United Kingdom
Goethe Link	Indiana (USA)
Goldstone Complex	California (USA)
Gornergrat North and South	Switzerland
Göttingen University	Germany
Grainger	New Hampshire (USA)
Grant O. Gale	Iowa (USA)
Graz, Univ. of	Austria
Grenoble	France
Griffith	California (USA)
GSFC Optical Test Site	Maryland (USA)
Guanajuato, Univ.	Mexico
Guillermo Haro	Mexico
Gurushikhar	India
Haleakala	Hawaii (USA)
Hamburg	Germany
Hard Labor Creek	Georgia (USA)
Haro, Guillermo	Mexico
Hartebeeshoek	South Africa
Hartung–Boothroyd	New York (USA)
Harvard–Smith. Ctr. for Astrophys.	Massachusetts (USA)
Hat Creek	California (USA)
Haute–Provence, Obs. of	France
Haystack	Massachusetts (USA)
Heidelberg	Germany
Heliophysical	Hungary
Helsinki, Univ. of	Finland
Helwân	Egypt
Hida	Japan
High Alpine	Switzerland
Hiraiso Solar Terr. Rsch. Center	Japan
Hoher List	Germany
Hopkins	Massachusetts (USA)
Hvar	Croatia
Hydrographic	Japan
Incoherent Scatter Facility	Greenland
Incoherent Scatter Facility, European	Finland
Incoherent Scatter Facility, European	Norway
Incoherent Scatter Facility, European	Sweden
Indian	India
Institute of Astrophysics	Tadzhikistan
Institute of Geodesy	Germany
Institute of Radio Astronomy	Ukraine
Institute of Solar Research (IRSOL)	Switzerland
International Latitude	Italy

INDEX LIST

INDEX LIST

INDEX LIST

Observatory Name	MPC Code	Location	East Longitude	Latitude	Height (m.s.l.)
			° ′	° ′	m
Algeria					
Algiers Obs.	008	Bouzaréa	+ 3 02.1	+ 36 48.1	345
Argentina					
Argentine Radio Ast. Inst.	R	Villa Elisa	− 58 08.2	− 34 52.1	11
Córdoba Ast. Obs.	822	Córdoba	− 64 11.8	− 31 25.3	434
Córdoba Obs. Astrophys. Sta.	821	Bosque Alegre	− 64 32.8	− 31 35.9	1250
Dr. Carlos U. Cesco Sta.		San Juan/El Leoncito	− 69 19.8	− 31 48.1	2348
El Leoncito Ast. Complex	808	San Juan/El Leoncito	− 69 18.0	− 31 48.0	2552
Félix Aguilar Obs.		San Juan	− 68 37.2	− 31 30.6	700
La Plata Ast. Obs.	839	La Plata	− 57 55.9	− 34 54.5	17
National Obs. of Cosmic Physics		San Miguel	− 58 43.9	− 34 33.4	37
Naval Obs.		Buenos Aires	− 58 21.3	− 34 37.3	6
Armenia					
Byurakan Astrophysical Obs.	R 123	Yerevan/Mt. Aragatz	+ 44 17.5	+ 40 20.1	1500
Australia					
Anglo–Australian Obs.	I	Coonabarabran/Siding Spg., NSW	+ 149 04.0	− 31 16.6	1164
Australian Natl. Radio Ast. Obs.	R	Parkes, NSW	+ 148 15.7	− 33 00.0	392
CSIRO Ast. and Space Sci. (CASS)	R	Culgoora, NSW	+ 149 33.7	− 30 18.9	217
Deep Space Sta.	R	Tidbinbilla, ACT	+ 148 58.8	− 35 24.1	656
Fleurs Radio Obs.	R	Kemps Creek, NSW	+ 150 46.5	− 33 51.8	45
Molonglo Radio Obs.	R	Hoskinstown, NSW	+ 149 25.4	− 35 22.3	732
Mopra Radio Obs.	R	Coonabarabran, NSW	+ 149 06.0	− 31 16.1	866
Mount Pleasant Radio Ast. Obs.	R	Hobart, Tasmania	+ 147 26.4	− 42 48.3	43
Mount Stromlo Obs.	414	Canberra/Mt. Stromlo, ACT	+ 149 00.5	− 35 19.2	767
Perth Obs.	323	Bickley, Western Australia	+ 116 08.1	− 32 00.5	391
Riverview College Obs.		Lane Cove, NSW	+ 151 09.5	− 33 49.8	25
Siding Spring Obs.	413	Coonabarabran/Siding Spg., NSW	+ 149 03.7	− 31 16.4	1149
Austria					
Kanzelhöhe Solar Obs.		Klagenfurt/Kanzelhöhe	+ 13 54.4	+ 46 40.7	1526
Kuffner Obs.		Vienna	+ 16 17.8	+ 48 12.8	302
L. Figl Astrophysical Obs.	562	St. Corona at Schöpfl	+ 15 55.4	+ 48 05.0	890
Lustbühel Obs.	580	Graz	+ 15 29.7	+ 47 03.9	480
Purgathofer Obs.	A96	Klosterneuburg	+ 16 17.2	+ 48 17.8	399
Univ. of Graz Obs.		Graz	+ 15 27.1	+ 47 04.7	375
Urania Obs.	602	Vienna	+ 16 23.1	+ 48 12.7	193
Vienna Univ. Obs.	045	Vienna	+ 16 20.2	+ 48 13.9	241
Belgium					
Ast. and Astrophys. Inst.		Brussels	+ 4 23.0	+ 50 48.8	147
Cointe Obs.	623	Liège	+ 5 33.9	+ 50 37.1	127
Royal Obs. Radio Ast. Sta.	R	Humain	+ 5 15.3	+ 50 11.5	293
Royal Obs. of Belgium	R 012	Uccle	+ 4 21.5	+ 50 47.9	105
Brazil					
Abrahão de Moraes Obs.	R 860	Valinhos	− 46 58.0	− 23 00.1	850
Antares Ast. Obs.		Feira de Santana	− 38 57.9	− 12 15.4	256
Itapetinga Radio Obs.	R	Atibaia	− 46 33.5	− 23 11.1	806
Morro Santana Obs.		Porto Alegre	− 51 07.6	− 30 03.2	300
National Obs.	880	Rio de Janeiro	− 43 13.4	− 22 53.7	33
Pico dos Dias Obs.	874	Itajubá/Pico dos Dias	− 45 35.0	− 22 32.1	1870
Piedade Obs.		Belo Horizonte	− 43 30.7	− 19 49.3	1746
Valongo Obs.		Rio de Janeiro/Mt. Valongo	− 43 11.2	− 22 53.9	52

Observatory Name	MPC Code	Location	East Longitude	Latitude	Height (m.s.l.)
			° ′	° ′	m
Bulgaria					
Belogradchik Ast. Obs.		Belogradchik	+ 22 40.5	+ 43 37.4	650
Rozhen National Ast. Obs.	071	Rozhen	+ 24 44.6	+ 41 41.6	1759
Canada					
Algonquin Radio Obs. R		Lake Traverse, Ontario	− 78 04.4	+ 45 57.3	260
Climenhaga Obs.	657	Victoria, British Columbia	− 123 18.5	+ 48 27.8	74
Devon Ast. Obs.		Devon, Alberta	− 113 45.5	+ 53 23.4	708
Dominion Astrophysical Obs.		Victoria, British Columbia	− 123 25.0	+ 48 31.2	238
Dominion Radio Astrophys. Obs. R		Penticton, British Columbia	− 119 37.2	+ 49 19.2	545
Elginfield Obs.	440	London, Ontario	− 81 18.9	+ 43 11.5	323
Mont Mégantic Ast. Obs.	301	Mégantic/Mont Mégantic, Quebec	− 71 09.2	+ 45 27.3	1114
Rothney Astrophysical Obs. I	661	Priddis, Alberta	− 114 17.3	+ 50 52.1	1272
Chile					
Cerro Calán National Ast. Obs.	806	Santiago/Cerro Calán	− 70 32.8	− 33 23.8	860
Cerro El Roble Ast. Obs.	805	Santiago/Cerro El Roble	− 71 01.2	− 32 58.9	2220
Cerro Tololo Inter–Amer. Obs. R,I	807	La Serena/Cerro Tololo	− 70 48.9	− 30 09.9	2215
European Southern Obs. R	809	La Serena/Cerro La Silla	− 70 43.8	− 29 15.4	2347
Gemini South Obs.	I11	La Serena/Cerro Pachón	− 70 44.2	− 30 14.4	2748
Las Campanas Obs.	304	Vallenar/Cerro Las Campanas	− 70 42.0	− 29 00.5	2282
Maipu Radio Ast. Obs. R		Maipu	− 70 51.5	− 33 30.1	446
Manuel Foster Astrophys. Obs.		Santiago/Cerro San Cristobal	− 70 37.8	− 33 25.1	840
Paranal Obs.	309	Antofagasta/Cerro Paranal	− 70 24.2	− 24 37.5	2635
China, People's Republic of					
Beijing Normal Univ. Obs. R		Beijing	+ 116 21.6	+ 39 57.4	70
Beijing Obs. Sta. R		Miyun	+ 116 45.9	+ 40 33.4	160
Beijing Obs. Sta. R,L	324	Shahe	+ 116 19.7	+ 40 06.1	40
Beijing Obs. Sta.		Tianjing	+ 117 03.5	+ 39 08.0	5
Beijing Obs. Sta. I	327	Xinglong	+ 117 34.5	+ 40 23.7	870
Purple Mountain Obs. R	330	Nanjing/Purple Mtn.	+ 118 49.3	+ 32 04.0	267
Shaanxi Ast. Obs. R		Lintong	+ 109 33.1	+ 34 56.7	468
Shanghai Obs. Sta. R,L		Sheshan	+ 121 11.2	+ 31 05.8	100
Shanghai Obs. Sta. R		Urumqui	+ 87 10.7	+ 43 28.3	2080
Shanghai Obs. Sta. R		Xujiahui	+ 121 25.6	+ 31 11.4	5
Wuchang Time Obs. L		Wuhan	+ 114 20.7	+ 30 32.5	28
Yunnan Obs. R	286	Kunming	+ 102 47.3	+ 25 01.5	1940
Colombia					
National Ast. Obs.		Bogotá	− 74 04.9	+ 4 35.9	2640
Croatia, Republic of					
Geodetical Faculty Obs.		Zagreb	+ 16 01.3	+ 45 49.5	146
Hvar Obs.		Hvar	+ 16 26.9	+ 43 10.7	238
Czech Republic					
Charles Univ. Ast. Inst.	541	Prague	+ 14 23.7	+ 50 04.6	267
Nicholas Copernicus Obs.	616	Brno	+ 16 35.0	+ 49 12.2	304
Ondřejov Obs. R	557	Ondřejov	+ 14 47.0	+ 49 54.6	533
Prostějov Obs.		Prostějov	+ 17 09.8	+ 49 29.2	225
Valašské Meziříčí Obs.		Valašské Meziříčí	+ 17 58.5	+ 49 27.8	338

Observatory Name		MPC Code	Location	East Longitude	Latitude	Height (m.s.l.)
				° ′	° ′	m
Denmark						
Copenhagen Univ. Obs.		054	Brorfelde	+ 11 40.0	+ 55 37.5	90
Copenhagen Univ. Obs.		035	Copenhagen	+ 12 34.6	+ 55 41.2	——
Ole Rømer Obs.		155	Aarhus	+ 10 11.8	+ 56 07.7	50
Ecuador						
Quito Ast. Obs.		781	Quito	− 78 29.9	− 0 13.0	2818
Egypt						
Helwân Obs.		087	Helwân	+ 31 22.8	+ 29 51.5	116
Kottamia Obs.		088	Kottamia	+ 31 49.5	+ 29 55.9	476
Estonia						
Wilhelm Struve Astrophys. Obs.			Tartu	+ 26 28.0	+ 58 16.0	——
Finland						
European Incoh. Scatter Facility	R		Sodankylä	+ 26 37.6	+ 67 21.8	197
Metsähovi Obs.			Kirkkonummi	+ 24 23.8	+ 60 13.2	60
Metsähovi Obs. Radio Rsch. Sta.	R		Kirkkonummi	+ 24 23.6	+ 60 13.1	61
Tuorla Obs.		063	Piikkiö	+ 22 26.8	+ 60 25.0	40
Univ. of Helsinki Obs.		569	Helsinki	+ 24 57.3	+ 60 09.7	33
France						
Besançon Obs.		016	Besançon	+ 5 59.2	+ 47 15.0	312
Bordeaux Univ. Obs.	R	999	Floirac	− 0 31.7	+ 44 50.1	73
Côte d'Azur Obs.		020	Nice/Mont Gros	+ 7 18.1	+ 43 43.4	372
Côte d'Azur Obs. Calern Sta.	I,L		St. Vallier–de–Thiey	+ 6 55.6	+ 43 44.9	1270
Grenoble Obs.	R		Gap/Plateau de Bure	+ 5 54.5	+ 44 38.0	2552
Lyon Univ. Obs.		513	St. Genis Laval	+ 4 47.1	+ 45 41.7	299
Meudon Obs.		005	Meudon	+ 2 13.9	+ 48 48.3	162
Millimeter Radio Ast. Inst.	R		Gap/Plateau de Bure	+ 5 54.4	+ 44 38.0	2552
Obs. of Haute–Provence		511	Forcalquier/St. Michel	+ 5 42.8	+ 43 55.9	665
Paris Obs.		007	Paris	+ 2 20.2	+ 48 50.2	67
Paris Obs. Radio Ast. Sta.	R		Nançay	+ 2 11.8	+ 47 22.8	150
Pic du Midi Obs.		586	Bagnères–de–Bigorre	+ 0 08.7	+ 42 56.2	2861
Strasbourg Obs.		522	Strasbourg	+ 7 46.2	+ 48 35.0	142
Toulouse Univ. Obs.		004	Toulouse	+ 1 27.8	+ 43 36.7	195
Georgia						
Abastumani Astrophysical Obs.	R	119	Abastumani/Mt. Kanobili	+ 42 49.3	+ 41 45.3	1583
Germany						
Archenhold Obs.		604	Berlin	+ 13 28.7	+ 52 29.2	41
Bochum Obs.			Bochum	+ 7 13.4	+ 51 27.9	132
Central Inst. for Earth Physics			Potsdam	+ 13 04.0	+ 52 22.9	91
Einstein Tower Solar Obs.	R		Potsdam	+ 13 03.9	+ 52 22.8	100
Friedrich Schiller Univ. Obs.		032	Jena	+ 11 29.2	+ 50 55.8	356
Göttingen Univ. Obs.		528	Göttingen	+ 9 56.6	+ 51 31.8	159
Hamburg Obs.		029	Bergedorf	+ 10 14.5	+ 53 28.9	45
Hoher List Obs.		017	Daun/Hoher List	+ 6 51.0	+ 50 09.8	533
Inst. of Geodesy Ast. Obs.			Hannover	+ 9 42.8	+ 52 23.3	71
Karl Schwarzschild Obs.		033	Tautenburg	+ 11 42.8	+ 50 58.9	331
Lohrmann Obs.		040	Dresden	+ 13 52.3	+ 51 03.0	324
Max Planck Inst. for Radio Ast.	R		Effelsberg	+ 6 53.1	+ 50 31.6	369
Munich Univ. Obs.		532	Munich	+ 11 36.5	+ 48 08.7	529
Potsdam Astrophysical Obs.		042	Potsdam	+ 13 04.0	+ 52 22.9	107

Observatory Name	MPC Code	Location	East Longitude	Latitude	Height (m.s.l.)
			° ′	° ′	m
Germany, cont.					
Remeis Obs.	521	Bamberg	+ 10 53.4	+ 49 53.1	288
Schauinsland Obs.		Freiburg/Schauinsland Mtn.	+ 7 54.4	+ 47 54.9	1240
Sonneberg Obs.	031	Sonneberg	+ 11 11.5	+ 50 22.7	640
State Obs.	024	Heidelberg/Königstuhl	+ 8 43.3	+ 49 23.9	570
Stockert Radio Obs.	R	Eschweiler	+ 6 43.4	+ 50 34.2	435
Stuttgart Obs.		Welzheim	+ 9 35.8	+ 48 52.5	547
Swabian Obs.	025	Stuttgart	+ 9 11.8	+ 48 47.0	354
Tremsdorf Radio Ast. Obs.	R	Tremsdorf	+ 13 08.2	+ 52 17.1	35
Tübingen Univ. Ast. Obs.		Tübingen	+ 9 03.5	+ 48 32.3	470
Wendelstein Solar Obs.	230	Brannenburg	+ 12 00.8	+ 47 42.5	1838
Wilhelm Foerster Obs.	544	Berlin	+ 13 21.2	+ 52 27.5	78
Greece					
Kryonerion Ast. Obs.		Kiáton/Mt. Killini	+ 22 37.3	+ 37 58.4	905
National Obs. Sta.	R	Pentele	+ 23 51.8	+ 38 02.9	509
National Obs. of Athens	066	Athens	+ 23 43.2	+ 37 58.4	110
Stephanion Obs.		Stephanion	+ 22 49.7	+ 37 45.3	800
Univ. of Thessaloníki Obs.		Thessaloníki	+ 22 57.5	+ 40 37.0	28
Greenland					
Incoherent Scatter Facility	R	Søndre Strømfjord	− 50 57.0	+ 66 59.2	180
Hungary					
Heliophysical Obs.		Debrecen	+ 21 37.4	+ 47 33.6	132
Heliophysical Obs. Sta.		Gyula	+ 21 16.2	+ 46 39.2	135
Konkoly Obs.	053	Budapest	+ 18 57.9	+ 47 30.0	474
Konkoly Obs. Sta.	561	Piszkéstetö	+ 19 53.7	+ 47 55.1	958
Urania Obs.		Budapest	+ 19 03.9	+ 47 29.1	166
India					
Aryabhatta Res. Inst. of Obs. Sci.		Naini Tal/Manora Peak	+ 79 27.4	+ 29 21.7	1927
Gauribidanur Radio Obs.	R	Gauribidanur	+ 77 26.1	+ 13 36.2	686
Gurushikhar Infrared Obs.	I	Abu	+ 72 46.8	+ 24 39.1	1700
Indian Ast. Obs.		Hanle/Mt. Saraswati	+ 78 57.9	+ 32 46.8	4467
Japal–Rangapur Obs.	R	219	Japal	+ 78 43.7	+ 17 05.9	695
Kodaikanal Solar Obs.		Kodaikanal	+ 77 28.1	+ 10 13.8	2343
National Centre for Radio Aph.		Khodad	+ 74 03.0	+ 19 06.0	650
Nizamiah Obs.		Hyderabad	+ 78 27.2	+ 17 25.9	554
Radio Ast. Center	R	Udhagamandalam (Ooty)	+ 76 40.0	+ 11 22.9	2150
Vainu Bappu Obs.	220	Kavalur	+ 78 49.6	+ 12 34.6	725
Indonesia					
Bosscha Obs.	299	Lembang (Java)	+ 107 37.0	− 6 49.5	1300
Ireland					
Dunsink Obs.		Castleknock	− 6 20.3	+ 53 23.2	75
Israel					
Florence and George Wise Obs.	097	Mitzpe Ramon/Mt. Zin	+ 34 45.8	+ 30 35.8	874
Italy					
Arcetri Astrophysical Obs.	030	Arcetri	+ 11 15.3	+ 43 45.2	184
Asiago Astrophysical Obs.	043	Asiago	+ 11 31.7	+ 45 51.7	1045
Bologna Univ. Obs.	598	Loiano	+ 11 20.2	+ 44 15.5	785
Brera–Milan Ast. Obs.	096	Merate	+ 9 25.7	+ 45 42.0	340

Observatory Name	MPC Code	Location	East Longitude	Latitude	Height (m.s.l.)
			° ′	° ′	m
Italy, cont.					
Brera–Milan Ast. Obs.	027	Milan	+ 9 11.5	+ 45 28.0	146
Cagliari Ast. Obs.	L	Capoterra	+ 8 58.6	+ 39 08.2	205
Capodimonte Ast. Obs.	044	Naples	+ 14 15.3	+ 40 51.8	150
Catania Astrophysical Obs.	156	Catania	+ 15 05.2	+ 37 30.2	47
Catania Obs. Stellar Sta.		Catania/Serra la Nave	+ 14 58.4	+ 37 41.5	1735
Chaonis Obs.	567	Chions	+ 12 42.7	+ 45 50.6	15
Collurania Ast. Obs.	037	Teramo	+ 13 44.0	+ 42 39.5	388
Damecuta Obs.		Anacapri	+ 14 11.8	+ 40 33.5	137
International Latitude Obs.		Carloforte	+ 8 18.7	+ 39 08.2	22
Medicina Radio Ast. Sta.	R	Medicina	+ 11 38.7	+ 44 31.2	44
Mount Ekar Obs.	098	Asiago/Mt. Ekar	+ 11 34.3	+ 45 50.6	1350
Padua Ast. Obs.	533	Padua	+ 11 52.3	+ 45 24.0	38
Palermo Univ. Ast. Obs.	535	Palermo	+ 13 21.5	+ 38 06.7	72
Rome Obs.	034	Rome/Monte Mario	+ 12 27.1	+ 41 55.3	152
San Vittore Obs.	552	Bologna	+ 11 20.5	+ 44 28.1	280
Trieste Ast. Obs.	R A82	Trieste	+ 13 52.5	+ 45 38.5	400
Turin Ast. Obs.	022	Pino Torinese	+ 7 46.5	+ 45 02.3	622
Japan					
Dodaira Obs.	L 387	Tokyo/Mt. Dodaira	+ 139 11.8	+ 36 00.2	879
Hida Obs.		Kamitakara	+ 137 18.5	+ 36 14.9	1276
Hiraiso Solar Terr. Rsch. Center	R	Nakaminato	+ 140 37.5	+ 36 22.0	27
Kagoshima Space Center	R	Uchinoura	+ 131 04.0	+ 31 13.7	228
Kashima Space Research Center	R	Kashima	+ 140 39.8	+ 35 57.3	32
Kiso Obs.	381	Kiso	+ 137 37.7	+ 35 47.6	1130
Kwasan Obs.	377	Kyoto	+ 135 47.6	+ 34 59.7	221
Kyoto Univ. Ast. Dept. Obs.		Kyoto	+ 135 47.2	+ 35 01.7	86
Kyoto Univ. Physics Dept. Obs.		Kyoto	+ 135 47.2	+ 35 01.7	80
Mizusawa Astrogeodynamics Obs.		Mizusawa	+ 141 07.9	+ 39 08.1	61
Nagoya Univ. Fujigane Sta.	R	Kamiku Isshiki	+ 138 36.7	+ 35 25.6	1015
Nagoya Univ. Radio Ast. Lab.	R	Nagoya	+ 136 58.4	+ 35 08.9	75
Nagoya Univ. Sugadaira Sta.	R	Toyokawa	+ 138 19.3	+ 36 31.2	1280
Nagoya Univ. Toyokawa Sta.	R	Toyokawa	+ 137 22.2	+ 34 50.1	25
National Ast. Obs.	R 388	Mitaka	+ 139 32.5	+ 35 40.3	58
Nobeyama Cosmic Radio Obs.	R	Nobeyama	+ 138 29.0	+ 35 56.0	1350
Nobeyama Solar Radio Obs.	R	Nobeyama	+ 138 28.8	+ 35 56.3	1350
Norikura Solar Obs.	I 382	Matsumoto/Mt. Norikura	+ 137 33.3	+ 36 06.8	2876
Okayama Astrophysical Obs.	371	Kurashiki/Mt. Chikurin	+ 133 35.8	+ 34 34.4	372
Sendai Ast. Obs.	D93	Sendai	+ 140 51.9	+ 38 15.4	45
Simosato Hydrographic Obs.	R,L	Simosato	+ 135 56.4	+ 33 34.5	63
Sirahama Hydrographic Obs.		Sirahama	+ 138 59.3	+ 34 42.8	172
Tohoku Univ. Obs.		Sendai	+ 140 50.6	+ 38 15.4	153
Tokyo Hydrographic Obs.		Tokyo	+ 139 46.2	+ 35 39.7	41
Toyokawa Obs.	R	Toyokawa	+ 137 22.3	+ 34 50.2	18
Kazakhstan					
Mountain Obs.	210	Alma–Ata	+ 76 57.4	+ 43 11.3	1450
Korea, Republic of					
Bohyunsan Optical Ast. Obs.	344	Youngchun/Mt. Bohyun	+ 128 58.6	+ 36 10.0	1127
Daeduk Radio Ast. Obs.	R	Taejeon	+ 127 22.3	+ 36 23.9	120
Korea Ast. Obs.		Taejeon	+ 127 22.3	+ 36 23.9	120
Sobaeksan Ast. Obs.	245	Danyang	+ 128 27.4	+ 36 56.0	1390

Observatory Name	MPC Code	Location	East Longitude	Latitude	Height (m.s.l.)
			° ′	° ′	m
Latvia					
Latvian State Univ. Ast. Obs.	L	Riga	+ 24 07.0	+ 56 57.1	39
Riga Radio–Astrophysical Obs.	R	Riga	+ 24 24.0	+ 56 47.0	75
Lithuania					
Moletai Ast. Obs.	152	Moletai	+ 25 33.8	+ 55 19.0	220
Vilnius Ast. Obs.	570	Vilnius	+ 25 17.2	+ 54 41.0	122
Mexico					
Guillermo Haro Astrophys. Obs.		Cananea/La Mariquita Mtn.	– 110 23.0	+ 31 03.2	2480
Large Millimeter Telescope (LMT)	R	Sierra Negra	– 97 18.9	+ 18 59.1	4600
National Ast. Obs.		San Felipe (Baja California)	– 115 27.8	+ 31 02.6	2830
National Ast. Obs.	R	Tonantzintla	– 98 18.8	+ 19 02.0	2150
Univ. Guanajuato Obs.		Mineral de La Luz (Guanajuato)	– 101 19.5	+ 21 03.2	2420
Netherlands					
Catholic Univ. Ast. Inst.		Nijmegen	+ 5 52.1	+ 51 49.5	62
Dwingeloo Radio Obs.	R	Dwingeloo	+ 6 23.8	+ 52 48.8	25
Kapteyn Obs.		Roden	+ 6 26.6	+ 53 07.7	12
Leiden Obs.	013	Leiden	+ 4 29.1	+ 52 09.3	12
Simon Stevin Obs.	R 505	Hoeven	+ 4 33.8	+ 51 34.0	9
Sonnenborgh Obs.	015	Utrecht	+ 5 07.8	+ 52 05.2	14
Westerbork Radio Ast. Obs.	R	Westerbork	+ 6 36.3	+ 52 55.0	16
New Zealand					
Auckland Obs.	467	Auckland	+ 174 46.7	– 36 54.4	80
Carter Obs.	485	Wellington	+ 174 46.0	– 41 17.2	129
Carter Obs. Sta.	483	Blenheim/Black Birch	+ 173 48.2	– 41 44.9	1396
Mount John Univ. Obs.	474	Lake Tekapo/Mt. John	+ 170 27.9	– 43 59.2	1027
Norway					
European Incoh. Scatter Facility	R	Tromsø	+ 19 31.2	+ 69 35.2	85
Skibotn Ast. Obs.	093	Skibotn	+ 20 21.9	+ 69 20.9	157
Philippine Islands					
Manila Obs.	R	Quezon City	+ 121 04.6	+ 14 38.2	58
Pagasa Ast. Obs.		Quezon City	+ 121 04.3	+ 14 39.2	70
Poland					
Astronomical Latitude Obs.	L 187	Borowiec	+ 17 04.5	+ 52 16.6	80
Jagellonian Obs. Ft. Skala Sta.	R	Cracow	+ 19 49.6	+ 50 03.3	314
Jagellonian Univ. Ast. Obs.	055	Cracow	+ 19 57.6	+ 50 03.9	225
Mount Suhora Obs.		Koninki/Mt. Suhora	+ 20 04.0	+ 49 34.2	1000
Piwnice Ast. Obs.	R 092	Piwnice	+ 18 33.4	+ 53 05.7	100
Poznań Univ. Ast. Obs.	L 047	Poznań	+ 16 52.7	+ 52 23.8	85
Warsaw Univ. Ast. Obs.	060	Ostrowik	+ 21 25.2	+ 52 05.4	138
Wroclaw Univ. Ast. Obs.		Wroclaw	+ 17 05.3	+ 51 06.7	115
Wroclaw Univ. Bialkow Sta.		Wasosz	+ 16 39.6	+ 51 28.5	140
Portugal					
Coimbra Ast. Obs.		Coimbra	– 8 25.8	+ 40 12.4	99
Lisbon Ast. Obs.	971	Lisbon	– 9 11.2	+ 38 42.7	111
Prof. Manuel de Barros Obs.	R	Vila Nova de Gaia	– 8 35.3	+ 41 06.5	232

Observatory Name		MPC Code	Location	East Longitude	Latitude	Height (m.s.l.)
				° ′	° ′	m
Puerto Rico						
Arecibo Obs.	R	251	Arecibo	− 66 45.2	+ 18 20.6	496
Romania						
Bucharest Ast. Obs.		073	Bucharest	+ 26 05.8	+ 44 24.8	81
Cluj–Napoca Ast. Obs.			Cluj–Napoca	+ 23 35.9	+ 46 42.8	750
Russia						
Engelhardt Ast. Obs.		136	Kazan	+ 48 48.9	+ 55 50.3	98
Irkutsk Ast. Obs.			Irkutsk	+ 104 20.7	+ 52 16.7	468
Kaliningrad Univ. Obs.		058	Kaliningrad	+ 20 29.7	+ 54 42.8	24
Kazan Univ. Obs.		135	Kazan	+ 49 07.3	+ 55 47.4	79
Pulkovo Obs.	R	084	Pulkovo	+ 30 19.6	+ 59 46.4	75
Pulkovo Obs. Sta.			Kislovodsk/Shat Jat Mass Mtn.	+ 42 31.8	+ 43 44.0	2130
Sayan Mtns. Radiophys. Obs.			Sayan Mountains	+ 102 12.5	+ 51 45.5	832
Special Astrophysical Obs.	R	115	Zelenchukskaya/Pasterkhov Mtn.	+ 41 26.5	+ 43 39.2	2100
St. Petersburg Univ. Obs.			St. Petersburg	+ 30 17.7	+ 59 56.5	3
Sternberg State Ast. Inst.		105	Moscow	+ 37 32.7	+ 55 42.0	195
Tomsk Univ. Obs.		236	Tomsk	+ 84 56.8	+ 56 28.1	130
Serbia						
Belgrade Ast. Obs.		057	Belgrade	+ 20 30.8	+ 44 48.2	253
Slovakia						
Lomnický Štít Coronal Obs.		059	Poprad/Mt. Lomnický Štít	+ 20 13.2	+ 49 11.8	2632
Skalnaté Pleso Obs.		056	Poprad	+ 20 14.7	+ 49 11.3	1783
Slovak Technical Univ. Obs.			Bratislava	+ 17 07.2	+ 48 09.3	171
South Africa, Republic of						
Boyden Obs.		074	Mazelspoort	+ 26 24.3	− 29 02.3	1387
Hartebeeshoek Radio Ast. Obs.	R		Hartebeeshoek	+ 27 41.1	− 25 53.4	1391
Leiden Obs. Southern Sta.		081	Hartebeespoort	+ 27 52.6	− 25 46.4	1220
South African Ast. Obs.		051	Cape Town	+ 18 28.7	− 33 56.1	18
South African Ast. Obs. Sta.			Sutherland	+ 20 48.7	− 32 22.7	1771
Southern African Large Telescope		B31	Sutherland	+ 20 48.6	− 32 22.8	1798
Spain						
Deep Space Sta.	R		Cebreros	− 4 22.0	+ 40 27.3	789
Deep Space Sta.	R		Robledo	− 4 14.9	+ 40 25.8	774
Ebro Obs.	R		Roquetas	+ 0 29.6	+ 40 49.2	50
German Spanish Ast. Center			Gérgal/Calar Alto Mtn.	− 2 32.2	+ 37 13.8	2168
Millimeter Radio Ast. Inst.	R		Granada/Pico Veleta	− 3 24.0	+ 37 04.1	2870
National Ast. Obs.		990	Madrid	− 3 41.1	+ 40 24.6	670
National Obs. Ast. Center	R	491	Yebes	− 3 06.0	+ 40 31.5	914
Naval Obs.	L		San Fernando	− 6 12.2	+ 36 28.0	27
Ramon Maria Aller Obs.			Santiago de Compostela	− 8 33.6	+ 42 52.5	240
Roque de los Muchachos Obs.			La Palma Island (Canaries)	− 17 52.9	+ 28 45.6	2326
Teide Obs.	R,I		Tenerife Island (Canaries)	− 16 29.8	+ 28 17.5	2395
Sweden						
European Incoh. Scatter Facility	R		Kiruna	+ 20 26.1	+ 67 51.6	418
Kvistaberg Obs.		049	Bro	+ 17 36.4	+ 59 30.1	33
Lund Obs.		039	Lund	+ 13 11.2	+ 55 41.9	34
Lund Obs. Jävan Sta.			Björnstorp	+ 13 26.0	+ 55 37.4	145
Onsala Space Obs.	R		Onsala	+ 11 55.1	+ 57 23.6	24
Stockholm Obs.		052	Saltsjöbaden	+ 18 18.5	+ 59 16.3	60

Observatory Name	MPC Code	Location	East Longitude ° ′	Latitude ° ′	Height (m.s.l.) m
Switzerland					
Arosa Astrophysical Obs.		Arosa	+ 9 40.1	+ 46 47.0	2050
Basle Univ. Ast. Inst.		Binningen	+ 7 35.0	+ 47 32.5	318
Cantonal Obs.	019	Neuchâtel	+ 6 57.5	+ 46 59.9	488
Geneva Obs.	517	Sauverny	+ 6 08.2	+ 46 18.4	465
Gornergrat North & South Obs. R,I		Zermatt/Gornergrat	+ 7 47.1	+ 45 59.1	3135
High Alpine Research Obs.		Mürren/Jungfraujoch	+ 7 59.1	+ 46 32.9	3576
Inst. of Solar Research (IRSOL)		Locarno	+ 8 47.4	+ 46 10.7	500
Specola Solar Obs.		Locarno	+ 8 47.4	+ 46 10.4	365
Swiss Federal Obs.		Zürich	+ 8 33.1	+ 47 22.6	469
Univ. of Lausanne Obs.		Chavannes–des–Bois	+ 6 08.2	+ 46 18.4	465
Zimmerwald Obs.	026	Zimmerwald	+ 7 27.9	+ 46 52.6	929
Tadzhikistan					
Inst. of Astrophysics	191	Dushanbe	+ 68 46.9	+ 38 33.7	820
Taiwan (Republic of China)					
National Central Univ. Obs.		Chung–li	+ 121 11.2	+ 24 58.2	152
Taipei Obs.		Taipei	+ 121 31.6	+ 25 04.7	31
Turkey					
Ege Univ. Obs.		Bornova	+ 27 16.5	+ 38 23.9	795
Istanbul Univ. Obs.	080	Istanbul	+ 28 57.9	+ 41 00.7	65
Kandilli Obs.		Istanbul	+ 29 03.7	+ 41 03.8	120
Tübitak National Obs.	A84	Antalya/Mt. Bakirlitepe	+ 30 20.1	+ 36 49.5	2515
Univ. of Ankara Obs. R		Ankara	+ 32 46.8	+ 39 50.6	1266
Çanakkale Univ. Obs.		Ulupinar/Çanakkale	+ 26 28.5	+ 40 06.0	410
Ukraine					
Crimean Astrophysical Obs.	095	Nauchnyi	+ 34 01.0	+ 44 43.8	550
Crimean Astrophysical Obs. R	094	Simeis	+ 34 00.0	+ 44 32.4	676
Inst. of Radio Ast. R		Kharkov	+ 36 56.0	+ 49 38.0	150
Kharkov Univ. Ast. Obs.	101	Kharkov	+ 36 13.9	+ 50 00.2	138
Kiev Univ. Obs.	085	Kiev	+ 30 29.9	+ 50 27.2	184
Lvov Univ. Obs.	067	Lvov	+ 24 01.8	+ 49 50.0	330
Main Ast. Obs.		Kiev	+ 30 30.4	+ 50 21.9	188
Nikolaev Ast. Obs.	089	Nikolaev	+ 31 58.5	+ 46 58.3	54
Odessa Obs.	086	Odessa	+ 30 45.5	+ 46 28.6	60
United Kingdom					
Armagh Obs.	981	Armagh, Northern Ireland	– 6 38.9	+ 54 21.2	64
Cambridge Univ. Obs.	503	Cambridge, England	+ 0 05.7	+ 52 12.8	30
Chilbolton Obs. R		Chilbolton, England	– 1 26.2	+ 51 08.7	92
City Obs.	961	Edinburgh, Scotland	– 3 10.8	+ 55 57.4	107
Godlee Obs.		Manchester, England	– 2 14.0	+ 53 28.6	77
Jodrell Bank Obs. R		Macclesfield, England	– 2 18.4	+ 53 14.2	78
Mills Obs.		Dundee, Scotland	– 3 00.7	+ 56 27.9	152
Mullard Radio Ast. Obs. R		Cambridge, England	+ 0 02.6	+ 52 10.2	17
Royal Obs. Edinburgh		Edinburgh, Scotland	– 3 11.0	+ 55 55.5	146
Satellite Laser Ranger Group L	501	Herstmonceux, England	+ 0 20.3	+ 50 52.0	31
Univ. of Glasgow Obs.		Glasgow, Scotland	– 4 18.3	+ 55 54.1	53
Univ. of London Obs.	998	Mill Hill, England	– 0 14.4	+ 51 36.8	81
Univ. of St. Andrews Obs.		St. Andrews, Scotland	– 2 48.9	+ 56 20.2	30

Observatory Name	MPC Code		Location	East Longitude		Latitude		Height (m.s.l.)
				°	′	°	′	m
United States of America								
Alabama								
Univ. of Alabama Obs.			Tuscaloosa	− 87	32.5	+ 33	12.6	87
Arizona								
Fred L. Whipple Obs.	696		Amado/Mt. Hopkins	− 110	52.6	+ 31	40.9	2344
Kitt Peak National Obs.	695		Tucson/Kitt Peak	− 111	36.0	+ 31	57.8	2120
Lowell Obs.	690		Flagstaff	− 111	39.9	+ 35	12.2	2219
Lowell Obs. Sta.	688		Flagstaff/Anderson Mesa	− 111	32.2	+ 35	05.8	2200
MMT Obs.			Amado/Mt. Hopkins	− 110	53.1	+ 31	41.3	2608
McGraw–Hill Obs.	697		Tucson/Kitt Peak	− 111	37.0	+ 31	57.0	1925
Mount Lemmon Infrared Obs.	I	686	Tucson/Mt. Lemmon	− 110	47.5	+ 32	26.5	2776
National Radio Ast. Obs.	R		Tucson/Kitt Peak	− 111	36.9	+ 31	57.2	1939
Northern Arizona Univ. Obs.	687		Flagstaff	− 111	39.2	+ 35	11.1	2110
Steward Obs.	692		Tucson	− 110	56.9	+ 32	14.0	757
Steward Obs. Catalina Sta.			Tucson/Mt. Bigelow	− 110	43.9	+ 32	25.0	2510
Steward Obs. Catalina Sta.			Tucson/Mt. Lemmon	− 110	47.3	+ 32	26.6	2790
Steward Obs. Catalina Sta.			Tucson/Tumamoc Hill	− 111	00.3	+ 32	12.8	950
Steward Obs. Sta.	691		Tucson/Kitt Peak	− 111	36.0	+ 31	57.8	2071
Submillimeter Telescope Obs.	R		Safford/Mt. Graham	− 109	53.5	+ 32	42.1	3190
U.S. Naval Obs. Sta.	689		Flagstaff	− 111	44.4	+ 35	11.0	2316
Vatican Obs. Research Group	I	290	Safford/Mt. Graham	− 109	53.5	+ 32	42.1	3181
Warner and Swasey Obs. Sta.			Tucson/Kitt Peak	− 111	35.9	+ 31	57.6	2084
California								
Big Bear Solar Obs.			Big Bear City	− 116	54.9	+ 34	15.2	2067
Chabot Space & Science Center	G58		Oakland	− 122	10.9	+ 37	49.1	476
Goldstone Complex	R	252	Fort Irwin	− 116	50.9	+ 35	23.4	1036
Griffith Obs.			Los Angeles	− 118	17.9	+ 34	07.1	357
Hat Creek Radio Ast. Obs.	R		Cassel	− 121	28.4	+ 40	49.1	1043
Leuschner Obs.	660		Lafayette	− 122	09.4	+ 37	55.1	304
Lick Obs.	662		San Jose/Mt. Hamilton	− 121	38.2	+ 37	20.6	1290
MIRA Oliver Observing Sta.			Monterey/Chews Ridge	− 121	34.2	+ 36	18.3	1525
Mount Laguna Obs.	L		Mount Laguna	− 116	25.6	+ 32	50.4	1859
Mount Wilson Obs.	R	672	Pasadena/Mt. Wilson	− 118	03.6	+ 34	13.0	1742
Owens Valley Radio Obs.	R		Big Pine	− 118	16.9	+ 37	13.9	1236
Palomar Obs.	675		Palomar Mtn.	− 116	51.8	+ 33	21.4	1706
Radio Ast. Inst.	R		Stanford	− 122	11.3	+ 37	23.9	80
SRI Radio Ast. Obs.	R		Stanford	− 122	10.6	+ 37	24.3	168
San Fernando Obs.	R		San Fernando	− 118	29.5	+ 34	18.5	371
Stanford Center for Radar Ast.	R		Palo Alto	− 122	10.7	+ 37	27.5	172
Table Mountain Obs.	673		Wrightwood	− 117	40.9	+ 34	22.9	2285
Colorado								
Chamberlin Obs.	708		Denver	− 104	57.2	+ 39	40.6	1644
Chamberlin Obs. Sta.	707		Bailey/Dick Mtn.	− 105	26.2	+ 39	25.6	2675
Meyer–Womble Obs.			Georgetown/Mt. Evans	− 105	38.4	+ 39	35.2	4305
Sommers–Bausch Obs.	463		Boulder	− 105	15.8	+ 40	00.2	1653
Tiara Obs.			South Park	− 105	31.0	+ 38	58.2	2679
U.S. Air Force Academy Obs.	712		Colorado Springs	− 104	52.5	+ 39	00.4	2187
Connecticut								
John J. McCarthy Obs.	932		New Milford	− 73	25.6	+ 41	31.6	79
Van Vleck Obs.	298		Middletown	− 72	39.6	+ 41	33.3	65
Western Conn. State Univ. Obs.			Danbury	− 73	26.7	+ 41	24.0	128
Delaware								
Mount Cuba Ast. Obs.	788		Greenville	− 75	38.0	+ 39	47.1	92
District of Columbia								
Naval Rsch. Lab. Radio Ast. Obs.	R		Washington	− 77	01.6	+ 38	49.3	30
U.S. Naval Obs.	786		Washington	− 77	04.0	+ 38	55.3	92

Observatory Name		MPC Code	Location	East Longitude	Latitude	Height (m.s.l.)
				° ′	° ′	m
USA, cont.						
Florida						
Brevard Community College Obs.		758	Cocoa	− 80 45.7	+ 28 23.1	17
Rosemary Hill Obs.		831	Bronson	− 82 35.2	+ 29 24.0	44
Univ. of Florida Radio Obs.	R		Old Town	− 83 02.1	+ 29 31.7	8
Georgia						
Bradley Obs.			Decatur	− 84 17.6	+ 33 45.9	316
Emory Univ. Obs.			Atlanta	− 84 19.6	+ 33 47.4	310
Fernbank Obs.			Atlanta	− 84 19.1	+ 33 46.7	320
Hard Labor Creek Obs.			Rutledge	− 83 35.6	+ 33 40.2	223
Hawaii						
C.E.K. Mees Solar Obs.			Kahului/Haleakala, Maui	− 156 15.4	+ 20 42.4	3054
Caltech Submillimeter Obs.	R		Hilo/Mauna Kea, Hawaii	− 155 28.5	+ 19 49.3	4072
Canada–France–Hawaii Tel. Corp.	I		Hilo/Mauna Kea, Hawaii	− 155 28.1	+ 19 49.5	4204
Gemini North Obs.			Hilo/Mauna Kea, Hawaii	− 155 28.1	+ 19 49.4	4213
Joint Astronomy Centre	R,I		Hilo/Mauna Kea, Hawaii	− 155 28.2	+ 19 49.3	4198
LURE Obs.	L		Kahului/Haleakala, Maui	− 156 15.5	+ 20 42.6	3049
Mauna Kea Obs.	I	568	Hilo/Mauna Kea, Hawaii	− 155 28.2	+ 19 49.4	4214
Mauna Loa Solar Obs.			Hilo/Mauna Loa, Hawaii	− 155 34.6	+ 19 32.1	3440
Subaru Tel.			Hilo/Mauna Kea, Hawaii	− 155 28.6	+ 19 49.5	4163
Submillimeter Array (SMA)	R		Hilo/Mauna Kea, Hawaii	− 155 28.7	+ 19 49.5	4080
W.M. Keck Obs.		917	Hilo/Mauna Kea, Hawaii	− 155 28.5	+ 19 49.6	4160
Illinois						
Dearborn Obs.		756	Evanston	− 87 40.5	+ 42 03.4	195
Indiana						
Goethe Link Obs.		760	Brooklyn	− 86 23.7	+ 39 33.0	300
Iowa						
Erwin W. Fick Obs.			Boone	− 93 56.5	+ 42 00.3	332
Grant O. Gale Obs.			Grinnell	− 92 43.2	+ 41 45.4	318
North Liberty Radio Obs.	R		North Liberty	− 91 34.5	+ 41 46.3	241
Kansas						
Clyde W. Tombaugh Obs.			Lawrence	− 95 15.0	+ 38 57.6	323
Zenas Crane Obs.			Topeka	− 95 41.8	+ 39 02.2	306
Kentucky						
Moore Obs.			Brownsboro	− 85 31.8	+ 38 20.1	216
Maryland						
GSFC Optical Test Site			Greenbelt	− 76 49.6	+ 39 01.3	53
Maryland Point Obs.	R		Riverside	− 77 13.9	+ 38 22.4	20
Univ. of Maryland Obs.	R		College Park	− 76 57.4	+ 39 00.1	53
Massachusetts						
Clay Center		I01	Brookline	− 71 08.0	+ 42 20.0	47
Five College Radio Ast. Obs.	R		New Salem	− 72 20.7	+ 42 23.5	314
George R. Wallace Jr. Aph. Obs.		810	Westford	− 71 29.1	+ 42 36.6	107
Harvard–Smithsonian Ctr. for Aph.	R	802	Cambridge	− 71 07.8	+ 42 22.8	24
Haystack Obs.	R	254	Westford	− 71 29.3	+ 42 37.4	146
Hopkins Obs.	R		Williamstown	− 73 12.1	+ 42 42.7	215
Judson B. Coit Obs.			Boston	− 71 06.3	+ 42 21.0	——
Maria Mitchell Obs.		811	Nantucket	− 70 06.3	+ 41 16.8	20
Millstone Hill Atm. Sci. Fac.	R		Westford	− 71 29.7	+ 42 36.6	146
Millstone Hill Radar Obs.	R		Westford	− 71 29.5	+ 42 37.0	156
Oak Ridge Obs.	R		Harvard	− 71 33.5	+ 42 30.3	185
Sagamore Hill Radio Obs.	R		Hamilton	− 70 49.3	+ 42 37.9	53
Westford Antenna Facility	R		Westford	− 71 29.7	+ 42 36.8	115
Whitin Obs.			Wellesley	− 71 18.2	+ 42 17.7	32
Michigan						
Brooks Obs.		746	Mount Pleasant	− 84 46.5	+ 43 35.3	258
Michigan State Univ. Obs.		766	East Lansing	− 84 29.0	+ 42 42.4	274
Univ. of Mich. Radio Ast. Obs.	R		Dexter	− 83 56.2	+ 42 23.9	345

Observatory Name	MPC Code	Location	East Longitude	Latitude	Height (m.s.l.)
			° ′	° ′	m
USA, cont.					
Minnesota					
O'Brien Obs.		Marine–on–St. Croix	− 92 46.6	+ 45 10.9	308
Missouri					
Morrison Obs.		Fayette	− 92 41.8	+ 39 09.1	228
Nebraska					
Behlen Obs.		Mead	− 96 26.8	+ 41 10.3	362
Nevada					
MacLean Obs.		Incline Village	− 119 55.7	+ 39 17.7	2546
New Hampshire					
Grainger Obs.		Exeter	− 70 56.5	+ 42 58.8	10
Shattuck Obs.		Hanover	− 72 17.0	+ 43 42.3	183
New Jersey					
Crawford Hill Obs.	R	Holmdel	− 74 11.2	+ 40 23.5	114
FitzRandolph Obs.	785	Princeton	− 74 38.8	+ 40 20.7	43
New Mexico					
Apache Point Obs.	705	Sunspot	− 105 49.2	+ 32 46.8	2781
Capilla Peak Obs.		Albuquerque/Capilla Peak	− 106 24.3	+ 34 41.8	2842
Magdalena Ridge Obs.	H01	Socorro/South Baldy Peak	− 107 11.4	+ 33 59.1	3244
National Radio Ast. Obs.	R	Socorro	− 107 37.1	+ 34 04.7	2124
National Solar Obs.		Sunspot	− 105 49.2	+ 32 47.2	2811
New Mexico State Univ. Obs. Sta.		Las Cruces/Blue Mesa	− 107 09.9	+ 32 29.5	2025
New Mexico State Univ. Obs. Sta.		Las Cruces/Tortugas Mtn.	− 106 41.8	+ 32 17.6	1505
New York					
C.E. Kenneth Mees Obs.		Bristol Springs	− 77 24.5	+ 42 42.0	701
Hartung–Boothroyd Obs.	H81	Ithaca	− 76 23.1	+ 42 27.5	534
Reynolds Obs.	H91	Potsdam	− 74 57.1	+ 44 40.7	140
Rutherfurd Obs.	795	New York	− 73 57.5	+ 40 48.6	25
Syracuse Univ. Obs.		Syracuse	− 76 08.3	+ 43 02.2	160
North Carolina					
Dark Sky Obs.		Boone	− 81 24.7	+ 36 15.1	926
Morehead Obs.		Chapel Hill	− 79 03.0	+ 35 54.8	161
Pisgah Ast. Rsch. Inst. (PARI)		Rosman	− 82 52.3	+ 35 12.0	892
Three College Obs.		Saxapahaw	− 79 24.4	+ 35 56.7	183
Ohio					
Cincinnati Obs.	765	Cincinnati	− 84 25.4	+ 39 08.3	247
Nassau Ast. Obs.	774	Montville	− 81 04.5	+ 41 35.5	390
Perkins Obs.	H69	Delaware	− 83 03.3	+ 40 15.1	280
Ritter Obs.		Toledo	− 83 36.8	+ 41 39.7	201
Pennsylvania					
Allegheny Obs.	778	Pittsburgh	− 80 01.3	+ 40 29.0	380
Bucknell Univ. Obs.		Lewisburg	− 76 52.9	+ 40 57.1	170
Kutztown Univ. Obs.		Kutztown	− 75 47.1	+ 40 30.9	158
Sproul Obs.		Swarthmore	− 75 21.4	+ 39 54.3	63
Strawbridge Obs.	R 437	Haverford	− 75 18.2	+ 40 00.7	116
The Franklin Inst. Obs.		Philadelphia	− 75 10.4	+ 39 57.5	30
Villanova Univ. Obs.	R	Villanova	− 75 20.5	+ 40 02.4	——
Rhode Island					
Ladd Obs.		Providence	− 71 24.0	+ 41 50.3	69
South Carolina					
Melton Memorial Obs.		Columbia	− 81 01.6	+ 33 59.8	98
Univ. of S.C. Radio Obs.	R	Columbia	− 81 01.9	+ 33 59.8	127
Tennessee					
Arthur J. Dyer Obs.	759	Nashville	− 86 48.3	+ 36 03.1	345
Montgomery Bell Academy Obs.		McMinville/Long Mountain	− 85 36.6	+ 35 40.8	538

Observatory Name		MPC Code	Location	East Longitude		Latitude		Height (m.s.l.)
				°	′	°	′	m
USA, cont.								
Texas								
George R. Agassiz Sta.	R		Fort Davis	− 103	56.8	+ 30	38.1	1603
McDonald Obs.	L	711	Fort Davis/Mt. Locke	− 104	01.3	+ 30	40.3	2075
Millimeter Wave Obs.	R		Fort Davis/Mt. Locke	− 104	01.7	+ 30	40.3	2031
Virginia								
Leander McCormick Obs.		780	Charlottesville	− 78	31.4	+ 38	02.0	264
Leander McCormick Obs. Sta.			Charlottesville/Fan Mtn.	− 78	41.6	+ 37	52.7	566
Washington								
Manastash Ridge Obs.		664	Ellensburg/Manastash Ridge	− 120	43.4	+ 46	57.1	1198
West Virginia								
National Radio Ast. Obs.	R	256	Green Bank	− 79	50.5	+ 38	25.8	836
Naval Research Lab. Radio Sta.	R		Sugar Grove	− 79	16.4	+ 38	31.2	705
Wisconsin								
Pine Bluff Obs.			Pine Bluff	− 89	41.1	+ 43	04.7	366
Thompson Obs.			Beloit	− 89	01.9	+ 42	30.3	255
Washburn Obs.		753	Madison	− 89	24.5	+ 43	04.6	292
Yerkes Obs.		754	Williams Bay	− 88	33.4	+ 42	34.2	334
Wyoming								
Wyoming Infrared Obs.	I		Jelm/Jelm Mtn.	− 105	58.6	+ 41	05.9	2943
Uruguay								
Los Molinos Ast. Obs.		844	Montevideo	− 56	11.4	− 34	45.3	110
Montevideo Obs.			Montevideo	− 56	12.8	− 34	54.6	24
Uzbekistan								
Maidanak Ast. Obs.			Kitab/Mt. Maidanak	+ 66	54.0	+ 38	41.1	2500
Tashkent Obs.		192	Tashkent	+ 69	17.6	+ 41	19.5	477
Uluk–Bek Latitude Sta.		186	Kitab	+ 66	52.9	+ 39	08.0	658
Vatican City State								
Vatican Obs.		036	Castel Gandolfo	+ 12	39.1	+ 41	44.8	450
Venezuela								
Cagigal Obs.			Caracas	− 66	55.7	+ 10	30.4	1026
Llano del Hato Obs.		303	Mérida	− 70	52.0	+ 8	47.4	3610

CONTENTS OF SECTION K

CONVERSION FOR PRE–JANUARY AND POST–DECEMBER DATES

Tabulated Date	Equivalent Date in Previous Year	Tabulated Date	Equivalent Date in Previous Year	Tabulated Date	Equivalent Date in Subsequent Year	Tabulated Date	Equivalent Date in Subsequent Year
Jan. − 39	Nov. 22	Jan. − 19	Dec. 12	Dec. 32	Jan. 1	Dec. 52	Jan. 21
− 38	23	− 18	13	33	2	53	22
− 37	24	− 17	14	34	3	54	23
− 36	25	− 16	15	35	4	55	24
− 35	26	− 15	16	36	5	56	25
Jan. − 34	Nov. 27	Jan. − 14	Dec. 17	Dec. 37	Jan. 6	Dec. 57	Jan. 26
− 33	28	− 13	18	38	7	58	27
− 32	29	− 12	19	39	8	59	28
− 31	30	− 11	20	40	9	60	29
− 30	1	− 10	21	41	10	61	30
Jan. − 29	Dec. 2	Jan. − 9	Dec. 22	Dec. 42	Jan. 11	Dec. 62	Jan. 31
− 28	3	− 8	23	43	12	63	Feb. 1
− 27	4	− 7	24	44	13	64	2
− 26	5	− 6	25	45	14	65	3
− 25	6	− 5	26	46	15	66	4
Jan. − 24	Dec. 7	Jan. − 4	Dec. 27	Dec. 47	Jan. 16	Dec. 67	Feb. 5
− 23	8	− 3	28	48	17	68	6
− 22	9	− 2	29	49	18	69	7
− 21	10	− 1	30	50	19	70	8
− 20	11	Jan. 0	Dec. 31	51	20	71	9

JULIAN DAY NUMBER, 1950–2000

OF DAY COMMENCING AT GREENWICH NOON ON:

Year	Jan. 0	Feb. 0	Mar. 0	Apr. 0	May 0	June 0	July 0	Aug. 0	Sept. 0	Oct. 0	Nov. 0	Dec. 0
1950	243 3282	3313	3341	3372	3402	3433	3463	3494	3525	3555	3586	3616
1951	3647	3678	3706	3737	3767	3798	3828	3859	3890	3920	3951	3981
1952	4012	4043	4072	4103	4133	4164	4194	4225	4256	4286	4317	4347
1953	4378	4409	4437	4468	4498	4529	4559	4590	4621	4651	4682	4712
1954	4743	4774	4802	4833	4863	4894	4924	4955	4986	5016	5047	5077
1955	243 5108	5139	5167	5198	5228	5259	5289	5320	5351	5381	5412	5442
1956	5473	5504	5533	5564	5594	5625	5655	5686	5717	5747	5778	5808
1957	5839	5870	5898	5929	5959	5990	6020	6051	6082	6112	6143	6173
1958	6204	6235	6263	6294	6324	6355	6385	6416	6447	6477	6508	6538
1959	6569	6600	6628	6659	6689	6720	6750	6781	6812	6842	6873	6903
1960	243 6934	6965	6994	7025	7055	7086	7116	7147	7178	7208	7239	7269
1961	7300	7331	7359	7390	7420	7451	7481	7512	7543	7573	7604	7634
1962	7665	7696	7724	7755	7785	7816	7846	7877	7908	7938	7969	7999
1963	8030	8061	8089	8120	8150	8181	8211	8242	8273	8303	8334	8364
1964	8395	8426	8455	8486	8516	8547	8577	8608	8639	8669	8700	8730
1965	243 8761	8792	8820	8851	8881	8912	8942	8973	9004	9034	9065	9095
1966	9126	9157	9185	9216	9246	9277	9307	9338	9369	9399	9430	9460
1967	9491	9522	9550	9581	9611	9642	9672	9703	9734	9764	9795	9825
1968	243 9856	9887	9916	9947	9977	*0008	*0038	*0069	*0100	*0130	*0161	*0191
1969	244 0222	0253	0281	0312	0342	0373	0403	0434	0465	0495	0526	0556
1970	244 0587	0618	0646	0677	0707	0738	0768	0799	0830	0860	0891	0921
1971	0952	0983	1011	1042	1072	1103	1133	1164	1195	1225	1256	1286
1972	1317	1348	1377	1408	1438	1469	1499	1530	1561	1591	1622	1652
1973	1683	1714	1742	1773	1803	1834	1864	1895	1926	1956	1987	2017
1974	2048	2079	2107	2138	2168	2199	2229	2260	2291	2321	2352	2382
1975	244 2413	2444	2472	2503	2533	2564	2594	2625	2656	2686	2717	2747
1976	2778	2809	2838	2869	2899	2930	2960	2991	3022	3052	3083	3113
1977	3144	3175	3203	3234	3264	3295	3325	3356	3387	3417	3448	3478
1978	3509	3540	3568	3599	3629	3660	3690	3721	3752	3782	3813	3843
1979	3874	3905	3933	3964	3994	4025	4055	4086	4117	4147	4178	4208
1980	244 4239	4270	4299	4330	4360	4391	4421	4452	4483	4513	4544	4574
1981	4605	4636	4664	4695	4725	4756	4786	4817	4848	4878	4909	4939
1982	4970	5001	5029	5060	5090	5121	5151	5182	5213	5243	5274	5304
1983	5335	5366	5394	5425	5455	5486	5516	5547	5578	5608	5639	5669
1984	5700	5731	5760	5791	5821	5852	5882	5913	5944	5974	6005	6035
1985	244 6066	6097	6125	6156	6186	6217	6247	6278	6309	6339	6370	6400
1986	6431	6462	6490	6521	6551	6582	6612	6643	6674	6704	6735	6765
1987	6796	6827	6855	6886	6916	6947	6977	7008	7039	7069	7100	7130
1988	7161	7192	7221	7252	7282	7313	7343	7374	7405	7435	7466	7496
1989	7527	7558	7586	7617	7647	7678	7708	7739	7770	7800	7831	7861
1990	244 7892	7923	7951	7982	8012	8043	8073	8104	8135	8165	8196	8226
1991	8257	8288	8316	8347	8377	8408	8438	8469	8500	8530	8561	8591
1992	8622	8653	8682	8713	8743	8774	8804	8835	8866	8896	8927	8957
1993	8988	9019	9047	9078	9108	9139	9169	9200	9231	9261	9292	9322
1994	9353	9384	9412	9443	9473	9504	9534	9565	9596	9626	9657	9687
1995	244 9718	9749	9777	9808	9838	9869	9899	9930	9961	9991	*0022	*0052
1996	245 0083	0114	0143	0174	0204	0235	0265	0296	0327	0357	0388	0418
1997	0449	0480	0508	0539	0569	0600	0630	0661	0692	0722	0753	0783
1998	0814	0845	0873	0904	0934	0965	0995	1026	1057	1087	1118	1148
1999	1179	1210	1238	1269	1299	1330	1360	1391	1422	1452	1483	1513
2000	245 1544	1575	1604	1635	1665	1696	1726	1757	1788	1818	1849	1879

OF DAY COMMENCING AT GREENWICH NOON ON:

Year	Jan. 0	Feb. 0	Mar. 0	Apr. 0	May 0	June 0	July 0	Aug. 0	Sept. 0	Oct. 0	Nov. 0	Dec. 0
2000	245 1544	1575	1604	1635	1665	1696	1726	1757	1788	1818	1849	1879
2001	1910	1941	1969	2000	2030	2061	2091	2122	2153	2183	2214	2244
2002	2275	2306	2334	2365	2395	2426	2456	2487	2518	2548	2579	2609
2003	2640	2671	2699	2730	2760	2791	2821	2852	2883	2913	2944	2974
2004	3005	3036	3065	3096	3126	3157	3187	3218	3249	3279	3310	3340
2005	245 3371	3402	3430	3461	3491	3522	3552	3583	3614	3644	3675	3705
2006	3736	3767	3795	3826	3856	3887	3917	3948	3979	4009	4040	4070
2007	4101	4132	4160	4191	4221	4252	4282	4313	4344	4374	4405	4435
2008	4466	4497	4526	4557	4587	4618	4648	4679	4710	4740	4771	4801
2009	4832	4863	4891	4922	4952	4983	5013	5044	5075	5105	5136	5166
2010	245 5197	5228	5256	5287	5317	5348	5378	5409	5440	5470	5501	5531
2011	5562	5593	5621	5652	5682	5713	5743	5774	5805	5835	5866	5896
2012	5927	5958	5987	6018	6048	6079	6109	6140	6171	6201	6232	6262
2013	6293	6324	6352	6383	6413	6444	6474	6505	6536	6566	6597	6627
2014	6658	6689	6717	6748	6778	6809	6839	6870	6901	6931	6962	6992
2015	245 7023	7054	7082	7113	7143	7174	7204	7235	7266	7296	7327	7357
2016	7388	7419	7448	7479	7509	7540	7570	7601	7632	7662	7693	7723
2017	7754	7785	7813	7844	7874	7905	7935	7966	7997	8027	8058	8088
2018	8119	8150	8178	8209	8239	8270	8300	8331	8362	8392	8423	8453
2019	8484	8515	8543	8574	8604	8635	8665	8696	8727	8757	8788	8818
2020	245 8849	8880	8909	8940	8970	9001	9031	9062	9093	9123	9154	9184
2021	9215	9246	9274	9305	9335	9366	9396	9427	9458	9488	9519	9549
2022	9580	9611	9639	9670	9700	9731	9761	9792	9823	9853	9884	9914
2023	245 9945	9976	*0004	*0035	*0065	*0096	*0126	*0157	*0188	*0218	*0249	*0279
2024	246 0310	0341	0370	0401	0431	0462	0492	0523	0554	0584	0615	0645
2025	246 0676	0707	0735	0766	0796	0827	0857	0888	0919	0949	0980	1010
2026	1041	1072	1100	1131	1161	1192	1222	1253	1284	1314	1345	1375
2027	1406	1437	1465	1496	1526	1557	1587	1618	1649	1679	1710	1740
2028	1771	1802	1831	1862	1892	1923	1953	1984	2015	2045	2076	2106
2029	2137	2168	2196	2227	2257	2288	2318	2349	2380	2410	2441	2471
2030	246 2502	2533	2561	2592	2622	2653	2683	2714	2745	2775	2806	2836
2031	2867	2898	2926	2957	2987	3018	3048	3079	3110	3140	3171	3201
2032	3232	3263	3292	3323	3353	3384	3414	3445	3476	3506	3537	3567
2033	3598	3629	3657	3688	3718	3749	3779	3810	3841	3871	3902	3932
2034	3963	3994	4022	4053	4083	4114	4144	4175	4206	4236	4267	4297
2035	246 4328	4359	4387	4418	4448	4479	4509	4540	4571	4601	4632	4662
2036	4693	4724	4753	4784	4814	4845	4875	4906	4937	4967	4998	5028
2037	5059	5090	5118	5149	5179	5210	5240	5271	5302	5332	5363	5393
2038	5424	5455	5483	5514	5544	5575	5605	5636	5667	5697	5728	5758
2039	5789	5820	5848	5879	5909	5940	5970	6001	6032	6062	6093	6123
2040	246 6154	6185	6214	6245	6275	6306	6336	6367	6398	6428	6459	6489
2041	6520	6551	6579	6610	6640	6671	6701	6732	6763	6793	6824	6854
2042	6885	6916	6944	6975	7005	7036	7066	7097	7128	7158	7189	7219
2043	7250	7281	7309	7340	7370	7401	7431	7462	7493	7523	7554	7584
2044	7615	7646	7675	7706	7736	7767	7797	7828	7859	7889	7920	7950
2045	246 7981	8012	8040	8071	8101	8132	8162	8193	8224	8254	8285	8315
2046	8346	8377	8405	8436	8466	8497	8527	8558	8589	8619	8650	8680
2047	8711	8742	8770	8801	8831	8862	8892	8923	8954	8984	9015	9045
2048	9076	9107	9136	9167	9197	9228	9258	9289	9320	9350	9381	9411
2049	9442	9473	9501	9532	9562	9593	9623	9654	9685	9715	9746	9776
2050	246 9807	9838	9866	9897	9927	9958	9988	*0019	*0050	*0080	*0111	*0141

JULIAN DAY NUMBER, 2050–2100

OF DAY COMMENCING AT GREENWICH NOON ON:

Year	Jan. 0	Feb. 0	Mar. 0	Apr. 0	May 0	June 0	July 0	Aug. 0	Sept. 0	Oct. 0	Nov. 0	Dec. 0
2050	246 9807	9838	9866	9897	9927	9958	9988	*0019	*0050	*0080	*0111	*0141
2051	247 0172	0203	0231	0262	0292	0323	0353	0384	0415	0445	0476	0506
2052	0537	0568	0597	0628	0658	0689	0719	0750	0781	0811	0842	0872
2053	0903	0934	0962	0993	1023	1054	1084	1115	1146	1176	1207	1237
2054	1268	1299	1327	1358	1388	1419	1449	1480	1511	1541	1572	1602
2055	247 1633	1664	1692	1723	1753	1784	1814	1845	1876	1906	1937	1967
2056	1998	2029	2058	2089	2119	2150	2180	2211	2242	2272	2303	2333
2057	2364	2395	2423	2454	2484	2515	2545	2576	2607	2637	2668	2698
2058	2729	2760	2788	2819	2849	2880	2910	2941	2972	3002	3033	3063
2059	3094	3125	3153	3184	3214	3245	3275	3306	3337	3367	3398	3428
2060	247 3459	3490	3519	3550	3580	3611	3641	3672	3703	3733	3764	3794
2061	3825	3856	3884	3915	3945	3976	4006	4037	4068	4098	4129	4159
2062	4190	4221	4249	4280	4310	4341	4371	4402	4433	4463	4494	4524
2063	4555	4586	4614	4645	4675	4706	4736	4767	4798	4828	4859	4889
2064	4920	4951	4980	5011	5041	5072	5102	5133	5164	5194	5225	5255
2065	247 5286	5317	5345	5376	5406	5437	5467	5498	5529	5559	5590	5620
2066	5651	5682	5710	5741	5771	5802	5832	5863	5894	5924	5955	5985
2067	6016	6047	6075	6106	6136	6167	6197	6228	6259	6289	6320	6350
2068	6381	6412	6441	6472	6502	6533	6563	6594	6625	6655	6686	6716
2069	6747	6778	6806	6837	6867	6898	6928	6959	6990	7020	7051	7081
2070	247 7112	7143	7171	7202	7232	7263	7293	7324	7355	7385	7416	7446
2071	7477	7508	7536	7567	7597	7628	7658	7689	7720	7750	7781	7811
2072	7842	7873	7902	7933	7963	7994	8024	8055	8086	8116	8147	8177
2073	8208	8239	8267	8298	8328	8359	8389	8420	8451	8481	8512	8542
2074	8573	8604	8632	8663	8693	8724	8754	8785	8816	8846	8877	8907
2075	247 8938	8969	8997	9028	9058	9089	9119	9150	9181	9211	9242	9272
2076	9303	9334	9363	9394	9424	9455	9485	9516	9547	9577	9608	9638
2077	247 9669	9700	9728	9759	9789	9820	9850	9881	9912	9942	9973	*0003
2078	248 0034	0065	0093	0124	0154	0185	0215	0246	0277	0307	0338	0368
2079	0399	0430	0458	0489	0519	0550	0580	0611	0642	0672	0703	0733
2080	248 0764	0795	0824	0855	0885	0916	0946	0977	1008	1038	1069	1099
2081	1130	1161	1189	1220	1250	1281	1311	1342	1373	1403	1434	1464
2082	1495	1526	1554	1585	1615	1646	1676	1707	1738	1768	1799	1829
2083	1860	1891	1919	1950	1980	2011	2041	2072	2103	2133	2164	2194
2084	2225	2256	2285	2316	2346	2377	2407	2438	2469	2499	2530	2560
2085	248 2591	2622	2650	2681	2711	2742	2772	2803	2834	2864	2895	2925
2086	2956	2987	3015	3046	3076	3107	3137	3168	3199	3229	3260	3290
2087	3321	3352	3380	3411	3441	3472	3502	3533	3564	3594	3625	3655
2088	3686	3717	3746	3777	3807	3838	3868	3899	3930	3960	3991	4021
2089	4052	4083	4111	4142	4172	4203	4233	4264	4295	4325	4356	4386
2090	248 4417	4448	4476	4507	4537	4568	4598	4629	4660	4690	4721	4751
2091	4782	4813	4841	4872	4902	4933	4963	4994	5025	5055	5086	5116
2092	5147	5178	5207	5238	5268	5299	5329	5360	5391	5421	5452	5482
2093	5513	5544	5572	5603	5633	5664	5694	5725	5756	5786	5817	5847
2094	5878	5909	5937	5968	5998	6029	6059	6090	6121	6151	6182	6212
2095	248 6243	6274	6302	6333	6363	6394	6424	6455	6486	6516	6547	6577
2096	6608	6639	6668	6699	6729	6760	6790	6821	6852	6882	6913	6943
2097	6974	7005	7033	7064	7094	7125	7155	7186	7217	7247	7278	7308
2098	7339	7370	7398	7429	7459	7490	7520	7551	7582	7612	7643	7673
2099	7704	7735	7763	7794	7824	7855	7885	7916	7947	7977	8008	8038
2100	248 8069	8100	8128	8159	8189	8220	8250	8281	8312	8342	8373	8403

The Julian date (JD) corresponding to any instant is the interval in mean solar days elapsed since 4713 BC January 1 at Greenwich mean noon (12^h UT). To determine the JD at 0^h UT for a given Gregorian calendar date, sum the values from Table A for century, Table B for year and Table C for month; then add the day of the month. Julian dates for the current year are given on page B3.

A. Julian date at January 0^d 0^h UT of centurial year

Year	1600†	1700	1800	1900	2000†	2100
Julian date	230 5447·5	234 1971·5	237 8495·5	241 5019·5	245 1544·5	248 8068·5

† Centurial years that are exactly divisible by 400 are leap years in the Gregorian calendar. To determine the JD for any date in such a year, subtract 1 from the JD in Table A and use the leap year portion of Table C. (For 1600 and 2000 the JDs tabulated in Table A are actually for January 1^d 0^h.)

B. Addition to give Julian date for January 0^d 0^h UT of year

Year	Add	Year	Add	Year	Add	Year	Add
0	0	25	9131	50	18262	75	27393
1	365	26	9496	51	18627	76*	27758
2	730	27	9861	52*	18992	77	28124
3	1095	28*	10226	53	19358	78	28489
4*	1460	29	10592	54	19723	79	28854
5	1826	30	10957	55	20088	80*	29219
6	2191	31	11322	56*	20453	81	29585
7	2556	32*	11687	57	20819	82	29950
8*	2921	33	12053	58	21184	83	30315
9	3287	34	12418	59	21549	84*	30680
10	3652	35	12783	60*	21914	85	31046
11	4017	36*	13148	61	22280	86	31411
12*	4382	37	13514	62	22645	87	31776
13	4748	38	13879	63	23010	88*	32141
14	5113	39	14244	64*	23375	89	32507
15	5478	40*	14609	65	23741	90	32872
16*	5843	41	14975	66	24106	91	33237
17	6209	42	15340	67	24471	92*	33602
18	6574	43	15705	68*	24836	93	33968
19	6939	44*	16070	69	25202	94	34333
20*	7304	45	16436	70	25567	95	34698
21	7670	46	16801	71	25932	96*	35063
22	8035	47	17166	72*	26297	97	35429
23	8400	48*	17531	73	26663	98	35794
24*	8765	49	17897	74	27028	99	36159

* Leap years

Examples

a. 1981 November 14

Table A	
1900 Jan. 0	241 5019·5
+ Table B	+ 2 9585
1981 Jan. 0	244 4604·5
+ Table C (n.y.)	+ 304
1981 Nov. 0	244 4908·5
+ Day of Month	+ 14
1981 Nov. 14	244 4922·5

b. 2000 September 24

Table A	
2000 Jan. 1	245 1544·5
− 1 (for 2000)	− 1
2000 Jan. 0	245 1543·5
+ Table B	+ 0
2000 Jan. 0	245 1543·5
+ Table C (l.y.)	+ 244
2000 Sept. 0	245 1787·5
+ Day of Month	+ 24
2000 Sept. 24	245 1811·5

c. 2006 June 21

Table A	
2000 Jan. 1	245 1544·5
+ Table B	+ 2191
2006 Jan. 0	245 3735·5
+ Table C (n.y.)	+ 151
2006 June 0	245 3886·5
+ Day of Month	+ 21
2006 June 21	245 3907·5

C. Addition to give Julian date for beginning of month (0^d 0^h UT)

	Jan.	Feb.	Mar.	Apr.	May	June	July	Aug.	Sept.	Oct.	Nov.	Dec.
Normal year	0	31	59	90	120	151	181	212	243	273	304	334
Leap year	0	31	60	91	121	152	182	213	244	274	305	335

WARNING: prior to 1925 Greenwich mean noon (i.e. 12^h UT) was usually denoted by 0^h GMT in astronomical publications.

Conversions between Calendar dates and Julian dates may be performed using the USNO utility which is located under "Data Services" on the Astronomical Applications web pages (see page x).

Selected Astronomical Constants

The IAU 2009 System of Astronomical Constants (1) published in the IAU WG report on Numerical Standards for Fundamental Astronomy (NSFA, 2011) and updated by resolution B2 of the IAU XXVIII General Assembly (2012), (2) planetary equatorial radii, from the IAU WG report on Cartographic Coordinates and Rotational Elements: 2015 (2018), and (3) other useful constants. Tabulated for each quantity is its description, symbol and value, and, as appropriate, its uncertainty in units in which the quantity is given. Further information is given at the foot of the table on the next page.

1 IAU 2009/2012 System of Astronomical Constants[1]

1.1 Natural Defining Constant:

Speed of light $\qquad\qquad\qquad\qquad\qquad c = 299\ 792\ 458\ \mathrm{m\,s^{-1}}$

1.2 Auxiliary Defining Constants:

Astronomical unit[2]	$au = 149\ 597\ 870\ 700\ \mathrm{m}$	
$1 - d(TT)/d(TCG)$	$L_G = 6.969\ 290\ 134 \times 10^{-10}$	
$1 - d(TDB)/d(TCB)$	$L_B = 1.550\ 519\ 768 \times 10^{-8}$	
TDB$-$TCB at $T_0 = 244\ 3144.5003\ 725$(TCB)	$\mathrm{TDB}_0 = -6.55 \times 10^{-5}\ \mathrm{s}$	
Earth rotation angle (ERA) at J2000.0 UT1	$\theta_0 = 0.779\ 057\ 273\ 2640$ revolutions	
Rate of advance of ERA	$\dot{\theta} = 1.002\ 737\ 811\ 911\ 354\ 48$ revolutions UT1-day^{-1}	

1.3 Natural Measurable Constant:

Constant of gravitation $\qquad\qquad G = 6.674\ 28 \times 10^{-11}\ \mathrm{m^3\,kg^{-1}\,s^{-2}} \qquad\qquad \pm 6.7 \times 10^{-15}$

1.4 Other Constants:

Average value of $1 - d(TCG)/d(TCB)$ $\qquad L_C = 1.480\ 826\ 867\ 41 \times 10^{-8} \qquad\qquad \pm 2 \times 10^{-17}$

1.5 Body Constants:

Solar mass parameter[2]	$GM_S = 1.327\ 124\ 420\ 99 \times 10^{20}\ \mathrm{m^3\,s^{-2}}$ (TCB)	$\pm 1 \times 10^{10}$
	$= 1.327\ 124\ 400\ 41 \times 10^{20}\ \mathrm{m^3\,s^{-2}}$ (TDB)	$\pm 1 \times 10^{10}$
Equatorial radius for Earth	$a_E = a_e = 6\ 378\ 136.6\ \mathrm{m}$ (TT)	± 0.1
Dynamical form-factor for the Earth	$J_2 = 0.001\ 082\ 635\ 9$	$\pm 1 \times 10^{-10}$
Time rate of change in J_2	$\dot{J}_2 = -3.0 \times 10^{-9}\ \mathrm{cy^{-1}}$	$\pm 6 \times 10^{-10}$
Geocentric gravitational constant	$GM_E = 3.986\ 004\ 418 \times 10^{14}\ \mathrm{m^3\,s^{-2}}$ (TCB)	$\pm 8 \times 10^5$
	$= 3.986\ 004\ 415 \times 10^{14}\ \mathrm{m^3\,s^{-2}}$ (TT)	$\pm 8 \times 10^5$
	$= 3.986\ 004\ 356 \times 10^{14}\ \mathrm{m^3\,s^{-2}}$ (TDB)	$\pm 8 \times 10^5$
Potential of the geoid[3]	$W_0 = 6.263\ 685\ 60 \times 10^7\ \mathrm{m^2\,s^{-2}}$	± 0.5
Nominal mean angular velocity of the Earth	$\omega = 7.292\ 115 \times 10^{-5}\ \mathrm{rad\,s^{-1}}$ (TT)	
Mass Ratio: Moon to Earth	$M_M/M_E = 1.230\ 003\ 71 \times 10^{-2}$	$\pm 4 \times 10^{-10}$

Ratio of the mass of the Sun to the mass of the Body

Mass Ratio: Sun to Mercury[4]	$M_S/M_{Me} = 6.023\ 6 \times 10^6$	$\pm 3 \times 10^2$
Mass Ratio: Sun to Venus	$M_S/M_{Ve} = 4.085\ 237\ 19 \times 10^5$	$\pm 8 \times 10^{-3}$
Mass Ratio: Sun to Mars	$M_S/M_{Ma} = 3.098\ 703\ 59 \times 10^6$	$\pm 2 \times 10^{-2}$
Mass Ratio: Sun to Jupiter	$M_S/M_J = 1.047\ 348\ 644 \times 10^3$	$\pm 1.7 \times 10^{-5}$
Mass Ratio: Sun to Saturn	$M_S/M_{Sa} = 3.497\ 9018 \times 10^3$	$\pm 1 \times 10^{-4}$
Mass Ratio: Sun to Uranus[4]	$M_S/M_U = 2.290\ 298 \times 10^4$	$\pm 3 \times 10^{-2}$
Mass Ratio: Sun to Neptune	$M_S/M_N = 1.941\ 226 \times 10^4$	$\pm 3 \times 10^{-2}$
Mass Ratio: Sun to (134340) Pluto[4]	$M_S/M_P = 1.365\ 66 \times 10^8$	$\pm 2.8 \times 10^4$
Mass Ratio: Sun to (136199) Eris	$M_S/M_{Eris} = 1.191 \times 10^8$	$\pm 1.4 \times 10^6$

Ratio of the mass of the Body to the mass of the Sun

Mass Ratio: (1) Ceres to Sun[4]	$M_{Ceres}/M_S = 4.72 \times 10^{-10}$	$\pm 3 \times 10^{-12}$
Mass Ratio: (2) Pallas to Sun	$M_{Pallas}/M_S = 1.03 \times 10^{-10}$	$\pm 3 \times 10^{-12}$
Mass Ratio: (4) Vesta to Sun[4]	$M_{Vesta}/M_S = 1.35 \times 10^{-10}$	$\pm 3 \times 10^{-12}$

All values of the masses from Mars to Eris are the sum of the masses of the celestial body and its satellites.

1.6 Initial Values at J2000.0:

Mean obliquity of the ecliptic $\qquad\qquad \epsilon_{\mathrm{J2000.0}} = \epsilon_0 = 23° \ 26' \ 21\rlap{.}''406 \ = 84\ 381\rlap{.}''406 \qquad \pm 0\rlap{.}''001$

Selected Astronomical Constants (continued)

2 Constants from IAU WG on Cartographic Coordinates and Rotational Elements 2015

Equatorial radii in km:

Mercury	2 440·53	±0·04	Jupiter	71 492 ± 4	(134340) Pluto	1 188·3 ±1·6
Venus	6 051·8	±1·0	Saturn	60 268 ± 4		
Earth	6 378·1366	±0·0001	Uranus	25 559 ± 4	Moon (mean)	1 737·4 ±1
Mars	3 396·19	±0·1	Neptune	24 764 ±15	Sun	696 000[5]

3 Other Constants

Light-time for unit distance[2]	$\tau_A = au/c = 499\overset{s}{.}004\ 783\ 84$	
	$1/\tau_A = 173\cdot144\ 632\ 674$ au/d	
Mass Ratio: Earth to Moon	$M_E/M_M = 1/\mu = 81\cdot300\ 568$	$\pm3 \times 10^{-6}$
Mass Ratio: Sun to Earth	$GM_S/GM_E = 332\ 946\cdot0487$	$\pm7 \times 10^{-4}$
Mass of the Sun	$M_S = S = GM_S/G = 1\cdot9884 \times 10^{30}$ kg	$\pm2 \times 10^{26}$
Mass of the Earth	$M_E = E = GM_E/G = 5\cdot9722 \times 10^{24}$ kg	$\pm6 \times 10^{20}$
Mass Ratio: Sun to Earth + Moon	$(S/E)/(1 + \mu) = 328\ 900\cdot5596$	$\pm7 \times 10^{-4}$
Earth, reciprocal of flattening (IERS 2010)	$1/f = 298\cdot256\ 42$	$\pm1 \times 10^{-5}$

Rates of precession at J2000·0 (IAU 2006)

General precession in longitude	$p_A = 5028\overset{''}{.}796\ 195$ per Julian century (TDB)
Rate of change in obliquity	$\dot{\epsilon} = -46\overset{''}{.}836\ 769$ per Julian century (TDB)
Precession of the equator in longitude	$\dot{\psi} = 5038\overset{''}{.}481\ 507$ per Julian century (TDB)
Precession of the equator in obliquity	$\dot{\omega} = -0\overset{''}{.}025\ 754$ per Julian century (TDB)
Constant of nutation at epoch J2000·0	$N = 9\overset{''}{.}2052\ 331$
Solar parallax	$\pi_\odot = \sin^{-1}(a_e/au) = 8\overset{''}{.}794\ 143$
Constant of aberration at epoch J2000·0	$\kappa = 20\overset{''}{.}495\ 51$

Masses of the larger natural satellites: mass satellite/mass of the planet (see pages F3, F5)

Jupiter	Io	$4\cdot705 \times 10^{-5}$	**Uranus**	Ariel	$1\cdot49 \times 10^{-5}$
	Europa	$2\cdot528 \times 10^{-5}$		Umbriel	$1\cdot41 \times 10^{-5}$
	Ganymede	$7\cdot805 \times 10^{-5}$		Titania	$3\cdot94 \times 10^{-5}$
	Callisto	$5\cdot667 \times 10^{-5}$		Oberon	$3\cdot32 \times 10^{-5}$
Saturn	Titan	$2\cdot367 \times 10^{-4}$	**Neptune**	Triton	$2\cdot089 \times 10^{-4}$

The IAU Working Group on Numerical Standards for Fundamental Astronomy maintains a website, see http://asa.hmnao.com, which contains an agreed list of **Current Best Estimates** together with detailed information about the constants, and relevant references. See footnotes below for more details.

This almanac, in certain circumstances, may not use constants from this list. The reasons and those constants used will be given at the end of Section L *Notes and References*.

The units meter (m), kilogram (kg), and SI second (s) are the units of length, mass and time in the International System of Units (SI).

The astronomical unit of time is a time interval of one day (*D*) of 86400 seconds. An interval of 36525 days is one Julian century. Some constants that involve time, either directly or indirectly need to be compatible with the underlying time scales, for example TDB-compatible. To specify the time scale that the value of the constant is compatible with, (TDB), (TCB) or (TT) is included after the unit.

[1] The IAU 2009 System of Astronomical Constants classifies the constants into the groups shown. This may be redefined and users should check the NSFA website for updates.

[2] The astronomical unit of length (au) in metres is re-defined as a conventional unit of length (resolution B2, IAU XXVIII GA 2012) in agreement with the value adopted by IAU 2009 Resolution B2; it is to be used with all time scales such as TCB, TDB, TCG, TT, etc. Also the heliocentric gravitational constant GM_S is renamed the solar mass parameter. Further details are given in Section L *Notes and References*.

[3] The International Association of Geodesy 2015 Resolution No. 1 adopted an updated value.

[4] In May 2015 new best estimates were agreed (see http://asa.hmnao.com). Values printed here are those of the IAU 2009 System of Astronomical Constants.

[5] The value printed here is that from the report of the IAU WG on Cartographic Coordinates and Rotational Elements: 2009 (2011) and is the value used throughout this almanac. Further details are given in Section L *Notes and References*.

$$\Delta T = ET - UT$$

Year	ΔT	Year	ΔT	Year	ΔT	Year	ΔT	Year	ΔT	Year	ΔT
	s		s		s		s		s		s
1620·0	+124	1665·0	+32	1710·0	+10	1755·0	+14	1800·0	+13·7	1845·0	+6·3
1621	+119	1666	+31	1711	+10	1756	+14	1801	+13·4	1846	+6·5
1622	+115	1667	+30	1712	+10	1757	+14	1802	+13·1	1847	+6·6
1623	+110	1668	+28	1713	+10	1758	+15	1803	+12·9	1848	+6·8
1624	+106	1669	+27	1714	+10	1759	+15	1804	+12·7	1849	+6·9
1625·0	+102	1670·0	+26	1715·0	+10	1760·0	+15	1805·0	+12·6	1850·0	+7·1
1626	+ 98	1671	+25	1716	+10	1761	+15	1806	+12·5	1851	+7·2
1627	+ 95	1672	+24	1717	+11	1762	+15	1807	+12·5	1852	+7·3
1628	+ 91	1673	+23	1718	+11	1763	+15	1808	+12·5	1853	+7·4
1629	+ 88	1674	+22	1719	+11	1764	+15	1809	+12·5	1854	+7·5
1630·0	+ 85	1675·0	+21	1720·0	+11	1765·0	+16	1810·0	+12·5	1855·0	+7·6
1631	+ 82	1676	+20	1721	+11	1766	+16	1811	+12·5	1856	+7·7
1632	+ 79	1677	+19	1722	+11	1767	+16	1812	+12·5	1857	+7·7
1633	+ 77	1678	+18	1723	+11	1768	+16	1813	+12·5	1858	+7·8
1634	+ 74	1679	+17	1724	+11	1769	+16	1814	+12·5	1859	+7·8
1635·0	+ 72	1680·0	+16	1725·0	+11	1770·0	+16	1815·0	+12·5	1860·0	+7·88
1636	+ 70	1681	+15	1726	+11	1771	+16	1816	+12·5	1861	+7·82
1637	+ 67	1682	+14	1727	+11	1772	+16	1817	+12·4	1862	+7·54
1638	+ 65	1683	+14	1728	+11	1773	+16	1818	+12·3	1863	+6·97
1639	+ 63	1684	+13	1729	+11	1774	+16	1819	+12·2	1864	+6·40
1640·0	+ 62	1685·0	+12	1730·0	+11	1775·0	+17	1820·0	+12·0	1865·0	+6·02
1641	+ 60	1686	+12	1731	+11	1776	+17	1821	+11·7	1866	+5·41
1642	+ 58	1687	+11	1732	+11	1777	+17	1822	+11·4	1867	+4·10
1643	+ 57	1688	+11	1733	+11	1778	+17	1823	+11·1	1868	+2·92
1644	+ 55	1689	+10	1734	+12	1779	+17	1824	+10·6	1869	+1·82
1645·0	+ 54	1690·0	+10	1735·0	+12	1780·0	+17	1825·0	+10·2	1870·0	+1·61
1646	+ 53	1691	+10	1736	+12	1781	+17	1826	+ 9·6	1871	+0·10
1647	+ 51	1692	+ 9	1737	+12	1782	+17	1827	+ 9·1	1872	−1·02
1648	+ 50	1693	+ 9	1738	+12	1783	+17	1828	+ 8·6	1873	−1·28
1649	+ 49	1694	+ 9	1739	+12	1784	+17	1829	+ 8·0	1874	−2·69
1650·0	+ 48	1695·0	+ 9	1740·0	+12	1785·0	+17	1830·0	+ 7·5	1875·0	−3·24
1651	+ 47	1696	+ 9	1741	+12	1786	+17	1831	+ 7·0	1876	−3·64
1652	+ 46	1697	+ 9	1742	+12	1787	+17	1832	+ 6·6	1877	−4·54
1653	+ 45	1698	+ 9	1743	+12	1788	+17	1833	+ 6·3	1878	−4·71
1654	+ 44	1699	+ 9	1744	+13	1789	+17	1834	+ 6·0	1879	−5·11
1655·0	+ 43	1700·0	+ 9	1745·0	+13	1790·0	+17	1835·0	+ 5·8	1880·0	−5·40
1656	+ 42	1701	+ 9	1746	+13	1791	+17	1836	+ 5·7	1881	−5·42
1657	+ 41	1702	+ 9	1747	+13	1792	+16	1837	+ 5·6	1882	−5·20
1658	+ 40	1703	+ 9	1748	+13	1793	+16	1838	+ 5·6	1883	−5·46
1659	+ 38	1704	+ 9	1749	+13	1794	+16	1839	+ 5·6	1884	−5·46
1660·0	+ 37	1705·0	+ 9	1750·0	+13	1795·0	+16	1840·0	+ 5·7	1885·0	−5·79
1661	+ 36	1706	+ 9	1751	+14	1796	+15	1841	+ 5·8	1886	−5·63
1662	+ 35	1707	+ 9	1752	+14	1797	+15	1842	+ 5·9	1887	−5·64
1663	+ 34	1708	+10	1753	+14	1798	+14	1843	+ 6·1	1888	−5·80
1664·0	+ 33	1709·0	+10	1754·0	+14	1799·0	+14	1844·0	+ 6·2	1889·0	−5·66

For years 1620 to 1955 the table is based on an adopted value of $-26''/\mathrm{cy}^2$ for the tidal term ($\dot{n}$) in the mean motion of the Moon from the results of analyses of observations of lunar occultations of stars, eclipses of the Sun, and transits of Mercury (see F. R. Stephenson and L. V. Morrison, *Phil. Trans. R. Soc. London*, 1984, A **313**, 47-70).

To calculate the values of ΔT for a different value of the tidal term ($\dot{n}'$), add to the tabulated value of ΔT

$$-0.000\,091\,(\dot{n}' + 26)\,(\text{year} - 1955)^2 \text{ seconds}$$

For 1956 through 1997 the table is derived from the direct comparison between TAI and UT1 taken from the Annual Reports of the BIH and from the IERS Bulletin B for 1988 onwards.

1890–1983, $\Delta T = $ ET − UT
1984–2000, $\Delta T = $ TDT − UT
From 2001, $\Delta T = $ TT − UT

Extrapolated Values

TAI − UTC

Year	ΔT s	Year	ΔT s	Year	ΔT s	Year	ΔT s	Date	ΔAT s
1890·0	− 5·87	1935·0	+23·93	1980·0	+50·54	2019	+69·4	1972 Jan. 1	+10·00
1891	− 6·01	1936	+23·73	1981	+51·38	2020	+70	1972 July 1	+11·00
1892	− 6·19	1937	+23·92	1982	+52·17	2021	+70	1973 Jan. 1	+12·00
1893	− 6·64	1938	+23·96	1983	+52·96	2022	+71	1974 Jan. 1	+13·00
1894	− 6·44	1939	+24·02	1984	+53·79	2023	+71	1975 Jan. 1	+14·00
1895·0	− 6·47	1940·0	+24·33	1985·0	+54·34			1976 Jan. 1	+15·00
1896	− 6·09	1941	+24·83	1986	+54·87			1977 Jan. 1	+16·00
1897	− 5·76	1942	+25·30	1987	+55·32			1978 Jan. 1	+17·00
1898	− 4·66	1943	+25·70	1988	+55·82			1979 Jan. 1	+18·00
1899	− 3·74	1944	+26·24	1989	+56·30			1980 Jan. 1	+19·00
1900·0	− 2·72	1945·0	+26·77	1990·0	+56·86			1981 July 1	+20·00
1901	− 1·54	1946	+27·28	1991	+57·57			1982 July 1	+21·00
1902	− 0·02	1947	+27·78	1992	+58·31			1983 July 1	+22·00
1903	+ 1·24	1948	+28·25	1993	+59·12			1985 July 1	+23·00
1904	+ 2·64	1949	+28·71	1994	+59·98			1988 Jan. 1	+24·00
1905·0	+ 3·86	1950·0	+29·15	1995·0	+60·78			1990 Jan. 1	+25·00
1906	+ 5·37	1951	+29·57	1996	+61·63			1991 Jan. 1	+26·00
1907	+ 6·14	1952	+29·97	1997	+62·29			1992 July 1	+27·00
1908	+ 7·75	1953	+30·36	1998	+62·97			1993 July 1	+28·00
1909	+ 9·13	1954	+30·72	1999	+63·47			1994 July 1	+29·00
1910·0	+10·46	1955·0	+31·07	2000·0	+63·83			1996 Jan. 1	+30·00
1911	+11·53	1956	+31·35	2001	+64·09			1997 July 1	+31·00
1912	+13·36	1957	+31·68	2002	+64·30			1999 Jan. 1	+32·00
1913	+14·65	1958	+32·18	2003	+64·47			2006 Jan. 1	+33·00
1914	+16·01	1959	+32·68	2004	+64·57			2009 Jan. 1	+34·00
1915·0	+17·20	1960·0	+33·15	2005·0	+64·69			2012 July 1	+35·00
1916	+18·24	1961	+33·59	2006	+64·85			2015 July 1	+36·00
1917	+19·06	1962	+34·00	2007	+65·15			2017 Jan. 1	+37·00
1918	+20·25	1963	+34·47	2008	+65·46				
1919	+20·95	1964	+35·03	2009	+65·78				
1920·0	+21·16	1965·0	+35·73	2010·0	+66·07				
1921	+22·25	1966	+36·54	2011	+66·32				
1922	+22·41	1967	+37·43	2012	+66·60				
1923	+23·03	1968	+38·29	2013	+66·91				
1924	+23·49	1969	+39·20	2014	+67·28				
1925·0	+23·62	1970·0	+40·18	2015·0	+67·64				
1926	+23·86	1971	+41·17	2016	+68·10				
1927	+24·49	1972	+42·23	2017	+68·59				
1928	+24·34	1973	+43·37	2018	+68·97				
1929	+24·08	1974	+44·49						
1930·0	+24·02	1975·0	+45·48						
1931	+24·00	1976	+46·46						
1932	+23·87	1977	+47·52						
1933	+23·95	1978	+48·53						
1934·0	+23·86	1979·0	+49·59						

In critical cases descend

$$\begin{matrix} \Delta\text{ET} \\ \Delta\text{TT} \end{matrix} = \Delta\text{AT} + 32^{s}\!\cdot\!184$$

From 1990 onwards, ΔT is for January 1 0^{h} UTC.

Page B6 gives a summary of the notation for time scales. See *The Astronomical Almanac Online* ᵂᵂᵂ for plots showing "Delta T Past, Present and Future".

COORDINATES OF THE CELESTIAL POLE

WITH RESPECT TO THE INTERNATIONAL TERRESTRIAL REFERENCE SYSTEM (ITRS)

Date	1970 x	1970 y	1980 x	1980 y	1990 x	1990 y	2000 x	2000 y	2010 x	2010 y
Jan. 1	-0.140	$+0.144$	$+0.129$	$+0.251$	-0.132	$+0.165$	$+0.043$	$+0.378$	$+0.099$	$+0.193$
Apr. 1	-0.097	$+0.397$	$+0.014$	$+0.189$	-0.154	$+0.469$	$+0.075$	$+0.346$	-0.061	$+0.319$
July 1	$+0.139$	$+0.405$	-0.044	$+0.280$	$+0.161$	$+0.542$	$+0.110$	$+0.280$	$+0.061$	$+0.483$
Oct. 1	$+0.174$	$+0.125$	-0.006	$+0.338$	$+0.297$	$+0.243$	-0.006	$+0.247$	$+0.234$	$+0.366$

Date	1971 x	1971 y	1981 x	1981 y	1991 x	1991 y	2001 x	2001 y	2011 x	2011 y
Jan. 1	-0.081	$+0.026$	$+0.056$	$+0.361$	$+0.023$	$+0.069$	-0.073	$+0.400$	$+0.131$	$+0.203$
Apr. 1	-0.199	$+0.313$	$+0.088$	$+0.285$	-0.217	$+0.281$	$+0.091$	$+0.490$	-0.033	$+0.279$
July 1	$+0.050$	$+0.523$	$+0.075$	$+0.209$	-0.033	$+0.560$	$+0.254$	$+0.308$	$+0.044$	$+0.436$
Oct. 1	$+0.249$	$+0.263$	-0.045	$+0.210$	$+0.250$	$+0.436$	$+0.065$	$+0.118$	$+0.180$	$+0.377$

Date	1972 x	1972 y	1982 x	1982 y	1992 x	1992 y	2002 x	2002 y	2012 x	2012 y
Jan. 1	$+0.045$	$+0.050$	-0.091	$+0.378$	$+0.182$	$+0.168$	-0.177	$+0.294$	$+0.119$	$+0.263$
Apr. 1	-0.180	$+0.174$	$+0.093$	$+0.431$	-0.083	$+0.162$	-0.031	$+0.541$	-0.010	$+0.313$
July 1	-0.031	$+0.409$	$+0.231$	$+0.239$	-0.142	$+0.378$	$+0.228$	$+0.462$	$+0.094$	$+0.409$
Oct. 1	$+0.142$	$+0.344$	$+0.036$	$+0.060$	$+0.055$	$+0.503$	$+0.199$	$+0.200$	$+0.169$	$+0.334$

Date	1973 x	1973 y	1983 x	1983 y	1993 x	1993 y	2003 x	2003 y	2013 x	2013 y
Jan. 1	$+0.129$	$+0.139$	-0.211	$+0.249$	$+0.208$	$+0.359$	-0.088	$+0.188$	$+0.075$	$+0.290$
Apr. 1	-0.035	$+0.129$	-0.069	$+0.538$	$+0.115$	$+0.170$	-0.133	$+0.436$	$+0.051$	$+0.375$
July 1	-0.075	$+0.286$	$+0.269$	$+0.436$	-0.062	$+0.209$	$+0.131$	$+0.539$	$+0.143$	$+0.391$
Oct. 1	$+0.035$	$+0.347$	$+0.235$	$+0.069$	-0.095	$+0.370$	$+0.259$	$+0.304$	$+0.133$	$+0.294$

Date	1974 x	1974 y	1984 x	1984 y	1994 x	1994 y	2004 x	2004 y	2014 x	2014 y
Jan. 1	$+0.115$	$+0.252$	-0.125	$+0.089$	$+0.010$	$+0.476$	$+0.031$	$+0.154$	$+0.039$	$+0.319$
Apr. 1	$+0.037$	$+0.185$	-0.211	$+0.410$	$+0.174$	$+0.391$	-0.140	$+0.321$	$+0.044$	$+0.421$
July 1	$+0.014$	$+0.216$	$+0.119$	$+0.543$	$+0.137$	$+0.212$	-0.008	$+0.510$	$+0.171$	$+0.415$
Oct. 1	$+0.002$	$+0.225$	$+0.313$	$+0.246$	-0.066	$+0.199$	$+0.199$	$+0.432$	$+0.189$	$+0.289$

Date	1975 x	1975 y	1985 x	1985 y	1995 x	1995 y	2005 x	2005 y	2015 x	2015 y
Jan. 1	-0.055	$+0.281$	$+0.051$	$+0.025$	-0.154	$+0.418$	$+0.149$	$+0.238$	$+0.031$	$+0.281$
Apr. 1	$+0.027$	$+0.344$	-0.196	$+0.220$	$+0.032$	$+0.558$	-0.029	$+0.243$	$+0.014$	$+0.396$
July 1	$+0.151$	$+0.249$	-0.044	$+0.482$	$+0.280$	$+0.384$	-0.040	$+0.397$	$+0.142$	$+0.448$
Oct. 1	$+0.063$	$+0.115$	$+0.214$	$+0.404$	$+0.138$	$+0.106$	$+0.059$	$+0.417$	$+0.210$	$+0.316$

Date	1976 x	1976 y	1986 x	1986 y	1996 x	1996 y	2006 x	2006 y	2016 x	2016 y
Jan. 1	-0.145	$+0.204$	$+0.187$	$+0.072$	-0.176	$+0.191$	$+0.053$	$+0.383$	$+0.051$	$+0.257$
Apr. 1	-0.091	$+0.399$	-0.041	$+0.139$	-0.152	$+0.506$	$+0.103$	$+0.374$	-0.008	$+0.421$
July 1	$+0.159$	$+0.390$	-0.075	$+0.324$	$+0.179$	$+0.546$	$+0.128$	$+0.300$	$+0.152$	$+0.484$
Oct. 1	$+0.227$	$+0.158$	$+0.062$	$+0.395$	$+0.267$	$+0.227$	$+0.033$	$+0.252$	$+0.234$	$+0.331$

Date	1977 x	1977 y	1987 x	1987 y	1997 x	1997 y	2007 x	2007 y	2017 x	2017 y
Jan. 1	-0.065	$+0.076$	$+0.146$	$+0.315$	-0.023	$+0.095$	-0.049	$+0.347$	$+0.080$	$+0.263$
Apr. 1	-0.226	$+0.362$	$+0.096$	$+0.212$	-0.191	$+0.329$	$+0.023$	$+0.479$	$+0.005$	$+0.378$
July 1	$+0.085$	$+0.500$	-0.003	$+0.208$	$+0.019$	$+0.536$	$+0.209$	$+0.412$	$+0.156$	$+0.449$
Oct. 1	$+0.281$	$+0.230$	-0.053	$+0.295$	$+0.221$	$+0.379$	$+0.134$	$+0.206$	$+0.224$	$+0.303$

Date	1978 x	1978 y	1988 x	1988 y	1998 x	1998 y	2008 x	2008 y	2018 x	2018 y
Jan. 1	$+0.007$	$+0.015$	-0.023	$+0.414$	$+0.103$	$+0.175$	-0.081	$+0.258$	$+0.059$	$+0.248$
Apr. 1	-0.231	$+0.240$	$+0.134$	$+0.407$	-0.110	$+0.252$	-0.064	$+0.490$	$+0.032$	$+0.394$
July 1	-0.042	$+0.483$	$+0.171$	$+0.253$	-0.068	$+0.439$	$+0.211$	$+0.498$	$+0.163$	$+0.430$
Oct. 1	$+0.236$	$+0.353$	$+0.011$	$+0.132$	$+0.125$	$+0.445$	$+0.265$	$+0.220$		

Date	1979 x	1979 y	1989 x	1989 y	1999 x	1999 y	2009 x	2009 y
Jan. 1	$+0.140$	$+0.076$	-0.159	$+0.316$	$+0.139$	$+0.296$	-0.017	$+0.146$
Apr. 1	-0.107	$+0.133$	$+0.028$	$+0.482$	$+0.026$	$+0.241$	-0.119	$+0.406$
July 1	-0.117	$+0.351$	$+0.238$	$+0.369$	-0.032	$+0.310$	$+0.130$	$+0.534$
Oct. 1	$+0.092$	$+0.408$	$+0.167$	$+0.106$	$+0.006$	$+0.379$	$+0.266$	$+0.331$

The orientation of the ITRS is consistent with the former BIH system (and the previous IPMS and ILS systems). The angles, x y, are defined on page B84. From 1988 their values have been taken from the IERS Bulletin B, published by the IERS Central Bureau, Bundesamt für Kartographie und Geodäsie, Richard-Strauss-Allee 11, 60598 Frankfurt am Main, Germany. Further information about IERS products may be found via *The Astronomical Almanac Online*.

Introduction

In the reduction of astrometric observations of high precision, it is necessary to distinguish between several different systems of terrestrial coordinates used to specify the positions of points on or near the surface of the Earth. The formulae on page B84 for the reduction for polar motion give the relationships between representations of a geocentric vector referred to either the equinox-based celestial reference system of the true equator and equinox of date, or the Celestial Intermediate Reference System, and the current terrestrial reference system, realized by the International Terrestrial Reference Frame, ITRF2014 (Altamimi, Z., *et al.*, "ITRF2014: A new release of the International Terrestrial Reference Frame modeling non-linear station motions"). ITRF realizations have been published at intervals since 1989 in the form of the geocentric rectangular coordinates and velocities of observing sites around the world.

ITRF2014 is a rigorous combination of space geodesy solutions from the techniques of VLBI, SLR, LLR, GPS and DORIS from 1499 stations located at 975 sites. For the first time, ITRF2014 is generated with an enhanced modeling of non-linear station motions, including seasonal (annual and semi-annual) signals of station positions and post-seismic deformation for sites that were subject to major earthquakes. The ITRF2014 origin is defined by the Earth-system centre of mass sensed by SLR and its scale by the mean scale of the VLBI and SLR solutions. The ITRF axes are consistent with the axes of the former BIH Terrestrial System (BTS) to within $\pm 0''005$, and the BTS was consistent with the earlier Conventional International Origin to within $\pm 0''03$. The use of rectangular coordinates is precise and unambiguous, but for some purposes it is more convenient to represent the position by its longitude, latitude and height referred to a reference spheroid (the term "spheroid" is used here in the sense of an ellipsoid whose equatorial section is a circle and for which each meridional section is an ellipse).

The precise transformation between these coordinate systems is given below. The spheroid is defined by two parameters, its equatorial radius and flattening (usually the reciprocal of the flattening is given). The values used should always be stated with any tabulation of spheroidal positions, but in case they should be omitted a list of the parameters of some commonly used spheroids is given in the table on page K13. For work such as mapping gravity anomalies, it is convenient that the reference spheroid should also be an equipotential surface of a reference body that is in hydrostatic equilibrium, and has the equatorial radius, gravitational constant, dynamical form factor and angular velocity of the Earth. This is referred to as a Geodetic Reference System (rather than just a reference spheroid). It provides a suitable approximation to mean sea level (i.e. to the geoid), but may differ from it by up to 100m in some regions.

Reduction from geodetic to geocentric coordinates

The position of a point relative to a terrestrial reference frame may be expressed in three ways:

(i) geocentric equatorial rectangular coordinates, x, y, z;

(ii) geocentric longitude, latitude and radius, λ, ϕ', ρ;

(iii) geodetic longitude, latitude and height, λ, ϕ, h.

The geodetic and geocentric longitudes of a point are the same, while the relationship between the geodetic and geocentric latitudes of a point is illustrated in the figure on page K12, which represents a meridional section through the reference spheroid. The geocentric radius ρ is usually expressed in units of the equatorial radius of the reference spheroid. The following relationships hold between the geocentric and geodetic coordinates:

$$x = a\,\rho\,\cos\phi'\cos\lambda = (aC + h)\,\cos\phi\,\cos\lambda$$
$$y = a\,\rho\,\cos\phi'\sin\lambda = (aC + h)\,\cos\phi\,\sin\lambda$$
$$z = a\,\rho\,\sin\phi' \qquad\;\; = (aS + h)\,\sin\phi$$

where a is the equatorial radius of the spheroid and C and S are auxiliary functions that depend on the geodetic latitude and on the flattening f of the reference spheroid. The polar radius b and the eccentricity e of the ellipse are given by:

$$b = a\,(1 - f) \qquad e^2 = 2f - f^2 \qquad \text{or} \qquad 1 - e^2 = (1 - f)^2$$

It follows from the geometrical properties of the ellipse that:

$$C = \{\cos^2\phi + (1 - f)^2\,\sin^2\phi\}^{-1/2} \qquad S = (1 - f)^2 C$$

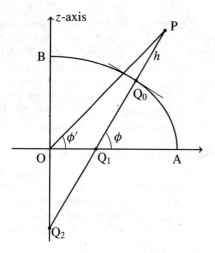

O is centre of Earth

OA = equatorial radius, a

OB = polar radius, b
    $= a(1 - f)$

OP = geocentric radius, ap

PQ$_0$ is normal to the reference spheroid

$Q_0Q_1 = aS$

$Q_0Q_2 = aC$

ϕ = geodetic latitude

ϕ' = geocentric latitude

Geocentric coordinates may be calculated directly from geodetic coordinates. The reverse calculation of geodetic coordinates from geocentric coordinates can be done in closed form (see for example, Borkowski, *Bull. Geod.* **63**, 50-56, 1989), but it is usually done using an iterative procedure.

An iterative procedure for calculating λ, ϕ, h from x, y, z is as follows:

Calculate: $\lambda = \tan^{-1}(y/x)$ $r = (x^2 + y^2)^{1/2}$ $e^2 = 2f - f^2$

Calculate the first approximation to ϕ from: $\phi = \tan^{-1}(z/r)$

Then perform the following iteration until ϕ is unchanged to the required precision:

$$\phi_1 = \phi \qquad C = (1 - e^2 \sin^2 \phi_1)^{-1/2} \qquad \phi = \tan^{-1}((z + aCe^2 \sin \phi_1)/r)$$

Then:

$$h = r/\cos\phi - aC$$

Series expressions and tables are available for certain values of f for the calculation of C and S and also of ρ and $\phi - \phi'$ for points on the spheroid ($h = 0$). The quantity $\phi - \phi'$ is sometimes known as the "reduction of the latitude" or the "angle of the vertical", and it is of the order of 10$'$ in mid-latitudes. To a first approximation when h is small the geocentric radius is increased by h/a and the angle of the vertical is unchanged. The height h refers to a height above the reference spheroid and differs from the height above mean sea level (i.e. above the geoid) by the "undulation of the geoid" at the point.

Other geodetic reference systems

In practice, most geodetic positions are referred either (a) to a regional geodetic datum that is represented by a spheroid that approximates to the geoid in the region considered or (b) to a global reference system, ideally the ITRF2014 or earlier versions. Data for the reduction of regional geodetic coordinates or those in earlier versions of the ITRF to ITRF2014 are available in the relevant geodetic publications, but it is hoped that the following notes, formulae and data will be useful.

(a) Each regional geodetic datum is specified by the size and shape of an adopted spheroid and by the coordinates of an "origin point". The principal axis of the spheroid is generally close to the mean axis of rotation of the Earth, but the centre of the spheroid may not coincide with the centre of mass of the Earth. The offset is usually represented by the geocentric rectangular coordinates (x_0, y_0, z_0) of the centre of the regional spheroid. The reduction from the regional geodetic coordinates (λ, ϕ, h) to the geocentric rectangular coordinates referred to the ITRF (and hence to the geodetic coordinates relative to a reference spheroid) may then be made by using the expressions:

$$x = x_0 + (aC + h)\cos\phi\cos\lambda$$
$$y = y_0 + (aC + h)\cos\phi\sin\lambda$$
$$z = z_0 + (aS + h)\sin\phi$$

(b) The global reference systems defined by the various versions of ITRF differ slightly due to an evolution in the multi-technique combination and constraints philosophy as well as through observational and modelling improvements, although all versions give good approximations to the latest reference frame. The transformations from the latest to previous ITRF solutions involve coordinate and velocity translations, rotations and scaling (i.e. 14 parameters in all), and all of these are given online (see http://www.iers.org) for the ITRF2014 frame in the IERS Conventions (2010, *IERS Technical Note 36*). For example, translation parameters T_1, T_2 and T_3 from ITRF2014 to ITRF2008 are (1·6, 1·9, 2·4) millimetres, with scale difference $-0·02$ parts per billion.

The space techniques of the multi-constellation global navigation satellite systems (GNSS) such as GPS, GLONASS and Galileo are now widely used for position determination. Since January 1987 the broadcast orbits of the GPS satellites have been referred to the WGS84 terrestrial frame, and so positions determined directly using these orbits will also be referred to this frame, which at the level of a few centimetres is close to the ITRF. The parameters of the spheroid used are listed below, and the frame is defined to agree with the BIH frame. However, with the ready availability of data from a large number of geodetic sites whose coordinates and velocities are rigorously defined within ITRF2014, and with GNSS orbital solutions also being referred by the International GNSS Service (IGS) analysis centres to the same frame, it is straightforward to determine directly new sites' coordinates within ITRF2014.

GEODETIC REFERENCE SPHEROIDS

Name and Date	Equatorial Radius, a m	Reciprocal of Flattening, $1/f$	Gravitational Constant, GM $10^{14}\mathrm{m}^3\mathrm{s}^{-2}$	Dynamical Form Factor, J_2	Ang. Velocity of earth, ω $10^{-5}\mathrm{rad\ s}^{-1}$
WGS 84	637 8137	298·257 223 563	3·986 005	0·001 082 63	7·292 115
GRS 80 (IUGG, 1980)[†]	8137	298·257 222	3·986 005	0·001 082 63	7·292 115
IAU 1976	8140	298·257	3·986 005	0·001 082 63	—
GRS 67 (IUGG, 1967)	8160	298·247 167	3·986 03	0·001 082 7	7·292 115 146 7
IAU 1964	8160	298·25	3·986 03	0·001 082 7	7·292 1
International 1924 (Hayford)	8388	297	—	—	—
Clarke 1866	8206·4	294·978 698	—	—	—
Airy 1830	637 7563·396	299·324 964	—	—	—

[†]H. Moritz, Geodetic Reference System 1980, *Bull. Géodésique*, **58**(3), 388-398, 1984.

Astronomical coordinates

Many astrometric observations that historically were used in the determination of the terrestrial coordinates of the point of observation used the local vertical, which defines the zenith, as a principal reference axis; the coordinates so obtained are called "astronomical coordinates". The local vertical is in the direction of the vector sum of the acceleration due to the gravitational field of the Earth and of the apparent acceleration due to the rotation of the Earth on its axis. The vertical is normal to the equipotential (or level) surface at the point, but it is inclined to the normal to the geodetic reference spheroid; the angle of inclination is known as the "deflection of the vertical".

The astronomical coordinates of an observatory may differ significantly (e.g. by as much as 1′) from its geodetic coordinates, which are required for the determination of the geocentric coordinates of the observatory for use in computing, for example, parallax corrections for solar system observations. The size and direction of the deflection may be estimated by studying the gravity field in the region concerned. The deflection may affect both the latitude and longitude, and hence local time. Astronomical coordinates also vary with time because they are affected by polar motion (see page B84).

Introduction and notation

The interpolation methods described in this section, together with the accompanying tables, are usually sufficient to interpolate to full precision the ephemerides in this volume. Additional notes, formulae and tables are given in the booklets *Interpolation and Allied Tables* and *Subtabulation* and in many textbooks on numerical analysis. It is recommended that interpolated values of the Moon's right ascension, declination and horizontal parallax are derived from the daily polynomial coefficients that are provided for this purpose on *The Astronomical Almanac Online* (see page D1).

f_p denotes the value of the function $f(t)$ at the time $t = t_0 + ph$, where h is the interval of tabulation, t_0 is a tabular argument, and $p = (t - t_0)/h$ is known as the interpolating factor. The notation for the differences of the tabular values is shown in the following table; it is derived from the use of the central-difference operator δ, which is defined by:

$$\delta f_p = f_{p+1/2} - f_{p-1/2}$$

The symbol for the function is usually omitted in the notation for the differences. Tables are given for use with Bessel's interpolation formula for p in the range 0 to $+1$. The differences may be expressed in terms of function values for convenience in the use of programmable calculators or computers.

Arg.	Function	Differences				Differences in terms of Function Values
		1st	2nd	3rd	4th	
t_{-2}	f_{-2}		δ^2_{-2}			$\delta_{1/2} = f_1 - f_0$
		$\delta_{-3/2}$		$\delta^3_{-3/2}$		$\delta^2_0 = \delta_{1/2} - \delta_{-1/2}$
t_{-1}	f_{-1}		δ^2_{-1}		δ^4_{-1}	$= f_1 - 2f_0 + f_{-1}$
		$\delta_{-1/2}$		$\delta^3_{-1/2}$		$\delta^2_0 + \delta^2_1 = f_2 - f_1 - f_0 + f_{-1}$
t_0	f_0		δ^2_0		δ^4_0	$\delta^3_{1/2} = \delta^2_1 - \delta^2_0$
		$\delta_{1/2}$		$\delta^3_{1/2}$		$= f_2 - 3f_1 + 3f_0 - f_{-1}$
t_{+1}	f_{+1}		δ^2_1		δ^4_1	$\delta^4_0 = \delta^3_{1/2} - \delta^3_{-1/2}$
		$\delta_{3/2}$		$\delta^3_{3/2}$		$= f_2 - 4f_1 + 6f_0 - 4f_{-1} + f_{-2}$
t_{+2}	f_{+2}		δ^2_2			$\delta^4_0 + \delta^4_1 = f_3 - 3f_2 + 2f_1 + 2f_0 - 3f_{-1} + f_{-2}$

$$p \equiv \text{the interpolating factor} = (t - t_0)/(t_1 - t_0) = (t - t_0)/h$$

Bessel's interpolation formula

In this notation, Bessel's interpolation formula is:

$$f_p = f_0 + p\,\delta_{1/2} + B_2\,(\delta^2_0 + \delta^2_1) + B_3\,\delta^3_{1/2} + B_4\,(\delta^4_0 + \delta^4_1) + \cdots$$

where
$$B_2 = p\,(p-1)/4 \qquad B_3 = p\,(p-1)\,(p - \tfrac{1}{2})/6$$
$$B_4 = (p+1)\,p\,(p-1)\,(p-2)/48$$

The maximum contribution to the truncation error of f_p, for $0 < p < 1$, from neglecting each order of difference is less than 0.5 in the unit of the end figure of the tabular function if

$$\delta^2 < 4 \qquad \delta^3 < 60 \qquad \delta^4 < 20 \qquad \delta^5 < 500.$$

The critical table of B_2 opposite provides a rapid means of interpolating when δ^2 is less than 500 and higher-order differences are negligible or when full precision is not required. The interpolating factor p should be rounded to 4 decimals, and the required value of B_2 is then the tabular value opposite the interval in which p lies, or it is the value above and to the right of p if p exactly equals a tabular argument. B_2 is always negative. The effects of the third and fourth differences can be estimated from the values of B_3 and B_4, given in the last column.

Inverse interpolation

Inverse interpolation to derive the interpolating factor p, and hence the time, for which the function takes a specified value f_p is carried out by successive approximations. The first estimate p_1 is obtained from:

$$p_1 = (f_p - f_0)/\delta_{1/2}$$

This value of p is used to obtain an estimate of B_2, from the critical table or otherwise, and hence an improved estimate of p from:

$$p = p_1 - B_2\,(\delta_0^2 + \delta_1^2)/\delta_{1/2}$$

This last step is repeated until there is no further change in B_2 or p; the effects of higher-order differences may be taken into account in this step.

CRITICAL TABLE FOR BESSEL'S INTERPOLATION FORMULA COEFFICIENTS

p	B_2	p	B_2	p	B_2	p	B_2	p	B_2
0.0000	.000	0.1101	.025	0.2719	.050	0.7280	.049	0.8898	.024
0.0020	.001	0.1152	.026	0.2809	.051	0.7366	.048	0.8949	.023
0.0060	.002	0.1205	.027	0.2902	.052	0.7449	.047	0.9000	.022
0.0101	.003	0.1258	.028	0.3000	.053	0.7529	.046	0.9049	.021
0.0142	.004	0.1312	.029	0.3102	.054	0.7607	.045	0.9098	.020
0.0183	.005	0.1366	.030	0.3211	.055	0.7683	.044	0.9147	.019
0.0225	.006	0.1422	.031	0.3326	.056	0.7756	.043	0.9195	.018
0.0267	.007	0.1478	.032	0.3450	.057	0.7828	.042	0.9242	.017
0.0309	.008	0.1535	.033	0.3585	.058	0.7898	.041	0.9289	.016
0.0352	.009	0.1594	.034	0.3735	.059	0.7966	.040	0.9335	.015
0.0395	.010	0.1653	.035	0.3904	.060	0.8033	.039	0.9381	.014
0.0439	.011	0.1713	.036	0.4105	.061	0.8098	.038	0.9427	.013
0.0483	.012	0.1775	.037	0.4367	.062	0.8162	.037	0.9472	.012
0.0527	.013	0.1837	.038	0.5632	.061	0.8224	.036	0.9516	.011
0.0572	.014	0.1901	.039	0.5894	.060	0.8286	.035	0.9560	.010
0.0618	.015	0.1966	.040	0.6095	.059	0.8346	.034	0.9604	.009
0.0664	.016	0.2033	.041	0.6264	.058	0.8405	.033	0.9647	.008
0.0710	.017	0.2101	.042	0.6414	.057	0.8464	.032	0.9690	.007
0.0757	.018	0.2171	.043	0.6549	.056	0.8521	.031	0.9732	.006
0.0804	.019	0.2243	.044	0.6673	.055	0.8577	.030	0.9774	.005
0.0852	.020	0.2316	.045	0.6788	.054	0.8633	.029	0.9816	.004
0.0901	.021	0.2392	.046	0.6897	.053	0.8687	.028	0.9857	.003
0.0950	.022	0.2470	.047	0.7000	.052	0.8741	.027	0.9898	.002
0.1000	.023	0.2550	.048	0.7097	.051	0.8794	.026	0.9939	.001
0.1050	.024	0.2633	.049	0.7190	.050	0.8847	.025	0.9979	.000
0.1101		0.2719		0.7280		0.8898		1.0000	

p	B_3
0.0	0.000
0.1	+0.006
0.2	+0.008
0.3	+0.007
0.4	+0.004
0.5	0.000
0.6	−0.004
0.7	−0.007
0.8	−0.008
0.9	−0.006
1.0	0.000

p	B_4
0.0	0.000
0.1	+0.004
0.2	+0.007
0.3	+0.010
0.4	+0.011
0.5	+0.012
0.6	+0.011
0.7	+0.010
0.8	+0.007
0.9	+0.004
1.0	0.000

In critical cases ascend. B_2 is always negative.

Polynomial representations

It is sometimes convenient to construct a simple polynomial representation of the form

$$f_p = a_0 + a_1\,p + a_2\,p^2 + a_3\,p^3 + a_4\,p^4 + \cdots$$

which may be evaluated in the nested form

$$f_p = (((a_4\,p + a_3)\,p + a_2)\,p + a_1)\,p + a_0$$

Expressions for the coefficients a_0, a_1, ... may be obtained from Stirling's interpolation formula, neglecting fifth-order differences:

$$a_4 = \delta_0^4/24 \qquad a_2 = \delta_0^2/2 - a_4 \qquad a_0 = f_0$$
$$a_3 = (\delta_{1/2}^3 + \delta_{-1/2}^3)/12 \qquad a_1 = (\delta_{1/2} + \delta_{-1/2})/2 - a_3$$

This is suitable for use in the range $-\tfrac{1}{2} \le p \le +\tfrac{1}{2}$, and it may be adequate in the range $-2 \le p \le 2$, but it should not normally be used outside this range. Techniques are available in the literature for obtaining polynomial representations which give smaller errors over similar or larger intervals. The coefficients may be expressed in terms of function values rather than differences.

Examples

To find (a) the declination of the Sun at $16^h\ 23^m\ 14\overset{s}{.}8$ TT on 1984 January 19, (b) the right ascension of Mercury at $17^h\ 21^m\ 16\overset{s}{.}8$ TT on 1984 January 8, and (c) the time on 1984 January 8 when Mercury's right ascension is exactly $18^h\ 04^m$.

Difference tables for the Sun and Mercury are constructed as shown below, where the differences are in units of the end figures of the function. Second-order differences are sufficient for the Sun, but fourth-order differences are required for Mercury.

Sun

Jan.	Dec.	δ	δ^2
	° ′ ″		
18	−20 44 48·3		
		+7212	
19	−20 32 47·1		+233
		+7445	
20	−20 20 22·6		+230
		+7675	
21	−20 07 35·1		

Mercury

Jan.	R.A.	δ	δ^2	δ^3	δ^4
	h m s				
6	18 10 10·12				
		−18709			
7	18 07 03·03		+4299		
		−14410		−16	
8	18 04 38·93		+4283		−104
		−10127		−120	
9	18 02 57·66		+4163		−76
		−5964		−196	
10	18 01 58·02		+3967		
		−1997			
11	18 01 38·05				

(a) *Use of Bessel's formula*

The tabular interval is one day, hence the interpolating factor is 0·68281. From the critical table, $B_2 = -0·054$, and

$$f_p = -20°\ 32'\ 47\overset{''}{.}1 + 0·68281\,(+744\overset{''}{.}5) - 0·054\,(+23\overset{''}{.}3 + 23\overset{''}{.}0)$$
$$= -20°\ 24'\ 21\overset{''}{.}2$$

(b) *Use of polynomial formula*

Using the polynomial method, the coefficients are:

$a_4 = -1\overset{s}{.}04/24 = -0\overset{s}{.}043$ 　　　$a_1 = (-101\overset{s}{.}27 - 144\overset{s}{.}10)/2 + 0\overset{s}{.}113 = -122\overset{s}{.}572$

$a_3 = (-1\overset{s}{.}20 - 0\overset{s}{.}16)/12 = -0\overset{s}{.}113$ 　　$a_0 = 18^h + 278\overset{s}{.}93$

$a_2 = +42\overset{s}{.}83/2 + 0\overset{s}{.}043 = +21\overset{s}{.}458$

where an extra decimal place has been kept as a guarding figure. Then with interpolating factor $p = 0·72311$

$$f_p = 18^h + 278\overset{s}{.}93 - 122\overset{s}{.}572\,p + 21\overset{s}{.}458\,p^2 - 0\overset{s}{.}113\,p^3 - 0\overset{s}{.}043\,p^4$$
$$= 18^h\ 03^m\ 21\overset{s}{.}46$$

(c) *Inverse interpolation*

Since $f_p = 18^h\ 04^m$ the first estimate for p is:

$$p_1 = (18^h\ 04^m - 18^h\ 04^m\ 38\overset{s}{.}93)/(-101\overset{s}{.}27) = 0·38442$$

From the critical table, with $p = 0·3844$, $B_2 = -0·059$. Also

$$(\delta_0^2 + \delta_1^2)/\delta_{1/2} = (+42·83 + 41·63)/(-101·27) = -0·834$$

The second approximation to p is:

$$p = 0·38442 + 0·059\,(-0·834) = 0·33521 \quad \text{which gives } t = 8^h\ 02^m\ 42^s;$$

as a check, using the polynomial found in (b) with $p = 0·33521$ gives

$$f_p = 18^h\ 04^m\ 00\overset{s}{.}25.$$

The next approximation is $B_2 = -0·056$ and $p = 0·38442 + 0·056(-0·834) = 0·33772$ which gives $t = 8^h\ 06^m\ 19^s$: using the polynomial in (b) with $p = 0·33772$ gives

$$f_p = 18^h\ 03^m\ 59\overset{s}{.}98.$$

Subtabulation

·Coefficients for use in the systematic interpolation of an ephemeris to a smaller interval are given in the following table for certain values of the ratio of the two intervals. The table is entered for each of the appropriate multiples of this ratio to give the corresponding decimal value of the interpolating factor p and the Bessel coefficients. The values of p are exact or recurring decimal numbers. The values of the coefficients may be rounded to suit the maximum number of figures in the differences.

BESSEL COEFFICIENTS FOR SUBTABULATION

Ratio of intervals											Bessel Coefficients			
$\frac{1}{2}$	$\frac{1}{3}$	$\frac{1}{4}$	$\frac{1}{5}$	$\frac{1}{6}$	$\frac{1}{8}$	$\frac{1}{10}$	$\frac{1}{12}$	$\frac{1}{20}$	$\frac{1}{24}$	$\frac{1}{40}$	p	B_2	B_3	B_4
										1	0·025	−0·006094	0·00193	0·0010
									1		0·0416	−0·009983	0·00305	0·0017
								1		2	0·050	−0·011875	0·00356	0·0020
										3	0·075	−0·017344	0·00491	0·0030
							1		2		0·0833	−0·019097	0·00530	0·0033
						1		2		4	0·100	−0·022500	0·00600	0·0039
					1				3	5	0·125	−0·027344	0·00684	0·0048
								3		6	0·150	−0·031875	0·00744	0·0057
				1			2		4		0·1666	−0·034722	0·00772	0·0062
										7	0·175	−0·036094	0·00782	0·0064
			1			2		4		8	0·200	−0·040000	0·00800	0·0072
									5		0·2083	−0·041233	0·00802	0·0074
										9	0·225	−0·043594	0·00799	0·0079
		1			2		3	5	6	10	0·250	−0·046875	0·00781	0·0085
										11	0·275	−0·049844	0·00748	0·0091
									7		0·2916	−0·051649	0·00717	0·0095
						3		6		12	0·300	−0·052500	0·00700	0·0097
										13	0·325	−0·054844	0·00640	0·0101
	1			2			4		8		0·3333	−0·055556	0·00617	0·0103
								7		14	0·350	−0·056875	0·00569	0·0106
					3				9	15	0·375	−0·058594	0·00488	0·0109
			2			4		8		16	0·400	−0·060000	0·00400	0·0112
							5		10		0·4166	−0·060764	0·00338	0·0114
										17	0·425	−0·061094	0·00305	0·0114
								9		18	0·450	−0·061875	0·00206	0·0116
									11		0·4583	−0·062066	0·00172	0·0116
										19	0·475	−0·062344	0·00104	0·0117
1		2		3	4	5	6	10	12	20	0·500	−0·062500	0·00000	0·0117
										21	0·525	−0·062344	−0·00104	0·0117
									13		0·5416	−0·062066	−0·00172	0·0116
								11		22	0·550	−0·061875	−0·00206	0·0116
										23	0·575	−0·061094	−0·00305	0·0114
							7		14		0·5833	−0·060764	−0·00338	0·0114
			3			6		12		24	0·600	−0·060000	−0·00400	0·0112
					5				15	25	0·625	−0·058594	−0·00488	0·0109
								13		26	0·650	−0·056875	−0·00569	0·0106
	2			4			8		16		0·6666	−0·055556	−0·00617	0·0103
										27	0·675	−0·054844	−0·00640	0·0101
						7		14		28	0·700	−0·052500	−0·00700	0·0097
									17		0·7083	−0·051649	−0·00717	0·0095
										29	0·725	−0·049844	−0·00748	0·0091
		3			6		9	15	18	30	0·750	−0·046875	−0·00781	0·0085
										31	0·775	−0·043594	−0·00799	0·0079
									19		0·7916	−0·041233	−0·00802	0·0074
			4			8		16		32	0·800	−0·040000	−0·00800	0·0072
										33	0·825	−0·036094	−0·00782	0·0064
				5			10		20		0·8333	−0·034722	−0·00772	0·0062
								17		34	0·850	−0·031875	−0·00744	0·0057
					7				21	35	0·875	−0·027344	−0·00684	0·0048
						9		18		36	0·900	−0·022500	−0·00600	0·0039
							11		22		0·9166	−0·019097	−0·00530	0·0033
										37	0·925	−0·017344	−0·00491	0·0030
								19		38	0·950	−0·011875	−0·00356	0·0020
									23		0·9583	−0·009983	−0·00305	0·0017
										39	0·975	−0·006094	−0·00193	0·0010

The following are some useful formulae involving vectors and matrices.

Position vectors

Positions or directions on the sky can be represented as column vectors in a specific celestial coordinate system with components that are Cartesian (rectangular) coordinates. The relationship between a position vector $\mathbf{r}$ its three components r_x, r_y, r_z, and its right ascension (α), declination (δ) and distance (d) from the specified origin have the general form

$$\mathbf{r} = \begin{bmatrix} r_x \\ r_y \\ r_z \end{bmatrix} = \begin{bmatrix} d\cos\alpha\cos\delta \\ d\sin\alpha\cos\delta \\ d\sin\delta \end{bmatrix} \quad \text{and} \quad \begin{aligned} \alpha &= \tan^{-1}\left(r_y/r_x\right) \\ \delta &= \tan^{-1} r_z/\sqrt{(r_x^2 + r_y^2)} \\ d &= |\mathbf{r}| = \sqrt{(r_x^2 + r_y^2 + r_z^2)} \end{aligned}$$

where α is measured counterclockwise as viewed from the positive side of the z-axis. A two-argument arctangent function (e.g., atan2) will return the correct quadrant for α if r_y and r_x are provided separately. The above is written in terms of equatorial coordinates (α, δ), however they are also valid, for example, for ecliptic longitude and latitude (λ, β) and geocentric (but not geodetic) longitude and latitude (λ, ϕ').

Unit vectors are often used; the unit vector $\hat{\mathbf{r}}$ is a vector with distance (magnitude) equal to one, and may be calculated thus;

$$\hat{\mathbf{r}} = \frac{\mathbf{r}}{|\mathbf{r}|}$$

For stars and other objects "at infinity" (beyond the solar system), d is often set to 1.

Vector dot and cross products

The dot or scalar product ($\mathbf{r}_1 \cdot \mathbf{r}_2$) of two vectors $\mathbf{r}_1$ and $\mathbf{r}_2$ is the sum of the products of their corresponding components in the same Cartesian coordinate system, thus

$$\mathbf{r}_1 \cdot \mathbf{r}_2 = x_1 x_2 + y_1 y_2 + z_1 z_2$$

The angle (θ) between two unit vectors $\hat{\mathbf{r}}_1$ and $\hat{\mathbf{r}}_2$ is given by

$$\hat{\mathbf{r}}_1 \cdot \hat{\mathbf{r}}_2 = \cos\theta$$

Note, also, that the magnitude (d) of $\mathbf{r}$ is given by

$$d = |\mathbf{r}| = \sqrt{(\mathbf{r} \cdot \mathbf{r})} = \sqrt{r_x^2 + r_y^2 + r_z^2}$$

The cross or vector product ($\mathbf{r}_1 \times \mathbf{r}_2$) of two vectors $\mathbf{r}_1$ and $\mathbf{r}_2$ is a vector that is perpendicular to the plane containing both $\mathbf{r}_1$ and $\mathbf{r}_2$ in the direction given by a right-handed screw, and

$$\mathbf{r}_1 \times \mathbf{r}_2 = \begin{bmatrix} y_1 z_2 - y_2 z_1 \\ x_2 z_1 - x_1 z_2 \\ x_1 y_2 - x_2 y_1 \end{bmatrix}$$

where $\mathbf{r}_1$ and $\mathbf{r}_2$ have column vectors (x_1, y_1, z_1) and (x_2, y_2, z_2), respectively. A cross product is not commutative since

$$\mathbf{r}_1 \times \mathbf{r}_2 = -\mathbf{r}_2 \times \mathbf{r}_1$$

The magnitude of the cross product of two unit vectors is the sine of the angle between them

$$|\hat{\mathbf{r}}_1 \times \hat{\mathbf{r}}_2| = \sin\theta \qquad \text{and} \qquad 0 \leq \theta \leq \pi$$

The vector triple product

$$(\mathbf{r}_1 \times \mathbf{r}_2) \times \mathbf{r}_3 = (\mathbf{r}_1 \cdot \mathbf{r}_3)\, \mathbf{r}_2 - (\mathbf{r}_2 \cdot \mathbf{r}_3)\, \mathbf{r}_1$$

is a vector in the same plane as $\mathbf{r}_1$ and $\mathbf{r}_2$. Note the position of the brackets. The latter is used on page B67 in step 3 where $\mathbf{r}_1 = \mathbf{q}$, $\mathbf{r}_2 = \mathbf{e}$ and $\mathbf{r}_3 = \mathbf{p}$.

Matrices and matrix multiplication

The general form of a 3×3 matrix $\mathbf{M}$ used with 3-vectors is usually specified

$$\mathbf{M} = \begin{bmatrix} m_{11} & m_{12} & m_{13} \\ m_{21} & m_{22} & m_{23} \\ m_{31} & m_{32} & m_{33} \end{bmatrix}$$

If each element of $\mathbf{M}$ (m_{ij}) is the result of multiplying matrices $\mathbf{A}$ and $\mathbf{B}$, i.e. $\mathbf{M} = \mathbf{A}\,\mathbf{B}$, then $\mathbf{M}$ is calculated from

$$m_{ij} = \sum_{k=1}^{3} a_{ik}\, b_{kj} \qquad \text{thus} \qquad \mathbf{M} = \begin{bmatrix} \sum a_{1k}\, b_{k1} & \sum a_{1k}\, b_{k2} & \sum a_{1k}\, b_{k3} \\ \sum a_{2k}\, b_{k1} & \sum a_{2k}\, b_{k2} & \sum a_{2k}\, b_{k3} \\ \sum a_{3k}\, b_{k1} & \sum a_{3k}\, b_{k2} & \sum a_{3k}\, b_{k3} \end{bmatrix}$$

where $i = 1, 2, 3$, $j = 1, 2, 3$ and k is summed from 1 to 3. Note that matrix multiplication is associative, i.e. $\mathbf{A}\,(\mathbf{B}\,\mathbf{C}) = (\mathbf{A}\,\mathbf{B})\,\mathbf{C}$, but it is **not** commutative i.e. $\mathbf{A}\,\mathbf{B} \neq \mathbf{B}\,\mathbf{A}$.

Rotation matrices

The rotation matrix $\mathbf{R}_n(\phi)$, for $n = 1, 2$ and 3 transforms column 3-vectors from one Cartesian coordinate system to another. The final system is formed by rotating the original system about its own n^{th}-axis (i.e. the x, y, or z-axis) by the angle ϕ, counterclockwise as viewed from the $+x$, $+y$ or $+z$ direction, respectively.

The two columns below give $\mathbf{R}_n(\phi)$ and its inverse $\mathbf{R}_n^{-1}(\phi)$ (see below), respectively,

$$\mathbf{R}_1(\phi) = \begin{bmatrix} 1 & 0 & 0 \\ 0 & \cos\phi & \sin\phi \\ 0 & -\sin\phi & \cos\phi \end{bmatrix} \qquad \mathbf{R}_1^{-1}(\phi) = \begin{bmatrix} 1 & 0 & 0 \\ 0 & \cos\phi & -\sin\phi \\ 0 & \sin\phi & \cos\phi \end{bmatrix}$$

$$\mathbf{R}_2(\phi) = \begin{bmatrix} \cos\phi & 0 & -\sin\phi \\ 0 & 1 & 0 \\ \sin\phi & 0 & \cos\phi \end{bmatrix} \qquad \mathbf{R}_2^{-1}(\phi) = \begin{bmatrix} \cos\phi & 0 & \sin\phi \\ 0 & 1 & 0 \\ -\sin\phi & 0 & \cos\phi \end{bmatrix}$$

$$\mathbf{R}_3(\phi) = \begin{bmatrix} \cos\phi & \sin\phi & 0 \\ -\sin\phi & \cos\phi & 0 \\ 0 & 0 & 1 \end{bmatrix} \qquad \mathbf{R}_3^{-1}(\phi) = \begin{bmatrix} \cos\phi & -\sin\phi & 0 \\ \sin\phi & \cos\phi & 0 \\ 0 & 0 & 1 \end{bmatrix}$$

Generally, a rotation matrix $\mathbf{R}$ is a matrix formed from products of the above rotational matricies $\mathbf{R}_n(\phi)$ that implements a transformation from one Cartesian coordinate system to another, the two systems sharing a common origin. Any such matrix is orthogonal; that is, the transpose $\mathbf{R}^{\mathrm{T}}$ (where rows are replaced by columns) equals the inverse, $\mathbf{R}^{-1}$. Therefore

$$\mathbf{R}^{\mathrm{T}}\,\mathbf{R} = \mathbf{R}^{-1}\,\mathbf{R} = \mathbf{I}$$

where $\mathbf{I}$ is the unit (identity) matrix. Sometimes $\mathbf{R}^{\mathrm{T}}$ is denoted $\mathbf{R}'$. It is also worth noting the following relationships

$$\mathbf{R}_n^{-1}(\phi) = \mathbf{R}_n^{\mathrm{T}}(\phi) = \mathbf{R}_n(-\phi)$$

which is shown in the right-hand column above. The initial and final Cartesian coordinate systems are right handed ($\hat{\mathbf{e}}_x \times \hat{\mathbf{e}}_y = \hat{\mathbf{e}}_z$), where $\hat{\mathbf{e}}_n$ are the unit vectors along the axes. Matrices interconnecting such systems have their determinant equal to $+1$ and are called *proper orthogonal matrices* or *proper rotation matrices*. Such a matrix can always be represented as a product of three matrices of the types $\mathbf{R}_n(\phi)$.

Example: The transformation between a geocentric position with respect to the Geocentric Celestial Reference System $\mathbf{r}_{\mathrm{GCRS}}$ and a position with respect to the true equator and equinox of date $\mathbf{r}_t$, and vice versa, is given by:

$$\mathbf{r}_t = \mathbf{N}\,\mathbf{P}\,\mathbf{B}\,\mathbf{r}_{\mathrm{GCRS}}$$
$$\mathbf{B}^{-1}\mathbf{P}^{-1}\mathbf{N}^{-1}\mathbf{r}_t = \mathbf{B}^{-1}\,[\mathbf{P}^{-1}\,(\mathbf{N}^{-1}\mathbf{N})\,\mathbf{P}]\,\mathbf{B}\,\mathbf{r}_{\mathrm{GCRS}}$$

Rearranging gives
$$\mathbf{r}_{\mathrm{GCRS}} = \mathbf{B}^{-1}\,\mathbf{P}^{-1}\,\mathbf{N}^{-1}\,\mathbf{r}_t = \mathbf{B}^{\mathrm{T}}\,\mathbf{P}^{\mathrm{T}}\,\mathbf{N}^{\mathrm{T}}\,\mathbf{r}_t$$

where $\mathbf{B}$, $\mathbf{P}$ and $\mathbf{N}$ are the frame bias, precession and nutation matrices, respectively, and are all proper rotation matrices. Note that the order the transformations are applied is crucial.

NOTES AND REFERENCES

CONTENTS OF SECTION L

This symbol indicates that these data or auxiliary material may also be found on *The Astronomical Almanac Online* at http://asa.usno.navy.mil and http://asa.hmnao.com

This section specifies the sources for the theories and data used to construct the ephemerides in this volume, explains the basic concepts required to use the ephemerides, and where appropriate states the precise meaning of tabulated quantities. Definitions of individual terms appear in the Glossary (Section M). The *Explanatory Supplement to the Astronomical Almanac* (Urban and Seidelmann, 2012) contains additional information about the theories and data used.

The companion website *The Astronomical Almanac Online* provides, in machine-readable form, some of the information printed in this volume as well as closely related data. Two mirrored sites are maintained. The URL [1] for the website in the United States is http://asa.usno.navy.mil and in the United Kingdom is http://asa.hmnao.com. The symbol *www* is used throughout this edition to indicate that additional material can be found on *The Astronomical Almanac Online*.

To the greatest extent possible, *The Astronomical Almanac* is prepared using standard data sources and models recommended by the International Astronomical Union (IAU). The data prepared in the United States rely heavily on the US Naval Observatory's NOVAS software package [2]. Data prepared in the United Kingdom utilize the IAU Standards of Fundamental Astronomy (SOFA) library [3]. Although NOVAS and SOFA were written independently, the underlying scientific bases are the same. Resulting computations typically are in agreement at the microarcsecond level.

Fundamental Reference System

The fundamental reference system for astronomical applications is the International Celestial Reference System (ICRS), as adopted by the IAU General Assembly (GA) in 1997 (Resolution B2, IAU, 1999). At the same time, the IAU specified that the practical realization of the ICRS in the radio regime is the International Celestial Reference Frame (ICRF), a space-fixed frame based on high accuracy radio positions of extragalactic sources measured by Very Long Baseline Interferometry (VLBI); see Ma et al. (1998). Beginning in 2010, the ICRS is realized in the radio by the ICRF2 catalog (IERS, 2009); also available at [4]. The ICRS is realized in the optical regime by the Hipparcos Celestial Reference Frame (HCRF), consisting of the *Hipparcos Catalogue* (ESA, 1997) with certain exclusions (Resolution B1.2, IAU, 2001). Although the directions of the ICRS coordinate axes are not defined by the kinematics of the Earth, the ICRS axes (as implemented by the ICRF and HCRF) closely approximate the axes that would be defined by the mean Earth equator and equinox of J2000.0 (to within 0.1 arcsecond).

In 2000, the IAU defined a system of space-time coordinates for the solar system, and the Earth, within the framework of General Relativity, by specifying the form of the metric tensors for each and the 4-dimensional space-time transformation between them. The former is called the Barycentric Celestial Reference System (BCRS), and the latter, the Geocentric Celestial Reference System (GCRS) (Resolution B1.3, *op.cit.*). The ICRS can be considered a specific implementation of the BCRS; the ICRS defines the spatial axis directions of the BCRS. The GCRS axis directions are derived from those of the BCRS (ICRS); the GCRS can be considered to be the "geocentric ICRS," and the coordinates of stars and planets in the GCRS are obtained from basic ICRS reference data by applying the algorithms for proper place (*e.g.*, for stars, correcting the ICRS-based catalog position for proper motion, parallax, gravitational deflection of light, and aberration).

Precession and Nutation Models

The IAU Resolution B1 adopts the IAU 2006 precession theory (Capitaine et al., 2003) recommended by the Working Group on Precession and the Ecliptic (Hilton et al., 2006) and the IAU 2000A nutation theory (IAU 2000 Resolution B1.6) based on the transfer functions of Matthews et al. (2002), MHB2000. However, at the highest precision (μas), implementing these precession and nutation theories will not agree with the combined precession-nutation approach using the X,Y of the CIP as implemented by the IERS Conventions (IERS, 2010, Chapter 5, and the updates at [7]). This is due to some very small adjustments that are needed in a few of the IAU 2000A nutation amplitudes in order to ensure compatibility with the IAU 2006 values for ϵ_0 and the J_2 rate (see IERS (2010), 5.6.3).

Sections C, E, F use IAU 2000A nutation without the adjustments (see USNO Circular 179, Kaplan (2005) available at [8]) and Sections A, B, D and G use IAU SOFA software, which includes the adjustments. Note that these adjustments are well below the precision printed. These IAU recommendations have been implemented into this almanac since the 2009 edition.

Section B describes the transformation (rotations for precession and nutation) from the GCRS to the "of date" system. This includes the offsets of the ICRS axes from the axes of the dynamical system (mean equator and equinox of J2000.0, termed frame bias). Users are reminded that both variants of formulation, with and without frame bias, are often given, and the difference matters.

Timescales

Two fundamentally different types of time scales are used in astronomy: coordinate timescales such as International Atomic Time (TAI), Terrestrial Time (TT), and Barycentric Dynamical Time (TDB), and those based on the rotation of the Earth such as Universal Time (UT) and sidereal time.

A coordinate timescale is one associated with a coordinate system. To be of use, a coordinate timescale must be related to the proper time of an actual clock. This connection is made from the proper times of an ensemble of atomic clocks on the geoid, through a relativistic transformation, to define the TAI coordinate timescale. The realization of TAI is the responsibility of the Bureau International de Poids et Mesures (BIPM).

The Earth is subject to external torques and changes to its internal structure. Thus, the Earth's rotation rate varies with time. And those timescales, such as UT, that are based on the Earth's rotation do not have a fixed relationship to coordinate timescales.

The fundamental unit of time in a coordinate time scale is the SI second defined as 9 192 631 770 cycles of the radiation corresponding to the ground state hyperfine transition of Cesium 133. As a simple count of cycles of an observable phenomenon, the SI second can be implemented, at least in principle, by an observer anywhere. According to relativity theory, clocks advancing by SI seconds according to a co-moving observer (*i.e.*, an observer moving with the clock) may not, in general, appear to advance by SI seconds to an observer on a different space-time trajectory from that of the clock. Thus, a coordinate time scale defined for use in a particular reference system is related to the coordinate time scale defined for a second reference system by a rather complex formula that depends on the relative space-time trajectories of the two reference systems. Simply stated, different astronomical reference systems use different time scales. However, the universal use of SI units allows the values of fundamental physical constants determined in one reference system to be used in another reference system without scaling.

The IAU has recommended relativistic coordinate time scales based on the SI second for theoretical developments using the Barycentric Celestial Reference System or the Geocentric Celestial Reference System. These time scales are, respectively, Barycentric Coordinate Time (TCB) and Geocentric Coordinate Time (TCG). Neither TCB nor TCG appear explicitly in this volume (except here and in the Glossary), but may underlie the physical theories that contribute to the data, and are likely to be more widely used in the future.

International Atomic Time (TAI) is a commonly used time scale with a mean rate equal, to a high level of accuracy, to the mean rate of the proper time of an observer situated on the Earth's surface (the rotating geoid). TAI is the most precisely determined time scale that is now available for astronomical use. This scale results from analyses, by the BIPM in Sèvres, France, of data from atomic time standards of many countries. Although TAI was not officially introduced until 1972, atomic time scales have been available since 1956, and TAI may be extrapolated backwards to the period 1956–1971 (for a history of TAI, see Nelson et al. (2001)). TAI is readily available as an integral number of seconds offset from UTC, which is extensively disseminated.

UTC is discussed at the end of this section.

The astronomical time scale called Terrestrial Time (TT), used widely in this volume, is an idealized form of TAI with an epoch offset. In practice it is TT = TAI + 32^{s}184. TT was so defined to preserve continuity with previously used (now obsolete) "dynamical" time scales, Terrestrial Dynamical Time (TDT) and Ephemeris Time (ET).

Barycentric Dynamical Time (TDB, defined by the IAU in 1976 and 1979 and modified in 2006 by Resolution B3) is defined such that it is linearly related to TCB and, at the geocenter, remains close to TT. Barycentric and heliocentric data are therefore often tabulated with TDB shown as the time argument. Values of parameters involving TDB (see pages K6–K7) which are not based on the SI second, will, in general, require scaling to convert them to SI-based values (dimensionless quantities such as mass ratios are unaffected).

The coordinate time scale TDB is used as the independent argument of various fundamental solar system ephemerides. In particular, it is the coordinate time scale of the Jet Propulsion Laboratory (JPL) ephemerides DE430/LE430. Previous JPL ephemerides, *e.g.* DE405/LE405 used the coordinate time scale T_{eph} (see Glossary). The DE430/LE430 ephemerides are the basis for many of the tabulations in this volume (see the Ephemerides Section on page L5). They were computed in the barycentric reference system. The linear drift between TDB and TCB (by about 10^{-8}) is such that the rates of TDB and TT are as close as possible for the time span covered by the particular ephemeris (Resolution B3, IAU, 2006).

The second group of time scales, which are also used in this volume, are based on the (variable) rotation of the Earth. In 2000, the IAU (Resolution B1.8, IAU, 2001) defined UT1 (Universal Time) to be linearly proportional to the Earth rotation angle (ERA) (see page B8), which is the geocentric angle between two directions in the equatorial plane called, respectively, the celestial intermediate origin (CIO) and the terrestrial intermediate origin (TIO). The TIO rotates with the Earth, while the motion of the CIO has no component of instantaneous motion along the celestial equator, thus ERA is a direct measure of the Earth's rotation.

Greenwich sidereal time is the hour angle of the equinox measured with respect to the Greenwich meridian. Local sidereal time is the local hour angle of the equinox, or the Greenwich sidereal time plus the longitude (east positive) of the observer, expressed in time units. Sidereal time appears in two forms, apparent and mean, the difference being the *equation of the equinoxes*; apparent sidereal time includes the effect of nutation on the location of the equinox. Greenwich (or local) sidereal time can be observationally obtained from the equinox-based right ascensions of celestial objects transiting the Greenwich (or local) meridian. The current form of the expression for Greenwich mean sidereal time (GMST) in terms of ERA (which is a function of UT1) and the accumulated precession in right ascension (which is a function of TDB or TT), was first adopted for the 2006 edition of the almanac. The current expression for GMST is given on page B8.

Universal Time (formerly Greenwich Mean Time) is widely used in astronomy, and in this volume always means UT1. Historically, prior to the 2006 edition of *The Astronomical Almanac*, which implemented the IAU resolutions adopted in 2000, UT1 as a function of GMST was specified by IAU Resolution C5 (IAU, 1983) adopted from Aoki et al. (1982). For the 2006-2008 editions of the almanac, consistent with IAU 2000A precession-nutation, the expression is given by Capitaine, Wallace, and McCarthy (2003). Beginning with the 2009 edition, which implemented the IAU resolutions from 2006, the expression for UT1 in terms of GMST (consistent with the IAU 2006 precession) is given in Capitaine et al. (2005). No discontinuities in any time scale resulted from any of the changes in the definition of UT1.

UT1 and sidereal time are affected by variations in the Earth's rate of rotation (length of day), which are unpredictable. The lengths of the sidereal and UT1 seconds are therefore not constant when expressed in a uniform time scale such as TT. The accumulated difference in time measured by a clock keeping SI seconds on the geoid from that measured by the rotation of the Earth is

$\Delta T = \text{TT} - \text{UT1}$. In preparing this volume, an assumption had to be made about the value(s) of ΔT during the tabular year; a table of observed and extrapolated values of ΔT is given on page K9. Calculations of positions relative to the terrestrial frame, such as precise transit times and hour angles, are often referred to the *ephemeris meridian*, which is $1.002\,738\,\Delta T$ east of the Greenwich meridian, and thus independent of the Earth's actual rotation. Only when ΔT is specified can such predictions be referred to the Greenwich meridian. Essentially, the ephemeris meridian rotates at a uniform rate corresponding to the SI second on the geoid, rather than at the variable (and generally slower) rate of the real Earth.

The worldwide system of civil time is based on Coordinated Universal Time (UTC), which is now ubiquitous and tightly synchronized. UTC is a hybrid time scale, using the SI second on the geoid as its fundamental unit, but subject to occasional 1-second adjustments to keep it within 0^s9 of UT1. Such adjustments, called "leap seconds," are normally introduced at the end of June or December, when necessary, by international agreement. Tables of the differences UT1 − UTC, called ΔUT made available by the International Earth Rotation and Reference System Service's *Bulletin B*. DUT1, an approximation to UT1 − UTC, is transmitted in code with some radio time signals, such as those from WWV. As previously noted, UTC and TAI differ by an integral number of seconds, which increases by 1 whenever a positive leap second is introduced into UTC. Only positive leap seconds have ever been introduced. The TAI − UTC difference is referred to as ΔAT, tabulated on page K9. Therefore $\text{TAI} = \text{UTC} + \Delta\text{AT}$ and $\text{TT} = \text{UTC} + \Delta\text{AT} + 32^s184$.

From 2016, in order to provide UT1 directly via a time server rather than only UTC, the Time and Frequency Division of the US National Institute of Standards and Technology (NIST) transmits UT1 time in the Network Time Protocol format [32]. The time difference between UT1 and UTC is updated every day at 0^hUTC from IERS Bulletin A. The accuracy of UT1(NIST) at the server is approximately 4 ms, and is determined by the uncertainty in the prediction of the difference UT1-UTC. The accuracy of the time received by a user will usually be further limited by the stability of the network delay from the user's system to the time server.

In many astronomical applications multiple time scales must be used. In the astronomical system of units, the unit of time is the day of 86400 seconds. For long periods, however, the Julian century of 36525 days is used. With the increasing precision of various quantities it is now often necessary not only to specify the date but also the time scale. Thus the standard epoch for astrometric reference data designated J2000.0 is 2000 January 1, 12^h TT (JD 245 1545.0 TT). The use of time scales based on the tropical year and Besselian epochs was discontinued in 1984. Other information on time scales and the relationships between them may be found on pages B6–B12.

Ephemerides

The fundamental ephemerides of the Sun, Moon, and major planets were calculated by numerical integration at the Jet Propulsion Laboratory (JPL). These ephemerides, designated DE430/LE430, provide barycentric equatorial rectangular coordinates for the period JD2287184.5 (1549 Dec. 21.0) through JD2688976.5 (2650 Jan. 25.0) (Folkner et al., 2014). *The Astronomical Almanac* for 2015 was the first edition that used the DE430/LE430 ephemerides; the volumes for 2003 through 2014 used the ephemerides designated DE405/LE405 (Standish, 1998a). Optical, radar, laser, and space-craft observations were analyzed to determine starting conditions for the numerical integration and values of fundamental constants such as the planetary masses and the length of the astronomical unit in meters. The reference frame for the basic ephemerides is the ICRF; the alignment onto this frame has an estimated accuracy of $1 - 2$ milliarcseconds. As described above, the JPL DE430/LE430 ephemerides have been developed in a barycentric reference system using a barycentric coordinate time scale TDB.

The geocentric ephemerides of the Sun, Moon, and planets tabulated in this volume have been computed from the basic JPL ephemerides in a manner consistent with the rigorous reduction methods presented in Section B. For each planet, the ephemerides represent the position of the center of mass, which includes any satellites, not the center of figure or center of light. The precession-nutation model used in the computation of geocentric positions follows the IAU resolutions adopted in 2000 and 2006; see the Precession and Nutation Models section above.

Section A: Summary of Principal Phenomena

In 2006, the IAU agreed on resolution 5B, which provides the definition for "planet" and also introduces the new class of "dwarf planets". Following those resolutions, only eight solar system objects – Mercury, Venus, Earth, Mars, Jupiter, Saturn, Uranus and Neptune – classify as planets. Along with Pluto, Ceres is now in the new class of dwarf planets.

The lunations given on page A1 are numbered in continuation of E.W. Brown's series, of which No. 1 commenced on 1923 January 16 (Brown, 1933).

The list of occultations of planets and bright stars by the Moon starting on page A2 gives the approximate times and areas of visibility for the planets, the dwarf planets Ceres and Pluto, the minor planets Pallas, Juno and Vesta, and the five bright stars *Aldebaran*, *Antares*, *Regulus*, *Pollux* and *Spica*. However, due primarily to precession, it is known that *Pollux* has not, nor will be, occulted by the Moon for hundreds of years. Maps of the area of visibility of these occultations and for the minor planets published in Section G are available on *The Astronomical Almanac Online*. IOTA, the International Occultation Timing Association [6], is responsible for the predictions and reductions of timings of lunar occultations of stars by the Moon.

Times tabulated on page A3 for the stationary points of the planets are the instants at which the planet is stationary in apparent geocentric right ascension; but for elongations of the planets from the Sun, the tabular times are for the geometric configurations. From inferior conjunction to superior conjunction for Mercury or Venus, or from conjunction to opposition for a superior planet, the elongation from the Sun is west; from superior to inferior conjunction, or from opposition to conjunction, the elongation is east. Because planetary orbits do not lie exactly in the ecliptic plane, elongation passages from west to east or from east to west do not in general coincide with oppositions and conjunctions. For the selected dwarf planets Pluto and Ceres and minor planets Pallas, Juno and Vesta conjunctions, oppositions and stationary points are tabulated at the bottom of page A4 while their magnitudes, every 40 days, are given on page A5.

Dates of heliocentric phenomena are given on page A3. Since they are determined from the actual perturbed motion, these dates generally differ from dates obtained by using the elements of the mean orbit. The date on which the radius vector is a minimum may differ considerably from the date on which the heliocentric longitude of a planet is equal to the longitude of perihelion of the mean orbit. Similarly, when the heliocentric latitude of a planet is zero, the heliocentric longitude may not equal the longitude of the mean node.

The magnitudes and elongations of the planets are tabulated on pages A4–A5. For Mercury and Venus (page A4) they are tabulated every 5 days and the expressions for the magnitudes are given by Hilton (2005b) with amendments from Hilton (2005a). Magnitudes are not tabulated for a few dates around inferior and superior conjunction. In terms of the phase angle (ϕ) magnitudes are given for Mercury when $2°1 < \phi < 169°5$, and for Venus when $2°2 < \phi < 170°2$. For the other planets (page A5), the elongations and magnitudes are given every 10 days. These magnitude expressions are due to Harris (1961) and Irvine et al. (1968). Daily tabulations are given in Section E.

Configurations of the Sun, Moon and planets (pages A9–A11) are a chronological listing, with times to the nearest hour, of geocentric phenomena. Included are eclipses; lunar perigees, apogees and phases; phenomena in apparent geocentric longitude of the planets, dwarf planets Ceres and Pluto and the minor planets Pallas, Juno and Vesta; times when these planets are stationary in right ascension and when the geocentric distance to Mars is a minimum; and geocentric conjunctions in apparent right ascension of the planets with the Moon, with each other, and with the five bright stars *Aldebaran*, *Regulus*, *Spica*, *Pollux* and *Antares*, provided these conjunctions are considered to occur sufficiently far from the Sun to permit observation. Thus conjunctions in right ascension are excluded if they occur within 20° of the Sun for Uranus and Neptune; 15° for the Moon, Mars and Saturn; within 10° for Venus and Jupiter; and within ≈ 10° for Mercury, depending on Mercury's brightness. For Venus the occasion of its greatest illuminated extent is included. The occurrence of occultations of planets and bright stars is indicated by "Occn."; the areas of visibility are given in the list on page A2 while the maps are available on *The Astronomical Almanac Online*. Geocentric phenomena differ from the actually observed configurations by the effects of the geocentric parallax at the place of observation, which for configurations with the Moon may be quite large.

The explanation for the tables of sunrise and sunset, twilight, moonrise and moonset is given on page A12; examples are given on page A13.

Eclipses

The elements and circumstances are computed according to Bessel's method from apparent right ascensions and declinations of the Sun and Moon based, for the eclipses only, on the JPL ephemerides DE430/LE430. Semidiameters of the Sun and Moon used in the calculation of eclipses do not include irradiation. Given the uncertainty of the radius of the Sun and the need to use a value at an appropriate optical depth, the adopted semidiameter of the Sun at unit distance is $15' 59''\!.64$ from the IAU (1976) Astronomical Constants (IAU, 1976). The apparent semidiameter of the Moon is equal to $\arcsin(k \sin \pi)$, where π is the Moon's horizontal parallax and k is an adopted constant. In 1982, the IAU adopted $k = 0.272\,5076$, corresponding to the mean radius of the Watts' datum (Watts, 1963) as determined by observations of occultations and to the adopted radius of the Earth. Corrections to the ephemerides, if any, are noted in the beginning of the eclipse section.

In calculating lunar eclipses the radius of the geocentric shadow of the Earth is increased by one-fiftieth part to allow for the effect of the atmosphere. Refraction is neglected in calculating solar and lunar eclipses. Because the circumstances of eclipses are calculated for the surface of the ellipsoid, refraction is not included in Besselian elements. For local predictions, corrections for refraction are unnecessary; they are required only in precise comparisons of theory with observation in which many other refinements are also necessary.

Descriptions of the maps and use of Besselian elements are given on pages A78–A83, while maps of the areas of visibility are available on *The Astronomical Almanac Online*.

Section B: Timescales and Coordinate Systems

Calendar

Over extended intervals civil time is ordinarily reckoned according to conventional calendar years and adopted historical eras; in constructing and regulating civil calendars and fixing ecclesiastical calendars, a number of auxiliary cycles and periods are used. In particular the Islamic calendar printed is determined from an algorithm that approximates the lunar cycle and is independent of location. In practice the dates of Islamic fasts and festivals are determined by an actual sighting of the appropriate new crescent moon.

To facilitate chronological reckoning, the system of Julian day (JD) numbers maintains a continuous count of astronomical days, beginning with JD 0 on 1 January 4713 B.C., Julian proleptic calendar. Julian day numbers for the current year are given on page B3 and in the Universal and Sidereal Times pages, B13–B20, and the Universal Time and Earth rotation angle table on pages B21–B24. To determine JD numbers for other years on the Gregorian calendar, consult the Julian Day Number tables on pages K2–K5.

Note that the Julian day begins at noon, whereas the calendar day begins at the preceding midnight. Thus the Julian day system is consistent with astronomical practice before 1925, with the astronomical day being reckoned from noon. The Julian date should include a specification as to the time scale being used, *e.g.*, JD 245 1545.0 TT or JD 245 1545.5 UT1.

At the bottom of pages B4–B5, dates are given for various chronological cycles, eras, and religious calendars. Note that the beginning of a cycle or era is an instant in time; the date given is the Gregorian day on which the period begins. Religious holidays, unlike the beginning of eras, are not instants in time but typically run an entire day. The tabulated date of a religious festival is the Gregorian day on which it is celebrated. When converting to other calendars whose days begin at different times of day (*e.g.*, sunset rather than midnight), the convention utilized is to tabulate the day that contains noon in both calendars.

For a discussion on timescales see page L3 of this section.

IAU XXVI General Assembly, 2006

The resolutions of the IAU 2006 GA that impacted on this section were a result of the IAU Division I Working Groups on Nomenclature for Fundamental Astronomy (WGNFA) and the Working Group on Precession and the Ecliptic (WGPE).

The 2006 edition of this almanac introduced the recommendations of the WGNFA adopted at the 2006 GA (Resolution B2, IAU, 2006). This included replacing the terms Celestial Ephemeris Origin and Terrestrial Ephemeris Origin, the "non-rotating" origins of the Celestial and Terrestrial Intermediate Reference Systems of the IAU 2000 resolution B1.8 (IAU, 2001), with the terms Celestial Intermediate Origin (CIO), and the Terrestrial Intermediate Origin (TIO), respectively.

Beginning with the 2009 edition, resolution B1, which relates to the report of the WGPE (Hilton et al., 2006) has been implemented. Table 1 of this report gives a useful list of "The polynomial coefficients for the precession angles". The WGPE adopted the precession theory designated P03 (Capitaine, Wallace, and Chapront, 2003). The two papers of Capitaine and Wallace (2006) and Wallace and Capitaine (2006), have also been used. The updated Chapter 5 of the IERS (2010), which replaces IERS (2004), is available from their website [7] which describes the ITRS to GCRS conversion. In addition to updated precession angles the WGPE report includes updates to Greenwich mean sidereal time and other related quantities.

The IAU SOFA library has been used in the software that has generated the data in this section. The code is available from the IAU Standards Of Fundamental Astronomy (SOFA) website [3] and contains code for all the fundamental quantities related to various systems

A detailed explanation and implementation of the IAU Resolutions on Astronomical Reference Systems, Timescales, and Earth Rotation Models is given in *USNO Circular 179* (Kaplan, 2005).

Universal and Sidereal Times and Earth Rotation Angle

The tabulations of Greenwich mean sidereal time (GMST) at 0^h UT1 are calculated from the defining relation between the Earth rotation angle (ERA), which is a function of UT1, and the accumulated precession (P03, see reference above) in right ascension, which is a function of TDB or TT (see pages B8 and L3).

The tabulations of Greenwich apparent sidereal time (GAST, or GST as it is designated in the papers above), is calculated from ERA and the equation of the origins. The latter is a function of the CIO locator s and precession and nutation (see Capitaine and Wallace (2006) and Wallace and Capitaine (2006)). This formulation ensures that whichever paradigm is used, equinox or CIO based, the resulting hour angles will be identical. Greenwich mean and apparent sidereal times and the equation of the equinoxes are tabulated on pages B13–B20, while ERA and equation of the origins are tabulated on pages B21–B24.

Bias, Precession and Nutation

The WGPE stated that the choice of the precession parameters should be left to the user. It should be noted that the effect of the frame bias (see page B50), the offset of the ICRS from the J2000.0 system, is not related to precession. However, the Fukushima-Williams angles (see page B56), which are used by SOFA, and the series method (see page B46) of calculating the ICRS-to-date matrix, have the frame bias offset included.

The approximate formulae (see page B54) using the precessional constants M, N, a, b, c and c' for the reduction of precession that transform positions and orbital elements from and to J2000.0 are accurate to $0''\!.5$ within half a century of J2000.0 and to $1''$ within one century of J2000.0 for the position formulae (α, δ, λ, β) and accurate to $0''\!.5$ within half a century of J2000.0 and to $1''\!.5$ within one century of J2000.0 for the orbital element formulae. These differences were found, in the case of transforming positions, by comparing values of right ascension such that $0° \leq \alpha \leq 360°$ in steps of $30°$ and declination such that $-75° \leq \delta \leq +75°$ in steps of $5°$ every 10 days. In the case of transforming orbital elements the differences were found by comparing values for each of the planets every 10 days.

The formulae given at the bottom of the page B54 which are for the approximate reduction from the mean equinox and equator or ecliptic of the middle of the year (*e.g.* mean places of stars) to a date within the year (*i.e.* $-0.5 \leq \tau \leq +0.5$) were compared daily with a similar range of positions as above. These formulae use the annual rates m, n, p, π for the middle of the year, which are given at the top of the following page. The years analyzed were 1950 to 2050 and the formulae are accurate to $0''\!.002$ for right ascension and declination and accurate to $0''\!.006$ for ecliptic longitude and latitude. All these traditional approximate formulae break down near the poles.

Reduction of Celestial Coordinates

Formulae and methods are given showing the various stages of the reduction from an International Celestial Reference System (ICRS) position to an "of date" position consistent with the IAU 2012 resolution B2 (IAU, 2012). This reduction may be achieved either by using the long-standing equinox approach or the CIO-based method, thus generating apparent or intermediate places, respectively. The examples also show the calculation of Greenwich hour angle using GAST or ERA as appropriate. The matrices for the transformation from the GCRS to the "of date" position for each method are tabulated on pages B30–B45. The Earth's position and velocity components (tabulated on pages B76-B83) are extracted from the JPL ephemeris DE430/LE430, which is described on page L5.

The determination of latitude using the position of Polaris or σ Octantis may be performed using the methods and tables on pages B87-B92.

Section C: The Sun

The formulae for the Sun's orbital elements found on page C1 — the geometric mean longitude (λ), the mean longitude of perigee (ϖ), the mean anomaly (l') and the eccentricity (e) — are computed using the values from Simon et al. (1994): λ, the expression $\lambda = F + \Omega - D$ is used where F and D are the Delaunay arguments found in § 3.5b and Ω is the longitude of the Moon's node found in § 3.4 3.b; the expression $\varpi = \lambda - l'$ is used, where l' is taken from § 3.5b; e is taken directly from § 5.8.3. Mean obliquity, ε, is from Capitaine, Wallace, and Chapront (2003), Eq. 39 with ε_0 from Eq. 37. Rates for all of the mean orbital elements are the time derivatives of the above expressions.

The lengths of the principal years are computed using the rates of the orbital elements as describe in the previous paragraph. They are:

- Tropical year: the period of time for the ecliptic longitude of the Sun to increase 360 degrees. The tropical year is then $360°/\dot{\lambda}$.
- Sidereal year: the period of revolution of the Earth around the Sun in a fixed reference frame, computed as $360°/(\dot{\lambda} - \dot{P})$ where $\dot{P}$ is the precession rate found in Simon et al. (1994), Eq. 5.
- Anomalistic year: the period between successive passages of the Earth through perihelion; it is computed as $360°/\dot{l'}$.
- Eclipse year: the period between successive passages of the Sun—as seen from the geocenter— through the same lunar node. The mean eclipse year is $360°/\dot{\lambda} - \dot{\Omega})$.

The coefficients for the equation of time formula are computed using Smart (1956), § 90; in that formula the value for L is the same as λ (explained above) but corrected for aberration and rounded for ease of computation.

The rotation elements listed on page C3 are due to Carrington (1863). The synodic rotation numbers tabulated on page C4 are in continuation of Carrington's Greenwich photoheliographic series of which Number 1 commenced on November 9, 1853.

Low precision formulae for the Sun are given on page C5. The position are apparent places; that is, they are given with respect to the equator and equinox of date.

The JPL DE430/LE430 ephemeris, which is described on page L5, is the basis of the various tabular data for the Sun on pages C6–C25. Given the uncertainty of the radius of the Sun and the need to use a value at an appropriate optical depth, the value of the equatorial radius of the Sun used throughout this almanac is that taken from the *Report of the IAU Working Group on Cartographic Coordinates and Rotational Elements: 2009* (Archinal et al., 2011).

Daily geocentric coordinates of the Sun are given on the even pages of C6–C20; the tabular argument is Terrestrial Time (TT). The ecliptic longitudes and latitudes are referred to the mean equinox and ecliptic of date. These values are geometric, that is they are not antedated for light-time, aberration, etc. The apparent equatorial coordinates, right ascension and declination, are referred to the true equator and equinox of date and are antedated for light-time and have aberration applied. The true geocentric distance is given in astronomical units and is the value at the tabular time; that is, the values are not antedated.

Daily physical ephemeris data are found on the odd pages of C7–C21 and are computed using the techniques outlined in *The Explanatory Supplement to the Astronomical Almanac* (Urban and Seidelmann, 2012); the tabular argument is TT. The solar rotation parameters are from *Report of the IAU Group on Cartographic Coordinates and Rotational Elements: 2015* (Archinal et al., 2018); the data are based on Carrington (1863). Prior to *The Astronomical Almanac* for 2009, neither light-time correction nor aberration were applied to the solar rotation because they were presumably already in Carrington's meridian. Since the Earth-Sun distance is relatively constant, this is possible only for the Sun. At the 2006 IAU General Assembly, the Working Group on Cartographic Coordinates and Rotational Elements decided to make the physical ephemeris computations for the Sun consistent with the other major solar system bodies. The W_0 value for the Sun was "foredated" by about 499s; using the new value, the computation must take into account the light travel time. To further unify the process with other solar system objects, aberration is now explicitly corrected. Differences between the pre-2009 technique and the current recommendation are negligible at the Earth; for *The Astronomical Almanac*, differences of one in the least significant digit are occasionally seen in P, B_0 and L_0 with no other values being affected. Further explanation is found on the *The Astronomical Almanac Online* in the Notes and References area.

The Sun's daily ephemeris transit times are given on the odd pages of C7–C21. An ephemeris transit is the passage of the Sun across the *ephemeris meridian*, defined as a fictitious meridian that rotates independently of the Earth at the uniform rate. The ephemeris meridian is $1.002738 \times \Delta T$ east of the Greenwich meridian.

Geocentric rectangular coordinates, in au, are given on pages C22–C25. These are referred to the ICRS axes, which are within a few tens of milliarcseconds of the mean equator and equinox of J2000.0. The time argument is TT and the coordinates are geometric, that is there is no correction for light-time, aberration, etc.

Section D: The Moon

The geocentric ephemerides of the Moon are based on the JPL DE430/LE430 numerical integration described on page L5, with the tabular argument being TT. Additional formulae and data pertaining to the Moon are given on pages D1–D5 and D22.

For high precision calculations, a polynomial ephemeris (ASCII or PDF) is available at *The Astronomical Almanac Online* along with the necessary procedures for its evaluation. Daily apparent ecliptic latitude and longitude (to nearest second of arc) and apparent geocentric right ascension and declination (to $0''.1$) are given on the even numbered pages D6–D20. Although the tabular apparent right ascension and declination are antedated for light-time, the true distance and the horizontal parallax are the geometric values for the tabular time. The horizontal parallax is derived from $\arcsin(a_E/r)$, where r is the true distance and $a_E = 6378.1366$ km is the Earth's equatorial radius (see page K6).

The semidiameter s is computed from $s = \arcsin(R_M/r)$, where r is the true distance and $R_M = 1737.4$ km is the mean radius of the Moon (see page K7). From the 2013 edition, the semidiameter is tabulated on odd pages D7–D21.

The values for the librations of the Moon are calculated using rigorous formulae. The optical librations are based on the mean lunar elements of Simon et al. (1994) while the total librations are computed from the LE430 rotation angles (LE403 was used for 2011 through 2014). The rotation angles have been transformed from the Principal Moment of Inertia system used in the JPL ephemeris to librations that are defined in the mean-Earth direction, mean pole of rotation system given in Section D, by means of specific rotations provided by Folkner et al. (2014) and Williams et al. (2013). The rotation ephemeris and hence the derived librations are more accurate than those of Eckhardt, D. H. (1981) which have been used in the editions from 1985 to 2010, inclusive; (see also, Calame, 1982). The value of $1° 32' 32''.6$ for the inclination of the mean lunar equator to the ecliptic (also given on page D2) has been taken from Newhall and Williams (1996). Since apparent coordinates of the Sun and Moon are used in the calculations, aberration is fully included, except for the inappreciable difference between the light-time from the Sun to the Moon and from the Sun to the Earth. A detailed description of this process can found in *NAO Technical Note*, No. 74 (Taylor et al., 2010). From the 2013 edition the physical librations, the difference between the total and optical librations, are no longer tabulated.

The selenographic coordinates of the Earth and Sun specify the points on the lunar surface where the Earth and Sun, respectively, are in the selenographic zenith. The selenographic longitude and latitude of the Earth are the total geocentric (optical and physical) librations with respect to the coordinate system in which the x-axis is the mean direction towards the geocentre and the z-axis is the mean pole of lunar rotation. When the longitude is positive, the mean central point is displaced eastward on the celestial sphere, exposing to view a region on the west limb. When the latitude is positive, the mean central point is displaced toward the south, exposing to view the north limb.

The tabulated selenographic colongitude of the Sun is the east selenographic longitude of the morning terminator. It is calculated by subtracting the selenographic longitude of the Sun from $90°$ or $450°$. Colongitudes of $270°$, $0°$, $90°$ and $180°$ approximately correspond to New Moon, First Quarter, Full Moon and Last Quarter, respectively.

The position angles of the axis of rotation and the midpoint of the bright limb are measured counterclockwise around the disk from the north point. The position angle of the terminator may be obtained by adding 90° to the position angle of the bright limb before Full Moon and by subtracting 90° after Full Moon.

For precise reduction of observations, the tabular librations and position angle of the axis must be reduced to topocentric values via the formulae by Atkinson (1951) that are given on page D5.

Section E: Planets

The physical and photometric data for planets include the geometric flattening, which is the ratio of the difference of the mean equatorial and polar radii to the equatorial radius. For Mars, the flattening is calculated using the average polar radius in Table 4 of Archinal et al. (2018).

Except for the Earth, the period of rotation is the time required for a point on the equator of the planet to twice cross the XY-plane of the ICRS. The length of the sidereal day is given for the Earth, because its equator is nearly coincident with the XY-plane (see B9). A negative sign indicates that the rotation is retrograde with respect to the pole that lies north of the invariable plane of the solar system. The period is measured in days of 86 400 SI seconds. The rotation rates of Uranus and Neptune were determined from the Voyager mission in 1986 and 1989. The uncertainty of those rotation rates are such that the uncertainty in the rotation angle is more than a complete rotation in each case.

The tabulated maximum angular diameter of planets is based on the equatorial diameter when the planet is at the tabulated minimum geocentric distance during the interval 1950-2050.

The geometric albedo given for planets is the ratio of the illumination of a planet at zero phase angle to the illumination produced by a plane, absolutely white Lambert surface of the same radius and position as the planet.

The quantity $V(1,0)$ is the visual magnitude of a planet reduced to a distance of 1 au from both the Sun and Earth and with phase angle zero. V_0 is the mean opposition magnitude. For Saturn the photometric quantities refer to the disk only. Mercury and Venus values are valid over a range in phase angles (see page E3).

The heliocentric and geocentric ephemerides of the planets are based on the numerical integration DE430/LE430 described on page L5. These data are given in TDB, which is the timescale used for the fundamental solar system ephemerides (DE430). The values for heliocentric positions and elements, and the geocentric coordinates are for the planet-satellite barycenters. The longitude of perihelion for both Venus and Neptune is given to a lower degree of precision due to the fact that they have nearly circular orbits and the point of perihelion is nearly undefined.

Although the apparent right ascension and declination are antedated for light-time, the true geocentric distance in astronomical units is the geometric distance for the tabular time.

The physical ephemerides of the planets depend upon the fundamental solar system ephemerides DE430/LE430 described on page L5. Physical data on E5 — and the mean equatorial radius, flattening and sidereal period of rotation found on E6 — are based on the *Report of the IAU Working Group on Cartographic Coordinates and Rotational Elements: 2015* (Archinal et al. (2018), hereafter the WGCCRE Report). This report contains tables giving the dimensions, directions of the north poles of rotation and the prime meridians of the planets, Pluto, some of the satellites, and asteroids.

The orientation of the pole of a planet is specified by the right ascension α_0 and declination δ_0 of the north pole, with respect to the ICRS. According to the IAU definition, the north pole is the pole that lies on the north side of the invariable plane of the solar system. Because of precession of a planet's axis, α_0 and δ_0 may vary slowly with time; values for the current year are given on page E5.

For the four gas giant planets, the outer layers rotate at different rates, depending on latitude, and differently from their interior layers. The rotation rate is therefore defined by the periodicity of radio emissions, which are presumably modulated by the planet's internal magnetic field; this is referred to as "System III" rotation. For Jupiter, "System I" and "System II" rotations have also been defined, which correspond to the apparent rotations of the equatorial and mid-latitude cloud tops, respectively, in the visual band. For Neptune, the rotation is defined as "System II" which refers to observed features in the Neptunian atmosphere.

Recent observations by the Cassini spacecraft provided evidence that the variation in the radio emissions of Saturn are not anchored in the bulk of Saturn, and show variation in its period on the order of 1% over a time span of several years (Gurnett et al., 2007). This casts doubt on the reliability of the current methods to predict Saturn's rotation parameters, because the influence of Saturn's moon Enceladus may be affecting the results.

The masses of the planets are calculated using the values for GM_S and the masses of the planet-satellite systems, found on K6, and the planet-satellite mass ratios found on pages F3 and F5.

All tabulated quantities in the physical ephemeris tables are corrected for light-time, so the given values apply to the disk that is visible at the tabular time. The tabulated latitudes and longitudes are planetographic. Except for planetographic longitudes, all tabulated quantities vary so slowly that they remain unchanged if the time argument is considered to be UT rather than TT. Conversion from TT to UT affects the tabulated planetographic longitudes by several tenths of a degree for all but Mercury and Venus.

Expressions for the visual magnitudes of the planets are due to Harris (1961), with the exception of Mercury and Venus which are derived using constants given by Hilton (2005b,a) and Jupiter which uses those of Irvine et al. (1968). The apparent magnitudes of the planets do not include variations from albedo markings or atmospheric disturbances. For example, the albedo markings on Mars may cause variations of approximately 0.05 magnitudes. If there is a major dust storm, the apparent magnitude can be highly variable and be as much as 0.2 magnitudes brighter than the predicted value. Beginning with the 2014 edition, the surface brightness of Saturn's disk and rings are computed separately. For Saturn, the magnitude includes the contribution due to the rings, but the surface brightness applies only to the disk of the planet.

The apparent disk of an oblate planet is always an ellipse, with an oblateness less than or equal to the oblateness of the planet itself, depending on the apparent tilt of the planet's axis. For planets with significant oblateness, the apparent equatorial and polar diameters are separately tabulated. The WGCCRE Report gives two values for the polar radii of Mars because there is a location difference between the center of figure and the center of mass for the planet.

More information, along with some useful data and formulae, is provided on pages E3–E6.

Section F: Natural Satellites

The data given in Section F for the positions of the satellites at specific times in their orbits are intended only for search and identification, not for the exact comparison of theory with observation; they are calculated only to the accuracy sufficient for facilitating observations. The positions and reference planes for the satellite orbits are based on the individual theories cited below. They are corrected for light-time. The value of ΔT used to prepare the ephemerides is given on page F1.

Beginning with the 2013 edition of *The Astronomical Almanac*, the orbital data given for the planetary satellites of Mars, Jupiter (satellites I - XVI), Saturn (satellites I - IX), and Neptune (satellites I - VIII) in the table on pages F2 and F4 are given with respect to the local Laplace Plane. The Laplace Plane is an auxiliary concept convenient for describing the orbital plane evolution of a satellite in a nearly circular orbit within the "star - oblate planet - weightless satellite" setting, provided the orbit is not too close to polar. In an ideal situation where a planet is perfectly spherical and its satellite feels no influence from the Sun, the orbital plane of that satellite would be coplanar with the planet's equatorial plane with its normal vector parallel to the spin axis of the planet. In a real situation, however, planets are oblate and the gravitational influence of the Sun cannot be ignored. The oblateness of the planet and the gravitational influence of the Sun causes the satellite's orbital normal vector to precess in an elliptical pattern about another vector which serves as the normal vector to the Laplace Plane. For satellite orbits close to the planet, the Laplace Plane lies close to the planet's equatorial plane; for satellite orbits high above the planet, the Laplace Plane lies close to the planet's equatorial to the planet's orbital plane.

Beginning with the 2006 edition of *The Astronomical Almanac*, a set of selection criteria has been instituted to determine which satellites are included in the table; those criteria appear on page F5. As a result, many newer satellites of Jupiter, Saturn, and Uranus have been included. However, some satellites that were included in previous editions have now been excluded. A more complete table containing all of the data from this edition as well as many of the previously included satellites is available on *The Astronomical Almanac Online*. The following sources were used to update the data presented in this table: Jacobson et al. (1989); the Jupiter Planet Satellite and Moon Page at [11]; the JPL Planetary Satellite Mean Orbital Parameters at [9], and references therein; Nicholson (2008); Jacobson (2000); Owen, Jr. et al. (1991).

Ephemerides, elongation times, and phenomena for planetary satellites are computed using data from a mixed function solution for twenty short-period planetary satellite orbits presented in Taylor (1995). The printed apparent satellite orbits are projections of their true orbits in three dimensions onto the two dimensional plane of the sky. The time of greatest eastern (or northern) elongation of an orbit is when the separation between satellite and planet is at a maximum on the eastern (or northern) side of the orbit. Starting with the 2007 edition, the offset data generated are used to produce satellite diagrams for Mars, Jupiter, Uranus, and Neptune. Beginning with the 2010 edition the paths of the satellites are computed at six minute intervals for Mars, eighty minute intervals for Jupiter, eighty-one minute intervals for Uranus, and thirty-five minute intervals for Neptune. As a consequence of these choices, the paths of the satellites for these planets appear as dotted lines in the satellite diagrams. The new diagrams give a scale (in arcseconds) of the orbit of the satellites as seen from Earth. Approximate formulae for calculating differential coordinates of satellites are given with the relevant tables.

The tables of apparent distance and position angle have been discontinued in *The Astronomical Almanac* starting with the 2005 edition. They are available on *The Astronomical Almanac Online* along with the offsets of the satellites from the planets.

Satellites of Mars

The Phobos and Deimos ephemerides are computed via the orbital elements from Sinclair (1989).

Satellites of Jupiter

The ephemerides of Satellites I–IV are based on the theory presented in Lieske (1977), with constants from Arlot (1982).

Elongations of Satellite V are computed from circular orbital elements given in Sudbury (1969). The differential coordinates of Satellites VI–XIII are computed by numerical integration, using starting coordinates and velocities calculated at the U.S. Naval Observatory (Rohde and Sinclair, 1992).

The use of ".. .. .." for the Terrestrial Time of Superior Geocentric Conjunction data for satellites I–IV indicates times of the year when Jupiter is too close to the Sun for any conjunctions to be observed, which occurs when the angular separation between Jupiter and the Sun is less than 20 degrees.

The actual geocentric phenomena of Satellites I–IV are not instantaneous. Since the tabulated times are for the middle of the phenomena, a satellite is usually observable after the tabulated time of eclipse disappearance (Ec D) and before the time of eclipse reappearance (Ec R). In the case of Satellite IV the difference is sometimes quite large. Light curves of eclipse phenomena are discussed in Harris (1961).

To facilitate identification, approximate configurations of Satellites I–IV are shown in graphical form on pages facing the tabular ephemerides of the geocentric phenomena. Time is shown by the vertical scale, with horizontal lines denoting 0^h UT. For any time the curves specify the relative positions of the satellites in the equatorial plane of Jupiter. The width of the central band, which represents the disk of Jupiter, is scaled to the planet's equatorial diameter.

For eclipses, the points d of immersion into the shadow and points r of emersion from the shadow are shown pictorially at the foot of the right-hand pages for the superior conjunctions nearest the middle of each month. At the foot of the left-hand pages, rectangular coordinates of these points are given in units of the equatorial radius of Jupiter. The x-axis lies in Jupiter's equatorial plane, positive toward the east; the y-axis is positive toward the north pole of Jupiter. The subscript 1 refers to the beginning of an eclipse, subscript 2 to the end of an eclipse.

Satellites and Rings of Saturn

The apparent dimensions of the outer edge of ring A and the factors for computing relative dimensions of rings B and C were originally from Esposito et al. (1984). Observations from the Cassini spacecraft have provided updated values [31]. The appearance of the rings depends upon the Saturnicentric positions of the Earth and Sun. The ephemeris of the rings is corrected for light-time.

The positions of Mimas, Enceladus, Tethys and Dione are based upon orbital theories presented in Kozai (1957), elements from Taylor and Shen (1988), with mean motions and secular rates from Kozai (1957) and Garcia (1972). The positions of Rhea and Titan are based upon orbital theories given in Sinclair (1977) with elements from Taylor and Shen (1988), mean motions and secular rates by Garcia (1972). The theory and elements for Hyperion are from Taylor (1984). The theory for Iapetus is from Sinclair (1974) with additional terms from Harper et al. (1988) and elements from Taylor and Shen (1988). The orbital elements used for Phoebe are from Zadunaisky (1954).

For Satellites I–V times of eastern elongation are tabulated; for Satellites VI–VIII times of all elongations and conjunctions are tabulated. On the diagram of the orbits of Satellites I–VII, points of eastern elongation are marked "0^d". From the tabular times of these elongations the apparent position of a satellite at any other time can be marked on the diagram by setting off on the orbit the elapsed interval since last eastern elongation. For Hyperion, Iapetus, and Phoebe, ephemerides of differential coordinates are also included.

Solar perturbations are not included in calculating the tables of elongations and conjunctions, distances and position angles for Satellites I–VIII. For Satellites I–IV, the orbital eccentricity e is neglected.

Satellites and Rings of Uranus

Data for the Uranian rings are from NASA's Planetary Data System archive [33] and references presented there. Ephemerides of the satellites are calculated from orbital elements determined in Laskar and Jacobson (1987).

Satellites of Neptune

The ephemerides of Triton and Nereid are calculated from elements given in Jacobson (1990). The differential coordinates of Nereid are apparent positions with respect to the true equator and equinox of date.

Satellites of Pluto

The ephemeris of Charon is calculated from the elements given in Tholen (1985). The remaining satellites' mean opposition magnitudes (> 23.0) are deemed too faint for inclusion.

Section G: Dwarf Planets and Small Solar System Bodies

This section contains data on a selection of 5 dwarf planets, 92 minor planets and short period comets.

Astrometric positions for selected dwarf planets and minor planets are given daily at 0^h TT for 60 days on either side of an opposition occurring between January 1 of the current year and January 31 of the following year. Also given are the apparent visual magnitude and the time of ephemeris transit over the ephemeris meridian. The dates when the object is stationary in apparent right ascension are indicated by shading. It is occasionally possible for a stationary date to be outside the period tabulated. Linear interpolation is sufficient for the magnitude and ephemeris transit, but for the astrometric right ascension and declination second differences may be significant.

Astrometric ephemerides (right ascension and declination) of these objects are tabulated, so their position can be directly comparable with the catalogue positions of background stars in the same area of the sky, after the star positions are updated for proper motion and parallax.

Dwarf Planets

The dwarf planets are those acknowledged by the IAU in the year of production (see IAU website [10]). For the 2020 edition, these are the following objects: (1) Ceres, (134340) Pluto, (136108) Haumea, (136199) Eris and (136472) Makemake.

From those five, we currently provide more detailed information for Ceres, Pluto and Eris. Ceres and Pluto have been chosen due to their long observational history and the availability of high quality positions, which make the published ephemeris reliable. While Eris may be seen as the object which (historically) had a major influence on the process of reclassification within the solar system, it can also be targeted by amateur astronomers. In addition to these three objects, Makemake and Haumea are included in this list of dwarf planets, and their physical properties are tabulated.

Osculating elements are tabulated for ecliptic and equinox J2000.0 for Ceres, Pluto and Eris for three dates per year (100 day dates). For any of these three objects that are at opposition during the year, like the minor planets, an astrometric ephemeris is tabulated daily for a 120-day window centered on the opposition date, 60 days on either side of opposition. Two star charts are also provided, one showing the astrometric positions around opposition and the other the path during the year. The stars plotted with Ceres and any dwarf planet brighter than magnitude V=10.0 are from a hybrid catalogue (Urban, 2010 private communication) that was generated from the *Tycho 2 Catalogue* (Høg et al., 2000) and *Hipparcos Catalogue* (ESA, 1997). For other fainter dwarf planets (*i.e.*, trans-Neptunian objects), the stars that are plotted are taken from the NOMAD database [17]. This selection of stars is related to the opposition magnitude of the particular dwarf planet and includes all those stars whose magnitudes are at least brighter than the opposition magnitude. Depending on the density of the stars, other selection criteria may be used. The magnitude range has thus been chosen to fit with each object and is given at the bottom of each chart. All of the charts show astrometric J2000.0 positions.

The astrometric positions of Pluto are based on the JPL DE430 ephemeris while those of Ceres and Eris are based on data from JPL Horizons [18]. Astrometric positions of Pluto based on data from JPL Horizons may differ significantly from those based on the JPL DE430 ephemeris. A physical ephemeris is also included for those dwarf planets for which reliable data are available;

see E4 for explanations of the quantities. Currently, reliable data exist for (1) Ceres and (134340) Pluto. The data are taken from the 2015 IAU Working Group on Cartographic Coordinates and Rotational Elements report of Archinal et al. (2018). The tabulated coordinates are planetographic. Basic physical properties are listed for all five dwarf planets. Due to the recent discovery of Eris, Makemake and Haumea data have been collected from several sources:

- Ceres: values as published in earlier editions of *The Astronomical Almanac*; mass as given in Konopliv et al. (2018)
- Pluto: values as published previously in Section E of the 2013 edition of *The Astronomical Almanac*; the minimum Earth distance has been taken from the JPL Small-Body Database [12]
- Eris: values as given in Brown et al. (2005); Brown (2008).
- Makemake: period of rotation from Heinze and de Lahunta (2009); see JPL Small-Body Database [12] and and the IAU Minor Planet Center [13] for other parameters.
- Haumea: period of rotation from Lacerda et al. (2008); see JPL Small-Body Database [12] and the IAU Minor Planet Center [13] for other parameters.

The absolute visual magnitude at zero phase angle (H) and the slope parameter for magnitude (G) are taken from the Minor Planet Center database. For Ceres, the values are the same as used previously, and were taken from the Minor Planet Ephemerides produced by the Institute of Applied Astronomy, St. Petersburg.

For Pluto, the visual magnitude is that of the Pluto and Charon combined system as many photometric observations include a significant contribution from Charon. Predicting the apparent visual magnitude is difficult for several reasons. Pluto has significant, possibly dynamic, albedo markings. Its pole of rotation is close to the plane of the ecliptic. Finally, Pluto has been observed for less than half of its orbital period. Consequently, the values of H and G, taken from the Minor Planet Center database, may fluctuate from year to year.

Minor Planets

The 92 minor planets are divided into two sets. The main set of the fourteen largest minor planets are (2) Pallas, (3) Juno, (4) Vesta, (6) Hebe, (7) Iris, (8) Flora, (9) Metis, (10) Hygiea, (15) Eunomia, (16) Psyche, (52) Europa, (65) Cybele, (511) Davida, and (704) Interamnia. Their astrometric ephemerides are based on data from JPL Horizons [18]. These particular minor planets were chosen because they are large (> 300 km in diameter), have well observed histories, and/or are the largest member of their taxonomic class. The remaining 78 minor planets constitute the set with opposition magnitudes < 11, or < 12 if the diameter ≥ 200 km. Their positions are also based on data from JPL Horizons [18]. A table of the JPL Horizons solution reference numbers for each of the dwarf and minor planets is available on *The Astronomical Almanac Online*. The absolute visual magnitude at zero phase angle (H) and the slope parameter (G), which depends on the albedo, are from the Minor Planet Ephemerides produced by the Institute of Applied Astronomy, St. Petersburg. The purpose of the selection of objects is to encourage observation of the most massive, largest and brightest of the minor planets.

A chronological list of the opposition dates of all the objects is given together with their visual magnitude and apparent declination. Those oppositions printed in bold also have a sixty-day ephemeris around opposition. All phenomena (dates of opposition and dates of stationary points) are calculated to the nearest hour (UT1). It must be noted, as with phenomena for all objects, that opposition dates are determined from the apparent longitude of the Sun and the object, with respect to the mean ecliptic of date. Stationary points, on the other hand, are defined to occur when the rate of change of the apparent right ascension is zero.

Osculating orbital elements for all the minor planets are tabulated with respect to the ecliptic and equinox J2000.0 for, usually, a 400-day epoch. Also tabulated are the H and G parameters for magnitude and the diameters. The masses of most of the objects have been set to an arbitrary value of 1×10^{-12} M$_\odot$. The masses of 13 minor planets tabulated by Hilton (2002) have been used. However, the masses of Pallas and Vesta have been updated with the adopted IAU 2009 Best Estimates [14] which are taken from Pitjeva and Standish (2009). The values for the diameters of the minor planets were taken from a number of sources which are referenced on *The Astronomical Almanac Online*.

Periodic Comets

The osculating elements for periodic comets returning to perihelion in the year have been supplied by Daniel W. E. Green, Department of Earth and Planetary Sciences, Harvard University, with collaboration from S. Nakano, Sumoto, Japan.

The innate inaccuracy of some of the elements of the Periodic Comets tabulated on the last page of section G can be more of a problem, particularly for those comets that have been observed for no more than a few months in the past (*i.e.*, those without a number in front of the P). It is important to note that elements for numbered comets may be prone to uncertainty due to non-gravitational forces that affect their orbits. In some cases, these forces have a degree of predictability. However, calculations of these non-gravitational effects can never be absolute, and their effects, in common with short-arc uncertainties, mainly affect the perihelion time.

Up-to-date elements of the comets currently observable may be found at the web site of the IAU Minor Planet Center [13].

Section H: Stars and Stellar Systems

The positional data in Section H are mean places, *i.e.*, barycentric. Except for the tables of ICRF radio sources, radio flux calibrators, pulsars, gamma ray sources and X-ray sources, positions tabulated in Section H are referred to the mean equator and equinox of J2020.5 = 2020 July 2.125 = JD 245 9032.625. The positions of the ICRF radio sources provide a practical realization of the ICRS. The positions of radio flux calibrators, pulsars, quasars, gamma ray sources and X-rays are referred to the mean equator and equinox of J2000.0 = JD 245 1545.0.

Bright Stars

Included in the list of bright stars are 1469 stars chosen according to the following criteria:

a. all stars of visual magnitude 4.5 or brighter, as listed in the fifth revised edition of the *Yale Bright Star Catalogue* (BSC: Hoffleit and Warren, 1991);

b. all stars brighter than 5.5 listed in the *Basic Fifth Fundamental Catalogue* (FK5) (Fricke et al., 1988);

c. all MK atlas standards in the BSC (Morgan et al., 1978; Keenan and McNeil, 1976);

d. all stars selected according to the criteria in a, b, or c above and also listed in the *Hipparcos Catalogue* (ESA, 1997).

Flamsteed and Bayer designations are given with the constellation name and the BSC number.

Positions and proper motions are taken from the *Hipparcos Catalogue* and converted to epoch, equator, and equinox of the middle of the current year; radial velocities are included in the calculation where available. However, FK5 positions and proper motions are used for a few wide binary stars given the requirement for center of mass positions to generate their orbital positions. Orbital elements for these stars are taken from the *Sixth Catalog of Orbits of Visual Binary Stars* at [15].

See also the *Fifth Catalog of Orbits of Visual Binary Stars* (Hartkopf et al., 2001). Stars marked as spectroscopic binaries are those identified as such in the BSC.

The *V* magnitudes and color indices $B-V$ and $V-I$ are taken from the Hipparcos Catalogue. Spectral types were provided by W.P. Bidelman and updated by R.F. Garrison. Codes in the Notes column are explained at the end of the table (page H31). Stars marked as MK Standards are from either of the two spectral atlases listed above. Stars marked as anchor points to the MK System are a subset of standard stars that represent the most stable points in the system (Garrison, 1994). Further details about the stars marked as double stars may be found at [16].

Tables of bright star data for several years are available in both PDF and ASCII formats on *The Astronomical Almanac Online* as is a searchable database from current epochs.

Double Stars

The table of Selected Double Stars contains recent orbital data for 87 double star systems in the Bright Star table where the pair contains the primary star and the components have a separation $> 3\rlap{.}{''}0$ and differential visual magnitude < 3 magnitudes. A few other systems of interest are present. Data given are the most recent measures except for 21 systems, where predicted positions are given based on orbit or rectilinear motion calculations. The list was provided by B. Mason and taken from the *Washington Double Star Catalog* (WDS) (Mason et al., 2001); also available at [16].

The positions are for those of the primary stars and taken directly from the list of bright stars. The Discoverer Designation contains the reference for the measurement from the WDS and the Epoch column gives the year of the measurement. The column headed Δm_v gives the relative magnitude difference in the visual band between the two components.

The term "primary" used in this section is not necessarily the brighter object, but designates which object is the origin of measurements.

Tables of double star data for several years are available in both PDF and ASCII formats on *The Astronomical Almanac Online*.

Photometric Standards

The table of *UBVRI* Photometric Standards are selected from Table 2 in Landolt (2009). Finding charts for stars are given in the paper. These data are an update of and additions to Landolt (1992). They provide internally consistent homogeneous broadband standards for the Johnson-Kron-Cousins photometric system for telescopes of intermediate and large size in both hemispheres. The filter bands have the following effective wavelengths: *U*, 3600Å; *B*, 4400Å; *V*, 5500Å; *R*, 6400Å; *I*, 7900Å.

The positions are taken from the Naval Observatory Merged Astronomical Database (NOMAD, [17], Zacharias et al. (2004)) which provides the optimum ICRS positions and proper motions for stars taken from the following catalogs in the order given: *Hipparcos*, *Tycho-2*, *UCAC2*, or *USNO-B*. Positions are converted to the epoch, equator, and equinox of the middle of the current year; radial velocities are included in the calculation where available.

The list of bright Johnson standards which appeared in editions prior to 2003 is given for J2000 on *The Astronomical Almanac Online*. Also available is a searchable database of Landolt Standards for current epochs.

The selection and photometric data for standards on the Strömgren four-color and Hβ from Perry et al. (1987) have been discontinued in *The Astronomical Almanac* starting with the 2016 edition. These tables are available on *The Astronomical Almanac Online*.

The spectrophotometric standard stars are suitable for the reduction of astronomical spectroscopic observations in the optical and ultraviolet wavelengths. As recommended by the IAU Standard

Stars Working Group, data for the spectrophotometric standard stars listed here are taken from the European Southern Observatory's (ESO) site at [19] except for the positions taken from the NOMAD database as described above. Finding charts for the sources and explanation are found on the website.

The standards on the ESO list are from four sources. The ultraviolet standards are from the Hubble Space Telescope (HST) ultraviolet spectrophotometric standards which are based on International Ultraviolet Explorer (IUE) and optical spectra and calibrated by the primary white dwarf standards (Turnshek et al., 1990; Bohlin et al., 1990). The optical standards are based on Hale 5m observations in the 7 to 16 magnitude range (Oke, 1990) and CTIO observations of southern hemisphere secondary and tertiary standard stars (Hamuy et al., 1992, 1994). Some of the Hamuy standards were misidentified in the original reference and have since been corrected. Data for four white dwarf primary spectrophotometric standards in the 11–13 magnitude range based on model atmospheres and HST Faint Object Spectrograph (FOS) observations in 10Å to 3 microns are also included (Bohlin et al., 1995).

Radial Velocity Standards

The radial velocity standards are taken from the pre-launch release of the catalogue of radial velocity standard stars for Gaia (Soubiran et al., 2013). The stars selected as standards by C. Soubiran are those with more than 10 radial velocity measurements over 10 years and a standard deviation, σv_r, less than 33 m/s. Positions are taken from the *Hipparcos Catalogue* processed by the procedures used for the table of bright stars.

Variable Stars

The list of variable stars was compiled by J.A. Mattei using as reference the fourth edition of the *General Catalogue of Variable Stars* (Kholopov et al., 1996), the *Sky Catalog 2000.0, Volume 2* (Hirshfeld and Sinnott, 1997), *A Catalog and Atlas of Cataclysmic Variables, 2nd Edition* (Downes et al., 1997), and the data files of the American Association of Variable Star Observers (AAVSO) International Database (AID at [20]). It was updated for the 2018 edition by S. Otero using as reference the AAVSO International Variable Star Index (VSX, at [20]) and the AID.

The brightest stars for each class with amplitude of 0.5 magnitude or more have been selected. The following magnitude criteria at maximum brightness are used:

a. eclipsing variables brighter than magnitude 7.0;

b. pulsating variables:

    RR Lyrae stars brighter than magnitude 9.0;

    Cepheids brighter than 6.0;

    Mira variables brighter than 7.0;

    Semiregular variables brighter than 7.0;

    Irregular variables brighter than 8.0;

c. eruptive variables:

    U Geminorum, Z Camelopardalis, SS Cygni, SU Ursae Majoris,

    WZ Sagittae, recurrent novae, very slow novae, nova-like and

    DQ Herculis variables brighter than magnitude 11.0;

d. other types:

    RV Tauri variables brighter than magnitude 9.0;

R Coronae Borealis variables brighter than 10.0;

Symbiotic stars (Z Andromedae) brighter than 10.0;

δ Scuti variables brighter than 9.0;

S Doradus variables brighter than 6.0;

SX Phoenicis variables brighter than 7.0.

The epoch for eclipsing variables and RV Tauri stars is for time of minimum. The epoch for pulsating, eruptive, and other types of variables is for time of maximum.

For UG variables, the period if the duration of the "outburst cycle", which is an approximate outburst recurrence time and may not represent the observed behavior.

Positions and proper motions are taken from NOMAD as described in the photometric standards section.

Several spectral types were too long to be listed in the table and are given here:

T Mon: F7Iab-K1Iab + A0V
R Leo: M6e–M8IIIe–M9.5e
TX CVn: B1–B9Veq + K0III–M4
VV Cep: M2epIa–Iab + B8:eV

Exoplanets and Host Stars

The table of exoplanets and their host stars draws from the Exoplanet Orbit Database and the Exoplanet Data Explorer at [21] where data for host star characteristics are also available. A subset from this growing online data set is represented in the table by using a host star magnitude limit of $V < 7.75$. As suggested by P. Butler, useful properties of the exoplanets such as orbital period, eccentricity, and time of periastron are included in the table to calculate data such as time of transit for the transiting planets. Stellar properties such $B - V$, parallax, and metallicity are also included for those interested in the study of the host stars.

The data are assembled by S.G. Stewart and taken from the 2015 version of the online catalog with the exception of the coordinates of the host stars. Positions, proper motions and parallax (where available) were taken independently from NOMAD as described on page L18.

Star Clusters

The list of open clusters comprises a selection of open clusters which have been studied in some detail so that a reasonable set of data is available for each. With the exception of the magnitude and Trumpler class data, all data are taken from the *New Catalog of Optically Visible Open Clusters and Candidates* (Dias et al., 2002) supplied by W. Dias and updated current to 2014 (version 3.4 of the catalog). The catalog is available at [22]. The "Trumpler Class" and "Mag. Mem." columns are taken from fifth (1987) edition of the Lund-Strasbourg catalog (original edition described by Lyngå (1981)), with updates and corrections to the data current to 1992.

For each cluster, two identifications are given. First is the designation adopted by the IAU, while the second is the traditional name. Alternate names for some clusters are given in the notes at the end of the table.

Positions are for the central coordinates of the clusters, referred to the mean equator and equinox of the middle of the Julian year. Cluster mean absolute proper motion and radial velocity are used in the calculation when available.

Apparent angular diameters of the clusters are given in arcminutes and distances between the clusters and the Sun are given in parsecs. The logarithm to the base 10 of the cluster age in years is determined from the turnoff point on the main sequence. Under the heading "Mag. Mem." is the visual magnitude of the brightest cluster member. $E_{(B-V)}$ is the color excess. Metallicity is mostly determined from photometric narrow band or intermediate band studies. Trumpler classification is defined by R.S. Trumpler (Trumpler, 1930).

The list of Milky Way globular clusters is compiled from the December 2010 revision of a *Catalog of Parameters for Milky Way Globular Clusters* supplied by W. E. Harris. The complete catalog containing basic parameters on distances, velocities, metallicities, luminosities, colors, and dynamical parameters, a list of source references, an explanation of the quantities, and calibration information is accessible at [23]. The catalog is also briefly described in Harris (1996).

The present catalog contains objects adopted as certain or highly probable Milky Way globular clusters. Objects with virtually no data entries in the catalog still have somewhat uncertain identities. The adoption of a final candidate list continues to be a matter of some arbitrary judgment for certain objects. The bibliographic references should be consulted for excellent discussions of these individually troublesome objects, as well as lists of other less likely candidates.

The adopted integrated V magnitudes of clusters, V_t, are the straight averages of the data from all sources. The integrated $B-V$ colors of clusters are on the standard Johnson system.

Measurements of the foreground reddening, $E_{(B-V)}$, are the averages of the given sources (up to 4 per cluster), with double weight given to the reddening from well calibrated (120 clusters) color-magnitude diagrams. The typical uncertainty in the reddening for any cluster is on the order of 10 percent, *i.e.*, $\Delta[E_{(B-V)}] = 0.1\ E_{(B-V)}$.

The primary distance indicator used in the calculation of the apparent visual distance modulus, $(m - M)_V$, is the mean V magnitude of the horizontal branch (or RR Lyrae stars), V_{HB}. The absolute calibration of V_{HB} adopted here uses a modest dependence of absolute V magnitude on metallicity, $M_V(HB) = 0.15\ [Fe/H] + 0.80$. The $V(HB)$ here denotes the mean magnitude of the HB stars, without further adjustments to any predicted zero age HB level. Wherever possible, it denotes the mean magnitude of the RR Lyrae stars directly. No adjustments are made to the mean V magnitude of the horizontal branch before using it to estimate the distance of the cluster. For a few clusters (mostly ones in the Galactic bulge region with very heavy reddening), no good [Fe/H] estimate is currently available; for these cases, a value [Fe/H] $= -1$ is assumed.

The heavy-element abundance scale, [Fe/H], adopted here is the one established by Zinn and West (1984). This scale has recently been reinvestigated as being nonlinear when calibrated against the best modern measurements of [Fe/H] from high-dispersion spectra (see Carretta and Gratton, 1997; Rutledge et al., 1997). In particular, these authors suggest that the Zinn-West scale overestimates the metallicities of the most metal-rich clusters. However, the present catalog maintains the older (Zinn-West) scale until a new consensus is reached in the primary literature.

The adopted heliocentric radial velocity, v_r, for each cluster is the average of the available measurements, each one weighted inversely as the published uncertainty.

A 'c' following the value for the central concentration index denotes a core-collapsed cluster. Trager et al. (1993) arbitrarily adopt $c = 2.50$ for such clusters, and these have been carried over to the present catalog. The 'c:' symbol denotes an uncertain identification of the cluster as being core-collapsed.

The central concentration $c = \log(r_t/r_c)$, where r_t is the tidal radius and r_c is the core radius, are taken primarily from the comprehensive discussion of Trager et al. (1995). The half light radius, r_h, is an observationally "secure" measured quantity and gives an idea of how big a cluster actually looks on the sky.

Bright Galaxies

This is a list of 198 galaxies brighter than $B_T^w = 11.50$ and larger than $D_{25} = 5'$, drawn primarily from *The Third Reference Catalogue of Bright Galaxies* (de Vaucouleurs et al., 1991), hereafter referred to as RC3. The data have been reviewed and corrected where necessary, or supplemented by H.G. Corwin, R.J. Buta, and G. de Vaucouleurs.

Two recently recognized dwarf spheroidal galaxies (in Sextans and Sagittarius) that are not included in RC3 are added to the list (Irwin and Hatzidimitriou, 1995; Ibata et al., 1997).

Catalog designations are from the *New General Catalog* (NGC) or from the *Index Catalog* (IC). A few galaxies with no NGC or IC number are identified by common names. The Small Magellanic Cloud is designated "SMC" rather than NGC 292. Cross-identifications for these common names are given in Appendix 8 of RC3 or at the end of the table.

In most cases, the RC3 position is replaced with a more accurate weighted mean position based on measurements from many different sources, some unpublished. Where positions for unresolved nuclear radio sources from high-resolution interferometry (usually at 6- or 20-cm) are known to coincide with the position of the optical nucleus, the radio positions are adopted. Similarly, positions have been adopted from the Two Micron All-Sky Survey (2MASS, Jarrett et al., 2000) where these coincide with the optical nucleus. Positions for Magellanic irregular galaxies without nuclei (*i.e.*, LMC, NGC 6822, IC 1613) are for the centers of the bars in these galaxies. Positions for the dwarf spheroidal galaxies (*i.e.*, Fornax, Sculptor, Carina) refer to the peaks of the luminosity distributions. The precision with which the position is listed reflects the accuracy with which it is known. The mean errors in the listed positions are 2–3 digits in the last place given.

Morphological types are based on the revised Hubble system (see de Vaucouleurs, 1959, 1963).

The mean numerical van den Bergh luminosity classification, L, refers to the numerical scale adopted in RC3 corresponding to van den Bergh classes as follows:

L	1	2	3	4	5	6	7	8	9	(10)	(11)
class	I	I–II	II	II–III	III	III–IV	IV	IV–V	V	(V–VI)	(VI)

Classes V–VI and VI (10 and 11 in the numerical scale) are an extension of van den Bergh's original system, which stopped at class V.

The column headed Log (D_{25}) gives the logarithm to base 10 of the diameter in tenths of arcminute of the major axis at the 25.0 blue mag/arcsec^2 isophote. Diameters with larger than usual standard deviations are noted with a colon. With the exception of the Fornax and Sagittarius Systems, the diameters for the highly resolved Local Group dwarf spheroidal galaxies are core diameters from fitting of King models to radial profiles derived from star counts (Irwin and Hatzidimitriou, *op.cit.*). The relationship of these core diameters to the 25.0 blue mag/arcsec^2 isophote is unknown. The diameter for the Fornax System is a mean of measured values given by de Vaucouleurs and Ables (1968) and Hodge and Smith (1974), while that of Sagittarius is taken from Ibata *et al.* (*op.cit.*) and references therein.

The heading Log (R_{25}) gives the logarithm to base 10 of the ratio of the major to the minor axes (D/d) at the 25.0 blue mag/arcsec^2 isophote. For the dwarf spheroidal galaxies, the ratio is a mean value derived from isopleths.

The position angle of the major axis is for the equinox 1950.0, measured from north through east.

The heading B_T^w gives the total blue magnitude derived from surface or aperture photometry, or from photographic photometry reduced to the system of surface and aperture photometry, uncorrected for extinction or redshift. Because of very low surface brightnesses, the magnitudes for the dwarf spheroidal galaxies (see Irwin and Hatzidimitriou, *op.cit.*) are very uncertain. The total magnitude for NGC 6822 is from Hodge (1977). A colon indicates a larger than normal standard deviation associated with the magnitude.

The total colors, $B-V$ and $U-B$, are uncorrected for extinction or redshift. RC3 gives total colors only when there are aperture photometry data at apertures larger than the effective (half-light) aperture. However, a few of these galaxies have a considerable amount of data at smaller apertures, and also have small color gradients with aperture. Thus, total colors for these objects have been determined by further extrapolation along standard color curves. The colors for the Fornax System are taken from de Vaucouleurs and Ables (*op.cit.*), while those for the other dwarf spheroidal systems are from the recent literature, or from unpublished aperture photometry. The colors for NGC 6822 are from Hodge (*op.cit.*). A colon indicates a larger than normal standard deviation associated with the color.

Radio Sources

Beginning in 2010, the fundamental reference system in astronomy, ICRS, is actualized by the second realization of the International Celestial Reference Frame, ICRF2 (see Fundamental Reference System section on L1; IAU (2010), Res. B3; IERS (2009)). The ICRF2 contains precise positions of 3414 compact radio sources. Maintenance of ICRF2 will be made using a set of 295 defining sources selected on the basis of positional stability, lack of extensive intrinsic source structure, and spatial distribution. These 295 defining sources are presented in the table. Positions of all ICRF2 sources are available at [4].

Information on the known physical characteristics of the ICRF2 radio sources includes, where known, the object type, 8.4 Ghz and 2.3 Ghz flux, spectral index, V magnitude, redshift, a classification of spectrum and comments for each ICRF2 defining sources.

This table was compiled by A.-M. Gontier by sequentially assembling the data from the following primary sources:

a. *Large Quasar Astrometric Catalog (LQAC)*, a compilation of 12 largest quasar catalogues contains 113666 quasars, providing information when available on photometry, redshift, and radio fluxes (Souchay et al. (2009), available at [24] as catalogue J/A+A/494/799). This source was used to provide information on fluxes at 8.4 GHz and 2.3 GHz and initial information for the redshift and the magnitude.

b. *Optical Characteristics of Astrometric Radio Sources* which includes over 9000 radio sources with J2000.0 coordinates, redshift, V magnitude, object type and comments (Malkin (2016), [25]).

c. *Catalogue of Quasars and Active Galactic Nuclei, 12th Edition)* which includes 85221 quasars, 1122 BL Lac objects and 21737 active galaxies together with known lensed quasars and double quasars (Véron-Cetty and Véron (2006), available at [24] as catalogue VII/248).

d. *An all-sky survey of flat-spectrum radio sources* providing precise positions, subarcsecond structures, and spectral indices for some 11000 sources (Healey et al. (2007), available at [24] as catalogue J/ApJS/171/61).

e. *The Optical spectroscopy of 1Jy, S4 and S5 radio source identifications* which gives position, magnitude, type of the optical identification, flux at 5GHz and two-point spectral index between 2.7 GHz and 5 GHz (Stickel and Kuehr (1994); Stickel et al. (1989), available at at [24] as catalogue III/175).

Data for the list of radio flux standards are due to Baars et al. (1977), as updated by Kraus, Krichbaum, Pauliny-Toth, and Witzel (private communication, current to 2009). Flux densities S, measured in Janskys, are given for twelve frequencies ranging from 400 to 43200 MHz. Positions are referred to the mean equinox and equator of J2000.0. Positions of 3C 48, 3C 147, 3C 274 and 3C 286 come from the ICRF database [4]. Positions of the other sources are due to Baars et al. (1977).

A table with polarization data for the most prominent sources is provided by A. Kraus, current to 2012. This table gives the polarization degree and angle for a number of frequencies.

X-Ray Sources

The primary criterion for the selection of X-ray sources is having an identified optical counterpart. However, well-studied sources lacking optical counterparts are also included. Positions are for those of the optical counterparts, except when none is listed in the column headed Identified Counterpart. Positions and proper motions are taken from NOMAD described on page L18. The X-ray flux in the 2–10 keV energy range is given in micro-Janskys (μJy) in the column headed Flux. In some cases, a range of flux values is presented, representing the variability of these sources. The identified optical counterpart (or companion in the case of an X-ray binary system) is listed in the column headed Identified Counterpart. The type of X-ray source is listed in the column headed Type. Neutron stars in binary systems that are known to exhibit many X-ray bursts are designated "B" for "Burster." X-ray sources that are suspected of being black holes have the "BHC" designation for "Black Hole Candidate." Supernova remnants have the "SNR" designation. Other neutron stars in binaries which do not burst and are not known as X-ray pulsars have been given the "NS" designation. All codes in the Type column are explained at the end of the table.

The data in this table are assembled by M. Stollberg. For the X-ray binary sources, the catalogs of van Paradijs (1995), Liu et al. (2000, 2001) are used. Other sources are selected from the *Fourth Uhuru Catalog* (Forman et al., 1978), hereafter referred to as 4U. Fluxes in μJy in the 2–10 keV range for X-ray binary sources were readily given by van Paradijs (1995) and Liu et al. (2000, 2001). These fluxes were converted back to Uhuru count rates using the conversion factor found in Bradt and McClintock (1983). For some sources Uhuru count rates were taken directly from the 4U catalog. Count rates for all the sources were divided by the 4U count rate for the Crab Nebula and then multiplied by 1000 to obtain the 2-10 keV flux in mCrabs.

The tabulated magnitudes are the optical magnitude of the counterpart in the V filter, unless marked by an asterisk, in which case the B magnitude is given. Variable magnitude objects are denoted by "V"; for these objects the tabulated magnitude pertains to maximum brightness. For a few cases where the optical counterpart of the X-ray source remains unidentified, the magnitude given is that for the X-ray source itself. An "X" indicates these magnitudes.

Tables of X-Ray source data for several years are available in both PDF and ASCII formats on *The Astronomical Almanac Online*.

Quasars

A set of quasars is selected from the second release of the *Large Quasar Astrometric Catalog (LQAC-2)* (Souchay et al., 2012) which offers a complete set of sources and associated data while maintaining precision and accuracy of coordinates with respect to the ICRF-2.

The data are compiled by S.G. Stewart based on the selection criteria suggested by J. Souchay. As noted by the code contained in the column headed "Criteria" in the data table, the following selection criteria that are not mutually exclusive, are used:

V = $V < 12.0$ and $z > 1.0$ (13 quasars);
M_B = $M_B < -31.0$ (32 quasars);
Z = z (redshift) > 6.5 (21 quasars);
Flux = 20 cm flux density > 5.0 Jy (34 quasars).

The redshift criterion is used in the visual magnitude selection of the quasars in order to avoid very extended galaxies in the sample.

Since they originate from different photometric systems, the apparent magnitudes are not measured in a homogeneous bandwith. The photometric magnitude in optical B-band is between 400 and 500nm and the photometric magnitude in the optical V-band is between 500 and 600nm.

Pulsars

Data for the pulsars presented in this table are compiled by S.G. Stewart. Data are taken from the *ATNF Pulsar Catalogue* described by Manchester et al. (2005), available at [26].

Pulsars chosen are either bright, with S_{400}, the mean flux density at 400 MHz, greater than 80 milli-Janskys; fast, with spin period less than 100 milliseconds; or have binary companions. Pulsars without measured spin-down rates and very weak pulsars (with measured 400 MHz flux density below 0.9 milli-Jansky) are excluded. A few other interesting systems suggested by D. Manchester are also included.

Positions are referred to the equator and equinox of J2000.0. For each pulsar the period P in seconds and the time rate of change $\dot{P}$ in $10^{-13}\,\mathrm{s\,s^{-1}}$ are given for the specified epoch. The group velocity of radio waves is reduced from the speed of light in a vacuum by the dispersive effect of the interstellar medium. The dispersion measure DM is the integrated column density of free electrons along the line of sight to the pulsar; it is expressed in units $\mathrm{cm^{-3}}$ pc. The epoch of the period is in Modified Julian Date (MJD), where MJD = JD − 2400000.5.

Gamma Ray Sources

The table of gamma ray sources is compiled by David J. Thompson (David.J.Thompson@nasa.gov) and contains a selection of historically important sources, well known sources, and bright sources. Because the gamma ray band covers such a broad energy range, the sources come primarily from three different catalogs:

a. Low-energy gamma rays (photon energies < 100 keV): *The Fourth IBIS/ISGRI Soft Gamma-Ray Survey Catalog* (Bird et al., 2010) available online at [27];

b. High-energy gamma rays (photon energies between 100 MeV and 100 GeV): *Fermi Large Area Telescope Second Source Catalog* (The Fermi-LAT Collaboration 2012) available at [28];

c. Very-high-energy gamma rays (photon energies above 100 GeV): *TeVCat Online Catalog for TeV Astronomy* available at [29].

Some sources are bright in two or all three energy ranges.

The observed flux of the source is given with the upper and lower limits on the energy range (in MeV) over which it has been observed. The flux, in photons $\mathrm{cm^{-2}s^{-1}}$ is an integrated flux over this energy range. In many cases, no upper limit energy is given. For those cases, the flux is the integral observed flux. Many gamma ray sources, particularly quasars, are highly variable. The flux values given are taken from the literature and may not represent the state at any given time. Gamma ray telescopes typically measure source locations with uncertainties of 1−10 arcmin. The positions in the table often refer to the counterparts seen at longer wavelengths.

Tables of gamma ray source data for several years are available in both PDF and ASCII formats on *The Astronomical Almanac Online*.

Section J: Observatories

The list of observatories is intended to serve as a finder list for planning observations or other purposes not requiring precise coordinates. Members of the list are chosen on the basis of instrumentation, and being active in astronomical research, the results of which are published in the current scientific literature. Most of the observatories provided their own information, and the coordinates listed are for one of the instruments on their grounds. Thus the coordinates may be astronomical, geodetic, or other, and should not be used for rigorous reduction of observations. A searchable list of observatories is available on *The Astronomical Almanac Online*.

Since 2012, the list of observatories includes observatory codes from the IAU's Minor Planet Center website [30]. Codes are given for observatories where a reasonable match between *The Astronomical Almanac* and Minor Planet Center lists could be made based on coordinates and name.

Section K: Tables and Data

Astronomical constants are a topic that is in the purview of the IAU Working Group on Numerical Standards for Fundamental Astronomy [14]. At the 2009 XXVII GA, Resolution B2 on "Current Best Estimates of Astronomical Constants" was adopted. This list of constants (Luzum et al., 2011), modified by the re-definition of the astronomical unit, is tabulated in items 1 and 2 of pages K6–K7.

Resolution B2 passed at the IAU XXVIII General Assembly (2012), recommends

1. that the astronomical unit be redefined as a conventional unit of length equal to 149 597 870 700 m exactly, in agreement with the value adopted in the IAU 2009 Resolution B2,

2. that this definition of the astronomical unit be used with all time scales such as TCB, TDB, TCG, TT, etc.,

3. that the Gaussian gravitational constant k be deleted from the system of astronomical constants,

4. that the value of the solar mass parameter (previously known as the heliocentric gravitational constant), GM_S, be determined observationally in SI units, and

5. that the unique symbol "au" be used for the astronomical unit.

Both ASCII and PDF versions of pages K6–K7 may be downloaded from *The Astronomical Almanac Online*; the IAU 1976 and IAU 2009 constants are also available.

The NSFA, via their website at will be keeping the list of "Current Best Estimates" up-to-date, together with detailed notes and references.

Given the uncertainty of the radius of the Sun and the need to use a value at an appropriate optical depth, the value of the equatorial radius of the Sun used throughout this almanac is that taken from the *Report of the IAU Working Group on Cartographic Coordinates and Rotational Elements: 2009* (Archinal et al., 2011).

The ΔT values provided on pages K8–K9 are not necessarily those used in the production of *The Astronomical Almanac* or its predecessors. They are tabulated primarily for those involved in historical research. Estimates of ΔT are derived from data published in Bulletins B and C of the International Earth Rotation and Reference Systems Service [5].

Since 2003, the pole is the Celestial Intermediate Pole. However, the coordinates of the celestial pole tabulated on page K10 are with respect to the celestial pole definition for the relevant year. The orientation of the ITRS is consistent with the former BIH system and the previous IPMS and ILS systems (1974-1987). Prior to 1988, values were taken from Circular D of the BIH, while since 1988 the values have been taken from the IERS Bulletin B.

Pages K11–K13, on "Reduction of Terrestrial Coordinates", which include information on the International Terrestrial Reference Frame (Altamimi et al., 2016), have been updated by G. Appleby, Head of the UK Space Geodesy Facility at Herstmonceux.

At the 2018 IAU XXX GA, Resolution B1 "On the Geocentric and International Terrestrial Reference Systems and Frames" was adopted. This resolution recommends that the ITRS be adopted as the preferred GTRS (Geocentric Terrestrial Reference System) for scientific and technical applications.

Section M: Glossary

The definitions provided in the glossary have been composed by staff members of Her Majesty's Nautical Almanac Office and the US Naval Observatory's Astronomical Applications Department. Various astronomical dictionaries and encyclopedia are used to ensure correctness and to develop particular phrasing. E. M. Standish (Jet Propulsion Laboratory, California Institute of Technology) and S. Klioner (Technischen Universität Dresden) were also consulted in updating the content of the definitions in recent editions.

Definitions of some glossary entries contain terms that are defined elsewhere in the section. These are given in italics.

The glossary is not intended to be a complete astronomical reference, but instead clarify terms used within *The Astronomical Almanac* and *The Astronomical Almanac Online*. A PDF version and an HTML version are found on *The Astronomical Almanac Online*.

References

[1]. The Astronomical Almanac Online
   http://asa.usno.navy.mil or http://asa.hmnao.com.

[2]. USNO Vector Astrometry Software (NOVAS)
   https://aa.usno.navy.mil/software/novas/novas_info.php.

[3]. IAU Standards of Fundamental Astronomy (SOFA)
   http://www.iausofa.org.

[4]. ICRS Product Center
   https://hpiers.obspm.fr/icrs-pc/newwww/.

[5]. IERS Earth Orientation Data
   https://www.iers.org/IERS/EN/DataProducts/EarthOrientationData/eop.html.

[6]. The International Occultation Timing Association (IOTA)
   http://lunar-occultations.com/iota.

[7]. IERS Conventions
   http://iers-conventions.obspm.fr/.

[8]. USNO Publications
   https://aa.usno.navy.mil/publications/.

[9]. JPL Planetary Satellite Mean Orbital Parameters
   https://ssd.jpl.nasa.gov/?sat_elem.

[10]. IAU, Pluto and the Developing Landscape of Our Solar System
   https://www.iau.org/public/pluto/.

[11]. Scott Sheppard's Jupiter Satellite Page
   https://sites.google.com/carnegiescience.edu/sheppard/moons.

[12]. JPL Small-Body Database
   https://ssd.jpl.nasa.gov/sbdb.cgi.

[13]. IAU Minor Planet Center Elements of Periodic Comets
   https://www.minorplanetcenter.net/iau/Ephemerides/Comets/.

[14]. IAU Numerical Standards for Fundamental Astronomy (NSFA)
Please see `http://asa.hmnao.com`.

[15]. USNO Sixth Catalog of Orbits of Visual Binary Stars
`https://www.usno.navy.mil/USNO/astrometry/optical-IR-prod/wds/orb6/`.

[16]. USNO Washington Double Star Catalog
`https://www.usno.navy.mil/USNO/astrometry/optical-IR-prod/wds/WDS`.

[17]. NOMAD Database
`https://www.usno.navy.mil/USNO/astrometry/optical-IR-prod/nomad`.

[18]. JPL Horizons
`https://ssd.jpl.nasa.gov/horizons.cgi`.

[19]. ESO Optical and UV Spectrophotometric Standard Stars
`https://www.eso.org/sci/observing/tools/standards/spectra/`.

[20]. American Association of Variable Star Observers (AAVSO)
`https://www.aavso.org/`.

[21]. Exoplanet Data Explorer
`http://exoplanets.org/`.

[22]. Open Clusters and Galactic Structure Database
`https://wilton.unifei.edu.br/ocdb/`.

[23]. William Harris' Globular Clusters Database
`https://physwww.mcmaster.ca/~harris/mwgc.dat`.

[24]. Centre de Données Astronomiques de Strasbourg (CDS)
`https://cdsweb.u-strasbg.fr/`.

[25]. Optical Characteristics of Astrometric Radio Sources
`http://www.gaoran.ru/english/as/ac_vlbi/#OCARS`.

ATNF Pulsar Catalog
`tps://www.atnf.csiro.au/research/pulsar/psrcat`.

The Fourth IBIS/ISGRI Soft Gamma-Ray Survey Catalog
`tps://heasarc.gsfc.nasa.gov/W3Browse/integral/ibiscat4.html`.

Fermi Large Area Telescope Second Source Catalog
`tps://heasarc.gsfc.nasa.gov/W3Browse/fermi/fermilpsc.html`.

TeVCat online catalog for TeV Astronomy
`tp://tevcat.uchicago.edu/`.

IAU Minor Planet Center List of Observatory Codes
`tps://www.minorplanetcenter.net/iau/lists/ObsCodesF.html`.

Saturnian Rings Fact Sheet
`tps://nssdc.gsfc.nasa.gov/planetary/factsheet/satringfact.html`.

NIST note on UT1 NTP Time Dissemination
`tps://www.nist.gov/time-and-frequency-services/ut1-ntp-time-dissemination/`.

[33]. NASA's Planetary Data System Uranian Rings Page
https://pds-rings.seti.org/uranus/.

Altamimi, Z., P. Rebischung, L. Métivier, and X. Collilieux (2016). ITRF2014: A new release of the International Terrestrial Reference Frame modeling non-linear station motions . *Journal of Geophysical Research: Solid Earth* **121**, 6109 – 6131.

Aoki, S., H. Kinoshita, B. Guinot, G. H. Kaplan, D. D. McCarthy, and P. K. Seidelmann (1982). The new definition of universal time. *Astronomy and Astrophysics* **105**, 359–361.

Archinal, B. A., C. H. Acton, M. F. A'Hearn, A. Conrad, G. J. Consolmagno, T. Duxbury, D. Hestroffer, J. L. Hilton, R. L. Kirk, S. A. Klioner, D. McCarthy, K. Meech, J. Oberst, J. Ping, P. K. Seidelmann, D. J. Tholen, P. C. Thomas, and I. P. Williams (2018). Report of the IAU Working Group on Cartographic Coordinates and Rotational Elements: 2015. *Celestial Mechanics and Dynamical Astronomy* **130**, article id. 22.

Archinal, B. A., M. F. A'Hearn, E. Bowell, A. Conrad, G. J. Consolmagno, R. Courtin, T. Fukushima, D. Hestroffer, J. L. Hilton, G. A. Krasinsky, G. Neumann, J. Oberst, P. K. Seidelmann, P. Stooke, D. J. Tholen, P. C. Thomas, and I. P. Williams (2011). Erratum to: Report of the IAU/IAG Working Group on Cartographic Coordinates and Rotational Elements: 2006 & 2009. *Celestial Mechanics and Dynamical Astronomy* **110**, 401–403.

Arlot, J.-E. (1982). New Constants for Sampson-Lieske Theory of the Galilean Satellites of Jupiter. *Astronomy and Astrophysics* **107**, 305–310.

Atkinson, R. d. (1951). The Computation of Topocentric Librations. *Monthly Notices of the Royal Astronomical Society* **111**, 448.

Baars, J. W. M., R. Genzel, I. I. K. Pauliny-Toth, and A. Witzel (1977). The Absolute Spectrum of CAS A - an Accurate Flux Density Scale and a Set of Secondary Calibrators. *Astronomy and Astrophysics* **61**, 99–106.

Bird, A. J., A. Bazzano, L. Bassani, F. Capitanio, M. Fiocchi, A. B. Hill, A. Malizia, V. A. McBride, S. Scaringi, V. Sguera, J. B. Stephen, P. Ubertini, A. J. Dean, F. Lebrun, R. Terrier, M. Renaud, F. Mattana, D. Götz, J. Rodriguez, G. Belanger, R. Walter, and C. Winkler (2010). The Fourth IBIS/ISGRI Soft Gamma-ray Survey Catalog. *The Astrophysical Journal Supplement Series* **186**, 1–9.

Bohlin, R. C., L. Colina, and D. S. Finley (1995). White Dwarf Standard Stars: G191-B2B, GD 71, GD 153, HZ 43. *Astronomical Journal* **110**, 1316.

Bohlin, R. C., A. W. Harris, A. V. Holm, and C. Gry (1990). The Ultraviolet Calibration of the Hubble Space Telescope. IV - Absolute IUE Fluxes of Hubble Space Telescope Standard Stars. *Astrophysical Journal Supplement Series* **73**, 413–439.

Bradt, H. V. D. and J. E. McClintock (1983). The Optical Counterparts of Compact Galactic X-ray Sources. *Annual Review of Astronomy and Astrophysics* **21**, 13–66.

Brown, E. W. (1933). Theory and Tables of the Moon: The Motion of the Moon, 1923-31. *Monthly Notices of the Royal Astronomical Society* **93**, 603–619.

Brown, M. (2008). The Largest Kuiper Belt Objects. In M. A. Barucci, H. Boehnhardt, D. P. Cruikshank, A. Morbidelli, and R. Dotson (Eds.), *The Solar System Beyond Neptune*, pp. 335–344.

Brown, M. E., C. A. Trujillo, and D. L. Rabinowitz (2005). Discovery of a Planetary-sized Object in the Scattered Kuiper Belt. *The Astrophysical Journal* **635**, L97–L100.

Calame, O. (Ed.) (1982). *Proceedings of the 63rd Colloquium of the International Astronomical Union*, Volume 94 of *IAU Colloquia*.

Capitaine, N. and P. T. Wallace (2006). High Precision Methods for Locating the Celestial Intermediate Pole and Origin. *Astronomy and Astrophysics* **450**, 855–872.

Capitaine, N., P. T. Wallace, and J. Chapront (2003). Expressions for IAU 2000 Precession Quantities. *Astronomy and Astrophysics* **412**, 567–586.

Capitaine, N., P. T. Wallace, and J. Chapront (2005). Improvement of the IAU 2000 Precession Model. *Astronomy and Astrophysics* **432**, 355–367.

Capitaine, N., P. T. Wallace, and D. D. McCarthy (2003). Expressions to Implement the IAU 2000 Definition of UT1. *Astronomy and Astrophysics* **406**, 1135–1149.

Carretta, E. and R. G. Gratton (1997). Abundances for Globular Cluster Giants. I. Homogeneous Metallicities for 24 Clusters. *Astronomy and Astrophysics Supplement Series* **121**, 95–112.

Carrington, R. C. (1863). *Observations of the Spots on the Sun: From November 9, 1853, to March 24, 1861, Made at Redhill*. London: Williams and Norgate.

de Vaucouleurs, G. (1959). Classification and Morphology of External Galaxies. *Handbuch der Physik* **53**, 275.

de Vaucouleurs, G. (1963). Revised Classification of 1500 Bright Galaxies. *Astrophysical Journal Supplement* **8**, 31.

de Vaucouleurs, G. and H. D. Ables (1968). Integrated Magnitudes and Color Indices of the Fornax Dwarf Galaxy. *Astrophysical Journal* **151**, 105.

de Vaucouleurs, G., A. de Vaucouleurs, H. Corwin, R. J. Buta, G. Paturel, and P. Fouque (1991). *Third Reference Catalogue of Bright Galaxies (RC3)*. New York: Springer-Verlag.

Dias, W. S., B. S. Alessi, A. Moitinho, and J. R. D. Lepine (2002). New Catalog of Optically Visible Open Clusters and Candidates. *Astronomy and Astrophysics* **389**, 871–873.

Downes, R., R. F. Webbink, and M. M. Shara (1997). A Catalog and Atlas of Cataclysmic Variables-Second Edition. *Publications of the Astronomical Society of the Pacific* **109**, 345–440.

Eckhardt, D. H. (1981). Theory of the Libration of the Moon. *Moon and Planets* **25**, 3–49.

Elliot, J. L., R. G. French, J. A. Frogel, J. H. Elias, D. J. Mink, and W. Liller (1981). Orbits of Nine Uranian Rings. *Astronomical Journal* **86**, 444–455.

ESA (1997). *The Hipparcos and Tycho Catalogues*. Noordwijk, Netherlands: European Space Agency. SP-1200 (17 volumes).

Esposito, L. W., J. N. Cuzzi, J. H. Holberg, E. A. Marouf, G. L. Tyler, and C. C. Porco (1984). *Saturn's Rings: Structure, Dynamics, and Particle Properties*. Tucson, AZ: In: T. Gehrels and M. S. Matthews (Eds.), Saturn, pp. 463-545. University of Arizona Press.

Folkner, W., J. Williams, D. Boggs, R. Park, and P. Kuchynka (2014). *Interplanetary Network Progress Report* **196**, 1.

Forman, W., C. Jones, L. Cominsky, P. Julien, S. Murray, G. Peters, H. Tananbaum, and R. Giacconi (1978). The Fourth Uhuru Catalog of X-ray Sources. *Astrophysical Journal Supplement Series* **38**, 357–412.

Fricke, W., H. Schwan, T. Lederle, U. Bastian, R. Bien, G. Burkhardt, B. Du Mont, R. Hering, R. Jährling, H. Jahreiß, S. Röser, H. Schwerdtfeger, and H. G. Walter (1988). *Fifth Fundamental Catalogue Part I.* Heidelberg: Veroeff. Astron. Rechen-Institut.

Garcia, H. A. (1972). The Mass and Figure of Saturn by Photographic Astrometry of Its Satellites. *Astronomical Journal* **77**, 684–691.

Garrison, R. F. (1994). A Hierarchy of Standards for the MK Process. *Astronomical Society of the Pacific Conference Series* **60**, 3–14.

Groten, E. (2000). Report of Special Commission 3 of IAG. In Johnston, K. J. and McCarthy, D. D. and Luzum, B. J. and Kaplan, G. H. (Ed.), *IAU Colloq. 180: Towards Models and Constants for Sub-Microarcsecond Astrometry*, pp. 337.

Gurnett, D. A., A. M. Persoon, W. S. Kurth, J. B. Groene, T. F. Averkamp, M. K. Dougherty, and D. J. Southwood (2007). The Variable Rotation Period of the Inner Region of Saturn's Plasma Disk. *Science* **316**, 442.

Hamuy, M., N. B. Suntzeff, S. R. Heathcote, A. R. Walker, P. Gigoux, and M. M. Phillips (1994). Southern Spectrophotometric Standards, 2. *Publications of the Astronomical Society of the Pacific* **106**, 566–589.

Hamuy, M., A. R. Walker, N. B. Suntzeff, P. Gigoux, S. R. Heathcote, and M. M. Phillips (1992). Southern Spectrophotometric Standards. *Publications of the Astronomical Society of the Pacific* **104**, 533–552.

Harper, D., D. B. Taylor, A. T. Sinclair, and K. X. Shen (1988). The Theory of the Motion of Iapetus. *Astronomy and Astrophysics* **191**, 381–384.

Harris, D. L. (1961). *Photometry and Colorimetry of Planets and Satellites.* Chicago, IL.

Harris, W. E. (1996). A Catalog of Parameters for Globular Clusters in the Milky Way. *Astronomical Journal* **112**, 1487.

Hartkopf, W., B. Mason, and C. Worley (2001). The 2001 US Naval Observatory Double Star CD-ROM. II. The Fifth Catalog of Orbits of Visual Binary Stars. *Astronomical Journal* **122**, 3472–3479.

Healey, S. E., R. W. Romani, G. B. Taylor, E. M. Sadler, R. Ricci, T. Murphy, J. S. Ulvestad, and J. N. Winn (2007). CRATES: An All-Sky Survey of Flat-Spectrum Radio Sources. *The Astrophysical Journal Supplement Series* **171**, 61–71.

Heinze, A. N. and D. de Lahunta (2009). The Rotation Period and Light-Curve Amplitude of Kuiper Belt Dwarf Planet 136472 Makemake (2005 FY9). *Astronomical Journal* **138**, 428–438.

Hilton, J. L. (2002). Asteroid Masses and Densities. *Asteroids III*, 103–112.

Hilton, J. L. (2005a). Erratum: "Improving the Visual Magnitudes of the Planets in The Astronomical Almanac. I. Mercury and Venus". *Astronomical Journal* **130**, 2928.

Hilton, J. L. (2005b). Improving the Visual Magnitudes of the Planets in The Astronomical Almanac. I. Mercury and Venus. *Astronomical Journal* **129**, 2902–2906.

Hilton, J. L., N. Capitaine, J. Chapront, J. M. Ferrandiz, A. Fienga, T. Fukushima, J. Getino, P. Mathews, J.-L. Simon, M. Soffel, J. Vondrak, P. T. Wallace, and J. Williams (2006). Report of the International Astronomical Union Division I Working Group on Precession and the Ecliptic. *Celestial Mechanics and Dynamical Astronomy* **94**, 351–367.

Hirshfeld, A. and R. W. Sinnott (1997). *Sky catalogue 2000.0. Volume 2: Double Stars, Variable Stars and Nonstellar Objects.* Cambridge: Cambridge University Press.

Hodge, P. W. (1977). The Structure and Content of NGC 6822. *Astrophysical Journal Supplement* **33**, 69–82.

Hodge, P. W. and D. W. Smith (1974). The Structure of the Fornax Dwarf Galaxy. *Astrophysical Journal* **188**, 19–26.

Hoffleit, E. D. and W. Warren (1991). *The Bright Star Catalogue (5th edition).* New Haven: Yale University Observatory.

Høg, E., C. Fabricius, V. V. Makarov, S. Urban, T. Corbin, G. Wycoff, U. Bastian, P. Schwekendiek, and A. Wicenec (2000). The Tycho-2 Catalog of the 2.5 Million Brightest Stars. *Astronomy and Astrophysics* **355**, L27–L30.

IAU (1957). In P. T. Oosterhoff (Ed.), *Transactions of the International Astronomical Union*, Volume IX, Cambridge, pp. 442. Cambridge University Press. Proc. 9th General Assembly, Dublin, 1955.

IAU (1968). In L. Perek (Ed.), *Transactions of the International Astronomical Union*, Volume XIII B, Dordrecht, pp. 170. Reidel. Proc. 13th General Assembly, Prague, 1967.

IAU (1973). In C. de Jager (Ed.), *Transactions of the International Astronomical Union*, Volume XV A, Dordrecht, Holland, pp. 409. Reidel. Reports on Astronomy.

IAU (1976). Report of joint meetings of commissions 4, 8 and 31 on the new system of astronomical constants. In *Transactions of the International Astronomical Union*, Volume XVI B, Dordrecht, Holland. Reidel.

IAU (1983). In R. M. West (Ed.), *Transactions of the International Astronomical Union*, Volume XVIII B, Dordrecht, Holland. Reidel. Proc. 18th General Assembly, Patras, 1982.

IAU (1992). In J. Bergeron (Ed.), *Transactions of the International Astronomical Union*, Volume XXI B, Dordrecht. Kluwer. Proc. 21st General Assembly, Beunos Aires, 1991.

IAU (1999). In J. Andersen (Ed.), *Transactions of the International Astronomical Union*, Volume XXIII B, Dordrecht. Kluwer. Proc. 23rd General Assembly, Kyoto, 1997.

IAU (2001). In H. Rickman (Ed.), *Transactions of the International Astronomical Union*, Volume XXIV B, San Francisco. Astronomical Society of the Pacific. Proc. 24th General Assembly, Manchester, 2000.

IAU (2006). In K. van der Hucht (Ed.), *Transactions of the International Astronomical Union*, Volume XXVI B, San Francisco. Astronomical Society of the Pacific. Proc. 26th General Assembly, Prague, 2006.

IAU (2010). In I. F. Corbett (Ed.), *Transactions of the International Astronomical Union*, Volume XXVII B. Proc. 27th General Assembly, Rio de Janeiro, 2009.

IAU (2012). In *Transactions of the International Astronomical Union*. Proc. 28th General Assembly, Beijing, China, 2012.

Ibata, R. A., R. F. G. Wyse, G. Gilmore, M. J. Irwin, and N. B. Suntzeff (1997). The Kinematics, Orbit, and Survival of the Sagittarius Dwarf Spheroidal Galaxy. *Astrophysical Journal* **113**, 634.

IERS (2004). Conventions (2003). Technical Note 32, International Earth Rotation Service, Frankfurt am Main. Verlag des Bundesamts für Kartographie und Geodäsie, D. D. McCarthy and G. Petit (Eds.).

IERS (2009). The second realization of the international celestial reference frame by very long baseline interferometry. Technical Note 35, International Earth Rotation Service. A. L. Fey, D. Gordon, and C. S. Jacobs (Eds.).

IERS (2010). Conventions (2010). Technical Note 36, International Earth Rotation Service, Frankfurt am Main. Verlag des Bundesamts für Kartographie und Geodäsie, G. Petit and B. Luzum (Eds.).

Irvine, W. M., T. Simon, D. H. Menzel, C. Pikoos, and A. T. Young (1968). Multicolor Photoelectric Photometry of the Brighter Planets. III. Observations from Boyden Observatory. *Astronomical Journal* **73**, 807.

Irwin, M. and D. Hatzidimitriou (1995). Structural parameters for the Galactic dwarf spheroidals. *Monthly Notices of the Royal Astronomical Society* **277**, 1354.

Jacobson, R. A. (1990). The Orbits of the Satellites of Neptune. *Astronomy and Astrophysics* **231**, 241–250.

Jacobson, R. A. (2000). The Orbits of the Outer Jovian Satellites. *Astronomical Journal* **120**, 2679–2686.

Jacobson, R. A., S. P. Synnott, and J. K. Campbell (1989). The Orbits of the Satellites of Mars from Spacecraft and Earthbased Observations. *Astronomy and Astrophysics* **225**, 548–554.

Jarrett, T. H., T. Chester, R. Cutri, S. Schneider, M. Skrutskie, and J. P. Huchra (2000). 2MASS Extended Source Catalog: Overview and Algorithms. *Astronomical Journal* **119**, 2498–2531.

Kaplan, G. H. (2005). The IAU Resolutions on Astronomical Reference Systems, Time Scales, and Earth Rotation Models : Explanation and Implementation. *U.S. Naval Observatory Circulars* **179**.

Keenan, P. C. and R. C. McNeil (1976). *Atlas of Spectra of the Cooler Stars: Types G, K, M, S, and C*. Ohio: Ohio State University Press.

Kholopov, P. N., N. N. Samus, M. S. Frolov, V. P. Goranskij, N. A. Gorynya, N. N. Kireeva, N. P. Kukarkina, N. E. Kurochkin, G. I. Medvedeva, and N. B. Perova (1996). *General Catalogue of Variable Stars, 4th edition*. Moscow: Nauka Publishing House.

Konopliv, A. S., R. S. Park, A. T. Vaughan, B. G. Bills, S. W. Asmar, A. T. Ermakov, N. Rambaux, C. A. Raymond, J. C. Castillo-Rogez, C. T. Russel, D. E. Smith, and M. T. Zuber (2018). The Ceres gravity field, spin pole, rotation period and orbit from the Dawn radiometric tracking and optical data. *Icarus* **299**, 411–429.

Kozai, Y. (1957). On the Astronomical Constants of Saturnian Satellites System. *Annals of the Tokyo Observatory, Series 2* **5**, 73–106.

Lacerda, P., D. Jewitt, and N. Peixinho (2008). High-Precision Photometry of Extreme KBO 2003 EL_{61}. *Astronomical Journal* **135**, 1749–1756.

Landolt, A. U. (1992). UBVRI Photometric Standard Stars in the Magnitude Range 11.5-16.0 Around the Celestial Equator. *Astronomical Journal* **104**, 340–371.

Landolt, A. U. (2009). UBVRI Photometric Standard Stars Around the Celestial Equator: Updates and Additions. *Astronomical Journal* **137**, 4186–4269.

Laskar, J. and R. A. Jacobson (1987). GUST 86. An Analytical Ephemeris of the Uranian Satellites. *Astronomy and Astrophysics* **188**, 212–224.

Lieske, J. H. (1977). Theory of Motion of Jupiter's Galilean Satellites. *Astronomy and Astrophysics* **56**, 333–352.

Liu, Q. Z., J. van Paradijs, and E. P. J. van den Heuvel (2000). A Catalogue of High-Mass X-ray Binaries. *Astronomy and Astrophysics Supplement* **147**, 25–49.

Liu, Q. Z., J. van Paradijs, and E. P. J. van den Heuvel (2001). A catalog of Low-Mass X-ray Binaries. *Astronomy and Astrophysics* **368**, 1021–1054.

Luzum, B., N. Capitaine, A. Fienga, W. Folkner, T. Fukushima, J. Hilton, C. Hohenkerk, G. Krasinsky, G. Petit, E. Pitjeva, M. Soffel, and P. Wallace (2011). The IAU 2009 system of astronomical constants: the report of the IAU Working Group on Numerical Standards for Fundamental Astronomy. *Celestial Mechanics and Dynamical Astronomy* **110**, 293–304.

Lyngå, G. (1981). Astronomical Data Center Bulletin. Circular 2, NASA/GSFC, Greenbelt, MD.

Ma, C., E. F. Arias, T. M. Eubanks, A. L. Fey, A. M. Gontier, C. S. Jacobs, O. J. Sovers, B. A. Archinal, and P. Charlot (1998). The International Celestial Reference Frame as Realized by Very Long Baseline Interferometry. *Astronomical Journal* **116**, 516–546.

Malkin, Z. M. (2016). The Second Version of the OCARS Catalog of Optical Characteristics of Astrometric Radio Sources. *Astronomy Reports* 60(11), 996–1005.

Manchester, R. N., G. B. Hobbs, A. Teoh, and M. Hobbs (2005). The Australia Telescope National Facility Pulsar Catalogue. *Astronomical Journal* **129**, 1993–2006.

Mason, B. D., G. L. Wycoff, W. I. Hartkopf, G. Douglass, and C. E. Worley (2001). The Washington Double Star Catalog. *Astronomical Journal* **122**, 3466–3471.

Matthews, P. M., T. A. Herring, and B. Buffett (2002). Modeling of nutation and precession: New nutation series for nonrigid Earth and insights into the Earth's interior. *Journal of Geophysical Research* **107(B4)**, 2068.

Morgan, W. W., H. A. Abt, and J. W. Tapschott (1978). *Revised MK Spectral Atlas for Stars Earlier than the Sun*. Williams Bay, WI and Tucson, AZ: Yerkes Obs. and Kitt Peak Nat. Obs.

Nelson, R. A., D. D. McCarthy, S. Malys, J. Levine, B. Guinot, H. F. Fliegel, R. L. Beard, and T. R. Bartholomew (2001). The Leap Second: its History and Possible Future. *Metrologia* **38**, 509–529.

Newhall, X. X. and J. G. Williams (1996). Estimation of the Lunar Physical Librations. *Celestial Mechanics and Dynamical Astronomy* **66**, 21–30.

Nicholson, P. D. (2008). *Natural Satellites of the Planets*. Toronto, Ontario, Canada: University of Toronto Press.

Oke, J. B. (1990). Faint Spectrophotometric Standard Stars. *Astronomical Journal* **99**, 1621–1631.

Owen, Jr., W. M., R. M. Vaughan, and S. P. Synnott (1991). Orbits of the Six New Satellites of Neptune. *Astronomical Journal* **101**, 1511–1515.

Perry, C. L., E. H. Olsen, and D. L. Crawford (1987). A Catalog of Bright UVBY Beta Standard Stars. *Publications of the Astronomy Society of the Pacific* **99**, 1184–1200.

Pitjeva, E. V. and E. M. Standish (2009). Proposals for the Masses of the Three Largest Asteroids, the Moon-Earth Mass Ratio and the Astronomical Unit. *Celestial Mechanics and Dynamical Astronomy* **103**, 365–372.

Rohde, J. R. and A. T. Sinclair (1992). Orbital Ephemerides and Rings of Satellites. In P. K. Seidelmann (Ed.), *Explanatory Supplement to The Astronomical Almanac*, pp. 353. Mill Valley, CA: University Science Books.

Rutledge, G. A., J. E. Hesser, and P. B. Stetson (1997). Galactic Globular Cluster Metallicity Scale from the Ca II Triplet II. Rankings, Comparisons, and Puzzles. *Publications of the Astronomical Society of the Pacific* **109**, 907–919.

Simon, J. L., P. Bretagnon, J. Chapront, M. Chapront-Touzé, G. Francou, and J. Laskar (1994). Numerical Expressions for Precession Formulae and Mean Elements for the Moon and the Planets. *Astronomy and Astrophysics* **282**, 663–683.

Sinclair, A. T. (1974). A Theory of the Motion of Iapetus. *Monthly Notices of the Royal Astronomical Society* **169**, 591–605.

Sinclair, A. T. (1977). The Orbits of Tethys, Dione, Rhea, Titan and Iapetus. *Monthly Notices of the Royal Astronomical Society* **180**, 447–459.

Sinclair, A. T. (1989). The Orbits of the Satellites of Mars Determined from Earth-based and Space-craft Observations. *Astronomy and Astrophysics* **220**, 321–328.

Smart, W. M. (1956). *Text-Book on Spherical Astronomy*. Cambridge: Cambridge University Press.

Soubiran, C., G. Jasniewicz, L. Chemin, F. Crifo, S. Udry, D. Hestroffer, and D. Katz (2013). The catalogue of radial velocity standard stars for Gaia. Pre-launch release. *Astronomy and Astrophysics* **552**, A64.

Souchay, J., A. H. Andrei, C. Barache, S. Bouquillon, A.-M. Gontier, S. B. Lambert, C. Le Poncin-Lafitte, F. Taris, E. F. Arias, D. Suchet, and M. Baudin (2009). Large Quasar Astrometric Catalog. *Astronomy and Astrophysics* **494**, 799.

Souchay, J., A. H. Andrei, C. Barache, S. Bouquillon, D. Suchet, F. Taris, and R. Peralta (2012). The second release of the Large Quasar Astrometric Catalog (LQAC-2). *Astronomy and Astrophysics* **537**, A99.

Standish, E. M. (1998a). JPL Planetary and Lunar Ephemerides, DE405/LE405. *JPL IOM 312.F-98-048*.

Standish, E. M. (1998b). Time Scales in the JPL and CfA Ephemerides. *Astronomy and Astrophysics* **336**, 381–384.

Stickel, M., J. W. Fried, and H. Kuehr (1989). Optical Spectroscopy of 1 Jy BL Lacertae Objects and Flat Spectrum Radio Sources. *Astronomy and Astrophysics Supplement Series* **80**, 103–114.

Stickel, M. and H. Kuehr (1994). An Update of the Optical Identification Status of the S4 Radio Source Catalogue. *Astronomy and Astrophysics Supplement Series* **103**, 349–363.

Sudbury, P. V. (1969). The Motion of Jupiter's Fifth Satellite. *Icarus* **10**, 116–143.

Taylor, D. B. (1984). A Comparison of the Theory of the Motion of Hyperion with Observations Made During 1967-1982. *Astronomy and Astrophysics* **141**, 151–158.

Taylor, D. B. (1995). Compact Ephemerides for Differential Tangent Plane Coordinates of Planetary Satellites. *NAO Technical Note* **No. 68**.

Taylor, D. B., S. A. Bell, J. L. Hilton, and A. T. Sinclair (2010). Computation of the Quantities Describing the Lunar Librations in The Astronomical Almanac. *NAO Technical Note* **No. 74**.

Taylor, D. B. and K. X. Shen (1988). Analysis of Astrometric Observations from 1967 to 1983 of the Major Satellites of Saturn. *Astronomy and Astrophysics* **200**, 269–278.

The Fermi-LAT Collaboration (2012 submitted). Fermi Large Area Telescope First Source Catalog. *Astrophysical Journal Supplement Series*. arXiv:1108.1435 [astro-ph.HE].

Tholen, D. J. (1985). The Orbit of Pluto's Satellite. *Astronomical Journal* **90**, 2353–2359.

Trager, S. C., S. Djorgovski, and I. R. King (1993). Structural Parameters of Galactic Globular Clusters. In Djorgovski, S. G. and Meylan, G. (Ed.), *Structure and Dynamics of Globular Clusters*, Volume 50 of *Astronomical Society of the Pacific Conference Series*, pp. 347.

Trager, S. C., I. R. King, and S. Djorgovski (1995). Catalogue of Galactic Globular-Cluster Surface-Brightness Profiles. *Astronomical Journal* **109**, 218–241.

Trumpler, R. J. (1930). Preliminary Results on the Distances, Dimensions and Space Distribution of Open Star Clusters. *Lick Observatory Bulletin* **XIV**, 154.

Turnshek, D. A., R. C. Bohlin, R. L. Williamson, O. L. Lupie, J. Koornneef, and D. H. Morgan (1990). An Atlas of Hubble Space Telescope Photometric, Spectrophotometric, and Polarimetric Calibration Objects. *Astronomical Journal* **99**, 1243–1261.

Udry, S. Mayor, M., E. Maurice, J. Andersen, M. Imbert, H. Lindgren, J. C. Mermilliod, B. Nordström, and L. Prévot (1999). 20 years of CORAVEL Monitoring of Radial-Velocity Standard Stars. In J. Hearnshaw and C. Scarfe (Eds.), *Precise Stellar Radial Velocities, Victoria, IAU Coll. 170*, pp. 383.

Urban, S. and P. K. Seidelmann (Eds.) (2012). *Explanatory Supplement to The Astronomical Almanac*. Mill Valley, CA: University Science Books.

van Paradijs, J. (1995). A Catalogue of X-Ray Binaries. In W. H. G. Lewin, J. van Paradijis, and E. P. J. van den Heuvel (Eds.), *X-ray Binaries*, pp. 536. University of Chicago Press. Volume IX of Stars and Stellar Systems.

Véron-Cetty, M. P. and P. Véron (2006). A Catalogue of Quasars and Active Nuclei: 12th edition. *Astronomy and Astrophysics* **455**, 773–777.

Wallace, P. T. and N. Capitaine (2006). Precession-Nutation Procedures Consistent with IAU 2006 Resolutions. *Astronomy and Astrophysics* **459**, 981–985.

Watts, C. B. (1963). The Marginal Zone of the Moon. In *Astronomical Papers of the American Ephemeris and Nautical Almanac*, Volume 17. Washington, DC: U.S. Government Printing Office.

Williams, J. G., D. H. Boggs, and W. M. Folkner (2013). DE430 Lunar Orbit, Physical Librations, and Surface Coordinates. *JPL IOM 335-JW,DB,WF-20080314-001*.

Zacharias, N., D. G. Monet, S. E. Levine, S. E. Urban, R. Gaume, and G. L. Wycoff (2004). The Naval Observatory Merged Astrometric Dataset (NOMAD). In *American Astronomical Society Meeting Abstracts*, Volume 36 of *Bulletin of the American Astronomical Society*, pp. 1418.

Zadunaisky, P. E. (1954). A Determination of New Elements of the Orbit of Phoebe, Ninth Satellite of Saturn. *Astronomical Journal* **59**, 1–6.

Zinn, R. and M. J. West (1984). The Globular Cluster System of the Galaxy. III - Measurements of Radial Velocity and Metallicity for 60 Clusters and a Compilation of Metallicities for 121 Clusters. *Astrophysical Journal Supplement Series* **55**, 45–66.

$\mathbf{\Delta T}$: the difference between *Terrestrial Time (TT)* and *Universal Time (UT)*: $\Delta T = TT - UT1$.

$\mathbf{\Delta UT1}$ **(or $\mathbf{\Delta UT}$):** the value of the difference between *Universal Time (UT)* and *Coordinated Universal Time (UTC)*: $\Delta UT1 = UT1 - UTC$.

aberration (of light): the relativistic apparent angular displacement of the observed position of a celestial object from its *geometric position*, caused by the motion of the observer in the reference system in which the trajectories of the observed object and the observer are described. (See *aberration, planetary.*)

aberration, annual: the component of *stellar aberration* resulting from the motion of the Earth about the Sun. (See *aberration, stellar.*)

aberration, diurnal: the component of *stellar aberration* resulting from the observer's *diurnal motion* about the center of the Earth due to Earth's rotation. (See *aberration, stellar.*)

aberration, E-terms of: the terms of *annual aberration* which depend on the *eccentricity* and longitude of *perihelion* of the Earth. (See *aberration, annual; perihelion.*)

aberration, elliptic: see *aberration, E-terms of.*

aberration, planetary: the apparent angular displacement of the observed position of a solar system body from its instantaneous geometric direction as would be seen by an observer at the geocenter. This displacement is produced by the combination of *aberration of light* and *light-time displacement*.

aberration, secular: the component of *stellar aberration* resulting from the essentially uniform and almost rectilinear motion of the entire solar system in space. Secular *aberration* is usually disregarded. (See *aberration, stellar.*)

aberration, stellar: the apparent angular displacement of the observed position of a celestial body resulting from the motion of the observer. Stellar *aberration* is divided into diurnal, annual, and secular components. (See *aberration, annual; aberration, diurnal; aberration, secular.*)

altitude: the angular distance of a celestial body above or below the *horizon*, measured along the great circle passing through the body and the zenith. Altitude is 90° minus the *zenith distance*.

annual parallax: see *parallax, heliocentric.*

anomaly: the angular separation of a body in its *orbit* from its *pericenter*.

anomaly, eccentric: in undisturbed elliptic motion, the angle measured at the center of the *orbit* ellipse from *pericenter* to the point on the circumscribing auxiliary circle from which a perpendicular to the major axis would intersect the orbiting body. (See *anomaly, mean; anomaly, true.*)

anomaly, mean: the product of the *mean motion* of an orbiting body and the interval of time since the body passed the *pericenter*. Thus, the mean *anomaly* is the angle from the pericenter of a hypothetical body moving with a constant angular speed that is equal to the mean motion. In realistic computations, with disturbances taken into account, the mean anomaly is equal to its initial value at an *epoch* plus an integral of the mean motion over the time elapsed since the epoch. (See *anomaly, eccentric; anomaly, mean at epoch; anomaly, true.*)

anomaly, mean at epoch: the value of the *mean anomaly* at a specific *epoch*, i.e., at some fiducial moment of time. It is one of the six *Keplerian elements* that specify an *orbit*. (See *Keplerian elements; orbital elements.*)

anomaly, true: the angle, measured at the focus nearest the *pericenter* of an *elliptical orbit*, between the pericenter and the *radius vector* from the focus to the orbiting body; one of the standard *orbital elements*. (See *anomaly, eccentric; anomaly, mean; orbital elements.*)

aphelion: the point in an *orbit* that is the most distant from the Sun.

apocenter: the point in an *orbit* that is farthest from the origin of the reference system. (See *aphelion; apogee.*)

apogee: the point in an *orbit* that is the most distant from the Earth. Apogee is sometimes used with reference to the apparent orbit of the Sun around the Earth.

apparent place (or position): the *proper place* of an object expressed with respect to the *true (intermediate) equator and equinox* of date.

apparent solar time: see *solar time, apparent.*

appulse: the least apparent distance between one celestial object and another, as viewed from a third body. For objects moving along the *ecliptic* and viewed from the Earth, the time of appulse is close to that of *conjunction* in *ecliptic longitude.*

Aries, First point of: another name for the *vernal equinox.*

aspect: the position of any of the *planets* or the Moon relative to the Sun, as seen from the Earth.

asteroid: a loosely defined term generally meaning a small solar system body that is orbiting the Sun, does not show a comet-like appearance, and is not massive enough to be a *dwarf planet.* The term is usually restricted to bodies with *orbits* interior or similar to Jupiter's. "Asteroid" is often used interchangeably with *"minor planet"*, although there is no implicit contraint that a minor *planet* be interior to Jupiter's orbit.

astrometric ephemeris: an *ephemeris* of a solar system body in which the tabulated positions are *astrometric places.* Values in an astrometric ephemeris are essentially comparable to catalog *mean places* of stars after the star positions have been updated for *proper motion* and *parallax.*

astrometric place (or position): direction of a solar system body formed by applying the correction for *light-time displacement* to the *geometric position.* Such a position is directly comparable with the catalog positions of background stars in the same area of the sky, after the star positions have been updated for *proper motion* and *parallax.* There is no correction for *aberration* or *deflection of light* since it is assumed that these are almost identical for the solar system body and background stars. An astrometric place is expressed in the reference system of a star catalog; in *The Astronomical Almanac*, the reference system is the *International Celestial Reference System (ICRS).*

astronomical coordinates: the longitude and latitude of the point on Earth relative to the *geoid.* These coordinates are influenced by local gravity anomalies. (See *latitude, terrestrial; longitude, terrestrial; zenith.*)

astronomical refraction: see *refraction, astronomical.*

astronomical unit (au): a conventional unit of length equal to 149 597 870 700 m exactly. Prior to 2012, it was defined as the radius of a circular *orbit* in which a body of negligible mass, and free of *perturbations*, would revolve around the Sun in $2\pi/k$ *days*, k being the *Gaussian gravitational constant.* This is slightly less than the *semimajor axis* of the Earth's orbit.

astronomical zenith: see *zenith, astronomical.*

atomic second: see *second, Système International (SI).*

augmentation: the amount by which the apparent *semidiameter* of a celestial body, as observed from the surface of the Earth, is greater than the semidiameter that would be observed from the center of the Earth.

autumnal equinox: see *equinox, autumnal.*

azimuth: the angular distance measured eastward along the *horizon* from a specified reference point (usually north). Azimuth is measured to the point where the great circle determining the *altitude* of an object meets the horizon.

barycenter: the center of mass of a system of bodies; *e.g.*, the center of mass of the solar system or the Earth-Moon system.

barycentric: with reference to, or pertaining to, the *barycenter* (usually of the solar system).

Barycentric Celestial Reference System (BCRS): a system of *barycentric* space-time coordinates for the solar system within the framework of General Relativity. The metric tensor to be used in the system is specified by the *IAU* 2000 resolution B1.3. For all practical applications, unless otherwise stated, the BCRS is assumed to be oriented according to the *ICRS* axes. (See *Barycentric Coordinate Time (TCB)*.)

Barycentric Coordinate Time (TCB): the coordinate time of the *Barycentric Celestial Reference System (BCRS)*, which advances by *SI seconds* within that system. TCB is related to *Geocentric Coordinate Time (TCG)* and *Terrestrial Time (TT)* by relativistic transformations that include a secular term. (See *second, Système International (SI)*.)

Barycentric Dynamical Time (TDB): A time scale defined by the *IAU* (originally in 1976; named in 1979; revised in 2006) for use as an independent argument of *barycentric ephemerides* and equations of motion. TDB is a linear function of *Barycentric Coordinate Time (TCB)* that on average tracks *TT* over long *periods* of time; differences between TDB and TT evaluated at the Earth's surface remain under 2 ms for several thousand *years* around the current *epoch*. TDB is functionally equivalent to T_{eph}, the independent argument of the JPL planetary and lunar ephemerides DE405/LE405. (See *second, Système International (SI)*.)

Besselian elements: quantities tabulated for the calculation of accurate predictions of an *eclipse* or *occultation* for any point on or above the surface of the Earth.

calendar: a system of reckoning time in units of solar *days*. The days are enumerated according to their position in cyclic patterns usually involving the motions of the Sun and/or the Moon.

> **calendar, Gregorian:** The *calendar* introduced by Pope Gregory XIII in 1582 to replace the *Julian calendar*. This calendar is now used as the civil calendar in most countries. In the Gregorian calendar, every *year* that is exactly divisible by four is a leap year, except for centurial years, which must be exactly divisible by 400 to be leap years. Thus 2000 was a leap year, but 1900 and 2100 are not leap years.

> **calendar, Julian:** the *calendar* introduced by Julius Caesar in 46 B.C. to replace the Roman calendar. In the Julian calendar a common *year* is defined to comprise 365 *days*, and every fourth year is a leap year comprising 366 days. The Julian calendar was superseded by the *Gregorian calendar*.

> **calendar, proleptic:** the extrapolation of a *calendar* prior to its date of introduction.

catalog equinox: see *equinox, catalog*.

Celestial Ephemeris Origin (CEO): the original name for the *Celestial Intermediate Origin (CIO)* given in the *IAU* 2000 resolutions. Obsolete.

celestial equator: the plane perpendicular to the *Celestial Intermediate Pole (CIP)*. Colloquially, the projection onto the *celestial sphere* of the Earth's *equator*. (See *mean equator and equinox; true equator and equinox*.)

Celestial Intermediate Origin (CIO): the non-rotating origin of the *Celestial Intermediate Reference System*. Formerly referred to as the *Celestial Ephemeris Origin (CEO)*.

Celestial Intermediate Origin Locator (CIO Locator): denoted by s, is the difference between the *Geocentric Celestial Reference System (GCRS) right ascension* and the intermediate right ascension of the intersection of the GCRS and intermediate *equators*.

Celestial Intermediate Pole (CIP): the reference pole of the *IAU 2000A precession nutation* model. The motions of the CIP are those of the Tisserand mean axis of the Earth with *periods* greater than two *days*. (See *nutation; precession*.)

Celestial Intermediate Reference System: a *geocentric* reference system related to the *Geocentric Celestial Reference System (GCRS)* by a time-dependent rotation taking into account *precession-nutation*. It is defined by the intermediate *equator* of the *Celestial Intermediate Pole (CIP)* and the *Celestial Intermediate Origin (CIO)* on a specific date.

celestial pole: see *pole, celestial.*

celestial sphere: an imaginary sphere of arbitrary radius upon which celestial bodies may be considered to be located. As circumstances require, the celestial sphere may be centered at the observer, at the Earth's center, or at any other location.

center of figure: that point so situated relative to the apparent figure of a body that any line drawn through it divides the figure into two parts having equal apparent areas. If the body is oddly shaped, the center of figure may lie outside the figure itself.

center of light: same as *center of figure* except referring only to the illuminated portion.

central meridian: see *meridian*, central

conjunction: the phenomenon in which two bodies have the same apparent *ecliptic longitude* or *right ascension* as viewed from a third body. Conjunctions are usually tabulated as *geocentric* phenomena. For Mercury and Venus, geocentric inferior conjunctions occur when the *planet* is between the Earth and Sun, and superior conjunctions occur when the Sun is between the planet and Earth. (See *longitude, ecliptic.*)

constellation: 1. A grouping of stars, usually with pictorial or mythical associations, that serves to identify an area of the *celestial sphere*. **2.** One of the precisely defined areas of the celestial sphere, associated with a grouping of stars, that the *International Astronomical Union (IAU)* has designated as a constellation.

Coordinated Universal Time (UTC): the time scale available from broadcast time signals. UTC differs from *International Atomic Time (TAI)* by an integral number of *seconds*; it is maintained within $\pm 0\overset{s}{.}9$ seconds of *UT1* by the introduction of *leap seconds*. (See *International Atomic Time (TAI); leap second; Universal Time (UT).*)

culmination: the passage of a celestial object across the observer's *meridian*; also called "meridian passage".

    culmination, lower: (also called *"culmination* below pole" for circumpolar stars and the Moon) is the crossing farther from the observer's zenith.

    culmination, upper: (also called *"culmination* above pole" for circumpolar stars and the Moon) or *transit* is the crossing closer to the observer's zenith.

day: an interval of 86 400 *SI seconds*, unless otherwise indicated. (See *second, Système International (SI).*)

declination: angular distance on the *celestial sphere* north or south of the *celestial equator*. It is measured along the *hour circle* passing through the celestial object. Declination is usually given in combination with *right ascension* or *hour angle*.

defect of illumination: (sometimes, greatest defect of illumination): the maximum angular width of the unilluminated portion of the apparent disk of a solar system body measured along a radius.

deflection of light: the angle by which the direction of a light ray is altered from a straight line by the gravitational field of the Sun or other massive object. As seen from the Earth, objects appear to be deflected radially away from the Sun by up to $1\overset{''}{.}75$ at the Sun's *limb*. Correction for this effect, which is independent of wavelength, is included in the transformation from *mean place* to *apparent place*.

deflection of the vertical: the angle between the astronomical *vertical* and the geodetic vertical. (See *astronomical coordinates; geodetic coordinates; zenith.*)

delta T: see ΔT.

delta UT1: see ΔUT1 *(or* ΔUT*).*

direct motion: for orbital motion in the solar system, motion that is counterclockwise in the *orbit* as seen from the north pole of the *ecliptic*; for an object observed on the *celestial sphere*, motion that is from west to east, resulting from the relative motion of the object and the Earth.

diurnal motion: the apparent daily motion, caused by the Earth's rotation, of celestial bodies across the sky from east to west.

diurnal parallax: see *parallax, geocentric.*

dwarf planet: a celestial body that is in *orbit* around the Sun, has sufficient mass for its self-gravity to overcome rigid body forces so that it assumes a hydrostatic equilibrium (nearly round) shape, has not cleared the neighbourhood around its orbit, and is not a satellite. (See *planet.*)

dynamical equinox: the ascending *node* of the Earth's mean *orbit* on the Earth's *true equator*; i.e., the intersection of the *ecliptic* with the *celestial equator* at which the Sun's *declination* changes from south to north. (See *catalog equinox; equinox; true equator and equinox.*)

dynamical time: the family of time scales introduced in 1984 to replace *ephemeris time (ET)* as the independent argument of dynamical theories and *ephemerides.* (See *Barycentric Dynamical Time (TDB); Terrestrial Time (TT).*)

Earth Rotation Angle (ERA): the angle, θ, measured along the *equator* of the *Celestial Intermediate Pole (CIP)* between the direction of the *Celestial Intermediate Origin (CIO)* and the *Terrestrial Intermediate Origin (TIO)*. It is a linear function of *UT1*; its time derivative is the Earth's angular velocity.

eccentricity: 1. A parameter that specifies the shape of a conic secton. **2.** One of the standard *elements* used to describe an elliptic or *hyperbolic orbit*. For an *elliptical orbit*, the quantity $e = \sqrt{1 - (b^2/a^2)}$, where a and b are the lengths of the *semimajor* and semiminor axes, respectively; for a hyperbolic *orbit*, the quantity $e = \sqrt{1 + (b^2/a^2)}$. (See *orbital elements.*)

eclipse: the obscuration of a celestial body caused by its passage through the shadow cast by another body.

    eclipse, annular: a *solar eclipse* in which the solar disk is not completely covered but is seen as an annulus or ring at maximum *eclipse.* An annular eclipse occurs when the apparent disk of the Moon is smaller than that of the Sun. (See *eclipse, solar.*)

    eclipse, lunar: an *eclipse* in which the Moon passes through the shadow cast by the Earth. The eclipse may be total (the Moon passing completely through the Earth's *umbra*), partial (the Moon passing partially through the Earth's umbra at maximum eclipse), or penumbral (the Moon passing only through the Earth's *penumbra*).

    eclipse, solar: actually an *occultation* of the Sun by the Moon in which the Earth passes through the shadow cast by the Moon. It may be total (observer in the Moon's *umbra*), partial (observer in the Moon's *penumbra*), annular, or annular-total. (See *eclipse, annular.*)

ecliptic: 1. The mean plane of the *orbit* of the Earth-Moon *barycenter* around the solar system barycenter. **2.** The apparent path of the Sun around the *celestial sphere*.

ecliptic latitude: see *latitude, ecliptic.*

ecliptic longitude: see *longitude, ecliptic.*

elements: a set of parameters used to describe the position and/or motion of an astronomical object.

    elements, Besselian: see *Besselian elements.*

    elements, Keplerian: see *Keplerian elements.*

    elements, mean: see *mean elements.*

    elements, orbital: see *orbital elements.*

elements, osculating: see *osculating elements.*

elements, rotational: see *rotational elements.*

elongation: the *geocentric* angle between two celestial objects.

    elongation, greatest: 1. For satellites, the maximum value of a *satellite elongation* during an *orbit* about its primary. Often a general direction is given. For example, greatest eastern *elongation* is the maximum value of a satellite elongation that occurs on the eastern half of the apparent orbit. **2.** For bodies that orbit the Sun, the maximum value of elongation during an orbit about the Sun. Only practical for solar system bodies that remain interior to the Earth's orbit.

    elongation, planetary: the *geocentric* angle between a *planet* and the Sun. Planetary *elongations* are measured from 0° to 180°, east or west of the Sun.

    elongation, satellite: the *geocentric* angle between a satellite and its primary. The *elongation* is usually designated as being east or west of the primary, but on rare occasions could be designated north or south.

epact: 1. The age of the Moon. **2.** The number of *days* since new moon, diminished by one day, on January 1 in the Gregorian ecclesiastical lunar cycle. (See *calendar, Gregorian; lunar phases.*)

ephemeris: a tabulation of the positions of a celestial object in an orderly sequence for a number of dates.

ephemeris hour angle: an *hour angle* referred to the *ephemeris meridian.*

ephemeris longitude: longitude measured eastward from the *ephemeris meridian.* (See *longitude, terrestrial.*)

ephemeris meridian: see *meridian, ephemeris.*

ephemeris time (ET): the time scale used prior to 1984 as the independent variable in gravitational theories of the solar system. In 1984, ET was replaced by *dynamical time.*

ephemeris transit: the passage of a celestial body or point across the *ephemeris meridian.*

epoch: an arbitrary fixed instant of time or date used as a chronological reference datum for *calendars,* celestial reference systems, star catalogs, or orbital motions. (See *calendar; orbit.*)

equation of the equinoxes: the difference apparent *sidereal time* minus mean sidereal time, due to the effect of *nutation* in longitude on the location of the *equinox.* Equivalently, the difference between the *right ascensions* of the true and *mean equinoxes,* expressed in time units. (See *sidereal time.*)

equation of the origins: the arc length, measured positively eastward, from the *Celestial Intermediate Origin (CIO)* to the *equinox* along the intermediate *equator;* alternatively the difference between the *Earth Rotation Angle (ERA)* and *Greenwich Apparent Sidereal Time (GAST),* namely, (*ERA* - GAST).

equation of time: the difference *apparent solar time* minus *mean solar time.*

equator: the great circle on the surface of a body formed by the intersection of the surface with the plane passing through the center of the body perpendicular to the axis of rotation. (See *celestial equator.*)

equinox: 1. Either of the two points on the *celestial sphere* at which the *ecliptic* intersects the *celestial equator.* **2.** The time at which the Sun passes through either of these intersection points; i.e., when the apparent *ecliptic longitude* of the Sun is 0° or 180°. **3.** The *vernal equinox.* (See *mean equator and equinox; true equator and equinox.*)

    equinox, autumnal: 1. The decending *node* of the *ecliptic* on the *celestial sphere.* **2.** The time which the apparent *ecliptic longitude* of the Sun is 180°.

    equinox, catalog: the intersection of the *hour angle* of zero *right ascension* of a star catalog with the *celestial equator.* Obsolete.

equinox, dynamical: the ascending *node* of the *ecliptic* on the Earth's *true equator*.

equinox, vernal: 1. The ascending *node* of the *ecliptic* on the *celestial equator*. **2.** The time at which the apparent *ecliptic longitude* of the Sun is $0°$.

era: a system of chronological notation reckoned from a specific event.

ERA: see *Earth Rotation Angle (ERA)*.

flattening: a parameter that specifies the degree by which a *planet*'s figure differs from that of a sphere; the ratio $f = (a - b)/a$, where a is the equatorial radius and b is the polar radius.

frame bias: the orientation of the *mean equator and equinox* of J2000.0 with respect to the *Geocentric Celestial Reference System (GCRS)*. It is defined by three small and constant angles, two of which describe the offset of the mean pole at J2000.0 and the other is the GCRS *right ascension* of the mean inertial *equinox* of J2000.0.

frequency: the number of *periods* of a regular, cyclic phenomenon in a given measure of time, such as a *second* or a *year*. (See *period; second, Système International (SI); year*.)

frequency standard: a generator whose output is used as a precise *frequency* reference; a primary frequency standard is one whose frequency corresponds to the adopted definition of the *second*, with its specified accuracy achieved without calibration of the device. (See *second, Système International (SI)*.)

GAST: see *Greenwich Apparent Sidereal Time (GAST)*.

Gaussian gravitational constant: (k = 0.017 202 098 95). The constant defining the astronomical system of units of length (*astronomical unit (au)*), mass (solar mass) and time (*day*), by means of Kepler's third law. The dimensions of k^2 are those of Newton's constant of gravitation: $L^3M^{-1}T^{-2}$.

geocentric: with reference to, or pertaining to, the center of the Earth.

Geocentric Celestial Reference System (GCRS): a system of *geocentric* space-time coordinates within the framework of General Relativity. The metric tensor used in the system is specified by the *IAU* 2000 resolutions. The GCRS is defined such that its spatial coordinates are kinematically non-rotating with respect to those of the *Barycentric Celestial Reference System (BCRS)*. (See *Geocentric Coordinate Time (TCG)*.)

Geocentric Coordinate Time (TCG): the coordinate time of the *Geocentric Celestial Reference System (GCRS)*, which advances by *SI seconds* within that system. TCG is related to *Barycentric Coordinate Time (TCB)* and *Terrestrial Time (TT)*, by relativistic transformations that include a secular term. (See *second, Système International (SI)*.)

geocentric coordinates: 1. The latitude and longitude of a point on the Earth's surface relative to the center of the Earth. **2.** Celestial coordinates given with respect to the center of the Earth. (See *latitude, terrestrial; longitude, terrestrial; zenith*.)

geocentric zenith: see *zenith, geocentric*.

geodetic coordinates: the latitude and longitude of a point on the Earth's surface determined from the geodetic *vertical* (normal to the reference ellipsoid). (See *latitude, terrestrial; longitude, terrestrial; zenith*.)

geodetic zenith: see *zenith, geodetic*.

geoid: an equipotential surface that coincides with mean sea level in the open ocean. On land it is the level surface that would be assumed by water in an imaginary network of frictionless channels connected to the ocean.

geometric position: the position of an object defined by a straight line (vector) between the center of the Earth (or the observer) and the object at a given time, without any corrections for *light-time*, *aberration*, etc.

GHA: see *Greenwich Hour Angle (GHA)*.

GMST: see *Greenwich Mean Sidereal Time (GMST)*.

greatest defect of illumination: see *defect of illumination.*

Greenwich Apparent Sidereal Time (GAST): the *Greenwich hour angle* of the *true equinox* of date.

Greenwich Hour Angle (GHA): angular distance on the *celestial sphere* measured westward along the *celestial equator* from the *Greenwich meridian* to the *hour circle* that passes through a celestial object or point.

Greenwich Mean Sidereal Time (GMST): the *Greenwich hour angle* of the *mean equinox* of date.

Greenwich meridian: see *meridian, Greenwich.*

Greenwich sidereal date (GSD): the number of *sidereal days* elapsed at Greenwich since the beginning of the Greenwich sidereal *day* that was in progress at the *Julian date (JD)* 0.0.

Greenwich sidereal day number: the integral part of the *Greenwich sidereal date (GSD).*

Gregorian calendar: see *calendar, Gregorian.*

height: the distance above or below a reference surface such as mean sea level on the Earth or a planetographic reference surface on another solar system *planet.*

heliocentric: with reference to, or pertaining to, the center of the Sun.

heliocentric parallax: see *parallax, heliocentric.*

horizon: 1. A plane perpendicular to the line from an observer through the zenith. 2. The observed border between Earth and the sky.

> **horizon, astronomical:** the plane perpendicular to the line from an observer to the *astronomical zenith* that passes through the point of observation.

> **horizon, geocentric:** the plane perpendicular to the line from an observer to the *geocentric zenith* that passes through the center of the Earth.

> **horizon, natural:** the border between the sky and the Earth as seen from an observation point.

horizontal parallax: see *parallax, horizontal.*

horizontal refraction: see *refraction, horizontal.*

hour angle: angular distance on the *celestial sphere* measured westward along the *celestial equator* from the *meridian* to the *hour circle* that passes through a celestial object.

hour circle: a great circle on the *celestial sphere* that passes through the *celestial poles* and is therefore perpendicular to the *celestial equator.*

IAU: see *International Astronomical Union (IAU).*

illuminated extent: the illuminated area of an apparent planetary disk, expressed as a solid angle.

inclination: 1. The angle between two planes or their poles. 2. Usually, the angle between an orbital plane and a reference plane. 3. One of the standard *orbital elements* that specifies the orientation of the *orbit.* (See *orbital elements.*)

instantaneous orbit: see *orbit, instantaneous.*

intercalate: to insert an interval of time (e.g., a *day* or a *month*) within a *calendar,* usually so that it is synchronized with some natural phenomenon such as the seasons or *lunar phases.*

intermediate place (or position): the *proper place* of an object expressed with respect to the true (intermediate) *equator* and *CIO* of date.

International Astronomical Union (IAU): an international non-governmental organization that promotes the science of astronomy. The IAU is composed of both national and individual members. In the field of positional astronomy, the IAU, among other activities, recommends standards for data analysis and modeling, usually in the form of resolutions passed at General Assemblies held every three *years.*

International Atomic Time (TAI): the continuous time scale resulting from analysis by the Bureau International des Poids et Mesures of atomic time standards in many countries. The fundamental unit of TAI is the *SI second* on the *geoid*, and the *epoch* is 1958 January 1. (See *second, Système International (SI)*.)

International Celestial Reference Frame (ICRF): 1. A set of extragalactic objects whose adopted positions and uncertainties realize the *International Celestial Reference System (ICRS)* axes and give the uncertainties of those axes. **2.** The name of the radio catalog whose defining sources serve as fiducial points to fix the axes of the ICRS, recommended by the *International Astronomical Union (IAU)*. The first such catalog was adopted for use beginning in 1997. The second catalog, termed ICRF2, was adopted for use beginning in 2010.

International Celestial Reference System (ICRS): a time-independent, kinematically non-rotating *barycentric* reference system recommended by the *International Astronomical Union (IAU)* in 1997. Its axes are those of the *International Celestial Reference Frame (ICRF)*.

international meridian: see *meridian, Greenwich*.

International Terrestrial Reference Frame (ITRF): a set of reference points on the surface of the Earth whose adopted positions and velocities fix the rotating axes of the *International Terrestrial Reference System (ITRS)*.

International Terrestrial Reference System (ITRS): a time-dependent, non-inertial reference system co-moving with the geocenter and rotating with the Earth. The ITRS is the recommended system in which to express positions on the Earth.

invariable plane: the plane through the center of mass of the solar system perpendicular to the angular momentum vector of the solar system.

irradiation: an optical effect of contrast that makes bright objects viewed against a dark background appear to be larger than they really are.

Julian calendar: see *calendar, Julian*.

Julian date (JD): the interval of time in *days* and fractions of a day, since 4713 B.C. January 1, Greenwich noon, Julian *proleptic calendar*. In precise work, the timescale, e.g., *Terrestrial Time (TT)* or *Universal Time (UT)*, should be specified.

Julian date, modified (MJD): the *Julian date (JD)* minus 2400000.5.

Julian day number: the integral part of the *Julian date (JD)*.

Julian year: see *year, Julian*.

Keplerian elements: a certain set of six *orbital elements*, sometimes referred to as the Keplerian set. Historically, this set included the *mean anomaly* at the *epoch*, the *semimajor axis*, the *eccentricity* and three Euler angles: the *longitude of the ascending node*, the *inclination*, and the *argument of pericenter*. The time of *pericenter* passage is often used as part of the Keplerian set instead of the mean *anomaly* at the epoch. Sometimes the longitude of pericenter (which is the sum of the longitude of the ascending *node* and the argument of pericenter) is used instead of the argument of pericenter.

Laplacian plane: 1. For *planets* see *invariable plane*. **2.** For a system of satellites, the fixed plane relative to which the vector sum of the disturbing forces has no orthogonal component.

latitude, celestial: see *latitude, ecliptic*.

latitude, ecliptic: angular distance on the *celestial sphere* measured north or south of the *ecliptic* along the great circle passing through the poles of the ecliptic and the celestial object. Also referred to as *celestial latitude*.

latitude, terrestrial: angular distance on the Earth measured north or south of the *equator* along the *meridian* of a geographic location.

leap second: a *second* inserted as the 61st second of a minute at announced times to keep *UTC* within 0.9 of *UT1*. Generally, leap seconds are added at the end of June or December as necessary, but may be inserted at the end of any *month*. Although it has never been utilized, it is possible to have a negative leap second in which case the 60th second of a minute would be removed. (See *Coordinated Universal Time (UTC); second, Système International (SI); Universal Time (UT)*.)

librations: the real or apparent oscillations of a body around a reference point. When referring to the Moon, librations are variations in the orientation of the Moon's surface with respect to an observer on the Earth. Physical librations are due to variations in the orientation of the Moon's rotational axis in inertial space. The much larger optical librations are due to variations in the rate of the Moon's orbital motion, the *obliquity* of the Moon's *equator* to its orbital plane, and the diurnal changes of geometric perspective of an observer on the Earth's surface.

light, deflection of: see *deflection of light*.

light-time: the interval of time required for light to travel from a celestial body to the Earth.

light-time displacement: the difference between the geometric and *astrometric place* of a solar system body. It is caused by the motion of the body during the interval it takes light to travel from the body to Earth.

light-year: the distance that light traverses in a vacuum during one *year*. Since there are various ways to define a year, there is an ambiguity in the exact distance; the *IAU* recommends using the *Julian year* as the time basis. A light-year is approximately 9.46×10^{12} km, 5.88×10^{12} statute miles, 6.32×10^4 *au*, and 3.07×10^{-1} *parsecs*. Often distances beyond the solar system are given in parsecs. (See *parsec (pc)*.)

limb: the apparent edge of the Sun, Moon, or a *planet* or any other celestial body with a detectable disk.

limb correction: generally, a small angle (positive or negative) that is added to the tabulated apparent *semidiameter* of a body to compensate for local topography at a specific point along the *limb*. Specifically for the Moon, the angle taken from the Watts lunar limb data (Watts, C. B., APAE XVII, 1963) that is used to correct the semidiameter of the Watts mean limb. The correction is a function of position along the limb and the apparent *librations*. The Watts mean limb is a circle whose center is offset by about 0″.6 from the direction of the Moon's center of mass and whose radius is about 0″.4 greater than the semidiameter of the Moon that is computed based on its *IAU* adopted radius in kilometers.

local place: a *topocentric place* of an object expressed with respect to the *Geocentric Celestial Reference System (GCRS)* axes.

local sidereal time: the *hour angle* of the *vernal equinox* with respect to the local *meridian*.

longitude of the ascending node: given an *orbit* and a reference plane through the primary body (or center of mass): the angle, Ω, at the primary, between a fiducial direction in the reference plane and the point at which the orbit crosses the reference plane from south to north. Equivalently, Ω is one of the angles in the reference plane between the fiducial direction and the line of *nodes*. It is one of the six *Keplerian elements* that specify an orbit. For planetary orbits, the primary is the Sun, the reference plane is usually the *ecliptic*, and the fiducial direction is usually toward the *equinox*. (See *node; orbital elements*.)

longitude, celestial: see *longitude, ecliptic*.

longitude, ecliptic: angular distance on the *celestial sphere* measured eastward along the *ecliptic* from the *dynamical equinox* to the great circle passing through the poles of the ecliptic and the celestial object. Also referred to as *celestial longitude*.

longitude, terrestrial: angular distance measured along the Earth's *equator* from the *Greenwich meridian* to the *meridian* of a geographic location.

luminosity class: distinctions in intrinsic brightness among stars of the same *spectral type*, typically given as a Roman numeral. It denotes if a star is a supergiant (Ia or Ib), giant (II or

III), subgiant (IV), or main sequence — also called dwarf (V). Sometimes subdwarfs (VI) and white dwarfs (VII) are regarded as luminosity classes. (See *spectral types or classes.*)

lunar phases: cyclically recurring apparent forms of the Moon. New moon, first quarter, full moon and last quarter are defined as the times at which the excess of the apparent *ecliptic longitude* of the Moon over that of the Sun is 0°, 90°, 180° and 270°, respectively. (See *longitude, ecliptic.*)

lunation: the *period* of time between two consecutive new moons.

magnitude of a lunar eclipse: the fraction of the lunar diameter obscured by the shadow of the Earth at the greatest *phase* of a *lunar eclipse*, measured along the common diameter. (See *eclipse, lunar.*)

magnitude of a solar eclipse: the fraction of the solar diameter obscured by the Moon at the greatest *phase* of a *solar eclipse*, measured along the common diameter. (See *eclipse, solar.*)

magnitude, stellar: a measure on a logarithmic scale of the brightness of a celestial object. Since brightness varies with wavelength, often a wavelength band is specified. A factor of 100 in brightness is equivalent to a change of 5 in stellar magnitude, and brighter sources have lower magnitudes. For example, the bright star Sirius has a visual-band magnitude of -1.46 whereas the faintest stars detectable with an unaided eye under ideal conditions have visual-band magnitudes of about 6.0.

mean distance: an average distance between the primary and the secondary gravitating body. The meaning of the mean distance depends upon the chosen method of averaging (i.e., averaging over the time, or over the *true anomaly*, or the *mean anomaly*. It is also important what power of the distance is subject to averaging.) In this volume the mean distance is defined as the inverse of the time-averaged reciprocal distance: $(\int r^{-1}\, dt)^{-1}$. In the two body setting, when the disturbances are neglected and the *orbit* is elliptic, this formula yields the *semimajor axis*, a, which plays the role of mean distance.

mean elements: average values of the *orbital elements* over some section of the *orbit* or over some interval of time. They are interpreted as the *elements* of some reference (mean) orbit that approximates the actual one and, thus, may serve as the basis for calculating orbit *perturbations*. The values of mean elements depend upon the chosen method of averaging and upon the length of time over which the averaging is made.

mean equator and equinox: the celestial coordinate system defined by the orientation of the Earth's equatorial plane on some specified date together with the direction of the *dynamical equinox* on that date, neglecting *nutation*. Thus, the mean *equator* and *equinox* moves in response only to *precession*. Positions in a star catalog have traditionally been referred to a catalog *equator* and equinox that approximate the mean equator and equinox of a *standard epoch*. (See *catalog equinox; true equator and equinox.*)

mean motion: defined for bound *orbits* only. **1.** The rate of change of the *mean anomaly*. **2.** The value $\sqrt{Gm/a^3}$, where G is Newton's gravitational constant, m is the sum of the masses of the primary and secondary bodies, and a is the *semimajor axis* of the relative orbit. For unperturbed elliptic or circular orbits, these definitions are equivalent; the mean motion is related to the *period* through $nT = 2\pi$ where n is the mean motion and T is the period. For perturbed bound orbits, the two definitions yield, in general, different values of n, both of which are time dependent.

mean place: coordinates of a star or other celestial object (outside the solar system) at a specific date, in the *Barycentric Celestial Reference System (BCRS)*. Conceptually, the coordinates represent the direction of the object as it would hypothetically be observed from the solar system *barycenter* at the specified date, with respect to a fixed coordinate system (e.g., the axes of the *International Celestial Reference Frame (ICRF)*), if the masses of the Sun and other solar system bodies were negligible.

mean solar time: see *solar time, mean.*

meridian: a great circle passing through the *celestial poles* and through the zenith of any location on Earth. For planetary observations a meridian is half the great circle passing through the *planet*'s poles and through any location on the planet.

> **meridian, central (planetary):** half of the great circle passing through the *planet*'s poles and through the *sub-earth point*. This is the same as the longitude of the sub-earth point. Do not confuse with planetary *prime meridian*. See diagram on page E4.

> **meridian, ephemeris:** a fictitious *meridian* that rotates independently of the Earth at the uniform rate implicitly defined by *Terrestrial Time (TT)*. The *ephemeris* meridian is 1.002 738 ΔT east of the *Greenwich meridian*, where ΔT = TT − UT1.

> **meridian, Greenwich:** (also called international or *prime meridian*) is a generic reference to one of several origins of the Earth's longitude coordinate (zero-longitude). In *The Astronomical Almanac*, it is the plane defining the astronomical zero *meridian*; it contains the geocenter, the *Celestial Intermediate Pole* and the *Terrestrial Intermediate Origin*. Other definitions are: the x-z plane of the *International Terrestrial Reference System (ITRS)*; the zero-longitude meridian of the World Geodetic System 1984 (WGS-84); and the meridian that passes through the *transit* circle at the Royal Observatory, Greenwich. Note that the latter meridian is about 100 m west of the others.

> **meridian, international:** see *meridian, Greenwich.*

> **meridian, prime:** on Earth, same as *Greenwich meridian*. On other solar system objects, the zero-longitude *meridian*, typically defined via international convention by an observable surface feature or *rotational elements*.

minor planet: a loosely defined term generally meaning a small solar system body that is orbiting the Sun, does not show a comet-like appearance, and is not massive enough to be a *dwarf planet*. The term is often used interchangeably with *"asteroid"*, although there is no implicit constraint that a minor *planet* be interior to Jupiter's *orbit*.

month: a calendrical unit that approximates the *period* of revolution of the Moon. Also, the period of time between the same dates in successive *calendar* months.

> **month, sidereal:** the *period* of revolution of the Moon about the Earth (or Earth-Moon *barycenter*) in a fixed reference frame. It is the mean period of revolution with respect to the background stars. The mean length of the sidereal *month* is approximately 27.322 *days*.

> **month, synodic:** the *period* between successive new moons (as seen from the geocenter). The mean length of the synodic *month* is approximately 29.531 *days*.

moonrise, moonset: the times at which the apparent upper *limb* of the Moon is on the *astronomical horizon*. In *The Astronomical Almanac*, they are computed as the times when the true *zenith distance*, referred to the center of the Earth, of the central point of the Moon's disk is 90° 34′ + s − π, where s is the Moon's *semidiameter*, π is the *horizontal parallax*, and 34′ is the adopted value of *horizontal refraction*.

nadir: the point on the *celestial sphere* diametrically opposite to the zenith.

node: either of the points on the *celestial sphere* at which the plane of an *orbit* intersects a reference plane. The position of one of the nodes (the *longitude of the ascending node*) is traditionally used as one of the standard *orbital elements*.

nutation: oscillations in the motion of the rotation pole of a freely rotating body that is undergoing torque from external gravitational forces. Nutation of the Earth's pole is specified in terms of components in *obliquity* and longitude.

obliquity: in general, the angle between the equatorial and orbital planes of a body or, equivalently, between the rotational and orbital poles. For the Earth the obliquity of the *ecliptic* is the angle between the planes of the *equator* and the ecliptic; its value is approximately 23°.44.

occultation: the obscuration of one celestial body by another of greater apparent diameter; especially the passage of the Moon in front of a star or *planet*, or the disappearance of a satellite behind the disk of its primary. If the primary source of illumination of a reflecting body is cut off by the occultation, the phenomenon is also called an *eclipse*. The occultation of the Sun by the Moon is a *solar eclipse*. (See *eclipse, solar.*)

opposition: the phenomenon whereby two bodies have apparent *ecliptic longitudes* or *right ascensions* that differ by 180° as viewed by a third body. Oppositions are usually tabulated as *geocentric* phenomena.

orbit: the path in space followed by a celestial body, as a function of time. (See *orbital elements.*)

>   **orbit, elliptical:** a closed *orbit* with an *eccentricity* less than 1.

>   **orbit, hyperbolic:** an open *orbit* with an *eccentricity* greater than 1.

>   **orbit, instantaneous:** the unperturbed two-body *orbit* that a body would follow if *perturbations* were to cease instantaneously. Each orbit in the solar system (and, more generally, in any perturbed two-body setting) can be represented as a sequence of instantaneous ellipses or hyperbolae whose parameters are called *orbital elements*. If these *elements* are chosen to be osculating, each instantaneous orbit is tangential to the physical orbit. (See *orbital elements; osculating elements.*)

>   **orbit, parabolic:** an open *orbit* with an *eccentricity* of 1.

orbital elements: a set of six independent parameters that specifies an *instantaneous orbit*. Every real *orbit* can be represented as a sequence of instantaneous ellipses or hyperbolae sharing one of their foci. At each instant of time, the position and velocity of the body is characterised by its place on one such instantaneous curve. The evolution of this representation is mathematically described by evolution of the values of orbital *elements*. Different sets of geometric parameters may be chosen to play the role of orbital elements. The set of *Keplerian elements* is one of many such sets. When the Lagrange constraint (the requirement that the instantaneous orbit is tangential to the actual orbit) is imposed upon the orbital elements, they are called *osculating elements*.

osculating elements: a set of parameters that specifies the instantaneous position and velocity of a celestial body in its perturbed *orbit*. Osculating *elements* describe the unperturbed (two-body) orbit that the body would follow if *perturbations* were to cease instantaneously. (See *orbit, instantaneous; orbital elements.*)

parallax: the difference in apparent direction of an object as seen from two different locations; conversely, the angle at the object that is subtended by the line joining two designated points.

>   **parallax, annual:** see *parallax, heliocentric.*

>   **parallax, diurnal:** see *parallax, geocentric.*

>   **parallax, geocentric:** the angular difference between the *topocentric* and *geocentric* directions toward an object. Also called *diurnal parallax.*

>   **parallax, heliocentric:** the angular difference between the *geocentric* and *heliocentric* directions toward an object; it is the angle subtended at the observed object. Also called *annual parallax.*

>   **parallax, horizontal:** the angular difference between the *topocentric* and a *geocentric* direction toward an object when the object is on the *astronomical horizon.*

>   **parallax, solar:** the angular width subtended by the Earth's equatorial radius when the Earth is at a distance of 1 *astronomical unit (au)*. The value for the solar *parallax* is

8.794143 arcseconds.

parallax in altitude: the angular difference between the *topocentric* and *geocentric* direction toward an object when the object is at a given *altitude*.

parsec (pc): the distance at which one *astronomical unit (au)* subtends an angle of one arcsecond; equivalently the distance to an object having an *annual parallax* of one arcsecond. One parsec is $1/\sin(1'') = 206264.806$ au, or about 3.26 *light-years*.

penumbra: 1. The portion of a shadow in which light from an extended source is partially but not completely cut off by an intervening body. **2.** The area of partial shadow surrounding the *umbra*.

pericenter: the point in an *orbit* that is nearest to the origin of the reference system. (See *perigee; perihelion.*)

pericenter, argument of: one of the *Keplerian elements*. It is the angle measured in the *orbit* plane from the ascending *node* of a reference plane (usually the *ecliptic*) to the *pericenter*.

perigee: the point in an *orbit* that is nearest to the Earth. Perigee is sometimes used with reference to the apparent orbit of the Sun around the Earth.

perihelion: the point in an *orbit* that is nearest to the Sun.

period: the interval of time required to complete one revolution in an *orbit* or one cycle of a periodic phenomenon, such as a cycle of *phases*. (See *phase.*)

perturbations: 1. Deviations between the actual *orbit* of a celestial body and an assumed reference orbit. **2.** The forces that cause deviations between the actual and reference orbits. Perturbations, according to the first meaning, are usually calculated as quantities to be added to the coordinates of the reference orbit to obtain the precise coordinates.

phase: 1. The name applied to the apparent degree of illumination of the disk of the Moon or a *planet* as seen from Earth (crescent, gibbous, full, etc.). **2.** The ratio of the illuminated area of the apparent disk of a celestial body to the entire area of the apparent disk; i.e., the fraction illuminated. **3.** Used loosely to refer to one *aspect* of an *eclipse* (partial phase, annular phase, etc.). (See *lunar phases.*)

phase angle: the angle measured at the center of an illuminated body between the light source and the observer.

photometry: a measurement of the intensity of light, usually specified for a specific wavelength range.

planet: a celestial body that is in *orbit* around the Sun, has sufficient mass for its self-gravity to overcome rigid body forces so that it assumes a hydrostatic equilibrium (nearly round) shape, and has cleared the neighbourhood around its orbit. (See *dwarf planet.*)

planetocentric coordinates: coordinates for general use, where the z-axis is the mean axis of rotation, the x-axis is the intersection of the planetary *equator* (normal to the z-axis through the center of mass) and an arbitrary *prime meridian*, and the y-axis completes a right-hand coordinate system. Longitude of a point is measured positive to the prime *meridian* as defined by *rotational elements*. Latitude of a point is the angle between the planetary equator and a line to the center of mass. The radius is measured from the center of mass to the surface point.

planetographic coordinates: coordinates for cartographic purposes dependent on an equipotential surface as a reference surface. Longitude of a point is measured in the direction opposite to the rotation (positive to the west for direct rotation) from the cartographic position of the *prime meridian* defined by a clearly observable surface feature. Latitude of a point is the angle between the planetary *equator* (normal to the z-axis and through the center of mass) and normal to the reference surface at the point. The *height* of a point is specified as the distance above a point with the same longitude and latitude on the reference surface.

polar motion: the quasi-periodic motion of the Earth's pole of rotation with respect to the Earth's solid body. More precisely, the angular excursion of the *CIP* from the *ITRS z*-axis. (See *Celestial Intermediate Pole (CIP); International Terrestrial Reference System (ITRS).*)

polar wobble: see *wobble, polar.*

pole, celestial: either of the two points projected onto the *celestial sphere* by the Earth's axis. Usually, this is the axis of the *Celestial Intermediate Pole (CIP)*, but it may also refer to the instantaneous axis of rotation, or the angular momentum vector. All of these axes are within $0\!\!.''1$ of each other. If greater accuracy is desired, the specific axis should be designated.

pole, Tisserand mean: the angular momentum pole for the Earth about which the total internal angular momentum of the Earth is zero. The motions of the *Celestial Intermediate Pole (CIP)* (described by the conventional theories of *precession* and *nutation*) are those of the Tisserand mean pole with *periods* greater than two *days* in a celestial reference system (specifically, the *Geocentric Celestial Reference System (GCRS)*).

precession: the smoothly changing orientation (secular motion) of an orbital plane or the *equator* of a rotating body. Applied to rotational dynamics, precession may be excited by a singular event, such as a collision, a progenitor's disruption, or a tidal interaction at a close approach (free precession); or caused by continuous torques from other solar system bodies, or jetting, in the case of comets (forced precession). For the Earth's rotation, the main sources of forced precession are the torques caused by the attraction of the Sun and Moon on the Earth's equatorial bulge, called precession of the equator (formerly known as lunisolar precession). The slow change in the orientation of the Earth's orbital plane is called precession of the *ecliptic* (formerly known as planetary precession). The combination of both motions — that is, the motion of the equator with respect to the ecliptic — is called general precession.

prime meridian: see *meridian, prime.*

proleptic calendar: see *calendar, proleptic.*

proper motion: the projection onto the *celestial sphere* of the space motion of a star relative to the solar system; thus the transverse component of the space motion of a star with respect to the solar system. Proper motion is usually tabulated in star catalogs as changes in *right ascension* and *declination* per *year* or century.

proper place: direction of an object in the *Geocentric Celestial Reference System (GCRS)* that takes into account orbital or space motion and *light-time* (as applicable), light deflection, and *annual aberration.* Thus, the position (*geocentric right ascension* and *declination*) at which the object would actually be seen from the center of the Earth if the Earth were transparent, non-refracting, and massless. Unless otherwise stated, the coordinates are expressed with respect to the GCRS axes, which are derived from those of the *ICRS.*

quadrature: a configuration in which two celestial bodies have apparent longitudes that differ by 90° as viewed from a third body. Quadratures are usually tabulated with respect to the Sun as viewed from the center of the Earth. (See *longitude, ecliptic.*)

radial velocity: the rate of change of the distance to an object, usually corrected for the Earth's motion with respect to the solar system *barycenter.*

radius vector: an imaginary line from the center of one body to another, often from the heliocenter. Sometimes only the length of the vector is given.

refraction: the change in direction of travel (bending) of a light ray as it passes obliquely from a medium of lesser/greater density to a medium of greater/lesser density.

> **refraction, astronomical:** the change in direction of travel (bending) of a light ray as it passes obliquely through the atmosphere. As a result of *refraction* the observed *altitude* of a celestial object is greater than its geometric altitude. The amount of refraction depends on the altitude of the object and on atmospheric conditions.

refraction, horizontal: the *astronomical refraction* at the *astronomical horizon*; often, an adopted value of 34′ is used in computations for sea level observations.

retrograde motion: for orbital motion in the solar system, motion that is clockwise in the *orbit* as seen from the north pole of the *ecliptic*; for an object observed on the *celestial sphere*, motion that is from east to west, resulting from the relative motion of the object and the Earth. (See *direct motion*.)

right ascension: angular distance on the *celestial sphere* measured eastward along the *celestial equator* from the *equinox* to the *hour circle* passing through the celestial object. Right ascension is usually given in combination with *declination*.

rotational elements: typically, a set of six time-dependent parameters used to describe the instantaneous orientation (attitude) and the instantaneous spin (angular velocity) of a celestial body. When the orientation and spin are described in inertial space, the set of rotational *elements* is often chosen to comprise the two angular coordinates of the direction of the north (or positive) pole and the location of the *prime meridian* at a *standard epoch*, and the time derivatives of each of those three angles. Additional parameters may be required when the object is a non-rigid body.

second, Système International (SI): the duration of 9 192 631 770 cycles of radiation corresponding to the transition between two hyperfine levels of the ground state of cesium 133.

selenocentric: with reference to, or pertaining to, the center of the Moon.

semidiameter: the angle at the observer subtended by the equatorial radius of the Sun, Moon or a *planet*.

semimajor axis: 1. Half the length of the major axis of an ellipse. **2.** A standard element used to describe an *elliptical orbit* or a *hyperbolic orbit*. (For a hyperbolic *orbit*, the semimajor axis is negative). (See *orbital elements*.)

SI second: see *second, Système International (SI)*.

sidereal day: the *period* between successive *transits* of the *equinox*. The mean sidereal *day* is approximately 23 hours, 56 minutes, 4 *seconds*. (See *sidereal time*.)

sidereal hour angle: angular distance on the *celestial sphere* measured westward along the *celestial equator* from the *equinox* to the *hour circle* passing through the celestial object. It is equal to 360° minus *right ascension* in degrees.

sidereal month: see *month, sidereal*.

sidereal time: the *hour angle* of the *equinox*. If the *mean equinox* is used, the result is mean sidereal time; if the *true equinox* is used, the result is apparent sidereal time. The hour angle can be measured with respect to the local *meridian* or the *Greenwich meridian*, yielding, respectively, local or Greenwich (mean or apparent) sidereal times.

solar parallax: see *parallax, solar*.

solar time: the measure of time based on the *diurnal motion* of the Sun.

　solar time, apparent: the measure of time based on the *diurnal motion* of the true Sun. The rate of diurnal motion undergoes seasonal variation caused by the *obliquity* of the *ecliptic* and by the *eccentricity* of the Earth's *orbit*. Additional small variations result from irregularities in the rotation of the Earth on its axis.

　solar time, mean: a measure of time based conceptually on the *diurnal motion* of a fiducial point, called the fictitious mean Sun, with uniform motion along the *celestial equator*.

solstice: either of the two points on the *ecliptic* at which the apparent longitude of the Sun is 90° or 270°; also the time at which the Sun is at either point. (See *longitude, ecliptic*.)

spectral types or classes: categorization of stars according to their spectra, primarily due to differing temperatures of the stellar atmosphere. From hottest to coolest, the commonly used

Morgan-Keenan spectral types are O, B, A, F, G, K and M. Some other extended spectral types include W, L, T, S, D and C.

standard epoch: a date and time that specifies the reference system to which celestial coordinates are referred. (See *mean equator and equinox*.)

stationary point: the time or position at which the rate of change of the apparent *right ascension* of a *planet* is momentarily zero. (See *apparent place (or position)*.)

sub-earth point: the point on a body's surface that lies directly beneath the Earth on the line (geodesic) connecting the body's center to the geocenter. For spherical bodies, the Earth would be at the zenith for an observer at the sub-earth point. As viewed from the Earth, a body's sub-earth point appears at the center of the body's disk. In *The Astronomical Almanac*, the sub-earth point is typically described by a planetographic longitude and latitude. See diagram on page E4.

sub-solar point: the point on a body's surface that lies directly beneath the Sun on the line (geodesic) connecting the body's center to the heliocenter. For spherical bodies, the Sun would be at the zenith for an observer at the sub-solar point. In *The Astronomical Almanac*, the sub-solar point of a *planet* is typically described by a planetographic longitude and latitude, its distance from the *sub-earth point* (center of disk), and its position angle (north through east). See diagram on page E4.

sunrise, sunset: the times at which the apparent upper *limb* of the Sun is on the *astronomical horizon*. In *The Astronomical Almanac* they are computed as the times when the true *zenith distance*, referred to the center of the Earth, of the central point of the disk is $90°50'$, based on adopted values of $34'$ for *horizontal refraction* and $16'$ for the Sun's *semidiameter*.

surface brightness: the visual *magnitude* of an average square arcsecond area of the illuminated portion of the apparent disk of the Moon or a *planet*.

synodic month: see *month, synodic*.

synodic period: the mean interval of time between successive *conjunctions* of a pair of *planets*, as observed from the Sun; or the mean interval between successive conjunctions of a satellite with the Sun, as observed from the satellite's primary.

synodic time: pertaining to successive *conjunctions*; successive returns of a *planet* to the same *aspect* as determined by Earth.

syzygy: 1. A configuration where three or more celestial bodies are positioned approximately in a straight line in space. Often the bodies involved are the Earth, Sun and either the Moon or a *planet*. **2.** The times of the new moon and full moon.

T_{eph}: the independent argument of the JPL planetary and lunar *ephemerides* DE405/LE405; in the terminology of General Relativity, a *barycentric* coordinate time scale. T_{eph} is a linear function of *Barycentric Coordinate Time (TCB)* and has the same rate as *Terrestrial Time (TT)* over the time span of the ephemeris. T_{eph} is regarded as functionally equivalent to *Barycentric Dynamical Time (TDB)*. (See *Barycentric Coordinate Time (TCB); Barycentric Dynamical Time (TDB); Terrestrial Time (TT)*.)

TAI: see *International Atomic Time (TAI)*.

TCB: see *Barycentric Coordinate Time (TCB)*.

TCG: see *Geocentric Coordinate Time (TCG)*.

TDB: see *Barycentric Dynamical Time (TDB)*.

TDT: see *Terrestrial Dynamical Time (TDT)*.

terminator: the boundary between the illuminated and dark areas of a celestial body.

Terrestrial Dynamical Time (TDT): the time scale for apparent *geocentric ephemerides* defined by a 1979 *IAU* resolution. In 1991, it was replaced by *Terrestrial Time (TT)*. Obsolete.

Terrestrial Ephemeris Origin (TEO): the original name for the *Terrestrial Intermediate Origin (TIO).* Obsolete.

Terrestrial Intermediate Origin (TIO): the non-rotating origin of the *Terrestrial Intermediate Reference System (TIRS),* established by the *International Astronomical Union (IAU)* in 2000. The TIO was originally set at the *International Terrestrial Reference Frame (ITRF)* origin of longitude and throughout 1900-2100 stays within 0.1 mas of the ITRF zero-*meridian*. Formerly referred to as the *Terrestrial Ephemeris Origin (TEO).*

Terrestrial Intermediate Reference System (TIRS): a *geocentric* reference system defined by the intermediate *equator* of the *Celestial Intermediate Pole (CIP)* and the *Terrestrial Intermediate Origin (TIO)* on a specific date. It is related to the *Celestial Intermediate Reference System* by a rotation of the *Earth Rotation Angle,* θ, around the Celestial Intermediate Pole.

Terrestrial Time (TT): an idealized form of *International Atomic Time (TAI)* with an *epoch* offset; in practice TT = TAI + $32^s.184$. TT thus advances by *SI seconds* on the *geoid*. Used as an independent argument for apparent *geocentric ephemerides*. (See *second, Système International (SI).*)

topocentric: with reference to, or pertaining to, a point on the surface of the Earth.

topocentric place (or position): the *proper place* of an object computed for a specific location on or near the surface of the Earth (ignoring atmospheric *refraction*) and expressed with respect to either the *true (intermediate) equator and equinox* of date or the true *equator* and *CIO* of date. In other words, it is similar to an apparent or *intermediate place,* but with corrections for *geocentric parallax* and *diurnal aberration.* (See *aberration, diurnal; parallax, geocentric.*)

transit: 1. The passage of the apparent center of the disk of a celestial object across a *meridian*. **2.** The passage of one celestial body in front of another of greater apparent diameter (e.g., the passage of Mercury or Venus across the Sun or Jupiter's satellites across its disk); however, the passage of the Moon in front of the larger apparent Sun is called an *annular eclipse*. (See *eclipse, annular; eclipse, solar.*)

    transit, shadow: The passage of a body's shadow across another body; however, the passage of the Moon's shadow across the Earth is called a *solar eclipse.*

true equator and equinox: the celestial coordinate system defined by the orientation of the Earth's equatorial plane on some specified date together with the direction of the *dynamical equinox* on that date. The true *equator* and *equinox* are affected by both *precession* and *nutation.* (See *mean equator and equinox; nutation; precession.*)

TT: see *Terrestrial Time (TT).*

twilight: the interval before *sunrise* and after sunset during which the scattering of sunlight by the Earth's atmosphere provides significant illumination. The qualitative descriptions of astronomical, civil and *nautical twilight* will match the computed beginning and ending times for an observer near sea level, with good weather conditions, and a level *horizon*. (See *sunrise, sunset.*)

    twilight, astronomical: the illumination level at which scattered light from the Sun exceeds that from starlight and other natural sources before *sunrise* and after sunset. Astronomical *twilight* is defined to begin or end when the geometric *zenith distance* of the central point of the Sun, referred to the center of the Earth, is 108°.

    twilight, civil: the illumination level sufficient that most ordinary outdoor activities can be done without artificial lighting before *sunrise* or after sunset. Civil *twilight* is defined to begin or end when the geometric *zenith distance* of the central point of the Sun, referred to the center of the Earth, is 96°.

    twilight, nautical: the illumination level at which the *horizon* is still visible even on a moonless night allowing mariners to take reliable star sights for navigational purposes before *sunrise* or after sunset. Nautical *twilight* is defined to begin or end when the geometric *zenith distance* of the central point of the Sun, referred to the center of the Earth, is 102°.

umbra: the portion of a shadow cone in which none of the light from an extended light source (ignoring *refraction*) can be observed.

Universal Time (UT): a generic reference to one of several time scales that approximate the mean *diurnal motion* of the Sun; loosely, *mean solar time* on the *Greenwich meridian* (previously referred to as Greenwich Mean Time). In current usage, UT refers either to a time scale called UT1 or to *Coordinated Universal Time (UTC)*; in this volume, UT always refers to UT1. UT1 is formally defined by a mathematical expression that relates it to *sidereal time*. Thus, UT1 is observationally determined by the apparent diurnal motions of celestial bodies, and is affected by irregularities in the Earth's rate of rotation. UTC is an atomic time scale but is maintained within 0.9 of UT1 by the introduction of 1-*second* steps when necessary. (See *leap second*.)

UT0: a rarely used local approximation to *Universal Time*; not corrected for *polar motion*.

UT1: see *Universal Time (UT)*.

UTC: see *Coordinated Universal Time (UTC)*.

vernal equinox: see *equinox, vernal*.

vertical: the apparent direction of gravity at the point of observation (normal to the plane of a free level surface).

week: an arbitrary *period* of *days*, usually seven days; approximately equal to the number of days counted between the four *phases of the Moon*. (See *lunar phases*.)

wobble, polar: 1. In current practice including the phraseology used in *The Astronomical Almanac*, it is identical to *polar motion*. **2.** In certain contexts it can refer to specific components of polar motion, *e.g.* Chandler wobble or annual wobble. (See *polar motion*.)

year: a *period* of time based on the revolution of the Earth around the Sun, or the period of the Sun's apparent motion around the *celestial sphere*. The length of a given year depends on the choice of the reference point used to measure this motion.

> **year, anomalistic:** the *period* between successive passages of the Earth through *perihelion*. The anomalistic *year* is approximately 25 minutes longer than the *tropical year*.

> **year, Besselian:** the *period* of one complete revolution in *right ascension* of the fictitious mean Sun, as defined by Newcomb. Its length is shorter than a *tropical year* by $0.148 \times T$ *seconds*, where T is centuries since 1900.0. The beginning of the Besselian *year* occurs when the fictitious mean Sun is at mean right ascension 18h 40m. Now obsolete.

> **year, calendar:** the *period* between two dates with the same name in a *calendar*, either 365 or 366 *days*. The *Gregorian calendar*, now universally used for civil purposes, is based on the *tropical year*.

> **year, eclipse:** the *period* between successive passages of the Sun (as seen from the geocenter) through the same lunar *node* (one of two points where the Moon's *orbit* intersects the *ecliptic*). It is approximately 346.62 *days*.

> **year, Julian:** a *period* of 365.25 *days*. It served as the basis for the *Julian calendar*.

> **year, sidereal:** the *period* of revolution of the Earth around the Sun in a fixed reference frame. It is the mean period of the Earth's revolution with respect to the background stars. The sidereal *year* is approximately 20 minutes longer than the *tropical year*.

> **year, tropical:** the *period* of time for the *ecliptic longitude* of the Sun to increase 360 degrees. Since the Sun's *ecliptic* longitude is measured with respect to the *equinox*, the tropical *year* comprises a complete cycle of seasons, and its length is approximated in the

long term by the civil *(Gregorian) calendar*. The mean tropical year is approximately 365 *days*, 5 hours, 48 minutes, 45 *seconds*.

zenith: in general, the point directly overhead on the *celestial sphere*.

    zenith, astronomical: the extension to infinity of a plumb line from an observer's location.

    zenith, geocentric: The point projected onto the *celestial sphere* by a line that passes through the geocenter and an observer.

    zenith, geodetic: the point projected onto the *celestial sphere* by the line normal to the Earth's geodetic ellipsoid at an observer's location.

zenith distance: angular distance on the *celestial sphere* measured along the great circle from the zenith to the celestial object. Zenith distance is 90° minus *altitude*.

Users may be interested to know that a hypertext linked version of the glossary is available on *The Astronomical Almanac Online* (see below).

 This symbol indicates that these data or auxiliary material may also be found on *The Astronomical Almanac Online* at **http://asa.usno.navy.mil** and **http://asa.hmnao.com**

Definitions of astronomical terms are provided in the Glossary, Section M. Entries in the Glossary are not cited in the Index.

Definitions of astronomical terms are provided in the Glossary, Section M. Entries in the Glossary are not cited in the Index.

Definitions of astronomical terms are provided in the Glossary, Section M. Entries in the Glossary are not cited in the Index.

Definitions of astronomical terms are provided in the Glossary, Section M. Entries in the Glossary are not cited in the Index.

Definitions of astronomical terms are provided in the Glossary, Section M. Entries in the Glossary are not cited in the Index.

Definitions of astronomical terms are provided in the Glossary, Section M. Entries in the Glossary are not cited in the Index.

Definitions of astronomical terms are provided in the Glossary, Section M. Entries in the Glossary are not cited in the Index.

Definitions of astronomical terms are provided in the Glossary, Section M. Entries in the Glossary are not cited in the Index.

Definitions of astronomical terms are provided in the Glossary, Section M. Entries in the Glossary are not cited in the Index.

Definitions of astronomical terms are provided in the Glossary, Section M. Entries in the Glossary are not cited in the Index.

Definitions of astronomical terms are provided in the Glossary, Section M. Entries in the Glossary are not cited in the Index.

Definitions of astronomical terms are provided in the Glossary, Section M. Entries in the Glossary are not cited in the Index.

Definitions of astronomical terms are provided in the Glossary, Section M. Entries in the Glossary are not cited in the Index.

Definitions of astronomical terms are provided in the Glossary, Section M. Entries in the Glossary are not cited in the Index.

Definitions of astronomical terms are provided in the Glossary, Section M. Entries in the Glossary are not cited in the Index.